PEKING UNIVERSITY

北京大学年鉴

《北京大学年鉴》编委会 编

2016

图书在版编目（CIP）数据

北京大学年鉴. 2016 /《北京大学年鉴》编委会编. — 北京：北京大学出版社，2023.8

ISBN 978-7-301-32889-7

Ⅰ.①北… Ⅱ.①北… Ⅲ.①北京大学－2016－年鉴 Ⅳ.①G649.281-54

中国版本图书馆CIP数据核字(2022)第032497号

书　　　名	北京大学年鉴（2016） BEIJING DAXUE NIANJIAN (2016)
著作责任者	《北京大学年鉴》编委会　编
责 任 编 辑	陈　健
标 准 书 号	ISBN 978-7-301-32889-7
出 版 发 行	北京大学出版社
地　　　址	北京市海淀区成府路205号　100871
网　　　址	http://www.pup.cn　　新浪微博：@北京大学出版社
电 子 信 箱	zpup@pup.cn
电　　　话	邮购部 010-62752015　发行部 010-62750672 编辑部 010-62752032
印 刷 者	北京中科印刷有限公司
经 销 者	新华书店
	787毫米×1092毫米　16开本　40.25印张　5页彩插　1385千字 2023年8月第1版　2023年8月第1次印刷
定　　　价	260.00元

未经许可，不得以任何方式复制或抄袭本书之部分或全部内容。
版权所有，侵权必究
举报电话：010-62752024　电子信箱：fd@pup.pku.edu.cn
图书如有印装质量问题，请与出版部联系，电话：010-62756370

10月5日,校友屠呦呦获2015年诺贝尔生理学或医学奖。图为林建华校长为屠呦呦校友带去北京大学贺信。(王天天 摄)

1月9日,校友于敏院士获2014年度国家最高科学技术奖。(宣传部 供)

2月15日,举行全校教师干部大会,宣布中共中央、国务院关于学校校长职务任免的决定,林建华同志任北京大学校长,王恩哥同志不再担任北京大学校长职务。图为教师干部大会现场。(王天天 摄)

10月10日,首届世界马克思主义大会开幕。会议由北京大学主办,来自20多个国家和地区的400多名马克思主义研究学者和中国问题研究专家,以"马克思主义与人类发展"为主题,进行为期两天的学术研讨。(李香花 摄)

9月15日,"新文化运动百年——回顾与展望"纪念大会于北京大学英杰交流中心召开。(宣传部 供)

9月21日,北京大学召开"三严三实"专题教育暨党风廉政建设工作推进会。(宣传部 供)

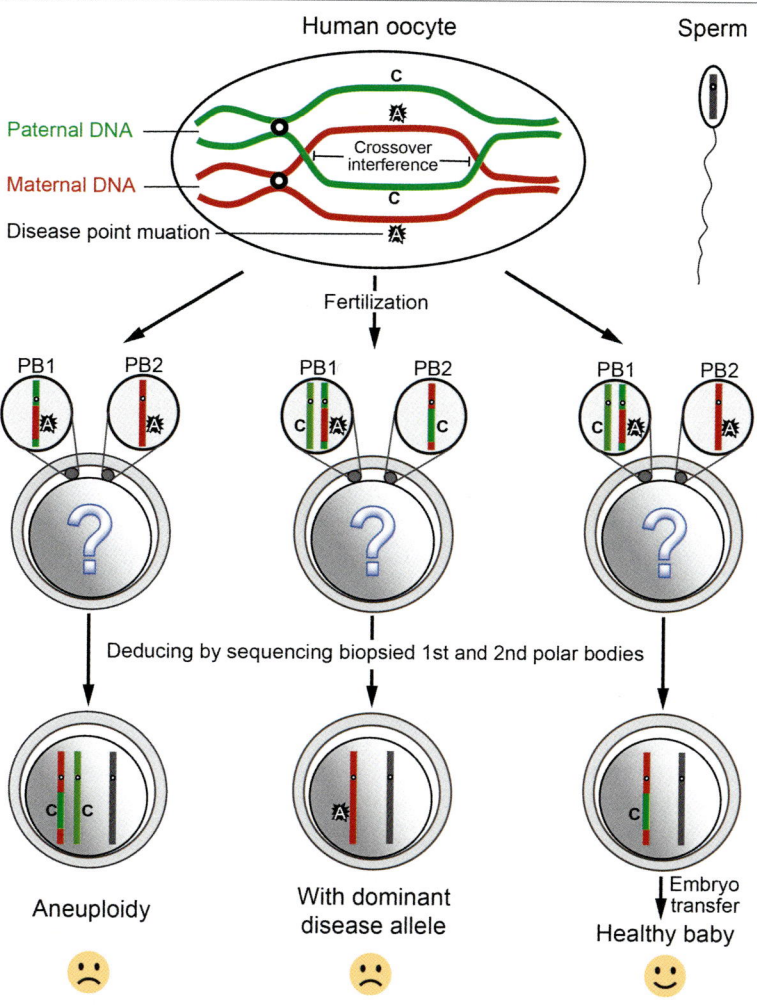

2月10日，2014年度中国科学十大进展在北京公布。生命科学学院谢晓亮研究组、汤富酬研究组与第三医院乔杰研究组合作完成的"利用极体高通量测序结果精确推演出母源基因组信息"入选。（生物动态光学成像中心 供）

2月26日，《自然》杂志发表北京大学吴学兵团队最新研究成果：发现一颗早期宇宙中发光最亮、中心黑洞质量最大的类星体。图为遥远宇宙中拥有巨大黑洞的类星体示意图。（宣传部 供）

3月29日，北京大学《马藏》编纂工程启动会议在北大博雅国际会议中心召开。来自中国社会科学院、中央编译局、中央档案馆、国家图书馆和北京大学等单位的50余名专家学者出席了会议。（马克思主义学院 供）

5月14日，"才斋讲堂"第100讲举行。2010年秋季学期，北京大学研究生院正式开设"才斋讲堂"，作为全校研究生公共通选课。5年间，来自各个领域的100名主讲人结合学科的前沿知识与自己的研究经历，为研究生们呈现不同学科的精髓与魅力。（研究生院 供）

创刊于1955年的《北京大学学报》（哲学社会科学版）迎来60周年刊庆。6月6日，学报哲社版举办期刊改革与发展研讨会，总结办刊经验，探讨新时期高校期刊的改革与发展之路。（马荣真 摄）

10月26日，北京大学首届"博雅人文论坛"在英杰交流中心举办。论坛主题为"共享的世纪：中外文学与人文学的沟通"。（宣传部 供）

12月5日至6日，由经济学院财政学系主办的首届"中国财政学论坛"举行。来自22所高校和科研院所的学者、9家知名经济学学术期刊的编辑参加了论坛。（经济学院 供）

5月30日，北京大学光华管理学院三十周年院庆盛典在邱德拔体育馆举行。（光华管理学院 供）

10月18日，北京大学工学院十周年庆典纪念活动在英杰交流中心阳光厅举行。（工学院 供）

6月28日，北京大学第一医院在门诊楼大厅及门诊楼北广场开展"七一·庆院庆"百名医护人员大型义诊活动。（第一医院 供）

7月8日，新奥集团向北大捐赠暨战略合作签约仪式在陈守仁国际研究中心举行。（基金会 供）

7月8日，北京大学与中国宋庆龄基金会签署战略合作协议。（国内合作办 供）

9月14日，校长林建华率团赴上海浦东新区调研。中共中央政治局委员、上海市委书记韩正，上海市市长杨雄分别会见了林建华一行。双方就进一步加强市校合作，推动上海科技创新中心建设等问题深入交流。（国内合作办 供）

3月27日，亚美尼亚共和国总统谢尔日·萨尔基相在北京大学发表演讲并接受北京大学名誉教授称号。（宣传部 供）

4月21日至22日，联合国前秘书长、2001年诺贝尔和平奖获得者科菲·安南一行到访北京大学，并发表题为"构建更加和谐的世界秩序"的主题演讲。（宣传部 供）

6月18日至23日，校长林建华率北京大学代表团访问美国匹兹堡和休斯敦，参加第六轮中美人文交流高层磋商机制配套活动并顺访合作院校。（国际合作部供）

11月6日，以"文明的和谐与共同繁荣——不同的道路和共同的责任"为主题的第十二届北京论坛在钓鱼台国宾馆开幕。（李香花 摄）

11月25日,捷克总理博胡斯拉夫·索博特卡来访北京大学并发表演讲。(宣传部 供)

1月12日,北京大学男篮夺得2014—2015中国大学生篮球超级联赛总冠军。(吴定锋 摄)

5月3日,117周年校庆系列活动之"青春万岁——北京大学草坪音乐节"在一体草坪举行。(宣传部 供)

7月14日、15日，北京大学2015年本科生、研究生毕业典礼暨学位授予仪式在邱德拔体育馆举行。（宣传部供）

9月11日，北京大学2015年开学典礼在邱德拔体育馆举行。（李香花 摄）

1月5日，校党委书记朱善璐一行前往肖家河教工住宅项目工程调研。（宣传部 供）

《北京大学年鉴(2016)》编辑委员会

主　　任：朱善璐　林建华
副主任：于鸿君　吴志攀　柯　杨　王　杰　敖英芳　叶静漪
　　　　李岩松　高　松　王仰麟
委　　员：郭　海　肖　渊　雷　虹　冯支越　余　浚　胡少诚
　　　　李　航

《北京大学年鉴(2016)》编辑部

主　编：安钰峰
副主编：郭　海　肖　渊　胡少诚
编　辑（按姓氏笔画为序）：

王天天	王丽雅	冯　路	曲一铭	任嘉庆	刘　钊
刘　鹏	刘凡子	刘津汀	刘语潇	汤继强	孙启明
李　净	李天鹏	杨　凌	杨　超	杨凌春	杨颖晨
利冠廷	余侨林	张　琳	张子瑞	张昕扬	邵琳琳
罗小廷	罗天灵	单凯雯	段陶然	侯　乐	姚大伟
贺俊峰	秦晓蒙	徐聪颖	曹冠英	彭湘兰	韩　耕
傅翰文	温俊君	谢　婷	鞠　晓		

编 辑 说 明

《北京大学年鉴》是全面、客观、系统记述北京大学发展基本情况的大型专业性工具书，汇辑了北京大学一年内各方面、各层次的重要信息、资料和数据。

《北京大学年鉴(2016)》是北京大学建校以来的第十八本年鉴，反映了北京大学2015年度在教学改革、学科建设、科学研究、社会服务、对外交流等方面的发展进程和最新成就。

本年鉴以文章和条目为基本体裁，以条目为主，文字力求客观准确、简明扼要。全书共分特载，专文，北大概况，机构与干部，院系情况，教育教学，科研管理，党政管理与群团工作，后勤管理与保障，社会服务与联络，医院，其他直属附属单位，人物，党发、校发文件目录，表彰与奖励，毕业生名单，附录等基本栏目。

本年鉴主要收录了各单位2015年1月1日至12月31日期间发生的重大事件，部分内容依据实际情况，在时限上略有延伸。统计图表附在相关内容之后。本年鉴所刊内容由各单位确定专人负责提供，并经本单位领导审定。读者可以通过书前目录、书后索引检索相关资料。

《北京大学年鉴(2016)》由北京大学党委办公室、校长办公室组织编写，在编写过程中，得到了各有关单位和部门的大力支持，在此谨表示衷心感谢。由于年鉴内容繁杂，众手成书，难免存在错漏之处，欢迎读者批评指正。

《北京大学年鉴》编辑部
2016年12月

目　录

· 特　载 · ……………………………… (1)
校友屠呦呦荣获 2015 年诺贝尔生理学或
医学奖 ……………………………………… (1)
首届世界马克思主义大会在北京大学举行 …… (2)
中共中央　国务院任命林建华为北京大学校长
……………………………………………… (4)
"三严三实"专题教育 ………………………… (6)
　严于心　实于行
　　——北京大学扎实推进"三严三实"专题
　　　教育 ………………………………… (6)
　校党委研究部署开展"三严三实"专题教育 …… (7)
　学校党委理论中心组学习习近平总书记
　　"三严三实"重要论述 …………………… (7)
　校党委书记朱善璐主讲"三严三实"专题教育
　　党课 …………………………………… (7)
　校长林建华主讲"三严三实"专题教育党课 …… (8)

· 专　文 · ……………………………… (9)
以培育和弘扬社会主义核心价值观为引领
　扎实抓好新形势下高校宣传思想工作 …… (9)
北大的情怀
　——在北京大学 2015 年毕业典礼上的讲话
……………………………………………… (12)
"亢慕义斋"犹在，红楼钟声长鸣 ……………… (13)
积极推进综合改革　充分发挥大学创造
　潜力 ……………………………………… (15)

· 北大概况 · …………………………… (18)
2015 年发展概况 ……………………………… (18)
2015 年大事记 ………………………………… (21)
2015 年基本数据 ……………………………… (31)

· 机构与干部 · ………………………… (35)
校领导机构 …………………………………… (35)
校务委员会 …………………………………… (35)
学术委员会 …………………………………… (36)
专业技术职务评审委员会 …………………… (37)
学位评定委员会 ……………………………… (37)
教职工代表大会执行委员会 ………………… (37)
医学部负责人 ………………………………… (37)
各院、系、所、中心负责人 …………………… (38)
机关各部门、工会、团委负责人 …………… (41)
直属、附属单位负责人 ……………………… (42)
各民主党派和归国华侨联合会负责人 ……… (44)

· 院系情况 · …………………………… (46)
数学科学学院 ………………………………… (46)
物理学院 ……………………………………… (49)
化学与分子工程学院 ………………………… (51)
生命科学学院 ………………………………… (56)
城市与环境学院 ……………………………… (59)
地球与空间科学学院 ………………………… (61)
心理学系 ……………………………………… (64)
建筑与景观设计学院 ………………………… (66)
统计科学中心 ………………………………… (67)
信息科学技术学院 …………………………… (68)
工学院 ………………………………………… (71)
计算机科学技术研究所 ……………………… (74)
软件与微电子学院 …………………………… (77)
环境科学与工程学院 ………………………… (78)
高能效计算与应用中心 ……………………… (80)
中国语言文学系 ……………………………… (81)
历史学系 ……………………………………… (83)
考古文博学院 ………………………………… (84)
哲学系（宗教学系） ………………………… (87)
外国语学院 …………………………………… (90)
对外汉语教育学院 …………………………… (92)
艺术学院 ……………………………………… (95)
歌剧研究院 …………………………………… (96)
国际关系学院 ………………………………… (97)
法学院 ………………………………………… (100)
信息管理系 …………………………………… (102)
社会学系 ……………………………………… (104)
政府管理学院 ………………………………… (107)
马克思主义学院 ……………………………… (109)
教育学院 ……………………………………… (112)
新闻与传播学院 ……………………………… (114)
体育教研部 …………………………………… (116)
新媒体研究院 ………………………………… (118)
中国教育财政科学研究所 …………………… (119)
经济学院 ……………………………………… (122)

光华管理学院 …………………………… (124)
人口研究所 ……………………………… (126)
国家发展研究院 ………………………… (128)
基础医学院 ……………………………… (129)
药学院 …………………………………… (131)
公共卫生学院 …………………………… (133)
护理学院 ………………………………… (135)
医学人文研究院/公共教学部 ………… (137)
医药卫生分析中心 ……………………… (139)
中国药物依赖性研究所 ………………… (141)
实验动物科学部 ………………………… (143)
中国卫生发展研究中心 ………………… (144)
医学信息学中心 ………………………… (145)
元培学院 ………………………………… (146)
燕京学堂 ………………………………… (148)
前沿交叉学科研究院 …………………… (149)
中国社会科学调查中心 ………………… (153)
分子医学研究所 ………………………… (156)
科维理天文与天体物理研究所 ………… (157)
北京国际数学研究中心 ………………… (159)
海洋研究院 ……………………………… (161)
现代农学院(筹) ………………………… (163)
深圳研究生院 …………………………… (163)

· 教育教学 · ……………………………… (170)
本科生教育 ……………………………… (170)
　医学本科生教育 ……………………… (172)
研究生教育 ……………………………… (260)
　医学研究生教育 ……………………… (265)
继续教育 ………………………………… (277)
　继续教育学院 ………………………… (278)
　医学继续教育 ………………………… (279)
　医学网络教育学院 …………………… (281)
留学生与港澳台学生教育 ……………… (282)
教师教学发展 …………………………… (283)

· 科研管理 · ……………………………… (285)
理工医科科研管理 ……………………… (285)
　《北京大学学报(自然科学版)》 ……… (287)
　《北京大学学报(医学版)》 …………… (287)
人文社科科研管理 ……………………… (312)
　《北京大学学报(哲学社会科学版)》 … (315)

· 党政管理与群团工作 · ………………… (323)
纪检监察工作 …………………………… (323)
组织工作 ………………………………… (325)

宣传工作 ………………………………… (327)
统战工作 ………………………………… (328)
学生工作 ………………………………… (333)
　学生就业指导服务中心 ……………… (336)
　青年研究中心 ………………………… (337)
　学生资助中心 ………………………… (338)
　学生心理健康教育与咨询中心 ……… (339)
保卫工作 ………………………………… (340)
保密工作 ………………………………… (341)
发展规划 ………………………………… (344)
学科建设 ………………………………… (345)
对外交流 ………………………………… (347)
人事管理 ………………………………… (349)
离退休工作 ……………………………… (363)
财务工作 ………………………………… (364)
实验室建设与设备管理 ………………… (366)
审计工作 ………………………………… (375)
信息化建设与管理 ……………………… (378)
　计算中心 ……………………………… (379)
　医学部信息通讯中心 ………………… (383)
工会与教代会工作 ……………………… (384)
共青团工作 ……………………………… (387)
机关党建 ………………………………… (391)
后勤党建 ………………………………… (392)
　医学部后勤党建 ……………………… (393)
直属单位党建 …………………………… (397)
产业系统党建 …………………………… (398)
　医学部产业系统党建 ………………… (400)

· 后勤管理与保障 · ……………………… (404)
总务工作 ………………………………… (404)
　会议中心 ……………………………… (406)
　餐饮中心 ……………………………… (409)
　动力中心 ……………………………… (409)
　公寓服务中心 ………………………… (410)
　校园服务中心 ………………………… (414)
　医学部总务工作 ……………………… (417)
房地产管理 ……………………………… (420)
基建工作 ………………………………… (422)
　肖家河项目建设 ……………………… (424)
昌平校区管理 …………………………… (427)

· 社会服务与联络 · ……………………… (429)
国内合作 ………………………………… (429)
　首都发展研究院 ……………………… (431)
科技开发 ………………………………… (432)

校办产业管理 (436)
　北大科技园 (437)
　北大方正集团有限公司 (438)
　北大资源集团有限公司 (439)
　北大青鸟集团 (441)
　北京北大未名生物工程集团有限公司 (441)
　北京北大维信生物科技有限公司 (442)
　北京北大英华科技有限公司 (443)
　医学部国内合作与产业管理 (443)
教育基金会工作 (444)
校友工作 (446)

· 医　院 · (448)
医院管理 (448)
　第一医院 (449)
　人民医院 (453)
　第三医院 (455)
　口腔医院 (456)
　肿瘤医院 (460)
　第六医院 (463)
　深圳医院 (465)
　首钢医院 (466)
　国际医院 (468)
　滨海医院 (469)
　校医院 (473)

· 其他直属附属单位 · (475)
图书馆 (475)
医学图书馆 (480)
档案馆 (482)
医学部档案馆 (483)
校史馆 (485)
出版社 (486)
医学出版社 (488)
体育馆 (488)
燕园街道办事处 (489)
燕园社区服务中心 (490)
附属中学 (491)
附属小学 (493)

· 人　物 · (495)
在校院士名录 (495)
2015年新当选院士简介 (495)
哲学社会科学资深教授名录 (498)
部分长江学者名录 (499)
2015年新入选突出贡献专家 (502)
具有正高级职称的教师及专业技术人员
　名单 (503)

· 党发、校发文件目录 · (513)
2015年部分党发文件目录 (513)
2015年部分校发文件目录 (514)

· 表彰与奖励 · (519)
党建与思想政治工作奖励 (519)
教学科研奖励与奖教金 (524)
学生奖励与奖学金 (530)
共青团系统奖励 (578)

· 2015年毕业生名单 · (584)
本科生毕业生名单 (584)
研究生毕业生名单 (599)

· 附　录 · (614)
2015年授予的名誉教授 (614)
2015年聘请的客座教授 (614)
北京大学2014—2015学年校历 (615)
北京大学2015—2016学年校历 (616)

· 索　引 · (617)

·特 载·

校友屠呦呦荣获 2015 年诺贝尔生理学或医学奖

10月5日,北京大学校友屠呦呦因在疟疾治疗研究中的突出贡献荣获 2015 年诺贝尔生理学或医学奖。屠呦呦 1951 年考入北京大学医学院,1955 年毕业于北京医学院(今北京大学医学部),现为中国中医科学院的首席科学家。这是中国科学家在中国本土进行的科学研究首次荣获诺贝尔科学奖,是中国医学界迄今为止获得的最高奖项,也是中医药成果获得的最高奖项。

12 月 10 日,屠呦呦在瑞典首都斯德哥尔摩音乐厅领取了 2015 年诺贝尔生理学或医学奖。来自瑞典王室、政府内阁、诺贝尔评奖机构、多个国家驻瑞使团和社会各界 1500 多人出席了这场颁奖典礼。

屠呦呦从瑞典国王卡尔十六世·古斯塔夫手中接过了诺贝尔奖的奖章和证书。诺贝尔生理学或医学奖评委汉斯·弗斯伯格在致颁奖辞时高度评价了屠呦呦的科学贡献。他说:"在 20 世纪 60 和 70 年代,屠呦呦参与了中国一个开发抗疟药品的重要项目。青蒿素的发现带动了对抗疟新药品的研制,这种药品已经挽救了上百万人的生命。"

12 月 7 日下午 1 点,瑞典卡洛琳斯卡医学院医学礼堂举行了诺贝尔生理学或医学奖获得者演讲,中国首位诺贝尔生理学或医学奖得主屠呦呦、日本科学家大村智和美国爱尔兰籍科学家威廉·坎贝尔分别就自己的研究成果发表了演讲。

屠呦呦发表了题为"青蒿素——中医药给世界的一份礼物"的演讲,介绍了自己获奖的科研成果,赞扬了中国科学家的团队精神,并呼吁全球科学家对疟疾病毒已经对青蒿素产生的抗药性多加关注并研究解决方案。

屠呦呦说,诺贝尔奖评委会授予其 2015 年生理学或医学奖,不仅是授予她个人的荣誉,也是对全体中国科学家团队的嘉奖和鼓励。屠呦呦介绍了 40 年前,在艰苦的环境下,中国科学家通过努力奋斗从中医药中寻找抗疟新药的故事。她指出,目标明确、信念坚定是成功的前提,学科交叉为研究发现的成功提供了准备,信息的收集和准确解析是研究发现成功的基础,而团队精神、无私合作则加速了科学发现转化成有效药物的进程。

屠呦呦表示,衷心感谢当年从事"523"抗疟研究的中医科学院团队全体成员,并将铭记他们在青蒿素研究、发现与应用中的积极投入与突出贡献。

屠呦呦说:"疟疾对于世界公共卫生依然是个严重挑战,疟原虫已出现对青蒿素和其他抗疟药的抗药性。遏制青蒿素抗药性的任务迫在眉睫。为保护 ACTs(以青蒿素为基础的联合疗法)对于恶性疟疾的有效性,我诚挚希望全球抗疟工作者认真执行世界卫生组织遏制青蒿素抗药性的全球计划。"

屠呦呦指出:"中国医药学是一个伟大宝库,应当努力发掘,加以提高。"青蒿素正是从这一宝库中发掘出来的。通过抗疟药青蒿素的研究经历,屠呦呦深感中、西医药各有所长,二者有机结合,优势互补,当具有更大的开发潜力和良好的发展前景。大自然给我们提供了大量的植物资源,医药学研究者可以从中开发新药。中医药从神农尝百草开始,在几千年的发展中积累了大量临床经验,对于自然资源的药用价值已经有所整理归纳,通过继承发扬,发掘提高,一定会有所发现,有所创新,从而造福人类。

最后,屠呦呦与大家分享了王之涣所写的《登鹳雀楼》:白日依山尽,黄河入海流,欲穷千里目,更上一层楼。她表示,希望大家有机会时更上一层楼,去领略中国文化的魅力,发现蕴涵于传统中医药中的宝藏。

(宣传部)

首届世界马克思主义大会在北京大学举行

首届世界马克思主义大会10月10日在北京大学盛大开幕,来自20个国家和地区的400多名马克思主义研究学者和中国问题研究专家,以"马克思主义与人类发展"为主题,进行为期两天的学术研讨。

这次由北京大学主办的世界马克思主义大会,是中国目前举办的规模最大、参会学者层次最高的马克思学术研究的国际学术会议。世界知名学者埃及经济思想家萨米尔·阿明、哈佛大学教授罗德里克·麦克法夸尔、耶鲁大学教授约翰·罗默以及纽约大学教授波特尔·奥尔曼等莅会作学术报告与交流。大会下设8个分论坛和3个专场,旨在直面当今人类社会面临的复杂问题,研究和分享中国经验,促进马克思主义在世界范围内的交流、传播与发展,推动世界文明的进步和人类命运共同体的建设。

在10日上午的开幕式上,北京大学党委书记朱善璐致辞指出,北京大学是中国马克思主义研究、传播的策源地和重要阵地,有学习、研究、传播和践行马克思主义的光荣传统。在建设中国特色世界一流大学的进程中,北大将全力推动马克思主义的理论创新和马克思主义学科建设,为民族伟大复兴与人类进步提供思想与人才支持。他强调,马克思主义是民族的,也是超越国界的,希望此次大会成为世界各地与会专家学者交流的良好开端。

教育部副部长杜玉波在致辞中说,中国正处在加快推进社会主义现代化、实现中华民族伟大复兴的关键时期,在理论和实践上需要马克思主义作出创造性回应。举办世界马克思主义大会,有利于世界了解中国对马克思主义的研究状况,有利于中国学者拓宽马克思主义研究视野,推进中国马克思主义学科建设和发展。他希望与会各方能共同思考中国问题与世界问题,从而推动马克思主义研究取得更多的进展。

北京市委常委、教育工委书记苟仲文,中共中央文献研究室主任冷溶,《光明日报》总编辑何东平,《人民日报》副总编辑杜飞进等出席开幕式。开幕式由北京大学校长林建华主持。

开幕式后,7位专家学者作了精彩纷呈的主旨演讲。

北京大学中国道路与中国化马克思主义协同创新中心主任顾海良发表了题为"让世界分享中国马克思主义的理论成果"的演讲。他认为让世界分享中国马克思主义的理论成果是中国马克思主义研究者的重要使命和责任,倡议打造国际马克思主义理论学术交流、学术互鉴、学术分享的平台,在中国铸就国际马克思主义理论研究高地,推动国际马克思主义学术界更加了解中国化马克思主义。

埃及经济思想家萨米尔·阿明在演讲中对中国化马克思主义对人类文明的贡献表示认同:"对于马克思主义的探讨和思索无法绕开中国化的马克思主义,因为它是马克思主义强大生命力和广泛影响力的现实体现。"

国防大学副政委吴杰明宣读了国防大学政委刘亚洲的发言稿,其中强调了马克思主义是世界文明的灿烂成果、是中华民族伟大复兴的历史选择,以及应该在创新发展中捍卫马克思主义的观点。

哈佛大学教授罗德里克·麦克法夸尔认为,习近平主席提出的中国梦思想理念,是中国马克思主义者对马克思主义作出的创造性发展,将对人类发展产生重要贡献和积极影响。

"一方面要用不断深化和丰富的人类实践滋养、拓展、创新马克思主义理论,另一方面要在马克思主义指引下开创社会发展新格局。"中共中央党校副校长徐伟新则对中国人民将在马克思主义指引下与世界人民一道开启更加美好的未来充满信心。

"今天需要政治经济学,特别需要马克思主义政治经济学。"北京大学常务副校长刘伟对中国特色社会主义市场经济制度的优越性和必然性进行了分析和说明。

北京大学马克思主义学院执行院长孙熙国认为,马克思主义的真正生命力在于它是为劳动群众谋利益的学科。如果做到了"以百姓心为心"、实现劳动群众的利益这一点,马克思主义就会焕发出无限的生命力。

10日下午和11日上午的8个分论坛皆由中方和外方学者共同主持,主题涵盖"马克思主义的起源和发展""马克思主义文本研究及其编译""中国道路与中国话语体系""习近平治国理政思想与中国马克思主义的发展""马克思主义与世界文明的未来走向""马克思主义与科学文化""马克思主义与经济全球化""马克思主义与人类命运共同体"等。128位专家学者在分论坛上发言,并和与会学者进行了深入的讨论和交流。同期举行的3个专场讨论主题集中于"中国道路与市场社会主义""落后国家发展道路与马克思主义"和"中国近现代史与马克思主义"等内容,分别由中外著名学者

作专题演讲、对话,并和与会学者现场互动交流。

11日下午,世界马克思主义大会在英杰交流中心阳光厅落幕。各论坛代表进行了精彩的汇报发言。最后,顾海良宣读了"世界马克思主义大会学者共识"。共识指出,马克思主义直面人类现实生活中的问题,具有鲜明的实践品格和时代精神,马克思主义的精神历久弥新;当今国际社会依然为各种复杂问题所困扰,马克思主义是引领人类走出困境、走向光明未来的指路明灯。他倡议高扬马克思主义固有的批判精神与变革意识,在对现实问题作出创造性回应中实现重大的理论突破,并在实践基础上推进理论创新,将马克思主义推向新境界,这是二十一世纪马克思主义研究者和践行者的神圣责任。

世界马克思主义大会召开的当天下午,北京大学党委书记朱善璐率学校部分党政职能部门和院系负责人来到万安公墓,向中国共产主义运动的先驱李大钊先生和中国马克思主义哲学史学科的开创者黄楠森先生的墓碑敬献鲜花,缅怀他们对马克思主义传播和理论发展的功绩。朱善璐说,今天,首届世界马克思主义大会举行,全球20多个国家和地区的马克思主义研究学者齐聚北大,共襄马克思主义学说发展的盛举。北京大学一定会继承先贤们的光荣传统,将马克思主义学说在全世界发扬光大。

(宣传部)

中共中央 国务院任命林建华为北京大学校长

2月15日上午,根据上级安排,北京大学在英杰交流中心阳光厅召开全校教师干部大会,宣布中共中央、国务院关于北京大学校长职务任免的决定。中组部副部长潘立刚,教育部党组书记、部长袁贵仁,北京市委常委、教育工委书记苟仲文,中组部干部三局局长喻云林,教育部人事司司长刘大为等领导出席了会议。北京大学党委书记朱善璐、前任校长王恩哥、新任校长林建华以及学校党政领导班子全体成员出席会议。会议由朱善璐主持。

受中央领导委派,潘立刚副部长宣读了中共中央、国务院关于林建华同志任北京大学校长,王恩哥同志不再担任北京大学校长职务的决定。

潘立刚指出,这次北京大学校长的调整,是中共中央、国务院从中管高校领导班子建设全局和北京大学实际出发,根据工作需要和推进干部交替的精神,经过通盘考虑和慎重研究做出的决定。北京大学作为我国高等教育的排头兵,正走在创建世界一流大学的征程中。从新的百年开始,北大、北大人就自觉在中央大政方针的指引下,顺应社会主义现代化事业的宏伟潮流,以更加广阔的视野、更加开放的姿态、更加执着的精神,为早日实现自己的梦想而努力探索,扎实推进学校各项事业不断地向前发展。王恩哥同志任北大校长两年来,学校加强教学和科研工作,落实人才强校战略,不断优化学科结构布局,主动服务国家重大需求和经济社会发展,特别是2014年组织制定了《北京大学综合改革方案》和《北京大学章程》。潘立刚对王恩哥同志为北京大学付出的不懈努力表示衷心的感谢,也祝愿他在新的工作岗位上取得更大的成绩。

潘立刚指出,林建华同志有比较丰富的治学、办学经验,熟悉高等教育和高校的办学规律,重视人才培养和未来式发展,注重改革创新,对事业执着、勤奋务实、作风民主,对自己要求严格。中央认为,林建华同志担任北京大学校长是合适的。他希望北京大学领导班子和全体师生员工把思想统一到中央决定上来,同心同德,奋发进取,进一步深入学习领会党的十八大和十八届三中、四中全会精神,深入学习领会习近平总书记系列重要讲话精神,深入学习领会总书记最近在全国高校党建会议上做出的重要批示精神,紧密结合北京大学的实际,认真贯彻党的教育方针,坚持为社会主义现代化建设服务、为人民服务,大力弘扬社会主义核心价值观,在人才培养、科学研究、服务社会、文化传承和创新等各个方面取得新的、更大的进步,共同创建出一个世界一流的中国北大。

袁贵仁部长在讲话中代表教育部党组表示完全拥护党中央的决定,对王恩哥同志勤奋工作、开拓进取,为北京大学的改革发展做出的贡献表示感谢。袁贵仁指出,林建华同志是一位合适的北京大学校长接替人选。他相信林建华同志一定能够不负重托,做到党政密切配合,团结带领学校领导班子全体同志,继往开来,再接再厉,继续推动北京大学各项事业不断迈上新的台阶。

袁贵仁强调,党中央、国务院历来对北京大学高度重视、寄予厚望。希望学校牢记习近平总书记去年五月四日在北京大学提出的扎根中国大地、办世界一流大学的嘱托,深入贯彻落实党的十八大和十八届三中、四中全会及总书记系列重要讲话精神,坚持内涵式发展道路,切实发挥"两校一市"综合改革试点作用,积极推进北京大学综合改革方案的实施,大力推进学校治理体系和治理能力现代化建设,提高依法治校的能力和水平,引领教育综合改革不断向纵深发展,探索完善中国特色、北大风格的世界一流大学发展道路和创建模式,为全面建设小康社会、实现中华民族伟大复兴的中国梦做出新的、更大的贡献。袁贵仁还就加强学校领导班子建设等提出了明确要求。

苟仲文书记在讲话中代表北京市委市政府表示坚决拥护党中央的决定,对王恩哥同志在学校教学、科研、人才培养等方面所做的工作给予了肯定,并表示在朱善璐书记和林建华校长的带领下,北京大学领导班子一定能够带领广大师生员工,团结奋进,开拓进取,不断推进创建中国特色世界一流大学进程。他表示,多年来北京大学参与首都建设,为首都经济社会发展做出了巨大贡献,市委市政府将一如既往地支持学校领导班子开展工作,一如既往地支持北京大学的建设和发展。

王恩哥同志在讲话中回忆了近年来在北京大学工作和生活的难忘经历,对中组部、教育部、北京市和全体师生员工的支持表示感谢,表示完全拥护和赞成中央的决定,并祝愿北大的明天更加美好。

林建华校长在讲话中表示,感谢党中央、国务院的信任,也感谢教育部和北京市委市政府的信任,深知北大校长这副担子的分量,有信心,也有决心,同朱善璐书记与全校师生员工一道,把北大建设好、发展好。

林建华校长指出，北大就像是一个大家庭，亲情和规矩把所有人紧密联系在一起。而作为一个大家庭，一定要有规矩，大学的规矩主要来自两方面。一是要坚持社会主义的办学方向，贯彻执行党委领导下的校长负责制，遵守国家的法律法规，教师还要遵循师德和职业规范，学生则要遵守校纪校规；二是要营造宽松自由的学术氛围，无论身份职务，无论高低贵贱，无论学派亲疏，都能平等地争论学术，探讨学校发展。大学必须守护真理的纯洁，不允许任何不良风气玷污青年人的灵魂；大学有责任代表社会良知，维护核心价值，只有把师生的个人理想与社会主义核心价值完美结合，才能真正实现中国大学的使命。

朱善璐书记代表学校党政领导班子以及全体师生表示坚决拥护党中央、国务院的决定，对王恩哥同志长期以来为北京大学事业发展付出的心血、智慧和汗水，做出的贡献表示感谢。他指出，林建华同志党性强，政治立场坚定，熟悉党的教育方针政策和高等教育规律、科学研究规律，熟悉学校情况。他表示，北大党委将全力支持林建华同志依法独立负责地履行校长职责。学校党政领导班子将进一步继承和发扬团结和谐的优良传统，主动配合、相互理解、相互支持，埋头苦干，改革创新，早日实现几代北大人创建世界一流大学的梦想。

朱善璐书记强调，全校师生员工要以今天的大会为新的契机，坚决贯彻党的十八大精神和十八届三中、四中全会精神以及习近平总书记来校考察时的重要讲话精神，认真落实党中央、国务院及上级领导对北京大学提出的要求，肩负起自己的使命，把北大办得更好。为此，必须坚持正确的办学方向，充分发挥党委在深化综合改革、建设中国特色现代大学制度中的领导核心作用，加强领导班子建设，贯彻民主集中制，不断提高党领导创建世界一流大学的能力；必须坚持以社会主义核心价值观为灵魂，高扬社会主义先进文化的旗帜，弘扬高尚进取的大学精神，不断加强校风教风学风医风建设，追求有灵魂的卓越；必须坚持以人为本、育人为本、人才为本、师生为本，健全学校民主办学的体制机制，紧紧依靠广大师生员工办人民满意大学；必须坚持党要管党、从严治党，深化改革创新，加强制度建设，夯实基层基础，狠抓作风建设，推动制度治党和依法治校有机结合，扎实开展党风廉政建设，不断凝聚内涵发展的强大动力。

学校老领导代表，医学部和各学院（医学院、系、所、中心）党政班子成员，机关部处、直属附属单位副职以上干部，院士、资深教授和中青年教师代表，各民主党派负责人，离退休老同志代表，教代会代表，校办产业负责人等共300余人参加会议。

（宣传部）

"三严三实"专题教育

严于心 实于行
——北京大学扎实推进"三严三实"专题教育

北京大学在开展专题教育的过程中,结合学校实际,强化问题导向,坚持以上率下,探索全员参与,突出学习引领,发挥学科优势,体现北大特色,以"严"的标准和"实"的措施将专题教育各项工作落到实处。

一是强化问题导向,深入开展基层调研。 为摸清学校在日常工作中存在的"不严不实"问题,更有针对性地制订专题教育方案,讲好专题教育党课,校党委书记朱善璐、校长林建华以座谈、走访等形式开展多方面调研活动,其他校领导也在分管部门和联系院系开展了调研活动。"学校目前的一些政策还不落地,一些干部做事还不够担当,很多老问题没有得到有效解决,决策考虑还不够前瞻";"自媒体时代,北大老师的一言一行都代表着北大,要通过专题教育建立职业道德规范和师德监督机制,引领道德高度";"专题教育要从北大实际出发,要符合教学科研规律,要了解群众工作状态,要主动倾听群众";"不能让专题教育成为一次或者一段时间的活动,而应该常态化,成为剖析问题、解决问题的一种机制"。北大师生围绕调研内容,紧扣工作实际,直面学校各级领导干部"不严不实"的表现、"不严不实"行为对学校的危害以及学校如何开展"三严三实"专题教育等问题,提出了非常中肯的意见建议。校领导认真聆听各方代表提出的意见建议,表示本次专题教育一定要结合学校改革发展需要、结合创建世界一流大学的目标,考虑学校立德树人的根本要求,将"从严从实"的理念和标准融入治校理教、校园风气建设的全过程,找出学校在发展中存在的问题,从价值观、制度机制、执行力等各方面剖析问题根源,提出解决问题的思路和措施。

二是坚持以上率下、示范带动,以日常教育机制和工作机制为抓手,分级分片搞好专题教育。 为开展好专题教育,校领导班子以身作则,结合"三会一课"等既有工作机制,制订了《北京大学党委开展"三严三实"专题教育具体工作方案》。方案要求,校党委书记朱善璐、校长林建华分别讲授一场专题党课,校领导班子其他同志也要在各自分管部门、联系院系的中层干部中讲授党课。中央规定的三个专题学习研讨都由三次学习和一次交流研讨组成,除此之外,又将"自觉把践行'三严三实'要求融入立德树人、加快创建中国特色世界一流大学各项任务中"作为专题四,贯穿于前三个专题学习研讨中。为更好地指导和推进全校各单位开展"三严三实"专题教育,校党委安排了8次常委会会议,听取全校专题教育工作的进展情况,统筹指导全校各单位开展专题教育,及时研讨问题,总结经验,做出部署。同时,把党委书记季度会作为各二级党委和职能部门交流专题教育进展情况、学校党委部署推进工作的重要平台,每次安排若干单位进行交流。2015年底,学校领导班子、院系级领导班子分别召开了以践行"三严三实"为主题的年度民主生活会,中层以上领导干部除参加所在班子的民主生活会外,还要参加所在党支部的组织生活会,深入查摆领导干部身上的问题,特别是不严不实的问题,进行党性分析,直面问题、不躲不绕,严肃认真开展批评与自我批评。学校还按照校领导班子成员分工及联系院系的安排,分片组织召开了相关职能部门、院系领导班子联席的"三严三实"专题教育研讨,通过横向和纵向的思想碰撞深化专题教育成效,共同研究解决实际问题。

三是突出学习引领,将专题教育和日常工作有机融合。 专题学习研讨是"三严三实"专题教育工作取得实效的基础和关键,为帮助学校党员干部学习领会"三严三实"的重大意义、丰富内涵和实践要求,把学习贯穿专题教育工作的始终,学校党委专题研究阅读书目和学习资料。领导干部要以深入学习习近平总书记系列重要讲话精神、党章和党的纪律规定作为重点,原原本本研读《习近平谈治国理政》《习近平关于党风廉政建设和反腐败斗争论述摘编》以及《中国共产党章程》;要认真学习《优秀领导干部先进事迹选编》,从焦裕禄、谷文昌、杨善洲、沈浩等先进典型实际事迹中汲取正能量,认真学习《领导干部违纪违法典型案例警示录》,从周永康、薄熙来、徐才厚、令计划、苏荣等违法违纪案件中吸取教训;要善于从马克思主义经典文献和中国优秀传统文化中吸取修身、律己的营养,掌握谋事、创业的本领,坚守用权、做人的底线,把《共产党宣言》《礼记·大学》等篇目作为重点进行深入自学,进一步夯实解决"总开关"问题的思想基础;要坚持专题教育与学校中心工作相结合,围绕大局、服务大局,将《关于深入贯彻落实习近平总书记来校视察时的重要讲话精神

加快创建中国特色世界一流大学的若干意见》《北京大学章程》《北京大学综合改革方案》等作为重要的参考材料。此外，学校还按"三严三实"精神举办了"深化综合改革，推进依法治校"中层正职干部研讨班，在新上岗干部研讨班、中青年骨干研修班、未名青年干部管理论坛等干部教育培训项目中突出"三严三实"的内容和要求。

四是学习中充分利用校本资源，发挥北大特色学科优势。北大是五四运动的发源地，也是马克思主义最早在中国传播的重要基地，为充分利用校本学习资源，校党委将第一阶段的交流研讨安排在了沙滩红楼。6月30日，校领导班子成员、两委委员、党口职能部门负责人赴万安公墓祭奠李大钊先生，并请北大原副校长梁柱教授现场讲述李大钊同志事迹。之后，再回红楼，前往沙滩红楼参观学习，在红楼围绕"修身"主题现场进行交流研讨，重温中国最早的共产党人和师生的革命情怀。为发挥北京大学部分优势学科在专题教育中的独特作用，学校还筹备召开了"三严三实"理论研讨会，组织相关专家深入研讨"三严三实"的深刻内涵及其重大历史和现实价值，并形成理论学术成果。

校党委研究部署开展"三严三实"专题教育

4月22日，校党委书记朱善璐主持召开党委常委会会议，传达学习中央"三严三实"专题教育工作座谈会精神，认真研读《关于在县处级以上领导干部中开展"三严三实"专题教育方案》，提出在学校中层以上领导班子中开展"三严三实"专题教育的指导思想和基本思路。学校党委计划在进一步深入调研、完善有关方案后，于5月初结合学校理论中心组专题学习，对这项工作进行部署。会议指出，要认真领会中央会议精神，深刻认识"三严三实"专题教育的重要意义。党的十八大以来，习近平总书记多次强调党员干部特别是各级领导干部要严以修身、严以用权、严以律己，谋事要实、创业要实、做人要实。"三严三实"贯穿着马克思主义政党建设的基本原则和内在要求，体现着共产党人的价值追求和政治品格，明确了领导干部的修身之本、为政之道、成事之要。中央决定在县处级以上领导干部中开展"三严三实"专题教育，是持续深入推进党的思想政治建设和作风建设的重要举措，是严肃党内政治生活、严明党的政治纪律和政治规矩的重要抓手，是建设富有创造力、凝聚力、战斗力的过硬干部队伍的关键环节，是弘扬北京大学"勤奋、严谨、求实、创新"优良学风

的应有之义，对以党的优良作风带校风、促教风，推进学校综合改革和依法治校、加快实现创建世界一流大学目标，具有重要意义。会议要求各单位党委尽快在领导班子中学习传达文件精神，组织党员领导干部深入学习习近平总书记系列讲话精神，学习党章和党的纪律规定，重点研读《习近平谈治国理政》等重要文献；同时，在深入调研、广泛听取意见的基础上，按照中央要求和学校部署，研究制订本单位有关工作方案。

学校党委理论中心组学习习近平总书记"三严三实"重要论述

5月5日下午，在中关新园科学报告厅，北京大学党政领导班子成员和学校党委委员、纪委委员、院系党委书记，党政职能部门、群团组织主要负责人认真聆听北京大学党委书记朱善璐、校长林建华领读习近平总书记"三严三实"重要论述，学习相关文件精神。朱善璐、林建华带领与会人员原原本本地研读习近平总书记在十二届全国人大二次会议参与安徽代表团审议时的讲话，在河南兰考县调研指导党的群众路线教育实践活动时的讲话，在党的群众路线教育实践活动总结大会上的讲话，在视察驻昆明部队、驻西安部队时的重要讲话，深刻领会总书记对党员领导干部作风建设提出的具体要求，深刻领会"三严三实"的核心要义和精神内涵及其对从严治党的重要意义。会议还传达了中央政治局常委、中央书记处书记刘云山在"三严三实"专题教育工作座谈会上的讲话精神和中央办公厅《关于在县处级以上领导干部中开展"三严三实"专题教育方案》的内容。北大党委按照《关于在县处级以上领导干部中开展"三严三实"专题教育方案》（中办发〔2015〕29号）要求，结合学校实际，就学校中层以上领导干部开展"三严三实"专题教育工作制订了实施方案（征求意见稿），在深入教学科研管理服务一线调查研究的基础上，将"三严三实"专题教育与学校各项工作实际结合起来，脚踏实地，切实推动学校发展建设。

校党委书记朱善璐主讲"三严三实"专题教育党课

按照中央部署要求和学校党委统一安排，北京大

学于5月29日下午在办公楼礼堂举行"三严三实"专题教育党课。北京大学党委书记朱善璐担任主讲,详细阐释了"三严三实"的科学内涵、重大意义和开展好"三严三实"专题教育的必要性和紧迫性,梳理了学校"不严不实"问题的表现、危害与成因,对全校开展"三严三实"专题教育进行动员部署。学校副处级以上领导干部、民主党派负责人、老同志代表、学生代表、党支部书记代表以及第六期中青年骨干研修班学员参加了学习。专题教育党课在医学部和深圳研究生院设立了分会场。北京大学校长林建华主持本次党课。朱善璐表示,当前北京大学正处在建设与发展的历史关键期,在这样的历史时刻,北京大学开展"三严三实"专题教育,既是党组织的政治任务,也是学校发展与工作中的内在和必然的要求,更是一次难得的重要契机,必须增强"三严三实"的思想和行动自觉,按照"三严三实"的要求,把北大的工作做好,把专题教育的收获成效转化为办人民满意的北京大学、加快创建中国特色世界一流大学的强大动力和行动;必须切实按照"三严三实"的要求,从思想认识、作风建设、制度建设、师风学风校风建设、学校治理和管理运行的各个方面,都真正严起来、实起来;必须要狠抓执行力和落实能力,切实推进贯彻落实习近平总书记重要讲话精神的各项部署;必须要以《北京大学章程》的实施为关键抓手,强化制度建设,全面深入推进依法治校、依章治校、从严治校;必须要全面实施《北京大学综合改革方案》,特别是抓紧启动并着力推进已经形成共识的教育教学、人事分配、治理与管理体制、制度建设、文化建设等几项重点改革,确保各项改革举措协调有序推进;必须要切实把党要管党、从严治党落到实处,聚精会神,从严从实抓好学校领导班子和基层组织建设及党建各项工作,用好的干部作风带动师风学风,全校上下团结一心,以饱满的创建热情和昂扬向上的精气神,踏踏实实推进改革发展各项事业,为早日实现几代北大人创建世界一流大学的梦想而努力奋斗。

校长林建华主讲"三严三实"专题教育党课

按照中央的部署要求和学校党委的统一安排,林建华校长于2015年7月16日上午在英杰交流中心阳光厅主讲了第二次"三严三实"专题教育党课。林建华结合中央"三严三实"的要求和学校工作实际,阐述了践行"三严三实"、真抓实干的要求,并对学校下一步改革发展的若干重大问题进行了系统分析。学校副处级以上领导干部、各民主党派负责人、校办产业各公司负责人、部分党代会代表、部分教代会代表、离退休同志代表参加了学习。本次党课由校党委书记朱善璐主持。林建华从大学的逻辑出发,详细讲解了学校综合改革下一步的三项重点任务:一、通过制订明确、科学的教学目标,改革教学内容和教学方法,不断推进教育改革,提高教育质量;二、推进人事制度改革,营造宽松自由的学术氛围,使得"近者悦,远者来";三、完善教学科研及行政人员评价体系,推进管理体系改革,实现可持续发展。林建华提出,在大学中,任何规章制度在约束、规范师生行为的同时,都必须体现社会主义核心价值观,阐明学校的价值追求。学生、教师和职工应明确基本的行为规范底线,建立规矩,履行职责,明确目标任务、服务对象和管理权限,践行学校的价值和使命。林建华强调,大学的发展离不开学校、院系、部门的共同努力,协调好校内各机构组织的关系,兼顾各方诉求,共同服务于学校的使命和任务,这是促进学校又好又快发展的基本保证。干部、职工应积极主动做事、勇于创新,不要在揣摩领导意图上花功夫,而应在理解学校发展战略思想上多思考。部门和院系要配合学校承担起营造优秀文化与氛围的责任,调动每个人和每个组织的创造潜力,为建设世界一流大学做出更多贡献。

以培育和弘扬社会主义核心价值观为引领 扎实抓好新形势下高校宣传思想工作

朱善璐

《中国教育报》(2015年2月3日第2版)

《关于进一步加强和改进新形势下高校宣传思想工作的意见》是党中央、国务院从全局和战略的高度做出的一项重要部署。《意见》的下发,充分体现了以习近平同志为总书记的党中央对意识形态工作和高等教育工作的高度重视,充分体现了高校宣传思想工作在党和国家意识形态工作中的重要地位和作用,充分体现了当前加强和改进高校宣传思想工作的重要性和紧迫性。《意见》深入阐述了为什么要做好高校宣传思想工作、怎样做好高校宣传思想工作、怎样加强和改进党对高校宣传思想工作的领导等重要问题,进一步明确了高校宣传思想工作的指导思想、基本原则和主要任务,是高校宣传思想工作的总纲,为做好高校宣传思想工作提供了根本遵循。

一、坚持以发展着的马克思主义为指导,牢牢把握高校宣传思想工作的根本任务和方向

马克思主义是立党立国的指导思想,是宣传思想工作的根本指针。习近平总书记在全国宣传思想工作会议上强调指出,现在,宣传思想工作的环境、对象、范围、方式发生了很大变化,但宣传思想工作的根本任务没有变,也不能变。宣传思想工作就是要巩固马克思主义在意识形态领域的指导地位,巩固全党全国人民团结奋斗的共同思想基础。这"两个巩固",深刻揭示了宣传思想工作的根本任务和根本方向。我们一定要牢牢把握这个根本,唱响主旋律,打好主动仗,坚持不懈地用发展着的马克思主义教育师生,认真抓好马克思主义、共产主义信仰教育,中国特色社会主义学习教育,中国梦宣传教育,筑牢广大师生成长进步、团结奋斗的共同思想基础。

深入开展马克思主义、共产主义信仰教育。马克思主义、共产主义信仰是共产党人的命脉和灵魂,是把全国人民紧密联系在一起的强大精神力量。邓小平同志曾语重心长地说:"我们一定要经常教育我们的人民,尤其是我们的青年,要有理想。为什么我们过去能在非常困难的情况下奋斗出来,战胜千难万险使革命胜利呢?就是因为我们有理想,有马克思主义信念,有共产主义信念。"习近平总书记强调指出,理想信念是共产党人精神上的"钙",没有理想信念,或者理想信念不坚定,精神上就会"缺钙",就会得"软骨病",就可能导致政治上变质、经济上贪婪、道德上堕落、生活上腐化。高校宣传思想工作必须把理想信念教育作为首要职责,深入细致地做好马克思主义、共产主义信仰教育。从党内和党员干部抓起,把树立信仰、坚定信仰、践行信仰作为解决党员思想作风问题的总开关、总闸门,净化党员思想和心灵,纯洁党的组织,为全校师生员工做出表率。以思想政治理论课、党课为主渠道,以校园文化活动、社会实践活动为"第二课堂",广泛深入地开展马克思主义、共产主义信仰教育和马克思主义立场、观点、方法教育,教育引导青年学生提高辩证思维能力,做到虔诚而执着、至信而深厚。发挥马克思主义学科优势和人才优势,大力推进马克思主义中国化、时代化、大众化,不断为党和国家马克思主义理论建设和宣传教育做出新的贡献。

深入开展中国特色社会主义学习教育。中国特色社会主义是当代中国的马克思主义。党和国家的长期实践充分证明,只有社会主义才能救中国,只有中国特色社会主义才能发展中国。只有高举中国特色社会主义伟大旗帜,我们才能团结带领全党全国各族人民,在中国共产党成立100年时全面建成小康社会,在新中国成立100年时建成富强民主文明和谐的社会主义现代化国家,赢得中国人民和中华民族更加幸福美好的

未来。在当代中国,坚持马克思主义、共产主义信仰,最重要的就是要坚持中国特色社会主义共同理想,为党在现阶段的现实纲领而奋斗。当前,我们加强思想理论学习,最重要、最主要的就是以党的十八大和十八届二中、三中、四中全会精神以及习近平总书记系列重要讲话精神为指导,加强对中国特色社会主义的学习。学习要抓重点,着力领会中国特色社会主义是由道路、理论体系、制度三位一体构成的,总依据是社会主义初级阶段,总布局是五位一体,总任务是实现社会主义现代化和中华民族伟大复兴,夺取中国特色社会主义新胜利有八个方面的基本要求等精神。要从学校和院系理论中心组学习抓起,以马克思主义学习型党组织建设为制度保障,充分运用自学、集体学习、辅导报告、社会实践等多种形式,真正做到真学、真懂、真信、真用,不断增强对中国特色社会主义的道路自信、理论自信、制度自信。

结合高等教育工作深入推进中国梦宣传教育。习近平总书记在新一届中央领导集体工作开局之际提出"中国梦",把党的十八大精神和新一届中央领导集体的执政理念用一个响亮的口号集中表达出来,高度概括了建党一百年全面建成小康社会、建国一百年实现社会主义现代化"两个一百年"的宏伟目标,深刻回答了"我们从哪里来、怎样走过来,我们向何处去、怎样继续走下去"的根本问题,具有凝魂聚气、催人奋进的重要意义和作用。我们要深入学习贯彻习近平总书记关于中国梦的一系列重要讲话精神,把实现中华民族伟大复兴的中国梦与建设高等教育强国的大学梦紧密结合,进一步强化使命自觉、创建自信、差距自省、奋斗自强意识,为实现中国梦培养更多更好的优秀筑梦人,进一步凝聚广大师生的理想共识和奋斗力量。

二、大力培育和践行社会主义核心价值观,牢牢把握高校宣传思想工作的实践载体和途径

价值观是人们对世界、社会、人生的总看法,是人们思想和行动的总指导。习近平总书记在北京大学师生座谈会上的讲话中指出,"人类社会发展的历史表明,对一个民族、一个国家来说,最持久、最深层的力量是全社会共同认可的核心价值观","青年的价值取向决定了未来整个社会的价值取向,而青年又处在价值观形成和确立的时期,抓好这一时期的价值观养成十分重要。这就像穿衣服扣扣子一样,如果第一粒扣子扣错了,剩余的扣子都会扣错。人生的扣子从一开始就要扣好","青年要从现在做起、从自己做起,使社会主义核心价值观成为自己的基本遵循,并身体力行大力将其推广到全社会去"。高校宣传思想工作必须按照习近平总书记的要求,大力培育和践行社会主义核心价值观,弘扬中国精神、弘扬中华优秀美德,加强道德教育和实践,提升师生的思想道德素质,使社会主义核心价值观内化于心、外化于行,培养走在时代前列的奋进者、开拓者、奉献者。

深入学习领会社会主义核心价值观的科学内涵和精神实质。社会主义核心价值观是对社会主义核心价值体系的概括和凝练。它以马克思主义为指导,以中国特色社会主义共同理想为主题,汲取古今中外的有益文明成果,把涉及国家、社会、公民的价值要求融为一体,主题鲜明、内涵深刻,简练生动、通俗易懂。高校宣传思想工作要教育引导师生准确把握社会主义核心价值观的科学内涵和精神实质,把"富强、民主、文明、和谐,自由、平等、公正、法治,爱国、敬业、诚信、友善"这3个层面、24个字的基本要求内化于心、外化于行。要深入把握弘扬中华优秀传统文化与培育和践行社会主义核心价值观的关系,自觉传承中华优秀传统文化基因,加强中华优秀传统文化教育。要牢牢把握培育和弘扬社会主义核心价值观的实践途径,在勤学、修德、明辨、笃实上下功夫。

努力把社会主义核心价值观融入高校立德树人的全过程。社会主义核心价值观是我们党对新时期国家、社会、公民应当遵循的价值原则和道德规范的全面概括,为当前高校立德树人工作确立了根本依据。要扭住立德树人的根本任务,牢固确立人才培养在高校工作中的中心地位和德育在人才培养工作中的首要地位,反对"重教书,轻育人""重智轻德"的倾向,促进学校资源和激励机制向育人聚焦、向德育发力。把社会主义核心价值观细化为具体的行为准则和奖惩机制,促进青年学生于实处用力、在知行合一上下功夫。充分运用思想政治理论课"第一课堂"和校园文化、社会实践"第二课堂"两个载体,以推进中国特色社会主义理论体系进教材、进课堂、进头脑为主线,以提高教师队伍思想政治素质和育人能力为基础,以加强高校网络等阵地建设为重点,着力构建培育和弘扬社会主义核心价值观的长效机制和工作体系。高度重视教师的言行对青年学生的示范熏陶作用,加强师德、学风建设,以良好的师德影响和带动青年学生树立正确的价值观。全面推进教书育人、实践育人、科研育人、管理育人、服务育人,完善全员、全过程、全方位的德育工作体系。

坚持以社会主义核心价值观引领高校建设和高等教育发展。世界一流大学不仅体现在教学、科研水平一流,更体现在文化一流、校风一流、精神内涵一流。习近平总书记强调指出,"办好中国的世界一流大学,必须有中国特色","世界上不会有第二个哈佛、牛津、

斯坦福、麻省理工、剑桥,但会有第一个北大、清华、浙大、复旦、南大等中国著名学府"。我们要高举中国特色社会主义这面先进的精神旗帜,把培育和弘扬社会主义核心价值观与加快创建中国特色、世界一流大学紧密结合起来,让社会主义核心价值观成为育人之本、兴校之基、办学之魂,成为创建世界一流大学的深厚文化内涵和鲜明发展特色。要坚定不移地走中国特色社会主义高等教育发展道路,把思想文化、作风、管理、制度等软实力建设摆在更加突出的位置,充分发挥宣传思想工作内聚人心、外树形象的重要作用,对内坚持先进文化的引领,着力弘扬高尚进取的大学精神,建设具有中国特色、体现时代要求的大学文化,凝聚起团结奋斗、艰苦创业的强大精神力量;对外积极主动地做好宣传和舆论引导工作,提升学校形象和声誉,争取社会理解和支持,为创建世界一流大学创造良好的发展条件和发展环境。

三、切实加强意识形态建设和管理,牢牢把握高校宣传思想工作的政治责任和要求

习近平总书记强调指出,意识形态工作是党的一项极端重要的工作。历史和现实反复证明,能否做好意识形态工作,事关党的前途命运,事关国家长治久安,事关民族凝聚力和向心力。我们必须把意识形态工作的领导权、管理权、话语权牢牢掌握在手中,任何时候都不能旁落,否则就要犯无可挽回的历史性错误。高校是意识形态生产和交汇的重要阵地,在全社会有很强的引领、示范和辐射作用,只有牢牢把握高校意识形态工作的主动权,才能进一步增强党在高知识群体中的凝聚力、号召力,才能赢得青年、赢得未来。《意见》深入贯彻习近平总书记关于意识形态工作的重要论述,深刻论述了加强和改进高校宣传思想工作的重要性和紧迫性。要通过学习贯彻《意见》,把思想统一到中央精神上来,强化政治意识、责任意识、阵地意识和底线意识,确保学校思想稳定和政治稳定。

切实增强对意识形态工作的领导能力。意识形态工作是理论性、政治性都很强的工作,中央一再强调,意识形态工作要守土有责、守土负责、守土尽责。高校各级党组织和领导班子必须切实肩负起政治责任和领导责任,旗帜鲜明地抓,理直气壮地管,不断提高领导意识形态工作的能力和水平,扩大党在高知识群体中的影响力。高校领导干部和宣传思想工作者必须深入学习研究党的意识形态工作理论,认真研究意识形态领域的热点问题,增强政治敏锐性和政治鉴别力,筑牢思想防线,坚决批判、抵制各种错误思想,帮助师生员工划清是非界限、澄清模糊认识,不为表面现象和个别言辞所迷惑,清醒地看到这些错误思想的本质和危害性。

妥善区分意识形态领域不同性质的问题。对学术理论问题,要提倡实事求是、独立思考和公平、公正、平等、平和的争鸣和讨论;对思想认识问题,主要用摆事实、讲道理等正面教育方法;对政治原则问题,要立场坚定、旗帜鲜明,敢抓敢管、敢于亮剑,把握好学术研究无禁区、课堂教学有纪律这个重要原则,严肃处理公开攻击党的领导、攻击社会主义制度、歪曲党史国史、造谣生事的言行,着眼于团结和争取大多数,有理有节地开展舆论斗争;对境内外敌对势力的意识形态渗透,必须始终保持高度警惕、加强防范,决不掉以轻心、听之任之。

建立健全意识形态建设和管理的长效机制。在新的时代条件下,以网络和移动网络为载体的新兴媒体日益成为思想、信息和社会舆论的主要集散地,尤其是微博、微信等社交媒体的兴起,使社会舆论形成、发展的内在机制和基本形态都发生深刻变化,一幅"人人都是通讯社""人人都是麦克风"的社会图景已经呈现在我们面前,高校思想活跃,师生有着很强的话语能力,社会化媒体的影响就更大。这迫切要求我们通过理念、手段和基层工作创新,有效应对新挑战,增强主动性、掌握主动权、打好主动仗。高校各级党组织和领导班子要经常分析意识形态领域的形势,加强对师生思想动态的信息掌握和分析,建立一套完整的舆情收集、整理、分析和报告机制,及时发现倾向性、苗头性的问题,管好导向、管好阵地、管好队伍。加强国家安全教育,加强国家观和民族团结教育,依法加强对境外资金和非政府组织资助的监管。加强校园网络安全管理,强化高校课堂教学纪律,完善宣传思想阵地管理制度,建立形势报告会和哲学社会科学报告会、研讨会、讲座、论坛一会一报制,不给各种错误观点在校园传播提供渠道。完善意识形态领域重点对象工作制度。把意识形态工作结合其他实际工作一道去做,既讲道理又办实事,在为师生办实事、办好事的过程中凝聚和教育师生。

在团结凝聚广大师生为实现中华民族伟大复兴的中国梦奋斗的进程中,高校宣传思想工作肩负着高举旗帜、凝魂聚气的崇高使命,我们要切实增强政治意识和责任意识,结合实际认真贯彻落实中央的精神,为学校人才培养和科学发展提供有力的思想政治保证,创造良好的舆论氛围,凝聚强大的精神力量!

北大的情怀
——在北京大学2015年毕业典礼上的讲话

林建华

（2015年7月）

各位嘉宾，老师们、同学们、朋友们：

大家上午好！

今天是同学们一生中非常特别、非常重要的日子，你们将告别母校，踏上新的征程。作为校长，我祝贺你们，从北京大学这所伟大的学校顺利毕业，也为你们更精彩的明天祝福。

当初，你选择了北大，北大选择了你，那是一个激动人心的选择，从那时起，我们就拥有了共同的情怀。在北大的岁月里，我们一起欢笑过也心痛过，付出过也挣扎过，希望过也失望过，但却从未后悔过！回头望过去，这些喜怒哀乐，这些拼搏奋斗，都是通往未来的历练和基础。

今天，你们就要毕业了，又是一个激动人心的选择和转变的时刻！我们都感恩北大，但我希望你们记住，北大给予了你知识，给予了你能力，却不能代替你安排未来。未来需要你自己去探索，去适应，去质疑，去挑战，去创造！只有你自己，才能真正对自己的未来负责，也只有你们，才能够对北大的未来、中国的未来负责。

人们常把毕业典礼比作在大学的最后一堂课。作为一个"老北大人"，在分别的时刻，除了祝贺与祝福，我还非常希望，与你们一起分享几位北大人的故事。我知道你们喜欢微电影、微视频，我也试着做了一个。我希望大家从他们的经历中，看到并记住作为一个北大人所应有的家国情怀。

她叫樊锦诗，1963年从北大历史学系毕业，去了敦煌，在敦煌研究院做了几十年的院长，刚刚卸任，成为荣誉院长。52年前，也是毕业季，也是在燕园，这位来自上海、美丽、聪慧的毕业生，收到了一封家书，反对她去敦煌工作。她还是坚持去了，原因很简单，"已经答应了"。这一去就是五十多年。半个多世纪以来，这位"敦煌女儿"，无论条件多么艰苦、世间风云如何变幻，一直守护着丝绸之路上的人类宝贵遗产，一直探寻着中华文化千古之谜。今天，作为世界著名的敦煌学者，她依然坚守在漫天黄沙的大漠深处。"同意去敦煌"，这一声轻轻的承诺，承载了一位北大学子半个世纪的社会责任和学术理想。

他叫张益唐，北大数学系78级学生，普渡大学博士。他自幼热爱数学，认为数学是美丽的，值得一生投入。张益唐的学术生涯艰辛曲折，一度曾没有固定工作。当他对孪生素数猜想做出巨大贡献、轰动全球数学界时，他已经五十多岁了，还只是美国一所大学的普通讲师。无论生活多么艰难，他对数学的梦想和热爱，与儿时一样，依然那么纯真、那么圣洁，从未改变。2014年，张益唐获得了麦克阿瑟天才奖，这个大器晚成者的获奖感言是：不要盲目崇拜权威，要敢于挑战传统，对那些别人说不可能做到的事，要勇于探索，如果真正热爱，就永不放弃。

她叫吕植，1981年就读于北京大学生物学系，是北大保护生物学教授，NGO组织（山水自然保护中心）的创始人之一。很多年前，校园中就流传着她的故事。从读书时开始，吕植就跟随潘文石老师的团队，在茂密的原始森林中，风餐露宿，绿野追踪，进行大熊猫的研究和保护。她用出色的文章和鲜活的图片呈现出了对自然的热爱、对环境的思考，被称为"一位保护人类未来的女科学家"。在北大、在荒野，她改变了自己看待世界的方式，也深深影响了其他人看待世界的方式。

他们，都是普普通通的北大毕业生，他们的故事，一定会发生在今天毕业的同学们中间。这些故事告诉我们：要坚守承诺、执着追求，要敬畏自然、担当责任。一辈子很长、也很短，眨眼之间就是三十年、四十年、半个世纪，人生的精彩，也就在这执着的选择和坚守之间。

北大，从来不只是一所学校，她是几代中国知识分子的精神家园，是人们心中的图腾，寄托着民族的未来和希望。在这里，草地、湖水、山石、垂柳，都承载着动人的故事，润泽着一代又一代人的青春梦想。北大，是新思想不断萌发和成长的学术殿堂，在这里，学者大师们为民族振兴、为人类文明的进步呕心沥血，他们不灭的激情、不变的赤诚，塑造了北大，也激励着后来的北大人。北大，是探求真理、追求理想的圣地，从这里，人们开始塑造自己的人生，并用一生去理解、去实践：对责任的忠诚，对批评的坦荡，对创新的执着，对竞争的平和。北大，是我们心中永远的谜，每个在这里学习和生活过的人，都会在共同的经历中，揭开属于自己的谜底。

一位没有留下姓名的同学曾写下了这样的留言："如果生命是棵生长的树，青春就是开花的时节。如果一些人活着是在追寻肤浅的表象，是为世俗的浮华，是为心理与生理的需求，那么，这儿有人真正地生活过，他明白所有问题的答案。"

同学们，从明天开始，你们中的很多人将离开校园，进入真正的现实社会中。中国的崛起，给予了你们这代人无限的机遇，你们有广阔的舞台来施展才华。与此同时，在纷乱嘈杂的虚拟和现实世界中，也很容易迷失方向，失去自我。我相信，北大不仅给予你知识、能力，更给予你价值和情怀，能为你带来心灵的平静，帮助你守正创新，走正道、扬正气，成为引领未来的人。

又一年盛夏，又一番别离。高高的博雅塔，凝望着一代又一代的北大学子，这是默默的祝福，深深的期待。

祝福你们！再见！

"亢慕义斋"犹在，红楼钟声长鸣

朱善璐

《光明日报》（2015年8月25日第14版）

北京大学校史馆里，有一张令人感慨万千的照片：一群英俊的青年，以一棵蓬勃生长的大树为背景合影，其中个子高高的就是毛泽东。

那是1920年1月18日，毛泽东、邓中夏等人在北京陶然亭慈悲庵的合影。当时的毛泽东正在北京大学图书馆工作，而邓中夏则就读于北京大学的国学门，那时的他们，经历了时代的大浪淘沙、思想的勇猛精进，刚刚成为马克思主义者，是北大和中国第一批马克思主义者。

在北大图书馆里，还珍藏着一份同样令我们感慨万千的"北大月刊"，就是这份94年前（1921年11月17日）的月刊，刊登了"马克思学说研究会"的成立启事。研究会由李大钊组织发起，成员有邓中夏、高君宇、刘仁静、何孟雄、朱务善、罗章龙、张国焘等19人，马克思学说的思想魅力，把这些来自北大不同学科的先驱者凝聚在一起。他们一起阅读马克思，努力地在学习与寻找中读懂马克思，他们还把一起研读的小屋命名为"亢慕义斋"。"亢慕义"，取义于"共产主义"的译音，"亢慕义斋"这个名字，把博大精深的马克思主义学说与中国文明的典雅简洁结合在一起，"红楼雪晴读书窗"，思之令人神往。

习近平总书记在北大看到这份启事时，十分感慨地说："追根溯源，看来源头在这里啊！"

"大学是一个研究学问，追求真理的地方"，而百余年前北京大学初创的时候，中国与世界面临的局面究竟是怎样的呢？海涅曾经说过，德国所面临的最大的贫困，乃是思想、理论与知识的贫困，海涅将之称为"德意志贫困"，而法国的哲学家路易·阿尔都塞则说，法国也面临着同样的"法兰西贫困"。青年时代的毛泽东则说，当时的中国所面临的，也正是这样的贫困，中国的积贫积弱，就深刻地反映为思想、理论和知识领域中的贫困。正是为了改变这种巨大的贫困，我们的前人才在"亢慕义斋"集合起来，俯身埋头，一字一句，老老实实、如饥似渴地开始研读马克思。

这张照片、这则启事告诉我们：欲改造中国与世界，必先扫除思想、理论和知识的贫困状态。只有根深才能叶茂，只有在丰厚的思想、理论和知识的沃土里，生活与生命之树才能长青。而这张照片、这则启事仿佛在给我们讲述一个成长的故事：一个国家、一个民族、一代青年、一个新世界的成长，如同那棵蓬勃向上的大树。

"五四"时代，无疑是中国历史、北京大学历史上一个重要的思想解放时期，但也如鲁迅所指出的那样，它同时带来的却是"梦醒了无路可走"的彷徨与苦闷。既有的思想、理论和知识体系的崩溃和瓦解，固然使人们获得了一时之自由，但是，若把"人类解放"混同于一无所有的"自由"，那却不过是一种不能维持多久的年少轻狂。实际上，思想和知识崩溃所造成的泥沙俱下、一盘散沙的状态，远不是"解放"，而是另一种贫困的状态。

正像青年毛泽东由理学和心学，由泡尔生的唯意志论、无政府主义思想最终走向了马克思主义科学学说一样，"五四"一代的成长历程，体现了一代又一代中国有志青年、一代又一代北大人思想发展的轨迹和进路，体现了中国现代思想发展的普遍规律，体现了北京大学历史发展的基本线索。

其实，就像"五四"时代的中国人向西方去追求真理一样，青年时代的马克思也曾向普鲁士的"西方"——英国和法国追求真理。马克思认真研读了法国的社会学和英国的政治经济学，并用这些"先进的思想"去批判和改造德国古典哲学。而当1843年，马克思来到西欧，亲身体验了活生生的资本主义社会和无产阶级的斗争之后，他进一步对法国的社会学和英国的政治经济学进行了深入的分析与批判。正是通过对

"落后的东欧"与"先进的西欧"的双重批判,马克思认识到:人不能通过"思想观念的解放"获得解放,人是"社会关系的总和",因此,只有通过科学地研究分析人们所身处的生产关系、社会关系、文化意识形态关系,并加以改造,人们才能获得解放。从此,马克思把他的学说建立在对人类社会关系的全面、细致、科学的分析之上,从而发明了从物质生产、社会再生产、意识形态的生产活动之间的矛盾复杂互动中,去揭示人类社会发展规律的科学学说,这在人类思想和知识的历史上是第一次,而马克思主义的诞生,为现代社会科学和人文科学奠定了基础,为人类解放指出了科学的方向。

我们的北大前人同样也是这样:他们通过对旧中国和当时先进的西方的双重批判,告别了将"人类解放"等同于"思想和观念解放"的简单见解,从而走向了马克思主义的科学学说,走向了现代社会科学和人文科学。青年毛泽东说,必须在批判"西学"与"旧学"的基础上,去创立"新学"。历史证明,这种"新学"就是马克思主义,更准确地说,便是马克思主义的中国化。自从找到了马克思主义,中国就此结束了思想、理论和知识的贫乏状态,就此结束了思想、理论和知识上软弱无力、一盘散沙的状态,多少中国少年从此胸中有了灯塔,身心有了依托,奋斗和牺牲有了方向。"红楼飞雪,一时多少豪杰",我们的前人正是从"亢慕义斋"的研读中走来,一步步地为百年中国,建立起道路自信、理论自信和制度自信。

习近平总书记指出:"建设富强民主文明和谐的社会主义现代化国家,实现中华民族伟大复兴,是鸦片战争以来中国人民最伟大的梦想,是中华民族的最高利益和根本利益。"而我们要实现这样伟大的梦想,要做这样前无古人的事业,就必须像我们的"五四"前人那样,系统地研究和总结人类既有的一切优秀思想文化遗产,科学地回答中国从哪里来、到何处去,回答人类社会向何处去这个关键的问题。马克思主义对我们而言之所以是安身立命的根本,就是因为这一学说科学地揭示了人类社会发展的历史规律,正确地揭示了中国社会发展的科学规律。

中国进步的知识分子之所以在马克思主义的传播与发展过程中起到了重要作用,就是因为马克思主义不但是当今世界最进步的政治学说,是指导社会实践的正确方法论,而且是现代哲学社会科学、人文科学和自然科学的基础。现代中国的政治和社会改造是从学习和运用马克思主义开始的,而中国的现代思想、理论、知识和学术体系、学科体系的建设,同样也是从接受和学习马克思主义起步的。因此,法国共产党人、马克思主义理论家路易·阿尔都塞的话,今天读来依然令我们警醒,他说:"如果我们不能在思想、理论和知识上保卫马克思,也就不能在政治上保卫马克思。"而在

思想、理论、知识和学术上保卫马克思的第一步——也是最重要而关键的一步,便是认认真真、老老实实、原原本本地阅读马克思的著作。

要做一个马克思主义者,首先必须做一个马克思的读者。

北京大学是最早在中国传播马克思主义和民主科学思想的基地,也是中国共产党的早期活动基地。近百年前,以李大钊、陈独秀、毛泽东为代表的北大优秀师生,就是第一批在中国阅读马克思著作、传播马克思主义的先行者和播火者。"雄关漫道真如铁,而今迈步从头越",抚今追昔,今天的北大人,必须以勤奋的学习、扎实的学术工作,发扬这个传统,继承这个前赴后继、继往开来的事业。

马克思主义是世上最博大精深的学问,要读懂马克思的伟大,必须像习近平总书记所指出的那样,"下得苦功夫,求得真学问"。今天,北大的青年学者韩毓海教授写出了《伟大也要有人懂:一起来读马克思》,这本书体现新一代北大人成长的心路和思想历程,体现了北大人在学习、研究和实践马克思主义学说时所做出的新的尝试、新的努力。在马克思主义学说传入中国百年后的今天,这本书的出版具有标志性意义,它表明北京大学的百年信念与追求没有变,它表明在探索真理的道路上,北大人前赴后继,初心不改。这本书的出版之所以具有标志性意义,更是因为它向世人表明:"亢慕义斋"犹在,红楼钟声长鸣,这本书虽小,却是今天的北大人向时代和历史交出的一份优秀的答卷。

这本书告诉大家一个重要的、但在当下却经常被人忽略的真理:马克思是人类最伟大的思想家。马克思主义是人类社会科学的基础,是打开包罗万象、精彩纷呈的人类知识宝库的金钥匙。马克思主义提供了社会科学的基本框架,有了它,知识就能站立起来;丢了它,就丢掉了安身立命的根本。因此,我们必须像习近平总书记要求的那样,老老实实读原著,"要把系统掌握马克思主义基本理论作为看家本领"。

为什么要强调老老实实地读原著呢?我个人认为,这就是因为阅读马克思,最忌功利主义、实用主义的态度。什么叫功利主义、实用主义的态度呢?这也就是习近平总书记所指出的"不要顺利的时候,看山是山、看水是水,一遇挫折,就怀疑动摇,看山不是山、看水不是水了"。这就好比——只有当美国爆发了金融危机,一些人才放马后炮说"马克思的理论都应验了",而一旦危机过后,同样的一些人,或许又会重弹他们"马克思早就过时了"的老调。

我以为,学者治学的最为可贵之处,就在于脚跟立得住,路子走得正,不跟风、不摇摆、不心浮气躁、不朝三暮四,特别是能够以默默的、持续的工作,影响和带动青年学生从阅读经典原著出发,一步一个脚印地往

前走，迈稳步子、夯实根基。而这就是学者的责任：对前人的责任，对后人的责任；而我以为这也是教师的责任：以真理的魅力引导学生的心灵，以学术的造诣开启学生的智慧之门。

马克思是中国的，也是世界的。自 20 世纪 70 年代至今，从路易·阿尔都塞的《保卫马克思》和《读〈资本论〉》、雅克·德里达的《马克思的幽灵》、日本思想家柄谷行人的《马克思，其可能性的中心》，到 2014 年风靡西方世界的托马斯·皮凯蒂的《21 世纪资本论》，马克思一直引领着当代西方哲学社会科学发展的方向。马克思主义的基本论断，在当今世界具有强大的生命力和感召力，而马克思主义中国化、中国特色社会主义理论国际化，乃是当前社会科学研究需要努力的重要方向。我很高兴地看到《伟大也要有人懂：一起来读马克思》这本书，不但在国内读者中产生了很好的反响，而且这本书也被美国引进，英文版已经在国外成功发行。这一实绩，既体现了光明日报出版社和中国少年儿童新闻出版总社、当代中国出版人脚踏实地、开拓创新的使命担当，更体现了今天的北京大学立足中国大地、面向世界一流的办学方针，体现了新一代北大学者追求真理、守正创新、严谨求实的卓越学风。

马克思主义闪耀着真理的光芒，更洋溢着青春的激情。马克思在写作《共产党宣言》时只有三十岁，而中国第一组系统地介绍马克思主义学说的文章，就发表于 1919 年的《新青年》杂志 6 卷 5 号，即著名的"马克思研究专号"上，其中就包括李大钊的《我的马克思主义观》。它鼓舞了一代又一代有志青年"以青春之我，创建青春之家庭，青春之国家，青春之民族，青春之人类，青春之地球，青春之宇宙"。当年，那些"一起来读马克思"的北大先驱者也不过是二三十岁的青年，而作为追求真理和进步的北大精神的代表，正是 90 年前的他们，为阅读马克思做出了开创性的探索和贡献。而今，北大年轻的学者再一次投入和广大读者一起读马克思的工作中，"鬓雪飞来成废料，彩云长在有新天"。

年年后浪推前浪，江草江花处处鲜"，这令人感慨，令人激奋，也令人深思。

习近平总书记指出："青年的价值取向决定了未来整个社会的价值取向，而青年又处在价值观形成和确立的时期，抓好这一时期的价值观养成十分重要。这就像穿衣服扣扣子一样，如果第一粒扣子扣错了，剩余的扣子都会扣错。人生的扣子从一开始就要扣好。"《伟大也要有人懂：一起来读马克思》一书的特点是：以平易的叙述、典雅的语言和创新的思索，结合当前中国与世界所面临的问题，带领读者重新阅读了马克思的经典著作，提出了一系列发人深省的见解。这本书篇幅不长，但思想的容量很大，没有空话、套话和假话，作者以思想和真诚感染了读者。这本书也得到了广大读者、特别是青年读者的喜爱，而对于一个教师而言，没有什么比自己的教学研究成果得到青年人喜爱更值得高兴的事情了，对于一个北大教师而言，没有什么事情，能够比继承前辈的光荣传统，在传授知识中向青年一代传播真理之火和进步向上的价值观更重要的了。

中国已经发展起来了，但是，我们绝不能忘记那个思想、理论和知识贫困的时代，我们更不能堕入物质上丰富而精神上贫困的境地。人类的发展需要思想，社会的进步需要精神，英勇的探索需要理论，当代的青年需要抱负。"行百里者半九十"，我们要坚定不移地走自己的路，就必须保持思想战略上的定力和坚定的信念。而马克思主义科学真理的光辉从未因时间的流逝而消减，它的磅礴力量在召唤着我们，告诉我们什么是底气，什么是定力，马克思主义和中华优秀文化，就是我们的底气和定力的源泉。

借此机会，我真诚地期待越来越多的北大人，能够坚定自觉与自信，坚守信念和信仰，以扎扎实实的教学、研究和写作，把"爱国、进步、民主、科学"这一在五四运动中形成的核心价值，镌刻在自己和青年学子的灵魂里，到学生中去，到青年中去，到广大读者中去，做真理的播火者。

积极推进综合改革　充分发挥大学创造潜力

林建华

《中国高等教育》（2015 年第 19 期）

高等教育的改革发展状况，长期以来是全社会关注的热点。对于这一问题，我有两点突出体会：一是办大学、办教育有一些基本的价值、理念、观点和原则，我们必须坚持，因为只有守正，才能真正创新；二是过去我们一直在学习国外，借鉴其他国家的经验，现在我们应该探讨怎么去走出自己的路。结合北京大学正在进行的综合改革，我谈几点自己的思考。

历经 30 多年发展中国高等教育迎来黄金时期

过去 30 多年可以分为几个时期。第一个是恢复高考后的十年，按照现在的标准，当时大学属于教学

型,大部分教师从事科研比较少,形成了非常良好的教学文化传统,并且培养出了一大批优秀人才。第二个十年,从1989年到1999年,这个阶段是中国大学非常困难的一个时期,此时国家经济体制正在从计划经济向市场经济转型,教师群体经济和物质的匮乏,导致了很多危机。第三个阶段从2000年开始,或者说从1998年的北京大学百年校庆开始,中国高等教育进入了高速发展的时期,大学的整体水平和学术影响力大幅提升;当然在这样一个黄金时期,危机也还是仍然存在,比如教学质量、教育公平,等等。

以北京大学为例,回顾近年来的发展建设,我们始终走在全国高校的前列,坚持以队伍建设为核心,以交叉学科为重点,以体制机制创新为动力来推进学校的全面发展。具体来看,学校始终以人才培养为核心,在教学改革、课程建设等方面进行了大胆探索、获得多项奖励,毕业生在各行各业也取得了很好的成绩;基层学术活动呈现出良好气象,学者的思想深度及学术胸怀保持了很好传统,这一点从论文水平和科研成果排名中可以得到体现;此外,服务地方社会经济发展的整体布局基本形成,国际交流交往日益活跃,学校资源保障水平也取得明显进步。2014年完成的《北京大学章程》《北京大学学术委员会章程》等一系列制度设计,为学校下一阶段发展奠定了很好的制度基础。

明确高等教育及大学自身的基本目标与基础理念

经历了30多年的探索,在自身基础和外部环境都有了较大变化的情况下,我们应该如何谋划学校下一步的发展?我认为,最关键的是要明确高等教育和大学自身的健康、可持续发展建设的基本目标和基础理念,在此基础上形成科学合理的发展规划,走出自己的路。

关于基础目标,我们需要反思国家和民族最需要北京大学做什么。第一,我们要培养能够引领未来的人,在未来能够引领国家和民族发展的人。第二,北京大学应该成为中国高等教育未来发展的引领者。百年校庆时北京大学提出创建世界一流大学的目标,并直接推动国家启动了"985工程"。那么今后我们应该怎么去引领呢?在学术科研上,国家和民族最需要我们做的,是引领中国的思想理论,包括中国赖以生存、赖以发展的基本思想理论,引领中国科学技术的发展方向,解决人类发展的重大问题等。

关于基础理念,最为核心的是如何评价一所学校的发展水平,这直接影响师生的思想行为观念。其实,我们判断一所大学并不难,你只需要到学校去看一看,感受这所学校整体的学术环境和学术氛围,你只需要和那里的教师聊一聊,那么就能对这所学校有一个基本的判断。我们的教师是不是在宽松自由的学术氛围中努力工作;我们的学生是不是以兴奋的状态求知求学,这些因素实际上构成了世界一流大学最重要的因素。虽然我们目前已经在多项评估上取得了很好的成绩,但仍然存在不小的差距,还需要继续努力。

在实施层面,北京大学应该怎样发挥基础目标和基础理念的导向作用呢?我们在进一步加快世界一流大学建设步伐的过程中,要特别关注两个维度的影响力。一个是学术影响力,这可以通过人才培养和科学研究来实现;另一个是社会影响力,也就是学校对中国和世界发展进步的贡献。关于后者,其构成至少包括:对社会经济发展有贡献,对人类思想启迪有影响,对重大科学技术发展有推进。这些影响主要是从我们的教育、我们的毕业生、我们的教师和学生的科学研究而来。而且需要看到,毕业生是成百倍成千倍地去放大我们的影响力的。所以,一个大学最重要的目的,应该是培养一代又一代的新人。

建设良好的制度文化来实现坚持学校的价值导向

趋利逐利是当前中国社会真实存在的一种倾向,这对大学价值观的侵蚀非常严重。追求利益,对社会来讲是正常的,也是可以理解的;但是教育工作者绝不能急功近利,片面追逐短期效益,而是应该具备理想情怀。我们应该传递的是一种追求真理、宁折不弯的知识分子的风骨,我们应该把这样的精神价值传递给我们的学生。结合现实,大学必须有一个边界。在边界位置,我们需要和社会进行互动;但是在大学内部,师生群体要有对学术的真诚和尊严,要坚持道德的底线。如何实现和坚持这种价值导向,最为关键的是要有良好的制度文化来支撑,学校的价值和文化只有通过制度建设才能够真正落地,才能够真正为大家所接受,才能够真正成为师生行为的默认值。

我们需要仔细审视现有的评价体系、制度体系是不是真正符合一所大学所追求的价值观和价值导向,其中对重点方面更需要认真考虑。一是管理构架和运行机制要以学生为本、以教师为本;二是评价体系应当贯彻、符合大学的价值观导向;三是资源调配体系需要紧扣高校人才培养的核心使命。我们一定要树立起清晰的价值导向——大学是培养人和实践人类创造的场所,师生必须严守学术独立和学术尊严,应以坚持和追求真理为使命。

目前我们正在积极推进学校综合改革,这实际是做好制度文化建设的有利契机,通过一系列的改革,努力实现师生个体与各个基层组织创造潜力的充分发挥。大学管理是一项复杂的系统工程,充分依赖于个人和基层组织的创造活力,也就是每个人的主动性。因此,大学管理所追求的境界,应该是充分释放师生群体的创造力和积极性。大学要协调发展,归根结底是要靠共同的愿景、共同的使命、共同的文化,靠这种愿景、使命和文化让大家能够协调起来,这也是制度文化

的实践价值所在。因此,我们要树立清晰的价值导向,关注管理的政策和措施之间的高度协同,使每一个岗位有明确职责、每一个人都有清晰的职业发展路径、清楚自己怎样做才是学校所期望的,各司其职、分工协作,构成一个顺畅运转的"齿轮箱"。只有这样,学校才能够真正和谐、真正发展起来。

人才培养要真正做到以学生发展为中心

大学对国家的最大贡献是优秀的人才,毕业生的成就是大学声誉最重要的来源。可以这样说,没有任何一所人才培养质量不高的大学能够成为世界一流。因此,中国大学要想成为真正意义上的世界一流,提高人才培养质量非常关键,这也构成大学一切活动的价值基础。正是因为人才培养,才要求教师要有更高的道德和价值追求;正是因为人才培养,才要求大学一定要坚持真理、要为坚持真理而鼓励争论;正是因为人才培养、特别是培养未来的领导者,才要求大学要具有多元文化,引导学生能够跨文化地思考问题;也正是因为人才培养,更加要求大学要有合理的学科布局、高水准的学术队伍。人才培养的特殊职能,使得高校与科研院所、公司、工厂具有巨大区别,大学需要考虑学科、考虑文化等因素,价值基础也发生变化。

我们有优秀的学生群体,其内生性要求多样化的发展,这就需要院系不能仅仅关注学生的学业水平,更要关注学生多样化发展的需求,真正做到以学生发展为中心。考虑到当前社会转型发展对于人才需求的多重复杂性,我们需要改变以学科和知识为中心的传统观念,改变以教师讲授为中心的教育方式,将知识与素养共同作为学生成长成才的评价指标,教学、科研、管理、服务等不同单位都是人才培养的责任主体。

在专业教育模式的阶段,围绕人才培养改革我们已经进行了很多探索,比如文理科实验班后期,各个院系积极推进专业教育和通识教育的结合,元培学院正是在这一时期建立的。目前,教育体系越来越多样化,这一背景下我们需要考虑跨学科专业设置、拔尖学生培养实践等重要问题,要把主要精力真正放到人才培养工作中去,启迪学生智慧,激发学生潜力。在这一过程中,所有教职员都是学生的心灵媒介,应当帮助学生去追求去学习伟大知识,引导学生去感受去认知社会发展。

学术发展与学科建设的着力点是营造教学和学术文化

我们应当更为关心基本的思想、基本的理论,包括如何引领中国社会发展、如何应对人类共同挑战的基本问题和基本思想。需要思考,多年以后历史能记住我们在哪些领域的贡献?由此我们要为国家发展解决哪些问题?这些问题是我们未来在学术发展和学科建设上需要重点考虑的。

学术发展和学科建设的主要着力点,仍然是营造良好的教学和学术文化,以及交叉合作的体制机制。首先,学校将着力增强基础学科的综合实力,特别是会注重稳固人文和社会科学的基础地位。其次,学校还将继续在交叉学科领域建立新的增长点。过去十多年,我们坚持以交叉学科为重点,有力推动了学术发展与学科建设,并且在高校范围内形成了自身特色,这些好的传统将继续坚持。

人事制度体系建设是学校综合改革的重要内容

从学校目前情况看,队伍建设和人事管理"新旧标准并存、薪酬体系不一",从发展趋势来看,围绕风险控制需要积极推进人事制度体系建设的改革,目前已经明确将人事制度体系建设作为学校综合改革的重要内容。未来目标是要建立统一的人事管理体系,建立以基本年薪、绩效为基础的薪酬体系,逐步实现学术评价的并轨。

人事制度体系建设是一项复杂的系统工程。现实问题头绪繁多,包括如何调动资源、如何利用资源、如何实现统筹与分权的结合。此外,目前基本人员编制核定的依据是基本教学任务,今后将如何体现科研贡献、如何处理科研资源与编制关系、如何保障基础学科的发展、又如何鼓励应用学科拓展资源?我们将动员全校力量来共同推进,对于重点问题尤其要抓紧研究落实。

北 大 概 况

2015年发展概况

北京大学创办于1898年,初名京师大学堂,是我国第一所国立综合性大学,也是当时中国最高教育行政机关。辛亥革命后,于1912年改为现名。

作为新文化运动的中心和五四运动的策源地,作为中国最早传播马克思主义和民主科学思想的发祥地,作为中国共产党最早的活动基地,北京大学为民族的独立和人民的解放、国家的建设和发展、社会的文明和进步做出了不可替代的贡献,在中国走向现代化的进程中起到了重要的先锋作用。爱国、进步、民主、科学的传统精神和勤奋、严谨、求实、创新的学风在这里生生不息,代代相传。

1916年底,著名教育家蔡元培出任北京大学校长,他"循思想自由原则,取兼容并包主义",对北京大学进行了卓有成效的改革,促进了思想解放和学术繁荣。陈独秀、李大钊、毛泽东以及鲁迅、胡适等一批杰出人才都曾在北京大学任职或任教。

1937年卢沟桥事变后,北京大学与清华大学、南开大学南迁长沙,共同组成长沙临时大学。不久,临时大学又迁到昆明,改称国立西南联合大学。抗日战争胜利后,北京大学于1946年10月在北平复学。

中华人民共和国成立后,全国高校于1952年进行院系调整,北京大学成为一所以文理基础教学和研究为主的综合性大学,为国家培养了大批人才。据不完全统计,北京大学的校友和教师中有400多位两院院士,中国人文社科界有影响的人士相当多也出自北京大学。

改革开放以来,北京大学进入了一个前所未有的大发展、大建设的新时期,并成为国家"211工程"重点建设的大学之一。1998年5月4日,在北京大学百年校庆之际,国家主席江泽民题词:"发扬北京大学爱国进步民主科学的优良传统为振兴中华做出更大贡献",并在庆祝大会上发出了"为了实现现代化,我国要有若干所具有世界先进水平的一流大学"的号召。北京大学积极响应,适时启动"创建世界一流大学计划"("985计划"),自此开启了北京大学建设发展的新篇章。

2000年4月3日,原北京大学与原北京医科大学合并,组建了新的北京大学。原北京医科大学的前身是国立北京医学专门学校,创建于1912年10月26日,并于1946年7月并入北京大学。1952年在全国高校院系调整中,北京大学医学院脱离北京大学,独立为北京医学院。1985年更名为北京医科大学,1996年成为国家首批"211工程"重点支持的医科大学。两校合并进一步拓宽了北京大学的学科结构,为促进医学与人文社会科学及理科的结合,改革医学教育奠定了基础。

近年来,在"211工程"和"985工程"的支持下,北京大学进入了一个新的历史发展阶段,在学科建设、人才培养、师资队伍建设、教学科研等各方面都取得了显著成绩,为将北大建设成为世界一流大学奠定了坚实的基础。今天的北京大学已经成为国家培养高素质、创造性人才的摇篮、科学研究的前沿、知识创新的重要基地和国际交流的重要桥梁和窗口。

2015年,北京大学设56个直属院系。开设本科专业121个,覆盖文、理、医等11个学科门类。全校有48个博士学位授权一级学科点、50个硕士学位授权一级学科点、225个博士点、261个硕士点、18个国家重点学科(一级)、25个国家重点学科(二级)、3个国家重点(培育)学科,以及47个博士后流动站。全年博士后研究人员在站1043人,累计进站6195人。有11个国家重点实验室、2个国家工程实验室、2个国家工程研究中心、113个省部级研究院(所、中心、重点实验室)、5所附属医院、14所教学医院。在职教职工20916人,其中专任教师6963人。有教授2221人、副教授2202人,中国科学院、中国工程院院士87人,"长江学者奖励计划"特聘教授和讲座教授189人,973项目首席科学家92人,国家杰出青年科学基金获得者214人。毕业生23235人,学历教育学生中全日制研究生6637人(博士生1787人、硕士生4850人),普通本专科生3450人(本科生3250人、专科生200人),成人教育本专科生2349人(本科生2349人),网络教育本专科生10799人(本科生8170人、专科生2629人)。招生26907人,学历教育学生中全日制研究生7982人(博士生2427人、硕士生5555人),普通教育本专科生3675人(本科生3675人),成人教育本专科生2616人(本科生2616人),网络教育本专科生12634人(本科生8754人、

科生3880人)。学历教育学生中全日制研究生24875人(博士生9937人、硕士生14938人),普通教育本专科生14839人(本科生14837人、专科生2人),成人教育本专科生9917人(本科生9917人),网络教育本专科生50250人(本科生38904人、专科生11346人)。本科毕业生就业率95.93%。留学生毕业2833人,招生2986人,在校3613人。图书馆建筑面积67462 m^2,图书馆藏书938.32万册。校园占地面积为2741118 m^2,校舍建筑面积为2401608.71 m^2,固定资产总额1173048.43万元,其中教学科研仪器设备资产为495180.72万元。

2015年是北京大学全面深化综合改革的"开局之年",是实施"十二五"规划的"收官之年",也是筹备启动"十三五"规划并向着"2018阶段性目标"加速冲刺的关键一年。学校进一步统一思想、凝聚共识,深刻领会党的十八届三中全会关于全面深化改革和四中全会关于全面推进依法治国的重大战略思想,认真贯彻落实五中全会精神,按照中央和上级的部署和要求,集中全校力量和智慧,加快推进学校的综合改革。集中力量,重点从教育教学改革、人事制度改革、管理架构改革三个方面入手,谋篇布局、统筹协调、扎实推进,取得了阶段性成果。

一、人才培养

北京大学始终坚持立德树人在学校各项工作中的中心地位,围绕深化教育教学改革、提高人才培养质量和推进教育管理创新开展了大量成效显著的工作。

本科方面,教育教学改革进一步深化,"基础学科拔尖学生培养试验计划"和人才培养基地建设稳步发展,通识教育核心课程体系建设取得了长足进展,医学人才培养体系创新实现了新的突破。"小班课教学"实验不断推进完善,春季学期共16个院系在26门课程上开展"大班授课和小班研讨"相结合的"小班课教学"模式。同时,学校从学生人格素养、专业能力、思维能力、创新能力等各方面入手调查本科毕业生培养质量,进行评估,全面反馈本科培养效果,为之后的改革积累重要参考。本科招生工作保持良好势头,自主招生改革顺利完成,生源质量稳步提升。

研究生方面,继续贯彻落实"稳定规模、优化结构、分类培养、提高质量"的工作思路,改革培养模式,积极推进中外联合培养研究生、与科研院所联合培养研究生、校内相关院系合作培养研究生等试点工作;继续实施"研究生教育创新计划",加强研究生学风建设,加强研究生导师队伍建设,学生创新能力不断提升。

2015年"北京大学在职专任教师教学现状及其发展调研报告"显示出全校教学水平和教学能力明显提升,成果丰硕。截至目前,北京大学共有国家级教学名师17人,北京市教学名师69人(72人次);国家级精品课90门,北京市级精品课87门;国家级教学团队14个,北京市级优秀教学团队16个;国家级特色专业建设点37个,北京市级特色专业建设点30个;获得国家级教学成果奖共计71项。

二、师资人才队伍建设

2015年,北京大学重点开展了三项人事制度改革相关工作,包括:完成《教师手册》的初步编写,为教师队伍建设提供了制度保障;继续稳步实施以预聘制为核心的教学科研职位分系列管理制度,进一步研究了薪酬体系调整方案,筹备启动"博雅人才计划";发布《北京大学教职工处分暂行规定》,对教职工行为进行制度化规范,确保有据可依、有章可循。

同时,高端人才队伍建设扎实推进,重点开展院士增选申报工作,共有11名教授成为中国科学院院士增选初步候选人,2名教授通过了中国工程院院士增选第二轮评审。第十二批"千人计划"(含青年千人)候选人75人,推荐教育部2015年度"长江学者奖励计划"特聘教授和青年长江候选人158人,以及组织"万人计划"第二批"青年拔尖人才支持计划"候选人共31人参加教育部和中宣部的面试答辩工作。

三、学科建设与科学研究

北京大学继续加强学科布局的顶层设计与战略规划,进一步凝练学科方向,加大整合力度,优化结构布局,增强学科发展的前瞻性和前沿性,努力提升学科建设水平。在2015年U.S. News全球500所大学排名中,北京大学位列全球第41位,亚洲第二,中国第一。根据2015年全球学科排名情况,北京大学共有14个学科进入全球前100名(共划分21个学科方向)。在汤森路透"基本科学指标数据库"(ESI)中,北京大学有19个学科进入全球前百分之一(共划分22个学科方向)。这些数据显示,北京大学的学科整体水平在国内高校中处于领先地位,一批优势学科已经进入世界先进行列,个别学科已经达到世界一流水平。同时,学校还继续致力于完善学科体系,2015年上半年向教育部申请新增设置"整合科学"专业、"数据科学"专业、"能源与资源工程"专业、"工程结构分析"专业等四个重要专业。

针对《关于深化中央财政科技计划(专项、基金等)管理改革的方案》,学校重点加强改革前后的管理政策以及项目组织的衔接,举办系统的、针对性的培训宣传宣讲活动(1000余人次参加);同时积极向国家科技专家库推荐学校各类专家300余人次;密集组织重点研发计划项目研讨会40余次,遴选、推荐19项2016年重点研发计划优先建议书。完成2015年度国家自然科学基金的集中受理工作,全校共申请1651项,较2014年度增长3.25%。签订国际科研合作合同20项。

四、服务国家和社会方面

2015年,北京大学在社会服务方面工作继续保持快速发展势头,规模与层次不断提升。学校根据国家京津冀协同发展战略的整体部署,大力推进与天津、河北的合作交流,重点与天津滨海新区共建了大学生创业实训基地、科技创新平台以及医疗服务平台。在8月份救助天津港特大爆炸事件过程中,学校与滨海新区共建的北京大学滨海医院发挥了重要的作用,医学部的专业团队做出了重要的贡献。学校还与甘肃省签订了中国芯技术产业化框架协议,打造"中国芯"高新技术产业示范基地;与中国地质调查局签署了天然气水合物创新战略联盟合作协议,通过地质资料信息共享、地下矿产资源开发合作研究,牵引学校相关学科的建设;与宋庆龄基金会进行深入交流,加强双方在学生资助、学生两岸交流、人文体育和校园足球、青少年与妇女研究,以及定点扶贫等方面的合作,为学校从事社会公益事业争取更多的资源支持。各附属医院在服务首都、服务全国、探索医改新路等方面也有新的贡献和突破。

五、国际交流与合作方面

北京大学的国际交流和对港澳台地区的交流保持高速增长势头,2015年接待各类代表团111个。积极拓展国际交流视野,成功举办亚洲太平洋国际教育协会(APAIE)年会。继续加强与重点合作院校互访、拓展战略合作,加强重点伙伴交流关系,全面提升合作层次。积极参与国际大学组织,参与了包括"研究型大学国际联盟"(IARU)校长年会、东亚研究型大学协会(AEARU)第36届理事会会议等在内的多项国际大学组织活动,为学科建设、学术交流、人才培养提供了卓有成效的多边合作平台。积极构建国际化人才培养体系,进一步疏通学生出国交流访问渠道。留学生规模进一步扩大,招生渠道进一步拓展,生源结构进一步优化,单一国别生源比例首次下降到50%以下。继续推进"大学堂"顶尖学者计划,汇聚一批世界级顶尖学者。

六、财务和筹资工作保持平稳高效态势

2014年,学校事业发展资金需求量大、建设项目多。向教育部争取专项资金、严格预算执行等多种措施,保证了学校在肖家河项目、人员待遇改善、教学经费投入、基本运转保障、基础设施建设等方面事业发展的资金需求。

进一步完善学校多渠道筹资的体制机制。除努力提高科研经费收入和办学收入外,充分发挥校系两级积极性,广泛争取校友和社会各界支持。基金会2014年实现到账捐赠2717笔,总额达5.11亿元;新签署捐赠协议370余份,协议总额达15亿元。这些资金为学校的人才培养、师资队伍建设、教学科研等提供了有力的支持。紧密结合北大发展需要和筹资工作现状,制订了北京大学"2018筹资挑战计划",抓住120周年校庆契机,启动全校性大规模主题筹款运动。

七、校园建设和资源保障

学校基础设施建设继续保持高峰状态,总建筑规模达到了45万 m^2,各类工程达38项,是去年总建筑规模的一倍以上。其中,燕园校区新建和改造工程14项,建筑规模达到了14.6万 m^2。完成后勤综合楼建设,改善了后勤各部门的办公条件,提高了后勤综合服务能力,同时也为银行、邮局等基础性服务提供了稳定的场所。完成29—31号宿舍楼的建设工作,增加了学生住宿面积。完成俄文楼、静园1—6号楼、二体、勺园6号楼等的修缮工作。

此外,其他数十项相关工作也在有条不紊地推进过程中:环境科学大楼、生命科学科研大楼、景观设计学大楼、化学北楼等多项工程仍在紧张施工过程中。同时,化学学院E区大楼、南门4、5号楼、软件工程大厦、餐饮综合楼等多项学校重点工程也已进入审批、评估的关键环节。学校校园建设和资金保障方面工作继续保持高速增长,继续严格财务管理,规范财经行为,不断加大筹款力度,上半年争取到账社会捐赠2.55亿元,新签署捐赠协议6.3亿元,有力支撑了学校的正常工作和事业发展。

八、综合改革工作

2015年,北京大学开展了全面的综合改革,努力建立包容各方利益的制度、政策和管理体系,努力建设具有中国特色、北大特点的现代大学制度,逐步实现科学有效的资源配置,激发全校各个方面的创造力、积极性和发展活力。综合改革围绕大学"立德树人"的根本使命展开,坚持根本航向,通过结构调整、资源重组,充分调动基层组织和师生员工的积极性、创造性,凝心聚力,根据学校的发展目标和职能,"以点带面"式推进,集中力量、突出重点,系统地、有条不紊地解决体制机制问题。

学校的综合改革在三个重点方面都取得了新的进展。第一,人才培养体系改革中,北京大学的通识教育核心课程建设不断完善,教师教学水平不断提高,教学模式不断创新。第二,人事体系改革中,新体制运行良好,引进了大批优秀的杰出人才,进一步充实了学校的师资队伍。同时,博雅人才计划正在紧锣密鼓地调研、筹备,通过博雅人才计划的实施,将逐步稳妥实现新老体制的融合并轨,并制定了一系列规范教师行为的规章制度,保证师资队伍"德才兼备、全面发展"。第三,管理体系改革中,学校进一步简政放权,推进管理重心下移,进一步完善管理流程,提升管理效率,提高管理的科学化水平。完善学部的功能,更好地发挥学部在学科建设、人才评价、教学改革等方面的作用。

2015年大事记

1月

1月5日 校党委书记朱善璐一行前往肖家河教工住宅项目工程调研,并实地考察了住宅的具体设计与配套情况。副校长、总务长王仰麟及相关部门负责人一同前往。

1月5日 北京大学液氦中心启动发布会暨揭牌仪式在物理学院举行。校长王恩哥、实验室与设备管理部部长张新祥、物理学院院长谢心澄等共同为中心揭牌,并同与会人员一起参观了液氦中心。

1月6日 人力资源和社会保障部副部长、国家外国专家局局长张建国来到北京大学国际医院考察,探讨合作可能。外国专家局副局长张亚力、司长聂飚等以及北京市外国专家局负责人一同参加考察。副校长李岩松、北京大学国际医院院长王杉以及相关医学专家与来宾进行了深入交流。

1月9日 北京大学校友于敏院士获2014年度国家最高科学技术奖。

1月12日 北京大学男篮获得2014—2015中国大学生篮球超级联赛总冠军。

1月13日 北京大学第六届教职工代表大会第四次会议在英杰交流中心阳光厅召开。校长王恩哥报告了2014年学校行政工作;副校长高松介绍了《北京大学综合改革方案》;总会计师、财务部部长闫敏作了2014年学校财务工作报告;校长助理、肖家河建设办公室主任张宝岭通报了肖家河项目建设进展情况;校长助理、工会主席、教代会执委会副主任孙丽报告了2014年学校教代会、工会工作;人事部长刘波报告了《北京大学教职工处分暂行规定》起草情况。教代会提案委员会以书面形式向大会报告工作。大会以投票表决的方式讨论通过了《北京大学教职工处分暂行规定》。

1月15日 北京大学北京市"两会"代表、委员座谈会在勺园7号楼弘雅厅召开。校党委副书记、医学部党委书记敖英芳出席座谈会。

1月15日 上海社会科学院继2014年首度发布国内智库排名之后,第二次发布国内智库排名——《2014中国智库影响力报告》。该报告排名分为综合影响力和专业影响力。在综合影响力排名中,北京大学位列第二,在高校系统内排名第一。在专业影响力排名上,北京大学国家发展研究院位列高校智库第一。

1月16日 第十一届"中国青年女科学家奖"颁奖典礼隆重举办,信息科学技术学院教授黄如、工学院力学与工程科学系研究员段慧玲获中国青年女科学家奖。

1月16日 全国政协副主席、科技部部长万钢,科技部秘书长李平、高新司司长赵玉海等科技部领导在北京市副市长张工、北京市科委主任闫傲霜等的陪同下,调研北京市创新创业服务体系的建设情况,视察了位于中关村创业大街的北京大学创业教育与实践基地,听取了北京大学创新创业扶持计划及北大创业训练营进展情况的报告。常务副校长吴志攀陪同视察。

1月20日 北京大学春节团拜会在英杰交流中心阳光厅举行。王学珍、陈佳洱、王德炳、闵维方等学校老领导,杨辛、厉以宁、韩济生等著名专家学者代表,党委书记朱善璐、校长王恩哥等学校领导班子成员及师生代表出席团拜会,欢聚一堂,共庆新春。

1月26日 北京大学国际校友联络会会长吉米校友赠书仪式在留学生活动中心举行,副校长李岩松出席并致辞。

1月29日 法国总理瓦尔斯在法国驻华使馆一号厅为著名翻译家、文化学者、北京大学法语系主任、傅雷翻译奖评委会主席董强教授举行简洁、庄严的授勋仪式,授予其"荣誉军团骑士"勋章。副校长李岩松代表学校出席了授勋仪式。瓦尔斯总理在讲话中高度评价了董强教授多年来为增进法中两国了解、传播法中文化所做出的杰出贡献。

2月

2月9日 科技部副部长曹健林一行来到北京大学调研实验室建设情况,先后考察了量子材料科学中心、邓兴旺实验室和网络安全研究院。

2月10日 2014年度中国科学十大进展在北京公布。生命科学学院谢晓亮研究组和汤富酬研究组与北医三院乔杰研究组合作完成的"利用极体高通量测序结果精确推演出母源基因组信息"入选。汤富酬教授表示,利用这一技术既能够检测染色体异常,也能够检测与遗传疾病有关的脱氧核糖

核酸序列变异。这项技术有可能使试管婴儿的活产成功率大幅提高。

2月15日 全校教师干部大会在英杰交流中心阳光厅召开，宣布了中共中央、国务院关于北京大学校长职务任免的决定。中组部副部长潘立刚，教育部党组书记、部长袁贵仁，北京市委常委、教育工委书记苟仲文，中组部干部三局局长喻云林，教育部人事司司长刘大为等领导出席了会议。党委书记朱善璐、前任校长王恩哥、新任校长林建华以及学校党政领导班子全体成员出席会议。会议由朱善璐主持。受中央领导委派，潘立刚副部长宣读了中共中央、国务院关于林建华同志任北京大学校长、王恩哥同志不再担任北京大学校长职务的决定。袁贵仁部长在讲话中代表教育部党组表示完全拥护党中央的决定。苟仲文书记在讲话中代表北京市委市政府表示坚决拥护党中央的决定。王恩哥同志在讲话中回忆了近年来在北京大学工作和生活的难忘经历，对中组部、教育部、北京市和全体师生员工的支持表示感谢，表示完全拥护和赞成中央的决定，并祝愿北大的明天更加美好。林建华校长在讲话中表示，感谢党中央、国务院的信任，也感谢教育部和北京市委市政府的信任，深知北大校长这副担子的分量，有信心，也有决心，同朱善璐书记与全校师生员工一道，把北大建设好、发展好。

2月16日 常务副校长、医学部常务副主任柯杨，医学部副主任姜保国、王宪，以及医学部两办相关领导到北京大学人民医院慰问临床一线医务人员。

2月18日 除夕上午，党委副书记叶静漪、副校长高松等校领导，和校办、学工部、公寓服务中心等有关部门负责人先后来到勺园1号楼男生宿舍、33楼女生宿舍，走访慰问寒假留校学生，亲切询问同学们的专业、学习和生活情况。除夕中午，北京大学2015年寒假留校人员春节联欢会在学一食堂举行。叶静漪、高松来到现场，与师生员工联欢，代表学校党政领导班子向全体留校的师生员工致以新年的问候。

2月25日至3月2日 第四届全国大学生艺术展演在天津举行。学生合唱团、民乐团、舞蹈团代表北京市参加展演，分别斩获所在组别一等奖，其中合唱团原创曲目《晴》、舞蹈团节目《绿色记忆》获得优秀创作奖。

2月26日 心理学系方方，物理学院刘运全，数学科学学院李若，化学与分子工程学院高毅勤、施章杰和陈鹏，生命科学学院郭红卫、魏丽萍以及工学院侯仰龙等9名教授入选"中青年科技创新领军人才"。化学与分子工程学院高松主持的"稀土化学与功能分子固体材料创新团队"，物理学院龚旗煌主持的"极端光学研究创新团队"，环境科学与工程学院邵敏主持的"大气复合污染防治创新团队"，北京大学人民医院黄晓军主持的"白血病新诊疗方法创新团队"等4个科研团队入选"重点领域创新团队"。

2月27日至28日 在中关新园科学报告厅召开校领导班子2015年寒假战略研讨会，会议主题是深入贯彻落实总书记五四重要讲话精神，切实推进培育和践行社会主义核心价值观，加强意识形态工作，组织实施《北京大学综合改革方案》，坚持依法治校、全面实施《北京大学章程》，进一步加强教师人才队伍与师德师风建设，推进实施学校国际化发展战略，筹备好建校120周年校庆等事关北京大学发展建设的若干重点工作。党委书记朱善璐、校长林建华主持会议，其他学校领导班子成员和相关职能部门负责人参加了研讨会。

2月27日 北京大学2015年校友春节联谊会在农园食堂一层大厅举行。常务副校长、校友会常务副会长吴志攀出席联谊会。联谊会由校友会常务副会长王丽梅主持。

2月27日 深圳研究生院杨震课题组成果荣获广东省科学技术奖一等奖。

3月

3月1日 经济学院院长、博士生导师孙祁祥教授荣获"全国三八红旗手"荣誉称号。

3月4日 全军"中国梦·强军梦·我的梦"主题团日活动汇报展示在京举行，中共中央政治局委员、中央军委副主席许其亮，共青团中央书记处第一书记秦宜智等领导出席并观看了汇报展示。由北京大学团委与沈阳军区雷锋生前所在团开展的"共建共育活动"作为本次主题团日活动中涌现出的13个优秀成果之一，与各军区各军种的代表一并向全军展示。

3月6日 科技部公布了国家重点基础研究发展计划（973计划）2015年入选项目清单。2015年共立项152个项目，其中北京大学获批10项（含2项青年科学家专题项目），总预算达8795万元，立项数以及批复经费总预算再次高居全国首位。

3月14日 "中国道路与中国化马克思主义"协同创新中心工作会议在北京大学召开。教育部副部长李卫红，《求是》杂志社社长李捷，常务副校长吴志攀、刘伟，党委常务副书记于鸿君等领导出席会议。李卫红在致辞中高度肯定中心成立两年来取得的成果，并为中心下一阶段的发展和建设提出了指导意见。校党委书记朱善璐委托会议主持人宣读了致辞。于鸿君教授代表协同中心牵头实施单

位——北京大学马克思主义学院，向参加会议的领导和各协同单位的同事们表示欢迎和感谢，并介绍了中心的培育情况和正在做的几件大的工作。协同中心主任顾海良就协同中心的定位、目标、意义等做了详细的说明，就其将来的工作方向做了部署。会议聘请顾海良担任协同创新中心联合主任，朱善璐担任中心的理事长。在原有协同单位的基础上，新增《求是》杂志社、南开大学、北方民族大学、石河子大学、西藏大学、广西大学、内蒙古大学等为协同单位。

3月16日 香港城市大学校长郭位院士一行访问北京大学，校长林建华在临湖轩会见来宾，双方就进一步加强两校学术交流合作、人员交流等事宜交换了意见。

3月17日 哈佛大学校长德鲁·吉尔平·福斯特（Drew Gilpin Faust）一行访问北京大学。校务委员会主任朱善璐、校长林建华分别会见了来宾并就两校合作事宜进行会谈。

3月18日 2015年北京大学全国"两会"精神学习传达座谈会在英杰交流中心月光厅举行。校党委书记朱善璐，校长林建华，校长助理马化祥、孙丽、陈宝剑，医学部党委副书记顾芸，以及学校相关职能部门负责人出席了会议。北京大学部分全国人大代表、全国政协委员、国务院参事出了座谈会。座谈会由校党委副书记、医学部党委书记敖英芳主持。

3月19日 科技部副部长侯建国一行来到北京分子科学国家实验室（筹）考察，并召开座谈会。中国科学院前沿科学与教育局局长许瑞明，国家实验室副理事长朱道本、林建华，主任万立骏、席振峰，副主任高松、刘鸣华、张德清以及国家实验室的部分院士和依托单位党政领导等40余人参加了会议。此次考察旨在讨论国家实验室的功能定位、运行机制和发展规划。

3月25日 北京大学2015年全校中层干部大会在办公楼礼堂举行。会上，校党委书记朱善璐、校长林建华分别代表学校党委和行政班子全面总结了2014年学校的主要工作，并对下一阶段学校发展的重点工作任务进行了部署。大会由朱善璐主持。

3月27日 亚美尼亚共和国总统谢尔日·萨尔基相来访北京大学，在英杰交流中心发表演讲，同时被授予名誉教授称号。亚美尼亚外交部部长、中央银行行长、财政部部长、经济部部长及驻华大使陪同来访。校务委员会主任朱善璐在演讲会前与萨尔基相总统举行会谈。校长林建华、中国驻亚美尼亚大使田二龙、副校长李岩松等参加演讲会。

3月30日 第四届全国高校马克思主义学院院长论坛在北京大学英杰国际交流中心阳光厅举行。北京大学党委书记、中国道路与中国化马克思主义协同创新中心理事长朱善璐，教育部社会科学司司长张东刚，副司长徐艳国，教育部思想政治教育司司长冯刚，中共北京市委教育工委常务副书记张雪等出席本次论坛并讲话，全国高校150余位马克思主义学院院长参加了论坛的研讨。

4月

4月1日 物理学院量子材料科学中心研究员、博士生导师王健荣获马丁·伍德爵士中国物理科学奖。

4月4日 泰王国诗琳通公主殿下访问北京大学。校务委员会主任朱善璐在英杰交流中心贵宾室会见了诗琳通公主殿下一行，并与朱拉隆功大学校长续签了校际学术交流协议及合建孔子学院协议。副校长李岩松，相关院系和部门负责人参加了会见。诗琳通一行参加了在英杰交流中心月光厅举行的"泰学研究在中国——庆祝中泰建交40周年暨玛哈扎克里·诗琳通公主殿下60华诞"学术研讨会开幕式并致辞。

4月9日 "2014年度全国十大考古新发现"名单揭晓，考古文博学院参与的三个项目"广东郁南磨刀山遗址与南江旧石器地点群""河南郑州东赵遗址""北京市延庆大庄科辽代矿冶遗址群"成功入选。

4月10日 学校党委在英杰交流中心阳光厅召开2015年党风廉政建设与反腐败工作会议，部署和落实"两个责任"，强化"一岗双责"，从严从实狠抓党风、校风、政风建设。

4月11日 东亚研究型大学协会（AEARU）第36届理事会会议在北京大学英杰交流中心召开。本次会议共有来自中国、韩国和日本等国家和香港、台湾地区的27名代表参会。北京大学校长林建华出席会议并致辞。

4月11日 北京大学国家战略传播研究院揭牌仪式举行。常务副校长刘伟，国务院新闻办公室原主任、中国人民大学新闻学院院长赵启正等出席活动。

4月21日至22日 联合国前秘书长、2001年诺贝尔和平奖获得者科菲·安南一行到访北京大学。校务委员会主任朱善璐、校长林建华、常务副校长柯杨分别会见了安南一行。安南在英杰交流中心阳光厅发表了题为"构建更加和谐的世界秩序"的主题演讲。

4月22日 校党委书记朱善璐主持召开党委常委会，传达学习中央"三严三实"专题教育工作座谈会精神，认真研读《关于在县处级以上领导干部中开展"三严三实"专题教育方案》，提出在学校中层以上领导班子中开展"三严三

实"专题教育的指导思想和基本思路。

4月26日 北京大学中国诗歌研究院在朗润园采薇阁举行开园仪式。校长林建华，原校长王恩哥、周其凤与百余名诗人、诗评家、北大师生齐聚未名湖畔，共同见证开园。中国诗歌研究院院长谢冕教授致欢迎辞。

5 月

5月4日 北京大学正式启动120周年校庆筹备工作。

5月4日 中国国民党主席朱立伦访问北京大学，并与师生代表座谈。中国国民党副主席黄敏惠，中国国民党主席特别顾问、大陆事务部主任高孔廉，中共中央台湾事务办公室副主任陈元丰等陪同访问。北京大学党委书记朱善璐在英杰交流中心会见了朱立伦一行。朱立伦在光华管理学院与北京大学师生座谈，校长林建华致欢迎辞。

5月5日 北京大学"马克思楼"奠基仪式举行。朱善璐、林建华、刘伟、王仰麟等校领导出席仪式。中共中央党校副教育长、科学社会主义部主任王怀超，《求是》杂志副总编郑志晓代表北京大学中国道路与中国化马克思主义协同创新中心的协同单位参加了奠基仪式。校长助理、校基金会秘书长邓娅主持奠基仪式。朱善璐、林建华、刘伟、王仰麟、北京大学资深教授梁柱、马克思主义学院原院长陈占安等人为"马克思楼"挥铲奠基。

5月6日至13日 校党委书记、校务委员会主任朱善璐率团访问美国及墨西哥部分院校。北大代表团先后访问了美国加利福尼亚大学洛杉矶分校、南加利福尼亚大学、加州理工学院、墨西哥学院和蒙特雷科技大学。5月9日，朱善璐一行参加北京大学南加州校友会成立30周年暨2015年年会。此外，北大代表团一行还分别拜会了中国驻洛杉矶总领馆、驻墨西哥大使馆，就进一步开展中美、中墨高等教育合作进行了交流。

5月8日 深港产学研创业投资有限公司董事长、校友厉伟向北京大学捐赠仪式暨"财智人物北大讲堂"厉伟校友演讲会在陈守仁国际会议中心举行。厉伟和北京大学校长林建华、常务副校长吴志攀、副校长王仰麟等师生校友代表共同参加了仪式。仪式由北京大学副校长高松主持。

5月8日 北京大学第三医院院长乔杰教授获中华人口奖科学技术奖。

5月8日 在中国抗癌协会、哈佛大学医学院MGH肿瘤中心、诺贝尔奖得主国际科学交流协会共同主办的"2015诺贝尔奖获得者医学峰会"上，北京大学肿瘤医院游伟程教授获首届"诺奖之星"殊荣，并收到诺贝尔奖得主邀请函，获得10万元交流基金，用于到诺贝尔奖得主实验室或其他实验室进行学术交流。

5月9日至10日 北京大学代表队在"走下网络、走出宿舍、走向操场——五四杯2015年首都青年乒乓球赛"决赛中夺得团体赛、男子双打两项第一的佳绩。

5月16日 2015年北京大学全球金融论坛暨北京大学金融校友联合会年会在英杰交流中心召开。常务副校长、校友会副会长刘伟，校务委员会副主任、汇丰商学院院长、校友会副会长、金融校友联合会会长海闻出席论坛并致辞。

5月16日 2015年北京大型科普博览——全国科技活动周暨北京科技周在民族文化宫举行，刘延东副总理宣读了国务院总理李克强发来的贺信并宣布2015年全国科技活动周开幕。开幕仪式结束后，刘延东在北京市委书记郭金龙、科技部部长万钢等领导的陪同下，参观了部分参展项目。在"创造我发明"版块，刘延东首先参观了北京大学创业训练营及其营员企业代表项目，对北大依托教育科研优势、校友资源、实验室与先进仪器等科技资源推动"创新创业、科技惠民"的工作模式给予了充分肯定，并对相关工作的开展提出了建议。

5月16日 北京大学2015年校园开放日暨本科生招生咨询会在邱德拔体育馆及其北广场举办，活动采取实体校园开放和网络校园开放相结合的方式举行。

5月17日 第27—28期海外华裔青年企业家中国经济高级研修班结业仪式在北京大学英杰交流中心月光厅举行。国务院侨务办公室主任裘援平、北京大学校务委员会主任朱善璐出席结业仪式。

5月20日 "北京大学浩德创新基金"设立仪式举行。校党委书记、教育基金会理事长朱善璐与浩德科技股份有限公司董事长朱林先生共同签署捐赠协议，宣布朱林将其个人所持有的部分公司股份捐赠给北京大学教育基金会，设立"北京大学浩德创新基金"，支持北大开展创新型学术研究。朱善璐向朱林颁赠了"北京大学杰出教育贡献奖"。

5月25日 国务院学位办公室副主任、教育部学位管理与研究生教育司司长李军，副司长黄宝印等一行来北大调研挂靠学校的四个专业学位研究生教育指导委员会秘书处工作。林建华校长会见了李军一行，双方就北京大学研究生教育，特别是专业学位研究生教育的问题进行了深入交流。

5月29日 校党委书记朱善璐主讲"三严三实"专题教育党课，详细阐释了"三严三实"的科学内涵、重大意义和开展好"三严三实"专题教育的必要性和紧迫性，梳理了学校"不严不实"问题的表现、危

害与成因，对全校开展"三严三实"专题教育进行动员部署。北京大学校长林建华主持本次党课。

5月29日 教育部关工委、北京教育系统关工委"关心下一代教育基地"揭牌仪式在北京大学万柳公寓多功能厅举行。中国关工委副主任、教育部关工委主任田淑兰，北京市关工委主任、北京教育系统关工委主任范伯元，教育部关工委常务副主任王富等出席仪式。

5月30日 光华管理学院30周年院庆盛典在邱德拔体育馆举行。校长林建华、常务副校长吴志攀，光华管理学院名誉院长厉以宁、院长蔡洪滨、院党委书记冒大卫等领导出席了本次盛典。此外，两千余名光华师生、校友、全国各地中学校长代表、学界和企业界知名人士等共聚燕园，共庆光华而立。庆典由光华校友许戈辉、曲向东主持。

5月31日 信息科学技术学院2015年"E彩"文化节开幕式暨"E彩人生——与大师对话"活动在英杰交流中心阳光厅举行。中国科学院院士杨芙清，工业和信息化部副部长、中国科学院院士怀进鹏，校党委副书记叶静漪出席活动。

6月

6月3日 北京大学与中国地质调查局天然气水合物创新战略联盟合作协议签字仪式在中国地质调查局举行。中国地质调查局副局长王研、李金发，北京大学副校长王杰出席签约仪式。

6月3日 北京大学信息科学技术学院教授、中国科学院院士梅宏因其在基于构件的软件复用及其标准化方面的杰出贡献，荣获IEEE CS技术成就奖。

6月4日 国际知名学术期刊《细胞》以封面文章的形式发表了北京大学生命科学学院生物动态光学成像中心汤富酬研究组和北京大学第三医院乔杰研究组的最新研究成果——人类原始生殖细胞的转录组和脱氧核糖核酸（DNA）甲基化组概观。

6月9日 "诗与铜——朱炳仁艺术展"开幕式暨"铜舞诗韵话乡语——朱炳仁新诗发布与对话"活动在图书馆东门展厅举行。全国人大外事委员会副主任委员赵少华，中国艺术研究院院长王文章，北京大学常务副校长刘伟出席开幕式。

6月10日 校长林建华、副校长王杰在办公楼会见了来访的美国科维理基金会主席罗伯特·康恩和主管科学事务的常务副主席全美永博士。

6月11日 北京大学在英杰交流中心第三会议室召开新闻发布会，介绍近期教学科研、管理服务、通识教育等方面的情况，并回答记者提问。北京大学新闻发言人蒋朗朗主持发布会。

6月11日至13日 应北京大学"大学堂"顶尖学者讲学计划的邀请，著名政治学家、台湾"中研院"院士朱云汉访问北京大学，围绕中国崛起带给世界秩序的冲击、美国社会科学方法论反思等议题发表学术演讲，并同政府管理学院、国际关系学院的师生代表进行深入座谈。

6月13日 在中国留美经济学会（CES）和重庆大学共同主办的"中国经济新常态与深化综合改革"国际学术研讨会上，北京大学教授海闻荣获"CES终身成就奖"，以表彰其为留美经济学会所做的重要贡献。

6月17日 北京大学庆祝中国共产党成立94周年暨表彰大会在邱德拔体育馆举行。校党委书记朱善璐、校长林建华等领导出席大会。

6月17日 西班牙驻华大使曼努埃尔·巴伦西亚先生以西班牙国王费利佩六世的名义，在驻华大使官邸为北京大学外国语学院西葡语系教授、博士生导师赵振江颁发了"智者阿方索十世勋章"。

6月18日至23日 校长林建华率北京大学代表团访问美国匹兹堡和休斯敦，参加第六轮中美人文交流高层磋商机制配套活动并顺访合作院校。代表团出席了"春晖杯"中国留学人员创新创业大赛10周年纪念暨2015年中美青年创客大赛启动仪式、第二届中美大学校长论坛，并访问了卡耐基梅隆大学、莱斯大学和德州大学安德森癌症中心。

6月24日 北京大学1987级校友、蓝色光标传播集团董事长兼首席执行官赵文权先生被授予名誉校董。赵文权及其家人，常务副校长吴志攀参加仪式。

6月27日 应台湾中国文化大学邀请，计算机科学技术研究所陈堃銶教授赴台进行学术交流，并荣获台湾财团法人印刷传播兴才文教基金会颁发的"印刷传播杰出成就奖"，成为获得该奖的首位大陆学者。基金会董事长李天任向陈堃銶教授颁发证书及金质奖章。

6月30日 学校党委举办"三严三实"第一专题交流研讨暨"再回红楼"活动，校党政领导班子成员、党委委员、纪委委员和党口职能部门负责人参观李大钊烈士陵园和沙滩红楼，深切缅怀李大钊烈士的感人事迹和崇高精神，并在红楼进行了交流研讨。著名党史专家、北京大学原副校长梁柱参加了李大钊烈士陵园参观活动。

7月

7月1日 校党委书记朱善璐、校长林建华和部分校领导在勺

园会见前来北大调研的海淀区委书记崔述强、代区长于军一行，就进一步深化区校合作深入交换了意见。

7月3日 校党委书记朱善璐专程赶赴甘肃省定西市临洮县，来到时代楷模、全国优秀共产党员、临洮县人民政府原县长柴生芳校友生前工作过的地方，亲切看望他的亲属和同事。

7月3日 中宣部、教育部在四川大学联合召开"建设校园文化，涵育核心价值"现场交流会。会议为第八届全国高校校园文化建设优秀成果获奖高校代表颁奖，北京大学"砥砺高尚品行 践行核心价值——北京大学将社会主义核心价值观塑造为校园文化灵魂"主题校园文化建设优秀成果获评特等奖。

7月6日 北京大学新化学楼建设捐赠仪式在临湖轩举行。多位校友、社会友人发挥各自企业专长，积极支持新化学楼的建设。校长林建华、名誉校董厉伟校友，以及师生代表等共同出席仪式。林建华为各捐赠方颁发感谢证书。

7月7日 校党委书记朱善璐、校长林建华与来访的深圳市委书记马兴瑞、市长许勤一行在办公楼举行座谈。双方就加强校市合作进行了深入交流。

7月8日 新奥集团向北京大学捐赠暨战略合作签约仪式在陈守仁国际研究中心举行。新奥集团将捐资支持北京大学工学院基础设施建设，设立新奥工学讲席教授和奖教金，并提供资金开展技术研发和创新。新奥集团董事局主席王玉锁与校长林建华共同签署合作协议，新奥公益慈善基金会理事长韩瑞改与常务副校长吴志攀共同签署捐赠协议。

7月8日 校长林建华与中国宋庆龄基金会党组书记、常务副主席齐鸣秋签署战略合作协议。

7月14日至15日 北京大学2015年本科生和研究生毕业典礼暨学位授予仪式先后在邱德拔体育馆举行。校党委书记朱善璐宣读了《北京大学关于表彰2015届优秀毕业生的决定》，校长林建华发表讲话。

8月

8月12日 英国外交及联邦事务部大臣菲利普·哈蒙德（The Rt Hon Philip Hammond MP）访问北京大学。校党委书记朱善璐、副校长李岩松接待了哈蒙德一行。哈蒙德在英杰交流中心阳光厅发表了题为"21世纪中英全球伙伴关系"的主题演讲。

8月27日 北京大数据研究院揭牌仪式在北京大学英杰交流中心阳光厅举行。北京市副市长隋振江，校长林建华，工信部信息化和软件服务业司副司长陈英，中关村管委会主任郭洪、海淀区代区长于军，以及北京工业大学党委书记郑吉春、副校长聂祚仁，北京大学副校长高松等出席仪式。北京市有关部门、北京大学、北京工业大学、中关村大数据产业联盟、大数据企业和媒体等共约100人参加了仪式。

8月29日至30日 校党委书记朱善璐赴南宁出席广西2015年定向选调生座谈会，看望北大在桂选调生及校友。副校长、教务长高松及相关部门负责人陪同参会。

8月31日 2014年诺贝尔物理学奖获得者天野浩（Hiroshi Amano）教授和中村修二（Shuji Nakamura）教授应"北京大学大学堂顶尖学者讲学计划"的邀请来访，并围绕蓝光发光二极管（LED）的研究等国际热门话题发表学术演讲。

9月

9月7日 北京大学举行2015级研究生入学第一课暨培养说明会，党委书记朱善璐以"全面改革时代的研究生——创新与担当"为题，为新生讲授开学第一课。

9月7日 2011年诺贝尔物理学奖获得者、澳大利亚国立大学桂冠学者布莱恩·施密特教授访问北大，并围绕"加速膨胀的宇宙"这一荣获诺贝尔物理学奖的理论发表学术演讲。

9月8日 在第31个教师节来临之际，北京大学在百周年纪念讲堂多功能厅召开2015年教师节庆祝大会。校党委书记朱善璐、校长林建华等校领导，以及原党委书记王德炳、闵维方，原校长陈佳洱出席庆祝大会。

9月8日至10日 "中美顶尖大学人才选拔体系研讨会"在北京大学斯坦福中心举行，美国斯坦福大学、麻省理工学院、芝加哥大学、加州大学伯克利分校4所世界一流大学的招生委员会主席应邀与来自北京大学、清华大学等40余所国内高校的招办主任，以及人大附中、北大附中等中学校长，围绕"构建新型招生体系"这一主题进行深入交流。

9月11日 北京大学2015年开学典礼在邱德拔体育馆举行。

9月12日 北京大学燕京学堂首届开学典礼举行。出席开学典礼的有来自亚美尼亚、比利时、加拿大、智利、丹麦、法国、德国、印度、爱尔兰、以色列、墨西哥、荷兰、罗马尼亚、新加坡、南非、西班牙、美国等17个国家的大使及使馆代表。来自32个国家和地区的96名年轻学子，在激烈的竞争中脱颖而出，成为首届燕京学堂学生，其中72名国际及港澳台学生来自哈

佛、普林斯顿、耶鲁、斯坦福、牛津、剑桥等世界一流高校，24名大陆学生来自北京大学等12所国内高校。

9月14日 校长林建华率团赴上海浦东新区调研。中共中央政治局委员、上海市委书记韩正，上海市市长杨雄分别会见了林建华一行。双方就进一步加强市校合作，推动上海建设具有全球影响力的科技创新中心等问题深入交流。

9月15日 "新文化运动百年——回顾与展望"纪念大会在北京大学英杰交流中心召开，教育部社科司司长张东刚代表教育部副部长杜玉波到会致辞，北京大学党委书记朱善璐、清华大学党委书记陈旭、中国人民大学副校长洪大用等参加了本次会议并发表讲话，《求是》杂志社社长李捷、北京大学马克思主义学院教授沙健孙、哲学社会科学资深教授厉以宁、中国科学院院士杨芙清作了主旨报告，北京大学校长林建华、副校长王杰主持了本次会议。

9月16日 由北京大学牵头，南开大学、清华大学、河北经贸大学和首都经济贸易大学作为主要协同合作单位的京津冀协同发展联合创新中心在北京大学正大国际中心宣布成立。北京大学副校长王杰、南开大学副校长佟家栋、河北经贸大学校长纪良纲、首都经济贸易大学校长王稼琼、清华大学公共管理学院党委书记孟庆国，以及来自国内10多所高校、研究机构和专业学会的50多位专家学者出席了成立大会。

9月16日 国际哲学学院2015年院士大会在北京大学英杰交流中心开幕。本次会议是国际哲学学院首次在中国召开的院士大会。参加此次会议的包括23名外籍院士和40名来自国内重点大学的哲学教授。会议由北京大学高等人文研究院与嵩阳书院联合承办，主题为"人的维度"。校长林建华出席开幕式，并代表东道主致辞。

9月16日 元培学院通识教育核心课程第一课开讲。校长林建华、副校长兼教务长高松等与来自12个院系的213名同学一起听课。

9月21日 北京大学召开"三严三实"专题教育暨党风廉政建设工作推进会，部署在全校范围内开展"三严三实"专题教育学习研讨活动和党风廉政建设的专项治理工作。校党委书记朱善璐传达了《中共中央关于加强和改进党的群团工作的意见》精神和习近平总书记出席中央党的群团工作会议上所作的重要讲话精神。

9月22日 北京大学民主党派、无党派人士2015年中秋国庆茶话会在正大国际中心举行。学校部分国务院参事室参事，全国和北京市人大代表、政协委员，学校各民主党派和无党派人士代表30余人会聚一堂，喜迎中秋和国庆。校党委书记朱善璐代表学校党委向各位与会代表致以节日的问候并介绍了近期学校的相关工作。

9月30日 北京市委教育工委召开北京高校开展向李小凡同志学习活动推进会。与会同志一起观看了李小凡同志先进事迹专题片。北京大学党委副书记叶静漪，北京大学中国语言文学系党委书记金永兵，李小凡老师的学生、中国传媒大学教师范慧琴以及北京大学肿瘤医院副院长沈琳四位同志生动讲述了李小凡同志的先进事迹。

9月30日 北京大学2015年秋季全校中层干部大会在办公楼礼堂举行。校党委书记朱善璐、校长林建华通报了学校近期的工作情况，并部署了下一阶段重点工作。

10月

10月5日 校友屠呦呦因在疟疾治疗研究中的突出贡献荣获2015年诺贝尔生理学或医学奖。

10月8日 由教育部全国高校教师网络培训中心主办的"第二届全国高校微课教学比赛"评选结果揭晓，来自31个省级赛区的613个微课作品入围全国决赛。在决赛中，北京大学参赛教师获得一等奖、二等奖、三等奖各1项，优秀奖2项，北京大学同时获得优秀组织奖，参赛成绩位列北京市高校第一。

10月10日 首届世界马克思主义大会在北京大学盛大开幕，来自20多个国家和地区的400多名马克思主义研究学者和中国问题研究专家，以"马克思主义与人类发展"为主题，进行了为期两天的学术研讨。

10月15日 第35届国际泌尿协会（SIU）大会召开，全球超过4000位泌尿外科的专家学者齐聚澳大利亚参加大会。大会对北京大学第一医院名誉院长、中国工程院院士郭应禄授予终身成就奖，以表彰其在泌尿外科领域所做出的贡献及努力。

10月15日至16日 由教育部高等学校图书情报工作指导委员会主办的"首届全国高校图书馆阅读推广案例大赛全国总决赛暨研讨会"在华中师范大学召开。会上，北京大学图书馆的"'书读花间人博雅'——北京大学图书馆2013年好书榜精选书目/阅读摄影展"案例获得一等奖。

10月16日 恒基兆业地产集团主席、香港培华教育基金会主席、北京大学名誉校董李兆基来访北大，先后考察和参观了校园主要景观与李兆基人文学苑、斯坦福中

心，并参加了北大举行的报告会。校长林建华代表学校向李兆基赠送刻有袁行霈先生撰写的"李兆基人文学苑记"的纪念盘，并对李兆基先生及其家人表示欢迎与感谢。

10月18日 工学院十周年庆典纪念活动在英杰交流中心阳光厅举行。北京大学校长林建华、国家外国专家局副局长夏鸣九、中国工程院院士杜祥琬及北大相关职能部门和院系领导，兄弟院校代表、企业代表、工学院杰出校友、退休教师及师生代表共300余人参加了庆典活动。

10月18日至19日 北京大学国际战略研究院召开第二届"北阁对话"年会。澳大利亚原总理陆克文、俄罗斯国家杜马原副主席弗拉基米尔·卢金、美国原驻华大使芮效俭、印度原国家安全顾问希夫尚卡尔·梅农、埃及原外长纳比尔·法赫米、新加坡原外长杨荣文、印尼原外长马蒂·纳塔莱加瓦、韩国原外长金星焕、日本原外相前原诚司、法国国际关系研究所所长蒂埃里·德蒙布利亚尔、美国卡内基国际和平基金会副会长包道格、德国国际和安全事务研究所高级研究员华玉洁、俄罗斯科学院远东历史考古民族研究所所长维克多·拉林、日本《朝日新闻》编辑委员加藤洋一等14位具有深厚学养、丰富政治经验和长远战略眼光的国外有识之士受邀出席，与中国学者共同探讨国际安全形势与中国在国际事务中所起的作用。原国务委员、北京大学国际战略研究院名誉院长戴秉国，中央外办原副主任、北京大学国际战略研究院理事陈小工，中国国际问题研究院院长、中国驻冰岛共和国原大使苏格，中国现代国际关系研究院高级顾问、北京大学国际战略研究院理事崔立如等国内嘉宾受邀参加了年会。北京大学党委书记朱善璐到会并发表讲话。

10月19日至22日 校委员会主任朱善璐率领代表团参加全英孔子学院和孔子课堂年会，作为学校代表受到国家主席习近平接见。北大代表团还访问了帝国理工学院、剑桥大学、牛津大学、罗德基金会、伦敦大学学院等英国知名高校及机构。

10月24日 北京大学校友会第八届理事会第三次会议暨第十次校友工作研讨会在山东济南召开。校长林建华，山东省人大常委会原副主任、山东省北京大学校友会会长墨文川，常务副校长、校友会常务副会长吴志攀，校务委员会副主任、校友会副会长海闻，校友会常务副会长王丽梅等，以及来自全球的近300位校友理事和代表参加了大会。

10月24日 世界自然保护联盟（IUCN）主席章新胜、总干事英格·安德森（Inger Andersen）带领IUCN全球理事和秘书处高管一行到访北京大学，展开对北大的访问和学术交流活动。校务委员会主任朱善璐会见了IUCN代表团一行，副校长李岩松陪同会见。

10月24日 国家发展研究院承泽园大楼奠基仪式在承泽园施工现场举行。副校长王仰麟、基建工程部部长莫元彬，台湾台塑集团总管理处总经理王瑞瑜，国发院名誉院长林毅夫、院长姚洋，学院教职员工、在校生及校友代表近200人出席仪式。

10月25日 北京大学第十二届国际文化节暨全球青年创新节在百周年纪念讲堂广场隆重开幕。本届国际文化节携手全球青年创新节，围绕"我行动"这一核心，从"爱艺术""爱创意""爱科技"出发，拉开活动帷幕。来自56个国家和地区的北大在校留学生和中国学生、十余所京内外高校的教师积极参与了国际文化节活动。

10月26日 北京大学首届"博雅人文论坛"在北大英杰交流中心举办。论坛以"共享的世纪：中外文学与人文学的沟通"为题，邀请法国著名作家、2008年诺贝尔文学奖得主勒克莱齐奥就"文学与全球化"发表主题演讲，常务副校长刘伟，法国驻中国使馆公使白良等出席论坛。

10月26日 北京大学-亚太经合组织健康科学研究院（PKU-APEC HeSAY）揭牌仪式在北京大学举行。揭牌仪式同时正式发布了北京大学-亚太经合组织健康科学研究院《中国人口健康报告(2014)》。国家食品药品监督管理总局副局长、国家卫生计生委副主任吴浈，亚太经合组织生命科学创新论坛（APEC LSIF）代表凯特·克莱门斯女士，副校长李岩松，教育部、商务部、国家卫生计生委等部委及相关部门领导出席仪式。国际组织代表、相关机构代表和专家学者等100余人参加了揭牌仪式。

11月

11月4日 2015年度何梁何利基金颁奖大会在京举行。物理学院叶沿林教授喜获2015年度"何梁何利基金科学与技术进步奖"。

11月6日至8日 以"文明的和谐与共同繁荣——不同的道路和共同的责任"为主题的第十二届北京论坛在钓鱼台国宾馆和北京大学举行。来自世界各地的400余位专家学者齐聚一堂，从不同学科领域的角度共同探讨文明和谐繁荣。开幕式由北京大学党委书记、校务委员会主任朱善璐主持。联合国秘书长潘基文发来视频祝贺，联合国副秘书长、联合国秘书长特别顾问伊克巴勒·里扎，中国教育部副部长杜占元，韩国SK集团全球董事长崔泰源，北京大学校长林建华分别致辞。联合国前副秘书长、联合国-阿盟叙利亚危机

前联合特使拉赫达尔·卜拉希米作特邀报告。在主旨演讲环节,美国艺术与科学院院士、哈佛大学讲席教授、哈佛中国基金会主席柯伟林,英国政府国际发展部首席经济学家、牛津大学教授斯帝文·邓,北京大学历史学系教授、中国英国史研究会会长、英国皇室历史学会通讯院士钱乘旦分别发表主旨演讲。在闭幕式上,全球合作基金会主席、欧洲委员会前主席、意大利前总理罗马诺·普罗迪发表"共建新丝路"的主旨报告,就亚欧地区构建海上、陆上、数字丝绸之路的构想进行详细分析。北京大学校务委员会主任朱善璐致闭幕辞,表达了加强各国学者与北大的交流、合作的殷切希望。韩国高等教育财团事务总长朴仁国回顾了三天来北京论坛的丰硕成果。

11月16日 生命科学学院的谢灿课题组在 Nature Materials 期刊在线发表论文,首次报道了一个全新的磁受体蛋白(MagR),该突破性进展或将揭开被称为生物"第六感"的磁觉之谜,并推动整个生物磁感受能力研究领域的发展。11月19日,中央电视台《新闻联播》等对此进行了重点报道。

11月17日 中国共产党北京大学第十二届委员会第八次全体会议在办公楼103会议室召开。党委书记朱善璐主持本次会议,校党委委员出席会议,纪委委员列席会议。朱善璐向大家通报了学习贯彻十八届五中全会精神和推进学校综合改革进展情况,介绍了当前和未来一段时间学校的重要举措。会议审议通过了北京大学肖家河教师住宅配售方案和《北京大学章程》修订建议。

11月20日 北京大学在办公楼礼堂召开肖家河教师住宅配售工作动员大会。校党委书记朱善璐、校长林建华、党委副书记叶静漪、副校长王仰麟,各院系和职能部门负责人等出席了会议。肖家河教师住宅的性质为参照经济适用住房产权管理的职工住宅,该次可以出售房源约2300套。项目主要为5~10层的板式多层或高层住宅楼,主力户型为110~130 m^2 三居室和90~110 m^2 两居室。

11月20日 第十四届"挑战杯"全国大学生课外学术科技作品竞赛决赛在广东工业大学体育馆落下帷幕。北京大学2012级社会学系本科生任鹤坤等同学的作品"'情理之治':基层信访办的运作逻辑——北京市A乡'无理上访'的案例分析"获得全国特等奖,北京大学捧得"优胜杯"并荣获优秀组织奖。

11月22日 由光华管理学院主办的"中国经济的热点问题"学术研讨会暨厉以宁教授从教六十周年庆祝活动在北京大学办公楼礼堂举行。第十届、第十一届全国政协副主席张梅颖,全国政协常委、中华海外联谊会副会长颜延龄,北京大学光华管理学院董事长尹衍樑,北京大学校长林建华,中国人民大学校长刘伟出席开幕式并致辞。来自政、商、研等不同领域的40多位嘉宾参加了会议的高峰对话和平行论坛环节。

11月25日 捷克总理博胡斯拉夫·索博特卡来访北京大学并在英杰交流中心阳光厅发表演讲。捷克驻华大使利博尔·赛奇卡、中国驻捷克大使马克卿、捷克查理大学校长托马什·济玛等一同来访。校长林建华、副校长李岩松、校务委员会副主任李强等会见了捷克总理一行,并参加了演讲会。

11月26日 悉尼大学校务委员会主席贝琳达·哈钦森(Belinda Hutchinson)女士、校长迈克尔·斯彭斯(Michael Spence)教授率代表团30余人来校访问,举行"北京大学悉尼大学日"。校长林建华、副校长王杰、澳大利亚研究中心主任刘树森接待了代表团一行,并出席了"北京大学悉尼大学日"相关活动。

12月

12月1日 国家高端智库建设试点工作启动会在北京召开,中共中央政治局常委、中央书记处书记刘云山出席本次会议并讲话。黄益平教授代表北京大学国家发展研究院出席会议。会议正式公布了首批入选国家高端智库建设试点单位名单,北京大学国家发展研究院成为首批25家高端智库之一。

12月2日 由北京市委组织部、市委宣传部、市委教育工委联合举办的李小凡同志先进事迹报告会在北京大学百周年纪念讲堂举行。北京市委常委、教育工委书记苟仲文,市委组织部副部长李世新,北京市委教育工委常务副书记张雪等出席报告会。校长林建华、党委副书记叶静漪参加活动。

12月4日 北京大学2015年度奖教金奖学金颁奖典礼在英杰交流中心举行,校长林建华致辞,吴志攀、叶静漪、高松等校领导出席活动。

12月5日 北京大学2015年新生"爱乐传习"项目暨纪念"一二·九"运动80周年暨中国人民抗日战争胜利70周年师生歌会在百周年纪念讲堂举行。朱善璐、吴志攀、王杰、敖英芳、叶静漪等校领导出席活动。

12月7日 中国科学院、中国工程院2015年院士增选结果揭晓,数学科学学院张平文、物理学院谢心澄、化学与分子工程学院席振峰、信息科学技术学院黄如、物理学院俞大鹏、环境科学与工程学院倪晋仁等6位教授当选为中国科学院院士,环境科学与工程学院张远航当选为中国工程院院士。北大当选人数连续3次居全国高

校首位。同时,陈晓非、邵峰、曹晓风、王福生、杨志峰、任辉启、黄璐琦等7位北大校友当选2015年两院院士。北京大学院士总数位列全国高校第一。

12月8日 教育部正式公布了第七届高等学校科学研究优秀成果奖(人文社会科学)的获奖名单。北京大学共有49项成果获奖,其中一等奖2项、二等奖24项、三等奖23项,获奖总数连续五届蝉联全国高校榜首。

12月8日 2015年《自然》杰出导师奖揭晓,现代农学院(筹)邓兴旺教授等5名杰出中国科学家获得该奖项。

12月9日 世界首例右骨盆巨大肿瘤切除3D髂骨假体重建手术在北京大学人民医院顺利完成。

12月11日 北京大学政治学研究中心成立仪式在英杰交流中心第二会议室举行,林建华出席并致辞。著名学者、中央编译局原副局长俞可平受聘担任北京大学中国政治学研究中心创始主任和讲席教授。

12月14日 北京大学新结构经济学研究中心成立仪式在国家发展研究院致福轩举行,林建华出席并致辞。该中心由世界银行前首席经济学家兼高级副行长、北京大学国家发展研究院名誉院长林毅夫教授倡导并创立。

12月15日 由教育部科学技术委员会组织评选的2015年度"中国高等学校十大科技进展"在京揭晓。其中,由北京大学第三医院乔杰教授担任项目负责人的"人类原始生殖细胞发育过程中基因表达网络的表观遗传学调控"和北京大学物理学院教授吴学兵担任项目负责人的"发现宇宙早期发光最亮、中心黑洞质量最大的天体"榜上有名。

12月18日 北京大学第一医院举办"北大医院,我爱你"暨百年庆祝系列活动总结会。全国政协副主席、北京大学医学部主任韩启德,校党委书记朱善璐,常务副校长、医学部常务副主任柯杨出席活动。

12月28日 北京大学召开校级领导班子"三严三实"专题民主生活会。中组部干部三局五处处长王成栋和调研员、副处长公新华,教育部人事司巡视员魏士强、高校领导干部一处副调研员青格勒图,北京市委教育工委干部处副调研员杨颖等上级部门有关同志到会指导。专题民主生活会由党委书记朱善璐主持。

12月31日 北京大学2016年新年联欢晚会在百周年纪念讲堂隆重举行。朱善璐、林建华、吴志攀、叶静漪、高松、王仰麟等校领导观看演出,著名书画家、北京大学中国画法研究院院长、讲席教授范曾先生和数学系1980级校友张亚莉、技术物理系1991级校友邵峰、物理系2001级校友臧充之也应邀出席晚会,与同学们一起欢度新年。

(秦晓蒙、钟晨宁、孙启明)

2015 年基本数据

(2015 年 12 月 31 日)

	总计	其中,医学部
一、总体数据		
（一）校园面积	2741118 m²	392305 m²
	（约 4112 亩）	（约 588 亩）
其中,绿化用地面积	1233576 m²	114703 m²
	（约 1850 亩）	（约 172 亩）
运动场地面积	153389 m²	27300 m²
	（约 230 亩）	（约 41 亩）
（二）校舍建筑面积	2401608.71 m²	483116.71 m²
（三）固定资产总额	1173048.43 万元	198654 万元
其中,教学科研仪器设备资产值	495180.72 万元	118907.06 万元
（四）图书馆藏书：	938.32 万册	63.57 万册
（五）电子资源：	254074.95GB	17204.95GB
其中,电子图书	8895GB	2905GB
（六）设立奖学金项数	112 项	35 项
奖学金总额	4394.37 万元	321.5 万元

二、教职工情况(含 5 家附属医院,单位:人)

	总计	其中,医学部
（一）教职工总数(不包含博士后)	20916①	11367
1. 专任教师数	6963	4379
其中,按职称划分：		
正高级	2221	985
副高级	2202	1222
其中,按学历划分：		
博士学历	5244	2988
其中：		
两院院士	87②	11
中国科学院院士	74	6
中国工程院院士	13	5
第三世界科学院院士	21	
哲学社会科学资深教授(文科资深教授)	14	0
"千人计划"入选者	85	5
"青年千人计划"入选者	99	6
"万人计划"入选者	26	1
"青年拔尖人才计划"入选者	33	4
"长江学者奖励计划"特聘教授、讲座教授	189③	17

---

① 教职工总数包括专任教师、教辅人员、行政人员、工勤人员、科研机构人员、校办企业职工、其他附设机构人员,不包含离退休人员和博士后。
② 其中人事关系在本校的科学院院士为 50 人,工程院院士为 7 人,双聘院士 29 人。
③ 其中讲座教授 46 人,特聘教授 143 人。

		总计	其中,医学部
	973项目首席科学家	92	19
	国家杰出青年科学基金获得者	214	33
	国家基金委创新群体	36	6
	国家基金委优秀青年基金	99	17
	国家级教学名师	16	2
	博士生导师	2404	464
2. 行政人员		1884	968
	其中:专职辅导员人数	201	95
3. 教辅人员		8397	5486
4. 工勤人员		2383	441
5. 科研机构人员		721	69
6. 校办企业职工		154	24
(二)其他人员			
离退休人员		10805	5299

三、在校学生情况(单位:人)　　　　　　　　　　　　　　　总计　　　其中,医学部

		总计	其中,医学部
(一)全日制学生①		39714	8139
	其中:共产党员	12144	2086
	少数民族	3248	716
	华侨港澳台	888	149
	本科学生	14837	3419
	一年级	3701	808
	二年级	3709	815
	三年级	3527	760
	四年级	3430	607
	五年级及以上	470	429
	硕士研究生	14938	2514
	一年级	5498	895
	二年级	5384	913
	三年级	4056	706
	博士研究生	9937	2204
	一年级	2408	677
	二年级	2526	679
	三年级	2247	676
	四年级	1998	85
	五年级及以上	758	87
	专科学生	2	2
(二)成人教育学生		9917	1949
(三)网络本专科学生		50250	21781
(四)外国留学生		3613	354
	其中:本科生	1590	286
	硕士生	640	10
	博士生	309	1
	培训	1074	57

---

① 全日制学生包括普通本专科学生、硕士研究生、博士研究生,不包含成人教育、网络教育及外国留学生(单列)。

（五）普通本专科毕业生

	总计	其中，医学部
一次就业率	95.93%	95%

四、博士后人数（单位：人）

	总计	其中，医学部
在站人数	1043	108
累计进站人数	6195	701

五、专业情况（单位：个）

	总计	其中，医学部
本科专业①	121	10
专科专业	1	1
博士学位授权一级学科点	48	—
博士学位授权二级学科点（不含一级学科覆盖点）	0	—
硕士学位授权一级学科点	50	—
硕士学位授权二级学科点（不含一级学科覆盖点）	3	—
国家重点学科（一级）	18	—
国家重点学科（二级）	25	—
国家重点（培育）学科	3	—
省部级重点学科（一级）	5	—
省部级重点学科（二级）	12	—
博士后流动站②	47	8
全球前1%的学科[美国基本科学指标数据库(ESI)的统计]③	19	

六、教学科研（单位：个）

	总计	其中，医学部
直属院系④	56	11
国家实验室（筹）⑤	1	0
国家重点实验室⑥	11	1

---

① 本科专业名录(121个)：数学与应用数学、信息与计算科学、统计学、应用统计学、物理学、应用物理学、核物理、天文学、大气科学、核工程与核技术、化学、应用化学、化学生物学、材料化学、核化工与核燃料工程、生物科学、生物技术、微电子科学与工程、电子信息科学与技术、计算机科学与技术、智能科学与技术、集成电路设计与集成系统、软件工程、通信工程、理论与应用力学、工程力学、材料科学与工程、能源与动力工程、勘查技术与工程、航空航天工程、生物医学工程、地球物理学、空间科学与技术、地质学、地球化学、地理科学、自然地理与资源环境、人文地理与城乡规划、地理信息系统、生态学、城乡规划、环境科学、环境工程、心理学、应用心理学、汉语言文学、汉语言、古典文献学、应用语言学、历史学、世界史、哲学、逻辑学、宗教学、考古学、文物与博物馆学、文物保护技术、广告学、编辑出版学、国际政治、外交学、科学社会主义、国际事务与国际关系、经济学、资源与环境经济学、财政学、保险学、国际经济与贸易、金融学、工商管理、市场营销、会计学、财务管理、人力资源管理、法学、知识产权、信息管理与信息系统、图书馆学、政治学与行政学、行政管理、城市管理、社会学、社会工作、英语、俄语、德语、法语、西班牙语、阿拉伯语、日语、波斯语、朝鲜语、菲律宾语、梵文巴利语、印度尼西亚语、印地语、缅甸语、蒙古语、泰语、乌尔都语、希伯来语、越南语、葡萄牙语、公共事业管理、艺术史论、广播电视编导、政治学、经济学与哲学、古生物学、外国语言与外国历史、基础医学、临床医学、口腔医学、预防医学、药学、医学检验技术、医学实验技术、口腔医学技术、护理学、经济统计学。

② 博士后流动站名录(47个)：数学、统计学、物理、化学、天文学、地理学、地质学、大气科学、地球物理学、生物学、力学、电子科学与技术、信息与通信工程、计算机科学与技术、软件工程、生态学、环境科学与工程、核科学与技术、心理学、中国语言文学、中国史、世界史、考古学、哲学、理论经济学、应用经济学、工商管理、法学、社会学、外国语言文学、政治学、教育学、公共管理、图书情报与档案管理、马克思主义理论、测绘科学与技术、新闻传播学、艺术学、生物医学工程、口腔医学、公共卫生与预防医学、药学、基础医学、临床医学、生物学、中西医结合、护理学。

③ 进入ESI前1%的学科名录(19个)：物理、化学、材料科学、工程学、临床医学、数学、地球科学、动物和植物学、生物学与生物化学、环境科学/生态学、社会科学、药学与毒理学、计算机科学、神经科学与行为学、分子生物学与遗传学、精神病学/心理学、经济学/商学、农学、免疫学。

④ 直属院系名录(不含深圳研究生院)(56个)：数学科学学院、物理学院、化学与分子工程学院、生命科学学院、城市与环境学院、地球与空间科学学院、心理学系、建筑与景观设计学院、信息科学技术学院、工学院、计算机科学技术研究所、软件与微电子学院、环境科学与工程学院、中国语言文学系、历史学系、考古文博学院、哲学系（宗教学系）、外国语学院、艺术学院、对外汉语教育学院、歌剧研究院、国际关系学院、经济学院、光华管理学院、法学院、信息管理系、社会学系、政府管理学院、马克思主义学院、教育学院、新闻与传播学院、人口研究所、国家发展研究院、体育教研部、新媒体研究院、元培学院、燕京学堂、先进技术研究院、前沿交叉学科研究院、中国社会科学调查中心、分子医学研究所、科维理天文与天体物理研究所、核科学与技术研究院、北京国际数学研究中心、海洋研究院、基础医学院、药学院、公共卫生学院、护理学院、医学人文研究院/公共教学部、第一临床医学院、第二临床医学院、第三临床医学院、口腔医学院、临床肿瘤学院、精神卫生研究所。

⑤ 国家实验室(1个)：北京分子科学国家实验室（筹）。

⑥ 国家重点实验室(11个)：人工微结构和介观物理国家重点实验室、湍流与复杂系统研究国家重点实验室、核物理与核技术国家重点实验室、稀土材料化学及应用国家重点实验室、分子动态及稳态结构国家重点实验室(联合)、蛋白质工程及植物基因工程国家重点实验室、生物膜与膜生物工程国家重点实验室（北大分室）、天然药物及仿生药物国家重点实验室、环境模拟与污染控制国家重点实验室（北大分室）、区域光纤通信网与新型光纤通信系统国家重点实验室（北大实验区）、微米/纳米加工技术国家级重点实验室（北大分室）。

国家工程实验室①	2	1
国家工程研究中心②	2	0
省部级设置的研究(院、所、中心)、实验室	113	44
定期出版的专业刊物③	27	13
医院④	10	10

---

① 国家工程实验室(2个):数字视频编解码技术国家工程实验室、口腔数字化医疗技术和材料国家工程实验室。
② 国家工程研究中心(2个):电子出版新技术国家工程研究中心、软件工程国家工程研究中心。
③ 定期出版的专业刊物(27种):《北京大学学报(自然科学版)》《物理化学学报》《大学化学》《数学进展》《北京大学学报(哲学社会科学版)》《中外法学》、Peking University Law Journal、《经济科学》《国外文学》《国际政治》《大学图书馆学报》《人口与发展》《北京大学教育评论》《经济学》《北京大学学报(医学版)》《中国生育健康杂志》《医院管理论坛》《中国药物依赖性杂志》《中国疼痛医学杂志》《中国新生儿科杂志》《中国微创外科杂志》《中国斜视与小儿眼科杂志》《中国介入心脏病学杂志》《中国妇产科临床杂志》《中国糖尿病杂志》《中国生物化学与分子生物学报》《生理科学进展》。
④ 包括5家附属医院(第一医院、人民医院、第三医院、口腔医院、第六医院),1家与北京市双重管理医院(肿瘤医院),4家共建医院(首钢医院、深圳医院、滨海医院、国际医院)。

· 机 构 与 干 部 ·

校领导机构

党 委 书 记	朱善璐
党委常务副书记	于鸿君（2015年2月13日任）
党 委 副 书 记	于鸿君　敖英芳　叶静漪
党 委 常 委	朱善璐　王恩哥（2015年2月13日免）　林建华（2015年2月13日任）　于鸿君　吴志攀　柯杨　刘伟（2015年11月10日免）　王杰　敖英芳　叶静漪　李岩松　高松
校 长	林建华（2015年2月13日任）　王恩哥（2015年2月13日免）
常 务 副 校 长	吴志攀　柯杨　刘伟（2015年11月10日免）
副 校 长	王杰（正局级）　李岩松　高松　陈十一（2015年2月13日免）　王仰麟
纪 委 书 记	于鸿君（兼）
秘 书 长	杨开忠
总 会 计 师	闫敏
校 长 助 理	李晓明　张宝岭　邓娅　程旭　黄桂田　马化祥　孙丽　陈宝剑
纪 委 副 书 记	孔凡红　周有光　龚文东
副 秘 书 长	李鹰　韩流（2015年3月16日免）　张晓黎　白志强
教 务 长	高松（兼）
副 教 务 长	关海庭　李晓明（兼）　王宪（2015年6月2日免）　生玉海　严纯华（2015年7月7日免）　方新贵　张平文（2015年6月2日任）　王维民（2015年6月2日任）　龚旗煌（2015年7月7日任）　李沉简（挂职）
总 务 长	王仰麟（兼）
副 总 务 长	张宝岭（兼）　崔芳菊　张西峰

校务委员会

主 任	朱善璐
副 主 任	林毅夫　田刚　海闻　饶毅　李鸣　王杰　敖英芳　杨开忠
秘 书 长	杨开忠（兼）
委 员	（按姓氏笔画为序）

王杉　王博（哲学系）　王博（学生会）　王缉思　甘子钊　厉以宁　叶朗　朱卫国
乔杰　任庆鹏　刘玉村　刘俊义　阮草　孙丽　孙祁祥　李强　杨芙清　吴明
吴凯　张东晓　张守文　张颐武　陈跃红　季加孚　周晓林　袁行霈　高毅　郭建宁
唐晓峰　涂平　陶澍　黄如　鄂维南　程朝翔　鲁安怀　谢心澄　蔡洪滨

学术委员会

校学术委员会

主　　　任　　林建华
副　主　任　　朱善璐　吴志攀　柯杨
委　　　员　　（以姓氏笔画为序）
丁洁　马戎　王诗宬　王缉思　方伟岗　方竟　甘子钊　厉以宁　叶朗　申丹
朱苏力　朱作言　刘伟　许智宏　李晓明　杨芙清　杨河　肖瑞平　吴树青　佘振苏
闵维方　张礼和　张恭庆　陈佳洱　欧阳颀　周力平　周其凤　赵光达　赵新生　饶毅
敖英芳　袁行霈　高松　郭岩　阎步克　童庆禧　童坦君

人文学部学术委员会

主　　　任　　袁行霈
副　主　任　　申丹　叶朗
委　　　员　　（以姓氏笔画为序）
丁宏为　王中江　王邦维　王希　孙华　赵华敏　赵敦华　荣新江　秦海鹰　曹文轩
阎步克　梁敏和　彭锋　韩水法

社会科学部学术委员会

主　　　任　　厉以宁
副　主　任　　陈兴良
委　　　员　　（以姓氏笔画为序）
丁小浩　王子舟　牛军　平新乔　叶自成　刘国恩　关海庭　李翔海　李强　吴树青
汪建成　张志学　郑晓瑛　俞虹　顾昕　郭志刚　董进霞

理学部学术委员会

主　　　任　　甘子钊
副　主　任　　姜伯驹　高松
委　　　员　　（以姓氏笔画为序）
王世强　王学军　文兰　方精云　朱玉贤　朱作言　刘晓为　汤超　严纯华　来鲁华
陈运泰　陈佳洱　欧阳颀　周晓林　赵光达　饶毅　耿直　席振峰　童庆禧　潘懋

信息与工程科学部学术委员会

主　　　任　　杨芙清
副　主　任　　黄琳　王子宇
委　　　员　　（以姓氏笔画为序）
王阳元　王建祥　方竟　汤帜　何新贵　佘振苏　张远航　陈峰　查红彬　倪晋仁
彭练矛　程旭

专业技术职务评审委员会

主　　　　任　　林建华
副　主　　任　　朱善璐　吴志攀　柯杨
委　　　　员　　(以姓氏笔画为序)
　　　　　　　　于鸿君　王仰麟　王杰　王明舟　方伟岗　叶静漪　朱强　刘伟　刘克新　刘波
　　　　　　　　闫敏　李沉简　李晓明　张宏印　张新祥　陆正飞　林久祥　高松　郭海

学位评定委员会

第十届校学位评定委员会

主　　　　席　　林建华
副　主　　席　　刘伟　柯杨
委　　　　员　　吴志攀　高松　严纯华　张平文　龚旗煌　顾红雅　张立飞　陶澍　彭练矛　陈平原
　　　　　　　　阎步克　王博　申丹　蔡洪滨　周志忍　郑晓瑛　段丽萍　刘俊义　郭传瑸　胡永华
　　　　　　　　鲁凤民　王建祥

教职工代表大会执行委员会

第六届教职工代表大会执行委员会

主　任　委　员　　高松
副主任委员　　孙丽　姜保国　张宝岭　王磊
委　　　　员　　(以姓氏笔画为序)
　　　　　　　　王一川　王磊　朱卫国　刘力　刘穗燕　孙丽　苏都莫日根　李淑静　宋春伟
　　　　　　　　张大成　张汉平　张庆东　张宝岭　陈红　郝卫东　姜保国　聂华　高松
　　　　　　　　韩毓海

医学部负责人

医　学　部　主　任　　韩启德
医学部常务副主任　　柯杨
医学部党委书记　　敖英芳

医学部副主任　李　鹰　闫　敏　方伟岗　姜保国　段丽萍　宝海荣　王维民
医学部党委副书记　李文胜　顾　芸　戴谷音
医学部纪委书记　孔凡红

各院、系、所、中心负责人

数学科学学院	党委书记	张平文
	院长	田　刚（兼）
	常务副院长	张平文
物理学院	党委书记	陈晓林
	院长	谢心澄
化学与分子工程学院	党委书记	刘虎威
	院长	吴　凯（2015年1月6日免）
		高毅勤（2015年1月6日任）
生命科学学院	党委书记	柴　真
	院长	吴　虹
城市与环境学院	党委书记	刘耕年
	院长	陶　澍（2015年6月30日免）
		傅伯杰（2015年6月30日任）
	常务副院长	贺灿飞（2015年6月30日任）
地球与空间科学学院	党委书记	傅绥燕
	院长	张立飞
心理学系	党委书记	吴艳红
	主任	方　方
建筑与景观设计学院	院长	俞孔坚
信息科学技术学院	党委书记	魏中鹏
	院长	黄　如
工学院	党委书记	孙智利
	院长	张东晓
计算机科学技术研究所	直属党支部书记	叶志远
	所长	肖建国（2015年6月30日免）
		郭宗明（2015年6月30日任）
软件与微电子学院	党委书记	陈向群
	院长	张　兴
	常务副院长	杜　鹏
		吴中海（2015年11月17日任）
环境科学与工程学院	党委书记	胡建信
	院长	朱　彤
中国语言文学系	党委书记	金永兵
	主任	陈跃红
历史学系	党委书记	高　毅（2015年1月29日免）
		王元周（2015年1月29日任）
	主任	高　毅（2015年1月29日任）

		张　帆（2015年1月29日任）
考古文博学院	党委书记	王幼平
	院长	杭　侃
哲学系（宗教学系）	党委书记	仰海峰
	主任	王　博
外国语学院	党委书记	宁　琦（2015年2月28日免）
		李岩松（兼）（2015年2月28日任）
	院长	程朝翔（2015年2月28日免）
		宁　琦（2015年2月28日任）
艺术学院	党委书记	邹　惠（2015年5月26日撤党总支，成立党委）
	院长	王一川
对外汉语教育学院	党委书记	王海峰
	院长	赵　杨
歌剧研究院	院长	金　曼
国际关系学院	党委书记	李寒梅
	院长	贾庆国
经济学院	党委书记	章　政
	院长	孙祁祥
光华管理学院	党委书记	冒大卫
	院长	蔡洪滨
法学院	党委书记	潘剑锋
	院长	张守文
信息管理系	党委书记	王继民
	主任	李广建
社会学系	党委书记	查　晶
社会学系/社会学人类学研究所	主任/所长	谢立中（2015年9月21日免）
		张　静（2015年9月21日任）
政府管理学院	党委书记	周志忍
	院长	罗豪才（2015年10月25日免）
		俞可平（2015年10月25日任）
	常务副院长	傅　军
马克思主义学院	党委书记	孙熙国（2015年1月9日免）
		孙蚌珠（2015年1月9日任）
	院长	于鸿君（兼）
	执行院长	孙熙国
教育学院	党委书记	文东茅（2015年12月22日免）
		阎凤桥（2015年12月22日任）
	院长	陈晓宇
新闻与传播学院	党委书记	陈　刚
	院长	陆绍阳
人口研究所	所长	郑晓瑛
国家发展研究院	党委书记	胡大源
	院长	姚　洋
体育教研部	直属党支部书记	张　锐
	主任	李　宁
元培学院	党委书记	孙　华

	院长	鄂维南
先进技术研究院	院长	程 旭(兼)
	常务副院长	白树林(兼)
深圳研究生院	党委书记	谭文长
	院长	陈十一(2015年4月22日免)
	代理院长	海 闻(2015年4月22日任)
	常务副院长	白志强
分子医学研究所	所长	肖瑞平
科维理天文与天体物理研究所	所长	Luis Chi Ho
北京国际数学研究中心	主任	田 刚
软件工程国家工程研究中心	主任	张世琨
前沿交叉学科研究院	院长	韩启德
	执行院长	汤 超
	常务副院长	方 竞
燕京学堂办公室	主任	姜国华
海洋研究院	院长(兼)	陈十一(2015年4月22日免)
	院长(兼)	张东晓(2015年4月22日任)
	常务副院长(兼)	张东晓(2015年4月22日免)
基础医学院	党委书记	万 有
	院长	尹玉新
药学院	党委书记	徐 萍
	院长	刘俊义
公共卫生学院	党委书记	郝卫东
	院长	孟庆跃
护理学院	党委书记	尚少梅(2015年1月免)
		陆 虹(2015年1月任)
	院长	郭桂芳(2015年7月免)
		尚少梅(2015年7月任)
公共教学部	党委书记	王 玥
	主任	张大庆
医学网络教育学院	院长	高澍苹
第一医院	党委书记	刘新民
	院长	刘玉村
人民医院	党委书记	陈 红
	院长	王 杉
第三医院	党委书记	金昌晓
	院长	乔 杰
口腔医院	党委书记	周永胜
	院长	郭传瑸
肿瘤医院	党委书记	朱 军
	院长	季加孚
精神卫生研究所	党委书记	王向群
	所长	陆 林

机关各部门、工会、团委负责人

党委办公室校长办公室	主任	马化祥（兼）（2015年7月7日免）
	主任	郭　海（2015年7月7日任）
国内合作委员会办公室	主任	雷　虹
督查室（信访办公室）	主任	冯支越
发展规划部	部长	陈宝剑（兼）
	常务副部长	薛　领（2015年10月25日免）
监察室	主任	周有光（兼）
党委组织部	部长	郭　海（2015年7月7日免）
		严纯华（2015年7月7日任）
党委宣传部	部长	蒋朗朗
党委统战部	部长	张晓黎
保卫部	部长	安国江
保密委员会办公室	主任	刘旭东
学生工作部、人民武装部	部长	张庆东
教务部	部长	董志勇
科学研究部	部长	周　辉
"211工程"办公室	主任	李晓明（兼）（2015年5月5日免）
学科建设办公室	主任	张平文（兼）（2015年5月5日任）
社会科学部	部长	王　博
研究生院	院长	陈十一（兼）（2015年3月20日免）
		高　松（兼）（2015年3月20日任）
	常务副院长	严纯华（兼）（2015年7月7日免）
		龚旗煌（兼）（2015年7月7日任）
继续教育部	部长	侯建军（2015年12月29日免）
		刘力平（2015年12月29日任）
人事部	部长	刘　波
离退休工作部	部长	马春英
财务部	部长	闫　敏（兼）
国有资产管理委员会办公室	主任	张贵龙
后勤财务核算中心	主任	闫　敏（兼）
国际合作部	部长	夏红卫
总务部	部长	张西峰（兼）
房地产管理部	部长	殷雪松
实验室与设备管理部	部长	张新祥
基建工程部	部长	莫元彬
审计室	主任	王　雷
校办产业管理委员会办公室	主任	黄桂田（兼）
产业技术研究院/科技开发部	院长/部长	陈东敏
	常务副院长/常务副部长	姚卫浩
信息化建设与管理办公室	主任	柳军飞
工会	主席	孙　丽（兼）

团委	书记	阮 草
校友工作办公室	主任	李宇宁
机关党委	书记	刘力平
后勤党委	书记	刘宝栓
校办产业党工委	书记	孟庆焱
	副书记	胡新龙（主持工作）（2015年9月29日任）

医　学　部

主任办公室党委办公室	主任	肖 渊
监察室	主任	范春梅
党委组织部	部长	戴谷音
党委宣传部	部长	王春虎
党委统战部	部长	王军为
研究生院医学部分院（研究生工作部）	常务副院长（部长）	段丽萍
教育处（学生工作部、武装部）	处长（部长）	王维民
学生工作部	常务副部长	李 红
人事处	处长	朱树梅
离退休工作处	副处长	丁 磊（主持工作）
科学研究处	处长	沈如群
国际合作处	处长	孙秋丹
医院管理处	处长	张 俊
继续教育处	处长	姜 辉
保卫处	处长	赵成知
设备与实验室管理处	处长	徐善东
审计室	主任	安 宇
计划财务处	处长	郑 庄（2015年12月免）
	副处长（主持工作）	冯丹妹（2015年12月起）
总务处	处长	陈斌斌
基建工程处	处长	余 也
后勤党委	书记	王运生
产业管理办公室	主任	吴问汉
产业党总支	书记	吕廷煜
工会	主席	顾 芸（兼）
	常务副主席	刘穗燕
团委	书记	焦 岩
机关党委	书记	郭艾花

直属、附属单位负责人

| 直属单位党委 | 书记 | 束鸿俊（兼） |
| 图书馆 | 党委书记 | 萧 群 |

	馆长	朱强
档案馆、校史馆	馆长	马建钧
计算中心	主任	张蓓
现代教育技术中心	副主任	何 山（主持工作）（2015年7月22日撤销机构并免去职务）
教师教学发展中心	主任	方新贵（兼）（2015年7月22日成立机构并任命）
教育基金会	秘书长	邓 娅（兼）
出版社	党委书记	金娟萍
	社长	王明舟
	总编辑	张黎明
校医院	党委书记	王秋生
	院长	张宏印
首都发展研究院	院长	李国平
燕园街道党工委	书记	严敏杰
燕园街道办事处	主任	李贡民（2015年4月22日免）
	主任	严敏杰（2015年6月30日任）
附属中学	党委书记	生玉海（兼）
	校长	王铮
附属小学	党委书记	尹 超（兼）（2015年1月20日撤销直属党支部，成立党委）
	校长	尹超
体育馆	馆长	李 宁（兼）
	常务副馆长	李杰
昌平校区管理办公室	主任	白树林
	常务副主任	卢永祥
会议中心	主任	范 强（2015年1月20日免）
		张胜群（2015年1月20日任）
餐饮中心	主任	王建华
动力中心	主任	李钟
公寓服务中心	主任	姜晓刚
校园服务中心	主任	张丽娜
燕园社区服务中心	主任	张鸿奎（2015年12月29日免）
		严敏杰（2015年12月29日任）
特殊用房管理中心	主任	姜晓刚（兼）
继续教育学院	党总支书记	李胜
	院长	关海庭（兼）
	常务副院长	张虹

医 学 部

图书馆	馆长	张大庆
信息通讯中心	主任	种连荣
医药卫生分析中心	主任	王京宇（2015年3月免）
		吴 明（2015年3月任）
	常务副主任	孙 崎（2015年3月任）
出版社	社长	王凤廷

学报(医学版)编辑部	主任	曾桂芳
医学教育研究所	所长	王 宪
中国药物依赖性研究所	所长	陆 林
实验动物科学部	主任	郑振辉
中国卫生发展研究中心	常务副主任	孟庆跃
医学信息学中心	常务副主任	胡永华

各民主党派和归国华侨联合会负责人

中国国民党革命委员会北京大学支部委员会
主 任 委 员　关　平(2015年11月任)
副主任委员　丁　昱(2015年11月任)　李美仙(2015年11月任)

中国国民党革命委员会北大医院支部(2015年12月换届)
主 任 委 员　涂　平
副主任委员　张诗杰

中国民主同盟北京大学委员会
主 任 委 员　鲁安怀
副主任委员　沈正华　刘　力　陈晓明　李　玮　宋春伟

中国民主同盟北京大学医学部委员会
主 任 委 员　季加孚
副主任委员　卫　燕　晋长伟　杨晓达

中国民主建国会北京大学委员会
主 任 委 员　陈效逑
副主任委员　李　虹　陈少峰　孙卫玲(2015年7月任)

中国民主促进会北京大学委员会
主 任 委 员　张颐武
副主任委员　佟　新　刘凯欣　肖鸣政

中国农工民主党北京大学支部委员会
主 任 委 员　刘富坤(2015年10月继任)
副主任委员　陈变珍(2015年10月继任)　裴剑峰(2015年10月任)

中国农工民主党北京大学委员会
主 任 委 员　顾　晋
副主任委员　刘富坤　李　东　金燕志　王　豪

中国致公党北京大学支部委员会
主 任 委 员　王若鹏(2015年5月任)
副主任委员　刘阳生(2015年5月任)　张向英(2015年5月任)

中国致公党北京大学医学部支部
主 任 委 员　陈仲强

中国致公党北京大学医院支部
主 任 委 员　胡　晓
副主任委员　周常青

中国致公党北京大学人民医院支部
主 任 委 员　关振鹏

九三学社北京大学委员会
主 任 委 员　沈兴海

副主任委员　种连荣(常务)　夏璧灿　郭召杰　徐爱国
九三学社北京大学第二委员会
主 任 委 员　吴　明
副主任委员　屠鹏飞　昌晓红　阙呈立　崔　涛　李子健
北京大学归国华侨联合会
主　　　席　周力平
副 主 席　龚旗煌　曲振卿　吴　跃
北京大学医学部归国华侨联合会
主　　　席　朱卫国
副 主 席　黄河清　谢秋菲　王培玉

院系情况

数学科学学院

【发展概况】 发展历程。1913年秋,北京大学数学门招收新生,标志着中国现代第一个大学数学系(门)正式开始教学活动。此后,北京大学数学学科的发展历经京师大学堂高等算学、数学门,北京大学数学力学系等多个发展阶段。1981年,北京大学数学研究所成立。系所结合的形式使多项具有国际领先水平的研究成果应运而生。1995年,北京大学数学科学学院成立,成为北京大学数学学科发展进程中的一个里程碑。2015年,北京大学数学科学学院锐意进取,开拓创新,取得丰硕的成果。张平文当选中国科学院院士;"数学及其应用"教育部重点实验室评估获优秀;范辉军获2015年度高等学校科学研究优秀成果奖自然科学奖一等奖;田刚的论文发表在 CPAM;关启安的论文再次被 Annals of Mathematics 接受并获得国家自然科学基金委优秀青年科学基金项目支持;郭紫华入选中组部青年拔尖人才支持计划。

组织结构。北京大学数学科学学院现有包括数学系、概率统计系、科学与工程计算系、信息科学系、金融数学系在内的五个下设机构。

学科建设。数学科学学院现有两个一级学科:数学、统计学。三个本科专业:数学与应用数学、统计学、信息与计算科学。四个博士专业:基础数学、应用数学、计算数学、概率统计,四个博士专业都设有博士后流动站并全部被评为重点学科。

队伍建设。数学科学学院共有教学科研人员117人,其中正高级职称63人、副高级职称36人、中级职称18人。2014年数学科学学院入职11人,包括事业编制1人、博士后7人、劳动合同制1人、名誉教授1人、学院特聘讲座教授1人。续聘22人,包括新体制2人、事业编制17人、劳动合同制1人、海外高层次人才引进计划(短期项目)2人。退休2人。减离8人,包括海外高层次人才引进计划1人、长江学者讲座教授1人、博士后5人、劳动合同制1人。

【教学工作】 学生人数。2015年,数学科学学院共有学生1231人,其中本科生704人、硕士研究生230人、博士研究生297人。2015年招收本科新生182人,其中普通入学31人,自主招生103人,保送27人,国防定向生17人,港澳台学生2人,留学生2人;国际奥赛金牌获得者1人,银牌获得者2人,省状元3人。2015年,普通本科毕业生总计178人,毕业161人,双学位103人,辅修15人。2015年共招收研究生166人(硕士100人,博士66人),毕业135人(硕士96人,博士39人)。

表5-1 数学科学学院2015年本科生在校生人数统计

	春季	秋季
2011级	178	
2012级	190	186
2013级	175	160
2014级	167	175
2015级		183
总人数	710	704

表5-2 数学科学学院2015年研究生在校生人数统计

	硕士研究生	博士研究生
2010级	0	5
2011级	0	42
2012级	3	59
2013级	31	64
2014级	99	61
2015级	97	66
总人数	230	297
毕业生	96	39
留学生	0	10

课程设置。数学科学学院2014—2015学年共开设本科生课程156门,研究生课程96门、研究生讨论班99门。

培养方案。数学科学学院的本科被教育部遴选为国家"理科基础科学研究和教学人才培养基地"。学院贯彻"加强基础,淡化专业,因材施教,分流培养,增强适应性"的教学方针。学院的课程设置门类齐全,教学安排丰富灵活。数学科学学院的学生前两年的必修课相同,从第三学年开始,学生根据数学各个专业方向的要求从学院开设的大量专业课程中选择一部分,还可以根据学校规定选修其他院系开设的部分课程。数学科学学院培养的学生基础理论扎实,知识面宽,受到严格的数学训练与计算机技能训练,因而有很强的适应性。

数学科学学院培养热爱祖国、遵纪守法、学风严谨、品行端正的研究生专业人才,使之有较强的事业心和献身科学的精神,并具有较

坚实宽广的数学理论基础,以及在基础数学、概率统计、大规模工程与科学计算、信息科学和金融数学等学科的某个方向上掌握较系统的专门理论知识、技术与方法,能够运用所掌握的基础理论与专门知识解决科学研究或实际工作中的问题,掌握一门外国语。

教学获奖。北京大学第20届十佳教师:孙文祥;嘉里集团郭氏基金树人奖:裘宗燕;杨芙清-王阳元院士教师奖特等奖:刘和平;唐立新奖教金教学名师奖:伍胜健;宝钢奖教金优秀奖:谭小江;树仁学院奖教金:王立中;正大奖教金教师奖:马翔;宝洁奖教金教师奖:邵嗣烘;2014—2015年度教学优秀奖:刘勇、田青春;在教育战线工作满三十年:裘宗燕。

【科研工作】 人才队伍。数学科学学院现有院士7人、长江特聘教授8人、长江讲座教授1人、海外高层次人才引进计划3人,海外高层次人才引进计划(青年项目)3人,国家杰出青年科学基金项目获得者21人,"新世纪百千万人才工程"国家级人选2人,"新世纪优秀人才支持计划"9人。

项目数量。在研项目总数为141项。同年新获批的横向项目9项,纵向项目12项,包括优秀青年科学基金项目"多复变中的L^2延拓问题"(负责人:关启安),国际(地区)合作交流项目"高能效图像与视频处理技术:理论、实现和应用研究"(负责人:姜明)。

科研成果。2015年,数学科学学院共有SCI收录的第一作者和通信作者的论文116篇,SCI收录的非第一作者和通信作者的论文76篇,14篇非SCI论文,13篇会议论文。出版专著《微分动力系统引论》(文兰,高等教育出版社)和《组合数学》(宋春伟、冯荣权,北京大学出版社)。申请专利"一种荧光光片显微成像系统及方法"(毛珩、陶乐天、姜明、陈良怡、李海文、安捷、宗伟健,发明专利:201510683873.1)和"基于3S的污染源监控系统"(王晓燕、张树义、沈炳刚、高勇、张质明、陈洁、郭巍、王秀英、焦帅,发明专利:201210501446.3)。

经费情况。数学科学学院科研拨款总计2953万元,其中国家重点基础研究发展计划项目(973项目)经费475万元,国家高技术研究发展计划项目(863项目)经费15万元,自然科学基金经费1154.5万元,教育经费拨款经费714.7万元,横向经费41万元,博士后科研经费23万元,海外高层次人才引进计划(青年项目)经费150万元,其他纵向经费81.7万元,国际合作项目经费14.4万元,青年英才计划经费15万元,其他经费268.7万元。

学术活动。2015年,数学科学学院接待学校主请的国外访问学者12人次,共50周,使用校拨经费23.2万元。同时学院还接待顺访国外教授及学者94人次,"数学及其应用"教育部重点实验室接待国内访问学者7人次。8月24日至29日,由陈大岳带队,数学科学学院共派出7人赴墨尔本大学访问交流。

【党建工作】 组织建设。数学科学学院党委设书记1人、副书记2人,党委委员12名,按照职责分设组织委员、宣传委员、纪检委员、统战委员、青年委员和保卫委员。学院共有教师党员102人,其中在职教师56人,离退休教师39人,博士后6人,劳动合同制1人。设教工党支部6个,按照教学方向划分,分别为几何代数微分方程党支部、计算数学信息科学党支部、函数论数学物理党支部、概率统计金融数学党支部、行政实验室党支部、数学中心党支部。学院有学生党员251人,其中本科生51人,硕士生81人,博士生119人。设学生党支部14个,各支部设支部书记1名、组织委员1名、宣传委员1名。

党建活动。1. 专项活动:"三严三实"专题教育。为深入贯彻落实全面从严治党要求,进一步巩固和拓展党的群众路线教育实践活动成果,持续推进党的思想政治建设和作风建设,根据中共中央办公厅和中共北京大学委员会相关文件方案,数学科学学院制订了在副处级以上领导干部中开展"三严三实"专题教育的方案并认真落实。

2015年5月,数学科学学院召开党政联席会,传达学校有关精神,正式启动"三严三实"专题教育。6月,数学科学学院召开全院教职工党员大会,对学院专题教育进行安排部署。5月至12月,组织院党政领导班子成员参考下发的学习材料,将个人自学和集体学习相结合,并按照学校部署重点分四个专题开展学习研讨。6月24日,集体学习研讨专题"严以修身",重点研讨作为领导干部,如何增强道路自信、理论自信、制度自信,坚定创建世界一流数学学科的信心,牢固树立正确的世界观、人生观、价值观,践行社会主义核心价值观。9月28日,集体学习研讨专题二"严以律己",重点研讨作为领导干部,如何做老实人、说老实话、干老实事,公开公平公正执行纪律、制度,不超越权限办事,自觉维护学校和学院的形象和声誉。11月集体学习研讨专题三"严以用权",重点研讨如何坚持用权为民,按规则、按制度、按法律行使权力,坚持从实际出发谋划事业、推进工作,敢于担责、为官有为。5月至11月,按照专题四的要求,自觉把践行"三严三实"要求融入立德树人、加快创建中国特色世界一流大学的各项实际工作中,以严实的党风政风,带动师风学风和校风。

2. 党员的发展、转正、培训:

2015年数学科学学院共发展党员42人,其中教职工1人,本科生19人,硕士生15人,博士生7人。共有34名预备党员转为正式党员,其中本科生15人,硕士生13人,博士生6人。学院组织学生积极参加北京大学第22、23期党性教育读书班和第28期党的知识培训班,第22期党性教育读书班共有3人顺利结业,第23期党性教育读书班共有24人顺利结业,第28期党的知识培训班共有53人顺利结业。10月,学院党委推荐14名学生党支部书记参加北京大学第14届学生党支部书记培训班;4月21日、10月15日,学院党委组织学生党支部书记实务培训,分别有15名、14名党支部书记参加学习。

3. 党支部换届、特色党支部活动:2015年10月,学院10个到届党支部顺利完成换届工作。一年来,各个党支部围绕深入学习宣传贯彻党的十八大精神、"三严三实"专题教育开展形式多样的主题活动,例如学生支部"我眼中的中国精神""我为中国精神代言"党团日活动,教工支部"学习贯彻党的十八届五中全会精神"主题党日活动。学院党委"核心价值薪火留,舌灿莲花著春秋"活动和2013级至2015级本科生党支部"凝聚老少正能量,奏响时代主旋律"活动分别被列为北京大学关心下一代工作创新重点项目和一般项目,2个教工支部和4个学生支部申报北京大学2015—2016学年基层党建创新立项活动。

4. 党风廉政建设、规章制度建设:学院严格执行国家、教育部和北京大学关于党风廉政建设的相关规定,制定完善《北京大学数学科学学院党风廉政建设责任制实施细则》,围绕创建世界一流学科的目标,坚持"两手抓,两手都要硬",坚持从严治党、依法治院,坚持标本兼治、综合治理、惩防并举、注重预防,保证党风廉政建设的贯彻落实。学院成立党风廉政建设责任制领导小组,学院党委书记和院长任组长,党委副书记、副院长任成员;明确责任范围、内容、考核和追究机制。

5. 统战工作:学院现有民主党派教师22人,其中中国国民党革命委员会1人,中国民主同盟16人,中国致公党1人,九三学社4人。

【学生工作】 学生活动情况。2015年2月,组织参加美国大学生数学建模竞赛。3月,召开学生代表大会,组织研究生会换届、院团委学生骨干换届、挑战杯竞赛院内初评。5月,组织北京大学"江泽涵杯"数学建模竞赛。6月,数学科学学院团校第七期培训班结业。7月,学生暑期社会实践(8支团队)。8月,2014级本科生军训。9月,数学科学学院团校第八期培训班开学,2015级新生入学教育,组织参加全国大学生数学建模竞赛和全国研究生数学建模竞赛。10月,组织参加全国大学生数学竞赛,举办第十八届数学文化节。12月,组织参加"一二·九"合唱比赛。2015年,青年志愿者协会开展28次大型志愿服务活动,院刊《心桥》出刊2期,院报《数学风采》出刊10期,组织学生参加北大杯、新生杯等体育比赛,获1项冠军、2项亚军、1项季军。

毕业生去向。2015年,本科生178人毕业,11人就业、74人出国留学、75人本国深造;研究生131人毕业,106人就业、11人出国留学、5人本国深造。

表5-3 数学科学学院2015届毕业生毕业去向统计　　　　　　单位:人

	专业	出国(境)留学	免试推荐读研	考研	工作	其他
本科生(178人)	基础数学	10	11	0	1	4
	概率统计	34	22	0	2	3
	计算数学	9	9	0	0	6
	信息科学	2	6	0	1	1
	金融数学	19	24	3	7	4
	合计	74	72	3	11	18
	类别	出国(境)留学或国外博士后	考博、博士后	工作	定向	其他
研究生(131人)	硕士	6	1	78	3	4
	博士	5	4	28	2	0
	合计	11	5	106	5	4

物理学院

【发展概况】 中国物理学本科教育始于1913年在北京大学设立的物理学门。1919年更名为物理系。2001年5月,在原物理系、原地球物理系的大气科学专业、原技术物理系的核物理专业及辅助机构、原天文学系、原重离子物理研究所的基础上成立北京大学物理学院。为加强学科建设,2006年在聚变等离子体物理、空间与天体等离子体物理和计算等离子体物理方面逐渐形成结合理论研究、数值模拟、实验诊断和人才培养为一体的研究队伍,并于2009年正式成立等离子体物理与聚变研究所。2009年12月,依托物理学院成立"北京大学国际量子材料科学中心"。2010年4月,为加强北京大学在海-气相互作用以及全球气候变化研究中的研究力量,创建海洋科学教育平台,北京大学决定在物理学院原大气科学系的基础上,增设物理海洋专业,并将"大气科学系"更名为"大气与海洋科学系",同时成立"气候与海-气实验室"。

物理学院有11个实体单位:普通物理教学中心、基础物理实验教学中心、理论物理研究所、凝聚态物理与材料物理研究所、现代光学研究所、重离子物理研究所、技术物理系、天文学系、大气与海洋科学系、电子显微镜专业实验室、等离子体物理与聚变研究所;1个2011协同创新中心;3个挂靠研究机构:李政道高能物理中心、国际量子材料科学中心、科维理天文与天体物理研究所。

物理学院有4个一级学科:物理学、大气科学、天文学、核科学与技术,12个二级学科(均为国家重点学科):理论物理、粒子物理与原子核物理、凝聚态物理、光学、原子分子物理、天体物理、大气物理学及大气环境、气象学、物理海洋学、气候学、核技术及其应用、等离子体物理;2个国家重点实验室:人工微结构和介观物理国家重点实验室、核物理与核技术国家重点实验室;1个教育部重点实验室:北京现代物理中心教育部重点实验室;1个北京市重点实验室:医学物理和工程北京市重点实验室;3个理科基地:物理学、核物理学和大气科学国家基础研究和教学人才培养基地。

物理学院整体师资力量雄厚,教职员工共300人,包括19位中国科学院院士(含7位与中国科学院双聘院士)、11名海外高层次人才引进计划学者、13名"长江学者奖励计划"学者、28名国家杰出青年科学基金获得者、13名国家重点基础研究发展计划及重大研究计划首席科学家、4名国家重大研发专项首席科学家、2位国家级教学名师、6位北京市教学名师;有3个基金委创新研究群体、2个教育部创新研究团队。

【科研工作】 人才队伍。2015年,谢心澄、俞大鹏当选为中国科学院院士。2015年引进教职工8人。其中海外高层次人才引进计划(青年项目)7人,工程师1人。2位届满到期的中国科学院百人计划研究员刘运全、吴孝松通过评估(tenure评估),刘运全获聘无固定期限教授(tenured),吴孝松获聘无固定期限副教授(tenured)。2014年通过届满评估的王新强也获聘为无固定期限教授(tenured)。晋升教授2人,副教授2人,教授级高级工程师1人,高级工程师2人,工程师1人。13名教职工获得2015年度奖教金。2015年招收博士后30位,32位博士后出站;在站博士后60人。

【科研成果】 2015年物理学院发表SCI论文约400篇。申请国家发明专利33项,授权21项。

吴学兵科研团队的"发现宇宙早期发光最亮、中心黑洞质量最大的天体"入选2015年度"中国高等学校十大科技进展";叶沿林教授获2015年度第十届周培源物理奖、何梁何利基金2015年度科学与技术进步奖;孙庆丰教授获2015全球华人物理与天文学会亚洲成就奖;龚旗煌教授获国家自然科学基金委国家重大科研仪器研制项目;沈波获创新研究群体科学基金项目;古英、徐莉梅获杰出青年基金;李源、裴俊琛、刘开辉、唐宁获批优秀青年科学基金资助;肖立新等获2015年度高等学校科学研究优秀成果奖(科学技术)自然科学奖一等奖;胡永云获2015年度高等学校科学研究优秀成果(科学技术)自然科学奖二等奖;林金泰获美国科学院院刊Cozzarelli奖;林金泰获中国气象学会涂长望青年科技奖一等奖。

2015年物理学院在PRL、Nature、Science、PNAS、Nature Communications、Nature Materials、Nature Physics、Nature Climate Change、Nano Lett、Advanced Materials、Laser & Photonics Reviews、ACS Nano、Physics Reports等重要刊物上发表论文26篇。

【科研项目】 2015年在研项目406项:主持科技部国家重点基础研究发展计划和国家重大科学研究计划项目12项,主持和参与国家重点基础研究发展计划课题及重大科学研究计划课题80项、国家高技术研究发展计划项目1项。主持国家自然科学基金委杰出青年科学基金、优秀青年科学基金、重大仪器专项、重大重点基金项、面上及青年基金223项。教育部海外高层次人才引进计划(青年项目)、博士点基金及新教师基金17项,北京市科技项目10项,其他公益专项、协作委托及开发项目63项。

2015年获批国家自然科学基金51项,其中吴学兵、谢心澄、颜学庆、胡永云、张宏升获批重点基金。赵春生获基金委重大项目课题。

【科研经费】 2015年到校科研经费约1.65亿元。2015年共获批学校"统筹支持一流大学、一流学科建设"项目经费1.458亿元。其中冷冻电镜4485万元和球差显微镜4050万元为学校公共平台建设经费。

【交流合作】 组织2015年校友新年论坛,加强各领域校友交流。设立北京大学物理中212会议室座椅认捐基金,筹集捐赠约40万元。2015年度从筹集的基金中支付建项目10余项,支出金额约150万元。奖教金、奖学金和助学金奖励、资助教师和学生共160人,金额达30余万元。

聘请长期外籍专家(含外籍博士后)5人次,短期外籍专家约200人次。组织北京大学"大学堂"顶尖学者计划2项、海外名师1项、高端外籍专家2项、海外名家2项、讲学学者计划63项等申报和总结,获批拨款约80余万元。办理聘请外国人来华申报21人次,外籍专家签证延期2人次,境外长江教授返回境外工作备案3人次,外籍专家机票报销情况说明58人次。

筹办北京大学"大学堂"顶尖学者计划暨"北京大学百年物理讲坛"第十四讲,邀请到2014年度诺贝尔物理学奖获得者Hiroshi Amano(天野浩)教授和Shuji Nakamura(中村修二)教授来校报告并与北京大学师生交流。12月筹办"大学堂"顶尖学者计划,邀请到美国科学院院士、全球最具影响力气候学家James Hansen教授来校报告并与师生交流。其他院级外事接访活动10余次。办理国际/港澳台学术会议申请2次。

编撰印刷《北京大学物理学院2013—2014年年报》。

【学生工作】 本科招生与培养。2015年学院招收本科生193名,其中九院定向生10名,国防定向生8名,留学生6名;3位国际物理奥赛金牌得主和4位亚洲物理奥赛金牌得主进入北京大学。2015届本科毕业218人,其中授予理学学士学位209人(留学生3人)、暂结业6人、结业1人、大专2人,20位同学获授"未名物理学子"荣誉学位。另有5人获得双学位,1人完成辅修。

共开设英文讲授专业课程20门,研讨型小班讨论课程6门。2015年立项参加学校各项基金资助的本科生科研项目的2013级同学共75人,65个项目;2014年开始的2012级本科生科研项目于2015年10月结题,参加97个科研项目的105名学生获得研究型学习的学分。成功举办"第二届本科生兴诚学术论坛",13位同学获奖。在国际国内重要学术刊物发表论文70篇(较具体的包含Science 1篇、Nature Physics 2篇、Physical Review Letters 4篇,权威综述刊物 Physics Reports 1篇)。

全年有近100人次出国交流;获批国家留学基金委优秀本科生国际交流项目8项,选派共10名本科生出访交流。积极开展国内学术交流,举办第二届"物理学科优秀大学生暑期学校",有来自全国12所高校的80名同学参加;同时派出多名同学参加清华大学、复旦大学、兰州大学等高校组织的暑期学校。

闻新宇获第十五届全国多媒体课件大赛高教理科一等奖。

研究生招生和培养。2015年共招收研究生243人,其中博士研究生200人,硕士研究生43人。112人被授予博士学位,37人被授予硕士学位。8人获北京大学优秀博士学位论文奖。7月举办"2015年北京大学物理学院优秀大学生暑期夏令营",来自全国八十多所重点高校的近650名同学报名、360名同学参加。

全院研究生各种层面出国交流约300人次,其中研究生院出资的国际学术交流基金资助近70位博士生参加本专业的重点国际会议,资助6位博士生出国进行3个月的短期学术交流;国家留学基金委出资的"国家建设高水平大学公派研究生项目"选派15名在读博士研究生到国外大学或研究所联合培养。

第十三届"钟盛标教育基金"研究生学术论坛共评出一等奖5名、二等奖13名、三等奖57名、最佳报告奖3名、优秀奖27名。举办5期"萃英"研究生学术沙龙。二维材料暑期学校和光学前沿博士生学术论坛两个项目获批"北京大学2015年研究生创新计划"并成功举办。

2015年,有22人获市级奖励,2013级本科生张正兴获评北京市优秀学生干部,2012级本科生王宇辰、2011级博士生王洋洋获评北京市三好学生,另有12名本科生、7名研究生获评北京市优秀毕业生。"挑战杯"五四青年科学奖竞赛中,王伊人、王海霄获特等奖。

2015年度学院有413人获校级奖励,其中本科生202人,研究生211人。有27人获评三好学生标兵,163人获评三好学生,6人获评优秀学生干部,217人获单项奖,10人获创新奖。2015年度学院有193人获校级奖学金,其中本科生114人,研究生79人。本科生获奖总金额为466400元,研究生获奖总金额为311500元(含美元折合人民币)。另有45位同学获得院友捐资设立的院级奖学金,总金额194000元。

2015年度学院有95名同学获学校学生资助中心提供的助学金,其中本科生93人,研究生2人,总

金额达850000元。另有11名同学获院级助学金,总金额45000元。

【行政及其他工作】 2015年物理学院共购置仪器2324台(其中:量子中心450台),价值96200493.69元,其中大型仪器(大于40万元)共39台(其中量子中心12台),价值56890675.82元,大于100万元的仪器13台(其中量子中心5台)。2015年报废仪器共932台,原价值12017756.40元。

开展实验室安全教育和培训,进行多次安全检查,对安全隐患进行整改。总建筑面积28026 m²的物理新楼于2015年2月交付使用,物理学院师生员工的研究、工作和学习条件得到明显改善。

2015年,"人工微结构和介观物理国家重点实验室"获得工人先锋号称号,学院工会获先进集体称号。截至2015年12月30日,物理学院共有离退休人员403人。2015年新增离退休人员4人,去世7人。2015年物理学院获得"北京大学离退休工作先进集体"的荣誉。

【党建工作】 2015年共发展预备党员24人,38人按期转为正式党员。转入组织关系90人,转出组织关系96人。物理学院党政班子全体成员均能严格要求自己,所有领导班子成员均能遵守党纪国法,廉洁奉公。

化学与分子工程学院

【发展概况】 北京大学化学系始建于1910年,是中国高等院校中成立最早的化学系之一,1994年发展成为化学与分子工程学院(以下简称化学学院),2001年原北京大学技术物理系应用化学专业并入化学学院。北京核磁共振中心2001年1月成立并挂靠在化学学院。

100余年来,化学学院培养本科生12000多名、研究生约3000名,其中博士生1100多名。学院设有化学系、材料化学系、高分子科学与工程系、应用化学系、化学生物学系,以及无机化学研究所、分析化学研究所、有机化学研究所、物理化学研究所和理论与计算化学研究所,北京大学合成与功能生物分子中心、北京大学软物质科学与工程中心、北京大学分析测试中心和化学基础教学实验中心,并有2个国家重点实验室和2个教育部重点实验室,1个国防重点学科实验室。分别受中国化学会和高等学校化学教育研究中心委托,负责编辑出版《物理化学学报》和《大学化学》两种刊物。2003年底,科技部批准北京大学化学学院与中国科学院化学研究所联合筹建"北京分子科学国家实验室",2007年12月通过建设论证。

截至2015年底,化学学院共有教职工205人,其中国科学院院士10人,教授64人,副教授58人,有10人入选中组部海外高层次人才引进计划(青年项目),21人被教育部聘为"长江特聘教授"。2015年,席振峰当选中国科学院院士;刘忠范当选发展中国家科学院院士;余志祥入选长江特聘教授;彭海琳获得"国家杰出青年科学基金";陈兴和雷晓光入选国家高层次人才特殊支持计划第二批青年拔尖人才;1人入选中组部海外高层次人才引进计划(青年项目)。

【教学工作】 化学学院坚持扎实系统的基础理论教学和严格规范的实验技术训练。有2门课程(分析化学、无机化学)被评为国家级精品课,1门课程(有机化学)被评为北京市精品课。现有无机、有机、分析、物化和综合五大基础课实验室,总面积为4000 m²。2006年,化学基础实验教学中心被评为第一批国家级实验教学示范中心。全院拥有总价值3.25亿元的各种仪器设备。化学学院自1986年起建立博士后流动站,共进站博士后641人(截至2015年底)。2005年被评为全国优秀博士后流动站。学院有7个二级学科(无机化学、有机化学、分析化学、物理化学、高分子化学与物理、应用化学、化学生物学),其中5个二级学科(无机化学、有机化学、分析化学、物理化学、高分子化学与物理)在2007年再次被评为教育部重点学科。2002年起化学一级学科下学校自设博士点两个:化学生物学、应用化学。5个重点学科均设有硕士点、博士点。

学院注重基础理论与应用基础研究,开展多项应用与开发研究,2015年化学学院主持和参加44项科技部国家重点基础研究发展计划项目(973项目)和重大科学研究计划项目,主持和参加3项国家高技术研究发展计划项目(863项目)和攻关项目,以及212项国家自然科学基金项目和省部级项目。1994—2015年有39人获得国家自然科学基金委杰出青年科学基金资助,获得5个国家自然科学基金委创新研究群体项目资助(稀土功能材料化学、有机合成化学与方法学、表面纳米工程学、分子固体的磁性及相关物理化学性质研究和细胞命运调控的化学生物学研究);16人获得教育部跨/新世纪人才基金。1978—2014年共获科研成果奖200余项(不含北京大学校级奖),其中国家自然科学奖和国家科技进步奖共27项。1994—2015年在国内外核心学术刊物上发表论文9190多篇,其中被SCI收录7459篇(从1999年起使用SCI扩展版)。

2015年度化学学院共录取统招本科生151人(含国防生5人),留学生5人。实际入学统招本科生150人(含国防生5人),留学生

3人。离校本科生141人（含留学生2人），其中133人获毕业证书和学士学位证书（含留学生2人），1人获得毕业证书，5人暂结业，2人获大专毕业证书。共录取研究生139人，其中硕士研究生7人，博士研究生132人。毕业研究生114人，其中12人获得硕士学位，99人获得博士学位。

1. 本科生学位授予专业设置：化学专业、材料化学专业、应用化学专业、化学生物学专业、核化工与核燃料工程专业。

2. 五年制博士学位授予专业设置及研究方向：

无机化学：量子化学和理论无机化学，功能配位化学及光电功能材料，分子磁性，晶体工程，稀土固体化学和材料，纳米材料与纳米结构，富勒烯结构的碳原子簇化学，新能源与纳米材料，新能源材料与器件，稀土-贵金属纳米材料化学，无机电/光材料，纳米复合材料与高分子功能材料，高分子复合材料和分子光谱在生物医学中的应用，无机/有机金属化学，生物无机化学，金属有机化学和化学生物学。

分析化学：生物和纳米电分析化学，药物与生物物质的分离与分析，分子识别与生化分析，生物质谱和生化分析，生化分析与生物分离科学，色谱分析与药物分析，生物核磁、结构及分子生物学。

有机化学：生物有机化学，金属有机化学，物理有机化学，有机合成，有机材料化学。

物理化学：材料与功能体系物理化学，催化化学，胶体与界面化学，纳米化学，生物物理化学，理论与计算化学。

高分子化学与物理：高分子可控合成与材料制备，高分子溶液及凝聚态物理，特种与高性能高分子材料，生物医用与环境友好高分子材料，光电功能高分子材料及器件。

化学生物学：生物识别化学，生物过程化学，细胞化学生物学，外源物质的生物效应，化学生物技术。

应用化学：辐射化学与材料，超分子化学与核燃料化学，核药物化学，新型储能材料与锂二次电池，环境放射化学，有机/高分子功能材料化学，环境污染控制与"三废"治理。

培养方案。2015年化学学院本科生培养方案与2014年类似，为给化学学院本科生提供更为灵活的课程选择、更个性化和更为全面的发展机会，从2015级开始，本科生可根据个人发展需求制订个性化培养方案，即：在不改变教学计划中的全校公共必修课、大类平台课和实验课的基础上，本科生除必修普通化学、有机化学和物理化学等三门主干基础课外，其他必修学分可从其他化学主干课、其他学院的主干基础课中选择。个性化的培养方案须经学院教学委员会批准方可执行。

2015年化学学院研究生培养方案与往年类似。

教材出版。出版教材：张奇涵、关烨第、关玲，《有机化学实验（第3版）》，北京大学出版社，2015。获奖教材：裴坚，《中级有机化学》（北京大学出版社，2012）入选第二批"十二五"普通高等教育本科国家级规划教材。

教学获奖。聂洪港、潘伟、关妍、陈明星、白玉完成的"新精神活性物质快速筛查与确认系统"获北京大学第八届实验技术成果奖一等奖；陈明星、聂洪港、潘伟、关妍完成的"兼容温度控制设备的固体样品支架、遇氧猝灭体系磷光测试除装置以及低温磷光测试装置的研制"获北京大学第八届实验技术成果奖二等奖；关妍、聂洪港、潘伟、陈明星、章斐完成的"上转换发光稳态光谱及其寿命（微秒到秒）监测装置"和鞠晶完成的"透射电镜样品杆国产化暨高倾角电子衍射技术的实现"获北京大学第八届实验技术成果奖三等奖；王炳武获北京大学第十四届青年教师教学基本功比赛理工类二等奖；刘岩获北京大学第十四届青年教师教学基本功比赛理工类优秀奖；王剑波、席振峰、吴凯、陈兴、陈鹏、付雪峰、刘锋、刘忠范等八位教师被评为北京大学优秀博士学位论文指导教师；刘岩获北京大学2015年正大教师奖；席振峰获2015年北京大学宝钢教师奖；孙俊良获2015年北京大学黄廷方/信和青年杰出学者奖；刘志伟、周江、周颖琳等三位教师获北京大学2015年绿叶生物医药杰出青年奖；李维红、赵达慧获2014—2015年度北京大学教学优秀奖；戚莉获2014—2015年度北京大学本科教学管理奖。

【学生工作】 1. 2015年5月至7月：2015届毕业生工作。化学学院2015届毕业生中，共有本科生137人、研究生120人，在完成离校、归档、派遣等手续性工作之外，学院还开展毕业生座谈、毕业晚会、毕业典礼等内容丰富的毕业活动。

2. 2015年4月、8月：征兵及学生军训工作。化学学院2014级本科生张成、袁浩两位同学积极响应国家和学校号召，携笔从戎。同时，学院组织学生参加2015年北京大学军训活动，143名学员顺利完成军训科目并结业。

3. 2015年9月：2015级新生入学教育工作。化学学院迎来2015级新生，其中本科生151人、研究生139人。为此，学院开展一系列迎新及新生教育活动：新生家长会、开学典礼、趣味运动会、新生适应心理讲座、国防安全教育讲座、实验室安全讲座等，帮助新生顺利实现角色转换，尽快适应大学生活。

4. 2015年4月、9月：学生资助工作。化学学院组织家庭经济困难生的春季和秋季两次助学金

评审工作,2015年度共计发放本科生校设助学金67人共654200元;发放研究生校设助学金2人共10000元,院设助学金17人共69000元。另发放国防生专项助学金4人共8000元,研究生院专项奖助学金10人共50000元,院设特困补助2人共8000元,保障困难生的学习和生活。此外,学院积极宣传落实资助代偿工作,完成贷后管理工作,贷款还款率达到100%。2015年度化学学院荣获北京大学学生资助工作先进单位。

5. 2015年9月至10月:奖学评优工作。化学学院组织开展2014—2015学年度奖学金、奖励评审工作。在奖学金评审方面,共评选出本科生校设奖学金94项共436000元,院设奖学金58项共298000元;研究生校设奖学金81项共889120.5元,院设奖学金108项共360000元。在奖励方面,学院共有147名本科生、178名研究生获评校级奖励,其中23人获创新奖。另有研究生11人、本科生15人获评优秀毕业生,2个班级荣获校优秀班集体,3个班级荣获校级先进学风班。此外,学院还评选出"化学之星"、学术honors奖、社会工作奖、学习进步奖等一系列院级奖励。

6. 2015年9月、12月:学生福利保障工作。2015年9月,北京大学学生保险工作首次采用网上投保形式,通过化学学院学工办的积极宣传和督促,学院共有409名本科生、457名研究生同学顺利参保。12月,学院学工办承担寒假火车票办理及新生公交卡办理服务工作,为61位报名寒假返乡的同学统一办理学生火车票,为110名同学办理北京公交卡。

7. 2015年9月至12月:学生心理辅导工作。化学学院高度重视学生心理健康,除积极动员2015级新生参与心理测评,通过新生班会、宿舍走访、辅导谈话及时了解学生心理动态并积极推动后续学生心理访谈外,学院还根据"排查到位、重点帮扶"的宗旨,积极进行心理排查工作,定期上报排查结果。2015年12月,学院开设心理工作坊,每期工作坊都有一个十人左右的小组,每个成员具有相同的困惑,既是"求助者"又是"助人者",整个心理工作坊旨在通过团体内人际交互作用,促使个体在交往中观察学习、认识自我、调整改善与他人的关系。此外,学院还将2015学年相关案例进行汇总,组织年级助理开展心理排查方面的内部学习,积极参与各项心理培训,提升学工队伍工作水平。

8. 化学学院2015届本科毕业生139人,其中,直接就业7人,占5.03%;出国75人,占53.96%;本国深造57人,占41.01%。研究生毕业生101人,其中,直接就业70人,占69.31%;出国22人,占21.78%;本国深造9人,占8.91%。

【科研工作】 人才队伍。2015年,席振峰当选中国科学院院士;周其凤当选国际纯粹与应用化学联合会(IUPAC)副主席;刘忠范当选第三世界科学院院士;彭海琳获国家自然科学基金委杰出青年科学基金资助;陈鹏主持的团队获得国家自然科学基金委创新研究群体项目支持;高毅勤、施章杰和陈鹏3位入选"中青年科技创新领军人才";高松主持的科研团队入选"重点领域创新团队";陈兴、雷晓光入选"青年拔尖人才计划";林坚获国家自然科学基金委优秀青年基金资助。

科研成果。发表文章[影响因子(IF)>20]12篇。申请专利23项,获授权专利37项。

表5-4 化学与分子工程学院2015年科研成果获奖情况

成果名称	颁奖机构	作者
IGO Young Glycoscientist Award	国际糖复合组织	陈 兴
拜耳学者将奖	拜耳公司	施章杰
The Distinguished Lectureship Award	日本化学会	陈 鹏
The Distinguished Lectureship Award	日本化学会	雷晓光
维善天然产物合成奖	中国化学会	雷晓光

科研项目。2015年化学学院共承担纵向科研项目312项,获得纵向科研经费1.32亿元。其中,科技部国家重点基础研究发展计划(973计划)项目和重大科学研究计划项目44项,国家高技术研究发展计划(863计划)项目3项、国家自然科学基金委重大、重点项目25项、国家自然科学基金委杰出青年科学基金项目7项、基金委创新群体1项,国家自然科学基金委面上基金(含杰出青年科学基金和优秀青年科学基金)125项。教育部博士点等各类基金13项。

2015年化学学院横向合作到校经费507万,签订横向合作合同21项;北大先锋科技有限公司实现销售收入1.8亿元,利润约2000万元。

【交流合作】 课程与合作研究。1. 3月13日,化学学院邀请美国

Oak Ridge 国家实验室的 Dr. Wu Zhou 与化学学院部分教师和同学就原子分辨电子显微镜相关方面的问题进行交流讨论。Dr. Zhou 在电子显微镜的研究方面具有很高的造诣并且取得一系列的成果，和化学学院先进催化课题组也进行了部分合作。

2. 4月19日至5月23日，化学学院邀请北海道大学材料科学与工程系教授 Tetsu Yonezawa 来华访问，在纳米结构功能材料领域进行学术交流与合作研究。

3. 5月18日，化学学院核环境化学课题组特邀美国华盛顿州立大学终身董事教授、化学院院长 Dr. Sue B. Clark 教授在北京大学技物楼会议室作专题报告"Actinide Geochemistry"，到会的教师和学生40余人。

4. 5月22日，化学学院核环境化学课题组特邀法国巴黎第十一大学科学技术部副主任、放射化学专家埃里克·西莫尼教授 (Prof. Dr. Eric Simoni) 在北京大学技物楼二层会议室作专题报告"Structural and Thermodynamic Approaches of the Actinides/Biomolecules Interactions"，到会的教师和学生30余人。

5. 6月4日至8日，化学学院邀请国际著名碳纳米管生长专家、日本国家先进工业科学和技术研究所（National Institute of Advanced Industrial Science and Technology, AIST）的 Kenji Hata 高级研究员来北京大学举办为期三天的低维碳材料生长短期培训班。Hata 研究员发明了碳纳米管的超级生长方法，实现了单壁碳纳米管在能源领域中的应用。他在培训班中系统讲述了碳纳米材料的化学气相沉积生长方法、原理和碳纳米管的应用。60位相关领域的教师和研究生参与此次培训。

6. 6月4日至8日，化学学院邀请斯坦福大学的 H. S. Philip Wong 教授来华访问。Wong 教授是国际纳米器件领域的领军人物，他们团队制备出世界上首个碳纳米管计算机。学院已经与 Wong 教授建立很好的合作关系。Wong 教授来访期间举办三次培训报告，讨论进一步的合作。

7. 6月5日至8日，美国斯坦福大学材料科学与工程系副教授崔屹来化学学院访问。崔屹副教授是纳米材料与能源技术领域的国际权威专家。主要研究兴趣集中在纳米材料在能量存储、光伏器件、拓扑绝缘体、生物及环境等方向的应用研究，并在多方面取得开创性的研究成果。其创新性的研究成果和发明亦引起工业界的高度关注。崔屹副教授就"纳米材料与能源环境应用"进行讲学，介绍多种纳米材料在能源与环境领域应用的最新研究成果。

8. 6月21日至27日，牛津大学物理系陈宇林教授来化学学院进行学术交流，就"量子材料的电子结构研究"进行讲学。陈宇林教授是国际实验凝聚态物理领域的著名专家，更是新型量子材料的角分辨光电子能谱解析领域的权威。化学学院和陈宇林教授在拓扑绝缘体和石墨烯材料与物性研究上有常年的合作，并在国际一流学术期刊上发表多项合作成果。本次交流促进了化学学院学生了解量子材料前沿领域最新的发展动态。

9. 7月3日至5日，学院邀请美国纽约州立大学布法罗分校的 Gang. Wu 博士来交流，并作"Graphene-Tubes for Oxygen Reduction Electrocatalysis"的学术报告，介绍燃料电池催化剂的最新研究动态以及其课题组在此领域所取得的成果。此外，Gang. Wu 博士还与化学学院教师和学生进行氢能源以及燃料电池催化剂方面的学术交流以及合作研究的探讨。

10. 7月12日至17日，瑞典查尔摩斯大学纳米科技系助理教授孙捷博士来化学学院访问。孙捷博士从事石墨烯领域的研究，是瑞典较早开展石墨烯研究的人之一，也参与了欧洲最大的石墨烯研究项目（10亿欧元，项目发起人 Jari Kinaret 教授是孙捷博士的同事）。本次邀请孙捷博士的主要目的是寻求在石墨烯领域的合作机会，并借机了解欧盟石墨烯项目的基本情况，从而为化学学院相关研究方向的发展提供有益的参考。

11. 7月21日至25日，化学学院邀请美国麻省理工学院 Stephen J. Lippard 教授来校进行学术指导，同时邀请生物无机组的知名教授赵劲、毛崇万等人进行学术讨论。其间 Stephen J. Lippard 教授还于7月23日为化学学院师生作了题为"Mobile Zinc Signaling in the Brain-Learning, Memory, Hearing, Olfaction, and Vision"的报告。

12. 7月27日至8月27日，美国卡内基梅隆大学杨戈副教授应邀来化学学院进行为期一个月的访问。为化学学院开设"生物成像信息学"方面的短期课程；参加由北京大学承办的"系统生物学：设计原理、动态调控与疾病"国际学术研讨会，并作题为"Quantitative Analysis and Modeling of Spatial Regulation of Axonal Transport in Normal and Degenerative Neurons"的学术报告；与化学学院和其他院系相关教师进行学术交流。

国际及双边学术研讨会。
1. 第十五届国际量子化学大会卫星会议（6月4日至6日、6月13日至16日）是第15届国际量子化学代表大会（International Congress of Quantum Chemistry）的一个卫星会议。题目为 Theory for Quantum Effects of Complex Systems：

Thermodynamics and Dynamics，在北京大学化学学院化学楼 A204 召开。该国际学术会议有 35 个口头报告（其中含 25 位邀请报告），国外专家教授超过 20 人，会议参加人数为 100～120 人。会议议题为半经典理论方法、路径积分理论方法、量子随机动力学理论方法、混合量子经典理论方法、波包动力学理论方法等，以及它们在化学、生物、材料体系中的应用；另一个卫星会议，会议题目为 New Frontiers of Relativistic Quantum Chemistry（NFRQC），在北京大学化学学院化学楼 A204 召开。会议有 30 位邀请报告，国内外参会人员各有 40 人左右。

2. 北京大学纳米化学研究中心第四届"纳米化学前沿论坛"（6月5日至8日）是由北京大学纳米化学研究中心主办的高端国际学术研讨会，旨在汇聚全球范围纳米化学领域的顶尖科学家和知名学者，讨论和交流纳米化学领域的最新研究成果和发展趋势。会议由北京大学纳米化学研究中心主任、中国科学院院士刘忠范教授担任大会主席。包括 Tutorial 报告、大会邀请报告、墙展报告、圆桌讨论以及研究生论坛。墙展报告共有来自国内外的 120 余人提交摘要，研究生论坛共有 34 人作口头报告，参会总人数约 300 人。

3. 第八届"北大-礼来有机化学讲座"（The 8th PKU-Eli Lilly Symposium of Organic Chemistry）（9月17日至19日）。该会议是化学学院的传统学术报告会，迄今已经成功举办 7 届。一大批国际尖的有机化学家受邀前来讲学，促进相关学科研究生的进步。该系列讲座在有机化学界产生重要影响，逐步创出品牌，获得广泛的赞誉。

4. 第六届国际等离子体纳米科学会议（8月25日至29日）(The sixth International Symposium on Plasma Nanosciences, iPlasmaNano VI)，由北京大学和中国颗粒协会联合主办，天津大学和上海交通大学协助举办。会议的主题是等离子体在纳米结构物质合成以及在纳米科学上的应用，涉及等离子体物理、等离子体化学、纳米科学、功能材料、生物检测、环境科学等领域。国内外参会代表合计 93 人。会议共有来自国内外的 40 个口头报告，其中国外报告 18 个，国内报告 22 个。

5. 2015 年北京论坛——"化学生物学前沿"国际研讨会（10月24日至25日）。10月24日，由国家自然科学基金委资助、北京大学合成与功能生物分子中心承办的 2015 年北京论坛——"化学生物学前沿"国际研讨会在北京大学化学与分子工程学院 A204 学术报告厅隆重举行。会议为期两天，参会者包括化学生物学领域国内外知名专家、学者以及学生。研讨会为与会者提供了良好的交流平台，促进了化学生物学领域的学术交流与合作。

6. 第一届北京大学软物质前沿学术研讨会（CSMSE-2015）（12月12日）。12月12日，由北京大学软物质科学与工程中心、高分子科学与工程系、高分子化学与物理教育部重点实验室承办的第一届北京大学软物质前沿学术研讨会（CSMSE-2015）在北京大学化学学院 A204 学术报告厅隆重举行。本次会议也得到化学学院和北京分子科学国家实验室的大力支持。会议为期一天，参会者多达 220 余人，包括来自国内（含香港）和国外 23 家单位的软物质领域著名专家、学者以及研究生。本次学术研讨会以"化学、物理和生物交叉的软物质前沿"为主题，为与会者提供了良好的交流平台，讨论非常热烈，促进了国内外软物质科学学者间的交流，进一步推动了学科交叉。

7. 亚洲有机电子大会（7th Asian Conference on Organics Electronics, A-COE）（10月28日至31日）。亚洲有机电子大会（A-COE）从 2009 年开始举办，是亚洲有机电子学界的品牌会议，已经延续 6 届，曾分别在日本、韩国和中国台湾举办，此次大会是首次在中国大陆举办。会议为相关领域的科学家提供了很好的交流平台，为进一步合作打下基础。第七届 A-COE 主要关注有机电致发光、有机太阳能电池、有机晶体管、有机纳米结构、印刷电子学、生物电子学等。会议分为报告和海报两种交流形式。此次会议邀请了 C. W. Tang、邓青云教授，日本的 Adachi 教授、Kido 教授等有机光电领域的知名专家作大会特邀报告，邀请做出出色工作的青年学者作口头报告。

【行政工作及其他工作】 1. 2015年1月，化学学院行政换届大会召开。化学学院新一届行政班子为：院长高毅勤，副院长裴坚、付雪峰、张锦、朱涛、周江。

2. 3月19日，科技部侯建国副部长、创新发展司许倞司长、基础研究司马燕合司长、郭志伟副司长等一行前来北京分子科学国家实验室（筹）进行考察，并召开座谈会。

3. 2015 年度新设立基金项目：新霞光奖学金、化学学院 E 区大楼建设基金、化学学院多样化捐赠基金、1990 级校友奖助学金、物化实验室奖学金等 5 项基金；新注资分子科学奖教金、官宜文助学金等 6 项基金。帮助学校基金会联系卡儿酷奖学金等。申请北京大学第 12 批配比基金，获配比 77.2 万元。

4. 参加校工会组织的各项文体活动。校运动会团体总分第三（连续三年院系第一），教职工参与率达 60%。校游泳比赛连续三年团体冠军。羽毛球团体赛：派出 3

支代表队,获得乙组第一名,两队闯入甲组。合计参加人数238人。学院开设游泳、羽毛球、乒乓球、户外徒步、足球和瑜伽等特色俱乐部,会员总人数约180人。其他特色活动有(6项):"六一"儿童节亲子活动、"喜迎'三·八'、做健康幸福好女人"主题活动、教职工秋游活动、户外徒步活动、观看大讲堂文艺演出、年终系列文体活动,参加总人数约370人。

5. 2015年初,化学学院工会荣获北京大学模范工会称号。

生命科学学院

【发展概况】 生命科学学院的前身是创办于1925年的北京大学生物学系,是中国高等学校中最早建立的生物学系之一。1952年全国高等学校院系调整时,北京大学、燕京大学和清华大学三校的生物学系合并,三泉汇流燕园,在此基础上于1993年成立北京大学生命科学学院。学院现有2个国家重点实验室(蛋白质与植物基因研究国家重点实验室、生物膜与膜生物工程国家重点实验室),1个教育部重点实验室(细胞增殖与分化教育部重点实验室),2个国家人才培养基地(国家理科生物学研究与教学人才培养基地、国家生命科学与技术人才基地),1个国家实验教学示范中心(生物基础实验教学中心),5个国家重点学科(植物学、动物学、细胞生物学、生理学、生物化学与分子生物学),8个博士学科点(植物学、动物学、生理学、生物化学与分子生物学、生物物理学、生物技术、生物信息和细胞生物学)。

截至2015年12月31日,学院共有中国科学院院士5人,海外高层次人才引进计划6人,长江特聘教授10人,国家重点基础研究发展计划及国家重大科学研究计划项目首席科学家10人,海外高层次人才引进计划(青年项目)10人,"国家杰出青年科学基金"获得者17人,教育部"新世纪优秀人才支持计划"10人,教育部跨世纪人才计划4人。国家级教学名师1人,全国模范教师1人。

2015年,新入职教职工4人,退休1人,离职或调出3人,去世3人。截至2015年底,学院在职教职工167人,其中教授和研究员74人(含教授级高工2人),副教授和副研究员35人,讲师和助理研究员11人,工程技术系列人员和行政等其他人员47人;离退休教职工185人。

2015年学院新入职劳动合同制职工57人,离职47人。截至2015年底,学院劳动合同制职工共计119人。2015年学院共有48名博士后进站,24名博士后出站,4名博士后退站。截至2015年底,在站博士后共99名。

【九十周年院庆】 2015年是北京大学生命科学学院成立九十周年,学院于5月3日上午在北京大学办公楼礼堂隆重举行九十周年庆典。北京大学副校长高松,北京大学校友会常务副会长王丽梅,北京大学校长助理、教育基金会秘书长邓娅,化学与分子工程学院党委书记刘虎威,清华大学生命科学学院院长施一公,北京生命科学研究所所长王晓东等应邀出席典礼,61个年级的1300余名校友从海内外各地返校,共襄盛举。

在庆典上,高松副校长、吴虹院长、北京大学前校长许智宏院士先后发表讲话。他们回顾北京大学生命科学发展九十年来的傲人成绩,缅怀和感恩历代勇攀高峰的生科人,对遍布各行业的优秀生科学子提出希冀。大会表彰了历届系、院领导对学院发展做出的特殊贡献,并为长期关心和捐赠支持学院发展的刘国烈夫妇、邓祐才、潘爱华、朱慧秋、郑昌学等校友和社会人士颁发北京大学教育贡献奖。邓兴旺教授、北大未名生物工程集团有限公司潘爱华董事长代表广大校友表达对学院的祝福。最后,各界代表共同启动"北京大学生命科学学院百年发展基金"。

在庆典当天的科研论坛和产业论坛上,美国科罗拉多大学韩珉教授、厦门大学副校长韩家淮院士等15位科学界校友,北京正大制药集团投资部向德军副总经理、瑞银证券季序我执行董事等12位产业界校友代表分别在两个论坛上作主题报告;同时,学院还举办年级聚会、生科九十年院史展、捐赠基金项目介绍展览、学生原创电影《自然北大》首映礼、校友捐赠义卖、校园九景定向等多种形式的卫星活动。

另外,学院历时一年多编撰成册《北京大学生命科学九十周年》和《北京大学生命科学九十周年校友纪念文集》,设计大型照片展"校友墙"等,为院庆献礼。

院庆活动得到校长办公室、保卫部、教务部、动力中心等部门的大力支持。284名学生志愿者和80名教师志愿者积极参与了院庆服务。

【教学工作】 本科生教学。2015年,学院招收本科生111人(含留学生5人);本科毕业98人,暂结业3人,转大专毕业1人;双学位/辅修毕业2人;2014届换发毕业证书4人,其中4人换发学位证书。截至2015年底,学院在校本科生407人,其中留学生10人,港澳台学生5人,少数民族地区生源10人。另有元培班学生12人,双学位/辅修19人。

9月,完成"生命科学强化挑战班暨拔尖人才培养计划"年度审核工作,11名同学退出,25名同学毕业,共有学生51人。已毕业的25名同学的就业率为100%,其中21人出国读研,去向学校包括美

国哈佛大学、麻省理工学院(MIT)等世界顶尖大学,4人国内读研。完成第三次本科生自主招生工作,最终核定40人将在2016年招生录取中给予加分。

对2014级、2015级学生继续实行track制度,由学生选track、定导师。学生在导师的指导下制订选课计划,学生选课需经导师签字。

王欢、杨泽宇、张远和等3名同学进入2015年"本-博直通车"项目。顾红雅、昌增益、秦咏梅、宋艳、王戎疆等5名教师荣获2014—2015年度北京大学教学优秀奖。李毓龙、徐冬一、周辰等3人荣获绿叶生物医药杰出青年学者奖,郝雪梅荣获正大教师奖,陶伟、姚锦仙、张晨等3人荣获东宝教师奖。

大力推进MOOC课程建设,顾红雅主讲的"生物进化论"于2015年上线。"生理学""生物化学""细胞生物学""基础分子生物学""遗传学"等五门核心课程均已实现双学期开课。春季学期,"细胞生物学""基础分子生物学"开设英文班,至此,五门核心课程中除"生理学"外的其他四门课程均有英文授课班。大力支持元培学院新创的整合科学专业的招生,建立专业相关课程"博雅讨论班:批判性思维"(上)(下)。

研究生教学。2015年学院招收博士研究生101人。2015年学院有硕士毕业生21人,博士毕业生63人。截至2015年底,学院在校硕士研究生31人,在校博士研究生543人,合计574人。在校研究生中,留学生4人,港澳台学生2人。

7月,举办"全国优秀大学生暑期夏令营"活动,180名国内优秀大学生参加,评选出优秀营员65名。9月,组织2013级研究生统一资格考核,65名学生参加,57人通过考核。12月,组织硕士论文评审和答辩,1名硕士生参加并通过答辩。研究生袁鹏飞、张建强、刘振和张余周荣获2015年北京大学优秀博士学位论文奖。

开设"研究生科学研究规范训练"课程,从科学研究的伦理、道德和规范,科技论文的阅读及注意事项,科学报告与答辩能力和技巧,研究生心理健康,研究生学习科研规划及良好科研习惯培养,化学试剂、同位素的使用及其废弃试剂的处理,以及实验室安全及消防安全7个方面对学生进行科学研究规范的介绍。147名新入学的硕士、博士研究生选修该课程,其中生命科学学院学生105人、生命科学联合中心(CLS)学生38人、深圳研究生院学生4人。

成功举办北京大学第二届黉门论坛,主题为"转基因,我们如何抉择"。

【科研工作】 2015年,学院科研经费到账总数约1.3737亿元,其中纵向科研经费约1.37亿元,横向科研经费约37万元。

2015年,学院在研纵向项目228项,申请获批国家级项目31项(见表5-5);国家自然科学基金结题项目31项。在新获批项目中,邓宏魁获国家自然科学基金创新团队,伊成器、钱伟强、杨竞、徐成冉获优秀青年科学基金项目资助,李毅、魏丽萍、王忆平、张泽民获国家自然科学基金重点项目,张传茂、汤富酬获国际(地区)合作与交流项目,伊成器、朱丹萌获重大研究计划项目。

表5-5 生命科学学院2015年纵向科研项目(包括子课题)一览表

项目分类	2015年在研项目	获批2016年项目
国家973计划和重大科学研究计划	47	
国家863计划	7	
其他重大项目	20	
国家自然科学基金	115	31
教育部各类项目	12	
北京市及其他部门项目	6	
海外合作	4	
企事业单位委托项目	17	
总计	228	31

2015年,学院在研横向科研项目26项,出版专著1本,申请专利8项。以生命科学学院为第一作者或通讯作者单位发表的论文被SCI收录162篇,平均影响因子8.0,最高影响因子41.51,其中的突出成果见表5-6。2015年度"中国生命科学领域十大进展"中,学院邓宏魁、汤富酬(与北京大学第三附属医院乔杰研究团队合作)和谢灿三位教授的科研成果入选,以入选数最多而领跑"十大"。

表 5-6　生命科学学院 2015 年突出科研成果统计表

发表时间	课题组负责人	期刊名称	影响因子	文章题目
4月3日	郭红卫	Science	33.61	Suppression of Endogenous Gene Silencing by Bidirectional Cytoplasmic RNA Decay in Arabidopsis
4月20日	朱玉贤	Nature Biotechnology	41.51	Genome Sequence of Cultivated Upland Cotton (Gossypium Hirsutum TM-1) Provides Insights into Genome Evolution
4月30日	汤富酬	Science	33.60	A Werner Syndrome Stem Cell Model Unveils Heterochromatin Alterations as a Driver of Human Aging
6月4日	汤富酬、乔杰	Cell(封面)	32.24	The Transcriptome and DNA Methylome Landscapes of Human Primordial Germ Cells
9月7日	伊成器	Nature Methods	32.07	Bisulfite-Free, Base-Resolution Analysis of 5-Formylcytosine at the Genome Scale
10月22日	郭红卫	Cell	32.24	EIN2-Directed Translational Regulation of Ethylene Signaling in Arabidopsis
11月16日	谢灿	Nature Materials	36.50	A Magnetic Protein Biocompass
12月17日	邓宏魁、赵扬	Cell(封面)	32.24	A XEN-like State Bridges Somatic Cells to Pluripotency during Chemical Reprogramming

科研获奖情况。郭红卫教授和魏丽萍教授入选"中青年科技创新领军人才",汤富酬研究员荣获"顾孝诚讲座奖",博士生郭红山获得 2015 年度吴瑞奖学金,饶毅教授获学院 2014 年度杰出科研奖。

2015 年学院举办 22 场系列学术讲座,特邀 Utpal Banerjee、Peter J. Hore、王志珍、饶子和等国际、国内知名教授。9 月 13 日至 17 日,学院首次组织学术周活动,极大促进了学院内部的学术交流与合作。

2015 年,随着凤凰工程蛋白质平台的运行,仪器中心空间扩增约 124m²,新增人员 7 名,其中事业编制职工 1 名、合同制人员 2 名、博士后 1 名、实习生 3 名。截至 12 月 22 日,仪器中心测序平台测试样品 44459 个,电子显微镜、蛋白质等其他各平台共为院内外各课题组提供 21795 小时的服务。

【交流合作】 2015 年 9 月,吴虹等 10 余人出访德国,参加北大-德国柏林自由大学交流研讨会和北大-拜耳研讨会。学院与以色列特拉维夫大学进行学术交流,并举办两次研讨会。即将入职生命科学学院的高宁教授获评"拜耳讲席教授",张传茂教授荣获"拜耳学者奖"。12 月,学院举办专利知识讲座,加强师生对专利知识、申请策略的了解。

【党建工作】 2015 年,学院共发展党员 22 人;预备党员转为正式党员 22 人。截至 2015 年底,学院共有党支部 21 个,其中学生党支部 14 个,在职教工党支部 6 个,离退休党支部 1 个;共有党员 636 名,其中在职党员 114 名,离退休党员 80 名,学生党员 442 名。

苏都莫日根荣获"北京大学优秀党务和思想政治工作者-李大钊奖",周先碗获评"北京大学优秀党务和思想政治工作者"。学院党委联合院校友会常年组织学生党员看望特殊困难离退休教师,2015 年,该活动获评北京高校社会主义核心价值观宣传教育优秀案例。

2015 年学院申请创新立项 3 项。学院党政领导班子深入开展"三严三实"专题教育活动,通过战略研讨会等形式查摆"不严不实"问题,制定《生命科学学院党风廉政建设责任制实施细则》,将党风廉政责任制与学院实际工作的融合进一步明确和细化。

【行政工作及其他工作】 行政工作。截至 2015 年 12 月 31 日,学院行政工作在编人员 12 人,选留学工干部 2 人,合同制人员 3 人。

网站建设方面。3 月,学院中文网站改版后上线运行;9 月,OA 内部办公系统(学生信息管理系统部分)上线运行;12 月,英文网站及 OA 内部办公系统(教师信息管理系统部分)上线运行。

楼宇管理方面。7 月,中标的北京科住物业管理有限公司进驻理科 4 号楼,学院逐渐形成安全管理委员会指导、楼宇管理办公室牵头、师生共同参与、物管团队支撑的有组织、有体系的安全工作架构。2015 年底,新生命科研大楼已经完成结构施工,进入内装、特殊实验室和公共平台建设阶段。

工会工作。学院持续推行教职工大会分会常态化运行制度,全年学院教职工大会分会共举行 3 次活动,议题覆盖关系到学院发展的多个方面。

许崇任教授荣获 2015 年度北京市先进工作者和全国先进工作者称号。在北京大学第十五届青年教师教学基本功比赛中,宋艳、周辰荣获理工类二等奖,孟世勇荣获理工类三等奖,学院荣获优秀组织奖。

校友工作。学院校友会荣获"北京大学优秀校友组织奖",是校

内第二个获此殊荣的校友组织;学院1954级校友程光胜、1993级医学预科班校友司徒惠芬获评"北京大学优秀校友",1970级校友余勇、1982级校友徐勇、1985级校友张泳获评"北京大学校友工作贡献奖";学院校友会副秘书长刘超获评"北京大学优秀校友工作者"。

5月,学院成立校友产业协会,"凝聚校友资源,服务校友发展"。新设亿方高级人才、百年发展、星光纪念等3项基金,至此,学院管理的捐赠基金项目达22项。沈同基金、亿方高级人才基金获北京大学配比基金支持,配比总金额共计1044.8万元。

【学生工作】 2015年学院本科毕业生出国留学51人,国内深造30人,就业12人;研究生毕业生就业54人,出国读博士后17人,国内读博士后18人。组织开展形式多样的主题党团日活动和团校培训。专项工作取得新进展,编写《本科生生活服务指南》和《课程大典》,为新生适应北京大学生活和学业规划提供书面指导。奖学金评审工作进一步改革,全程公开透明,肯定和激励学生的多样化发展,学生申请比例高,申诉率低。加大对研究生奖学金的投入,覆盖率42%。学生助理团队管理完成从值班制到项目制的转变。摸索荣誉喜报、本科生家访工作对家庭、学校联合育人的作用,以及同伴教育在学业辅导工作中的效果。

生命科学产业教育蓬勃兴起。春季学期,举办"i创达人"创业计划大赛,让学生在真实项目中体会专业和商业知识的运用。秋季学期,举办产业工作坊,帮助学生了解商业基本知识和生物产业现状和机遇。学院产业教育委员会已初步建立。

学生志愿服务热情空前、水平提升。2015年代表性志愿活动有:党支部牵头组织学生看望离退休教师;为留守儿童进行课外兴趣辅导,陪同留守老人进行健康活动;牵手"青丝"行动;校内旧衣物募捐活动;院庆系列志愿服务活动;同伴学业辅导,等等。

获奖情况:2014级研究生张轶伟获评北京大学十佳党支部书记;2012级研究生高瑀泽获评北京大学十佳团支部书记;34B楼505宿舍(2012级本科生马欣妍、何苑)列为北京大学五所"示范学生宿舍"之一;2014级研究生3班获北京大学优秀班集体称号。学院获评北京大学学生发展与创新创业协同创新基地、学生资助工作先进单位、优秀暑期实践组织单位。

城市与环境学院

【发展概况】 城市与环境学院以地理学为主体,2007年建院,包含环境科学、生态学、城乡规划等多个相关学科,具有理、工、文多学科交叉的综合优势。学院拥有地理学国家一级重点学科,自然地理和人文地理两个国家二级重点学科,并与校内其他学院联合建设首批生态学一级学科。学院下设5个系和1个研究所,即城市与区域规划系、城市与经济地理系、自然地理与资源环境系、生态学系、环境学系和历史地理研究所。另有地理科学研究中心、中法地球系统科学中心、气候变化研究中心、城市规划设计中心等十多个研究中心。美国林肯基金会支持的北京大学-林肯研究院城市发展与土地政策研究中心挂靠城市与环境学院。城市与环境学院现有在职教师94人,其中教学科研系列教师77人。教授(含研究员)51人;副教授23人;讲师3人。

【教学工作】 学生人数。截至2015年12月,城市与环境学院有在读学生866名,其中本科生385名,硕士生245名,博士生236名;延期学生66名,留学生7名(本科生3名,研究生4名),港澳台学生10名(研究生10名)。本科生2015级83人,2014级97人,2013级93人,2012级76人,2011级36人。硕士研究生2013级83人,2014级86人,2015级74人,2013级及以前2人。博士研究生2015级52人,2014级58人,2013级44人,2012级35人,2011级27人,2010级及以前20人。本科毕业生共97人,硕士毕业生95人,博士毕业生47人。

课程设置。2014—2015学年春季学期韩茂莉、朴世龙等40名教师开设"中国历史地理""普通生态学3"等本科生课程47门,2015—2016学年秋季学期冯长春、刘耕年等36名教师开设"区域分析与区域地理""普通地质学"等本科生课程45门。2014—2015学年春季学期贺灿飞、唐志尧等32名教师开设"经济地理学进展""生态遥感"等研究生课程39门,2015—2016学年秋季学期李双成、邓辉等33名教师开设"现代地学模型方法及其应用""环境变迁研究"等研究生课程41门。

培养方案。城市与环境学院紧密围绕学校的本科生培养要求,逐步完善培养计划。2015级继续沿用2014版本科生教学计划。根据教学计划的要求,开设"生态学与环境变化""人文地理综合实习""交通分析模拟与规划""全球变化科学概论""环境化学""环境工程学"等新课。

2015年度学院加强研究生培养的制度建设,在重视贯彻执行北京大学研究生培养的管理规定基础上,修订院系研究生培养方案,分别针对硕士生、四年制博士生、直博生和硕博连读生制订详细的培养计划,并逐步提高研究生的科研要求。2015年度学院建立并完善研究生奖助体系,修订《城市与

环境学院校长奖学金管理办法》,制订《城市与环境学院学业奖学金评定方案》,并通过研究生校长奖学金、学业奖学金、专项奖学金、研究生助学金等计划,建立研究生学习科研的保障和激励机制。与此同时,学院研究生培养秉承"国际水平、国家需求、质量优先、着眼未来"的北京大学研究生教育基本目标,积极探索研究生培养的创新举措,努力为学生提供更好的国际交流平台,拓展学术研究的国际视野。2015年度选拔博士生12人参加国家高水平公派联合培养,5人参加北京大学短期出国项目,参加学术会议达100余人次。

教学获奖。莫多闻获得2014—2015年度北京大学教学优秀奖。

【科研工作】 人才队伍。截至2015年12月31日,城市与环境学院有教学科研系列教师77人,其中51人为正高职称(包括中国科学院百人计划和国家海外高层次人才引进计划研究员),23人为副高职称,3人为中级职称。在人才引进方面,学院2015年引进朱东强、程和发、彭书时三位中青年学者。地理学与生态学家、中国科学院院士傅伯杰于2015年5月被聘为北京大学双聘院士,同时兼任北京大学城市与环境学院院长。高层次人才的引进极大地促进了北京大学地理学科的进一步提升。

科研项目。2015年,学院获得年度国家自然科学基金各类新批项目总计20项,其中,重点项目2项,面上项目10项,国家杰出青年科学基金1项,青年科学基金4项,国家优秀青年科学基金1项,国际(地区)合作与交流基金1项,海外及港澳学者合作研究基金1项。截至12月31日,全院2015年度在研项目共计165项(经费额在200万人民币以上的有32项),其中国家自然科学基金委79项(创新群体1项,杰出青年3项,重大专项1项,重点项目8项),科技部23项,教育部2项,北京市1项,其他及企事业委托60项。科研经费超过2亿元。

科研成果。2015年度全院教师发表SCI/SSCI论文125篇,全院教师共出版著作6部,发表中文核心期刊论文170篇。朴世龙教授在 Nature 发表文章"Declining Global Warming Effects on the Phenology of Spring Leaf Unfolding",系统分析过去30年全球变暖对欧洲温带地区树木展叶物候的影响及其机制,Nature 在同期专门发表一篇来自全球生态学专家 Dr. Keenan 的评述,报道这项工作的重要性及意义。胡建英教授等四人的"典型内分泌干扰物质的环境行为与生态毒理效应"获得2015年度国家自然科学奖二等奖。曹广忠副教授等的"村镇节地控制关键技术研究与应用示范"项目、陈彦光教授等的"新型城镇化精明土地利用规划的优化模式与技术应用"项目获得国土资源科学技术奖二等奖。韩茂莉教授的成果《中国历史农业地理(上中下)》获得教育部第七届高等学校科学研究优秀成果奖(人文社会科学)三等奖。

【交流合作】 学院积极开展国内外交流合作活动,其中包括:与法国气候与环境科学实验室(LSCE)共同举办、北京大学城市规划与设计学院协办的中法地球系统科学研究中心2015年夏季研讨会于9月在北京大学深圳研究生院召开;由学院主办的第一届"北京大学地理学讲坛"暨首届"北京大学地理学讲坛"研究生论坛、城市与经济地理系主办的"北京大学人文地理学术论坛暨北大经济地理学科创建60周年纪念"活动、生态学系主办的第十二届"北京大学生态讲坛"均于12月顺利举行。学院申报的"区域生态与环境(污染与气候变化)创新引智基地"(高等学校学科创新引智计划,简称"111计划")2015年度顺利执行,为进一步推动学校建设世界一流的资源与环境学科提供有力保障。截至2015年10月底,共邀请30人次国外知名学者来京进行学术交流活动。

【党建工作】 组织建设。截至2015年12月31日,城市与环境学院党委共有党员559人,共有21个党支部。

党建活动。2015年,学院党委组织广大党员认真开展"三严三实"专题教育工作,制订"三严三实"专题教育工作方案,规范党员组织生活。在学院党委的支持下,学院各支部组织了丰富多彩的支部活动。学院党委坚持"大力培养,及时发展"的思想,2015年共发展37名优秀青年成为中共预备党员,44名预备党员按期转为中共正式党员。樊志、楚建群获得优秀党务和思想政治工作者称号。学院党委十分关心师生生活,多次开展向困难师生送温暖活动,党委书记刘耕年带队看望生病住院的老党员,送去组织的关怀和慰问。

【行政工作及其他工作】 行政队伍以及行政工作。城市与环境学院共有行政事业编制教师9人,合同制行政教师2人,在学院党委、行政领导下承担党务、日常行政事务、科研外事、研究生教学管理、本科生教学管理、学生、共青团、院友等方面工作。2015年度学院行政队伍紧密围绕中心工作,团结协作,保障学院教学科研工作的顺利开展。

院友工作。在广大院友的大力支持下,2015年度学院院友以及筹资方面的工作取得进一步的进展。2015年度新设立"北京大学城市与环境学院郑木芸与何淑敏奖学金"基金,发放院友捐赠奖学金、奖教金100余万元。协助1955级、1959级、1981级、1985级、1990级、1995级、2000级、2001级等毕业的校友返校聚会,密切校

友与学院之间的联系,并助力院友的事业发展。北京大学经济地理专业建立60周年——人文地理学术论坛于12月27日在英杰交流中心阳光厅隆重召开,包括国家自然科学基金委、中国地理协会、国家发展和改革委员会等相关单位的领导,中国人民大学、中山大学、北京师范大学、清华大学、同济大学、中国科学院、美国辛辛那提大学、得克萨斯州南方大学等兄弟单位及外国高校的领导,以及1978级院友香港富华国际集团总裁赵勇、1982级院友北京瑞意投资有限公司董事长齐宏等知名企业家在内的300余位嘉宾齐聚一堂,共话学院及经济地理专业的学科发展。

【学生工作】 日常工作。学院依托学工办、团委、中国大学生环境教育基地,进一步完善服务育人、文化育人、实践育人的全方位工作体系,切实服务学生成长成才实际需求。学院及时完善各类学生信息库,以畅通完备的沟通机制有效帮助学生疏导心理危机与解决实际困难;不断完善奖学金、奖励等奖励评优体制,2015年共评选校级奖学金92项、校级学生奖励194项、院设奖学金105项,认定和资助困难生88人;紧密结合专业特色和学科特点,创新工作内容,文化育人和实践育人并重,依托大学生环境教育基地和团学组织,组织一系列文化体育活动、志愿服务和社会实践活动,全方位提升学生的综合素质。

就业工作。城市与环境学院2015年共毕业学生216人,其中本科生毕业91人,研究生毕业125人,就业率均为100%。2015年本科毕业生中:在国内读研深造43人,占本科毕业生总人数的47.25%;出国深造38人,占本科毕业生总人数的41.76%。研究生毕业生中硕士研究生90人:在国内继续读博8人;出国深造12人,占毕业硕士总人数的13.33%;参加就业67人,占毕业硕士总人数的74.44%。博士毕业生中定向生3人,占毕业博士研究生总人数的8.57%;毕业后回原单位工作、在国内继续做博士后研究5人,占毕业博士总人数的14.29%;出国深造4人,占毕业博士生总人数的11.43%;参加就业22人,占毕业博士生总人数的62.86%。

地球与空间科学学院

【发展概况】 地球与空间科学学院成立于2001年10月26日,由北京大学原地质学系、地球物理学系的固体地球物理专业和空间物理专业、遥感所和城市与环境学系地理信息系统专业组成。

地球与空间科学学院有7个研究所:大陆动力学与资源工程研究所,史前生命与环境研究所,矿物、岩石、矿床学研究所,地球化学研究所,理论与应用地球物理研究所,空间物理与应用技术研究所,遥感与地理信息系统研究所。一个重点实验室:造山带与地壳演化教育部重点实验室。

地球与空间科学学院的教学和研究有着悠久和辉煌的历史,地质系创办于1909年,地球物理系创办于1959年,遥感所创办于1983年,迄今为止已为国家培养包括五十多位院士在内的地球科学与空间科学高层次专业人才。学院现设有5个本科生专业:地质学、地球化学、地球物理学、空间科学与技术和地理信息系统;10个硕士研究生专业和10个博士研究生专业:构造地质学、矿物学岩石学矿床学、材料与环境矿物学、古生物学与地层学、地球化学、固体地球物理学、空间物理学、地图学与地理信息系统、石油地质学、摄影测量与遥感;并设有地质学、固体地球物理学、测绘科学与技术和地图学与地理信息系统4个博士后流动站,国家理科基础科学人才培养基地1个(地质学),国家基金委创新群体2个(日地空间高能带电粒子的加速、传输及效应研究,变质作用与造山带演化)。学院"造山带与地壳演化实验室"为教育部重点实验室,"空间信息集成与3S工程应用"为北京市重点实验室;"构造地质学"和"固体地球物理学"2个学科为国家重点学科,"矿物、岩石、矿床学"为国家重点培育学科,"空间物理学"为北京市重点学科。

截至2015年12月,地球与空间科学学院有教职工142人,其中教授45人,副教授37人,新体制海外高层次人才引进计划、海外高层次人才引进计划(青年项目)特聘研究员4人,中国科学院百人计划特聘研究员7人。

2015年地球与空间科学学院新进教职工4人,退休1人,去世1人。2015年地球与空间科学学院在校本科生405人,硕士生283人,博士生380人,共1068人。2015年共招收本科生100人,硕士研究生94名,博士研究生90人。2015年地球与空间科学学院本科、硕士和博士毕业生就业率均达到100%。2015年11月,地球与空间科学学院顺利完成国际同行评估工作。

【教学工作】 本科生工作。2014—2015年度春季学期,共开设本科生课程113门,包括2门全校公选课程、1门理科大类平台课、10门全校通选课程,剩余课程为学院主干基础课程和各专业必修及选修课程。2014—2015年度暑期学校,共开设8门课程,其中包括1门全校通选课程,1门全校公选课,6门专业实习课程。2014—2015学年秋季学期按照教学计划共开设47门课程,其中1门全校必修课程、4门全校通选课

程、1门理科大类平台课程，剩余课程为学院主干基础课程和各专业必修及选修课程。

继续开设面向地质学类专业的小班讨论课"地球科学概论（二）"。2014—2015学年秋季由教务部批准正式设立"普通地质实习"小班课。至此，地球与空间科学学院开设小班讨论课2门。

2015年共招收本科生100人，含贫困地区专项计划24人，参加过第五届中学生地学夏令营的新生有18人，留学生2人。2015届本科毕业生共有86人，暂结业1人，结业1人，毕业无学位1人。

通过院级学术奖励和项目支持（"本科生学术希望之星""本科生优秀实习报告奖""本科生科研训练优秀项目奖"）等方法，开展课内外科研训练，将本科生科研训练贯穿于整个培养过程；建立课外学习团队，已建成的团队有葛利普学会、本科生科研助推活动和409创新实验室；暑期组织2014级本科生进行虚拟仿真创新实习项目；本科生国际交流达到33人次；在读本科生发表SCI论文5篇，核心刊物2篇。

研究生工作。2015年地球与空间科学学院共招收硕士研究生94人，博士研究生90人。学院在校硕士生283人，博士生380人，共663人。新增赖勇、张楠、常燎为博士生导师。学院2015年共开设课程153门。学院2015年共60人获硕士学位；毕业博士研究生58人，其中获博士学位57人，1人肄业；5名博士生的论文获得2015年北京大学优秀博士学位论文。

【科研工作】 科研项目。2015年地球与空间科学学院在研科研项目353项，其中科学研究部主管项目249项、科技开发部主管项目100项。

学院2015年申请国家自然科学基金获批26项，批准金额1973万，矿物、岩石、矿床研究所的李艳副教授获得"优秀青年科学基金"资助。

科研经费。2015年到账的科研经费总数107075026元，其中科学研究部主管项目经费7732万元，科技开发部主管项目经费25755026元，先进技术研究院主管项目经费400万元。2015年地球与空间科学学院学科建设经费679万元。

科研成果。2015年学院发表SCI论文总数171篇，其中高水平论文62篇，奖励科研经费总计48万元。矿物、岩石、矿床研究所陈衍景教授的"大陆碰撞成矿理论创建及应用"获2015年度国家自然科学奖二等奖。空间物理与应用技术研究所的王玲华研究员获得第十二届中国青年女科学家奖。遥感与地理信息系统研究所晏磊教授的"偏振遥感物理机理、关键方法和技术应用"获2015年度国家技术发明奖二等奖。2015年1月，Nature发表江大勇所在国际合作研究团队的学术论文。王德明、赵克常获得"北京大学教学优秀奖"；李艳获得北京大学第十五届青年教师教学基本功比赛理工科类一等奖及优秀教案奖；田原获得北京大学第六届多媒体课件和网络课程大赛（多媒体课件组）二等奖、第十五届全国多媒体课件大赛（高教组）优秀奖；郭艳军、陈斌、吕增等获得北京大学第八届实验技术成果奖三等奖。

其他工作。2015年，学院建设空间科学与技术本科教学实验室，完成GIS机房设备更新与环境改造，更新地球物理计算机设备，完成地学实验教学数据中心及多媒体升级；推进实验教学信息化平台建设，建成三维虚拟仿真显微互动教学系统，建设新型课程网站，将3D打印技术应用到课堂教学中。

【交流合作】 鲁安怀教授组织的"中美矿物-微生物胞外电子转移及能量来源论坛"国际会议，于2015年3月在北京大学举办，来自国内外18个高校与科研院所的近60名专家参会，其中来自美国的著名教授有19位，另有近百名年轻学者与研究生参加会议，会议得到国家自然科学基金委资助。

【社会服务】 潘懋：中国地质学会常委理事。

张进江：中国地质学会构造地质学与地球动力学专业委员会副主任、中国科学探险协会常务理事。

白志强：中国古生物学会第十一届理事会常务理事。

高克勤：国土资源部化石资源和国家地质公园咨询顾问、教育部东北亚生物演化与环境重点实验室学术委员会副主任。

马学平：国际地层委员会泥盆纪分会委员、全国地层委员会泥盆纪工作组成员。

孙元林：北京大学地质博物馆馆长、中国科学院资源地层学与古地理重点实验室学术委员。

刘建波：中国古生物学会副秘书长、中国微体古生物学会副秘书长。

江大勇：国际地层委员会三叠系分会通讯委员、国家古生物专家委员会委员、全国地层委员会中生代分会三叠纪工作组成员。

魏春景：中国矿物岩石地球化学学会变质岩专业委员会委员。

陈衍景：新疆自然资源与生态环境中心（自治区政府）首席科学家、中科院地球化学研究所（贵阳）研究员、中科院地质与地球物理研究所特聘研究员、中科院新疆矿产资源中心客座研究员、成都理工大学兼职教授。

宋述光：中国地球化学学会化学地球动力学专业委员会副主任委员。

传秀云：国家自然科学基金重点项目中期检查专家组成员。

王长秋：中国珠宝玉石首饰行

业协会宝石鉴定师考试委员会委员。

秦善：中国矿物岩石地球化学学会矿物物理和结构专业委员、副主任委员。

鲁安怀：全国政协委员、中国民主同盟北京大学委员会主委、中国民主同盟中央委员兼教育委员会副主任、国际矿物学协会（IMA）执行理事、第20届国际矿物学大会学术委员会委员、国家特邀国土资源监察专员。

刘树文：中国国家IGCP委员会委员、中国地质学会前寒武纪专业委员会委员、全国地层委员会下寒武纪分委会委员。

刘曦：中国矿物岩石地球化学学会实验矿物岩石地球化学专业委员会副主任委员。

郑海飞：中国矿物岩石地球化学学会火山及地球内部化学专业委员会委员、中国矿物岩石地球化学学会实验地球化学专业委员会委员。

朱永峰：中国矿物岩石地球化学学会理事、中国地质学会矿产勘察专业委员会委员、矿床专业委员会委员、区域地质与成矿专业委员会委员、美国SEG会士。

涂传诒：教育部科技委地学与资源环境学部主任、北京大学校学位委员会委员、北京大学"千人计划"考核评估小组成员。

宗秋刚：北京大学空间探测中心（虚体）主任。

傅绥燕：全国卫星气象与空间天气标准化技术委员会委员、地球物理学会空间天气委员会副主任委员、空间科学学会空间物理专业委员会委员。

陈秀万：中国遥感应用协会理事、中国地理信息系统协会数据专业委员会副主任委员。

邬伦：中国地理信息系统协会常务理事、副秘书长、《地理与地理信息科学》副主编、国土资源部信息化专家咨询组成员、建设部信息化专家组成员等。

李琦：中国图象图形学会技术委员会主任、中国国际工程咨询公司专家、北京市政府专家顾问、国家海洋局信息中心、海监总队特聘教授与责任专家、中国地理信息系统协会GIS理论专委会副主任。

秦其明：教育部高校地理教学指导委员会秘书长、环境遥感学会常务理事、高技术产业化研究会理事、中国地理信息系统协会理事等。

晏磊：中国感光学会副理事长、数字成像专业委员会主任、中国测绘学会摄影测量与遥感专业委员会副主任、GNSS协会常务理事、《全球定位系统》副主编、《影像技术》副主编。

李培军：中国全球定位系统技术应用协会资源环境监测专业委员会副主任。

曾琪明：IEEE GRS Beijing Chapter副主任、科技部遥感中心软件评测专家组成员、全国遥感应用协会理事、遥感数据处理与分析应用产业技术创新战略联盟常务理事。

焦健：中国全球定位系统技术应用协会教育与发展专业委员会副主任、中国测绘学会地图学与地理信息系统委员会委员、中国地学学会地图学与地理信息系统委员会、北京测绘学会地图学与地理信息系统委员会委员。

刘岳峰：中国全球定位系统技术应用协会空间定位专业委员会副主任、中国GIS-T委员会委员、中国地理信息系统协会GIS标准化专业委员会委员。

张飞舟：中国全球定位系统技术应用协会资源环境监测专业委员会副主任。

张显峰：国际摄影测量与遥感协会（ISPRS）GI4D学术委员会成员。

毛善君：中国煤炭教育协会高教分会会员、中国煤炭工业协会信息化分会常务理事。

【党建工作】 地球与空间科学学院党委全面完成学校党委关于开展"三严三实"专题教育的工作任务，学院党委于2015年6月制订《北京大学地球与空间科学学院开展"三严三实"专题教育实施方案》。

制定《中共北京大学地球与空间科学学院委员会关于落实党风廉政建设责任的实施细则》并贯彻实施。按照"一岗双责"要求，学院党委将党风廉政建设责任分解到每位领导班子成员，推动责任制向研究所、党支部和课题组延伸，建立层层负责的责任体系。

学院党委获评北京大学2015年度党务和思想政治工作先进集体，申报17项基层党建创新项目全部获批，获得2014—2015学年学生党团日活动优秀组织奖，5个党支部获得校级奖项，1个党支部获2015年北京高校红色"1+1"示范活动三等奖。

2015年地球与空间科学学院党委21个党支部完成换届。

【学生工作】 地球与空间科学学院获评2014—2015年度北京大学学生工作先进单位。

【地质博物馆】 北京大学地质博物馆建立于1909年，是中国最早的地学专业研究型博物馆，是北京大学地质学相应学科实践教学和基础科研的重要依托，是地学类科普和终身教育的场所，曾被评为北京大学"211工程"国家理科基础科学研究和教学人才培养基地建设先进单位（1993年），是全国地质古生物科普先进单位，还是北京市科普基地、北京市高校博物馆联盟盟员（2012年至今）和联盟发起单位之一，承担着地学科普任务。博物馆总面积约2500 m²，馆藏标本有近百万件，包括生物化石类、岩石类、矿物类、矿床类、地热类、构造地质类、实验类等，此外还有极其珍贵的苏联在1950年代赠送

给中国的一整套精美的古生物化石标本以及近年收集到的珍稀的三叠纪海生爬行类化石标本。

社会科普服务。全年免费开放,地球科学-生命科学-环境科学方面科普教育常态化。2015年完成接待参观约3万人,其中散客参观约15000人(50人/日平均×300天/年),团体参观、活动举办、学生教学约15000人。

教学情况。开设主干基础课"地史学"、研究生选修课"博物馆学"、通选课"地球科学概论"、通选课"地史中的生命"。

科研成果。2015年挂牌成立北京大学古生物化石保护中心。依托国家自然科学基金委员会、北京市教育委员会和科学技术委员会科普项目及学校"211工程"和"985计划"的支持,围绕国际学科的热点研究问题,以"二叠纪生物大绝灭后的生物复苏过程中,中生代海生爬行动物的起源、早期演化和生物多样性及其古环境、古地理、古生态"为主题,取得一系列引起国际关注的成果。2015年北京大学地质博物馆发表SCI论文5篇,新增科研项目3项,获批经费106万元。

承办学术会议。2015年2月27日至3月2日举办三叠纪地层古生物研究研讨会暨化石保护研究和产地管理论坛。

国内外交流。接待美国加利福尼亚大学戴维斯分校、意大利米兰大学等学校的学者访问。

博物馆大事记。2015年5月举办北京大学首届化石文化周。由北京大学地球与空间科学学院联合国土资源部地质环境司、国家古生物化石专家委员会办公室、中国地质博物馆、中国古生物学会共同主办。

心理学系

【发展概况】截至2015年12月31日,心理学系有在职教工53人,其中教授12人(长江特聘教授5人)、研究员7人、副教授16人、讲师8人、行政教辅人员10人。2015年度新入编研究员1名(朱露莎)。

【教学工作】2015年度心理学系录取学术型硕士研究生24人,专业硕士研究生43人;录取博士研究生27人;录取本科生33人,辅修双学位学生120人。

2015年心理学系毕业并获得学位的心理学专业本科生35人,获心理学双学位96人,心理学辅修毕业10人;毕业硕士研究生60人;毕业博士研究生毕业20人;同等学力获硕士学位70人;夜大毕业学生169人。2015年心理学专业夜大学共招生204人。2015年高级专门人才研修班继续招生,在北京开设应用心理学专业,招收学员75人;在深圳开设临床心理学专业,招收学员30名。

2015年开始,应用心理专业硕士学制由2年改为3年,按照"管理心理学""临床心理学"和"发展与教育心理学"分别设置培养方案。11月16日,北京大学学位评定委员会同意心理学系启动"应用心理学"二级学科博士点。该博士点的启动,可以为企业招聘人才、群体心理健康与公共安全等实际应用领域提供高层次专业人才的培养平台。

2015年,心理学系继续推进教学改革,北京大学开始试行"试卷返还"制度,心理学系被列为试点之一,所有专业课都在期末结束后设置查卷时间。这项制度从根本上促进教师重视考试形式和内容改革,在考试结束的关键时期,促进教师和学生之间的有效交流,促进教育质量的提高。"实验心理学""普通心理学""发展心理学"均在正常讲授课时之外开设文献阅读讨论班,每班15人。"实验心理学"在小班教学基础上组织面向全系开放的实验设计小组报告会。学生们通过新增的教学环节,进一步夯实基础,提高科研能力。

在本科生科研方面,2013级本科生共有15名学生的14个项目获得立项,2012级共有22名学生的16个项目顺利结题。

2015年,方方入选科技部中青年科技创新领军人才,入选享受国务院政府特殊津贴人员,入选百千万人才工程国家级人选,并获"国家有突出贡献中青年专家"荣誉称号;毛利华获评北京大学第十九届"最受学生爱戴的老师"暨"十佳教师";杨炯炯获北京大学2014—2015年度教学优秀奖;周晓林获评北京大学第二届十佳导师;方方获评北京大学2015年优秀博士学位论文指导教师;姚翔获黄廷方/信和青年杰出学者奖;邵枫获杨芙清-王阳元院士教师奖;张昕获正大教师奖;魏巍获北京大学2014—2015年度优秀德育奖;陈立翰获北京大学2014—2015年度优秀班主任奖。

【科研工作】2015年心理学系多项国家自然科学基金研究申请获得批准,其中优秀青年科学基金项目2个、面上项目基金支持8个、其他项目资金支持5个。获得的科研项目经费总计1813.5万元。

表 5-7　心理学系 2015 年主要项目一览表

项目名称	起止时间	负责人	总经费	任务来源
认知过程中的时间组织及其神经机制	2016.1—2018.12	罗　欢	130 万元	国家自然科学基金委优秀青年科学基金项目
领导学与团队动力学研究	2016.1—2018.12	张　燕	130 万元	国家自然科学基金委优秀青年科学基金项目
"基于视觉特性的视频编码理论与方法研究"子课题"视觉信息处理基本机理"	2015.1—2019.8	方　方	560 万元	国家 973 项目

2015 年度心理学系在国内外期刊共发表科研论文 134 篇,其中以心理学系为第一通讯单位发表的 SCI 和 SSCI 收录期刊论文 76 篇。2015 年全年,在 SCI 和 SSCI 一区期刊中发表文章 12 篇。其中韩世辉教授在 Trends in Cognitive Sciences 上的文章是心理学系教师第一次在该期刊上发表文章,张航研究员在 Nature Neuroscience 上的文章也是心理学系教师在该期刊上的首篇文章。

表 5-8　心理学系 2015 年人才队伍一览表　　　　　　　　　　　　　　　　　　　单位:人

项目名称	人数
万人计划领军人才	1
教育部长江特聘教授	5
国家杰出青年基金获得者	3
中国青年科技奖获得者	3
科技部中青年科技创新领军人才	1
国务院政府特殊津贴专家	3
百千万人才工程国家级人选	2
国际心理科学联合会青年科学家获奖者	1
求是杰出青年学者奖获得者	1
教育部青年长江学者	2
国家优秀青年基金获得者	4
中组部青年千人计划	2
青年 973 首席科学家	1
教育部新世纪优秀人才	4
国务院学科评议组成员	1
北京市教学名师	2
北京市科技新星	1

2015 年度心理学系共举行 69 次公开科研讨论会(包括麦戈文脑科学研究所 20 次),邀请国外同行研究者和本系教师进行学术报告。迄今为止,共有 18 位教师担任 36 份国际期刊主编、副主编、编委等职位。

2015 年 5 月,心理学系获批建设"行为与心理健康北京市重点实验室",这是心理学系第一个省部级重点实验室,将为心理学系高质量科学研究的顺利开展提供良好的平台。

【交流合作】　2015 年度,心理学系共有 105 人次出访及参加国际会议。其中教师出访 52 人次,本科生、研究生出访 53 人次。孟昭兰教授当选国际行为发展研究会首批会士。应盖洛普-北京大学心理学系积极心理学中心邀请,泰勒·本·沙哈尔博士于 11 月 22 日来北京大学讲学。

5 月 16 日至 17 日,"心理学、信息科学、管理学与应急管理国际研讨会"顺利举行,来自国内外相关领域的 100 余位专家学者就应急管理领域内的最新研究成果进行学术交流和成果展示。

3 月至 6 月,北京大学心理学系临床心理学专业成功举办临床

与社会心理学的外教专题课,邀请多位专家作特邀报告,该课程的举办对拓宽同学们的临床视野和临床心理学科的发展有积极影响。

5月18日至22日,海峡两岸暨香港心理学系学生学术交流活动在香港中文大学举行。心理学系有2名本科生、4名硕士生和4名博士生参加,由张昕副教授和陈立翰副教授带队。活动期间,每位学生都进行学术成果的展示(包括口头报告和海报展示),张昕副教授作主题报告。

【党建工作】 心理学系现有党支部6个,其中学生党支部4个,离退休党支部1个,教工党支部1个。截至2015年12月,共有党员171人。其中学生党员128人,教工党员30人,离退休党员13人。2015年发展党员15人,预备党员转为正式党员10人。

6月23日,以系党委扩大会的形式,研讨关于全系开展"三严三实"专题教育实施方案。

【学生工作】 学生奖学金评审方面。召开奖学金评审委员会会议,落实相关规章制度,完成85个奖励项目、58个奖学金项目的评选工作,共有8位同学获得国家奖学金。2014级本科班和2014级专业硕士班获评先进学风班。两位教师分别获评北京大学优秀班主任和优秀德育工作者奖。

学生就业指导方面。召开研究生和本科生两场全体毕业生工作介绍会议,对就业中的具体流程和事项进行讲解,及时完成就业信息推送和就业资源整合。利用心理学系友会平台,联络已经毕业的系友提供就业和实习机会,受到系友们的广泛支持和关注。

学生访谈工作启动,分批与各年级学生约谈。约谈内容涉及学习生活各方面,帮助大家解决好现实问题和未来规划。确保每周都与学生有接触,经过访谈发现部分危机学生并提早进行干预,接触家长,充分做好危机预案,降低风险。

本科生导师制度进一步完善。从2012级新生开始,心理学系实行本科生导师制。2015年心理学系继续完善本科生导师制,每名本科生在前三个学期中,每学期都会有一名不同的导师,并与导师进行不少于三次的谈话交流,导师将指引他们人生道路的选择。

【行政工作与其他工作】 2015年5月3日,北京大学心理学系系友会成立大会在王克桢楼1113会议室成功举办。

【麦戈文脑科学研究所】 心理学系下设实体机构有麦戈文脑科学研究所。

建筑与景观设计学院

【发展概况】 2015年建筑与景观设计学院各项工作平稳推进,教学科研工作和基础设施建设都取得阶段性的进展。为适应学院快速持续发展的需要,2015年学院制定了一批人员管理、学院建设、办公用房管理、安全责任、财务管理等方面的规章制度。人才队伍得到进一步充实,并逐步开始形成明确的分工和健康的组织架构。国际交流和合作也有较大的进展。2015年3月,哈佛大学校长德鲁·吉尔平·福斯特到访北京大学,并到学院考察北京大学-哈佛大学生态城市联合实验室进展,高度评价北京大学建筑与景观设计学院与哈佛大学的合作。党务工作和工会工作继续探索院系特色,为教学科研工作提供有力保障。

2015年3月,学院搬迁至红四楼办公。

【教学工作】 2015年度,学院继续招收全日制风景园林硕士和在职风景园林硕士,生源质量稳中有升。在教学上,学院开设景观设计理论与方法(I):区域景观规划、文献阅读与独立研究、建成环境历史、景观设计学史、景观社会学、城市生态学、详细规划、景观与环境美学及规划实践等一系列景观设计、城市规划及生态学课程,并组织大量讲座课程、设计 workshop 等,组织学生开展实地测绘、国内外重点景观和生态项目考察等。学院"双聘院士"、中国水利水电科学研究院专家王浩亲自为学生开设"生态城市与生态恢复"专题研讨课。2015年有70余位毕业生完成论文写作和答辩,取得风景园林硕士学位。学院教师还作为培养小组成员及学生指导教师,参与深圳研究生院景观设计学专业硕士研究生的教学和论文指导等工作。

【科研工作】 学院教师承担住房和城乡建设部、水利部、北京市、重庆市、西安市等各级科研项目10余项。在各类核心期刊上发表论文20余篇。出版专著三部,分别为:俞孔坚,《北京生态社区:北京市海淀区南沙河区域"反规划"》(中国建筑工业出版社);John Zacharias,《中国 CBD:全球化竞争背景下的挑战与发展》(中国建筑工业出版社);汪芳,Urbanization and Locality: Strengthening Identity and Sustainability by Site-Specific Planning and Design(德国 Springer 出版社)。出版《徒步阅读世界景观与设计——"世界建筑、城市与景观"课程教学案例之三》(李迪华、路露、韩西丽主编,高等教育出版社)。

学院主办的中英双语学术期刊《景观设计学》进入国家新闻出版广电总局认定的第一批学术期刊,并入选中文核心期刊数据库。该期刊还荣获美国景观设计师协会(ASLA)2015年交流荣誉奖。

【社会服务】 学院始终以推动中国生态文明建设、再造秀美河山为己任,2015年也继续围绕这一使命,大力开展社会服务工作。俞孔坚教授赴甘肃、海南、湖北等多地

开展"海绵城市""反规划""大脚美学"等相关讲座达20余场,超过万余人次接受相关培训。张天新副教授与美国纽约室内设计学院教师共同带领学生赴云南宁蒗主持国际设计工作坊(workshop)。

【交流合作】 北京大学-哈佛大学联合实验室正式获批成立,并在红四楼挂牌。2015年,在俞孔坚院长的主持和联络下,合作双方召开7次联合实验室合作规划会议,制订较为完善的工作规划,完成实验室的硬件设施建设,并将第一批哈佛大学捐赠给联合实验室的资料和书籍运至北京大学。学院与美国纽约室内设计学院、澳大利亚墨尔本大学、丹麦哥本哈根大学、美国亚利桑那州立大学、瑞典隆德大学等开展交流活动,并与其中几所大学初步讨论合作教学以及科研意向。王志芳副教授在暑期主持为期一周的澳大利亚墨尔本大学国际联合课程。

国内合作方面,与湖北省十堰市政府达成设立生态城市联合实验室实践基地意向;学院与广州市规划勘察设计研究院签署战略合作框架与协议,并联合设立"绿色基础设施实验室"。

【行政工作及其他工作】 行政队伍得到扩充,包括1名行政副院长、1名事业编制工作人员和5名劳动合同制工作人员。学院对行政工作人员进行重新分工,进一步明确职责和工作流程,逐步完善学院相关制度建设,起草并完善《北京大学建筑与景观设计学院财务管理制度》《北京大学建筑与景观设计学院教授委员会章程》《北京大学建筑与景观设计学院硕士生、博士生指导教师遴选和聘任工作实施细则》以及《北京大学建筑与景观设计学院研究生培养相关管理规定》等,逐步成立安全责任领导小组等一系列管理性机构。

【学生工作】 2015年,学院在入学教育、毕业教育、就业指导、心理健康咨询和学生实践等方面加强工作,并委派学院工作人员参与全国辅导员就业指导工作培训等,提高工作人员的学生工作业务能力。2015年上半年,学院组织成立首届研究生会,并在红四楼前庭院开创性地举办露天草地毕业典礼,受到毕业生、家长及校友的好评。

统计科学中心

【发展概况】 统计科学中心成立于2010年7月,由数学科学学院、光华管理学院以及北京大学医学部从事统计研究的相关教师构成,是北京大学实行特殊机制的跨学院交叉学科研究机构。

统计科学中心设国际顾问委员会、科学委员会、执行委员会和指导委员会。国际顾问委员会负责提出有关统计科学中心发展方向等方面的建议,评估统计科学中心的工作和成果;科学委员会在人才引进和学术研究等方面给予意见和建议;执行委员会负责统计科学中心的日常管理工作。

统计科学中心的主要任务是建立一支具有国际先进水平的统计学研究教学团队,促进统计学与其他学科的交叉合作以及加强统计学在各学科中的应用,推动和提高各学科的实验设计和统计分析水平,为这些学科的发展提供数据收集和数据分析的统计方法。

统计科学中心积极开展同国际和国内统计学界的学术交流与合作。2015年1月,举办"数量金融国际会议"和"首届环亚太青年计量学者会议"。5月,北京大学名誉教授刁锦寰教授开设以"向量ARIMA模型和多元时间序列的实例应用"为主题的统计学课程;国际著名统计学家 Alan E. Gelfand 教授开设以"贝叶斯推断"为主题的统计学课程,课程的内容既包含贝叶斯推断的基础内容,也包含贝叶斯统计的前沿研究问题。为促进海峡两岸学者的交流合作,陈松蹊教授和涂云东博士筹办和组织第二届海峡两岸经济计量和环境统计交流与对话。6月6日至7日,王汉生教授筹办和组织的第八届中国R语言会议暨2015北大光华数据与价值论坛成功举办。6月29日至30日,宋晓军博士筹备组织"计量经济学中的模型设定检验"短期课程。6月25日至28日,海外高层次人才引进计划学者蔡天文教授和林伟博士筹办和组织"大数据时代的高维统计"国际青年学者会议暨夏季短期课程。7月,由陈大岳教授、任艳霞教授和刘勇教授筹办的"2015年北京大学青年概率论坛"及短期课程成功举行。7月,统计中心成功举办第二届优秀大学生夏令营。2015年9月,统计科学中心首批两名博士研究生入学。统计科学中心资助和举办的这些活动极大地扩大了统计科学中心在国内外的影响力。

【科研工作】 2015年统计科学中心教员共发表34篇高质量学术论文。据最新统计,北京大学统计学者在2012—2015四年间在统计学国际四大顶尖刊物上发表19篇论文(实为20篇),名列全国各高校之首。3月,由陈松蹊教授和黄辉博士带领的统计科学中心环境统计团队发布"北京地区2010至2014年$PM_{2.5}$污染状况研究"报告,在社会上和政府大气环境管理领域有很大反响;10月,基于该空气质量报告的文章被英国皇家学会会刊发表。陈松蹊教授带领的主要由统计中心教员组成的研究团队成功申请国家自然科学基金重点项目"大数据驱动的管理决策模型与算法"。统计科学中心在这一年中进一步同国内外的学者进行有效的学术交流,举办学术报告49场,其中来自海外的学者36场,

国内的学者13场。这些学术报告拓宽了教师和学生的学术视野,促进了统计学领域的交流,对统计科学中心的学术发展起到很大的推动作用。

1. 数量金融国际会议成功举行。1月13日,数量金融国际会议在北京大学光华管理学院2号楼成功举行。此次会议由北京大学数量经济与数理金融教育部重点实验室和北京大学统计科学中心联合主办,北京大学光华管理学院承办。本次会议为数量金融领域,包括数学、统计、金融、经济、计量和保险等方面的学者和专业人士提供了一个交流最新研究成果的平台。

2. "贝叶斯推断"短期课程顺利完成。5月5日至6日,由北京大学统计科学中心与北京大学光华管理学院商务统计与经济计量系联合举办的"贝叶斯推断"短期课程在光华管理学院完成。本次课程由国际著名统计学家Alan E. Gelfand教授主讲。

3. "计量经济学中的模型设定检验"短期课程。由来自西班牙马德里卡洛斯三世大学的Miguel A. Delgado教授主讲。该课程吸引了北京地区多所高校的青年计量经济学者参加。

4. 概率论暑期系列学术活动。2015年暑期,北京大学概率论教研室举办系列学术活动。这一系列的活动包括7月6日至7月8日举办的"2015年北京大学青年概率论坛"和7月9日至7月24日的两门短期课程。

5. "大数据时代的高维统计"国际青年学者会议暨夏季短期课程。此次会议暨短期课程于6月25日至28日在北京大学举行,由北京大学统计科学中心和北京大学数学科学学院概率统计系联合主办。本次活动吸引了来自全国的150多人前来参加。

【交流合作】 1. 北京大学统计科学中心成功举办2015暑期夏令营。7月10日至12日,北京大学统计科学中心举办第二届优秀大学生夏令营活动,来自国内十几所高校的25名三年级本科生参加本次夏令营。

2. 徐歆怡博士访问统计科学中心5个月。美国俄亥俄州立大学副教授徐歆怡博士于2015年2月至7月来统计科学中心访问五个月,在概率统计系开设"贝叶斯统计"课程。

3. 蔡天文教授来访统计科学中心并作报告。5月26日下午,国际著名统计学家蔡天文教授访问统计科学中心,并在理科一号楼1114教室作题为"Robust Detection and Recovery of Structured Signals"的学术演讲。

信息科学技术学院

【发展概况】 信息科学技术学院合并组建于2002年。为顺应信息科学技术学科发展趋势,整合校内信息科学技术学科资源,推动学科融合和发展,北京大学在原电子学系、计算机科学技术系、信息科学中心的基础上,于2002年正式组建成立信息科学技术学院。

北京大学信息科学技术学科具有悠久的历史,最早可以追溯到20世纪50年代数学力学系的计算数学专业,以及物理系的无线电物理、电子物理和半导体物理专业。1958年12月,在物理系无线电物理、电子物理等专业基础上成立无线电电子学系,1996年更名为电子系。1978年,在数学系计算数学专业和无线电电子系计算机专业基础上组建计算机科学技术系。1985年,为发展多学科的交叉与融合,由数学系、计算机科学技术系、电子学系等校内十个系(所)联合组建信息科学中心。1986年,成立微电子学研究所。

13年来,信息科学技术学院植根于北京大学信息科学技术学科50多年的历史底蕴,逐步探索形成清晰的发展思路,即坚持"充分尊重现实,强调合理整合,形成统一框架,促进深度融合;面向国际一流,确立发展目标,基于当前状况,制订实施方案;学科建设为纲,队伍建设为本,发展既有优势,确保战略必争;注重制度建设,形成激励机制,优化管理结构,营造和谐环境"的基本原则,为建设世界一流大学的一流信息科学技术学科探索总结经验,艰苦奋斗、砥砺前行。

学院涵盖计算机科学与技术、电子科学与技术、信息与通信工程及软件工程4个一级学科及其相关的计算机软件与理论、计算机系统结构、计算机应用技术、计算机科学与技术(智能科学与技术)、信号与信息处理、通信与信息系统、微电子学与固体电子学、物理电子学、电磁场与微波技术、电路与系统和电子科学与技术(量子电子学)等11个二级学科。学院有计算机科学与技术、电子信息科学与技术、微电子科学与工程、智能科学与技术和通信工程5个本科生专业,实行按学院统一招生。

学院拥有2个国家级重点实验室、1个国家级工程实验室、12个省部级重点实验室(或工程研究中心),并与多家知名中心组建联合研究机构。13年来,学院承担了一批立足于国家需求、面向国际前沿的重大科研项目,到账纵向科研经费超过26亿元,并取得一批重要研究成果,获得国家级科技奖励23项(其中第一完成单位10项)和省部级科技奖励45项(其中第一完成单位31项),发表A类论文5385篇,其中SCI收录论文2713篇,获得授权专利899项,出版学术著作198部。

学院包含基础教育部、研究生

教育部和继续教育部等3个教学管理单位，电子学系、微电子学系、计算机科学技术系和智能科学系等4个学科建设单位，以及基础实验教学研究所、物理电子学研究所、量子电子学研究所、应用电子学研究所、现代通信研究所、微电子学研究院、系统结构研究所、网络与信息系统研究所、软件研究所、计算语言学研究所、数字媒体研究所、高能效计算与应用中心、信息科学中心和信息技术创新研究院等14个教学科研实体单位。

学院院长黄如，副院长查红彬、候士敏、李文新、谢冰、蒋云，新一届党委书记魏中鹏，副书记冯梅萍、卢亮。学院学术委员会主任何新贵，副主任迟慧生、梅宏，委员陈徐宗、程旭、高文、胡一龙、黄如、焦秉立、李红滨、李晓明、彭练矛、魏中鹏、杨芙清、吴文刚、查红彬、张兴。学院学位评定委员会主席杨芙清，副主席黄如、彭练矛，委员陈向群、陈章渊、代亚非、郭弘、郭宗明、候士敏、刘晓彦、吴文刚、谢昆青、查红彬、张盛东、金芝。

学院2015年在职教学科研人员276人，其中，正高级职称107人，副高级职称115人，中级及以下职称24人，新体制人员30人。发展中国家科学院院士1人，两院院士10人(含双聘院士4人)。2015年调出教师3人(罗云飞、李钊、王艳新)，退休2人(汪中、昌玲)。

【教学工作】 2015年在校学生总计2667人，其中本科生1279人，硕士研究生759人，博士研究生629人。2015年新生总计692人，其中本科新生308人(含留学生5人)，硕士新生258人，博士新生126人。2015年授予学士学位290人，硕士学位246人，博士学位97人。在取得博士学位的97人中，王子南(导师李正斌)、黄芊芊(导师黄如)、宁志远(导师陈清)、段一舟(导师郭宗明)、黄文灏(导师谢昆青)、徐哲(导师吴文刚)获北京大学优秀博士学位论文奖。

2015年，学院共开设本科全英文课程9门，新开本科生课程18门、研究生课程11门，4门课程获研究生课程建设立项资助，项目负责人分别为李戈、刘爱民、陈薇、张行功。

2015年学院继续开展小班教学和本科新生导师制。在原有3门"小班课教学"课程"计算机系统导论""算法设计与分析""电路分析原理"基础上，2015年新增"数字逻辑电路"(电子系7名教师参与教学)。2015级本科新生导师由87名各系教授及部分优秀副教授担任。在本科生对外交流方面，2015年有20余名学生到美国卡耐基梅隆大学、英国爱丁堡大学参加暑期科研项目；50余名学生到美国、英国名校访问交流；70余人次参加各项短期和长期交流项目；80余人次出国参加国际学术会议。

本科生竞赛方面，2015年ACM竞赛长春赛区学院4支队伍全部获金奖，分别排名第1、第2、第4、第10；沈阳赛区学院3支队伍分别排名第3(金奖)、第8(金奖)、第30(铜奖)；合肥赛区学院3支队伍分别排名第9(金奖)、第25(银奖)、第39(银奖)；上海赛区学院3支队伍分别排名第6(金奖)、第65(铜奖)、第86(铜奖)；亚洲大陆子赛区学院3支队伍分别排名第12(金奖)、第27(银奖)、第48(银奖)；泰国普吉赛区学院1支队伍排名第3获季军；日本筑波赛区学院1支队伍排名第3获季军；ACM-ICPC摩洛哥世界总决赛，学院吴争锴、李超、王迪获得第5名(银奖)，并同时获全场最快解题奖。

教师工作成绩方面，学院陈徐宗教授荣获第十一届北京市高等学校教学名师奖。此外，截至12月17日，2015年学院教师教学团队任职3项，正式出版教材2本，申请专利4项，参加教学会议2场，教学出访5场，接待教学来访3场。本科生发表国际期刊论文12篇，国际会议论文29篇，国内期刊论文1篇，国内会议论文1篇。

【科研工作】 2015年学院新增中国科学院院士1名(黄如，信息技术科学部)；"青年海外高层次人才引进计划"入选者3名，国家高层次人才特殊支持计划之"青年拔尖人才支持计划"入选者2名；国家杰出青年科学基金获得者1名(谢冰，项目"软件复用")，国家自然科学基金委员会优秀青年科学基金获得者4名(王永锋，项目"表面自组装"；杜朝海，项目"毫米波与太赫兹电子学"；郝丹，项目"软件测试"；王润声，项目"半导体新器件与表征技术")；教育部"长江学者奖励计划"特聘教授1名(黄铁军)，青年学者(首批)1名(王兴军)；北京市科技新星计划入选者1名(杜朝海)；天津市"131"创新型人才培养工程第二层次入选者1名(王永锋)。

2015年学院共承担国家级、省部级、科技开发等各类科研项目334项，获纵向经费约2.77亿元，签署技术服务、技术咨询、技术转让合同255项，获横向经费约4907.97万元，纵向和横向科研经费总计约3.26亿元。由彭练矛担任首席科学家的国家重大科学研究计划项目"新型纳米光电子器件"完成课题结题验收；由高文、金芝分别担任首席科学家的国家重点基础研究发展计划项目"基于视觉特性的视频编码理论与方法研究"和"基于开源生态的网构化软件开发原理和方法"启动；首都科技发展集团投资北京大学碳基集成电路芯片前孵化项目签约。与此同时，学院继续致力于与校内院系共同开展交叉学科合作研究，与医学部联合主办北京大学医疗信息化学术研讨会，与北京大学文理大数据研究中心、中国社会科学调

在科研成果方面，2015年学院师生发表SCI论文323篇、A类学术刊物论文358篇；出版教材2部、专著5部。高文参与完成的项目"视觉模式的局部建模及非线性特征获取理论与方法研究"获国家自然科学奖二等奖，谢冰、周明辉（单位排名：2/2,个人排名：2/6）参与完成的项目"基于网络的软件开发群体化方法及核心技术"获国家技术发明二等奖。由黄罡、刘譞哲、梅宏、熊英飞、曹东刚、郭耀、孙艳春、陈向群等完成的项目"软件定义的云管理关键技术及系统"获2015年度高等学校科学研究优秀成果奖（科学技术）科技进步一等奖，程翔（单位排名：2/3,个人排名：2/9）参与完成的项目"高速移动复杂场景的无线信道理论与方法研究"获2015年度高等学校科学研究优秀成果奖（科学技术）自然科学二等奖；童云海（单位排名：2/3,个人排名：2/12）参与的项目"基于创新2.0的城管地图公共服务平台的研究、开发和应用"获北京市科学技术奖三等奖；由田永鸿等完成的项目"监控视频高效编码与智能分析技术及其在城市智能交通中的应用"获中国电子学会科学技术奖技术发明一等奖，代亚非（单位排名：2/6,个人排名第2）参与完成的项目"混合云存储系统关键技术与应用"和李红滨、赵玉萍、张诚、李斗（单位排名：2/4,个人排名：2,5,6,13）参与完成的项目"高性能同轴电缆宽带接入（HINOC）技术研发及行业应用"分获2015年中国电子学会科学技术奖科技进步奖一等奖和三等奖；童云海（单位排名：1/9,个人排名：3/30）参与完成的项目"网格化城市管理与运行服务平台研发及应用"获中国地理信息科技进步奖特等奖；由梅宏、黄罡、曹东刚、王千祥完成的专利"构件化软件中非功能特征组装方法"和由李红滨、赵玉萍等完成的"一种分布式信道估计方法"获第17届中国专利奖优秀奖；赵卉菁、林宙辰分别带领学生获法雷奥全球创新挑战赛冠军和ImageNet大规模视觉识别竞赛场景分类项目冠军。彭练矛团队关于高性能碳基纳米器件和集成电路的研究成果被《2015中国自然指数》作为北京的两项代表性工作之一重点报道，并被高度评价为"代表着计算机处理器的未来"；张志刚课题组关于光纤激光频率梳的论文入选2014年度中国光学重要成果；孙广宇课题组、梁云课题组的论文被微体系结构器件会议MICRO接收，郭耀课题组的论文被普适计算领域器件会议UbiComp接收，分别为两个会议首次录用以北京大学作为第一单位的论文；宋令阳课题组的论文获美国电气电子工程师学会（IEEE）通信国际会议（ICC）最佳论文奖，高文、田永鸿课题组的论文获欧洲信号处理学会年度最佳论文奖。

此外，梅宏因在基于构件的软件复用及其标准化方面的杰出贡献获IEEE计算机分会技术成就奖；彭练矛入选推动"北京创造"的十大科技人物；孙栩获求是杰出青年学者奖；高文当选中国计算机学会候任理事长；郭弘当选中国电子学会会士；黄铁军当选中国计算机学会杰出会员；杜朝海、黄罡、宋令阳、王立威、英向华、张路、张志勇入选中国电子学会青年科学家俱乐部（首批会员）；孙广宇入选中国计算机学会-英特尔青年学者提升计划。李晓明获中国计算机学会2014年杰出教育奖；王亦洲获日本大川研究助成奖。

在对外交流合作方面，卢森堡大学副校长、俄罗斯圣彼得堡国立信息技术、机械与光学大学校长、数位美国国家科学院院士、工程院院士、人文科学院院士，以及日本东京大学、美国南加利福尼亚大学、台湾新竹交通大学、英国思克莱德大学、英国帝国理工大学等境外高校同行前来交流、讲学；签署"北京大学-爱丁堡大学3+2本硕联合培养项目"和"北京大学本科生暑期科研访问项目"协议，启动北京大学-ARM-ST-Nordic智能硬件创新联合实验室；获批国家自然科学基金委员会NSFC海外及港澳学者合作研究基金、外国青年学者研究基金项目4个，立项海外企业合作项目5个。

【党建工作】截至2015年12月，中共北京大学信息科学技术学院委员会实有党员1277人，其中在职教职工党员156人，离退休教职工党员116人，学生党员843人，其他党员（组织关系未转出等情况）162人。学院党委下属党支部47个，其中在职教职工党支部10个，离退休教职工党支部2个，学生党支部35个。

学院党委2015年根据工资调整按照要求重新核算党费，并下发到各个支部执行；配合学校完成2015年度新发展党员材料的检查；加大经费支持力度，规范经费的使用与管理，鼓励推动各党支部积极开展党建创新活动，全年完成党建立项34项。

2015年学院党委发展党员57人（其中教职工1人）；转正党员72人；青年骨干培训2人（蔡一茂、童云海）。2015年基层教工党支部书记11人参加培训，新党员培训15人。党的知识培训班（初级党校）58名同学结业；党性教育读书班（高级党校）33名同学结业。

2015年卢亮、汪小林、王一涵获评北京大学优秀党务和思想政治工作者，李朝晖等13人获评信息科学技术学院优秀党务和思想政治工作者；胡薇薇、王千祥获得北京大学信息科学技术学院党务和思想政治工作十年奉献奖。学院党委教学所党支部的"面向困难社群、困难地区中学生的系列支教

工 学 院

【发展概况】 工学院下设6个系和近20个研究机构。6个系为工业工程与管理系、力学与工程科学系、航空航天工程系、能源与资源工程系、生物医学工程系、材料科学与工程系。研究机构中包括国家重点实验室2个：湍流与复杂系统国家重点实验室、国家湿地保护与修复技术中心；省部级重点实验室4个：高能量密度物理数值模拟教育部重点实验室、城市固体废弃物资源化技术与管理北京市重点实验室、电池材料理论与技术北京市重点实验室、北京市智能康复工程技术研究中心。

队伍建设。2015年学院在人才机制建设和教师队伍建设上取得较大发展。根据2015年度学院的工作计划及学校总体工作安排，在主管领导及党政班子的领导下，完成日常人事管理和服务工作。围绕人才引进、开发、聘任、考核、评估等工作，在规模上强化教学科研队伍，在管理制度上更加规范化，各项工作取得长足的进展，为学院发展提供人才保障。

建设一支高水平高素质的人才队伍，是创建一流工学院的关键。工学院坚持以科学发展观为指导，坚持着眼长远、突出重点的原则，与学校人事政策结合，着重在人才机制建设上下功夫，对加强教师队伍建设、改善人才队伍结构起到积极的作用。学院在编人员147人，拥有117位海内外优秀学者，其中院士10人，海外高层次人才引进计划学者11人，长江学者18人，杰出青年科学基金获得者24人，海外高层次人才引进计划（青年项目）学者9人，教育部跨世界和新世纪人才17人，青年拔尖人才1人，优秀青年科学基金获得者10人。

为建设一支高水平的教师队伍，建设世界一流工学院，严格遵循与国际一流大学接轨的考核评估制度。2015年对教员评估的材料送外审评阅达200多人次，其中送海外评阅达120多人次，有效地推动评估工作与建设世界一流大学相结合。2015年通过两批次申报，10位新体制教员获北京大学长期教授或副教授资格。

完成2015年度海外高层次人才引进计划申报（1人获短期项目）、海外高层次人才引进计划（青年项目）申报及聘任（6人获批，5人到岗）、长江学者申报（1人获聘）、第十一批海外高层次人才引进计划聘任（2人获聘）。2015年度工学院引进双聘院士1人，海外高层次人才引进计划（短期项目）1人，海外高层次人才引进计划（青年项目）5人，中国科学院百人计划1人，研究技术系列1人，调出4人。同时，根据学校精神，完成2014—2015年度专项岗位考核、年度考核与2015—2016年度专项岗位聘任工作。

在获奖方面，谭文长获嘉里集团郭氏基金树人奖教金，唐少强获杨芙清-王阳元院士教师奖，霍云龙、段小洁获绿叶生物医药杰出青年学者奖，陈正获黄廷方/信和青年杰出学者奖，张艳锋获宝洁教师奖，刘文获方正管理奖。

博士后工作方面，完成流动站评估工作。2015年进站31人，出站50人，办理延期9人。2人获优秀博士后奖。

2015年完成相关报告撰写、规章制定、考核评估、绩效奖励、岗位聘任、各类人员的工资考勤、招聘计划制订、职称评审、学术委员会换届、学术委员会议相关工作及落实；完成教育系统满30年统计、奖教金申报、不计工龄统计、拟退人员申报、人事归档、福利费发放、子女互助医疗统计、两地分居协办等工作，并撰写相关新闻数篇。特别是制度建设上，起草《教研人员学术休假规定及执行办法》。

【教学工作】 本科生教学。1.招生情况。2015年招收本科新生114人。其中，国防生6人。

与科普活动"在北京大学2015—2016学年基层党建创新立项审批中被确立为二类项目；1人次获得优秀学员称号；学院获得学工部党团日联合主题教育活动优秀组织奖。

2015年学院共有35个学生党支部完成换届；在学生党支部中开展"三基"工程，推进学生党支部工作规范化、精致化。

【行政工作及其他工作】 2015年，学院工会完成换届工作，工会代表大会选举产生新一届的工会委员会。学院工会2015年获得北京大学模范工会委员会、北京大学青年教师教学基本功比赛优秀组织奖、北京大学运动会精神文明奖，微电子工会小组获得北京大学模范教职工小家，教学所工会小组获得北京大学先进教职工小家等荣誉称号；获得北京大学运动会教职工团体总分第四名、北京大学教职工游泳比赛团体总分第四名，乒乓球团体赛三个队全部出线，男子组获得第六名，女子组获得亚军等优异成绩。此外，学院工会还举办教工生日会、师生趣味运动会等特色活动。在离退休工作方面，学院在以往传统活动基础上，拓展了给2015年度退休教师颁发纪念证书、给80岁以上老同志送礼物送祝福的创新活动。

【学生工作】 在学生工作方面，在"我眼中的中国精神"学生党团日联合主题教育活动中，学院荣获优秀组织奖（1/8），电子学卫星无线应用博士生党支部、计算机软件所2014级硕士生党支部荣获二等奖（2/9），微电子ULSI党支部荣获三等奖（1/9）。学院2013级本科4班、2014级本科5班获评北京大学优秀班集体。

2. 毕业生情况。2011级95名本科毕业生中,91人毕业并获得学位,20人获得理学学士学位,71人获得工学学士学位。2人暂结业,1人大专毕业,1人肄业。

3. 在校生情况。2015年在校本科生总数达到417人,其中,留学生7人。2012级共有41名学生获得免试推荐研究生资格。2015年共有70名学生赴境外出访或交流。2015年11月,2014级空军飞行员共计21人学籍转至元培学院。

4. 课程管理情况。工学院2015年度春季开设76门课程,暑期学校开设16门课程,秋季开设72门课程。

5. 培养方案及招生宣传。完成2015年工学院本科生培养方案的修订,完成2015年北京大学招生宣传册和工学院招生宣传册的资料收集及修订等相关工作。

6. 本科生科研训练。工学院2013级本科生科研立项中,莙政基金2项,国家创新训练项目4项,北京市创新计划1项,毛玉刚基金2项,钟夏校际科研基金2项,校长基金7项,学院共有19名学生参与课题研究。2015年10月,工学院27个2012级本科生科研项目顺利完成结题。

7. 国家基础科学人才培养基金。2015年学院"国家基础科学人才培养基金"资助11个科研训练课题,共有17名本科生参与课题研究。3名学生获得国家基础科学人才培养基金奖学金,4名学生获得短期出国交流资助。

8. 第三届全国中学生工学夏令营。7月25日至30日举办北京大学第三届全国中学生工学夏令营,收到来自全国28个省、自治区、直辖市共计2650份有效报名材料,经选拔评审委员会评审及学校招生办公室审核,共计187名营员参加夏令营活动。夏令营通过名师讲座、专业咨询、实验室参观、开闭营仪式、师生联欢会、实践作品展示等多项活动展示工学学科特点,培养营员对工学学科的兴趣。

9. 主干基础课认定。2015年,根据学校要求重新进行主干基础课课程认定及主持人(或主讲人)的聘任,最终工学院30门课程被认定为主干基础课,34位教师被聘任为主干课主持人或主讲人。

10. 教师教学获奖情况。工学院史一蓬老师获得北京大学2014—2015年度教学优秀奖。

11. 周培源全国大学生力学竞赛。组织学生参加第十届周培源全国大学生力学竞赛并获得优异成绩,万广超和顾丁炜获得全国一等奖,史迪威、周开和熊佳铭获得全国二等奖,陈岩亮等13人获得全国三等奖,吴经等16人获得优秀奖。

研究生教学。1. 基本情况。2015年,在校研究生788人,其中,博士生549人,硕士生239人。2015年,工学院共招收研究生233人,其中,博士生136人,硕士生97人;毕业研究生共150人,其中,博士生71人,硕士生79人;共开设114门研究生课程。

2. 国际交流。2015年共有160人次申请出国参加国际会议或合作研究,其中44人获得北京大学国际会议资助,19人获得"国家建设高水平大学公派研究生项目"支持到国外大学做合作研究。

3. 夏令营工作。7月17日至19日,工学院成功举办第七届全国优秀大学生夏令营,来自北京大学、清华大学、浙江大学、中国科学技术大学、武汉大学、上海交通大学、南开大学、四川大学等全国70余所高校的约350名同学参加本次活动。

4. 工学院第三届博士生学术论坛及全国力学博士生论坛。2015年7月3日上午,北京大学工学院第三届博士生论坛暨北京大学力学全国博士生论坛于北京大学工学院1号楼成功举行。本次活动由北京大学工学院主办,共有校内外74名同学报名参加。

5. 优秀博士学位论文。2015年北京大学优秀博士学位论文获得者:师恩政(指导教师:曹安源)、刘飞(指导教师:侯仰龙)、陈林(指导教师:张信荣)、武振伟(指导教师:刘凯欣)、吕鹏宇(指导教师:段慧玲)。

【科研工作】 2015年工学院的科研工作稳步开展,学院与国内外机构的学术交流活动继续保持活跃,科学研究质量进一步提升,在国内外工学领域的科研地位逐步得到认可,争取国家重大科研项目的能力得到加强,到校科研经费迈上一个新的台阶,人均科研经费非常充裕。

2015年,工学院共举办各类学术报告会150场,其中97场的报告人来自境外,新获批科研项目近180项,获批经费2.5亿元,其中包括北京高等学校高精尖创新中心1项、青年拔尖人才和海外高层次人才引进计划(青年项目)3项、北京市科技计划项目5项和其他部门专项6项。先进技术研究院项目18项,经费总额1395万元。国家自然科学基金获批38项,经费总额达到4518万元,其中包括1项创新研究群体、2项重点基金、1项杰出青年科学基金和3项优秀青年科学基金。2015年工学院到校科研经费达到3.1亿元(12月23日数据),比2014年增长9000万元,其中科学研究部主管项目2.46亿元,科技开发部主管项目3470万元,先进技术研究院主管项目2800多万元。工学院发表文章的数量基本保持稳定,2015年全年发表SCI检索论文719篇(12月23日检索结果),其中374篇的第一作者或通讯作者的第一署名单位为工学院。

在经费快速增长、科研项目数

量和质量保持稳定的同时,工学院不断产出高质量的科研论文和高应用价值的科研成果。2015年工学院SCI文章(第一或通讯作者)的平均影响因子为3.57(2011年2.29,2012年2.74,2013年3.08,2014年3.26)。高水平论文的数量在不断增加,2015年影响因子超过5的文章有75篇,其中21篇超过10,3篇超过20(均指第一或通讯作者文章),相比2014年有大幅度的提升。

2015年,北京大学工学院在国内外的学术影响力得到充分展示。黄琳院士课题组2004年发表的一篇论文荣获《控制理论与应用》创刊30周年最具影响力论文奖。任秋实教授由于在眼科光学和分子影像技术方面取得的重要成就,当选国际光学工程协会(SPIE)会士。力学系武际可教授荣获中国力学科普教育奖。工学院在2015年高等学校科学研究优秀成果奖(科学技术)中喜获丰收,共有4个项目获奖,其中王龙负责的"网络化动态系统的分析与控制"、谭文长负责的"粘弹性流体的流动和传热传质研究"、莫凡洋参与的"基于卡宾及自由基过程的有机合成新方法"等3个项目获自然科学奖一等奖,程承旗负责的某项目获技术发明奖二等奖。段慧玲教授获第11届中国青年女科学家奖。侯仰龙教授入选2014年"创新人才推进计划"中的"中青年科技创新领军人才"。李法新研究员荣获第十四届中国力学青年科技奖。李忠奎研究员因在分布式协调控制方面的突出贡献被授予杨嘉墀科技奖二等奖等。

【党建工作】 2015年,工学院党委基于"为教工服务、为学生服务、为学院发展服务"的工作定位,积极开展学院的党委工作。

2015年,工学院党委重视组织建设,认真培养、发展新党员,2015年共组织38人参加学校党课班的学习,新发展党员23人,预备党员按期转正25人。学院党委重视支部建设,根据院系情况,重新进行支部划分,现共有党支部50个,其中教工党支部9个,学生党支部41个。截至2015年底,工学院共有党员824人,其中学生党员676人,教职工党员105人,离退休党员43人。2015年,工学院党委获"北京大学党务与思想政治工作先进集体"。

2015年,工学院按照学校要求就中层以上领导干部开展"三严三实"专题教育工作,并结合工学院的实际情况,积极开展学院领导班子"三严三实"的专题教育学习活动。学院党委精心准备,认真部署,并结合专题教育动员部署工作,由学院党委书记紧扣"三严三实"要求,联系学院实际,联系党员、干部思想、工作、生活和作风实际,在学院教职工党员会议上讲授"三严三实"专题党课。结合"三严三实"专题教育的具体内容,学院党委组织专题学习研讨,并认真召开"三严三实"全体党员组织生活会和领导班子专题民主生活会。专题民主生活会上,学院领导班子成员对照党章等党内规章制度、党的纪律、国家法律、党的优良传统和工作惯例,紧紧围绕主题,联系思想和工作实际,认真开展党性分析和对照检查,深入开展批评和自我批评。自我批评能够正视问题,剖析根源;相互批评做到实事求是,开诚布公。

工学院党政班子严格执行党风廉政建设方面的各项规定,全年未发现违规违纪现象。

【学生工作】 2015年在学院党委的领导下,工学院学生工作办公室以育人服务为宗旨,坚持从学院各项事业迅速发展和学生规模不断扩大的实际出发,充分考虑学院理工医交叉的多学科背景,围绕教育、指导、服务、管理、研究五位一体的工作内容,继承传统、开拓创新,在做好机制规范和平台完善的基础上积极探索育人力量的拓展和整合,为培养具有理科思维和文科情怀的未来工程科学领域的领导者、企业家和工程师不断努力。

1. 规范学生工作机制,提升服务质量。紧扣热点,夯实学生思政工作;提高效率,优化学生日常管理;全面关注,拓展学生心理工作;定向帮扶,完善学生资助工作;科学分析,强化学生就业工作;充分调研,规范学生评优工作。

2. 完善学生工作平台,展现青年风采。学术科创育人:服务第一课堂,打造学术工学青年;体育竞技育人:增强身体素质,打造阳光工学青年;社会实践育人:了解世情国情,打造踏实工学青年;文化艺术育人:提升文艺素养,打造文艺工学青年;志愿服务育人:实现助人自助,打造公益工学青年。

3. 拓展学生工作力量,夯实育人基础。定期沟通,保障育人资源;专兼结合,实现全员育人;协调资源,创新培养模式;优化工具,推进信息共享。

【交流合作】 1. 接待国外高校来访,积极开展国际学术交流,接待各国知名高校来访约200余人次。

2. 协助教员利用北京大学"海外学者讲学计划""海外学者研究计划"、国家外国专家局"高端外国专家"等项目邀请外国及港澳台专家来学院讲课、作讲座及开展科研合作,利用该平台资源资助海外专家来访。

3. 留学生招生工作。随着全校扩大留学生招生战略计划的实施,2014年起学院英文培养留学生博士研究生项目正式开始推广招生。2015年9月实际入学9人。

4. 2015年3月至4月,工学院申请国家外国专家局"国际化示范学院推进计划"试点学院。2015年7月,教育部和国家外国专家局正式批准学院成为"国际化示范学院推进计划"第二批试点学院。10

月18日的院庆十周年庆典上,国家外国专家局领导等为学院"试点学院"揭牌。这项为期5年的工作将为推动学院国际化建设尤其是外国专家的聘请做出一定的贡献。

5. Globex 学生引进工作（Globex 暑期学校＋海外学生赴工学院进行学期交换）。2015年度 Globex 项目实现招生人数比2014年同期增长50%以上。此外,学期交换项目成功协助包括新加坡国立大学等学校的学生实现赴工学院进行学期交换。

Globex 学生派出工作［国家留学基金委(CSC)资助下的海外留学项目＋工学院学生赴香港高校暑期实习］。2015年共成功派出工学院学生20人,包括 CSC 申请、学生选拔、学生出国手续协助办理等一系列海外派出工作;此外,协助工学院学生实现赴香港中文大学进行暑期实习。

【社会服务】 2015年学院在宣传、资源拓展（院友会、工业理事会、筹款）、产学研、创新教育等几方面工作都取得好的成绩。

学院继续利用多种渠道,采用多种形式向校内外和国内外进行正面宣传（中英文网站、《工学快讯》期刊、中英文宣传册、中英文电子报和微信平台等）。其中,中英文网站2015年发布新闻共260则左右,网站更新及时。《工学快讯》发布4期,每期发放400人;中英文宣传册印刷800册;电子报至今发行5期,中英文每期共发送10000人;微信平台不定期推送新闻和通知消息,关注人数已达900人。

产学研工作是支撑学院发展的重要力量。学院基金项目达到106项。2015年新设立协鑫奖学金、中国生物医药产业发展与政策系列研究基金、忠孝振兴基金、新奥发展基金、三三学生创新基金、北京大学科技与产业发展基金、湍流基金等7个基金项目。2015年度学院获捐赠合同总额为3.38亿元,到账金额为4310.58万元。组织筹划并参与学院重大活动,包括工学院十周年庆典、中美英三国工程院"全球重大挑战峰会"学生日活动及北京大学分会场等。积极为学院横向课题开发、技术转移发挥作用。2015年学院走访企业上百家,编写《2015年产学研科技成果汇编手册》,收录具有产业化前景的项目60余项,并针对项目的类型和内容寻找相关的企业。截至12月15日,工学院与企业签署的横向合作协议62个,合同金额8099.3万元,到账金额3314.7万元。

学院院友会发挥各地校友力量,为学院出资出智出力。设立"北京大学工学院金融院友分会",组织五四返校院友活动及各年级值年返校活动。设立"工行天下"业界导师项目,为学生和校友们之间搭起一座桥梁,社会反响非常好。召开第三届工业理事会第二次会议、第二届院友理事会第二次会议,参加北京大学第八届理事会第三次会议暨第十次校友工作研讨会。筹办本科实习奖学金、波音奖学金、忠孝振兴奖学金颁奖典礼、北京大学波音日活动。编辑出版《百年工学 十年臻工（工学缘）》一书。

工学院创新教育中心作为学院的人才培养平台,负责工业工程管理硕士项目及创新创业人才培养。为解决师资不足的问题,2015年中心返聘光华管理学院、经济学院的4位老教授作为中心专职教师,另聘请美国南加利福尼亚大学、以色列大学教授与学院年轻教师一起组成满足当前发展需要的队伍,显著提升教学质量,招生质量也稳步上升。继续教育围绕学院优势学科重新设计教学体系,得到学校好评。

计算机科学技术研究所

【发展概况】 计算机科学技术研究所（以下简称计算机所）是北京大学的二级科研教学机构,研究方向主要包括图形图像处理技术与数字出版应用、数字内容计算与知识服务技术研究、网络视音频处理与检索技术、数字文档处理技术、信息安全技术,建有硕士、博士培养点及博士后流动站,以及电子出版新技术国家工程研究中心、中国文字字体设计与研究中心、网络与信息安全中关村开放实验室等科研基地。

2015年计算机所完成党政领导班子的换届工作,新一届的直属党支部委员会委员有叶志远、赵东岩、丛中笑,叶志远任书记;新一届的行政班子有所长郭宗明、副所长汤帜、叶志远（兼）。

2015年教师队伍总人数28人,其中正高职称8人,副高职称16人,新晋升副高职称2人,离职2人。另外还有博士后2人,教辅人员4人,劳动合同制人员19人,教职员工共计53人。

【教学工作】 2015年毕业博士研究生6名、硕士研究生23名;共有在读学生110名,包括博士研究生31名、硕士研究生66名、软件与微电子工程硕士生13名;入学博士研究生5名、硕士研究生23名、软件与微电子工程硕士生5名。

博士生发表期刊论文7篇,会议论文18篇;硕士生发表期刊论文5篇,会议论文47篇。计算机所共开设14门课程（5门研究生课程,9门本科生课程）。

表5-9 计算机科学技术研究所2015年获奖情况

获奖人	获奖名称	颁奖单位
段一舟（学生）	北京大学优秀博士学位论文	北京大学
段一舟（学生）	第十一届北京大学信息科学技术学院"学术十杰"	北京大学信息科学技术学院
杨帅（学生）	北京大学信息科学技术学院"十佳"优秀毕业论文	北京大学信息科学技术学院
李马丁（学生）	微软学者奖学金提名奖	微软亚洲研究院
黎桐辛（学生）	微软学者奖学金提名奖	微软亚洲研究院
厉扬豪（学生）	CCF优秀大学生	中国计算机学会
汤帜	北京市2014年度师德先进个人	北京市教育工会
刘家瑛	北京大学2014—2015年度教学优秀奖	北京大学
冯岩松	北京大学2014—2015年度优秀班主任	北京大学
连宙辉	北京大学第六届多媒体课件和网络课程大赛三等奖	北京大学
连宙辉	北京市第九届青年教师教学基本功比赛理工组三等奖	北京市教育工会
连宙辉	第二届全国高校微课教学比赛北京市三等奖	教育部全国高校教师网络培训中心

【科研工作】 2015年在研项目90余项，到账经费2400余万元，其中纵向科研经费超过1400万元。

表5-10 计算机科学技术研究所2015年获资助的主要科研项目列表

项目名称	起止时间	负责人	总经费	任务来源
基于深度学习的汉字书写风格建模与重建方法研究	2015.1—2018.12	肖建国	80万元	国家自然科学基金委员会
面向PDF文档的数学公式搜索技术研究	2015.1—2018.12	汤帜	80万元	国家自然科学基金委员会
基于非线性控制理论的动态HTTP流媒体码率控制研究	2015.1—2018.12	张行功	82万元	国家自然科学基金委员会
基于图像稀疏特性的图像表示、编码与重建研究	2015.1—2018.12	刘家瑛	80万元	国家自然科学基金委员会
面向基础教育的类人智能知识理解与推理关键技术	2015.1—2017.12	赵东岩	555万元	科技部
面向数字出版的版面复杂对象自动识别技术研究	2015.1—2017.12	高良才	35万元	北京市科技新星计划

发表学术论文100篇，其中会议论文84篇、期刊论文16篇，影响因子最高的为3.625，SCI论文13篇。获得国内发明专利授权12项，国际发明专利授权1项，申请并被受理的国内发明专利40项。

"视觉媒体内容保护的理论与方法"获2015年度高等学校科学研究优秀成果奖（科学技术）自然科学奖二等奖。邹磊获北京大学2015年度王选青年学者奖。张行功获北京大学2015年度正大教师奖。

图形图像处理技术与数字出版应用方向在手写体中文字库自动生成的研究中，设计出一种新的评价汉字书法美观度的方法，具有媲美于人类的汉字书法美观度的评价能力。相关工作的论文发表在IJCAI 2015、Eurographics 2015、Siggraph Asia 2015；在可逆水印的研究中首次提出使用多直方图嵌入框架并给出相应的快速嵌入方法，拓展原有的单一直方图修改方式，有效提升可逆水印的嵌入性能，相关工作发表在IEEE T-IFS。

数字文档处理技术方向在公式搜索的研究中，利用公式重要度和公式位置等文档级的特征信息，可同时支持公式检索和传统的文本检索，也更加准确，相关工作的论文发表在ACM&IEEE JCDL 2015，并获"最佳学生论文"提名；设计并实现漫画的底层视觉模式提取、漫画分镜分割和阅读顺序识别等相关算法，开发漫画图像理解和阅读原型系统，相关工作的论文发表在Pattern Recognition、

网络视音频处理与检索技术方向开展图像复原、超分辨率重建、去噪与图像风格化等图像建模与重建的研究,相关工作的论文发表在 *IEEE T-IP*、*T-CSVT*、*DCC*,并获 MMSP Top 10% Paper Awards;针对最新的视频编码标准 HEVC 复杂度高、编码速度慢的问题进行研究,使用单指令多数据(SIMD)和多核并行的联合优化的方法,提出无转秩的整数变换算法和基于定量并行度计算公式的帧间波阵面并行算法及线程管理机制,实现高达 88.17 倍的速度提升,相关工作的论文发表在 *T-CSVT*;研究细粒度跨媒体统一相似性度量方法,提出基于分割和半监督统一超图规约的跨媒体统一特征表示学习方法,相关工作的论文发表在 *T-CSVT*;在目标识别的研究中,针对行人检测中的遮挡问题展开研究,将不同遮挡程度下的行人检测看作一系列不同但互相关联的任务,提出一种增强的多任务模型来同时考虑他们的区别与联系,取得比现有方法更好的识别结果,相关工作的论文发表在 *T-IP*、AAAI 2015;参加由美国国家标准技术局(NIST)举办的国际权威评测 TRECVID 2015,在视频搜索比赛的自动搜索和交互搜索 2 项评测中,都获得第一名。

数字内容计算与知识服务技术方向开发的中文语义知识库(PKU Base)中已包含高质量可信的中文实体资源约 80 万个,扩展高质量三元组知识条目超过 1300 万条;以开放分类为基础的分类系统包含类别概念 10 万个,类别信息近 300 万条。基于语义知识库和自然语言理解技术智能问答研究工作在欧盟 CLEF 2015 的智能问答评测(QALD-5)中再次获得第一名;在社交媒体检索及分析方面,参加 TREC 微博评测,在微博实时推送任务评测中获得第一名(共14);在句法语义分析方面,提出基于分解的语义依存分析算法,构建高精度语义依存分析器,参加 SemEval 2015 语义依存分析国际权威评测,在包括汉语和英语在内的多种封闭测试中均取得第一名的成绩,论文发表在 ACL 2015;在文本摘要与生成方面,提出多种基于语句压缩与深层语义分析的文本摘要方法,并研究跨语言摘要及盲文摘要等新型摘要问题,相关工作的论文发表在 *ACM TOIS*、*ACM TKDE*、IJCAI 2015、EMNLP 2015、ACL 2015、SIGIR 2015,并与新华社合作进行机器写稿系统的研发。

【社会服务】 1. 电子出版新技术国家工程研究中心。中心研制的数字喷墨印刷技术已形成系列产品,累计销售 400 多台,在国内处于领先地位。

与 UC 公司合作进行基于 HEVC 的新一代图片格式 LentP 的推广,该格式已经集成到 UC 浏览器中进行大规模的应用,LentP 格式图片日浏览次数达到 16 亿次,提升 UC 手机浏览器用户的体验。

研发的网络视频监管系统,能够自动采集指定网站的视频数据并对采集到的视频进行综合检索和识别,从而达到监管目的,该系统已经在国家新闻出版广电总局监管中心进行部署和示范应用。

研发的网络涉恐视频识别系统,能够通过特定标志识别、特定人物识别和特定视频分类等技术手段识别网络视频中的涉恐内容,已经获得应用。

基于数字版权保护技术和 CEBX 普适性文档技术的应用系统,应用于方正阿帕比的"全民阅读机",并再次作为国礼赠送给国外的图书馆。

2. 中国文字字体设计与研究中心。中心新推出 14 种风格字体共计 46 款字,包括锐正黑、悠黑扁、非凡、清纯、银行、竹刻、喜满、圆宋等字体。

【交流合作】 2015 年,计算机所出国参加国际学术会议 40 多人次,邀请校外专家来所作学术交流报告 13 场,承办或协办学术会议 3 次。

举办"大数据理论、系统和应用专题研讨会——暨首届北京大学计算机科学技术研究所智能媒体大数据论坛",邀请多名国内的大数据专家,交流关于大数据的理论、系统和应用等方面的前沿研究成果,探讨大数据带来的新的研究机遇和挑战,来自京外各地高校教师、企业界技术人员和北京各高校师生等近 180 人参加会议。

【党建工作】 2015 年共有党员 29 人,其中离退休党员 8 人。2015 年上半年,在学校党委组织部领导下,按照组织程序,计算机所党支部先后组织召开三次党员大会,通过无记名投票方式,选举产生新一届党支部成员,并顺利完成研究所行政领导班子的评议和换届工作。

以党风廉政建设为首要工作,认真贯彻落实党风廉政建设主体责任与监督责任,做到"党政同责、一岗双责",严格执行"八项规定",坚决纠正"四风",进一步加强科研经费的管理,在自查自纠中未发现违纪问题。

2015 年,计算机所党支部结合实际,制订开展"三严三实"专题教育的实施方案,先后组织进行"三严三实"专题教育活动、参观中国人民抗日战争纪念馆和卢沟桥专题活动、收看历史文献纪录片《筑梦中国——中华民族复兴之路》活动,统一思想,增强直属支部的党性和组织观念。

【王选纪念陈列室】 开展王选教授的宣传纪念和资料研究整理工作,出版《王选的故事》一书,作"王选的世界"主题报告 10 余场,以及其他与王选教授相关的采访、宣传等工作。

组织王选纪念陈列室的接待和讲解工作,共接待各方参观人员1100余人,其中较大型的活动有上海南洋模范中学校友会北京分会"纪念王选校友逝世10周年参观座谈会"、无锡江南中学参观座谈活动、北京八十中学"王选创新实验班"主题班会等。

【行政工作及其他工作】 行政人员共有10人,其中事业编制人员3人,合同制人员7人。

积极组织参加学校各项体育活动,每年坚持组织春季、秋季的徒步拓展活动,每年定期组织体检,为师生员工营造良好的工作、学习氛围。

关心离退休教工,每年坚持组织春季踏青、秋季登高、新年联欢等活动,每年定期组织体检,不定期慰问离退休教职工,对年满70周岁和80周岁的教职工,在其生日之际进行祝寿和慰问。

积极开展高端人才引进工作,出台有针对性的政策,加强宣传工作,主动发现、联系、接触高端人才,通过学术访问、交流增进相互的了解,已有初步成效。

根据技术的发展趋势,结合自身的科研积累,启动计算机所未来发展规划的讨论,通过发展规划的讨论、确定,进一步凝聚所内的科研方向与力量。

【学生工作】 2015年毕业博士研究生6名、硕士研究生23名。其中,在国内知名企业就业的有1名博士、5名硕士,在大型国有企业及事业单位就业的有2名博士、2名硕士,在知名外企就业的有2名博士、11名硕士,出国深造的有1名博士,在国内互联网创新企业就业的有3名硕士。

软件与微电子学院

【发展概况】 2015年,在学校和学院理事会的领导下,软件与微电子学院坚持"精品化、规模化、国际化"的发展战略,进一步加强和发展在学科建设、人才培养、师资建设、科研支撑、对外合作、校园文化等方面的工作,为全体师生员工服务,为学院中心工作与事业发展服务。

队伍建设。2015年,基于对学院管理体系变革上的多重因素考虑,学院对各学科组、部门人事进行多项调整,任命调整各部门负责人共计26人次。其中,为加强学院与无锡产学研合作教育基地的统筹发展,将无锡产学研合作教育基地的教学、科研、行政、人事、财务、后勤等工作,纳入学院统一调配管理,两地校区实行一体化运作。为加强学科组建设,进一步促进高水平师资队伍形成,决定院领导不再兼任四个学科组组长职务,聘请四位业界知名专家学者分别担任学科组组长。

2015年,学院共评审新增教授2人,副教授4人。截至2015年8月,共有专职教师57名;专职教师中,具有正高和副高职称的教师人数占比达到67%,师资整体保持较高水平。

【教学工作】 推进优化教学结构和课程体系建设。4个领域学科组围绕学院整体教学改革部署,面向领域,逐步调整方向,修订培养方案,调整课程设置,分层次、分阶段地进行教学改革探索。

通过研究生的联合培养,促进研究生教育国际化进程。学院与新加坡管理大学、瑞典斯德哥尔摩大学、荷兰特温特大学等海外高校联合开展的硕士研究生国际项目继续稳步运行。

继续完善工程博士培养体系。根据国家对高新技术人才的需求,学院制订电子与信息领域工程博士研究生培养实施方案,对培养目标、培养模式、课程体系、学习年限及进度安排、学籍管理等做出详细的规定,强调构建注重知识和能力综合提高的开放式工程技术领军人才培养体系。在工程博士研究生培养工作中,充分发挥北京大学文、理、社学科综合和人才培养的优势,同时依托企业重大工程项目平台,调动和发挥企业参与人才培养的积极性,建立"共赢"机制,实现校企深度合作。共有25家合作企业建立工程博士研究生工作站。

各学科点建设进展平稳。2015年,学院在学科建设方面进展平稳。软件工程一级学科工学博士点、电子与信息领域工程博士点、工程硕士点、工程管理硕士点,招收软件工程一级学科博士研究生、电子与信息领域工程博士研究生、软件工程工学硕士研究生,以及软件工程、集成电路工程、电子与通信工程、计算机技术、项目管理、工业设计等6个领域的工程硕士。经过培育和发展,学院的学科结构更加齐全和合理,高层次人才培养体系逐步完善。

强化学术道德教育,提高研究生综合素质。继续开展高水平的人文、职业道德等方面的素质报告讲座,提高研究生综合素质。学院加强学生心理排查及心理健康教育,组织学生干部心理健康教育培训,通过座谈、游戏测试等方式让学生干部了解并学会初级心理开导干预等方法。

【学生工作】 学院在2015年1月的全国统考中,共录取733名工程硕士。2015学年,继续采取"申请-考核制"方式,录取软件工程工学博士10人,电子与信息领域工程博士9人。港澳台招生工作继续平稳发展,2015年共招收港澳台学生72人,是全校理工院系招收港澳台学生较多的院系。

2015年,学院共毕业学生733人(硕士722人,二学位11人),就业率达到100%,就业去向遍及金融行业、信息行业、科研单位、政府机关、高等院校等。13位毕业生

响应国家号召去往西部工作,受到学校表扬。

2015年,在国家积极倡导"大众创业、万众创新"的新形势下,学院结合办学优势,通过多项举措全面提升学生创新创业能力。

通过发挥北京大学软件与微电子融合的学科优势,进一步结合计算机技术、金融信息、数字艺术、工业设计等多个领域,开设跨学科、跨专业的交叉课程,并聘请行业知名专家担任导师,促进教学科研与产业对接,满足国家软件产业、集成电路产业、互联网+、中国制造2025对人才的迫切需求;引导学生按照兴趣爱好自愿组成"学苑",下设各类兴趣小组,邀请教师和企业专家参与指导,很多学生在校期间就组成"天然的创新创业团队";开展常态化的综合素质教育,广泛开展讨论式、参与式教学,依托校内外文、史、哲、经、管、法等多领域优势资源开设素质教育讲座,将学术前沿发展和实践经验融入教学;多路径搭建创新创业平台,通过创新创业大赛、校友沙龙等活动,使学生通过虚拟创业,增强创新意识,提高创业能力;逐步挖掘和利用学院大兴校区和无锡校区的校园空间资源,采用政产学研用相结合的模式,凝聚国内外优质资源建设创新创业与人才培养平台。

据不完全统计,近几年来软件与微电子学院毕业校友中已涌现出100多支创业团队,并在各自领域中取得优异的成绩。

【继续教育】 继续教育工作稳步推进。2015年,学院开始尝试立足于软件人才市场的需求和多种渠道资源,积极拓展中高端培训市场;开始借助学院的精品课程和优秀师资力量,开展行业和企业培训,面向社会、产业、企业,开展管理与技术类高级研修培训。

【科研工作】 2015年,全院承担各类科研项目112项,在研项目177项。在研项目中,国家自然科学基金委和科技部资助的国家级项目数量与往年相比保持平稳态势。

项目多以云计算、物联网、移动互联网、新媒体等前沿技术和交叉融合技术为主攻方向,形成软件、微电子、新媒体、金融与管理等多学科交叉融合的项目群。

【交流合作】 学院与合作企业在共同关注的技术领域,通过学生实习、协同创新、联合项目申报、互派访问学者等方式,推动双方的交流与合作,培养面向产业和领域的高层次、实用型、复合交叉型、国际化人才,并促进信息技术领域的创新性科研合作。

由学院或各学科组牵头积极开展与国内外的外事交流和项目合作活动。美国圣何塞州立大学、罗格斯大学、加利福尼亚州国际科技大学、荷兰特温特大学校方代表团先后到访,与学院签署研究生联合培养国际合作项目备忘录或就合作开展相关项目达成一致意见;国际商业机器公司(IBM)、威睿(VMware)、台达电子工业股份有限公司等一批业界知名企业高层到访学院,分别就毕业生就业、科研合作、师资人才互通等方面展开积极的合作磋商,成果丰硕。

北京大学软件与微电子学院校友会在2015年1月至6月举办首届创新创业大赛,超过20支队伍参加此项赛事。6月7日下午,软件与微电子学院首届"有爱杯"创新创业大赛决赛在北京大学创业训练营举行。2015年5月,校友会参加校友总会组织的"家·年华"校友返校日活动,积极利用总会平台服务校友、发展会员。

【行政工作及其他工作】 2015年,学院根据要求进一步完善《北京大学软件与微电子学院"三重一大"决策制度实施办法》,严格规定重大工作讨论、重要事项决策、重要干部任免、大额度经费支出等事宜都要经过学院党政联席会集体讨论决定。

2015年,学院信息化建设以规范管理、加强服务为切入点,进一步加强校园信息网络的建设和管理,确保大兴校区校园网络健康、有序发展。进一步建设和完善教务、财务等后台信息管理系统,大幅提高相关教学辅助服务的工作效率。逐步建成集中英文官网、微信公众服务号、师生信息服务平台为一体的立体宣传载体,为向外界第一时间发出"软微声音"提供基础保障。

【党建工作】 按照学校党委要求,学院党委积极开展党的群众路线教育实践活动、"三严三实"专题教育整改活动、党风廉政建设专项活动,并通过召开领导班子民主生活会,开展批评和自我批评,听取师生反馈意见。学院向全体教职工党员发放党的群众路线教育实践活动学习材料,并组织党员进行学习。

环境科学与工程学院

【发展概况】 环境科学与工程学院成立于2007年5月。学院现有环境科学系、环境工程系、环境管理系3个教学实体单位,设有环境模拟与污染控制国家重点实验室联合分室(北京大学分室)、水沙科学教育部重点实验室、北京市新型污水深度处理工程技术研究中心3个科研平台,拥有中国持续发展研究中心、环境工程研究所、环境与健康研究所、环境与经济研究所4个虚体研究机构。

学院现设2个本科专业:环境科学、环境工程,3个硕士专业:环境科学、环境工程、大气物理学与大气环境,2个博士专业:环境科学、环境工程,1个博士后流动站。

截至2015年12月,学院有教职员工70人(包括长江特聘教授2

人),其中,教授25人(含新体制研究员10人)、副教授18人、讲师1人。2015年度新晋升教授1人,新进教师2人。2015年度在站博士后18人(含深圳研究生院6人),其中进站11人(含深圳研究生院4人)、出站11人(含深圳研究生院7人)。

结合2013年底国际同行评估情况,学院启动新一轮战略规划编制工作,分为三步:第一步,分析问题、危机与已有成功的经验;第二步,提出解决问题的思路;第三步,制定战略发展规划和实施措施。2014年已完成前两步工作,2015年10月编制完成《环境科学与工程学院发展战略》,从战略目标、学科发展重点方向、人才团队建设、人才培养与教学改革、公共平台与科技基础设施建设、科研合作交流、产学研和国内合作、制度保障等八个方面剖析问题、识别原因,提出中长期发展思路。

2015年4月初,环境绿色大楼完成主体结构验收,2015年度主要进行二次施工和室内装修工程,计划2016年完工并交付使用。大楼位于北京大学主校区东北部,地上五层、地下三层,总建筑面积20499 m^2。

【教学工作】 学院现有本科生124人、硕士生157人、博士生132人。2015年度招收本科生35人(留学生3人)、硕士生53人、博士生30人。2015年度本科毕业35人、硕士毕业45人、博士毕业24人。

2015年度学院共开设本科生课程49门,包括专业必修课19门、专业选修课21门、校通选课6门、暑期课3门(含专业必修课1门、专业选修课2门);2015年度共开设研究生课程50门,其中必修课23门、选修课27门。

2015年度共有22名学生参加本科生科研训练,参与率达68%。

2015年学院严格按照新制订的培养方案执行实施,加强对本科生教学的督导工作;首次组织本科生赴珠海实习基地完成必修课程"环境科学综合实习一",收效良好;新申请开设2门"中国系列"英文课程;本科生导师制工作有序推进,学院提供各种服务支持保证导师制活动的定期开展;开展博士生导师遴选改革,对符合要求的副教授进行审核,通过则授予其博士生导师资格。为满足学科需求,向学校研究生院申请硕士生指标以2∶1的标准置换博士生指标。2015年度聘请两名外国专家在学院开设英文课程,邀请多位专业领域外国专家为学生开设专题讲座,讲述学术前沿。学科建设方面,申请环境健康二级学科,获批为北京大学自主设置二级学科。

在2015年北京大学第二十三届"挑战杯"五四青年科学竞赛决赛中,学院2名学生获得特等奖(全校11名),2名教员获得优秀指导老师(全校9名)。

学院举办第三届"全国优秀大学生夏令营活动",共有来自全国各地49所高校的132名优秀大学生参加,最终63人被评为优秀营员。为扩大北京大学的学术影响与践行社会服务宗旨,主办"生态文明与环境管理"暑期学校,来自全国各校的60名优秀研究生参加。

学院大力推进与国外知名大学和研究机构的研究生学术交流和联合培养工作,共有88人参加出国出境交流访学,30余人获得学术交流基金资助。

【科研工作】 2015年度学院共发表SCI收录论文164篇,中文核心期刊论文90篇;获授权发明专利9项,登记软件著作权1项,出版专著2部;承担的国家高技术研究发展计划课题、国家重点基础研究发展计划课题、科技支撑计划课题、国家重大科学仪器设备开发专项、国家科技重大专项、国际合作项目及自然科学基金委项目进展顺利。

新获批国家自然科学基金14项,其中国家重大科研仪器研制项目1项,重点项目1项,优秀青年科学基金1项。全年到账科研经费6890万元。

2015年,科技部委托国家遥感中心和中国地理学会对地学领域46个国家重点实验室进行独立评估,北京大学分室作为四家联合单位之一的环境模拟与污染控制国家重点联合实验室获评优秀类实验室。学院科研队伍不断壮大,在2015年两院新增院士中,学院倪晋仁教授当选中国科学院技术科学部院士,张远航教授当选中国工程院环境与轻纺工程学部院士;邱兴华研究员入选国家高层次人才特殊支持计划青年拔尖人才;陆克定研究员获得国家自然基金委优秀青年科学基金资助并入选北京市科技新星;新增中组部海外高层次人才引进计划(青年项目)2名。

学院作为第一单位完成的项目"持久性有机污染物的环境行为与人体健康效应"获2015年度高等学校科学研究优秀成果奖(科学技术)自然科学奖一等奖,作为第二单位的项目"生物气溶胶实时监测危害预测与控制技术"获国家技术发明奖二等奖。学院获评首都环保先进集体。

【交流合作】 学院共有38人在国际学术组织中任职,52人在国际学术期刊中任职。2015年度学院聘请外国专家30余人;继续聘请华盛顿大学环境与市政工程系Grigoriy Vladimir Korshin教授为外国专家局高端外国学者;邀请环境工程海外名家举办系列讲座,包括联合国教科文组织国际水文计划泥沙项目(IHP-ISI)专家指导委员会主席、欧洲莱茵河管理委员会主席曼弗雷德·斯普瑞弗科(Manfred Spreafico)教授,法国巴黎狄德罗大学马克·F.贝内德蒂(Marc F. Benedetti)教授和美国辛

辛那提大学狄奥尼修斯·D.狄奥尼索（Dionysios D. Dionysiou）教授等。

进一步搭建广泛的合作网络，筹建Aerodyne-北京大学环境科学与工程学院大气研究联合中心，开展合作研究；主办系列国际学术会议，包括第一届河流全物质通量国际研讨会、中荷"水道、港口、河口、海岸工程"研讨会、美国地球物理联合会编辑-作者研讨会、美国佐治亚理工学院国际研讨会、普林斯顿大学-北京大学学生与青年学者空气质量及气候变化研讨会等；搭建学生海外交流桥梁，培养国际视野，举办第三届北京-哥本哈根城市挑战计划暑期学校，组织学生赴日本参加第二届日本住友化学株式会社海外实践岗位与实习项目等；接待境外代表团来访，拓宽合作渠道，代表团分别来自加拿大纽芬兰纪念大学、美国地球物理联合会、德国柏林自由大学、台湾环境永续发展基金会、日本东洋纺株式会社、美国安捷伦公司、香港科技协进会等。此外，学院还积极推动地方生态文明建设，顺利召开第二届北京大学珠海生态文明研究院学术年会。

【党建工作】 按照学校统一部署和要求，学院积极、深入开展一系列"三严三实"专题教育活动，通过主题研讨会、主题导读与集体学习、民主生活会等方式开展学习。9月，学院党委根据学校组织部门的工作要求，及时指导和督导教师党支部、学生党支部开展新学期的换届工作。学院党委聚焦教师与学生关注的问题和需求，组织调研小组进行专题调研。结合党员干部出差工作，学院党政初步形成党员干部出差月月汇总、事事落实、件件记录。

结合党的群众路线教育实践工作，学院党委主动组织多次党政民主生活会，广开言路，为学院的各项工作发展提供思路和建议，同时举行"深化综合改革、努力科学发展"主题系列讨论会。

【学生工作】 针对师生长期关注的环境奖学金设置问题，学院党委组织精干力量，调研分析国内知名高校环境学科奖励奖学金现状，形成书面报告，并召开专题座谈会议，形成工作共识，并设立和实施"唐孝炎创新奖学金"。

统筹德育资源、夯实党团组织，将学生思想政治教育摆在突出位置；强化业务衔接、细化工作流程，将学生管理服务引导职责落在实处；突出专业学习与实践教育，为学生全面成长成才助力护航。

10月10日，中国青年报专题报道《北大高才生进基层收废纸箱，接地气环保党建获双赢》。学院2014级硕士生党支部关注到国家发展和改革委员会提出建设低碳社区的倡议，他们"带着推广低碳社区模式，实现老旧社区绿色改造的初衷来到白堆子社区"。该项目荣获北京市一等奖。

【行政工作及其他工作】 为活跃学院文化氛围，学院工会组建女教师健美操队，先后编排舞蹈《亲亲茉莉花》《好日子》《桃花谣》《回来》等，健美操《活力无限》《说唱脸谱戏江南》等节目。2015年度继续认真落实校工会组织的爱心基金捐款事宜。

【校友筹资工作】 6月7日，北京大学环境校友联合会成立大会暨第一届校友代表大会在北京大学图书馆北配殿成功召开，北京大学常务副校长吴志攀、北京首创集团党委书记、董事长、总经理王灏、E20环境平台首席合伙人傅涛，北京大学环境科学与工程学院院长朱彤、党委书记胡建信、党委副书记刘卉以及来自政府、知名企业、环境学院的环境领域人士出席活动。E20主办的环境讲坛首次开讲，朱彤院长、王灏董事长、E20的薛涛应邀作报告。

2015年度学院党政班子继续大力推动基金募集工作，成效显著。新设立包括Aerodyne基金、中创宏远教育基金、铁汉校友基金、雪迪龙教育基金、中滔环境教育基金、刘水教育基金等六大基金项目。截至12月31日，学院共接受捐赠合同金额达到9945.9万元，2015年度到账516.63万元。

12月22日，在北京大学筹资工作推进会上，院长朱彤作院系筹资经验介绍，会上举行铁汉生态环境股份有限公司董事长、北京大学校友刘水向学院捐赠6000万元的协议签署仪式，捐赠款项将用于支持环境绿色大楼建设以及设立学院发展基金项目。

高能效计算与应用中心

【发展概况】 高能效计算与应用中心（Center for Energy-Efficient Computing and Applications，CECA，以下简称中心）成立于2010年底，是北京大学在"985工程"中建设的开展国际先进水平高能效计算与应用研究的科研机构。中心既是北京大学计算机系统结构学科的重要组成部分，又是一个交叉研究机构。

中心为北京大学信息科学技术学院下辖的一个实体单位，实行主任负责制。中心在教师聘用和管理上具有相当大的灵活性，为杰出教师提供有竞争力的待遇和启动经费，有效推动科研力量的发展，建立具有世界先进水平的研究环境，以吸引国际高水平人才。

中心的总体建设目标是：建立起具有真正国际一流水平的团队，开展世界领先水平的针对高能效计算体系结构与应用方向的前沿研究，通过五到十年的建设，成为国际上重要的先进研究机构，具备突出的国际、国内影响力，为国家

重大决策提供理论依据并承接关键任务，在工业界产生较强影响并起到示范、带动作用，培养高水平人才（包括硕士生、博士生、博士后），使他们有潜力到国内外优秀大学任教。

中心的研究方向为高能效计算、通信以及应用，目标是：为大幅度提高计算能效并降低能耗，研发在设计自动化、体系结构、编译和系统级优化方面，与低能耗计算相关的新型和关键技术及其应用。具体研究内容涵盖高能效计算（包括但不限于高能效计算/存储/通信体系结构、编译与系统级软件、从小型嵌入式系统到大型数据中心在内的不同规模的计算系统等）以及针对高能效计算的应用（包括但不限于深度学习、图像视频处理、无线电子医疗、移动环境感知和设计自动化等计算密集型应用的硬件加速）。

中心研究领域包括：（1）高能效体系结构相关探索研究。例如面向可重构多加速器新型体系结构的编译与综合；面向异构计算系统的编译技术；高可靠的非易失性存储体系结构与面向大数据的存储系统设计；高能效无线局域网硬件体系结构；三维芯片技术以及低功耗电路技术的自动设计方法等。（2）高能效应用相关研究。例如针对深度学习及视频图像处理的定制计算；无线电子医疗；移动环境感知；非易失存储器件在数据中心的应用；智能、高能效的传感器网络与物联网等。

【队伍建设】 中心的领军人物（暨中心主任）为丛京生教授，1985年本科毕业于北京大学计算机科学与技术系，1987年、1990年分别获得美国伊利诺伊大学厄巴纳-香槟分校（UIUC）计算机科学系硕士、博士学位。丛京生教授任美国加利福尼亚大学洛杉矶分校（UCLA）计算机校长讲席教授（Chancellor's Professor），同时也兼任UCLA电子工程系教授。他曾在2005年至2008年任UCLA计算机科学系系主任，是领域特定计算中心（Center for Domain-Specific Computing，CDSC）主任，以及超大规模集成电路体系结构、综合与技术实验室（VLSI Architecture, Synthesis, and Technology Laboratory，VAST）主任。2009年至今，丛京生教授任UCLA协理副教务长，主管国际合作，并任北京大学-UCLA理工联合研究所共同主任。

中心2015年进一步完善了和世界一流大学接轨的新体制教授招聘、评估、晋升的管理体制。新体制的实施已初见成效，并在学校层面被考虑使用和推广。中心建设工作包括：聘请2名海外一流大学教授任中心兼职教授；聘请1名国际著名科学家任中心荣誉客座教授；聘任国际一流水平的预聘制教学科研人员4名；培养博士后1名，赴美国著名大学继续深造；培养博士生1名、硕士生1名；已完成中心学术委员会组建，成员包括：主任丛京生，副主任王韬，委员吕松武、谢源、梁云、罗国杰、孙广宇、许辰人。

【教学科研】 2015年中心项目集中在企业合作方面，新增项目11项；累计申请国家高技术研究发展计划子课题3项，教育部高等学校博士学科点专项科研基金项目3项，国家自然科学基金项目6项，北京市自然科学基金项目1项，中国博士后科学基金项目1项。此外，中心与百度公司、华为技术有限公司、基伍国际有限公司、美国超威半导体公司（AMD）等知名企业合作项目15项，项目总金额突破千万元。2015年中心发表论文37篇，其中15篇为中心A类论文（计算机体系结构及相关领域顶级会议、期刊论文），累计发表文章116篇（年人均超过6篇），其中50篇为中心A类论文。中心第一作者论文MICRO 2015（2篇）为北京大学在该领域顶级会议首次发表论文。

国际合作方面，2015年中心邀请国外知名专家、学者来中心访问及作学术报告25人次，完成"北京大学海外名家讲学计划"项目2个，邀请计算机体系结构领域国际著名专家、美国工程院院士Guri Sohi教授和Kai Li教授来中心作专题讲座及指导工作。8月26日，中心年度学术研讨会在北京大学成功举办，共有来自国内外院校、科研单位的教师和学生近百人参加。

2015年中心在信息科学技术学院开设课程共8门，其中4门为英文授课。2015年中心共有54名学生，其中博士生17名，硕士生5名，本科生32名。2015年中心毕业硕士生1名，本科生10名，其中4名赴美国继续深造，5名留在中心继续深造，1人在企业做技术工作。中心累计毕业博士生1名，硕士生1名，本科生32名，几乎全部选择前往世界知名学府继续深造，包括北京大学、美国麻省理工学院、斯坦福大学、加利福尼亚大学伯克利分校、康奈尔大学、卡内基梅隆大学、加拿大滑铁卢大学等。中心本科毕业生自2013年起，连续两年获得信息科学技术学院本科生"十佳"毕业论文。中心根据学生在中心的学习进展和未来发展方向，已推荐学生到美国斯坦福大学、加利福尼亚大学洛杉矶分校等国际知名大学进行短期和长期学术交流（3个月到1年）。

中国语言文学系

【发展概况】 2015年，中国语言文学系（以下简称中文系）根据学校的统一部署，结合中文系的实际，以2015年中文系建系105周年和迎接2018年北大建校120周

年为契机,谋划世界一流中文学科发展的战略目标,于学科发展、队伍建设、科研工作、教学与人才培养、党团工作和社会服务诸方面取得明显进展。

2015年在国际QS等评估中,与中文系密切相关的"现代语言研究"上升至第5位,语言学及应用语言学上升至第14位,均升至历史新高。

人才队伍方面。新增国务院第七届学科评议组成员1人、国家文史馆馆员1人、享受国务院政府特殊津贴1人、长江学者1人(待公示)和青年长江学者1人(待公示),新晋教授3人,新聘教师1人。

【教学工作】 2015年,中文系学生总人数1299人,其中留学生321人。本科生668人,其中留学生262人;硕士生312人,其中留学生28人;博士生319人,其中留学生31人。

2015年,中文系进一步严肃教学纪律,制定明确的执行细则,充分保证课堂教学的有序性和高质量;制定规章,严格奖惩,明确教师的办公时间,为师生互动和师生读书会提供制度保障。本科新生一对一导师制度顺利实施,受到大一新生和家长的高度评价。进一步完善研究生培养方案,修订硕士生专业必修课,修订保研、考研专业考核内容,改革博士录取制度,严格硕博研究生毕业论文审查制度,坚决杜绝不合格毕业论文。

【科研工作】 新获得国家社科基金重大项目2项,教育部基地重大项目2项,一般项目多项,立项等级居于院系前列。教育部第七届高等学校科学研究优秀成果奖(人文社会科学)获得二等奖5项,获奖数量和等级在北大各院系也居于前列。中文系自筹资金启动实施的"自主科研培育项目计划"进入第三年,又有20个项目批准启动。年终成果统计完成出版专著49种,学术论文400余篇。语言实验室扩大和更新改建项目基本完成;百年文库工程初步成型,并且和三联书店签署了30种"北大中文系名家名作精选集"出版协议,该集计划出版100种,进一步树立中文系的学术形象,扩大学术影响力。

【交流合作】 2015年先后召开学术会议20余次,其中语言学、古代文学、现代文学、当代文学等分别召开国际学术会议,并与韩国首尔大学联合召开双边研究生论坛,邀请国内外学者举办近百场高端学术讲座;其中邀请法国诺贝尔文学奖得主勒克莱齐奥参加由中文系和社会科学部主办的北大博雅人文论坛,邀请法国著名汉学家贝罗贝参加由中文系和国际合作部主办的北大顶尖学者讲学计划,影响广泛,反响很好。中文系与德国图宾根大学、新加坡国立大学、新加坡南洋理工大学、韩国首尔大学、韩国外国语大学、香港大学、香港中文大学、意大利威尼斯大学、英国埃克塞特大学等合作项目进展顺利并不断有新的拓展。与国内外重要高校和科研机构的学术合作与学术交流成为中文系对外交往的主导。

【党建工作】 系党委进一步加强党的建设,深入开展"三严三实"专题教育,坚决落实中央八项规定,进一步清扫形式主义、官僚主义、享乐主义和奢靡之风等"四风"问题。结合实际,以身边的"三严三实"模范人物李小凡教授为榜样,学习、宣传李小凡老师的先进事迹,弘扬中文系的优良传统和系风,进一步加强师德建设。

【学生工作】 围绕国家发展主线和学校发展核心工作,开展5个主题党团日活动,活动形式包括微电影、辩论会、知识竞赛、读书会、参观实践等与专业相结合、与青年更贴近的形式。学生党建力促规范化和制度化。学生支部从理论学习、组织发展、志愿服务、社会实践、专业应用5个方面开展工作。2012级本科生党支部等获批学校党建创新立项、关工委创新立项等。

中文系目前有1200余名在读学生,通过党团日立项制、班长例会制等制度,充分调动多方力量参与班级建设,其中2013级本科生班等班级获评北京市优秀班集体、北京市优秀团支部等集体荣誉,260余人获得"北京市三好学生""北京市三好学生标兵"等奖励,140余人获得国家奖学金等。心理健康教育和危机预防贯穿于日常工作始终,日常预防制度包括一对一访谈建立"心理健康档案"、每月心理排查制、学生思想动态上报制等。

结合校园生活和核心价值观培育工作,开展与中文学科相关的学术文化活动。先后举办微小说大赛、文雕龙作家讲坛、王默人小说奖评审等。系团委扎实开展社会实践,获评社会实践优秀组织奖,多支暑期社会实践队伍获评优秀团队;品牌志愿活动有坚持了十年的振华子弟学校支教活动以及留学生爱心捐品活动。系内学生会、研究生会等学生组织通过寝室文化节、男生节、女生节以及多种文体赛事,丰富同学们的课余生活,营造和谐向上的院系氛围。此外,系内有中文剧社等社团组织11支,其中剧社参加北大剧星风采大赛荣获亚军,并在百周年纪念讲堂举办十周年公演;辩论队摘得北大之锋决赛亚军;女篮斩获新生杯亚军;女排获得新生杯四强,北大杯冠军;北社组织诗词沙龙4次,出版社刊1本。

中文系先后召开就业政策说明会、系友返校沙龙等10余场,牵头联合历史学系、哲学系,申报北京大学"学生发展与创新创业协同创新基地项目"并获批,整合资源,加强指导,帮助文史哲学生就业、创业。规范贫困生评审认定、助后

管理、跟踪考察等,完善贫困学生数据库,实现资助育人。

进一步提高留学生管理服务能力。其一,建立健全育人工作机构,配备专人作为留学生辅导员。其二,以服务促管理,以管理强服务。组织读书会和学业经验交流会近10场,帮扶留学生提升学业能力,组织国际文化交流节等10余项课外活动促进留学生的融入,并通过组织学习校纪校规等规范留学生日常行为管理。

中文系学工办创建的微信平台"北大中文系",截至2015年底,关注量逾8000人,单篇文章转载阅读量最多超过2万人次,实现了"微生活、正能量"的平台建设初衷。

【行政工作及其他工作】 进一步规范院系财务管理,依法依规筹集资金,依法依规用好资金,各方面资金收入有进一步增加,不断提高资金服务教学科研的使用效益。

历 史 学 系

【发展概况】 历史学系设立有中国史、世界史2个一级学科博士点/硕士点,招收历史学、世界史2个专业本科生。有历史学一级国家重点学科,含3个二级国家重点学科(中国古代史、中国近现代史、世界史),1个教育部人文社科重点研究基地(中国古代史研究中心),1个博士后流动站,10个教学科研实体,20个挂靠的虚体研究机构,2个藏书30多万册并有珍本、善本等特藏的专业图书分馆。2015年,历史学系在新一届党政领导班子的带领下,固本培元、守正创新,配合学校深化改革的战略举措,扎实推进各项工作的开展。除完成学校布置的各项基本工作任务外,在党建、教学、科研等领域都做出了有益的探索。

历史学系学科建设的指导思想是:(1)切合国家需要,紧贴国际前沿;(2)增强现有亮点,挖掘历史积淀;(3)建立学术梯队,注重可续发展;(4)引进急需人才,维持传统优势。同时,历史学系加强两个一级学科世界史和中国史的交流,以及一级学科内部的交流与合作,在促进学科交叉领域发展的同时,增进人才队伍的团结与协作,创造良好的学术氛围。

2015年,历史学系共有在编教职工78人,其中在编教师65人(教授39人,副教授15人,讲师1人,新体制10人),在编教辅人员4人,在编党政管理人员4人,劳动合同制聘用人员5人,博士后9人;离退休人员56人。调出人员:李剑鸣。在册学生共计597人。本科生241人,其中留学生50人,另有4人为校际交换学生;硕士研究生156人,其中留学生11人、港澳台10人、香港树仁24人;博士研究生200人,其中留学生12人、港澳台10人。

【教学工作】 历史学系进一步深化教学与招生改革,走通识教育与专业教育相结合的道路。2015年历史学系召开"小班教学成果研讨会",深入研讨试点情况,总结经验,解决问题。自学校启动"小班教学"试点工作以来,历史学系高度重视这一新举措,抽调优秀师资力量,开设了一系列低年级研讨课,讲授基本理论和研究方法,激发同学们的科研兴趣,强化原始创新意识,为学年论文和毕业论文的写作做了扎实有效的铺垫。历史学系将进一步改进和完善"小班教学"工作,推动史学人才培养质量的稳步提高。

积极参与学校本科生教学改革,阎步克、张帆、叶炜、昝涛等老师先后参与了教务部主办的"通识教育沙龙"活动,与学生进行交流与沟通。何晋在北京大学2015年本科教育工作研讨会上,介绍了"厚基础、重结构的通识教育——北京大学古典语文学项目"6年的发展历程和经验,以及存在的问题和建议,为学校的本科生教学改革提供经验。

历史学系在总结2014年史学夏令营经验的基础上,举办了第二届全国优秀大学生史学夏令营与全国优秀中学生史学夏令营。这一举措为历史学系补充了大量兴趣浓厚、基础良好的史学生源。通过严格的考察程序,2015年共有30名本科生获得优秀营员资格,并在硕士研究生推免选拔中被全部录取,共有81名优秀中学生通过院系考核,获得参加北京大学2016年自主招生笔试考试资格。

教学成果方面硕果颇丰。王奇生教授2015年度受聘为教育部第十四批长江学者特聘教授。李隆国副教授获得北京大学2014—2015年度教学优秀奖。朱青生教授所开设课程"艺术史(12讲)"获得教育部第七批"精品视频公开课"。世界史通识教育课程体系建设(钱乘旦、彭小瑜、朱孝远、颜海英、董经胜)获得高等教育国家级教学成果奖二等奖。荣获2015年度北京大学优秀博士学位论文的有李丹捷(导师荣新江)、韩策(导师尚小明)和郑小悠(导师郭润涛)。

【科研工作】 科研成果方面,历史学系在第七届高等学校科学研究优秀成果奖(人文社会科学)中收获颇丰,由张帆、党宝海参与点校的《元典章(点校本)》获二等奖,该书点校的完成填补了元史公文史料整理中最后一处大的空白,是一部能够体现中国元史学界学术水平的重要成果。除此之外,陈苏镇《〈春秋〉与"汉道":两汉政治与政治文化研究》、韩巍《北京大学藏西汉竹书[贰]》《〈老子〉卷》、梁志明等合著《东南亚古代史:上古至16世纪初》荣获三等奖。辛德勇入选2015年度长江学者特聘教授建议名单。

除获得相关科研成果外，历史学系还承办了 2015 年度北京论坛的两个分论坛。主题分别为"缔造和平之路的历史责任与多元记忆"与"艺术史的多样性"。其中，钱乘旦老师在"缔造和平之路的历史责任与多元记忆"分论坛的开幕式上发表主题演讲，阐释了西方文明和"普世价值"的源流与歧义。两个分论坛吸引了国内外众多学者的广泛参与与深入交流，取得了良好的学术影响力与社会影响力。

【党建工作】 历史学系领导班子严格按照上级部门和学校党委的指示，在党的群众路线教育实践活动的基础上，结合历史学系的实际工作，认真开展"三严三实"专题教育。专题教育开展以来，历史学系组织教师与学生系统学习"三严三实"相关内容，突出问题导向，坚持以知促行、知行合一，把学习教育和解决问题结合起来。历史学系领导班子广泛征求师生意见，自查自纠、整改落实，着力解决工作中存在的"不严不实"的问题，努力提升教育质量与管理能力。历史学系领导班子在此基础上召开"三严三实"专题民主生活会，严肃开展批评和自我批评，对于问题不遮掩、不回避，明确今后的努力方向和改进措施，深刻剖析思想根源，认真进行整改，达到了改进作风、凝心聚力的效果。

2015 年，历史学系党委以习总书记关于"四进四信"的重要讲话和党的十八届五中全会胜利召开为契机，有效开展大学生思想政治工作。在全系学生范围内开展了"学习宣传贯彻习近平总书记系列重要讲话精神"的"四进四信"主题党团日活动，以"即学即答——读原文答问题"的新颖形式，使学生做到真学真信。十八届五中全会胜利召开后，历史学系组织了党员骨干、学生干部、团校学员认真学习《中共中央关于制定国民经济和社会发展第十三个五年规划的建议》，结合学生的家国情怀与现实关注，引导学生全面客观看待社会问题，鼓励学生将自身的职业发展融入改革事业的洪流之中。

2015 年历史学系共有党员 249 人。教工党员 81 人，其中含离退休党员 41 人，学生党员 168 人；正式党员 218 人，预备党员 31 人。

【学生工作】 历史学系在如何促进专业教育和学生工作融合以及如何更好提升学生学习体验与生活体验方面进行了有益的探索，针对学生的发展需求，开展了一系列的学生活动及党团日活动。

（1）改进并完善学生就业指导工作。2015 年，系学工办为毕业生提供了更为精致的服务，跟踪每位毕业生的月求职进展，积极联系报考单位的校友资源，提供岗位信息并介绍考试经验，充分利用毕业生微信群，进行就业信息的及时有效推送。（2）鼓励学生尝试历史学科的专业"科普工作"。历史学系引导学生利用微信公众平台，以通俗的文字、专业的水准，将所知所学向大众推广，这一尝试取得了良好效果。（3）培育学生学术能力。指导研究生会和学生会成功举办了"第十一届北京大学史学论坛"，以"变与常：历史进程与精神价值"为主旨，汇集了全国诸多史学新锐的文章，并新设了本科生专场，给优秀本科生提供了更多交流与学习的机会。（4）开展内容充实的社会实践活动。充分利用"河西走廊一线教学考察"和"社会调研专题课程"两项资源，组织学生赴敦煌莫高窟、山东济宁和河南邓州等地进行社会实践。2015 年度历史学系有 4 个项目获得了校团委"优秀团队"称号，历史学系也被评为"优秀组织单位"。

【交流合作】 2015 年历史学系外事交流工作继续平稳开展，在海外学者讲学计划项目、人文基金高级访问学者项目和法鼓人文基金等项目的大力支持下，共邀请并接待了 30 余位境外学者，涵盖德国、英国、荷兰、西班牙、荷兰、美国、韩国、日本，以及港澳台地区。据不完全统计，历史学系教师 2015 年累计出访 53 人次。在学生交流方面，全年接收 1 名日本二松学舍大学的交换生、2 名澳门大学的交换生。

【行政工作及其他工作】 系工会开展青年教师技能提高和特色活动，慰问生病年轻教师，维护教职工合法权益，在密切党群关系方面迈上新台阶，提高了广大教师的满意度和幸福感。目前历史学系共有离退休教工 56 人，2015 年历史学系改选了离退休支部，重组了新一届"关工委"，结合离退休老师的需求，开展相关活动。在改善与提升离退休教工生活条件方面，历史学系与美国康德基金会续签了资助协议，并订立了《离退休基金管理细则》，确保资金使用规范有效，进一步加大了对生活困难离退休职工的帮扶力度。安全保卫工作也在党委领导下常抓不懈，平均每个季度都进行一次大范围的自查工作，在消防安全方面也组织了多次的宣传讲座，提高防范意识，贯彻落实消防安全四个能力建设。

考古文博学院

【发展概况】 考古文博学院教职工共 99 人，其中在职教师 37 人，技术人员 9 人，行政管理 5 人，工人 2 人，博士后 4 人，劳动合同制 7 人，退休 35 人。考古文博学院陈建立获得博士生导师资格。沈睿文晋职教授，曲彤丽晋职副教授。李水城、方拥、秦大树、孙华等 4 位教授晋职二级教授。

【教学工作】 本科生课程建设的推进。2015 年度新开设以下特色课程："田野考古技术专题"：融合了过去考古测量、考古绘图、考古

摄影等课程,既是对田野技术的提炼,也引进了前沿内容。"考古学与古史重建":是考古文博学院着力推出的面向全校的核心通识课程,弥补了考古文博学院本科课程体系中学术史类课程缺乏的不足。"科技考古"(小班课);加深了学生对课程内容的认知,教学效果明显。此外,还有教师在自己的擅长领域开设了一些选修课程,丰富学生的知识结构。

加强研究生培养管理。经过一年的酝酿,考古文博学院于2016年试行"申请-考核制"招收博士研究生,旨在通过科学与公正的选拔机制,强化对科研能力、学术潜质的考察,提高博士生招生质量。此变化彻底颠覆了以往先考试再面试的招生模式,其过程更注意考查申请人过往所学和已取得的成果。除了改进招生方式,考古文博学院在博士生培养管理方面也有一些新举措。首先考古文博学院将规范博士生各培养阶段的完成时间,以敦促研究生把握时间,将更多的精力投入学习上。其次,通过分组集体综合考试的方式,降低了在综合考试中把关不严问题的风险。最后,定期修订学院核心期刊目录名单,以适应交叉学科的特殊性。

实习基地建设。在陕西省文物局支持下,于凤翔建立雍城田野考古实习基地,该基地是汉唐实习组建设的第3个实习基地,可满足40名本科生实习需求。在新疆文物局和新和县政府的支持下,兴建龟兹(安西都护府)实习基地。依托于考古实验实践教学中心,考古文博学院整合各专业虚拟实验教学工作,申报国家级虚拟仿真实验教学中心。

人才培养。2015年共招收本科新生39人;硕士研究生26人;博士研究生27人,其中直博生10人。2015年本科生毕业21人,硕士研究生毕业49人,博士研究生毕业14人。2015年度有学术硕士和专业硕士两个年级同时毕业,硕士毕业人数较多。此外,考古文博学院资助7位研究生分赴英国、匈牙利、奥地利参加考古发掘和实习。同时也接待了6位外国研究生参与考古文博学院发掘项目。

【科研工作】 科研项目。2015年度在研课题84项,其中国家级项目38项(包括科技支撑计划项目5项、国家社科基金重大项目8项、社科基金项目9项、教育部基地项目4项、教育部一般项目1项、国家文物局项目11项),政府部门委托项目3项,企事业单位委托项目43项,2015年度入账科研经费总计9930048元。2015年度考古文博学院田野考古工地共2处,包括新疆通古斯巴什古城、陕西秦雍城考古工地。

学术成果。2015年度考古文博学院教师出版学术专著8部,编著书籍3部,译著1部,发表论文162篇。

获奖情况。北京大学考古文博学院参与的三个考古发掘项目被评为"2014年全国十大考古新发现":广东郁南磨刀山遗址与南江旧石器地点群、河南郑州东赵遗址、北京市延庆大庄科辽代矿冶遗址群;林梅村教授著的《蒙古山水地图——在日本新发现的一幅16世纪丝绸之路地图》获得第七届高等学校科学研究优秀成果奖(人文社会科学)著作类二等奖;吴小红教授著的"Early Pottery at 20,000 years ago in Xianrendong Cave, China"一文获得第七届高等学校科学研究优秀成果奖(人文社会科学)论文类三等奖;张弛教授编著的《仙人洞与吊桶环》、李崇峰教授著的《佛教考古:从印度到中国》获得2014年度全国文化遗产优秀图书奖;孙华教授与德国雷德侯教授合作编写的《中国佛教石经·四川卷》第一册,获得美国加利福尼亚大学伯克利分校佛教文化研究中心颁发的2015年度沼田智秀图书奖(The 2015 Toshihide Numata Book Prize in Buddhism);《赛克勒考古与艺术博物馆礼敬中华优秀传统文化系列展览》获教育部的全国高校"礼敬中华优秀传统文化"特色展示项目奖。

资质管理。完成国家文物局考古团体领队资质、不可移动文物保护勘察设计甲级资质、可移动文物保护修复资质的日常管理、年度检查和更换证书等工作。

动员并组织文化遗产方向教师参加中国古迹遗址保护协会组织的文物保护工程专业人员责任设计师考核,共计5名教师(徐怡涛、方拥、周双林、张剑葳、王书林)获得文物保护工程专业人员责任设计师资格证书。

学术活动和会议。3月7日—8日,由北京大学考古文博学院、北京大学中国考古学研究中心主办的"中古时期丧葬的观念风俗与礼仪制度"学术研讨会在北京大学考古文博学院召开。

3月28日—29日,由中国考古学会和日本中国考古学会主办,北京大学考古文博学院和北京大学中国考古学研究中心承办的中国考古学研究中日论坛在北京大学举办。论坛的讨论内容涵盖了中国历代都邑性遗址的发现与研究、以区域为中心的长时段的社会研究、以手工业生产为主的特别研究和跨学科综合研究等学术热点,并公布了多项最新研究成果。

4月5日—8日,由中英文化遗产与中国考古学研究国际中心(ICCHA)、北京大学考古文博学院、北京大学中国考古学研究中心、伦敦大学学院考古学院联合主办的"早期文明的对话:世界主要文明起源中心的比较"国际学术研讨会在北京大学召开。会议以两河流域、古埃及、印度河流域、中国、玛雅5个早期文明的起源与早期发展为主题,邀请对此有深入研究的30余位中外顶级考古学家发

表新近研究成果,为中国学者了解世界学术动态和展示中国考古的发现与研究提供了窗口。同时,为配合此次会议,由北京大学考古文博学院联合浙江省文物局、杭州市余杭区政府等单位共同举办的"权力与信仰——良渚遗址群考古特展"在北京大学赛克勒考古与艺术博物馆开展。

2014年度全国十大考古新发现进校园讲演会·北大首站于2015年4月9日在北京大学考古文博学院举行。活动由中国文物报社和北京大学中国考古学研究中心主办,考古文博学院资料中心和考古文博学院团委承办。活动邀请湖北省文物考古研究所所长方勤和贵州省文物考古研究所所长周必素2位项目主持人分别介绍了"湖北枣阳郭家庙曾国墓地"和"贵州遵义新蒲播州杨氏土司墓地"的发掘情况、成果及学术价值。该活动将重要考古发现展示给公众,扩大了考古发现的宣传力度,推动了公众考古学的发展。

5月24日,由北京大学考古文博学院主办的"建筑与考古系列学术论坛"第一季"沟通学术"主题研讨会在北京大学考古文博学院召开。会议邀请了13位来自各高校及相关研究机构的学者,从建筑史、考古学、文化遗产学等多个角度出发,打破学科划分的藩篱,对如何开展历史学视角下古代建筑多学科研究,如何在学术目的、方法、材料、成果等方面达成互相借鉴与交融创新展开了热烈的探讨。

6月12日—13日,由北京大学考古文博学院主办的"早期文明中的权利与信仰"学术沙龙在北京大学考古文博学院举行。活动以文化遗产日为契机,以良渚文化为切入点,在探讨良渚文化的起源、发展和社会特点的基础上,从与良渚社会比较的角度看其他区域史前文明的发展历程及特征,并进一步探讨了中国早期文明起源和早期发展的理论与方法问题。

8月29日,由北京大学考古文博学院和日本金泽大学联合举办的"文化资源学合作研究"(Cultural Resource Collaboration)学术研讨会在北京大学考古文博学院举行。会议使不同国家学生之间就关于文化遗产保护管理理念进行了深入的探讨与交流,进一步拓宽了国际视野。

8月30日,哈佛大学人类学系Michael Herzfeld教授应邀在北京大学考古文博学院作题为"冲突中的历史——曼谷遗产的抗争"(Pasts in Conflict: Contesting Heritage in Bankok)的讲座。

10月25日,北京大学考古文博学院主办的"源流·首届高校学生文化遗产创意设计赛"在北京大学正式开幕,并举办了3场开幕系列活动。与此同时,举办的"感受文化遗产之美"展览在北京大学百周年纪念讲堂二层展陈3天,展示了来自中国国家博物馆、上海博物馆、苏州博物馆等多家博物馆的文创产品,以及文化遗产相关的摄影、美术作品及考古与艺术类图书等展品。

2015年10月,考古文博学院举办"早期埃及考古与艺术系列讲座",特邀牛津大学著名埃及学者John Robert Baines教授对早期埃及遗存相关重要问题进行解读,以期促进世界早期文明的比较研究。讲座共分为5讲,涉及埃及的国家形成、体系、艺术和宗教,以及早期埃及古王国时期的政治体系及其对外影响。活动得到了北京大学考古文博学院、北京大学中国考古学研究中心、中国社会科学院考古研究所、陕西省考古研究院、宝鸡市文物旅游局、法门寺佛文化景区等单位的大力支持。

【学生工作】 推进基层党建,探索制度创新。结合学院特点和实际情况,继续实施实习基地的党团共建,建立临时党支部。由临时党支部带领队员发起了捐赠活动,向当地中小学捐款。制作相关图画等,并在当地小学开展宣传考古之美的相关活动,向当地学生讲解考古之内涵,号召当地人民与考古工作者共同保护遗迹遗物、保护历史。继续开展"红色1+1"地方共建活动。

完善奖助工作,推进育人工程。考古文博学院继续推进资助工作,共覆盖全院42名贫困生(40名本科生、2名研究生)。2015年度考古文博学院继续招入国家贫困地区计划学生11名。考古文博学院高度关注就业工作,积极拓宽就业渠道,2014届毕业生就业率高达100%。

加强思想教育,关注心理健康。2015年度共开设"成长成才课"6次,取得了良好的反响。利用人人网、微博、微信等新媒体加强与学生的沟通交流,及时了解学生的意见和要求。在做好学生心理健康教育的全面普查工作的同时,对特殊群体和问题学生还给予特别关注。

开辟第二课堂,丰富育人手段。通过团学联、研究生会、文物爱好者协会等学生组织,相继开展了源流·首届高校学生文化遗产创意设计赛、"感受文化遗产之美"展览、文化遗产创意互动站、"文化遗产的现代生命力"分享会、"丝路透视"系列讲座等学术实践活动,获得了校内外的广泛赞誉。

【社会服务】 资料建设。2015年度新增中文图书1528册、外文图书330册,中文期刊75种132册、外文期刊48册,学位论文96册,受赠图书107册。馆内阅览2150人次,借阅2126册书、6544册刊,归还2074册书、3020册刊。与首都博物馆、广东省博物馆、四川博物院、新疆文物考古研究所、海外交通史博物馆等机构建立正式的书刊交换关系。接收赵辉、宋向光、陈建立、魏正中、秦大树、林梅

村、张剑葳、孙庆伟、徐怡涛等教师的个人捐赠。配合学院制度和网站建设，梳理标本室标本情况，对相关标本进行整理和拍照，建立标本室管理制度。经过校图书馆的培训，方笑天和秘密可以独立完成中文图书的编目工作。

举办展览。2015年共办展览10个，其中在赛克勒考古与艺术博物馆举办展览7个。分别为：《毕加索时代：与西方版画大师同行——斯通教授捐赠版画展》《秦与戎——秦文化与西戎文化十年考古新成果展》《权利与信仰——良渚遗址群考古特展》《基因：血统与人类家族》（吉莉安·赛克勒女爵士国际艺术家展览项目的第3个展览）、《北京大学考古文博学院文物建筑专业本科生优秀作品展》《英雄与神祇——西方艺术中的古典传统》《健陀罗艺术探源：意大利考古队斯瓦特考古项目60周年纪念展》。筹办《2015（上海）国际建筑遗产保护博览会》D05、D06展区展览（2015年8月）；参与《北京国际艺术双年展》（中国美术馆）"幻"的展品参展；与河南博物院、河南省美术馆合办《毕加索时代——北京大学赛克勒考古与艺术博物馆馆藏版画展》（2015年12月10日—2016年3月10日）。

新增藏品。2015年度新增藏品：西洋版画59幅。

【工会工作及其他工作】 在上级工会的指导下，积极组织参加活动，如爱心捐助、运动会、青年教师基本功大赛等；积极推进和完善全体教职工大会制度建设。此外，在运动会期间，工会积极主动，为教职员工购买运动会服装，并圆满完成运动会团体操、入场式和比赛等工作。考古文博学院3名教职工孕育新生儿，工会第一时间送去关怀和祝福。暑假期间，考古文博学院吕遵谔教授去世，工会及时慰问家属，并协助办理追悼会等事宜。

哲学系（宗教学系）

【发展概况】 哲学系（宗教学系）（以下简称哲学系）现有2个一级学科：哲学和科技史。共包括：马克思主义哲学、中国哲学、外国哲学、逻辑学、伦理学、美学、宗教学、科学技术哲学8个二级学科，马克思主义哲学、中国哲学、外国哲学、美学4个学科被评为国家重点学科。

2015年北京大学哲学系在世界QS的排名中，位列第36位。继续排名亚洲第一名。截至2015年底，哲学系在职教学科研人员63人（其中新体制7人），行政人员6人，博士后16人（在职3人）。

【教学科研】 2015年哲学系开设本科课程99门，研究生课程144门。招收本科生42人（其中4人为留学生），本科毕业29人；录取硕士生56人，博士生54人。硕士研究生结束学业者44人，通过硕士学位论文答辩者43人；博士研究生结束学业者44人，通过博士学位论文答辩者42人。北大人文基础学科本科人才跨院系培养计划"古典语文学"项目人数达到53人，2015年7月有11位同学毕业，其他全部继续读研深造。

哲学系于8月4日—8日举办了第四届优秀中学生哲学夏令营。经选拔，来自全国各地各重点中学的175名学员参加了夏令营。

仰海峰、程乐松获2014—2015年度北京大学教学优秀奖。

表5-11 哲学系（宗教学系）2015年科研项目表

项目名称	起止时间		负责人	总经费（万）	任务来源
二战以后美国宗教社会学理论的关键论题研究	2015-6-20	2020-12-31	孙尚扬	35	国家社科基金项目（重点）
"人是遵守规则的动物"之论题研究	2015-6-20	2020-6-30	韩林合	35	国家社科基金项目（重点）
哲学史视域下的先秦儒家《诗》学研究	2015-6-20	2018-8-31	孟庆楠	20	国家社科基金项目（青年）

表5-12 哲学系（宗教学系）2015年科研成果表

成果名称	作者	出版社	成果形式
出土文献与道家新知	王中江	中华书局	专著
燕园草木补	刘华杰	中国科学技术出版社	专著
宋明理学十五讲	杨立华	北京大学出版社	专著
博物自在	刘华杰	中国科学技术出版社	专著
逻辑哲学研究	陈波	中国人民大学出版社	专著
逻辑学是什么？（第二版）	陈波	北京大学出版社	专著

续表

成果名称	作者	出版社	成果形式
Daoism Excavated: Cosmos and Humanity in Early Manuscripts	王中江	Three Pines Press	专著
Social Ethics in a Changing China	何怀宏	Brookings	专著
伦理学是什么	何怀宏	北京大学出版社	专著
道家学说的观念史研究	王中江	中华书局	专著
儒家的精神之道及社会角色	王中江	中华书局	专著
人学新论	徐春	人民出版社	专著
正义理论导引	何怀宏	北京师范大学出版社	专著
心怀生命	何怀宏	广西师范大学出版社	专著
自然社会	李猛	生活·读书·新知三联书店	专著
哲学与宗教的永恒同盟：谢林《哲学与宗教》释义	先刚	北京大学出版社	专著
印度婆罗门教哲学与佛教哲学比较研究	姚卫群	中国大百科全书出版社	专著
品读《沉思录》	何怀宏	生活·读书·新知三联书店	专著
现代生活的古代资源	吴飞	华东师范大学出版社	专著
弗洛伊德的使命（重译本）	尚新建	世界图书出版公司	译著
精神现象学	先刚	人民出版社	译著
伦理学导论	何怀宏	北京师范大学出版社	译著
网络与国家——互联网、治理的全球政治学	周程	上海交通大学出版社	译著

表5-13 哲学系（宗教学系）2015年获奖表

成果名称	获奖类型	获奖等级	作者
简帛文明与古代思想世界	第七届高等学校科学研究优秀成果奖（人文社会科学）	二等奖	王中江
马克思主义社会发展理论研究	第七届高等学校科学研究优秀成果奖（人文社会科学）	二等奖	丰子义
当代宗教冲突与对话研究	第七届高等学校科学研究优秀成果奖（人文社会科学）	二等奖	张志刚
中国儒学史研究	第七届高等学校科学研究优秀成果奖（人文社会科学）	一等奖	汤一介

【党建工作】 哲学系现有党员257人，党支部15个，其中教工支部7个，学生支部8个，离退休同志与在职人员混合组建党支部。

2015年共发展新党员13人，预备党员转正17人。

经哲学系党委推荐，尚新建教授荣获北京大学李大钊奖，叶闯教授荣获北京大学党务和思想政治工作奉献奖。

以党建创新立项为抓手，探索党建工作新机制新办法。2015年党建创新立项共有4个支部顺利结项，分别是2014级博士生党支部"立足专业研习慎思明辨，践行社会主义核心价值观"，2013级硕士生党支部"理论实践再总结，思想行动并前行"，2014级硕士生党支部"加强服务型党组织建设，将社会主义核心价值观内化于心外化于行"，本科生党支部"爱智之眼看法治——学习党的十八届四中全会精神之系列活动"；另有3个支部成功立项，分别是2015级博士生党支部"党建活动实效性调查研究"，2015级硕士生党支部"新媒体环境下党支部组织生活形式的创新及其积极意义"，本科生党支部"发挥学科优势，践行核心价值——高校学生党支部与校外党支部共建机制探索"。

按照《北京大学在中层以上领导干部中开展"三严三实"专题教育实施方案》要求，根据《北京大学哲学系开展"三严三实"专题教育实施方案》，哲学系结合实际情况、自身特点和发展重点，切实组织并有序开展"三严三实"专题教育，积极行动，认真落实，全面推动哲学系各项事业发展。

【学生工作】 2015年，哲学系学生工作办公室继续扎实开展了对学生的思想政治教育、服务管理等工作，全面贯彻落实了各级主管部门的工作，举办了丰富多样的活动，活跃了学术氛围。

积极开展学生党团日联合主题教育活动。3月至6月，开展"我眼中的中国精神"学生党团日联合主题教育活动，并汇总活动成果，加强了"中国精神"和核心价值观教育；5月4日，举办"弘扬'中国精神'共话北大担当"学习研讨会，哲学系党委书记仰海峰、系副主任李猛、党委副书记杨弘博、团委书记李林出席；3月至5月，举办多场博士生主题读书会，深入学习交流

"中国精神"与国学教育等;5月16日,组织本科生20余人参观北京航空航天大学航空航天博物馆,学习"航天精神";5月22日,组织硕士生10人参观万柳学区荷花艺术藏品展馆,学习"荷花精神";9月底,分别组织3场"三严三实"主题研讨会,分别面向哲学系本、硕、博学生;10月至12月,开展"我为中国精神代言"学生党团日联合主题教育活动,汇总成果,效果良好;10月16日、10月23日,组织哲学系本科党支部成员与府学胡同小学党支部进行"践行核心价值观,永葆党员先进性"的红色"1+1"活动,为小学生讲核心价值观,并与青年教师进行相关座谈;11月22日晚,哲学系本科生党支部在人文学苑2号楼B110会议室召开支部组织生活会,学习十八届五中全会精神;12月12日,组织硕士生参观北京大学赛克勒考古与艺术博物馆,随后进行"三严三实"和"中国精神"交流会。

认真组织党课和团校培训。上半年,组织5名同学参加第22期党性教育读书班,其中1人被评为"优秀学员";下半年组织17人参加第28期党的知识培训班。

推广学术品牌,服务师生需求。2015年共举办3场"社会·文化·心灵"系列讲座:6月7日,哲学系主任王博教授主讲《鸟人》与哲学";11月1日,哲学系程乐松副教授主讲"边缘的纹理——为什么应该严肃地研究道教";12月17日,哲学系刘刚教授主讲"哲学王的辩证法教育"。上半年,组织了第二十三届"爱智杯"征文比赛评审及颁奖;12月正式启动第二十四届"爱智杯"全国征文比赛。2015年,继续刊发全年12期学生刊物《生生》;继续改进《共青苑》,在原有基础上全面提升团刊的阅读体验,更符合哲学系师生的阅读需求。从9月至年底,发起并开展"微盘有我"资料整理活动,根据哲学系专业课录音、笔记整理成册,并定期发放至全系学生,为大家的学习提供帮助。

【交流合作】 对外学术交流。2015年教师有33人次出国(境)开会、讲学和访问;学生有9人次出国(境)开会、学习和访问;32余名学生与外校交换学习、联合培养。来哲学系开设讲座、交流的国外专家有19人次(其中讲课类专家4位)。此外,2015年度哲学系还聘请了外籍人文讲席教授3名,外籍博士后1名。

2015年举办了"北京大学海外名家讲座"计划3次,分别邀请牛津大学哲学系的Timothy Williamson教授、英国剑桥大学的John Alexander Marenbon教授和明斯特大学的Michael Quant教授来校进行授课和公开演讲;2015年举办了"北京大学大学堂顶尖学者"计划1次,邀请了来自法国巴黎第五大学-勒内·笛卡尔大学的Yves Charles Zarka教授来校交流。

重点学术会议。2015年成功举办了如下大型学术会议:4月12日—13日,"本焕长老与当代佛教"学术研讨会在北京大学英杰交流中心举行,国家宗教局局长王作安出席研讨会开幕式并发表讲话;中国著名佛学家、哲学系楼宇烈教授,北京大学社会科学部部长、哲学系主任王博教授分别在开幕式上发言;开幕式由北京大学佛学教育研究中心主任李四龙教授主持。6月28日,"重构中的儒学暨北京大学儒学研究院成立五周年学术研讨会"在北京大学英杰交流中心举行,来自海峡两岸及香港的40余位学者出席了会议。10月21日—22日,"分析哲学"会议在北京大学人文学苑2号楼会议室举行,会议的主题是"分析哲学与观念论"。11月14日—15日,由北京大学科学史与科学哲学研究中心和中国科技史学会科技史教学专业委员会共同举办的首届"全国科技编史学论坛"在北京邮电会议中心举行,来自北京大学、清华大学、中国科学院大学、哈尔滨工业大学、北京师范大学、上海交通大学、北京科技大学等高校和科研机构的20余位学者作了精彩的学术报告。12月15日—16日,由哲学系主办的"第十一届海峡两岸及香港四校南北哲学论坛"在李兆基人文学苑1号楼108会议室举行,来自海峡两岸及香港四校的学者们围绕着论坛的主题"存在、生命与价值"从多个角度和借用多种哲学方法进行了深入的交流,取得了丰硕的成果。

讲座与论坛。2015年,哲学系成功举办各类讲座、论坛41场,大部分都是定期举行,如:教师讲座7场;"蔡元培学术讲座"1场;"汤用彤学术讲座"1场;启动了"一介学术讲座"1场。由哲学系主办的跨学科论坛——"午间论坛"举办了6场;由马哲教研室主办的"马哲论坛"举办了4场;由科技哲学教研室主办的"北京大学科学史与科学哲学论坛"举办了3场;由外国哲学教研室主办的"周五哲坛"举办了5场;由佛教、道家教研室主办的"佛教文献、历史与哲学工作坊"和"虚云讲座"分别举办了2场和5场;由逻辑学教研室主办的"逻辑学讲座"举办了2场;北京大学哲学系、西方古典学中心和外国哲学研究所联合举办了1场;由儒学院主办的严复讲座举办了1场;道家学术讲堂举办了2场等。

【继续教育】 2015年短期培训班结业共计11个班级,结业221人;新开班立项12个班级,共计招收学员182人。短期班项目名称:北京大学乾元国学教室班、北京大学乾元国学教室《周易》班、北京大学乾元西学教室班、北京大学管理哲学与企业文化董事长高级研修班、北京大学国学与国医班、

北京大学幼教国学班以及暑期学校。2015级宗教学佛教专业高级人才研修班招生13人；2015级宗教学基督教高级人才研修班招生45人。

外国语学院

【发展概况】 外国语学院现有阿拉伯语系、朝韩语系、德语系、东南亚系、俄语系、法语系、南亚系、日语系、西葡语系、西亚系、亚非系、英语系、外国语言学及应用语言学研究所、世界文学研究所、MTI翻译硕士教育中心等15个系、所、中心；35个研究机构和学术团体，1个教育部人文社科研究基地（北京大学东方学研究中心），1个国家外语非通用语种本科人才培养基地，2个教育部区域和国别研究培育基地（南亚研究中心、大洋洲研究中心），1个部属高校国家大学生校外实践教育基地。

外国语学院有英语、俄语、法语、德语、西班牙语、葡萄牙语、日语、阿拉伯语、蒙古语、朝鲜语、越南语、泰国语、缅甸语、印尼语、菲律宾语、印地语、梵巴语、乌尔都语、波斯语、希伯来语20个本科招生的语种；1个一级学科博士点，10+1个二级学科博士点（1个与中文系合建），1个应用型硕士学位点，1个博士后流动站。

2015年，在QS发布的2015年世界大学学科排名中，学院3个学科的排名比2014年大为提前，现代语言由22名升到第5名，语言学由22名升到第14名，英语语言文学由100名以内提升到第35名。

2015年2月，外国语学院完成了行政班子换届，第四届行政班子组成为：宁琦为院长，王建、付志明、李淑静、吴杰伟、郑清文、张冬梅为副院长。2015年3月，北京大学党委研究决定，任命北京大学副校长李岩松兼任北京大学外国语学院党委书记。党委会组成人员为：副书记李淑静、郑清文，党委委员为程朝翔、宁琦、王东亮、张冬梅、王丹。

至2015年12月，外国语学院共有在职人员243人，其中教师218人，行政教辅人员25人。教师队伍中，教授65人，副教授90人，讲师54人（含博士后8人），助理教授9人。离退休人员236人，其中离休人员24人。2015年新入职助理教授5人。

【教学工作】 截至2015年12月，外国语学院有学生1334人，其中本科生786人、硕士研究生382人、博士研究生166人。2015年录取本科生210人，含外语类高中保送生55人；录取硕士研究生150人，含学术型85人，应用型65人（英语笔译方向32人，日语笔译口译方向33人）；录取博士研究生40人，另有4名港澳台博士生。

2015年毕业本科生174人，除1人肄业外，其他均授予学士学位。此外，学院开设的辅修2015年共招生200人，毕业45人。

外国语学院为北京大学的本科外语教学做出积极贡献，除承担北京大学全校非英语专业学生的英语教学任务外，为响应国家"一带一路"倡议，学院与教务部、国际合作部共同启动北京大学"一带一路"外国语言与文化系列公共课程以及文化节活动，开设了除英语以外19个语种的公共外语课26门。英语授课课程包括院系课程46门，国际暑期学校课程3门。2015年度为研究生新开20门课程，授课教师包括国外学者。

外国语学院与元培学院、历史学系一起开设的本科专业"外国语言与外国历史专业"（2012年教育部批准）2015年共有12名学生选修，在外国语学院阿语、德语、日语、法语、西班牙语、朝鲜语专业上课。2015年，外国语言与外国历史专业外国语学院毕业3名同学。

2015年，外国语学院继续与北京大学同步颁发学院"年度教学优秀奖"，奖励10名出色完成教学任务的教师。梁敏和、田庆生、梅申友3名教师获"北京大学教学优秀奖"。4种教材获得北京大学教材建设立项支持。3门研究生课程通过学校的课程立项和资助。

【科研工作】 外国语学院有北京大学文科资深教授2人，教育部长江学者特聘教授1人，"百千万人才工程"入选者1人，教育部跨世纪人才2人，教育部新世纪优秀人才6人。2015年，学院获得国家社科基金年度项目立项3项，国家社科基金重大项目滚动资助1项。2015年外国语学院纵向经费到账约172.35万元，横向经费到账约260万元。

据不完全统计，2015年外国语学院教师的成果共计153项，其中出版学术专著26部，编著及教材6部，译著24部。在国内外学术刊物及著作中发表论文97篇，其中A&HCI论文9篇，CSSCI论文52篇。

2015年外国语学院有3位教师获得国际奖励，董强教授获颁法国"荣誉军团骑士"勋章；赵振江教授荣获西班牙"智者阿方索十世勋章"；金鼎汉教授荣获印度文学院名誉院士学衔；姜景奎教授作为在印度文学文化领域做出突出贡献的亚洲籍人士，获得印度文学院2015年度的Ananda Coomaraswamy Fellowship，赴印度文学院从事1～3个月的学术研究。

据不完全统计，外国语学院2015年主（合）办国际（含境外、双边）学术研讨4次、国内学术研讨会5次。

【继续教育】 外国语学院2015年共成功举办非学历培训项目19个，包括：未名留学英语培训班、留学韩语培训班、留学日语培训班、

留学英澳培训班、留学德语培训班、新概念英语班、外语综合素质提高班，等等。同时，还开办了云南民族大学和解放军外国语学院分别委托的东南亚语言培训和菲律宾语培训班，以及为西班牙、泰国大学孔子学院大学生举办的"中国语言文化营"，学员约600人。

2015年外国语学院继续开办英语专业专升本（业余）成人高等学历教育，为北京市提供社会服务。2015年共有134名学生毕业，其中106名学生同时被授予学士学位；2013级注册在校生277名；2014级注册在校生296名；2015级注册在校生223名；完成了2016级学生的考试、录取工作，共录取2016年春季新生207名。

【交流合作】 2015年外国语学院本科生出国约174人次，3个月以上的有116人次，短期出国参观访问、暑期学校、实习培训等58人次。研究生出国交流90人次，长期项目58人次，短期项目32人次。来北大做交换生的有澳门理工学院2人，台湾淡江大学2人，东京外国语大学1人。研究生留学与国际国内学术交流不断发展，18人入选国家公派研究生项目，其中攻读学位10人、联合培养8人。学院继续通过"百人青年科研基金"和外国语学院资助体系两个项目及国际学术交流基金项目，为研究生提供国内学术会议的机会。2015年，学院获得各项学术资助的学生共有22人，资助金额3.6万余元。

2015年出境参加学术交流的教师达73人，前往美国、英国、法国、德国、日本以及非洲、中东地区等26个国家，参加学术会议、进行合作研究和工作访问。

2015年，外国语学院聘请讲席教授6人次、专业教授8人次、语言教师54人次，承担了近200多门外国语言文学文化学科（本科生和研究生）的专业课程，以及面向全校的辅修和公选外语课程，专门聘任19位外籍教师承担了全校博士研究生和非英语专业本科生的英语课程。此外，还单独邀请了13位外教承担面向全校学生选课的暑期英语课程，15位外籍教师承担一带一路外国语言与文化系列公共课程。

2015年，外国语学院与澳门理工学院、英国埃克塞特大学人文学院、俄罗斯圣彼得堡国立大学和澳大利亚格里菲斯大学等签订了合作协议，内容包括学生互访、合作研究等。

2015年外国语学院聘请的外籍教授、外籍教师在完成教学任务之余，为社会做出的贡献得到了中国社会的认可和赞誉。11月，外国语学院讲席项目专业教授Donald Stone先生第9次向北京大学赛克勒考古与艺术博物馆捐赠版画收藏品。讲席项目专业教授Joe Graves先生分别与讲席教授David Walker、Babafemi Adeyemi Osofisan合作将外国戏剧文学与戏剧表演相结合，把讲台拓展到了舞台，经他们指导数月的戏剧《坚果剧团》（Cosi）、《一仆二主》《狮子和宝石》在北京上演好评如潮。2015年9月，法语专业的外教Julien Gelas自编自导独幕剧《自由站》，参加2015年北京青年戏剧节演出，获得好评。

【党建工作】 截至2015年底，外国语学院共有党员612名，其中在职教工党员117名、离退休教工党员131名、学生党员364名。外国语学院有27个党支部，其中在职教职工支部13个、离退休教职工支部4个、学生支部10个。2015年新发展党员85名，其中学生党员83名、教工党员2名，转正预备党员51名。东南亚系党支部、英语离退休党支部、西语离退休党支部3个支部如期完成换届改选。程朝翔、周海燕荣获"北京大学优秀党务和思想政治工作者"表彰；程朝翔、杨明丽、佟秀英、王金香荣获"北京大学党务和思想政治工作奉献奖"。

2015年，外国语学院党委以开展"三严三实"专题教育为主线，按照上级要求，领导班子严格落实"三严三实"专题教育学习研讨计划，有序完成了4个专题学习，并于12月底召开专题领导班子民主生活会。同时，结合北京大学师德学风教育，将"三严三实"专题教育延伸到全体党员。7月份，外国语学院党委书记李岩松讲授"三严三实"教育实践活动专题党课，除学院党委委员、支部书记外，还特别邀请各系（所、中心）主任参加学习。外国语学院各党支部也结合各自学科工作实际，以"三严三实"为主题组织全体党员进行集体学习并开展了1次主题党日活动。

【学生工作】 2015届共有329名毕业生，174名本科生中：31%选择出国，36%选择国内升学，31%选择就业；155名研究生中：84%走向职场，12%选择国内升学，有2%选择出国。

2015年11月启动第十届"新生访谈坊"活动，对200余名本科新生进行逐一访谈；在志愿服务方面，不断提升学生志愿服务理念，动员学生发挥专业优势为北京APEC峰会、中国人民抗日战争胜利70周年暨世界反法西斯胜利阅兵等提供志愿服务，同时坚持开展"为工地工友放电影"等常规志愿服务。

在学生党建方面，2015年上半年，外国语学院申报的党建创新重点立项"推进学生党建与学生工作联动开展，切实提升基层院系的整体育人效果——以中共北京大学外国语学院党委为例"顺利结项。11月，再次由外国语学院院长宁琦牵头申报党委组织部"增强实践导向，促进主体互动，提升育人效果"重点创新立项。在党团联合主题教育活动方面，组织了参观

抗日战争纪念馆、探讨新媒体环境下的支部建设等活动。

在学生活动方面,2015年4月—6月,举办了"世界·中国·外院人"文化节,以"听外院人说世界的精彩"为主题,举办了中东风情文化舞蹈讲座、外院文化节诗乐会等活动。结合学院"一带一路"外国语言与文化系列公共课程项目,外国语学院团委组织举办了5场"外院青年学术精英讲座"。扎实推进文体建设,外国语学院获"北大杯"女子篮球亚军、男子排球乙组冠军、十佳歌手大赛冠军,同时外院健儿在2015年的学校田径运动会多个项目中有所斩获,外院代表队取得了总积分(91分)第六名的成绩。依托外国语学院跨文化交流活动丰富的优势,协作参与举办世界公共论坛"文明的对话"创始主席亚库宁先生讲座,主动联系农业部、联邦快递(中国)有限公司参访,并组织了"英语魔方秀杯"首都高校联合配音大赛。

【行政工作及其他工作】 外国语学院新一届党政领导班子先后对15个实体系、所、中心开展工作调研,绝大多数教师都参与了调研活动,加深了相互了解,推进了学院与系、所、中心的联系制度。外国语学院领导班子还针对学科建设、人才培养、队伍建设等重要问题与学科带头人、师生群众代表、离退休教师、统战人士、班主任、科室负责人等进行经常性的交流和研讨,并通过发放征求意见表、召开座谈会、设置意见箱等各类渠道广泛征求意见,在查找"不严不实"问题的同时深入剖析根源,研讨解决对策,形成了《外国语学院学科调研报告》。

外国语学院工会围绕中心,服务大局,积极完成校工会布置的工作,如慰问全国劳模、校运动会、各种球赛、集体健步走、爱心基金募捐、各类评优活动等,还自主开展特色活动,包括组织教职员工健康体检、羽毛球锻炼、开展春秋游活动——怀柔雁栖湖和通州大运河森林公园参观游览等。10月31日,学院专门组织和筹划青年教师教学科研培训活动,利用一天时间安排了讲座、素质拓展、心得交流、与班子成员互动等多个环节,并建立了"外院青椒"微信交流群。以此为契机,学院工会组织带领全院青年教师启动"外国语学院学科建设沙龙",至2015年底已开展2期活动,引导广大青年教工更好地完成教学科研任务,提高科研教学水平。2015年3月,外国语学院工会获评"北京大学模范工会委员会"。

对外汉语教育学院

【发展概况】 组织机构。2015年,对外汉语教育学院完成学科架构调整,设立汉语及应用研究室、习得与测试研究室、文化与跨文化交际研究室、课程与教师发展研究室4个研究室,另有研究中心和学术刊物各1个:北京大学汉语教学研究中心和《汉语教学学刊》。同时,学院设有长期项目教研室、短期项目教研室、特别项目教研室、商务汉语强化项目教研室、研究生教研室等5个教研室。

队伍建设。对外汉语教育学院现有教师53人,其中教授9人,副教授35人,讲师8人,助理研究员1人;合同制职工11人,其中行政教辅5人,专职教师6人。2015年学院晋升教授1人,晋升副教授1人。985专项岗位聘任51人。2015年实行全员年度考核,5人被评为优秀等级;合同制人员进行了述职,2人被评为优秀等级。

【教学科研】 留学生语言教学。2015年度,来对外汉语教育学院学习的留学生总数为1900人,教师授课总时数为27221课时。春季学期551人,42个班;秋季学期留学生人数较2014年有所增长,752人,56个班。2015年度学期中的特殊项目有春季日本班、香港中文大学中国语言文化研修项目、美国西点军校项目、燕京学堂汉语教学项目、英国剑桥大学本科项目、牛津大学项目、美国斯坦福项目、泰国移民局官员韩语培训班、泰国朱拉隆功大学孔子学院学生冬令营项目等9个,留学生总数为220人。2015年暑期共有语言教学项目20个,其中美国项目5个,孔子学院项目4个,各国混合编班4个,其他各国单独编班项目6个,学院商务汉语强化项目暑期班1个,留学生人数为597人。

研究生教学。对外汉语教育学院现有研究生184人,其中硕士研究生150人,博士生34人。硕士研究生中,中国学生125人(其中台湾学生4人),外国留学生25人;按年级分,延期7人、2013级40人、2014级49人、2015级54人。博士研究生中,中国学生18人(其中台湾学生2人),外国留学生16人。对外汉语教育学院重视研究生培养工作,分配导师前,专门召开导师见面会,介绍主要研究领域和研究方向,为学生选择研究方向提供参考。开题方面,制定开题报告评价标准,强调开题报告与论文写作的严肃性和学术规范性。毕业论文方面,严格毕业论文管理和指导,限定提交时间,全面实现查重,实行博士学位论文匿名评阅和导师在答辩中回避评议制度。学院鼓励国际交流,2名学生获得2016年度春季学期博士生短期出国(境)项目资助。

课程设置。留学生课程:普通语言进修生课程,包括汉语精读(初级、中级、高级)、汉语口语(初级、中级、高级)。预科班课程:(1)基础语言类:汉语课、听说课、口语课、阅读与写作课;(2)一般文化类:中国文化专题、中国概况;(3)专业语言类:专业汉语课、汉

语语法课、古代汉语课。高级选修课程：高级报刊阅读、高级写作、汉语虚词、高级商务汉语、高级英汉翻译、影视汉语、中国概况、中国文化专题、中国现当代小说选读、中国语言文化讲座、古代汉语、中国历史。

研究生课程。2015年春季学期：第二语言习得导论（周守晋），论文写作（留学生）（钱旭菁），汉语语言要素教学（朱晓亚），第二语言学习理论（博士生课程，赵杨），汉语语言要素教学（下）（张雁、章琼），对外汉语教学理论与实践（刘元满），文化与跨文化交际（刘晓南），第二语言评估与测试（刘超英），应用语言学（徐晶凝），汉语教材分析与编写（刘立新），教师发展概论（王添淼），第二语言教学学科前沿问题研究（博士生课程，刘元满等专家组），汉语作为第二语言的文化因素与文化教学研究（博士生课程，张英），汉字教学研究（施正宇），论文写作（中国学生）（黄立、张文贤），国别与地域文化（赵长征），当代中国专题（赵延风）。2015年秋季学期：课堂教学组织与管理（李海燕），高级汉语（徐晶凝），专业英语（黄立），专业英语（周守晋），汉语语言学导论（王海峰），汉语语言学导论（汲传波），中华文化专题（金舒年），中华文化与传播（赵长征），第二语言评估与测试（刘超英），第二语言习得导论（赵杨），汉语第二语言教学论（李红印），外语教育心理学（孔令跃），第二语言教学理论与教材研究（硕博合上课程，刘元满），对外汉语教学语法研究（硕博合上课程，杨德峰），汉语第二语言词汇与词汇教学研究（博士生课程，李红印），中华文化技能（国画）（外请李牧），中华文化技能（太极拳）（外请杜军明）。

专著及教材出版。2015年对外汉语教育学院教师出版专著、译著、编著或教材8部：《第二语言习得》（赵杨），《强调范畴及其若干句法研究》（汲传波），《中华文化传播》（赵长征、刘立新），《新HSK速成强化口试教程（中级）》（赵延风），《高中汉语》（张英），《做一名高情商教师》（张园），《汉语高级口语2》（刘元满、任雪梅、金舒年），《高级汉语口语(2)第三版》（刘元满、金舒年、任雪梅）。

教学获奖：李海燕获北京大学教学优秀奖，韩曦获杨芙清-王阳元院士教师奖，钱旭菁获方正教师奖，张明莹获中国工商银行奖教金，王添淼获黄廷方/信和青年杰出学者奖。

表 5-14 对外汉语教育学院 2015 年科研成果（略举）

成果名称	作者	出版单位	成果形式
第二语言习得	赵杨	外语教学与研究出版社	专著
强调范畴及其若干句法研究	汲传波	北京大学出版社	专著
中华文化与传播	赵长征、刘立新	外语教学与研究出版社	编著或教材
新HSK速成强化口试教程（中级）	赵延风	北京大学出版社	编著或教材
高中汉语	张英	北京大学出版社	编著或教材
做一名高情商教师	张园	教育科学出版社	译著
徜徉在南方大陆上的缪斯——20世纪澳大利亚戏剧概述	韩曦	《戏剧》	核心/CSSCI
美国先锋戏剧的承袭流变与艺术实践	韩曦	《戏剧艺术》	核心/CSSCI
留学生汉语书面语中的口语化倾向研究	汲传波	《语言教学与研究》	核心/CSSCI
题型设置对写作练习使用效果的影响	刘颂浩	《华文教学与研究》	核心/CSSCI
初级汉语教学中的课文复述练习研究	张文贤	《华文教学与研究》	核心/CSSCI
韩国学生动态助词"了"的偏误发展及产生原因分析	杨德峰	《海外华文教育》	核心/CSSCI

表 5-15 对外汉语教育学院 2015 年科研项目

项目名称	起止时间	负责人	总经费（万元）	任务来源	备注
汉语作为外语在美国的发展研究	2015.9—2017.5	刘元满	20	国家社科基金一般项目	纵向
语音轻化视角下汉语韵律句法互动的实验研究	2015.9—2018.9	邓丹	18	全国哲学社会科学规划办公室	纵向
HSK考题及其命题试卷的理论分析和综合评价（子项目）	2014.9—2016.9	董琳莉	7	北京大学软件与微电子学院	纵向
商务汉语考试BCT（听读）（说写）命题的协议	2015.3—2015.12	张英	5.8	汉考国际教育科技（北京）有限公司	纵向

【交流合作】 5月16日,对外汉语教育学院举办第八届北京地区对外汉语教学研究生学术论坛,论坛以"新媒体时代下的对外汉语教学研究"为主题,围绕"汉语国际教育专业及对外汉语教学学科发展研究""国际汉语教师发展及教师技能研究""对外汉语教材研究""二语教学背景下的汉语本体研究""中华文化传播与跨文化交际研究""二语习得与测试研究""跨学科或综合类研究"7个议题展开研讨。

11月7日,对外汉语教育学院成功举办"簧门对话——移动互联网与对外汉语教学"。会议规模200人,邀请6位主讲嘉宾、3位与会嘉宾,除对外汉语教育学院师生外,外校参会人员100人,来自25所院校及机构。对话与主题切合,使用唐风汉语教育科技有限公司的微信平台直播,观看人数达7000余人。

2015年还举办了2期国际汉语讲坛和4次学术沙龙,邀请到美国加利福尼亚大学戴维斯分校的储诚志老师和北京外国语大学中国外语教育研究中心的文秋芳老师,重点展示学者和博士生的最新研究成果,活跃学院的学术氛围。

【社会服务】 7月27日至8月7日,对外汉语教育学院举办为期2周的北京大学"2015对外汉语教学暑期高级研讨班",包含专家学者报告19场、研讨点评1场。研讨班报名者逾500人,最终90多所高校的170名学员参加了培训。研讨班在全国高校中产生了积极影响,为学院树立了良好的学术声誉,也为学校在服务社会方面做出了贡献。

【交流合作】 对外汉语教育学院是中美汉语教学八校联盟的发起单位,参与了5月在美国加利福尼亚大学戴维斯分校举行的首届年会。春季学期首次向美国圣母大学派遣汉语教师,秋季学期韩曦老师被派驻泰国朱拉隆功大学孔子学院担任中方院长。学院教师参与了国家汉办的国外汉语教师培训工作,加强了与英国剑桥大学和香港中文大学的科研合作。学院21名研究生赴美国、英国、西班牙、日本、泰国等国孔子学院担任汉语教师志愿者。

对外汉语教育学院接待了一些国外政要的重要访问,包括4月份泰国诗琳通公主和11月份美国众议院前议长、现任众议院少数党(民主党)领袖佩洛西。

2015年对外汉语教育学院共派出汉语教师8人:刘颂浩(日本)、王玉(日本)、鹿士义(美国)、林欢(美国)、王海峰(美国)、张明莹(韩国)、朱晓亚(美国)、韩曦(泰国)。

2015年对外汉语教育学院派出汉语教师志愿者21人:王媛媛(澳大利亚)、沈冰(澳大利亚)、李冉(澳大利亚)、臧璇(澳大利亚)、甘露佳(泰国)、赵成程(美国)、陈麒璇(美国)、刘莎(日本)、刘晶祎(西班牙)、任喆(西班牙)、吴程前(西班牙)、邓亚玲(西班牙)、刘峰(西班牙)、张燕楠(英国)、魏学慧(英国)、吴锐(英国)、吴明芳(英国)、杨灿(英国)、李若男(英国)、刘恋(英国)、于春雪(英国)。

【党建工作】 通过"三严三实"专题教育和学习研讨,查摆问题、列出清单、限期整改,领导班子加强了修养,改进了作风。严格实行"一岗双责",认真贯彻落实党风廉政建设责任制。

教工支部先后开展落实习近平总书记五四重要讲话精神、"纪念抗日战争胜利70周年 重温白洋淀精神"等主题党日活动。学生支部先后开展"我眼中的中国精神""我为中国精神代言"等一系列党团日联合主题教育活动,参与北京高校红色"1+1"党支部共建活动。学院3个教工支部、2个学生支部完成基层党建项5项。制定《对外汉语教育学院入党积极分子推优办法》,进一步规范党员发展程序,发展新党员10名。完成党委换届,选举产出新一届党委会。

【学生工作】 对外汉语教育学院本着"全员参与,过程育人"的工作思路,高度重视思想建设、组织建设和制度建设,加强学生的政治思想素质培养;进一步加强服务意识和育人意识,提高学生事务办理的效率和质量;搭建学术实践、志愿服务等平台,促进学生全面发展。成立"研究生事务中心",从机构设置上实现学工与教务的整合。举办研究生发展辅导系列讲座和分享会,助力学生成长成才。修订学生素质综合测评办法,充分发挥奖励奖学金的育人功效。筹得社会捐赠,设立"梁颖奖助金",助学和育人相融合。2015年学院毕业生(中国学生)24人,毕业去向为:出国4人,高校3人,公务员2人,中学7人,其他企事业单位6人,自主创业2人。

【行政工作及其他工作】 对外汉语教育学院行政坚持以"服务教学科研"为中心,以"信息化建设"为依托,以"精细化管理"为目标,以"安全管理标准化建设"为基础,探索新形势下学院行政管理和服务的新内涵,加快推进技术装备,深化管理服务职能,确保安全运行秩序。学院资料室并入学校图书馆。建成精品录播教室、自动录播教室和眼动仪实验室。建成学院咖啡厅,使之成为融教职工之家、留学生服务、师生日常学习交流的平台和场所。开通学院微信公众号,完成学院新网站改版设计工作。

对外汉语教育学院工会把"高效、务实、规范、和谐"作为工作方针,建立定期工作例会制度,加强了工会信息报送制度。将学院文化建设与工会活动相结合,组织教职工参加学校运动会、教职工羽毛球赛,开展健步走等多种文体活

艺术学院

【发展概况】 艺术学院除承担艺术学门类的专业课外，还面向全校开设艺术类公共选修课和大类平台课程，并承担北京大学学生艺术团的指导和管理工作。

艺术学院2015年新增艺术硕士（MFA）音乐剧方向。

艺术学院下设4个系：艺术学理论系、影视学系、美术学系、音乐学系；同时设4个研究机构：北京大学影视戏剧研究中心、北京大学书法艺术研究所、北京大学昆曲传承与研究中心、北京大学艺术学院民族音乐与音乐剧研究中心。艺术学院拥有1个北京大学数字媒体实验教学中心（教育部领导型媒体创新人才培养实验区），同时得到北京大学文化产业研究院（国家文化产业创新与发展研究基地）和北京大学美学与美育研究中心（教育部文科重点研究基地）的强力支持。2015年，"文化部国家对外文化交流基地"和"中国文联文艺评论研究基地"两个国家级科研基地在学院设立。

艺术学院现有教职员工37人，其中教授13人，副教授11人，讲师2人，博士后4人，行政教辅人员7人。艺术学院现有本科生149人，艺术学双学位学生160人，共计309人；研究生总数为180人，其中博士生总数94人，硕士生总数86人。

【党建工作】 2015年5月26日，经北京大学研究决定，成立中共北京大学艺术学院委员会，撤销中共北京大学艺术学院总支部委员会。学院党委在全体党员中深入开展"三严三实"专题教育，组织师生认真学习习近平总书记在文艺座谈会上的讲话，并多次组织与专业紧密相关的主题党团日活动。艺术学院党委荣获2015年北京大学基层党组织开展"三严三实"专题教育优秀组织奖，2015级硕士生党支部荣获优秀活动奖二等奖，2012级本科生党支部和2013级硕士生党支部荣获优秀活动奖三等奖。

艺术学院党委副书记、副院长（兼）唐金楠荣获"2015年度北京大学优秀党务工作者"，音乐学系李静副教授荣获"2015年度北京大学党务和思想政治工作奉献奖"。

艺术学院党委根据学生党支部的具体实际，在认真研究的基础上，对学生支部进行拆分，现有党支部7个，其中教工党支部1个，学生党支部6个。2015年度共计15人参加党课班学习；发展预备党员18人，预备党员转正7人。

【教学工作】 艺术学院继续承担全校本科生艺术类通选课、公选课。全校本科生选艺术类素质课程人数在6000人次左右。为了更好地加强对2015级本科生的指导，学院继续实行本科生导师制，为每位学生配备一位导师。

艺术学院鼓励学生参与或举办学术活动。2012级本科生和双学位学生合作，以优异的成绩完成校长基金课题。8名本科生到新西兰、法国、英国和丹麦等国家的大学进行交流，1名香港地区本科生来院交流。共举办美术史、影视研究、文化产业3场博士生国际论坛，举办"宋代艺术"和"美学与当代艺术"两次黉门对话，获得良好效果。

2015年继续教育办公室积极做好艺术硕士（MFA）、研究生课程进修班等项目的学生培养与学位授予工作，新设艺术硕士（MFA）音乐剧方向。

【科研工作】 艺术学院一直坚持素质教育和专业教育相结合，并在科研工作方面取得了较好的成绩。艺术学理论系向勇教授入选"中组部青年拔尖人才计划"，美术学系丁宁教授的《看懂美术》一书获得第七届高等学校科学研究优秀成果奖（人文社会科学）三等奖。在科研课题方面，艺术学院2015年申报国家社科基金重大项目1项、北京市社科基金2项，均获得批准。目前艺术学院纵向与横向在研项目共有34个，以文化产业发展、电影电视传播、艺术理论、艺术教育最为集中。

【交流合作】 国内学术活动。艺术学院教师充分发挥在学科专业上的优势，积极参与有关研讨，为文化发展繁荣献计献策。其中，"批评家周末""美学散步文化沙龙""美术学沙龙"等品牌学术沙龙的定期举办增强了学院的学术影响力。文化产业研究院共举办国内外学术会议16次，主办第十二届中国文化产业新年论坛；影视戏剧研究中心策划制作的话剧《早安，妈妈》获得首届国家艺术基金资助，2015年在全国巡演43场；民族音乐与音乐剧研究中心制作的音乐剧《元培校长》多次巡回演出；昆曲传承与研究中心累计举办讲座19次，举行《三星辉映、清音如心——昆曲大师蔡正仁、华文漪、岳美缇清唱雅聚》演唱会、"绘事后素——昆曲化妆妆容系列课程"工作坊等。

国际学术交流。2015年艺术学院教师出境参与国际学术会议和研究项目共计15人次，彭锋教授应邀参加"第三届中欧高级别人文对话"；共组织境外专家讲座12人次，其中瑞士洛桑博物馆馆长伯纳德·菲比谐、台湾地区学者傅申等人的讲演引起了较大的反响；学院与历史学系合作举办了北京论

动。关心离退休教工生活，组织离退休教师体检，新春之际学院党政领导、工会委员登门慰问离退休老同志。召开离退休教师座谈会，组织离退休教师春游、秋游。学生党支部开展"春燕行动"，走访慰问退休教师。

坛的"艺术史的多样性"分论坛,共计邀请海外学者14名,顺利完成分论坛的任务,取得较好效果;共接待海外高等教育和学术研究机构来访18人次,其中包括美国盖蒂基金会、康奈尔大学人文学社等重要的研究机构,与美国盖蒂基金会、康奈尔大学的人文学社、德国卡塞尔艺术学院的艺术学系等机构达成深度合作意向。

【学生工作】 艺术学院学工办、团委紧紧围绕学院教学科研的中心工作,以践行社会主义核心价值观为中心,以十八届五中全会、纪念中国人民抗日战争胜利70周年等事件为契机,不断加强对学生思想政治教育工作。创新宣传手段,继续坚持办好学院微信公众号等贴近学生的阵地。

关注学生思想动态,加强心理排查,艺术学院专职辅导员和兼职辅导员每周和学生谈话。规范奖助学金管理,切实做好迎新、毕业、就业工作,2015届毕业生升学、就业率达到100%。创新奖学金评审及发放制度,创立了"艺术学院学生艺术创作扶持计划",发放奖金18万元支持学生艺术创作。开展各类课题研究,完成了学工部"校园公共空间美育实践研究"课题等研究工作。

北京大学学生艺术总团目前设有合唱、民乐、交响、舞蹈、戏剧、朗诵、影视和曲艺8个分团,由艺术学院与校团委共同指导。其中合唱、民乐、交响、舞蹈4个团日常的具体管理和指导一直由艺术学院教师完成,戏剧和影视2个团的指导老师也为艺术学院教师。

2015年,艺术总团在校内外举行各类演出数十场,并积极参与国内外各类艺术团体的交流和比赛。受文化部委派,民乐团赴希腊参加第53届莱夫卡斯国际民俗艺术节;受国家汉办委派,合唱团与舞蹈团、民乐团赴日本参加立命馆大学孔子学院成立十周年纪念巡演,圆满完成任务。

比赛方面,在2015年2月的全国第四届大学生艺术展演上,学生合唱团、舞蹈团、民乐团均荣获全国一等奖;学生舞蹈团在2015年底举行的北京大学生舞蹈节上荣获2个一等奖和2个二等奖。合唱团2015年11月顺利通过北京市的验收。

【社会服务】 艺术学院博雅艺术讲坛成功举办近百场讲座。"校园艺术长廊计划"成果分享会圆满举行,并发布了首款手机App。"院长沙龙"成功举办5期。开展"艺术知行课堂"系列活动,组织师生参访了中间美术馆、河北省定瓷艺术馆等艺术机构。学院成功举行"学院奖"颁奖典礼暨艺术学院影视专业毕业作品展映十周年庆典和"最美之夜"新年晚会。

【行政工作及其他工作】 艺术学院音乐学系青年教师佟佳家在2015年北京大学第十五届青年教师教学基本功比赛中,获得人文社科类一等奖,艺术学院获得优秀组织奖。艺术学院工会委员会被评为北京大学优秀工会委员会。

歌剧研究院

【发展概况】 2015年,歌剧研究院增设歌剧制作与管理研究生专业方向,今后还将陆续增设歌剧创作、导演、舞台美术与技术、指挥等研究生专业方向,最终建立起独立、完整、系统的"歌剧学"学科和歌剧教学科研体系。

教师队伍共20人,其中教授3人,研究员1人,讲师1人,其余为体制外聘用教师。

【教学工作】 学生人数。硕士研究生共29人,2012级学生5人,2013级学生8人,2014级学生5人,2015级新生11人。

课程设置。2015年度歌剧研究院开设了剧目实践、表演艺术、声乐、中国美声、艺术指导、形体与舞蹈、歌剧文化史、歌剧的创作与再创作、歌剧选材与艺术决策、音乐会表演指导、高级视唱练耳、合唱排练、宣叙调、歌剧美学等19门研究生课程,以及歌剧的魅力、声乐演唱及表演等5门公选课程。

培养方案。歌剧研究院所设戏剧(歌剧艺术)专业,旨在培养能够适应社会需求,掌握本学科的基础理论和专业知识,具有良好职业素养的复合型、应用型人才,能够胜任国内外歌剧团、高等院校、文化艺术研究、管理等机构的歌剧及音乐剧表演、创作、教学、科研、制作与管理等工作。

其他内容。继2013年获"中国音乐金钟奖"银奖后,学生王泽南于2015年再度荣获"中国音乐金钟奖"银奖。7月,歌剧研究院首届歌剧表演专业研究生(5人)毕业。10月16日举办院庆5周年音乐会,毕业生与全体在校生作汇报演出,校长林建华出席并观看演出,评价"非常精彩,震撼人心"。

【科研工作】 科研立项。(1)歌剧《为你而来·王选之歌》入选国家艺术基金(舞台艺术创作资助项目)(纵向经费240万元,委托方为国家艺术基金管理中心,项目负责人为金曼教授)。(2)"中国歌剧数据库的开发"(纵向经费10万元,委托方为上海奥通激光技术有限公司,项目被委托人为李鸿)。

科研成果。歌剧研究院第五部原创歌剧《武则天》创作完成。

学术活动。在金曼、蒋一民教授的主持、推动下,2015年10月中国第一份歌剧学学术刊物《中国歌剧》创刊,成为歌剧研究院的学术园地和全国歌剧艺术研究平台。金曼教授发表了《中国美声论》一文,引起歌剧界、音乐界的较大关注。金曼教授还举办了数十场"中国美声"讲座音乐会,对这一理论进行宣传介绍并加以检验和印证。

"日照基金"更名为"北京大学金曼歌剧艺术基金"。

【社会服务】 1月11日,李卫导演带领学生参加"第四届北京国际喜歌剧节",演出歌剧《波西米亚人》。5月8日、9日,歌剧研究院参加中国科协"共和国的脊梁——科学大师名校宣传工程"文艺汇演,在西安音乐学院艺术中心演出2场《为你而来·王选之歌》歌剧音乐会。6月25日、26日,歌剧研究院首届歌剧表演专业研究生班毕业大戏《魔笛》在福建省歌剧院演出,该戏邀请了德国导演指导。6月29日至7月2日,金曼院长应邀赴武汉音乐学院指导该院学生教学实践剧目《青春之歌》。9月25日、26日,歌剧研究院赴人民大会堂参加由中国科协、教育部、共青团中央、中国科学院、中国工程院联合举办的《共和国的脊梁》专题节目,演出《为你而来·王选之歌》片段。11月18日、19日,歌剧研究院原创歌剧《青春之歌》经重新创编、复排,由王冼平执导,在北京大学百周年纪念讲堂演出。12月5日,歌剧研究院师生受邀在"北京大学纪念'一二·九'运动80周年暨中国人民抗日战争胜利70周年师生歌会"上表演原创歌剧《青春之歌》选段。12月24日、25日,歌剧研究院师生在民族宫大剧院演出圣诞音乐会。

【交流合作】 歌剧研究院与意大利罗马圣西西莉亚音乐学院达成合作协议,双方互派学生,相互提供特色课程,在剧目创演上开展合作。

【党建工作】 歌剧研究院共有党员13人。2015年发展第一批正式教职工党员4人:徐鸣涧、郑景华、任晔、李振宇。

【学生工作】 学生活动情况。2015年,歌剧研究院遵循公开、公平、公正的原则,顺利完成年度的评奖、评优工作,评出:国家奖学金1名,三好学生标兵1名,三好学生1名,学习进步奖1名,五四奖学金2名,研究生科学实践创新奖2名,研究生专项学业奖学金7名。

毕业生去向。2015年度有5名毕业生,其中4人在国内就业,1人出国留学。

【建院五周年系列活动】 2015年是歌剧研究院建院五周年。为彰显和弘扬北京大学美育和艺术教育的独特优势和传统,展现歌剧研究院建院五年来"产学研用"相结合的教育理念、教学特色和教研成果,歌剧研究院于10月16日、17日成功举办了汇报演出、"中国美声"讲·演、"中国歌剧与美声唱法"学术研讨会等建院五周年系列活动。

【行政工作及其他工作】 行政队伍共11人,其中在编1人,合同制10人。暑假期间对电教楼进行装修改造,新增琴房等,优化了教学环境。

国际关系学院

【发展概况】 目前,国际关系学院由4个系和3个研究所组成,即国际政治系、外交学与外事管理系、国际政治经济学系、比较政治学系、国际关系研究所、亚非研究所、世界社会主义研究所。此外,国际关系学院还管理着20余个科研中心。

国际关系学院现有3个本科、7个硕士和6个博士专业对外招生,即本科的国际政治、外交学、国际政治经济学,硕士的国际政治、国际关系、外交学、国际政治经济学、中外政治制度、中共党史、科学社会主义与国际共产主义运动,博士的国际关系、国际政治、外交学、科学社会主义与国际共产主义运动、中外政治制度、国际政治经济学。其中,国际政治、科学社会主义与国际共产主义运动是全国重点学科。学院还与北京大学政府管理学院、马克思主义学院共同设立了政治学博士后科研流动站。

国际关系学院现有在职教师55人,其中教授29人,副教授22人,讲师1人,助理教授3人。2015—2016学年本科生共有852人,其中留学生146人,辅修/双学位329人。2015年新入学硕士研究生175人,博士研究生33人;毕业硕士研究生141人,博士研究生33人。招生规模特别是研究生、留学生数量呈逐年递增趋势。

【教学工作】 2015年度国际关系学院在完成北京大学要求的本科和研究生招生、培养、结业方面的各项工作,以及国际关系学院学科自评外,积极推动教学和研究生培养改革,发掘新的增长点。

推行大班授课、小班讨论形式。这种教学方法总体上得到教师和同学们的肯定,未来将根据教师和同学们的意见建议进行相应的改进。

完善研究生培养方案。决定在全院范围内纵向打通硕士生和博士生课程;横向打通院内各专业博士生课程。与此同时,将严格按照每一位博士生的研究方向为其制订合理的培养方案。教研室的主要职能也将进行调整,不再负责制订专业培养方案,而将把主要精力放在研究生教育过程上面。目前学院正在着手制订"国际关系学院研究生培养流程"。

全面推行博士生论文答辩院内匿名资格审查制度。

正式设立国际公共政策专业和教研室。开始招收第一批MPA(公共管理专业硕士)学生,完成了MIPP(国际公共政策专业硕士)项目论证,并上报教育部,争取把MIPP列入教育部专业学位目录。与此同时,与美国南加利福尼亚大学、乔治敦大学等关于联合培养MIPP专业硕士的沟通也进展顺利,并且取得了初步成果。

【科研工作】 2015年度,国际关系学院科研工作成绩突出。

国家社科基金重点资助项目。张清敏教授的"统筹国内国际两个大局、完善外交总体布局"获得重点项目立项。

获奖方面。2015年,牛军教授的专著《冷战与新中国外交的缘起1949—1955》获第七届高等学校科学研究优秀成果奖(人文社会科学)专著三等奖,连玉如教授的论文《"德国的欧洲"与"欧洲的德国"问题新考》获第七届高等学校科学研究优秀成果奖(人文社会科学)论文三等奖。

著作方面。2015年度共出版著作17部,其中中文专著6部,编著8部,译著2部,外文著作1部。有些中文专著还被译成多种外文,如牛军教授的《冷战与新中国外交的缘起(1949—1955)》被译成英文,王逸舟教授的《创造性介入:中国外交的转型》被译成英文、韩文和阿拉伯文等。

举办各种学术交流活动。2015年度,国际关系学院举办教授午餐会共13期、博士生论坛11次,并于9月份召开全院博士生科研工作大会,于11月成功举办"第八届全国国际关系、国际政治博士生论坛"。另外,学院还举办了青年教师座谈会、博士后茶座、悦读会,等等。

举办研究中心工作经验交流会。2015年12月,举办学院各研究中心工作经验交流会。非洲研究中心等20多个研究中心负责人或代表出席会议,各个中心就自身2015年的工作总结、2016年工作计划以及发展中面临的问题进行深入交流。

2015年度《国际政治研究》策划了系列专题"日本的战略文化与中日关系""全球卫生问题与卫生外交""国际公共产品:变革中的中国与世界"等。自2015年起,《国际政治研究》与中国知网合作,组织将刊物多数文章译成英文并向海外发布。目前,《国际政治研究》为《中文核心期刊要目总览(2014年版)》、中国社会科学院文献计量与科学评价中心编辑出版的《中国人文社会科学核心期刊要览(2015年版)》和南京大学CSSCI来源期刊(2015—2016年),并被列为国家社科基金资助期刊,2016年的资助额度为50万元。

【交流合作】 秉承"讲政治、重服务、促发展"的原则,国际关系学院国际交流与合作工作以学院的教学、科研为主体,致力于推动学院对外交流合作的发展、推进学校创建世界一流大学的进程。

国际学术会议。2015年度国际关系学院承办或参加的国际学术会议有40余场。比较有影响的国际学术会议如"中美日三边关系学术研讨会""中美民间战略对话""美国中国政治研究学会第28届年会暨'中国与变革中的世界秩序:国内政治与国际关系视角'""中国与全球治理论坛""中美韩三边二轨对话""第七次五大学(北京大学、普林斯顿大学、高丽大学、东京大学和新加坡国立大学)会议""北京论坛(2015)国关专场"。

国际办学。2015年度学院与伦敦政治经济学院(LSE)合办的双硕士项目共招收28名学生。国际关系硕士(MIR)项目2015年共招收16名学生(含2名东大双硕士项目的),北大-巴政项目共录取14人。亚洲校园项目2015年共派出22名学生分赴日本东京大学、韩国首尔国立大学和日本早稻田大学交流,共接收12名来自东京大学、首尔国立大学和早稻田大学的交换生。

【党建工作】 2015年度,国际关系学院党委认真开展"三严三实"专题教育,进一步贯彻落实党风廉政建设责任制。

根据中央《关于在县处级以上领导干部中开展"三严三实"专题教育方案》和校党委《北京大学在中层以上领导干部中开展"三严三实"专题教育实施方案》,院党政联席会议和院党委分别于2015年6月和9月制订《学院领导班子开展"三严三实"专题教育的实施方案》和在全体党员中开展"三严三实"专题教育安排。

按照方案要求,2015年6月27日,国际关系学院党委书记对全院教工党员进行了党课动员;国际关系学院党委在9月对全体师生党支部书记进行了专题教育的布置和培训。同时,通过教师教学、科研、国际办学、人才引进等改革推进小组,听取师生意见、建议,对进一步明确学科建设、学生培养及学院发展方向,完善学院议事规则进行深入研讨。教职工和学生各基层党支部也通过自学及主题党日等形式,围绕加强党员意识、党性修养,坚定理想信念和政治纪律观念。

党风廉政建设活动。根据《北京大学党风廉政建设责任制实施办法》《中共北京大学委员会关于落实党风廉政建设主体责任的实施细则》和《中共北京大学委员会关于落实党风廉政建设监督责任的实施细则》等制度有关规定,结合"三严三实"专题教育活动,国际关系学院党政领导班子在2015年下半年,对学院党风廉政建设责任制落实情况进行了梳理和自查,重新修订了学院党风廉政建设责任制的实施细则,并于11月17日接受并通过了学校纪委的专项检查。在此基础上,院党委又将2016年1月1日即将开始实施的《中国共产党廉洁自律准则》和《中国共产党纪律处分条例》列为"三严三实"专题教育的重要内容,结合贯彻落实教育部视频会议精神,组织学院党政领导班子及师生党员进行了认真的学习。

党组织活动成果。截至2015年12月,国际关系学院共有22名

入党积极分子发展入党;31名预备党员转正。2012级博士生党支部的"信息化时代的网络党建工作探索"和2014级本科生党支部的"基层党组织如何增强工作活力和凝聚力的探索和研究"获得了校党委组织部2014—2015年度党建创新立项;外交学系党支部的"严以修身、弘扬传统、探索基层党支部组织生活的新路径——参观红砖艺术馆和赛克勒博物馆主题党日活动"获得了校党委组织部2015—2016年度党建创新立项。

【学生工作】 2015年,国际关系学院学生工作以加强学生的内涵建设为中心,在抓好学生常规管理的基础上,全面培养学生的综合素质。

以党团班建设为依托,切实做好学生思想政治教育工作。目前,学院共有10个学生党支部,学生党员251人。其中研究生180人,本科生71人。2015年新发展学生党员22人,其中研究生5人,本科生17人。学院更新《共青团北京大学国际关系学院委员会关于推荐优秀团员作为党的发展对象的实施办法》,严格落实团支部推优会和民主评议工作,完善推优入党考核内容,实行各项指标量化评分管理,创新开展入党积极分子培养,形成了完整的推优入党工作格局。

把握基层服务职能,以骨干为依托,提高工作的效率和水平。国际关系学院与时俱进,丰富平台,打造贴近青年的文体品牌。拓宽学工办机制,助学生成长成才。因势利导,依托班主任、辅导员体制,2015年度学院从班级管理的角度对班主任、辅导员管理模式做了优化调整。为更好地了解掌握国际学生的动态需求,因势利导发挥好国际学生的作用,学院着重加强了对国际学生的管理。同时,关注心理健康,配合学校学生心理健康教育与咨询中心工作、常规工作预防心理问题发生、个案咨询三条线并进。2015年度,学院学工办教师与学生面对面咨询50余次,参与处理危机事件3件,紧急事件2件。

完善奖励机制,做好资助工作。国际关系学院对《国际关系学院综合素质测评办法》及奖学金、奖励评选办法及流程进行了修改和完善,在《北京大学国际关系学院2014—2015学年度研究生国家奖学金评审工作方案》的基础上做出相关调整,并成立北京大学国际关系学院研究生国家奖学金评审委员会。2015年,国际关系学院共评选出校级奖励219人,校级奖学金128人;院设奖学金共6项有55人获得。本科2014级1班、本科2014级2班获得了北京大学优秀班集体称号。在资助方面,学院最终对17名新生本科同学进行了认定,男生5位,女生12位,其中农村学生11位,少数民族学生3位。2015年度学院面向全院同学提供凌云助学金5000元/人,共有8名同学得到助学金。

以质量为导向,以学生为中心,着力构建适应形势的就业体系。2015年度本科生毕业98人,攻读硕士研究生为52人,出国36人,就业8人,未就业2人。研究生毕业81人,就业72人。学院2015届毕业生就业质量与就业率保持相对较高水平,就业地域分布多元化特征更趋显著,六成以上毕业生就业集中在北京、上海等经济发达地区。

【国际战略研究院】 研究院常驻研究人员5名,特约研究员6名,工作人员11名,战略研究院名誉院长是国务委员戴秉国。在美国宾夕法尼亚大学"智库与公民社会项目"(TTCSP)主导并发布的《全球智库报告2015》中,国际战略研究院在全球高校智库排名第11位。2015年度出版了系列学术著作、简报:《中国国际战略评论2014》(英文版)、《中国国际战略评论2015》(中文版)、《大国关系:中美分道扬镳,还是殊途同归?》(王缉思)、《国际战略研究简报》共计16期、《智库热点新闻追踪》共计12期、《海外智库观点要览》共计8期;研究人员发表文章数十篇。主持了外交部、教育部、国防部等部门的课题项目7个,如外交部项目"构建亚太安全新框架的前景与路径""对未来国际秩序演变的战略思考及对策研究"、教育部项目"推进中外人文交流合作研究——中美人文交流合作"等;学生项目4个。2015年度,国际战略研究院围绕着国际秩序和亚太安全两大主题举办了一系列国际学术会议,并产生了较大影响。例如,6月,与俄罗斯莫斯科国立国际关系学院、美国战略与国际问题研究中心联合主办了第二届"中美俄三方战略合作:责任、机会和挑战"国际研讨会。10月,召开第二届北京大学"北阁对话年会",主题为"全球治理:国际机制作用的强化与改革",这是北京大学落实习近平总书记关于"建设有中国特色新型智库"指示的举措之一。本次年会邀请了澳大利亚前总理陆克文、俄罗斯国家杜马前副主席弗拉基米尔·卢金、美国前驻华大使芮效俭、印度前国家安全顾问希夫尚卡尔·梅农、日本前外相前原诚司等14位国外政要和著名学者,与中国学者共同探讨国际安全形势与中国在国际事务中所起的作用。11月,研究院与美国斯坦福大学亚太地区和平与合作研究项目联合举办"中美战略关系的长远趋势"研讨会。自2015年9月起,研究院举办4期"北阁论衡"系列专题研讨会,如"后奥巴马时代"(朱文莉),"叙利亚、ISIS与美国中东政策"(吴冰冰),"谁在影响俄罗斯外交决策"(关贵海),"天下与国家:儒家的看法与设想"(干春松)。研究院以展望全球大趋势、探求中

国大战略为宗旨，为国际问题研究领域的专家学者和学生提供平台。

法 学 院

【教学工作】 截至2015年底，法学院共有学生2273人，其中本科生694人，硕士研究生1315人（含在职法律硕士研究生248人），博士研究生264人。2015年，顺利完成招生工作，招收本科生165名（含港澳台学生4名、外国留学生12名），法学硕士122名（含港澳台学生4名、外国留学生5名、中国法项目23人），法律硕士（法学）44人（含港澳台学生1名），法律硕士（非法学）243名（含港澳台学生3名、外国留学生1名），在职法律硕士96名，博士63名（含港澳台学生5名、外国留学生3名）。

2015年，法学院新引进教师1人，招聘博士后2人。现有在编教师84人，包括46名教授、8名院聘教授、25名副教授、5名讲师；在站博士后5人。现有事业编制教辅、党政管理人员15人，另有21名院聘的行政教辅人员。学院共有3位"长江学者"：陈兴良、朱苏力、陈瑞华；教育部跨世纪人才计划入选者5人，教育部新世纪人才计划入选者9人，全国十大杰出青年法学家4人。法学院十分重视高水平人才队伍的建设，并把域外知名学者和实务界人士作为重要的建设发展目标。法学院聘请若干学界和社会知名人士担任客座教授、名誉教授和兼职教授，充实法学院人才队伍，并直接为法学院的教学和科研水平的提高发挥了重要的作用。

继续深化教学改革。召开"第二届全国法学教育高端论坛"；北京大学研究生教育招生信息管理系统上线，研究生招生工作在整体流程上进行相应调整梳理；制订《法学院研究生指导教师遴选和年度招生资格审核方案》；正式实施学业辅导制；修订《北京大学法学院博士研究生论文发表要求》《法学院硕博连读暂行办法》《北京大学法学院关于法律硕士毕业实习的规定》《北京大学法学院助教管理办法》《北京大学法学院学生出国（境）交流管理办法》等规定；更新《法学院研究生课程汇编》《北京大学法学院教学管理文件汇编》；讨论并拟设立英文博士生项目，在国际化培养层面完善英文学位项目设计；增聘第六期法律硕士校外兼职导师，进一步完善、落实法律硕士"双导师"制。

完成国家及校级项目任务。完成"北京大学法律硕士教学培养改革研究项目"；完成《北京大学法律专业学位研究生教育发展报告（1996—2015）》及相应视频资料的整理制作；完成全国法律硕士专业学位教育二十周年优秀论文、优秀教师、优秀管理工作者评选工作；完成北京大学学位办学科评估自评工作。

2015年度教学领域的获奖情况。郭自力、楼建波、王世洲3位教师获得北京大学教学优秀奖。

【科研工作】 2015年度，全院教师共发表各类文章约337篇，其中，独著中文核心刊物论文121篇、外文学术论文22篇，SSCI收录论文2篇。出版学术著作22部，其中，独著新版中文专著9部，独著外文专著1部，独译译著2部。出版各类教材16部，其中独著新版教材4部。

2015年度，在国家级、省部级科研项目的申报中，法学院共有26项参与申报，截至年底，有12项获得立项。其中，北京市哲学社会科学重大项目2项、一般项目1项，国家社科基金年度项目3项，国家哲学社会科学成果文库1项，教育部人文社科项目1项，教育部普及项目1项，中国法学会部级课题3项。2015年度，学院为国家级、省部级科研课题提供选题建议20项。在研的国家级项目进展良好，其中赵国玲老师的国家社科基金项目的结项鉴定等级为良好。2015年到账的科研经费总额创2011年以来新高。

2015年，法学院共有4项成果荣获第七届高等学校科学研究优秀成果奖（人文社会科学），其中，二等奖2项，分别是陈兴良教授的专著《刑法的知识转型（学术史）》、薛军教授的专著《批判民法学的理论建构》，三等奖2项，分别是湛中乐教授的专著《生育自由与人权保障》、车浩副教授的论文"扒窃入刑：贴身禁忌与行为人刑法"；凌斌教授的著作《法治的代价：法律经济学原理批判》荣获第三届董必武青年法学成果奖二等奖。目前，法学院共有8种教材入选教育部"十二五"普通高等教育本科国家级规划教材。

2015年，由学院、科研中心、各个学科举办的学术论坛达50余场，其中包括长期举办的系列论坛。各类论坛中，由学院主办的学术研讨会4场。11月，法学院举办了3场具有代表性的国际、区际学术研讨会，分别是：第九届BESETO会议、第三届PKU-HKU-UCL三校会议、海峡两岸及香港、澳门法律发展学术研讨会。此外，由院长带队的教师代表团参加了10月在香港大学召开的"北大港大年会"和11月在牛津召开的"第四届北大-牛津-斯坦福互联网法律会议"。从2014年9月起，学院着力推出"法治与发展系列沙龙"，每周定期举办。截至2015年底，已经成功举办36期。

由法学院或学院科研中心主办，或由学院教师担任主编的正式出版刊物共23种。法学院共设有虚体科研机构36个，此外，有1个教育部人文社科重点研究基地"北京大学宪法与行政法研究中心"。

科研机构推进科研项目、组织科研活动、提供交流平台,是学院科研工作的载体,对北大法学院科研工作起到了重要的促进作用。2015年,北京大学法治与发展研究院(虚体科研机构)继续深入开展对策性研究工作。

2015年,北京大学法学院位列QS排名全球第18位,中国(含港澳台地区)第1名。

【社会服务】 法学院教师密切关注现实,积极倡议重大的制度建设,自觉促进和参与社会进步与发展。2015年,湛中乐老师发起、法学院多位老师签名支持,推动修改《人口与计划生育法》,刘剑文老师参与促成"税收法定"原则重回《立法法》,法学院资源、能源与环境法研究中心正在担任"核安全法(草案)"立法起草法律专家组副组长单位、"生态补偿立法"起草专家组组长单位。

【交流合作】 2015年,法学院共接待近10所来自美国、英国、澳大利亚、芬兰等国家及地区的法学院访问团;共签署新协议10个;接待(会见)超过100位来自世界各地的著名教授、学者;并举办多场讲座及研讨会等,有力地推动了法学院的国际化进程。院长带队出访北美、北欧和英国等地著名高校,全面拓展国际合作新局面。

2015年以来,法学院对外交流工作取得重大进展,合作院校地区不断扩大,数量不断增加,方式也不断创新。截止到2015年12月初,与法学院签订了交流合作协议、备忘录的海外、港澳台院校共77所,其中2015年新增合作院校10所。法学院也去其他高校共同设立了"4+1"等海外学位项目,进一步提高了国际合作的质量与层次。截至2015年底,法学院已经与美国哥伦比亚大学、耶鲁大学等5所院校建立了联合研究中心。

对外事务机制推陈出新。举办Happy Hour中外学生茶聚活动;举办2015年北京大学法学院海外学习交流会;精心设计、绘制并印刷出品了法学院对外事务宣传手册"Peking University Law School: Global Legal Education in China";举办"美国高校LL.M项目联合宣讲会";与英国伦敦大学玛丽女王学院、美国加利福尼亚大学洛杉矶分校、美国宾夕法尼亚大学、芬兰赫尔辛基大学等高校签署协议,共同设立了"4+1"海外学位项目,为法学院优秀本科生、研究生提供赴海外攻读第二学位的机会;推行国际交流无纸化申请模式。

学生国际竞赛成绩。北京大学代表队在第十二届Willem C. Vis (East)国际商事仲裁辩论赛中取得赛事32强的优异成绩,这是北京大学代表队参加该项赛事以来的最好成绩,也是中国大陆参赛队伍在该次比赛中取得的最好成绩;北京大学代表队在第五届亚太地区企业并购模拟竞赛中荣获冠军;北京大学法学院代表队在第56届杰赛普模拟法庭比赛国际总决赛(Jessup Moot Court Competition International Round)中再获佳绩,成功跻身全球32强;北京大学代表队勇夺2015年中文国际刑事法院模拟法庭竞赛冠军。

【党建工作】 法学院党委下辖43个党支部,其中8个在职教职工党支部,2个离退休教职工党支部,33个学生党支部。2015年学生党支部共发展60名预备党员;有65名预备党员如期转正。全院共有136名学生参加第27期入党积极分子培训班学习并顺利结业,71名学生参加第22、23期党性教育读书班学习并顺利结业。学院开展"我眼中的中国精神""我为中国精神代言"等主题党团日活动,申报学校基层党建创新立项共10项、关工委创新立项1项。

法学院党委深入贯彻落实上级指示,2015年度完成了学习党的十八届五中全会精神、学习两部党内法规的相关活动,持续开展了北京大学"深化综合改革、聚力科学发展"活动、领导干部"三严三实"专题教育,以及进一步贯彻落实党员廉政责任制等一系列主题党建工作。法学院结合学校"三严三实"专题教育安排和工作实际,召开了党政领导班子民主生活会。

【学生工作】 学生活动。法学院积极开展"我为中国精神代言"等一系列学生主题党团日、实践调研、创新论坛等活动,引导学生将个人理想与社会理想紧密联系起来;进一步完善志愿服务体系,积极开展"挑战杯""模拟法庭训练"等法科学术实践活动,举办70余场论坛、讲座和多项交流活动,圆满完成团校育人工作。

奖助工作。2015年度学院拥有校设及院设奖学金共计59项,奖学金总额达350余万元,惠及学生450余人次。2015年度法学院院设助学金已增加至18项,资助名额为104人,资助群体扩展至研究生,已覆盖全部学生类别。学院2012级本科生张婉愉荣获首批"罗德奖学金",成为北京大学第一位在校生"罗德学者"。

海外游学。法学院与众多海外知名大学法学院联合建立了多样化的海外游学项目。目前,共拥有海外游学项目44项,参加交流的学生约80人,并设立了6项游学奖学金,鼓励学生积极参与海外游学项目。

就业工作。全面落实并完善就业管理相关制度,建立毕业生数据库。积极组织30余场专场招聘宣讲会,发布招聘、实习信息500余条。积极推进法学教学改革与实习实践协同创新基地项目建设,助力青年法律人才交流平台建设,促进法律人才培养。截至2015年9月,法学院毕业生平均就业率高达98%。

【行政工作及其他工作】 法学院

不断建立完善密切联系师生群众的制度和机制,完善教职工反映问题跟进处理反馈机制,通过设立意见箱、服务咨询电话,召开全院教职工大会、教职工代表座谈会、学科座谈会等,让教职工心声得以上达。

法学院共有离退休教职工64人,在法学院党委的指导和支持下,相继开展了离退休教职工资料库的组建和充实工作,组织了学院领导对离退休教职工的走访慰问活动,设立了"阳华基金",用于对离退休教职工大病重病的专项补助。

法学院财务工作严格执行财务制度和院务委员会通过的财务预算,做到了收支基本平衡,并针对当前管理工作的细化要求,有针对性地提高了财务管理和服务水平。

法学院图书馆在馆藏资源建设方面有很大突破,贴近教学与科研、深化读者服务,完善了内部管理机制。2015年度获得法学院教师、校友和社会各界捐赠图书数量创历史新高。校友会工作继续开展校友信息录入、更新和整理建设工作,着重推动了各地校友会的建设和校友活动的开展;筹资工作除了各学科的建设基金以及申请国家社科经费外,还增设92校友法律文化(法塑)建设基金、中伦公益基金金、2005本科校友图书馆建设基金、2001级校友学生奖学金,同时,北大邹碧华法律人发展基金得到了新的增资注资等。

学院行政管理水平和能力得到显著提高。建立了部门主任工作会议制度和机制。院务委员会共召开3次会议,对涉及教职工重大利益的多个事项进行了讨论和表决。对物业进行了严格管理并探索了新的合作发展机制。在信息化工作方面,2015年学院官网发布中文新闻公告等685篇,英文新闻公告等176篇;学院微信平台发布新闻177篇、阅读量83000次、关注人数由2785人增加为6231人;设计开发电子邮件版工作简报,优化学院信息工作机制;学院多媒体信息发布系统正式上线,实现通知公告、形象推介、创意展示等功能,自上线以来累计播放时长达720小时,通过技术手段营造更加现代化的学院楼宇文化环境。

信息管理系

【发展概况】 信息管理系现有学术委员会、学位委员会、教学指导委员会、考核聘任委员会、创新创业孵化基地管理委员会、研究生工作小组及6个研究室。为更好地为全系师生服务,加强全系对外宣传、高端培训、对外交流等工作,2015年信息管理系成立了系发展办公室。

信息管理系目前有图书馆学(本、硕、博),情报学(硕、博),信息管理与信息系统(本),编辑出版学(硕士点、博士点为自设)共2个本科专业与3个硕士点、博士点,另图书馆学是国家重点学科,有"图书馆、情报与档案管理"一级学科授予权及博士后流动站。

截止到2015年12月,信息管理系承担教学科研工作的专职教师共30人,其中教授16人,副教授10人,讲师3人,新进新体制助理教授1人。赵丹群晋升为教授,刘畅晋升为副教授,引进助理教授化柏林。2015年退休教师为段明莲、赵文。教师主要研究领域包括信息资源管理与知识管理,信息存储、组织、检索、传播与数据挖掘,图书馆学理论,图书馆管理,数字图书馆,文献目录学,阅读文化,出版产业、政策与管理,政府与企业信息化管理,信息资源产业,网络技术与应用,情报分析与咨询,信息政策与法规等。

【教学工作】 2015年,信息管理系在校生共351人,其中本科生201人,硕士研究生67人,博士研究生83人。其中本科一年级56人,二年级57人,三年级43人,四年级45人。硕士一年级30人,硕士二年级34人,延期毕业3人。博士一年级12人,二年级16人,三年级18人,四年级16人,延期毕业21人。

按照学校要求,2015年信息管理系对本科6门主干基础课进行了重新认定,重新认定的课程有:"信息组织""信息资源建设""信息分析与决策""信息存贮与检索""社科文献资源与检索利用""管理信息系统"等6门课程。2015年,信息管理系通过开设3门新课:"信息计量学概论""社群信息学""企业信息化在中国"(英文课)。王延飞教授和秦铁辉教授编著的《信息分析与决策(第二版)》入选第二批"十二五"普通高等教育本科国家级规划教材。

为了进一步加强研究生指导教师队伍建设,提高研究生培养质量,信息管理系制订了《信息管理系学位委员会研究生指导教师遴选和年度招生资格审核方案》;制定并通过了《信息管理系博士研究生导师相关规定》;对《博士生发表论文的基本要求》进行了修订;制订完成《北京大学信息管理系博士研究生招生"申请-考核制"实施方案》,并从2016年起开始施行;撤销对"本科非本专业的硕士研究生入学后必须选修三门本科专业课程"的规定;从2015年9月起,建议硕士研究生第一学年第一学期选课学分上限以不超过18学分为宜。

2015年研究生开设了6门新课:"情报学理论研究""数据分析与统计建模""信息计量学专题研究""公共阅读推广前沿研究""出版文化产业专题研究"和"知识经

济专题研究"。

2015年信息管理系在日常教学管理方面的工作包括：本科和硕博士研究生的招生计划方案拟定，组织免试推荐研究生，组织硕博士研究生命题、阅卷和复试，组织编制2015—2016年教学执行计划，组织申请新课审核与认定工作，安排组织各类精品课程、教学奖项和教材立项审批和组织评审工作，布置期末考试、毕业论文选题与答辩、学位汇报与授予等工作。

为支持信息管理系教学实践活动，鼓励教员组织学生（本科生与研究生）积极参与教学实践活动，提高教学质量，制定了《信息管理系教学实践活动相关费用支出规则》。2015年，推荐王余光教授为2014—2015年度北京大学教学优秀奖获奖者，推荐祁延莉教授为唐立新奖教金获奖者，推荐张鹏翼副教授为北京银行奖教金获奖者。

【科研工作】 2015年，信息管理系全年各类项目立项30余项，其中国家社科重大项目2项，国家社科基金面上项目1项，国家自然科学基金青年项目1项，省、市、自治区社科基金项目1项，到校经费605万元。2015年信息管理系教师全年发表期刊论文109篇，其中核心期刊38篇，IEEE和英文论文8篇；出版专著教材5部。

表5-16 信息管理系2015年在职教师部分代表性科研项目

项目名称	起止时间	负责人	总经费（万元）	任务来源
《格萨尔》说唱语音的自动识别与格萨尔学的创新发展	2015.12—2018.12	陈建龙	80	国家社会科学基金
大数据时代知识融合的体系架构、实现模式及实证研究	2015.11—2018.12	李广建	80	国家社会科学基金
中国图书馆动漫服务研究	2015.09—2018.09	李常庆	20	国家社会科学基金
大数据环境下的信息管理创新人才培养	2015.11—2018.11	张久珍	100	企事业单位委托项目
克拉玛依市国家公共文化服务体系示范区制度设计研究	2015.12—2016.05	李国新	60	地、市、厅、局等政府部门项目
中国国民海洋意识发展指数研究	2015.12—2016.12	王继民	15	中央其他部门社科专门项目
民间图书馆阅读推广	2015.05—2016.10	王子舟	21	企事业单位委托项目
"一带一路"沿线国家互通指数研究	2015.07—2016.03	王继民	20	企事业单位委托项目
小语种自然语言处理	2015.06—2016.12	徐扬	17	企事业单位委托项目

【交流合作】 在继续巩固与已有合作单位联系的同时，信息管理系积极拓展新的合作渠道及模式。1月，泰国朱拉隆功大学孔子学院诗琳通中文图书馆揭牌成立仪式举行，受朱拉隆功大学孔子学院中方院长韩圣龙的邀请，李广建、赖茂生等参加了诗琳通中文图书馆的揭牌仪式，并参加了首届泰中图书馆学研讨会。4月，国际信息研究学会中国分会成立大会暨学术研讨会在北京大学成功举行，中国分会由国际信息研究学会和北京大学双方批准，挂靠于北京大学信息管理系；北京大学信息管理系大数据产业创新创业（上海浦东）基地在上海市宣桥镇挂牌。10月，北京大学信息管理系新疆亚心竞争情报分析重点实验室联合共建协议签字暨揭牌仪式在乌鲁木齐市举行；信息管理系与百度初步达成合作意向，将在科学研究、学生创新创业教育等方面开展深入和实质性的合作。11月，信息管理系与文化部、杭州市等国家和地方政府部门开展社会公共文化服务方面的研究和深度合作，经学校批准成立了"北京大学国家现代公共文化研究中心"，经文化部批准，"文化部公共文化研究基地"（北京大学）正式揭牌；在国际与境外方面，与美国印第安纳大学信息学院确定建立学生、教师交换以及合作科研关系，其中关于图书情报学硕士双学位项目已经得到了双方批准，正在磋商具体实施细节。2015年全系教师6人次参加国外（境外）召开的国际研讨会，4人次参加在国内召开的国际研讨会，3名本科和硕士、博士生得到系里资助参加了在国内召开的国际研讨会。2015年信息管理系邀请来自美国、澳大利亚、加拿大、韩国等大学和研究机构的8名专家，为全系师生或硕士、博士研究生就当前本学科的热点问题举办了讲座，并与教师进行了交流，取得了较好的效果。2015年信息管理系举办了"2015年图书馆学博士生学术论坛""2015年情报学博士生学术论坛""'十三五'时期现代公共文化服务体系建设研讨会""新形势下国家安全与中国情报学学术研讨会"。

为了进一步完善和推动学术交流，鼓励"走出去、请进来"，信息管理系制定了《信息管理系学生参加国内外学术会议资助管理办法》《信息管理系"海外学者"讲学项目管理办法（试行）》。

【党建工作】 信息管理系有党支

部6个,党员131人。2015年信息管理系党委按照学校党委的要求和部署,结合工作实际,扎实推进各项工作。全系师生深入学习贯彻习近平总书记系列重要讲话精神,进一步武装思想、指导实践;大力落实党的"三严三实"专题教育整改措施,全力查摆"不严不实"的问题;教工支部、本科生支部、硕士生支部分别完成换届选举工作。强化党委联络微信群的宣传效果,加强各级党支部干部的培养,把握正确的舆论导向,规范了发稿责任制度、稿件审查制度、图章管理制度等,提高了内外宣传水平。党政班子成员认真学习了《关于实行党风廉政建设责任制的规定》等文件,制定了《北京大学信息管理系党风廉政建设实施细则》,积极开展反腐倡廉自查工作。系党政班子坚持实行民主集中制的原则,践行"三重一大"的集体决策机制,修订并完善了部分规章制度。

【学生工作】 2015年,在奖学金、奖励的评审过程中,信息管理系在北京大学奖学金奖励评审相关规定的基础上,修订完成了新的《北京大学信息管理系本科生综合测评标准》《北京大学信息管理系硕士研究生综合测评标准》《北京大学信息管理系博士研究生综合测评标准》,将于2016年正式实施。通过系方努力,北京浦来德资产管理有限责任公司董事长庞剑锋设立"庞剑锋爱心助学款"捐赠,金额为50万元,采取无息贷款的方式,帮助同学们解决生活上的困难。

信息管理系创新创业孵化基地运行进入正轨,暑期学生创新创业实践团队前往北京大学信息管理系大数据产业创新创业(上海浦东)基地进行了为期3周的实习实践。孵化基地创办了"薪火创咖午餐沙龙",第一期邀请了李锦飞系友与学生交流,创办了"教授午餐沙龙",第一期邀请了系主任李广建教授与学生交流学术、人生和理想。信息管理系学生辩论队在北京大学第十五届北大之锋辩论赛决赛中勇夺冠军;系团委成功举办了"烛光"读书会系列活动。

【行政工作及其他工作】 信息管理系行政教辅共8人,其中合同制2人。结合系组织机构的变化,系行政工作在如下方面有重大进展:系网站从形式到内容都更加丰富多样;系宣传册进行了改版,更加正式、规范、样式精美;调整并明确了行政人员的分工,细化了各个工作岗位的职责;强化了办公室主任的职责与权力;初步确定了每月一次的例会与沟通机制;行政人员实行日常考勤制度,并建立了周值班制度。

2015年信息管理系夜大新入学学生64人。

2015年,信息管理系对系内2个教室、2个会议室进行了家具和设备更新,为教学科研提供了更有力的服务保障;此外,还建立健全了保洁、保安、水电暖的运行与维修机制。

社 会 学 系

【发展概况】 社会学是国家一级重点学科,是北京大学现有的18个国家一级重点学科之一。社会学学科教学科研涉及的二级学科领域,包含理论社会学、应用社会学、人类学、人口学、民俗学、社会工作,以及社会管理与社会政策。此外,社会学学科有1个教育部人文社会科学研究基地,2个博士后流动站,11个专业研究中心;中国社会工作教育协会、全国社会工作硕士专业学位教育指导委员会等国家一级学会秘书处,也挂靠在社会学学科工作。

社会学系设有社会学和社会工作2个本科专业;社会学、人类学、人口学和社会保障4个学科学位硕士点;1个专业学位(社会工作硕士专业学位)硕士点;社会学、人口学和人类学3个博士点。社会学系设有社会学专业、人类学专业和社会工作专业3个专业团队。

截至2015年12月,社会学系在职的教学科研、教辅和行政人员共48人,其中专任教师39人,行政和教辅人员9人(含劳动合同制3人);新聘助理教授2人。2015年度,薛永玲退休。39位专任教师中,教授22人,副教授11人,讲师3人,助理教授3人。

2015年4月,经学校批准,社会学系学术委员会成员进行调整,调整后的学术委员会主任为郭志刚,副主任为谢立中,成员为佟新、熊跃根、查晶、渠敬东、方文、朱晓阳、周飞舟。

【教学工作】 截至2015年12月31日,社会学系在册本科生共294人,其中留学生78人,双学位在读208人。2014年社会学系新招收本科生54人,包括留学生8人;毕业本科生52人,毕业留学生18人,社会学双学位毕业63人。

2015年社会学系录取硕士研究生98人,其中社会学专业26人(含2人学工选留生),社会工作专业61人(包括深圳40人),社会保障专业6人,人类学专业5人;2015年录取博士研究生23人。2015年共毕业研究生110人,包括博士12人(其中2人未授予学位)、本部硕士34人、深圳硕士40人、社会工作专业硕士20人、同等学力4人。2015年共择优录取52名推荐免试硕士生,其中社会学学术型硕士14人,人类学专业3人,社会保障专业3人,社会工作专业硕士本部14人,深圳18人。

2015年度研究生学业奖学金总额443万元,累计173人获得学业奖学金。其他奖学金包括校长奖学金1名、才斋奖学金2名、闳材奖学金4名、科学实践创新奖4名、国家助学金42名,专项学业奖

学金硕博共计31名。2015年社会学系资助研究生16人参加国内外学术会议，资助金额共计60139元。研究生出国学术交流共计47人，包括联合培养5人。

2015年，高丙中获方正教师奖（优秀奖），郭志刚获唐立新奖教金（教学名师奖），周云获中国工商银行奖教金（优秀教师奖）。

为保证与学生密切相关的事务处理公开公正，2015年12月，社会学系成立学生培养委员会，成员7人：刘能、刘爱玉、周飞舟、吴利娟、孙飞宇、陆杰华、周云，候补3人：朱晓阳、李建新、邓锁。

【科研工作】 截至2015年12月15日，社会学系教师作为作者的学术出版情况为：专著15部、译著2部、译文4篇、编著文集或教材5部、研究或咨询报告5篇、论文133篇。全年新增各类项目51项，新增科研经费5881346.74元。

2015年，主办北京大学人类学（纪念费孝通先生）论坛、第四届中韩联合论坛、全国第三届人口与健康学术研讨会、第一届中日韩人口与发展专家研讨会等，组织"午间学术报告会"9场。"北京大学企业社会责任和雇主品牌传播研究中心"更名为"北京大学中国传统社会研究中心"，负责人为周飞舟；"北京大学社会调查研究中心"负责人变更为刘爱玉。

表5-17　社会学系2015年科研项目（纵向项目）

项目名称	起止时间	负责人	总经费	任务来源
北京市农转居社区治理模式研究	2015年6月—2017年6月	王迪	5万	北京市哲学社会科学规划办公室
小村故事：土豆与挖机	2015年9月—2015年12月	朱晓阳	20万	全国哲学社会科学规划办公室
仪式、社会团结与合作：合作困境的涂尔干之解	2015年6月—2018年12月	陶林	20万	全国哲学社会科学规划办公室
日本社区混合制养老模式的人类学研究及其对我国的启示	2015年6月—2018年4月	姚新华	20万	全国哲学社会科学规划办公室
当代中国单亲、重组家庭分布状况及其对子女抚养的影响研究	2015年6月—2017年12月	张春泥	20万	全国哲学社会科学规划办公室

表5-18　社会学系2015年科研成果（以专著为主，增加SSCI论文）

成果名称	作者	出版单位	成果形式	字数
中国人类学的定位与规范	高丙中	北京大学出版社	专著	234千字
通向集体之路：一项关于文化观念和制度形成的个案研究	卢晖临	社会科学文献出版社	专著	204千字
道术相济：社会学视野中的宗教治理	卢云峰	香港原道出版社	专著	
人口迁移与社区变迁：内蒙古赤峰调查·续篇	马戎	社会科学文献出版社	专著	271千字
人口迁移与族群交往：内蒙古赤峰调查	马戎	社会科学文献出版社	专著	582千字
社会热点面对面（四）	钱民辉	人民日报出版社	专著	292千字
组织变革和体制治理：企业中的劳动关系	渠敬东	中国社会科学出版社	专著	201千字
王铭铭对吴文藻、费孝通：中华民族理论之解读	王铭铭	香港中文大学出版社	专著	
超社会体系：文明与中国	王铭铭	三联书店	专著	395千字
法团主义（第三版）	张静	东方出版社	专著	172千字
To Learn from the Ancestors or to Borrow from the Foreigners: China's Self-identity as a Modern Civilization	王铭铭	Critique of Anthropology	期刊	
Continuity and Change in Chinese Marriage and the Family: Evidence from the CFPS	李建新	Chinese Sociological Review	期刊	
Bounded by the State: Government Priorities and the Development of Private Philanthropic Foundations in China	陶林	China Quarterly	期刊	

获奖情况。马戎专著 Population and Society in Contemporary Tibet 获第七届高等学校科学研究优秀成果奖（人文社会科学）二等奖。周飞舟专著《以利为利——财政关系与地方政府行为》获第七届高等学校科学研究优秀成果奖（人文社会科学）三等奖。

【党建工作】 基本情况。截至

2015年12月31日,社会学系党委共设有党支部14个,其中学生党支部12个,教工党支部2个;共有党员226人,其中在职教职工党员28人,离退休党员12人,学生党员154人,组织关系暂存党员32人;2015年度新发展党员20人,预备党员按期转正14人。

组织建设。2015年,以学习贯彻党的十八届五中全会精神和"三严三实"专题教育为契机,社会学系党委通过召开专题学习会、民主生活会、师生座谈会等多种形式广泛听取师生意见建议,对反映集中的问题进行整改落实,加强领导班子自身建设。2015年底,社会学系顺利完成党委换届工作,产生社会学系新一届委员会委员(按姓氏笔画顺序):匡国鑫、李康、邱泽奇、查晶、崔佳、渠敬东、鄢盛明,新一届委员会全体会议选举产生新一届委员会书记查晶、副书记匡国鑫。

思想建设。2015年6月,社会学系党委制订《北京大学社会学系开展"三严三实"专题教育实施方案》,正式启动"三严三实"专题教育。通过党委书记带头讲党课、领导班子成员专题学习会、专题研讨会、民主生活会、党支部专题组织生活会等形式,深入开展"三严三实"专题教育学习。组织全体师生学习《中国共产党第十八届中央委员会第五次全体会议公报》精神,开展"从'十三五'规划看社会组织发展"等相关主题讲座,将党的十八届五中全会会议精神的学习落到实处。2015年,组织入党积极分子29人参加北京大学第28期党的知识培训班,并通过党委书记讲党课、参观学习、结合专业特点开展创新性培训活动等措施,强化培训效果。

制度建设。坚持党政联席例会制,党政联席会议讨论决定涉及学科发展、人才培养、科研规划、国际交流、管理服务等重要事项。定期组织召开党委委员会议,通报学校党委工作,审议党员发展、转正及其他异动事宜,组织党委委员集体学习等。

党风廉政建设。社会学系党委严格落实党风廉政建设"一把手"主体责任,领导班子成员积极响应学校严管科研经费、干部兼职情况检查、加强出国(境)管理等正风肃纪专项行动。为保障公开公正,加强教育监督,成立社会学系学生培养委员会,对与学生密切相关的国际交流选拔、奖学金评定、研究生招生考试等相关工作进行集体决策。

2015年度接收党员组织关系34人次,转出党员组织关系53人次,获批基层党支部创新立项项目3项,资助总额12000元。

【学生工作】 常规工作。(1)军训。2015年8月16日至29日,2014级本科班完成军训,男生所在连队获军训团优秀连队,女生所在连队获优秀党支部,1名学生获军训团优秀骨干,9名学生获军训团优秀学员。(2)迎新。2015年度,54名本科生、58名硕士生、22名博士生全部顺利报到。学工办开展了新生班会、新老生交流、系图书馆使用培训、篮球对抗赛等一系列新生教育活动,帮助同学们更好地融入大学生活。(3)学生资助。2015年,全系共有51名学生获得资助,占全系本科生的23.7%,其中有25名学生来自农村。(4)评奖评优。2015年,全系共有117名学生获得年度奖励,其中本科生69人,硕士生27人,博士生21人,获奖励人数占评奖基数的31%。其中,三好学生标兵7人,三好学生46人,优秀学生干部2人,单项奖(学习优秀奖、优秀科研奖、学习进步奖、实践公益奖、社会工作奖、优秀品德奖)共计62人。全系共有69名学生获得奖学金,其中本科生44人,硕士生16人,博士生9人,获奖同学占评奖基数的16%,人均奖金6590元。(5)学生就业。社会学系2015年毕业生(不含留学生)中,本科生52人,研究生94人,其中博士生8人。本科生中,35人国内升学攻读硕士,占67.31%;7人出国,占13.46%,另有5人签约派遣,3人灵活就业,2人拟继续深造;研究生中,63名学生签约派遣,占67.02%,另有9人出国深造,3人升学。在签约派遣的毕业生中,有5名研究生选择前往广西、新疆、重庆等中西部地区。为帮助2016届毕业生顺利实现就业,学工办进行了就业信息发布、就业政策解答、签约咨询、政审考察等一系列工作。

团委工作。2015年,团校组织十八届五中全会专题学习课程和参观国家博物馆活动。高级团校仍采取光华、社会、生科、数学、工学五院联合团校形式作为校内串联平台,增强各院系之间的联系。宣传方面,着重微信平台特色化建设;与学术实践部合作打造"社会学日历"专题栏目,回顾著名社会学家的生平;重启《五音》编辑工作,收录调研报告、读书体会、午间学术报告等文章。微信平台关注量已达3400余人,成为对外宣传、对内服务的重要渠道。学术实践方面,2015年成功举办首届首都高校社会学学生论坛。2012级本科生任鹤坤等同学的作品《"情理之治":基层信访办的运作逻辑——北京市A乡"无理上访"的案例分析》在第十四届挑战杯系列赛事中荣获全国特等奖,周飞舟教授、卢云峰副教授获优秀指导教师奖。社会学系获北京大学挑战杯系列赛事四连冠。2015年,组织6期"学术空间"系列交流活动,内容包括探讨读书体会、交流田野感受等。志愿服务方面,2015年,开发富平家政机构志愿服务项目,每周为家政服务人员普及英语、电脑知识。2名学生骨干参与了中国人

民抗日战争暨世界反法西斯战争胜利70周年阅兵式志愿者活动,宣传中心对相关事迹进行了采访。国际交流方面,2015年,系学生会组织"从新出发"新加坡出访项目,以参访当地高校、企业为主,与当地的中国留学生开展参观交流调研等活动。该项目活动资金来自企业赞助,随着项目影响力提高,赞助额度也逐渐增长,为学生的国际交流提供了更加优秀的平台。此外,"一二·九"师生歌咏比赛获"最富感染力奖",男生节系列活动、博士生论坛、新年晚会等都受到了全系师生的一致好评。

【继续教育】 举办"2015年海外侨领中国国情研修班"和第二届北京市侨联"港澳及海外侨领国情研修班",共培训侨领128名。举办第四期"北京市社区工作者理论与实践研修班",培训北京市各区县社区干部100名。

政府管理学院

【发展概况】 政府管理学院现设有政治学与行政学、行政管理、城市管理3个本科专业,7个硕士专业,政治学与公共管理学2个一级学科博士授予点,3个博士后流动站。学院下设政治学系、行政管理学系、政治经济学系、公共政策系、公共经济学系、城市与区域管理系等6个系,拥有公共管理硕士(MPA)教育中心,以及以政府管理学院教授为主体设立的北京大学中国政治学研究中心、北京大学公共管理研究中心、北京大学城市治理研究院、电子政务研究院、中国国情研究中心等18个校级研究所(中心),其中,教育部人文社会科学重点研究基地——北京大学政治发展与政府管理研究所与院有着密切的学术协作关系。

院长为全国政协副主席、著名行政法学家罗豪才教授,常务副院长为傅军教授,副院长为徐湘林教授、李国平教授、白智立副教授、朱天飚副教授(2015年4月离职)、李靖。党委书记为周志忍教授,副书记为李国平教授(兼)、李靖(兼)、姚静仪、姚奇,工会主席为黄璜副教授。学院共有教师52人。其中,教授24人,副教授26人,助理教授1人,讲师1人。离退休教师19人。2015年,学院减离2人,其中1人去世,1人离职。

【教学工作】 2015学年,政府管理学院共有在校本科生390人,其中留学生32人、港澳台学生7人、少数民族学生48人;其他学生中,2015级69人、2014级65人、2013级80人、2012级89人。2015年共有87名本科生毕业。

2015学年在校硕士研究生282人,其中,留学生41人,港澳台学生18人,少数民族骨干计划10人。2015学年毕业研究生80人,其中区域经济学专业9人,行政管理专业21人,政治学理论专业7人,中外政治制度专业5人,中共党史专业3人,公共管理(公共政策)专业30人,公共管理(发展管理)专业5人;授予硕士学位70人。2015学年,在校公共管理硕士研究生404人,其中,2014级单证学生89人,双证学生123人,2015级单证学生72人,双证学生120人。2015年毕业MPA学生101人。

2015学年在校博士研究生197人,其中2007级5人,含港澳台2人;2008年10人,含留学生2人;2009级4人,含港澳台1人,留学生1人,少数民族骨干计划1人;2010级8人,含少数民族骨干计划1人;2011级29人,含港澳台3人;2012级40人,含港澳台2人,留学生4人,少数民族骨干计划2人;2013级38人,含港澳台2人,留学生2人;2014级34人,含港澳台4人,留学生1人;2015级29人,含港澳台1人。2015年毕业博士研究生37人,其中区域经济学专业4人,行政管理专业19人,政治学理论专业10人,中外政治制度专业4人;授予博士学位29人。

2015年,政府管理学院本科生课程共开设55门,其中专业必修课程29门,专业限选课程22门,通选课程2门,全校任选课程2门。2015年,参与讲授本科课程的任课教师共46名,其中18名教授,25名副教授,2名讲师,1名外聘教师。

本科生一、二年级学习专业基础课程,三年级进行专业分流。2015年9月,2013级本科生分流为3个专业:政治学与行政学专业20人,行政管理专业45人,城市管理专业15人。9月中旬,学院严格根据GPA统计排名完成了2016届49名本科生推荐免试研究生工作。

2015年度,在国际英文授课项目方面,学院与伦敦政治经济学院合作举办的双硕士项目和英文授课MPP项目进展顺利。2015年总计招生46人,学生来自全球亚非拉27个国家和地区。欧洲中心在秋季学期开设的英文课程也受到学生好评。

2015年,顾昕获得北京银行教师奖,张健获得方正教师奖,孙铁山获得黄廷方/信和青年杰出学者奖,郁俊莉获得中国工商银行教师奖,李强获得北京大学教学优秀奖,柳林荣获由全国公共管理专业学位教育指导委员会评选的"全国MPA优秀教学管理工作者"称号。

【科研工作】 2015年政府管理学院有3位教师享受青年津贴,1位教师获聘长江学者,1位教师入选百人计划。

政府管理学院积极组织全院教师和博士后申请国家、部委科研项目。2015年获批立项的国家和省部级科研项目6项,其中国家社科基金青年项目3项、国家社科基

金年度项目3项。2015年学院教师获第七届高等学校科学研究优秀成果奖（人文社会科学）著作二等奖2项。

2015学年学院教师承担项目到账总经费超过1846万元。其中横向课题到账经费为1637万余元，纵向课题到账经费为209万元。

2015年政府管理学院教师发表核心期刊索引期刊论文110篇，其中SSCI 1篇；出版专著8部。

2015年国际（SSCI）发表成果：张长东，Non-Governmental Organization's Policy Advocacy in China: Resources Government Intention and Network; China-An International Journal, Published: APR 2015, Volume: 13, Issue:1, Pages:181-199, ISSN 0219-7472。

2015年，2012级武雪健等13位同学分别完成了6个"校长基金"和1个"北京市创新计划"科研项目，其中分别推荐2个"校长基金"和1个"北京市创新计划"为"优秀论文"和"优秀案例"。

【交流合作】 2015年，学院在对外交流与合作办学方面取得进展。在2014年正式签署北京大学政府管理学院与台湾大学社会科学院交换学生计划协议的基础上，2015年春季开始互相派遣学生。在北京大学海外学者讲学计划的支持下，学院积极邀请并组织海外著名学者来院讲学、讲座；配合欧洲研究中心完成2015年秋季"欧洲政治、经济与社会专题研究"课程。政府管理学院与意大利米兰大学、都灵大学等欧洲合作伙伴成立的第五期"中欧暑期交流项目"，给学生提供了一个国际交流互动平台。

3月27日，亚美尼亚共和国总统谢尔日·萨尔基相访问北京大学，并在英杰交流中心发表了关于"亚美尼亚外交政策"的演讲，并被授予北京大学政治学名誉教授称号。3月28日—31日，学院国际项目研究生一行30余人由政府管理学院党委副书记姚静仪老师带队，赴黔西南州兴义市参加了第三届"中国美丽乡村·万峰林峰会"开幕式及"乡村梦想——美丽乡村建设与发展国际论坛"。

6月11日—13日，应北京大学"大学堂"顶尖学者讲学计划的邀请，著名政治学家、台湾"中研院"院士朱云汉教授访问北京大学，围绕中国崛起带给世界秩序的冲击、美国社会科学方法论反思等议题发表学术演讲，并同政府管理学院、国际关系学院的师生代表深入座谈。6月15日，"第10期全球公共政策高级培训班"开班，来自中央和地方的60位厅局级干部学员在北大进行了为期一个月的学习培训。6月22日至26日，法国电力公司（EDF Group）的18名来自全球各地的高层管理人员参加了由学院组织的高端培训班。

10月24日，学院隆重举办国家治理论坛·2015中韩"社会治理与公共服务"国际研讨会，来自国家行政学院、北京航空航天大学、首都师范大学及韩国成均馆大学、世宗大学的10余位专家学者发表了主题演讲。

11月7日，学院与北京大学国家治理协同创新中心、北京大学政治发展与政府管理研究所联合举办"国家治理论坛"暨"2015年北京大学博士研究生国际专题学术研讨会"，近200人参加。研讨会受到北京大学研究生院资助，主题为"社会治理创新：理论与实践"。11月20日、22日，俞可平院长应新加坡南洋理工大学邀请分别参加"善治：全球议题与本土情景"国际学术会议和《联合早报》的"善治中国"论坛，并先后发表"善治与善政""中国走向善治之路：改革开放至今"的主旨演讲。

12月26日下午，北京大学人力资源开发与管理研究中心主办"2015中国人力资源服务业发展战略高级论坛"。论坛以总结2015年中国人力资源服务业发展成就、研讨未来服务业发展战略为主题，对中国人力资源服务业发展战略评价指标体系的构建进行了重点研讨，引起了政府、行业协会、学术界的高度重视。

【继续教育】 政府管理学院继续做好研究生课程进修班（高级专门人才研修班）工作。2015年，学院共有4个在读研究生课程班，分别为安徽2012级公共管理（公共政策）研究生课程班（52人）；上海2012级区域经济学研究生课程班（6人）；重庆2013级行政管理研究生课程班（52人）；北京2014级行政管理高级专门人才研修班（51人）。2015年5月，共36名学员通过同等学力硕士论文答辩，11月，共6名学员通过论文答辩，获得硕士学位。

2015学年，重庆2013级行政管理专业503名学员顺利完成了课程学习，取得结业证书。学院与重庆公共管理学院已经合作办学19年，为重庆培养了大量的"学习型、研究型、创新型"的公共管理人才。

2015年8月，安徽省司法行政系统党员领导干部领导力提升培训班开班，全体学员参加了为期7天的高端培训。培训班紧紧围绕"学习四中全会 提升领导能力"这一主题，结合安徽省司法行政党员领导干部特点，充分发挥北大雄厚师资优势，精心设计"深化司法改革，进一步发挥司法行政工作在推进依法治国中的作用""人才开发与管理的策略方法"等课程。

【党建工作】 根据北京大学部署，政府管理学院开展了学习习近平总书记五四重要讲话精神、"三严三实"专题教育等，完成《政府管理学院学习习近平五四重要讲话精神总结报告》《政府管理学院"三严三实"工作方案》《政府管理学院不严不实问题初步汇总清单》等材

根据北京大学党委、纪委关于反腐倡廉建设工作部署，为强化一岗双责，制定完成《北京大学政府管理学院党风廉政建设责任制实施细则》。政府管理学院向学校检查组汇报了党风廉政建设责任制执行情况，完成小金库自查等工作；先后接待、协调处理、上报回复来信、来访10件次。2015年3月，配合学校完成对学院主要领导的综合管理审计和任期经济责任审计工作。

2015年，政府管理学院党委扎实做好学生党建工作。新发展学生党员29人，确立积极分子122人。为加强学生综合素质的培养，学院积极支持学生党员参与社会实践活动。12月4日，北京大学青年政治人论坛在英杰交流中心月光厅成功举办。论坛以"聚焦十三五·解读五个发展新理念；聚力北大梦·展望综合改革新篇章"为主题，邀请校内政治学与公共管理领域的专家学者解读"十三五规划建议"和"十三五"时期国家发展战略，展望北大的综合改革和一流大学建设。

【学生工作】2015年，政府管理学院学生工作在常规工作方面进展顺利，根据学校、学院相关规定和程序，顺利完成了迎新入学、学生资助、评奖评优等多项工作，对学生的心理辅导、就业创业等工作也持续开展中。

政府管理学院重视新生教育，为每个新生寝室配备了一名高年级同学做新生辅导员，并完成了2015年度学生资助认定、生源地贷款处理及贷后管理的相关事宜。经学校学生资助中心认定，学院共有家庭经济困难本科生82人，均获得了学校的相应资助。学院还非常重视他们的心理及学业辅导，受助同学中有相当数量的同学获得了学校的奖学金奖励。

2015年，政府管理学院有86名同学获得学校奖学金，139名同学获得各种奖励。同年，贾润东代表政府管理学院参加辅导员职业技能大赛，荣获北京市十佳辅导员称号。政府管理学院积极推动学生就业工作，通过就业中心推荐、院友推荐和用人单位直接对接等形式及时发布岗位需求，2015年下半年完成23家企事业单位的岗位需求发布。

2015年5月，政府管理学院学生会和研究生会完成换届工作；2015年9月，北京大学团委任命张辰担任共青团北京大学政府管理学院团委常务副书记，王怀乐自然卸任。团委学生副书记共7名。

2015年，学院结合专业特色、学生特点，坚持完善制度、坚持特色、深化品牌和学习育人的理念，开展了形式丰富、内容多样的特色活动。持续创新开展"博雅家·乐创"系列活动，设计了"政管Running Man""相聚·博雅家乐创·蛋糕赛""流连民族故事，留住暖暖时光""百望山征服之旅""春光激滟春色好，不负韶华不负卿""奔跑吧，政管——初夏夜的荧光狂欢"等6次活动。学院还组织了"博雅家·乐创"五周年系列纪念活动，通过制作纪念册、纪念视频、纪念展板和举办大型纪念晚会等方式，回顾该品牌活动5年来的发展历程，总结有益经验，扩大活动影响，挖掘品牌价值。

2015年，根据国家"全民阅读"的倡议，政府管理学院启动了2015"政思·悦想"全民阅读项目。10月，北京大学公共治理人才成长营正式开营。"成长营"面向全校所有学生开放，旨在通过理论学习、社会实践、院友沙龙等多种形式，使营员们得到全方位综合性的提升。同年，北京大学公共治理人才创新创业基地成为北京大学创新创业基地之一。

【行政工作及其他工作】2015年，政府管理学院着重加强行政工作的规范化和制度化。按照北京大学要求，严格落实学院办公用房使用整改；顺利完成政府管理学院教师教研室调整；完善学院会议室使用规范；进一步加强学院公章管理，及时整理汇总公章登记备案。

楼宇安全管理进一步规范。进一步落实北京大学二级单位安全管理标准化建设，加强大楼安全"技防"因素，确保安保工作。多次接受学校安全检查组对学院的安全工作检查，得到"总体良好"评价。

严格办公采购程序，按照厉行节俭、方便办公的原则进行办公采购，对电脑、照相机等学院公用设备进行登记并做详细借用记录，定期进行梳理。对于大楼设备维修采购，完善采购程序，严格执行"货比三家，低价中标"制度规定，完成大楼公共区域和部分会议室整修。

学院工会圆满完成学院教师体检、参与合唱节活动等组织工作。院友工作顺利开展。

马克思主义学院

【发展概况】组织机构。马克思主义学院现有马克思主义基本原理、马克思主义发展史、马克思主义中国化、国外马克思主义、思想政治教育、中国近现代史、政治经济学、科学社会主义8个研究所，有中国道路与中国化马克思主义协同创新中心、教育部人文社会科学重点研究基地——中国特色社会主义理论体系研究中心、北京市哲学社会科学重点研究基地——中国化马克思主义发展研究基地3个研究机构。2015年1月9日，北京大学党委常委会批复同意马克思主义学院党员大会选举结果，马克思主义学院新一届党委委员7名（按姓氏笔画为序）：王强、冯雅新（女）、宇文利、孙蚌珠（女，满族）、孙熙国、李石生、李翔海。孙

蚌珠为马克思主义学院党委书记，王强、冯雅新为马克思主义学院党委副书记。

学科建设。学院现有马克思主义理论一级学科硕士、博士学位授权点，下设马克思主义基本原理、马克思主义中国化、国外马克思主义、思想政治教育和中国近现代史基本问题研究5个二级学科。学院还拥有科学社会主义与国际共产主义运动（全国重点学科，与国际关系学院共建）、政治经济学2个二级学科硕士和博士学位授权点。

队伍建设。马克思主义学院现有事业编制教职员工49人，其中教师40人、党政管理人员6人、博士后3人。教师中，有教授19人、副教授18人、讲师3人。2015年退休2人，晋升教授1人，晋升副教授2人，进站博士后1人，出站博士后1人。

【教学工作】 学生人数。马克思主义学院现有学生147人（硕士研究生63人，博士生研究84人）。其中，2014级硕士生33人，2015级硕士生30人，2012级博士生24人（含思想政治理论课教师专项计划4人，西部计划1人，少数民族骨干计划1人），2013级博士生25人（含思想政治理论课教师专项计划1人，少数民族骨干计划1人），2014级博士生19人（含少数民族骨干计划1人），2015级博士生16人（含思想政治理论课教师专项计划1人）。

课程设置。马克思主义学院承担着全校学生的思想政治理论课教学工作。2015年为本科生开设了5门思想政治理论课：思想道德修养与法律基础、中国近现代史纲要、马克思主义基本原理概论、毛泽东思想和中国特色社会主义理论体系概论、形势与政策；为硕士生开设了1门思想政治理论课：马克思主义与社会科学方法论；为博士生开设了1门思想政治理论课：中国马克思主义与当代。

教学获奖。2015年马克思主义学院杨河教授获得唐立新奖教金教学名师奖，王成英副教授获得杨芙清-王阳元院士教师奖，杨柳新副教授获得中国工商银行教师奖，黄俊立副教授、李建副教授获得北京大学教学优秀奖。孙蚌珠教授荣获"高校思想政治理论课教师2015年度影响力标兵人物"。

【科研工作】 人才队伍。马克思主义学院现有中央马克思主义理论研究和建设工程首席专家3人，国务院学科评议组成员1人，教育部社会科学委员会委员2人，国家社科基金学科评审组专家4人，国家"万人计划"第一批哲学社会科学领军人才1人，国家"新世纪百千万人才工程国家级人选"1人，教育部跨（新）世纪优秀人才3人，中宣部"四个一批"人才1人，国务院政府特殊津贴获得者6人。

表5-19 马克思主义学院2015年在研项目（共16个）

项目名称	负责人	任务来源
中国经验	孙代尧	中宣部"文化名家暨'四个一批'人才工程"项目
抵御境外非政府组织对我思想文化渗透研究	孙熙国	国家社科基金特别委托项目
中国特色社会主义治理体系的文化基础	魏 波	北京市哲学社会科学规划办公室
马克思国家治理理论与中国国家治理现代化	刘 军	北京市社科基金
马克思恩格斯思想政治教育思想研究	李 健	北京市教工委
思想政治教育学科建设与课程建设有机衔接研究	宇文利	北京市教工委
中国化马克思主义发展研究基地年度报告	程美东	北京市哲学社会科学规划办公室
丰富和拓展中国特色社会主义工会发展道路理论体系研究	孙蚌珠	全国总工会
当代大学生认知和培育社会主义核心价值观研究	王久高	北京市教工委
马克思公平正义思想及其当代价值	李 旸	北京市社科基金
思想政治教育视域中公民教育的科学阐释	李毅红	教育部人文社会科学研究规划项目
坚定中国特色社会主义道路自信、理论自信、制度自信	杨 河	国家社科基金重大课题
晚年马克思五个重要笔记新探讨	林 锋	国家社科基金
互联网金融	邱尊社	深圳前海好彩金融服务有限公司
马克思主义经典理论视域下的未名公社实践	白雪秋	北大未名集团新农村建设项目
"十三五"时期北京市推动京津冀协同发展的重点任务及跨域治理机制研究	黄俊立	北京市发展和改革委员会

科研成果。2015年马克思主义学院师生发表学术论文225篇，出版专著3部、编著23部、译著1部。

《马藏》编纂工程。3月29日，北京大学《马藏》编纂工程正式启动。《马藏》将在现有成果基础上，搜集汇编更为丰富和完备的与马克思主义发展有关的各类文献，纸质版和电子版并重，做到编研并举、培养人才，多学科联合攻关、协同合作。《马藏》工程规模浩大，编纂出版将分步实施。首先编纂出版"《马藏》中国编"，即19世纪下半叶马克思主义传入中国以后的文献，将按若干重要时间节点分步完成；接着编纂"《马藏》国际编"，汇编国际上与马克思主义发展有关的文献和研究成果。《马藏》中国编计划于2024年左右完成，国际编计划于2035年左右完成，全部工程预计历时约20年。这一工程将使中国成为世界马克思主义文献的编纂与研究中心。

3月14日，"中国道路与中国化马克思主义"协同创新中心工作会议在北京大学召开。根据中心培育和发展需要，会议聘请顾海良教授担任协同创新中心联合主任。在原有协同单位的基础上，新增《求是》杂志社、南开大学、吉林大学、北方民族大学、石河子大学、西藏大学、内蒙古大学、广西大学、解放军南京政治学院等为协同单位。新增协同单位均具有独特的学科优势和地缘优势，在协同研究、学术拓展、学科建设、人才培养、政府咨询、社会服务等方面具有非常显著的合作空间和协同创新空间，有助于实现强强联合、优势互补、协同攻关。

"国际马克思主义文献中心"建设。4月15日，国际马克思主义文献中心（北京大学图书馆马克思主义分馆）揭牌仪式举行。文献中心拥有超过一万册图书资料的馆藏和阅览室。北京大学图书馆总馆馆藏丰富，历史悠久，有关马克思主义和早期共产主义在中国传播的文献收藏精品荟萃。马克思主义学院将和图书馆强强联合，既发挥图书馆的馆藏优势和管理经验，又发挥马克思主义学院的学科优势，共同将马克思主义分馆建设成为世界领先的马克思主义文献中心。

【交流合作】 10月10日至11日，首届世界马克思主义大会在北京大学举行。共有来自五大洲的500余名马克思主义研究学者和中国问题研究专家参加，大会以"马克思主义与人类发展"为主题，围绕马克思主义在世界范围内的交流、传播与发展及其在推动社会进步和文明发展中的重要价值进行研讨。受邀前来的世界知名学者包括埃及经济思想家萨米尔·阿明，美国哈佛大学教授罗德里克·麦克法夸尔，耶鲁大学教授约翰·罗默以及纽约大学教授波特尔·奥尔曼等。会期内，中外学者围绕马克思主义的起源和发展、马克思主义文本研究及其编译、中国道路与中国话语体系、习近平治国理政思想与中国马克思主义的发展、马克思主义与世界文明的未来走向、马克思主义与科学文化、马克思主义与经济全球化、马克思主义与人类命运共同体等8个问题展开讨论。同时，学者们还就"落后国家发展道路与马克思主义""中国道路与市场社会主义""中国近现代发展与马克思主义"等议题进行专题演讲和高端对话。

【党建工作】 组织建设。马克思主义学院共有党员216人，其中在岗教工党员43人，离退休教工党员50人，学生党员123人。马克思主义学院共有党支部12个；教工党支部6个，以研究所为单位设置；学生党支部6个，以班级为单位设置。

党建活动。扎实开展"三严三实"专题教育。通过开展专题党课、理论学习研讨和主题党日活动，召开民主生活会和组织生活会，深入剖析"不严不实"突出问题，狠抓整改落实等措施，在学院领导班子和全体师生党员中深入开展"三严三实"专题教育。组织全体党员尤其是党政班子成员认真学习《中国共产党廉洁自律准则》和《中国共产党纪律处分条例》。坚持思想建党与制度建党相结合，进一步完善学院各项制度，新制定了《马克思主义学院党风廉政建设实施细则》《关于思想政治理论课教学工作的规定》《科研和学术管理办法》《教师职务聘任条件细则》《教师专项岗位聘任细则》等一系列制度。教工党支部围绕教学科研等中心工作开展活动，注意师德师风建设，根据支部自身情况，积极开展各项活动。各学生党支部通过各种形式先后开展了"我眼中的中国精神""砥砺强国梦，聚力十三五"等一系列党团日联合主题教育活动。2014级硕士生党团支部活动获学校学生党团日联合主题教育活动一等奖。2015级硕士生、2015级博士生支部获得学校基层党建创新立项。2015年，马克思主义学院共吸收学生预备党员11名，10名学生预备党员按期转正。

【行政工作】 马克思主义学院现有行政人员15人，其中事业编制6人，劳动合同制9人。2015年新入职3人，调入1人，退休1人。

【学生工作】 学生活动情况。深入推进社会主义核心价值观教育，增强学生思想政治素质。2015年4月，组织学生党团支部开展"我眼中的中国精神"党团日联合主题教育活动，2014级硕士生党团支部开展"中国精神大家画·大家唱·大家答"活动，2014级博士生支部走进了798艺术区，开展以"学习与践行社会主义核心价值观"为主题的党日活动。学思并进，积极开展"三严三实"专题教

教 育 学 院

【发展概况】 教育学院现任院长为陈晓宇教授,党委书记为阎凤桥教授,名誉院长为闵维方教授。

组织结构。教育学院下设4个系、2个研究所和8个中心,即教育与人类发展系、教育经济与管理系、教育技术系、教育领导与政策系;高等教育研究所和教育经济研究所;教育质性研究中心(原基础教育与教师教育中心,2014年6月更名)、中国教育与人力资源研究中心、企业与教育研究中心、数字化学习研究中心、国际高等教育研究中心、教育信息化国际研究中心、博士后研究中心和教育发展研究中心。其中教育经济研究所为教育部人文社会科学重点研究基地,教育经济与管理专业为国家重点学科,高等教育学专业为北京市重点学科。教育学院内设的教学科研辅助机构包括图书资料室、编辑部。教育学院编辑部承办全国中文核心期刊、CSSCI来源期刊、国家社科基金资助期刊《北京大学教育评论》(季刊)。2015年12月1日,教育学院召开全体党员大会,选举产生了以阎凤桥(书记)、侯华伟(副书记、宣传委员)、陈晓宇、岳昌君(统战委员)、朱红(纪委委员)、蒋承(安保委员)、徐未欣(组织、青年委员)等7人为党委委员的教育学院党委。

学科建设。教育学院拥有教育学、公共管理两个一级学科博士学位授权点,设有高等教育学、教育经济与管理、教育技术学3个硕士点,高等教育学、教育经济与管理、教育学原理、教育博士专业学位(Ed.D.)4个博士点,其中教育经济与管理学科为国家重点学科。2015年教育学院在原有的4个博士点基础上增加了教育技术学博士点。学院还设有教育学、公共管理(教育经济与管理)2个博士后流动站。教育学院注重人才培养,尤其注重提高学生综合素质和运用科学方法解决问题的能力,历年来为国内外高等学校、教育管理部门以及相关机构输送了大批优秀人才。

队伍建设。至2015年底,学院共有在职教工71人,其中教师36人,行政和教辅人员8人,博士后5人,劳动合同制人员15人,返聘人员3人,人事关系在学校其他单位的人员4人。2015年学院有1位教师晋升副教授、1位教师晋升副研究员。截至年底,学院教学科研队伍中:教授15人,副教授18人,副研究员1人,"新体制"助理教授1人,"新体制"助理研究员1人,副编审2人。教师队伍中拥有博士学位的36人。2015年,教育学院新入职教职工10人,其中博士后4人,教师个人聘用的科研助理5人,院聘培训办公室行政人员1人;教育学院当年减离共11人,其中教师个人聘用的科研助理离职8人,博士后出站1人,院聘编辑部编务离职1人,去世教师1人(李文利)。2015年,教育学院新聘兼职教授1人(管培俊),聘期从2015年4月到2018年4月。

【教学工作】 学生人数。2015年,教育学院共毕业研究生74人,其中获硕士学位的46人,获博士学位的26人。教育学院总计招收研究生97名,其中硕士研究生53名、博士研究生44名。截止到2015年底,学院共有在读研究生390人,其中博士生267人,硕士生123人。学院成功举办了"学习科学与技术"暑期学校,招收学生152名。

课程设置。2015年经学院学术委员会审议通过的新课程有3门。截至2015年底,学院能够为研究生开设的课程有201门。除为研究生开设课程外,学院还积极

育。2015年10月—12月,2015级硕士班、博士班党团支部赴怀柔生存岛开展"三严三实"新生党团日联合主题教育活动,2012级博士班赴沙滩红楼参观并开展"三严三实"主题讨论,2013级博士班赴中国人民抗日战争纪念馆开展主题党团日活动。为提高学生马克思主义理论素养,从2015级学生开始,开展两周一次的"经典著作读书会",受到学生尤其是博士生的好评。2015年,尝试探索师生共同进行社会实践,建立了甘肃陇南研习基地,暑期组织师生分赴河北邯郸、甘肃陇南和青海西宁开展暑期调研活动。此外,2015年7月,组织全体毕业生向李大钊同志塑像敬献花篮,并举行庄严的毕业宣誓。

毕业生去向。2015届有45名统招统分毕业生,除1人准备继续考博外,其他全部实现就业或升学。其中,38人就业(到西部或基层11人),6人继续在学院读博深造,1人出国留学。

校园文化建设。注重营造"家园"氛围,充分调动同学们的积极性,组织开展各种契合研究生青年需求的精品文体活动。2015年4月,成功举办一年一度的精品特色活动——宿舍文化节。在2015年学校春季运动会上,2014级硕士生全员参与,马克思主义学院获得乙组总分第三名的优异成绩。2015年9月,召开中秋迎新生茶话会。2015年10月,开展2015级全体新生素质拓展活动。2015年11月,举办第八届"师生乒羽友谊赛"。2015年12月,举办学生新年联欢会。2013级硕士生班获得北京市先进班集体称号。2014级硕士生班获得北京大学优秀班集体、优秀团支部、首都大学中专院校"先锋杯"优秀团支部荣誉称号。2014级博士生班获得北京大学先进学风班称号。

参与学校本科的教学工作。

培养方案。根据博士点和硕士点分别按年级、专业/方向（高等教育学、教育经济与管理、教育技术学、教育学原理、高级教育行政管理和教育博士专业学位）设置了分层次（博士生、硕士生）、分类别（硕博连读生、考试生）的培养方案。

教学获奖。中国高等教育学会第十一届"高等教育学"优秀博士学位论文奖评选活动中，岳昌君教授指导的程飞的博士学位论文"高校毕业生求职途径的实证研究"被评为优秀博士学位论文；岳昌君教授指导的杨中超的博士学位论文"教育扩张对代际流动的影响研究"被评为北京大学优秀博士学位论文；鲍威老师获得2014—2015年度北京大学教学优秀奖。

【科研工作】 项目数量。2015年教育学院新立项的项目共计47个，其中纵向项目10个，横向、委托及国际合作项目37个。

科研成果。据不完全统计，2015年教育学院教师发表成果（期刊、报纸、文集收录、专著章节、著作、会议论文）311篇，其中中文期刊论文120篇，顶级及权威期刊论文22篇，国家社科基金资助期刊论文24篇，CSSCI来源期刊论文81篇，全国中文核心期刊论文61篇，英文期刊论文28篇，发表会议论文59篇，其中外文会议论文30篇；撰写研究报告66篇，出版著作4部，参与撰写的著作章节18篇。

获奖情况。2015年教育学院获得各种科研荣誉及奖励近30项，其中比较重要的奖项有：陈向明教授等著《搭建实践与理论之桥——教师实践性知识研究》、蒋凯副教授专著《全球化时代的高等教育：市场的挑战》获第七届高等学校科学研究优秀成果奖（人文社会科学）二等奖；陈向明教授参与主编的《中国教育大百科全书》获北京市第十三届哲学社会科学优秀成果奖特等奖；蒋凯副教授专著《全球化时代的高等教育：市场的挑战》获第二届"明远奖"研究成果奖。阎凤桥教授获CIES Higher Education SIG Best Research Article Award for 2015。马万华教授论文被美国匹兹堡大学教育学院国际教育研究中心评为年度最佳论文。丁小浩教授被评为北京市教育工会"在教育岗位上工作满30年"优秀教职工代表；马万华教授获2015年杨芙清-王阳元院士教师奖优秀奖；郭文革副教授获2015年北京银行教师奖；林小英副教授获2015年黄廷方/信和青年杰出学者称号。岳昌君教授获中国高等教育学会第十一届高等教育学优秀博士学位论文指导老师称号；刘云杉教授指导的学生论文获第十一届高等教育学优秀博士学位论文评选（提名奖）。蒋承副教授撰写的"首都高校文化发展状况的调查研究"一文，发表于《北京教育（高教）》，获"立德树人与大学文化建设"征文二等奖（北京市委宣传部、北京教育杂志社主办）。

【社会服务】 教育学院在开展教学、科研工作之外，还承担着重要的社会服务功能，为教育机构和教育管理决策部门提供项目评估、咨询服务和决策支持。教育学院与教育部、科技部、财政部、国家发展和改革委员会、国务院学位委员会办公室、北京市教育委员会等政府部门保持着良好的合作关系，承担了一系列重大委托课题，并提供政策咨询。同时，教育学院多名教师在北京大学各个部门承担服务工作，包括参加学校发展规划委员会、本科课程改革战略发展小组、元培计划委员会等，并承接学校职能部门（如研究生院、教务部、教务长办公室、国际合作部、人事部、财务部、发展规划部等）委托的调研课题。

【继续教育】 2015年，教育学院向继续教育部申报立项了100期研修班，研修班类型包括教育专业研修班、政府机关单位干部研修班、企业管理者研修班等三大类型。学院独立办班88期，与公司合作办班12期（1期未如期举办）；结业人数共计6560人；培训学费收入2600余万元，向学校上缴费用540余万元。

【交流合作】 2015年教育学院邀请国内外专家举办讲座27次（其中含港澳台专家讲座5次）。2015年教育学院教师出国访问、考察、合作研究、参加国际会议23人次，赴港澳5人次。

【党建工作】 组织建设。截至2015年12月31日，教育学院党委共有198名党员，其中在岗职工党员55名，学生党员123名，离退休党员20名；学院党委下辖12个党支部，其中教工党支部5个，学生党支部6个，离退休党支部1个。2015年度，学院共发展党员7名（女党员5名），预备党员转正4名。

党建活动。（1）理论学习。2015年，教育学院党委紧扣"三严三实"专题，先后开展了支部书记讲党课、领导班子意见征集活动、专题学习研讨活动、领导班子民主生活会，以及各支部民主生活会。（2）党内评优和创新立项。在北京大学党委的统一部署下，教育学院开展了北京大学党务和思想政治工作先进个人的评选工作。侯华伟被评为北京大学优秀党务和思想政治工作者。（3）党风廉政建设。2015年，学院制定了《教育学院党风廉政责任制实施细则》并严格执行。此外，学院参照"三严三实"专题意见征集的情况开展了党风廉政建设专题研讨活动。

【学生工作】 校园文化建设。2015年学院完成了9位新生的经济困难认定和11位在读困难生的信息库维护，圆满完成了2014—2015年度的评优评奖工作，共有17人获得校级奖学金，8人获得学

院闵维方奖学金,31名同学获得北京大学三好学生标兵、三好学生、优秀学生干部、学习和社会工作单项奖等奖励。

学生活动情况。2015年教育学院将党支部建设与班级建设相结合,用学生党建带动班集体建设,以班集体建设促进学生党建工作,实现学生党建和班集体建设的良性互动。在2015年先进班集体评选中,教育学院2014级高管班和2014级普硕班均荣获"北京大学先进班集体"称号。2015年教育学院党支部、团总支、研究生会、班级等各级学生组织通力合作,开展了迎新晚会、迎新杯足球赛、"师生情"羽毛球友谊赛、新年晚会、院衫设计大赛、毕业联欢会等一系列丰富多彩的学生活动。各学生党支部先后自主开展了"红色1+1""我眼中的中国精神""我为中国精神代言"联合党团日活动,深入基层开展了"好文共读"——理论文章共享,"勤学明辨求真知 修德笃实建功业"思想研讨会、创新创业实践之旅等多种形式的实践活动。其中2014级普硕支部获得了"我眼中的中国精神"学生党团日联合主题教育活动三等奖,知行社与2014级普硕支部分别成功申请了关工委重点课题和专项课题立项。截至2015年12月15日,教育学院党委共设6个学生党支部,有123名学生党员。2015年,教育学院共发展学生党员9人,预备党员转正3人。

【行政工作及其他工作】 行政队伍。2015年底,教育学院共有在编的行政和教辅人员8人,劳动合同制人员15人,返聘人员2人,人事关系在学校其他单位的人员4人。教育学院坚持行政办公周例会制度,并以制度建设为重点,以文档管理、流程梳理为突破点,努力提升学院行政服务的规范化水平。2015年,学院不断完善学院图书馆资源建设、加强学院网站建设和网络服务,不断提升《北京大学教育评论》的刊物影响力及国际化水平。继续完善《行政工作手册》,增加《教育学院行政工作实际操作流程》内容,并做好各项日常工作、会议、学生活动的后勤保障工作。

工会工作。2015年底,教育学院有工会会员78人(包括教育财政所)。2015年,学院工会组织教职工参加学校的运动会、冬季健步走等活动,并积极开展爱心基金捐款活动,协助办理女职工互助保险、"京卡 互助服务卡"等,积极推进合同工加入工会,为合同工缴纳会费。1月15日—16日,教育学院召开学术交流大会。会上除了学术交流活动外,由主管领导分别汇报当年度学院的教学、科研、人事、行政、培训、财务、党务和学生等方面的工作。7月10日,教育学院召开了教学研讨会,以教育学院研究生培养的现状与问题为主题,集中探讨了教育学院在研究生培养方面的发展现状、存在问题、国际经验及培养计划调整等论题。

妇女工作。2015年3月,教育学院院办办理了女职工互助保险。

新闻与传播学院

【发展概况】 发展历程。2015年,新闻与传播学院全体师生在学校领导的统一部署下,在学科发展、人才培养和队伍建设方面继续朝着一流新闻与传播学院的目标迈进。北京大学传播与媒体研究学科在2015年的QS全球学科排名中,位于50—100位区间,居国内高校首位。

组织机构。新闻与传播学院下设4个系:新闻学系、传播学系、广告学系、广播电视学系。研究机构包括:北京大学国家战略传播研究院、北京大学现代广告研究所、北京大学现代出版研究所、北京大学文化与传播研究所、北京大学电视研究中心、北京大学新闻学研究会、北京大学新媒体营销传播研究中心、北京大学视听传播研究中心、北京大学新闻与传播学院公共传播与社会发展研究中心。

学科建设。新闻与传播学院建立起适应当前形势且有前瞻性的本科、硕士、博士教学体系。学院召开了多次学生座谈会,听取同学对学院课程建设的意见和建议;积极推进教务部资助的本科教学工程"媒体融合背景下的卓越新闻传播人才教育培养计划",完成了10门微视频课程建设。

队伍建设。目前,新闻与传播学院已有教学科研人员28人,其中教授14人,副教授11人,讲师2人。

【教学工作】 学生人数。2015年,新闻与传播学院共有全日制学生710人,其中博士研究生89人(含港澳台),硕士研究生195人(含港澳台),本科生426人;留学生和港澳台学生共137人。2015届硕士毕业生共91人,本科毕业生86人,博士毕业生3人。2015年入学的本科生共计88人(包括留学生25人),硕士研究生87人,博士研究生8人。新媒体研究院入学的专业硕士生45名。

教学获奖。2015年,史学军副教授荣获北京银行教师奖,王秀丽副教授荣获黄廷方/信和青年杰出学者奖。

实验室与图书馆工作。2015年,在学校学科办的大力支持下,学院的数字传播教学实验中心第一期工程完成,投入120万元改建了苹果机房;图书馆购置了4万元的新书。

【科研工作】 2015年度新闻与传播学院教师共发表文章(含期刊论文、会议论文、研究报告等)133篇,出版著作(含专著、译著、编著、

教材等)9部;立项课题19项。

新闻与传播学院积极鼓励教师申报纵向研究课题。王维佳老师"网络实名制效果研究"获批北京市社科基金一般项目。在第七届高等学校科学研究优秀成果奖(人文社会科学)的评选中,程曼丽教授的著作《对外传播及其效果研究》和王维佳副教授的著作《作为劳动的传播——中国新闻记者劳动状况研究》获得第七届高等学校科学研究优秀成果奖(人文社会科学)三等奖。

4月11日,新闻与传播学院下属的虚体研究机构"北京大学国家战略传播研究院"正式成立。国家战略传播研究院由程曼丽教授任院长,主要研究和咨询领域涉及国际传播和形象建设、公共外交、地方政府的传播治理、企业国际化进程中的传播战略、互联网治理和传媒产业政策等。

【交流合作】 为了提升全院教师的科研能力,新闻与传播学院举办了"北京大学新闻与传播发展论坛"(10月15日)、"中韩日雕版印刷国际会议"(11月28日)、"方大增与抗战报人"(12月5日)学术研讨会,在学界和业界产生了广泛的影响,尤其是"马克思主义新闻观在中国的实践"分论坛的研讨成果,在《中国社会科学报》上做了重点推介。

在中国人民大学人文社会科学学术成果评价研究中心发布的2014年度"复印报刊资料"转载学术论文指数排名的高等院校二级院所"新闻传播学"学科排名中,北大新闻与传播学院在转载量排名、综合指数排名中分别位列第二和第三。

继续深化和推进北大新闻与传播学院和新华社的共建工作,学院聘请了5名新华社优秀编辑、记者担任新闻与传播学院的业界导师,他们均到北大课堂给同学们授课;学院的陈开和副教授到新华社国际部挂职锻炼。

在国际合作方面,与瑞士提契诺大学(the Università della Svizzera Italiana,USI)联合举办了"中欧对话:媒介与传播研究"暑期班。与美国乔治敦大学、夏威夷大学、英国威斯敏斯特大学等接洽商讨合作事宜;开设跨文化交流暑期课程。

【继续教育】 2015年新闻与传播学院在继续开办"整合营销传播"研究生课程进修班的基础上,新开设"公共传播"方向的研究生课程进修班,招生18人,在传播学理论与实践结合方面拓展了新路。非学历教育培训举办了多期"北京大学互联网战略与数字营销高级研修班"、暑期北京大学广告公司互联网战略特训营,为郑州广播电台、台州广播电视总台开办了媒体改革转型与融合发展高级研修班。

【党建工作】 2015年,新闻与传播学院党委共有党员227人,下辖17个党支部(其中教职工党支部3个,学生党支部14个)。党委工作积极贯彻党中央和学校党委的要求,以"三严三实"专题教育为核心,以学院发展为目标,稳妥推进,有效布局,针对性地开展各项工作。

强化"三严三实"专题教育工作的落地和执行。新闻与传播学院党委制订了工作计划。通过党政联席会、专题党委会、全体教师大会、学生支部书记会、学生骨干大会等方式,层层动员,落实执行。党政联席会定期学习有关文件,围绕党风廉政、"三严三实"等问题进行讨论,并结合科研经费管理、继续教育、财务管理等专项问题,在党政联席会讨论后,组织全体教师大会进行传达。7月1日,学院党委组织"三严三实"专题党课,全面启动学院的"三严三实"专题教育活动。

拓宽征求意见的渠道和形式,有针对性地开展党委工作。新闻与传播学院组织毕业生座谈会,听取同学们临别时的意见和建议。同时,学院还分别组织了毕业班、低年级同学的座谈会,通过这些活动,较为充分全面地了解了同学们的思想、学习和生活状况,也获得了宝贵的意见和建议。根据"三严三实"的工作部署,学院还组织了行政人员座谈会,在座谈会上,学院的行政人员同学院领导进行了坦诚的沟通。

改善党建工作,加强支部建设,提升党员的理论水平。根据新闻与传播学院党建的需要,针对新媒体研究院的特殊性,2015年11月在新媒体研究院建立了1个教工支部,2个学生党支部,并完成了学院所有支部的改选,提升了党支部的组织力和影响力。学院党委指导院团委制订了党员积极分子加强理论学习的方案,要求入党积极分子除了完成党课学习等任务外,必须根据书目,精读马克思主义的经典著作,完成读书报告。

【学生工作】 学生工作高度配合新闻与传播学院发展的需要,成效显著。延续"新传文化节"的思路,继往开来,推出大型系列文化活动"新传盛典"。全面参与学院组织的"2015两岸大学生创客营""新闻与传播发展论坛"、2015年"东方印迹——中韩日雕版印刷国际学术研讨会"等活动。学院在2015年全校运动会中获得了全校第二名、校本部第一名的好成绩,并且在学校"一二·九"大合唱活动中获得了一等奖。

新闻与传播学院团委组织的赴新华社河北分社暑期社会实践团获得北京市大学生暑期社会实践优秀成果奖。其他4个实践团也获得了北京大学优秀实践团的荣誉,新闻与传播学院获得2015年度北京大学暑期社会实践优秀组织奖。

根据征求的意见,学院团委推出了教授咖啡厅的活动,一学期已

经组织了2次,效果良好。同时,中午开放图书馆,为同学们提供学习交流的场所。

毕业生去向。学院2015届本科毕业生86人,其中国内升学比例为59%,出国留学比例为18%,签订就业协议和灵活就业比例合计17%,其他去向比例为6%;研究生毕业94人,签订就业协议和灵活就业比例合计91%,国内升学比例为2%,出国留学比例为2%,其他去向比例合计5%。

【行政工作及其他工作】 2015年,学院行政在编人员5人,合同制人员7人。学院逐步建立、完善学工、行政、教务等部门在日常的工作中需要规范管理、协调配合的事项,方便学生,提高工作效率。

体育教研部

【发展概况】 2015年,体育教研部新增教员1人:北京大学法学院经济学博士2015届毕业生欧阳泽蔓(女)。退休人员无。在职人员53人:教员49人,其中赫忠慧、吴飞二人赴美留学一年;教辅人员4人;另有外聘教师4人,合同制工作人员5人。体育教研部承担全校体育教学、群众体育活动、体育科研、运动训练和后勤体育场体育馆的管理工作。

体育教研部行政班子。主任:李宁(主管全面工作,群体),副主任:李杰(主管体教部场馆、后勤、办公室、人事,兼任北京大学体育馆常务副馆长)、萧文革(主管代表队)、吴昊(主管教学和研究生工作)。

体育教研部直属党支部。书记:张锐(主管支部、工会和体育科研工作),副书记:钱永健(主管青年、安全保卫工作),组织委员:郝光安,宣传委员:李德昌,统战委员:李朝彬。

1月8日,北京大学体育运动委员会年会在英杰交流中心圆满落幕。北京大学常务副校长刘伟教授出席会议并致辞,体育教研部李宁主任作北京大学体育工作报告。

【教学工作】 (1)较为圆满地完成了年度教学任务。2015年度共开课432个班,其中第一学期开设228个班,必修课207个班,选修课7个班,研究生10个班,体育研究生4个班。第二学期开设225个班,其中必修课202个班,选修课7个班,研究生12个班,体育研究生4个班。第三学期开设6个班,其中特色课4个班。体质测试纳入体育课的分数当中,健康中心共测试11423人次。

(2)完成北京大学教材建设立项申报和奖教金与教学优秀奖评选工作。

(3)吴飞老师荣获北京高校第九届青年教师教学基本功比赛文史类一等奖。

(4)在雾霾等恶劣天气情况下积极采取应急方案,利用单位的场馆和教室调整上课地点,保证正常的教学。

(5)教学交流。与来访的大连理工大学、华中科技大学、浙江大学、杭州电子科技大学体育与艺术学院和长沙理工大学体育学院进行教学和体质测试方面的交流。

(6)组织教师业务培训。9月1日—7日,北京大学体育教研部组织教师进行了太极拳业务培训。

【学生工作】 (1)学生体育社团活动。由社团队和业余队组成的北大普通学生代表队积极活跃在北京大学生体育协会、全国大学生体育协会等组织的各类赛事的赛场上。同时,校内体育赛事由体教部、社团、院系、学生会、校团委、校工会、校友会等发起举办,据不完全统计,2015年有150场左右。

(2)校内活动丰富多彩。54个学生体育类社团和16个教职工体育组织成绩斐然。其中自行车协会和山鹰社多次荣获北京大学品牌社团称号,在五大品牌社团中,体育社团独占2席,武术协会获得十佳社团称号,壁球协会获得新锐社团称号。

(3)课外锻炼制度顺利实施。新型校园活动呈现规模化、制度化的现象,如五四夜奔、冬季越野长跑、"我的人生 我的马拉松"、运动达人赛、体测辅导、课外锻炼等都极大地丰富了学生们的课余生活。每年有12000名学生参与制度化的课外锻炼活动,累计参与36万人次。基于移动互联技术的支持,群体办正在推广运动App的线上线下体育锻炼活动"我的人生 我的马拉松"。

表5-20 北京大学2015年部分体育类获奖情况

项目	成绩
田径	1. 2015年5月首都高校第53届田径运动会获得甲组男女团体总分第2名、甲组女子团体总分第2名、甲组男子团体总分第2名,并获得17个单项第1名。 2. 2015年7月"加多宝杯"第15届全国大学生田径锦标赛获得男女团体总分第2名、男子团体总分第2名、女子团体总分第2名、金牌和奖牌总数第1名(金9银6铜3)。 3. 2015年12月北京大学生第32届田径精英赛获得男子5金3银6铜、女子5金5银2铜,男女金牌数和奖牌数都第一。 4. 2015年12月首都高等学校校园越野赛获得团体第3名。 5. 2015年9月第二届全国大学生越野锦标赛获得甲A男子团体第2名、女子团体第4名、甲B男子团体第4名。 6. 2015年5月耐克高校精英邀请赛——环未名湖接力跑总决赛获得男女团体第3名。

续表

项目	成绩
男子篮球	1. 2015年6月第十七届CUBA中国大学生篮球联赛总决赛获得第4名。 2. 2015年5月首都高校大学生篮球联赛获得第7名。 3. 2015年7月第28届世界大学生夏季运动会获得第16名。 4. 2015年10月第一届世界大学生3对3篮球联赛第3名。 5. 2015年11月第十八届CUBA中国大学生篮球联赛(北京预赛)第2名。
女子篮球	1. 2015年6月第十七届CUBA中国大学生篮球联赛总决赛获得第2名。 2. 2015年5月首都高校大学生篮球联赛获得第1名。 3. 2015年7月第28届世界大学生夏季运动会获得第11名。 4. 2015年10月第一届世界大学生3对3篮球联赛第4名。 5. 2015年11月第十八届CUBA中国大学生篮球联赛(北京预赛)第2名。
乒乓球	1. 2015年5月首都高校"TST杯"乒乓球锦标赛(团体)获得女子和男子团体第3名。 2. 2015年9月第20届全国大学生乒乓球锦标赛获得男子团体第1名、女子团体第3名,并获得男单第1名、男双第1名、混双第1名。 3. 2015年12月首都高校乒乓球锦标赛(单项赛)获得男双第1名、混双第1名和第2名、男单第3名。
健美操	1. 2015年6月首都高校第三十六届"健美操、艺术体操"大赛获得有氧踏板操第1名。 2. 2015年8月全国健美操锦标赛(总决赛)获得有氧踏板操第2名、女单第2名(达健将)。 3. 2015年第11届中国大学生健康活力大赛暨中国大学生健美操、艺术体操锦标赛团体第1名、有氧踏板操第1名、女单第1名。
羽毛球	1. 2015年首都高等学校羽毛球锦标赛获得男子团体第2名、女子团体第3名,并获得混双第1名。 2. 2015年第十九届全国大学生羽毛球锦标赛获得男子团体第4名、女子团体第1名,并获得混双第1名。
游泳	1. 2015年11月第15届全国大学生游泳锦标赛获得50米仰泳第1名、100米仰泳第1名、200米自由泳第1名。 2. 2015年12月首都高校游泳锦标赛获得200米、400米自泳第1名、100米仰和200米个混第1名、50米蝶和100米蝶第2名。
足球	1. 2015年10月特步北京市大学生足球甲级联赛获得第5名。 2. 2015年12月北京市大学生五人制足球赛获得第2名。

【科研工作】(1)修订《北京大学体育教研部科研工作管理办法》《北京大学体育教研部科研机构管理办法》,参加学校科研工作会议,配合社科部完成科研统计和总结等相关工作,审核体教部科研奖励申请材料,落实科研奖励等相关工作,组织第十七届首都高校体育科学论文报告会论文投稿工作等。

(2)积极组织高层次学术活动,共邀请3名国内外知名专家来校讲学,举办国际学术会议1次,举行学术沙龙2次,派出教师参加学术会议30余人次等。

(3)科研立项取得较大进展,立项课题9项,科研经费达394万元。切实做好各级各类科研项目的中期评估检查工作,保证科研项目的进度和质量,督促到期科研项目及时结项,2015学年以来共办理结题项目4个。

(4)发表论文14篇,其中重要转载1篇,核心期刊4篇。2015年教材或著作4部。

(5)严格按照相关制度规定,完成研究生招生、教学和教务管理工作,组织研究生论文开题和答辩工作。完成研究生导师遴选工作,新增硕士生导师3名,增强了导师队伍力量。

(6)与历史学系合作,完成了第一、第二届国际体育史博士生的招生录取,并与历史学系合作完善国际体育史博士生培养方案。

【交流合作】(1)北京大学体育教研部师生参与特奥融合活动。3月18日,北京大学体育教研部应北京市宣武培智学校的邀请,由吴昊副主任、李杰副主任和周正卿老师带领体教部6位研究生参加了国际特殊奥林匹克东亚区特奥融合活动的子项目——北京市宣武培智学校特奥融合运动会。

(2)与早稻田大学教授进行学术交流。3月27日,邀请日本早稻田大学田边润教授举办讲座交流活动。体育教研部李宁主任、张锐书记出席讲座,一并参加的还有体教部多位教师和全体研究生。

(3)壁球交流。6月6日,由北京大学壁球协会主办的"2015全国高校壁球运动发展论坛"在邱德拔报告厅召开,北京大学体教部主任李宁、副主任吴昊以及参赛的高校代表出席,论坛由北京大学教授何仲恺主持。

(4)第五届北大人文体育高层论坛暨全国小学校长与校园足球改革发展研讨会举行。7月6日,由北京大学、中国宋庆龄基金会联合主办,北大人文体育研究基地、北京大学体育教研部承办,北京师范大学校园足球研究发展中心、首都体育学院校园足球发展促进研究所、北京大学中国足球发展

研究中心协办的第五届北大人文体育高层论坛暨全国小学校长与校园足球改革发展研讨会在北京大学五四体育中心圆满闭幕。论坛有来自北京、河北、辽宁、安徽、广东、河南、新疆、内蒙古、贵州、四川、上海、福建、陕西等13个省、自治区、直辖市的近百名代表参与。

（5）2015海峡两岸大学生环京津冀蒙骑行圆满结束。骑行由北京大学主办，永定河自行车运动公园和广田单车俱乐部承办。

（6）中国大学生体育协会自行车分会年会。10月24日下午，中国大学生体育协会自行车分会（以下简称大自协）2016年年会在北京大学隆重开幕。北京大学副校长、大自协主席高松，吉首大学校长白晋湘，青海大学副校长赵之重，江汉大学副校长张晓玲，中国大学生体育协会注册部主任籍强以及全国高校体育部主任、自行车教练员、裁判员、研究人员及企业代表近80人参加了年会。

（7）三校交流。10月27日至11月1日，第七届两岸三校学生运动友谊赛在香港中文大学成功举行。来自北京大学、台湾大学、香港中文大学的学生参加了女子篮球、男子足球、男子排球3个项目的比赛。北京大学代表团分别获得女篮冠军、男足冠军及男排季军的好成绩。

（8）台北大学休闲运动管理学系参访北京大学体育教研部。1月19日上午，台北大学休闲运动管理学系主任萧嘉惠教授率团参访北京大学体育教研部，体育教研部李宁主任、吴昊副主任在五四体育中心接待了参访团，并与台北大学休闲运动管理学系师生进行了座谈。

【行政工作及其他工作】 未名湖冰场。北京大学冰场于2014年12月26日开放，2015年1月29日结束。面向北京大学广大教职工，体教部开设冰场，维护冰场秩序，并开展冰上义务教学活动。

北京大学第二体育馆改建完工投入使用。第二体育馆自2014年改造以来经过近两年的施工，于2015年9月开始为燕京学堂学生提供服务。

提高管理水平完善规章制度。工作重点是完善相关管理制度，建立合理化工作流程，抓好日常工作细节，全方位服务教学、训练任务，做好大型活动的后勤保障工作。整理场馆中心《工作管理手册》，制定《后勤保障工作流程》《场馆中心车辆安全使用管理规定》；完善2014年至2015年《未名湖冰场票务及财务管理流程》；制作《五四体育中心办公用房及教室使用情况示意图》；继续完善《场馆中心合同制及劳务人员病事假管理规定》等。

保障日常工作的开展。积极推进五四体育中心灯光改造工程，保障夜奔活动及晚间体育锻炼；全力配合校运会等大型活动；大力提高五四体育中心、一体、二体、理科楼地厅等场馆资源利用率，加强管理工作。

【党建工作】 根据北京大学部署和要求，党员领导干部及时学习、传达、贯彻党风廉政建设会议精神，专题学习党风廉政建设理论和党纪政纪条规，开展"三严三实"专题教育。《中国共产党廉洁自律准则》和《中国共产党纪律处分条例》发布于体教部网站通知公告栏，供全体党员学习实践。

4月3日，体育教研部直属党支部在五四体育中心召开直属党支部会议暨预备党员转正大会。体教部的离退休、在职教职工党员和研究生党员参加了会议。截至2015年12月，体育教研部研究生共有学生24名，其中正式党员14名，党员比例达到58.33%，另有入党积极分子1名。在研究生人员构成上，男生8人，女生16人，台湾地区和澳门特别行政区的学生各1人。

新媒体研究院

【发展概况】 新媒体研究院拥有优秀的师资队伍与科研力量，教师和科研人员的学科背景横跨传播学、情报学、管理学、社会学、心理学、计算机科学等多个领域，能够胜任跨专业、跨学科、多视角的教学科研要求和产学研互动的需求。2015年，研究院的专任教师中有教授4人，副教授3人，博士生导师4人，硕士生导师7人。同时，研究院聘请国内外知名学者、业界专家担任讲席教授和外聘专家，形成了以专任教师为核心、以讲席教授为依托、以外聘专家为支撑的多元化、高层次、开放性的师资科研队伍结构。

新媒体研究院致力于打造特色学科和优势专业，专注于新媒体传播、新媒体产业政策、新媒体经营管理、网络用户行为分析、新媒体教育、新媒体技术、网络安全、数据挖掘等领域的教学与科研。新媒体研究院与业界、学界广泛开展合作，建立了"舆情管理与产业情报实验室""信息交换与网络安全实验室""新意互动互联网战略实验室"等实验室和研究基地，在大数据舆情分析、数字生态圈建设、新媒体用户行为分析等方面打造产学研互动平台。

新媒体研究院目前招收硕士、博士研究生，在培养方案与课程设置上，充分与国际并轨、与行业对接，并聘请新媒体领域的国内外知名学者、优秀从业人员参与到教学中。研究院开设多门前沿课程，包括社会化媒体研究、数据挖掘与分析、社会网络分析、移动互联网研究等，致力于培养具有丰厚的人文、社会科学知识底蕴，具备扎实的新媒体理论和研究基础，具有现

代意识、国际视野和创新精神的复合型人才。

【教学工作】 以课程教学和案例分析为主，兼有专题讲座、创业大赛、业界实习等多种形式的教学方式。教学过程密切联系中国新媒体产业发展中的实际问题，教学内容重视基本理论及实际应用，注重对学生新媒体实务操作和动手能力的培养。同时，根据学生的兴趣、个性和能力优势，全面提升学生新媒体研究与运营能力的培养，对学生进行特色培养，增强学生的职业竞争力。

加强学生与新媒体企业及其优秀从业人员的联系和交流，聘请优秀的新媒体从业人员和管理者参与到学生的教学及培养中，实行指导教师和业界导师联合培养方式。课程考核分为考试和考察两种形式，方法可以灵活多样，重在考查学生运用所学专业知识发现、分析和解决实际问题的能力。

【科研工作】 （1）纵向项目秉承争取高层次项目、提升精品科研成果的指导思想。目前在研纵向课题含国家自然科学基金项目2项，国家社会科学基金特别委托项目1项。

（2）新媒体研究院承担各部委和企业委托横向课题20余项，与政府部委、企事业单位等实现多领域多方位合作。2015年新媒体研究院教师共发表学术论文30余篇，出版译著2部。

【社会服务】 （1）2015年新媒体研究院研究团队为中央网信办各级机构提供专家咨询服务数十次，撰写各类报告百余篇，承担或深度参与多项重要课题研究。

（2）2015年7月，为配合9月习近平主席访美工作需要，对2015年以来美国7000余家媒体、网站和新媒体账号进行全面总结和梳理，提炼美媒关心的议题、态度以及影响因素等，为后续相关工作提供依据。

（3）重大突发事件的舆情研究。2015年，中国发生了一系列突发事件，新媒体研究院围绕中心工作，完成各类舆情报告近百份。舆情研究报告既包括基于大数据分析的情报信息，也包括相关政策建议。

（4）世界互联网大会等其他服务工作。2015年，第二届世界互联网大会期间，新媒体研究院积极参与相关组织和服务工作。组织力量成立资料小组，历时一个月收集国内外有关资料，形成文献资料集；投入专家力量参与重要文件的起草和研讨工作，先后在《人民日报(理论版)》《网络传播》等媒体上发表政策解读文章。此外，新媒体研究院还为上级相关部门提供专家咨询服务。

【交流合作】 与美国印第安纳大学合作办学。新媒体研究院积极推进与国际一流高校的合作，为硕士研究生提供海外交流的机会，提升国际化能力。目前新媒体研究院与美国印第安纳大学的硕士双学位合作协商进入最后整合阶段，研究院将努力创造研究生在校期间赴美参访学习机会，确立面向世界的培养目标，提高新媒体研究院教育的国际竞争力并培养出符合社会发展需求的复合型国际化人才。

与SAGE出版公司合作出版国际学术刊物 *International Journal of New Media*。为提升新媒体研究院学术话语权和国际影响力，加强国际合作与交流，新媒体研究院与SAGE出版公司合作出版国际学术刊物 *International Journal of New Media*，英文出版，面向全球发行。该刊汇集全球各地新媒体研究学者的最新研究课题与成果，内容包括世界各地专家学者关于新媒体传播、新媒体舆情、新媒体用户、新媒体产业、新媒体政策以及新媒体与社会领域的研究等。

与Springer出版公司合作出版英文新媒体丛书。为推动新媒体学术发展，提升北大新媒体研究院的学术影响力，新媒体研究院与Springer出版公司合作出版新媒体系列丛书，面向全球发行，丛书将集结新媒体研究院及国内知名院校教师的最具社会影响力的学术成果。

举办国际学术交流会议。新媒体研究院结合新媒体产业的特点，积极拓展"走出去"战略，积极组织并参与国际重要学术交流活动。2015年6月，新媒体研究院主办"新媒体与社会：融合、创新与发展"国际会议，来自北京大学、清华大学、中国人民大学、武汉大学、浙江大学、北京师范大学、中国传媒大学、复旦大学、上海交通大学、中国科学院大学、中国政法大学、华中科技大学、中国青年政治学院、美国波士顿大学、迈阿密大学、爱荷华州立大学等海内外高校学者，新华社新媒体中心、中国日报网络移动事业部、优酷网、果壳网等新媒体平台掌舵人，Social Touch、Target Social、SAP中国研究院等业界专家近50人发表了精彩的主题演讲。大会历时2天，包括主题发言和6个分论坛，共计47场论坛演讲，关乎新媒体融合、创新、发展的核心问题和关键议题被提出和探讨，对新媒体研究领域的青年学者队伍建设与新媒体行业新生代的成长产生了良好的促进作用。

中国教育财政科学研究所

【发展概况】 中国教育财政科学研究所(以下简称财政所)的成立是中央政府部门与著名大学合作尝试科学研究体制机制创新的有益探索。财政所主要承担财政部、教育部等政府部门委托的重大项

目,组织大量前沿性与严谨的实证研究,以服务于中国教育财政政策的制定。

财政所实行指导委员会领导下的所长负责制。指导委员会主任为教育部原部长袁贵仁,财政部副部长张少春,北京大学党委原书记、中国教育发展战略学会会长闵维方教授;副主任为财政部教科文司司长赵路、教育部财务司原司长陈伟光,委员包括:教育部财务司司长吴国生,教育部教育督导局巡视员胡延品,财政部驻河南省财政监察专员办事处监察专员孙光奇,财政部财政科学研究所所长刘尚希和北京大学总会计师兼财务部部长阎敏。所长由北京大学王蓉教授担任。

研究所的教学、党建、学生工作挂靠于北京大学教育学院,相关工作根据北京大学教育学院的安排统一进行。

为了集思广益,财政所设立咨询委员会。咨询委员会由教育财政及相关领域的知名专家、学者组成,设主任1人,委员16人。咨询委员会委员名单如下:

主任:闵维方,北京大学党委原书记、中国教育发展战略学会会长,教授

委员(按姓氏拼音字母排列):

陈云英 中国教育科学研究院高级研究员

陈中原 中国教育报刊社新闻研究中心高级记者

丁小浩 北京大学教育学院教授

葛延风 国务院发展研究中心社会发展研究部部长,研究员

韩民 国家教育发展研究中心副主任,研究员

李强 北京大学校长助理、社会科学部部长,教授

林双林 北京大学经济学院教授

刘尚希 财政部财政科学研究所所长,研究员

谈松华 国家教育咨询委员会委员、国家教育发展研究中心研究员

王善迈 国家教育咨询委员会委员、北京师范大学经济与工商管理学院教授

文东茅 北京大学教育学院原院长,教授

谢维和 清华大学原副校长,教授

谢湘 中国青年报社原副社长

杨念鲁 中国教育学会常务副会长兼秘书长

袁连生 北京师范大学经济与工商管理学院教授

郑萼 首都师范大学党委书记

【科研工作】 2015年财政所新立项的项目共计4个,其中横向项目4个。

表5-21 中国教育财政科学研究所2015年横向、合作及委托项目

项目名称	项目负责人	资助来源	经费总额(万元)
新型城镇化进程中的教育战略与人才培养	黄晓婷	中国教育发展战略学会	2
新一千零一夜——农村住校生睡前故事项目科学评估计划	宋映泉	北京歌路与文化发展有限公司	56
学生发展状况、教育公平状况评估	黄晓婷	教育部教育发展研究中心	10
中职教育阶段经费投入的"十三五"回顾与"十四五"建议	田志磊	北京师范大学	2

据不完全统计,2015年财政所教师发表文章(期刊、报纸及文集收录)21篇,其中中文期刊论文20篇,出版著作1部。魏建国副研究员的专著《中央与地方关系法治化研究——财政维度》于2015年3月由北京大学出版社出版,该书受国家社科基金和北京大学上山出版基金的资助,并被列入北京大学出版社青年学者文库。2015年2月,黄晓婷博士被聘为中国PISA2015正式测试质量监控官(PISA Quality Monitor,简称PQM),主要职责包括对PISA2015正式测试的数据采集过程进行监控以及对PISA2015国家中心相关材料的准备工作进行监督和评价。

此外,财政所的相关研究成果受到了媒体等各界的广泛关注。3月23日,《中国青年报》以《中职中央财政资助资金使用效率偏低》为题对刘明兴教授、田志磊博士等研究团队关于中职教育财政的研究成果进行了长篇报道。5月11日,《中国青年报》以《大小高考选才比较:自主招生公平效率难两全》为题刊出了北京大学财政所黄晓婷博士和北京大学教务部副部长卢晓东合作的关于自主招生考试的研究成果,该文获超过80家媒体的转载。6月29日,《中国青年报》以《起跑线上"拼爹" 示范园难副盛名》为题刊出评价中心主任黄晓婷博士关于幼儿教育的研究成果,该文获得超过80家媒体的转载。

【交流合作】 2014年财政所邀请国内外专家举办讲座11次(其中港澳台专家讲座1次,外籍专家讲座2次)。2015年中国教育财政科学研究所师生出国访问、考察、合作研究、参加国际会议5人次。

【社会服务】 王蓉教授的"新常态下的教育财政策略""中国智库建设与筹资机制研究"等政策建议报告提交给财政部教科文司、教育部

财务司;刘明兴教授递交给国家发改委振兴东北司的"中德(沈阳)高端装备制造产业园双元制职业教育项目的建设方案"、递交给财政部教科文司的"公办教育单位推行混合所有制改革的财政政策建议"等政策咨询报告,得到了有关部门的采纳。

【行政工作及其他工作】 2015年底,财政所行政和教辅人员20人,其中劳动合同制人员20人。财政所工会工作根据北京大学教育学院的安排统一进行。

【年度纪事】 "新常态下的民生财政政策"圆桌座谈会。为了探讨新常态下宏观政策与改革方案对民生财政投入的总量、结构与体制安排所产生的影响,1月6日,财政所举办"新常态下的民生财政政策"圆桌座谈会。来自中共中央党校、国家行政学院、中国社会科学院、中央编译局、北京大学、清华大学、复旦大学等10余家单位的20余名国内相关领域的知名专家、学者就新常态下的民生财政政策问题进行了深入的研讨。

刘明兴教授的论文被英国《金融时报》录用并连载。财政所副所长刘明兴教授与中国人民大学经济学院陶然教授合作的《中国经济体制改革的方法论》一文被英国《金融时报》收录,并以5篇连载的方式从2015年1月底起连续刊出。文章结合中国经济转轨的历史考察与理论分析,对近年来中国经济体制改革的几个主要领域进行了较为深入的评估。

义务教育支出功能分类改革。财政所自2010年起与浙江省财政厅等单位合作,在浙江省5个地市,共同开展了义务教育支出功能分类改革研究,试图通过对教育支出进行功能分类,来解决义务教育生均成本测算的科学性问题。为推广浙江省义务教育支出功能分类改革试点经验,探索中西部地区义务教育支出功能分类改革的方法和途径,1月26日,由教育部财务司、中国教育财政科学研究所主办,浙江省财政厅、教育厅、绍兴市柯桥区财政局、教育体育局承办召开了"义务教育支出功能分类改革课题启动暨培训班",并与湖北省恩施市、河北省辛集市、陕西省安康市汉滨区、云南省红河州建水县4个地区签订了课题合作协议,在这几个地区实施义务教育支出功能分类改革试点。

"管办评分离背景下的教育评价新视野"国际研讨会。5月25日—26日,由财政所教育评价中心主办,《中小学管理》杂志社协办的"管办评分离背景下的教育评价新视野"国际研讨会在北京大学圆满举行。参会嘉宾包括:美国ACT考试中心、英国培生集团、世界银行、香港考试与评核局的专家,教育部的领导,国家教育咨询委员会、国家教育发展研究中心、教育部基础教育质量检测中心、国家考试中心、中国教育发展战略学会等国内相关机构的研究者,浙江、江苏、广东、重庆、成都、苏州等省、市级评价院的领导和专家,北京大学、北京师范大学、江西师范大学等高校学者以及北京、上海、辽宁、江苏、河北、四川等地基层教育局和督导办的主管。与会者齐聚一堂,共同探讨在"管办评分离"制度框架背景下,如何建立健全中国教育评价体系,尤其是委托第三方组织开展科学的教育评价,更好地发挥评价对教育发展的促进作用。

俄罗斯"高等教育与国家"暑期学校。6月13日—19日,财政所王蓉教授、教育学院杨钋副教授、博士生张文玉、吴红斌一行4人赴俄罗斯圣彼得堡普希金市参加"高等教育与国家"暑期学校。暑期学校由俄罗斯高等经济学院主办,已成功举办3届。作为暑期学校的合办方,王蓉教授和杨钋副教授在暑期学校分别作了"中国高等教育分层"等讲座。作为暑期学校学生,张文玉和吴红斌分别汇报了各自最近的研究成果"谁为高等教育发声"和"高校专业开设与资金投入关系研究"。

中国智库建设与筹资机制。4月至7月,为了解中国智库发展的现状,研究当前智库建设和筹资方面面临的突出问题,展望未来的改革方向,财政所"中国智库建设与筹资机制"课题组分别前往国家大型智库研究机构就有关问题和相关的机构管理人员、科研人员座谈。课题组于7月14日在北京大学召开专题座谈会,财政部、中央编译局、中国社会科学院、国家行政学院、国家教育发展研究中心、中国与全球化智库(CCG)、中国人民大学、清华大学有关领导和学者参加会议。研讨会的主要议题包括:中国智库发展的现状与问题;"中国特色新型智库"的内涵;智库的管理体制机制改革;智库的筹资机制建设。

十周年系列专题研讨会。财政所于10月27日—29日举行了"首届中国教育财政学术研讨会暨北京大学中国教育财政科学研究所成立10周年系列学术活动"。研讨会包括10个分会场:中央与地方财政关系的法治化、弱势群体儿童教育及公共财政投入政策、世界一流大学财政国际比较专题、财政体制国际比较的政治经济学分析、技能形成的社会构建——职业教育专题、教育评价实践探索、《中国教育财政大辞典》编撰圆桌讨论会、中国教育财政学术论文交流会、高等教育成本费用管理制度改革专题以及"共同在场·中国教育创新'20+'论坛首届年会"。来自世界各地的研究者、决策者和实践者逾700人次出席。

中国教育发展战略学会教育财政专业委员会换届大会。10月26日,中国教育发展战略学会教育财政专业委员会在北京大学中

关新园召开了换届大会,选举产生了第二届理事长、执行理事长、副理事长、秘书长、常务理事和理事。北京大学党委原书记、北京大学教育学院闵维方教授继续担任新一届理事长,财政所所长王蓉教授被选为执行理事长。在10月27日举行的第二届理事会成立大会上,中国教育发展战略学会会长郝克明教授作了重要讲话。

经济学院

【教学工作】 经济学院本科生教学与培养工作以提高教学质量为核心,大力推进教学管理科学化、制度化、规范化。2015年,经济学院共招收全日制本科生156人,其中:统招生137人,留学生19人。共有174位本科生和23位留学生完成学业,获得学位。本科毕业生中,有94名学生获得"推免资格",最终落实接收单位推免成功的79人。2015年经济学院为本科生开课140门,其中春季学期75门,秋季学期65门;为全校开设通选课程8门。

积极开展双语教学。双语教学是与国际接轨、发展国际合作项目的重要基础,经济学院推出"突出重点,以点带面,积极推进双语教学"的教学措施。2015年,经济学院共开设9门全英语课程。

2015年,经济学院共录取硕士生112人,博士生41人,研究生课程进修班238人。全年共为研究生开设课程94门。

2015年起,经济学院全面启动金融、税务、保险、国际商务四个专业硕士项目的招生培养工作。11月14日,经济学院举办"第二届北京大学经济学院专业硕士研究生培养研讨会",共有三十多名校内外导师和一百多名学生参加。会议进一步明确了专业硕士研究生的培养方案,完善了培养机制;校外导师制度对培养出更多能力突出、发展全面的专业人才起到重要作用。

2015年,学院为343名学生组织了学位论文答辩,其中博士生24人,硕士生121人,同等学力申请硕士学位学生198人。

经济学院于2015年4月至10月启动学科自我评估工作。根据本单位的办学定位和研究生培养质量标准,从目标定位、研究方向、师资队伍、人才培养、科学研究、学术交流、资源配置、制度建设等方面,考察学位授权点的目标达成度。研究生教务办公室完成了该考核。

经济学院多次组织召开理论经济学学位委员会会议,讨论授予学位、学科建设、优秀博士生学位论文评选、遴选博士生导师等事宜。

【科研工作】 2015年,经济学院完成各类科研成果共284项,其中专著22部,编著和教材12部,研究报告6部,论文172篇,其他成果72项。科研课题立项52项,其中纵向课题17项,横向课题35项,批准经费1705.4万元。2014年被CSSCI检索的论文共有120篇,被SSCI收录的论文有24篇。纵向项目年度检查2项,中期检查6项,结项8项。纵向项目、征集选题及智库申报总计100项。

2015年编辑工作论文18篇(5篇英文),举办学术午餐会15场,举办各类论坛和学术会议100多场。其中影响力较大的主要有:第五届"北大经济国富论坛"、北京论坛(2015)经济分论坛"新常态下国际经济合作与发展暨一带一路倡议"、中国信用高峰论坛、北大赛瑟(CCISSR)论坛、第十二届中国经济思想论坛暨首届北大中国企业家班年度论坛、中国财政学论坛、全国高校"国家经济学基础人才培养基地"建设工作会议暨第十四届学生学术交流会、"制度、改革与经济发展"(Institutions, Reforms and Economic Development)大型国际学术研讨会、经济史研究的本土化与国际化——第三届量化历史讲习班暨第三届量化历史研究国际年会等。

经济学院科研基地于2003年12月成立,截至2015年底包括12个校级科研机构及5个院级科研机构,即外国经济学说研究中心、市场经济研究中心、经济研究所、国际经济研究所、中国金融研究中心、中国国民经济核算与增长研究中心、中国信用研究中心、中国保险与社会保障研究中心、中国都市经济研究基地、产业与文化研究所、金融与产业发展研究中心、经济与人类发展研究中心、北京大学经济学院信用与法律研究所、北京大学经济学院社会经济史研究所、北京大学经济学院金融创新与发展研究中心、北京大学经济学院中国精算发展研究中心、北京大学经济学院国家资源经济研究中心。

2015年,中国博士后管理委员会进行了博士后综合评估,经济学院理论经济学博士后流动站获得优秀博士后科研流动站称号。2015年,在站博士后共有65人。

【交流合作】 2015年,学院教职工学术出访36人次,接待国外(境外)学者来访20余次,有146人次学生出访其他国家及地区。85%左右的学生在学习期间有出国出境交流的机会,学院成立专项奖学金资助学生出国。

2015年,经济学院与7所高校新签署学术合作协议,包括德国柏林自由大学、澳大利亚悉尼大学、日本神户大学、东京农业大学生物产业学部、荷兰伊拉斯姆斯大学、香港树仁大学、爱尔兰都柏林大学。经济学院联络知名企业为学生提供海外实习机会。

2015年,经济学院接待高校学术访问学者、访问团16次,机构

代表来访6次;举办7场国际学术讲座;独立主办第三届量化历史讲习班暨第三届量化历史研究国际年会、首届"制度、改革与经济发展"大型国际学术研讨会、2015北京大学-神户大学联合经济学研讨会,承办2015北京论坛经济分论坛。

2015年,经济学院英文网站及海外学习网站建设全面更新。

【继续教育】 2015年,经济学院继续教育培训结合"三严三实"全面展开,贯彻落实了中央党的群众路线教育实践活动领导小组和中组部、教育部《关于严格规范领导干部参加社会化培训有关事项的通知》文件精神,加强非学历继续教育质量管理工作,并继续全面深化继续教育培训工作的发展思路。2015年,经济学院继续教育中心的工作由学院党委书记章政主管,萧琛任中心主任,张亚光任副主任,王大树任教学总监,另有专职工作人员4名。2015年继续教育全年工作内容主要围绕"研修培训"和"远程网络教育"两个部分展开。

研修培训。经济学院办班包括公司企业文化培训、金融领域形势培训、外资企业管理者中国化培训、行业(产业)与系统培训、互联网经济培训等在内的培训课程。其中,北京大学未来金融家研修班、北京大学国际化经济管理核心课程班、北京大学资本战略与投融资研修班、北京大学工商企业管理研修班、北京大学资本运营与商业模式创新研修班等新项目的举办拓宽了原有的课程理念;经济管理研修班、外资企业研修班、金融衍生品与期货研修班、企业家特训班等继续在培训领域产生广泛的影响和品牌效应。2015年,经济学院共培训学员1700余人,在读学员1800余人。

远程网络教育。2015年经济学院的远程网络教育本科专业共有6个,分别是国际经济与贸易、金融学、风险管理与保险学、人力资源管理、市场营销和财务管理。2015年远程网络教育实际注册学生共4573人,其中春季注册1273人,秋季注册3300人。

【党建工作】 深入学习贯彻党中央精神和习近平总书记系列重要讲话精神,加强党员群众思想政治教育。经济学院党委组织教工党员开展"七一"航天城参访主题党日教育活动,章政带领学院数十名教工参观考察。各教工党支部开展学习习近平总书记系列重要讲话活动,学习讨论《北京大学章程》《北京大学综合改革方案》以及朱善璐在中国共产党北京大学第十二次党员代表大会上的报告等内容。在学生党支部方面,2012级博士生党支部举行"我看'十三五'规划建议"学习会,2013级本科生党支部前往焦庄户地道战遗址纪念馆参访,2015级学术硕士团支部举行十八届五中全会精神学习讨论会,2015级硕士生党支部前往国家博物馆参观"塑魂鉴史——侵华日军南京大屠杀遇难同胞纪念馆扩建工程"大型主题雕塑展,2013级本科生党支部两次举行专题学习研讨会,对《中国共产党廉洁自律准则》和十八届五中全会精神进行学习。

开展"三严三实"专题教育工作,继续深化党的群众路线教育实践活动成果。5月8日召开党政班子专题学习讨论和工作部署会,制订《北京大学经济学院开展"三严三实"专题教育实施方案》。章政听取师生党员对学院工作中"不严不实"方面的意见反馈。12月,学院召开党委委员与教工党支部书记会议,布置党支部"三严三实"专题组织生活会相关要求,通报经济学院的"不严不实"清单和整改效果等事项。

贯彻落实"党建和思想政治工作基本标准",加强基层组织建设,提高党支部和党员的示范引领作用。截至2015年底,经济学院党委共有党支部20个,其中在岗教职工党支部5个,离退休党支部1个,学生党支部14个。经济学院党委获得了北京大学学生党团日联合主题教育活动优秀组织奖,2014级硕士生党支部获得二等奖。金融保险教师党支部书记崔巍、人口研究所党支部书记陈功获北京大学2015年度"优秀党务和思想政治工作者"荣誉称号。

结合学院实际情况和党员群众学习需求,做好党员发展工作。2015年选派党委副书记张洪峰参加国家留学基金委组织的英国雷丁大学"2015年高校优秀学生工作者出国研修项目",选派院长助理锁凌燕参加北京大学第6期中青年骨干研修班,选派金融保险教师党支部书记崔巍参加2015年北京大学教工党支部书记培训班,选派国际合作办公室夏天参加北京大学第8期教职工党性教育读书班,选派9位学生党支部书记参加北京大学第14期学生党支部书记培训班。完成北京大学第23期党性教育读书班的培训工作,17名发展对象顺利结业。完成北京大学第28期党的知识培训班的报名工作。2015年经济学院党委发展党员50人,其中研究生21人、本科生29人;预备党员转正51人。

【学生工作】 学生管理体系建设。巩固和完善学院学工例会、班主任工作坊、宿舍委员会制度、班级管理制度、学生助理培训等学生工作制度和机制,建立和完善各项常规工作指导手册;"院领导下午茶"系列活动常态化;设立"启航"对外交流助学金,资助经济困难学生出国出境交流学习;举办法律知识讲座、心理知识讲座、宿舍风采展示等新生系列活动;组织毕业典礼、红毯仪式、毕业晚会、体育比赛、毕业摄影大赛等毕业季活动。

党团共建系列工作。举办赴

卢沟桥参访活动暨党团日教育实践活动，本硕博党团联合支部举行清明公祭；经济学院团校对百余名团校学员筹办实践参访、学生工作经验交流、普法讲座，开展素质拓展、寒假返乡调研、读书分享会、五四学习会、演讲比赛和党团知识竞赛等活动。

微信公众平台"北大经院职业发展中心"关注量超过2200人，推出"解析行业"特色栏目，全年推送实习就业信息及职业指导文章300余篇，设计职业发展网页栏目框架；举办2015届毕业生就业动员大会；举办职业指导讲座5次、"经海留痕"职业发展沙龙3次、就业知识竞赛1次；"职来职往"企业参访4次，建立实习基地1家；举办第四届、第五届模拟招聘大赛；组织20余家企业校园招聘，推荐毕业生就业90余人次，推荐实习20余人次；推出"创出经彩"创业大赛活动，与其他院系联合获批学生发展与创新创业院系协同创新基地项目。

科研实践系列工作。举办"肇新明辨，经彩青年"第四届新时代中国青年经济论坛，鼓励学生参加社会实践和志愿服务。学院共4个团队约40名同学参与社会实践活动，学院青年志愿者协会赴海淀区行知实验小学支教共计30余次，100余名志愿者参与其中。在"春燕行动"中，学院青年志愿者协会分别探望了张德修、范家骧两位老教授。

奖励情况。2015年经济学院荣获"北京大学学生工作先进单位""北京大学学生资助工作先进单位""北京大学毕业生就业创业工作创新集体"等荣誉；学院团委连续三年获得"北京大学红旗团委"；在"一二·九"师生歌会中，学院荣获甲组冠军，并获得"最具院系特色奖""最具感染力奖""最美三行情诗"，取得"五年四冠"的优异成绩；在"新生杯"赛事中，学院荣获男篮、男足、男排三项冠军。

【行政工作及其他工作】 人事工作。2015年，学院在编教职工84人，有2名教师离职，2名教师退休，3名教师调入。苏剑晋升教授，赵晓军晋升副教授。4月，调整若干名教师专业技术岗位级别。9月，召开述职大会，聘任委员会认真审议每位教师2014—2015年度工作，调整部分教师的岗位级别。截至2015年底，学院有离退休教职工43名，2015年，李德彬、张友仁、张胜宏、金以辉因病逝世。学院多次组织离退休教职工活动，关心离退休教职员工的生活。

校友工作。5月北大校庆期间，在北大图书馆一楼展厅成功举行"纪念陈岱孙先生诞辰115周年大型图片与文献展"。6月14日，"经世伟业，守正创新"——北京大学经济学院首届校友创新创业大会召开。联合全球名校校友创新梦工场举办"未来创新企业家大赛2015"决赛。有计划地组织校友返校活动。2015年度校友班级或校友相关企业捐赠的奖学金、基金共计约50万元。"北大经院校友办"微信平台每周末推送，2015年度共计推送30期。

光华管理学院

【发展概况】 光华管理学院现设有会计学系、应用经济学系、商务统计与经济计量系、金融学系、管理科学与信息系统系、市场营销系、组织与战略管理系等7个系，其中，国民经济学和企业管理是国家重点学科点。学院具有完整的人才培养体系，学位项目包括本科、研究生、金融硕士、工商管理硕士（MBA）、高级管理人员工商管理硕士（EMBA）、会计硕士项目（MPAcc）、社会公益硕士项目（MSEM）等。2015年，光华金融硕士项目在《金融时报》全球金融硕士项目排名中位列第16位。为进一步满足不同类型的企业和组织中的高层管理者的知识需求，学院还设立高层管理教育中心（ExEd），提供非学位的公开课程、定制课程和国际课程。

2015年，学院新招聘教员6名，均为助理教授。2名副教授晋升为教授，2名助理教授晋升为副教授。截至12月底，学院7个系共有在职教师111人，其中教授48人，副教授43人，助理教授20人。职员共233人。

【教学工作】 2015年，光华管理学院共招收全日制本科生225人（包括22名省级高考状元），普通研究生183人（其中博士生65人，学术硕士36人），金融硕士82人。MBA项目共招收学生461人，EMBA项目共招收学生339人，MPAcc项目共招收学生50人。高层管理教育中心（ExEd）项目全年运行完成96个项目。

2015年，光华管理学院本科和研究生项目实际毕业人数共有350人，其中本科毕业生200人，普通硕士毕业生114人，博士毕业生36人。MBA项目毕业生508人，EMBA项目毕业生280人。

启动博士生培养综合改革。经济学和组织管理部分课程以"大班授课，小班讨论"形式授课。充分整合学院资源，"中国企业管理实践"等实践类课程日臻成熟。

MBA深度创新和改革整合实践项目得到一致好评，赢得2016年全程赞助。推出大型MBA人文精神与人文素养讲座课程；推进并实施第二届MBA行业课程。优化MBA终身培养平台，由校友发起并持续开展MBA分享会。社会公益管理硕士项目首届学生于2015年9月入学，进入实际运营的第一年。

EMBA项目推行班级学习小组的形式，侧重学习交流和行业分

享,参与度和好评率高。创业创新EMBA班对课程、教学体系整体开发,增加创业导师。

ExEd项目优化项目设计与管理,提升运营服务,对"从历史看管理"等项目进行了全新的设计规划;与美国哈佛、英国牛津共同进行"华人家族企业全球课程"的项目设计与市场推广方案制订。

【科研工作】 2015年,新立项国家自科科学基金项目9项,杰出青年项目2项,重点项目1项,国家自科科学基金新立项项目的总批准经费达1136万元。新立项教育部一般项目3项,其中青年拔尖人才1项。2015年光华管理学院共计有62个在研纵向科研项目。

2015年,教员登记成果共392项,其中学术论文330篇,会议论文28篇,著作17部,其他成果17项;发表SCI/SSCI论文88篇,含院选英文A类23篇,院选英文B类41篇;发表CSSCI论文143篇,含院选中文A类18篇,院选中文B类41篇。

表5-22　光华管理学院获得第七届高等学校科学研究优秀成果奖(人文社会科学)统计

姓名	获奖名称	成果名称
厉以宁	第七届高等学校科学研究优秀成果奖(人文社会科学)一等奖	希腊古代经济史(上下篇)
李辰旭	第七届高等学校科学研究优秀成果奖(人文社会科学)二等奖	Maximum-likelihood Estimation for Diffusion Processes via Closed-form Density Expansions
蔡洪滨	第七届高等学校科学研究优秀成果奖(人文社会科学)三等奖	China's Land Market Auctions: Evidence of Corruption?
曹凤岐	第七届高等学校科学研究优秀成果奖(人文社会科学)三等奖	金融市场全球化下的中国金融监管体系改革

【交流合作】 2015年,合作院校数量调整至108所,所在国家增至32个,重点在发展中国家和新兴市场,为学生了解"Global"的概念提供更多的可能性。

选拔245位学生赴海外交流学习一学期(本科163名,普研17名,MBA60名,MPAcc 5名);接收海外交流学生152位。多批次组织"中国经营方略(DBIC)"课程,共接收228人,来自重点合作院校,如美国芝加哥大学、西北大学凯洛格(Kellogg)商学院等;创新推广方式,扩大目标生源,公开课增加西安和上海两地,丰富学生的体验。推出和哈佛商学院、牛津大学赛德(Said)商学院的家族企业培训项目。举办第二届"北大光华纽约论坛"。组织一年一度的"亚洲经营方略"课程,组织BEST联盟年会。通过对中国国民党主席朱立伦、哈萨克斯坦总理马西莫夫的来访接待,加强光华管理学院的国际影响力。

【党建工作】 完成书记讲党课、查摆问题、专题学习等各阶段的学习工作,并在全体党员中开展。组织院班子成员开展"守规矩、讲纪律"以及《中国共产党纪律处分条例》的学习,强化领导干部的纪律和规矩意识。

配合学校做好党委换届的相关工作。完成13个学生党支部换届工作。发展党员62名,组织79名入党积极分子参加党课培训班学习。

组织各学生和教职工党支部开展"我眼中的中国精神"等主题党团日活动。指导学生党支部申请"回望光华三十而立,助力今朝深化改革"等四项创新立项活动并获得审批。

【学生工作】 改革完善学生在校综合素质测评体系及行政班和商务英语班的划分机制。2015年光华管理学院获得校内外各种荣誉及奖励,如北大青年志愿服务团队金奖、CFA全球投资分析挑战赛北京赛区冠军等。

研究生科研资助与成果丰富。2014—2015年度共28篇论文获得奖励,其中英文二类4篇、中文一类9篇、中文二类15篇。

在职业发展方面,各项目就业均在薪酬上有10%~20%的增幅,继续领先国内商学院,行业分布更加多元,就业方向更加理性。创业比例达历年最高。

职业服务持续创新,与本研项目联合申请成为"北京大学学生创业创新协同基地"。在"职业发展4.0模式"的第一年,逐步推进业务转型。

雇主关系开发和维护良好,下半年进校招聘的企业宣讲会同比增长50%。连续三年举办雇主品牌峰会,200多家企业参会。

服务学院各项业务发展,积极与各项目各部门合作,共赢。

【行政工作及其他工作】 截至2015年底,光华管理学院共有职员233人。2015年光华管理学院成立财务中心;积极推进行政人员的人事工作改进,进行职员年假修订;提出服务贡献奖评选办法;完善职员绩效考评办法;丰富和完善OA系统通讯录的个人信息;完成学院楼体周边绿化、充电车位改

造,以及两栋楼多处空间优化和改造工作;完成绩效考核系统等30余个CRM系统或网站的功能增加、修改;进行OA系统和LDAP改造,邮件系统和金山云存储系统升级;进行英文电子书建设工作;完善相关服务指南;加入大图"通借通还"体系;成功举办2015年全国企业竞争模拟大赛,是历年来规模最大的一次。

打造具有光华人特色的校友活动,继续开发品牌活动;探索校友分层服务;拓宽宣传渠道,搭建多元的沟通平台,增进学院与校友之间的感情,扩大光华品牌影响力。发展新校友组织分支的同时,加强督促和引导现有分支,增强其活力和凝聚力。"博雅图书室"公益品牌影响力不断提升,迄今共落成54所,2015年落实10所。

积极拓展筹资与合作工作,为学院发展助力,如与长江证券完成"董辅礽经济学讲座教授"及"长江证券金融学讲座教授"签约,与成都天府新区签订战略合作框架协议等。

成功举办三十年院庆活动、厉以宁教授从教60周年庆祝活动。完成院庆献礼书《中国新动能》《一个商学院和它的时代》。

举办每年一度的"新年论坛""与大师对话"系列讲座、"半年经济形势和政策分析会"以及"国际媒体沙龙"等活动,维系学院持续的品牌曝光度,扩大学院影响力。持续举办"江南论坛""西部论坛"和"纽约论坛",2015年新增"西南论坛",进行区域性品牌推广。与博鳌论坛、达沃斯组委会等国际高端会议组织建立长期合作关系;与主流财经媒体定期联合主办品牌活动,深入合作。

成都分院建设取得重要进展。第一届MBA招生圆满完成,校区进展顺利;西安分院的各项工作稳步推进;上海分院迁址后逐渐聚势;深圳分院谋求更大的发展。

人口研究所

【发展概况】 2015年,人口研究所在编教职工共19人,其中专职科研与教学人员15人;教授7人,副教授6人,讲师2人,博导7人。另有博士后在站研究人员4人,国内外客座教授20余名。研究人员全部具有博士学位和海外学习培训背景,专业包括人口学、经济学、社会学、人类学、数学、计算机、医学、地理学等多个学科。

【科研工作】 科研成果。人口研究所近年来强调多学科交叉研究,加大国际前沿学术交流,鼓励发表高质量英文文章。2015年人口研究所教师出版参著4部,发表英文专业期刊论文16篇,中文专业期刊论文61篇,中英文报刊报道近20篇。

科研项目。

1. 新立项科研项目

2015年,人口研究所新立项的国际项目1项,国家级项目2项,省部级项目15项,其他横向合作项目5项。部分立项项目情况如下:

(1)郑晓瑛,中国出生缺陷预防及干预效果评估,国务院妇女儿童工作委员会。

(2)郑晓瑛,中国青少年健康发展的家庭促进研究,世界卫生组织驻华代表处。

(3)陈功,全国残疾人基本服务状况与需求专项调查数据分析研究,中国残疾人联合会。

(4)陈功,第四次中国城乡老年人生活状况抽样调查北京地区调查工作,北京市老龄协会。

(5)乔晓春,生育率与出生率关系研究,国家社科基金一般项目。

(6)李宁,城市老年人精神健康状况研究,国家社科基金青年项目。

(7)刘岚,加强残疾人养老专业化服务研究,国务院残疾人工作委员会。

(8)王振杰,中国社会经济、卫生资源发展不均衡性与精神残疾的分析研究,教育部留学回国服务中心。

2. 主要在研及结题项目

(1)郑晓瑛,增龄变化与老年人常见临床问题的综合解决路径研究,国家卫生计生委卫生行业科研专项项目,进展顺利。

(2)陈功,京津冀城市圈人口的有序转移与合理分布政策研究,国家自然科学基金委员会项目,顺利结项。

(3)裴丽君,"神经管畸形发生的区域人群代谢与环境暴露水平空间分析",国家自然科学基金面上项目,进展顺利。

(4)黄成礼,建立适应人口老龄化形势的社区医疗卫生服务模式研究,国家社科基金项目,进展顺利。

学术活动。郑晓瑛教授《中国残疾预防对策研究》科研成果入选"国家哲学社会科学成果文库"。5月13日,《光明日报》通报全国哲学社会科学规划领导小组关于2014年度"国家哲学社会科学成果文库"入选作品的表彰决定,郑晓瑛教授的科研成果《中国残疾预防对策研究》作为59部作品中唯一人口学研究作品入选,获得表彰。

北京大学-亚太经合组织健康科学研究院成立。10月26日,北京大学-亚太经合组织健康科学研究院(PKU-APEC Health Science Academy, PKU-APEC HeSAY)揭牌仪式在北京大学举行。北京大学副校长李岩松,国家食品药品监督管理总局副局长、国家卫生计生委副主任吴浈,亚太经

合组织生命科学创新论坛（APEC LSIF）代表凯特·克莱门斯（Kate Clemans）女士，教育部、商务部、国家卫生计生委等部委及有关部门的领导代表，APEC生命科学创新论坛RHSC代表Ranganathan博士，日本药品与医疗器械管理局代表Yoshiaki Uyama，美国FDA中国办公室等国际组织代表，中国药学会、中国化学制药工业协会、中国医药创新促进会、美国药品研究和制造商协会（PhRMA）、中国外商投资企业协会药品研制和开发行业委员会（RDPAC）等有关机构的嘉宾和代表，中国药审中心、美国哈佛大学及国内中日友好医院、北京肿瘤医院等单位专家代表100多人出席揭牌仪式。外交部专门负责亚太经合组织（APEC）事务的高官谈践专门委派代表对北京大学-亚太经合组织健康科学研究院的成立表示祝贺。北京大学任命郑晓瑛教授担任健康科学研究院首任院长。

郑晓瑛教授荣获发展中国家科学院（TWAS）塞尔索·富尔塔多（Celso Furtado）社会科学奖。11月18日，发展中国家科学院第26届院士大会在奥地利维也纳举行，郑晓瑛教授因其在中国贫困地区开展健康、残疾、环境和社会的多学科研究取得的杰出成就，与土耳其科学家Ayse BUGRA共同荣获发展中国家科学院2015年度塞尔索·富尔塔多社会科学奖。该奖为巴西政府在发展中国家科学院设立，国际专家同行匿名评审并专门奖励为社会科学与经济科学发展做出杰出贡献的科学家。截至目前，全球共有五位科学家先后荣获该奖。这也是我国高校学者首次获得该奖。

人口研究所获得教育部第七届高等学校科学研究优秀成果奖（人文社会科学）1项。郑晓瑛等科研论文"Twenty-year Trends in the Prevalence of Disability in China"荣获教育部第七届高等学校科学研究优秀成果奖（人文社会科学）三等奖。

新时期人口与发展问题和对策学术研讨会召开。12月9日，北京大学人口研究所、北京大学《人口与发展》杂志社与中国社科院"21世纪人口与发展若干重大问题研究课题组"联合举办"新时期人口与发展问题和对策研讨会"，全国与会专家约30余人，就我国新时期的人口与发展问题进行研讨，研讨成果刊发于《人口与发展》。

【社会服务】 郑晓瑛教授担任第三世界妇女科学委员会（TWOWS）委员、亚太经合组织生命创新委员会（APEC/LSIF）委员、联合国人口基金专家委员会（中国）委员；郑晓瑛教授主要国内学术团体和社会兼职包括：科技部第二届中国人类遗传资源专家委员会专家组成员、外来务工子女健康发展督导委员会委员、国家人口计生委第七届专家委员会委员、残疾人事业发展研究会副会长、国际生命科学学会/CDC儿童早期发展问题委员会专家委员。

陈功教授担任《农村残疾人扶贫开发规划（2011—2020年）》编制工作专家组专家、《中国残疾人事业"十二五"发展纲要（2011年—2015年）》起草组专家、《残疾预防和残疾人康复条例》制定工作专家顾问组专家、中国老年学教学和研究专业委员会副主任兼秘书长、国家残疾人事业发展研究会副秘书长和常务理事、中国老龄产业协会常务理事、北京市老年学会常务理事兼副秘书长。

宋新明教授担任中国残疾人事业发展研究会常务理事。

乔晓春教授担任国家卫生计生委联合国人口基金项目专家组组长。

庞丽华副教授担任民建北京市委人口资源环境委员会委员，参加北京市人口规模调控和老龄化的调研和参政议政。

胡玉坤副教授担任中华女子学院中国妇女发展研究中心兼职研究员、北京大学人权研究与教育中心（虚体）成员、中国妇女研究会理事、中国家庭文化研究会常务理事。

【交流合作】 2015年1月，穆光宗教授赴湖南长沙，参加国家卫生计生委组织的"人口计生系统十三五规划总体思路"学术研讨会。

2月，胡玉坤副教授参加联合国妇女署组织的"社会性别主流化与环境治理研讨会"，并作了"适应和减缓气候变化亟待赋权农村妇女"发言。

5月，北京大学人口研究所和中国人民大学人口研究所组织第十一届中国老年学学科建设研讨会。

6月，张蕾副教授参加校际交流活动，作为访问学者到澳大利亚国立大学进行为期一年的学术交流活动。裴丽君教授赴加拿大，参加国际畸形协会第55届年会并作会议报告。

8月，陈功教授赴台湾大学，参加"两岸老龄需求比较与老龄产业发展"研讨会。

9月，郑晓瑛教授赴澳大利亚，参加国际儿童营养与健康状况国际合作研究。美国圣路易斯华盛顿大学社会工作学院教授、华盛顿大学老龄研究中心主任、美国老年学学会主席Nancy Morrow-Howell教授到访人口所，并作了主题为"Aging-in-Place: A U. S. Perspective"的学术讲座。庞丽华副教授访学美国斯坦福大学，开展为期6个月的合作研究。

10月，中国社会科学院学部委员、中国人口学会常务副会长、国家卫生计生委专家委员田雪原教授到访人口所，并作了"新常态经济发展速度之我见"的学术报告。

11月，裴丽君教授参加北京大学学科建设委员会的大数据学术研讨会。

12月，胡玉坤副教授参加全国妇联妇女研究所与中国社科院人口与劳动经济研究所联合举办的"2015年中国妇女社会地位调查研讨会暨'95世妇会以来中国经济社会发展与妇女地位变迁'"研讨会。

【教学工作】 2015年，人口研究所共有硕士研究生55人（含港澳台学生7人），博士研究生40人（含港澳台学生3人）。

【党建工作】 人口研究所党支部组织全所师生认真学习党的十八届五中全会精神以及习近平总书记系列重要讲话精神；全面开展群众路线教育的学习，并结合教育实践活动和专业研究特点，贯彻"三严三实"行动，提出整改落实方案；号召人口研究所师生积极参与，为人口研究所发展建言献策，全方位完善各项规章制度；在教学科研中，进一步加强人口科学研究，注重人口研究所学科的整体布局，对人口研究所的发展做更进一步的规划。

国家发展研究院

【发展概况】 国家发展研究院（以下简称国发院）以国家发展为中心议题，致力于推进中国社会科学的国际化、规范化、本土化以及跨学科研究，培养综合性的国家发展高级人才，前瞻性地提出重大的战略、制度、政策和基础理论问题。

10月24日，占地面积1.95公顷的承泽园新校区正式开工兴建，新校区建成之后将大幅度改善国发院的办公条件。2015年国发院积极开展学科建设和队伍建设，成立的新机构数量创下历史新高。5月17日，北京大学健康发展研究中心成立；6月6日，北京大学互联网金融研究中心成立；11月20日，北京大学瑞意高等研究所成立；12月14日，北京大学新结构经济学研究中心成立。

【教学工作】 经济学硕士和博士项目。2015年入学的博士新生共15人，硕士新生共38人。其中推荐免试博士生12人，推荐免试硕士生20人。开设研究生课共48门，其中必修课8门，选修课27门，研讨课（Workshop）13门，涵盖10个专业研究领域。大力组织博士生参加国际交流项目，2015年国发院资助派出学生6人，派出学校为美国哈佛大学、耶鲁大学、布兰迪斯大学、杜克大学、加拿大多伦多大学等。

经济学本科、双学位项目。2015年校内外合计录取经济学本科、双学位学生820人，双学位、辅修、政经哲（PPE）各类在读学生共2431人。春季学期开设课程33门，秋季学期开设课程31门。与美国纽约市立大学巴鲁克学院MFE（Master in Financial Engineering Program，金融工程硕士）项目的合作日益完善，2015年继续组织暑期交流，27名学生在纽约完成两周的课程、参访和交流活动，秋季入学40人。2015年国发院为学生提供中国经济研究奖学金、钟国光社会服务奖学金、领导力奖学金、冯燊均国学奖学金、21世纪路劲财经新闻奖学金、富邦助学金等各类奖助学金合计168万元。

MBA项目。2015年对MBA课程进行较大改革，在减少必修课的情况下，根据最新市场动态与学生需求增开选修课，目前共开设选修课23门，其中"硅谷游学""大数据分析——市场调研领域的应用"等课程深受学生喜爱。MBA项目与比利时弗拉瑞克（Vlerick）商学院合作，一起促成双方全日制MBA学员到对方学校游学1个月。与美国的乔治敦（Georgetown）大学商学院合作，选派最优秀的3名学生去Georgetown大学商学院交换学习一个学期。

EMBA项目。结合市场变化，梳理出新的EMBA课程结构和分类。新开设"互联网时代的创新和变革"这一热点模块受到学生的追捧；新开设汪丁丁老师的"转型期中国的企业问题与人生问题"课程从形式到内容受到学生的一致好评；新开设宫玉振老师的"大国国家战略课程"选修课，开发企业课堂，通过"走出去，请进来"，将理论学习与商务实践结合起来。

【科研工作】 2015年国家发展研究院教师共发表SSCI文章51篇，《经济学》（季刊）等一类CSSCI文章11篇，其他CSSCI文章22篇。姚洋教授的论文"中国企业中的工会与工人的福利"、张晓波教授的论文"竞争性储蓄动机：中国持续增长的性别比例与储蓄率"获得第16届（2014年度）孙冶方经济科学奖论文奖。林毅夫研究组（林毅夫、蔡昉、李周）获得第七届中国经济理论创新奖。林毅夫教授的《新结构经济学：反思经济发展与政策的理论框架》、周其仁教授的《改革的逻辑》、黄卓教授的"Realized GARCH: A Joint Model for Returns and Realized Measures of Volatility"获得第七届高等学校科学研究优秀成果奖（人文社会科学）二等奖。余淼杰教授的《加工贸易与中国企业生产率：企业异质性理论和实证研究》获得第七届胡绳青年学术奖、第七届（2015年）全国商务发展研究成果奖著作奖。

国家发展研究院通过《经济学》（季刊）、China Economic Journal、简报等出版物为兄弟单位的研究成果传播提供有效的平台。国家发展研究院简报报告重要会议的讨论内容，2015年共出版简报60期，合计约20万字。

【社会服务】 国家发展研究院始

终强调发挥智库功能，为政府献计献策。1月15日，《2014中国智库影响力报告》公布，国家发展研究院综合排名第二，在高校系统内排名第一。3月30日，国家发改委公布"十三五"国家发展规划专家委员会名单，林毅夫教授担任副主席，周其仁教授、李玲教授担任专家委员。6月8日，黄益平教授接替宋国青教授担任新一届央行货币政策委员会专家委员，至此国发院已有三位教授担任过这一职务。7月2日，全国政协围绕"农村土地确权登记和相关法律问题与对策"协商议政，全国政协主席俞正声主持会议并讲话，周其仁教授发言。8月3日，国家发展研究院姚洋院长牵头撰写的研究报告获中美经济对话领导小组表彰。9月16日，国务院常务会议听取政策措施落实情况第三方评估工作汇报，北京大学承担的评估工作由国发院黄益平教授、宋国青教授带领团队具体执行，这也是高校第一次接受类似任务，获得国务院领导高度评价。10月15日，北京大学国家发展研究院举办专车政策研讨会，交通运输部主动参会倾听学界建言。11月10日，卢锋教授受邀参加李克强总理主持的"经济形势专家座谈会"并发言。12月1日，国家高端智库建设试点工作启动会在北京召开，国发院成为首批25家国家高端智库之一。12月2日，宋国青教授受邀参加李克强总理的经济工作专家座谈会并发言。12月11日，国家发展研究院获得《中国新闻周刊》"影响中国"2015年度智库的殊荣。

【交流合作】 国家发展研究院特别注重与其他机构特别是海外机构的联系和交流，组织各种类型的活动，包括"朗润·格政"系列讲座、中国经济观察系列报告会、严复经济学纪念讲座等，邀请著名学者、政界领袖、企业精英来北大演讲。2015年来访的海外嘉宾包括哈萨克斯坦总理卡里姆·马西莫夫，美国前贸易代表、美中关系全国委员会联席主席Carla Hill，美中关系全国委员会主席、美国对外关系委员会委员Stephen A. Orlins，摩根士丹利亚洲区前主席、耶鲁大学高级研究员Steve Roach，花旗银行全球银行部前副总裁Jeffrey Shafer，亚洲开发银行首席经济学家Shang-jin Wei，经济合作与发展组织（OECD）国有企业与民营化工作小组组长Anders Berg，美联储旧金山分行行长John Williams，美联储旧金山分行主管经济研究的副行长Mark Spiegel，英国牛津大学罗德学者访问团等。

【党政工作】 国家发展研究院党委按照中央《建立健全教育、制度、监督并重的惩治和预防腐败体系实施纲领》和《建立健全惩治和预防腐败体系2008—2012年工作规划》要求，围绕教育、制度和监督三个要素，坚持一手抓学院改革发展，一手抓党风廉政建设，努力构建教育、制度、监督并重的惩治和预防腐败体系，为推进学院事业又好又快发展提供有力的政治保证。

基础医学院

【发展概况】 学院概况。基础医学院现设13个学系和2个研究所，拥有5个部门或北京市重点实验室。2015年在编教职工400人，其中高级职称人员174人。

学科建设。组织部署学院"十三五"学科发展战略，编写了《北京大学基础医学学科发展规划2015—2019》。完成了学校部署的基础医学学科自我评估，填报2015年"北京大学学科自我评估表"。启动生物化学与分子生物学系、神经生物学系2个学科的国际评估试点工作，联系确定5位国际评估专家，准备了英文版学科教学科研等评估材料，完成学科报告、实地考察、师生访谈等现场评估。

启动创建基础医学"一流学科"。15项学科平台建设及人才引进项目获得"一流大学支持专项"经费3833万元。重点建设运行系统生物医学前沿技术平台，启动建设"北大医疗产业园中心实验室"。

基础医学北京市重点学科建设获得北京市教委滚动支持。学科建设经费主要用于"青年教师科研导师制"科研项目实施，2015年资助青年教师19人。同时，推动肿瘤研究、心血管与代谢性疾病研究、神经科学、感染与免疫等学科群建设，促进基础医学与临床医学的合作交流。

多位青年教师入选各类人才计划。郑乐民入选中组部"青年拔尖人才支持计划"，2人入选海外高层次人才引进计划青年项目，姜长涛、周菁新批国家自然科学基金优秀青年科学基金项目，姜长涛入选"北京市科技新星"。

（杨歌）

【本科生教学】 教学管理。2015年招收基础医学专业新生75名，毕业7名；招收医学实验专业新生46名，毕业23名。办理了548名学生的学籍处理和各种教务程序事务。组织开展对内和对外继续教育工作。落实《北京大学医学部领导听课制度管理规定》，组织院领导完成听课任务，安排专业教师对毕业生论文进行审核，严格进行教学质量监控。组织进行了各类教学优秀奖评选工作，加强教学奖励激励。

教育教学改革。深入实施"新途径"教育教学改革基础医学阶段方案，推动并实施"新途径"教改第二阶段工作。深化以能力为导向的考核改革，优化推进PBL (problem-based learning)教学，深入开展创新人才培养项目。优化导

师队伍,配合医学部启动基础/临床双聘工作。分析总结教学改革的实施情况,反馈学生和督导专家对"新途径"教改的意见和建议。组织申请了"教育部基础医学专业改革项目"。

教学建设。加强实验教学中心工作,落实教育部修购专项的建设内容和计划,完成基建。进行建设成果的交流与展示,推进实验教学改革,提升实验教学能力和水平。积极开展教育部视频公开课建设和学院的选修课建设。

教学交流。组织各系、室骨干教师20余人次参加了国内的教学会议,选派学生参加"复旦大学基础医学院第三届学生实践创新论坛"。召开教改座谈会,研讨问题,推广经验,举办"基于问题的学习"案例撰写工作坊,举办第四届北京大学PBL医学教育交流研讨会。组织召开"教育部基础医学专业教学指导委员会及基础医学教育学会工作会议""基础医学的现状与未来——教指委与学会联合研讨会",研讨和完善"基础医学专业本科医学教学质量国家标准",完成教育部本科专业设置申报的审核及咨询。

教学成果。学院教师获北京高校第九届青年教师教学基本功比赛一等奖和二等奖,学院两篇教学论文入选"2014年度医学教育和医学教育管理百篇优秀论文",2项医学教育研究课题结题评审获得三等奖。

(张燕)

【研究生培养】 研究生规模。2015年基础医学院在读研究生共713名,其中博士生451名,硕士生262名。

研究生招生与培养。成功举办暑期夏令营,提高生源质量,顺利完成硕士生、博士生招生任务。完成研究生培养及其日常教学管理,完成研究生毕业答辩、学位授予工作。

研究生教育管理。加强导师队伍建设,提高班主任及管理人员素质,拓展育人队伍。加强研究生思想教育和心理辅导,帮助解决学生困难和问题,规范处理学生应急事件,建立和完善信息沟通途径。组建基础医学院研究生党总支,加强学生干部队伍建设。服务研究生需求,打造精品学生活动。探索奖励奖学金评选模式,建立公平公正的选拔机制,激励促进研究生成长。

(李平风)

【科研工作】 科研项目及经费。2015年基础医学院新批各类科技项目59项,批准或签约科研经费6586万元。其中国家自然科学基金项目48项,批准经费5563万元,是科研项目资金来源主渠道。邓宏魁教授作为学术带头人的国家自然科学基金"干细胞与再生生物学创新研究群体"项目获得批准,经费1200万元。

全院承担各类在研科技项目391项,项目执行情况良好。尹玉新教授作为首席科学家的973计划项目结题验收获"优秀"成绩。

科研成果。2015年全院发表论文合计391篇。其中,第一作者或通讯作者单位SCI(Science Citation Index)论文237篇,期刊平均影响因子(Impact Factor,IF)4.78。作为合作单位发表SCI论文61篇,在国内核心期刊发表论文38篇,发表综述24篇、会议论文18篇。2015年全院教师出版专著、教材26部,其中主编5部、副主编4部、参编17部。

邓宏魁教授团队在小分子化合物诱导细胞重编程研究领域取得重要进展,在 Cell 和 Cell Stem Cell 发表封面论文。齐永芬团队"肾上腺髓质素功能多样性及在心血管疾病中的作用和机制"获中华医学会中华医学科技奖三等奖。李学军教授获中国科协"全国优秀科技工作者"荣誉称号。2015年全院获得批准授权国家发明专利10项,美国发明专利1项。

学术交流。2015年全院主办/联合主办国际学术会议3次,参加人数440余人;主办国内学术会议11次,参加人数2140余人次;举办校内学术报告249次,参加人数约13600余人次,其中组织"基础医学院院长论坛"特邀学术报告11场,形成机制化、品牌化的学术交流平台。

34位教师在国际国内学术组织和刊物新任52个学术兼职。其中,王宪教授出任《生理科学进展》主编;杨宝学教授出任《生理学研究》主编;王韵教授出任中国生理学会副理事长、秘书长。

(周勇)

【党建工作】 党委工作。2015年基础医学院圆满完成上级党委各职能部门的任务部署,积极落实"三严三实"专题教育,接受并完成2015年医学部对基础医学院党建工作调研,组织完成"共产党员献爱心捐款"活动。

思想政治工作。积极开展党员和群众的思想政治教育,加强宣传工作及思想交流,鼓励党员干部与青年学生党员谈心互助。积极组织党内评先工作,注重发挥党员的先锋模范作用。

党风廉政建设。加强党风廉政监管,领导班子和干部队伍严格自律,依规自查。党员干部带头落实执行各种党风廉政、财务管理等规章制度。

基层党建。加强基层党组织建设,开展基层党建研究,组织党支部书记培训,加强党支部建设,扎实开展党员组织发展工作。落实活动经费,积极开展丰富多彩的主题党日活动。组织指导做好学院共青团、统战等各项工作。

(马炳娜)

【行政工作】 院系治理。完善、运行院长书记办公会、学术委员会、教学委员会、学位委员会等管理

体系,全面推进学院学科建设、系所发展、科研教学等各项工作,科学决策、审核监管学院改革发展等重大事项,改进提高学院的管理服务效率和水平。学院党政领导班子成员深入13个学系进行考核评估,完成对各学系主任中期考核。

人事工作。推进教师分类管理,召开学术委员会和系主任工作会议,请医学部人事处领导介绍北京大学教师分类管理方案。结合学院实际情况,分析研讨学院开展教师分类管理的条件、内容和举措,具体筹划预聘制等人事改革工作。

完成"985工程"专项岗位聘任、年度毕业生接收、年度职称评审、海外高层次人才引进计划青年项目推荐上报、教育部"长江学者奖励计划"推荐上报、奖教金候选人推荐上报、2015年度青年人才支持计划推荐上报、教工出国人员程序审批等工作。

外事工作。办理短期出国(境)申报手续共104人次,收取、保管学院教职工因公护照。为4名外籍专家办理了来访申报手续,完成了一期国际会议筹办申报工作。

工会工作。办理教职工"安康互助保障计划"入保及重大疾病保险理赔工作,组织教职工健康体检。关心教职工生活,组织节日慰问、病人慰问,发放职工福利品,帮助职工子女入学,开展教职工文体活动。组织教代会,收集、整理、上报教代会提案。组织教师参加教学比赛。评选表彰优秀工会工作者和精品工会活动。

(杨歌)

【学生工作】 立德树人。加强学生思想政治工作,常抓不懈,深入开展主题教育,加强思想理论宣传和交流。坚持教育管理与学生需求相结合,覆盖个人深度辅导,注重普及心理健康教育,促进学生教育工作精致化。2015年郭琦获北京大学优秀德育奖,基础医学院获北京大学学生工作先进单位。

育人队伍建设。加强学习培训,推动辅导员队伍向专业化方向发展。推进"传承 筑梦 启航"学生成长助力计划、校外兼职班主任项目、新生成长领航人项目,营造全员育人氛围。加强学生党团建设,开展形式多样的党日活动,开设入党积极分子培训班、团员骨干培训班。

制度建设。加强学生管理工作的规范化。推进交接班制度精致化、奖学金评定规范化、助学工作系统化、就业指导工作细致化。

校园文化建设。打造特色学生活动,丰富学生活动项目。紧跟时代步伐,创新教育方式,强化教育实效。组织管理新媒体平台,扩大校内外交流,积极开展社会实践,组织进行医学生创新创业大赛,促进学生德智体美劳全面发展。

(赵姗)

药 学 院

【队伍建设】 2015年药学院在岗教职工人员总数176人,其中正高职称45人(教授35人,研究员9人,编审1人),副高职称51人(副教授36人,副研究员12人,副主任技师2人,副编审1人),中级职称76人(讲师37人,助研24人,主管技师15人),初级职称3人,工人1人。学院专任教师139人,占总数的78.98%。学院现有院士2人,长江学者3人,杰出青年科学基金获得者6人,海外高层次人才引进计划青年项目入选者4人,青年拔尖人才支持计划入选者1人,优秀青年科学基金获得者4人,跨世纪/新世纪人才支持计划入选者12人。药学院离退休人员145人。药学院在校党员445人,其中在岗职工党员96人,离退休党员64人,本科生党员28人,研究生党员257人。药学院制定实验技术队伍建设规划,加强对青年教师的培养。2015年引进海外高层次人才引进计划青年项目入选者1人,已通过医学部审批的新体制的3名教师目前正在办理入职手续。7位教授担任了11个国际学术期刊的共同主编、副主编、编委等12个职务,学院国际学术影响力进一步提升。

(王珣、乔康)

【教育教学】 本科生培养。理科基地项目实施情况良好,2013级学生共计118人参加了二级学科实验室轮转,其中107人全部完成四类实验室的轮转。目前正在轮转的2014级学生共计105人;新一轮固定科研训练项目立项26项,参与学生54人。学院通过大学生创新性实验项目、开放实验室、实验技能大赛等多种科研训练形式,给学生提供更多的实践机会。学院对六年制培养方案进行了重新修订,使文字描述更加清晰明确,全学程的课程分布和衔接更加合理。学院多门课程进行了多种教学方式的探索,开展双教学组同时授课、问题式学习PBL(Problem-Based Learning)和翻转教学,开设网络开放式的MOOC(Massive Open Online Courses)课程,尝试利用3D动画视频、微课程以及"由App和教学管理网站两部分组成的移动教学方案",探索教学模式革新。

研究生教育。继续深化研究生招生改革,不断完善招生选拔制度。对现有专业学位培养基地进行梳理,在此基础上新遴选出专业学位培养基地3家、基地导师3人。第一批药学方向的专业学位硕士生已顺利毕业。完成了国家药学硕士专业学位授权点专项评估和北京大学年度学科自评。完成了研究生课程大纲和培养方案

的修订工作。

继续教育。学院通过开展形式多样的对内对外继续教育，充分发挥服务行业和社会的功能。药学夜大专升本教学计划修订完成，将从2016级学生开始执行。

教学改革。教学改革取得良好成绩，2015年学院新立项教改课题8项，7项院级教改课题完成结题。发表教学改革论文1篇，主编教材2部，"药剂学系"获得医学部师德师风先进单位。

（赵恫英、陈欣）

表5-23 药学院2015年各类学生情况

学生类别	毕业（人）	招生（人）	在校（人）
硕士生（专业学位）	172(30)	78(45)	411
博士生	48	43	182
在职读学位	4	5	36
本科生（长学制）	115	115	453
夜大专升本	177	104	363
合计	516	345	1445

（赵恫英、陈欣、崔博华、黄燕清）

【科学研究】 药学学科基地建设取得了新的进展。分子药剂学与新释药系统北京市重点实验室通过认定，成为继天然药物及仿生药物国家重点实验室后又一个重要药学学科基地，药学科研平台建设保持良好的发展势头。

承担国家重大科研任务能力和创新药物研发能力不断加强。获国家自然科学基金资助34项（包括2项重点基金和1项重大研究计划等），其他类科研项目19项，批准总经费7050余万元。周德敏负责的"基于膜蛋白定点修饰的重组病毒载体结构基础、输送靶向性及免疫原不良反应关系研究"生物大分子药物研究、屠鹏飞负责的"以'保元汤'为载体的中药体内药效物质'组-效动态关联'系统研究体系的建立"中药研究项目分别获得了国家自然科学基金重点项目支持。

围绕学科前沿和服务国家重大需求的研究成果显著。屠鹏飞主持的"基于活性成分中药质量控制新技术及在药材和红花注射液等中的应用"项目获得国家科学技术进步奖二等奖；周德敏作为首席科学家的973项目"基于基因密码子扩展的蛋白质标记新方法"被科技部评为优秀；艾铁民作为执行主任兼主编的国家重大出版工程项目《中国药用植物志》第四卷出版发行。学院教师在科学前沿特别是药学领域的代表性期刊上发表高水平论文200余篇；申请国内外专利39项，获得授权专利27项。屠鹏飞、杨秀伟、吕万良入选爱思唯尔2014年药学、毒理学和药剂学高被引学者榜单。

（王铁军）

【合作交流】 2015年，中国药科大学、北京大学、复旦大学、四川大学、沈阳药科大学与美国密歇根大学、俄亥俄州立大学、明尼苏达大学在中国药科大学联合成立了中美药学院（校）药学教育联盟；美国密歇根大学药学院院长James T. Dalton、Duxin Sun教授、Michael Kraft副教授，俄亥俄州立大学药学院James McAuley教授，明尼苏达大学药学院Ling Li教授、Robert Straka教授一行六人到访药学院，探讨合作事宜；美国康涅狄格大学药学院师生第8次来药学院进行为期五周的交流学习，药学院组织学生访学团赴美国康涅狄格大学药学院和加利福尼亚州4所著名大学考察学习。

（王珣）

【行政管理工作】 学院提出药学楼装修改造整体要求，制订四类标准化实验室设计模板，组织完成实验室设计图纸的核对工作，制订药学楼装修改造腾挪初步方案。基于药学楼结构加固的测定结果，装修改造经费预算增加到8000万元，顺利通过了教育部修购专项资金项目的专家组评审，获准2016—2019年教育部修购专项资金项目立项。协助北大医疗产业园完成药学实验室的建设，提出药学院关于北大医疗产业园空间使用基本框架报告，形成了学院药物研究与新技术开发基地的建设方案。

完善药学院综合性信息管理平台的建设工作。为学院各系室分配网站管理独立账号，建立各类微信群组，完成学院院史成果展示平台、药学文化宣传平台建设的资料收集，进一步提高学院系室、PI介绍平台、液晶屏电子信息发布系统的利用率。

全面实施实验室安全准入制度。进一步完善安全检查制度，通过精细化的安全检查，构建学院安全管理的长效机制。针对实验室发生的多起废弃物违规处置事件，开展了"加强实验室废弃物规范处置"专项治理工作。

（郭敏杰、马小艳、乔康）

【党建工作】 迎接基层党建工作调研，完善学院党委工作的机制和体制。11月11日，根据北京大学党委的统一安排，医学部党委组织实施2015年基层党建调研工作。学院党委认真总结近几年的工作，起草了《药学院党建、干部人事工作和党风廉政建设工作汇报》，严格按照《调研实施方案》的要求梳理档案资料，得到调研组的肯定。

深入学习党的十八大、十八届五中全会精神，深入开展创先争优活动。药学院党委荣获北京大学党务与思想政治工作先进集体，徐萍荣获北京大学优秀党务和思想政治工作者——李大钊奖，郭敏杰荣获医学部优秀党务和思想政治工作者。

扎实开展"三严三实"专题教育，凝聚人心促进学院发展。药学院启动"三严三实"专题教育，制订《药学院开展"三严三实"专题教育总体实施方案》。学院党委书记以

《践行"三严三实" 推动学院发展》为主题讲党课,在全院范围进行动员。学院领导班子全体成员严格按照第一、二、三专题的学习安排召开专题教育学习研讨会,并将第四专题的内容有机地融入前三个专题的学习中。

重视支部书记及党员教育培训,有序开展党员发展工作。积极推荐教工党支部书记参加北京市及北京大学等各级各类培训班。组织了两次党的发展对象培训班,师生共计32人次参加培训。组织开展了第1期药学院入党积极分子培训班,研究生和本科生共计54人参加。2015年度共发展党员18人,其中本科生党员11人,研究生党员7人。

积极组织开展主题党日活动,推进基层党组织工作创新。全院各级党组织认真开展"学习习近平总书记重要讲话精神,为党旗增辉"主题党日活动,研究生党总支荣获医学部优秀主题党日二等奖。

坚持党建课题立项研究,提升基层党务理论水平。完成4项医学部基层党建创新立项课题的结题工作、4项医学部党建课题研究立项课题的中期汇报工作。

（乔康）

【学生工作】 扎实开展学生思想政治教育,切实做好学生管理和服务。研究生党总支组织了参观抗日战争纪念馆以及卢沟桥遗址实践活动,开展了以"军魂闪药,共筑梦想"为主题的与军队支部共建活动和敬老院服务活动,并继续推行"党员责任岗"。建立和推广"青春·荣耀"微信平台,提升平台的关注度和影响力。进一步完善药学院新生导师工作制度,聘任了新一届新生导师。通过家校促动措施——成绩单邮寄增加学校和学生家长的沟通交流。

（陈平、邹晓民）

【宣传工作】 紧密依托学校宣传主旋律,提升学院宣传工作水平。配合学院中心工作,以学习党的十八大、"三严三实"专题教育、十八届五中全会、社会主义核心价值观等为核心,充分利用主题党团日、工会精品活动、学生活动等多种形式,着力做好党的理论知识和方针政策的宣传教育。设计完成了以院徽为核心的信纸、信封等学院对外统一标识。

（乔康）

【纪检监察工作】 坚决落实党风廉政责任制,不断加强学院反腐倡廉建设。学院党委召开2015年党风廉政建设工作会议,迎接医学部纪委对药学院党风廉政责任制建设情况检查,认真贯彻落实学校党委和纪委有关党风廉政建设及加强科研经费管理等精神。学院以天然药物及仿生药物国家重点实验室作为试点单位,开展党风廉政风险防控体系建设试点工作。

（乔康）

【屠呦呦校友荣获诺贝尔生理学或医学奖】 屠呦呦1951年考入北京大学医学院,在北大医学院药学系生药专业学习,1955年毕业于北京医学院药学系。2015年10月,屠呦呦由于青蒿素的研究成果获得诺贝尔生理学或医学奖。屠呦呦是第一位获得诺贝尔科学奖项的中国本土科学家、第一位获得诺贝尔生理学或医学奖的华人科学家。北京大学药学院也因此成为中国第一个培养出诺贝尔科学奖项得主的学院。

（乔康）

公共卫生学院

【发展概况】 公共卫生学院始建于1931年,前身为国立北平大学医学院卫生学教研室。1952年,全国高校院系调整,北京大学医学院脱离北京大学独立建院。1956年更名为北京医学院公共卫生学系,1985年更名为北京医科大学公共卫生学院。2000年北京医科大学与北京大学合并,组建新的北京大学,北京医科大学更名为北京大学医学部,公共卫生学院为北京大学医学部的一部分。

【队伍建设】 公共卫生学院现有教职工171人,其中在编教工169人;在编教师131人,其中正高43人,副高43人,中级职称45人。在编教工平均年龄约45岁,50岁及以上人员约占34.7%,40～49岁人员约占34.1%,39岁及以下人员约占31.2%。男女性别比例约为7∶10。教师中具有博士学位的共计97人,占教师总数的74.05%,8名教师为在职攻读博士学位。

12名青年教师获2015年公共卫生学院青年人才支持计划,资助金额为每人2万～8万元。推选22名教师为医学部青年人才支持计划人选。新聘兼职教授2人,续聘兼职教授3人。

接收留学回国1人,接收应届毕业生1人,进入医学部培育计划人选1人,人才引进1人。退休2人。有6人申请高级专业技术职务,2人通过正高职称评审,3人通过副高职称评审,1人没有通过评审。5位申报人均已顺利通过医学部学术委员会评审。2名教师及4位博士后确认中级职称,1名教师确认初级职称。累计代评预防医学专业高级、中初级专业技术职务7人,为其他高校及研究机构评审职称晋升论文30余份。3位博士后入站,1位博士后出站;在站博士后共9人。在人社部开展的2015年博士后科研流动站评估工作中,公共卫生学院被评为良好级流动站。办理各种出国手续80余人次。公派出国进修、高级访问学者共5人,其中2人已完成进修任务回国。

【合作交流】 10月23日—24日,由北京大学公共卫生学院、复旦大

学公共卫生学院及美国约翰霍普金斯大学公共卫生学院联合主办、北京大学公共卫生学院承办的"第五届中美公共卫生学院院长论坛"召开。

11月12日—13日,由澳大利亚昆士兰科技大学、北京大学医学部、中山大学、山东大学齐鲁医学部和山东省疾病预防控制中心联合主办、北京大学公共卫生学院承办的"第二届中澳公共卫生研究中心国际论坛"召开。

【教育教学】 2015年公共卫生学院招本科生82人,博士生25人,硕士生73人(统招公共卫生硕士专业学位 MPH42人),长学制进入二级学科56人,在职 MPH66人。2015年公共卫生学院毕业博士23人,硕士70人(统招 MPH32人),长学制20人,授予博士学位21人,授予硕士学位138人(在职 MPH35人)。2015年公共卫生学院本科生在读399人,博士生在读46人,硕士生在读222人(统招 MPH132人),长学制在读117人,在职博士4人,在职硕士3人,在职 MPH224人。开设本科生必修课19门,选修课35门。

7月1日,公共卫生学院召开北京大学公共卫生教育教学改革汇报研讨会,邀请北京大学及医学部领导、教学基地和兄弟学院领导出席会议,汇报教学改革进程。公共卫生学院还在全国公共卫生院长年会等多个平台介绍公共卫生教育教学改革进展。配合"教师能力建设研究"子课题组,完成教学督导、学生评价、课程评价;配合"教学体系构建研究"子课题组,完成"卫生事业管理学""预防医学导论"课程调整和计划实施;配合"公卫教学模型研究"子课题组,完成《公共卫生学生专业实习指导手册》的调研和制定。新"职业与健康"实习课教学方案已实施。"妇幼保健学"从教学内容、教学方法和考核形式均做较大调整。"流行病学"课程教学改革注重课程教学与临床实践相结合,在理论课中引入临床实例,在实习课中采用"教师主导模式"与"学生主导模式"相结合,融合 PBL 与 TBL 教学理念,引入临床案例,调整考核方式。

执行完成"北京市共建项目专业建设""北京大学本科教学改革与教学质量工程建设"。公共卫生学院被北京市认定为"北京高等学校示范性校内创新实践基地"建设单位,正在申报"2015年北京市高等学校实验教学示范中心"。郭岩教授等10位教师被评为北京大学医学部优秀教师;詹思延教授被评为医学部教学名师;"临床医学生公共卫生教学团队"被评为医学部优秀教学团队;流行病与卫生统计学系武逸群和妇幼卫生学系邹志勇两位教师代表学院参加北京大学青年教师(医学类)讲课比赛。

【科学研究】 2015年公共卫生学院师生发表论文350篇,其中英文论文229篇(SCI 收录论文118篇),中文论文121篇。2015年公共卫生学院共获科研项目136项,总金额5437.31万元。其中国家自然科学基金17项,金额818.89万元;科技部项目1项,金额1608万元;国家社会科学基金1项,金额20万元;部委项目8项,金额354.7万元;北京市项目29项,金额511.16万元;北京大学项目6项,金额297.9万元;与公司合作项目25项,金额673.14万元;国际合作项目12项,金额258.46万元;国家卫生计生委项目8项,金额127.9万元;中国疾病预防控制中心项目2项,金额41.56万元;其他单位项目27项,金额725.6万元。张玉梅教授获杨芙清-王阳元院士教师奖优秀奖;贾光教授获仲外医学奖教金;赵鹏、王琳琳、李宏田等三位教师获黄廷方/信和青年杰出学者奖;马冠生教授获第十六届吴阶平-保罗·杨森医学奖。

【社会服务】 开展成人继续教育项目,包括河南省地市级卫生监督员培训、北京市公共场所首席卫生监督员培训、北京市传染病首席卫生监督员培训、顺义区卫生计生管理干部培训、海南省卫生计生监督管理干部培训、青岛市疾病预防控制管理干部培训、母乳喂养医学基础教育培训、北京市红十字血液中心在职英语流行病学培训、全球健康奖学金项目一期、新疆及兵团卫生计生监督管理干部高级培训,以及与红十字国际委员会、中国红十字会、青岛市疾病预防控制中心联合开办的第七届 H.E.L.P 课程(密集人群卫生应急培训班)。

【党委工作】 "三严三实"专题教育。按照中央《关于在县处级以上领导干部中开展"三严三实"专题教育方案》,根据北京大学及医学部党委工作部署和相关通知文件精神,公共卫生学院组织召开全院师生党代表会议,全面动员部署学院"三严三实"专题教育。郝卫东书记主讲题为《积极践行三严三实 扎实推动学院发展》的专题教育党课并就学院全面开展"三严三实"专题教育进行深入部署。公共卫生学院组织召开学院"三严三实"专题教育活动征求意见会。学院领导班子于7月至12月分三个阶段进行个人学习,并进行集体学习交流三次,孟庆跃院长和郝卫东书记就"三严三实"专题教育走访了学院9个系室和2个研究所,征求相关教师意见和建议。学院党委要求全院所有党支部在党员中开展以"三严三实"为主题的党日活动,组织引导党员深入学习、充分讨论。

党风廉政建设。按照《2014年北京大学医学部反腐倡廉工作意见》及《院党政领导干部职责及工作规则的暂行规定》,公共卫生学院明确院内党政领导干部职责及工作规程,形成党委书记和院长共同负责、副院长、副书记分工协

作的良好工作氛围。学院党委及时传达上级会议精神,部署落实相关工作,学院领导和部门负责人积极开展调研,深入系室座谈,明确各级领导责任。学院人事安排、重要项目确立、大额资金使用都按制度经领导班子集体研究决定。学院党委制定完善《北京大学公共卫生学院关于贯彻落实党风廉政建设责任制的实施细则》和《北京大学公共卫生学院党风廉政建设和反腐败任务分工》,形成《公共卫生学院廉政风险识别、防控一览表》。2015年公共卫生学院还完善了《公共卫生学院院长办公会制度》《公共卫生学院党委会议事规则》《关于加强财务管理的实施办法》《公共卫生学院关于规范重要会议的时间和纪律的规定》等制度。

郝卫东书记荣获北京大学2015年优秀党务和思想政治工作者;陈丽颖荣获北京大学医学部优秀党务和思想政治工作者;北京大学公共卫生学院党委荣获北京大学医学部党务和思想政治工作先进集体。

【学生工作】 2015年公共卫生学院完成129个奖学金和90个奖励名额的评选。公共卫生名家讲坛邀请了全国政协副主席韩启德院士和著名心血管病专家胡大一教授作讲座。另外举办了四场素质教育讲座:全国政协委员吴明教授"聚焦两会,共话医疗"讲座;世界卫生组织慢性病防治专家邵瑞太博士"全球视野下的公共卫生"讲座;国家体育总局体育科学研究所青少年体育研究与发展中心主任郭建军博士"大健康战略对我国医学的需求、现状及解决路径探讨"讲座;中央党校进修部副局级组织员、博士生导师刘永艳教授"宪法实施与法治体系建设"讲座。

组织"梦想卫毕业,青春不散场"公共卫生学院毕业晚宴暨红毯仪式,2015届毕业生们逐一踏过红毯,师生共同参加毕业晚宴;成功主办第十三届预防艾滋病宣传周活动;组织"北医卫86助学基金"捐赠仪式。

(罗昊、刘杰)

护理学院

【发展概况】 发展历程。北京大学护理学院的前身北京医科大学护理系成立于1984年,1999年成立北京医科大学护理学院,2000年更名为北京大学护理学院。

组织机构。1月完成党委班子换届,任命陆虹为党委书记、张进瑜为党委副书记;7月完成行政班子换届,任命尚少梅为院长、路潜为副院长;11月任命周婧为院长助理(挂职)。

学科建设。北京大学是全国首批恢复招收高等护理专业本科生的院校之一,1985年首批招收高等护理专业本科生,1990年成为国内第一个护理学硕士学位授权单位,2010年成为护理学博士学位授权单位,2014年成功获批博士后科研流动站。学科总体水平处于国内领先地位,是教育部高等学校护理学专业本科教学指导委员会主任委员单位、全国医学专业学位研究生教学指导委员会护理学分委会牵头单位。2015年,护理学院开展了学科自评,对学科现状、存在问题及未来规划进行了梳理。

队伍建设。2015年,护理学院正高职称人员为7人,副高职称人员为17人。

【教学工作】 护理学院承担着护理学博士、硕士、本科、专科四个层次七个轨道的教育教学管理,以及继续教育工作。

学生人数。在校生1014人,其中研究生82人(全日制硕士44人、全日制博士10人,在职硕士28人),本专科958人(本科355人、专科198人、夜本405人)。

培养方案。完成2015年护理学研究生培养方案及研究生课程教学大纲的修订工作。

教学改革。进一步扩大提前批招生范围,首次在北京市提前批招生,并将广东省纳入招生范围,同时在安徽、江西、四川、云南等省招收贫困专项计划。目前,所有进入护理学院的学生均在报考时明确有护理学专业的志愿。2015年护理学院制定《北京大学护理学院新开设医学部选修课流程》《北京大学护理学院教学实践基地基本流程(试行)》,修订学院调课制度、听课制度、年度教学优秀奖评选办法及研究生招生复试管理办法等管理制度文件。

教学资源。组织专家实地考察中日友好医院、五洲妇儿医院、美尔目医院、香港大学深圳医院、北京大学深圳医院等,以期建立教学实践的协作,探讨异地建立教学实践基地的可能性,并为毕业生寻求就业机会。另外,制定《临床护理教学基地准入指标体系评价标准》和《社区护理教学基地准入指标体系评价标准》。护理学院获批北京大学2015年度中央高校改善基本办学条件专项项目资金总额1180万元,改造实验室及教室的多媒体设备,购置现代化模型及设备。

教学获奖。孙玉梅、韩凤萍、刘旭、杨萍、王艳、路潜、孙静获北京大学医学部优秀教学奖。"护理学本科人才需求和招生模式的调查研究"获中华医学会医学教育分会2012年立项课题结题一等奖;"以岗位胜任力为导向的医学专业学位教育改革与实践"获中国学位与研究生教育学会研究生教育成果奖二等奖、国家一级学会成果奖。耿笑微获北京大学第十五届青年教师教学基本功比赛(医科类)三等奖。

教材出版。学院与北京大学

医学出版社合作出版了17册护理学本科教材，21人次担任主编及副主编；出版护理学专升本和专科教材18册，35人次担任主编、副主编及编者。

教学审核评估。护理学院完成2015年全国护理硕士专业学位授权点首轮专项评估工作，并顺利通过审核；完成《北京大学护理学学科自我评估年度总结报告》。

【学生工作】 就业工作。开展本科学生就业意向调研；对四个年级的329名学生进行问卷调查，形成《护理学院本科学生就业意向》调查报告和《护理学院2013级本科学生就业推进计划》。

新生教育。开展为期3个月的新生成长系列教育活动；建立"护理学院新生成长守护"的"导生制"；组织了"我们相伴"主题座谈活动，邀请优秀的保研学长学姐跟同学们分享自己的学习经历；举办"扣好人生第一粒扣子"成长教育系列讲座。

专业素质教育。护士节前后，通过举办授帽仪式、邀请第44届南丁格尔奖章获得者王克荣主讲"Nursing is wonderful"护士节论坛、举办"最美白衣天使"摄影大赛等方式开展专业教育。组织104名同学奔赴全国9个省市地区参加各种社会实践活动，了解国情、体察民意，并用专业知识为社会、为广大民众提供健康服务。

志愿服务。举办北京大学护理学院"安静种树、万绿重生"志愿服务项目启动仪式；走进医院"小小档案室"，初步体验医院的氛围；走进北医附小，举办"健康讲座"，定期给小学生们测视力和健康宣讲；走进社区，关爱老人，宣讲骨关节炎的健康知识，并配合医生的免费义诊和博士生的调研工作。

【交流合作】 合作项目。在中华医学基金会(CMB)的资助下，在学习美国亚利桑那大学护理学院博士核心课程的基础上，护理学院建设完成护理学博士核心课程"护理哲学与理论构建"，2015年启动网络授课及第一期翻转课堂。来自八家护理学院的24名博士及硕士研究生完成该门课程的学习。

学术交流。接待来自美国、英国、澳大利亚、瑞典、挪威等国家的代表团或个人11批，共计67人；学院教师出访10批，共计31人。

学术报告。组织开展各种类型的对外交流讲座，主讲者来自美国、澳大利亚和瑞典，讲座内容主要围绕"肿瘤护理""老年护理""社区护理"等热点话题。

【党建工作】 党员发展。2015年护理学院发展党员12人，预备党员转正12人。完成4人党课培训材料的归口，18份外调函的收发，12名预备党员的公示、材料审核，11名毕业生、6名新生的组织关系转入办理。举办护理学院首期学生入党积极分子培训班，21名入党积极分子参加培训。

主题党日活动。开展"弘扬社会主义核心价值观，实现中华民族伟大复兴"参观暨党员入党宣誓、"学习习近平总书记重要讲话精神，为党旗增辉"暨"情暖夕阳"服务敬老院、"三严三实"《自身能力与外部机遇》辩论赛、"我为中国精神代言"暨清扫校园落叶等主题鲜明的党日活动，在活动中进一步加强党性教育。

党建获奖。2012、2013、2014级学生党支部、教工第二党支部和研究生党支部在"学习习近平总书记重要讲话精神，为党旗增辉"活动中分别获得三等奖和优秀奖。

【行政及其他工作】 行政队伍。管理人员10人。

专项工作。配合完成党委、行政班子换届工作。配合保卫处统筹开展护理楼消防设施安装调试和实验室改造工作。根据国家规定，对行政办公用房进行普查，按照标准进行调整。梳理、修订、完善学院各项规章制度和工作流程并装订成册。调整行政办公用房：党院办从119室搬至205室；教办学办搬至119室。

工会工作。3月24日，召开护理学院第四届教职工大会暨第四届工会会员大会，选举第四届教代会常设主席团和工会委员会，教代会常设主席团成员为：孙宏玉、杨园园、李明子、张进瑜、陆虹、侯淑肖、路潜。工会委员会委员为：刘旭、任国华、杨萍、张进瑜、管静。因刘旭同志离职，增补裴群羽同志为工会委员。

开展系列文体活动：秋季户外拓展活动；走进自然，享受阳光，学院工会春游秋游活动；组织团体操训练活动；"六一"节亲子欢庆系列活动。以"护理——科学与艺术之美"为主题举办"权益杯"系列活动，分别开展读书活动、讲座活动、展板展示、拍摄护理之美宣传片、美化办公室——版画制作等五部分系列活动。

积极准备和选派代表参加"北京市健康科普大赛活动"，杨萍老师获二等奖，并荣获"北京市健康科普专家"称号；选派教师参加学校工会职工素质教育活动"幸福学堂"的学习活动；参加"工会在身边"读书系列活动。

【社会服务】 专业认证。作为教育部高等学校护理学类专业教学指导委员会主任委员单位，护理学院2015年组织专家进行了两所护理院校的护理专业认证试点和3所护理院校的护理专业学位授权点专项评估的现场评估工作。

护士执业考试命题。协助国家卫生计生委人才交流服务中心完成与命题专家签署保密协议、护士执业资格考试命题及经费下拨等工作。

【中澳国际护理论坛】 11月13日，由北京大学护理学院和澳大利亚昆士兰科技大学护理学院联合举办的"中澳国际护理论坛"在北京大学医学部会议中心举办。澳

大利亚昆士兰科技大学护理学院院长 Patsy Yates 教授、Fiona Coyer 教授、Theresa Green 教授出席论坛并同北大护理学院、临床医院师生开展学术交流。中澳专家分别从"肿瘤护理及姑息治疗""重症护理""伤口管理"及"脑卒中连续护理"等方面介绍了各自在该领域的临床实践及研究。

（周婧）

医学人文研究院/公共教学部

【发展概况】 发展历程。医学部公共教学部于2002年7月在原社文部、外语部、体育部及数学、物理、计算机教研室的基础上组建而成，下设5个学系16个教研室。2015年成立了医学心理学系（筹），由原医学人文学系医学心理学教研室组成，成立了医学人文学系医务社工教研室，自此，公共教学部发展出哲学与社会科学系、医学人文学系、医用理学系、应用语言学系、体育学系、医学心理学系（筹）6个学系16个教研室。2008年4月，北京大学医学人文研究院成立，下设医学史与医学哲学研究中心、医学心理学研究中心、医学伦理与法律研究中心、健康与社会发展研究中心、医学文化与健康传播研究中心、医学美学研究中心，以及医学人文数据实验室（原数据与案例管理中心）7个研究中心。此外，医学人文研究院/医学部公共教学部还拥有北京大学医史学研究中心、北京大学临床心理中心、北京大学医学部性学研究中心、北京大学医学部中美医师职业精神研究中心等4个校级研究中心。

学科建设。目前设有生物医学英语五年制本科专业，科学技术史、应用心理学两个博士点，科学技术史、应用心理学、马克思主义理论和思想政治教育三个硕士点，可招收科学技术史、应用心理学、伦理学、社会学、科学技术哲学、思想政治教育、马克思主义基本原理、生物物理学专业的硕士和博士研究生，科学技术史、应用心理学、伦理学、社会学专业可招收博士后。

队伍建设。现有教师107人，其中正高级职务16人，副高级职务40人，中级职务47人，初级职务4人。2015年增员3名教师，3名教师退休。

【教学工作】 学生人数。2015年底在读学生223人，其中医学英语专业本科生175人，硕士研究生31人，博士研究生17人。2015年毕业47人，其中本科生35人，硕士研究生10人，博士研究生2人；招收新生54人，其中本科生39人，硕士研究生10人，博士研究生5人。

培养方案。本科生培养方面，医学英语专业旨在培养国际卫生背景下的复合型人才。所培养的毕业生是既有较扎实的自然科学、医学基础知识及一定的临床医学专业基础知识，又有坚实的英语语言知识基础、较强的英语语言运用能力和一定的社会人文学科知识，能熟练地用英语和所学医学专业知识在医药、公共卫生、医药信息管理、医学英语教育等领域从事国际交流、教学科研等工作的应用型人才。研究生培养方面，各医学人文和社会科学学科培养点围绕"高素质、创新型"的高层次人才培养的基本要求，要求学生有一定的独立从事有关科学研究的能力，以及相关的教学工作能力。

教学改革。"生物统计"课程实行平行班开课，留学生物理课教学进行分层次教学改革，计算机课程开展以数据为课程主线的教学研究，体育课程开展体育健康测试，思想政治课程改革将实践纳入思想政治理论课课程建设标准，完善八年制临床与基础专业系列英语课程改革方案，医学人文课程定期组织研讨交流，搭建分享国内外医学人文教学与研究的平台。2015年对54门研究生课程教学大纲和8个研究生培养方案进行了全面修订。

专业建设。教育部本科质量工程建设项目"生物医学英语教学质量工程"按计划进行，获批北京大学本科教学质量工程建设项目"医学英语专业综合改革方案"。开设医学与历史课程群、健康传播与语言学课程群、医学与社会课程群、健康与文化课程群等专业选修课课程群。医学英语2011级32名学生参加英语专业八级考试，通过30人；医学英语2013级38名学生参加英语专业四级考试全部通过。

教学获奖。3人获得奖教金，其中2人获得北京大学仲外医学基金，1人获得方正奖教金优秀教师奖。医用理学系教师组织指导医学部学生获美国 ICM（交叉学科建模竞赛）二等奖2个、三等奖2个，"全国大学生数学建模与计算机应用"竞赛北京市二等奖1个、三等奖1个。

【科研工作】 项目数量。2015年获国家级课题3项，金额63万元，其中国家社科基金重点项目1项、国家社科基金青年项目1项；省部级项目11项，金额170万元；校级项目4项，金额66.4万元；横向课题6项，金额93.4万元；总计24项，总金额为人民币392.8万元。

科研成果。2015年发表英文论文7篇，其中 SSCI 2篇，SCI 3篇；中文论文71篇，其中核心期刊28篇；出版教材7部，论著13部，译著5部；获得国家专利授权1项，国家版权局计算机软件著作权审批1项。

开展医患关系研究，10个项目获得医学人文研究院青年教师

科研基金资助。出版《2013—2014中国医患关系蓝皮书》和《中国医疗诉讼与医疗警戒蓝皮书》（第一卷）。与中国医师协会联合成立了"患者安全与医患关系研究中心"。举办8期学术沙龙活动。

【继续教育】 8月10日至17日，与哈佛燕京学社、香港大学人文与社会科学研究所、南开大学中国社会史研究中心联合举办首届"东亚医学：人文与社会科学研究高级研修班"，哈佛大学栗山茂久教授等知名学者参与授课，经过层层筛选，来自海内外知名高校的20名博士研究生及青年教师参加了研修班。8月7日至9日，举办"临床医学人文骨干研修班"（医师班）和（护师班），邀请了中国工程院院士和北京地区著名的临床专家授课，来自全国近60所医院的管理者、科主任、护士长参加了培训。这期研修班不仅以圆桌形式听课与互动，还采用了以问题为导向（PBL）的参与式教学与研讨。2015年完成了13名进修生的培养，其中医学心理学教研室10人，社会学教研室1人，伦理学教研室2人；接收1名访问学者。

【交流合作】 接待来自美国哈佛大学、哥伦比亚大学、英国牛津大学、香港大学、英国惠康基金会等海外知名高校和组织的专家学者来访20余人次，赴美国、英国等地访问交流20余人次，张大庆教授当选为国际医学史学会（International Society for the History of Medicine，ISHM）科学委员会委员及中国国家代表。两名教师完成了为期约1年的公派出国访学。

教育部直属高校外国文教专家年度聘请计划学校特色项目邀请了来自美国得克萨斯大学、英国伦敦大学学院（University College London，UCL）的2位专家学者来校讲学。与英国爱丁堡大学健康与社会科学学院签署合作交流协议，将在研究生培养、师生交流等方面开展合作。

10月31日，在国家卫生计生委宣传司的支持下，主办北京大学"健康中国"论坛，国家卫生计生委崔丽副主任出席并致辞，近200位专家学者参加论坛。《人民日报》《光明日报》、新华网、《健康报》等十余家媒体参与报道。

10月至12月，举办北京大学第八届医学人文周，包括医学人文国际会议、第十届中美医师职业精神研讨会、2015年诺贝尔奖获得者北医杰出校友屠呦呦图片展、诺奖风采摄影展、英文短剧大赛、微电影大赛、医学人文平面设计大赛、创新论坛等内容。其中，医学人文国际会议由医学人文研究院与英国伦敦大学学院共同举办，来自英国牛津大学、伦敦国王学院、爱丁堡大学、美国哥伦比亚大学、香港大学等数十家国内外大学和研究机构的百余名专家学者、学生参加会议，并就文化与健康、电影与身体、公共卫生伦理、疯癫与社会、全球健康与医学人文、医学的跨文化历史等六个主题进行了研讨。第十届中美医师职业精神研讨会由医学部中美医师职业精神研究中心主办，来自美国哥伦比亚大学、密歇根大学以及国家卫生计生委、中国医师协会、北京市卫生计生委及医学院校、医院等机构的百余名专家学者参加会议，并就新医改对职业医师精神的挑战、利益冲突、医师职业精神教育等议题进行了研讨。

【党建工作】 医学部公共教学部党委下设12个党支部，其中在职职工支部6个，离退休支部2个，本科生支部3个，研究生支部1个。公共教学部共有党员153人，其中教工党员66人，离退休党员45人，学生党员39人，其他3人。2015年发展党员10名，其中本科生9人，研究生1人。

开展"三严三实"专题教育。公共教学部党委书记王玥为全体党员讲"三严三实"专题教育党课。党政领导班子通过自学、集体学习、讨论交流等多种形式，认真完成各阶段的专题学习研讨，理论联系实际，进行自查、自检、自我提高，广泛听取群众意见，认真查找"不严不实"问题及产生问题的原因，认真进行整改落实、建章立制工作。公共教学部党委还在全体党员中开展了"三严三实"主题党日活动及专题组织生活会，对党员和党员干部进行教育。举办"纪念中国人民抗日战争胜利70周年系列活动"，包括纪念中国人民抗日战争胜利70周年电影展映周活动以及影评评选活动，"日本人眼中的日中战争"以及"抗日战争与中华民族的观念"主题报告等。加强培训，公共教学部党委组织党支部委员以上干部参观北京义利食品公司。

张莉荣获第八届北京高校思想政治理论课教学基本功初赛"马克思主义原理"组一等奖。

【行政及其他工作】 行政队伍。管理人员9人，均为事业编制。

工会工作。有6个工会小组，工会会员129人。1月9日，医学部公共教学部三届三次教职工代表大会召开，提交北京大学医学部六届三次教代会4份提案。举办"美丽人生、快乐生活"——北京服装学院服饰博物馆参观等特色活动。1个工会小组获得医学部"权益杯"专项活动立项。医学人文学系工会小组通过"北京大学医学部模范职工小家"验收。

其他工作。全面贯彻落实《北京大学医学部优秀博士毕业生、博士后培育计划》，不断提高进人的层次。按照《公共教学部关于人员调入及接收毕业生工作的有关规定》，统一组织面试和答辩，由人才工作专家小组进行评议，促进了招聘工作的规范化、制度化。修订《医学人文研究院/公共教学部关于招收博士后人员的暂行规定》，

充分利用博士后制度平台为教学科研和人才队伍发展提供人力资源储备和前期职业能力考察。

完成专业技术职务评聘工作。严格执行新修订的《北京大学医学部专业技术职务评审聘任条例》,做好宣传解读工作。结合研究院实际,出台《公共教学部高级专业技术职务评审有关论著的补充规定》。3人申报副高级专业技术职务,2人获批准;4人申报中初级专业技术职务,均获批准。

完成考核聘任工作。124人参加考核,13人考核优秀,3人不确定等次,108人考核合格;聘任ABC岗人员117人,其中A类人员7人,BC类人员110人;新聘专业技术二级岗位1人、七级职员1人。

完成人才的推选工作。3人获得奖教金,15人入选北京大学专业技术岗位青年人才支持计划。

健全安全管理机构,完善各种规章制度,建立《公共教学部安全隐患档案》,与保卫处、设备与实验室管理处联合进行了物理教研室安全检查,部署国庆阅兵、世锦赛期间的安全稳定工作,加强网络安全管理。

落实中央要求,完成了行政办公用房的清理整改工作。配合学校,做好肖家河教师住宅配售的宣传沟通工作。

【学生工作】 学生活动。结合医学英语学生的专业特点和实际,指导学生开展"抗辩——该不该建立患者黑名单"(5月)、外文歌曲大赛(5月)、英语角(5月、11月)、"医路英杰"出国交流讲座(6月)等特色活动。与教育处合作,邀请知名学者郭继承、马国庆来校分别举办"国学经典与人生智慧"(5月)、"重新认识白求恩,一位不曾远去的英雄"(12月)素质讲座。组织学生积极参加学校举办的各类外事交流活动。组织学生完成亚太人工耳蜗植入及相关大学会、国家卫生计生委国际交流与合作中心援外培训项目、北京田径世锦赛等大型会议活动的外宾接待陪同、语言翻译等形式的志愿服务活动。暑期,围绕"爱·责任·成长"主题,坚持践行社会主义核心价值观的原则,组织学生分赴广西壮族自治区南宁市、云南省昆明市禄劝彝族苗族自治县、四川省甘孜藏族自治州等地开展社会调研、义务支教、参观学习等社会实践活动。研究生班开展了奥体公园"健康大步走"(4月)、英语学习沙龙(4月)等活动。

毕业生去向。2015年医学英语专业35名毕业生,其中12人参加工作,17人国内读研,6人赴国外(境外)读研。研究生毕业12人,其中9人参加工作(含在职1人),3人出国。

(黎润红)

医药卫生分析中心

【测试服务工作】 2015年医药卫生分析中心(以下简称分析中心)测试服务费收入约300万元。其中,细胞分析实验室测试服务费收入约150万元,流式细胞分析与分选分析样品约1.5万个,校内样品占4/5,校外样品占1/5;细胞分选开机总时数约1500小时,校内占2/5,校外占3/5;激光共聚焦显微镜开机总时数约2000小时,校内占4/5,校外占1/5;图像分析开机总时数200小时,校内外各占1/2。蛋白质组实验室测试服务费收入约34万元。同位素实验室测试服务费收入约60万元。电子显微镜室对校内外开展扫描电镜、透射电镜、免疫电镜技术服务工作,为相关的研究人员提供了高水平的电镜研究结果,样品总数达1200余例,测试服务费收入超过21万元。分子影像室截至2015年11月,共完成小动物活体成像实验有效机时超过800小时,校内占2/3,校外占1/3,涉及成像的小动物样本近2000只,测试服务费收入30万元。新室克服了各种困难,目前测试服务逐渐展开,测试服务费收入近10万元,样品数约2000个,机时约1500小时。

【教学与培训】 细胞室完成2015年上半年开设的"激光共焦显微镜与流式细胞术"课程教学,共48学时,其中理论课24学时,实验课24学时,选课总人数88人,其中研究生45人,本科生43人;"科研仪器实验技能"课程,60学时,全年选课人数8人。完成下半年开设的"高级医学技术"研究生课程,该课程总学时40学时,其中细胞室理论课6学时,选课人数8人;"流式分析技术培训课程""激光共焦技术培训课程""医学图像技术培训课程"等三门技术培训课程,每门课程54学时,报名人数共计30人,旁听生18人。一名教师荣获2015年北京大学医学部"优秀教师奖"。

蛋白质组2015年有3位教师参与"科研仪器实验技能"课程教学工作,指导4名研究生完成课程学习。

同位素室承担并完成基础医学院本科生"实验核医学"(54学时)和研究生"放射性同位素技术与安全"(54学时)的理论课和实验课的教学工作。目前实验室在读博士生、硕士生共21名。

电镜室配合基础医学院生物物理学系完成对研究生开设的"生物医学中的电镜方法"课程的实验教学工作,学生23人,16学时。开展电镜技术对外培训工作,2015年对3名相关单位的人员进行了技术培训。培训和指导研究生制备负染电镜样品和做负染电镜实验;培训和指导研究生制备冷冻电镜样品和做冷冻电镜实验。

分子影像室完成了面向研究

生的"高级医学技术学"课程讲授工作,组织了活体小动物光学成像的实验教学工作。另外负责和完成"科研仪器实验技能"课程活体小动物光学成像专题的授课工作。

新室完成了荧光细胞动态分析系统 TAXIScan-FL,承担学校研究生选修课"高级医学技术学"中"动态可视化技术"一讲的实验教学工作。

【科研工作】 细胞室有科技部在研项目1项、国家自然科学基金在研项目1项,2013年启动的中心研发基金项目3项。其中分析中心的研发基金项目"高端分选仪(Aria SORP)新功能研发"已顺利结题,通过此项研究建立的"染色体分选技术"已向社会推广应用,并带来了可观的社会效益与经济效益。染色体分选技术属于国内首创性技术,充分显现我校分选技术水平和技术优势。细胞室发表近18篇SCI文章,另外,支持科研用户发表论文数十篇。细胞室2名教师分别荣获了北京大学第八届实验技术成果奖(医学组)二等奖和三等奖。

蛋白质组参与国家自然科学基金等研究项目9项,在 *Int J Clin Exp Pathol*、*Bioconjug Chem.*、*J Cancer*. 上发表文章3篇。蛋白质组1名教师荣获北京大学第八届实验技术成果奖(医学组)一等奖。

同位素室主持、参与北京市自然科学基金面上项目、科技部科技支撑计划项目、科技部"重大新药创制"重大专项等科研项目10项。在 *Theranostics*、*PLoS One*、*Bioconjug Chem*、*Biomaterials*、*J Nucl Med*. 等国际期刊参与发表文章5篇。王凡、贾兵、赵慧云参加在美国举办的世界分子影像大会。

电镜室与基础医学院中西医结合教研室、天士力微循环研究中心开展科研协作,承担全部科研课题中的电镜形态学研究方面的工作。由分析中心科研基金资助的"一种用于生物冷冻电镜载网的导电碳膜的研制"课题,已经成功制备了导电薄膜,并测试了其导电性能,表征了微观结构,并申请了一项专利,专利号:CN 104616954 A。与中科院生物物理所合作,在我方已有成果的基础上将该课题进一步深入推进,现已成功制备了新型载网,目前正在测试当中。参与国家自然科学基金等课题2项,参与发表文章4篇。

分子影像室开展了与国家纳米中心关于影像学方面的科研合作。开展了与中科院武汉物理与数学所的影像学方面的科研合作。作为科研工作的重要组成部分,分子影像室的测试工作得到了科研合作团队的认可和充分肯定,过去一年来,相关工作成果发表的论文有7篇。2015年度参加的技术交流会议:2015年5月在北京参加了2015第七届小动物分子影像技术进展及应用研讨会;2015年10月参加了分子影像学厦门国际论坛。

新室的科研项目合作有:荧光细胞动态分析系统TAXIScan-FL参加中心的研发基金项目"精神分裂症患者细胞趋化功能变化及其机理初探"的研究工作,此项目支持经费2.5万元(2013.1—2015.12)。还有一项科研协作"食品配料氨基酸测定与分析",此项目支持经费3万元(2015.4)。

【计量认证工作】 2015年6月修改《质量手册》;2015年7月完成高校资质认定获证实验室自查工作,上报高校评审组。2015年10月,孙崎、杨建茹、钟丽君、徐陆正、张雷、卢庆彬6人参加了国家检验检测机构资质认定政策宣贯暨高校内审员培训班,并参加了内审员资格考试,获内审员证书。分析中心于2015年12月开展了国家计量认证的内审工作。2015年分析中心共做检测报告15份。

【党建工作】 因分析中心原党支部书记辛淑琴老师退休,6月11日举行了党支部换届选举。袁兰老师任党支部书记,钟丽君、徐陆正老师任支委。2015年党员苏黎回国、贾兵调入、吴晶新入职,目前中心党员数为13人,占全中心人数的50%,且党员分布在各个科室,可有效地发挥战斗堡垒作用,有益于中心工作顺利开展。

党支部先后开展了"不严不实"问题初步清单整改工作,带领大家学习了习近平总书记就践行"三严三实"提出的四点要求,以及《北京大学在中层以上领导干部中开展"三严三实"专题教育实施方案》的安排。分析中心行政领导和党员结合自身体会和中心发展探讨了自己对"三严三实"的具体认识和如何把"三严三实"的要求落实到日常工作中去。

2015年是中国人民抗日战争胜利70周年,党支部组织开展了"重温抗战精神,共谱胜利乐章"活动,参观了中国人民抗日战争纪念馆和卢沟桥,党员深受教育。

【行政工作】 2015年3月,分析中心完成了新一届领导班子的换届工作,由吴明担任中心主任,孙崎担任常务副主任。成立了以吴明、孙崎、杨建茹为成员的中心主任会,共同负责中心的日常管理工作。主任会每周召开一次会议,通报中心的日常工作,讨论决策中心相关事宜。

分析中心根据《北京大学"十二五"改革和发展纲要》和《北京大学章程》的基本思路和相关精神,紧紧围绕着北京大学建设世界一流的总体目标,贯彻落实《北京大学综合改革方案》,结合北京大学医药分析中心的发展实际,制定了《北京大学医药分析中心2015—2020年发展规划》。在综合分析中心的发展基础、存在的问题、面临的挑战和发展机遇的基础上,中心立足4年、面向未来8~10年确

定了中心发展定位和发展目标,按照"保持优势、培育重点、强化基础、突出特色、以点带面、全面提升"的思路推进中心发展。将人才队伍建设作为中心发展的核心;将发展中心优势技术、提升开发能力和技术创新能力作为带动中心发展、提升综合实力的抓手;将在保持优势技术、提高分析测试服务质量的基础上,进一步开发和推广新技术作为中心发展的主要内容;将开展技术研究、进一步提升技术研发绩效作为扩大学术影响力、积累实力的有效途径;将建立有效的激励机制和合作机制作为推动中心发展的关键。分析中心通过两次主任宣讲发展规划和绩效考核办法,征求大家对方案的意见。

在此基础上,制定和完善了分析中心的规章制度,包括《分析中心管理办法》《分析中心实验室安全管理办法》《分析中心主任联席会制度》《分析中心经费及收入管理办法》《分析中心财务管理和监督制度》《分析中心绩效考核与收入分配管理办法》以及《分析中心管理岗位职责》等,以推进分析中心各项工作的制度化、程序化和规范化以及决策的民主化和科学化。

在设备与实验室管理处、财务处、科研处、信息中心等部门的组织下,分析中心正在建设"北京大学医药卫生分析中心大型仪器共享平台"。平台预约收费,改变了过去记账收费的模式,在管理上更加便捷和有效。在保证平台正常运行的基础上,分析中心可利用自身技术优势和管理优势,带动同类型大型仪器的子平台化管理,以此保证仪器的充分利用和合理更新,带动全校分析技术队伍建设。在此基础上,通过预约提高效率和服务水平,在为全校师生提供更优质服务的同时,也可扩大中心的客户源,并通过预约和收费平台的数据管理和分析,了解优势技术的需求和技术的发展方向,为中心分析测试服务重点领域定位和新技术发展提供信息。

加强对财务的管理,坚持财务公开透明。2015年,在医学部党委和纪委的领导下,开展了清理"小金库"的专项活动。

【工会工作】 积极组织参加医学部工会、机关工会组织的各项活动。分析中心工会小组主办和协办了一系列活动。具体有:(1)2015年1月全北医系统工会表彰大会,分析中心工会小组被评为优秀工会小组,钟丽君获评优秀工会小组长。(2)一年以来组织发放福利品三次,参加工会各项活动、转发各种通知等。(3)2015年12月申请工会活动经费,组织旨在增强中心凝聚力的"拼图大赛"活动。

中国药物依赖性研究所

【发展概括】 北京大学中国药物依赖性研究所创建于1984年,是由国务院批准成立的专门从事药物依赖性研究的国家级综合性研究机构,研究所集药物依赖性基础研究、临床研究、药物滥用流行病学研究、药物滥用监测、药物依赖性信息研究以及编辑出版药物依赖性相关书刊、组织学术会议等职能为一体,承担药物成瘾及相关疾病的神经机制和干预策略研究、临床治疗药物和方法及药代动力学研究、新药临床评价研究、流行病学与社会学调查、信息和出版物的编辑等任务。研究所是药物依赖性研究北京市重点实验室及国家自然科学基金创新群体"精神疾病的神经可塑性机制"的依托单位,国家禁毒委中国毒品滥用防治专家委员会秘书处、中国毒理学会药物依赖性专业委员会秘书处也设立在本所,研究所同时还是教育部精神病与精神卫生学、神经生物学和药理学国家重点学科的主要参与单位。

研究所现有研究人员及研究生100余名,主要承担的社会职能包括戒毒药和麻醉性镇痛药的新药评价研究、药物滥用监测、为政府部门提供技术咨询及服务、为公安部和司法部系统干警培训等提供支持。同时,研究所在禁毒的科普和社会宣传等方面也做了大量工作,与北京市禁毒办、禁毒教育基地合作,进行新型毒品知识的宣传;受国家禁毒委员会办公室、北京市公安局和中央电视台等政府部门或媒体邀请进行毒品防治宣传教育。

研究所在科技部、国家自然科学基金委、国家卫生计生委、教育部和北京市等数十项基金及多项国际合作项目的支持下,系统研究药物滥用与成瘾及相关疾病的神经机制,开发新的临床治疗药物和干预模式,掌握药物滥用与成瘾及相关疾病的流行规律并制订预防策略,取得了一系列重要原创性成果,发表研究论文400余篇,其中200余篇被 *Science*、*Lancet*、*Neuron*、*Am J Psychiatry* 等国际知名SCI期刊收录,在药物成瘾及相关研究领域具有重要的国际学术影响力。

2015年研究所继续瞄准国际科学前沿和国家重大需求,围绕病理性记忆的干预方法、记忆形成的正向和负向分子调控机制、海洛因成瘾的遗传风险因素、新型抗抑郁药物及其机制等开展研究,在 *Nat Commun*、*Neuropsychopharmacology*、*J Neurosci*、*Sleep* 等SCI期刊发表论文20余篇,出版了《精神病学》(全国高等学校教材,供8年制及7年制临床医学等专业用)、《中国物质使用障碍防治指南》等教材和专著,为推动成瘾医学和精神病学的学科发展做出了积极贡献。

(赵苓、孟适秋)

【科研工作】 承担课题。2015年中国药物依赖性研究所共新获准科研基金课题7项,其中国家自然科学基金4项(时杰,沈昊伟,贾中伟,丁增波),中组部万人计划青年拔尖人才项目1项(薛言学),北京大学医学部优博培育计划1项(孙艳),中科院心理所心理健康重点实验室开放课题面上项目1项(李素霞)。在研国家自然科学基金委重大研究计划集成项目、NSFC-云南联合基金重点项目、国家自然科学基金项目、科技部973计划项目、国家重大新药创制专项课题、北京高等学校"青年英才计划"项目等22项。承担部委课题6项,横向课题5项。

重要发现。提出了可消除与所有线索相关的成瘾记忆的非条件性刺激唤起-消退范式,并揭示了AMPA受体内吞在其中发挥的作用;首次揭示了新颖环境暴露可以促进恐惧记忆消除,并发现其是通过β肾上腺素受体、糖皮质激素受体信号通路起作用的;发现前边缘皮层过表达蛋白激酶Mζ能够增强长时程记忆的形成,背侧海马的AMPK信号通路负性调控环境恐惧记忆的形成;发现了影响海洛因成瘾者冲动决策行为和脑灰质体积的遗传风险因素;分析了锌指蛋白基因变异与精神疾病的关系;在睡眠过程中采用靶向记忆激活范式对记忆进行干预,发现可以达到与清醒状态下截然相反的干预效果,提示大脑在睡眠和觉醒状态下存在对信息的差异化处理;发现了三叶因子3通过激活BDNF-ERK-CREB信号产生抗抑郁作用;创新性提出在人类睡眠期间治疗负性情绪反应的新方法,即在特定的睡眠状态(慢波睡眠)下进行负性记忆相关线索的暴露,可以显著降低受试者清醒后的恐惧反应,从而消除痛苦的记忆。研究成果发表在Sleep期刊后,得到了国际睡眠医学领域专家的高度肯定,德国图宾根大学的Jan Born教授在同期期刊上发表了专题评论,认为该研究"在睡眠中消除恐惧和痛苦记忆就如同在麻醉状态下切除肿瘤,这种无意识、无痛苦的治疗方式是令人兴奋且具有吸引力的,为源于病理性记忆的精神疾病和行为障碍的治疗开辟了全新的视角"。

发表论文。2015年全所在 *Nat Commun*、*Neuropsychopharmacology*、*Sleep* 等发表SCI论文20余篇,发表国内论文11篇,参加会议交流的论文或摘要23篇,提交研究报告2篇。

获奖情况。时杰、陆林教授等人完成的科研项目"成瘾相关疾病的临床特征及神经基础"荣获2015年中华医学科技奖二等奖。

教学工作。讲授"药物滥用与成瘾""神经精神药理学""药理学研究进展""情感认知障碍的基础与转化""药物流行病学"等课程。

人才培养。2015年研究所有硕士生7名,博士生14名,8年制5名,本科实习生1名,进修生1名。

学术活动。2015年6月22日—23日,在北京举办2015中国禁毒论坛——合成毒品防治;2015年11月2日—4日,在广州举办氯胺酮滥用防治国际研讨会。

实验室建设。建立人体睡眠监测实验室,完善光遗传学及电生理实验室;维护运行实验动物屏障设施。

(赵苓,孟适秋)

【出版专著】 《精神病学》,李凌江、陆林主编,人民卫生出版社,2015年;《中国物质使用障碍防治指南》,胡建、陆林主编,中华医学电子音像出版社,2015年。

(赵苓)

【社会服务】 时杰受国家禁毒委、国家卫生计生委、国家食品药品监督管理总局等邀请,多次参加政策咨询、评审及外事接待工作;时杰多次参加中央电视台、凤凰卫视、北京卫视、湖北卫视、《科学时报》等媒体采访,宣传普及禁毒知识;应国家禁毒办邀请,刘志民于2015年12月15日—16日赴西昌为国家新闻出版广电总局新闻媒体培训班授课;应中央司法警官学院邀请,刘志民于2015年4月和10月两次为该院组织的司法部戒毒局培训班干警授课;刘志民多次受最高人民法院和禁毒局邀请或委托,咨询毒品及其量刑的技术性问题;李素霞指导东城区精神卫生保健院临床与科研;李素霞指导河北省荣军医院科研;李素霞为国家药物滥用监测及新药立项工作提供咨询;鲍彦平参与"6·26"国际禁毒日禁毒宣传。

(赵苓)

【党建工作】 按照机关党委布置的工作计划开展学习等相关工作;开展"三严三实"专题教育学习;召开"三严三实"民主生活会;10月28日,翟海峰转为正式党员;12月4日,党支部完成换届选举,新一届党支部:支部书记赵苓,组织委员哈鹰,宣传委员翟海峰。

(赵苓)

【重大纪事】 时杰等获得国家自然科学基金等项目7项。

获得专利3项:(1)时杰,孙艳,王贵彬,陆林,朱维莉,赵励彦;用于检测ZNF804A基因中的rs1344706位点的核苷酸的物质的新用途;专利号:ZL 201410044809.4;授权公告日:2015.4.29。(2)时杰,孙艳,胡蝶,梁洁,陆林,王贵彬,朱维莉;用于检测rs7597593位点和rs1344706位点的核苷酸的物质的新用途;专利号:ZL 201410227778.6;授权公告日:2015.10.14。(3)陆林,孙成玉,孟适秋,朱维莉,时杰;一种多肽及其在制备抑郁症治疗药物中的应用;专利号:ZL201310036360.2;授权日期:2015.1.7。

申请专利1项:陆林,李素霞,徐凌志,袁铭,刘丽京,时杰,朱维莉;DAPK1抑制剂在制备抗

抑郁药物中的应用;申请号:201510166192.8;申请日期2015.4.9。

陆林主编、时杰参编的《中国物质使用障碍防治指南》出版,中华医学电子音像出版社,中国标准书号978-7-83005-043-6。

技术转让1项:"三叶因子3在制备预防和/或治疗抑郁症药物中的用途"(时杰)。

修缮研究所外墙及更换相关设施。

(赵苓)

实验动物科学部

【发展概况】 医学部实验动物科学部于1984年12月设立。现有实验动物设施约4800 m^2,其中实验动物繁育楼1719 m^2,动物实验楼2400 m^2,科研及动物质量监测楼320 m^2,其他附属设施约300 m^2。实验动物科学部现有高级职称技术人员及资深实验动物饲养与动物实验技师在内的工作人员79人。实验动物科学部本着"以为教学和科研工作服务为中心,确保提供优质、足量实验动物,确保提供全方位的动物实验服务"的工作宗旨,成为学校生命科学教学与研究方面的重要支撑条件和服务平台。

【生产工作】 实验动物生产供应。向校内外供应合格(达到SPF/VAF标准)实验动物18.7万只。

实验动物代养管理。代养试验用大小鼠共计21.3万只。

动物实验工作。协助各教研室及附属医院等70多家单位进行清洁级动物实验819项,实验操作800余项。受校内外20多个单位委托,以合同形式独立承担并完成有关一般药理学、毒理学、免疫学、肿瘤学等方面的动物实验22项。完成10余个单位委托的30项大动物实验,总计开展大动物手术全委托辅助300余台。成功建立全委托手术大鼠模型1个。2015年度共检测4406份血常规样品,血生化样品7200份次。

【教学工作】 学生教学。2015年完成药学院本科生"实验动物学基础"教学,共36学时;完成研究生院"实验动物学"教学四个班(32学时×4)的教学工作;培训研究生1019人,选课同学课程结束后均取得北京市科委颁发的《实验动物从业人员职业资格证书》;协助医学部完成遗传学系本科生"实验动物学"教学,承担8个学时的教学任务;完成基础医学院本科生"实验动物学导论"教学任务。

人才培养。实验动物从业人员上岗培训,2015年共举办18期上岗培训班,培训人数2449人。

期刊书籍。2015年实验动物科学部教职工在实验动物学专业核心期刊发表文章两篇,参编由郑振辉、吕京主编的《医学与生物学实验室安全技术管理》;参编北京市科委项目课题实施方案《实验动物从业人员考核评估办法和实验动物废弃物安全处理规范研究》。

【设施维护】 实验动物繁育楼和动物实验楼重新进行消防通道和标识的清理安装;继续增加完善单位内的监控系统;新增加用以临时冻存动物尸体的冰柜4台;动物实验楼新添置1台隔离器。

【其他工作】 完成医学部医用废弃物清运处理约31000千克。

【党建工作】 党建及思想政治工作。党支部全力支持实验动物科学部的行政工作,实验动物科学部也积极参加党支部组织的各项活动,认真完成各级党组织交给的各项工作任务。党支部的党员和入党积极分子不但在各自的岗位上是骨干,而且在各个方面严格要求自己,积极认真参与学习党的群众路线教育活动,处处起表率作用,优质高效地为医、教、研提供服务。

实验动物科学部的工会小组积极参加医学部工会和机关工会组织的活动,及时把两级工会组织的会议精神传达到各个科室,主动维护职工权益。实验动物科学部领导积极参与工会小组的活动,同时从经费上积极支持,通过工会工作与单位工作的结合,进一步增加同志间的沟通和了解,增强集体的凝聚力。

党风廉政建设。实验动物科学部始终认真执行中央、北京大学以及医学部关于廉政建设的若干规定,坚持干部以身作则;同时,加强对各室廉政工作的领导和监督,促进部门的党风廉政建设工作。部门党风廉政建设工作的详情如下。

(1)实验动物科学部领导在参会学习医学部相关反腐倡廉文件及要求后,在第一时间组织实验动物科学部中层干部传达相关精神,安排各部门对相关精神组织学习、传达,并对工作进行自检、调整,将学校的相关要求落实到工作当中。特别是在党员范围内开展党风廉政教育和宣传,学习党风廉政理论及相关法规。

(2)重点组织实验动物科学部下属有业务关联的科室主任和成员进行针对性教育学习,深刻理解反腐倡廉工作的重要意义,深刻认识反腐倡廉工作对自身职业生涯的深远影响,要求在与校内外的项目往来、业务谈判等过程中做到实事求是,坚持原则。进一步开展相关培训课程,要求各项工作要以严谨的商业行为道德准则为指导,各种商业行为公私分明,公平、公正、公开进行。

(3)实验动物科学部涉及购销以及其他的重要工作事项,均按照需求者提出、决策层核实审批、操作者实施的过程开展,保证每一项重大工作事项都做到有依据立项,有力度审核,有监督实施,有专人复核,环环相扣,既保证重要工作事项的顺利开展,又杜绝可能出现的腐败问题。

(4) 实验动物科学部在重大决策、重要人事安排、重要项目确立、大额资金使用的"三重一大"事项上,均会召开不同层面的领导班子会议,集体决策,并征询相关职工意见,记录相关决策过程,保证事务公开。

(5) 实验动物科学部积极落实干部会议制度,定期召开中层干部会议,部务事宜在会议上积极公开,共同商量决策,同时通过中层干部将会议内容和精神公开传达到每一层级员工。同时,实验动物科学部还不定期通过宣传栏、宣传板、通知公告等形式对会议内容进行公开。

(6) 实验动物科学部在贯彻中央八项规定精神、强化纪律建设、深化"三严三实"抓作风建设方面也积极探索和开展活动,重点开展"三严三实"的专题学习,并将"三严三实"精神结合实际工作进行比对,提高实验动物科学部的工作质量。

【行业认可】 实验动物科学部被北京市实验动物管理办公室评选为2015年度先进单位,并予以表扬。

(任波)

中国卫生发展研究中心

【发展概况】 北京大学中国卫生发展研究中心(以下简称中心)正式成立于2010年4月27日,主要领域包括开展高水平卫生政策和体系研究,培养高层次卫生人才,提供高质量卫生政策咨询服务,参与全球卫生政策发展。

孟庆跃教授为中心执行主任。2015年9月,中心引进了从美国加利福尼亚大学戴维斯分校经济学专业毕业的马晓晨博士做讲师。中心有全职教职工7人,其中教授2人,副教授1人,讲师3人,行政管理1人。此外,中心还有3名博士后研究人员。

【科研活动】 2015年,中心主要围绕以下几个主题展开研究:(1)卫生体系研究;(2)卫生人力资源研究,包括卫生人员行为和激励机制、卫生人员吸引和保留等;(3)卫生不平等研究。中心通过明确研究问题、提高研究质量、加强政策影响,确立了在国内相应领域的独特地位。

中心研究资金来源于国家自然科学基金、国家卫生计生委、中国工程院、科技部、世界卫生组织、中华医学基金会、英国政府(DFID/MRC)、欧盟等。2015年,中心研究人员在 The Lancet、WHO bulletin 等国际知名期刊发表研究论文17篇,发表中文论文7篇,出版了《转型中的中国卫生体系》等重要著作,在国内外引起了广泛关注和影响。此外,中心还发布了6期系列政策简报,共组织5次对外的学术研讨会和5次内部学术研讨会。

【教学活动】 课程情况。2015年,中心教师为研究生开设了如下几门课程:方海,"健康与经济",18教时;刘晓云,"卫生人力资源管理",24教时;朱炜明,"因果推断讨论课",24教时。

特色课程介绍。健康与经济(Health and Economics)课程,涉及肥胖、吸烟和饮酒对健康的作用,并且解释它们如何影响经济。卫生服务研究中的因果推断(讨论课),以课前预习、课上开放式讨论和教师总结要点为基本形式,核心内容包括逻辑基础、因果推断基础、研究设计、基本偏倚分析和系统科学导论。

2015年中心共招收研究生4人。

【政策服务】 2015年2月,受世界卫生组织亚太区和国家卫生计生委委托,中心孟庆跃教授作为世界卫生组织预算分配技术组成员,参加预算分配测算和咨询工作。中心朱炜明、成刚是此次技术支持的主要成员。中心研究人员的测算技术和成果被世界卫生组织采纳,最终形成世界卫生组织未来一个时期预算分配方法。

2015年7月,国务院发布《全国医疗卫生服务体系规划纲要(2015—2020年)》。在《纲要》制定过程中,孟庆跃教授领导的团队在体系构建、医疗卫生机构功能界定、资源配置方法等方面提供了全方位的技术支持,为规划纲要产生发挥了重要的技术支持作用。

2015年9月,受中国农工民主党中央政策研究室邀请,方海教授成为健康中国"十三五"建设规划编制建议中医疗保障专家组成员。为使健康中国2020战略能够真正落地,进一步完善国民健康政策,实现政府工作报告中关于打造健康中国的奋斗目标,国家卫生计生委正在抓紧编制《健康中国建设规划(2016—2020年)》,并委托中国农工党中央协调相关行业协会、科研院所作为第三方进行平行研究。方海教授在医疗保障部分政策和建议写作方面提供服务。

【团队文化】 为充分发挥资深教师"传帮带"的作用,促进教师的职业发展,提高个人和机构的绩效表现,中心执行职业发展导师制度。职业发展导师的主要职责是:指导中心员工的职业发展;帮助中心员工制订和完成工作目标与工作计划;协助中心员工评估考核工作目标和工作计划的完成情况。

开展丰富的团队建设活动。2015年4月,中心师生共赴雁栖湖开展"团建"活动;11月,中心开展了读书会活动,师生通过写读书笔记的形式分享自己的阅读心得。大家在几次的团队建设活动中充分放松身心,舒缓了平日学习工作的紧张压力,同时增进了交流,加强了团队的凝聚力。

【重大活动】 12月9日下午,《转型中的中国卫生体系》(China HiT)(中英文版)发布会在北京大学医学部逸夫楼报告厅举行。发布会由北京大学中国卫生发展研究中心和世界卫生组织亚太卫生系统和政策观察站联合举办。北京大学常务副校长、医学部常务副主任柯杨教授出席会议并致开幕词。国家卫生计生委国际合作司任明辉司长、法制司张春生司长、体制改革司傅卫副司长、规划与信息司卢春山副巡视员、世界卫生组织亚太卫生系统和政策观察站 Dale Huntington 主任、世界卫生组织驻华代表处 Martin Taylor 博士以及世界银行驻华代表处 Rui Liu 博士等参加发布会。《转型中的中国卫生体系》是世界卫生组织亚太卫生观察的旗舰产品,由北京大学中国卫生发展研究中心孟庆跃教授、刘晓云博士联合复旦大学、山东大学和国家卫生计生委卫生发展研究中心等单位的学者历时两年共同完成。该书全面介绍了中国卫生体系建设和卫生改革发展的研究成果,客观分析了中国卫生体系存在的问题,是中国向世界宣传中国卫生事业改革发展经验的窗口,是连接中国卫生体系与全球卫生体系研究的纽带,对于提高中国卫生体系研究水平和完善中国卫生体系建设具有重要的理论与实践价值。

(潘文)

医学信息学中心

【发展概况】 发展历程。北京大学医学信息学中心(Peking University Medical Informatics Center)成立于2010年4月,隶属于北京大学医学部,是具有独立编制的实体机构。中心集医学信息学教学、科研、服务为一体,发展目标是用医学信息作为纽带和平台,促进北京大学本部和医学部的学科交叉融合,加快医学信息技术人才队伍建设,推动基础和临床、临床和人群、临床和临床、防病和治病之间的研究,推动医学知识和技术的自主创新,促进医疗卫生事业的发展。中心从海内外延揽多名高级科研人才,这些人才既有国际视野,对国内环境也有较深刻的了解,另外学科背景涵盖的领域很广,包括临床医学、公共卫生、数学、统计学、生物统计学、计算机科学等多个学科。

人事与团队建设。2015年完成对中心在编人员的业绩考核工作,并签订2015—2016年度目标责任书,同时对非在编人员完成考核和续聘上岗工作。中心现有全职教职员工13人,其中教授3人、特聘研究员1人(北京大学"百人计划")、副高级职称4人、中级职称4人、合同制聘用人员1人。

【科研工作】 科研工作的开展方向与主要内容。中心在胡永华主任的主持下,不断跟踪国际前沿和国内医疗的重点发展需求,并结合北京大学的特点和现有资源,积极开拓研究领域,最终确定临床数据仓库与挖掘分析、医疗质量评估、与卫生计生委及相关企业的合作和承担国家重点专科项目为四大发展方向。同时,确定了中心未来持续开展的具体工作和目标,包括:整合与完善临床数据仓库;建立和完善北大附属医院的数据库平台,对现有数据进行挖掘利用;完成国家部委委托的各项任务以及国家卫生计生委国家数据中心的医疗质量分析等;争取更多的国家及北京市的重点项目;鼓励与各企业单位开展广泛的合作。

临床数据仓库与医疗数据分析挖掘。中心开展的临床数据仓库(CDW)项目,目前已完成医学部部分附属医院的数据集成和有关临床事件时间树的工作,可以初步为今后的学科评估、医院评审、医学信息标准的建立、数据仓库的建设与共享提供相关技术支持。目前,中心正在利用病案首页数据和临床数据仓库中的海量数据,开展深度分析、挖掘工作,撰写研究论文,扩大中心影响,同时培养年轻教师的科研能力。

病案首页数据集成与医院综合能力评估。由国家卫生计生委授权的全国医院质量评估和临床重点专科评估项目正在持续进行当中。中心首创医院医疗综合能力评价模型,将病案首页数据信息与医院现场评价相结合对医院进行客观评价,可以实现面向医院综合质量评价的病案首页数据集成、检验、质量控制、数据计算和报告发布等功能和流程。该模型和系统可以为医院提供客观反映医疗管理水平和管理能力的评估评价报告,为政府、行业和医院提供科学管理依据。目前已对全国100多家医院进行评审评价,其结果获得国家卫生计生委领导的高度肯定与授评医院的高度重视。

国家医疗数据中心成立。5月26日,国家医疗数据中心成立大会在北京大学医学部隆重召开,同时在会上进行了首届北京大学临床学科评估结果发布。国家数据中心的成立,是国家卫生计生委信息化建设的重要组成部分。它所承担的责任和义务是对全国的医疗机构数据的收集、整理、分析。目的是要服务于医疗机构的管理,服务于医疗教学、科研,服务于社会公众。医学信息学中心作为学术科研机构,也共同承担组织、研究、收集、分析这些医疗机构的数据,并从学术机构的角度,提供方法、思想、理论对政府功能进行重要补充,使政府和学术机构有良好的结合。

研究项目和经费。2015年中心继续通过合作参与和自主申请的方式获得各类研究经费,目前已经落实的研究经费总计约138万

元。其中包括国家自然科学基金面上项目2项和青年项目2项、教育部留学人员科研经费1项,与国家卫生计生委卫生和计划生育监督中心合作项目1项,以及教育部、北京大学和医学部项目多项。项目涉及医学信息学学科建设、大数据分析平台与服务创新、大数据医院综合评估、医疗质量综合评估、移动医疗与健康管理、远程医疗、无线物联网、院前创伤评估决策支持系统、临床数据仓库、药物治疗不良反应主动监测方法学等专业领域。

科研成果。2015年医学信息学中心师生发表SCI文章共14篇,在国内核心期刊上发表文章1篇,编著2本。

【教学工作】 学生人数。2015年,中心现有在读研究生4人,其中2013级硕士研究生1人,2014级硕士研究生2人,2015级硕士研究生1人。

课程开设。2014—2015年度,部分教师根据个人的专业情况开设与医学信息学相关的课程,分别是"医学信息分析与决策""医学信息学理论与实践""医学信息学""医学信息学概论""临床大数据应用导论"和"医学术语学"。

教材出版。由中心俞国培担任联合主编的书籍 Epidemiology of Head and Neck Cancers. In Sclafani A. P. (Editor) 出版(Thieme Publishers 出版社)。雷健波担任联合主编的全国高等学校教材《生物信息学》出版(人民卫生出版社)。

【交流合作】 全国卫生监督数据分析与利用。按照卫生监督"十三五"信息化建设思路和2015年卫生监督中心工作要点,国家卫生计生委卫生和计划生育监督中心为进一步加强数据质量,提高数据分析利用水平,与医学信息学中心签订有关全国卫生监督数据分析与利用的委托书,为其提供卫生监督数据质量评估和卫生监督体系的建设研究以及其他相关统计分析工作。

北京大数据研究院成立。北京大数据研究院是国内首个整合政府、大学和市场三方面资源的大数据研究机构。在北京市委市政府的支持与指导下,由中关村管委会、海淀区政府、北京大学、北京工业大学四方共同支持,中科院院士共同筹建的北京大数据研究院于2015年8月27日成立。医学信息学中心胡永华主任及多位教师参与大数据研究院的筹备工作,并对大数据研究领域的研究定位、研究思路、特色研究、合作研究的组织实施方式等重点问题给出意见,为搭建北大医学大数据研究合作发展的平台做了很多工作。

国际学术交流合作。在胡永华主任的带领下,中心及北京大学公共卫生学院的相关教师与美国波士顿大学医学院研究生院教务长 Linda E. Hyman 博士和神经心理学系主任 Rhoda Au 博士开展长期的学术交流合作。北京大学医学部与密歇根大学医学院转化医学与临床研究联合研究所第五届联合研讨会暨联合研究所成立五周年庆典在北京大学医学部隆重举行。中心俞国培老师在研讨会上作了题为"The Current Status and Future Directions of Use in Peking University Health Science Center"的学术报告,并在研讨会结束后与密歇根大学的几位相关领域教授进行深度交流。

【临床学科评价】 2012年至2015年,医学信息学中心参与整合近5000万份国内住院病案首页数据,建立以数据为基础的医院综合服务能力评价体系,并于2015年5月26日在国家医疗数据中心成立大会上,发布"北京大学2014年基于数据中国最佳临床学科评估排行榜"。

首届北京大学临床学科评估发布了中国19个临床学科评估结果,其中有妇产科、儿科、耳鼻喉科、眼科、口腔科、肿瘤科6个一级学科,还有呼吸内科、消化内科、心血管科、肾脏内科、内分泌内科、血液内科、神经内科、普通外科、骨科、神经外科、泌尿外科、心脏外科、胸外科13个二级学科。

在这次评估过程中,医疗安全占有相当大的比重,有关医疗质量安全,如患者的围手术期死亡、非计划重返手术室率、术后并发等重要指标都是首次使用。患者入院多长时间能做上手术、住院的花费等减轻患者经济负担的指标也涵盖在内。同时,还有一个很重要的点,就是通过这次评估,指出学科存在的问题,甚至可以精确到每一个存在问题的病例,使学科逐步得以改进、提升。此次学科评估的特点:一是关注的重点是学科的临床,而非基金、文章数量;二是国内首次使用医疗数据,客观真实地评估各学科的现状;三是评估的目的不是为简单的排名,而是引导大家如何更好地发展建设学科,引导大家关注医疗服务能力、关注医疗质量安全,在学科发展建设的同时,使广大就医患者受益。

(金梦)

元培学院

【发展概况】 2015年,元培学院紧密结合博雅人才教育计划,完成教学计划的修订和培养方案的调整,包括英语课程改革、通识教育核心课程建设、小班课教学实践。元培学院严格落实"三严三实"专题教育与党风廉政建设,组织学习座谈。完成俄文楼建设及搬迁工作,相应的设备、家具、人事、教室的管理工作,以及元培学院住宿书院的规划工作。

【教学工作】 2015年元培学院共

招收新生273名，顺利完成常规教务工作，全面实行教学改革，积极建设导师队伍。

教学改革全面实行。2015年元培学院继续深化教学改革，具体包括：(1)编写教学计划。9月，根据元培学院博雅计划对教学计划做出全面调整，形成包括公共必修、专业必修、选修课和毕业论文四个体系共120学分的教学计划，并整理编写成为理学、信息工程学、人文、社科、交叉学科五本教学计划。(2)交叉学科建设。组织整合科学专业研讨会，整理整合科学、数据科学、空飞班、政经哲、古生物、外国语言与外国历史专业等六个专业的教学计划，编写为《交叉学科培养方案》一书。2014级和2015级空飞班转入元培学院，包括2014级21人，2015级16人。(3)通识课程建设。安排政治课以大班授课小班讨论形式上课，安排"文学人文经典""艺术与审美"及新生入学教育"新生讨论班"申报新课、申报小班课。

导师工作顺利开展。2015年，主要完成包括选课指导、课程建设、学术审评、座谈交流、迎新典礼、毕业典礼、日常沟通辅导等工作。学院充分利用丰富的导师资源，开展多种形式的主题讲座，拓展学生的知识结构，提高学生的探索能力和兴趣。举办雷兴山老师的考古讲座，吴国盛老师面向全校题为"从求真的科学到求力的科学"的讲座，张健老师为格里菲斯到访学生作的讲座。特邀图书馆教师针对元培学生关于文献资源的检索、查询和使用方法举办文理两场讲座。组织落实导师风采的资料收集和访谈工作，为迎接学院15周年院庆做准备。

【交流合作】外事活动稳步推进，院级交流增多。2015年，元培学院在原有外事活动稳步推进的基础上，积极开拓新的外事项目与合作机会。国外知名高校慕名来访数量增多。

合作项目多元化发展。包括香港大学"李韶社会经济考察计划"、元培学院与香港中文大学何善衡书院柬埔寨金边垃圾山志愿服务项目、北大元培-首尔国立大学-香港中文大学-日本东京大学-新加坡国立大学通识教育论坛、美国密苏里大学暑期创业模拟项目、澳大利亚格里菲斯大学文化交流项目、澳门大学郑裕彤书院短期交流项目。

学生交换工作顺利推进，包括元培-瓦萨学生交流项目、澳门大学郑裕彤书院学生交换项目、香港教育学院学生交换项目、日本早稻田大学康师傅奖学金交流项目。学院为学生交换申请不同程度的资助，为学生交流提供一定的支持，包括由国家留学基金委资助的北大-新加坡国立大学学生交流项目、由国家留学基金委资助的元培-早稻田大学学生交流项目，以及提出以50万美元支持学生交流、40万人民币支持学生活动的北京大学-香港中文大学本科生交流项目。

【党建工作】元培学院积极组织学习习近平总书记系列重要讲话，彻底贯彻落实"三严三实"专题教育工作，严格做到"严以修身、严以用权、严以律己，谋事要实、创业要实、做人要实"。随着党的群众路线教育实践活动的进一步深入，各级领导班子和领导干部严格做到加强党性修养、坚定理想信念、提升道德境界、追求高尚情操、自觉远离低级趣味、自觉抵制歪风邪气，并以此为契机，进一步深化党风廉政建设，做到自查自纠，对发现的问题和存在的不足进行严肃整改，完善制度建设，用"三严三实"推进元培学院的各项整改工作，把改革落到实处。

按照学校开展2015年度党风廉政建设责任制贯彻执行情况专项检查的通知要求，元培学院结合自身情况，进行专项自查工作。元培学院坚持巩固和严格执行"八项规定"，正风肃纪、建章立制，将规范管理理念深入招生、考试、科研、非学历教育、设备购置和管理等各个环节。为践行党风廉政建设，学院积极整改办公用房，目前按照相关规定已制订出整改方案。在监督管理方面，为切实加强领导干部的党风廉政建设，严格执行议事规则和程序，学院落实"三重一大"集体决策制度。在廉洁自律方面，学院党委高度重视廉洁教育和纪律工作，在学院例会上多次进行廉洁教育，认真组织学习研究《中国共产党党员领导干部廉洁从政若干准则》和《中国共产党纪律处分条例》。

元培学院党委被评为北京大学2015年党务和思想政治工作先进集体。

【学生工作】2014—2015学年度，元培学院团委高质量完成基本团务、推优入党、信息报送、内宣外传、基层组织建设等日常工作，并在学习贯彻十八大精神、指导课外学术科研工作、培养学术创新氛围、强化骨干培养、深化实践育人等方面进行探索实践。

学习贯彻十八大精神的系列活动。元培学院团委创新推出兴趣修身计划"元小组"。在深入学习党的十八大精神和习近平总书记"实现伟大中国梦"的讲话后，元培学院团委开展"成长工作坊"。

新生训练营。作为元培学院的独特传统，元培学院新生提前一个星期入学，全员参加新生训练营。2015年，元培学院学生学术委员会首次创新与元培学院特色课新生讨论班结合。元培学院团委充分利用导师制的优势，对新生的未来规划进行积极的引导，及时发现并解决新生的心理问题。

重视实践，开展第二课堂。在北京大学考古文博学院教授、元培学院导师雷兴山的带领下，元培学

院团委组织30余位学生赴山东邹城曲阜开展为期三天的考古实践活动。元培学院团委开展企业会展参访类活动,组织学生参观路易威登之家。2015年5月,元培学院团委在北京市延庆县龙庆峡风景区举办第八期团校素质拓展活动。

开展特色工作。元培学院团委信息化部集中力量解决信息整合问题,规范信息流通机制,厘清信息渠道。信息化部陆续修订元培学院团委报送审核规范,并起草《元培学院团委宣传工作制度》;开发微信企业号功能,实现院内信息高效全覆盖式传递。

何善衡图书室稳定运行,借还书系统完善更新。何善衡图书室作为元培学院独立于学校的图书管理系统,由学生独立运营,规模不断扩大。截至2015年12月20日,图书室共有藏书1645种册,另PPE藏书350种册,待上架书籍16册。图书室没有随学院搬入俄文楼,而是单独在理科五号楼原址运营,并在学院的支持下购置空气净化器以满足学生的需求。图书室完成电脑系统硬件、软件的更新,方便借书还书以及远程查询等工作。

志愿服务工作。元培学院团委依托青年志愿者资源,着力打造品牌志愿服务工作,主要包括打工子弟学校支教项目、中关村社联和新科祥园社区的社区志愿者服务工作,积极与海淀区彩虹之家洽谈寒假打工子弟学校项目,不断开展新的志愿服务工作。

(王中)

燕京学堂

【发展概况】 燕京学堂以"跨文化交流:聚焦中国,关怀世界"为基本定位,依托北京大学人文、社科领域雄厚的历史积淀和师资力量,围绕中国问题,开展人文、社科领域跨学科交叉学术研究。经过一年多的筹备,通过滚动式招生,层层筛选,最终顺利在全球范围内完成第一届学生的招募工作。2015年9月,燕京学堂迎来第一届学生。

燕京学堂院领导班子包括院长刘伟,副院长王博、蔡洪滨、John Holden,办公室主任姜国华,学业主任陆扬。

燕京学堂开设中国学硕士研究生项目,从整体上研究中华文明的形成与发展,尤其突出中华文明的核心特征及价值,以及其在当代世界文化与格局重塑中应发挥的作用。项目立足于当代中国的社会实践,着眼于古今中西文明的格局,以多学科的理论和方法系统发掘中华文明的思想内涵和文化资源,充分体现中国文化和价值的主体性。项目将充分展现国际视野,致力于融汇东西方视角,以开放和包容的态度,在多元文明中开展对当代中国社会和文化等相关问题的探索和研究。

【教学工作】 学生情况。从录取学生的国籍统计看,燕京学堂首届中国学硕士招收71名国际学生,1名中国台湾学生,以及24名中国大陆学生,来自全球32个不同的国家和地区。学校来源为55所。其中,人数最多的为亚洲,共计36人(中国大陆24人),欧洲地区和北美洲地区各23人,拉丁美洲5人,非洲地区和中东地区各有4人,大洋洲1人。

表5-24 燕京学堂2015级学生国家和地区分布

大洲(人数)	国家和地区	汇总	大洲(人数)	国家和地区	汇总
北美洲(23)	美国	21		英国	5
	加拿大	2		俄罗斯	3
非洲(4)	南非	2		德国	3
	斯威士兰	1		荷兰	2
	津巴布韦	1		意大利	2
拉丁美洲(5)	墨西哥	2	欧洲(23)	克罗地亚	1
	巴西	2		奥地利	1
	智利	1		法国	1
亚洲(不含中东)(36)	中国大陆	24		罗马尼亚	1
	中国台湾	1		立陶宛	1
	印度	3		丹麦	1
	韩国	2		比利时	1
	日本	2		爱尔兰	1
	新加坡	2	中东地区(4)	土耳其	3
	亚美尼亚	1		以色列	1
	越南	1	大洋洲(1)	澳大利亚	1

课程设置。第一学年,燕京学堂共开设课程26门。其中秋季学期,学堂开设11门课程,包括4门

必修课、6门选修课和1门语言课程。同时，燕京学堂还得到法学院、国际关系学院等院系的帮助和支持，将院系开设的英语授课课程及中文授课课程供学生选择，优化选课模式。燕京学堂开设实地调研（Field Study）课程。2015年11月，学堂2015级全体学生赴古都西安进行实地调研，通过移动课堂、参观博物馆、采访民间艺人等多种形式的教学活动，带领学子们理解中华传统文化，探讨中华文明在全球化时代中的地位和角色，从中国历代社会变迁与文化演变中感受中国社会。

培养方案。培养目标为六个专业方向：法律与社会、政治与国际关系、哲学与宗教、经济与管理、历史与考古、文学与文化。学生在读期间需结合各类课程，通过讨论、考试及研究报告等形式展现自己的学术观点、研究能力。在课程方面，学生需修满30学分；完成课程学习的学生，可以参加实践活动或交流交换；毕业前，需要提交学位论文。在通过学位论文答辩及北京大学学位委员会审议后，学生可获得毕业证书和中国学硕士学位证书。

【交流合作】 外宾来访。2015年，美国白宫国家安全委员会亚洲事务顾问Evan Madeiros，巴西坎皮纳斯大学副教授Tom Dwyer，印度尼赫鲁大学副教授Hemant Adlakha，世界银行前驻华代表、美国约翰·霍普金斯大学教授Pieter Bottelier，美国哥伦比亚大学教授Stephen Sestanovich等多位研究中国问题的专家学者先后受邀来到燕京学堂，就中美关系、中巴青年对比研究、中印双边外交政策、中国经济发展等主题开设讲座。

大使讲座。2015年燕京学堂已和18个国家驻中国使馆建立联络，首次开办大使讲座系列，邀请到新加坡驻华大使来到燕京学堂给学生们分享自己外交生涯的职业经验。

合作院校。2015年燕京学堂已与世界范围内85所一流大学建立合作伙伴关系，其中包括美国哈佛大学、耶鲁大学、英国牛津大学、剑桥大学、日本东京大学、早稻田大学等。

【党建工作】 组织建设。燕京学堂党支部于2015年成立，有党员19人（正式党员18人，预备党员1人）。

党建活动。5月8日，党支部集体学习"三严三实"有关文件，各位党员结合各自工作实际展开充分讨论。8月7日，姜国华以"创业要实"为核心，向大家传授工作方法和心得体会，突出学堂工作的高标准、严要求。同时，全体党员和群众还对课程体系和课外培养计划进行研讨。会后，全体员工前往长江商学院交流学习。10月26日，燕京学堂党员大会和第一届支部委员会会议召开，正式选举左婧为党支部书记，田梦为组织委员，陈正勋为宣传委员。

【行政工作】 2015年燕京学堂员工共15人，其中在编人员2人，合同制13人。学堂内部分为综合行政组4人，招生组3人，教学教务组4人，学生工作组2人，公共关系组2人。

【学生工作】 学生活动。燕京学堂围绕"跨文化交流，融入北大校园，了解中国社会，领导力培养"四个方面开展课外培养。燕京学堂学生课外活动可分为两大类：一是由办公室组织的活动，另一类是由住宿导师或学生自己组织的、以书院为主体开展的活动。办公室组织的活动主要包括教授餐会、沙龙（包括文化沙龙和心理沙龙两类）、实地调研、讲座系列（包括大使系列讲座、学术讲座、职业发展讲座等）及职业培训和领导力培训专项计划。2015年秋季学期，燕京学堂共开展5次实地调研，组织5次教授午餐会，策划5次沙龙活动，举办11次学术和职业发展讲座，成立5个学生兴趣小组并定期开展活动等。实地调研走访对象分别为百度公司总部、中粮集团、北京知识产权法院、北京市平谷区东高村镇挂甲峪村；沙龙包括与北京大学心理健康教育与咨询中心联合举办的"心理沙龙"和"中华文化沙龙"。学生组织的兴趣小组包括电影协会、茶俱乐部、"贪吃蛇"语言文化俱乐部等。自发组织活动有：勺园6号楼装修设计大赛、中秋晚会、万圣节晚会、圣诞节晚会等。

书院生活。学堂的住宿辅导员队伍由一名住宿导师和两名住宿辅导员组成。住宿辅导员通过各种活动加强同学间的交流，解决同学日常生活中的问题。

职业发展与领导力。2015年秋季学期，燕京学堂邀请高盛集团副主席及亚洲首席执行官Mark Schwartz、CNN北京分社原社长Jaime A. FlorCruz等业界知名人士，与燕京学子们分享自己在中国的职业发展经历。

【燕京学堂开学典礼】 9月12日，北京大学燕京学堂首届开学典礼举行。出席开学典礼的有来自17个国家的大使及使馆代表，包括亚美尼亚、比利时、加拿大、智利、丹麦、法国、德国、印度、爱尔兰、以色列、墨西哥、荷兰、罗马尼亚、新加坡、南非、西班牙及美国。林建华校长出席开幕式并讲话。加拿大大使Guy Saint-Jacques、香港实业家曹其镛、袁明教授分别代表驻华使馆、捐赠方和教授讲话。

（李薇阳）

前沿交叉学科研究院

【发展概况】 发展历程。前沿交叉学科研究院经历近十年的建设和发展，现有纳米科学与技术研究

中心、生物医学跨学科研究中心、生物材料与组织工程研究中心、定量生物学中心、生命科学联合中心、环境与健康研究中心、磁共振成像研究中心、科学史与科学哲学研究中心、脑科学和类脑科学研究中心、睡眠医学研究中心等10个研究机构，涵盖数学、物理学、化学、生物学、医学、工学、哲学等学科的众多交叉研究领域。

组织机构。7月22日，学校批复成立虚体机构"北京大学脑科学与类脑研究中心"，挂靠前沿交叉学科研究院。希望通过10年左右的努力，全面解析大脑神经元和突触的物理化学特性和功能响应特性，绘制出刻画大脑复杂连接关系和动态运行机理的"大脑地图"，设计高精度模拟神经元和突触等基元功能特性的微纳光电器件，研制出基元密度规模和网络结构类似人脑的神经形态芯片和"结构类脑、性能超脑"的感知芯片，开发出信息处理逼近人脑的神经计算机，建成支持大规模脑网络动力学分析和意识研究的大脑"同态实验平台"，支持神经科学、认知科学、信息科学、智能科学、精神医学及人文和社会科学的交叉研究。

学科建设。2015年11月，"纳米科学与技术"二级交叉学科通过校级学位委员会论证，新增五个研究生招生方向：纳米科学与技术（化学）、纳米科学与技术（物理学）、纳米科学与技术（电子科学与技术）、纳米科学与技术（力学）、纳米科学与技术（生物医学工程）。这是继"数据科学"之后，研究院承担的第二个全新交叉学科学位博士点的学科建设任务。

队伍建设。研究院共有教师200余人，分布在全校多个学部和院系，涵盖数学、物理学、化学、生物学、医学、信息科学、工学、环境科学、心理学、哲学等学科的众多交叉研究领域。

2015年，生命科学联合中心共收到海内外75份有效申请，其中27位通过中心学术委员会初选后进入国际评审程序。有19位候选人获国际评审推荐进入面试，3位待面试。面试后经院系和生命科学联合中心PI两轮投票，通过后提出offer的有8人。为鼓励进一步学术交叉，生命科学联合中心于2015年4月面向全校和生命科学相关院系，邀请参加研究生培养体系。经过严格评审，31位申请人中，有21位入选"中心外导师"（有效期2年）。定量生物学中心1人入选中组部第十二批、2人入选第十三批海外高层次人才引进计划（青年项目）。聘请哈佛大学冠名讲席教授，美国两院院士David A. Weitz作为中心访问教授，并入选国家外专局高端专家项目，共同搭建微流显微镜平台。引进3名研究员。2名研究员入选中组部海外高层次人才引进计划（青年项目）。纳米科学与技术研究中心研究团队中两人新当选中国科学院院士——俞大鹏院士、黄如院士。刘忠范院士当选"第三世界科学院院士"。彭施琳教授获得国家自然科学基金委杰出青年基金，刘开辉研究员获得国家自然科学基金委优秀青年科学基金，彭练矛教授荣获第四届首都科技盛典推动"北京创造"的十大科技人物称号。

国际评委会于5月9日在北京大学对生命科学联合中心进行评审。九位评委均为现代生命科学领域的资深专家，包括4位美国国家科学院院士、1位诺贝尔奖获得者，并相当了解中国的高等教育和科学研究现状。在评估报告中，国际评估委员会对生命科学联合中心在人事制度、科学研究、资助模式和人才培养与教育等各方面的改革给予大力肯定，同时还对今后的发展提出了积极而中肯的建议。

生命科学联合中心坚持贯彻在人员聘用与考评机制方面的改革试点。废除终身制，以五年为周期，对中心PI实行定期评估。凡是科研水平不能保持在本研究领域世界领先水平的研究员，将于两年缓冲期后退出中心。2015年11月，生命科学联合中心如期组织并举办第一期PI聘期国际评估会，对中心PI在过去四年多的工作进展进行评估，为国家在高校人才聘用与考评机制改革方面起到有效的探索和推广示范作用。中心邀请16位国际顶尖领域专家（含1名诺贝尔奖获得者，8位美国科学院院士），在11月21日至22日两天内共评审两校40位PI（北大19位，清华21位）。经评估，北京大学有2名研究员、1名预备研究员按照评估机制将退出中心。

8月16日，研究院召集学术委员会开展定量生物学中心PI中期评估会，中心PI进行工作汇报，委员会对各PI实验室的工作进行点评，为未来的科研方向和课题组间的深入合作给出建设性意见和建议。

生命科学联合中心博士后基金面向全校和生命科学相关实验室，支持吸引优秀博士后。基金每年评选两次，2015年度在46名申请人中，面试31人，入选26人，其中3人获杰出（二等）博士后基金资助，其余23人获优秀（三等），在全校范围内起到吸引优秀博士后的辐射作用。

【教学工作】 前沿交叉学科研究院现有两个自主设立的二级学科，分别为纳米科学与技术、数据科学。目前在校研究生511名，其中硕士研究生6名，博士研究生505名。2015年研究院共有116名研究生入学，其中包括大数据科学研究中心首次招生47名。2015年暑期研究院举办交叉学科优秀大学生夏令营，来自全国几十所高校的240余名本科生参加。依托研究院招生的各中心通过学术讲座、综述报告、笔试和面试等方式，选拔

优秀营员进入北京大学攻读研究生。生命科学联合中心坚持人才体制改革。在招生方面，不区分应届和往届，本科或硕士起点。生命科学联合中心从夏令营遴选优秀营员，组织122位同学面试，拟录取59人，其中非生物专业学生的比例达到近50%。面试时，生命科学联合中心为学生提供手机扫描二维码即可导航到住宿地点和面试会场等便利。

研究院根据交叉科学的不同研究方向，制订特色化的培养方案，并由学位分委员会审核通过。在课程设置方面，研究院大量新设立交叉专业必需的必修课。在要求学生进一步学习本学科的高级课程的基础上，研究院允许学生选修与原背景学科不同的相关专业课程，并允许选修不同专业的本科生课程（纳入学分），以强化学生的交叉学科知识体系。2015年度研究院共开设37门课，其中18门在春季学期，19门在秋季学期。课程设计主旨包含针对本专业的高阶内容，以及面向非背景专业的基础培训两个方面。任课教师涵盖数学、物理学、化学、生物学、医学、工学等学院从事跨学科研究的教授及研究团队。研究院进一步严格监督机制，把握学生培养中的每个环节，保证培养质量，鼓励学生从事有一定风险的创新性研究，对发表文章不做硬性规定。

【科研工作】 科学研究。定量生物学中心在生命科学交叉研究领域取得突出进展，共发表学术论文41篇，其中包括 Nature Physics 1 篇，PNAS 2篇，eLife 1篇，Cell 1篇，Science 1篇。2015年度定量生物学中心成员承担各类科研项目32项，重大科技专项6项，973课题负责人5项，863项目负责人3项，国家自然科学基金项目12项，经费合计4000余万元。其中，中心主任汤超教授作为首席科学家，承担的科技部重大科学研究计划项目"基于蛋白质调控网络的系统生物学研究"已于年初开始执行。

纳米科学与技术研究中心在碳基纳米材料的控制生长、纳电子学与纳米器件以及纳米物性研究上取得一系列优异成果，2015年发表（含接收）SCI收录的论文266篇，包括 Nature 子刊8篇、Angew Chem Int. Ed. 1篇、Phys. Rev. Lett. 2篇、J. Am. Chem. Soc. 10篇、Nano Lett. 10篇、Adv. Mater. 12篇、Adv. Funct. Mater. 3篇、ACS Nano 12篇、Small 10篇、Nano Energy 4篇、Nano Res. 11篇等，影响因子大于7的共110篇。2015年纳米科学与技术研究中心获授权专利36项，其中中国发明专利27项，美国专利9项；申请专利29项。中心科研人员在研项目83项，其中2015年新增科研项目22项，包括国家自然科学基金创新研究群体项目1项、国家重大科研仪器研制专项1项、国家自然科学基金重大项目3项、重点项目2项、国家杰出青年科学基金项目1项、优秀青年科学基金项目3项，新增经费超过6800万元。

生命科学联合中心2015年发表SCI论文340余篇，承担科研项目150余项，国际合作33项。其中，Nature 及其重要子刊论文7篇，Cell 及其重要子刊论文4篇，Science 论文4篇。其他顶级刊物如 Blood 3篇，Plant Cell 2篇，Journal of the American Chemical Society 2篇，Angew. Chem. Int. Ed. 4篇，Proceedings of the National Academy of Sciences 5篇。2015年中心新申请专利13项，复审或获授权专利16项。中心PI由于在科研上的突出成绩在国内外获得各项荣誉或奖项认可，如生命科学联合中心乔杰与汤富酬合作的"人类原始生殖细胞发育过程中基因表达网络的表观遗传学调控"，入选由教育部科学技术委员会组织评选的2015年度"中国高等学校十大科技进展"，顾晋当选法国国家外科科学院外籍院士，方方入选人力资源和社会保障部的"百千万人才工程国家级人选""国家有突出贡献中青年专家"，雷晓光入选中组部的"万人计划'青年拔尖人才'"，雷晓光和陈鹏共获日本化学会的"杰出讲座奖"，陈鹏、郭红卫入选科技部的"国家中青年科技创新领军人才"，等等。

生物医学跨学科研究中心2015年面向生物医学前沿问题，积极开展以生物医学、生命科学、环境科学、信息科学、工程学等学科交叉为特点的跨学科研究，取得一系列国际先进水平科研成果，在相关专业领域的高影响力期刊上发表20余篇相关的合作研究论文，例如 Scientific Report，Journal of Cognitive Neuroscience，Sleep Medicine，Magnetic Resonance in Medicine，Journal of Hazardous Materials，Food Chemistry，Vaccine，Physics of Plasmas，Applied Physics Letters，Applied and Environmental Microbiology 等。

生物医用材料与组织工程研究中心2015年在研项目课题16项，其中新增科研项目课题4项，包括国家自然科学基金重点项目1项。2015年度中心共申请专利6项，获得美国发明专利授权1项；发表研究论文45篇；参加国际学术会议6人次；出版英文著作1部。

磁共振成像研究中心2015年共发表18篇高水平SCI文章，其中 PNAS 1篇，Journal of Neuroscience 1篇，NeuroImage 3篇和 Magnetic Resonance in Medicine 5篇；专利4项。2015年中心新增国家自然科学基金重点项目1项、国家重大科研仪器研制专项1项、青年基金项目2项。

学术活动。2015年研究院参与主办或协办的各类大型学术研

讨会50余次,其中国际会议20余次。教师参加国际国内各类学术研讨会300余次,邀请国际与国内专家来访交流200余人次。

定量生物学中心于2015年2月召开"2015年度定量生物学中心学术年会"。5月8日—10日,在北京大学研究生院的支持下,由中心10余名在读研究生组织开展"定量生物学发展前沿研究生论坛"。8月16日,中心召开蛋白质研究重大科学研究计划"基于蛋白质调控网络的系统生物学研究"启动会。8月17日—18日,定量生物学中心成功举办"系统生物学:设计原理、动态调控与疾病"国际学术研讨会。

纳米科学与技术研究中心于6月5日—8日成功举办第四届纳米化学前沿论坛国际学术研讨会。2015年中心邀请国内外纳米领域的知名学者到中心进行学术交流,举办纳米化学论坛18期、纳米科技论坛6期、一般性邀请报告10次。

科学史与科学哲学研究中心于12月13日成功主办第5届"北京大学与中国现代科学"学术研讨会。11月14日—15日,中心和中国科技史学会科技史教学专业委员会共同举办首届"全国科技编史学"论坛。

生命科学联合中心2015年主办主题讲座23场,学科领域跨越生命科学、物理、化学和医学等,为中心内外师生提供了多学科交流的平台。中心PI参与主办或协办各类大型学术研讨会40余次,其中国际会议26次。中心PI参加国际国内各类学术研讨会230余次,邀请国际与国内专家来访交流160余人次。暑假时间,生命科学联合中心面向全国高校高年级本科生举办暑期生命科学学生培训班。培训方向包括系统生物学/计算生物学、神经与认知科学,培训历时一个星期,共接待全国近150名大一至大三的生物与物理、数学、化学等非生物专业的本科生。7月27日—31日,由北京大学继续教育学院牵头、生命科学联合中心支持的第一届北京大学生命科学前沿与交叉研修班成功举办。来自全国近60所中学的82名一线优秀高中生物教师参加培训。11月14日—15日中心成功举办"北京大学大数据研讨会",学校近150位大数据领域的专家、学者出席。

平台建设。磁共振成像研究中心"脑磁图系统"已于2015年11月安装调试完毕,并于12月进入试运营阶段。3T磁共振成像仪每台平均使用机时达到1900小时。

定量生物学中心依托微流和高通量实验平台,服务于校内外40余个课题组,2015年度发表学术论文3篇,3台流式细胞仪校内外服务机时超过2200小时。中心依托计算生物学与药物设计平台发表学术论文5篇,已完成3项合作课题,正在开展7项对校内外的合作研究或技术服务;与Merck公司签订协议,使用计算平台所发展的深度学习肝毒性模型预测Merck公司的候选药物分子。中心以平台为支撑,开设"定量生物学实验与技术基础""整合科学实验课程:高通量单细胞动力学分析"和"定量生物学计算与软件使用"实验课程。

为加强公共平台资源管理,避免实验室之间由于信息不畅而重复购置造成资源浪费,生命科学联合中心建立公共平台管理系统。系统于2013年9月16上线。该系统可以对所有由公共平台资源的购置及使用情况进行实时跟踪和管理,全面提高了管理效率和力度。截至目前,平台已有公共仪器设备60余台/套,2015年度由中心公共平台支持并发表的科研文章超过50篇。

【社会服务】 生命科学联合中心在2015年暑假期间举行了面向北京地区的"高中生进北大做实验"活动。中心组织北大附中、人大附中、十一中学、101中学、北师大二附中等高中的二十余位优秀学生参观和进入中心PI实验室做实验,提供科研试炼机会。

【党建工作】 研究院现有学生党支部13个,学生团支部17个,学生班级17个。在党团建设方面,研究院各党团支部联合开展以"中国精神、北大精神"为主题的各类活动。5月4日,开展"分享身边故事,共话青年成长"主题团日活动。5月,开展"重走长征路,共筑中国梦"党团主题活动。11月,开展以"赏地坛古韵,扬华夏精神"为主题的团日活动。此外,研究院现有团员青年449人,其中有5人经团组织推优入党。2015年研究院还组织开展了"前沿交叉学科讲师团"河源实践活动、北京大学博士生服务团赴宿州实践活动。团学工作进一步规范化和制度化,6月,研究院研究生会换届工作圆满完成,整个换届工作非常规范,赢得同学好评。

【学生工作】 2015年7月,研究院共有25名毕业生完成学业,其中博士19名,硕士6名。毕业生广泛就业于高校、科学和医疗研究机构,以及企业与党政机关等。目前不仅有多位毕业生在海外知名高校担任正式教职,更有毕业后留学海外的学生通过海外高层次人才引进计划(青年项目)等人才计划回到国内高校或科研院所就职。

2015年研究院有69名学生获得学校奖学金,其中学业专项奖学金66名,闳材奖学金2名,科学实践创新奖学金1名。研究院继承传统,开展"前沿青年讲堂"系列品牌活动,汤超教授、方竞教授、魏坤琳教授担任主讲嘉宾,另有企业董事长、总经理等各界人士参与"前沿青年讲堂"活动,促进学生全方

位发展。

在学生事务方面,研究院提前筹备迎新工作;积极应对失联、休学、退学、学生抑郁、学生违纪等各类突发性事件;积极为家庭经济困难同学联系资助;进一步完善常规工作的处理流程,如学生保险、各类通知、评奖评优、新生与毕业生档案整理、户口办理等。

中国社会科学调查中心

【发展概况】 中国社会科学调查中心(Institute of Social Science Survey,以下简称调查中心)成立于2006年9月,是北京大学社会科学的数据调查平台,也是北京大学开展中国社会问题实证研究的跨学科平台。

调查中心长期承担两项大型社会追踪调查:中国家庭追踪调查(China Family Panel Studies,CFPS)和中国健康养老追踪调查(China Health and Retirement Longitudinal Study,CHARLS)。两个项目均以收集能真实反映中国民生状况的高质量微观数据为目标。中心立足数据,通过研究分析社会民生方面的各类问题,为政策制定提供实证依据。CFPS与CHARLS两大调查数据现已免费向各界开放,有助于推动社会、经济、教育等跨学科研究工作。此外,调查中心还负责实施一系列重要项目,如中国健康与疾病负担调查、中国居民医改满意度调查、中国商事制度调查等。

调查中心有一支由50余名优秀人才组成的社会科学调查团队,专业涵盖调查技术、调查执行和质量控制等诸多领域,每年组织管理调查访问员千余名。调查中心开展的各类调查充分利用国际领先的计算机辅助调查系统,执行运作规范,保证调查数据质量优异。

此外,调查中心组成由北京大学以及国内外专家学者参加的顾问机构,为中心的学术发展提供咨询,指导设计抽样和问卷等技术环节。调查中心组织专家学者利用数据撰写研究报告,目前已经出版七期《中国民生报告》。

2015年,调查中心借助已有优势,逐步推进建设数据采集、数据管理与服务和智库研究三个领域。中心核心任务为:以原有CFPS、CHARLS两大社会追踪调查为基础,采集有全国代表性的、大样本、高质量的微观追踪调查数据,公开免费与学术界共享;建设数据服务与共享平台,通过科学的、规范化的数据管理,实现多种形式的数据共享和利用,为科学研究提供丰富的、高质量的数据库和信息资源;利用中心采集和汇集的数据,开展有数据支撑的跨学科研究,以构建开放性的、跨学科研究平台为目标,通过开发和利用CFPS、CHARLS等优质数据资源,大力推动运用科学的量化研究方法,并针对国家经济和社会管理的重大需求,积极为国家发展提供有实证依据的政策建议。

【数据调查】 1. 中国家庭追踪调查(CFPS)样本维护。2015年为CFPS项目的非主体调查年,CFPS项目的主要工作为数据采集、新一轮问卷设计、用户宣传和服务。其中数据采集包括CFPS2014的收尾工作和2015年的样本维护调查。在样本维护调查方面,2015年主要开展样本流失风险评估、广东预调查、全国维护调查、CFPS2016问卷设计。

2. 中国健康与养老追踪调查(CHARLS)全国基线样本第二次常规问卷的追踪访问。共计完成159个区县的政策问卷、453个村居的社区问卷、12200个家户中的21035个受访者的家户问卷,追踪家户的应答率约为87%;完成16278位受访者的体测和13357位受访者的血样采集。项目组历经半年的反复修改,完成调查问卷的设计和修改,并基于7次大规模的预调查改进调查的流程,确保问卷设计科学、调查流程可行、有效。2015年的问卷包括政策问卷、村居问卷和家户问卷三大系列。

3. 商事制度改革与小微企业发展状况调查。受国家工商行政管理总局委托,调查中心设计并实施"商事制度改革评估调查"工作,从企业注册背景、注册体验与评价、商事制度改革评价、企业经营现状和困难、对政府扶持的意见、企业与企业主的基本信息几个方面,对改革效果进行评估。调查采用电话访问与实地集中面访相结合的方式进行,共抽取样本7026个,完成有效样本2508个。

4. 金融支持实体经济效果调查。国务院办公厅委托国家行政学院等7家单位于2015年7月至8月,对国务院出台的稳增长、促改革、调结构、惠民生部分重大政策措施落实情况开展第三方评估。其中,北京大学国家发展研究院负责评估"金融支持实体经济"相关政策措施落实情况,调查中心负责问卷电子化、系统开发和电话访问的工作,抽取样本2303个,实际完成样本534个。

5. "中国城乡困难家庭社会政策支持系统建设调查"及"社区治理动态监测平台及深度观察点网络建设调查"。为完善中国城乡困难家庭社会政策,加强社区服务与治理,民政部委托调查中心实施"中国城乡困难家庭社会政策支持系统建设"和"社区治理动态监测平台及深度观察点网络建设"两大项目。项目在全国29个省、148个区县、5000个村居开展入户或社区调查。项目采用计算机辅助面访调查方式,到目前为止,共完成各类问卷28084份。目前,项目还在进行中。

6. 中国社会状况综合调查（Chinese Social Survey，简称CSS项目）——江苏、内蒙古。CSS项目是中国社会科学院社会学研究所于2005年发起的一项全国范围内的大型连续性抽样调查项目。调查中心负责内蒙古自治区及江苏省的核图抽样和入户调查工作，共完成两省12个区县、48个村居的核图和住户列表清单整理工作，以及48份村居问卷、816份家户问卷的访问工作。

【数据共享与服务】 中国调查数据资料库（China Survey Data Archive，简称CSDA）是调查中心根据国内管理科学量化研究对于调查数据的需求而设立的项目。

2015年调查中心在资料库的建设上主要完成以下工作。(1)邀请国内社会调查领域的专家学者组建"专家指导委员会"，并于4月28日召开会议，听取专家们对资料库建设的建议。(2)起草并修订"中国调查数据资料库"章程、会员管理制度、数据资料存放协议、数据资料使用协议等规章制度。(3)和北京大学图书馆于2015年4月达成共建"北京大学开放研究数据平台"的意向，并于11月2日正式签署合作协议，成立联合工作组，定期召开工作会议，推动平台建设。(4)邀请美国密歇根大学美国高校校际政治与社会研究联盟（Inter-university Consortium for Political and Social Research，简称ICPSR）和英国数据资料库（UK Data Archive）的资深数据管理专家，于11月16日—18日在北京举办"研究数据管理"研讨会，来自国内高校和科研机构的40余名研究人员和图书管理员参加。(5)与北京大学中国国情研究中心于12月14日签署"数据存放协议"，接受近二十个调查数据集的发布和服务委托。(6)在"北京大学开放数据平台"上创建"中国调查数据资料库"数据空间，对空间进行资料管理和用户服务，并于12月25日上线试运行。(7)设计并开发数据共享网站，实现信息公开、会员管理和数据资源检索的功能，数据共享网站于12月30日上线。

【智库研究】 资助课题。调查中心智库在2015年初组织2015—2016课题的招标、评审及立项。2015年1月—4月，智库通过公开竞标方式，经过专家评审，择优资助五项课题。

表5-25 2015年中国社会科学调查中心智库资助课题

课题名称	负责人	工作单位
中国居民收入差距、财产差距及流动性研究	李实	北京师范大学经管学院
大数据时代服务型政府的建设	高全喜	北京航空航天大学
生育意愿与国家计划生育政策	王广州	北京大学社会研究中心
实施健康老龄化的政策研究	赵耀辉	北京大学国家发展研究院
中国老年人口的社会支持体系	郝晓宁	国家卫生计生委卫生发展研究中心

各研究项目于2015年5月正式立项后，中心智库在研究资金、研究助理和办公空间等多方面提供支持，并与项目研究人员积极沟通，逐步建立一系列管理和服务的制度与流程。

学术讲座。调查中心智库通过组织经常性的研讨会、公开讲座等学术活动，大力促进知识分享和学术交流。中心系列讲座2015年6月正式推出，到2015年底已组织8次公开报告：(1)6月25日，"转型中国的政府回应性"，孟天广（清华大学）；(2)8月6日，"非线性模型和GHK模拟估计"，寻舟（法国艾克斯马赛大学）；(3)9月25日，"中国当前收入分配中的主要问题"，李实（北京师范大学）；(4)11月6日，"中国人宗教性的测量"，卢云峰（北京大学社会学系）；(5)11月19日，"社会科学中的文本分析"，Molly Roberts（美国加利福尼亚大学圣迭戈分校）；(6)11月27日，"政府抽样调查"，李德洗（北京大学国家发展研究院）；(7)12月25日，"中国健康养老的最新结果"，赵耀辉（北京大学国家发展研究院）；(8)12月30日，"不良贷款与楼市泡沫"，万军民（日本福冈大学）。

【科研工作】

表5-26 2015年中国社会科学调查中心科研项目

项目名称	起止时间	负责人	总经费	任务来源
家庭结构和青少年发展	2015—2017	吴琼	2.5万	教育部留学回国人员科研启动基金

【会议出版】 出版《中国民生发展报告2015》。2015年12月，《中国民生发展报告2015》出版并发布。该报告由调查中心专家组和北京大学相关院系专家基于"中国家庭追踪调查"（CFPS）数据完成。2015年民生报告在四次追踪数据的基础上，更深入地探讨家庭房产拥有权、教育机会不平等、婚姻家

庭变化、少儿成长的家庭环境等问题。

第 16 届国际 Blaise 用户会议。会议于 4 月 13 日—16 日在北京大学中关新园举办。会议汇集了来自美国国家统计局、澳大利亚国家统计局、加拿大国家统计局、美国密歇根大学等 19 家机构的 Blaise 用户。与会人员就移动终端电子辅助调查技术、混合调查模式、样本管理系统开发等调查领域技术前沿问题展开热烈讨论，并坦诚交换经验。

商事制度改革与政府职能转变学术研讨会。为更好地评估总结商事制度改革的实践，推动商事制度改革的纵深发展，推进政府职能的系统转变，调查中心于 5 月 29 日召开"商事制度改革与政府职能转变学术研讨会"。会上，国内资深专家学者与国家工商行政管理总局部门领导共同讨论商事制度改革与政府职能转变等多项议题。

CFPS 国际学术顾问会。"中国家庭追踪调查"（简称 CFPS）国际学术咨询委员会会议于 9 月 11 日至 12 日举行。会议总结了 CFPS 迄今已展开的四轮全国调查的经验和难点，并对 2016 年调查的创新设计和未来项目的追踪策略进行讨论。会上，林建华校长在听取谢宇教授和 Treiman 教授等人的发言后，肯定了 CFPS 项目组的工作和会议成果，并对未来中心的发展寄予厚望。

2015CFPS 用户培训交流会。北京大学中国社会科学调查中心于 9 月 14 日在理科五号楼主办 2015 年度 CFPS 用户培训交流会。交流会包括项目负责人的主题报告、问卷设计及数据清理人员答疑、用户分享研究成果以及用户学习交流等多方面内容。参加会议的有北京大学、普林斯顿大学的谢宇教授，北京大学中国社会科学调查中心副主任任强老师，负责 CFPS 项目设计和数据清理的工作人员，以及来自全国各地的用户。

2015 中国经济学年会 CFPS 专场。第十五届中国经济学年会的"中国家庭追踪调查"（CFPS）专场交流会于 11 月 21 日下午在华东师范大学闵行校区第一教学楼举行。CFPS 专场由北京大学中国社会科学调查中心 CFPS 项目办公室组织，主要内容包括 CFPS 调查的最新进展以及用户的学术成果交流。专场吸引了来自全国各地的众多用户，会场座无虚席，成为本届中国经济学年会最受关注的专场之一。

2015 中国经济学年会 CHARLS 专场。11 月 20 日，第 15 届中国经济学年会 CHARLS 数据培训专场在华东师范大学闵行校区第一教学楼 107 室举行。CHARLS 项目负责人赵耀辉教授与 CHARLS 项目数据部主管王亚峰博士就 CHARLS 数据的产生背景、调查方式、使用方式与意义等进行了介绍。

调查中心与美国密歇根大学 ICPSR 联合召开数据管理研讨会。调查中心联合北京大学图书馆于 2015 年 11 月 16 日—18 日在北京大学举办为期 3 天的"研究数据管理（Research Data Management）"研讨会。来自美国密歇根大学美国高校校际政治与社会研究联盟（ICPSR）和英国数据资料库的两位资深数据管理专家在会议上就研究数据管理的具体实务作主题报告并主持讨论。来自国内的 40 余名从事研究数据的采集或管理工作，致力于数据共享和再利用的人士参会。

【教育与培训】 为继续传播与普及社会调查和数据分析方面的知识，调查中心分别于学期中和暑期开设调查相关课程。

春季课程。（1）应用统计学，3 学分，本科生必修。社会调查的理论与方法，3 学分，本科生限选。政治学定量测量方法，3 学分，研究生。主讲教师：严洁副教授。（2）人口、资源与环境经济学，3 学分，研究生。主讲教师：任强副教授。（3）社会经济调查理论方法与实践，4 学分，本科生。主讲教师：赵耀辉教授。

秋季课程。（1）高级社会统计分析，3 学分，研究生。社会调查的抽样设计与应用，3 学分，研究生。主讲教师：严洁副教授。（2）社会经济调查数据分析，4 学分，本科生。主讲教师：赵耀辉教授。

暑期课程。调查中心于 2015 年 7 月在北大开设为期两周的暑期课程。开设课程为：（1）社会调查实务。主讲教师：赵耀辉、严洁、金勇进、孙妍、吴琼、任莉颖、丁华、孔涛、吕萍。课程让学生系统学习社会调查的各个环节，包含问卷设计、计算机辅助调查方法、调查执行流程、质量控制、数据库的建立与清理、抽样设计和权数计算的基本理论方法及其各种方法的评估，并通过一些调查案例展示实际调查中的各个环节对保证调查质量的重要作用。（2）调查数据分析方法。课程培养学员在社会科学及相关交叉学科领域内的量化研究思维，了解社会调查数据的基本分析方法，并通过实践应用的案例和统计软件的操作，强化学员们独立、正确、恰当地分析社会调查数据的能力。（3）大数据挖掘管理研修班。11 月，调查中心举办"北京大学调查项目获得和大数据挖掘管理研修班"。这是国内第一个针对调查项目获取和大数据挖掘而开设的管理培训课程，采用理论课与实践课相结合的模式，让学员在课堂中和在实践中去学习相关知识。

【交流合作】 北京大学中国社会科学调查中心理事会会议。9 月 30 日，调查中心召开了新一届理事会成员第一次会议。北京大学常务副校长、中心理事长刘伟教授

主持会议。

林建华校长到中心调研。10月15日,林建华校长到调查中心听取工作汇报,并同中心工作人员进行交流讨论。

国家自然科学基金委来中心视察。国家自然科学基金委领导及相关专家于12月9日下午到中心视察工作。中心主任李强教授对调查中心2015年以来的各项工作以及所取得的进展作了汇报。

印度尼西亚智库代表团来访。5月12日,由印度尼西亚KSI (Knowledge Sector Initiative)组织的智库专家中国调研团一行5人抵达北京大学。来自印度尼西亚雅加达 SMERU 研究所的 Syaikhu Usman 和来自印度尼西亚日惹 AKATIGA 组织的 Isono Sadoko 分别介绍了各自机构及其对印度尼西亚的贫困问题所进行的分析,以及对印度尼西亚减贫政策的重要影响。代表团参观了调查中心,并与中心研究人员进行交流。

分子医学研究所

【发展概况】 分子医学研究所(Institute of Molecular Medicine, 以下简称IMM)创建于2005年。至2015年底,IMM已建成具有国际水准的17个研究室和研究中心、3个大型公共科研平台,其中包括国际知名的"非人灵长类研究中心"。

2015年,分子医学二级学科新开研究生课程1门:表观遗传学与心脏发育。目前,IMM开设供研究生研修的专业必修课有5门,专业选修课达到26门,进一步完善了分子医学学科课程体系建设。IMM完成并向研究生院提交"分子医学"二级学科自评报告。

【队伍建设】 截至2015年底,IMM有事业编制职工40人(PI 16人,Co-PI 12人),博士后8人,劳动合同制职工30人(含博士学位5人),劳动合同制职工成为研究所实验技术力量的重要补充。2015年,IMM成功招聘到3位新PI。

人才引进。从加利福尼亚大学旧金山分校(UCSF)引进的新PI邱义福已于11月正式到岗,组建免疫与代谢研究室;从美国俄勒冈健康与科学大学引进的新PI陈雷计划于2016年3月到岗,组建结构生物学研究室;从北大医学部基础医学院引进的新PI赵扬将于2016年初到岗,组建细胞命运调控与干细胞治疗研究室。邱义福和陈雷均同时入选生命科学联合中心PI(研究员),并均进入2015年海外高层次人才引进计划(青年项目)(第六批)面试答辩。

获奖情况。IMM科研团队成员的国际影响力不断扩大,肖瑞平教授获选为第33届国际心脏学会(ISHR)唯一的"主席讲座"(President's Lecture)报告人。青年科研工作者中,李川昀入选国家"万人计划"青年拔尖人才,获得国家优秀青年科学基金,并进入2015年度长江学者奖励计划青年项目会议评审;汪阳明、赵凌荣获2015年度北京大学绿叶生物医药杰出青年学者奖。

【科研成果】 2015年IMM教师发表、被期刊接受论文45篇,总影响因子357,平均影响因子7.93。其中 Nature 及 Nature 子刊发表、接受论文3篇,JCI子刊接受论文1篇,Circulation、EMBO J、PNAS、Cell Res、Dev Cell、Mol Biol Evol 等影响因子10以上国际学术期刊发表和接受7篇。其中IMM作为第一作者或责任单位第一单位署名文章31篇。2015年IMM获授权中国专利2项,软件著作权登记1项。

2015年IMM获批国家自然科学基金优秀青年科学基金项目1项,面上项目5项,青年基金项目2项,国际合作项目2项。

国家自然科学基金创新研究群体项目以双"优"(结题评审"优"、延续资助评估"优")的成绩获得延续资助。

【交流合作】 第五届中国小核酸技术与应用学术会议(RNAi China, 2015)。9月12日—13日,由IMM承办的第五届中国小核酸技术与应用学术会议在昆山成功举办。大会包括6场特邀报告、47场大会报告以及4场技术讲座,收集到46份最新发表的学术墙报/会议摘要,吸引近500位国内外小核酸及相关领域知名学者和企业精英参加。

肖瑞平在国际心脏科学会议上作"主席讲座"。7月4日,在法国召开的第33届国际心脏学会(ISHR)欧洲会议上,肖瑞平教授获选为大会唯一的"主席讲座"报告人,专题介绍其所研究的MG53蛋白信号分子在代谢综合征、糖尿病以及糖尿病心肌病中的重要作用。ISHR学术组织于1968年成立,于2006年设立"主席讲座",每年由国际委员会遴选一人,讲座主题设定在心血管领域最新领域与前沿进展。肖瑞平教授是首位获此殊荣的华人科学家。

与浙江大学生命科学研究院举行联合研讨会。7月9日,北京大学IMM-浙江大学生命科学研究院联合研讨会在英杰交流中心306会议室举行。浙江大学生命科学研究院冯新华院长带领16位PI及4名行政人员出席。林建华校长出席工作午餐会。肖瑞平以"创新驱动转化"为主题,介绍了IMM自2005年建所十年以来的发展历程。冯新华介绍了浙江大学生命科学研究院的成立背景及总体目标。双方PI就共同关心的院/所发展及科研问题展开交流与讨论。

IMM Seminar系列讲座。自建所以来IMM共举办IMM

Seminar 系列讲座 594 场，2015 年举办 46 场。IMM Seminar 的报告人多是来自国外各领域的知名教授、实验室负责人，国内的专家均为各大学、研究机构、医院的学科领头人。在为学生创造接触领域知名专家、深入交流的机会的同时，IMM Seminar 系列讲座也更进一步加强了 IMM 与国内外学术同行的学术交流。

【党建工作】 2015 年分子医学研究所共有教工党员 15 人，学生党员 79 人，党员队伍进一步壮大。5 位研究生（胡美钦、吴迪、闫瑛、顾凯丽、戚文峰）加入学生党支部，3 位研究生（吴齐辉、曾凡新、孙素华）预备期满，顺利转正。同时，伴随 2015 级新生入学，分子医学研究所研究生党支部喜迎 13 名新生党员。研究所党支部认真组织学习习近平总书记关于践行"三严三实"的新思想、新观点、新要求和党的十八届五中全会精神要点，组织收看历史文献纪录片《筑梦中国——中华民族复兴之路》，组织支部成员看望离退休老职工，组织"我眼中的中国精神"系列活动——攀登长城及参观白洋淀抗日战争纪念馆等。

12 月 16 日，国家自然科学基金委机关党委党支部和政策局党支部到分子医学研究所开展落实十八届五中全会发展理念集中学习活动，就面对中国基础研究发展挑战、发挥科学基金导向作用，鼓励创新、开放合作，有效支持科学突破等议题进行研讨。

根据学校部署，分子医学研究所党支部及时学习、传达和贯彻党风廉政建设会议精神，建立所长负责-PI 负责的层层负责的责任体系。同时，结合 IMM 的组织特点，充分发挥 PI 会的决策作用，严格执行"三重一大"决策和所务公开制度。

【工会】 IMM 工会配合校工会，为女职工办理女工互助险参保；为教职工集中办理公园年票；继续为职工子女开设绘画班；在体育锻炼方面，组织职工参加女工趣味运动会、校运动会、游泳比赛、羽毛球比赛、乒乓球比赛等。

【学生工作】 IMM 现有北京大学学籍学生 141 人，客座学生 108 人。2015 年有 13 名博士研究生和 3 名硕士研究生毕业。2015 年度，IMM 累计有 102 人次获得各级各类奖学金或荣誉称号。IMM 通过迎新、素质拓展、羽毛球赛、毕业嗨歌会、新年联欢会等活动加强学生的归属感并丰富学生课余生活；通过举办"循迹——师兄师姐经验交流会"，为学生提供就业指导；通过评优和奖学金评选及颁奖等活动树立榜样，营造学术科研氛围；通过心理测评及日常排查、安全教育、校规及学术道德教育等活动，及时跟踪了解学生身心安全及督促学生遵规守纪。

【安全工作】 IMM 实行安全工作领导责任制、层级责任制和责任追究制，将安全工作规范化、制度化。通过学生安全教育课程、安全员培训、应急事件处理演练及观摩、例会与自查相结合等方式实现全所全员参与各种安全隐患防范，做到居安思危、警钟长鸣。

【筹资工作】 强化筹资意识，拓展渠道筹募社会资源资金。"研究所赛诺菲糖尿病及代谢疾病转化医学项目"捐赠项目，用于对 IMM 教学科研等活动的支持，第一笔经费已于 2015 年到位。

科维理天文与天体物理研究所

【队伍建设】 2015 年，科维理天文与天体物理研究所（Kavli Institute for Astronomy and Astrophysics，以下简称 KIAA）引进英国剑桥大学博士后研究员彭影杰。招聘包括 Yonghwi Kim、Alexander Kolodzig、Petchara Pattarakijwanich 和 Smitha Subramanian 在内的 4 位新的 KIAA Fellow 博士后。通过其他经费渠道，招聘 3 位 PI 博士后，分别是刘项琨、陈丙秋和田志佳。行政人员招聘：新聘科研秘书刘树岩。

截至 2015 年底，KIAA 及天文系共有研究人员 24 人（含兼职）、博士后 14 人，行政人员 5 名。研究人员中有院士 1 名：陈建生；海外高层次人才引进计划 3 名；海外高层次人才引进计划（青年项目）6 名；长江学者 2 名：刘晓为和张冰；国家杰出青年科学基金获得者 3 名：刘晓为、吴学兵和徐仁新。

【教学工作】 天文学科有在读研究生 52 人，本科生 108 人，由天文系和 KIAA 共同培养。9 月 KIAA 举办本科生论坛，并颁发林桥奖学金。每周举办研究生晚餐讨论会；建立研究生和学术报告人的午餐交流会。

【科研工作】 科研成果。2015 年 KIAA 教师在国际学术刊物上发表或被接受的文章达 223 篇，第一作者文章有 80 篇。其中，在《自然》（Nature）发表文章 1 篇，Nature 接受文章 1 篇，《科学》（Science）接受文章 1 篇（将在 2016 年 1 月 15 日发表）。

1. 吴学兵团队宣布发现一颗距离地球 128 亿光年、发光强度是太阳的 430 万亿倍、中心黑洞质量约为 120 亿太阳质量的超亮天体，它是已知的宇宙早期发光最亮、中心黑洞质量最大的天体。这一研究成果发表在 2015 年 2 月 26 日出版的国际顶级科学期刊 Nature 上。

2. 东苏勃团队发现有史以来最强的超新星爆发，这一最新研究成果在 12 月被 Science 接受，于 2016 年 1 月 15 日正式发表。据 Science 文章报道，ASASSN-15lh 距离地球 38 亿光年，属于罕见的"极亮型超新星"家族中的一员。它的发现有望为天文学家揭开极

亮型超新星的爆发之谜提供重要线索。

3. 寄生的恒星——球状星团年轻星族研究获得突破。球状星团是宇宙中最为简单且十分耀眼的恒星集合体，天文学家们一直认为球状星团中的恒星是同时形成的，然而后来在球状星团中发现数量众多且相对大部分成员显得更年轻的恒星成分，使得这一看法遭到挑战。到底球状星团该如何形成那些年轻恒星？KIAA 和中国科学院国家天文台领衔的团队，与美国西北大学和阿德勒天文馆的天文学家合作，对这一长久以来的疑难做出解释。利用哈勃太空望远镜的观测数据，该团队首次发现中等年龄球状星团可以靠自身引力俘获外部气体来成批形成年轻恒星。这突破了球状星团仅依赖内部气体循环来形成下一代恒星的理论。这一成果在 2015 年 12 月被 Nature 接受，于 2016 年 1 月底发表。

表 5-27　2015 年科维理天文与天体物理研究所新增项目状况

项目名称	起止时间	负责人	总经费（万元）	任务来源
新一代光谱仪研制项目	2015—2019	何子山	600	北京大学学科建设经费
Key Research with a 110m Fully Steerable Large Aperture Radio Telescope	2015—2018	李柯伽	295	国家 973 基础研究项目
青年千人项目	2015—2017	江林华	300	中组部
青年千人项目	2015—2017	王　然	200	中组部
银河系盘族恒星金属丰度分布函数研究	2015—2017	张华伟	10	国家天文台
2015 年研究生英文课程改革	2015—2016	彭逸西	5	北京大学
2015 年研究生英文课程改革	2015—2016	De Grijs, Richard	5	北京大学
2015 年研究生英文课程改革	2015—2016	Herczeg, Gregory J.	5	北京大学
宇宙纤维状结构中的恒星含量：星团形成过程的指路灯	2015—2016	Jose, Jessy	5	中国博士后科学基金面上资助
宇宙大尺度结构的数值模拟	2015—2016	于浩然	5	中国博士后科学基金面上资助

6 月，美国科维理基金会主席 Robert Conn、负责科学项目的执行副主席 Miyoung Chun 一行访问 KIAA。科维理基金会已签署协议，决定自 2016 年起，增加对 KIAA 运行经费的支持，将每年 10 万美元的运行经费提高至 35 万美元，协议期为 5 年。5 年里，美国科维理基金会增加运行费投入 125 万美元。

表 5-28　2015 年科维理天文与天体物理研究所获奖状况

获奖名称	颁奖机构	作者
2015 中国天文学会黄润乾天体物理基础研究奖	中国天文学会	吴学兵
2015 年中国高等学校十大科技进展	教育部	吴学兵团队
2014 中国天文十大科技进展	中国天文学会	刘富坤
唐立新教学名师奖	北京大学	刘富坤
北京大学优秀博士学位论文奖	北京大学	李程远和导师 de Grijs Richard
青年学者优秀论文奖一等奖	中国引力与相对论天体物理学会	于浩然

【交流合作】日常交流。2015 年有 51 位访问学者访问 KIAA，包括美国加利福尼亚大学伯克利分校的 Alex Filippenko，加利福尼亚大学圣克鲁兹分校的 Sandra Faber、校长 George Blumenthal，诺贝尔奖获得者、澳大利亚国立大学校长当选人 Brian Schmidt，以及美国斯图尔德天文台台长 Buell Januzzi 等。2015 年 KTAA 举办学术报告 36 场，午餐讨论会 34 场，比萨交流会 18 场，周一研究生晚餐讨论会 14 场；组织各种活动，包括每日上午的咖啡讨论，以及由教师和研究生自发组织的每周五下午的"Happy hour"。

科学会议组织。2015 年，KIAA 共组织 11 个国内外会议。

10月19日至21日,中国天文学会2015年学术年会在北京大学召开。来自全国各天文及相关单位的近800位专家学者和学生共同出席。19日开幕式后,约十位知名学者在北京大学百周年纪念讲堂作邀请报告。报告的主题既覆盖当前天文学研究的热点问题,如宇宙早期超大质量黑洞、近邻极高吸积率黑洞、伽马射线爆等,也包括中国自建的大型研究设备进展,如FAST望远镜的规划和筹备、南极天文台最新进展等。年会分会于第二天和第三天在北京大学英杰交流中心举行。分会场由八个主题会场组成,分别为:射电天文分会场,太阳、行星分会场,恒星与银河系分会场,仪器、时频分会场,天力、天测分会场,高能分会场,星系、宇宙分会场,天文学史、教育与科普分会场。

表 5-29　2015 年科维理天文与天体物理研究所主办国内外会议列表

序号	时间	会议名称	地点
1	1月23日—24日	第九届京广夏天体物理会议	南宁
2	3月17日—18日	Quasars and Active Galactic Nuclei over Cosmic Time 会议	KIAA
3	4月2日—3日	2015 北京-南京天体物理论坛	南京
4	5月18日—19日	2015 KIAA—上海天文台双边研讨会	KIAA
5	5月21日—25日	Probing AGNs with Radio Techniques 会议	新疆伊宁
6	6月1日—5日	Black Hole Accretion and AGN Feedback 会议	上海
7	7月2日—3日	Xinjiang Qitai Radio Telescope Science Colloquium Series I 会议	内蒙古明安图
8	9月28日—29日	东亚 AGN 研讨会	长春
9	7月29日—31日	射电天文学前沿研讨会	贵阳
10	9月28日—29日	KIAA 天体粒子物理研讨会	KIAA
11	10月19日—21日	2015 中国天文学会学术年会	北京大学
12	11月11日	博士后论坛	KIAA
13	11月16日—17日	KIAA/PKU Astrophysics Forum: Optical and Infrared Observational Facilities for Chinese Astronomy	KIAA

高层次管理会议组织。3月28日—29日,首次 KIAA 国际科学咨询委员会(SAC)会议在 KIAA 召开,会上 KIAA 介绍了相关的状况、架构、管理、财政以及战略计划,随后学生、博士后以及教授代表分别介绍了学科亮点。SAC 肯定了 KIAA 在新所长履职后在管理运行、科研产出上取得的成果。

国际交流。自 2014 年起,KIAA 每年获得美国科维理基金会 7.5 万美元的额外资助,启动旨在加强国际科维理研究所之间研究人员交流的访问学者计划。这些研究所包括美国斯坦福大学、英国剑桥大学、日本东京大学等 6 所著名高校的科维理研究所。自 2015 年起,美国科维理基金会增加对科维理基金会访问学者计划的支持,每年的支持额度从 7.5 万美元增加到 8.5 万美元。

KIAA 加入东亚天文台计划;和美国加利福尼亚大学圣克鲁兹分校、亚利桑那大学,以及西澳大利亚大学发起学生交换项目;和美国加州理工学院的帕洛玛天文台达成协议,为其投建新观测设备以换取天文观测时间。

【社会服务】　天文夏令营活动:7月 27 日—30 日,北京大学天文学科从来自全国各地的 918 位报名同学中选拔出 141 名中学生参加天文夏令营活动,大多数活动都在 KIAA 举办。

【行政工作】　研究所有行政人员 5 名,其中在编人员 1 名,合同制人员 4 名。

【基础建设】　2015 年 1 月初,进行 KIAA 大楼内墙更换壁纸工程;6 月,对整个 KIAA 楼的外墙仿古柱子进行粉刷,改善研究所的内部和外观环境。

北京国际数学研究中心

【发展概况】　2015 年是北京国际数学研究中心成立的第十个年头。中心现有 1 个一级学科,即数学;有 4 个二级学科,分别是 070101 基础数学,070102 计算数学,070103 概率论与数理统计,070104 应用数学。

2015 年,北京国际数学研究中心共有教师 28 人,其中教授 6 名,副教授 8 名,助理教授 5 人,特聘教授 9 人(含 2015 年新加入 1 名)。

2015 年,共有 5 位教员加入北京国际数学研究中心,其中阮勇斌

教授是国际著名辛拓扑学家与数学物理学家,冯仁杰、刘保平、刘毅、余君等四位优秀青年人才均在美国或欧洲的顶尖数学学院获得博士学位,并曾在海外著名高校做博士后研究或担任教职。

2015年,北京国际数学研究中心有在站博士后20名。

【教学工作】 2015年,北京国际数学研究中心共有博士研究生48名。其中2011级9名,2012级9名,2013级10名,2014级10名,2015级10名。

2015年,中心第七期研究生数学基础强化班开设4门课程,分别为:泛函分析II(郭懋正老师授课)、微分几何(陈维桓老师授课)、偏微分方程选讲(韩青老师授课)、黎曼曲面(方博汉老师授课)。

2015年,中心邀请来自美国、法国、加拿大、日本等著名高校和科研院所的10位数学家来中心开设短期课程。这些课程围绕数学相关领域内多个前沿课题展开。

2015年,中心还举办多个主题的暑期学校,包括"金融保险中的风险测度与最优化"暑期学校、"拱形几何和几何偏微分方程"暑期班、"辛几何与数学物理"高级研讨班、"2015偏微分方程数值方法"暑期系列学术活动等。这些活动不仅为北京大学数学师生提供了接触国际数学前沿研究领域和学者的机会,也带动了国内兄弟单位的数学研究和教育。

【科研工作】 2015年,中心共有院士2名,中组部海外高层次人才引进计划学者16名,其中9名为中组部海外高层次人才引进计划(青年项目)入选者。

2015年,文再文研究员获选国家高层次人才特殊支持计划青年拔尖人才。关启安研究员因为对于基础数学尤其是多复变函数论方向的研究,荣获国家自然科学基金委员会2015年度优秀青年科学基金。

2015年,中心新增科研项目12个(纵向)。其中由国家自然科学基金委支持的"数学与科学前沿交叉平台建设"天元专项基金项目为数学学科特色项目,主持人为田刚教授。

2015年,中心有6位博士后获得中国博士后科学基金资助,占在站人数的30%。

2015年,中心教授和博士后发表或被接受的论文总数超过150篇(含预印本50余篇),SCI论文57篇,其中多篇发表在世界著名数学期刊上。

田刚教授率先解决 K-稳定 Fano 流形上 Kähler-Einstein 度量存在性问题(即Fano情形的著名YTD猜想)的论文在 Communications on Pure and Applied Mathematics (CPAM)上发表。田刚的证明综合应用众多理论,涉及微分几何、代数几何、偏微分方程、多复分析、度量几何等多个数学分支。

田刚教授与合作者的论文"近爱因斯坦流形的结构"(On the Structure of Almost Einstein Manifolds)在 Journal of American Mathematical Society (JAMS)上发表,研究结果将对微分几何等领域产生深刻影响。

许晨阳教授与合作者的论文"正特征的三维极小模型纲领"(On the Three Dimensional Minimal Model Program in Positive Characteristic)在 JAMS 上发表,研究成果在代数几何领域引发一系列后续研究,成为这个领域的奠基性工作。2015年,许晨阳还荣获教育部2015年度高等学校科学研究优秀成果奖(科学技术)青年科学奖。

葛颢副教授与美国哈佛大学谢晓亮教授和西雅图华盛顿大学钱纮教授合作,提出细菌单细胞表型间的跃迁速率新理论,定量地刻画基因在活跃程度不同的状态间切换的快慢是如何影响单细胞在不同表型间跃迁的速率的。论文于2015年2月20日发表在《物理评论快报》(Physical Review Letters)上。

数学科学学院副教授、中心研究员胡俊及其课题组提出一个理论上最直接、内蕴的设计弹性力学问题混合有限元方法的全新框架,取得突破性进展,解决长达五十余年的公开问题即弹性力学问题混合有限元方法。

刘若川研究员在p进霍奇理论方面取得重要进展。近年来,p进霍奇理论发展中的一个基本问题是将已有的单个p进伽罗华表示的理论推广到一簇连续变化的p进伽罗华表示的情形,即建立所谓的 relative p-adic Hodge theory。刘若川与人合作对此进行深入的研究,建立 relative p-adic Hodge theory 的基础理论,为后续发展提供重要的工具。

关启安研究员的有关工作被 Ohsawa 的专著 L2 Approaches in Several Complex Variables (Springer Japan, 2015)用章节标题的形式称为"Guan-Zhou Method"。

2015年,中心举办4场国际研讨会,包括北京几何物理研讨会、北京代数几何研讨会、"非阿贝尔衡量非线性σ模型与几何表示理论"学术研讨会、数论与密码青年学者研讨会。

2015年,中心举办2个长期讨论班,包括代数几何讨论班、辛几何和数学物理讨论班。

5月,美国加利福尼亚大学伯克利分校统计系教授 David Aldous 主讲北京大学许宝騄讲座,题为 Spatial Networks and Probability。Aldous 教授是英国皇家学会会员和美国国家科学院外籍院士。

8月,国际著名数学家、美国工业与应用数学学会(SIAM)前主席、美国明尼苏达大学 McKnight Presidential 教授 Douglas N. Arnold 主讲北京大学海外名家系

列讲座——有限元外微分及其应用。

2015年,中心设立"青年学者报告会""十周年特邀学术报告""杰出学者报告"系列,邀请国内外数学研究领域的顶尖学者作了20场高水平学术报告。2015年,中心共举办各类学术报告100余场。

【交流合作】 11月2日到3日,北京国际数学研究中心与德国Hausdorff数学中心(HCM)在德国波恩联合主办学术活动。主办双方为本次活动贡献10场专题报告。活动期间,研究中心还向德国同行介绍中心机构特色、研究队伍和学术活动等,并重点介绍中心博士后项目和青年人才招聘工作,以期在海外延揽青年研究人才。本次活动是中心首次以主办方身份在海外开展集学术交流和人才招聘于一体的活动。

11月11日,中心和韩国基础科学研究所几何与物理研究中心(IBS-CGP)签署合作备忘录,双方决定共同搭建平台,以增进中国和韩国数学家之间的合作与交流,共同促进双方科研与教育的发展。合作内容主要包括:学者间的交流互访,学术资源共享,联合举办学术活动,联合培养人才等。

2015年,有60多位来自国内外著名高校和科研机构的学者来中心做访问研究,其中约80%来自海外。

【党建工作】 2015年,北京国际数学研究中心共有党员9名,支部1个。

2015年,中心党支部获批北京大学2014—2015学年度北京大学基层党建创新一类项目,项目主题为"在传承中创新,在创新中发展"。

12月10日,中心党支部与数学科学学院计算信息科学党支部联合举办主题党团日活动,学习校党委书记朱善璐在学校党支部书记培训会议上的讲话精神,针对北京大学"争创双一流"规划提出意见建议,并围绕"如何利用网络平台创新组织生活"进行讨论。

【行政工作及其他工作】 2015年,中心共有行政人员11名(含北京大学财务部派驻会计1名),其中在编人员3名,合同制人员8名。

中心行政工作信息化建设初见成效,行政管理和行政服务质量得到提高。

【学生工作】 中心学生工作由北京大学数学科学学院统一管理。

(陆宁波 李东璘)

海洋研究院

【发展概况】 2013年12月31日,北京大学正式成立海洋研究院。之后,北京大学相继与海南省人民政府、浙江省人民政府等签署合作意向书,分别商酌在海南省三亚市、浙江省舟山市共建海南海洋研究院、舟山群岛新区海洋研究院。北京大学海洋研究院也分别与海南省三沙市、中国广核集团有限公司签署合作协议,共建"三沙研究中心"和"海上能源研究所"。2014年7月与2015年2月,研究院前后两次组织北京大学师生赴三沙市永兴岛等地考察调研。

2014年6月,北京大学海洋研究院成立"海洋战略研究中心",由法学院李鸣教授担任中心主任,历史系包茂红教授担任中心副主任,成员汇集法学院、国际关系学院、外国语学院、政府管理学院、信息科学技术学院、信息管理系、历史学系、图书馆等院系部门中涉海研究的教授、专家。

组织结构。院领导班子包括院长:张东晓;副院长:周力平、王磊、郑玫。院所中心有北京大学海洋战略研究中心(主任:李鸣)、北京大学海洋信息研究中心(主任:王继民)、北京大学"一带一路"研究中心(主任:李鸣)、北京大学五通指数研究课题组、"一带一路"联合研究课题项目(执行负责人:王博)、海洋研究院全球互联互通研究中心(主任:翟崑)。

学科建设。包括海洋科学、海洋工程、海洋战略、海洋人文社科等。具体研究领域包括:海洋科学、海洋大气(物理学院:胡永云、刘永岗、韦骏、杨海军;双聘院士:吴立新)、海洋地球物理(地球与空间科学学院:常燎、陈永顺、张南;兼职教授:林间)、海洋地质(地球与空间科学学院:吴朝东)、海洋观测(地球与空间科学学院:秦其明;海洋研究院:张敏)、古海洋学(城市与环境学院:周力平、许云平)、海洋工程、海工装备(工学院:段慧玲)、水下机器人(工学院:谢广明)、海洋能源与天然气水合物(工学院:卢海龙、张东晓、张信荣)、海洋化学(环境科学与工程学院:宋宇、郑玫;化学与分子工程学院:黄富强;城市与环境学院:陶澍)、海洋生物资源(药学院:林文翰;工学院:陈峰、吴晓磊;生命科学学院:姚锦仙)、流体与流固耦合等研究领域(工学院:陈十一、刘谋斌),以及海洋战略与人文社科,包括海洋战略(国际关系学院:查道炯、翟崑;海洋研究院:胡波)、海洋法(法学院:陈一峰、郭瑜、李鸣、宋英、王磊、易平)、海洋史(历史学系:包茂红)、海洋大数据(信息管理系:王继民、王延飞、徐扬;软件与微电子学院:俞敬松)、海洋信息(图书馆:肖珑、马芳珍)、海岛规划(政府管理学院:沈体雁、周志忍)。

具体研究课题包括:基础研究及海洋观测、生物资源与海洋药物、海洋能源与海水资源、海工装备与工程技术、"一带一路"与信息大数据、海洋战略、法律与其他。

队伍建设。海洋研究院实行双聘制与预聘制,双聘人员同时分布在北京大学各个相关院系,包括

城市与环境学院、地球与空间科学学院、法学院、工学院、国际关系学院、化学与分子工程学院、环境科学与工程学院、历史学系、人口与环境研究室、软件与微电子学院、社会科学部、生命科学学院、物理学院、信息管理系、药学院、政府管理学院等。预聘的研究系列人员,按照 tenure-track 新体制管理。2015 年研究院人员总人数 50 人,其中院士 3 人,教授 28 人,副教授 9 人,研究系列 8 人,研究馆员 2 人。

【教学工作】 学生人数:2015 年研究院有博士研究生 4 人。学习年限:硕士起点的博士研究生的基本学习年限为 4 年;直接攻读博士学位的研究生(简称直博生)、硕士-博士连续培养的研究生(简称硕博连读生)的基本学习年限为 5 年;博士研究生最长学习年限为 8 年;硕博连读从其硕士研究生入学年月起计算在校学习最长年限。培养方式:研究院要求研究生必须从事海洋专业领域的研究工作,在完成依托相关学院的研究生培养要求之余,需参加海洋研究院规定的相应课程。

【科研工作】 人才队伍。中国科学院院士 3 人:陈十一、陶澍、吴立新(双聘院士);美国国家工程院院士 1 人:张东晓;国际欧亚科学院院士 1 人:陈峰;教育部"长江学者"7 人:陈十一、陈峰、陈永顺、段慧玲、陶澍、张东晓、周力平;中组部海外高层次人才引进计划专家 3 人;"国家杰出青年科学基金"获得者 8 人:陈永顺、段慧玲、胡永云、黄富强、陶澍、吴晓磊、张东晓、周力平;"新世纪百千万人才工程"国家级人选 1 人:周力平;中国青年女科学家 1 人:段慧玲;中国科学院"百人计划"引进人才 2 人:黄富强、刘谋斌;中国科学院"百人计划"研究员 2 人:韦骏、许云平;海外高层次人才引进计划(青年项目)人才 2 人。

学术活动。主办学术讲座概览:加拿大极地委员会理事 David Hik 博士关于"国际背景下的加拿大北极科学:为 21 世纪变化中的北极而创新"的讲座,海南日报主任记者蔡葩关于"口述历史与南洋文化的挖掘和写作"的讲座,中国科学院海洋研究所研究员张荣华关于"厄尔尼诺-南方涛动研究进展及挑战"的讲座。

主办、承办学术会议概览:儋州新型产业发展研讨会、"海上丝绸之路建设与东南亚:历史与现实"学术研讨会、"一带一路"研究方法论研讨会、"一带一路"沿线国家发展指数研讨会、北京大学海洋研究院舟山海洋生物资源与功能分子研究所筹建交流见面会、面向中美富布莱特-海斯项目"历史文化考察团"举办"一带一路"专题讲座、哈萨克斯坦教育科技参赞座谈会、绿色智慧协调发展产学研协同创新研讨会、第二届中国(天津)国际海工产业创新与发展论坛、"千人计划"专家联谊会能资环专委会海洋分论坛、台湾海洋大学座谈会。

表 5-30 2015 年海洋研究院文章发表情况统计

论文题目	作者	署名单位	来源
An SPH Model for Multiphase Flows with Complex Interfaces and Large Density Differences	Liu, Moubin(刘谋斌)	Peking Univ, Coll Engn, Peking Univ, Ocean Res Inst	Journal of Computational Physics
A Comparative Study of Different Baffles on Mitigating Liquid Sloshing in a Rectangular Tank due to a Horizontal Excitation	Liu, Moubin(刘谋斌)	Peking Univ, Coll Engn, Peking Univ, Ocean Res Inst, State Key Lab Turbulence & Complex Syst	Engineering Computations
Export Production Fluctuations in the Eastern Equatorial Pacific During the Pliocene-Pleistocene: Reconstruction Using Barite Accumulation Rates	Zhou, Liping(周力平)	Peking Univ, Dept Geog, Lab Earth Surface Proc, Peking Univ, Ocean Res Inst	Paleoceanography
后李光耀时代,中新关系将开启新的可能	胡波	北京大学海洋战略研究中心	中国经济周刊
红星下的美国纠结	胡波	北京大学海洋战略研究中心	经济观察报
日本炒作东海油气田的"三大荒唐"	胡波	北京大学海洋战略研究中心	人民日报海外版
中国在南海既能克制也能反制	胡波	北京大学海洋战略研究中心	人民日报海外版
论中国的重要海洋利益	胡波	北京大学海洋研究院	亚太安全与海洋研究
日本新安保法案加剧地区紧张局势	胡波	北京大学海洋战略研究中心	政工学刊
中国海洋战略的时代背景	白续辉	北京大学海洋战略研究中心	中国社会科学报
20 世纪 70 年代的环境污染调查与中国环保事业的起步	刘宏焘	北京大学历史学系、海洋研究院	当代中国史研究

【行政工作及其他】 研究院设有院长1名,副院长3名,院长助理、院办主任、行政专员和宣传专员等工作人员5名。

【学生工作】 北京大学海洋研究院、共青团北京大学委员会联合举办"且听海吟"海洋主题创意摄影大赛。6月12日,大赛落下帷幕,研究院在第二教学楼举办颁奖典礼。

现代农学院(筹)

【发展概况】 发展历程。北京大学于2014年10月决定成立北京大学现代农学院(筹),为学校独立建制的教学科研实体单位。

组织机构。2015年1月6日,学校研究决定,成立北京大学现代农学院筹备工作小组,任命邓兴旺为组长,顾红雅、欧阳晓玲为副组长;3月13日,经学校批准,北京大学现代农学院(筹)学术委员会组建,许智宏为主任,邓兴旺、朱玉贤为副主任,王忆平、白书农、李毅、赵进东、饶广远、顾红雅、郭红卫、瞿礼嘉为成员。

学科建设。北京大学现代农学院(筹)下设四个学科方向:作物遗传与发育学、农业技术学、农业经济与管理学、食品安全与营养学。

队伍建设。教师队伍共5人,其中,邓兴旺教授为2015年7月由生命科学学院调入,黄季焜教授、王金霞教授、刘承芳预聘副教授、罗仁福预聘副教授为2015年12月1日新入职。

办公地址:王克桢楼4层。

【科研工作】 科研成果。2015年,农学院教师共发表SCI论文2篇。

表5-31 现代农学院2015年发表的SCI论文

成果名称	作者	出版单位	成果形式
Arabidopsis DET1 Degrades HFR1 but Stabilizes PIF1 to Precisely Regulate Seed Germination	施慧	Proceedings of the National Academy of Sciences of The United States of America	论文
Regulation of Active DNA Demethylation by a Methyl-CpG-Binding Domain Protein in Arabidopsis thaliana	钱伟强	Plos Genetics	论文

学术交流。农学院组织创办"北京大学现代农业系列讲座",邀请国内外农业领域的顶尖专家学者到北京大学进行演讲,与师生交流。2015年,农学院邀请到美国科学院院士Brian Staskawicz教授、James Carrington教授、Natasha Raikhel教授等10位学者专家发表演讲。

交流合作。5月,以色列特拉维夫大学来访,与农学院交流合作事宜。11月,现代农学院(筹)、山东省潍坊市政府与以色列特拉维夫大学生命科学学院在以色列特拉维夫共同签署三方合作备忘录。

【党建工作】 农学院筹建期间,党、团、工会等组织挂靠在生命科学学院。

【行政工作及其他工作】 行政队伍:在编人员1人。10月20日,现代农学院微信公众号正式上线。

深圳研究生院

【发展概况】 2001年1月,北京大学与深圳市人民政府签署《合作创办北京大学深圳校区协议书》,共同创办北京大学深圳研究生院。北京大学深圳研究生院是以全日制研究生教育为主的高等教育机构,是北京大学在国内唯一直属的异地办学实体,校园占地面积21.28万m^2,已完成建筑面积17.41万m^2。

2015年,深圳研究生院领导班子成员如下:代理院长海闻,常务副院长白志强,党委书记兼副院长谭文长,副院长吴云东、牛宏伟、涂欢、菲利普·麦康菲(Philip John McConnaughay)、曾辉。

深圳研究生院现有信息工程学院、化学生物学与生物技术学院、环境与能源学院、城市规划与设计学院、新材料学院、汇丰商学院、国际法学院、人文社会科学学院等八个学院。下设30个专业,涵盖经济学、法学、文学、理学、工学与管理学等七大学科,包含19个一级学科,硕士点21个,博士点15个。

2015年,深圳研究生院学科体系进一步完善。恢复传播学专业,申请财经传媒研究方向;法律硕士(LL.M.)专业招收国际学生;在计算机应用技术(学术型硕士)下增加"大数据平台技术与应用"方向,2015年开始招收大数据硕士;在此基础上,财经传媒硕士2015年转为新闻与传播硕士(专业硕士)招生,材料工程硕士准备申请启动。

2015年,深圳研究生院共引进教师23人,其中教授5人,副教授3人,助理教授7人,专职科研教师8人。截至2015年底,深圳

研究生院有教职工543人；2015年度入选海外高层次人才引进计划（青年项目）1人，国家级项目入选1个团队和2人次；深圳市项目入选20人，深圳市高层次、海外高层次人才22人，其中国家级2人。2015年深圳研究生院新招收进站博士后29名，博士后新获中国博士后科学基金资助12项，其中特别资助2项，面上资助10项；新增深圳市政府发展研究中心、福田人民医院博士后创新基地为联合招收单位。

【教学工作】 2015年，深圳研究生院共招收959名研究生（外国留学生46人），其中博士生55人，硕士生904人；2015学年在校生共计2899人（外国留学生105人），其中博士236人，硕士2663人。信息工程学院总计460人，其中博士生43人，硕士生417人；化学生物学与生物技术学院总计250人，其中博士130人，硕士120人；环境与能源学院总计180人，其中博士23人，硕士157人；城市规划与设计学院总计238人，其中博士25人，硕士213人；新材料学院总计81人，其中博士12人，硕士69人；汇丰商学院总计1132人，其中博士3人，硕士1129人；国际法学院总计358人，其中硕士358人，无博士；人文社会科学学院总计177人，其中硕士177人，无博士。

2015年，深圳研究生院共开设468门课程，开课数量已达一定规模，课程质量也有一定程度的提升。深圳研究生院突出通识教育的重要性，开设20门公共必修课，选课人数共计2300人。深圳研究生院建设在华南具有领先性的"北大深圳户外教育训练基地"，计划于2016年开始在全院范围开设户外教育和探险课程，提升学生体能和综合领导力。2014—2015学年第二学期共有198门课程参加课程评估，校平均分为96.72，深圳研究生院平均分为97.72，连续三个学期超过校平均分。2015年，深圳研究生院闫朝一、Nathaniel Reisenburg分别荣获北京大学第十五届青年教师教学基本功比赛文科、理科组第一名。

【科研工作】 截至2015年，深圳研究生院共有中国科学院院士1人，国家海外高层次人才引进计划6人，"长江学者"2人，国家杰出青年科学基金获得者4人，国家外国专家局引进国外技术项目1人，国家外国专家局高端外国专家项目6人，国家创新人才推进计划2人，国家高层次人才特殊支持计划1人，百名南粤杰出人才培养工程1人，广东省引进领军人才2人，高层次专业人才认定74人，高等学校"鹏城学者"计划17人，海外高层次人才认定即"孔雀计划"64人，深圳政府特殊津贴4人，产业发展与创新人才奖54人，北京大学"百人计划"9人。

2015年，深圳研究生院共组织完成申报各类国家、教育部、省、市纵向课题261项，其中国家自然科学基金79项，广东省科技计划项目25项，广东省自然科学基金项目28项，深圳市科技计划项目126项，南山区科技计划3项。2015年度新增课题216项，合同经费总计20991.67万元，其中纵向课题124项，合同经费17029.04万元，横向课题92项，合同经费3962.63万元；全年确认到账科研经费约1.7亿元。2015年度按期完成3项国家自然科学基金项目、5项广东省自然科学基金项目、69项深圳市科技研发资金资助项目、2项南山区科技计划项目的结题验收工作，并按时完成各类项目的单位年度综合报告。

2015年，深圳研究生院师生共发表论文562篇，其中SCI、EI、SSCI收录407篇。2015年度申请发明专利89项，获得专利授权17项。深圳研究生院有市级以上科研载体23个，其中11个深圳市工程实验室，8个深圳市重点实验室，3个公共技术服务平台。2015年新增深圳市重点实验室1个（深圳市细胞生理学重点实验室），深圳市工程实验室1个（深圳市手性药物合成化学工程实验室），南山区科研创新载体2个（深圳市南山区重金属监控技术中心、OLED关键材料研究应用工程中心）。截至2015年底，深圳研究生院共有区级以上创新载体34个。2015年度深圳市重金属污染控制和资源化重点实验室、深圳薄膜晶体管与先进显示重点实验室、深圳融合网络集成播控技术工程实验室、深圳氧化物TFT器件与集成技术工程实验室分别通过了深圳市科技创新委员会、深圳市发展和改革委员会的验收。

化学生物学与生物技术学院杨震在天然产物合成领域的突出成果获得广东省自然科学奖一等奖；叶涛和周强入选2015年深圳市孔雀团队项目。汇丰商学院樊纲获得2015年中国经济理论创新奖。新材料学院潘锋领导的"光伏器件与储能电池及其关键材料创新团队"成功获得第四批广东省引进创新创业团队及深圳市"孔雀计划"等两项重大项目的专项资助。

【交流合作】 深圳研究生院拥有5个联合培养项目，即SPORE新加坡国立大学-北京大学-牛津大学科研联盟双硕士培养项目，北京大学金融学-香港中文大学经济学双硕士联合培养项目，北京大学经济学-新加坡国立大学金融学双硕士联合培养项目，北京大学经济学-新加坡国立大学合作举办企业管理专业硕士（金融工程）研究所教育项目，美国劳伦斯伯克利国家实

验室-北京大学新材料联合培养项目;国外高校交流学习项目94个。

【党建工作】 2015年,深圳研究生院共有61个党支部,师生党员1430人。

2015年,根据学校党委的统一部署,深圳研究生院党务工作主要在学校党委的统一领导下进行,落实上级布置的工作,重点开展基层党建,包括教师、学生党员教育、服务及日常管理、支部建设等,以及信访及维稳工作。2015年5月全校开展"三严三实"专题教育以来,按照学校党委通知精神,深圳研究生院紧密围绕为民、务实、清廉和国际化校区建设的主题,结合实际,制订"三严三实"专题教育四个专题的学习研讨实施方案,有组织、有计划、有步骤、分阶段地开展形式多样的活动。尤其是党的十八届五中全会以来,深圳研究生院党委及时学习总结基层党建工作面临的新形势、新常态以及存在的突出问题,切实抓好党员的思想理论武装、党支部组织生活质量、党员发展教育管理、基层党建工作责任落实等重点工作。

【学生工作】 2015年,深圳研究生院毕业生共计759人(外国留学生33人),其中博士49人,硕士710人,就业率98.81%;在广东省(含深圳市)就业175人,占毕业生总体的23.06%;在深圳就业169人,占毕业生总体的22.27%。

2015年,深圳研究生院学生工作积极围绕思想政治教育、学生工作队伍建设、学生活动组织、校园文化建设、心理健康教育、就业创业、评优评奖、学生资助等八个方面展开。在体育赛事上,深圳研究生院蝉联北京大学校本部运动会和大学城运动会冠军。2015年,深圳研究生院重视学生心理健康教育工作,平均每周接待学生来访约26人次,并在新生中开展心理测评和筛查回访工作。就业工作实现专人线上办理三方协议签署等就业手续,实现就业工作的"互联网+"。在校友的支持和担保下,深圳研究生院与中国银行重新签订金额为3000万元的2015年商业助学贷款合同。2015年,共有38名同学申请商业助学贷款,预计申请额度600万元;学生的还款率为100%。国家助学贷款金额逐年增加,2014—2015学年为489.4万元。在多项队伍建设的工作基础上,总结学生工作经验,结集出版《南燕学工文集》,展示学工团队且行且思的工作素养与成果。

【行政工作】 2015年,围绕学校中心主线,深圳研究生院行政工作有序开展。为进一步推进深圳研究生院发展,深圳研究生院通过中层干部会、专题调研会、与骨干教师座谈会等形式,深入准备,数易其稿,形成关于学院在新的历史时期的发展报告,并提交北京大学。深圳研究生院通过"院-学院"工作体系的构建,纵深推进多项管理制度,逐渐形成长效工作机制。根据实际,深圳研究生院进一步梳理修订管理工作制度,指导实际工作。2015年,深圳研究生院修订完成新的《北京大学深圳研究生院教师考核办法》,于2015年6月正式发文实施,并依据新办法组织完成2014—2015学年的教师考核工作。深圳研究生院更新行政教辅人员考核办法,组织完成2014—2015学年行政教辅人员考核工作。深圳研究生院推动行政手段信息化,强化行政管理工作效率。

(姚大伟)

【信息工程学院】 2015年,信息工程学院有全职教师21人,包括外国专家2人,港澳台专家3人,留学归国教师10人。专任教师中,正高级职称9人,占42.86%;副高级职称10人,占47.62%;中级职称2人,占9.52%。

2015级2个专业共招收147名研究生(港澳台学生1人),其中博士生9人,硕士生138人;全年在校生共计462人,其中博士生43人,硕士生419人。2015年共开设专业课程76门,共计153学分。2015年12月,李革、李大刚、汪波三名教师被遴选为硕士研究生导师。

2015年,信息工程学院毕业生分为微电子学与固体电子学、电子科学与技术(集成电路与系统)及计算机应用技术三个专业,共计164人,其中博士7人,硕士157人,就业率98%;在广东省(含深圳市)就业44人,占毕业生总体的26.83%;在深圳就业35人,占毕业生总体的21.34%。毕业生就业去向主要为国内外知名高校和科研机构、国内外信息技术行业知名企业、国内主要银行金融机构等。

2015年,信息工程学院共获得科研经费2710.53万元,其中纵向课题经费2262.4万元,横向课题经费收入448.13万元。信息工程学院共获得国家自然科学基金、国家高技术研究发展计划课题以及教育部、科技部等国家级重要科研项目7项。王荣刚项目组"AVS2视频编解码优化团队"获2014年度AVS产业技术创新奖。2015年信息工程学院师生共发表学术论文211篇,其中SCI、EI、ISTP和SSCI收录185篇;新增加中国发明专利申请57项,获授权美国专利2项、中国专利9项,获登记软件著作权3项。青年骨干教师林信南、张敏分别入选IEEE电子器件与集成电路深圳联合分会主席、财长,积极参与IEEE教育活动,承办IEEE WIMNACT45学术会议。信息工程学院与华为公司合作共建深圳市基于SDN架

构的未来网络工程实验室。

2015年,信息工程学院共邀请包括1位院士和3位IEEE Fellow在内的著名专家学者来校作学术讲座25次;学院教师参加国际会议60余人次;聘请华星光电高级副总裁连水池博士为兼职教授。

2015年,信息工程学院教工党支部积极开展纪念抗战胜利70周年活动,同时对"不严不实"问题作清理。

【化学生物学与生物技术学院】
2015年,化学生物学与生物技术学院在师资团队建设方面取得重要成果:杨震带领的"创新药物研发团队"获得广东省自然科学基金研究团队项目的资助;叶涛带领的"活性天然产物的全合成及其化学生物学研究团队"、周强带领的"老年痴呆症生物学研究与药物研发团队"获得深圳市孔雀团队项目资助;引进的2位教师成功入选第十二批国家海外高层次人才引进计划(青年项目)。

2015年度化学生物学与生物技术学院获得丰硕科研成果。申请专利4项,获得中国专利授权2项;学院师生共发表论文110篇,均被SCI收录,平均影响因子6.5,亮点重要论文共9篇(IF>10,均为第一单位论文);杨震教授获得广东省自然科学奖一等奖及云南省科学技术奖励特等奖,吴云东教授获得中国化学会颁发的物理有机化学成就奖及北京大学颁发的北京大学优秀博士学位论文指导教师荣誉证书。化学生物学与生物技术学院获得包括国家自然科学基金、国家国际科技合作专项等11项国家级项目,获得深圳市科布局项目3项,获批组建"深圳市细胞生理学重点实验室"和"深圳手性药物合成化学工程实验室"。

2015年,化学生物学与生物技术学院成贵娟同学荣获北京大学优秀博士学位论文奖。7人获得博士研究生国家奖学金,92人次获得北京大学各类奖励奖学金,且学院2011级研究生班获得"北京大学先进学风班"荣誉称号。5人获得北京大学优秀毕业生荣誉称号,其中3人同时获得北京市优秀毕业生荣誉称号。化学生物学与生物技术学院2015年设有多项企业冠名奖学金,年度奖励63人次,奖励金额15.05万元。

2015年,化学生物学与生物技术学院有32名博士研究生、10名硕士研究生完成论文答辩,顺利毕业,其中包括化学(化学基因组学)专业首批博士毕业生11人。截至2015年底,化学生物学与生物技术学院已经培养博士研究生114人、硕士研究生20人。截至2015年底,化学生物学与生物技术学院在读研究生251人,包括博士生138人,硕士生113人。

(黄湧、王锐、李佩佩)

【环境与能源学院】 2015年,环境与能源学院学生总人数179人,全职教师14人(其中教授8人,副教授5人,助理教授1人),研究员4人,博士后9人。环境与能源学院有环境科学和环境工程两个专业,所有课程均由常驻教师开设,其中有四门外籍教师的课程采用全英文授课:"新能源化学工程""危险废物处理与污染控制""固体废弃物减量化与可持续发展""环境分子生物技术原理"。毕业生就业情况良好,环境与能源学院2015年有63名硕士、4名博士毕业。

2015年,环境与能源学院新增科研项目44项,新增合同金额3035.51万元。2015年度到账科研经费2980万元,其中纵向到账经费519万元,横向到账经费2461万元;学院师生全年公开发表论文81篇,其中SCI收录论文48篇,EI收录论文7篇,中文核心期刊26篇。在专著方面,徐期勇出版 Sustainable Practices for Landfill Design and Operation,李瑞利出版《能源技术开发环境影响及其评价》《中国北方滨海湿地互花米草生态学研究》《粤港区域环境合作与低碳发展》3本书。2015年申请发明专利6项,都属于生物能源领域,获授权发明专利2项。何凌燕等参与的科研项目"深圳市环境空气自动监测系统优化布点规划研究"获广东省环境保护科学技术奖二等奖。

2015年,环境与能源学院共举办学术讲座8次,累计参加人数265人;先后参加国内国际大型学术会议24次,累计参会人数165人;主办国际会议两次,分别为"The 3th PKU-WUR Symposium"和"The 7th PKU-SNU-NUM Environmental Workshop on Climate Change Mitigation, Adaptation and Sustainability"。

【城市规划与设计学院】 城市规划与设计学院组建于2009年,其前身为北京大学深圳研究生院环境与城市学院。学院依托北京大学本部招收人文地理学、自然地理学、生态学博士研究生。现有硕士生招生专业:地理学(城市与区域规划)和建筑设计及其理论。2015年,城市规划与设计学院有全日制在校学生330余人,教学科研人员47人,其中海外归国教员20人。2015年学院共开设专业课程36门,其中新开课程6门。2015年城市规划与设计学院有毕业生98人,其中硕士研究生93人,博士研究生5人。国际交流方面,2015年城市规划与设计学院在校生出国出访进行学习及参加国际会议13人。

科研成果。2015年城市规划

与设计学院新增19项课题,总经费1130.32万元,其中纵向课题4项,横向课题15项。2015年城市规划与设计师生发表科研论文79篇(SCI论文19篇、EI论文2篇、中文核心期刊论文58篇)。与2014年相比,论文总数增加13篇,增幅19.7%,SCI论文发表数量增加2篇,增幅11.76%。其中,学院曾辉教授课题组与中国科学院地理科学与资源研究所同行合作,在生态学排名第一的刊物 Ecology Letters 上发表最新研究成果"Leaf Economics And Hydraulic Traits Are Decoupled In Five Species-Rich Tropical-Subtropical Forests"。2015年学院教师出版学术论著四部。吴健生教授"土地整理质量与生态监测技术"获2015年度国土资源科学技术奖二等奖;兼职教授叶祖达以研究项目"北京市绿色生态示范区规划建设:碳排放评估方法"荣获国际城市与区域规划学会2015年度"规划卓越大奖"。

人才引进。2015年城市规划与设计学院引进加拿大莱斯布里奇大学著名人文地理学教授Ian MacLachlan担任全职教师,聘请美国华盛顿大学城市规划系主任沈青教授为深圳市鹏城学者短期特聘教授,邀请美国俄亥俄州立大学地理系主任隋殿志教授来学院授课。截至12月底,城市规划与设计学院具有海外教育背景的全职和短聘教员已达到9人,已经形成一支国际化与本土化相结合的教学科研队伍。

11月,城市规划与设计学院从E栋搬至C栋办公,空间得到提升,办公环境得到改善。

2015年,城市规划与设计学院毕业人数113人,其中硕士研究生105人,博士研究生8人,就业率87.6%。"2014城市与区域规划班"获得"北京大学优秀班集体"称号。

【新材料学院】 新材料学院下设"力学(先进材料与力学)"专业,研究方向为新能源材料与器件。2015年共招收硕士生35人、博士生7人。其中,硕士招生人数与2014年相比增长59%。

新材料学院2015年度共开设专业课程19门,48学分。在学校组织的课程评估中,新材料学院两个学期课程平均得分分别为98.14、95.96。

新材料学院于2015年8月引进中组部海外高层次人才引进计划(青年项目)专家1人,全职教师达12人(海外高层次人才引进计划2人,青年海外高层次人才引进计划1人,北京大学百人计划1人)。经工学院学术委员会评议,新材料学院2015年度新增硕士生导师4人,博士生导师2人,全职教职工中博士生导师达5人、硕士生导师达8人。此外,新材料学院还有15名工程师和20名博士后。新材料学院聘请10多位国际知名学者担任兼职教授,其中美国阿贡国家实验室院士、电池实验室主任Khal Amine教授,依托新材料学院成功申报并获得中国"国家级高端外国专家"称号。

2015年,新材料学院举办讲座及研讨会13次,其中大型讲座论坛4次,来访专家包括美国阿贡国家实验室院士及电池实验室主任Khal Amine教授、中国科学院李永舫院士、美国劳伦斯伯克利国家实验室资深科学家Wang Lin-Wang、英国诺丁汉大学教授Chris Gerada等。另外,新材料学院还主办了"中德电动汽车合作——从电池材料到城市规划"国际研讨会,在中-德电动汽车合作中,潘锋教授担任深圳-汉堡电动汽车合作研发的中方技术负责人。

2015年,新材料学院教师参加国内外重大科研学术交流会议10多次,包括美国电化学学会会议、美国材料研究会议(MRS)等。其中,在国际锂离子电池研讨会(IMLB)上,潘锋教授作大会的邀请报告。

新材料学院与美国阿贡国家实验室、劳伦斯伯克利国家实验室就动力电池材料关键机理研究方面开展合作,并就协同研究、人才交流、学生培养等方面建立长期合作机制。已有一名学生(卓增庆)被派往劳伦斯伯克利国家实验室开展同步辐射软X射线方面的研究。

新材料学院以新能源材料研发体系为核心,从材料计算与设计、材料可控制备体系、材料检测平台三个方面,围绕太阳能电池和动力电池两个主题,开展卓有成效的科研工作。2015年,以新材料学院为第一作者单位发表论文31篇,与外单位合作发表论文5篇。2015年新材料学院申请发明专利15项,另有2012年申请的一项发明专利获得授权。在爱思唯尔发布的2015年中国高被引学者(Most Cited Chinese Researchers)榜单中,学院潘锋教授荣登中国高被引学者(物理类)榜单。另外,潘锋教授团队发表于 JACS 期刊上的关于锂电池扩散机理研究的论文被科学网评选为2015年自然科学领域十大国内最受关注论文。此外,学院教师吴忠振获得第十届全国表面工程大会优秀论文奖及2014年第18期《物理学报》优秀论文奖。

2015年,新材料学院新增科研项目合同金额3628万元;到账经费共计6448万元,其中纵向经费6149万元,横向经费299万元。

2015年,新材料学院新增科研项目包括:国家自然科学基金3项,广东省、深圳市项目10项(包括深圳市配套经费、深圳有机光电

磁功能材料重点实验室和一个深圳市技术攻关项目等)。此外,孟鸿教授团队申请的深圳市孔雀团队已获批准。另有横向项目3个。

新材料学院联合新加坡南洋理工大学、美国伯克利国家实验室、美国阿贡国家实验室等国际顶级高校、国家实验室牵头组建的科技部"国家电动汽车动力电池与材料国际研究中心"被正式认定为国家级研究中心,成为深圳自建市以来的首个国家级国际联合研究中心。

【汇丰商学院】汇丰商学院现有西方经济学、企业管理、金融学三个学术硕士学科,西方经济学一个博士学科,以及金融硕士、工商管理硕士(MBA)及高级工商管理硕士(EMBA)三个专业硕士学科。

汇丰商学院现有全职教师55名,访问教师5人,其中27位为外籍教师,94%的教师在海外知名高校获得博士学位。经济、管理和金融三个专业教师人数相当,金融学比重略高。

2015年,汇丰商学院有在校全日制硕士生875人。其中,在校外国留学生85人。在校MBA学生207人,其中全日制MBA学生42人。EMBA在校136人。2015年汇丰商学院毕业全日制学术硕士284人,首届在职工商管理硕士(MBA)共毕业61人。

2015—2016学年,汇丰商学院在留学生课程设置方面予以改进:将总学分提高至54学分,要求留学生在校园学习至少3个学期,且增设3门新的必修课——Independent Study(China related)(独立研究[中国相关])、Business Chinese(商务汉语)以及Introduction to Chinese Economy(中国经济概论)。

2015年,汇丰商学院魏炜教授执教的"商业模式研究"被评选为北京大学深圳研究生院精品课程;Sungbin Sohn荣获北京大学第十四届青年教师教学基本功比赛人文社科组三等奖。

汇丰商学院定期邀请国内外优秀学者前来开展学术讲座,2015年共举办43场。2015年,汇丰商学院教授出版著作7种,在国际和国内知名学术期刊上发表论文(含计划出版)68篇。海闻教授荣获中国留美经济学会"终身成就奖"。2015年,汇丰商学院共签署12项横向课题项目。

2015年9月,汇丰商学院新的金融实验室正式启用。金融实验室占地面积211 m^2,共设59台学生终端。每台学生终端均安装相关金融数据库以及多种证券类、数量化金融类软件。11月,由中国经济学年会秘书处组织编写的《改革与未来》一书由中国人民大学出版社正式出版发行,海闻院长担任主编并作序。

汇丰商学院作为联合主办单位参与组织第二届大梅沙论坛,樊纲教授作为过渡经济学理论主要贡献人,与林毅夫教授研究组(林毅夫、蔡昉、李周)、张军教授共同获得2015年中国经济理论创新奖。

汇丰商学院2015级新生于8月在大梅沙训练基地进行为期七天的军训。EMBA学生参加玄奘之路第十届商学院戈壁挑战赛,并获得沙克尔顿奖。10月,汇丰商学院举行首届校友返校日活动。第一届毕业生2005级校友回校庆祝入学十周年,并向学院捐赠50万元作为"2005校友奖学金"。

2015年汇丰商学院设立留学生校友会(PHBS International Alumni Association),旨在促进学院留学生就业,提升学院国际形象。汇丰商学院共与世界上96所大学签署了正式合作协议,共计88名在校生参加出国交换项目,同时接收来自交换院校的75名交换生,参与交换人数创历史新高。

(张凡姗)

【国际法学院】国际法学院领导班子成员如下:院长Philip John McConnaughay,副院长Stephen Yandle、Colleen Toomey,助理院长陈柯如、Eric Mao。行政人员稳定为15人。

2015年,国际法学院全日制招生项目有3个,包括法律硕士(非法学)和J.D.双学位,法律硕士(法学)和J.D.双学位,LL.M.项目。国际法学院常驻教师共28人,其中教授、副教授及助理教授18人,讲师10人。学院运作的交换项目有13个,项目国际化成绩日益突出。

4月,国际法学院举办第二届公益法律拍卖晚会,所得款项用于资助在校学子参与无偿公益法律实践。

8月,国际法学院共录取包括J.D. & J.M.大陆学生(84名)、LL.M.留学生(2名)、国际交换生(4名)在内的90名新生。

9月,国际法学院应届毕业生共67名。其中62名学生有求职意向并已就业,3名无求职意向,2名已升学,就业率为100%(数据收集截止于2015年9月)。

12月,国际法学院与联合国难民署驻华代表处在深圳联合举办题为"国际移民与国籍待定人群"的专题研讨会。

12月,国际法学院代表队荣获2015年"贸仲杯"国际商事仲裁模拟仲裁庭辩论赛(中国赛区)第三名。

【人文社会科学学院】人文社会科学学院共设置传播学、社会学和社会工作3个专业。传播学专业共授课13门,其中专业必修课7门,专业选修课6门;社会学专业

共开设2门必修课程；社会工作专业共开设15门课程，其中专业必修课9门，专业选修课6门。

2015年，人文社会科学学院获得多项重要科研项目，承接"中山市低碳能力建设研究""深圳盐田区'十三五'经济社会发展规划"等课题，参与"深圳龙华大浪街道青工'活力第三个8小时'实施效果及深化提升研究""深圳龙华大浪街道社区营建调研"等研究。

人文社会科学学院坚持开展人文沙龙系列活动、读书会活动以及迎新专题系列活动等，并成功举办13场专家讲座活动；其中包括白岩松"我问白说"、张志安"网络时代的深度报道——实践、传播与生态"，等等。与此同时，人文社会科学学院也推出钱钢"中国当代新闻史"的特色课程。

人文社会科学学院作为南山社会组织总会发起单位，积极参与、开展相关社会组织活动，为深圳市社会组织和社会工作的发展贡献力量。2015—2016学年，人文社会科学学院参与承办深圳市社会组织负责人赴美交流培训工作总结会。在学术上，人文社会科学学院注重跨文化的交流和学习，学院与英国巴斯大学国际政治语言学院共同主办"亚太安全与全球应对力"（Asia-Pacific Security and Global Resilience）国际学术研讨活动。同时，人文社会科学学院也注重培养学生的职业生涯规划，与汇丰商学院共同举办北大校友创业论坛。

人文社会科学学院积极参加深圳各界学术文化活动，为珠三角区域社会文化的发展提供助力。同时，人文社会科学学院学生也积极参与到深圳研究生院的校园文化建设中，尤其是在媒体宣传工作中做出重要贡献。

教育教学

本科生教育

【发展概况】 2015年,学校积极深化本科教育教学改革和建设,通过调研和分析,整合学生学籍管理、成绩单、学历证明、学生证与火车优惠卡等与本科生密切相关的各项事务性工作,成立学生事务中心,配备相关设备,优化办公环境,网上申办与手工即办即取相结合,更方便高效地服务学生。

2015年6月,按照教育部高教司《关于2015年度普通高等学校本科专业设置工作有关问题的说明》(高教司函〔2015〕24号)要求,经学院申请、校内专业设置专家组审议,并经教务长办公会批准,2015年度北京大学申报新增设置"整合科学""数据科学""能源与资源工程"和"工程结构分析"四个本科专业,并按照要求将相关申报资料提交教育部。

2015年,北京大学信息科学技术学院陈徐宗、经济学院平新乔、医学部李海潮三位教师被评为第十一届北京市教学名师。2015年,评选出北京大学2014—2015年度教学优秀奖获得者63人并于教师节进行表彰,还在教学优秀奖中设立单项奖,鼓励教师积极参与教学改革和建设。

【课程建设】 1. 完成主干基础课认定。2015年7月,北京大学完成新一轮主干基础课的认定工作,确定315门/系列课程为北京大学本科生主干基础课,聘任143人为本科生主干基础课主持人、915人为本科生主干基础课主讲教师。主干基础课中有58门课程获评国家级精品课,占北京大学校本部国家级精品课总数的80%以上。

2. 系统梳理通选课,建设"通识教育核心课程"。2015年5月,发布《关于对素质教育通选课进行梳理认定的通知》,对北京大学素质教育通选课进行重新梳理,清理三年未开的通选课共计85门。10月,通选课审核小组对新开的通选课申请进行审核,决定新增国际关系学院王联"当代国际政治"为社会科学类通选课。2015—2016年秋季学期,"中国传统官僚政治制度"等首批13门通识教育核心课程开课。2015—2016春季学期计划开课17门。加大"通识教育"宣传,举行通识教育沙龙、讲座、"通识教育讲坛"系列活动;成立大学通识教育四校联盟(北京大学、清华大学、复旦大学、中山大学);建设《通识教育通讯》、"通识联播"公众微信号、通识教育网页;举行第七届通识教育暑期讲习班。

3. 继续推进"小班课教学"改革。全校共有21个院系开设81门"小班课教学"课程,其中大班课程开设131门次,小班讨论课开设839门次,参与教师770余人次。3年来,听课学生总计14000余人次,达到使北京大学每位本科生在校期间平均参加1~2门"小班课教学"课程的目标。

4. 梳理人文社科实践课程,建设创新创业课程。开展文科实习实践类课程调查,广泛收集学生意见和建议,调查反映出院系在实习实践基地、教师指导、教学规范要求等方面仍需进一步提高。在对实习实践课程进行教学效果评价中,学生普遍认为实习实践课程能够提升自己的实践能力和对社会情况的了解,还需要进一步加强实习实践活动对创新能力和知识运用方面支持的设计。目前全校建设创新创业类课程25门。

5. 加快英文平台课建设,启动大学英语课改革。2015年,制定《关于非语言类英文教学课程共享的资助管理办法(试行)》。建设"北京大学'一带一路'外国语言与文化系列公共课程"项目,面向全校学生,课程学习时间为一年或半年,邀请来自母语国家的十余位外教参与授课。建设"Courses on China"全英文授课课程20门,2015年秋季学期,面向国际交流生和全体本科生开出10门政治、经济、文化、艺术、环境类全英文公共选修课。2015年秋季学期,启动大学英语改革,实施"2-4-6-8(学分)"的灵活选修机制,新生入学后,根据分级测试水平,确定自己英语必修学分,满足不同英语水平学生个性化发展需要。2015年,国际暑期学校开设24门英文授课课程,来自海外高校210余名学生与北京大学学子共同完成课程学习。截至2015年12月,2016年度

国际暑期学校英文课程已确定开设23门。

【基础学科拔尖人才培养】 2015年，北京大学"拔尖计划"实施进展顺利，数学、物理、化学、生物、计算机科学、环境科学等6个项目组完成新一届学生遴选工作，聘请一流师资重点建设一批高质量的专业课程。除了学生遴选、师资配备、课程建设等核心环节外，各项目组在国际交流、氛围营造、条件支持等方面开展一系列工作，保障拔尖计划稳步顺利推进。在拔尖计划2015年毕业的120名毕业生中，全部选择在基础学科继续深造，其中87.5％的毕业生赴欧美著名高校攻读研究生。同时，学校继续支持工学、地质学和古典语文学的校内拔尖人才培养计划，这些项目在课程建设、师资队伍建设和人才培养方面也取得突出的成绩。

积极参加教育部主办的多次全国拔尖项目交流总结活动，参与北京师范大学和复旦大学举办的"基础学科拔尖学生培养试验计划"工作研讨会，组织承办2015年的拔尖高校全科学生学术交流会，19所拔尖高校优秀学子进行深入的沟通交流。同时，北京大学组织召开"基础学科优秀学术人才培养经验交流会"，争取把拔尖院系好的人才培养经验辐射到更多的院系。

【招生工作】 2015年北京大学（校本部）录取新生共3174人，其中内地本科生2732人，港澳台学生68人，第二学士学位79人，留学生295人。在2015年高招录取中，北京大学再次成为众多优秀学子的首选。2015年度数学、物理、化学、生物、信息学五大学科竞赛共产生金牌386人，225人签约北京大学；2014年五大学科竞赛共产生国家集训队队员260人，135人签约保送北京大学，这些学生选择的专业绝大多数都是竞赛学科或相关学科。2015年，有15名签约保送北京大学的学生参加国际奥赛，取得14金1银的骄人战绩，金牌数和奖牌数在国内高校遥遥领先。特别是化学国际奥赛中，由4名北京大学新生组成的中国代表队发挥出色，不仅荣获4枚金牌，更历史性地包揽世界前4名。

对2015年录取的新生进行资格审查，特别是对艺术特长生、体育特长生和第二学位的招生资格进行复查，有3235人取得学籍，其中有7人为2014年保留入学资格到期后重新入学的学生（含留学生2人），50人为降级转入学生（含留学生1人），休学后复学入2015级的4人。未取得学籍的学生中，因身心不合格而保留入学资格2人，因未报到放弃入学资格107人（含留学生64人），因不符合定向生体检要求而取消入学资格1人，因新生入学资格复查不合格而取消入学资格8人（均为留学生）。

【教务管理】 2015年办理各类学籍异动1652条，其中：休学102条，休复95条，停学410条，停复471条，退学51条，保留学籍87条，恢复学籍72条，提前毕业2人，延期毕业84条，保留入学资格2条，放弃入学资格107条，取消入学资格9条，重新入学7条，转学出2条，转系转专业141条，修改姓名10条；办理学生出境手续1818人次。处理2014—2015两个学期考试中违纪作弊学生28人，其中，记过取消学位22人，留校查看1人，严重警告1人，警告4人。审核办理校外人员旁听选课204人次（含内蒙古大学101人，石河子大学10人），暂结业本科生旁听选课71人次，共计275人次。

完成2015届毕业生工作，组织毕业班学生进行电子信息图像采集，通知毕业班学生核对毕业信息，完成毕业审查工作，发放毕业证书，收发毕业证书发放表，向北京市教委报送毕业生并进行毕业生学历电子注册。其中，教务部会同各院系主管教学领导和教务员分别对2015届本科及双学位毕业生进行毕业资格审查，并报经学校学位委员会最终审定：2839名本科生获得毕业证书（含留学生231人），2830名本科生获得学士学位证书（含留学生230人，第二学士学位11人）；1323名学生获得双学位证书，133名学生获得辅修专业证书。另有69名学生获得结业证书（其中，2014年结业2015年可申请换发证书者61人，含留学生9人），22名学生获得大专毕业证书（含留学生2人）。此外，为2014年结业学生换发毕业证书39份（含留学生8份），补授学位证书37份（含留学生7份）。

【教材建设】 1. 开展教材建设立项工作。按学校教材建设规划，继续开展每年一次的教材建设立项工作，共有20个院系申报51个项目，经教务部组织专家评审和教材建设委员会工作会议审议，确定41个项目为2015年度北京大学教材建设立项项目。

2. 完善教材管理制度，完成教材建设委员会换届。2015年制定《北京大学优秀教材评选及奖励办法》，鼓励广大教师编写高水平教材，展示教材建设取得的成果，更好地发挥优秀教材的示范和辐射作用。为加强对北京大学教材建设立项项目的管理，保证教材编写、出版工作的顺利进行，教务部完成修订《北京大学教材建设立项项目管理办法》。

2015年11月，完成教材建设委员会换届工作，并于2015年12月9日召开第八届教材建设委员会2015年工作会议，会议审议了2015年度北京大学教材建设立项名单等文件，讨论了今后北京大学教材建设工作的方针、政策和任务。

3. 开展本科教材使用情况调研。2015年3月，按照教育部要求，对北京大学外国原版教材和马

克思主义理论研究与建设工程重点教材使用情况进行调查,掌握了北京大学本科生课程教材使用基本情况。

【教学评估】 2015年,通过多方调研,完成北京大学本科课程质量评估系统设计方案,并与多家公司商讨具体技术实现,预计2016年启动评估系统编制和测试工作。

2014—2015学年,共组织对全校3720门次本科生课程进行评估,其中理论课3135门次,实验课128门次,体育课144门次,助教评估233门次,实习课23门次,小班课57门次,共回收问卷140567份。

2015年,协助老教授教学调研组组织听课、研讨、调研及座谈等工作,并发布老教授教学调研组工作简报。2014—2015学年,老教授教学调研组共听课500余门次,并积极参与学校小班课教学改革工作。2015年9月,北京大学本科老教授教学调研组换届会召开,换届后老教授调研组由来自全校各院系年富力强的13位老教授组成,人员年龄结构和学科分布更趋合理。

2015年,继续督促院系试行领导听课制度,根据《北京大学校院(系)领导听课制度管理规定(暂行)》,强化教学质量监控体系建设。开展学生调查员工作,制定专门办法和专门表格,选派学生调研课程教学质量。

根据学校要求,制定并调整《北京大学院系本科教学绩效评估指标体系》及试行办法,并结合2015年度院系绩效评价工作进行意见征集和试行工作,取得良好效果。

【交流合作与暑期学校】 完成2015—2016学年度国家留学基金委优秀本科生公派项目的派出工作,共计67个项目158个名额。与国际合作部合作完成2016—2017学年度校级公派本科生项目的立项工作,组织各院系完成2016—2017学年公派本科生项目的立项工作。完成国家留学基金委公派研究生项目和公派硕士项目。完成2015年富布莱特硕士生项目,推荐2位并成功入选(全国10人)。完成2016—2017学年国际交流项目的选拔工作,选拔北京大学学生前往欧洲、美洲、大洋洲等学校的学期交流项目和暑期学校,并参与交换生的奖学金评审工作。完成2014年春季和2015年秋季学期赴香港、台湾、澳门地区大学交换学习,选拔学生于2016年春季学期赴港澳台交换。同时,接收对方学校派往北京大学的学生,并负责其在北京大学的学业等方面的管理。指导光华管理学院等9个院系开展院系级港澳台交换生项目,共接收来自台湾大学等15所学校的交换生。接收来自吉林大学、石河子大学的国内交流生20人。完成学生出境手续办理1818人次,停学和停复手续办理各593人。为近700名学生办理各类转学分手续。成立陈守仁北京大学本科生海外交流基金。

2015年,北京大学暑期学校共开设156门课程,接收来自社会各界的学生1773人,其中包括港澳台学生264人以及来自C9联盟学校的学生42人,国际暑期项目招收外籍学生216人,工学院Globex专项招收中外学生234人。

【本科生科研训练】 2015年,北京大学本部资助立项的"本科生科研训练"项目包括"莙政基金""校长基金""毛玉刚基金""华宝学生科技创新协同基金""钟夏校际科研资助基金"以及教育部"国家大学生创新性实验计划"和北京市"大学生创新计划"等7项。4月—6月,完成2012级646名本科生共计391项科研中期检查及拨款;同时,完成部分延期学生的结题检查工作。6月,完成"本科生科研训练"项目的立项工作,共立项2013级学生714人,项目500个。7月、8月,大陆四校和台湾清华大学互派莙政学生交流活动如期开展,北京大学向台湾清华大学派出7名本科生,并接待8名台湾学生和4名大陆学生。10月,完成480个项目结题审核工作,共727名学生获得学分。

2015年,在第六届丘成桐大学生数学竞赛中,由吴昊、庞硕、王东皞、马超、尤之一组成的北京大学代表队获得团体金奖,其中吴昊获个人全能金奖,五个单项奖中有3项金牌由北京大学学生获得。在团体赛当中,数学科学学院四位同学组成的队伍获得唯一的金奖。在第56届"杰赛普(Jessup)国际法模拟法庭比赛"中,北京大学法学院代表队连胜七场,获得中国赛区冠军,并最终在世界总决赛中位列第32名,2012级本科生张婉瑜获"最佳辩手",该生于2015年12月获得"罗德学者奖学金"。

医学本科生教育

【发展概况】 2015年医学部内地本科实际招生820人,其中本博连读207人,本硕连读204人,普通本科409人。同时,招收港澳台学生21人,其中联招5人,台湾保送4人,香港保送1人。

2015年度,有26人通过转换专业资格审核,23人成功转专业。各长学制专业共有369人进入二级学科,其中临床154人,口腔36人,基础51人,预防56人,药学72人。2015年,医学部共有本专科和临床医学、口腔医学八年制博士毕业生共715人(不包含长学制进入二级学科学生),其中大陆学生647人,台港澳学生13人,留学生55人;本博连读学生232人,本科生282人,专科学生201人。2015届毕业生中,229人获博士学位,

264人获学士学位。5名结业生换发了毕业证书,其中4人同时获得学位。

2015级专升本招生报到662人,在校生1949人,毕业生674人,获得成人本科学士学位173人。2015年专升本招生(2016级)600人。

【重要成果】 2015年9月至10月,医学部建设新增2个临床医学院及2个教学基地:北京大学中医药临床医学院(西苑)(10月15日)、北京大学回龙观临床医学院(11月22日)、北京市红十字会999急救中心教学基地(9月14日)、北京美尔目医院教学基地(10月12日)。北京海淀医院正在申请成为医学部教学医院,现处于基地前期建设工作中。

2015年共完成3种集体奖项(北京大学学生工作先进单位、各级优秀班集体、医学部示范宿舍)和34类个人奖项的评审工作,其中,获奖集体40个,奖励获得者891人,奖学金获得者1061人,奖学金总额达206万元。3名教师获得北京大学优秀德育奖荣誉,13名教师荣获北京大学优秀班主任奖,2名教师荣获北京大学优秀班主任标兵荣誉。

2015年,启动医学部2015年教学优秀奖评审工作,共评选出医学部优秀教学团队奖5个,北京大学优秀教师奖6名,医学部教学名师奖3名,医学部优秀教师奖268名。2015年7月,第一临床医学院李海潮教授荣获2015年度北京市高等学校教学名师奖。

2015年举办"医学教育改革的回顾与反思——面向21世纪医学人才培养国际会议"和第十五届海峡两岸暨香港地区医学教育研讨会,为各国和海峡两岸暨香港交流医学教育、增进医学院间相互了解建立了纽带和平台,也为未来医学教育的国际、国内合作与交流打下了基础。

【获奖情况】 2015年11月,中华医学会2012年医学教育研究立项课题结题,医学部共40项立项课题,其中5项课题获得一等奖,4项课题获得二等奖,9项课题获得三等奖,全部获奖课题共计18项,占比45%,另有19项课题准予结题。

【教学工作】 2015年,医学部教育处逐步加快推进教育教学改革第二阶段的进程,积极协调各学院(部)进一步梳理、审视教育教学各环节,不断完善自身建设。

1. 应对改革挑战,加快推进教育教学改革。由于招生方案调整,为顺畅完成各专业教学工作,2014年底,医学部启动了第二阶段"新途径"教育教学改革,此阶段改革的目标是"以全人教育"为指导,以课程整合为突破口,力图实现基础与临床、专业与人文的相互渗透与交融。医学部于2014年12月初成立了本科教学改革工作小组,成员包括分管教学的校级领导、教育处领导、教学办公室人员及各学院(部)教学管理人员、骨干教师等。

2015年初,工作小组经过多次讨论、反复论证形成第二阶段改革方案的基本原则,即:临床医学八年制本科阶段的培养方案与临床医学五年制整体趋同,学生毕业或本科阶段结束时间均为第五学年末的7月份;预科阶段的教学时间维持不变;基础阶段的医学核心课程,在主体维持"新途径"教改整体方案的框架下,部分课程再次优化;临床阶段加强与基础阶段的整合,需要保证学生的生产实习时间,八年制二级学科阶段教学时间为3年,二级学科阶段培养方案将进一步调整。

改革中,医学部采取课程融合、依据专业培养目标调整个别课程性质、精简PBL的数量或学时、优化实验教学等方式和途径对基础阶段医学核心课程进行优化;同时,还采取调整开课阶段或上课时间、采用网络课程辅助或部分替代原有教学方式优化基础阶段的部分人文社科类课程;此外,临床阶段教学计划也根据课程前移的情况进行合理的调整与优化。为配合课程改革的需要,医学部新增6间PBL讨论教室并加快讲座同步转播教室的建设。

2. 保证教学质量,规范教育教学管理。为深入了解教学现况,积极解决教育教学改革中面临的各项问题,教育处分别在5月至6月与药学院、基础医学院、公共教学部等学院的相关专业教研室教师、教学管理部门教师进行座谈调研,了解学院、教师在PBL课程改革、教学管理环节、网络课程管理等方面遇到的困难与问题,并积极沟通反馈相应的解决办法与途径。

教育处于11月至12月组织各临床医院专家对首钢医院、海淀医院进行教学检查,并于12月对积水潭医院、北京医院、航天医院、民航医院及中日医院进行走访调研。通过教学检查和调研,了解各临床教学医院的教学运行状况,广泛征求各医院对教育教学工作的建议,并针对在检查中发现的问题提出整改意见。

3. 保障教学运行,夯实各项常规工作。专业培养方案是学校培养人才的纲领性文件。2015年,教育处针对2014级起的临床医学八年制、临床医学五年制、留学生临床六年制、留学生口腔六年制等各个专业,进行新一轮培养方案的修订工作。

结合医学部培养目标及教育教学改革要点,对接国际标准和信息化建设要求,医学部开展一系列调研工作,梳理教学大纲的基本要求,未来拟通过表格化管理、细化培养目标要求,将课程设计与教育教学改革真正契合起来。

加强和完善临床考核相关管理工作。2015年4月至5月,完成2007级临床医学专业八年制学生

毕业考核及论文答辩资格审核。2015年6月，2015届本科毕业考试（6月6日临床专业技能；6月9日至10日专业理论及专业英语），271名学生参加考试，2人未通过，按结业处理。2015年9月，2010级临床医学专业（八年制）二级学科资格考试（9月12日专业技能，9月15日至16日专业理论及专业英语），154名学生参加考试并全部通过。在组织毕业考试和二级学科资格考试前，医学部多次召开不同层次命题总结会和培训活动，进一步优化命题专家库的构成，在各临床医学院的推荐下增补命题专家至48人，并第一次采用三级学科专家组的模式进行命题，为保证、提高命题质量提供了强有力的保障。

此外，医学部组织教学管理人员走访南方医科大学、华西医学院等多所学校的教学管理部门，对题库建设进行考察学习，并于2015年10月至11月启动医学题库建设，购置"考易网络试题与考试系统"。

教育处承接全校公共课程排课、期末考试统筹安排工作。2015年医学部公共课程排课、期末考试安排等工作由基础医学院移交至教育处负责。为了方便教学任务安排，教学管理办公室全面摸排了解实验室、教室使用情况，梳理现有课程实施情况，顺利完成排课任务、考试安排。

4. 围绕全人教育，不断完善课程建设。基层卫生实践是针对临床医学专业长学制学生开设的一门特色课程，旨在学生进入二级学科学习前，利用专门的时间段，集中开展全科医学和社区卫生的教学，从而培养学生服务社会的意识，增加学生深入了解基层卫生服务的机会，训练基本临床技能等。2015年4月，教育处组织各临床医学院教学管理人员，针对该门课程的改革进行研讨，重新梳理形成课程教学大纲，明确对实践基地和带教教师的要求，细化学生实践的具体内容，严格课程考勤要求，制作《学习手册》（口袋本），加强对课程的过程管理。

此外，教育处继续深化改革"医学导论"课程，将课程前移至大一第一学期，并改变原有的课堂教学模式，将课程设计成三个模块，即：课堂教学、视频教学及实践课程；缩减原有线下课时，邀请在以往课程反馈中评价较高的资深教授专家开展精品课堂教学；同时，依托医学部课程中心平台，创建医学导论课程网站，下设课程介绍、教师简介、教学日历、教学内容、课程视频、互动栏目等多个项目，将原有课程内容全部录制为视频资料供学生线上自主学习，并在课程网站中完成作业布置及最后的结课总结上交等工作；另外，新增急救中心（120教学基地、999教学基地）和血液中心两次实践参观，为学生早期接触相关知识提供平台。

"医学发展概论"是通过医学部知名教授、院士对医学发展史、医学前沿领域及热门话题等内容的讲解，使学生初步了解当今医学发展的趋势及热点，感受大师风采，从而拓展对医学的兴趣。该课程的特点是普及知识、激发兴趣，通过对开课以来教学情况的总结，经过医学部讨论决定将考核成绩的记录方式，由原来的百分制改为合格/不合格，取消之前的科研论文的要求，融入考勤等监督方式强调对学生的过程性评价。

完善"早期接触临床""医学发展概论""医学导论"课程助教的选聘工作，搭建助教间的沟通平台，充分发挥传帮带作用，从而加强课程过程管理、信息反馈和建议收集工作，为完善课程、改革课程奠定基础。

针对现有课程中心平台，重新梳理了网络课程情况和学生使用情况，进一步完善现有功能，实现"课程中心"与教务系统基础数据（包括在校学生数据、教师数据、课程数据、教学单位等数据）的共享，为教师使用课程中心提供方便；新扩建医学类、化学类课程模版11个，用于帮助教师建设网络课程。组织相关教师培训工作，近百人参与平台使用的培训。为鼓励教师探索新模式的教学，初步拟定《本科生网络课程运行管理办法》。

以临床医学专业为例进行课程中心的"课程图"建设，将各专业培养方案及各专业所需学习的课程中英文介绍、学分学时等课程信息呈现在"课程图"中，已完成了临床专业各学制、口腔专业各学制、医学检验专业"课程图"的建立，极大地方便学生了解培养方案及现有课程情况（包括中英文简介），受到学生的欢迎，拟进一步推广至校内其他专业。

5. 加强教学基地、临床学系的管理。2015年6月至7月，医学部针对各教学医院的需求和教学工作的需要，开展临床带教教师标准查体手法培训及考核工作。培训邀请多位资深督导专家示范指导，共有来自北京大学第一医院、北京大学人民医院、北京大学第三医院、积水潭医院、北京医院、中日友好医院、民航总医院、航天中心医院、北京大学首钢医院等多家临床教学医院的24名临床教师参加。

医学部目前共建设临床学系20个。其中，妇产科学学系和麻醉学学系于10月换届，肾脏病学学系、皮肤性病学学系、放射肿瘤学学系分别于5月、6月、11月换届。妇产科学学系于6月完成成员增补。

6. 2015年5月至6月，医学部首次参与国家考试中心执业医师分阶段考试（一阶段）实证研究的试点工作（6月19日理论考试，20日技能考试），175名学生报名，最终136名学生完成考试并全部

通过(2009级2人、2010级70人、2011级64人)。

【就业工作】 2015届毕业生就业基本数据。2015年,医学部共有本专科和临床医学、口腔医学八年制毕业生1086人,其中大陆学生1021人,台港澳学生11人,留学生54人;本博连读学生232人,本科学生653人,专科学生201人。

截至2015年12月3日,在1021名大陆毕业生中,实际参加就业有452人,参军1人,国内外升学深造530人,未落实毕业去向38人;八年制毕业生的就业率为98.7%,本科毕业生的就业率为94.6%,专科毕业生的就业率为98.5%,全体毕业生总体就业率为96.28%。

附表

表6-1　2015年北京大学本科专业分布表

所属院系	专业名称	专业英文名	教育部专业代码	学制	学科门类	学位授予门类
哲学系	哲学	Philosophy	010101	4	哲学	哲学
哲学系	哲学(政治学、经济学与哲学方向)	Philosophy(Philosophy, Politics and Economics)	010101	4	哲学	哲学
哲学系	宗教学	Science of Religion	010103K	4	哲学	哲学
经济学院	经济学	Economics	020101	4	经济学	经济学
经济学院	资源与环境经济学	Resource and Environmental Economics	020104T	4	经济学	经济学
经济学院	财政学	Public Finance	020201K	4	经济学	经济学
经济学院	金融学	Finance	020301K	4	经济学	经济学
光华管理学院	金融学	Finance	020301K	4	经济学	经济学
经济学院	保险学	Risk Management and Insurance	020303	4	经济学	经济学
经济学院	国际经济与贸易	International Economics and Trade	020401	4	经济学	经济学
法学院	法学	Law	030101K	4	法学	法学
政府管理学院	政治学与行政学	Politics and Public Administration	030201	4	法学	法学
国际关系学院	国际政治	International Politics	030202	4	法学	法学
国际关系学院	国际政治(国际政治经济学方向)	International Politics (International Political Economy)	030202	4	法学	法学
国际关系学院	外交学	Diplomacy	030203	4	法学	法学
元培学院	政治学、经济学与哲学	Philosophy, Politics and Economics	030205T	4	法学	哲学,经济学,法学
社会学系	社会学	Sociology	030301	4	法学	法学
社会学系	社会工作	Social Work	030302	4	法学	法学
中国语言文学系	汉语言文学	Chinese Language and Literature	050101	4	文学	文学
中国语言文学系	汉语言	Chinese	050102	4	文学	文学
中国语言文学系	古典文献学	Studies of Chinese Classical Text	050105	4	文学	文学
中国语言文学系	应用语言学	Computational and Applied Linguistics	050106T	4	文学	文学
医学部教学办	英语(生物医学英语)	English (Biomedical English)	050201	5	文学	文学
外国语学院	英语	English Language and Literature	050201	4	文学	文学
外国语学院	俄语	Russian Language and Literature	050202	4	文学	文学
外国语学院	德语	German Language and Literature	050203	4	文学	文学
外国语学院	法语	French Language and Literature	050204	4	文学	文学
外国语学院	西班牙语	Spanish Language and Literature	050205	4	文学	文学

续表

所属院系	专业名称	专业英文名	教育部专业代码	学制	学科门类	学位授予门类
外国语学院	阿拉伯语	Arabic Language and Literature	050206	4	文学	文学
外国语学院	日语	Japanese Language and Literature	050207	4	文学	文学
外国语学院	波斯语	Persian Language and Literature	050208	4	文学	文学
外国语学院	朝鲜语	Korean Language and Literature	050209	4	文学	文学
外国语学院	菲律宾语	Philippine Language and Literature	050210	4	文学	文学
外国语学院	梵语巴利语	Sanskrit & Pali Language and Literature	050211	4	文学	文学
外国语学院	印度尼西亚语	Indonesia Language and Literature	050212	4	文学	文学
外国语学院	印地语	Hindi Language and Literature	050213	4	文学	文学
外国语学院	缅甸语	Burmese Language and Literature	050216	4	文学	文学
外国语学院	蒙古语	Mongolian Language and Literature	050218	4	文学	文学
外国语学院	泰语	Thai Language and Literature	050220	4	文学	文学
外国语学院	乌尔都语	Urdu Language and Literature	050221	4	文学	文学
外国语学院	希伯来语	Hebrew Language and Literature	050222	4	文学	文学
外国语学院	越南语	Vietnamese Language and Literature	050223	4	文学	文学
外国语学院	葡萄牙语	Portuguese Language and Literature	050232	4	文学	文学
新闻与传播学院	新闻学	Journalism	050301	4	文学	文学
新闻与传播学院	广播电视学	Media Studies	050302	4	文学	文学
新闻与传播学院	广告学	Advertising	050303	4	文学	文学
新闻与传播学院	编辑出版学	Editing and Publishing	050305	4	文学	文学
历史学系	历史学	History	060101	4	历史学	历史学
历史学系	世界史	World History	060102	4	历史学	历史学
考古文博学院	考古学	Archaeology	060103	4	历史学	历史学
考古文博学院	考古学（文物建筑方向）	Archaeology (Ancient Architecture)	060103	4	历史学	历史学
考古文博学院	文物与博物馆学	Museology	060104	4	历史学	历史学
考古文博学院	文物保护技术	Relics Conservation	060105T	4	历史学	历史学
外国语学院	外国语言与外国历史	World History and Foreign Languages	060106T	4	文学	文学,历史学
历史学系	外国语言与外国历史	World History and Foreign Languages	060106T	4	历史学	文学,历史学
数学科学学院	数学与应用数学	Mathematics and Applied Mathematics	070101	4	理学	理学
数学科学学院	信息与计算科学	Information and Computing Science	070102	4	理学	理学
物理学院	物理学	Physics	070201	4	理学	理学
物理学院	应用物理学	Applied Physics	070202	4	理学	理学
物理学院	核物理	Nuclear Physics	070203	4	理学	理学
化学与分子工程学院	化学	Chemistry	070301	4	理学	理学
化学与分子工程学院	应用化学	Applied Chemistry	070302	4	理学	理学

续表

所属院系	专业名称	专业英文名	教育部专业代码	学制	学科门类	学位授予门类
化学与分子工程学院	化学生物学	Chemical Biology	070303T	4	理学	理学
物理学院	天文学	Astronomy	070401	4	理学	理学
城市与环境学院	自然地理与资源环境	Physical Geography	070502	4	理学	理学
城市与环境学院	人文地理与城乡规划	Human Geography and Urban-Rural Planning	070503	4	理学	理学
地球与空间科学学院	地理信息科学	Geographical Information Science	070504	4	理学	理学
物理学院	大气科学	Atmospheric Sciences	070601	4	理学	理学
地球与空间科学学院	地球物理学	Geophysics	070801	4	理学	理学
地球与空间科学学院	空间科学与技术	Space Science and Technology	070802	4	理学	理学
地球与空间科学学院	地质学	Geology	070901	4	理学	理学
地球与空间科学学院	地球化学	Geochemistry	070902	4	理学	理学
元培学院	古生物学	Paleontology	070904T	4	理学	理学
生命科学学院	生物科学	Biological Science	071001	4	理学	理学
生命科学学院	生物技术	Biotechnology	071002	4	理学	理学
城市与环境学院	生态学	Ecology	071004	4	理学	理学
心理学系	心理学	Psychology	071101	4	理学	理学
心理学系	应用心理学	Applied Psychology	071102	4	理学	理学
数学科学学院	统计学	Statistics	071201	4	理学	理学
数学科学学院	应用统计学	Applied Statistics	071202	4	理学	理学
工学院	理论与应用力学	Theoretical and Applied Mechanics	080101	4	理学	理学
工学院	工程力学（工程结构分析方向）	Engineering Mechanics (Engineering Structure Analysis)	080102	4	工学	工学
工学院	材料科学与工程	Materials Science and Engineering	080401	4	工学	工学
化学与分子工程学院	材料化学	Material Chemistry	080403	4	理学	理学
工学院	能源与动力工程（能源与资源工程方向）	Energy and Power Engineering(Energy and Resources Engineering)	080501	4	工学	工学
工学院	能源与环境系统工程	Energy and Environmental Systems Engineering	080502T	4	工学	工学
城市与环境学院	城市规划	Urban Planning	080702	5	工学	工学
信息科学技术学院	通信工程	Communication Engineering	080703	4	工学	工学
信息科学技术学院	微电子科学与工程	Microelectronics Science and Engineering	080704	4	理学	理学
信息科学技术学院	电子信息科学与技术	Electronic and Information Science and Technology	080714T	4	理学	理学
信息科学技术学院	计算机科学与技术	Computer Science and Technology	080901	4	理学	理学
信息科学技术学院	软件工程	Software Engineering	080902	4	工学	工学
软件与微电子学院	软件工程	Software Engineering	080902	2	工学	工学
信息科学技术学院	智能科学与技术	Intelligence Science and Technology	080907T	4	理学	理学
元培学院	航空航天工程（航空科学与技术方向）	Aerospace Engineering(Aeronautics Science and Technology)	082001	4	工学	工学
工学院	航空航天工程	Aerospace Engineering	082001	4	工学	工学

续表

所属院系	专业名称	专业英文名	教育部专业代码	学制	学科门类	学位授予门类
工学院	航空航天工程（航空科学与技术方向）	Aerospace Engineering (Aeronautics Science and Technology)	082001	4	工学	工学
物理学院	核工程与核技术	Nuclear Engineering and Nuclear Technology	082201	4	工学	工学
环境科学与工程学院	环境工程	Environmental Engineering	082502	4	工学	工学
环境科学与工程学院	环境科学	Environmental Science	082503	4	理学	理学
城市与环境学院	环境科学	Environmental Science	082503	4	理学	理学
工学院	生物医学工程	Biomedical Engineering	082601	4	工学	工学
城市与环境学院	城乡规划	Urban and Rural Planning	082802	5	工学	工学
医学部教学办	基础医学	Basic Medical Science	100101K	5	医学	医学
医学部教学办	基础医学	Basic Medical Science	100101K	8	医学	医学
医学部教学办	临床医学	Clinical Medicine	100201K	8	医学	医学
医学部教学办	临床医学	Clinical Medicine	100201K	5	医学	医学
医学部教学办	口腔医学	Stomatology	100301K	8	医学	医学
医学部教学办	口腔医学	Stomatology	100301K	5	医学	医学
医学部教学办	预防医学	Preventive Medicine	100401K	5	医学	医学
医学部教学办	预防医学	Preventive Medicine	100401K	7	医学	医学
医学部教学办	药学	Pharmacy	100701	4	医学	理学
医学部教学办	药学	Pharmacy	100701	6	医学	理学
医学部教学办	医学检验技术	Medical Inspection Technology	101001	4	医学	理学
医学部教学办	口腔医学技术	Stomatology Technology	101006	4	医学	理学
医学部教学办	护理学	Nursing	101101	4	医学	理学
信息管理系	信息管理与信息系统	Information Management and Information System	120102	4	管理学	管理学
光华管理学院	市场营销	Marketing	120202	4	管理学	管理学
光华管理学院	会计学	Accounting	120203K	4	管理学	管理学
政府管理学院	行政管理	Administrative Management	120402	4	管理学	管理学
政府管理学院	城市管理	City Management	120405	4	管理学	管理学
信息管理系	图书馆学	Library Science	120501	4	管理学	管理学
艺术学院	艺术史论	Theory and History of Arts	130101	4	艺术学	艺术学
艺术学院	艺术史论（文化产业管理方向）	Theory and History of Arts (Cultural Industry Management)	130101	4	艺术学	艺术学
艺术学院	广播电视编导	Broadcasting and Television Playwright-director	130305	4	文学	文学,艺术学
艺术学院	广播电视编导（戏剧影视文学方向）	Broadcasting and Television Playwright-director (Theatre Film and TV Literature)	130305	4	艺术学	艺术学
元培学院	元培计划	Yuanpei Program	ypjh	4	理学	

表 6-2　2015 年度北京大学本科课程目录

学年度	学期	课程号	课程名称	开课系所
14—15	2	100861	随机模型及模拟方法选讲	数学科学学院
14—15	2	100864	黎曼几何中的比较定理	数学科学学院
14—15	2	100865	模形式的算术理论	数学科学学院
14—15	2	100867	高维数据分析与统计推断	数学科学学院
14—15	2	100868	反射群和 Coxeter 群	数学科学学院
14—15	2	102888	几何群论	数学科学学院
14—15	2	110040	微分拓扑	数学科学学院
14—15	2	110070	经典力学的数学方法	数学科学学院
14—15	2	110170	代数数论	数学科学学院
14—15	2	110190	动力系统	数学科学学院
14—15	2	110710	试验设计	数学科学学院
14—15	2	110820	计算流体力学	数学科学学院
14—15	2	110940	复分析	数学科学学院
14—15	2	110950	人工智能	数学科学学院
14—15	2	111140	近代偏微分方程	数学科学学院
14—15	2	111770	代数几何 II	数学科学学院
14—15	2	112110	低维流形	数学科学学院
14—15	2	112530	数学物理中的反问题	数学科学学院
14—15	2	112650	随机过程论	数学科学学院
14—15	2	112780	应用偏微分方程	数学科学学院
14—15	2	112890	生物医学成像的数学方法	数学科学学院
14—15	2	112950	辛几何	数学科学学院
14—15	2	113030	偏微分方程选讲	数学科学学院
14—15	2	113070	差分方法 II	数学科学学院
14—15	2	113230	谱方法	数学科学学院
14—15	2	113550	信息安全	元培学院
14—15	2	114100	代数拓扑选讲	数学科学学院
14—15	2	130030	信息科学基础	数学科学学院
14—15	2	130070	初等数论	数学科学学院
14—15	2	130190	微分流形	数学科学学院
14—15	2	130200	数学模型	数学科学学院
14—15	2	130202	高等数学（B）（二）	信息科学技术学院
14—15	2	130202	高等数学（B）（二）	物理学院
14—15	2	130202	高等数学（B）（二）	地球与空间科学学院
14—15	2	130202	高等数学（B）（二）	光华管理学院
14—15	2	130202	高等数学（B）（二）	经济学院
14—15	2	130202	高等数学（B）（二）	化学与分子工程学院
14—15	2	130202	高等数学（B）（二）	生命科学学院
14—15	2	130210	计算机图形学	数学科学学院
14—15	2	130212	高等数学（B）（二）习题课	信息科学技术学院
14—15	2	130212	高等数学（B）（二）习题课	物理学院
14—15	2	130212	高等数学（B）（二）习题课	地球与空间科学学院
14—15	2	130212	高等数学（B）（二）习题课	光华管理学院

续表

学年度	学期	课程号	课程名称	开课系所
14—15	2	130212	高等数学（B）（二）习题课	经济学院
14—15	2	130212	高等数学（B）（二）习题课	化学与分子工程学院
14—15	2	130212	高等数学（B）（二）习题课	生命科学学院
14—15	2	130280	计算方法(B)	物理学院
14—15	2	130410	常微分方程定性理论	数学科学学院
14—15	2	130560	数值分析	数学科学学院
14—15	2	130630	最优化方法	数学科学学院
14—15	2	130640	流体力学引论	数学科学学院
14—15	2	131280	证券投资学	数学科学学院
14—15	2	131300	概率论	数学科学学院
14—15	2	131410	计算概论	数学科学学院
14—15	2	131422	高等数学C（二）	医学部教学办
14—15	2	131422	高等数学C（二）	城市与环境学院
14—15	2	131460	线性代数（B）	光华管理学院
14—15	2	131460	线性代数（B）	城市与环境学院
14—15	2	131470	线性代数（B）习题	光华管理学院
14—15	2	131480	概率统计（A）	信息科学技术学院
14—15	2	131560	古今数学思想	数学科学学院
14—15	2	131660	分析讨论班	数学科学学院
14—15	2	131670	应用数学导论	数学科学学院
14—15	2	131690	毕业论文(2)	数学科学学院
14—15	2	132302	数学分析(II)	数学科学学院
14—15	2	132302	数学分析(II)	信息科学技术学院
14—15	2	132312	数学分析(II)习题	数学科学学院
14—15	2	132312	数学分析(II)习题	信息科学技术学院
14—15	2	132320	复变函数	数学科学学院
14—15	2	132323	高等代数(II)	数学科学学院
14—15	2	132323	高等代数(II)	信息科学技术学院
14—15	2	132332	高等代数(II)习题	数学科学学院
14—15	2	132332	高等代数(II)习题	信息科学技术学院
14—15	2	132340	常微分方程	数学科学学院
14—15	2	132350	泛函分析	数学科学学院
14—15	2	132380	概率统计（B）	经济学院
14—15	2	132380	概率统计（B）	信息科学技术学院
14—15	2	132380	概率统计（B）	城市与环境学院
14—15	2	132402	数学分析2	数学科学学院
14—15	2	132520	模形式	数学科学学院
14—15	2	132610	密码学	数学科学学院
14—15	2	132750	毕业论文(证券)讨论班	数学科学学院
14—15	2	132770	毕业论文(资产定价)讨论班	数学科学学院
14—15	2	132860	研究型学习	数学科学学院
14—15	2	132880	统计软件	数学科学学院

续表

学年度	学期	课程号	课程名称	开课系所
14—15	2	132990	数学分析Ⅱ选讲	数学科学学院
14—15	2	133010	测度论	数学科学学院
14—15	2	133050	应用多元统计分析	数学科学学院
14—15	2	134120	高等代数Ⅱ选讲	数学科学学院
14—15	2	134270	毕业论文(金融统计)讨论班	数学科学学院
14—15	2	134280	代数几何初步	数学科学学院
14—15	2	135050	理论计算机科学基础	数学科学学院
14—15	2	135290	集合论与图论	数学科学学院
14—15	2	135590	计算机图像处理	数学科学学院
14—15	2	135740	低年级讨论班(1)	数学科学学院
14—15	2	135810	寿险精算	数学科学学院
14—15	2	135920	实分析	数学科学学院
14—15	2	136020	组合数学	数学科学学院
14—15	2	136220	运筹学	数学科学学院
14—15	2	136250	近世代数	数学科学学院
14—15	2	136270	应用随机过程	数学科学学院
14—15	2	136320	应用多元统计分析	数学科学学院
14—15	2	136360	实变函数与泛函分析	数学科学学院
14—15	2	136590	复变函数	数学科学学院
14—15	2	136700	普通统计学	数学科学学院
14—15	2	136710	随机过程与统计物理	数学科学学院
14—15	2	136720	大数据分析中的算法	数学科学学院
14—15	2	136730	衍生证券基础	数学科学学院
14—15	2	136740	表示论初步	数学科学学院
14—15	2	136900	同伦论	数学科学学院
14—15	2	137110	应用随机分析	数学科学学院
14—15	2	330050	计算方法	工学院
14—15	2	330130	气体力学	工学院
14—15	2	330140	计算流体力学	工学院
14—15	2	330180	有限元法	工学院
14—15	2	330270	专业英语	工学院
14—15	2	330630	工程制图	工学院
14—15	2	330760	工程数学	工学院
14—15	2	330760	工程数学	元培学院
14—15	2	331752	微积分(二)	工学院
14—15	2	331760	微积分习题	工学院
14—15	2	331800	高等动力学	工学院
14—15	2	331960	工程热力学	工学院
14—15	2	332010	水文学与水资源	工学院
14—15	2	332070	工程经济学	工学院
14—15	2	332171	能源与资源工程实验(上)	工学院
14—15	2	332220	清洁生产过程原理	工学院

续表

学年度	学期	课程号	课程名称	开课系所
14—15	2	332241	数学物理方法(上)	工学院
14—15	2	332260	材料力学	元培学院
14—15	2	332260	材料力学	工学院
14—15	2	332270	弹性力学	工学院
14—15	2	332282	流体力学(下)	工学院
14—15	2	332290	工程弹性力学	工学院
14—15	2	332320	工程设计初步	工学院
14—15	2	332382	工程毕业设计(下)	工学院
14—15	2	332390	数值模拟	工学院
14—15	2	332400	废水资源化工程	工学院
14—15	2	332510	电路与电子学	工学院
14—15	2	332520	地球科学基础	工学院
14—15	2	332540	全球创新产品设计和团队实践	工学院
14—15	2	332642	材料科学基础(下)	工学院
14—15	2	332680	飞行器结构力学	工学院
14—15	2	332702	空气动力学 II	工学院
14—15	2	332740	计算方法上机	工学院
14—15	2	332760	飞行力学与控制	工学院
14—15	2	332791	生物医学工程设计(I)	工学院
14—15	2	332793	生物医学工程设计(III)	工学院
14—15	2	332820	解剖生理学	工学院
14—15	2	332830	解剖生理学实验	工学院
14—15	2	332900	生物材料	工学院
14—15	2	332960	发育与再生生物学	工学院
14—15	2	332990	材料科学与工程专业英语	工学院
14—15	2	333000	材料性能分析与测试	工学院
14—15	2	333230	高分子材料科学与工程	工学院
14—15	2	333250	金属材料科学与工程	工学院
14—15	2	333360	魅力机器人	工学院
14—15	2	333410	材料物理导论	工学院
14—15	2	333480	生物医学光学及应用	工学院
14—15	2	333620	生物医学工程本科生科研训练	工学院
14—15	2	333630	细胞与分子影像学	工学院
14—15	2	333640	非线性动力学和混沌引论	工学院
14—15	2	333650	资源循环利用基础	工学院
14—15	2	333760	航空航天导航导论	工学院
14—15	2	333790	飞行器设计与动力	工学院
14—15	2	333840	工程流体力学基础	工学院
14—15	2	333850	生物系统建模与仿真	工学院
14—15	2	333860	生物医学图像处理	工学院
14—15	2	333870	工学类文献检索和科技写作	工学院
14—15	2	333880	生物材料制备与加工	工学院

续表

学年度	学期	课程号	课程名称	开课系所
14—15	2	333890	面向复杂性的系统思维	工学院
14—15	2	405589	强场光物理	物理学院
14—15	2	405595	多体系统的量子理论	物理学院
14—15	2	405596	量子材料前沿讲座	物理学院
14—15	2	405602	超快激光和光谱技术及应用	物理学院
14—15	2	405603	量子信息物理导论	物理学院
14—15	2	405605	拉曼光谱学导论	物理学院
14—15	2	405606	表面等离激元学导论	物理学院
14—15	2	405607	实用低温物理与技术入门	物理学院
14—15	2	407771	核物理与粒子物理实验方法（二）	物理学院
14—15	2	407772	概率论与数据处理	物理学院
14—15	2	410542	固体理论	物理学院
14—15	2	410612	Java 编程	物理学院
14—15	2	410644	非线性物理专题	物理学院
14—15	2	410740	光学理论	物理学院
14—15	2	411040	非线性光学	物理学院
14—15	2	411851	光电功能材料	物理学院
14—15	2	412250	量子规范场论	物理学院
14—15	2	412350	李群和李代数	物理学院
14—15	2	414860	激光实验	物理学院
14—15	2	415480	宽禁带半导体	物理学院
14—15	2	415692	广义相对论	物理学院
14—15	2	415702	介观光学导论	物理学院
14—15	2	418380	离子源物理与技术	物理学院
14—15	2	418720	保健物理学	物理学院
14—15	2	430109	演示物理学	物理学院
14—15	2	430132	现代电子电路基础及实验（一）	物理学院
14—15	2	430133	现代电子电路基础及实验（二）	物理学院
14—15	2	430171	人类生存发展与核科学	物理学院
14—15	2	430184	天体物理	物理学院
14—15	2	430186	天体物理讨论班	物理学院
14—15	2	430191	大气科学导论	物理学院
14—15	2	431121	普通物理	医学部教学办
14—15	2	431121	普通物理	环境科学与工程学院
14—15	2	431132	普通物理（I）	化学与分子工程学院
14—15	2	431132	普通物理（I）	生命科学学院
14—15	2	431132	普通物理（I）	数学科学学院
14—15	2	431141	力学	工学院
14—15	2	431142	热学	地球与空间科学学院
14—15	2	431142	热学	信息科学技术学院
14—15	2	431143	电磁学	信息科学技术学院
14—15	2	431144	光学	工学院

续表

学年度	学期	课程号	课程名称	开课系所
14—15	2	431148	光学习题课	工学院
14—15	2	431151	原子物理学	物理学院
14—15	2	431154	热学	物理学院
14—15	2	431155	电磁学	物理学院
14—15	2	431159	原子物理习题	物理学院
14—15	2	431165	近代物理	工学院
14—15	2	431200	基础物理实验	考古文博学院
14—15	2	431200	基础物理实验	工学院
14—15	2	431200	基础物理实验	生命科学学院
14—15	2	431214	综合物理实验（一）	元培学院
14—15	2	431254	热学习题课	物理学院
14—15	2	431254	热学习题课	地球与空间科学学院
14—15	2	431255	电磁学习题课	物理学院
14—15	2	431443	计算物理学	物理学院
14—15	2	431547	天体物理前沿	物理学院
14—15	2	431559	天文技术与方法Ⅱ（高能与射电）	物理学院
14—15	2	431561	基础天文	物理学院
14—15	2	431562	天体光谱学	物理学院
14—15	2	431641	量子力学讨论班	物理学院
14—15	2	431650	平衡态统计物理	物理学院
14—15	2	431651	平衡态统计物理讨论班	物理学院
14—15	2	431670	量子力学(A)	物理学院
14—15	2	431680	普通物理习题课	化学与分子工程学院
14—15	2	431680	普通物理习题课	生命科学学院
14—15	2	431680	普通物理习题课	数学科学学院
14—15	2	431680	普通物理习题课	环境科学与工程学院
14—15	2	431680	普通物理习题课	地球与空间科学学院
14—15	2	431680	普通物理习题课	医学部教学办
14—15	2	431680	普通物理习题课	工学院
14—15	2	431701	固体物理讨论班	物理学院
14—15	2	431720	平衡态统计物理	物理学院
14—15	2	431730	平衡态统计物理讨论班	物理学院
14—15	2	432108	数学物理方法（上）	物理学院
14—15	2	432109	数学物理方法（下）	物理学院
14—15	2	432110	数学物理方法	物理学院
14—15	2	432119	数学物理方法习题课	物理学院
14—15	2	432130	热力学与统计物理（A）	物理学院
14—15	2	432140	电动力学（A）	物理学院
14—15	2	432149	量子力学（B）	物理学院
14—15	2	432150	量子力学（A）	物理学院
14—15	2	432151	量子力学习题	物理学院
14—15	2	432160	电动力学习题	物理学院

续表

学年度	学期	课程号	课程名称	开课系所
14—15	2	432166	几何光学及光学仪器	物理学院
14—15	2	432190	凝聚态物理理论讨论班	物理学院
14—15	2	432211	理论力学	物理学院
14—15	2	432211	理论力学	信息科学技术学院
14—15	2	432222	综合物理实验(二)	物理学院
14—15	2	432224	现代物理前沿讲座(Ⅱ)	物理学院
14—15	2	432238	核物理与粒子物理导论	物理学院
14—15	2	432242	加速器物理基础	物理学院
14—15	2	432251	天气学	物理学院
14—15	2	432252	大气动力学基础	物理学院
14—15	2	432253	大气物理实验	物理学院
14—15	2	432265	现代天文学	物理学院
14—15	2	432267	工程图学及其应用	物理学院
14—15	2	432268	自然科学中的混沌和分形	物理学院
14—15	2	432272	微机原理及上机	物理学院
14—15	2	432275	云物理学导论	物理学院
14—15	2	432300	气候变化:全球变暖的科学基础	物理学院
14—15	2	432510	固体物理学	物理学院
14—15	2	432520	固体物理习题	物理学院
14—15	2	432530	理论物理导论	物理学院
14—15	2	433327	近代物理实验（Ⅰ）	物理学院
14—15	2	433328	近代物理实验（Ⅱ）	物理学院
14—15	2	433329	前沿物理实验	物理学院
14—15	2	433640	材料物理	物理学院
14—15	2	434070	物理宇宙学基础	物理学院
14—15	2	434322	光学前沿	物理学院
14—15	2	434441	今日物理	物理学院
14—15	2	434714	核科学前沿讲座	物理学院
14—15	2	436011	普通物理学（B）（一）	地球与空间科学学院
14—15	2	437190	普通物理实验(2)	地球与空间科学学院
14—15	2	437190	普通物理实验(2)	物理学院
14—15	2	539410	太空探索	地球与空间科学学院
14—15	2	1030120	结构化学	化学与分子工程学院
14—15	2	1030810	有机化学（B）	医学部教学办
14—15	2	1032530	高分子物理	化学与分子工程学院
14—15	2	1032630	物理化学（B）	生命科学学院
14—15	2	1032711	有机化学实验（B）	医学部教学办
14—15	2	1032720	物理化学实验（B）	城市与环境学院
14—15	2	1032860	无机化学实验	化学与分子工程学院
14—15	2	1034330	普通化学习题课	工学院
14—15	2	1034350	定量分析	化学与分子工程学院
14—15	2	1034350	定量分析	城市与环境学院

续表

学年度	学期	课程号	课程名称	开课系所
14—15	2	1034360	定量分析实验	化学与分子工程学院
14—15	2	1034360	定量分析实验	环境科学与工程学院
14—15	2	1034360	定量分析实验	城市与环境学院
14—15	2	1034371	有机化学（一）	化学与分子工程学院
14—15	2	1034390	仪器分析	化学与分子工程学院
14—15	2	1034400	仪器分析实验	化学与分子工程学院
14—15	2	1034400	仪器分析实验	城市与环境学院
14—15	2	1034460	高分子化学	化学与分子工程学院
14—15	2	1034480	化工实验	化学与分子工程学院
14—15	2	1034490	材料化学	化学与分子工程学院
14—15	2	1034500	生命化学基础	化学与分子工程学院
14—15	2	1034520	中级分析化学实验	化学与分子工程学院
14—15	2	1034520	中级分析化学实验	环境科学与工程学院
14—15	2	1034551	中级物理化学	化学与分子工程学院
14—15	2	1034590	电分析化学研究方法	化学与分子工程学院
14—15	2	1034640	应用化学基础	化学与分子工程学院
14—15	2	1034660	化工制图	化学与分子工程学院
14—15	2	1034710	界面化学	化学与分子工程学院
14—15	2	1034880	普通化学(B)	工学院
14—15	2	1034900	分析化学(B)	医学部教学办
14—15	2	1034910	分析化学实验(B)	医学部教学办
14—15	2	1034960	理论与计算化学	化学与分子工程学院
14—15	2	1034980	生物物理化学	化学与分子工程学院
14—15	2	1034990	化学开发基础	化学与分子工程学院
14—15	2	1035001	有机化学实验（Ⅰ）	化学与分子工程学院
14—15	2	1035030	中级物理化学实验	化学与分子工程学院
14—15	2	1035070	基础化学实验(分析)	生命科学学院
14—15	2	1035090	大学化学	化学与分子工程学院
14—15	2	1035110	高等电化学	化学与分子工程学院
14—15	2	1035150	中级无机化学	化学与分子工程学院
14—15	2	1035170	结构化学讨论班	化学与分子工程学院
14—15	2	1108020	现代生物学基础	生命科学学院
14—15	2	1130030	基础分子生物学	生命科学学院
14—15	2	1130070	微生物学实验	生命科学学院
14—15	2	1130130	免疫学	生命科学学院
14—15	2	1130210	遗传学实验	生命科学学院
14—15	2	1130311	普通生物学实验	生命科学学院
14—15	2	1130370	生理学	生命科学学院
14—15	2	1130850	算法与数据结构及上机	生命科学学院
14—15	2	1130871	人类的性、生育与健康	生命科学学院
14—15	2	1130889	生物摄影及实践	生命科学学院
14—15	2	1131040	植物生物学	生命科学学院

续表

学年度	学期	课程号	课程名称	开课系所
14—15	2	1131060	植物生物学实验	生命科学学院
14—15	2	1131170	发育生物学实验	生命科学学院
14—15	2	1131414	细胞的基因编辑技术	生命科学学院
14—15	2	1131440	发酵工程实验	生命科学学院
14—15	2	1131450	生物技术实验	生命科学学院
14—15	2	1132020	遗传学	生命科学学院
14—15	2	1132021	遗传学讨论	生命科学学院
14—15	2	1132640	高级细胞生物学	生命科学学院
14—15	2	1132650	细胞中的物理	生命科学学院
14—15	2	1133020	高级分子生物学讲座（下）	生命科学学院
14—15	2	1133030	生物荧光成像	生命科学学院
14—15	2	1133062	文献深度分析及实验的逻辑设计（上）	生命科学学院
14—15	2	1133064	博雅班讨论班：批判性思维（下）	生命科学学院
14—15	2	1133090	核酸生物学	生命科学学院
14—15	2	1133150	心血管生物学	生命科学学院
14—15	2	1133951	分子医学高级教程	生命科学学院
14—15	2	1134101	生命科学前沿文献阅读讨论（1）	生命科学学院
14—15	2	1134102	生命科学前沿文献阅读讨论（2）	生命科学学院
14—15	2	1134103	生命科学前沿文献阅读讨论（3）	生命科学学院
14—15	2	1134104	生命科学前沿文献阅读讨论（4）	生命科学学院
14—15	2	1134105	生命科学前沿文献阅读讨论（5）	生命科学学院
14—15	2	1138530	病毒感染与免疫	生命科学学院
14—15	2	1138540	分子生物学	生命科学学院
14—15	2	1138560	生理学（清华）	生命科学学院
14—15	2	1138570	生物统计学基础	生命科学学院
14—15	2	1138580	生物物理学	生命科学学院
14—15	2	1138590	遗传学（清华）	生命科学学院
14—15	2	1139000	神经生物学	生命科学学院
14—15	2	1139001	药理学基础	生命科学学院
14—15	2	1139350	普通生物学（B）	生命科学学院
14—15	2	1139360	基础分子生物学实验	生命科学学院
14—15	2	1139380	普通生物学（A）	生命科学学院
14—15	2	1139441	脊椎动物比较解剖学及实验	生命科学学院
14—15	2	1139490	文献强化阅读与学术报告（1）	生命科学学院
14—15	2	1139500	生理学实验	生命科学学院
14—15	2	1139510	生理学	心理学系
14—15	2	1139600	微生物学	生命科学学院
14—15	2	1139632	生物化学实验	生命科学学院
14—15	2	1139732	生物数学建模	生命科学学院
14—15	2	1139760	事业与人生	生命科学学院
14—15	2	1139780	系统生物学选讲	生命科学学院
14—15	2	1139910	细胞骨架、细胞运动及人类疾病	生命科学学院

续表

学年度	学期	课程号	课程名称	开课系所
14—15	2	1139930	系统与计算神经科学	生命科学学院
14—15	2	1139940	科学研究基本技能	生命科学学院
14—15	2	1139950	分子医学高级教程	生命科学学院
14—15	2	1230030	C程序设计	地球与空间科学学院
14—15	2	1230052	地球科学概论（二）	地球与空间科学学院
14—15	2	1230070	遥感概论	地球与空间科学学院
14—15	2	1230150	地球科学前沿	地球与空间科学学院
14—15	2	1230160	地球科学概论（二）	地球与空间科学学院
14—15	2	1230161	地球科学概论讨论班	地球与空间科学学院
14—15	2	1231040	矿床学	地球与空间科学学院
14—15	2	1231050	X射线粉末衍射分析	地球与空间科学学院
14—15	2	1231090	中国区域地质学	地球与空间科学学院
14—15	2	1231140	海洋地质学	地球与空间科学学院
14—15	2	1231170	遥感地质学	地球与空间科学学院
14—15	2	1231252	普通岩石学（下）	地球与空间科学学院
14—15	2	1231300	宝石学	地球与空间科学学院
14—15	2	1231310	构造地质学	地球与空间科学学院
14—15	2	1231320	地史学	地球与空间科学学院
14—15	2	1231350	脊椎动物进化史	地球与空间科学学院
14—15	2	1231370	古海洋学与全球变化	地球与空间科学学院
14—15	2	1231410	结晶学与矿物学	地球与空间科学学院
14—15	2	1231530	地层学原理与应用	地球与空间科学学院
14—15	2	1231570	矿物材料学	地球与空间科学学院
14—15	2	1231710	层序地层学基础	地球与空间科学学院
14—15	2	1233130	地球物理信号处理	地球与空间科学学院
14—15	2	1233150	地球灾害	地球与空间科学学院
14—15	2	1233170	地震概论	地球与空间科学学院
14—15	2	1233190	地磁学与地电学	地球与空间科学学院
14—15	2	1233230	地球物理数值计算方法	地球与空间科学学院
14—15	2	1233320	地震学	地球与空间科学学院
14—15	2	1233360	地震学实验	地球与空间科学学院
14—15	2	1233410	宇航技术基础	地球与空间科学学院
14—15	2	1233430	太阳大气层与日球层物理学	地球与空间科学学院
14—15	2	1235080	地学数学模型	地球与空间科学学院
14—15	2	1235100	数据库概论	地球与空间科学学院
14—15	2	1235180	GIS设计和应用	地球与空间科学学院
14—15	2	1235210	智能交通系统概论	地球与空间科学学院
14—15	2	1235240	地理信息系统原理	地球与空间科学学院
14—15	2	1235270	程序设计语言	地球与空间科学学院
14—15	2	1235280	地貌与自然地理学基础	地球与空间科学学院
14—15	2	1235350	地理信息系统概论	地球与空间科学学院
14—15	2	1235370	物联网技术导论	地球与空间科学学院

续表

学年度	学期	课程号	课程名称	开课系所
14—15	2	1339320	中国历史地理	城市与环境学院
14—15	2	1339330	中国古典园林赏析	城市与环境学院
14—15	2	1430020	地史中的生命	地球与空间科学学院
14—15	2	1430960	自然资源概论	地球与空间科学学院
14—15	2	1430970	固体力学基础	地球与空间科学学院
14—15	2	1431170	地震地质学	地球与空间科学学院
14—15	2	1431270	同位素地球化学基础	地球与空间科学学院
14—15	2	1531010	经济地理学	城市与环境学院
14—15	2	1531180	地貌学	城市与环境学院
14—15	2	1531250	气象气候学	城市与环境学院
14—15	2	1531610	现代自然地理学实验方法	城市与环境学院
14—15	2	1531810	环境演变与全球变化	城市与环境学院
14—15	2	1532230	城市规划管理与法规	城市与环境学院
14—15	2	1532280	规划机助技术（规划CAD）	城市与环境学院
14—15	2	1532440	城市经济学	城市与环境学院
14—15	2	1532450	城市规划原理	城市与环境学院
14—15	2	1532460	城市园林绿地系统规划设计	城市与环境学院
14—15	2	1532470	城市社会学	城市与环境学院
14—15	2	1532480	城市生态学	城市与环境学院
14—15	2	1532490	美术与制图	城市与环境学院
14—15	2	1533170	城市规划概论	城市与环境学院
14—15	2	1533220	社会综合实践调查	城市与环境学院
14—15	2	1533320	人文地理学研究方法	城市与环境学院
14—15	2	1534030	自然资源学原理	城市与环境学院
14—15	2	1534060	综合自然地理学	城市与环境学院
14—15	2	1534230	自然保护学	城市与环境学院
14—15	2	1534300	土壤学与土壤地理	城市与环境学院
14—15	2	1535100	旅游地理学	城市与环境学院
14—15	2	1535122	植物学（下）	城市与环境学院
14—15	2	1535150	生态学实验技术	城市与环境学院
14—15	2	1536011	普通生态学1	城市与环境学院
14—15	2	1536012	普通生态学2	城市与环境学院
14—15	2	1536013	普通生态学3	城市与环境学院
14—15	2	1536090	环境监测与实验	城市与环境学院
14—15	2	1536210	水环境化学	城市与环境学院
14—15	2	1536530	环境科学专业英语	城市与环境学院
14—15	2	1536800	污染物水文地质学	城市与环境学院
14—15	2	1539230	中国传统建筑	城市与环境学院
14—15	2	1603011	心理测量	心理学系
14—15	2	1630020	CNS解剖	心理学系
14—15	2	1630022	实验儿童心理学	心理学系
14—15	2	1630029	知觉和注意	心理学系

续表

学年度	学期	课程号	课程名称	开课系所
14—15	2	1630034	实验心理学	心理学系
14—15	2	1630040	社会心理学	心理学系
14—15	2	1630044	社会心理学	心理学系
14—15	2	1630046	社会冲突与管理	心理学系
14—15	2	1630051	心理统计(1)	心理学系
14—15	2	1630060	发展心理学	心理学系
14—15	2	1630070	SPSS统计软件包	心理学系
14—15	2	1630080	人格心理学	心理学系
14—15	2	1630090	变态心理学	心理学系
14—15	2	1630101	生理心理学	心理学系
14—15	2	1630121	认知心理学	心理学系
14—15	2	1630140	认知神经科学	心理学系
14—15	2	1630170	消费心理学	心理学系
14—15	2	1630180	工程心理学	心理学系
14—15	2	1630220	生理心理实验	心理学系
14—15	2	1630330	心理学史	心理学系
14—15	2	1630350	教育心理学	心理学系
14—15	2	1630540	职业心理学	心理学系
14—15	2	1630600	组织管理心理学	心理学系
14—15	2	1630610	心理学研究方法——Matlab	心理学系
14—15	2	1630640	视觉与视觉艺术	心理学系
14—15	2	1630690	临床和社会心理学专题	心理学系
14—15	2	1630700	青少年心理访谈：理论，技术和案例讨论	心理学系
14—15	2	1630740	爱的心理学	心理学系
14—15	2	1630820	神经生物学	心理学系
14—15	2	1630890	心理学研究技术与实践	心理学系
14—15	2	1635010	大学生健康教育	心理学系
14—15	2	1635020	生活中的心理学	心理学系
14—15	2	1635042	大学生心理素质拓展	心理学系
14—15	2	1639020	心理学概论	心理学系
14—15	2	1830100	中国新闻传播史	新闻与传播学院
14—15	2	1830110	外国新闻传播史	新闻与传播学院
14—15	2	1830200	新闻理论	新闻与传播学院
14—15	2	1830330	国际传播	新闻与传播学院
14—15	2	1830380	媒体与社会	新闻与传播学院
14—15	2	1830400	舆论学	新闻与传播学院
14—15	2	1830430	CI研究	新闻与传播学院
14—15	2	1830490	广告媒体研究	新闻与传播学院
14—15	2	1830500	广告综合研究	新闻与传播学院
14—15	2	1830510	广告类型研究	新闻与传播学院
14—15	2	1830540	市场调查	新闻与传播学院
14—15	2	1830580	广告心理学	新闻与传播学院

续表

学年度	学期	课程号	课程名称	开课系所
14—15	2	1830620	广告策划	新闻与传播学院
14—15	2	1830630	广告管理	新闻与传播学院
14—15	2	1831280	出版经营管理	新闻与传播学院
14—15	2	1831330	中国图书出版史	新闻与传播学院
14—15	2	1831380	中国文化史	新闻与传播学院
14—15	2	1831740	视听语言	新闻与传播学院
14—15	2	1831990	跨文化交流学	新闻与传播学院
14—15	2	1832150	媒体与国际关系	新闻与传播学院
14—15	2	1832250	纪录片简史	新闻与传播学院
14—15	2	1832260	媒介经济学	新闻与传播学院
14—15	2	1832350	名记者专题	新闻与传播学院
14—15	2	1832530	媒介经营管理	新闻与传播学院
14—15	2	1832550	电视节目制作与策划	新闻与传播学院
14—15	2	1832760	英语新闻阅读	新闻与传播学院
14—15	2	1832960	基础采访写作	新闻与传播学院
14—15	2	1833000	中国文化与社会	新闻与传播学院
14—15	2	1833010	世界广播电视事业	新闻与传播学院
14—15	2	1833020	广播电视新闻	新闻与传播学院
14—15	2	1833040	广播电视研究	新闻与传播学院
14—15	2	1833060	市场营销原理	新闻与传播学院
14—15	2	1833130	出版案例研讨	新闻与传播学院
14—15	2	1833170	英语新闻采写	新闻与传播学院
14—15	2	1833270	新闻编辑	新闻与传播学院
14—15	2	1833280	新闻评论	新闻与传播学院
14—15	2	1833370	新媒体与社会	新闻与传播学院
14—15	2	1833400	公关策划与危机管理	新闻与传播学院
14—15	2	1833800	传播学理论	新闻与传播学院
14—15	2	1833990	营销传播经典导读	新闻与传播学院
14—15	2	2030012	现代汉语（下）	中国语言文学系
14—15	2	2030022	古代汉语（下）	中国语言文学系
14—15	2	2030032	中国古代文学史（二）	中国语言文学系
14—15	2	2030101	实习	中国语言文学系
14—15	2	2030130	汉语音韵学	中国语言文学系
14—15	2	2030160	文字学	中国语言文学系
14—15	2	2030230	版本学	中国语言文学系
14—15	2	2030240	校勘学	中国语言文学系
14—15	2	2030251	古文献学史（上）	中国语言文学系
14—15	2	2030253	古典文献实习	中国语言文学系
14—15	2	2030260	训诂学	中国语言文学系
14—15	2	2030790	比较文学原理	中国语言文学系
14—15	2	2030950	汉语修辞学	中国语言文学系
14—15	2	2031080	《论语》选读	中国语言文学系

续表

学年度	学期	课程号	课程名称	开课系所
14—15	2	2031240	诗经	中国语言文学系
14—15	2	2031290	《庄子》	中国语言文学系
14—15	2	2031522	汉语史(下)	中国语言文学系
14—15	2	2031601	方言调查	中国语言文学系
14—15	2	2031670	敦煌文献概要	中国语言文学系
14—15	2	2031750	诗歌写作	中国语言文学系
14—15	2	2031970	文化研究的理论与实践	中国语言文学系
14—15	2	2031980	元明杂剧研究	中国语言文学系
14—15	2	2032020	民间文学概论	中国语言文学系
14—15	2	2032120	荀子	中国语言文学系
14—15	2	2032150	汉语方言语料分析	中国语言文学系
14—15	2	2032340	中文工具书及古代典籍概要	中国语言文学系
14—15	2	2032590	胡风研究	中国语言文学系
14—15	2	2032730	编译原理	中国语言文学系
14—15	2	2033030	西方文学史	中国语言文学系
14—15	2	2033050	学年论文	中国语言文学系
14—15	2	2033090	中文工具书	中国语言文学系
14—15	2	2033290	先秦诸子讲说	中国语言文学系
14—15	2	2033620	古典文献学基础	中国语言文学系
14—15	2	2033720	90年代以来长篇小说研究	中国语言文学系
14—15	2	2033862	中国古代文学经典(二)	中国语言文学系
14—15	2	2033870	人类沟通的起源与发展	中国语言文学系
14—15	2	2033932	经典精读课程(二)	中国语言文学系
14—15	2	2033940	中国古代文学	中国语言文学系
14—15	2	2034060	形式语法导论	中国语言文学系
14—15	2	2034174	中国古代文学史(四)	中国语言文学系
14—15	2	2034300	大学国文	中国语言文学系
14—15	2	2034310	审美文化专题	中国语言文学系
14—15	2	2034320	网络文学类型文研究与写作	中国语言文学系
14—15	2	2034330	鲁迅小说与世界文学	中国语言文学系
14—15	2	2034340	西方思想史专题	中国语言文学系
14—15	2	2034350	现代都市小说研究	中国语言文学系
14—15	2	2034360	中国现代文学史	中国语言文学系
14—15	2	2034370	红楼梦在中国文化的位置	中国语言文学系
14—15	2	2034380	《四库全书总目》讲读	中国语言文学系
14—15	2	2039030	文学概论	中国语言文学系
14—15	2	2039130	民俗研究	中国语言文学系
14—15	2	2039200	文学原理	中国语言文学系
14—15	2	2039260	宋代作家论:苏轼研究专题	中国语言文学系
14—15	2	2080041	现代汉语(上)	中国语言文学系
14—15	2	2080053	古代汉语(下)	中国语言文学系
14—15	2	2080130	中文工具书使用	中国语言文学系

续表

学年度	学期	课程号	课程名称	开课系所
14—15	2	2080200	现代汉语词汇	中国语言文学系
14—15	2	2080262	中国现代文学(下)	中国语言文学系
14—15	2	2080320	中国民间文学	中国语言文学系
14—15	2	2080330	汉字书法	中国语言文学系
14—15	2	2080332	中国当代文学作品(下)	中国语言文学系
14—15	2	2080342	中国古代文学(二)	中国语言文学系
14—15	2	2080344	中国古代文学(四)	中国语言文学系
14—15	2	2080400	中国人文地理	中国语言文学系
14—15	2	2080422	阅读与写作(中级上)	中国语言文学系
14—15	2	2080424	阅读与写作(高级)	中国语言文学系
14—15	2	2080432	高级汉语口语(下)	中国语言文学系
14—15	2	2080440	古文选读	中国语言文学系
14—15	2	2113121	拉丁语阅读(2)	历史学系
14—15	2	2113242	研究生古希腊语(下)	历史学系
14—15	2	2130012	中国古代史(下)	历史学系
14—15	2	2130012	中国古代史(下)	中国语言文学系
14—15	2	2130102	中国历史文选(下)	历史学系
14—15	2	2130110	史学概论	历史学系
14—15	2	2130180	中国古代政治文化	历史学系
14—15	2	2130310	中国妇女历史与传统文化	历史学系
14—15	2	2130610	英国史专题	历史学系
14—15	2	2130930	历史学家与社会学	历史学系
14—15	2	2131110	中国古代政治与文化	历史学系
14—15	2	2131250	西方文明史导论	历史学系
14—15	2	2131260	人类发展与环境变迁	历史学系
14—15	2	2131340	近现代中日关系史	历史学系
14—15	2	2131410	中世纪西欧社会史	历史学系
14—15	2	2131460	拉美国家现代化进程研究	历史学系
14—15	2	2131772	现代希腊语(2)	历史学系
14—15	2	2131810	伊斯兰教与现代世界	历史学系
14—15	2	2131991	基础意大利语(1)	历史学系
14—15	2	2131992	基础意大利语(2)	历史学系
14—15	2	2132030	中国现代史	历史学系
14—15	2	2132092	外国历史文选(下)	历史学系
14—15	2	2132110	社会调查与史学研究	历史学系
14—15	2	2132120	中外史学比较	历史学系
14—15	2	2132160	中国历史地理概论	历史学系
14—15	2	2132270	文书研习实践	历史学系
14—15	2	2132280	中国对外经济关系史	历史学系
14—15	2	2132330	秦汉史专题	历史学系
14—15	2	2132380	明史专题	历史学系
14—15	2	2132460	中国古代史练习	历史学系

续表

学年度	学期	课程号	课程名称	开课系所
14—15	2	2132470	中国近现代史练习	历史学系
14—15	2	2132490	世界近现代史练习	历史学系
14—15	2	2132510	近现代中俄关系史	历史学系
14—15	2	2132520	现代国际政治史	历史学系
14—15	2	2132631	法国大革命与拿破仑	历史学系
14—15	2	2132680	韩国史通论	历史学系
14—15	2	2132750	中国通史（古代部分）	历史学系
14—15	2	2132830	秦汉魏晋南北朝政治历程	历史学系
14—15	2	2133030	学年论文	历史学系
14—15	2	2133102	基督教拉丁语(2)	历史学系
14—15	2	2133120	古希腊罗马政治思想史	历史学系
14—15	2	2133610	古代东方文明	历史学系
14—15	2	2133640	欧洲史	历史学系
14—15	2	2133660	亚洲史	历史学系
14—15	2	2133691	外文历史名著选读（上）	历史学系
14—15	2	2133760	现代希腊电影与历史	历史学系
14—15	2	2135010	中国古代史	历史学系
14—15	2	2138550	中世纪西欧经济与社会	历史学系
14—15	2	2138970	中国古代妇女史专题	历史学系
14—15	2	2180030	近代中国的多维叙述	历史学系
14—15	2	2230120	田野考古学概论	考古文博学院
14—15	2	2230250	人体骨骼学	考古文博学院
14—15	2	2230260	动物考古学	考古文博学院
14—15	2	2230440	丝绸之路考古	考古文博学院
14—15	2	2230461	世界史前考古	考古文博学院
14—15	2	2230471	科技考古	考古文博学院
14—15	2	2230490	战国文字	考古文博学院
14—15	2	2230570	冶金考古	考古文博学院
14—15	2	2230730	文物法规与行政管理	考古文博学院
14—15	2	2230961	田野考古技术专题	考古文博学院
14—15	2	2230980	考古测量与GIS	考古文博学院
14—15	2	2230990	文物保护材料学	考古文博学院
14—15	2	2231070	博物馆陈列形式设计	考古文博学院
14—15	2	2231080	考古学导论	考古文博学院
14—15	2	2231100	建筑设计（一）	考古文博学院
14—15	2	2232103	中国考古学(中一)	考古文博学院
14—15	2	2232104	中国考古学(中二)	考古文博学院
14—15	2	2232105	中国考古学(下一)	考古文博学院
14—15	2	2232106	中国考古学(下二)	考古文博学院
14—15	2	2232200	美术考古	考古文博学院
14—15	2	2232210	考古学通论	考古文博学院
14—15	2	2232220	文化遗产学概论	考古文博学院

续表

学年度	学期	课程号	课程名称	开课系所
14—15	2	2232260	古代民族考古	考古文博学院
14—15	2	2232280	体质人类学	考古文博学院
14—15	2	2233020	美术色彩基础	考古文博学院
14—15	2	2233040	文化遗产踏查与测绘实习	考古文博学院
14—15	2	2233080	中西建筑比较	考古文博学院
14—15	2	2240011	中国建筑史(上)	考古文博学院
14—15	2	2240140	文化遗产保护实践	考古文博学院
14—15	2	2240260	博物馆藏品管理	考古文博学院
14—15	2	2240390	植物考古	考古文博学院
14—15	2	2313111	中世纪思想中的自由与责任	哲学系
14—15	2	2315051	高级模态逻辑	哲学系
14—15	2	2315300	内涵逻辑	哲学系
14—15	2	2319700	西方科技史导论	哲学系
14—15	2	2330000	哲学导论	哲学系
14—15	2	2330025	马克思主义哲学导论(上)	哲学系
14—15	2	2330070	现代西方哲学	哲学系
14—15	2	2330085	中国哲学史(上)	哲学系
14—15	2	2330086	中国哲学史(上)讨论课	哲学系
14—15	2	2330101	马克思主义哲学史	哲学系
14—15	2	2330132	科学哲学导论	哲学系
14—15	2	2330142	伦理学导论	哲学系
14—15	2	2330152	美学原理	哲学系
14—15	2	2330320	当代认识论	哲学系
14—15	2	2330450	经典著作研究专题	哲学系
14—15	2	2331100	逻辑哲学	哲学系
14—15	2	2331160	直觉主义逻辑	哲学系
14—15	2	2331240	公理集合论	哲学系
14—15	2	2331271	悖论研究	哲学系
14—15	2	2331310	逻辑与批判性思维	哲学系
14—15	2	2332017	中国佛教经典选读	哲学系
14—15	2	2332020	伊斯兰教史	哲学系
14—15	2	2332080	古兰经导读	哲学系
14—15	2	2332118	基督教原典	哲学系
14—15	2	2332131	圣经导读	哲学系
14—15	2	2332160	道教史	哲学系
14—15	2	2332336	中国佛教史	哲学系
14—15	2	2332390	天台宗研究	哲学系
14—15	2	2332811	法国哲学研究	哲学系
14—15	2	2332910	启蒙哲学	哲学系
14—15	2	2332973	西方古典思想(II)	哲学系
14—15	2	2333052	古希腊语导论(二)	哲学系
14—15	2	2333057	希腊语阅读	哲学系

续表

学年度	学期	课程号	课程名称	开课系所
14—15	2	2333090	德国古典哲学专题	哲学系
14—15	2	2333120	俄罗斯哲学专题	哲学系
14—15	2	2333141	当代分析哲学	哲学系
14—15	2	2333170	后现代主义哲学	哲学系
14—15	2	2333210	先秦哲学	哲学系
14—15	2	2333285	儒学与中国社会	哲学系
14—15	2	2333370	政治哲学	哲学系
14—15	2	2334020	环境伦理学	哲学系
14—15	2	2335000	学年论文	哲学系
14—15	2	2335061	西方哲学史(上)	哲学系
14—15	2	2335063	西方哲学史(上)	哲学系
14—15	2	2335064	西方哲学史(上)讨论课	哲学系
14—15	2	2335071	中国哲学史(上)	哲学系
14—15	2	2335091	罗尔斯《政治自由主义》研究	哲学系
14—15	2	2335100	知识论	哲学系
14—15	2	2335122	复杂性科学与哲学	哲学系
14—15	2	2335220	《四书》精读	哲学系
14—15	2	2336142	比较古典哲学	哲学系
14—15	2	2336150	叔本华和尼采的哲学	哲学系
14—15	2	2336400	现代逻辑基础	哲学系
14—15	2	2337004	古典语文学专题研讨(四)	哲学系
14—15	2	2430020	国际政治经济学	国际关系学院
14—15	2	2430041	政治学原理	国际关系学院
14—15	2	2430092	国际关系史(下)	国际关系学院
14—15	2	2430112	国际社会中的发展研究	国际关系学院
14—15	2	2430140	中华人民共和国对外关系	国际关系学院
14—15	2	2430152	英语听说(二)	国际关系学院
14—15	2	2430154	英语听说(四)	国际关系学院
14—15	2	2430172	毕业实习	国际关系学院
14—15	2	2430211	中国对外关系史	国际关系学院
14—15	2	2430240	东欧各国政治经济与外交	国际关系学院
14—15	2	2430300	东南亚政治经济与外交	国际关系学院
14—15	2	2430331	非洲导论	国际关系学院
14—15	2	2430360	军备控制与裁军	国际关系学院
14—15	2	2430380	世界政治中的民族问题	国际关系学院
14—15	2	2430500	世界宗教与国际社会	国际关系学院
14—15	2	2430851	海外华侨华人概论	国际关系学院
14—15	2	2430931	国际组织与国际法	国际关系学院
14—15	2	2430962	中文报刊选读(二)	国际关系学院
14—15	2	2430964	中文报刊选读(四)	国际关系学院
14—15	2	2431092	专业汉语(二)	国际关系学院
14—15	2	2431100	中美关系史	国际关系学院

续表

学年度	学期	课程号	课程名称	开课系所
14—15	2	2431120	中日关系史	国际关系学院
14—15	2	2431230	非政府外交	国际关系学院
14—15	2	2431270	冲突学概论	国际关系学院
14—15	2	2431560	美国文化与社会	国际关系学院
14—15	2	2431580	中国政治概论	国际关系学院
14—15	2	2431600	中美经贸关系	国际关系学院
14—15	2	2431610	中国边疆问题概论	国际关系学院
14—15	2	2431641	比较政治学	国际关系学院
14—15	2	2431683	原著译读	国际关系学院
14—15	2	2431761	国际政治思想史	国际关系学院
14—15	2	2431772	西方政治思想史（下）	国际关系学院
14—15	2	2431780	美国与东亚	国际关系学院
14—15	2	2431840	社会科学方法论	国际关系学院
14—15	2	2431841	社会科学方法论小班课	国际关系学院
14—15	2	2431880	中东地区的国家关系	国际关系学院
14—15	2	2431890	晚清对外关系的历史与人物	国际关系学院
14—15	2	2431910	国际关系与东亚安全	国际关系学院
14—15	2	2431920	欧洲联盟概论	国际关系学院
14—15	2	2431940	台湾政治概论	国际关系学院
14—15	2	2431964	日语（二）	国际关系学院
14—15	2	2432050	经济学原理	国际关系学院
14—15	2	2432090	本土视野下的中国外交与国际事务	国际关系学院
14—15	2	2432100	现代官僚制度比较研究	国际关系学院
14—15	2	2432110	国际安全研究	国际关系学院
14—15	2	2433180	民族国家概论	国际关系学院
14—15	2	2433200	伊斯兰与世界政治	国际关系学院
14—15	2	2433230	非传统安全概论	国际关系学院
14—15	2	2433240	对外政策分析	国际关系学院
14—15	2	2433311	全球化与当代国际关系专题	国际关系学院
14—15	2	2433330	地区一体化研究	国际关系学院
14—15	2	2433350	伊斯兰世界的政治发展	国际关系学院
14—15	2	2530070	宏观经济学	经济学院
14—15	2	2530071	宏观经济学"习题课"	经济学院
14—15	2	2530140	计量经济学	经济学院
14—15	2	2530160	外国经济史	经济学院
14—15	2	2530220	房地产经济学	经济学院
14—15	2	2530480	国际经济学	经济学院
14—15	2	2530500	世界经济专题	经济学院
14—15	2	2530620	国际投资学	经济学院
14—15	2	2531080	社会保险	经济学院
14—15	2	2532180	投资银行学	经济学院
14—15	2	2532220	金融市场学	经济学院

续表

学年度	学期	课程号	课程名称	开课系所
14—15	2	2532250	数理经济学	经济学院
14—15	2	2532260	信息经济学	经济学院
14—15	2	2532370	保险精算学原理	经济学院
14—15	2	2532440	国际金融组织	经济学院
14—15	2	2532590	中华人民共和国经济史	经济学院
14—15	2	2532630	美国经济	经济学院
14—15	2	2533080	随机过程	经济学院
14—15	2	2533170	经济学原理(Ⅱ)	经济学院
14—15	2	2533171	经济学原理(Ⅱ)讨论课	经济学院
14—15	2	2533190	政治经济学(下)	经济学院
14—15	2	2533250	公共经济学	经济学院
14—15	2	2533320	固定收益证券	经济学院
14—15	2	2533340	中国经济思想史	经济学院
14—15	2	2533350	外国经济思想史	经济学院
14—15	2	2533420	中国环境概论	经济学院
14—15	2	2533440	营销学	经济学院
14—15	2	2533460	中国金融体制改革	经济学院
14—15	2	2533490	世界经济史	经济学院
14—15	2	2533530	预算经济学	经济学院
14—15	2	2533600	产业组织理论	经济学院
14—15	2	2533700	动态优化理论	经济学院
14—15	2	2533750	金融风险管理	经济学院
14—15	2	2533790	投资基金概论	经济学院
14—15	2	2533850	农业经济学	经济学院
14—15	2	2533930	国际贸易实务	经济学院
14—15	2	2533950	信托与租赁	经济学院
14—15	2	2533980	美国经济	经济学院
14—15	2	2534010	国际营销学	经济学院
14—15	2	2534060	货币银行学	经济学院
14—15	2	2534090	专业英语	经济学院
14—15	2	2534260	地方财政	经济学院
14—15	2	2534270	经济地理学	经济学院
14—15	2	2534290	保险投资管理	经济学院
14—15	2	2534310	财政学研究方法	经济学院
14—15	2	2534330	金融伦理学	经济学院
14—15	2	2534410	个人理财	经济学院
14—15	2	2534520	财政学	经济学院
14—15	2	2534540	微观计量方法	经济学院
14—15	2	2534590	经济全球化	经济学院
14—15	2	2534620	金融监管学	经济学院
14—15	2	2534650	金融衍生品	经济学院
14—15	2	2534670	企业风险管理	经济学院

续表

学年度	学期	课程号	课程名称	开课系所
14—15	2	2534690	人力资本与经济发展	经济学院
14—15	2	2534720	发展经济学专题	经济学院
14—15	2	2534740	中级财务会计	经济学院
14—15	2	2534750	公共选择理论	经济学院
14—15	2	2534760	比较税收学	经济学院
14—15	2	2534820	保险学原理	经济学院
14—15	2	2534940	投资理财	经济学院
14—15	2	2534970	成本效益分析	经济学院
14—15	2	2535030	企业全面风险管理	经济学院
14—15	2	2535150	风险管理与保险	经济学院
14—15	2	2535160	网络经济学	经济学院
14—15	2	2535190	全球投资策略与实践	经济学院
14—15	2	2535210	环境资源经济学工程概论	经济学院
14—15	2	2830110	人力资源管理	光华管理学院
14—15	2	2830140	社会心理学	光华管理学院
14—15	2	2830260	影子中央银行	光华管理学院
14—15	2	2830290	管理学	光华管理学院
14—15	2	2831112	专业英语(2)	光华管理学院
14—15	2	2831160	行为经济学	光华管理学院
14—15	2	2831520	会计学	光华管理学院
14—15	2	2831590	国际金融与国际财务管理	光华管理学院
14—15	2	2831600	国际金融与国际贸易	光华管理学院
14—15	2	2831610	产业分析的理论与政策	光华管理学院
14—15	2	2831650	城市与区域经济学	光华管理学院
14—15	2	2832050	转型发展经济学	光华管理学院
14—15	2	2832110	微观经济学	光华管理学院
14—15	2	2832120	宏观经济学	光华管理学院
14—15	2	2832220	民商法	光华管理学院
14—15	2	2832230	商战模拟	光华管理学院
14—15	2	2832480	成本与管理会计	光华管理学院
14—15	2	2832500	中国经济改革与发展	光华管理学院
14—15	2	2832510	财务会计	光华管理学院
14—15	2	2832540	高级管理会计	光华管理学院
14—15	2	2832600	营销学原理	光华管理学院
14—15	2	2832650	市场营销战略	光华管理学院
14—15	2	2832780	市场营销专题	光华管理学院
14—15	2	2833160	货币金融学	光华管理学院
14—15	2	2833570	财务会计理论与政策	光华管理学院
14—15	2	2833650	市场研究	光华管理学院
14—15	2	2833680	生产作业管理	光华管理学院
14—15	2	2833720	计量经济学	光华管理学院
14—15	2	2834370	企业伦理	光华管理学院

续表

学年度	学期	课程号	课程名称	开课系所
14—15	2	2834420	证券投资学	光华管理学院
14—15	2	2834430	财务报表分析	光华管理学院
14—15	2	2834510	审计学	光华管理学院
14—15	2	2834530	内部控制与内部审计	光华管理学院
14—15	2	2834660	服务业营销	光华管理学院
14—15	2	2834730	创业管理	光华管理学院
14—15	2	2834760	金融时间序列分析	光华管理学院
14—15	2	2834780	公共财政理论与政策	光华管理学院
14—15	2	2834840	金融衍生工具	光华管理学院
14—15	2	2834870	创业与创新实践	光华管理学院
14—15	2	2834890	互联网与商业模式创新	光华管理学院
14—15	2	2836020	金融计量经济学	光华管理学院
14—15	2	2837020	投资银行	光华管理学院
14—15	2	2837120	消费者行为	光华管理学院
14—15	2	2837170	策略与博弈	光华管理学院
14—15	2	2837180	财务案例分析	光华管理学院
14—15	2	2838091	中国企业管理实践	光华管理学院
14—15	2	2838130	中国社会与商业文化	光华管理学院
14—15	2	2838160	数据分析与统计软件	光华管理学院
14—15	2	2838210	量化管理编程入门	光华管理学院
14—15	2	2838230	金融市场与金融机构	光华管理学院
14—15	2	2838240	金融市场	光华管理学院
14—15	2	2838250	人生规划与职业发展	光华管理学院
14—15	2	2838300	整合营销传播	光华管理学院
14—15	2	2930010	法理学	法学院
14—15	2	2930030	中国法制史	法学院
14—15	2	0293005a	外国法制史	法学院
14—15	2	0293007a	行政法与行政诉讼法	法学院
14—15	2	2930105	外国刑法	法学院
14—15	2	2930112	刑法案例研习	法学院
14—15	2	2930141	刑事诉讼案例研习	法学院
14—15	2	2930142	合同法实务	法学院
14—15	2	2930144	法律和社会科学	法学院
14—15	2	2930147	普通法精要(公法)	法学院
14—15	2	2930149	国学法理	法学院
14—15	2	2930152	刑法总论	法学院
14—15	2	2930154	证据法	法学院
14—15	2	2930155	法学的量化方法与成本收益分析	法学院
14—15	2	2930171	诊所式法律教育	法学院
14—15	2	2930180	知识产权法学	法学院
14—15	2	2930190	亲属法与继承法	法学院
14—15	2	2930200	企业法/公司法	法学院

续表

学年度	学期	课程号	课程名称	开课系所
14—15	2	2930220	犯罪学	法学院
14—15	2	2930249	竞争法	法学院
14—15	2	2930261	信托法	法学院
14—15	2	2930262	破产法	法学院
14—15	2	0293028a	金融法/银行法	法学院
14—15	2	2930340	国际经济法	法学院
14—15	2	2930440	海商法	法学院
14—15	2	2930470	商法总论	法学院
14—15	2	2930501	法律经济学	法学院
14—15	2	2930530	外国宪法	法学院
14—15	2	0293063a	刑事侦查学	法学院
14—15	2	0293074a	专业英语	法学院
14—15	2	2930847	国际知识产权	法学院
14—15	2	2930901	实习	法学院
14—15	2	2930920	刑事诉讼法	法学院
14—15	2	2930980	债权法	法学院
14—15	2	2930986	法律实务	法学院
14—15	2	2939991	英美侵权法	法学院
14—15	2	2939999	法律导论	法学院
14—15	2	3030010	图书馆学概论	信息管理系
14—15	2	3030220	著作权法	信息管理系
14—15	2	3030370	传播学原理	信息管理系
14—15	2	3031040	数据库系统上机	信息管理系
14—15	2	3032130	信息组织	信息管理系
14—15	2	3032360	中国文化史	信息管理系
14—15	2	3033020	数据库系统	信息管理系
14—15	2	3033030	信息分析与决策	信息管理系
14—15	2	3033040	信息服务	信息管理系
14—15	2	3033110	信息安全	信息管理系
14—15	2	3033130	市场营销学	信息管理系
14—15	2	3033140	企业与政府信息化	信息管理系
14—15	2	3033190	社科文献资源与检索利用	信息管理系
14—15	2	3033220	广告学概论	信息管理系
14—15	2	3033246	电子资源的检索与利用	信息管理系
14—15	2	3033340	信息科学导论	信息管理系
14—15	2	3033370	数字媒体信息传播	信息管理系
14—15	2	3033460	调查与统计方法	信息管理系
14—15	2	3033490	中国图书史	信息管理系
14—15	2	3033520	商务信息	信息管理系
14—15	2	3033550	人机交互与用户体验	信息管理系
14—15	2	3033570	社会实习与实践	信息管理系
14—15	2	3033590	交互式信息检索	信息管理系

续表

学年度	学期	课程号	课程名称	开课系所
14—15	2	3033610	大众健康信息资源与利用	信息管理系
14—15	2	3033620	公共文化服务概论	信息管理系
14—15	2	3033630	数字图书馆与语义网	信息管理系
14—15	2	3033650	信息计量学	信息管理系
14—15	2	3033660	信息组织小班讨论课	信息管理系
14—15	2	3100130	国外社会学学说(上)	社会学系
14—15	2	3130010	社会学概论	社会学系
14—15	2	3130020	国外社会学学说(下)	社会学系
14—15	2	3130050	中国社会思想史	社会学系
14—15	2	3130120	社会统计学	社会学系
14—15	2	3130130	社会统计与数据分析	社会学系
14—15	2	3130150	社会人类学	社会学系
14—15	2	3130190	城市社会学	社会学系
14—15	2	3130210	社会心理学	社会学系
14—15	2	3130250	农村社会学	社会学系
14—15	2	3130260	家庭社会学	社会学系
14—15	2	3130340	宗教社会学	社会学系
14—15	2	3130400	教育社会学思考	社会学系
14—15	2	3130430	群体工作	社会学系
14—15	2	3130460	社会保障	社会学系
14—15	2	3130480	社会行政	社会学系
14—15	2	3130590	中国社会	社会学系
14—15	2	3130640	经济社会学	社会学系
14—15	2	3130700	历史社会学	社会学系
14—15	2	3130790	贫困与发展	社会学系
14—15	2	3130840	劳动社会学	社会学系
14—15	2	3130880	西方社会思想史	社会学系
14—15	2	3131190	社会工作概论	社会学系
14—15	2	3131230	社会工作实习	社会学系
14—15	2	3131410	自杀社会问题研究	社会学系
14—15	2	3131500	社会调查与研究方法	社会学系
14—15	2	3131530	人口社会学	社会学系
14—15	2	3131540	实习	社会学系
14—15	2	3131650	人口统计学	社会学系
14—15	2	3131740	中国社会学史	社会学系
14—15	2	3131760	人口资源环境社会学	社会学系
14—15	2	3131860	人类学导论	社会学系
14—15	2	3131870	公民社会与非营利组织	社会学系
14—15	2	3131890	大学生性格优势团体辅导	社会学系
14—15	2	3131900	社会博弈论	社会学系
14—15	2	3230780	中国政治思想史	政府管理学院
14—15	2	3230790	西方政治思想史	政府管理学院

续表

学年度	学期	课程号	课程名称	开课系所
14—15	2	3230900	政治学原理	政府管理学院
14—15	2	3231080	政治经济导论	政府管理学院
14—15	2	3231110	新公共管理	政府管理学院
14—15	2	3231120	比较公共管理	政府管理学院
14—15	2	3231130	地方政府管理	政府管理学院
14—15	2	3231140	公共财政与税收	政府管理学院
14—15	2	3231160	人力资源开发与管理	政府管理学院
14—15	2	3231170	电子政务与计算机技术	政府管理学院
14—15	2	3231200	宏观经济政策	政府管理学院
14—15	2	3231300	中国现代政治思想	政府管理学院
14—15	2	3231530	财政预算与行政财务管理	政府管理学院
14—15	2	3231740	美国政府与政治	政府管理学院
14—15	2	3231870	公民社会与非政府组织	政府管理学院
14—15	2	3231910	当代世界经济与政治	政府管理学院
14—15	2	3232050	市场与法治	政府管理学院
14—15	2	3232080	日本经济	政府管理学院
14—15	2	3232290	经济学原理	政府管理学院
14—15	2	3232300	应用统计学	政府管理学院
14—15	2	3232320	行政学研究方法	政府管理学院
14—15	2	3232360	地理信息系统基础与应用	政府管理学院
14—15	2	3232370	经济法学	政府管理学院
14—15	2	3232390	宪法与行政法学	政府管理学院
14—15	2	3232400	社会调查的理论与方法	政府管理学院
14—15	2	3530049	基础语言学研究	外国语学院
14—15	2	3530190	日本文化艺术专题	外国语学院
14—15	2	3530242	公共阿拉伯语(二)	外国语学院
14—15	2	3530302	公共希伯来语(下)	外国语学院
14—15	2	3530370	东南亚文化	外国语学院
14—15	2	3530442	公共韩国语(二)	外国语学院
14—15	2	3530500	当今韩国——亚洲及全球经济事件	外国语学院
14—15	2	3530520	公共土耳其语(二)	外国语学院
14—15	2	3531016	公共斯瓦希里语(2)	外国语学院
14—15	2	3531018	公共阿姆哈拉语(2)	外国语学院
14—15	2	3531402	基础韩国(朝鲜)语(二)	外国语学院
14—15	2	3531404	基础韩国(朝鲜)语(四)	外国语学院
14—15	2	3531569	韩中翻译	外国语学院
14—15	2	3531670	韩国(朝鲜)文化	外国语学院
14—15	2	3531730	韩国(朝鲜)历史	外国语学院
14—15	2	3531802	韩国(朝鲜)语视听说(二)	外国语学院
14—15	2	3531804	韩国(朝鲜)语视听说(四)	外国语学院
14—15	2	3531812	高级韩国(朝鲜)语(二)	外国语学院
14—15	2	3531814	高级韩国(朝鲜)语(四)	外国语学院

续表

学年度	学期	课程号	课程名称	开课系所
14—15	2	3531820	韩国(朝鲜)语应用文写作	外国语学院
14—15	2	3531832	韩国(朝鲜)语报刊选读(下)	外国语学院
14—15	2	3531842	高级韩国(朝鲜)语口语(二)	外国语学院
14—15	2	3531851	韩国(朝鲜)文学作品选读(上)	外国语学院
14—15	2	3531970	日语阅读	外国语学院
14—15	2	3532022	基础日语(二)	外国语学院
14—15	2	3532024	基础日语(四)	外国语学院
14—15	2	3532030	日本历史	外国语学院
14—15	2	3532042	日语视听说(二)	外国语学院
14—15	2	3532090	日本文化概论	外国语学院
14—15	2	3532110	日译汉	外国语学院
14—15	2	3532120	日本文学史	外国语学院
14—15	2	3532160	日语概论	外国语学院
14—15	2	3532200	日本现代文学作品选读	外国语学院
14—15	2	3532220	日语会话	外国语学院
14—15	2	3532252	公共日语(二)	外国语学院
14—15	2	3532254	公共日语(四)	外国语学院
14—15	2	3532322	高年级日语(二)	外国语学院
14—15	2	3532334	高年级日语(四)	外国语学院
14—15	2	3532402	基础日语(二)	外国语学院
14—15	2	3532411	日语视听说(一)	外国语学院
14—15	2	3532413	日语视听说(三)	外国语学院
14—15	2	3532422	日语阅读(二)	外国语学院
14—15	2	3532440	日语语法概论	外国语学院
14—15	2	3532490	日本影视作品赏析	外国语学院
14—15	2	3533080	越译汉教程	外国语学院
14—15	2	3533102	越南语视听说(二)	外国语学院
14—15	2	3533141	越南报刊选读(一)	外国语学院
14—15	2	3533162	汉越语口译(下)	外国语学院
14—15	2	3533179	越南文学作品选读	外国语学院
14—15	2	3533521	初级泰语阅读(一)	外国语学院
14—15	2	3533551	泰语翻译教程(上)	外国语学院
14—15	2	3533610	泰语写作	外国语学院
14—15	2	3533630	泰国现代文学选读	外国语学院
14—15	2	3533812	高年级泰语阅读(二)	外国语学院
14—15	2	3533862	泰语教程(二)	外国语学院
14—15	2	3533866	泰语教程(六)	外国语学院
14—15	2	3534014	缅甸语(四)	外国语学院
14—15	2	3534040	缅甸语语法	外国语学院
14—15	2	3534251	缅甸语视听说(一)	外国语学院
14—15	2	3534262	缅甸语会话(二)	外国语学院
14—15	2	3534271	缅汉口译(一)	外国语学院

续表

学年度	学期	课程号	课程名称	开课系所
14—15	2	3534551	印度尼西亚历史（一）	外国语学院
14—15	2	3534552	印度尼西亚历史（二）	外国语学院
14—15	2	3534842	印尼语（二）	外国语学院
14—15	2	3535040	希伯来报刊选读	外国语学院
14—15	2	3535168	希伯来语（八）	外国语学院
14—15	2	3535274	希伯来语口语（四）	外国语学院
14—15	2	3535672	菲律宾语（二）	外国语学院
14—15	2	3535751	菲律宾语视听说（一）	外国语学院
14—15	2	3536021	印地语视听说（一）	外国语学院
14—15	2	3536122	基础梵语（下）	外国语学院
14—15	2	3536212	印度英语报刊文章选读（二）	外国语学院
14—15	2	3536304	印地语报刊阅读（四）	外国语学院
14—15	2	3536401	德语（一）	外国语学院
14—15	2	3536420	《大唐西域记》导读与研究	外国语学院
14—15	2	3536720	巴基斯坦概况	外国语学院
14—15	2	3536914	印地语（四）	外国语学院
14—15	2	3536930	高级印地语口语	外国语学院
14—15	2	3536950	印地语文学史	外国语学院
14—15	2	3537031	乌尔都语口语（上）	外国语学院
14—15	2	3537252	基础乌尔都语教程（二）	外国语学院
14—15	2	3537532	波斯语散文（下）	外国语学院
14—15	2	3537552	波斯语写作（下）	外国语学院
14—15	2	3537600	波斯语语法	外国语学院
14—15	2	3537612	波斯文学史（下）	外国语学院
14—15	2	3537692	波斯语报刊阅读（下）	外国语学院
14—15	2	3538012	基础阿拉伯语（二）	外国语学院
14—15	2	3538014	基础阿拉伯语（四）	外国语学院
14—15	2	3538021	阿拉伯语视听（一）	外国语学院
14—15	2	3538023	阿拉伯语视听（三）	外国语学院
14—15	2	3538025	阿拉伯语视听（五）	外国语学院
14—15	2	3538031	阿拉伯语口语（一）	外国语学院
14—15	2	3538033	阿拉伯语口语（三）	外国语学院
14—15	2	3538042	阿拉伯语阅读（二）	外国语学院
14—15	2	3538044	阿拉伯语阅读（四）	外国语学院
14—15	2	3538050	阿拉伯语语法	外国语学院
14—15	2	3538071	阿拉伯语口译（一）	外国语学院
14—15	2	3538081	阿拉伯语翻译教程（一）	外国语学院
14—15	2	3538180	阿拉伯伊斯兰文化	外国语学院
14—15	2	3538222	阿拉伯报刊文选（二）	外国语学院
14—15	2	3538230	开罗方言	外国语学院
14—15	2	3538240	阿拉伯语应用文	外国语学院
14—15	2	3538272	高年级阿拉伯语（二）	外国语学院

续表

学年度	学期	课程号	课程名称	开课系所
14—15	2	3538274	高年级阿拉伯语（四）	外国语学院
14—15	2	3538292	土耳其语视听说（二）	外国语学院
14—15	2	3538293	土耳其语视听说（三）	外国语学院
14—15	2	3538302	高级土耳其语（二）	外国语学院
14—15	2	3538310	土耳其历史文化	外国语学院
14—15	2	3538320	土耳其语阅读	外国语学院
14—15	2	3538332	基础希伯来语（二）(限阿语)	外国语学院
14—15	2	3538341	希伯来语口语（一）(限阿语)	外国语学院
14—15	2	3631002	法语精读（二）	外国语学院
14—15	2	3631004	法语精读（四）	外国语学院
14—15	2	3631006	法语精读（六）	外国语学院
14—15	2	3631018	法语精读（八）	外国语学院
14—15	2	3631022	法语视听说（二）	外国语学院
14—15	2	3631024	法语视听说（四）	外国语学院
14—15	2	3631026	法语视听说（六）	外国语学院
14—15	2	3631028	法语视听说（八）	外国语学院
14—15	2	3631032	法语写作（二）	外国语学院
14—15	2	3631034	法语写作（四）	外国语学院
14—15	2	3631043	法语笔译（上）	外国语学院
14—15	2	3631054	法语口译（下）	外国语学院
14—15	2	3631065	法国文学史和文学选读（上）	外国语学院
14—15	2	3631091	法语泛读（一）	外国语学院
14—15	2	3631093	法语泛读（三）	外国语学院
14—15	2	3631230	法语国家及地区概况	外国语学院
14—15	2	3631252	法国报刊选读（二）	外国语学院
14—15	2	3631254	法国报刊选读（四）	外国语学院
14—15	2	3631512	法语精读（二）	外国语学院
14—15	2	3631514	法语精读（四）	外国语学院
14—15	2	3631522	法语视听（二）	外国语学院
14—15	2	3631524	法语视听（四）	外国语学院
14—15	2	3631532	法语泛读（二）	外国语学院
14—15	2	3631534	法语泛读（四）	外国语学院
14—15	2	3631612	公共法语（二）	外国语学院
14—15	2	3632002	德语精读（二）	外国语学院
14—15	2	3632004	德语精读（四）	外国语学院
14—15	2	3632022	德语视听说（二）	外国语学院
14—15	2	3632024	德语视听说（四）	外国语学院
14—15	2	3632042	德语笔译（二）	外国语学院
14—15	2	3632044	德语笔译（四）	外国语学院
14—15	2	3632052	德语口译（下）	外国语学院
14—15	2	3632089	德语散文名篇选读	外国语学院
14—15	2	3632099	德语国家青少年文学	外国语学院

续表

学年度	学期	课程号	课程名称	开课系所
14—15	2	3632104	德语长篇小说(下)	外国语学院
14—15	2	3632110	德国文化史	外国语学院
14—15	2	3632130	奥地利、瑞士文学	外国语学院
14—15	2	3632160	德语中篇小说选读	外国语学院
14—15	2	3632182	德语语言学导论(二)	外国语学院
14—15	2	3632210	德国历史	外国语学院
14—15	2	3632230	德语语法专题	外国语学院
14—15	2	3632270	德语国家诗歌	外国语学院
14—15	2	3632291	德语写作(上)	外国语学院
14—15	2	3632340	跨文化交际	外国语学院
14—15	2	3632512	德语精读(二)	外国语学院
14—15	2	3632514	德语精读(四)	外国语学院
14—15	2	3632522	德语视听(二)	外国语学院
14—15	2	3632524	德语视听(四)	外国语学院
14—15	2	3632532	德语泛读(二)	外国语学院
14—15	2	3632534	德语泛读(四)	外国语学院
14—15	2	3632612	公共德语(二)	外国语学院
14—15	2	3632622	德语国家文学史与选读(二)	外国语学院
14—15	2	3632624	德语国家文学史与选读(四)	外国语学院
14—15	2	3633012	西班牙语精读(二)	外国语学院
14—15	2	3633014	西班牙语精读(四)	外国语学院
14—15	2	3633016	西班牙语精读(六)	外国语学院
14—15	2	3633019	西班牙语精读(八)	外国语学院
14—15	2	3633022	西班牙语视听(二)	外国语学院
14—15	2	3633026	西班牙语视听(六)	外国语学院
14—15	2	3633028	西班牙语视听(四)	外国语学院
14—15	2	3633032	西班牙语阅读(二)	外国语学院
14—15	2	3633042	西班牙语口语(二)	外国语学院
14—15	2	3633044	西班牙语口语(四)	外国语学院
14—15	2	3633046	西班牙语口语(六)	外国语学院
14—15	2	3633052	西班牙语作文(下)	外国语学院
14—15	2	3633061	西班牙语文学史和文学选读(上)	外国语学院
14—15	2	3633071	拉丁美洲文学史和文学选读(上)	外国语学院
14—15	2	3633082	西汉笔译(下)	外国语学院
14—15	2	3633092	西汉口译(下)	外国语学院
14—15	2	3633100	西班牙语语音	外国语学院
14—15	2	3633209	经贸西班牙语	外国语学院
14—15	2	3633220	拉丁美洲历史和文化概论	外国语学院
14—15	2	3633231	西班牙语语法(上)	外国语学院
14—15	2	3633252	西班牙报刊选读(下)	外国语学院
14—15	2	3633290	西班牙语世界文化研究	外国语学院
14—15	2	3633310	西班牙语语言学导论	外国语学院

续表

学年度	学期	课程号	课程名称	开课系所
14—15	2	3633320	文学理论	外国语学院
14—15	2	3633514	西班牙语精读(四)	外国语学院
14—15	2	3633524	西班牙语视听(四)	外国语学院
14—15	2	3633531	西班牙语阅读(一)	外国语学院
14—15	2	3633532	西班牙语阅读(二)	外国语学院
14—15	2	3633534	西班牙语阅读(四)	外国语学院
14—15	2	3633611	公共西班牙语(一)	外国语学院
14—15	2	3633612	公共西班牙语(二)	外国语学院
14—15	2	3634030	传记文学:经典人物研究	外国语学院
14—15	2	3634060	西方文学名著导读	外国语学院
14—15	2	3635012	公共葡萄牙语(二)	外国语学院
14—15	2	3639000	电影	外国语学院
14—15	2	3730032	俄语语法(二)	外国语学院
14—15	2	3730102	俄语报刊阅读(二)	外国语学院
14—15	2	3730111	俄语阅读—文化背景知识(一)	外国语学院
14—15	2	3730113	俄语阅读—文化背景知识(三)	外国语学院
14—15	2	3730192	俄语口语会话(下)	外国语学院
14—15	2	3730312	俄罗斯文学选读(下)	外国语学院
14—15	2	3730329	俄苏电影赏析	外国语学院
14—15	2	3730392	俄罗斯文学史(二)	外国语学院
14—15	2	3730394	俄罗斯文学史(四)	外国语学院
14—15	2	3730422	俄语口译(下)	外国语学院
14—15	2	3730502	基础俄语(二)	外国语学院
14—15	2	3730504	基础俄语(四)	外国语学院
14—15	2	3730512	高级俄语(二)	外国语学院
14—15	2	3730514	高级俄语(四)	外国语学院
14—15	2	3730542	俄语写作(下)	外国语学院
14—15	2	3730552	俄译汉教程(下)	外国语学院
14—15	2	3730582	俄罗斯国情(下)	外国语学院
14—15	2	3730592	俄罗斯民俗民情(下)	外国语学院
14—15	2	3730630	俄语实践修辞	外国语学院
14—15	2	3730699	俄罗斯文学与音乐	外国语学院
14—15	2	3730739	文学理论基础	外国语学院
14—15	2	3730752	俄语视听说(二)	外国语学院
14—15	2	3730754	俄语视听说(四)	外国语学院
14—15	2	3730769	俄语新闻听力(下)	外国语学院
14—15	2	3730780	俄罗斯社会与文化系列讲座	外国语学院
14—15	2	3730811	汉译俄教程(上)	外国语学院
14—15	2	3730822	公共俄语(二)	外国语学院
14—15	2	3830016	英语精读(四)	外国语学院
14—15	2	3830018	英语精读(二)	外国语学院
14—15	2	3830022	英语视听(二)	外国语学院

续表

学年度	学期	课程号	课程名称	开课系所
14—15	2	3830028	英语视听（四）	外国语学院
14—15	2	3830042	口语（二）	外国语学院
14—15	2	3830044	口语（四）	外国语学院
14—15	2	3830060	应用文写作	外国语学院
14—15	2	3830072	写作（二）	外国语学院
14—15	2	3830080	测试（A）	外国语学院
14—15	2	3830091	英国文学史（一）	外国语学院
14—15	2	3830120	汉译英	外国语学院
14—15	2	3830131	美国文学史与选读（一）	外国语学院
14—15	2	3831130	语篇分析入门	外国语学院
14—15	2	3832120	英语词汇学	外国语学院
14—15	2	3832160	消费文化与生存美学	外国语学院
14—15	2	3833120	英国散文名篇	外国语学院
14—15	2	3833160	英美戏剧	外国语学院
14—15	2	3833170	英美女作家作品选读	外国语学院
14—15	2	3833270	文学与社会	外国语学院
14—15	2	3833300	英语文学文体学	外国语学院
14—15	2	3833360	文化理论与加拿大小说	外国语学院
14—15	2	3834060	莎士比亚与马洛戏剧选读	外国语学院
14—15	2	3834100	中西文化比较	外国语学院
14—15	2	3834130	英语诗歌鉴赏	外国语学院
14—15	2	3834240	比较视野中的中美当代小说	外国语学院
14—15	2	3834290	戏剧实践	外国语学院
14—15	2	3834350	美国当代文学思想	外国语学院
14—15	2	3834360	英国文学的基石	外国语学院
14—15	2	3834370	文学、自然与地方	外国语学院
14—15	2	3834410	西方古典文学与社会	外国语学院
14—15	2	3834420	现代欧洲小说中的自我、危机与救赎	外国语学院
14—15	2	3835062	大学英语（二）（2）	英语语言文学系
14—15	2	3835063	大学英语（三）（2）	英语语言文学系
14—15	2	3835067	大学英语（四）	英语语言文学系
14—15	2	3835150	高级英语—阅读与写作	英语语言文学系
14—15	2	3835170	高级英语听力技巧	英语语言文学系
14—15	2	3835202	大学英语ABC（二）（2）	英语语言文学系
14—15	2	3835204	大学英语ABC（四）（2）	英语语言文学系
14—15	2	3835230	实用英语词汇学	英语语言文学系
14—15	2	3835260	英语名著与电影	英语语言文学系
14—15	2	3835340	莎士比亚名篇赏析	外国语学院
14—15	2	3835350	大学英语听说	英语语言文学系
14—15	2	3835390	文艺复兴艺术作品与圣经故事	英语语言文学系
14—15	2	3835400	美国短篇小说与电影	英语语言文学系
14—15	2	3835440	美国政治演说中的历史文化评析	外国语学院

续表

学年度	学期	课程号	课程名称	开课系所
14—15	2	3835460	英美戏剧和电影	英语语言文学系
14—15	2	3835470	美国诗歌导读	英语语言文学系
14—15	2	3835530	美国重要历史文献选读	英语语言文学系
14—15	2	3835540	英语阅读 A	英语语言文学系
14—15	2	3835550	英语听说与写作 A	英语语言文学系
14—15	2	3835580	英语阅读 B2	英语语言文学系
14—15	2	3835590	英语听说与写作 B2	英语语言文学系
14—15	2	3835610	法律英语	英语语言文学系
14—15	2	3835710	语言、文化与交际	英语语言文学系
14—15	2	3835720	澳大利亚研究	英语语言文学系
14—15	2	3835730	美国文化概览	英语语言文学系
14—15	2	3835830	西方文化选读	英语语言文学系
14—15	2	3835840	英美短篇小说赏析	英语语言文学系
14—15	2	3835880	英美报刊选读	英语语言文学系
14—15	2	3835900	高级英语写作	英语语言文学系
14—15	2	3835950	高级英语口语	英语语言文学系
14—15	2	3835960	英文文体风格鉴赏	英语语言文学系
14—15	2	3835970	语调与听说语法	英语语言文学系
14—15	2	3835990	英美经典散文节选阅读	英语语言文学系
14—15	2	3930010	西方戏剧文学	外国语学院
14—15	2	3930040	公共英语(二)	外国语学院
14—15	2	4031650	思想道德修养与法律基础	马克思主义学院
14—15	2	4031660	中国近现代史纲要	马克思主义学院
14—15	2	4031730	毛泽东思想和中国特色社会主义理论体系概论	马克思主义学院
14—15	2	4031740	马克思主义基本原理概论	马克思主义学院
14—15	2	4031750	形势与政策	马克思主义学院
14—15	2	4130020	游泳	体育教研部
14—15	2	4130021	游泳提高班	体育教研部
14—15	2	4130030	太极拳	体育教研部
14—15	2	4130040	健美操	体育教研部
14—15	2	4130050	乒乓球	体育教研部
14—15	2	4130053	乒乓球提高班	体育教研部
14—15	2	4130060	羽毛球	体育教研部
14—15	2	4130063	羽毛球提高班	体育教研部
14—15	2	4130070	网球	体育教研部
14—15	2	4130080	足球	体育教研部
14—15	2	4130090	篮球	体育教研部
14—15	2	4130093	篮球提高班	体育教研部
14—15	2	4130100	排球	体育教研部
14—15	2	4130110	形体(女生)	体育教研部
14—15	2	4130120	体育舞蹈	体育教研部
14—15	2	4130130	健美	体育教研部

续表

学年度	学期	课程号	课程名称	开课系所
14—15	2	4130160	体适能	体育教研部
14—15	2	4130170	保健1	体育教研部
14—15	2	4130210	棒、垒球	体育教研部
14—15	2	4130231	安全教育与自卫防身	体育教研部
14—15	2	4130240	攀岩	体育教研部
14—15	2	4130260	少林棍术	体育教研部
14—15	2	4130280	跆拳道	体育教研部
14—15	2	4130290	击剑	体育教研部
14—15	2	4130350	运动、营养与减肥	体育教研部
14—15	2	4130370	围棋（初级班）	体育教研部
14—15	2	4130420	散打	体育教研部
14—15	2	4130430	中华毽	体育教研部
14—15	2	4130440	瑜伽	体育教研部
14—15	2	4130450	地板球	体育教研部
14—15	2	4130480	高尔夫	体育教研部
14—15	2	4130490	桥牌	体育教研部
14—15	2	4130500	国际象棋（初级班）	体育教研部
14—15	2	4130520	《黄帝内经》与古导引	体育教研部
14—15	2	4130570	剑道	体育教研部
14—15	2	4130620	定向与徒步运动	体育教研部
14—15	2	4130630	汉字太极与养生课	体育教研部
14—15	2	4130640	拓展训练	体育教研部
14—15	2	4130660	壁球	体育教研部
14—15	2	4330004	创意写作	艺术学院
14—15	2	4330005	音乐概论	艺术学院
14—15	2	4330007	西方艺术学原著导读	艺术学院
14—15	2	4330016	艺术管理学	艺术学院
14—15	2	4330017	西游记与中国文化	艺术学院
14—15	2	4330027	舞蹈史论	艺术学院
14—15	2	4330043	西方音乐史	艺术学院
14—15	2	4330051	中国美术史	艺术学院
14—15	2	4330053	中国美术通史（下）	艺术学院
14—15	2	4330055	西方美术史（下）	艺术学院
14—15	2	4330056	中国音乐通史	艺术学院
14—15	2	4330058	西方音乐通史（下）	艺术学院
14—15	2	4330091	世界电影史（2）	艺术学院
14—15	2	4330094	中国电影史	艺术学院
14—15	2	4330111	经典昆曲欣赏	艺术学院
14—15	2	4330153	舞蹈概论	艺术学院
14—15	2	4330166	合唱基础的理论与实践	艺术学院
14—15	2	4330401	中国书法理论与技法	艺术学院
14—15	2	4330421	浪漫主义时代的欧洲音乐	艺术学院

续表

学年度	学期	课程号	课程名称	开课系所
14—15	2	4330433	贝多芬音乐专题研讨	艺术学院
14—15	2	4330550	影视鉴赏	艺术学院
14—15	2	4330642	交响乐（初）	艺术学院
14—15	2	4330644	交响乐（中）	艺术学院
14—15	2	4330646	交响乐（高）	艺术学院
14—15	2	4330942	民族管弦乐（初）	艺术学院
14—15	2	4330946	民族管弦乐（高）	艺术学院
14—15	2	4331541	美学原理	艺术学院
14—15	2	4331570	戏剧艺术概论	艺术学院
14—15	2	4331620	毕业论文	艺术学院
14—15	2	4331792	视听语言（电影语言）(2)	艺术学院
14—15	2	4331803	影视编剧（二）	艺术学院
14—15	2	4331813	影视导演（二）	艺术学院
14—15	2	4331880	中国画艺术美学	艺术学院
14—15	2	4332042	外国文学	艺术学院
14—15	2	4332120	影视音乐	艺术学院
14—15	2	4332210	中国电影史	艺术学院
14—15	2	4332281	学年作品（一）	艺术学院
14—15	2	4332282	学年作品（二）	艺术学院
14—15	2	4332283	毕业作品拍片实践	艺术学院
14—15	2	4332284	毕业实习	艺术学院
14—15	2	4332285	毕业论文	艺术学院
14—15	2	4332350	中国流行音乐流变	艺术学院
14—15	2	4332470	中国美术概论	艺术学院
14—15	2	4332490	西方歌剧简史与名作赏析	艺术学院
14—15	2	4332551	艺术训练（一）	艺术学院
14—15	2	4332552	艺术训练（二）	艺术学院
14—15	2	4332553	艺术训练（三）	艺术学院
14—15	2	4332554	艺术训练（四）	艺术学院
14—15	2	4332555	艺术训练（五）	艺术学院
14—15	2	4332556	艺术训练（六）	艺术学院
14—15	2	4332557	艺术训练（七）	艺术学院
14—15	2	4332590	中国传统装饰艺术与审美文化	艺术学院
14—15	2	4332710	西方美术史	艺术学院
14—15	2	4332791	制片管理与营销	艺术学院
14—15	2	4332930	好莱坞电影叙事	艺术学院
14—15	2	4333020	美术造型	艺术学院
14—15	2	4630850	综合实验课程Ⅱ	元培学院
14—15	2	4630860	多元微积分与线性代数	元培学院
14—15	2	4630861	多元微积分与线性代数习题课	元培学院
14—15	2	4630880	生物化学（整合科学）	元培学院
14—15	2	4630890	物理化学（整合科学）Ⅰ	元培学院

续表

学年度	学期	课程号	课程名称	开课系所
14—15	2	4630960	中国近现代史纲要	元培学院
14—15	2	4830020	微电子与电路基础	元培学院
14—15	2	4830030	科技交流与写作	信息科学技术学院
14—15	2	4830080	代数结构与组合数学	信息科学技术学院
14—15	2	4830100	数字逻辑设计	信息科学技术学院
14—15	2	4830110	数字逻辑设计实验	信息科学技术学院
14—15	2	4830130	微机实验	信息科学技术学院
14—15	2	4830150	编译技术	信息科学技术学院
14—15	2	4830190	操作系统实习	信息科学技术学院
14—15	2	4830191	操作系统实习(实验班)	信息科学技术学院
14—15	2	4830210	软件工程	信息科学技术学院
14—15	2	4830211	软件工程(实验班)	信息科学技术学院
14—15	2	4830220	数据库概论	信息科学技术学院
14—15	2	4830221	数据库概论(实验班)	信息科学技术学院
14—15	2	4830230	计算机图形学	信息科学技术学院
14—15	2	4830240	计算机网络概论	信息科学技术学院
14—15	2	4830270	程序设计语言概论	信息科学技术学院
14—15	2	4830290	面向对象技术引论	信息科学技术学院
14—15	2	4830320	数字图像处理	信息科学技术学院
14—15	2	4830330	Linux 程序设计	信息科学技术学院
14—15	2	4830340	JAVA 程序设计	信息科学技术学院
14—15	2	4830450	网络实用技术	信息科学技术学院
14—15	2	4830494	数据结构与算法上机	化学与分子工程学院
14—15	2	4830494	数据结构与算法上机	工学院
14—15	2	4830494	数据结构与算法上机	物理学院
14—15	2	4830640	电子线路实验(A)	信息科学技术学院
14—15	2	4830660	数字逻辑电路实验	信息科学技术学院
14—15	2	4830670	信号与系统	信息科学技术学院
14—15	2	4830710	通信电路实验	信息科学技术学院
14—15	2	4830720	通信原理	信息科学技术学院
14—15	2	4830750	光电子技术实验	信息科学技术学院
14—15	2	4830760	数字信号处理(含上机)	信息科学技术学院
14—15	2	4830780	微机与接口技术实验	信息科学技术学院
14—15	2	4830800	光电子学	信息科学技术学院
14—15	2	4830850	近代物理	信息科学技术学院
14—15	2	4830880	纳米科技与纳米电子学	信息科学技术学院
14—15	2	4830890	量子力学(I)	信息科学技术学院
14—15	2	4830970	通信电路	信息科学技术学院
14—15	2	4831010	半导体物理	信息科学技术学院
14—15	2	4831030	数字集成电路原理	信息科学技术学院
14—15	2	4831070	集成电路计算机辅助设计	信息科学技术学院
14—15	2	4831090	模拟集成电路原理	信息科学技术学院

续表

学年度	学期	课程号	课程名称	开课系所
14—15	2	4831200	随机过程引论	信息科学技术学院
14—15	2	4831210	信息论	信息科学技术学院
14—15	2	4831230	自动控制理论	信息科学技术学院
14—15	2	4831260	机器感知实验	信息科学技术学院
14—15	2	4831370	数据仓库与数据挖掘方法	信息科学技术学院
14—15	2	4831400	生物信息处理	信息科学技术学院
14—15	2	4831420	数据结构与算法（B）	地球与空间科学学院
14—15	2	4831420	数据结构与算法（B）	化学与分子工程学院
14—15	2	4831420	数据结构与算法（B）	心理学系
14—15	2	4831420	数据结构与算法（B）	工学院
14—15	2	4831420	数据结构与算法（B）	城市与环境学院
14—15	2	4831420	数据结构与算法（B）	物理学院
14—15	2	4831432	计算机应用基础（上）	工学院
14—15	2	4831443	文科计算机专题	信息科学技术学院
14—15	2	4831520	电子线路计算机辅助设计	信息科学技术学院
14—15	2	4831730	机器学习概论	信息科学技术学院
14—15	2	4831750	程序设计实习	信息科学技术学院
14—15	2	4831760	程序设计实习（实验班）	信息科学技术学院
14—15	2	4831770	微电子与电路基础	信息科学技术学院
14—15	2	4831780	自然语言处理导论	信息科学技术学院
14—15	2	4831840	职业规划与领导力发展	信息科学技术学院
14—15	2	4831870	基础电路实验	信息科学技术学院
14—15	2	4831880	初等数论及其应用	信息科学技术学院
14—15	2	4832030	量子力学(I)	信息科学技术学院
14—15	2	4832040	现代无线通信中的新兴技术	信息科学技术学院
14—15	2	4832050	微米纳米技术概论	信息科学技术学院
14—15	2	4832140	现代电子与通信导论	信息科学技术学院
14—15	2	4832190	可重构系统基础	信息科学技术学院
14—15	2	4832240	并行与分布式计算导论	信息科学技术学院
14—15	2	4832250	计算机网络（实验班）	信息科学技术学院
14—15	2	4832260	微纳集成系统实验班	信息科学技术学院
14—15	2	4832280	C++语言程序设计	信息科学技术学院
14—15	2	4832450	数字逻辑	信息科学技术学院
14—15	2	4832460	数据分析基础	信息科学技术学院
14—15	2	4832470	模拟电路	信息科学技术学院
14—15	2	4832480	Mac OS X、iOS 平台的 Cocoa 程序设计	信息科学技术学院
14—15	2	4832500	无线通信集成电路基础	信息科学技术学院
14—15	2	4832510	软件工程实习（实验班）	信息科学技术学院
14—15	2	4832520	并行程序设计原理	信息科学技术学院
14—15	2	4832560	算法设计与分析	信息科学技术学院
14—15	2	4832570	算法设计与分析（实验班）	信息科学技术学院
14—15	2	4832580	算法设计与分析（研讨型小班）	信息科学技术学院

续表

学年度	学期	课程号	课程名称	开课系所
14—15	2	4832690	数字视频处理与分析	信息科学技术学院
14—15	2	4832700	计算机组成	信息科学技术学院
14—15	2	4832710	自然语言处理中的经验性方法	信息科学技术学院
14—15	2	4832720	编程语言的设计原理	信息科学技术学院
14—15	2	4832730	现代集成电路中的器件设计与应用	信息科学技术学院
14—15	2	4832740	概率论与随机过程	信息科学技术学院
14—15	2	4832750	基础物理学	信息科学技术学院
14—15	2	4832760	电路与电子学	信息科学技术学院
14—15	2	4832820	模式识别和统计学习模型与方法	信息科学技术学院
14—15	2	4832850	创新工程实践	信息科学技术学院
14—15	2	4832860	软件质量保证	信息科学技术学院
14—15	2	4832870	场与波	信息科学技术学院
14—15	2	4832880	信息论与编码理论基础	信息科学技术学院
14—15	2	4832890	数字逻辑电路(小班课)	信息科学技术学院
14—15	2	4832900	数字逻辑电路	信息科学技术学院
14—15	2	4832901	数字逻辑电路(实验班)	信息科学技术学院
14—15	2	4832910	面向通用对弈游戏的程序设计方法	信息科学技术学院
14—15	2	4832920	函数式程序设计	信息科学技术学院
14—15	2	4832930	电子技术实验	元培学院
14—15	2	4832940	Scratch趣味程序设计与计算思维	信息科学技术学院
14—15	2	6232070	概率统计	国家发展研究院
14—15	2	6232200	中级微观经济学	国家发展研究院
14—15	2	6232300	中级宏观经济学	国家发展研究院
14—15	2	6232400	计量经济学	国家发展研究院
14—15	2	6233370	战略管理学	国家发展研究院
14—15	2	6233550	公共财政学	国家发展研究院
14—15	2	6234700	产业组织	国家发展研究院
14—15	2	6234830	劳动经济学	国家发展研究院
14—15	2	6234850	环境经济学	国家发展研究院
14—15	2	6234900	中国经济专题	国家发展研究院
14—15	2	6235060	财务会计	国家发展研究院
14—15	2	6235080	经济学研究训练	国家发展研究院
14—15	2	6236010	财务报表分析	国家发展研究院
14—15	2	6236030	人文社会跨学科讲座	国家发展研究院
14—15	2	6236050	城市经济学	国家发展研究院
14—15	2	6236090	低碳经济与碳金融	国家发展研究院
14—15	2	6237010	金融计量	国家发展研究院
14—15	2	6237020	社会经济调查理论方法与实践	国家发展研究院
14—15	2	6237030	期权、期货与衍生品定价	国家发展研究院
14—15	2	6238010	投资学	国家发展研究院
14—15	2	6238020	教育经济学	国家发展研究院
14—15	2	6238060	健康经济学	国家发展研究院

续表

学年度	学期	课程号	课程名称	开课系所
14—15	2	6238070	21世纪中国宏观经济与政策	国家发展研究院
14—15	2	6238080	互联网金融与大数据	国家发展研究院
14—15	2	6238090	经济增长导论	国家发展研究院
14—15	2	6239000	博弈与社会	国家发展研究院
14—15	2	6239010	博弈与社会小班习题课	国家发展研究院
14—15	2	6239020	金融理论与金融市场	国家发展研究院
14—15	2	12631020	环境毒理学	城市与环境学院
14—15	2	12631030	环境科学前沿	城市与环境学院
14—15	2	12631060	大气环境导论	城市与环境学院
14—15	2	12631070	环境科学概论	城市与环境学院
14—15	2	12632010	生态学与自然地理学前沿	城市与环境学院
14—15	2	12635010	区域规划	城市与环境学院
14—15	2	12635020	社区空间规划与设计	城市与环境学院
14—15	2	12635060	景观规划与设计	城市与环境学院
14—15	2	12635070	详细规划(课程设计)	城市与环境学院
14—15	2	12635080	城市形态学导论	城市与环境学院
14—15	2	12635090	美术:素描与色彩	城市与环境学院
14—15	2	12638010	海洋科学导论	城市与环境学院
14—15	2	12639050	应用文化地理学	城市与环境学院
14—15	2	12639060	陆地水体概说	城市与环境学院
14—15	2	12730020	变化中的地球	环境科学与工程学院
14—15	2	12731010	人类生存发展与环境保护	环境科学与工程学院
14—15	2	12731020	全球环境问题	环境科学与工程学院
14—15	2	12731050	环境材料导论	环境科学与工程学院
14—15	2	12731060	环境伦理概论	环境科学与工程学院
14—15	2	12732020	环境管理学	环境科学与工程学院
14—15	2	12732050	环境经济学	环境科学与工程学院
14—15	2	12732060	环境规划学	环境科学与工程学院
14—15	2	12732080	环境工程学二	环境科学与工程学院
14—15	2	12732150	环境工程学一	环境科学与工程学院
14—15	2	12733010	环境化学	环境科学与工程学院
14—15	2	12733020	环境化学实验	环境科学与工程学院
14—15	2	12733080	环境科学与工程文献选读	环境科学与工程学院
14—15	2	12733140	企业环境管理	环境科学与工程学院
14—15	2	12734010	工程制图	环境科学与工程学院
14—15	2	12734030	水处理工程(下)	环境科学与工程学院
14—15	2	12734050	环境工程实验(一)	环境科学与工程学院
14—15	2	12735090	物理性污染控制	环境科学与工程学院
14—15	2	12735120	工业微生物学	环境科学与工程学院
14—15	2	12735130	环境质量评价	环境科学与工程学院
14—15	2	12735170	环境遥感基础	环境科学与工程学院
14—15	2	12735180	环境信息系统	环境科学与工程学院

续表

学年度	学期	课程号	课程名称	开课系所
14—15	2	19230020	歌剧的魅力(概论篇)	歌剧研究院
14—15	2	19230060	声乐演唱及表演	歌剧研究院
14—15	2	19230070	五线谱视唱练耳基础	歌剧研究院
14—15	2	19230090	俄罗斯音乐文化赏析	歌剧研究院
14—15	2	19930001	创业基础	产业技术研究院
14—15	2	30330031	教师指导下的独立研究	数学科学学院
14—15	2	30330031	教师指导下的独立研究	物理学院
14—15	2	30330031	教师指导下的独立研究	化学与分子工程学院
14—15	2	30330031	教师指导下的独立研究	生命科学学院
14—15	2	30330031	教师指导下的独立研究	地球与空间科学学院
14—15	2	30330031	教师指导下的独立研究	心理学系
14—15	2	30330031	教师指导下的独立研究	软件与微电子学院
14—15	2	30330031	教师指导下的独立研究	新闻与传播学院
14—15	2	30330031	教师指导下的独立研究	中国语言文学系
14—15	2	30330031	教师指导下的独立研究	历史学系
14—15	2	30330031	教师指导下的独立研究	考古文博学院
14—15	2	30330031	教师指导下的独立研究	哲学系
14—15	2	30330031	教师指导下的独立研究	国际关系学院
14—15	2	30330031	教师指导下的独立研究	经济学院
14—15	2	30330031	教师指导下的独立研究	光华管理学院
14—15	2	30330031	教师指导下的独立研究	法学院
14—15	2	30330031	教师指导下的独立研究	信息管理系
14—15	2	30330031	教师指导下的独立研究	社会学系
14—15	2	30330031	教师指导下的独立研究	政府管理学院
14—15	2	30330031	教师指导下的独立研究	外国语学院
14—15	2	30330031	教师指导下的独立研究	艺术学院
14—15	2	30330031	教师指导下的独立研究	元培学院
14—15	2	30330031	教师指导下的独立研究	信息科学技术学院
14—15	2	30330031	教师指导下的独立研究	工学院
14—15	2	30330031	教师指导下的独立研究	城市与环境学院
14—15	2	30330031	教师指导下的独立研究	环境科学与工程学院
14—15	2	30330031	教师指导下的独立研究	国家发展研究院
14—15	2	30330032	教师指导下的独立研究	教务部
14—15	2	60730020	军事理论	学生工作部人民武装部
14—15	2	60730020	军事理论	元培学院
14—15	2	60730020	军事理论	社会学系
14—15	2	61030020	大学生职业生涯规划	学生工作部人民武装部
14—15	3	332847	现代控制系统	工学院
14—15	3	332950	航空航天工业实习	工学院
14—15	3	333050	金工实习	工学院
14—15	3	333117	跨文化设计:对生态负责的商业模型	工学院
14—15	3	333127	智能材料与结构	工学院

续表

学年度	学期	课程号	课程名称	开课系所
14—15	3	333137	神经假体工程	工学院
14—15	3	333187	语音及音频处理的理论与实践	工学院
14—15	3	333390	生物医学工程实习	工学院
14—15	3	333547	计算多相流	工学院
14—15	3	333557	生物信息学	工学院
14—15	3	333670	中国经济：科技、增长与全球联系	工学院
14—15	3	333677	中国经济 A：增长与全球联系	工学院
14—15	3	333697	中国的过去与现状	工学院
14—15	3	333698	中国的过去与现状 A	工学院
14—15	3	333737	生物流体传质传热现象	工学院
14—15	3	431141	力学	信息科学技术学院
14—15	3	431143	电磁学	信息科学技术学院
14—15	3	431740	可再生能源与低碳社会	物理学院
14—15	3	432206	量子力学专题	物理学院
14—15	3	432216	量子力学（Ⅱ）	物理学院
14—15	3	437150	物理学科暑期专题研讨	物理学院
14—15	3	1130910	生物学野外实习	生命科学学院
14—15	3	1131180	植物发育及分子生物学	生命科学学院
14—15	3	1131430	高级植物分子生物学实验技术	生命科学学院
14—15	3	1137021	人类遗传学：连锁分析及疾病遗传学	生命科学学院
14—15	3	1139700	癌发生的分子和细胞学机制	生命科学学院
14—15	3	1231420	综合地质实习	地球与空间科学学院
14—15	3	1231440	区域地质实习	地球与空间科学学院
14—15	3	1231640	普通地质实习 A	地球与空间科学学院
14—15	3	1233170	地震概论	地球与空间科学学院
14—15	3	1233380	地震学野外实习	地球与空间科学学院
14—15	3	1235260	3S 野外综合实习	地球与空间科学学院
14—15	3	1430870	普通地质实习	地球与空间科学学院
14—15	3	1431440	珠宝鉴赏与珠宝文化	地球与空间科学学院
14—15	3	1533240	人文地理专业实习	城市与环境学院
14—15	3	1533290	美术实习	城市与环境学院
14—15	3	1533300	城乡地域空间认知实习	城市与环境学院
14—15	3	1534320	自然地理综合实习	城市与环境学院
14—15	3	1535130	野外生态学	城市与环境学院
14—15	3	1537530	普通地质实习	城市与环境学院
14—15	3	1539200	植物土壤实习	城市与环境学院
14—15	3	1539340	地貌实习	城市与环境学院
14—15	3	1610226	意识的脑机制	心理学系
14—15	3	1630081	健康人格心理学	心理学系
14—15	3	1630692	电影与心理	心理学系
14—15	3	1630693	用户体验研究与实践	心理学系
14—15	3	1630891	儿童抑郁专题	心理学系

续表

学年度	学期	课程号	课程名称	开课系所
14—15	3	1832910	视频编辑	新闻与传播学院
14—15	3	1833620	跨文化系列课程:国际领导力评估与培养	新闻与传播学院
14—15	3	1833670	跨文化系列课程:表演艺术与跨文化传播解读	新闻与传播学院
14—15	3	1834040	中东政治与文化传播	新闻与传播学院
14—15	3	2100100	拉丁文书学	历史学系
14—15	3	2131810	伊斯兰教与现代世界	历史学系
14—15	3	2132290	社会历史调查	历史学系
14—15	3	2332311	佛教导论	哲学系
14—15	3	2431710	亚太概论	国际关系学院
14—15	3	2530060	微观经济学	经济学院
14—15	3	2535220	量化历史研究	经济学院
14—15	3	2930871	涉外民商事之法律适用	法学院
14—15	3	3032360	中国文化史	信息管理系
14—15	3	3130400	教育社会学思考	社会学系
14—15	3	3633330	西班牙文化纵览	外国语学院
14—15	3	3835400	美国短篇小说与电影	英语语言文学系
14—15	3	3835510	希腊与希伯来哲学	英语语言文学系
14—15	3	3835520	英美文学概况	英语语言文学系
14—15	3	3835610	法律英语	英语语言文学系
14—15	3	3835620	美国华人移民的历史与文化	英语语言文学系
14—15	3	3835730	美国文化概览	英语语言文学系
14—15	3	3835830	西方文化选读	英语语言文学系
14—15	3	3835860	英语公众演讲	英语语言文学系
14—15	3	3835950	高级英语口语	英语语言文学系
14—15	3	4031730	毛泽东思想和中国特色社会主义理论体系概论	马克思主义学院
14—15	3	4031740	马克思主义基本原理概论	马克思主义学院
14—15	3	4130030	太极拳	体育教研部
14—15	3	4130040	健美操	体育教研部
14—15	3	4130050	乒乓球	体育教研部
14—15	3	4330881	基本乐理与管弦乐基础	艺术学院
14—15	3	4331020	中外名曲赏析	艺术学院
14—15	3	4332711	西方美术史田野调研	艺术学院
14—15	3	4630710	认知科学与经济学	元培学院
14—15	3	4630720	推理与决策	元培学院
14—15	3	4830041	计算概论A	信息科学技术学院
14—15	3	4830050	数据结构与算法（A）	信息科学技术学院
14—15	3	4830810	可编程逻辑电路设计(I)	信息科学技术学院
14—15	3	4831433	文科计算机基础	信息科学技术学院
14—15	3	4831443	文科计算机专题	信息科学技术学院
14—15	3	4831750	程序设计实习	信息科学技术学院
14—15	3	4831840	职业规划与领导力发展	信息科学技术学院
14—15	3	4831950	生物特征识别	信息科学技术学院

续表

学年度	学期	课程号	课程名称	开课系所
14—15	3	4831951	生物特征识别实习	信息科学技术学院
14—15	3	4832330	工程科学研究方法	信息科学技术学院
14—15	3	4832530	初级算法应用技巧	信息科学技术学院
14—15	3	4832540	中级算法应用技巧	信息科学技术学院
14—15	3	4832550	高级算法应用技巧	信息科学技术学院
14—15	3	4832960	大数据查询的理论和关键技术	信息科学技术学院
14—15	3	4832970	计算社会网络中近似算法设计	信息科学技术学院
14—15	3	4832980	嵌入式 Linux 操作系统	信息科学技术学院
14—15	3	6237020	社会经济调查理论方法与实践	国家发展研究院
14—15	3	6239030	市场微结构模型专题	国家发展研究院
14—15	3	12639010	综合社会实践实习	城市与环境学院
14—15	3	12739020	环境化学野外实习	环境科学与工程学院
14—15	3	12739040	环境综合实习一	环境科学与工程学院
14—15	3	12739050	城市挑战计划	环境科学与工程学院
14—15	3	18050150	营养与疾病	医学部教学办
14—15	3	18050180	人体免疫与健康养生	医学部教学办
14—15	3	18730010	社会调查实务	中国社会科学调查中心
14—15	3	18730020	社会调查数据分析方法	中国社会科学调查中心
14—15	3	30330500	ACM/ICPC 竞赛训练	教务部
14—15	3	30340009	中国民俗与文化	教务部
14—15	3	30340015	比较哲学:中国和西方	教务部
14—15	3	30340025	中国经济导论	教务部
14—15	3	30340028	转型时期的中国公共政策	教务部
14—15	3	30340032	1949 年以来的中国	教务部
14—15	3	30340033	镜中观花——中国人的价值观	教务部
14—15	3	30340035	中国因素:应对中国的全球挑战	教务部
14—15	3	30340043	现代中国文化与社会(1910 年至今)	教务部
14—15	3	30340045	中国地方政府与政治	教务部
14—15	3	30340048	中国传统认同与其现代变迁	教务部
14—15	3	30340049	"中国崛起"专题研讨课	教务部
14—15	3	30340052	中国传统健身、饮食与养生	教务部
14—15	3	30340053	中国的宪法和政治体系	教务部
14—15	3	30340055	中国经济专题	教务部
14—15	3	30340058	当代中国的社会问题与政策应对	教务部
14—15	3	30340059	中国古典诗词	教务部
14—15	3	30340060	国际人力资源管理:东方、西方和新兴市场	教务部
14—15	3	30340062	从历史视角看当代中国女性、体育和社会	教务部
14—15	3	30340063	中国政治经济导论	教务部
14—15	3	30340064	环境与中国:自然,文化和发展	教务部
14—15	3	30340065	丝绸之路:一种全球史	教务部
14—15	3	30340066	解读中国:从媒体、沟通、文化的视角	教务部
14—15	3	30340067	新中国:哲学与政治	教务部

续表

学年度	学期	课程号	课程名称	开课系所
14—15	3	30340068	亚太安全	教务部
14—15	3	30340070	C9联盟西安交大项目	教务部
14—15	3	61030030	朋辈心理辅导	心理学系
15—16	1	102892	统计学习	数学科学学院
15—16	1	110000	黎曼几何引论	数学科学学院
15—16	1	110010	同调论	数学科学学院
15—16	1	110050	模式识别	数学科学学院
15—16	1	110060	算法设计与分析	数学科学学院
15—16	1	110130	泛函分析（二）	数学科学学院
15—16	1	110150	交换代数	数学科学学院
15—16	1	110330	几何分析	数学科学学院
15—16	1	110400	随机分析	数学科学学院
15—16	1	110620	生存分析与可靠性	数学科学学院
15—16	1	110780	最优化理论与算法	数学科学学院
15—16	1	110830	数值代数 II	数学科学学院
15—16	1	110860	并行计算 II	数学科学学院
15—16	1	111770	代数几何 II	数学科学学院
15—16	1	111850	有限元方法 II	数学科学学院
15—16	1	111940	遍历论	数学科学学院
15—16	1	112040	现代信息处理选讲	数学科学学院
15—16	1	112230	高等统计选讲 I	数学科学学院
15—16	1	112450	智能计算	数学科学学院
15—16	1	112630	高等概率论	数学科学学院
15—16	1	112640	高等统计学	数学科学学院
15—16	1	112711	抽象代数 II	数学科学学院
15—16	1	112780	应用偏微分方程	数学科学学院
15—16	1	113510	几何拓扑选讲	数学科学学院
15—16	1	113550	信息安全	元培学院
15—16	1	113550	信息安全	数学科学学院
15—16	1	113670	近代数学物理方法	数学科学学院
15—16	1	113690	随机模拟方法	数学科学学院
15—16	1	113780	符号计算	数学科学学院
15—16	1	114250	机器学习	数学科学学院
15—16	1	130161	拓扑学	数学科学学院
15—16	1	130201	高等数学（B）（一）	信息科学技术学院
15—16	1	130201	高等数学（B）（一）	物理学院
15—16	1	130201	高等数学（B）（一）	地球与空间科学学院
15—16	1	130201	高等数学（B）（一）	光华管理学院
15—16	1	130201	高等数学（B）（一）	经济学院
15—16	1	130201	高等数学（B）（一）	化学与分子工程学院
15—16	1	130201	高等数学（B）（一）	生命科学学院
15—16	1	130211	高等数学（B）（一）习题课	信息科学技术学院

续表

学年度	学期	课程号	课程名称	开课系所
15—16	1	130211	高等数学（B）（一）习题课	物理学院
15—16	1	130211	高等数学（B）（一）习题课	地球与空间科学学院
15—16	1	130211	高等数学（B）（一）习题课	光华管理学院
15—16	1	130211	高等数学（B）（一）习题课	经济学院
15—16	1	130211	高等数学（B）（一）习题课	化学与分子工程学院
15—16	1	130211	高等数学（B）（一）习题课	生命科学学院
15—16	1	130280	计算方法(B)	信息科学技术学院
15—16	1	130310	线性代数(C)	城市与环境学院
15—16	1	130550	数值代数	数学科学学院
15—16	1	130730	数理逻辑	数学科学学院
15—16	1	130830	数字信号处理	数学科学学院
15—16	1	131420	数据结构	数学科学学院
15—16	1	131421	高等数学C（一）	医学部教学办
15—16	1	131421	高等数学C（一）	城市与环境学院
15—16	1	131460	线性代数（B）	工学院
15—16	1	131460	线性代数（B）	信息科学技术学院
15—16	1	131460	线性代数（B）	物理学院
15—16	1	131460	线性代数（B）	地球与空间科学学院
15—16	1	131460	线性代数（B）	光华管理学院
15—16	1	131460	线性代数（B）	经济学院
15—16	1	131460	线性代数（B）	化学与分子工程学院
15—16	1	131460	线性代数（B）	生命科学学院
15—16	1	131470	线性代数（B）习题	信息科学技术学院
15—16	1	131470	线性代数（B）习题	物理学院
15—16	1	131470	线性代数（B）习题	地球与空间科学学院
15—16	1	131470	线性代数（B）习题	光华管理学院
15—16	1	131470	线性代数（B）习题	经济学院
15—16	1	131470	线性代数（B）习题	化学与分子工程学院
15—16	1	131470	线性代数（B）习题	生命科学学院
15—16	1	131480	概率统计（A）	信息科学技术学院
15—16	1	131700	数学分析	数学科学学院
15—16	1	131710	高等代数	数学科学学院
15—16	1	132250	抽象代数选讲	数学科学学院
15—16	1	132260	数学分析选讲Ⅲ	数学科学学院
15—16	1	132301	数学分析(I)	数学科学学院
15—16	1	132301	数学分析(I)	信息科学技术学院
15—16	1	132304	数学分析(III)	数学科学学院
15—16	1	132304	数学分析(III)	信息科学技术学院
15—16	1	132310	微分几何	数学科学学院
15—16	1	132311	数学分析(I)习题	数学科学学院
15—16	1	132311	数学分析(I)习题	信息科学技术学院
15—16	1	132313	数学分析(III)习题	数学科学学院

续表

学年度	学期	课程号	课程名称	开课系所
15—16	1	132313	数学分析（III）习题	信息科学技术学院
15—16	1	132321	高等代数(I)	数学科学学院
15—16	1	132321	高等代数(I)	信息科学技术学院
15—16	1	132330	偏微分方程	数学科学学院
15—16	1	132331	高等代数(I)习题	数学科学学院
15—16	1	132331	高等代数(I)习题	信息科学技术学院
15—16	1	132341	几何学	数学科学学院
15—16	1	132351	几何学习题	数学科学学院
15—16	1	132361	数学分析 I(实验班)	数学科学学院
15—16	1	132370	实变函数	数学科学学院
15—16	1	132371	高等代数 I(实验班)	数学科学学院
15—16	1	132380	概率统计（B）	物理学院
15—16	1	132380	概率统计（B）	地球与空间科学学院
15—16	1	132381	几何学 I(实验班)	数学科学学院
15—16	1	132510	李群及其表示	数学科学学院
15—16	1	132750	毕业论文(证券)讨论班	数学科学学院
15—16	1	132770	毕业论文(资产定价)讨论班	数学科学学院
15—16	1	132780	毕业论文(精算)讨论班	数学科学学院
15—16	1	132810	毕业论文(衍生工具)讨论班	数学科学学院
15—16	1	132830	金融数学引论	数学科学学院
15—16	1	133030	统计计算	数学科学学院
15—16	1	133070	应用时间序列分析	数学科学学院
15—16	1	133090	应用随机过程	数学科学学院
15—16	1	133110	应用回归分析	数学科学学院
15—16	1	134270	毕业论文(金融统计)讨论班	数学科学学院
15—16	1	134330	金融经济学	数学科学学院
15—16	1	134360	典型群引论	数学科学学院
15—16	1	135220	非参数统计	数学科学学院
15—16	1	135450	抽象代数	数学科学学院
15—16	1	135460	数理统计	数学科学学院
15—16	1	135480	风险理论	数学科学学院
15—16	1	135520	偏微分方程数值解	数学科学学院
15—16	1	136350	概率论	数学科学学院
15—16	1	136540	数值方法：原理,算法及应用	数学科学学院
15—16	1	136590	复变函数	数学科学学院
15—16	1	136660	凸优化	数学科学学院
15—16	1	136700	普通统计学	数学科学学院
15—16	1	136750	随机过程引论	数学科学学院
15—16	1	136760	金融数据分析导论	数学科学学院
15—16	1	136770	代数数论讨论班	数学科学学院
15—16	1	136790	多重算法和随机算法选讲	数学科学学院
15—16	1	136850	实变函数与泛函分析	数学科学学院

续表

学年度	学期	课程号	课程名称	开课系所
15—16	1	330280	振动理论	工学院
15—16	1	330700	常微分方程	工学院
15—16	1	331311	工程CAD(1)	工学院
15—16	1	331751	微积分(一)	工学院
15—16	1	331760	微积分习题	工学院
15—16	1	331770	线性代数与几何	工学院
15—16	1	331860	高等微积分	工学院
15—16	1	331880	高等代数	工学院
15—16	1	331900	概率与数理统计	工学院
15—16	1	331900	概率与数理统计	元培学院
15—16	1	331970	新能源技术	工学院
15—16	1	332020	传热传质学	工学院
15—16	1	332172	能源与资源工程实验(下)	工学院
15—16	1	332242	数学物理方法(下)	工学院
15—16	1	332250	理论力学	工学院
15—16	1	332281	流体力学(上)	工学院
15—16	1	332300	工程流体力学	元培学院
15—16	1	332300	工程流体力学	工学院
15—16	1	332310	结构力学及其矩阵方法	工学院
15—16	1	332330	固体力学实验	工学院
15—16	1	332340	流体力学实验	工学院
15—16	1	332381	工程毕业设计(上)	工学院
15—16	1	332410	复合材料与结构力学	工学院
15—16	1	332460	连续介质力学基础	工学院
15—16	1	332470	航空航天概论	工学院
15—16	1	332500	空气动力学	工学院
15—16	1	332580	高等数学(D类)	工学院
15—16	1	332590	高等数学(D类基础)	工学院
15—16	1	332600	分子细胞生物学	工学院
15—16	1	332610	能源与资源工程原理	工学院
15—16	1	332620	生物医学工程原理	工学院
15—16	1	332630	地下水水文学	工学院
15—16	1	332641	材料科学基础(上)	工学院
15—16	1	332792	生物医学工程设计(II)	工学院
15—16	1	332910	飞行器控制和仿真	元培学院
15—16	1	333010	材料计算科学与工程	工学院
15—16	1	333020	纳米材料科学与技术	工学院
15—16	1	333040	岩土力学	工学院
15—16	1	333190	材料化学	工学院
15—16	1	333210	材料科学与工程实验	工学院
15—16	1	333270	生物材料分析方法	工学院
15—16	1	333280	计算生物学导论	工学院

续表

学年度	学期	课程号	课程名称	开课系所
15—16	1	333290	纳米医学	工学院
15—16	1	333360	魅力机器人	工学院
15—16	1	333580	生物医学信号处理	工学院
15—16	1	333590	发动机燃烧	工学院
15—16	1	333610	实验室安全与防护	工学院
15—16	1	333750	半导体物理与器件	工学院
15—16	1	333770	航空航天信息工程	工学院
15—16	1	333790	飞行器设计与动力	工学院
15—16	1	333800	生物医学工程综合实验 I	工学院
15—16	1	333830	现代工学通论	工学院
15—16	1	333900	热力学与统计力学导论	工学院
15—16	1	405596	量子材料前沿讲座	物理学院
15—16	1	405608	低温物理学	物理学院
15—16	1	405610	经典光学	物理学院
15—16	1	405612	量子材料的物性	物理学院
15—16	1	405625	半导体器件物理	物理学院
15—16	1	407780	数值天气预报	物理学院
15—16	1	410140	群论	物理学院
15—16	1	410340	高等量子力学	物理学院
15—16	1	410440	量子统计物理	物理学院
15—16	1	410640	量子场论	物理学院
15—16	1	411850	固体光谱	物理学院
15—16	1	411950	表面物理	物理学院
15—16	1	412150	粒子物理	物理学院
15—16	1	413250	等离子体物理	物理学院
15—16	1	414860	激光实验	物理学院
15—16	1	415450	量子光学	物理学院
15—16	1	415510	现代光学与光电子学	物理学院
15—16	1	415532	原子、分子光谱	物理学院
15—16	1	430109	演示物理学	物理学院
15—16	1	430132	现代电子电路基础及实验（一）	物理学院
15—16	1	430133	现代电子电路基础及实验（二）	物理学院
15—16	1	430151	现代物理前沿讲座 I	物理学院
15—16	1	430170	天文测距导论	物理学院
15—16	1	430191	大气科学导论	物理学院
15—16	1	431110	力学	物理学院
15—16	1	431110	力学	地球与空间科学学院
15—16	1	431122	近代物理	城市与环境学院
15—16	1	431133	普通物理（II）	数学科学学院
15—16	1	431133	普通物理（II）	化学与分子工程学院
15—16	1	431133	普通物理（II）	生命科学学院
15—16	1	431141	力学	信息科学技术学院

续表

学年度	学期	课程号	课程名称	开课系所
15—16	1	431142	热学	工学院
15—16	1	431143	电磁学	元培学院
15—16	1	431143	电磁学	工学院
15—16	1	431144	光学	地球与空间科学学院
15—16	1	431144	光学	物理学院
15—16	1	431148	光学习题课	物理学院
15—16	1	431148	光学习题课	地球与空间科学学院
15—16	1	431149	光学讨论班	物理学院
15—16	1	431151	原子物理学	物理学院
15—16	1	431156	光学	物理学院
15—16	1	431159	原子物理习题	物理学院
15—16	1	431165	近代物理	物理学院
15—16	1	431180	力学习题	物理学院
15—16	1	431180	力学习题	地球与空间科学学院
15—16	1	431200	基础物理实验	化学与分子工程学院
15—16	1	431200	基础物理实验	环境科学与工程学院
15—16	1	431200	基础物理实验	信息科学技术学院
15—16	1	431254	热学习题课	工学院
15—16	1	431543	天体物理专题	物理学院
15—16	1	431545	天文文献阅读	物理学院
15—16	1	431558	天文技术与方法Ⅰ（光学与红外）	物理学院
15—16	1	431570	核物理与粒子物理实验方法（一）	物理学院
15—16	1	431641	量子力学讨论班	物理学院
15—16	1	431650	平衡态统计物理	物理学院
15—16	1	431651	平衡态统计物理讨论班	物理学院
15—16	1	431660	宇宙探测新技术引论	物理学院
15—16	1	431680	普通物理习题课	化学与分子工程学院
15—16	1	431680	普通物理习题课	生命科学学院
15—16	1	431680	普通物理习题课	数学科学学院
15—16	1	431680	普通物理习题课	地球与空间科学学院
15—16	1	431701	固体物理讨论班	物理学院
15—16	1	432108	数学物理方法（上）	物理学院
15—16	1	432109	数学物理方法（下）	物理学院
15—16	1	432110	数学物理方法	物理学院
15—16	1	432119	数学物理方法习题课	物理学院
15—16	1	432140	电动力学（A）	物理学院
15—16	1	432141	电动力学(B)	物理学院
15—16	1	432150	量子力学（A）	物理学院
15—16	1	432151	量子力学习题	物理学院
15—16	1	432160	电动力学习题	物理学院
15—16	1	432164	生物物理导论	物理学院
15—16	1	432205	理论力学习题课	物理学院

续表

学年度	学期	课程号	课程名称	开课系所
15—16	1	432207	卫星气象学	物理学院
15—16	1	432211	理论力学	物理学院
15—16	1	432222	综合物理实验(二)	物理学院
15—16	1	432227	科研实用软件	物理学院
15—16	1	432236	激光物理学	物理学院
15—16	1	432245	理论天体物理	物理学院
15—16	1	432247	大气物理学基础	物理学院
15—16	1	432249	流体力学	物理学院
15—16	1	432250	描述性物理海洋学	物理学院
15—16	1	432255	天气分析与预报	物理学院
15—16	1	432267	工程图学及其应用	物理学院
15—16	1	432268	自然科学中的混沌和分形	物理学院
15—16	1	432270	大气概论	物理学院
15—16	1	432274	大气探测原理	物理学院
15—16	1	432277	机械制图	物理学院
15—16	1	432278	大气物理与探测讨论班	物理学院
15—16	1	432310	全球环境与气候变迁	物理学院
15—16	1	432510	固体物理学	物理学院
15—16	1	432520	固体物理习题	物理学院
15—16	1	433327	近代物理实验(I)	物理学院
15—16	1	433328	近代物理实验(II)	物理学院
15—16	1	433329	前沿物理实验	物理学院
15—16	1	433410	半导体物理学	物理学院
15—16	1	433520	超导物理学	物理学院
15—16	1	434092	纳米科技进展	物理学院
15—16	1	436012	普通物理学(B)(二)	地球与空间科学学院
15—16	1	437160	核物理与粒子物理专题实验	物理学院
15—16	1	437180	普通物理实验(1)	地球与空间科学学院
15—16	1	437180	普通物理实验(1)	物理学院
15—16	1	437200	基础物理实验	地球与空间科学学院
15—16	1	1030200	化学实验室安全技术	化学与分子工程学院
15—16	1	1030440	化学动力学选读	化学与分子工程学院
15—16	1	1030810	有机化学(B)	城市与环境学院
15—16	1	1030840	物理化学(B)	城市与环境学院
15—16	1	1031100	今日化学	化学与分子工程学院
15—16	1	1032390	材料物理	化学与分子工程学院
15—16	1	1032580	催化化学	化学与分子工程学院
15—16	1	1032690	有机化学(B)	生命科学学院
15—16	1	1032710	有机化学实验(B)	环境科学与工程学院
15—16	1	1032711	有机化学实验(B)	生命科学学院
15—16	1	1032711	有机化学实验(B)	城市与环境学院
15—16	1	1032720	物理化学实验(B)	城市与环境学院

续表

学年度	学期	课程号	课程名称	开课系所
15—16	1	1033010	物理有机化学	化学与分子工程学院
15—16	1	1033090	今日新材料	化学与分子工程学院
15—16	1	1033100	功能化学	化学与分子工程学院
15—16	1	1034030	魅力化学	化学与分子工程学院
15—16	1	1034040	化学与社会	化学与分子工程学院
15—16	1	1034310	普通化学	化学与分子工程学院
15—16	1	1034310	普通化学	城市与环境学院
15—16	1	1034321	普通化学实验	化学与分子工程学院
15—16	1	1034321	普通化学实验	环境科学与工程学院
15—16	1	1034321	普通化学实验	城市与环境学院
15—16	1	1034330	普通化学习题课	化学与分子工程学院
15—16	1	1034330	普通化学习题课	生命科学学院
15—16	1	1034373	有机化学（二）	化学与分子工程学院
15—16	1	1034450	化工基础	化学与分子工程学院
15—16	1	1034530	中级有机化学	化学与分子工程学院
15—16	1	1034580	色谱分析	化学与分子工程学院
15—16	1	1034610	中级分析化学	化学与分子工程学院
15—16	1	1034630	环境化学	化学与分子工程学院
15—16	1	1034670	放射化学	化学与分子工程学院
15—16	1	1034680	波谱分析	化学与分子工程学院
15—16	1	1034720	辐射化学与工艺	化学与分子工程学院
15—16	1	1034780	胶体化学	化学与分子工程学院
15—16	1	1034880	普通化学(B)	医学部教学办
15—16	1	1034880	普通化学(B)	生命科学学院
15—16	1	1034920	普通化学实验(B)	地球与空间科学学院
15—16	1	1034920	普通化学实验(B)	生命科学学院
15—16	1	1034920	普通化学实验(B)	考古文博学院
15—16	1	1034920	普通化学实验(B)	工学院
15—16	1	1034920	普通化学实验(B)	医学部教学办
15—16	1	1034930	物理化学	化学与分子工程学院
15—16	1	1034940	物理化学习题	化学与分子工程学院
15—16	1	1034970	计算机在化学化工中的应用	化学与分子工程学院
15—16	1	1035002	有机化学实验（Ⅰ＋Ⅱ）	化学与分子工程学院
15—16	1	1035010	中级有机化学实验	化学与分子工程学院
15—16	1	1035020	物理化学实验	化学与分子工程学院
15—16	1	1035040	综合化学实验	化学与分子工程学院
15—16	1	1035080	化学信息检索	化学与分子工程学院
15—16	1	1035090	大学化学	化学与分子工程学院
15—16	1	1035100	表面物理化学	化学与分子工程学院
15—16	1	1035140	无机化学	化学与分子工程学院
15—16	1	1035160	无机化学讨论班	化学与分子工程学院
15—16	1	1110610	群体遗传学	生命科学学院

续表

学年度	学期	课程号	课程名称	开课系所
15—16	1	1130030	基础分子生物学	生命科学学院
15—16	1	1130110	蛋白质化学	生命科学学院
15—16	1	1130150	细胞生物学	生命科学学院
15—16	1	1130160	细胞生物学实验	生命科学学院
15—16	1	1130200	遗传学	生命科学学院
15—16	1	1130210	遗传学实验	生命科学学院
15—16	1	1130311	普通生物学实验	生命科学学院
15—16	1	1130370	生理学	生命科学学院
15—16	1	1130760	生物统计学	生命科学学院
15—16	1	1130780	生物进化论	生命科学学院
15—16	1	1130871	人类的性、生育与健康	生命科学学院
15—16	1	1130930	普通生态学	生命科学学院
15—16	1	1130960	保护生物学	生命科学学院
15—16	1	1131050	动物生物学实验	生命科学学院
15—16	1	1131080	动物生物学	生命科学学院
15—16	1	1131110	生物技术制药基础	生命科学学院
15—16	1	1131161	生物学概念与途径	生命科学学院
15—16	1	1131170	发育生物学实验	生命科学学院
15—16	1	1131420	生物大分子的相互作用实验	生命科学学院
15—16	1	1131460	蛋白质晶体学	生命科学学院
15—16	1	1132020	遗传学	生命科学学院
15—16	1	1132021	遗传学讨论	生命科学学院
15—16	1	1132630	生物化学	生命科学学院
15—16	1	1132631	生物化学讨论课	生命科学学院
15—16	1	1132660	舌尖上的植物学	生命科学学院
15—16	1	1132670	对生命现象的系统论解读	生命科学学院
15—16	1	1132680	基于深度测序的人类遗传学	生命科学学院
15—16	1	1132690	保护生物地理学	生命科学学院
15—16	1	1133010	高级分子生物学讲座(上)	生命科学学院
15—16	1	1133060	文献深度分析及实验的逻辑设计	生命科学学院
15—16	1	1133063	博雅班讨论班：批判性思维(上)	生命科学学院
15—16	1	1133120	分子生态学	生命科学学院
15—16	1	1133160	光合作用与物质循环	生命科学学院
15—16	1	1134101	生命科学前沿文献阅读讨论(1)	生命科学学院
15—16	1	1134102	生命科学前沿文献阅读讨论(2)	生命科学学院
15—16	1	1134103	生命科学前沿文献阅读讨论(3)	生命科学学院
15—16	1	1134104	生命科学前沿文献阅读讨论(4)	生命科学学院
15—16	1	1134105	生命科学前沿文献阅读讨论(5)	生命科学学院
15—16	1	1137010	高级神经生物学	生命科学学院
15—16	1	1137011	高级神经生物学讨论课	生命科学学院
15—16	1	1138450	病毒与蛋白质结构	生命科学学院
15—16	1	1138460	微生物学(英文)	生命科学学院

续表

学年度	学期	课程号	课程名称	开课系所
15—16	1	1138470	蛋白质与生命	生命科学学院
15—16	1	1138480	生命科学的逻辑与思维	生命科学学院
15—16	1	1138490	生命科学前沿	生命科学学院
15—16	1	1138500	药物药理学导论	生命科学学院
15—16	1	1138510	应用蛋白质晶体学	生命科学学院
15—16	1	1138520	重大疾病的分子机制	生命科学学院
15—16	1	1139330	现代生物技术导论	生命科学学院
15—16	1	1139380	普通生物学（A）	医学部教学办
15—16	1	1139470	生物信息学方法	生命科学学院
15—16	1	1139491	文献强化阅读与学术报告（2）	生命科学学院
15—16	1	1139500	生理学实验	生命科学学院
15—16	1	1139632	生物化学实验	生命科学学院
15—16	1	1139640	生物医药工程及管理	生命科学学院
15—16	1	1139750	真核细胞 DNA 复制和 checkpoint 控制	生命科学学院
15—16	1	1139940	科学研究基本技能	生命科学学院
15—16	1	1230051	地球科学概论（一）	地球与空间科学学院
15—16	1	1230100	离散数学	地球与空间科学学院
15—16	1	1230110	操作系统原理	地球与空间科学学院
15—16	1	1231030	古生物学	地球与空间科学学院
15—16	1	1231080	大地构造学	地球与空间科学学院
15—16	1	1231130	矿产资源经济概论	地球与空间科学学院
15—16	1	1231200	自然资源与社会发展	地球与空间科学学院
15—16	1	1231210	地球历史概要	地球与空间科学学院
15—16	1	1231330	岩石学前缘理论与方法	地球与空间科学学院
15—16	1	1231400	地球物理学基础	地球与空间科学学院
15—16	1	1231430	地球化学	地球与空间科学学院
15—16	1	1231470	地貌学与第四纪地质学	地球与空间科学学院
15—16	1	1231500	古生态学与古环境分析	地球与空间科学学院
15—16	1	1231510	古生物学前沿	地球与空间科学学院
15—16	1	1231520	古植物学及孢粉学	地球与空间科学学院
15—16	1	1231540	沉积学概论	地球与空间科学学院
15—16	1	1231580	环境矿物学	地球与空间科学学院
15—16	1	1231610	高温高压物质科学	地球与空间科学学院
15—16	1	1231651	普通岩石学（一）	地球与空间科学学院
15—16	1	1233020	电离层物理学与电波传播	地球与空间科学学院
15—16	1	1233140	行星科学概论	地球与空间科学学院
15—16	1	1233170	地震概论	地球与空间科学学院
15—16	1	1233200	地球重力学	地球与空间科学学院
15—16	1	1233270	岩石力学	地球与空间科学学院
15—16	1	1233310	弹性力学 B	地球与空间科学学院
15—16	1	1233420	空间等离子体物理基础	地球与空间科学学院
15—16	1	1233440	磁层物理学	地球与空间科学学院

续表

学年度	学期	课程号	课程名称	开课系所
15—16	1	1233450	空间探测与实验基础	地球与空间科学学院
15—16	1	1233460	空间天气学及与预报入门	地球与空间科学学院
15—16	1	1235010	软件工程原理	地球与空间科学学院
15—16	1	1235030	计算数学	地球与空间科学学院
15—16	1	1235040	计算机图形学基础	地球与空间科学学院
15—16	1	1235060	数字地形模型	地球与空间科学学院
15—16	1	1235090	网络基础与WebGIS	地球与空间科学学院
15—16	1	1235120	遥感数字图像处理原理	地球与空间科学学院
15—16	1	1235140	数字地球导论	地球与空间科学学院
15—16	1	1235230	地图学	地球与空间科学学院
15—16	1	1235250	GIS实验	地球与空间科学学院
15—16	1	1235290	环境与生态科学	地球与空间科学学院
15—16	1	1235310	测量学概论	地球与空间科学学院
15—16	1	1235320	地理科学进展	地球与空间科学学院
15—16	1	1235330	遥感应用	地球与空间科学学院
15—16	1	1235340	遥感图像处理实验	地球与空间科学学院
15—16	1	1339180	世界文化地理	城市与环境学院
15—16	1	1339220	现当代建筑赏析	城市与环境学院
15—16	1	1431250	微量元素地球化学	地球与空间科学学院
15—16	1	1531130	中国自然地理	城市与环境学院
15—16	1	1531230	遥感基础与图像解译原理	城市与环境学院
15—16	1	1531290	生物地理学	城市与环境学院
15—16	1	1531690	计量地理	城市与环境学院
15—16	1	1531710	文化地理学	城市与环境学院
15—16	1	1531720	区域分析与区域地理	城市与环境学院
15—16	1	1531900	人文地理	城市与环境学院
15—16	1	1532130	人口地理	城市与环境学院
15—16	1	1532190	中外城市建设史	城市与环境学院
15—16	1	1532240	城市总体规划(课程设计)	城市与环境学院
15—16	1	1532350	城市基础设施规划	城市与环境学院
15—16	1	1532370	城市设计	城市与环境学院
15—16	1	1532400	城市道路交通规划	城市与环境学院
15—16	1	1532420	城市地理学	城市与环境学院
15—16	1	1532430	建筑概论	城市与环境学院
15—16	1	1533050	房地产估价	城市与环境学院
15—16	1	1533190	城市规划系统工程学	城市与环境学院
15—16	1	1533230	城市社会地理学	城市与环境学院
15—16	1	1533260	自然地理概论	城市与环境学院
15—16	1	1533310	城市旅游与游憩规划	城市与环境学院
15—16	1	1534120	土壤地理实验	城市与环境学院
15—16	1	1534200	水文学与水资源	城市与环境学院
15—16	1	1535120	流域综合规划与管理	城市与环境学院

续表

学年度	学期	课程号	课程名称	开课系所
15—16	1	1535121	植物学（上）	城市与环境学院
15—16	1	1536020	环境经济学	城市与环境学院
15—16	1	1536040	应用数理统计方法	城市与环境学院
15—16	1	1536200	微量有毒物风险分析	城市与环境学院
15—16	1	1536210	水环境化学	城市与环境学院
15—16	1	1536810	动物生态学	城市与环境学院
15—16	1	1603011	心理测量	心理与认知科学学院
15—16	1	1603333	实验心理学实验	心理与认知科学学院
15—16	1	1610200	神经心理学	心理与认知科学学院
15—16	1	1630020	CNS 解剖	心理与认知科学学院
15—16	1	1630033	异常儿童心理学	心理与认知科学学院
15—16	1	1630034	实验心理学	心理与认知科学学院
15—16	1	1630041	社会心理学	心理与认知科学学院
15—16	1	1630042	社会性与个性发展	心理与认知科学学院
15—16	1	1630044	社会心理学	心理与认知科学学院
15—16	1	1630046	社会冲突与管理	心理与认知科学学院
15—16	1	1630051	心理统计(1)	心理与认知科学学院
15—16	1	1630060	发展心理学	心理与认知科学学院
15—16	1	1630090	变态心理学	心理与认知科学学院
15—16	1	1630101	生理心理学	心理与认知科学学院
15—16	1	1630121	认知心理学	心理与认知科学学院
15—16	1	1630140	认知神经科学	心理与认知科学学院
15—16	1	1630220	生理心理实验	心理与认知科学学院
15—16	1	1630243	心理咨询与治疗引论	心理与认知科学学院
15—16	1	1630540	职业心理学	心理与认知科学学院
15—16	1	1630600	组织管理心理学	心理与认知科学学院
15—16	1	1630630	老年心理学	心理与认知科学学院
15—16	1	1630680	当代心理学	心理与认知科学学院
15—16	1	1630695	普通心理学讨论班	心理与认知科学学院
15—16	1	1630900	普通心理学	心理与认知科学学院
15—16	1	1635042	大学生心理素质拓展	心理与认知科学学院
15—16	1	1635060	大学生心理健康	心理与认知科学学院
15—16	1	1639020	心理学概论	心理与认知科学学院
15—16	1	1830110	外国新闻传播史	新闻与传播学院
15—16	1	1830300	网络传播	新闻与传播学院
15—16	1	1830480	广告学概论	新闻与传播学院
15—16	1	1830640	广告文案	新闻与传播学院
15—16	1	1830710	新闻摄影	新闻与传播学院
15—16	1	1831240	电子出版技术	新闻与传播学院
15—16	1	1831300	中国古籍资源与整理	新闻与传播学院
15—16	1	1831420	信息检索与利用	新闻与传播学院
15—16	1	1831610	汉语修辞学	新闻与传播学院

续表

学年度	学期	课程号	课程名称	开课系所
15—16	1	1831670	期刊编辑实务	新闻与传播学院
15—16	1	1831750	专题片及纪录片创作	新闻与传播学院
15—16	1	1831760	世界电影史	新闻与传播学院
15—16	1	1831800	汉语语言修养	新闻与传播学院
15—16	1	1832220	毕业实习	新闻与传播学院
15—16	1	1832400	广播电视专题研究	新闻与传播学院
15—16	1	1832420	品牌研究	新闻与传播学院
15—16	1	1832650	公共关系	新闻与传播学院
15—16	1	1832660	媒介经营管理	新闻与传播学院
15—16	1	1832760	英语新闻阅读	新闻与传播学院
15—16	1	1832910	视频编辑	新闻与传播学院
15—16	1	1832970	高级采访写作	新闻与传播学院
15—16	1	1832980	播音与主持	新闻与传播学院
15—16	1	1832990	新闻与中国当代改革	新闻与传播学院
15—16	1	1833020	广播电视新闻	新闻与传播学院
15—16	1	1833030	广播电视节目制作	新闻与传播学院
15—16	1	1833050	广告视觉传达	新闻与传播学院
15—16	1	1833090	电脑辅助设计	新闻与传播学院
15—16	1	1833110	编辑实用语文写作	新闻与传播学院
15—16	1	1833120	选题策划与书刊编辑实务	新闻与传播学院
15—16	1	1833140	英语公共演讲	新闻与传播学院
15—16	1	1833180	传播学英语经典阅读	新闻与传播学院
15—16	1	1833330	影像与社会	新闻与传播学院
15—16	1	1833490	跨文化新闻传播案例分析	新闻与传播学院
15—16	1	1833690	新闻传播导论	新闻与传播学院
15—16	1	1833740	传媒伦理与法律法规	新闻与传播学院
15—16	1	1833750	世界新闻史	新闻与传播学院
15—16	1	1833850	传播学研究方法	新闻与传播学院
15—16	1	1833920	马克思主义新闻观	新闻与传播学院
15—16	1	1834050	中国广告史	新闻与传播学院
15—16	1	1834070	中韩跨文化传播	新闻与传播学院
15—16	1	2030011	现代汉语(上)	中国语言文学系
15—16	1	2030031	中国古代文学史(一)	中国语言文学系
15—16	1	2030070	语言学概论	中国语言文学系
15—16	1	2030120	汉语方言学	中国语言文学系
15—16	1	2030150	理论语言学	中国语言文学系
15—16	1	2030220	目录学	中国语言文学系
15—16	1	2030230	版本学	中国语言文学系
15—16	1	2030252	古文献学史(下)	中国语言文学系
15—16	1	2030330	民俗学	中国语言文学系
15—16	1	2030350	中国神话研究	中国语言文学系
15—16	1	2030470	散曲研究	中国语言文学系

续表

学年度	学期	课程号	课程名称	开课系所
15—16	1	2030930	现代汉语语法研究	中国语言文学系
15—16	1	2030950	汉语修辞学	中国语言文学系
15—16	1	2030980	实验语音学基础	中国语言文学系
15—16	1	2031090	《孟子》选读	中国语言文学系
15—16	1	2031130	索绪尔语言学理论	中国语言文学系
15—16	1	2031521	汉语史（上）	中国语言文学系
15—16	1	2031540	中国古代文化	中国语言文学系
15—16	1	2031550	小说的艺术	中国语言文学系
15—16	1	2032780	西方文学理论史	中国语言文学系
15—16	1	2033010	老舍与现代中国文化	中国语言文学系
15—16	1	2033260	汉语语音学基础	中国语言文学系
15—16	1	2033270	中国文学理论批评史	中国语言文学系
15—16	1	2033320	中国古代诗歌理论专题	中国语言文学系
15—16	1	2033340	台湾小说十家	中国语言文学系
15—16	1	2033360	中国当代文学	中国语言文学系
15—16	1	2033370	莎士比亚戏剧专题	中国语言文学系
15—16	1	2033440	近代文学改良思潮	中国语言文学系
15—16	1	2033450	古代典籍概要	中国语言文学系
15—16	1	2033560	《红楼梦》研究	中国语言文学系
15—16	1	2033570	静园学术讲座	中国语言文学系
15—16	1	2033580	古代汉语	中国语言文学系
15—16	1	2033650	明清白话长篇小说研究	中国语言文学系
15—16	1	2033690	美国小说：1900—1930	中国语言文学系
15—16	1	2033830	经典讲读	中国语言文学系
15—16	1	2033850	中国古籍入门	中国语言文学系
15—16	1	2033861	中国古代文学经典（一）	中国语言文学系
15—16	1	2033933	经典精读课程（三）	中国语言文学系
15—16	1	2034020	中国有声语言和口传文化	中国语言文学系
15—16	1	2034030	中国现当代文学	中国语言文学系
15—16	1	2034050	西方小说名著导读	中国语言文学系
15—16	1	2034173	中国古代文学史（三）	中国语言文学系
15—16	1	2034250	艺术人文学导论	中国语言文学系
15—16	1	2034300	大学国文	中国语言文学系
15—16	1	2034390	网络文学前沿研究与创作实践	中国语言文学系
15—16	1	2034400	《史记》导读	中国语言文学系
15—16	1	2034410	文学作品的量化评估方法	中国语言文学系
15—16	1	2034420	《文选》导读	中国语言文学系
15—16	1	2034431	古代汉语（上）	中国语言文学系
15—16	1	2034440	新媒体理论与实践	中国语言文学系
15—16	1	2034480	中国民俗与文化	中国语言文学系
15—16	1	2039070	中国现代散文研究	中国语言文学系
15—16	1	2080042	现代汉语（下）	中国语言文学系

续表

学年度	学期	课程号	课程名称	开课系所
15—16	1	2080051	古代汉语(上)	中国语言文学系
15—16	1	2080261	中国现代文学(上)	中国语言文学系
15—16	1	2080331	中国当代文学作品(上)	中国语言文学系
15—16	1	2080341	中国古代文学(一)	中国语言文学系
15—16	1	2080343	中国古代文学(三)	中国语言文学系
15—16	1	2080410	中国民俗与社会生活	中国语言文学系
15—16	1	2080420	中国古代文化基础	中国语言文学系
15—16	1	2080421	阅读与写作(初级)	中国语言文学系
15—16	1	2080423	阅读与写作(中级下)	中国语言文学系
15—16	1	2080431	高级汉语口语(上)	中国语言文学系
15—16	1	2113123	拉丁语阅读(3)	历史学系
15—16	1	2113210	古埃及象形文字(一)	历史学系
15—16	1	2113271	古希腊语阅读(1)	历史学系
15—16	1	2130011	中国古代史(上)	历史学系
15—16	1	2130011	中国古代史(上)	中国语言文学系
15—16	1	2130020	中国近代史	历史学系
15—16	1	2130101	中国历史文选(上)	历史学系
15—16	1	2130120	中国史学史	历史学系
15—16	1	2130130	外国史学史	历史学系
15—16	1	2130741	中国古代史(上)	历史学系
15—16	1	2130761	世界通史(上)	历史学系
15—16	1	2131050	基督教文明史	历史学系
15—16	1	2131250	西方文明史导论	历史学系
15—16	1	2131310	中国传统官僚政治制度	历史学系
15—16	1	2131490	日本及日本人论	历史学系
15—16	1	2131760	非洲历史与文化	历史学系
15—16	1	2131771	现代希腊语(1)	历史学系
15—16	1	2131810	伊斯兰教与现代世界	历史学系
15—16	1	2131991	基础意大利语(1)	历史学系
15—16	1	2132080	世界史通论	历史学系
15—16	1	2132091	外国历史文选(上)	历史学系
15—16	1	2132140	中国古代北方民族文化史专题	历史学系
15—16	1	2132150	社会史研究导论	历史学系
15—16	1	2132230	版本目录学概论	历史学系
15—16	1	2132250	中国近代政治与外交	历史学系
15—16	1	2132280	中国对外经济关系史	历史学系
15—16	1	2132290	社会历史调查	历史学系
15—16	1	2132310	战国秦汉法制史	历史学系
15—16	1	2132340	魏晋南北朝史专题	历史学系
15—16	1	2132351	唐诗与唐史	历史学系
15—16	1	2132390	清史专题	历史学系
15—16	1	2132440	中国古代日常生活史	历史学系

续表

学年度	学期	课程号	课程名称	开课系所
15—16	1	2132460	中国古代史练习	历史学系
15—16	1	2132470	中国近现代史练习	历史学系
15—16	1	2132480	世界古代史练习	历史学系
15—16	1	2132490	世界近现代史练习	历史学系
15—16	1	2132520	现代国际政治史	历史学系
15—16	1	2132580	欧洲一体化思想史	历史学系
15—16	1	2132670	日本思想史	历史学系
15—16	1	2132710	艺术史	历史学系
15—16	1	2132720	艺术史概论	历史学系
15—16	1	2132730	印度文明史	历史学系
15—16	1	2132861	左传选读	历史学系
15—16	1	2133030	学年论文	历史学系
15—16	1	2133060	古典学导论	历史学系
15—16	1	2133111	基础拉丁语(1)	历史学系
15—16	1	2133420	20世纪美国知识分子	历史学系
15—16	1	2133620	古希腊罗马史	历史学系
15—16	1	2133630	中世纪欧洲史	历史学系
15—16	1	2133650	美洲史	历史学系
15—16	1	2133692	外文历史名著选读(下)	历史学系
15—16	1	2133750	现代希腊史	历史学系
15—16	1	2138840	中国近代思想史	历史学系
15—16	1	2138850	中国现代社会史	历史学系
15—16	1	2139190	非洲史	历史学系
15—16	1	2139410	意大利历史专题	历史学系
15—16	1	2230300	文化人类学	考古文博学院
15—16	1	2230370	中国古代青铜器	考古文博学院
15—16	1	2230411	中国石窟寺	考古文博学院
15—16	1	2230430	中国古代陶瓷	考古文博学院
15—16	1	2231040	博物馆学概论	考古文博学院
15—16	1	2231050	设计初步	考古文博学院
15—16	1	2231060	博物馆陈列内容设计	考古文博学院
15—16	1	2231110	建筑设计(二)	考古文博学院
15—16	1	2231140	计算机建筑制图	考古文博学院
15—16	1	2231170	中国古代物质文化史	考古文博学院
15—16	1	2231180	古罗马考古与艺术通论	考古文博学院
15—16	1	2232102	中国考古学(上二)	考古文博学院
15—16	1	2232111	中国考古学(上一)	考古文博学院
15—16	1	2233030	现代建筑构造与结构选型	考古文博学院
15—16	1	2233050	文化遗产保护规划设计理论与方法	考古文博学院
15—16	1	2233090	中国近代建筑史	考古文博学院
15—16	1	2240012	中国建筑史(下)	考古文博学院
15—16	1	2240060	传统建筑概预算	考古文博学院

续表

学年度	学期	课程号	课程名称	开课系所
15—16	1	2240290	田野考古实习	考古文博学院
15—16	1	2240340	中国考古发现与探索	考古文博学院
15—16	1	2240370	古文字学通论	考古文博学院
15—16	1	2240410	文物分析技术	考古文博学院
15—16	1	2315320	知识的逻辑	哲学系
15—16	1	2330001	哲学导论	哲学系
15—16	1	2330003	哲学导论	哲学系
15—16	1	2330004	哲学导论讨论课	哲学系
15—16	1	2330026	马克思主义哲学导论(下)	哲学系
15—16	1	2330030	逻辑导论	哲学系
15—16	1	2330087	中国哲学史(下)	哲学系
15—16	1	2330088	中国哲学史(下)讨论课	哲学系
15—16	1	2330160	宗教学导论	哲学系
15—16	1	2330163	宗教学导论讨论课	哲学系
15—16	1	2330180	科学历史哲学导论	哲学系
15—16	1	2330340	形而上学	哲学系
15—16	1	2330342	中世纪形而上学专题	哲学系
15—16	1	2330350	西方马克思主义专题	哲学系
15—16	1	2330590	波普的历史哲学	哲学系
15—16	1	2330620	科学社会学导论	哲学系
15—16	1	2330643	古希腊语哲学经典阅读	哲学系
15—16	1	2331031	一阶逻辑	哲学系
15—16	1	2331050	模态逻辑	哲学系
15—16	1	2331190	集合论	哲学系
15—16	1	2331371	数学结构	哲学系
15—16	1	2332013	印度佛教史	哲学系
15—16	1	2332035	阿拉伯伊斯兰文化	哲学系
15—16	1	2332050	宗教学名著选读	哲学系
15—16	1	2332071	道教原典	哲学系
15—16	1	2332192	宗教仪式与宗教信仰	哲学系
15—16	1	2332210	基督教史	哲学系
15—16	1	2332250	中国宗教史	哲学系
15—16	1	2332338	印度佛教经典选读	哲学系
15—16	1	2332480	全球化时代的宗教关系	哲学系
15—16	1	2332614	拉丁语Ⅰ	哲学系
15—16	1	2332720	现代欧陆哲学原著选读	哲学系
15—16	1	2333170	后现代主义哲学	哲学系
15—16	1	2333210	先秦哲学	哲学系
15—16	1	2333373	西方政治思想(古代)	哲学系
15—16	1	2333390	语言哲学	哲学系
15—16	1	2333420	自然哲学	哲学系
15—16	1	2334010	西方哲学原著导读(形而上学原理)	哲学系

续表

学年度	学期	课程号	课程名称	开课系所
15—16	1	2335062	西方哲学史(下)	哲学系
15—16	1	2335065	西方哲学史(下)	哲学系
15—16	1	2335066	西方哲学史(下)讨论课	哲学系
15—16	1	2335072	中国哲学史(下)	哲学系
15—16	1	2335080	西方哲学原著选读	哲学系
15—16	1	2335092	西方自由主义史	哲学系
15—16	1	2335122	复杂性科学与哲学	哲学系
15—16	1	2335201	孟子哲学	哲学系
15—16	1	2335202	孔子与老子	哲学系
15—16	1	2335330	世界文明中的科学技术	哲学系
15—16	1	2336180	中世纪哲学原著	哲学系
15—16	1	2430010	国际政治概论	国际关系学院
15—16	1	2430020	国际政治经济学	国际关系学院
15—16	1	2430032	世界社会主义概论	国际关系学院
15—16	1	2430050	外交学	国际关系学院
15—16	1	2430091	国际关系史(上)	国际关系学院
15—16	1	2430093	国际关系史(上)小班课	国际关系学院
15—16	1	2430140	中华人民共和国对外关系	国际关系学院
15—16	1	2430150	中国政治概论	国际关系学院
15—16	1	2430151	英语听说(一)	国际关系学院
15—16	1	2430153	英语听说(三)	国际关系学院
15—16	1	2430159	英语写作	国际关系学院
15—16	1	2430220	美国政治、经济与外交	国际关系学院
15—16	1	2430280	日本政治经济与外交	国际关系学院
15—16	1	2430290	东北亚政治经济与外交	国际关系学院
15—16	1	2430320	中东政治经济与外交	国际关系学院
15—16	1	2430411	西方国际关系理论	国际关系学院
15—16	1	2430570	台湾概论	国际关系学院
15—16	1	2430920	中亚各国政治与外交	国际关系学院
15—16	1	2430961	中文报刊选读(一)	国际关系学院
15—16	1	2430963	中文报刊选读(三)	国际关系学院
15—16	1	2431091	专业汉语(一)	国际关系学院
15—16	1	2431240	西方外交思想概论	国际关系学院
15—16	1	2431291	媒体与国际关系	国际关系学院
15—16	1	2431310	南亚各国政治与外交	国际关系学院
15—16	1	2431420	俄罗斯政治与外交	国际关系学院
15—16	1	2431551	比较政治与比较文化	国际关系学院
15—16	1	2431641	比较政治学	国际关系学院
15—16	1	2431651	环境气候与国际关系	国际关系学院
15—16	1	2431683	原著译读	国际关系学院
15—16	1	2431771	西方政治思想史(上)	国际关系学院
15—16	1	2431930	中苏关系及其对中国社会发展的影响	国际关系学院

续表

学年度	学期	课程号	课程名称	开课系所
15—16	1	2431963	日语(一)	国际关系学院
15—16	1	2432040	国际关系心理学	国际关系学院
15—16	1	2432080	国际安全理论与实践	国际关系学院
15—16	1	2432090	本土视野下的中国外交与国际事务	国际关系学院
15—16	1	2432120	中国传统政治制度	国际关系学院
15—16	1	2432140	中国政治与公共政策	国际关系学院
15—16	1	2433030	国际经济学	国际关系学院
15—16	1	2433092	社会主义思想的演变	国际关系学院
15—16	1	2433221	香港澳门概论	国际关系学院
15—16	1	2433322	中国外交新论	国际关系学院
15—16	1	2530051	统计学	经济学院
15—16	1	2530060	微观经济学	经济学院
15—16	1	2530061	微观经济学"习题课"	经济学院
15—16	1	2530090	国际贸易	经济学院
15—16	1	2530100	国际金融	经济学院
15—16	1	2530140	计量经济学	经济学院
15—16	1	2530150	发展经济学	经济学院
15—16	1	2530170	《资本论》选读	经济学院
15—16	1	2530340	投资学	经济学院
15—16	1	2530400	保险法	经济学院
15—16	1	2530460	财产与责任保险	经济学院
15—16	1	2530480	国际经济学	经济学院
15—16	1	2531080	社会保险	经济学院
15—16	1	2532240	金融经济学导论	经济学院
15—16	1	2532390	保险会计	经济学院
15—16	1	2532730	劳动经济学	经济学院
15—16	1	2533160	经济学原理(Ⅰ)	经济学院
15—16	1	2533161	经济学原理(Ⅰ)讨论课	经济学院
15—16	1	2533180	政治经济学(上)	经济学院
15—16	1	2533370	环境资源经济学	经济学院
15—16	1	2533390	福利经济学	经济学院
15—16	1	2533430	俄罗斯经济	经济学院
15—16	1	2533490	世界经济史	经济学院
15—16	1	2533530	预算经济学	经济学院
15—16	1	2533570	公司金融	经济学院
15—16	1	2533650	环境核算与环境会计	经济学院
15—16	1	2533670	农村金融学	经济学院
15—16	1	2533690	应用时间序列分析	经济学院
15—16	1	2533700	动态优化理论	经济学院
15—16	1	2533710	会计学原理	经济学院
15—16	1	2533750	金融风险管理	经济学院

续表

学年度	学期	课程号	课程名称	开课系所
15—16	1	2533830	商业银行管理	经济学院
15—16	1	2533840	国际税收	经济学院
15—16	1	2533940	社会企业家精神培养实验	经济学院
15—16	1	2533950	信托与租赁	经济学院
15—16	1	2534000	生态经济学	经济学院
15—16	1	2534010	国际营销学	经济学院
15—16	1	2534060	货币银行学	经济学院
15—16	1	2534200	风险管理学	经济学院
15—16	1	2534240	人寿与健康保险	经济学院
15—16	1	2534300	现代金融理论简史	经济学院
15—16	1	2534380	应用经济计量	经济学院
15—16	1	2534470	土地经济学	经济学院
15—16	1	2534490	中国商业管理思想	经济学院
15—16	1	2534500	公共经济学	经济学院
15—16	1	2534560	世界经济与中国	经济学院
15—16	1	2534570	中国对外经贸战略	经济学院
15—16	1	2534630	货币经济学	经济学院
15—16	1	2534710	激励理论与经济发展	经济学院
15—16	1	2534780	区域经济学	经济学院
15—16	1	2534830	人口健康经济学	经济学院
15—16	1	2534880	社会实践	经济学院
15—16	1	2830170	电子商务	光华管理学院
15—16	1	2830260	影子中央银行	光华管理学院
15—16	1	2830280	运营管理	光华管理学院
15—16	1	2831100	组织与管理	光华管理学院
15—16	1	2831110	经济学	光华管理学院
15—16	1	2831113	商务英语（一）	光华管理学院
15—16	1	2831540	金融建模	光华管理学院
15—16	1	2831550	风险管理与保险	光华管理学院
15—16	1	2831570	固定收益证券	光华管理学院
15—16	1	2831620	劳动经济学	光华管理学院
15—16	1	2831680	金融风险与管理	光华管理学院
15—16	1	2831690	国际金融与资本市场专题	光华管理学院
15—16	1	2832120	宏观经济学	光华管理学院
15—16	1	2832230	商战模拟	光华管理学院
15—16	1	2832420	金融学中的数学方法	光华管理学院
15—16	1	2832480	成本与管理会计	光华管理学院
15—16	1	2832510	财务会计	光华管理学院
15—16	1	2832640	营销学	光华管理学院
15—16	1	2832700	定价管理	光华管理学院
15—16	1	2833230	金融市场与金融机构	光华管理学院

续表

学年度	学期	课程号	课程名称	开课系所
15—16	1	2833430	公司财务管理	光华管理学院
15—16	1	2833460	品牌管理	光华管理学院
15—16	1	2833600	税法与税务会计	光华管理学院
15—16	1	2833700	产品管理	光华管理学院
15—16	1	2834020	金融学概论	光华管理学院
15—16	1	2834390	战略管理	光华管理学院
15—16	1	2834720	概率统计	光华管理学院
15—16	1	2834740	运作与信息管理	光华管理学院
15—16	1	2834750	创新管理	光华管理学院
15—16	1	2834800	综合商业计划书竞赛	光华管理学院
15—16	1	2834850	创业企业成长	光华管理学院
15—16	1	2834860	可持续创业	光华管理学院
15—16	1	2838091	中国企业管理实践	光华管理学院
15—16	1	2838150	应用计量经济学	光华管理学院
15—16	1	2838160	数据分析与统计软件	光华管理学院
15—16	1	2838170	会计信息与数据分析	光华管理学院
15—16	1	2838180	财务报表分析	光华管理学院
15—16	1	2838190	中国金融热点问题	光华管理学院
15—16	1	2838200	权益证券投资	光华管理学院
15—16	1	2838270	创业机会识别与分析	光华管理学院
15—16	1	2838280	中国社会、经济研究专题	光华管理学院
15—16	1	2838310	财务分析与量化投资	光华管理学院
15—16	1	2838330	价值投资	光华管理学院
15—16	1	2838350	渠道管理	光华管理学院
15—16	1	2838360	微观经济学	光华管理学院
15—16	1	2930020	中国法律思想史	法学院
15—16	1	2930040	西方法律思想史	法学院
15—16	1	2930050	民事诉讼法	法学院
15—16	1	2930060	宪法学	法学院
15—16	1	2930086	侵权法	法学院
15—16	1	0293008a	民法总论	法学院
15—16	1	2930106	国际刑法学	法学院
15—16	1	2930143	民法案例研习	法学院
15—16	1	2930145	财税法学	法学院
15—16	1	2930153	刑法分论	法学院
15—16	1	2930156	模拟法庭实训	法学院
15—16	1	2930157	国际海洋法	法学院
15—16	1	2930158	律师实务	法学院
15—16	1	2930159	刑事辩护实务	法学院
15—16	1	2930171	诊所式法律教育	法学院
15—16	1	2930172	非营利组织法	法学院

续表

学年度	学期	课程号	课程名称	开课系所
15—16	1	2930180	知识产权法学	法学院
15—16	1	2930300	劳动法与社会保障法	法学院
15—16	1	2930480	国际公法	法学院
15—16	1	2930520	司法精神病学	法学院
15—16	1	2930560	比较司法制度	法学院
15—16	1	2930580	票据法	法学院
15—16	1	2930680	罗马法	法学院
15—16	1	0293074a	专业英语	法学院
15—16	1	2930760	心理卫生学概论	法学院
15—16	1	2930770	保险法	法学院
15—16	1	2930780	刑事执行法	法学院
15—16	1	2930890	经济法学	法学院
15—16	1	2930901	实习	法学院
15—16	1	2930905	犯罪通论	法学院
15—16	1	2930940	环境法	法学院
15—16	1	2930941	环境法概论	法学院
15—16	1	2930970	物权法	法学院
15—16	1	2930989	刑法学	法学院
15—16	1	2930995	会计法与审计法	法学院
15—16	1	2939995	国际私法	法学院
15—16	1	2939999	法律导论	法学院
15—16	1	3030630	信息存储与检索	信息管理系
15—16	1	3030700	计算机网络	信息管理系
15—16	1	3030720	信息经济学	信息管理系
15—16	1	3030740	管理信息系统	信息管理系
15—16	1	3030780	办公自动化	信息管理系
15—16	1	3030910	多媒体技术	信息管理系
15—16	1	3031100	办公自动化上机	信息管理系
15—16	1	3031170	信息存储与检索上机	信息管理系
15—16	1	3032000	管理学原理	信息管理系
15—16	1	3032110	信息政策与法规	信息管理系
15—16	1	3032170	媒体与社会	信息管理系
15—16	1	3032230	电子商务	信息管理系
15—16	1	3032270	图书馆管理	信息管理系
15—16	1	3032380	专业英语	信息管理系
15—16	1	3033160	图书馆自动化	信息管理系
15—16	1	3033180	信息资源建设	信息管理系
15—16	1	3033243	中国名著导读	信息管理系
15—16	1	3033270	视觉圣经—西方艺术中的基督教	信息管理系
15—16	1	3033350	面向对象程序设计JAVA	信息管理系
15—16	1	3033360	面向对象程序设计JAVA上机	信息管理系

续表

学年度	学期	课程号	课程名称	开课系所
15—16	1	3033380	中国禁书史	信息管理系
15—16	1	3033400	信息资源管理基础	信息管理系
15—16	1	3033420	信息资源编目	信息管理系
15—16	1	3033430	Web信息构建理论与实践	信息管理系
15—16	1	3033440	数据挖掘导论	信息管理系
15—16	1	3033450	信息系统分析与设计	信息管理系
15—16	1	3033470	图书馆参考咨询	信息管理系
15—16	1	3033500	运筹学基础	信息管理系
15—16	1	3033560	信息素养概论	信息管理系
15—16	1	3033580	人类信息行为	信息管理系
15—16	1	3033600	健康信息学概论	信息管理系
15—16	1	3100130	国外社会学学说(上)	社会学系
15—16	1	3130010	社会学概论	社会学系
15—16	1	3130020	国外社会学学说(下)	社会学系
15—16	1	3130120	社会统计学	社会学系
15—16	1	3130130	社会统计与数据分析	社会学系
15—16	1	3130210	社会心理学	社会学系
15—16	1	3130270	社会老年学	社会学系
15—16	1	3130420	个案工作	社会学系
15—16	1	3130470	社会政策	社会学系
15—16	1	3130560	组织社会学	社会学系
15—16	1	3130660	发展社会学	社会学系
15—16	1	3130710	越轨与犯罪社会学	社会学系
15—16	1	3130820	民族志研究方法	社会学系
15—16	1	3131220	社区工作	社会学系
15—16	1	3131260	数据分析技术	社会学系
15—16	1	3131290	医学社会学	社会学系
15—16	1	3131350	影视文本和社会工作	社会学系
15—16	1	3131390	中国社会福利	社会学系
15—16	1	3131500	社会调查与研究方法	社会学系
15—16	1	3131520	马列经典著作选读	社会学系
15—16	1	3131530	人口社会学	社会学系
15—16	1	3131570	社会分层与社会流动	社会学系
15—16	1	3131571	中国画与中国社会	社会学系
15—16	1	3131572	对中国边疆社会的社会学研究	社会学系
15—16	1	3131840	人群与网络	社会学系
15—16	1	3131850	社会学导论	社会学系
15—16	1	3131890	大学生性格优势团体辅导	社会学系
15—16	1	3230020	政治学原理	政府管理学院
15—16	1	3230050	当代中国政府与政治	政府管理学院
15—16	1	3230100	当代西方国家政治制度	政府管理学院

续表

学年度	学期	课程号	课程名称	开课系所
15—16	1	3230120	组织与管理	政府管理学院
15—16	1	3230430	国家公务员制度	政府管理学院
15—16	1	3230450	行政领导学	政府管理学院
15—16	1	3230670	秘书学与秘书工作	政府管理学院
15—16	1	3230700	中国近现代政治发展史	政府管理学院
15—16	1	3231050	公共经济学原理	政府管理学院
15—16	1	3231090	战略管理	政府管理学院
15—16	1	3231230	城市与区域经济	政府管理学院
15—16	1	3231240	经济地理学	政府管理学院
15—16	1	3231250	城市管理	政府管理学院
15—16	1	3231260	城市规划	政府管理学院
15—16	1	3231610	管理运筹学	政府管理学院
15—16	1	3231620	公共政策分析	政府管理学院
15—16	1	3231690	发展政治学	政府管理学院
15—16	1	3231720	监察与监督	政府管理学院
15—16	1	3232200	区域分析方法	政府管理学院
15—16	1	3232270	政治学概论	政府管理学院
15—16	1	3232280	公共行政学概论	政府管理学院
15—16	1	3232310	政治学科的理论与方法	政府管理学院
15—16	1	3232340	国家与市场	政府管理学院
15—16	1	3232350	危机学	政府管理学院
15—16	1	3232450	房地产经济与管理	政府管理学院
15—16	1	3232460	公共组织行为学	政府管理学院
15—16	1	3232470	论文写作与研究方法	政府管理学院
15—16	1	3232480	博弈论	政府管理学院
15—16	1	3232490	公共行政案例分析	政府管理学院
15—16	1	3232500	政府与法治	政府管理学院
15—16	1	3530050	泰戈尔导读	外国语学院
15—16	1	3530241	公共阿拉伯语(一)	外国语学院
15—16	1	3530291	公共越南语(一)	外国语学院
15—16	1	3530301	公共希伯来语(上)	外国语学院
15—16	1	3530441	公共韩国语(一)	外国语学院
15—16	1	3530450	东方文学	外国语学院
15—16	1	3530510	公共土耳其语(一)	外国语学院
15—16	1	3530530	当代中东研究	外国语学院
15—16	1	3530540	当代以色列研究	外国语学院
15—16	1	3530560	理论与应用语言学	外国语学院
15—16	1	3531015	公共斯瓦希里语(1)	外国语学院
15—16	1	3531019	公共伊博语(一)	外国语学院
15—16	1	3531021	公共孟加拉语(一)	外国语学院
15—16	1	3531023	公共西里尔蒙古文(一)	外国语学院

续表

学年度	学期	课程号	课程名称	开课系所
15—16	1	3531139	蒙古语翻译(下)	外国语学院
15—16	1	3531213	蒙古报刊阅读(三)	外国语学院
15—16	1	3531240	蒙古民间文学	外国语学院
15—16	1	3531323	高年级蒙古语(三)	外国语学院
15—16	1	3531331	蒙古语口译	外国语学院
15—16	1	3531390	蒙古语新闻听力	外国语学院
15—16	1	3531401	基础韩国(朝鲜)语(一)	外国语学院
15—16	1	3531403	基础韩国(朝鲜)语(三)	外国语学院
15—16	1	3531520	韩(朝鲜)半岛概况	外国语学院
15—16	1	3531589	中韩翻译	外国语学院
15—16	1	3531801	韩国(朝鲜)语视听说(一)	外国语学院
15—16	1	3531803	韩国(朝鲜)语视听说(三)	外国语学院
15—16	1	3531811	高级韩国(朝鲜)语(一)	外国语学院
15—16	1	3531813	高级韩国(朝鲜)语(三)	外国语学院
15—16	1	3531820	韩国(朝鲜)语应用文写作	外国语学院
15—16	1	3531831	韩国(朝鲜)语报刊选读(上)	外国语学院
15—16	1	3531841	高级韩国(朝鲜)语口语(一)	外国语学院
15—16	1	3531852	韩国(朝鲜)文学作品选读(下)	外国语学院
15—16	1	3531880	韩国社会的理解	外国语学院
15—16	1	3531959	日语文言语法	外国语学院
15—16	1	3532021	基础日语(一)	外国语学院
15—16	1	3532023	基础日语(三)	外国语学院
15—16	1	3532041	日语视听说(一)	外国语学院
15—16	1	3532060	日语写作	外国语学院
15—16	1	3532079	日语口译指导	外国语学院
15—16	1	3532120	日本文学史	外国语学院
15—16	1	3532150	日本社会	外国语学院
15—16	1	3532200	日本现代文学作品选读	外国语学院
15—16	1	3532251	公共日语(一)	外国语学院
15—16	1	3532253	公共日语(三)	外国语学院
15—16	1	3532260	中日文化交流史	外国语学院
15—16	1	3532321	高年级日语(一)	外国语学院
15—16	1	3532333	高年级日语(三)	外国语学院
15—16	1	3532370	日汉语言对比	外国语学院
15—16	1	3532401	基础日语(一)	外国语学院
15—16	1	3532412	日语视听说(二)	外国语学院
15—16	1	3532421	日语阅读(一)	外国语学院
15—16	1	3532430	日本文化概论	外国语学院
15—16	1	3532450	汉译日	外国语学院
15—16	1	3532470	论文写作指导	外国语学院
15—16	1	3533103	越南语视听说(三)	外国语学院

续表

学年度	学期	课程号	课程名称	开课系所
15—16	1	3533142	越南报刊选读(二)	外国语学院
15—16	1	3533150	汉译越教程	外国语学院
15—16	1	3533271	基础越南语(一)	外国语学院
15—16	1	3533280	越南国情	外国语学院
15—16	1	3533511	泰语听力(上)	外国语学院
15—16	1	3533522	初级泰语阅读(二)	外国语学院
15—16	1	3533552	泰语翻译教程(下)	外国语学院
15—16	1	3533813	高年级泰语阅读(三)	外国语学院
15—16	1	3533829	泰国历史	外国语学院
15—16	1	3533850	泰学研究专题	外国语学院
15—16	1	3533863	泰语教程(三)	外国语学院
15—16	1	3534015	缅甸语(五)	外国语学院
15—16	1	3534120	缅甸文化	外国语学院
15—16	1	3534211	缅甸报刊选读(一)	外国语学院
15—16	1	3534252	缅甸语视听说(二)	外国语学院
15—16	1	3534272	缅汉口译(二)	外国语学院
15—16	1	3534831	印尼语旅游口语(一)	外国语学院
15—16	1	3534832	印尼语旅游口语(二)	外国语学院
15—16	1	3534843	印尼语(三)	外国语学院
15—16	1	3534845	公共菲律宾语(一)	外国语学院
15—16	1	3535021	希伯来语视听说(一)	外国语学院
15—16	1	3535161	希伯来语(一)	外国语学院
15—16	1	3535673	菲律宾语(三)	外国语学院
15—16	1	3536022	印地语视听说(二)	外国语学院
15—16	1	3536060	印地语语法	外国语学院
15—16	1	3536131	梵语文学作品选读(上)	外国语学院
15—16	1	3536213	印度英语报刊文章选读(三)	外国语学院
15—16	1	3536220	梵语文学史	外国语学院
15—16	1	3536261	印度佛教史(上)	外国语学院
15—16	1	3536301	印地语报刊阅读(一)	外国语学院
15—16	1	3536402	德语(二)	外国语学院
15—16	1	3536501	印地语(一)	外国语学院
15—16	1	3536915	印地语(五)	外国语学院
15—16	1	3537021	乌尔都语视听说(一)	外国语学院
15—16	1	3537032	乌尔都语口语(下)	外国语学院
15—16	1	3537110	巴基斯坦文化	外国语学院
15—16	1	3537281	乌尔都语泛读(上)	外国语学院
15—16	1	3537353	基础乌尔都语(三)	外国语学院
15—16	1	3537361	乌尔都语听力(上)	外国语学院
15—16	1	3537571	波斯语小说(上)	外国语学院
15—16	1	3537591	波斯语诗歌选读(上)	外国语学院

续表

学年度	学期	课程号	课程名称	开课系所
15—16	1	3537650	波斯古今散文研读	外国语学院
15—16	1	3538011	基础阿拉伯语（一）	外国语学院
15—16	1	3538013	基础阿拉伯语（三）	外国语学院
15—16	1	3538022	阿拉伯语视听（二）	外国语学院
15—16	1	3538024	阿拉伯语视听（四）	外国语学院
15—16	1	3538026	阿拉伯语视听（六）	外国语学院
15—16	1	3538032	阿拉伯语口语（二）	外国语学院
15—16	1	3538034	阿拉伯语口语（四）	外国语学院
15—16	1	3538041	阿拉伯语阅读（一）	外国语学院
15—16	1	3538043	阿拉伯语阅读（三）	外国语学院
15—16	1	3538045	阿拉伯语阅读（五）	外国语学院
15—16	1	3538060	阿拉伯语写作	外国语学院
15—16	1	3538072	阿拉伯语口译（二）	外国语学院
15—16	1	3538082	阿拉伯语翻译教程（二）	外国语学院
15—16	1	3538190	阿拉伯文学史	外国语学院
15—16	1	3538210	当代阿拉伯世界	外国语学院
15—16	1	3538221	阿拉伯报刊文选（一）	外国语学院
15—16	1	3538223	阿拉伯报刊文选（三）	外国语学院
15—16	1	3538271	高年级阿拉伯语（一）	外国语学院
15—16	1	3538273	高年级阿拉伯语（三）	外国语学院
15—16	1	3538281	基础土耳其语（一）	外国语学院
15—16	1	3631001	法语精读（一）	外国语学院
15—16	1	3631003	法语精读（三）	外国语学院
15—16	1	3631005	法语精读（五）	外国语学院
15—16	1	3631017	法语精读（七）	外国语学院
15—16	1	3631021	法语视听说（一）	外国语学院
15—16	1	3631023	法语视听说（三）	外国语学院
15—16	1	3631025	法语视听说（五）	外国语学院
15—16	1	3631027	法语视听说（七）	外国语学院
15—16	1	3631031	法语写作（一）	外国语学院
15—16	1	3631033	法语写作（三）	外国语学院
15—16	1	3631044	法语笔译（下）	外国语学院
15—16	1	3631053	法语口译（上）	外国语学院
15—16	1	3631066	法国文学史和文学选读（下）	外国语学院
15—16	1	3631092	法语泛读（二）	外国语学院
15—16	1	3631220	法国历史	外国语学院
15—16	1	3631251	法国报刊选读（一）	外国语学院
15—16	1	3631253	法国报刊选读（三）	外国语学院
15—16	1	3631511	法语精读（一）	外国语学院
15—16	1	3631513	法语精读（三）	外国语学院
15—16	1	3631521	法语视听（一）	外国语学院

续表

学年度	学期	课程号	课程名称	开课系所
15—16	1	3631523	法语视听(三)	外国语学院
15—16	1	3631531	法语泛读(一)	外国语学院
15—16	1	3631533	法语泛读(三)	外国语学院
15—16	1	3631611	公共法语(一)	外国语学院
15—16	1	3632001	德语精读(一)	外国语学院
15—16	1	3632003	德语精读(三)	外国语学院
15—16	1	3632021	德语视听说(一)	外国语学院
15—16	1	3632023	德语视听说(三)	外国语学院
15—16	1	3632041	德语笔译(一)	外国语学院
15—16	1	3632043	德语笔译(三)	外国语学院
15—16	1	3632051	德语口译(上)	外国语学院
15—16	1	3632103	德语长篇小说(上)	外国语学院
15—16	1	3632110	德国文化史	外国语学院
15—16	1	3632150	德语短篇小说	外国语学院
15—16	1	3632170	阅读、理解与分析	外国语学院
15—16	1	3632181	德语语言学导论(一)	外国语学院
15—16	1	3632190	德语文学批评选读	外国语学院
15—16	1	3632210	德国历史	外国语学院
15—16	1	3632220	德语国家国情课	外国语学院
15—16	1	3632331	圣经与德语文学	外国语学院
15—16	1	3632350	奥地利传媒	外国语学院
15—16	1	3632511	德语精读(一)	外国语学院
15—16	1	3632513	德语精读(三)	外国语学院
15—16	1	3632521	德语视听(一)	外国语学院
15—16	1	3632523	德语视听(三)	外国语学院
15—16	1	3632531	德语泛读(一)	外国语学院
15—16	1	3632533	德语泛读(三)	外国语学院
15—16	1	3632611	公共德语(一)	外国语学院
15—16	1	3632621	德语国家文学史与选读(一)	外国语学院
15—16	1	3632623	德语国家文学史与选读(三)	外国语学院
15—16	1	3633011	西班牙语精读(一)	外国语学院
15—16	1	3633013	西班牙语精读(三)	外国语学院
15—16	1	3633015	西班牙语精读(五)	外国语学院
15—16	1	3633017	西班牙语精读(七)	外国语学院
15—16	1	3633021	西班牙语视听(一)	外国语学院
15—16	1	3633027	西班牙语视听(三)	外国语学院
15—16	1	3633031	西班牙语阅读(一)	外国语学院
15—16	1	3633041	西班牙语口语(一)	外国语学院
15—16	1	3633043	西班牙语口语(三)	外国语学院
15—16	1	3633051	西班牙语作文(上)	外国语学院
15—16	1	3633071	拉丁美洲文学史和文学选读(上)	外国语学院

续表

学年度	学期	课程号	课程名称	开课系所
15—16	1	3633072	拉丁美洲文学史和文学选读(下)	外国语学院
15—16	1	3633081	西汉笔译(上)	外国语学院
15—16	1	3633091	西汉口译(上)	外国语学院
15—16	1	3633210	西班牙历史和文化概论	外国语学院
15—16	1	3633231	西班牙语语法(上)	外国语学院
15—16	1	3633251	西班牙报刊选读(上)	外国语学院
15—16	1	3633611	公共西班牙语(一)	外国语学院
15—16	1	3633710	禅与园林艺术	外国语学院
15—16	1	3635011	公共葡萄牙语(一)	外国语学院
15—16	1	3635047	葡萄牙语(七)	外国语学院
15—16	1	3635071	巴西文学史与文学选读(一)	外国语学院
15—16	1	3635081	葡萄牙语语言学导论(一)	外国语学院
15—16	1	3639000	电影	外国语学院
15—16	1	3730031	俄语语法(一)	外国语学院
15—16	1	3730112	俄语阅读——文化背景知识(二)	外国语学院
15—16	1	3730120	俄语功能语法学	外国语学院
15—16	1	3730191	俄语口语会话(上)	外国语学院
15—16	1	3730311	俄罗斯文学选读(上)	外国语学院
15—16	1	3730381	俄语报刊阅读(一)	外国语学院
15—16	1	3730391	俄罗斯文学史(一)	外国语学院
15—16	1	3730393	俄罗斯文学史(三)	外国语学院
15—16	1	3730421	俄语口译(上)	外国语学院
15—16	1	3730490	俄罗斯艺术史	外国语学院
15—16	1	3730501	基础俄语(一)	外国语学院
15—16	1	3730503	基础俄语(三)	外国语学院
15—16	1	3730511	高级俄语(一)	外国语学院
15—16	1	3730513	高级俄语(三)	外国语学院
15—16	1	3730541	俄语写作(上)	外国语学院
15—16	1	3730551	俄译汉教程(上)	外国语学院
15—16	1	3730581	俄罗斯国情(上)	外国语学院
15—16	1	3730591	俄罗斯民俗民情(上)	外国语学院
15—16	1	3730650	俄语语音	外国语学院
15—16	1	3730729	普通语言学概论	外国语学院
15—16	1	3730740	中俄文化交流史	外国语学院
15—16	1	3730751	俄语视听说(一)	外国语学院
15—16	1	3730753	俄语视听说(三)	外国语学院
15—16	1	3730761	俄语新闻听力(上)	外国语学院
15—16	1	3730812	汉译俄教程(下)	外国语学院
15—16	1	3730821	公共俄语(一)	外国语学院
15—16	1	3730850	俄罗斯的信仰与文化(上)	外国语学院
15—16	1	3830017	英语精读(一)	外国语学院

续表

学年度	学期	课程号	课程名称	开课系所
15—16	1	3830021	英语视听(一)	外国语学院
15—16	1	3830027	英语视听(三)	外国语学院
15—16	1	3830033	英语精读(三)	外国语学院
15—16	1	3830041	口语(一)	外国语学院
15—16	1	3830043	口语(三)	外国语学院
15—16	1	3830071	写作(一)	外国语学院
15—16	1	3830092	英国文学史(二)	外国语学院
15—16	1	3830100	普通语言学	外国语学院
15—16	1	3830110	英译汉	外国语学院
15—16	1	3830132	美国文学史与选读(二)	外国语学院
15—16	1	3831020	希腊罗马神话	外国语学院
15—16	1	3831080	英语结构	外国语学院
15—16	1	3831120	中西修辞传统	外国语学院
15—16	1	3832010	文科教育思想选读	外国语学院
15—16	1	3832020	文学形式导论	外国语学院
15—16	1	3832030	短篇小说选读	外国语学院
15—16	1	3832040	欧洲文学选读	外国语学院
15—16	1	3832080	美国短篇小说	外国语学院
15—16	1	3832150	英语史	外国语学院
15—16	1	3833030	报刊选读	外国语学院
15—16	1	3833130	英国小说选读	外国语学院
15—16	1	3833140	英诗选读	外国语学院
15—16	1	3833190	圣经释读	外国语学院
15—16	1	3833309	英语文学文体赏析	外国语学院
15—16	1	3834100	中西文化比较	外国语学院
15—16	1	3834180	20世纪西方文论	外国语学院
15—16	1	3834290	戏剧实践	外国语学院
15—16	1	3834380	西方文化	外国语学院
15—16	1	3834430	英国文学的历史背景	外国语学院
15—16	1	3835061	大学英语(一)(2)	英语语言文学系
15—16	1	3835062	大学英语(二)(2)	英语语言文学系
15—16	1	3835063	大学英语(三)(2)	英语语言文学系
15—16	1	3835067	大学英语(四)	英语语言文学系
15—16	1	3835150	高级英语—阅读与写作	英语语言文学系
15—16	1	3835201	大学英语ABC(一)(2)	英语语言文学系
15—16	1	3835203	大学英语ABC(三)(2)	英语语言文学系
15—16	1	3835230	实用英语词汇学	英语语言文学系
15—16	1	3835260	英语名著与电影	英语语言文学系
15—16	1	3835340	莎士比亚名篇赏析	外国语学院
15—16	1	3835350	大学英语听说	英语语言文学系
15—16	1	3835500	新西兰历史与文化	英语语言文学系

续表

学年度	学期	课程号	课程名称	开课系所
15—16	1	3835530	美国重要历史文献选读	英语语言文学系
15—16	1	3835541	高级英语阅读 A	英语语言文学系
15—16	1	3835543	英语阅读	英语语言文学系
15—16	1	3835544	学术英语写作	英语语言文学系
15—16	1	3835551	高级英语听说	英语语言文学系
15—16	1	3835552	英语听说	英语语言文学系
15—16	1	3835610	法律英语	英语语言文学系
15—16	1	3835710	语言、文化与交际	英语语言文学系
15—16	1	3835730	美国文化概览	英语语言文学系
15—16	1	3835830	西方文化选读	英语语言文学系
15—16	1	3835840	英美短篇小说赏析	英语语言文学系
15—16	1	3835850	希腊罗马神话赏析	英语语言文学系
15—16	1	3835860	英语公众演讲	英语语言文学系
15—16	1	3835880	英美报刊选读	英语语言文学系
15—16	1	3835890	汉英翻译理论与实践	英语语言文学系
15—16	1	3835900	高级英语写作	英语语言文学系
15—16	1	3835940	语音与听说词汇	英语语言文学系
15—16	1	3835950	高级英语口语	英语语言文学系
15—16	1	3835960	英文文体风格鉴赏	英语语言文学系
15—16	1	3835990	英美经典散文节选阅读	英语语言文学系
15—16	1	3930010	西方戏剧文学	外国语学院
15—16	1	3930020	语言与认知	外国语学院
15—16	1	3930030	公共英语(一)	外国语学院
15—16	1	4031650	思想道德修养与法律基础	马克思主义学院
15—16	1	4031650	思想道德修养与法律基础	信息科学技术学院
15—16	1	4031660	中国近现代史纲要	马克思主义学院
15—16	1	4031682	马克思主义基本原理概论(下)	马克思主义学院
15—16	1	4031730	毛泽东思想和中国特色社会主义理论体系概论	马克思主义学院
15—16	1	4031740	马克思主义基本原理概论	马克思主义学院
15—16	1	4031750	形势与政策	马克思主义学院
15—16	1	4130004	体育四	体育教研部
15—16	1	4130020	游泳	体育教研部
15—16	1	4130021	游泳提高班	体育教研部
15—16	1	4130030	太极拳	体育教研部
15—16	1	4130040	健美操	体育教研部
15—16	1	4130050	乒乓球	体育教研部
15—16	1	4130053	乒乓球提高班	体育教研部
15—16	1	4130060	羽毛球	体育教研部
15—16	1	4130063	羽毛球提高班	体育教研部
15—16	1	4130070	网球	体育教研部
15—16	1	4130080	足球	体育教研部

续表

学年度	学期	课程号	课程名称	开课系所
15—16	1	4130090	篮球	体育教研部
15—16	1	4130093	篮球提高班	体育教研部
15—16	1	4130100	排球	体育教研部
15—16	1	4130110	形体（女生）	体育教研部
15—16	1	4130120	体育舞蹈	体育教研部
15—16	1	4130130	健美	体育教研部
15—16	1	4130160	体适能	体育教研部
15—16	1	4130171	保健2	体育教研部
15—16	1	4130210	棒、垒球	体育教研部
15—16	1	4130231	安全教育与自卫防身	体育教研部
15—16	1	4130240	攀岩	体育教研部
15—16	1	4130260	少林棍术	体育教研部
15—16	1	4130280	跆拳道	体育教研部
15—16	1	4130290	击剑	体育教研部
15—16	1	4130300	奥林匹克文化	体育教研部
15—16	1	4130350	运动、营养与减肥	体育教研部
15—16	1	4130370	围棋（初级班）	体育教研部
15—16	1	4130420	散打	体育教研部
15—16	1	4130430	中华毽	体育教研部
15—16	1	4130440	瑜伽	体育教研部
15—16	1	4130450	地板球	体育教研部
15—16	1	4130480	高尔夫	体育教研部
15—16	1	4130490	桥牌	体育教研部
15—16	1	4130500	国际象棋（初级班）	体育教研部
15—16	1	4130520	《黄帝内经》与古导引	体育教研部
15—16	1	4130570	剑道	体育教研部
15—16	1	4130620	定向与徒步运动	体育教研部
15—16	1	4130630	汉字太极与养生课	体育教研部
15—16	1	4130640	拓展训练	体育教研部
15—16	1	4130660	壁球	体育教研部
15—16	1	4330002	艺术心理学	艺术学院
15—16	1	4330007	西方艺术学原著导读	艺术学院
15—16	1	4330013	艺术学原理	艺术学院
15—16	1	4330015	当代艺术概论	艺术学院
15—16	1	4330021	戏曲与中国传统文化	艺术学院
15—16	1	4330028	跨文化艺术传播学	艺术学院
15—16	1	4330029	文化市场营销学	艺术学院
15—16	1	4330038	中国艺术学原著导读	艺术学院
15—16	1	4330039	艺术批评	艺术学院
15—16	1	4330042	西方古典音乐	艺术学院
15—16	1	4330043	西方音乐史	艺术学院

续表

学年度	学期	课程号	课程名称	开课系所
15—16	1	4330048	剧作法（一）	艺术学院
15—16	1	4330049	西方音乐通史	艺术学院
15—16	1	4330052	中国美术通史（上）	艺术学院
15—16	1	4330070	舞蹈概论	艺术学院
15—16	1	4330076	中国画技法	艺术学院
15—16	1	4330094	中国电影史	艺术学院
15—16	1	4330101	电影概论	艺术学院
15—16	1	4330133	戏剧名作分析	艺术学院
15—16	1	4330156	毕业作品创作（一）	艺术学院
15—16	1	4330166	合唱基础的理论与实践	艺术学院
15—16	1	4330421	浪漫主义时代的欧洲音乐	艺术学院
15—16	1	4330440	舞蹈创作排练	艺术学院
15—16	1	4330641	交响乐（初）	艺术学院
15—16	1	4330643	交响乐（中）	艺术学院
15—16	1	4330645	交响乐（高）	艺术学院
15—16	1	4330688	艺术与审美	元培学院
15—16	1	4330941	民族管弦乐（初）	艺术学院
15—16	1	4330945	民族管弦乐（高）	艺术学院
15—16	1	4331020	中外名曲赏析	艺术学院
15—16	1	4331111	中国传统艺术撷英	艺术学院
15—16	1	4331782	影片分析	艺术学院
15—16	1	4331791	视听语言（电影语言）	艺术学院
15—16	1	4331812	影视导演（一）	艺术学院
15—16	1	4331821	影视节目策划	艺术学院
15—16	1	4331881	中国书法艺术美学	艺术学院
15—16	1	4332120	影视音乐	艺术学院
15—16	1	4332210	中国电影史	艺术学院
15—16	1	4332251	影片导读（二）	艺术学院
15—16	1	4332270	表演理论与实践	艺术学院
15—16	1	4332281	学年作品（一）	艺术学院
15—16	1	4332282	学年作品（二）	艺术学院
15—16	1	4332284	毕业实习	艺术学院
15—16	1	4332285	毕业论文	艺术学院
15—16	1	4332301	西方舞蹈文化史	艺术学院
15—16	1	4332350	中国流行音乐流变	艺术学院
15—16	1	4332490	西方歌剧简史与名作赏析	艺术学院
15—16	1	4332511	西方美术通史（上）	艺术学院
15—16	1	4332530	文化产业导论	艺术学院
15—16	1	4332551	艺术训练（一）	艺术学院
15—16	1	4332553	艺术训练（三）	艺术学院
15—16	1	4332555	艺术训练（五）	艺术学院

续表

学年度	学期	课程号	课程名称	开课系所
15—16	1	4332557	艺术训练(七)	艺术学院
15—16	1	4332590	中国传统装饰艺术与审美文化	艺术学院
15—16	1	4332661	中国画理论与技法	艺术学院
15—16	1	4332710	西方美术史	艺术学院
15—16	1	4332881	中外美术创作比较	艺术学院
15—16	1	4333021	美术概论	艺术学院
15—16	1	4333100	音乐剧概论与实践	艺术学院
15—16	1	4630812	通识教育新生讨论班	元培学院
15—16	1	4630813	文学人文经典(近现代)	元培学院
15—16	1	4630814	文学人文经典(近现代)讨论课	元培学院
15—16	1	4630820	数学—物理的整合Ⅰ	元培学院
15—16	1	4630831	综合实验课程Ⅰ	元培学院
15—16	1	4630840	有机化学(整合科学)	元培学院
15—16	1	4630900	思想道德修养与法律基础	元培学院
15—16	1	4630950	思想道德修养与法律基础讨论班	元培学院
15—16	1	4630970	概率统计	元培学院
15—16	1	4630980	物理化学(整合科学)Ⅱ	元培学院
15—16	1	4630990	综合科学实验课程Ⅲ	元培学院
15—16	1	4830010	信息科学技术概论	信息科学技术学院
15—16	1	4830041	计算概论A	信息科学技术学院
15—16	1	4830042	计算概论A上机实习课	信息科学技术学院
15—16	1	4830050	数据结构与算法（A）	信息科学技术学院
15—16	1	4830070	集合论与图论	信息科学技术学院
15—16	1	4830090	数理逻辑	信息科学技术学院
15—16	1	4830140	计算机组织与体系结构	信息科学技术学院
15—16	1	4830141	计算机系统结构实验班	信息科学技术学院
15—16	1	4830143	计算机组成与系统结构实习B	信息科学技术学院
15—16	1	4830161	操作系统A	信息科学技术学院
15—16	1	4830163	操作系统A(实验班)	信息科学技术学院
15—16	1	4830170	数据结构与算法实习	信息科学技术学院
15—16	1	4830180	编译实习	信息科学技术学院
15—16	1	4830181	编译实习(实验班)	信息科学技术学院
15—16	1	4830190	操作系统实习	信息科学技术学院
15—16	1	4830191	操作系统实习(实验班)	信息科学技术学院
15—16	1	4830220	数据库概论	信息科学技术学院
15—16	1	4830240	计算机网络概论	信息科学技术学院
15—16	1	4830241	计算机网络实习	信息科学技术学院
15—16	1	4830250	人工智能概论	信息科学技术学院
15—16	1	4830260	理论计算机科学基础	信息科学技术学院
15—16	1	4830270	程序设计语言概论	信息科学技术学院
15—16	1	4830300	Web技术概论	信息科学技术学院

续表

学年度	学期	课程号	课程名称	开课系所
15—16	1	4830310	人机交互	信息科学技术学院
15—16	1	4830390	数字化艺术	信息科学技术学院
15—16	1	4830410	信息安全引论	信息科学技术学院
15—16	1	4830470	操作系统B(含实习)	信息科学技术学院
15—16	1	4830480	微机原理B	信息科学技术学院
15—16	1	4830510	语言统计分析	信息科学技术学院
15—16	1	4830530	计算概论A(实验班)	信息科学技术学院
15—16	1	4830540	数据结构与算法（A）（实验班）	信息科学技术学院
15—16	1	4830550	存储技术基础	信息科学技术学院
15—16	1	4830610	电动力学	信息科学技术学院
15—16	1	4830630	电子线路(A)	信息科学技术学院
15—16	1	4830640	电子线路实验(A)	信息科学技术学院
15—16	1	4830650	数字逻辑电路	信息科学技术学院
15—16	1	4830660	数字逻辑电路实验	信息科学技术学院
15—16	1	4830670	信号与系统	信息科学技术学院
15—16	1	4830720	通信原理	信息科学技术学院
15—16	1	4830740	微波技术实验	信息科学技术学院
15—16	1	4830830	数字信号处理实验	信息科学技术学院
15—16	1	4830840	热学	信息科学技术学院
15—16	1	4830870	热力学与统计物理（B）	信息科学技术学院
15—16	1	4830910	固体物理	信息科学技术学院
15—16	1	4831040	半导体器件物理	信息科学技术学院
15—16	1	4831050	集成电路工艺原理	信息科学技术学院
15—16	1	4831060	集成电路设计实习	信息科学技术学院
15—16	1	4831080	微电子器件测试实验	信息科学技术学院
15—16	1	4831160	半导体材料	信息科学技术学院
15—16	1	4831180	PSoC应用开发基础实验	信息科学技术学院
15—16	1	4831190	射频集成电路	信息科学技术学院
15—16	1	4831220	智能科学技术导论	信息科学技术学院
15—16	1	4831250	机器智能实验	信息科学技术学院
15—16	1	4831270	智能信息系统	信息科学技术学院
15—16	1	4831280	可视化与可视计算概论	信息科学技术学院
15—16	1	4831290	模式识别导论	信息科学技术学院
15—16	1	4831300	图像处理	信息科学技术学院
15—16	1	4831320	脑与认知科学	信息科学技术学院
15—16	1	4831410	计算概论(B)	医学部教学办
15—16	1	4831410	计算概论(B)	地球与空间科学学院
15—16	1	4831410	计算概论(B)	生命科学学院
15—16	1	4831410	计算概论(B)	工学院
15—16	1	4831410	计算概论(B)	化学与分子工程学院
15—16	1	4831410	计算概论(B)	心理与认知科学学院

续表

学年度	学期	课程号	课程名称	开课系所
15—16	1	4831410	计算概论(B)	城市与环境学院
15—16	1	4831410	计算概论(B)	物理学院
15—16	1	4831420	数据结构与算法（B）	信息科学技术学院
15—16	1	4831420	数据结构与算法（B）	数学科学学院
15—16	1	4831433	文科计算机基础	信息科学技术学院
15—16	1	4831510	微电子学概论	信息科学技术学院
15—16	1	4831650	计算概论(B)上机	医学部教学办
15—16	1	4831650	计算概论(B)上机	工学院
15—16	1	4831650	计算概论(B)上机	化学与分子工程学院
15—16	1	4831650	计算概论(B)上机	心理与认知科学学院
15—16	1	4831650	计算概论(B)上机	物理学院
15—16	1	4831670	计算机网络与WEB技术	信息科学技术学院
15—16	1	4831780	自然语言处理导论	信息科学技术学院
15—16	1	4831800	数字媒体技术基础	信息科学技术学院
15—16	1	4831860	光纤通信系统	信息科学技术学院
15—16	1	4831890	现代信息检索导论	信息科学技术学院
15—16	1	4831900	通信网概论与宽带信号技术	信息科学技术学院
15—16	1	4831970	卫星导航定位系统概论	信息科学技术学院
15—16	1	4831990	C♯程序设计及其应用	信息科学技术学院
15—16	1	4832010	基于HDL的数字系统设计	信息科学技术学院
15—16	1	4832090	力学B类习题补充	信息科学技术学院
15—16	1	4832100	先进半导体器件	信息科学技术学院
15—16	1	4832110	高等模拟集成电路原理	信息科学技术学院
15—16	1	4832130	微电子学物理基础	信息科学技术学院
15—16	1	4832191	软件工程实习	信息科学技术学院
15—16	1	4832192	互联网数据挖掘	信息科学技术学院
15—16	1	4832200	纳电子器件导论	信息科学技术学院
15—16	1	4832220	智能机器人概论	信息科学技术学院
15—16	1	4832271	科学研究方法、实践与文化(实习课)	信息科学技术学院
15—16	1	4832280	C++语言程序设计	信息科学技术学院
15—16	1	4832281	离散数学（I）	信息科学技术学院
15—16	1	4832320	人群与网络	工学院
15—16	1	4832350	统计分析与商务智能	信息科学技术学院
15—16	1	4832363	计算机系统导论讨论班	信息科学技术学院
15—16	1	4832400	高级光电子技术实验	信息科学技术学院
15—16	1	4832410	原子物理导论	信息科学技术学院
15—16	1	4832430	电子线路A(实验班)	信息科学技术学院
15—16	1	4832440	光学	信息科学技术学院
15—16	1	4832540	中级算法应用技巧	信息科学技术学院
15—16	1	4832640	数学物理方法	信息科学技术学院
15—16	1	4832650	电路分析原理	信息科学技术学院

续表

学年度	学期	课程号	课程名称	开课系所
15—16	1	4832651	电路分析原理研讨班	信息科学技术学院
15—16	1	4832660	电子系统设计实践	信息科学技术学院
15—16	1	4832680	社会科学中的计算思维方法	信息科学技术学院
15—16	1	4832830	通信与计算机网络	工学院
15—16	1	4832980	嵌入式Linux操作系统	信息科学技术学院
15—16	1	4833000	固体物理基础	信息科学技术学院
15—16	1	4833020	软件分析技术	信息科学技术学院
15—16	1	4833030	文献写作与报告	信息科学技术学院
15—16	1	4833040	计算机系统导论	信息科学技术学院
15—16	1	6215091	经济学研究专题Ⅰ	国家发展研究院
15—16	1	6216020	经济学思想史	国家发展研究院
15—16	1	6232000	经济学原理	国家发展研究院
15—16	1	6232060	线性代数	国家发展研究院
15—16	1	6232200	中级微观经济学	国家发展研究院
15—16	1	6232300	中级宏观经济学	国家发展研究院
15—16	1	6232400	计量经济学	国家发展研究院
15—16	1	6233300	国际贸易	国家发展研究院
15—16	1	6233330	微积分	国家发展研究院
15—16	1	6233400	货币银行学	国家发展研究院
15—16	1	6234870	卫生经济学	国家发展研究院
15—16	1	6235010	行为经济学	国家发展研究院
15—16	1	6235060	财务会计	国家发展研究院
15—16	1	6236000	反垄断与管制经济学	国家发展研究院
15—16	1	6236010	财务报表分析	国家发展研究院
15—16	1	6236020	网络营销与经济信息战略	国家发展研究院
15—16	1	6237050	社会经济调查数据分析	国家发展研究院
15—16	1	6237070	创业管理	国家发展研究院
15—16	1	6238030	中国财政前沿问题	国家发展研究院
15—16	1	6238050	面向中国的应用经济分析	国家发展研究院
15—16	1	6239040	宏观经济与健康	国家发展研究院
15—16	1	6239050	实证金融学	国家发展研究院
15—16	1	6239060	社会公正与中国实践	国家发展研究院
15—16	1	6730091	大学生发展综合素养	学生工作部人民武装部
15—16	1	6733010	媒介与教育演变	教育学院
15—16	1	12631040	微机应用与文献检索	城市与环境学院
15—16	1	12631050	环境科学前沿秋季讲座	城市与环境学院
15—16	1	12632020	生态学数量方法	城市与环境学院
15—16	1	12633010	湖泊环境概论	城市与环境学院
15—16	1	12633020	普通地质学	城市与环境学院
15—16	1	12634010	产业地理学	城市与环境学院
15—16	1	12634020	交通地理学	城市与环境学院

续表

学年度	学期	课程号	课程名称	开课系所
15—16	1	12635030	城市遗产保护与规划	城市与环境学院
15—16	1	12635040	土地利用规划与房地产开发管理	城市与环境学院
15—16	1	12635050	建设项目可行性研究	城市与环境学院
15—16	1	12635100	规划设计实习	城市与环境学院
15—16	1	12635110	建筑设计(一)	城市与环境学院
15—16	1	12639040	历史地理学导论	城市与环境学院
15—16	1	12639070	中国城市转型	城市与环境学院
15—16	1	12730030	环境问题	环境科学与工程学院
15—16	1	12731030	环境科学导论	环境科学与工程学院
15—16	1	12731050	环境材料导论	环境科学与工程学院
15—16	1	12732010	环境科学	环境科学与工程学院
15—16	1	12732040	环境监测	环境科学与工程学院
15—16	1	12733030	环境法	环境科学与工程学院
15—16	1	12733040	环境微生物学	环境科学与工程学院
15—16	1	12733050	环境与发展	环境科学与工程学院
15—16	1	12733060	气象学基础	环境科学与工程学院
15—16	1	12733070	英文科学论文写作	环境科学与工程学院
15—16	1	12734020	水处理工程(上)	环境科学与工程学院
15—16	1	12734060	环境工程实验(二)	环境科学与工程学院
15—16	1	12734070	环境工程设计基础	环境科学与工程学院
15—16	1	12734080	固体废物处理与资源化基础	环境科学与工程学院
15—16	1	12735010	化工原理	环境科学与工程学院
15—16	1	12735060	环境工程概预算与经济分析	环境科学与工程学院
15—16	1	12735140	环境系统分析	环境科学与工程学院
15—16	1	12735191	环境经济学(发展中国家情形)	环境科学与工程学院
15—16	1	18050200	中医养生学	医学部教学办
15—16	1	18050500	血管探秘	医学部教学办
15—16	1	18210220	线粒体生物医学	生命科学学院
15—16	1	19230020	歌剧的魅力(概论篇)	歌剧研究院
15—16	1	19230090	俄罗斯音乐文化赏析	歌剧研究院
15—16	1	19930003	模拟创业	产业技术研究院
15—16	1	19930004	新创企业的技术商品化	产业技术研究院
15—16	1	60730020	军事理论	元培学院
15—16	1	60730020	军事理论	学生工作部人民武装部
15—16	1	60730320	当代国防	学生工作部人民武装部
15—16	1	61030020	大学生职业生涯规划	学生工作部人民武装部
15—16	1	89139790	医学发展概论	医学部教学办
15—16	1	89339770	健康的生活方式与健康传播	医学部教学办

表 6-3 2015 年度北京大学教材建设立项名单

序号	主编	主编单位	教材名称	新编修订
1	葛颢	北京国际数学研究中心	生物化学系统的动力学模型讲义	新编
2	殷有泉	工学院	材料力学(第三版)	修订
3	李万彪	物理学院	大气物理题解	新编
4	吴崇试	物理学院	数学物理方法(第三版)	修订
5	高崇寿	物理学院	误差理论和实验的数学处理	新编
6	裴伟伟、裴 坚	化学与分子工程学院	基础有机化学(第4版)—上册	修订
7	裴伟伟、裴 坚	化学与分子工程学院	基础有机化学(第4版)—下册	修订
8	裴伟伟、裴 坚	化学与分子工程学院	基础有机化学(第4版)习题解析	修订
9	赵新生	化学与分子工程学院	中级物理化学(第2版)	修订
10	周公度、段连运	化学与分子工程学院	结构化学基础(第5版)	修订
11	周公度、段连运	化学与分子工程学院	结构化学基础(第5版)习题解析	修订
12	杨展澜	化学与分子工程学院	中级无机化学(第2版)	修订
13	王东辉	生命科学学院	植物发育生物学常用实验技术	新编
14	孙卫玲	环境科学与工程学院	水环境化学前沿	新编
15	孔江平	中国语言文学系	实验语音学基础教程	新编
16	赵 辉	考古文博学院	田野考古学概论	新编
17	张 海	考古文博学院	GIS与考古学空间分析实践教程	新编
18	陈 波	哲学系	逻辑哲学	修订
19	秦雪征	经济学院	应用计量经济学	新编
20	李 权	经济学院	电子商务	新编
21	冯 科	经济学院	投资银行学	新编
22	平新乔	经济学院	经济学讲义	新编
23	陆正飞	光华管理学院	会计学	修订
24	巫和懋	国家发展研究院	博弈均衡理论及应用	新编
25	林毅夫	国家发展研究院	新结构经济学导论	新编
26	白 彦	政府管理学院	政府与法治	新编
27	翟 崑	国际关系学院	东南亚概论	新编
28	张小明	国际关系学院	中国周边安全环境研究	新编
29	王 勇	国际关系学院	中美经贸关系	修订
30	凌 斌	法学院	法科学生必修课:论文写作与资源检索	修订
31	叶 姗	法学院	财税法论	新编
32	刘剑文	法学院	财税法——原理、案例与材料(第三版)	修订
33	李启成	法学院	中国法制史	新编
34	唐应茂	法学院	国际金融法	新编
35	汪大年	外国语学院	实用缅甸语语法	新编
36	赵华敏	外国语学院	初级日语一二册	修订
37	马乃强	外国语学院	美国短篇小说与电影	新编
38	李淑静	外国语学院	博雅英语教程学生用书(1—4) 教师用书(1—4)	新编
39	王子舟	信息管理系	图书馆学研究法	新编
40	严富昌	新闻与传播学院	影视剪辑	新编
41	赵国栋	教育学院	微课、慕课与翻转课堂实操教程	新编

表 6-4 2015 年度北京大学国家级精品资源共享课立项项目

序号	课程	教师	所获称号或立项名称	获得称号(或立项)时间
1	从传播学视角解读中国(英文讲授)	龚文庠	第七批"国家级精品视频公开课"	2015 年 4 月
2	艺术史(12 讲)	朱青生	第七批"国家级精品视频公开课"	2015 年 4 月

研究生教育

【发展概况】 北京大学的研究生教育可以追溯到 20 世纪初。1917 年,北京大学成立研究所,开始招收和培养研究生。1932 年国立北京大学研究院成立,下设文史部、自然科学部和社会科学部,领导和管理全校研究生教育工作。1952 年至 1966 年,北京大学共招收研究生 1200 余人。1978 年北京大学恢复研究生招生后,学校成立研究生处,具体负责研究生教育管理工作。1978 年 9 月,北京大学录取恢复招生后的首批 444 名研究生。1984 年 8 月教育部《关于在北京大学等二十二所高等院校试办研究生院的通知》下达后,北京大学于同年 10 月成立研究生院。自 1978 年特别是研究生院成立以来,北京大学研究生教育进入全面发展的新时期。

2015 年北京大学研究生院按照"国家需要、北大特色、国际前沿"的思路,继续优化研究生教育规模与结构,不断探索实施各具特色的分类培养模式,采取全方位措施提高研究生教育质量,积极促进并提高研究生创新能力,逐步建立多层次的学科评价体系,进一步加强学风道德建设,立德树人、提高质量,全面落实研究生教育综合改革方案和专业学位研究生教育改革试点,为国家培养高层次拔尖人才,取得预期成果。

2015 年,北京大学招收研究生 8128 人,其中博士生 2263 人,硕士生 5865 人。

2015 年,北京大学各级学位授予 17360 人。其中:博士学位 1842 人,硕士学位 6679 人,学士学位 8839 人。

1999 年北京大学校机关机构改革后,研究生院由原来的三处一办改为由六个办公室(招生办公室、培养办公室、学位评定委员会办公室、奖助办公室、综合办公室、中国研究生院院长联席会秘书处)组成的处级单位。

2015 年 3 月,任重退休,返聘一年。6 月 2 日,校发〔2015〕92 号文件任命胡晓阳为北京大学研究生院奖助办公室主任,免去杨虎北京大学研究生院奖助办公室主任职务。7 月 7 日,校发〔2015〕109 号文件任命龚旗煌为北京大学副教务长、研究生院常务副院长,免去严纯华北京大学副教务长、研究生院常务副院长职务。2015 年 7 月,郭莉莉、于鸿鹤分别结束在招生办公室工作及培养办公室工作(学工选留两年)。2015 年 9 月,黄嘉莹到学位办公室工作(学工选留两年)。

【招生工作】 总体情况。2015 年报考北京大学硕士研究生 19352 人,录取 5865 人,其中推荐免试生 2696 人,应试考生 3169 人;2015 年报考北京大学博士研究生 6362 人,录取 2263 人,其中推荐免试直博生 912 人,本校硕转博 473 人,公开招考 163 人,"申请-审核制" 715 人。

招生计划。2015 年教育部给北京大学下达的硕士生招生计划 5250 人,其中学术学位 2500 人,专业学位 2750 人。2015 年教育部给北京大学下达的博士生招生计划 2023 人,其中学术学位 1884 人,专业学位 139 人。

计划安排原则。2015 年招生计划安排的基本原则是根据学校学科发展规划,在基本保持现有招生规模的基础上,继续进行结构优化调整;对国家重点学科、传统优势学科、交叉学科、新兴学科和重大科研项目,在计划安排上予以适当倾斜;对新增学科专业,包括新增专业学位及调整研究方向的学科专业,经审批后适当增加招生计划。2015 年仍将招生计划分为普通计划、调控计划、单独项目计划和单列计划。

推免和单列计划。2015 年在保证接收推荐免试研究生质量的前提下,允许部分院系继续增加接收推免生的人数,少数招生人数较少的专业也可仅接收推荐免试生;保证强军计划、交叉学科、对口支援以及少数民族高层次骨干人才计划;对学校学工干部直升、选留学工干部和体育、艺术特长生制订单列计划。

简章和目录变化。发布北京大学 2015 年硕士研究生招生简章(校本部)、北京大学 2015 年博士研究生招生简章(校本部)、27 个硕士专业学位研究生招生简章以及 25 个院系的"申请-审核制"博士研究生的招生说明。2015 年招生简章和目录的新变化包括:(1)硕士招生新增加新媒体研究院、燕京学堂两个院系;(2)博士

招生新增加新媒体研究院;(3)新增加的硕士招生专业:燕京学堂的中国学4个专业;新媒体研究院的新闻与传播硕士(新媒体方向);国际关系学院的公共管理硕士(国际公共政策方向);人口研究所的社会工作硕士(老龄产业与服务、残疾服务与管理方向);光华管理学院的工商管理硕士(社会公益管理方向)。

接收免试推荐研究生。2015年北京大学接收学术型硕士研究生(含硕博连读)1423人,同比减少12%;接收专业学位硕士研究生1016人,同比增加53%。2015年接收的学术型硕士(含硕博连读)占该类别招生计划的37%,除去部分因报考条件限制不招收推荐免试生的专业,接收的专业学位硕士占该类别招生计划的57%。2015年共有16个院系开展"夏令营"活动。

考试与阅卷。2015年12月27日至28日为全国硕士研究生招生考试时间。北京大学校本部考点有考生6991人,分布在一教、二教、三教、理教和资源中学的5个教学楼,合计152个教室,270个(逻辑)考场,组考和监考人员共约500人。另外,还有7072名考生分布外埠的349个考点参加全国硕士研究生入学考试。2015年硕士自命题科目为223门,采用小信封独立封装15484份试题,包括北京大学考点的试题信封数6710个,外埠考点的试题信封数8774个。2016年1月18日至21日,组织2015年硕士招生集中评阅自命题试卷工作。

政治阅卷。1月21日,在计算中心1号机房召开由各级组长和质检组人员参加的培训会。启明公司做了网上阅卷的技术培训。2015年政治阅卷共有196450份答卷,缺考人数为17899人,缺考率为9.11%。北京大学马克思主义学院等14个院系选派499位评卷员参加阅卷,评阅第34题至38题共5道大题,每题10分,采用背靠背"双评"的方式进行网上评卷。

差额复试。成立学校复试与录取工作领导小组,负责审批复试基本分数线,并统筹全校硕士研究生招生的复试及录取工作。成立院系复试与录取工作小组,负责根据教育部和学校有关招生工作的规定制定本单位具体的复试与录取细则并组织实施。在2015年划定复试基本分数线的工作中,学术型硕士继续采用按学科门类划线的方法。研究生院根据院系各专业在已接收的推荐免试生之外,可用于招收应试生的计划数和考生的初试成绩,确定硕士生复试基本分数线。专业学位硕士复试分数线由招收专业学位硕士研究生(不含已开展提前面试的专业学位)的院系自行拟定,最终以研究生院确定的分数线为准。

录取工作。在"全国硕士研究生招生信息公开平台"上公布《北京大学2015年硕士研究生招生复试录取办法》,公布经审核、查验和汇总后的北京大学2015年硕士研究生拟录取名单。

【培养工作】 基本数据。1. 研究生规模。2015年,北京大学研究生规模进一步增长。截至2015年9月1日,北京大学双证研究生总人数25474人,其中博士生9694人,硕士生15780人。校本部研究生21333人,其中博士生8081人,硕士生13252人。医学部研究生4141人,其中博士生1613人,硕士生2528人。按文理科划分,理工博士生5014人,占62.05%,人文社科博士生3067人,占37.95%。硕士生中专业学位6783人,占51.18%,学术学位硕士生中人文社科(3317人)略多于理工科(3152人)。按生源地统计,中国大陆学生占92%,港澳台学生占3%,外国留学生占5.01%(1068人)。按校区统计,燕园占65%,医学部占16%,深圳占11%,大兴占8%。在职攻读专业学位研究生(单证、仅有学位无学历)4090人,比去年同期减少近700人,分布在软件与微电子学院、工学院、法学院、政府管理学院、艺术学院、光华管理学院、国家发展研究院、深圳研究生院、建筑与景观设计学院共9个学院中。高级专门人才研修班共计在学1704人。2. 研究生学籍异动。截至12月26日,北京大学研究生学籍异动处理量为2082人次。

国际交流。截至12月26日,北京大学2015年研究生出国(境)2751人次,较2014年同期(2434人次)增长13.02%。其中博士1744人次,硕士1007人次。博士生短期出国(境)项目、博士生短期访学项目、研究生学术交流基金、博士生国际专题学术研讨会、高水平大学项目、博士生导师交流等项目的实施,进一步推动了研究生教育国际化,扩展了研究生的学术视野。

过程管理。1. 更新北京大学研究生培养方案。完成2015级研究生培养方案汇编三卷本以及各院系培养方案单行本37本。

2. 课程教学。2015年共开设研究生课程4291门(不含暑期学校课程),其中新开设研究生课程609门。2015年度两个学期共抽查课程970(门次),其中按教学计划正常上课948(门次),未按教学计划正常上课22(门次),按时上课率97.73%。

3. 课程建设。2015年校级资助立项课程44门,中期检查课程40门,结项课程42门。2015年新增研究生课程MOOC建设。组织才斋讲堂20讲,截至2015年共组织110讲"才斋讲堂"课程。

4. 课程评估。2015年校本部研究生课程评估完成2014—2015学年第一、第二学期两次评估工

作。其中第一学期有28个院系总计1024门课程参评,共25580人次参与评估,平均得分为96.40分;第二学期有27个院系总计1024门课程参评,共17540人次参与评估,平均得分为96.49分。

5. 公共课程管理。2014—2015学年共安排外语、政治及公共选修课(不含单证专业学位、软件学院)共计192个班次,10855选课人次。

6. 加强研究生学风建设。建立研究生基本学术规范应知应会问题、网上自主学习自行测试系统,组织研究生入学教育的诚信宣誓活动,参加学风建设宣讲报告会,召开新生入学第一课暨培养说明会,发放《科学道德和学分建设简明读本》,探索建立系统化的研究生学术规范教育。

7. 毕业审查。2015年7月,校本部共计1158名博士生结束学业,其中毕业1101人,结业28人,肄业28人,其他随届处理情况1人;2015年硕士毕业4442人,其中1月毕业125人,7月毕业4317人。

8. 高级专门人才研修班。2015年在学1704人。2015年为800多人办理入学手续,组织课程考试10多场,考生均达1000多人,审查结业约1000人。研修班经费超过3977万元。

9. 校际交换学生管理。台湾校际交换学生的管理是其中的重点,共有来自台湾大学、台湾政治大学、东海大学、台湾交通大学、台湾清华大学、台湾成功大学、台湾师范大学7所高校的18名研究生在北京大学进行为期半年的访问学习。因为本科交换项目学分互认政策的改变,从2015年起,台湾香港交换项目中派出的研究生的比例有大幅增加,以2015年春季为例,本、研共29个名额,最终派出研究生22人。

10. 研究生会相关活动指导。

(1) 学术十杰。北京大学研究生"学术十杰"评选活动自1999年举办第一届至今,秉承"繁荣北大学术,塑造社会精英"的宗旨,2015年4月,北京大学第十七届研究生"学术十杰"评选活动成功举办。(2)"论道杯"学术演讲。10月16日,"学术表达基本规范"主题讲座暨第三届北京大学研究生"论道杯"学术演讲比赛启动仪式在北京大学光华管理学院举办。来自北京大学和部分北京高校的在读硕士、博士研究生等约200人参加了活动。

研究生创新计划。组织实施各类"研究生创新计划"项目。2015年度北京大学"研究生教育创新计划"资助43个项目,其中研究生暑期学校21个,博士生学术会议6个,博士生学术论坛12个,研究生教育改革与探索项目4个。经过几年的探索和实践,北京大学"研究生教育创新计划"已初具规模,总计立项项目累计达到479项,经费投入总计超过2149万元。

创新培养工作。1. 参加教师教学发展中心的建设,加强研究生教学研究与指导。研究生院作为成员单位,就研究生助教培训、研究生新聘博士生导师培训、研究生课程MOOC建设等项目积极提供指导和帮助。2. 筹资办学,促进学科交叉。2015年共举办7期专家主题论坛项目"黉门对话",内容覆盖生命科学、环境科学、数学、统计学、经济学、教育学、物理学、人口学、航空航天、汉语教育等多个领域。3. 开展"北京大学研究生家庭来源状况调查"等课题研究。4. 实践育人,拓展研究生创新创业机会。2015年组织研究生参加全国研究生创新实践系列大赛,在移动终端设计大赛、智慧城市创意设计大赛、电子设计大赛、数学建模等全国大赛中,北京大学研究生均取得好成绩。

课题研究。1. 论文《研究生中外联合培养模式研究》《研究生学术道德规范教育体系的探索与实践——以北京大学为例》获得北京市教育学会研究生教育分会2015年学术年会第九届优秀论文一等奖。2. 全国学位与研究生教育学会一般研究课题"研究生中外联合培养模式研究",完成结题报告6万字。3. 工程院重大研究课题"高校与工程院所联合培养博士生机制研究"完成中期报告约5万字。

【学位工作】 学位授予。2015年,北京大学学位评定委员会召开第118次、119次、120次会议,完成2015年博士、硕士及学士学位授予审核与管理工作。2015年,北京大学各级学位授予17360名。其中:博士学位1842名,硕士学位6679名,学士学位8839名。

质量保证。1. 优化和完善学位论文答辩审批和分会审核流程。出台《关于调整北京大学博士学位论文答辩审批程序及实施学位论文抽检的方案》。

2. 发布《研究生学位申请答辩指南》,涵盖与学位授予工作相关内容。

3. 自行设计学位证书。根据国务院学位委员会第三十一次会议决议,国务院学位委员会决定将现行的国家统一制作学士、硕士、博士学位证书格式和印制发行,调整为由学位授予单位自主设计印刷。为此,国家出台《学位证书和学位授予信息管理办法》,要求自2016年1月1日起,各学位授予单位启用新的学位证书。北京大学设计了自己的学位证书,并于2016年1月开始使用。

4. 学位论文抽查。起草《北京大学学位论文抽检结果处理办法》,并经4月14日第864次校长办公会审议通过,自2015年4月起正式施行。2015年共抽查学位论文69篇。

优秀博士学位论文。2014年

教育部和北京市相继停止优秀博士学位论文的评选工作，2015年北京大学评选出99篇校级优秀博士学位论文。

学科建设。2015年坚持"以评促建"，以有关学位授权学科申报、评估和考核工作为契机，推进实施学科建设规范化管理。

1. 发挥交叉学科分委员会的作用。5月22日，交叉学科分委员会召开第二次会议，审议数据科学交叉学科的培养方案，审议设立交叉生命科学和纳米科学与技术等交叉学科及其培养方案。

2. 自主设置二级学科。11月16日，经第120次校学位评定委员会审议通过，北京大学新增环境健康、系统生物学2个二级学科学位点和纳米科学与技术、数据科学2个交叉学科学位点，批准"应用心理学"由硕士点升级为博士点。

3. 探索建立自我评估机制。2014年提出"学科自我评估"方案。4月10日，组织召开北京大学学科自我评估工作启动会。各学院组建各学科自我评估工作专家工作组，明确相关负责人，召开院系自我评估工作启动会，按时完成并提交各学科"北京大学学科自我评估年度总结报告"。

4. 国际同行评议。根据2013年9月24日校长办公会的决定，拟用5年的时间，完成对学校理工科院系和新体制中心的国际同行评议工作。

2015年4月，组织召开国际量子材料科学中心、化学与分子工程学院和地球与空间科学学院三个单位的国际同行评议工作启动会议。2015年7月，组织环境科学与工程学院和城市与环境学院关于国际同行评议工作的总结汇报会。

2015年9月，组织对国际量子材料科学中心的国际同行评议。本次国际同行评议，是国际量子材料科学中心成立5年来的首次国际性评估，也是我校新体制科研机构第一次接受由学校组织的国际同行评议。

2015年11月，分别组织对化学与分子工程学院和地球与空间科学学院的国际同行评议。依托于化学与分子工程学院的新体制中心北京大学合成与功能生物分子中心，同化学与分子工程学院一起进行国际同行评议。

5. 第四次学科评估指标体系课题研究。作为"学科评估指标体系改进研究"课题组（人文社科）牵头负责单位，于5月21日在北京大学召开课题研讨会，目前课题已经结题，相关成果成为改进第四轮学科评估工作的重要参考和依据。11月11日承办教育部学位与研究生教育发展中心第四轮学科评估指标体系专题研讨会，邀请北京大学人文、社会、理学、医学、管理、艺术等19个学科的专家参会，系统地完善第四轮学科指标体系，力求使指标体系更趋合理。

导师队伍建设。1. 改革导师遴选机制。起草《北京大学研究生指导教师管理办法》，经4月14日第864次校长办公会审议通过，自2015年4月起施行。2015年备案新遴选博士研究生指导教师共计115人，涉及32个一级学科。

2. 新聘博士生导师交流论坛。10月24日，组织召开2015年新聘博士生导师交流论坛，2014年、2015年新任博士生导师共110余人参加会议。

专业学位改革试点。作为国务院学位办首批试点高校，根据国务院学位办公室6月23日下发的《关于开展深化专业学位研究生教育综合改革工作的通知》要求，起草《北京大学专业学位改革试点方案》，完成《北京大学深化专业学位研究生教育综合改革项目申报书》。改革方案重点涉及以下方面：（1）加强顶层设计，坚持需求导向，调整结构，总体布局；（2）理顺机制体制，为专业学位研究生教育提供必要的组织保障和良好的政策环境；（3）改革人才选拔机制、培养模式和教学体系；（4）建立和完善适合专业学位的质量评价和保障体系。

在9月15日教育部召开的"深化专业学位研究生教育综合改革项目专家咨询会"上，经过答辩和专家评审，北京大学的综合改革方案得到国务院学位办的认可，获准试点。

协作与协助。1. 推荐国务院学位委员会第七届学科评议组成员。组织北京大学学科评议组成员的推荐工作，推荐专家涉及48个学科。经国务院学位委员会第三十一次会议遴选产生，北京大学有47位专家被聘为国务院学位委员会第七届学科评议组成员，较上届增加8人，专家人数居全国高校之首，评议组成员涉及的学科领域为44个，新涉及的领域有考古学、中国史、世界史、天文学、地球物理学、生态学、科学技术史、统计学、软件工程、艺术学理论、护理学等一级学科。

协助国务院学位办公室完成以北京大学为召集人单位的学科评议组秘书推荐工作，经召集人提议并报国务院学位办审批，共推荐哲学、理论经济学、政治学、数学、生态学、口腔医学、艺术学理论等7个学科评议组召集人秘书。

2. 中国学位与研究生教育学会委托的有关工作任务。中国学位与研究生教育学会文理科工作委员会秘书处挂靠研究生院。11月27日至28日，文理科工作委员会在福建省厦门市召开"全国学位与研究生教育文理科工作研讨会暨2015年学术年会"，来自122所高校、研究机构、省级学位与研究生教育主管部门的240余名代表参加会议。

按照程序完成委员会委员的调整工作。将委员会主任委员调

整为北京大学高松院士,副主任委员兼秘书长调整为北京大学龚旗煌院士,委员调整为湖南大学李树涛教授和暨南大学张宏教授。

【奖助工作】 调整和完善奖助体系。1.加大学业奖学金和校长奖学金资助力度。在国家拨款机制发生重要调整的基础上,经过测算,2014年向学校提出全面调整学业奖学金和校长奖学金标准的建议,该项建议经党政联席会审议通过。

2015年9月开始实施新的标准。博士生学业奖学金的生活津贴从平均1500元/(人·月)调整至2000元/(人·月),硕士生学业奖学金的生活津贴从平均800元/(人·月)调整至1000元/(人·月)。博士生校长奖学金的生活津贴标准调整到4000元/(人·月)。

2.加强制度建设。对《北京大学研究生学业奖学金管理办法》和《北京大学博士研究生校长奖学金管理办法》进行修订。4月22日,两个文件在校长办公会上审议通过。

3.推动院系自主治理模式。2015年度的奖助工作进一步强调院系在管理中的自主性。对于学业奖学金和校长奖学金的获奖基本条件、奖学金等级、标准、覆盖面、评审实施细则等,由学校设定基本的规则和条件,各院系在此基础上,根据自身特点进一步制定相应的细则,报送研究生院备案。

4.推动院系统筹使用学业奖学金预算。学业奖学金包括两部分,一部分是从2007年开始设立的北京大学学业奖学金,以学业保障为主,兼有激励性质;另一部分为2014年国家投入机制调整后设置的专项学业奖学金,作为前一部分的补充,是激励性质的专项奖学金。2015年,对预算使用方式进行调整,将上述学业奖学金包含的两部分预算分配至院系,院系根据自身学科情况进行奖学金评定,可在总预算范围内,统筹两部分学业奖学金的额度分配。

5.升级改造管理系统。2015年,首次采用动态模块的设计思想规划管理系统,最大限度地将管理思想与技术支持紧密结合。新系统于2015年6月底上线,2015年9月,新系统完成5类奖助学金的发放,涉及1万余人次、1.55亿元。

6.完善管理模式。(1)院系需申报学业奖学金和校长奖学金的实施方案。(2)进一步推动校长奖学金的年度评审。(3)奖学金发放的初审工作逐渐由院系掌握。

学业奖学金的评定、发放与管理。1.研究生学业奖学金。2015—2016学年度,共有9755名研究生获得学业奖学金,其中博士待遇5942人(其中208人为硕博连读学生,硕士学号享受博士待遇),硕士待遇3813人。

2."三助"岗位制度。2015年两个学期共设立2624个助教岗位,资助研究生3261人。资助文科博士生助研津贴400余万元,涉及900余人。

3.社会科学学部助研津贴。目前北京大学对助研津贴的规定因学部而异。基于科研经费状况,学校给予社会科学学部每位博士生225元/月的配套补贴。

专项奖助学金制度。1.博士生校长奖学金。2008年6月设立的"北京大学博士研究生校长奖学金",2015年共有121位申请人获得2015—2016学年度博士生校长奖学金。其中理工科93人,文科28人。2015年5月,启动在校博士生校长奖学金的年度考核评审工作,共计367名博士生获得2015学年度的校长奖学金,其中83人为本年度调整后新增的获奖人,调整比例为22.62%。

2.专项学业奖学金。专项学业奖学金是2014年国家政策调整后设立的奖优性质的专项奖学金,是对原有的以保障性质为主的北大学业奖学金的补充和完善。2015年共有2790人获奖,总金额2115.5万元。

3.才斋奖学金。2015年从27位博士生候选人中评出16位获奖人(最后四名并列),资助金额总计55.2万元。2015年12月,启动2014学年度才斋奖学金获得者中期评审工作。中期评审通过的获奖人,发放资助金额的40%。

4."翁洪武科研原创基金"。2015年度定向支持数学科学学院、物理学院、化学与分子工程学院、生命科学学院、地球与空间科学学院、哲学系、经济学院、光华管理学院、法学院、社会学系、政府管理学院、外国语学院、对外汉语教育学院、城市与环境学院、环境与科学学院等15个院系,确定13位获奖人,每人资助3万元。

5."王文忠-王天成奖学金"和"闵材奖学金"。2015年共有198位申请人获得"闵材奖学金"的资助,20位申请人获得"王文忠-王天成奖学金"的资助,资助总金额分别为99万元和10万元。

专业学位奖助体系。1.专业学位国家助学金。北京大学2014年秋季学期起,对全日制专业学位硕士研究生发放研究生国家助学金,以补助研究生基本生活支出。2015学年校本部共有2247人确认资格可以获得国家助学金。2015年,校本部共计发放专业学位国家助学金1228.2万元,向深圳研究生院拨付2004.9万元,向软件与微电子学院拨付1639.7万元。

2.科学实践创新奖。从2012年开始为全日制专业学位研究生和单列项目研究生设立奖优性质的奖学金"研究生科学实践创新奖",资助标准为10000元/(人·年),资助范围为全校全日制专业学位研究生和单列项目研究生总人数的10%左右。

2015—2016学年共有275人获得北京大学专业学位研究生科学实践创新奖，其中154人由学校发放奖学金。光华管理学院（75人）和法学院（46人）的获奖者纳入院系的奖助体系。

2015年，共计发放2014学年度获奖者奖学金62.5万元，2015年度获奖者奖学金77.5万元。

3. 专业学位研究生奖助体系。在光华管理学院和法学院开展配套试点，学校和院系从学费收入中拿出部分资金，双方按1∶1进行配套，资金用于专业学位研究生的奖助学金，由院系进行规划使用。2015年，向光华管理学院划拨配套资金60万元，向法学院划拨配套资金39.3万元。

对延期博士生的资助与管理。1. 延期博士助研津贴。对于2009级及以后延期博士生，继续执行要求导师提供助研津贴的政策，由奖助办公室具体实施发放工作。2014—2015第二学期，发放197人，合计金额189.15万元；2015—2016第一学期，发放281人，合计金额254.5万元。

2. 延期人文博士资助。对于2009级及以后延期人文学部的博士生，从学科特点出发，对助研政策进行适当调整。2014—2015第二学期发放54人，合计金额13.5万元；2015—2016第一学期发放73人，合计金额18.25万元。

【中国研究生院院长联席会秘书处】 组织会议。1. 主席院长会议。3月30日，中国研究生院院长联席会主席院长扩大会议在成都西南交通大学召开。会议就联席会2015年工作进行研究和布置，重点讨论"中国研究生教育质量联盟"成立相关事宜。

2. 京津院长会议。1月26日—27日，中国研究生院院长联席会2015年京津地区院长工作研讨会在中国科学院大学召开。会议围绕学习和落实全国研究生教育质量工作会议暨国务院学位委员会第三十一次会议有关文件精神，进一步推进研究生教育的综合改革，重点探讨了新形势下院长联席会以及研究生教育质量联盟（筹）的工作内容和运行机制。

3. 院长联席会2015年年会。11月21日—22日，院长联席会2015年年会在成都召开，来自全国63所高校的研究生院院长及相关领域专家学者参会。年会主题聚焦于"深化博士研究生教育改革，提高博士研究生培养质量"。

国际交流。1. 组织协调院长出席CGS主办的于9月27日—29日在新加坡国立大学召开的第九届"全球研究生教育战略领袖峰会"。联席会代表团由前任秘书长陈十一、武汉大学研究生院院长陈传夫、上海交通大学常务副院长王亚光（因故未能成行）、秘书处王小玥组成。与会代表就大数据科学的发展对研究生教育带来的影响以及我们所应采取的行动进行交流，发布"未来行动建议"（A PROPOSAL FOR FURTHER ACTION）。

2. 组织协调院长联席会成员参加12月2日—7日在美国西雅图召开的CGS第57届年会。北京大学研究生院副院长王天兵、西北农林大学研究生院副院长霍喜林出席会议，会议的主题为"合作创新"。

3. 与教育部学位与研究生教育发展中心、全国学位与研究生教育学会共同主办2015年"中国研究生教育国际论坛"。论坛主题为"世界研究生教育发展趋势：展望2020"。10月25日，400多名来自国内外研究生教育领域的政府官员、专家学者与高校代表，在北京国家会议中心共同探讨未来五年全球研究生教育发展趋势。

编撰《中国研究生教育年度报告》。华东师范大学承担具体编撰任务。

汇编《中国研究生院院长联席会E通讯》。2015年共编辑发送10期《院长联席会E通讯》。

博士生分流淘汰机制的调研。2015年完成"研究生培养分流与淘汰机制研究报告"以及"关于推进博士研究生分流培养工作的意见（草稿）"。

探索新的工作机制。2013年以来，北京大学作为主要牵头单位，为筹备成立"中国研究生教育质量联盟"做了大量工作。2015年联席会秘书处在继续对联盟章程、联盟宣言等文件进行修改，为质量联盟的成立做准备的同时，也继续对联盟的工作内容和工作机制进行讨论和论证，并于10月26日专程听取教育部主管领导的意见。最终明确不再成立新的组织，在院长联席会的框架下开展质量自律和质量文化建设方面的实质性工作。为此，秘书处对联席会新的工作内容和工作机制作了初步规划。

医学研究生教育

【发展概况】 2015年北京大学医学部招收研究生1214人，其中博士生445人，硕士生769人。博士生中342人攻读博士学术学位，103人攻读临床医学/口腔医学博士专业学位。硕士生中340人攻读硕士学术学位，429人攻读硕士专业学位。截至12月31日，在校研究生为4113人，其中硕士研究生2516人、博士研究生1597人。北京大学医学部2015届毕业研究生1051人。截至2015年12月，医学部毕业研究生就业率为97.6％。

【培养工作】 教学工作。启动了《研究生课程教学大纲（第五版）》的修订工作，形成新版的《研究生课程学年计划表》和《研究生课程

名称中英文对照表》。第五版教学大纲包含了11个院/部开设的412门课程,总学时达到15718学时。

对硕士、博士研究生以及长学制后期的培养方案进行修订,共涉及12个一级学科、62个二级学科,共制订59个科学学位硕士培养方案、54个科学学位博士培养方案、54个科学学位直博生培养方案、29个专业学位研究生培养方案,以及基础医学、药学、预防药学长学制(二级学科)27个培养方案。

推进住院医师规范化培训和硕士学位衔接。2012级临床医学硕士专业学位研究生及2013级、2014级临床医学博士专业学位研究生共312人报名参加,考核通过率为91.86%。对2013年、2014年进入北京大学医学部住院医师规范化培训基地的住院医师共170人进行审核,并纳入研究生选课系统,使其在规范化培训期间可以参加研究生课程学习,参加相应的国家考试,申请临床医学专业硕士学位。为配合做好临床医学博士专业学位教育与专科医师规范化培训的机衔接,进一步完善临床医学博士专业学位教育制度,起草了《北京市临床医学博士专业学位研究生教育综合改革试点方案》,向教育部、北京市教委、北京市卫生计生委申请开展临床医学博士专业学位研究生教育综合改革试点工作。

国际学术交流。北京大学医学部共有38名研究生获得国家留学基金管理委员会建设高水平大学公派研究生项目资助,其中23名攻读博士学位、15名联合培养博士研究生,校际导师联合培养博士、硕士研究生8人。2015年度医学部"北京大学医学部研究生国家学术交流基金"与"博士研究生短期出国(境)研究项目"共资助15名同学赴境外交流。

【学位工作】 1. 授予学位情况。2015年共向919名研究生授予学位,其中授予博士学位381人(含临床医学博士专业学位75人、口腔医学博士专业学位18人),授予硕士学位538人(含临床医学硕士专业学位135人、口腔医学硕士专业学位16人、公共卫生硕士专业学位32人);共向126名在职人员授予学位,其中授予在职人员博士学位59人(含临床医学博士专业学位54人、口腔医学博士专业学位2人),授予在职人员硕士学位67人(含临床硕士专业学位6人、公共卫生硕士专业学位36人);授予七年制公共卫生医学硕士学位19人,授予六年制药学理学硕士学位82人,授予八年制临床医学专业学位192人,授予八年制口腔医学专业学位37人,授予八年制基础医学科学学位31人,授予学士学位1404人。

2. 在职人员申请学位工作。2015年3月,组织了以同等学力申请博士学位英语全国统考报名和全部考务工作,参加考试人员99人。2015年完成222名以同等学力申请硕士学位人员的现场资格审核、指纹采集工作。2015年,接受以同等学力申请硕士学位人员27人,接受以同等学力申请博士学位人员51人。

3. 落实医教协同学位衔接政策,完成2012级、2013级在医学部附属医院及教学医院参加住院医师规范化培训人员以同等学力申请学位的资格审核工作。

4. 启动专业学位研究生教育改革试点项目申报工作。申报医学技术硕士(眼视光、呼吸治疗、放射物理、康复治疗、口腔修复工艺)、药学博士、公共卫生博士等一批新型应用型人才培养试点。

【评估工作】 完成了2014年度学科自我评估报告。启动了基础医学院生物化学与分子生物学和神经生物学两个学科的国际评估分析工作。启动了研究生教育质量评估工作的信息化平台的建设。组织和参与了教育部全国一级学科排名评估工作及临床和口腔的专业排名评估的调研工作。

【研究生工作部】 1. 重新设计了"爱·责任·成长"研究生主题教育活动,推出了"大师有约""医度咖啡""博言厚道"等系列专题。以"雏燕暖心,春蕴真情"为口号开展了"春燕行动"。

2. 组织研究生代表参加以"我为中国精神代言"为主题的学生党团日联合主题教育活动。

3. 推进创先争优活动,加强学生党支部和班集体建设。推荐2个研究生党支部参加北京市教工委红色"1+1"活动示范评比。1名学生被评为北京大学第五届十佳学生党支部书记。

4. 组织第十三期和第十四期研究生骨干培训。组织43名研究生骨干参加抗日战争时期延安老照片拼图活动和赴中国人民大学参观《再见,延安!》图片展;组织44名研究生骨干赴孔庙和国子监博物馆参观《中国古代官德文化展》;同时,开展了《弟子规》研读、"团结·金秋"摄影比赛等活动。

5. 关注研究生心理健康问题。对70余人次研究生给予重点关注、深入辅导和相应帮助。

6. 启动"践行社会主义核心价值观,扎实扣好人生第一颗扣子"医学部研究生暑期社会实践活动。组织了社会实践评优,共评出社会实践优秀团队特等奖1个,一等奖1个,二等奖2个,三等奖4个,优秀奖5个;评出北京大学社会实践优秀指导老师1名,优秀领队11名;40名同学分别获得北京大学和北京大学医学部的优秀实践个人奖。

7. 开展北京大学第二届"十佳导师"推选工作,推选3名教师为北京大学第二届"十佳导师"获奖者。

8. 做好优秀毕业生选拔及毕业季教育工作。117人被评为北

京大学2015届优秀毕业生,58人被评为北京市优秀毕业生。

9. 完善各项奖助管理工作。组织了17个学院(部)的研究生参加资助工作座谈会,开展资助情况自查自纠工作;优化国家学业奖学金分配方案,2015年共发放老生学业奖学金生活补贴超过1916万元,2014级和2015级研究生国家助学金1451万元,国家学业奖学金超过2923万元;做好研究生"三助"、困难补助、贷款等工作;2015年共有7名研究生得到"天使益"应急循环助学金项目资助。

10. 做好研究生班集体及个人的奖励、表彰及违纪处分工作。2015年共有1个学院获得北京大学先进学生工作单位称号,3个班级获得北京大学优秀班集体荣誉,5个班级获得北京大学先进学风班荣誉,7个班级获得北京大学医学部先进班集体荣誉;共有898名研究生获得北京大学及医学部各类奖励表彰;共有119名研究生获得国家奖学金,43名研究生获"北京大学学术创新奖";医学部有1名研究生成功当选2015北京大学学生年度人物;处理违纪处分1例。

11. 做好研究生管理工作。面向2015级新生征集新生入学感言并汇编成册,启动研究生校纪校规考试,并开展研究生暑期返校座谈会。

12. 改进和完善研究生院管理服务系统。

13. 加强德育工作队伍建设。2015年研工部共派2名教师参加"全国高校辅导员骨干培训",1名教师参加"第八期首都大学生思想政治教育科研培训",2名教师参加"北京高校辅导员专题培训",1名教师参加"北京高校新上岗辅导员培训",1名教师参加"高等学校依法治校理论与实务研讨培训",3名教师参加"研工干部培训"。

【内部建设】 调研、实施北京大学医学部研究生教育微信平台建设及运营管理。组织协调研究生院建院三十周年、2015年学位与研究生教育工作研讨会等。

【医学教指委、医药科秘书处】

1. 1月20日,医学硕士专业学位研究生指导性培养方案研讨会在北京大学医学部召开。

2. 4月9日,全国医学专业学位研究生教育指导委员会秘书处在北京召开医学专业学位授权点专项评估工作启动会。92个学位授权点近380名研究生教育管理人员参加会议。

3. 6月4日—5日,由全国医学专业学位研究生教育指导委员会主办的全国临床/口腔医学专业学位研究生教育政策与业务培训会在广州举行。来自全国110多家临床医学和口腔医学专业学位研究生培养单位的领导和管理干部近500位代表参加会议。

4. 7月28日—30日,由全国医学专业学位研究生教育指导委员会、北京大学医学部、英国国家医学教育局、伯明翰大学四方主办的"第二届中英医学教育国际论坛"在英国召开。来自国内高等医学院校及附属医院的34位中方专家及70余位英籍专家参加会议。

5. 9月11日,授予具有研究生毕业同等学力人员临床医学硕士专业学位全国统一考试改革工作研讨会在北京举行。9月22日,授予具有研究生毕业同等学力人员临床医学硕士专业学位全国统一考试改革工作研讨会第二次会议在北京举行。

6. 11月11日—14日,由中国学位与研究生教育学会医药科工作委员会和全国医学专业学位研究生教育指导委员会主办的"医药学学位与研究生教育质量学术研讨会"在武汉顺利召开,来自全国一百多所研究生培养单位的共计400余位代表参加会议。

7. 11月2日—16日,全国医学专业学位研究生教育指导委员会组织专家对通讯评议结果中评分排名后20%和专家评分不合格的学位授权点进行实地考察。实地考察学位授权点数量为21个。

8. 11月24日,全国医学专业学位研究生教育指导委员会全体委员会暨医学专业学位授权点专项评估评审会在北京召开。

9. 全国医学专业学位研究生教育指导委员会分别于4月17日—27日、7月31日—8月9日、11月20日—29日实施了三期临床医学(全科)研究生指导教师海外交流培训项目。

10. 12月11日—14日,由全国医学专业学位研究生教育指导委员会护理分委会及教育部高等学校护理学专业教学指导委员会联合主办的全国护理学专业教育高峰论坛在昆明召开。来自全国各地100余所高校护理学院以及医疗单位的300名代表参加高峰论坛。

【教学研究成果】 1. 所获奖项。邓锐的"我国临床医学硕士专业学位研究生培养现状分析"获得北京市高等教育学会研究生教育研究会第九届优秀高等教育论文评奖活动二等奖。

2. 课题研究。中国学位与研究生教育学会课题:"学术型学位研究生教育改革与制度创新研究""医学研究生教育结构分析与发展规律研究""我国临床医学专业学位研究生临床实践教学评价指标体系研究""科学优化医学博士学位论文评价体系"。中国学位与研究生教育学会研究重大课题(子课题)"基于行业需求的全日制MPH发展战略研究"等。

3. 发表论文。"医学学术学位研究生教育质量内部评估指标体系研究",载《中华医学教育探索杂志》;"我国医学院校研究生及教师对研究生课程体系的评价分析",载《中华医学教育杂志》;"医学学

术研究生教育质量内部评估指标体系研究",载《中华医学教育探索杂志》;"国内外医学领域学术型博士研究生培养模式比较及思考",载《中华医学科研管理杂志》;"医学学术型博士学位论文匿名评阅结果分析",载《中国高等医学教育》;"新时期研究生和本科生思想政治教育的差异化研究",载《中华医学教育杂志》;"导师视角下的研究生学术道德规范教育现况调查",载《中国高等医学教育》;"医学研究生职业认知及职业选择现况调查与分析",载《中华医学科研管理》。

附表

表6-5 2015年北京大学有权授予博士、硕士学位的学科专业目录

专业代码	专业名称	专业代码	专业名称
01	**哲学**	030105	民商法学
0101	**哲学**	030106	诉讼法学
010101	马克思主义哲学	030107	经济法学
010102	中国哲学	030108	环境与资源保护法学
010103	外国哲学	030109	国际法学
010104	逻辑学	030120	法学(知识产权法)
010105	伦理学	030121	*法学(商法)
010106	美学	030122	*法学(国际经济法)
010107	宗教学	030123	*法学(财税法学)
010108	科学技术哲学	**0302**	**政治学**
0101J2	*中国学(哲学与宗教)	**030201**	**政治学理论**
02	**经济学**	030202	中外政治制度
0201	**理论经济学**	030203	科学社会主义与国际共产主义运动
020101	政治经济学	030204	*中共党史
020102	经济思想史	030206	国际政治
020103	经济史	030207	国际关系
020104	西方经济学	030208	外交学
020105	世界经济	030221	政治学(国际政治经济学)
020106	人口、资源与环境经济学	**0303**	**社会学**
020121	理论经济学(国家发展)	**030301**	**社会学**
0202	**应用经济学**	030302	人口学
020201	**国民经济学**	030303	人类学
020202	区域经济学	030320	*社会学(老年学)
020203	财政学	**0305**	**马克思主义理论**
020204	金融学	030501	马克思主义基本原理
020205	产业经济学	030502	马克思主义发展史
020208	统计学	030503	马克思主义中国化研究
020220	应用经济学(风险管理与保险学)	030504	国外马克思主义研究
0202J2	*中国学(经济与管理)	030505	思想政治教育
03	**法学**	030506	中国近现代史基本问题研究
0301	**法学**	0301J2	*中国学(法律与社会)
030101	法学理论	0302J2	*中国学(政治与国际关系)
030102	法律史	**04**	**教育学**
030103	宪法学与行政法学	**0401**	**教育学**
030104	刑法学	040101	教育学原理

续表

专业代码	专业名称	专业代码	专业名称
040106	高等教育学	**07**	**理学**
040110	教育技术学	**0402**	**心理学**
0403	**体育学**	040201	基础心理学
040301	*体育人文社会学	040202	*发展与教育心理学
05	**文学**	040203	应用心理学
0501	**中国语言文学**	040220	*心理学（临床心理学）
050101	文艺学	**0701**	**数学**
050102	语言学及应用语言学	070101	基础数学
050103	汉语言文字学	070102	计算数学
050104	中国古典文献学	070103	概率论与数理统计
050105	中国古代文学	070104	应用数学
050106	中国现当代文学	0701J3	数据科学（数学）
050108	比较文学与世界文学	**0702**	**物理学**
050120	中国语言文学（中国民间文学）	070201	理论物理
0502	**外国语言文学**	070202	粒子物理与原子核物理
050201	英语语言文学	070203	原子与分子物理
050202	俄语语言文学	070204	等离子体物理
050203	法语语言文学	070205	凝聚态物理
050204	德语语言文学	070206	*声学
050205	日语语言文学	070207	光学
050206	印度语言文学	0702J5	纳米科学与技术（物理学）
050207	西班牙语语言文学	**0703**	**化学**
050208	阿拉伯语语言文学	070301	无机化学
050210	亚非语言文学	070302	分析化学
050211	外国语言学及应用语言学	070303	有机化学
0503	**新闻传播学**	070304	物理化学
050301	新闻学	070305	高分子化学与物理
050302	传播学	070320	化学（化学生物学）
06	**历史学**	070321	化学（应用化学）
0601	**历史学**	070322	化学（化学基因组学）
060100	考古学	0703J5	纳米科学与技术（化学）
0602	**中国史**	**0704**	**天文学**
060200	中国史	070401	天体物理
060201	史学理论及史学史	**0705**	**地理学**
060202	历史地理学	070501	自然地理学
060203	*历史文献学	070502	人文地理学
060204	专门史	070503	地图学与地理信息系统
060205	中国古代史	070520	地理学（环境地理学）
060206	中国近现代史	070521	地理学（历史地理学）
0603	**世界史**	070523	*地理学（城市与区域规划）
060300	世界史	070524	*地理学（景观设计学）
060301	世界史	**0706**	**大气科学**

续表

专业代码	专业名称	专业代码	专业名称
070601	气象学	080901	物理电子学
070602	大气物理学与大气环境	080902	电路与系统
070620	大气科学（气候学）	080903	微电子学与固体电子学
070621	大气科学（物理海洋学）	080904	电磁场与微波技术
0708	**地球物理学**	080921	电子科学与技术（量子电子学）
070801	固体地球物理学	0809J5	纳米科学与技术（电子科学与技术）
070802	空间物理学	**0812**	**计算机科学与技术**
0709	**地质学**	081201	计算机系统结构
070901	矿物学、岩石学、矿床学	081202	计算机软件与理论
070902	地球化学	081203	计算机应用技术
070903	古生物学与地层学	081220	计算机科学与技术（智能科学与技术）
070904	构造地质学	0812J3	数据科学（计算机科学与技术）
070905	第四纪地质学	**0830**	**环境科学与工程**
070920	地质学（材料及环境矿物学）	083001	环境科学
070921	地质学（石油地质学）	083002	环境工程
0710	**生物学**	083020	环境科学与工程（环境健康）
071001	植物学	**0831**	**生物医学工程**
071002	动物学	083100	生物医学工程
071003	生理学	0831J5	纳米科学与技术（生物医学工程）
071005	＊微生物学	**08**	**工学**
071006	神经生物学	**0801**	**力学**
071007	遗传学	080120	力学（生物力学与医学工程）
071009	细胞生物学	080121	力学（力学系统与控制）
071010	生物化学与分子生物学	080124	力学（能源与资源工程）
071011	生物物理学	080125	力学（航空航天工程）
071020	生物学（生物信息学）	**0810**	**信息与通信工程**
071021	生物学（生物技术）	081001	通信与信息系统
071022	生物学（分子医学）	081002	信号与信息处理
0712	**科学技术史**	**0811**	**控制科学与工程**
071200	科学技术史	081101	＊控制理论与控制工程
0713	**生态学**	**0813**	**建筑学**
071300	生态学	081302	＊建筑设计及其理论
0714	**统计学**	**0816**	**测绘科学与技术**
071400	统计学	081602	摄影测量与遥感
0714J3	数据科学（统计学）	**0827**	**核科学与技术**
0801	**力学**	082703	核技术及应用
080101	一般力学与力学基础	**0835**	**软件工程**
080102	固体力学	083500	软件工程
080103	流体力学	0835J3	数据科学（软件工程）
080104	工程力学	**10**	**医学**
080123	力学（先进材料与力学）	**1001**	**基础医学**
0801J5	纳米科学与技术（力学）	100101	人体解剖与组织胚胎学
0809	**电子科学与技术**	100102	免疫学

续表

专业代码	专业名称	专业代码	专业名称
100103	病原生物学	100234	*临床医学(医学信息学)
100106	放射医学	100235	临床医学(临床研究方法学)
100120	病理学	**1003**	**口腔医学**
100121	病理生理学	100301	口腔基础医学
100122	基础医学(人体生理学)	100320	牙体牙髓病学
100123	基础医学(医学生物化学与分子生物学)	100321	牙周病学
100124	基础医学(医学神经生物学)	100322	儿童口腔医学
100125	基础医学(医学细胞生物学)	100323	口腔黏膜病学
100126	基础医学(系统生物医学)	100324	口腔预防医学
1002	**临床医学**	100325	口腔颌面外科学
100201	内科学(传染病)	100326	口腔颌面医学影像学
100201	内科学(风湿病)	100327	口腔修复学
100201	内科学(呼吸系)	100329	口腔正畸学
100201	内科学(内分泌与代谢病)	**1004**	**公共卫生与预防医学**
100201	内科学(肾病)	100401	流行病与卫生统计学
100201	内科学(消化系)	100402	劳动卫生与环境卫生学
100201	内科学(心血管病)	100403	营养与食品卫生学
100201	内科学(血液病)	100404	儿少卫生与妇幼保健学
100202	儿科学	100405	卫生毒理学
100204	神经病学	1004J3	数据科学(公共卫生与预防医学)
100205	精神病与精神卫生学	**1006**	**中西医结合**
100206	皮肤病与性病学	100601	*中西医结合基础
100207	影像医学与核医学	100602	中西医结合临床
100208	临床检验诊断学	**1007**	**药学**
100209	*护理学	100701	药物化学
100210	外科学(骨外)	100702	药剂学
100210	外科学(泌尿外)	100703	生药学
100210	外科学(普外)	100704	药物分析学
100210	外科学(神外)	100706	药理学
100210	外科学(胸心外)	100720	[药学]化学生物学
100210	外科学(整形)	100721	[药学]临床药学
100211	妇产科学	**1011**	**护理学**
100212	眼科学	101120	护理学(临床护理学)
100213	耳鼻咽喉科学	**12**	**管理学**
100214	肿瘤学	**1201**	**管理科学与工程**
100215	康复医学与理疗学	120100	管理科学与工程
100216	运动医学	**1202**	**工商管理**
100217	麻醉学	120201	会计学
100218	*急诊医学	120202	企业管理
100231	*临床医学(全科医学)	**1204**	**公共管理**
100232	临床医学(重症医学)	120401	行政管理
100233	临床医学(临床病理学)	120402	社会医学与卫生事业管理

续表

专业代码	专业名称	专业代码	专业名称
120403	教育经济与管理	085212	*软件工程
120404	*社会保障	085237	*工业设计工程
120421	*公共管理(公共政策)	085239	*项目管理
120422	*公共管理(发展管理)	085271	电子与信息
1205	**图书馆、情报与档案管理**	085273	生物与医药
120501	图书馆学	095300	*风景园林硕士
120502	情报学	105101	内科学
120520	图书情报与档案管理(编辑出版学)	105102	儿科学
13	**艺术学**	105104	神经病学
1301	**艺术学理论**	105105	精神病与精神卫生学
130100	艺术学理论	105106	皮肤病与性病学
1303	**戏剧与影视学**	105107	影像医学与核医学
130300	*戏剧与影视学	105108	临床检验诊断学
1304	**美术学**	105109	外科学
130400	*美术学	105110	妇产科学
20	**专业学**	105111	眼科学
025100	*金融硕士	105112	耳鼻咽喉科学
025200	*应用统计硕士	105113	肿瘤学
025300	*税务硕士	105114	康复医学与病理学
025400	*国际商务硕士	105115	运动医学
025500	*保险硕士	105116	麻醉学
025700	*审计硕士	105117	急诊医学
035101	*法律硕士(非法学)	105126	中西医结合临床
035102	*法律硕士(法学)	105127	全科医学
035200	*社会工作硕士	105128	临床病理学
045101	教育管理	105200	口腔医学
045300	*汉语国际教育硕士	105300	*公共卫生硕士
045400	*应用心理硕士	105400	*护理硕士
055101	*英语笔译	105500	*药学硕士
055105	*日语笔译	125101	*工商管理硕士
055106	*日语口译	125102	*高级管理人员工商管理硕士
055200	*新闻与传播硕士	125200	*公共管理硕士
065100	*文物与博物馆硕士	125300	*会计硕士
085204	*材料工程	125600	*工程管理硕士
085208	*电子与通信工程	135102	*戏剧(歌剧艺术)
085209	*集成电路工程	135105	*广播电视
085211	*计算机技术	135107	*美术

备注：* 硕士学位授权点

表 6-6　2015 年北京大学优秀博士学位论文（99 篇）

序号	作者	专业	论文题目	指导教师
1	王　新	基础数学	一组亏格-2 的 G-函数消失的条件	刘小博
2	张　蕊	概率论与数理统计	测度值马氏过程的中心极限定理	任艳霞
3	李　康	概率论与数理统计	复杂试验中几类最新设计问题研究	艾明要
4	关力凡	基础数学	劣态逼近向量和齐性动力系统的有界轨道	安金鹏
5	李程远	天体物理	大质量星团中的星族	理查德 Richard de Grijs
6	刘永椿	光学	腔光力冷却与耦合增强理论研究	肖云峰
7	黎　敏	光学	强场隧道电离的电子干涉和非绝热效应研究	刘运全
8	席鹏伟	等离子体物理	托卡马克高约束下边缘局域模模拟研究	王晓钢
9	陈静静	凝聚态物理	石墨烯量子输运性质的表/界面调制	俞大鹏
10	龙　江	理论物理	高自旋引力	陈　斌
11	赵弇斐	凝聚态物理	拓扑绝缘体异质结和新型拓扑材料的电输运特性研究	王　健
12	王册明	核技术及应用	原子层沉积纳米核孔及其在单分子检测中的应用	薛建明
13	夏　莹	有机化学	基于金属卡宾转移插入的偶联反应研究	王剑波
14	李　劼	化学（化学生物学）	基于生物正交消除反应理性设计小分子酶激活剂	陈　鹏
15	成贵娟	物理化学	过渡金属催化的 C-H 活化反应机理的质谱与理论计算研究	吴云东
16	刘梦溪	物理化学	石墨烯及其异质结构的可控制备与扫描隧道显微学研究	刘忠范
17	唐　伟	分析化学	DNA 链置换反应的可控动力学及分子识别应用	刘　锋
18	魏俊年	有机化学	双负离子作为氧化剂的探索及丁二烯基镁的反应性研究	席振峰
19	尚　鉴	物理化学	表面多级分子分形和纳米结构	吴　凯
20	赵亚光	无机化学	可见光诱导钴配合物调控活性自由基聚合的研究	付雪峰
21	谢　然	化学（化学生物学）	基于脂质体的非天然糖代谢标记新方法开发及应用	陈　兴
22	袁鹏飞	生物化学与分子生物学	艰难梭菌毒素 B 受体蛋白的鉴定与功能研究	魏文胜
23	张建强	植物学	景天科红景天属的系统发育和生物地理学研究	饶广远
24	刘　振	生物物理学	双分子荧光互补-光激活定位显微技术及应用	孙育杰
25	张余周	生物化学与分子生物学	AtROW1 限定 WOX5 表达于静止中心来调控植物根端干细胞发育	朱玉贤
26	陈加余	生物学（分子医学）	人类新基因和新调控的"半成品库"起源假说	李川昀
27	李金星	空间物理学	磁声波对地球辐射带电子的作用：观测与模拟	傅绥燕
28	黄文涛	构造地质学	拉萨地块古近纪纬度的古地磁制约	郭召杰
29	朱　峰	地质学（材料及环境矿物学）	几种钙钛矿型化合物的高压结构与性质研究	秦　善
30	钱加慧	矿物学、岩石学、矿床学	山西五台-恒山地区角闪岩相变质作用与构造演化	魏春景
31	郭荣荣	地球化学	冀东遵化-青龙地区新太古代变质火山岩的时代、成因及动力学意义	刘树文
32	陈霓虹	基础心理学	视知觉学习的神经机制——视皮层表征的优化、脑区间连接强度的改变以及功能替代	方　方
33	曹洪林	语言学及应用语言学	汉语声学特征与生理体征关系研究	孔江平
34	林　峥	中国现当代文学	北京公园：现代性的空间投射（1860—1937）	陈平原
35	高慧芳	比较文学与世界文学	文化研究视野下的唐宋女侠故事探析	戴锦华
36	万　群	汉语言文字学	《国语》名动关系研究	孙玉文

续表

序号	作者	专业	论文题目	指导教师
37	李丹婕	中国古代史	帝国在边缘：中古北方农牧交织区的政治秩序与实践（6—8世纪）	荣新江
38	韩 策	中国史	科举改制与最后的进士	尚小明
39	郑小悠	中国古代史	清代刑部研究：刑名、政务与官员	郭润涛
40	高美京	考古学及博物馆学	定窑研究	秦大树
41	赵 悠	宗教学	维摩诘形象研究	姚卫群
42	张 沛	中国哲学	焦循易学研究	张学智
43	杨洪源	马克思主义哲学	"政治经济学的形而上学"——《哲学的贫困》与《贫困的哲学》比较	聂锦芳
44	刘晓光	西方经济学	理解当前中国经济若干问题——基于劳动力转移的视角	卢 锋
45	刘莎莎	金融学	情绪、口头交流与市场参与者行为：基于中国股市的证据	刘玉珍
46	黄丹阳	统计学	基于互联网文本数据的统计分析模型	王汉生
47	雷潇雨	国民经济学	城镇化、地方财政与经济增长	龚六堂
48	金 印	民商法学	论所有物返还请求权	尹 田
49	吕升运	诉讼法学	刑事强制措施司法审查研究	汪建成
50	康 宁	法律史	在身份与契约之间——中世纪行会法律性质研究	贺卫方
51	郑丽芬	图书情报与档案管理（编辑出版学）	民国时期的图书馆学教育	王余光
52	向静林	社会学	风险转化与政府卷入——以温州民间借贷服务中心为例	邱泽奇
53	林雪霏	中外政治制度	城镇化过程中的基层政府行为研究——以鹿港街道为个案	徐湘林
54	马 杰	政治学理论	延安时期中共组织结构性冲突研究	关海庭
55	李 晖	英语语言文学	《西游记》翻译中的阐释裂隙、整体理解与寓喻性——三部英译本的比较研究	申 丹
56	刘英军	亚非语言文学	文学对民族记忆的重构——伊朗史诗《库什王纪》研究	王一丹
57	田 湉	艺术学	中国古典舞的形式研究	叶 朗
58	宁志远	物理电子学	碳纳米管的纳米机电（NEM）特性的原位研究	陈 清
59	黄芊芊	微电子学与固体电子学	新型超低功耗场效应晶体管研究	王阳元
60	徐 哲	微电子学与固体电子学	基于自停止湿法腐蚀技术的增强型GaN基器件及其应用研究	吴文刚
61	王子南	通信与信息系统	双偏振双端口光纤陀螺研究	李正斌
62	段一舟	计算机应用技术	视频编解码率失真分析及优化技术研究	郭宗明
63	黄文灏	计算机科学与技术（智能科学与技术）	面向交通预测与分析的时空深度学习研究	谢昆青
64	杨中超	教育经济与管理	教育扩张对代际流动的影响研究	岳昌君
65	刘 飞	力学（先进材料与力学）	L10-FePt、FePd基纳米复合材料的控制合成及其磁性能研究	侯仰龙
66	师恩政	力学（先进材料与力学）	高效率碳纳米薄膜-硅太阳电池的组装和性能研究	曹安源
67	陈 林	力学（能源与资源工程）	近临界流体微尺度通道内流动动力学及传热问题研究	张信荣
68	武振伟	固体力学	液态金属微观动力学与中程原子结构之关系	刘凯欣
69	吕鹏宇	固体力学	水下微结构液气界面的演化规律研究	段慧玲
70	李 琰	自然地理学	森林对气候的生物物理影响——观测与模拟	李双成
71	塔 娜	人文地理学	基于时空行为的郊区居民生活方式研究	柴彦威
72	胡国铮	自然地理学	典型草原带人工林水分利用与生长过程对干旱的响应及其机制	刘鸿雁

续表

序号	作者	专业	论文题目	指导教师
73	李玲玉	环境工程	植被VOCs排放特征及中国高时空分辨率天然源VOCs排放清单研究	谢绍东
74	郑茂盛	环境工程	好氧反硝化菌的脱氮特性及其在氮氧化物减排中的应用	倪晋仁
75	司文喆	生物化学与分子生物学	GATA3和ZEB2介导的转录抑制复合体之间相互负反馈调节的失常促发乳腺癌的转移	尚永丰
76	朱柏力	细胞生物学	FANCG泛素化修饰在DNAICL损伤修复中的功能研究	邵根泽
77	刘鹏	病原生物学	戊型肝炎病毒跨种系传播、预防及分子特点研究	庄辉
78	王文彦	免疫学	新细胞因子FAM19A4的鉴定及其在感染中的功能机制研究	韩文玲
79	李素芳	内科学(心血管病)	MicroRNAs在不稳定型心绞痛中发挥抗血栓形成作用的机制研究	陈红
80	邱新运	内科学(消化系病)	真菌在小鼠肠道中分布情况及其在葡聚糖硫酸钠(DSS)诱导的肠炎中的作用研究	刘玉兰
81	宋迪	内科学(肾病)	补体在不典型溶血尿毒综合征发病机制中的研究	赵明辉
82	王晓娟	临床检验诊断学	肺炎克雷伯对碳青霉烯和替加环素耐药的分子流行病学和耐药机制研究	王辉
83	黄洪杰	运动医学	间充质干细胞亲和多肽修饰壳聚糖水凝胶-脱钙骨基质复合生物支架修复软骨损伤的研究	敖英芳
84	满振涛	运动医学	合成与生物材料支架生物相容性对比及生物材料支架移植同种异体软骨细胞修复兔关节软骨损伤的研究	敖英芳
85	张继淮	外科学(普外)	单核苷酸多态性对结直肠癌作用、机制及应用研究	王杉
86	焦广俊	外科学(骨外)	BMPR2在软骨肉瘤预后及治疗中的作用及机制研究	郭卫
87	刘萌飞	肿瘤学	河南安阳农村人群生殖器HPV感染自然史及传播研究	柯杨
88	杨瑞莉	口腔正畸学	间充质干细胞骨再生与免疫调控的分子机制	周彦恒
89	蒋楠	口腔正畸学	上皮-间充质相互作用在牙发育与牙齿再生领域的应用及机制研究	周彦恒
90	张杰铌	口腔正畸学	唇腭裂儿童的血清蛋白质组学研究	林久祥
91	王天达	口腔修复学	聚酰胺-胺型树枝状分子诱导的牙本质仿生再矿化及在封闭牙本质小管中的应用研究	冯海兰
92	武珊珊	流行病与卫生统计学	耐多药肺结核患者不良反应回顾性队列研究和通用数据模型构建	詹思延
93	薛勇	营养与食品卫生学	全国9地区学龄儿童自报挑食行为特征及其与生长发育关系的研究	王培玉
94	牟洪娜	中西医结合临床	咖啡酸对肝脏缺血再灌注损伤的改善作用及其机制	韩晶岩
95	梅冬	药剂学	针对乳腺癌MCF-7细胞不同靶点的两种主动靶向递送和治疗策略	张强
96	梁雨锋	药物化学	基于氧气、二甲亚砜、过硫酸氢钾复合盐简洁高效的氧合反应研究	焦宁
97	秦冲	药物化学	叠氮参与的简单烃类化合物的氮化反应研究	焦宁
98	居瑞军	药剂学	靶向性表阿霉素塞来昔布脂质体的构建及其抗侵袭性肿瘤的研究	吕万良
99	李雪晨	药理学	糖尿病PKC-α-Src通路激活使尿素转运蛋白UT-A1α-2,6唾液酸化增强	杨宝学

表 6-7 2015 年北京大学在校研究生人数统计（双证）

单位名称	硕士	博士	合计
数学科学学院	227	294	521
物理学院	137	807	944
化学与分子工程学院	172	482	654
生命科学学院	32	547	579
地球与空间科学学院	283	380	663
心理学系	147	115	262
软件与微电子学院	2032	56	2088
新闻与传播学院	195	89	284
中国语言文学系	307	308	615
历史学系	156	210	366
考古文博学院	63	96	159
哲学系	160	251	411
国际关系学院	328	193	521
经济学院	271	159	430
光华管理学院	1355	245	1600
法学院	1067	264	1331
信息管理系	67	81	148
社会学系	264	103	367
政府管理学院	532	163	695
外国语学院	380	196	576
马克思主义学院	63	94	157
体育教研部	23	0	23
艺术学院	86	93	179
对外汉语教育学院	161	33	194
深圳研究生院	2479	111	2590
信息科学技术学院	757	669	1426
国家发展研究院	107	56	163
教育学院	123	268	391
人口研究所	55	40	95
前沿交叉学科研究院	6	497	503
工学院	273	560	833
城市与环境学院	246	261	507
环境科学与工程学院	157	155	312
分子医学研究所	52	92	144
歌剧研究院	20	0	20
建筑与景观设计学院	50	0	50
新媒体研究院	40	10	50
燕京学堂	94	0	94
医学部	2515	1597	4112
合计	15482	9575	25057

继续教育

【组织机构】 北京大学继续教育部是负责统筹、协调、组织和管理北京大学全校成人、继续教育工作的机构，代表学校对继续教育工作进行统筹安排和管理，并代表学校与校外单位洽谈或签署开办继续教育的协议。继续教育部下设综合管理办公室、学历教育办公室、非学历教育办公室、教学管理与研究办公室四个科室。2015年，部门职员总数为22人，其中事业编制12人，劳动合同制9人，离退休返聘1人。部门设部长1人，副部长2人。12月29日，经学校研究决定，任命刘力平为继续教育部部长，免去侯建军继续教育部部长职务；杨学祥、刘广送任副部长。

医学部继续教育处负责统筹管理毕业后医学教育和继续医学教育，下设住院医师规范化培训办公室和继续教育办公室。2015年，部门职员总数为7人，均为事业编制人员。部门设处长1人，副处长2人。姜辉任处长，郑丽云、马真任副处长。

【成人高等学历教育年度概况】 招生情况。成人业余教育方面，2015年教育部下达招生计划总计2574人，招生层次均为专科起点本科，其中校本部招生计划为1934人，实际招生录取1968人；医学部招生计划为640人，实际招生录取595人。网络教育方面，2013年校本部全年招生总计7648人，其中春季招生2062人，秋季招生5586人。

在校生情况。2015年上半年度在校生总数26978人，其中成人业余教育学生8101人，网络教育学生18877人。2015年下半年度在校生总数26767人，其中成人业余教育学生7482人，网络教育学生19285人。

学位发放情况。2015年授予成人高等教育学士学位共3557人，其中业余学习1323人，网络教育1352人，自学考试882人。

【进修教师、访问学者】 2014—2015年度，校本部接收来自全国兄弟院校、科研单位的进修访学人员共计412人，其中进修教师96人，访问学者316人。其中，中央部委的"西部之光"项目访问学者2人，西藏少数民族访问学者3人，新疆少数民族访问学者4人，第二炮兵政治部委培教员11人。5月29日召开2015年访问学者、进修教师表彰会暨科研成果交流会，为72位获得科研成果奖的教师颁发证书，共35篇论文入选《北京大学学报——北京大学国内访问学者、进修教师论文专刊》。2015—2016年度，北京大学共接收383位进修访学教师，其中进修教师75人，访问学者308人。

2014—2015学年度，医学部接收秋季国内访问学者90名，于2015年6月30日完成培养工作，有11名学员的优秀成果发表于国内核心期刊、论著、专著及部分外文期刊，其中SCI论文3篇（最高影响因子8.193）。2015年春季医学部接收国内访问学者148名，有146名顺利结业，有3名学员的优秀成果发表于中文核心期刊。2015年秋季医学部接收访问学者97人，各二级单位接收北京市学科骨干50名。同时，医学部各二级单位举办各类单科进修班、零散进修、北京大学对口支援新疆教育厅新疆汉语骨干教师进修培养项目、西藏大学进修教师进修培养项目、新疆医科大学青年教师进修培养项目等，举办单科进修班142个班次，培训人员1336人，零散进修培训人员1377人。

【自学考试工作】 北京大学作为主考院校主持北京市计算机及应用、心理学、法律（律师）、日语、人力资源管理、护理学共六个专业以及政治公共课自学考试的命题、网上阅卷、非笔试课程组考、本科段学生的毕业论文指导与答辩工作，负责自学考试日常咨询、毕业生材料审核、毕业证书副署公章、本科毕业生学位证书制作与发放等工作。2015年完成145门课程66099科次的阅卷任务，占北京市总阅卷量的35%；完成31门非笔试课程、7056科次的组考、报考、评分以及成绩登记复核工作；完成独立本科段毕业论文指导答辩12个科次，本科段毕业论文指导答辩1240科次；完成考生学位资格审核与学位授予工作，共授予1070名自考学生学士学位，涉及法学、理学、管理学、经济学以及文学学位。北京大学在广东省承办法律、计算机、工商企业管理、行政管理4个专业自学考试主考工作，2015年获得北京大学相关学科学士学位的本科毕业生共406人。

【非学历继续教育培训】 2015年，全校共有32个办学单位举办各类非学历继续教育，共立项1179个项目，其中独立办班项目862个，合作办班项目272个，停办45个，独立办班项目所占比例由2014年的50.5%上升至2015年的73.11%。2015年，全校各单位共结业项目893个，学员50346人，其中2015年立项并结业项目635个，结业人数为38900，往年立项、2015年结业项目258个，结业人数11446。

【非学历继续教育监管】 4月3日，继续教育部下发《关于落实〈教育部关于严禁举办领导干部参加的高收费培训项目的通知〉文件精

神与朱善璐书记批示精神,再次全面清理整顿我校非学历继续教育项目的通知》(继教部字〔2015〕002号),要求各办学单位清查未获得组织人事部门委托但招收干部的培训项目、开展继续教育的虚体机构及其负责人、现有非学历继续教育办学合作单位等信息。

12月10日,针对教育部人事司下发的《关于报送领导干部参加社会化培训专项整治情况的通知》,继续教育部下发《关于报送北京大学社会化培训项目招收领导干部情况的通知》,要求各单位清查全年已经结业以及尚未结业项目中领导干部的参加情况。

【课题研究】 1. 2015年,继续教育部牵头完成教育部"普通高等学校继续教育数字化学习资源开放服务模式的研究及应用"课题。课题负责人:侯建军,该项目已顺利通过教育部验收。

2. 医学部继续教育处承担国家卫生计生委"'十二五'继续教育工作评估指标体系"课题。经过专家审定,于2015年6月结题,并在2015年7月国家卫生计生委"十二五"继续医学教育评估工作中被采用。

3. 由北京大学医学部继续教育处负责,浙江大学继续教育管理处、上海交通大学医学院继续教育学院、哈尔滨医科大学继续教育学院、天津医科大学继续教育学院的有关人员组成的课题组,于2013年5月联合申请"中外继续医学教育制度比较研究"课题,在2015年1月结题,被中华医学会医学教育分会评为二等奖。

4. 11月19日,继续教育学院和继续教育部具体承担的北京大学牵头、103所高校参加的教育部"普通高等学校继续教育数字化学习资源开放服务模式的研究及应用"项目圆满结题。该项目历经4年时间,在教育部职成司的指导下,有8000余名校内外知名专家、学者、优秀教师参与,建成2万余门(个)优秀课程资源,百万学生受益,社会人员受益超过1亿人次,形成面向校内、校外和国际的开放应用模式。评审专家组对项目给予高度评价,认为"具有前瞻性、创新性、先进性、系统性、协同性、完整性和实用性",项目成果获得教育部和社会广泛好评。

5. 继续教育学院主持北京大学教育研究重点课题"世界一流大学继续教育发展及其对北京大学的启示研究"。

6. 继续教育学院参与完成《中国远程高等教育发展研究报告》中"普通高校网络教育"部分的写作。

继续教育学院

【发展概况】 继续教育学院下设综合办公室、市场开拓办公室、对外合作办公室、教学研究办公室、教学管理办公室、技术保障办公室、总务办公室、圆明园校区管理办公室八个办公室。3月16日,继续教育学院成立企业培训中心、网络培训中心两个内设中心,其中企业培训中心主要负责开发学院与中央直属及国有大中型企业、民营企业、外资企业等各类企业的委托培训项目,网络培训中心职能为通过先进的网络新媒体技术平台、优质的教育教学资源、专业的市场开拓能力和良好的教学管理服务水平,积极发展面向国内外的线上线下结合的非学历培训业务。继续教育学院共有员工154人,其中编制内20人,合同制员工126人,劳务协议4人,返聘4人。学院设院长、常务副院长、总支书记各1名,副院长4名。

【业余教育情况】 1. 教学情况。2015年,继续教育学院聘请师资共计54人次,实施2个年级、6个专业、2个学期的教学任务。

根据夜大学学生特点进行教学模式的探索创新,除了班级集体授课,协助主讲教师进行团队教学、小组学习、研讨课程、观摩课程等教学模式创新,丰富教学形式,拓展课程资源。

夜大学政治理论课程"毛泽东思想和中国特色社会主义理论体系概论"继续采用网络教学方式,探索推进网络教育、业余教育、高端培训教学资源融合。

2. 质量管理。建立覆盖教师招聘、教学过程监控、教学质量评估等全过程的质量监督体系,实施教师资格审查、招聘面试、教学研讨会、学生问卷调查、教研室查课等多种举措,保证教学质量。2015学年完成两轮教师资格审查,数次教师招聘面试,2次教学研讨会,2次学生问卷调查,2篇问卷调查研究报告。夜大学实行定期查课制度。

【网络学历教育情况】 2015年,春季开设461门课程,秋季开设493门课程。全年更新网络学历教育课程18门,开设7门新课程。2015年共聘请177名助教教师承担295门课程的教学辅导支持工作,共组织网络学历教育考试4次。完成网络教育入学考试命题65套,组织审核机考试题6500题。完成《网络教育教学质量白皮书》。秋季组织聘请社会工作实习督导8位。

表 6-8　2015 年北京大学网络学历教育获奖情况

奖项名称	颁奖机构	获奖时间	获奖中心
2015 年全国高校现代远程教育优秀校外学习中心	全国高校现代远程教育协作组	2015 年 11 月	北京大学现代远程教育北京学习中心
2015 年全国高校现代远程教育优秀校外学习中心	全国高校现代远程教育协作组	2015 年 11 月	北京大学现代远程教育深圳学习中心

【面授培训】　1. 师资管理与教学。共建设师资队伍 474 人,其中新建设师资队伍 110 人,常用师资 60 人。师资建设实现 ABC 角的教学后备和应急机制。完成 325 个班的课程和师资安排。

研发法律、创业创新、反腐、国土相关、一带一路、互联网＋、工业 4.0、投融资等多个新专题课程项目。其中重点完成中组部班 2015 年 10 个专题班课程以及教育部 4 个专题班课程师资安排。

持续建设网络视频课程,经过课程评估、教师联系、签订协议等工作,1 年来建设 100 余门高端培训网络视频课程。

2. 质量管理。组织教学督导顾问和教研室教师实施教师评估,对 120 位教师进行随堂听课和评估,实施高端培训学员问卷调查,及时反馈促进教学质量提升。加强对合作办班项目的监管,在严格规章制度的基础上,对所有项目进班监管、清查核对学员上课情况、留存上课影像资料,共进班监管 7 天 82 门课。

【中小学教师混合式培训项目】
1. 项目实施情况。(1) 国培项目。共开展"国培计划"中西部远程培训、示范性远程培训、示范性集中培训总计 31 个项目,涉及山西、河南、河北、贵州、新疆等 10 个省、自治区,共培训学员 125891 人。(2) 省培远程项目。开展"广州市义务教育学科课程全员网络远程培训"项目,培训学员 469 人;开展"周口市中心城区信息技术应用能力提升工程"项目,培训学员 5090 人。(3) 高端面授培训项目。开办浙江省高中名师班、广州市中学名教师培养对象研修班、广州市中小学名班主任培养对象培训班、广州教育大讲堂,共培训学员 688 名。

2. 课程与师资。涉及幼儿园、中小学义务教育阶段 18 个学科 73 名专家,其中新建设师资队伍 10 人,常用师资 63 人。

新建视频资源 702 个,共计 736 学时,涉及幼儿园和中小学义务教育阶段 18 个学科。其中,阅读系列课程 99 学时,平台讲解课程 11 学时,生成性课例资源 258 学时,生成性微课资源 228 学时,面授资源 140 学时。

3. 教学管理。实行项目负责人制,实施含北大学科教育大家、师范大学教育专家、教学一线的特级教师和教研员在内的"3＋1"教学专家团队制度,提供 7×24 小时学习支持服务,确保教学的有效性。

【对外合作】　继续教育学院积极配合学校相关部门,落实"省校合作"或"校地合作"协议,同时主动走出去,与各级组织部、人事部加强沟通,通过开展干部教育培训服务地方经济社会发展,突出北大继续教育的社会影响。如免费为云南省弥渡县举办"对口帮扶党政干部高级研修班";与兰州市委宣传部签订意识形态领域干部教育培训框架协议,并优惠为其举办两期培训班;配合学校组织部、科技开发部、校团委一起,与四川省乐山市签订干部教育培训框架协议;优惠为中共新疆维吾尔自治区党委组织部举办"应急管理与舆论引导"专题研修班。

【校内合作】　在培训政策整体收紧的情况下,继续教育学院积极开拓与校内单位开展合作办学的新局面,先后与首都发展研究院、考试研究院、中国社会科学调查中心、中国持续发展研究中心、学生就业指导服务中心、产业技术研究院等多家兄弟单位建立长期稳固的合作关系,目前正在与北京大学国家治理协同创新中心、区域经济研究中心等校内机构进行洽谈联络,继续深化校内各种合作办学。同时,继续教育学院积极开拓国际合作和在线教育业务,为合作业务的转型发展探索出路。

【公益性继续教育项目】　继续开展针对农民工的"圆梦计划"、温州新居民计划。2015 年招收新生 3492 人(广东圆梦 3006 人、如皋圆梦工程 223 人、温州新居民计划 263 人),毕业 1545 人。项目实施六年来,数以十万计的新生代农民工圆了北大梦。继续与校工会和平民学校合作,针对平民学校学生与工勤人员开展"启航计划",与校保卫部合作针对首都高校的保安人员开展"优秀保安员培养计划"。两年来,两项计划共为 200 余名学员提供了提升学历和素质的良好平台。

医学继续教育

【住院医师规范化培训】　项目概况。2015 年北京大学国际医院新纳入医学部住院医师规范化培训管理体系,使培训医院总数达到

16家。在培住院医师人数达到3782名，其中第一阶段住院医师2575名，第二阶段1207名。

第一阶段考核组织工作。2015年除2名放疗专业住院医师参加了北医自行组织的第一阶段考试（均合格）外，其他专业住院医师均参加北京市统一组织的住院医师规范化培训结业考试。附属医院和教学医院共932名住院医师参加考试，815名合格，总合格率87.45%；其中本单位住院医师412名，398名合格，合格率96.6%；外单位住院医师520名，417名合格，合格率80.19%。

为贯彻落实医教协同文件精神，做好住院医师规范化培训与研究生培养的双向衔接，共307名研究生参加第一阶段考试，理论考试合格率100%，技能考试合格率91.9%。

第二阶段考核组织工作。来自15所医院的377名住院医师，334名资格审核通过，实际考生330名，其中住院医师313名，外单位调入须确认北医主治医师资格者13名，在职申请博士专业学位者4名。考试科目涉及27个学科、48个专业。共有285人通过了考试，总合格率为86.36%。

承担北京市住院医师公共课程任务。受北京市卫生计生委委托，2015年5月至6月共开设住院医师规范化培训公共课程8次，其中必修课3次，选修课5次，培训4108人次。

住院医师在职申请学位情况。有117名规培学员参加了2015年国家同等学力申请硕士学历的统一考试，51名学员通过了英语测试，合格率43.59%；37名学员通过专业测试，合格率31.62%。110名学员参加了医学部研究生阶段考试的专业英语考试，21名合格，合格率19.09%。

为完善相关工作，医学部印发了《北京大学医学部住院医师规范化培训人员以同等学力申请学位收费的补充规定》。

12月3日，医学部下发《关于下发〈北京大学住院医师规范化培训细则（全科医学和口腔病理）〉的通知》[北医（2015）部继教字190号]，2014年及以后纳入全科医学和口腔病理专业第二阶段培训的住院医师照此方案执行。

【专科医师培训试点】 2015年完成内科、外科9个试点专科培训细则的修订，下发《关于开展专科医师规范化培训试点的通知》[北医（2015）部继教字第213号]，开始实施专科医师试点培训工作。下发《北京大学医学部专科医师规范化培训试点方案》和《北京大学医学部专科医师规范化培训细则（试行）》，先在北大医院、人民医院和第三医院三家综合医院进行试点，教学医院自愿参加，以"先试先行、边试边改"为原则，探索和完善专科医师培训工作。

【儿科联合基地】 2015年7月，北京市卫生计生委同意医学部提出的以北京大学第一医院儿科为主体、联合人民医院和北医三院儿科合作培养儿科住院医师的创新模式。建立儿科住院医师规范化培训联合工作组，定期召开会议，并将会议纪要上报医学部继续教育处，加强医院间儿科的交流与合作，协调解决联合培养中出现的问题，加强师资培训，提高培训质量。

【学科骨干公共课程培训】 2015年北京市卫生局开展了2015—2016年度区县级医院专业骨干的培训工作。其中，公共课培训任务由医学部承担，具体工作由继续教育处负责落实。2015年7月，医学部继续教育处为北京市区、县级115名基层骨干及石家庄市20名中青年学科骨干安排了为期两周的理论课程培训讲座，并邀请相关学科的知名专家学者讲授医学各领域的最新进展。

【国家级和北京市级继续医学教育项目】 1. 2015年国家级和市级继续医学教育项目。2015年，医学部举办各类培训班共451项，共培训123358人。其中：国家级继续医学教育项目共举办279项，培训48634人；远程国家级继续医学教育项目80项，培训62547人；北京市市级继续医学教育项目举办78项，培训11446人；培训班14项，培训731人。

2. 2015年国家级继续医学教育基地项目。2015年11家国家级继续医学教育基地共举办基地备案项目59项，培训5610人。其中北京大学第六医院精神病与精神卫生学，北京大学第一医院儿科，北京大学口腔医学院口腔颌面外科、口腔内科、口腔正畸科表现突出，5家基地举办52个项目，占全部举办基地备案项目的88.14%。

3. 申报2016年国家级和市级继续医学项目。申报2016年国家级继续医学教育项目553项，其中新申报国家级继续医学教育项目257项（其中远程国家级继续医学教育项目104项），申请国家级继续医学教育备案项目200项（其中远程国家级继续医学教育备案项目86项）。11个国家级继续医学教育基地申请2016年备案项目96项。申报2016年北京市市级继续医学教育项目103项，其中新申报北京市市级继续医学教育项目64项，申报北京市市级继续医学教育备案项目39项。

【对内继续教育活动】 基本情况。2015年医学部共申报对内继续医学教育项目1247项，其中1205项通过审核，实际举办项目数为1132项。项目内容以医学新进展、专业知识及临床技能为主的共1084

项,以管理学为主的共11项,以人文、社会科学等为主的共33项,以计算机等为主的共1项。2015年医学部人员参加对内继续医学教育项目总人次达到112497人次,比2014年的108565人次增长3.62%,附属医院完成继续教育学分的总达标率为99.55%,中级及以上职称人员达标率为99.71%。

监督审查。医学部继续教育处对北京市区县级(校级)项目运用网上监督和现场督查相结合的方式进行及时监督和反馈,并于10月20日—11月5日,对各附属医院卫生专业技术人员进行学分审验。医学部7家附属医院参加了北京市继续医学教育学分审验抽查工作,共被抽查628人,其中医技人员369人,护理人员259人,合格人员共有623人,不合格人员有5人,合格率为99.2%。

【印发《北京大学医学部非学历继续教育管理办法》】 2015年1月,正式印发《北京大学医学部非学历继续教育管理办法》[北医(2015)部继教字13号],规范医学部非学历继续教育办学行为。

【北京市"十二五"继续医学教育工作评估】 2015年9月,在各单位自评的基础上,北京市卫生计生委对全市三级医疗机构和区县卫生计生委进行了"十二五"期间继续医学教育复评工作。医学部六家附属医院接受了复评检查并全部通过复评。

【评优工作】 开展"优秀住院医师"及"住院医师心中的好老师"评选工作。依据《北京大学医学部优秀住院医师评选办法(试行)》评选要求,经各附属医院评审推荐,北京大学医学部优秀住院医师评审工作组复核,评选盖伦等50人为北京大学医学部2015年度优秀住院医师。

根据北京市卫生计生委科教处及中国医师协会有关文件要求,经各附属医院评审推荐,北京大学医学部毕业后教育委员会复核,共评选吴晔等10人为北京大学医学部2015年度"住院医师心中的好老师"。

住院医师规范化培训基地及专业基地动态评估。2014年12月至2015年3月,北京市卫生计生委开展了住院医师规范化培训基地及专业基地动态评估,全面评估了52家(国家级基地29家,协同基地23家)培训基地和324个专业基地。北医系统共有14家培训基地和114个专业基地。

医学网络教育学院

【发展概况】 2000年10月10日,北京大学批准成立医学网络教育学院。医学网络教育学院涵盖远程医学本专科学历教育、远程继续医学教育与培训、技术开发服务三大业务。学院亦是中国高等教育学会医学教育专业委员会医学远程教育研究会的日常办事机构,以及北京医师定期考核指定机构。现有员工120人,现任院长高澍苹,副院长张海澄、刘虹。

同时,医学网络教育学院实行"学院办学、企业化运作"的管理模式,北京医大时代科技发展有限公司是学院拓展业务的运营实体,公司与学院是"两块牌子、一套组织机构"。总经理高澍苹,副总经理王丽、堵文静。2015年底,根据教育部国有资产检查小组的整改建议,医学网络教育学院与北京医大时代科技发展有限公司的事企捆绑运转模式不符合国家政策,存在风险,需要进行"事企分离"。

【网络学历教育】 学院开设有护理学、药学、应用心理学、公共事业管理、信息管理与信息系统和卫生信息管理六个专业;办学层次有专科、专升本。2015年学院共有在校学员24000余名,分布在全国31个学习中心。春秋两季报名5000人,全年毕业生共6213人,获得成人学士学位560人。

面向成人在职学习需求的各专业教学改革继续推向深入。基于职业典型工作任务的护理学专升本教学改革的12门课程全部上线完成首轮运转,同时《基于典型工作任务的护理学专业课程标准》《基于典型工作任务的护理学专业远程教学实践》正式出版。

考务工作稳步开展,全年共组织安排三次课程考试。全年的考试预约门次为136578门次,实际参加考试的门次为126511门次。平均通过率为81.7%。

充分发挥MECC呼叫中心的服务功能,7×24全方位接听学生咨询电话,通过短信功能提醒学生按时完成每一个阶段的教学活动,主动帮助学生解决学习过程中出现的问题。

严格规范校外学习中心管理,将ISO校外学习中心质量管理标准再度修订并出版。经过对学习中心的指导和培训,2015年学院有两个学习中心在全国高校现代远程教育协作组主办的评审活动中取得了2014—2015年全国高校现代远程教育优秀校外学习中心的称号。

【继续医学教育与培训】 2015年医学网络教育学院授权医大爱思唯尔教育科技有限公司积极开展针对在职卫生技术人员的继续医学教育培训,共开展三大类工作。

CME项目。积极探索全新教育模式,打造全新CME授课模式,研发出适合临床工作者的"案例式互动教学法"。2015年共执行国家级I类项目86项,II类项目206

项,制作课件1430个。开发互动式课件8个约120学时。学科覆盖基础、临床、公共卫生、药学、护理学等。累计学习人数达18.9万余人。同时,申报、备案2016年国家Ⅰ类项目187项。

"医爱"临床人才培训与管理系统。2015年继续完善学科体系,增加学科共约160学时,增加素质能力课程70学时,更新23个学科文献共约2200余篇。全年系统累积开发课程17000学时,覆盖23个临床三级学科。该系统已进入全面运行阶段,累计学习4万余人。

口腔专业人员培训项目。开发"口腔种植远程培训"的项目,填补了国内口腔种植远程培训的空白。新开展口腔牙周病专业的远程培训,开发课程14学时。2015年的口腔护士培训在全国累计开通41家临床实践基地,累计培养口腔护士3911余人,3128人获得口腔专业护士培训合格证书。

【资源开发】 2015年教学资源首先保证教学任务的需要,完成了学历教育10门新课程的开发。与护理学院联合开发护理博士生课程"护理哲学与护理理论构建",已运行二期。与研究生院合作的"生物安全与法规"课程持续运行良好。开设4门校内本科生选修课程,其中"大学生健康那些事儿""职业礼仪"微信课程上线,开启北医移动学习新模式。启动"流行病学(下)"MOOC课程的开发。与中国社会福利协会合作,制作完成中国社会福利协会养老服务人才系列远程课程的开发,共计8门课程,234个课程单元。完成中国社会福利协会《养老服务机构院长实务培训》立项教材的编写工作。所有课程均由中国社会福利协会组织的专家评审会进行评审,评审专家一致给予高度评价并顺利验收。

2015年1月至10月,媒体部为医学部录制精品课堂素材并编辑成片约55小时视频课程;拍摄医学部开学典礼和毕业典礼,编辑毕业典礼视频资料2个约83分钟;为北医拍摄新闻36条,编辑22条;另外,还为教育处录制编辑了2个大型国际论坛视频资料。

【内部建设】 在2014年的基础上继续推动办公协同平台的使用,经过3个月的试运行,2015年3月OA系统一期功能正式上线,并于6月完成了二期功能的验收上线。该系统在规范工作流程、提高沟通效率、保存各项工作历史资料等方面发挥了重要作用。

2015年上半年对学院质量手册进行了改版,形成2015年新版程序文件,ISO质量管理体系顺利通过外部专家复评,持续保持认证资格。根据2015年学院新的框架结构修订行政的规章制度,同时,根据教学开展情况,对各项教学规章制度也进行了及时修订完善。

【其他事项】 召开2015国际远程教育发展论坛。10月10日—11日,医学网络教育学院策划并承办的2015国际远程教育发展论坛在北京成功召开,100余家国内外同行单位的400余名参会人员到会。学院在建院15周年之际,梳理多年来的远程教育的办学经验,和国内外同行共同探讨远程教育的新思路,分享远程教育的新成果,通过承办国际性学术论坛的形式,积极回馈社会,扩大社会影响力,获得了各界的广泛好评。

推进教育部"全民健康教育E路前行"计划的落实。"全民健康教育E路前行"公益讲座是由教育部在线教育联盟发起的、由医学网络教育学院引导的系列公益讲座,协调了多家医院、卫生协会整合资源,针对当下医护行业普遍存在的医护患矛盾、临床护士的职业成长、护理管理人员如何应用信息管理工具等问题确定了11个演讲方向。从2015年5月起,公益讲座分别走进了云南、陕西、北京地区11所医院和企业进行全民健康教育演讲,2000余人听讲。

留学生与港澳台学生教育

【留学生招生】 2015年10月,共有来自116个国家的3601名外国留学生在北京大学长期学习。学位生共计2537人,其中本科生1584人,硕士研究生645人,博士研究生308人;非学位生共计1064人,其中普通进修生923人,高级进修生41人,研究学者3人,预科生97人。

【留学生校友工作】 2015年11月,留学生校友口述实录出版计划的首批成果推出,内容包括白乐桑、罗明、吉米三位校友的口述实录,反映了新中国成立以来北大留学生教育的突出成就。

【港澳台学生工作】 2015—2016学年,共有1002名全日制港澳台学生在北京大学学习,其中本科生273人,硕士生523人,博士生206人。从地区分类来看,香港地区学生260人,澳门地区学生96人,台湾地区学生646人。

教师教学发展

【发展概况】 教师教学发展中心主要承担北京大学的教学支撑服务、教师教学能力提高和教育教学改革发展研究。中心紧紧围绕教育教学改革和提高人才培养质量，做好教学支撑服务，推进教师培训、教学咨询、教学研究等工作的常态化、制度化，切实提高教师教学能力和水平。方新贵任中心主任，何山、邓辉和蔡景一任中心副主任。

2015年7月，北京大学撤销原"现代教育技术中心"，成立"教师教学发展中心"。教师教学发展中心成立以来，新班子马上进入工作状态，多管齐下推动中心业务转型和教师教学发展工作开展。首先，对中心现有业务和人员进行梳理，将现有的业务能力和工作任务与中心未来的三大业务方向（即教学支撑服务、教师教学能力提升、教育教学研究推广）相对照，合理调配安排，核算人员岗位，为开展好教师教学发展工作做好人员和组织准备。其次，针对教师教学发展中心设施老旧、工作场所存在较大安全隐患的现状，中心积极向北京大学申请对电教楼部分空间进行环境改造，以期构建一个美观、舒适、功能齐全的服务教师教学发展的工作环境。同时，为了更好提升教师教学发展中心服务能力，根据业务发展需要，中心积极筹措资金一百余万元，采购教学媒体制作服务所急需的录音录像与后期制作设备。

【北大慕课（MOOCs）支持服务】 课程建设。教师教学发展中心作为北京大学慕课建设的主责单位，积极组织中心全部业务科室参与慕课工作，明确各科室业务分工与合作机制，形成以研究室、媒体室为主体，服务室和技术室参与的，包括教学设计师、培训讲师、媒体设计师、环境设计师等的专业化支持服务团队。2015年，教师教学发展中心建设完善"北京大学慕课相关教育技术培训"体系，成功完成13期教师培训，共培训教师260余人，保障54门课程（其中：新开课19门，重新开课17门，自助课程17门，专项课程1门，全球选课人数10万人）分别在edX、Coursera开课，累计开课85门次。

团队建设。通过慕课工作，教师教学发展中心全面尝试对教师与课程进行全方位全过程服务的途径与方法，积累培训、咨询、技术支持、宣传推广、环境设备调配、日常及假期值班运转、利用学生社团等方面的工作经验，形成工作规范，提升员工业务能力。

"华文慕课"运行。2015年，教师教学发展中心参与负责的"华文慕课"网站上线试运行，首批网络课程已经顺利结课。

【网络教学平台】 "北大教学网"建设。"北大教学网"是北京大学唯一的综合性网络教学平台。全校所有课程、教师、学生都自动成为教学网上的课程与用户，目前有14451门课程，61739个注册用户。由于北大教学网采用的是商业软件系统，商业产品与学校诸多个性化需求之间一直存在矛盾。2015年度，教师教学发展中心积极创造条件，联合Blackboard公司为技术人员能力提高提供必要的支持，技术队伍已初步具备自主开发能力，组织完成北大教学网与北大选课系统的接口改造，消除7年来由于两个系统的系统架构、数据库表不一致造成的各种问题，自主开发完成北京大学门户网站和北大教学网单点登录功能。

需求调研与服务支持。2015年，教师教学发展中心组织针对北京大学教师、学生和管理人员的网络问卷调查，共回收1039份有效问卷，通过数据分析，了解师生使用北大教学网的重点需求。同时，根据师生建议和反馈，积极组织力量重新开发制作北大教学网使用帮助，推出常规培训，加强服务支持，组织试用新的功能模块。

【教学媒体制作与教学资源建设】 教学媒体制作。2015年度，教师教学发展中心完成大量的媒体制作和资源建设工作，包括全程录制44门课程，共500余课时；"北大讲座网"信息已达12907条，视频4300多个；配合北京大学教务部申报北京市级及国家级资源共享课，共制作课程20余门；支持20余门慕课建设；支持东西部课程联盟课程直播；支持各类会议录制、直播；拍摄制作北京市级及国家级教学名师的申报视频和北京大学虚拟仿真实验中心专题片。

教学资源建设。2015年，教师教学发展中心对五年来近6T容量的视频资源进行细致的梳理，整理出131门课程的信息和质量评价的表格，为以后制作慕课或其他形式在线课程奠定基础。同时，通过研究和探索，已成功转换制作2门慕课课程，包括"政治学导论"和"大学生职业素养提升"。

服务团队建设。2015年，教师教学发展中心建立了一支专业化的教学媒体服务队伍，并对服务的流程、规范和质量监控进行探索，包括制定《摄像工作管理规章》，明确摄像人员调度、录制场地的借用、技术服务的规范、录制质量的监控等要求，有效提升服务能力与水准。

北京大学英文主页上线。2015年，教师教学发展中心主要

负责的北京大学英文主页已正式上线。

【**教室教学环境建设**】 常规建设。2015年，教师教学发展中心完成了近百台次的教室投影机更新，在北京大学第二教学楼进行宽屏投影试点，研究教室显示设备的更新方向；完成北京大学第二教学楼、第四教学楼的多媒体中控系统升级，实现北京大学第二、三、四教学楼多媒体中控系统统一；完成所有教室配置电脑、北京大学文史楼研讨型教室增互动屏；更新北京大学第二教学楼、第三教学楼的考试广播系统；改善北京大学中型教室扩音设备。

教室服务水平提升。2015年，教师教学发展中心在教室功能增加、设备更新、管理水平提高等方面都做了大量的工作，包括建立以提升教学保障水平为导向的服务模式，充分利用多媒体教室更新与维护专项经费，做好设备常规性更新改造，积累数据、调整更新频率，有效地支持教学。同时，教师教学发展中心针对自主发现的、教师反馈的突出问题，积极思考解决方案、申请专项经费，利用夜间和假期施工，及时有效地解决问题。

【**学位证书设计比赛**】 2015年，教师教学发展中心积极组织力量参与北京大学标识办公室组织的"北京大学学位证书设计大赛"，参赛作品获得一等奖第一名。目前，该设计方案已经正式申请外观设计专利，并且申请已被受理。

· 科研管理 ·

理工医科科研管理

【发展概况】 2015年北京大学的科研工作继续稳步推进,从实际情况出发,发挥已有优势,在基础研究和应用基础研究方面继续保持竞争力。2015年度北京大学理工科在研项目2956项,医科1276项;理工医科到校科研经费25.83亿元,其中理工科到校经费21.25亿元(含深圳研究生院1.44亿元),医科到校科研经费4.58亿元。2015年度理工医科到校科研经费中,由财政部拨款的国家自然科学基金委项目和科技部主管项目到校经费分别达6.99亿元和5.56亿元,两项合计占理工医科到校经费总数的48.59%,是北京大学科研经费的主要来源。

2015年度北京大学获批国家自然科学基金直接经费6.50亿元,获资助各类项目635项。其中创新研究群体(新立项)5个,创新研究群体(延续资助)3个,国家杰出青年科学基金8人,优秀青年科学基金27人,重大科研仪器设备研制专项(部委推荐类)1项,重大科研仪器设备研制专项(自由申请类)3项,重点项目31项,面上项目328项,青年科学基金项目120项,重大研究计划21项,国际合作46项,海外及港澳台学者合作研究基金11项。

2015年度北京大学获批教育部研究项目5项;获得北京市科技计划课题14项;获得北京市自然科学基金32项(理工科9项,医学部23项),其中重点项目2项、面上项目30项;入选北京市科技新星计划3人;获批各类行业部门(公益性)科研专项9项;新增企事业单位委托项目62项。

2015年度国家实验室和国家重点实验室到校经费7770.6万元。北京分子科学国家实验室通过教育部和中科院组织的预验收。依托我校建设的数理和地学领域4个国家重点实验室和3个教育部重点实验室参加评估,国家重点实验室评估成绩为1个优秀、2个良好、1个整改,教育部重点实验室评估成绩为2个优秀、1个良好。组织申请2个北京高校高精尖创新中心,首批入选的"北京工程科学与新兴技术高精尖创新中心"到校1亿元。获认定北京市重点实验室6个。4个附属医院的北京市国际科技合作基地获准认证。

2015年度组织申报国家国际科技合作项目30项,签订海外合作合同40项,总经费2500万元。

2015年度北京大学作为第一完成单位获得国家科学技术奖6项,其中自然科学奖二等奖3项,技术发明奖二等奖2项,科技进步奖二等奖1项;作为第一完成单位获得高等学校科学研究优秀成果奖(科学技术)12项(一等奖8项,二等奖3项,青年奖1项);2项成果入选高等学校十大科技进展。

2015年度北京大学申请国内专利787项,获国内授权专利604项、国际授权专利29项。

2015年度全校共发表SCI数据库收录论文7051篇,其中北京大学为通讯作者单位的论文总数为4410篇,平均影响因子3.85。

据中国科学技术信息研究所2015年10月21日召开的"2014年度中国科技论文统计结果发布会"公布,《北京大学学报(自然科学版)》入选"2014年百种中国杰出学术期刊",连续十一年获此殊荣。此外,该刊2015年还获得教育部科技发展中心颁发的2014年度"中国科技论文在线优秀期刊"一等奖。

【科研基地建设】 依托北京大学建设的理工医科重点科研基地包括国家实验室、国家重点实验室、教育部重点实验室、国家卫生计生委和北京市重点实验室等,是北京大学组织重大科学研究活动、产生重大科研成果的重要科研平台,是北京大学汇聚高水平创新团队、拔尖研究人才的聚集地。

国家级科研基地。1. 国家实验室:北京分子科学国家实验室(筹)到校运行经费2145.6万元;完成主管部门教育部和中国科学院联合组织的预验收工作。

2. 国家重点实验室:2015年依托北京大学建设的8个国家重点实验室专项经费到校经费共计5625万元。生物膜与膜生物学国家重点实验室更名为"膜生物学国家重点实验室"。数理和地学

领域4个实验室参加评估,评估结果为:环境模拟与污染控制国家重点实验室评估成绩优秀,人工微结构和介观物理国家重点实验室和湍流与复杂系统国家重点实验室评估成绩良好,核物理与核技术国家重点实验室被列为整改类实验室。

3. 口腔数字化医疗与材料国家工程实验室通过创新能力建设项目验收。北京大学新农村发展研究院向科技部和教育部提交了建设情况汇报。

4. 探讨北京大学理工医科重点科研基地建设方案及战略,调研依托北京大学建设的国家重点实验室,召开依托北京大学建设的国家和教育部重点实验室工作会,研讨北京大学国家重点实验室的战略规划及支持政策。

省部级科研基地。1. 组织申请2个北京高校高精尖创新中心,首批入选的"北京工程科学与新兴技术高精尖创新中心"到校经费1亿元,"北京未来基因诊断高精尖创新中心"提交了申请建设方案。

2. 共有6个北京市重点实验室通过北京市论证,分别为:行为与心理健康北京市重点实验室、分子药剂学与新释药系统北京市重点实验室、妊娠合并糖尿病母胎医学研究北京市重点实验室、急性心肌梗死早期预警和干预北京市重点实验室、幽门螺杆菌感染与上胃肠疾病北京市重点实验室、口腔数字医学北京市重点实验室。

3. 组织申报北京市国际科技合作基地认证工作,新增4个附属医院的基地:出生缺陷防控北京市国际科技合作基地、睡眠医学北京市国际科技合作基地、免疫性疾病体外诊断北京市国际科技合作基地、口腔数字医学北京市国际科技合作基地。截止到2015年,全校共获得认证11个北京市国际科技合作基地。

4. 共有3个教育部重点实验室参加了2015年度数理领域、地学领域教育部重点实验室评估,数学及其应用教育部重点实验室、地表过程分析与模拟教育部重点实验室获得优秀,造山带与地壳演化教育部重点实验室获得良好。

5. 培育3个教育部国际合作联合实验室,分别为中法地球系统科学中心、纳米器件与集成国际合作联合实验室、核物理与核技术国际联合实验室,分别拨付培育经费50万元。

【科研项目与科研经费】 2015年度北京大学理工科在研项目2956项,医科1276项;理工医科到校科研经费25.83亿元,其中理工科到校经费21.25亿元(含深圳研究生院1.44亿元),医科到校科研经费4.58亿元。

国家自然科学基金委员会资助的各类项目。2015年度北京大学在研的国家自然科学基金各类项目2489项,到校经费6.99亿元;新批项目672项,经费总额6.61亿元。

1. 面上和青年项目:2015年度北京大学共获批准面上和青年基金项目448项,批准经费2.27亿元。

2. 重点项目:2015年度北京大学共获批准重点项目31项,获资助经费8825万元。

3. 重大项目:2015年度北京大学获批重大项目6项。

4. 重大研究计划:2015年度北京大学获批重大研究计划21项。

5. 国家杰出青年科学基金:2015年度北京大学共有8人荣获国家杰出青年科学基金资助(2015年全国共批准199人),他们是:物理学院(2人):古英、徐莉梅;化学与分子工程学院(1人):彭海琳;信息科学技术学院(1人):谢冰;工学院(1人):黄岩谊;城市与环境学院(1人):王喜龙;光华管理学院(2人):王汉生、路江涌。

6. 优秀青年科学基金项目:2015年度北京大学共有16人获得优秀青年科学基金项目(2015年全国共批准400人),他们是:数学科学学院(1人):关启安;物理学院(4人):李源、裴俊琛、刘开辉、唐宁;化学与分子工程学院(1人):林坚;生命科学学院(4人):伊成器、钱伟强、杨竞、徐成冉;地球与空间科学学院(1人):李艳;信息科学技术学院(4人):王永锋、杜朝海、郝丹、王润声;城市与环境学院(1人):王志恒;环境科学与工程学院(1人):陆克定;分子医学研究所(1人):李川昀;心理系(2人):罗欢、张燕;医学部(4人):周菁、闫丽盈、姜长涛、林志森。

7. 创新研究群体科学基金:2015年度北京大学以王建祥(工学院)、陈鹏(化学与分子工程学院)、沈波(物理学院)、邓宏魁(医学部)、乔杰(医学部)为学术带头人的5个研究群体,获得了国家自然科学基金委创新研究群体科学基金的资助(2015年全国共批准38个)。

8. 国家重大科研仪器设备研制专项:2015年度北京大学物理学院龚旗煌获得部委推荐类基金资助(资助经费7983.6万元),化学与分子工程学院孙俊良和刘虎威、环境科学与工程学院朱彤获得自由申请类基金资助。

9. 海外(及港澳)学者合作研究基金:2015年度有1位青年学者获得此项基金资助。

10. 国际交流与合作项目:2015年度北京大学在国家自然科学基金委资助下开展国际地区合作交流共18项,很好地促进了科研人员所承担的国家自然科学基金项目的高水平完成。

科技部主管的各类项目。2015年为"十二五"的最后一年,国家各类科技计划处于改革阶段,

未资助新的科研项目。

国际科技合作项目。2015年度北京大学组织申报国家国际科技合作项目30项,讨论签订海外合作合同40项。

教育部资助项目。2015年度获批教育部科学技术研究项目5项。

北京市科研项目。1. 北京市自然科学基金项目:北京大学2015年获批北京市自然科学基金32项(理工科9项,医学部23项),其中重点项目2项、面上项目30项。

2. 北京市科技项目与北京市科技新星计划:2015年度北京大学获批北京市科技计划课题16项。2015年度北京大学3名青年教师入选北京市科技新星计划。

其他部门科研专项。2015年北京大学获批各部委公益性行业专项9项。

【科研成果】 科技奖项。2015年度以北京大学为第一完成单位获得的科技奖项包括:

1. 国家科学技术奖6项,其中自然科学奖二等奖3项,技术发明奖二等奖2项,科技进步奖二等奖1项。

2. 教育部高等学校科学研究优秀成果奖(科学技术)12项(一等奖8项,二等奖3项,青年奖1项)。

3. 北京市科学技术奖3项,其中一等奖1项,三等奖2项。

4. 高等学校十大科技进展2项。

5. 物理学院叶沿林教授荣获2015年度何梁何利科学与技术进步奖。

论文专著。2015年度北京大学发表SCI收录论文7051篇(比2014年增长了104篇),其中被SCI收录的北京大学为第一作者单位或责任作者单位的论文4410篇(比2014年增长了739篇),平均影响因子3.85。2015年北京大学教职工出版理工类著作134部,其中校本部30部,医学部88部,深圳研究生院16部。

专利。2015年度北京大学共申请国内专利787项(校本部414项,医学部275项,深研院98项),获国内授权专利604项(校本部377项,医学部207项,深研院20项),获国际授权专利29项。

《北京大学学报(自然科学版)》

【刊载论文】 《北京大学学报(自然科学版)》2015年出版6期共1170页,刊载学术论文141篇。其中力学3篇,物理学8篇,生命科学2篇,电子学与信息科学37篇,地球与空间科学34篇,地理学与环境科学51篇,心理学5篇,科研管理1篇。每篇论文都在中国知网学术期刊数字出版平台实行数字优先出版。

【数据库收录】 《北京大学学报(自然科学版)》2014年刊载的论文在2015年被多个国内外文献检索机构收录。重要国内文献数据库有:中国科学引文数据库、万方数据和中国知网。重要国际文献数据库有:Elsevier科学期刊数据库(Scopus)、美国《化学文摘》(CA)、美国《地质参考》(GR)、美国《数学评论》(MR)、俄罗斯《文摘杂志》(AJ)、日本科学技术振兴机构文献数据库(JST)、德国《数学文摘》(ZM)、英国《科学文摘》(SA)、英国皇家化学学会《质谱学通报(增补)》(RSC)和英国《动物学记录》(ZR)。作为中国科学引文数据库(CSCD)的核心期刊,《北京大学学报(自然科学版)》可在ISI的Web of Knowledge数据库跨库检索。

【出版质量与获奖情况】 据中国科学技术信息研究所2015年10月21日召开的"2014年度中国科技论文统计结果发布会"公布,《北京大学学报(自然科学版)》入选"2014年百种中国杰出学术期刊",连续十一年获此殊荣。此外,2015年《北京大学学报(自然科学版)》还获得教育部科技发展中心颁发的2014年度"中国科技论文在线优秀期刊"一等奖。

《北京大学学报(医学版)》

【专题组稿】 2015年《北京大学学报(医学版)》共开展了4个专题的组稿工作,分别是口腔医院俞光岩、李铁军等编委组织的"口腔医学专题",人民医院姜保国编委组织的"骨科医学专题",公共卫生学院胡永华等编委组织的"公共卫生学专题"和第一医院郭应禄院士组织的"泌尿外科研究专题",共计组织稿件约200篇。

依托编委、专家组织专题是学报专题组稿的重要模式,也是学报获得优质稿源的重要途径。专题组稿有很强的针对性,弥补了综合性学术期刊的不足。另外,专题发表的文章中,多数为国家重点课题资助项目的研究成果,提升了学报的学术质量。

【加入数据库】 2015年,《北京大学学报(医学版)》加入了两个数据平台——杏树林信息技术(北京)有限公司的杏树林和北京世纪超星信息技术发展有限责任公司的学术期刊"域出版"。目前为止,《北京大学学报(医学版)》已加入了MEDLINE等重要的国内外检

索系统和数据库22个。

据2015年中国知网《北京大学学报（医学版）》发行与传播统计报告：《北京大学学报（医学版）》机构用户总计3520个，分布于15个国家和地区，如国家图书馆、中科院、香港大学、澳门大学、台湾"中央研究院"、香港医院管理局、美国哈佛大学、耶鲁大学、澳大利亚国家图书馆、新加坡国家图书馆、法国国防部，等等；个人读者分布在17个国家和地区。

【数字出版】 2015年《北京大学学报（医学版）》数字优先出版论文共210篇，平均每篇文章比纸质版提前30天与读者见面。

【加快评审速度】 在线审稿系统的使用、定期的编委定稿会议以及专题组稿等都为加快稿件的评审，缩短稿件的发表时滞提供了强有力的保障，学报平均的发表时滞约为180天。

【刊载论文量】 2015年《北京大学学报（医学版）》圆满地完成了全年6期1056页210篇论文的出版，报道容量有所提高，平均每期的出版页数为160多页。

学报始终坚持严格的三审制度，即同行双审和编委会定稿，全年送审稿件540篇，涉及审次1200多次，并分别在1月13日、3月18日、5月6日、7月10日、10月26日、11月16日召开了6次编委定稿会议，保证了学报论文评审的公正和公平，以及刊载论文的学术水平。

【继续教育】 完成国家新闻出版广电总局对编辑每年72个继续教育学时的要求。为了加强业务学习，学报合理安排相关编辑出差或网上学习，并在编辑部召开业务会议时分享学习体会，使全体编辑能及时地了解到国家在新闻出版方面的政策、法规，提高其政策水平和业务能力。

【学会工作】 曾桂芳编审作为中国高校科技期刊研究会副理事长和组织工作委员会主任委员，2015年参加了2次常务理事会议和1次年会，在年会理事代表大会上主持了常务理事和理事的调整事宜，并主持了年会各专委会的颁奖活动。学报主要承担如下研究会工作：完成制作并发放了中国高校科技期刊研究会第7届理事会理事长、副理事长、常务理事、理事电子版聘任证书，以及学术委员会、农业委员会等专委会主任、副主任、委员的电子版聘任证书；拟定《科技期刊集体入会管理暂行办法》；研究会网站相关内容的修改（学会简介等）；查询、指导单位会员在线注册，完善单位会员的网上信息；妥善处理军队单位会员退会事宜。

【党建工作】 《北京大学学报（医学版）》始终高度重视党风廉政建设，把建立好、遵守好制度放在工作的重要位置，严格遵守编辑部制定的审、定、发稿制度，所有来稿必须经过同行双审和编委定稿会集体定稿，发排稿件按收稿的时间顺序进行，使审、定、发稿工作透明、有序，坚决杜绝"人情稿""后门稿"。同时，学报认真遵守学校的财务制度，坚持"收支两条线"，绝不设立"小金库"。

在科研处、学报、动物部联合支部的组织生活会中，学报党员进一步提高了对"四风"的认识，在工作中严格遵守"八项规定"，努力践行"三严三实"的工作作风。

【影响因子】 在2015年中国科学技术信息研究所发布的《中国科技期刊引证报告》中，学报在医药大学学报类中的影响因子排名第一，为0.922。

【Medline/PubMed 点击率】 自2010年学报与MEDLINE实现全文链接后，Medline/PubMed每月提交一份期刊的点击率报告，2015年学报的点击率为54527，较2014年增加了6000多次（2014年点击率为48378次）。

（王蕾）

附　表

表7-1　国家实验室

编号	实验室名称	负责人
1	北京分子科学国家实验室（筹）（与中科院化学所共建）	席振峰

表7-2　国家重大科技基础设施

编号	设施名称	负责人
1	"国家蛋白质科学基础设施（北京基地）"（与军事医学科学院、清华大学共建）	北京大学：吴虹

表 7-3 国家重点实验室

编号	实验室名称	负责人
1	人工微结构和介观物理国家重点实验室	龚旗煌
2	湍流与复杂系统研究国家重点实验室	陈十一
3	核物理与核技术国家重点实验室	叶沿林
4	蛋白质与植物基因研究国家重点实验室	朱玉贤
5	天然药物及仿生药物国家重点实验室	周德敏
6	生物膜与膜生物工程国家重点实验室（北大分室）	王世强
7	环境模拟与污染控制国家重点实验室（北大分室）	胡敏
8	区域光纤通信网与新型光纤通信系统国家重点实验室（北大实验区）	陈章渊
9	稀土材料化学及应用国家重点实验室	严纯华
10	分子动态与稳态结构国家重点实验室（联合）	来鲁华

表 7-4 国家级重点实验室

编号	实验室名称	负责人
1	微米/纳米加工技术国家级重点实验室（北大分室）	金玉丰

表 7-5 国家工程研究中心

编号	中心名称	负责人
1	电子出版新技术国家工程研究中心	肖建国
2	软件工程国家工程研究中心	张世琨

表 7-6 国家工程实验室

编号	中心名称	负责人
1	数字视频编解码技术国家工程实验室	高文
2	口腔数字化医疗技术和材料国家工程实验室	郭传瑸

表 7-7 省部共建国家重点实验室培育基地

编号	实验室名称	负责人
1	化学基因组学省部共建国家重点实验室培育基地	杨震

表 7-8 教育部重点实验室

编号	实验室名称	负责人
1	数学及其应用教育部重点实验室	张平文
2	北京现代物理研究中心	李政道/甘子钊
3	生物有机与分子工程教育部重点实验室	王剑波
4	纳米器件物理与化学教育部重点实验室	彭练矛
5	地表过程分析与模拟教育部重点实验室	方精云
6	水沙科学教育部重点实验室（联合）	倪晋仁
7	造山带与地壳演化教育部重点实验室	张立飞
8	分子心血管学教育部重点实验室	王宪
9	神经科学教育部重点实验室	万有

续表

编号	实验室名称	负责人
10	高分子化学与物理教育部重点实验室	陈尔强
11	机器感知与智能教育部重点实验室	查红彬
12	统计与信息技术教育部-微软重点实验室	郁彬、姜明
13	高可信软件技术教育部重点实验室	梅宏
14	细胞增殖分化调控机理研究教育部重点实验室	张传茂
15	恶性肿瘤发病机制及转化研究教育部重点实验室	季加孚
16	计算语言学教育部重点实验室	穗志方
17	视觉损伤与修复教育部重点实验室	黎晓新
18	慢性肾脏病防治教育部重点实验室	赵明辉
19	辅助生殖教育部重点实验室	乔杰
20	数理经济与数理金融教育部重点实验室	蔡洪滨

表 7-9　教育部工程研究中心

编号	中心名称	负责人
1	微处理器及系统教育部工程研究中心	程旭
2	再生医学教育部工程研究中心	李凌松
3	体内局部诊疗教育部工程研究中心	谢天宇
4	地球观测与导航教育部工程研究中心	陈秀万
5	灵长类及大动物临床前研究教育部工程研究中心	程和平
6	移动数字医疗教育部工程技术研究中心	焦秉立

（以上表格由科学研究部　郑英姿　何洁　整理）

表 7-10　国家卫生计生委重点实验室

编号	实验室名称	负责人
1	心血管分子生物学与调节肽重点实验室	高炜
2	肾脏疾病重点实验室	赵明辉
3	精神卫生学重点实验室	张岱
4	神经科学重点实验室	万有
5	医学免疫学重点实验室	张毓
6	生育健康重点实验室	任爱国

（医学部科研处　田君　整理）

表 7-11　国家卫生计生委工程技术研究中心

编号	中心名称	负责人
1	口腔医学计算机应用工程技术研究中心	吕培军

（医学部科研处　田君　整理）

表 7-12　北京市重点实验室/工程技术研究中心

编号	实验室名称	负责人
1	医学物理和工程北京市重点实验室	高家红
2	空间信息集成与3S工程应用北京市重点实验室	晏磊
3	城市固体废弃物资源化技术与管理北京市重点实验室	王习东
4	先进电池材料理论与技术北京市重点实验室	夏定国

续表

编号	实验室名称	负责人
5	网络与信息安全北京市重点实验室	邹 维
6	食品安全毒理学研究与评价北京市重点实验室	郝卫东
7	造血干细胞移植治疗血液病研究北京市重点实验室	黄晓军
8	脊柱疾病研究北京市重点实验室	刘忠军
9	磁共振成像设备与技术北京市重点实验室	韩鸿宾
10	皮肤病分子诊断北京市重点实验室	李若瑜
11	生殖内分泌与辅助生殖技术北京市重点实验室	乔 杰
12	丙型肝炎和肝病免疫治疗北京市重点实验室	魏 来
13	恶性肿瘤转化研究北京市重点实验室	季加孚
14	肿瘤系统生物学北京市重点实验室	尹玉新
15	泌尿生殖系疾病(男)分子诊治北京市重点实验室	金 杰
16	风湿病机制及免疫诊断北京市重点实验室	栗占国
17	心血管受体研究北京市重点实验室	张幼怡
18	北京市智能康复工程技术研究中心	王启宁
19	北京市有源显示工程技术研究中心	刘晓彦
20	北京市新型污水深度处理工程技术研究中心	倪晋仁
21	代谢及心血管分子医学北京市重点实验室	肖瑞平
22	药物依赖性研究北京市重点实验室	陆 林
23	运动医学关节伤病北京市重点实验室	敖英芳
24	神经系统小血管病探索北京市重点实验室	黄一宁
25	视网膜脉络膜疾病诊治研究北京市重点实验室	黎晓新
26	北京市低维碳材料工程技术研究中心	刘忠范
27	北京市虚拟仿真与可视化工程技术研究中心	汪国平
28	蛋白质修饰与细胞功能北京市重点实验室	朱卫国
29	儿科遗传性疾病分子诊断与研究北京市重点实验室	姜玉武
30	肝硬化肝癌外科基础研究北京市重点实验室	朱继业
31	骨与软组织肿瘤诊治研究北京市重点实验室	郭 卫
32	痴呆诊治转化医学研究北京市重点实验室	于 欣
33	北京市城市热管理工程技术研究中心	张信荣
34	行为与心理健康北京市重点实验室	方 方
35	分子药剂学与新释药系统北京市重点实验室	张 强
36	妊娠合并糖尿病母胎医学研究北京市重点实验室	杨慧霞
37	急性心肌梗死早期预警和干预北京市重点实验室	陈 红
38	幽门螺杆菌感染与上胃肠疾病北京市重点实验室	周丽雅
39	口腔数字医学北京市重点实验室	郭传瑸

(科学研究部　何洁　医学部科研处　田君　整理)

表 7-13 中关村开放式实验室

编号	实验室名称	负责人
1	微处理器及系统芯片开放实验室	程 旭
2	细胞分化与细胞工程实验室	邓宏魁
3	空间信息集成与3s工程应用北京市重点实验室	晏 磊
4	网络与信息安全实验室	邹 维
5	医药卫生分析中心	王京宇
6	软件工程国家工程研究中心	张世昆
7	微米/纳米加工技术国家级重点实验室	张 兴
8	数字视频编解码技术国家工程实验室	高 文
9	实验动物中心	朱德生

(科学研究部 郑英姿 医学部科研处 胡桂芬 整理)

表 7-14 广东省、深圳市重点实验室

编号	实验室名称	负责人
1	化学基因组学广东省重点实验室	杨 震
2	纳米微米材料广东省重点实验室	江必旺
3	集成微系统科学工程与应用深圳市重点实验室	张 兴
4	城市人居环境科学与技术深圳市重点实验室	栾胜基
5	循环经济深圳市重点实验室	曾 辉
6	纳米微米材料深圳市重点实验室	江必旺
7	云计算关键技术与应用深圳市重点实验室	李晓明
8	计算化学与药物设计深圳市重点实验室	吴云东
9	重金属污染控制和资源化深圳市重点实验室	陶虎春
10	薄膜晶体管与先进显示深圳市重点实验室	张盛东
11	功能结构生物学深圳市重点实验室	罗 明
12	新能源材料人工设计深圳市重点实验室	陶国华
13	有机光电磁功能材料深圳市重点实验室	孟 鸿
14	细胞生理学深圳市重点实验室	周 强

(深圳研究生院科研处 孟祎 整理)

表 7-15 其他省部级研究基地

序号	机构名称	负责人
1	国家中医药管理局中药配伍减毒重点研究室	张宝旭
2	国家中医药管理局痰瘀重点研究室	韩晶岩
3	国家中医药管理局微循环实验室(三级)	韩晶岩
4	国家中医药管理局中药药理(肿瘤)实验室(三级)	李萍萍
5	国家统计局统计科学研究所	耿 直
6	国家湿地保护与修复技术中心	吴晓磊
7	国家新闻出版广电总局同轴宽带网络工程技术研究中心	吴建军

(科学研究部 郑英姿 何洁 医学部科研处 田君 整理)

表 7-16 北京大学 2015 年度理工医科在研科研项目数分类统计　　　　　　单位：个

	单位名称	科技部					国家基金委项目				教育部项目	北京市项目	其他部门专项	海外合作	企事业单位	总计
		973/重大计划	863计划	支撑计划	仪器国合其他专项	重大专项	杰青优青群体海外	重大重点重大计划及仪器	面上青年	国合联合专项协作						
校本部	数学科学学院及北京国际数学研究中心	10	0	0	0	0	12	8	53	41	17	1	4	0	16	162
	物理学院	78	2	0	15	0	23	25	135	41	11	10	18	2	50	410
	化学与分子工程学院	45	2	0	0	2	17	26	108	26	12	6	13	2	61	320
	生命科学学院	47	7	2	1	14	5	14	83	13	7	6	8	4	17	228
	地球与空间科学学院	21	3	1	2	6	6	8	87	23	10	3	18	1	61	249
	城市与环境学院	5	2	14	2	3	9	12	56	2	2	1	9	0	48	165
	环境科学与工程学院	6	1	3	2	5	9	3	31	5	8	2	18	4	64	161
	信息科学技术学院	46	15	9	5	2	15	10	144	27	31	11	12	6	90	423
	工学院	21	14	4	4	1	22	21	111	23	12	11	19	1	96	360
	心理学系	4	2	0	0	0	2	5	35	6	2	0	2	2	5	65
	计算机科学技术研究所	0	4	0	0	0	0	0	20	1	5	4	2	0	15	51
	分子医学研究所	16	1	0	0	0	4	8	24	3	1	1	3	0	3	64
	科维理天文与天体物理研究所	1	0	0	0	0	0	0	10	4	0	0	0	0	0	15
	其他	7	2	8	1	1	6	12	154	22	12	3	9	0	46	283
	校本部合计	307	55	42	30	37	126	155	1051	237	130	60	132	22	572	2956
医学部合计		56	12	15	17	21	24	44	808	44	177	43	15	0	0	1276
总计		363	67	57	47	58	150	199	1859	281	307	103	147	22	572	4232

（科学研究部　范少锋　整理）

表 7-17　北京大学 2015 年理科与医科科研项目到校经费　　　　单位：万元

单位		科技部项目			重大专项	国家基金委项目	教育部项目	北京市项目	其他部委专项	企事业委托项目	海外合作项目	科技开发	行业专项	到校经费合计
		973项目	863项目	支撑计划	实验室专项									
校本部	数学科学学院	493	50	0	0	0	1785	908	0	899	39	14	278	40	4506
	物理学院	6539	421	0	3307	170	6901	6410	182	2536	197	144	882	199	27888
	化学与分子工程学院	3251	78	0	2581	160	5264	649	569	1237	80	192	943	373	15377
	生命科学学院	3789	1227	171	1251	1136	3285	1345	718	2179	206	291	512	0	16110
	地球与空间科学学院	1311	126	30	41	177	2378	346	175	959	157	29	2576	406	8711
	城市与环境学院	535	42	1044	35	969	3083	598	0	1385	368	50	1286	0	9395
	环境科学与工程学院	382	230	872	398	501	1811	245	0	1717	310	120	2040	34	8660
	信息科学技术学院	3556	3550	519	1014	198	7017	937	1806	902	178	183	4908	7803	32571
	工学院	934	734	314	1965	268	5481	234	11058	3350	130	224	4241	2728	31661
	心理学系	232	84	0	0	0	997	216	56	0	47	2	108	0	1742
	计算机科学技术研究所	0	518	0	3	0	286	57	46	702	8	30	949	269	2868
	分子医学研究所	1218	0	40	0	413	1942	383	18	390	0	262	476	0	5142
	暂存	560	−140	−514	0	−15	7666	108	184	−1286	110	0	2025	436	9134
	其他	229	559	896	147	334	4426	284	148	16565	57	0	1464	354	25463
	小计	23029	7479	3372	10742	4311	52322	12720	14960	31535	1887	1541	22688	12642	199228
医学部		5812	1083	2105	651	3999	16263	1144	602	3218	9044	377	129	1400	45827
深圳研究生院		722	507	116	0	31	1313	110	0	8285	2564	240	0	529	14417
总计		29563	9069	5593	11393	8341	69898	13974	15562	43038	13495	2158	22817	14571	259472

注：其他包括凤凰工程、生命科学联合中心、2011、理科基本科研费、文科院系承担的基金委和科技部项目、实验动物中心等其他个别单位。

（科学研究部　范少锋　整理）

表 7-18　北京大学 2006—2015 年到校科研经费分类统计　　　　单位：万元

年度	理科	医学部	科技开发部	先进技术研究院	文科	深圳研究生院	深港产学研基地	合计
2006	38545	14096	6801	3535	6677	2832		72486
2007	44011	18793	7225	5400	7200	3500		86129
2008	56107	26160	10594	7163	9514	3784		113322
2009	68586	21760	9862	8288	13313	5172		126981
2010	95698	46356	11532	20265	17000	5683		196534
2011	113619	31990	15454	15081	17000	10277	1763	205184
2012	139638	42643	17685	16300	19000	20180	4396	259842
2013	141925	41781	21557	12022	20000	14467	3192	254944
2014	140675	44160	20196	12745	19405	18015		255196
2015	162700	45827	22686	12642	23572	14417		281844

（科学研究部　范少锋　整理）

表 7-19 北京大学 2015 年理工科新批科研项目

经费单位：万元

单位	科技部项目										国家自然科学基金委项目		教育部		北京市		其他部委省市专项		企事业单位委托项目		海外合作		合计	
	973项目		重大计划		863项目		支撑计划		国际合作及其他															
	项目	经费	项目	经费	项目	经费	项目	经费	项目	经费	项目	经费	项目	经费	项目	经费	项目	经费	项目	经费	项目	经费	项目	经费
数学科学学院	0	0	0	0	0	0	0	0	0	0	13	777	5	402	0	0	5	136	1	20	2	40	26	1375
物理学院	0	0	0	0	0	0	0	0	0	0	51	13371	20	1640	2	130	7	369	6	39	4	155	90	15704
化学与分子工程学院	0	0	0	0	0	0	0	0	0	0	41	5843	7	870	3	568	3	26	2	43	4	163	60	7513
生命科学学院	0	0	0	0	0	0	0	0	0	0	33	3389	4	370	6	395	1	15	4	338	7	387	55	4894
地球与空间科学学院	0	0	0	0	0	0	0	0	0	0	27	1989	4	460	1	29	8	189	7	122	2	15	49	2804
城市与环境学院	0	0	0	0	0	0	0	0	0	0	26	3319	3	410	1	18	8	404	12	298	1	13	51	4462
环境科学与工程学院	0	0	0	0	0	0	0	0	0	0	24	3993	2	340	0	0	14	891	11	496	4	88	55	5808
信息科学技术学院	0	0	0	0	0	0	0	0	0	0	54	5780	5	589	9	1992	7	187	7	94	9	220	91	8862
工学院	0	0	0	0	0	0	0	0	0	0	42	4924	3	480	9	852	10	1191	3	115	1	6	68	7568
心理学系	0	0	0	0	0	0	0	0	0	0	11	785	0	0	2	56	0	0	3	6	1	11	17	858
计算机科学技术研究所	0	0	0	0	0	0	0	0	0	0	2	132	0	0	0	0	3	1608	0	0	1	7	6	1747
分子医学研究所	0	0	0	0	0	0	0	0	0	0	9	1000	4	390	0	0	0	0	0	0	2	1000	15	2390
前沿交叉学科研究院	0	0	0	0	0	0	0	0	0	0	0	0	0	0	0	0	0	0	1	0	0	0	1	1
其他	0	0	0	0	0	0	0	0	0	0	48	3002	8	660	3	166	4	80	5	29	2	199	70	4136
合计	0	0	0	0	0	0	0	0	0	0	381	48303	65	6611	36	4206	70	5096	62	1601	40	2304	654	68121

（科学研究部 范少锋 刘超 廖日坤 杨凌春 整理）

表 7-20 北京大学 2015 年医科新增科研项目

经费单位：万元

单位	科技部项目					国家自然科学基金委项目		教育部项目		北京市自然科学基金项目		卫生部项目		合计	
	973项目与重大计划		863项目		支撑计划		科技部其他课题											
	项目	经费	项目	经费	项目	经费	项目	经费	项目	经费	项目	经费	项目	经费	项目	经费
基础医学院	2	452							48	4723.1			12	263			62	5438.1
药学院									34	2157.3			4	72			38	2229.3
公共卫生学院									17	797.89			5	90			22	887.89
第一医院									40	2136	1	3	3	101			44	2240
人民医院	1	307							36	1919.65	1	3	12	152			50	2381.65
第三医院	1	255							43	2690	1	3	14	152			59	3100
口腔医院									28	923	1	3	3	44			32	970
第六医院	1	405							11	942.5							12	1347.5
肿瘤医院									20	815.5	1	3					21	818.5
深圳医院									6	221							6	221
中国药物依赖性研究所									7	462.3			2	36			9	498.3
医药卫生分析中心																		
中国卫生发展研究中心																		
公共教学部									1	18							1	18
首钢医院													1	18			1	18
护理学院																		
医学信息学中心																		
总计	5	1419							291	17806.24	5	15	56	928			357	20168.24

（医学部科研处 肖瑜 许末其 张楠 整理）

表7-21 北京大学2015年获批国家自然科学基金项目

经费单位：万元

单位	面上项目		青年基金		重点项目		杰出青年科学基金		优秀青年科学基金		创新研究群体		重大科研仪器研制专项		重大项目		重大研究计划		国际（地区）合作交流		其他类项目		总计	
	项目	经费	项目	经费	项目	经费	项目	经费	项目	经费	项目	经费	项目	经费	项目	经费	项目	经费	项目	经费	项目	经费	项目	经费
数学科学学院	5	227	2	36					1	130									1	250	4	134	13	777
物理学院	28	1903	5	91	4	1180	2	700	4	520	1	1050	1	7027	2	590	1	260	1	2	2	48	51	13371
化学与分子工程学院	26	1777			1	300	1	350	1	130	1	1050	2	895	1	337	1	330	5	589	2	86	41	5843
生命科学学院	18	1161	1	20	4	1075			4	520							2	155	4	458			33	3389
城市与环境学院	10	721	4	86	2	555	1	350	1	130					1	295			6	1002	1	180	26	3319
地球与空间科学学院	16	1198	5	92	1	295			1	130									3	258	1	16	27	1989
环境科学与工程学院	7	454	1	20	1	290			1	130			1	715			6	1124	6	1079	1	180	24	3993
信息科学技术学院	28	1763	4	63	7	2100	1	350	4	520					1	382	1	68	3	53	5	481	54	5780
工学院	15	932	7	155	1	285	1	350	3	390	2	1575			1	408	1	240	6	361	5	227	42	4924
光华管理学院	4	189	1	20	1	266	2	490													1	20	9	985
心理学系																								
分子医学研究所	8	507							2	260											1	18	11	785
计算机科学技术研究所	5	308	2	36					1	130	1	525											9	1000
科维理天文与天体物理研究所	2	132																					2	132
前沿交叉学科研究院	2	142																			3	429	5	571
校本部其他	7	321	5	77													1	250	1	2	5	106	19	756
深圳研究生院	9	559	5	98															1	34			15	691
医学部	138	8157	78	1428	9	2479			4	520	3	2625					8	1011	9	536	22	235	271	16991
总计	328	20451	120	2222	31	8825	8	2590	27	3510	8	6825	4	8637	6	2012	21	3438	46	4623	53	2160	652	65293

注：未含肿瘤医院。

（科学研究部 刘超 整理）

表 7-22 北京大学医学部 2015 年获批国家自然科学基金项目和经费

经费单位：万元

单位	面上项目		青年基金		重点项目		杰出青年科学基金		优秀青年科学基金		海外港澳学者基金		国际地区合作交流		重大课题项目		重大研究计划		联合基金		仪器专项		创新群体		应急管理		合计	
	项目	经费	项目	经费	项目	经费	项目	经费	项目	经费	项目	经费	项目	经费	项目	经费	项目	经费	项目	经费	项目	经费	项目	经费	项目	经费	项目	经费
基础医学院	30	1853	3	52.9	3	829			2	260			3	268.2			3	380					1	1050	3	30	48	4723.1
药学院	21	1238	7	132.3	2	547					1	18	1	12			1	200							1	10	34	2157.3
公共卫生学院	10	606	4	71									1	9.89			2	111									17	797.89
第一医院	21	1237	13	231	1	273			1	130			1	235											3	30	40	2136
人民医院	19	1129	11	201.4	2	556							1	3.25											3	30	36	1919.65
第三医院	13	732	19	347	1	274			1	130							1	80					1	1050	7	77	43	2690
口腔医院	12	659	12	224																			1	525	4	40	28	923
第六医院	6	342	4	75.5																							11	942.5
深圳医院	3	167	3	54																							6	221
国际医院			1	18																							1	18
首钢医院																											0	0
中国药物依赖性研究所	3	194	1	21									2	7.3			1	240									7	462.3
医药卫生分析中心																											0	0
中国卫生发展研究中心																											0	0
公共教学部																											0	0
临床研究所																											0	0
护理学院																											0	0
肿瘤医院	9	520	9	165.5													1	120							1	10	20	815.5
总计	147	8677	87	1593.6	9	2479			4	520	1	18	9	535.64			9	1131					3	2625	22	227	291	17806.24

（医学部科研处　肖瑜　张楠楠　整理）

表 7-23 北京大学 2015 年度获批的国家自然科学基金重点项目

批准号	项目名称	负责人	所在院系
11533001	红移 5 以上类星体的观测发现和多波段性质研究	吴学兵	物理学院
11534001	拓扑半金属材料物性的理论研究	谢心澄	物理学院
11535001	新型高效激光等离子体加速机制的理论和实验研究	颜学庆	物理学院
21534001	异腈化合物参与的多组分聚合反应	李子臣	化学与分子工程学院
31530020	滤泡辅助 T 细胞前体细胞(pTfh)异常分化在类风湿关节炎发病中的作用	栗占国	医学部
31530028	慢性痛状态下前额叶皮层及其相关环路对痛觉信息编码的调控机制	王　韵	医学部
31530036	癌症体系中染色体结构变异对基因表达的调控机制研究	张泽民	生命科学学院
31530062	水稻 AGO18 抗水稻重要病毒(RSV 和 RBSDV)机制研究	李　毅	生命科学学院
31530081	最简生物固氮系统的构建及其向真核系统的转移	王忆平	生命科学学院
31530092	人体基因组嵌合突变鉴定与定量的生物信息新方法开发及突变规律挖掘	魏丽萍	生命科学学院
41530207	华北克拉通东部太古宙壳幔作用与地壳生长方式	刘树文	地球与空间科学学院
41530423	平流层臭氧、水汽和动力气候反馈机制研究	胡永云	物理学院
41530528	极端气候对中国陆地生态系统碳源汇功能的影响	朴世龙	城市与环境学院
41530747	中国半干旱区东段森林动态及其对气候变化的响应	刘鸿雁	城市与环境学院
51539001	南水北调中线工程水源区硝酸盐氮污染形成的生态学机制及其调控	倪晋仁	环境科学与工程学院
61531001	海洋环境与目标的准静态电磁探测理论与方法	夏明耀	信息科学技术学院
61531002	面向生物医学应用的小型化太赫兹回旋管理论与关键技术研究	刘濮鲲	信息科学技术学院
61531003	相干态连续变量量子密钥分发理论与技术	郭　弘	信息科学技术学院
61531004	同频同时全双工新理论和技术研究	焦秉立	信息科学技术学院
61532001	面向课程的大规模在线教育资源组织与持续优化的理论与方法	张　岩	信息科学技术学院
61533001	基于神经可塑性的人-智能下肢假肢融合基础理论和关键技术研究	王　龙	工学院
61535001	基于飞秒光梳激发铷、氢原子双光子跃迁的光频率标准	赵建业	信息科学技术学院
61535002	基于硅基芯片的超大容量光通信关键技术研究	张　帆	信息科学技术学院
71532001	大数据驱动的管理决策模型与算法	陈松蹊	光华管理学院
81530009	交感/肾上腺素受体激活致心脏纤维化的机制及干预	张幼怡	医学部
81530046	造血干细胞植入功能不良及其干预的机制研究	黄晓军	医学部
81530073	雌激素受体介导的染色质修饰的可塑性及对细胞代谢的影响和在乳腺癌发生发展中的作用	尚永丰	医学部
81530074	组蛋白甲基转移酶 G9a 参与肿瘤细胞脂代谢的机制研究	朱卫国	医学部
81530090	基于膜蛋白定点修饰的重组病毒载体结构基础、输送靶向性及免疫原不良反应关系研究	周德敏	医学部
81530097	以"保元汤"为载体的中药体内药效物质"组-效动态关联"系统研究体系的建立	屠鹏飞	医学部
81530099	补肾活血法防治糖尿病脑微血管病变的作用及机制研究	王学美	医学部

(科学研究部刘超整理)

表 7-24 北京大学 2015 年度获批的国家自然科学基金重大项目

批准号	项目名称	负责人	所在院系	备注
11590773	韵律模型的构建及在言语识别中的应用	吴玺宏	信息科学技术学院	课题
21590791	晶体场对称性及基质敏化对稀土离子上转换和近红外发光的调控	严纯华	化学与分子工程学院	课题
41590843	特大城市群地区城镇化与生态环境交互胁迫的病理分析与风险预估	李双成	城市与环境学院	课题
41590872	华北地区云凝结核的活化过程及其参数化方案研究	赵春生	物理学院	课题
51590882	多主相混合稀土永磁材料的可控制备及性能调控	侯仰龙	工学院	课题
61590933	超高精度飞秒激光直写与量子门操作	李　焱	物理学院	课题

(科学研究部　刘超　整理)

表 7-25　北京大学 2015 年度获批的国家自然科学基金国家重大科研仪器设备研制专项

批准号	项目名称	负责人	所在院系	类别
11527901	飞秒-纳米时空分辨光学实验系统	龚旗煌	物理学院	部委推荐
21527803	三维电子衍射仪的开发与应用	孙俊良	化学与分子工程学院	自由申请
21527809	脂质组学分析系统的构建和应用	刘虎威	化学与分子工程学院	自由申请
41527807	基于超快激光的大气高活性自由基检测装置的研制	朱　彤	环境科学与工程学院	自由申请

（科学研究部　刘超　整理）

表 7-26　北京大学 2015 年度获批的国家自然科学基金重大研究计划

批准号	项目名称	负责人	所在院系
91513001	基于化学小分子探针的信号传导过程研究	张礼和	医学部
91519325	新型 DNA 表观遗传修饰检测技术的开发及在体细胞重编程研究中的应用	伊成器	生命科学学院
91527303	组装调控表面反应及其应用	吴　凯	化学与分子工程学院
91530322	科学前沿中若干具挑战性的稀有事件研究	鄂维南	北京国际数学研究中心
91538111	在轨视频图像特征提取与压缩关键技术研究	张史梁	信息科学技术学院
91539116	内皮细胞 microRNA 在介导血流剪切力对血管平滑肌功能调控中的作用及机制	周　菁	医学部
91539123	接头蛋白 HIP-55 调控血管紧张素 II1 型受体内化/信号转导及其对血管内皮的保护作用	李子健	医学部
91539203	基质微环境与血管平滑肌细胞表型转化及血管重构	孔　炜	医学部
91540105	拟南芥长链非编码 RNA HID1 参与光控种子萌发的分子机理	朱丹萌	生命科学学院
91541204	高雷诺数湍流预混火焰的结构表征及湍流与燃烧耦合机理研究	杨　越	工学院
91542106	新的分泌蛋白 FAM96A 在肠道区域免疫和小鼠结肠炎模型的作用机制研究	王　露	医学部
91543112	大气细颗粒物对慢性阻塞性肺病患者预后的短期影响和效应标志物研究	邓芙蓉	医学部
91543126	基于单个活体酵母菌生物传感的大气颗粒物毒性在线监测理论技术体系的研究	要茂盛	环境科学与工程学院
91544000	中国大气复合污染的成因与应对机制的基础研究学术交流活动及项目工作计划实施	朱　彤	环境科学与工程学院
91544106	京津冀地区挥发性有机物源清单建立与校验	谢绍东	环境科学与工程学院
91544107	机动车排放二次转化的实验研究和模拟方法	陈　琦	环境科学与工程学院
91544214	大气复合污染条件下新粒子生成和增长机制及其环境影响	胡　敏	环境科学与工程学院
91544216	静稳型重污染过程的大气边界层机理与模式应用研究	张宏升	环境科学与工程学院
91544225	长三角大气氧化性:定量表征与化学机理开发	陆克定	环境科学与工程学院
91546120	基于大数据的人群心血管疾病风险预测模型构建及应用研究	高　培	医学部
91546203	基于大数据的 MSM 艾滋病管理和决策范式研究	贾忠伟	医学部

（科学研究部　刘超　整理）

表 7-27　北京大学 2015 年度获批的国家自然科学基金重点国际合作项目

批准号	项目名称	负责人	所在院系
31520103906	细胞核外周结构动态调控基因表达的机理研究	张传茂	生命科学学院
31520103909	Seipin 基因缺陷导致脂肪萎缩的分子机理研究	刘国庆	医学部
41520104004	俯冲带深部碳循环:岩石学观察与高温高压实验模拟	张立飞	地球与空间科学学院
51520105003	单原子层 2D 材料的杂化界面控制与新功能化	刘忠范	化学与分子工程学院
51520105005	页岩气开发水资源污染风险的评估与监测设计研究	张东晓	工学院
61520106004	高能效图像与视频处理技术:理论,实现和应用研究	姜　明	数学科学学院
81520108026	模式识别在 CARD9 相关暗色真菌感染中的作用	李若瑜	医学部

（科学研究部　刘超　整理）

表 7-28　北京大学 2015 年青年教师入选北京市科技新星计划名单

序号	姓名	所在单位
1	陆克定	环境科学与工程学院
2	杜朝海	信息科学技术学院
3	姜长涛	医学部

（科学研究部　范少锋　整理）

表 7-29　北京大学 2015 年获批的公益性行业专项

项目名称	负责人	所在单位
京津冀大气细粒子颗粒物相互输送及对空气质量的影响研究	宋宇	环境科学与工程学院
中国综合地球物理场观测-大华北地区	周仕勇	地球与空间科学学院
干旱气象科学研究-我国北方干旱致灾过程及机理	张宏昇	物理学院
粉煤灰及劣质煤提质灰分耦合高值化利用关键技术	王习东	工学院
基于海洋微生物发酵的新产品开发技术研究与应用	陈峰	工学院
海洋遥感数据快速分发与服务技术系统	汪国平	信息科学技术学院
我国大气污染的区域性特征与空气质量管理分区研究	张远航	环境科学与工程学院
智慧城市基础通用 29 项国家标准研制	赵俊峰	信息科学技术学院
地名地址地理位置模型及可视化表达关键技术	程承旗	工学院

（科学研究部　范少锋　整理）

表 7-30　北京大学获 2015 年度国家科学技术奖项目

奖励类别	获奖等级	单位排序	项目名称	获奖人	所在单位
自然科学奖	2	1	大陆碰撞成矿理论的创建及应用	陈衍景	地球与空间科学学院
自然科学奖	2	1	典型内分泌干扰物质的环境行为与生态毒理效应	胡建英,万祎,张照斌,常红	城市与环境学院
自然科学奖	2	1	复杂耦合动态系统控制与应用	段志生,黄琳,李忠奎,王金枝,杨莹	工学院
技术发明奖	2	1	偏振遥感物理机理、关键方法与技术应用	晏磊,吴太夏,杨建义,褚金奎,李俊生,赵云生	地球与空间科学学院
技术发明奖	2	1	特种液晶材料及调光膜制备技术	杨槐,曹晖,杨洲,李立东,张兰英,王东	工学院
科技进步奖	2	1	基于活性成分中药质量控制新技术及在药材和红花注射液等中的应用	屠鹏飞,姜勇,李军,赵炳祥,刘胜华,谈英,史社坡,朱雅宁,赵明波,宋月林	药学院

（科学研究部　王纬超　整理）

表 7-31　北京大学获 2015 年度高等学校科学技术奖项目

奖种类别	获奖等级	单位排序	项目名称	获奖人	所在单位
自然科学奖	1	1	FJRW 理论	范辉军	数学科学学院
自然科学奖	1	1	高效有机蓝光材料及其介观结构发光器件研究	肖立新,陈志坚,王树峰,曲波,龚旗煌	物理学院
自然科学奖	1	1	基于卡宾及自由基过程的有机合成新方法	王剑波,张艳,莫凡洋,王兮,周磊,肖卿,赵霞,夏莹,叶飞,邱頔	化学与分子工程学院

续表

奖种类别	获奖等级	单位排序	项目名称	获奖人	所在单位
自然科学奖	1	1	网络化动态系统的分析与控制	王龙,谢广明,肖峰,郑元世,禹梅,于俊燕,邵金燕	工学院
自然科学奖	1	1	粘弹性流体的流动和传热传质研究	谭文长,符策基,王少伟	工学院
自然科学奖	1	1	持久性有机污染物的环境行为与人体健康效应	朱彤,邱兴华,任爱国	环境科学与工程学院
自然科学奖	2	1	哈德雷环流变宽机理及其气候效应研究	胡永云	物理学院
科技进步奖	1	1	中国脑卒中高发成因和精准预防的研究与转化	霍勇,李建平,侯凡凡,张岩,秦献辉,黄一宁,唐根富,何明利,傅佳,陈韵岱,李小鹰,王建安,肖传实,赵连友,程晓曙,蔡业峰,范芳芳,王滨燕,徐希平,蒋捷,李康,史秀丽	第一医院
科技进步奖	1	1	软件定义的云管理关键技术及系统	黄罡,张颖,刘譞哲,梅宏,熊英飞,曹东刚,郭耀,孙艳春,陈向群,姚伟	信息科学技术学院
科技进步奖	2	1	下颌下腺移植治疗重症干眼关键技术体系的创建及应用	俞光岩,吴立玲,蔡志刚,吕岚,丛馨,邹留河,张雷,朱正宏,苏家增,刘筱菁,吴珺,张艳,单小峰,王洋,毛驰,向若兰,丁冲	口腔医院
科技进步奖	2	1	女性盆底功能障碍疾病病情综合评估及多学科诊疗模式的建立与应用	王建六,魏丽惠,孙秀丽,杨欣,苗娅莉,张晓红,李晓伟,耿京,许克新,武靖	人民医院
青年奖	1			许晨阳	北京国际数学研究中心

(科学研究部 王纬超 整理)

表 7-32 北京大学获 2015 年度北京市科学技术奖项目

获奖等级	单位排序	项目名称	获奖人	所在单位
1	1	卵母细胞成熟与胚胎发育的分子机制研究	乔杰,汤富酬,谢晓亮,闫丽盈,李蓉,文路,于洋,严杰,李敏,高江曼,赵红翠,赵越,廉颖,刘平,庞艳莉	第三医院
3	1	慢性肾脏病的疾病负担评价、危险因素探讨及防治策略研究	王海燕,张路霞,左力,王芳,高碧霞,马迎春	第一医院
3	1	口腔骨丢失与骨再生技术的应用基础研究	周永胜,谢秋菲,姜婷,刘云松,刘浩,单艳华	口腔医学院

(科学研究部 王纬超 整理)

表 7-33 北京大学获 2015 年度中华医学科技奖项目

获奖等级	单位排序	项目名称	获奖人	所在单位
2	1/1	成瘾相关疾病的临床特征及神经基础	时杰,陆林,贾忠伟,李素霞,吴萍,薛言学,鲍彦平,朱维莉,丁增波,李鹏	中国药物依赖性研究所
2	1/2	玻璃体手术的创新性研究及推广应用	姜燕荣(1/10),黎晓新(2/10),赵明威(3/10),陶勇(5/10),侯婧(7/10),王凯(8/10),赵通(10/10)	人民医院
2	1/3	我国慢性丙型肝炎临床转归、干预及治疗方案的优化	魏来(1/10),饶慧瑛(2/10),王江华(3/10),封波(4/10),陈红松(6/10),杨瑞锋(7/10),刘峰(9/10)	人民医院

续表

获奖等级	单位排序	项目名称	获奖人	所在单位
2	1/2	胃癌早期诊断的新方法及致病因子 Hp 的流行病学和诊治新策略	周丽雅(1/10),林三仁(2/10),丁士刚(4/10),李渊(5/10),邓凯(6/10),闫秀娥(7/10),金珠(8/10),孟灵梅(9/10),宋志强(10/10)	第三医院
2	1	IgA 肾病中 IgA1 分子糖基化异常的遗传背景、生物学机制及临床意义	张宏,赵明辉,朱厉,吕继成,师素芳,刘立军,王素霞,侯平	第一医院
3	1/2	肾透明细胞癌致病基因的基础研究与临床应用	龚侃(1/8),吴鹏杰(3/8),周利群(4/8),张争(5/8),王喜(6/8),李腾(7/8),宁向辉(8/8)	第一医院
3	1	骨科常见疾病防治知识系列科普读物	张光武	首钢医院

(医学部科研处　汪立　整理)

表 7-34　SCI 数据库 2015 年收录的北京大学为第一作者单位的论文及分布情况

单位	发表论文总数		论文收录期刊平均 IF	论文收录期刊最高 IF
	篇数	所占百分比%		
数学科学学院	109	2.47	1.31	6.12
北京国际数学研究中心	36	0.82	1.41	3.60
工学院	438	9.93	3.66	20.52
物理学院	434	9.84	4.26	41.46
化学与分子工程学院	532	12.06	6.57	46.57
生命科学学院	156	3.54	7.90	41.51
地球与空间科学学院	222	5.03	2.60	8.24
城市与环境学院	135	3.06	3.62	41.46
环境科学与工程学院	168	3.81	3.20	7.44
心理学系	73	1.66	2.61	21.97
信息科学技术学院	319	7.23	2.79	33.38
计算机科学技术研究所	15	0.34	2.65	4.04
人口研究所	16	0.36	2.40	4.57
科维理天文与天体物理研究所	31	0.70	5.93	11.22
分子医学研究所	32	0.73	5.88	14.43
前沿交叉学科研究院	18	0.41	3.87	9.67
现代农学院(筹)	2	0.05	8.60	9.67
其他	119	2.70		
医学部	1407	31.90	3.30	55.87
深圳研究生院	148	3.36	4.50	16.15
总计	4410	100.00	3.85	55.87

(科学研究部　王纬超　整理)

表 7-35　北京大学 2015 年出版的理工医类著作目录

（共 134 部，其中校本部 30 部，医学部 88 部，深圳研究生院 16 部）

作者所在单位（著作数量）	作者	著作名称	出版单位
数学科学学院（1 部）	宋春伟、冯荣权	组合数学	北京大学出版社
物理学院（4 部）	刘运全	Advances of Atoms and Molecules in Strong Laser Fields	World Scientific
	李新征	分子及凝聚态系统物性的计算模拟：从电子结构到分子动力学	北京大学出版社
	张之翔	电磁学教学参考	北京大学出版社
	史俊杰	固体量子场论	科学出版社
化学与分子工程学院（2 部）	彭　静	辐射化学基础教程	北京大学出版社
	李星国	アンモニアを用いた水素エネルギーシステム	日本シーエムシー出版
生命科学学院（1 部）	姚锦仙	健康的性	高等教育出版社
地球与空间科学学院（1 部）	鲁安怀	矿物学环境属性概论	科学出版社
城市与环境学院（4 部）	董豫赣	天堂与乐园	中国建筑工业出版社
	韩茂莉	中国历史地理十五讲	北京大学出版社
	陈效逑	自然地理学原理（第二版）	高等教育出版社
	傅伯杰	景观生态学原理及应用（第二版）	科学出版社
环境科学与工程学院（2 部）	刘建国	中国化学品管理：现状与评估	北京大学出版社
	张剑波	消减和控制新 POPs 类物质的环境和社会经济影响评估	中国环境出版社
信息科学技术学院（7 部）	高　文	Advanced Video Coding Systems	Springer
	屈婉玲	离散数学（第 2 版）	高等教育出版社
	王克义	微型计算机基本原理与应用（第三版）	北京大学出版社
	谭　营	烟花算法引论	科学出版社
	宋令阳	Wireless Device-to-Device Communications and Networks	Cambridge University
	谭　营	Fireworks Algorithm: A Novel Swarm Intelligence Optimization Method	Springer
	谭　营	Anti-Spam Techniques Based on Artificial Immune System	CRC/Taylor & Francis
工学院（3 部）	刘谋斌	Particle Methods for Multi-Scale and Multi-Physics	World Scientific
	李忠奎	Cooperative Control of Multi-agent Systems: A Consensus Region Approach	CRC Press
	郑玉峰	Magnesium Alloys Designed as Degradable Metallic Biomaterials	CRC Press
软件与微电子学院（1 部）	朱郑州	项目管理知识体系指南（PMBOK 指南）（第 5 版）——软件分册	电子工业出版社
建筑与景观学院（4 部）	约翰扎卡赖	中国 CBD 全球化竞争背景下的挑战与发展	中国建筑工业出版社
	俞孔坚	北京生态社区——北京市海淀区南沙河区域"反规划"	中国建筑工业出版社
	俞孔坚	城市绿岛规划设计	江苏凤凰科学出版社
	李迪华	徒步阅读世界景观与设计——"世界建筑、城市与景观"教学案例之三	高等教育出版社
基础医学院（3 部）	Weizhen Zhang（张炜真）	LGR4 and its Role in Intestinal Protection and Energy Metabolism	Frontiers in Endocrinology
	于常海	Biotechnology in Hong Kong	United States-China Intellectual Property Institute
	杨宝学	2015 年麻醉药理学进展	人民卫生出版社

续表

作者所在单位（著作数量）	作者	著作名称	出版单位
公共卫生学院(5部)	李立明	老年保健流行病学(第2版)	北京大学医学出版社
	李立明	大型人群队列研究随访监测适宜技术	中国协和医科大学出版社
	李立明	流行病学(第3版)	人民卫生出版社
	马 军	学生肥胖控制和健康促进——中小学校指导手册	北京大学医学出版社
	郭 岩	医师管理制度的国际比较	北京大学医学出版社
中国药物依赖性研究所(1部)	时 杰	中国物质使用障碍防治指南	中华医学电子音像出版社
第一医院(27部)	杜军保、李齐岳	儿科学	北京大学医学出版社
	徐小元、段钟平、王勤环	传染病学	北京大学医学出版社
	杨慧霞	产前诊治指南解读·病案分析	人民卫生出版社
	廖秦平	妇产科学习指导	北京大学医学出版社
	黄东锋、李建新、王宁华	综合水疗学	金盾出版社
	霍 勇、葛均波、方唯一	现代心脏病学进展2015	人民军医出版社
	霍 勇、葛均波、方唯一	冠状动脉疾病影像学	北京大学医学出版社
	陈 伟	2型糖尿病患者自我管理一本通	人民卫生出版社
	尚 红、王兰兰	实验诊断学	人民卫生出版社
	冯珍如	轻松看懂化验单	北京出版集团公司北京出版社
	王 前、王建中	临床检验医学	人民卫生出版社
	颜红兵、杨艳敏、霍 勇	欧洲非ST段抬高型急性冠状动脉综合征诊断与治疗指南	中国环境出版社
	霍 勇	临床路径释义——心血管系统分册	中国协和医科大学出版社
	刘玉村、朱正纲	外科学 普通外科分册	人民卫生出版社
	张殿英、张 旭、黄加敏	外科学(第4版)	北京大学医学出版社
	李淳德、张殿英、刘晓光	牛津骨科学	北京大学医学出版社
	任 红、窦晓光、陆伦根	肝脏疾病疑难与经典病例	科学出版社
	毕 蕙、赵更力	子宫颈癌综合防控技术培训教材	人民卫生出版社
	冯兆亿	妇产科学要点速记	北京大学医学出版社
	杜军保	儿科心血管系统疾病诊疗规范	人民卫生出版社
	孙旭光	睑缘炎与睑板腺功能障碍	人民卫生出版社
	王宁华、黄 真	神经康复:优化运动技能(第2版)	北京大学医学出版社
	丁炎明、张大双	临床基础护理技术操作规范	人民卫生出版社
	丁炎明、张大双	临床专科护理技术操作规范	人民卫生出版社
	丁炎明	静脉治疗护士手册	人民卫生出版社
	王荣福、李少林	核医学——临床和教学参考书	人民卫生出版社
	安 锐、黄 钢	核医学(长学制)	人民卫生出版社
人民医院(9部)	徐 涛	肾移植患者管理手册	北京大学医学出版社
	张建中	中国皮肤科学史	北京科学出版社
	徐 涛	前列腺疾病防治	化学工业出版社
	沈 浣	如何提高辅助生殖技术的成功率:细节决定成败	人民卫生出版社
	栗占国	漫话风湿	复旦大学出版社
	张建中	皮肤性病学(第4版)	北京大学医学出版社
	张建中	皮肤性病学	人民卫生出版社
	张建中	荨麻疹	清华同方光盘电子出版社
	栗占国	凯利风湿病学(第9版)	北京大学医学出版社

续表

作者所在单位（著作数量）	作者	著作名称	出版单位
第三医院(11部) 注：其中《牛津骨科学》与第一医院统计重复。	许蕊凤	实用骨科护理技术	人民军医出版社
	刘晓光	牛津骨科学	北京大学医学出版社
	张 克	PMMA骨水泥	北京大学医学出版社
	周 方	创伤骨科学.成人卷(上下卷)	天津科技翻译出版有限公司
	田兆兴	急救医学——高级模拟培训教程	人民卫生出版社
	周 方	创伤骨科微创手术技术	山东科学技术出版社
	周谋望	脊髓医学	山东科学技术出版社
	田兆兴	急救医学高级模拟培训教程	人民卫生出版社
	周谋望	颅脑损伤	山东科学技术出版社
	夏志伟	如果医生得了肠胃病	江苏凤凰科学技术出版社
	崔立刚	危重疾病超声诊断必读	人民军医出版社
口腔医院(12部)	冯海兰等	固定义齿修复学精要(第4版)	人民军医出版社
	王 兴、刘 峰	中国牙齿美学病例精选2015	人民卫生出版社
	秦 满等	儿童口腔科诊疗指南与护理常规	人民卫生出版社
	胡菁颖、严 红	口腔护理常识篇——健康.从牙开始	人民军医出版社
	周彦恒、柳大为	口腔正畸技术精粹	人民军医出版社
	谢秋菲	临床颌学:成功修复指导(第2版)	科学技术出版社
	王 兴、刘宝林	中国口腔种植临床精粹2015年卷	人民军医出版社
	徐 军	总义齿学续	人民卫生出版社
	孟焕新等	中国牙周病防治指南	人民卫生出版社
	葛立宏等	实用口腔治疗镇静技术	人民卫生出版社
	姜 婷、张 海	全口咬合重建	人民卫生出版社
	马绪臣等	口腔颌面医学影像学(第二版)	北京大学医学出版社
肿瘤医院(7部)	季加孚	胃癌	中南大学出版社
	朱广迎	放射肿瘤学(第三版)	科学技术文献出版社
	李惠平	中国进展期乳腺癌诊疗共识指南(CABC2015)	中国协和医科大学出版社
	张 宁	泌尿系统	人民卫生出版社
	杨 勇	泌尿外科学(第2版)	人民卫生出版社
	张 宁	肾癌微侵袭治疗	人民卫生出版社
	李萍萍	肿瘤常见症状中西医处理手册(修订版)	中国中医药出版社
第六医院(9部) 注：其中《中国物质使用障碍防治指南》与中国药物依赖性研究所统计重复。	王华丽	老年期痴呆专业照护——管理者实务培训	北京大学医学出版社
	王华丽	老年心理辅导师实务培训	中国社会出版社、中国劳动社会保障出版社、北京大学医学出版社
	司天梅	Stahl精神药理学精要:神经科学基础与临床应用(第三版)	北京大学医学出版社
	陆 林	精神病学(第3版)	人民卫生出版社
	姚贵忠	实用精神疾病康复手册	人民军医出版社
	姚贵忠	破茧成蝶——精神康复故事集	人民军医出版社
	陆 林	中国物质使用障碍防治指南	中华医学电子音像出版社
	于 欣	中国双相障碍防治指南(第二版)	中华医学电子音像出版社
	程 嘉	悟菲手册:精神康复患者——家属专家导读	人民军医出版社
深圳医院(5部)	王 琦	医院文化建设与文化管理	中山大学出版社
	蓝 薇	糖尿病饮食宜忌速查	重庆出版社
	言伟强	肝胆胰疾病CT、MRI诊断	人民卫生出版社
	朱 辉	龙式阴茎整复术	湖北科技出版社
	李 亮	实用腹股沟疝外科学	世界图书出版西安有限公司

续表

作者所在单位（著作数量）	作者	著作名称	出版单位
国际医院(1部)	苗成利	实用普外科基础与临床	吉林科学技术出版社
深圳研究生院(16部)	戴天宇	无为而治——设计自动运行的企业制度	北京大学出版社
	海闻、巫和懋	改革与未来	中国人民大学出版社
	王家卓、徐红伟	2014中国网络借贷行业蓝皮书	清华大学出版社
	石定寰、刘曼红、黄海峰	中国的可再生能源问题：走向绿色经济	中国发展出版社
	张小飞、王仰麟、吴健生、宋治青、李卫锋	城市景观生态功能优化的理论和实践	科学出版社
	雷凯	信息中心网络与命名数据网络	北京大学出版社
	Thomas Yunlong Man	English Colonization and the Formation of Anglo-American Polities,1606-1664	中国社会科学出版社
	Francis Snyder	Food Safety Law in China: Making Transnational Law	Brill | Nijhoff
	李迪华、路露、韩西丽	徒步阅读世界景观与设计——"世界建筑、城市与景观"课程教学案例之三	高等教育出版社
	韩西丽 Peter Siostrom	城市感知 CITY SENSE(S)——城市场所中隐藏的维度 Hidden Dimensions of Urban Places	中国建筑工业出版社
	Townsend, Powell, Jain, Xu, Tolaymat, Reinhart	Sustainable Practices for Landfill Design and Operation	Springer
	乌兰察夫 李瑞利等	粤港区域环境合作与低碳发展	社会科学文献出版社
	李瑞利、栾胜基	能源技术开发环境影响及其评价	科学出版社
	李瑞利、石福臣	中国北方滨海湿地互花米草生态学研究	科学出版社
	睢岚	中国信用衍生工具研究	北京大学出版社
	Hong-Gang Ni, Eddy Y. Zeng	Electronic Waste: A New Source of Halogenated Organic Contaminants	Elsevier

（科学研究部　王纬超　医学部科研处　张秋月　深圳研究生院科研处　孟祎　整理）

表7-36　北京大学2015年通过鉴定的科研成果统计表

序号	项目名称	第一完成单位	第一完成人	组织、批准鉴定单位
1	以规范化调脂治疗为切入点的冠心病防治策略的推广与实践	北京大学	陈红	教育部
2	脑卒中预防的转化医学研究	北京大学	霍勇	教育部
3	下颌下腺移植治疗重症干眼关键技术体系的创建及应用	北京大学	俞光岩	教育部
4	软件定义的云管理关键技术及系统	北京大学	黄罡	教育部
5	女性盆底功能障碍疾病病情评估及多学科诊疗模式的建立与推广	北京大学	王建六	教育部
6	地球观测新坐标体系及车载无人机一体化定标-应急技术	北京大学	晏磊	教育部

（科学研究部　王纬超　整理）

表7-37　北京大学2015年专利申请受理、授权情况统计表

单位	国内专利申请(项)	国内专利授权(项)	国际专利授权(项)
信息科学技术学院	175	152	22
计算机科学技术研究所	27	31	1
化学与分子工程学院	34	36	2
物理学院	53	38	1

续表

单位	国内专利申请(项)	国内专利授权(项)	国际专利授权(项)
生命科学学院	12	8	0
工学院	73	85	1
环境科学与工程学院	19	9	0
城市与环境学院	2	2	0
地球与空间科学学院	5	9	0
分子医学研究所	2	2	0
软件与微电子学院	3	5	0
数学科学学院	1	0	0
前沿交叉学科研究院	8	0	0
校本部小计	414	377	27
医学部	275	207	0
深圳研究生院	98	20	2
总计	787	604	29

(科学研究部　王纬超　医学部科研处　郑宗方　深圳研究生院科研处　孟祎　整理)

表7-38　北京大学本部2015年主办的理工类国际学术会议和研讨班情况统计(18项)

会议时间	主办单位	会议名称
06.05—06.08	化学与分子工程学院	纳米化学前沿论坛2015
08.23—08.25	前沿交叉学科研究院	系统生物学:设计原理、动态调控与疾病
05.15—05.17	心理学系	心理学、信息科学、管理学与应急管理国际研讨会
08.25—08.29	化学与分子工程学院	第六届国际等离子体纳米科学研讨会
10.20—10.21	工学院	城市可持续发展中的粮食-水-能源关系
07.03—07.05	工学院	生物力学与计算医学高级研讨会
12.12	化学与分子工程学院	软物质前言科学论坛
10.23—10.26	化学与分子工程学院	2015年北京化学生物学前沿国际研讨会
08.19—08.21	信息科学技术学院	微纳流体博士研究生国际学术研讨会
10.28—10.31	化学与分子工程学院	2015年亚洲有机电子学会议
06.25—06.29	信息科学技术学院	群体智能国际会议暨金砖国家计算智能大会
04.20—04.22	信息科学技术学院	多媒体大数据国际会议
08.30—09.05	物理学院	第十一届氮化物半导体国际会议
06.29—07.10	信息科学技术学院	硅基光电子国际研讨会
08.19—08.21	信息科学技术学院	先进微纳流体国际研讨会
06.07—06.09	分子医学研究所	亚洲老龄化研究国际研讨会
08.01—08.07	物理学院	核结构计算与核力国际研讨会
01.15—01.18	环境科学与工程学院	第一届河流通量国际学术研讨会

(科学研究部　杨凌春　整理)

表 7-39　北京大学医学部 2015 年主办的医学类国际学术会议和研讨班情况统计(24 项)

时间	会议名称	主办单位
11.20	系统生物学与转化医学国际研讨会	基础医学院
11.24	病理中心器官系统诊断病理学研讨班	基础医学院
09.19	神经调控转化医学国际论坛	基础医学院
11.12—11.13	第二届中澳公共卫生研究中心国际论坛	公共卫生学院
10.23—10.24	第五届中美公共卫生学院院长论坛	公共卫生学院
11.03	"中芬食品安全教学交流项目"研讨会	公共卫生学院
10.26	民族食品与营养研讨会	公共卫生学院
10.12—10.15	第十三届国际手传振动研讨会	公共卫生学院
06.22—06.23	2015 中国禁毒论坛——合成毒品防治	中国药物依赖性研究所
11.02—11.04	氯胺酮滥用防治国际研讨会	中国药物依赖性研究所
09.26	第四届中日肾脏病理研讨会	第一医院
09.24—09.25	2015 年第四届亚洲伤口愈合联盟年会(AWHA)暨北大创面愈合国际论坛	第一医院
11.14—11.15	第五届北京大学国际脊柱外科高峰论坛暨 2015 北大-哈佛国际脊柱外科高峰论坛	第一医院、人民医院
09.11—09.14	华夏医学论坛·泌尿生殖 2015 暨第十五届亚太性医学年会	第一医院
10.29—10.30	11th China-Korea-Japan Pediatric Heart Forum	第一医院
08.21—08.23	国际第六届慢性盆腔痛大会及微创手术热点问题论坛	第三医院
09.19—09.21	肌肉骨骼超声及新技术国际研讨会	第三医院
12.04—12.05	中美大学医院首届高级管理人才培训班暨高峰论坛	第三医院
10.17	2015 年多学科治疗牙周病新进展国际研讨会	口腔医院
10.16	三大洲口腔黏膜病会议——临床诊疗的全球视角	口腔医院
06.26—06.28	第十届全国胃癌学术会议暨第三届阳光长城肿瘤学术会议	肿瘤医院
2015.06	国际妇科微创新进展大会	深圳医院
2015.08	中日颈椎外科新技术进展研讨会	深圳医院
11.01	五洲国际心血管会议肺血管病与呼吸危重症专场	国际医院

(医学部科研处　张秋月　整理)

表 7-40　北京大学理工医科 2015 年获得科技部政府间国际合作项目(2 项)

负责人	项目名称	所在单位	合作期限	合作国家
杨川川	智慧楼宇内低成本高精度可见光室内定位系统	信息科学技术学院	20150401—20180401	新加坡
要茂盛	城市环境空气污染便携式传感监测网络集成	环境科学与工程学院	20150401—20180401	加拿大

(科学研究部　杨凌春　整理)

表 7-41　北京大学理工科 2015 年获得其他国际(地区)合作项目(40 项)

负责人	所在单位	合作国别	合作单位	项目名称	合作期限
高家红	物理学院	德国	西门子	Master Agreement on a Collaboration in the Field of Magnetic Resonance Imaging	2015.03—2017.03
付恩刚	物理学院	美国	DOE	Umbrella Non-Proprietary User Agreement	2015.03—2020.03
黄艺	环境科学与工程学院	联合国	环保部	IPBES 发展趋势及其对 CBD 谈判和履约的影响	2015.01—2016.01
宛新华	化学与分子工程学院	美国	陶氏	固定水性胶黏剂的表面活性剂以增强其粘接性能	2015.03—2017.03
马玉国	化学与分子工程学院	美国	陶氏	聚乙烯表面控制和修饰	2015.03—2017.03

续表

负责人	所在单位	合作国别	合作单位	项目名称	合作期限
魏丽萍	生命科学学院	联合国	联合国儿童基金会	Learning App Development	2015.03—2015.07
张远航	环境科学与工程学院	加拿大	多伦多大学	城市环境空气污染便携式传感监测网络集成	2015.01—2018.01
熊英飞	信息科学技术学院	美国	微软	Enhancing Source Code Mining with Semantics	2015.01—2017.01
曾 刚	信息科学技术学院	美国	微软	Joint Segmentation and Recognition via Convolutional Neural Networks	2015.01—2017.01
姜 明	数学科学学院	美国	微软	2015 MSRA-PKU Joint Lab	2015.01—2017.01
蒋婷婷	信息科学技术学院	美国	微软	SmartVideo-quality Adaptive Azure Video Services	2015.01—2017.01
张大庆	信息科学技术学院	美国	微软	Compressive Crowdsensing for Reliable and Cost-Effective Urban Enviroment Monitoring	2015.01—2017.01
姚 远	数学科学学院	美国	微软	Active Sampling Strategies for Crowdsourced Pairwise Ranking Aggregation	2015.01—2017.01
谢晓亮、白 凡	生命科学学院	英国	英国	HFSP（人类前沿科学研究计划）Research Grant	2015.06—2016.05
陶 澍	城市与环境学院	美国	杜邦	开发环境修复	2015.04—2017.02
黄铁军	信息科学技术学院	中国	中安消技术有限公司	BigMM2015 国际会议合作协议	2015.04—2015.05
陈秀万	地球与空间科学学院	瑞士	世界自然基金会（WWF）	太湖流域治理水足迹评价与建议	2015.05—2015.06
王大军	生命科学学院	美国	大自然保护协会	2015年度生态监测工作补充协议	2015.01—2015.09
赵卉菁	信息科学技术学院	法国	雪铁龙	"OPENLAB" Cooperation Agreement	2016.01—2019.12
许 零	工学院	奥地利	国际原子能机构（IAEA）	Instructive Surface and Scaffolds for Tissue Engineering Using Radiation Technology	2015.07—2016.07
白书农	生命科学学院	澳大利亚	澳大利亚联邦科学与工业研究组织	Material Transfer Agreement	2015.04—2016.04
林宙辰	信息科学技术学院	美国	微软	Low Rankness Based Large Scale 3D Reconstruction	2015.01—2017.01
李文军	环境科学与工程学院	英国	国际环境与发展研究所（IIED）	New Perspective on Climate Resilient Drylands Development	2015.07—2015.12
陈向群	信息科学技术学院	美国	谷歌	基于ARM架构的操作系统实习课程能力培养教改	2015.10—2016.10
高家红	物理学院	中国	医科达医疗器械有限公司	脑磁图设备的研究	2016.01—2016.12
何 涛	地球与空间科学学院	美国	IHS	kingdom 软件使用更新	2015.04—2016.04
白 凡	生命科学学院	欧盟	欧洲基因组表型数据库（EGA）	欧洲基因组表型数据库数据下载权限申请	2015.07—2015.12
肖瑞平	分子医学研究所	英国	阿斯利康	北大与阿斯利康合作框架协议续签	2016.01—2021.01
肖瑞平	分子医学研究所	英国	阿斯利康	Collaboration Agreement between AZ and PKU	2016.01—2019.01
裴剑锋	化学与分子工程学院	美国	默克（merck）	Deep Learning QSAR Model for Drug Induced Liver Injury	2015.12—2016.12

续表

负责人	所在单位	合作国别	合作单位	项目名称	合作期限
李晟	心理学系	美国	Conservation International Foundation	鞍子河保护地大中型兽类及雉类调查与检测体系构建	2015.12—2016.12
吕植、王昊	生命科学学院	美国	麦克阿瑟基金会	Identifying and Tracking Indicators of Ecosystem Change and Conservation Effectiveness in the Upper Mekong Basin	2015.03—2018.02
陈钟	计算机科学技术系	美国	英特尔	英特尔并行教育中心项目	2015.01—2015.12
高家红	物理学院	德国	西门子	西门子科研合作协议(设备)	2015.03—2015.12
黄季焜	现代农学院	联合国	国际农业发展基金(IFAD)	Rural Regional Transformation: Pathways, Policy Sequencing and Development Outcomes in China, the Philippines and Vietnam (RRT)	2015.10—2016.10
来鲁华	化学与分子工程学院	美国	杜克大学	PKU-Duke大学科研合作协议	2015.09—2016.12
王亦洲	信息科学技术学院	日本	大川基金会	Research Grant	2015.03—2015.12
张世秋、姜克隽	环境科学与工程学院	英国	英国使馆	用模型分析达峰后快速下降的能源转型分析研究	2015.09—2016.03
邓兴旺	生命科学学院	美国	美国国立卫生研究院(NIH)	Subward Agreement with Yale (NIH)—2015	2015.02—2016.01
赵耀辉	国家发展研究院	美国	美国国立卫生研究院(NIH)	Archiving the CHARLS Data	2015.09—2017.5

(科学研究部 杨凌春 整理)

表7-42 北京大学医学部2015年获得的其他国际(地区)合作项目(26项)

负责人	所在单位	合作国别	项目名称	签订日期	截止日期
王海俊	公共卫生学院	澳大利亚	以学校为基础的儿童肥胖环境政策干预研究	2015.07.02	至项目完成
张强	药学院	法国	北医与施维雅合作洽谈保密协议	2015.04.22	至项目完成
邓芙蓉	公共卫生学院	韩国	居民室内空气PM_{10}和$PM_{2.5}$水平及空气净化器效果评价	2015.07.03	2015.12.31
钟军	公共卫生学院	美国	造影剂价格策略与医保支持策略研究	2015.09.04	2015.12.31
武阳丰	临床研究所	美国	Medidata伙伴协议	2015.07.02	至项目完成
郝卫东	公共卫生学院	美国	紫甘蓝提取物产品和基于紫甘蓝提取生产的蓝色素安全性毒理学试验补充协议	2015.07.08	至项目完成
李学军	基础医学院	美国	Material Transfer Agreement	2015.03.06	2016.03.31
丛亚丽	公共教学部	美国	美国哥伦比亚大学医学职业研究所IMAP捐赠基金	2015.05.05	2016.01.31
蒲小平	药学院	日本	采用新型成像技术探究重要抗帕金森病的药效学和中试开发	2015.12.29	至项目完成
方海	中国卫生发展研究中心	瑞士	妊娠糖尿病在中国的经济负担研究	2015.10.14	至项目完成
郝卫东	公共卫生学院	瑞士	蓝色素注册安全性毒理学试验终止协议	2015.11.19	至项目完成

续表

负责人	所在单位	合作国别	项目名称	签订日期	截止日期
张拓红	公共卫生学院	瑞士	中英全球卫生支持项目产出二——第7期全球卫生外交培训班	2015.07.10	2015.08.31
王 燕	公共卫生学院	瑞士	生育政策调整对分娩方式及妊娠结局的影响	2014.07.01	2015.03.31
安 琳	公共卫生学院	瑞士	我国助产专业本科教育需求及现状研究	2015.05.07	至项目完成
刘建蒙	公共卫生学院	瑞士	妇幼卫生年报网络建设与专题调研	2015.09.01	2015.12.31
孟庆跃	中国卫生发展研究中心	瑞士	整合型医疗卫生服务体系	2015.05.05	2015.12.31
陈晶琦	公共卫生学院	瑞士	四川省儿童性侵犯问题发生情况调查及随时间变化趋势分析	2015.06.24	2016.08.31
高燕秋	公共卫生学院	瑞士	中国千年发展目标实现成果展示及发布	2015.12.29	至项目完成
唐 昆	公共卫生学院	瑞士	WHO烟草控制媒体宣传赛	2015.07.10	至项目完成
王志锋	公共卫生学院	瑞士	撰写《国际卫生条例2005》实施指南	2015.07.15	2015.11.15
袁蓓蓓	中国卫生发展研究中心	瑞士	中低收入国家卫生筹资系统综述中心	2015.09.02	2016.02.29
吴 明	公共卫生学院	瑞士	中国公立医院法人治理机制研究	2015.09.11	至项目完成
刘振明	药学院	英国	激酶核酸酶生物活性检测及IC50测定	2015.12.22	至项目完成
星 一	公共卫生学院	英国	云南梦想学校基础教育项目基线调研（学校卫生健康部分）	2015.11.23	2016.01.15
潘小川	公共卫生学院	英国	中国煤炭消费总量控制的健康效应	2015.09.15	2015.12.31
孙 静	护理学院	乍得	员工健康指导和培训	2015.10.14	至项目完成

（医学部科研处 郑宗方 整理）

表7-43 《北京大学学报（自然科学版）》2013—2014年文献计量指标

年份	总被引频次	影响因子	即年指标	他引率	引用刊数	扩散因子	权威因子	被引半衰期	学科扩散指标	学科影响指标	开放因子	综合评价总分
2013	1258	0.598	0.048	0.98	481	40.42	542.61	7.0	7.63	0.35		67.2
2014	1319	0.590	0.099	0.98	521	39.50	123.19	7.6	8.40	0.50	89	70.2

（学报编辑部 李亚文 整理）

人文社科科研管理

【发展概况】 北京大学文科现有21个院系，在院系之外，设有社会科学部作为校级综合性职能部门，在文科主管校长领导下负责全校人文社会科学科研管理工作。社会科学部前身可追溯到1956年9月成立的科学工作处，1960年4月，学校撤销科学工作处，设立社会科学处和自然科学处，分管文理科科研。后又经几次调整，2000年8月，正式更名为"社会科学部"。目前社会科学部下设综合、项目管理、成果管理、基地管理四个办公室，现任社会科学部部长为哲学系主任王博教授。

【科研项目】 国家社科基金重大项目。2015年，学校纵向项目立项总数继续稳健增长，在各类项目的申报中继续保持了领先的位置。社科部加强管理服务工作的力度，注重加强申报动员工作，提高解决问题的针对性，调动教师申报的积极性；加强校内项目申报咨询专家队伍的建设，发挥北大专家的学术专长和社会影响力。在重大项目申报中，重视选题征集，提高教师参与申报的积极性，推动申报者不断修改完善标书，提高中标率，取得了不错的成绩。

表 7-44　2015 年北京大学文科主要纵向项目申报和立项情况表

项目名称	申报数	立项数
国家社科基金重大项目	32	10
国家社科基金年度项目	114	39
教育部年度项目	58	6
总计	204	55

表 7-45　2015 年北京大学文科其他纵向项目立项情况表

项目名称	立项数
国家社科基金后期资助项目	5
国家社科基金艺术科学规划项目	1
国家社科基金成果文库项目	4
教育部专项项目(专项、普及读物、思政课团队)	6
北京市社科基金项目	13(含重大 1 项)
北京市教育科学规划课题	2
总计	31

纵向项目评审组织。社会科学部组织校内专家参与国家社科基金、教育部等上级科研管理部门布置的项目评审工作,大多数教师积极配合,圆满完成了各项评审任务,展现了北大知名专家集中、学科门类齐全的优势。社会科学部将进一步做好对评审专家的服务工作,发挥好评审专家的经验和智慧,使专家不仅在对外咨询服务中扩大影响,而且能够促进我校自身项目申报的质量提升。

表 7-46　2015 年北京大学文科纵向项目评审组织情况表

项目名称	评审份数	评审专家数
国家社科基金项目通讯评审	8487	339
国家社科基金项目会议评审	*	14
教育部人文社会科学研究一般项目通讯评审	1485	43

* 以会议方式进行的评审无法统计评审份数。

表 7-47　2011—2015 年北京大学文科科研经费情况统计　　　　　　单位:万元

年度	2011 年	2012 年	2013 年	2014 年	2015 年
到账经费	17387	19068	20167	19405	23572

注:2015 年经费截止到 12 月 31 日。

【科研成果】　2014 年文科各单位共发表各类科研成果 3524 项,其中专著 217 部、论文 2883 篇、编著和教材 172 部、工具书和参考书 13 部、古籍整理作品 16 部、译著 57 部、研究咨询报告 58 篇、译文 35 篇、电子出版物 73 部。(因成果的录入统计有一定的延后,所以年鉴统计之数为 2014 年的。)

2015 年 8 月,教育部正式公布了第七届高等学校科学研究优秀成果奖(人文社会科学)的获奖名单。北京大学共有 49 项成果获奖,其中一等奖 2 项、二等奖 24 项、三等奖 23 项,获奖总数连续五届蝉联全国高校榜首。

高等学校科学研究优秀成果奖(人文社会科学),是教育部为表彰和奖励全国高校哲学社会科学工作取得的卓越成绩,激励广大科研工作者严谨治学、勇于创新、锻造精品,推动高校哲学社会科学繁荣发展的一项重大举措。该奖始设于 1995 年,目前每三年评选一次,由于组织严密、程序科学、评审公正,一直是我国哲学社会科学领域最具公信力和影响力的奖项。本届评奖 2015 年 1 月初正式启动,前后历时近一年,经高校推荐、专家评审、面向社会公示和奖励委

员会审定，最终评选出获奖成果908项，其中一等奖50项、二等奖251项、三等奖596项、普及奖11项。这些获奖成果是从2011年至2013年期间，高校哲学社会科学工作者创作的7万余部学术著作、96万余篇论文以及2万余篇各类研究咨询报告中脱颖而出的，可谓优中选优、精品纷呈、众望所归，每一项成果都代表着我国哲学社会科学相关领域的研究水平。

【科研机构】 科研机构（Centers、Programs、Institutes）与院系（Department）有着不同的使命：院系以学科为导向，在学科的基础上构建院系，院系具有相对稳定的特征；科研机构以问题为导向，应现实需要，组建各种机制灵活的"机构"弥补学科（院系）之不足。目前北京大学的文科科研机构主要包括三类：第一类，虚体研究机构；第二类，各类省部级重点研究基地；第三类，新体制的创新机构。

1. 虚体机构。2015年度社会科学部修订并发布《北京大学人文社会科学研究机构管理办法补充规定》《北京大学人文社会科学研究机构申请表》和《北京大学人文社会科学研究机构重要事项变更审批表》，使机构管理工作更加规范有序。2015年度新成立虚体研究机构3个，分别是：北京大学国家发展研究院中国健康发展研究中心、北京大学互联网金融研究中心和北京大学瑞意高等研究所。2015年10月，学校决定撤销北京大学民营经济研究院。因成立北京大学中国政治学研究中心，北京大学中国政府创新研究中心相应撤销。

2. 重点研究基地。北京大学现共有教育部哲学社会科学重点研究基地13个，另有北京市哲学社会科学、文化部、国家体育总局、国家汉办、全国妇联、国家版权局基地等委托建设或合作共建的研究基地若干。

表7-48　2015年北京大学教育部哲学社会科学重点研究基地

基地名称	基地主任	基地批准时间	基地批次
中国古文献研究中心	廖可斌	1999年12月15日	1
中国特色社会主义理论研究中心	杨　河	2000年9月25日	2
中国语言学研究中心	陈保亚	2000年9月25日	2
教育经济研究所	闵维方	2000年9月25日	2
外国哲学研究所	尚新建	2000年9月25日	2
中国考古学研究中心	徐天进	2000年9月25日	2
中国社会与发展研究中心	邱泽奇	2000年9月25日	2
东方文学研究中心	王邦维	2000年12月26日	3
政治发展与政府管理研究所	王浦劬	2000年12月26日	3
中国古代史研究中心	荣新江	2000年12月26日	3
美学与美育研究中心	朱良志	2004年11月26日	5
宪法与行政法研究中心	姜明安	2004年11月26日	5
中国经济研究中心	姚　洋	2004年11月26日	5

2015年度，北京大学13个教育部人文社科重点研究基地新立教育部基地重大项目21项，30个项目参加了中期检查，4个项目提交结项鉴定。9月，教育部启动第三轮基地评估工作，社科部组织各基地认真填报数据系统，迎接评估。10月，在各基地提交的十二五总结和十三五规划的基础上，社科部对全校基地管理工作进行了总结和规划，正式提交给教育部。

2015年度，学校新增北京市哲学社会科学规划办公室和北京市教委联合设立的北京市哲学社会科学研究基地"中国化马克思主义创新研究基地"、国家质量监督检验检疫总局设立的"质检法治建设研究基地"、文化部设立的"国家公共文化研究基地"、中国文联设立的"中国文联文艺评论基地"、文化部设立的"国家对外文化交流研究基地"。

2015年度，北京大学牵头组建的各"2011协同创新中心"继续培育。9月，北京大学牵头建设，南开大学、清华大学、河北经贸大学和首都经济贸易大学作为主要协同合作单位的"京津冀协同发展联合创新中心"正式成立。另外，2015年度北京大学新参与组建了多个"2011协同创新中心"，包括：浙江大学牵头的"一带一路合作与发展协同创新中心"、河南大学牵头的"黄河文明协同创新中心"、湖南大学牵头的"国家文化软实力研究协同创新中心"等。

3. 新体制研究机构。2015年10月,北京大学规划委员会批准成立北京大学新结构经济学研究中心和中国政治学研究中心。

【人才工作】 哲学社会科学骨干研修班。1月中旬,北京大学共报送6个期次10位正高级教师参加由中央五部委联合举办的"高校哲学社会科学教学科研骨干研修班"的学习;3月,按北京市委组织部、宣传部、教育工作委员会、党校、教委、财政局联合发布的《北京市哲学社会科学教学科研骨干研修工作规划(2010—2015)》通知要求和2015年的具体工作意见,社会科学部联合学校党委宣传部组织了我校55岁以下、副教授以上教学科研骨干共5人,分期分批参加北京市党校的脱产学习。

【科研管理活动】 2015年,在林建华校长等校领导的指示下,就如何加强基础学科发展,社科部召开了若干轮意见征求会、2次人文社科分组座谈会,与院系主任及部分教师调研探讨,在此基础上形成了基础学科发展报告。

学校的"金融支持实体经济"政策措施落实情况第三方评估报告获得国务院总理、副总理及80余位部委负责人的一致认可;服务国家战略,积极做好智库建设,学校人文社科教师、科研机构、研究团队为中央、各部委提供了丰富的智库研究成果;积极推动国家发展研究院入选第一批国家高端智库建设单位;推动新结构经济学研究中心的建设;协助北京论坛进行学术组织、学术总结、审定学术简报等工作。

《北京大学学报(哲学社会科学版)》

【办刊新举措】 在办刊过程中,《北京大学学报》通过本刊特稿的形式,选题注重理论联系实际、立足中国特色社会主义伟大实践,注重时代视野和世界视野,注重培育和弘扬社会主义核心价值观,注重以广大人民群众最关切的问题为研究导向。

继续加强选题策划,建设特色栏目。《北京大学学报(哲学社会科学版)》在办刊过程中注重结合本校实际,突出本校特色。在栏目设置方面,发挥北大文、史、哲的传统优势,主要为文史哲各学科提供发表高水平科研成果的平台,为人文院系学科建设服务,并以此选择学术热点、学术前沿以及重大社会问题,确定自己的主打栏目和品牌栏目。2015年度,除了常设特色栏目外,新推特色栏目有:新文化运动一百周年(2015年第6期)、面向中国问题的哲学(2015年第6期)、黑格尔的法哲学和马克思的批判(2015年第6期)、思想文化研究(2015年第6期)、台湾问题研究(2015年第6期)、丝绸之路研究(2016年第1期)、马克思主义与人类发展(2016年第1期)、治国理政新理念笔谈(2016年第2期)等。

继续加强学术主持人制度,发挥专家办刊优势。为做好学术专题研究,北京大学学报一直推行学术主持人制度。已刊出的相关栏目有:由邓小南教授担任主持的"宋史研究",由钱乘旦教授担任主持的"英国史研究",由荣新江教授担任主持的"石刻史料与中古文史",由李义虎教授担任主持的"台湾问题研究",以及"校史研究""治学之道"等栏目。

【创刊60周年纪念暨期刊改革与发展研讨会】 6月6日,《北京大学学报》在北京大学英杰交流中心举办"创刊60周年纪念暨期刊改革与发展研讨会"。会议由程郁缀教授主持。刘曙光代表学报向与会者介绍了北大学报60年的发展历程和办刊举措,以及近些年取得的一系列成绩。中宣部出版局副局长刘建生、教育部社科司出版处调研员田敬诚到会表示祝贺并发表讲话。北京大学常务副校长刘伟代表学校向北京大学学报表示祝贺,并从学校的角度对学报提出期望。参加会议的还有高校学报学会负责人,部分全国权威学术期刊负责人,兄弟院校学报主编,光明日报、人民日报编辑主任,以及北大社科部领导、北大校报、北大教育评论负责人、北大学报编委会成员等。

【编辑队伍建设】 2015年度,郑园、管琴承担了全国高等学校文科学报研究会第七届编辑学研究基金的重点资助课题——"学术期刊的文风与学风问题研究"(项目编号2013ZD01),2013年底立项,2015年底结项。同时,按照国家新闻出版广电总局有关规定,学术期刊编辑必须定期参加岗位培训,坚持持证上岗。《北京大学学报(哲学社会科学版)》安排编辑人员分期分批参加培训,了解和掌握中央关于进一步繁荣发展哲学社会科学、实施马克思主义理论研究和建设工程等有关精神,知晓当前学术期刊发展面临的机遇与挑战,学习新闻出版的有关法律法规。

【学术影响力】 2016年3月,由中国人民大学人文社会科学学术成果评价研究中心联合书报资料中心研制的2015年度复印报刊资料转载学术论文指数排名正式发布。《北京大学学报(哲学社会科学版)》在全国约1150种各类高等院校主办学报中,全文转载量排名、综合指数排名位列第一名,全文转载率排名位列第三名。《北京大学学报(哲学社会科学版)》被转载46篇,综合指数0.915236,排名位列全国高等院校主办学报第一。

根据中南财经政法大学图书馆期刊信息检索中心2016年的检索报告,《北京大学学报(哲学社会科学版)》2015年被中国人民大学书报资料中心、《新华文摘》《高等

学校文科学术文摘》《报刊文摘》等检索途径转载的文章共108篇,在全国综合性大学学报中位居第一。

根据中国学术期刊(光盘版)电子杂志社、中国科学文献计量评价研究中心和清华大学图书馆编写的《中国学术期刊影响因子年报》(2015版),《北京大学学报(哲学社会科学版)》在大学学报社会科学类综合高校中的总被引频次、基金比、影响因子、5年影响因子和即年下载率均名列前茅。

附表

表7-49 2015年度北京大学文科纵向科研课题立项名单

序号	项目名称	负责人	所在部门	项目类别	成果形式	预计完成日期
1	人文学导论	叶朗	艺术学院	国家社会科学基金重大项目	专著	2018.12
2	非洲出土中国古代外销瓷与海上丝绸之路研究	秦大树	考古文博学院	国家社会科学基金重大项目	专著	2018.12
3	中印石窟寺研究	李崇峰	考古文博学院	国家社会科学基金重大项目	专著	2018.12
4	《春秋左传》校注及研究	傅刚	中国语言文学系	国家社会科学基金重大项目	专著	2018.12
5	国民语文能力研究暨测试系统分类建设	陈跃红	中国语言文学系	国家社会科学基金重大项目	专著	2018.12
6	《格萨尔》说唱语音的自动识别与格萨尔学的创新发展	陈建龙	信息管理系	国家社会科学基金重大项目	专著	2018.12
7	中国西南少数民族传统村落的保护与利用研究	孙华	考古文博学院	国家社会科学基金重大项目	专著	2018.12
8	大数据时代知识融合的体系架构、实现模式及实证研究	李广建	信息管理系	国家社会科学基金重大项目	专著	2018.12
9	改革开放以来我国经济增长理论与实践研究	刘伟	经济学院	国家社会科学基金重大项目	专著	2018.12
10	国际能源新形势对中国发展与战略环境影响研究	李虹	经济学院	国家社会科学基金重大项目	专著	2018.12
11	统筹国内国际两个大局、完善外交总体布局研究	张清敏	国际关系学院	国家社会科学基金重点项目	专著	2018.12.30
12	新常态下我国产业园区资源整合"二次成长"的市场化模式研究	曹和平	经济学院	国家社会科学基金重点项目	专著、研究报告	2018.06.30
13	中国特色现代社会福利体系建构研究	刘继同	医学部	国家社会科学基金重点项目	专著、研究报告	2018.12.31
14	二战以后美国宗教社会学理论的关键论题研究	孙尚扬	哲学系	国家社会科学基金重点项目	专著	2020.12.31
15	唐代长安佛教与丝绸之路研究	湛如	外国语学院	国家社会科学基金重点项目	研究报告	2018.12.31
16	"人是遵守规则的动物"之论题研究	韩林合	外国语学院	国家社会科学基金重点项目	专著	2020.06.30
17	《资政院第二次常年会会议记录》辑佚与研究	李启成	法学院	国家社会科学基金一般项目	专著	2019.12.30
18	民事公益诉讼激励机制的法经济学研究	白彦	政府管理学院	国家社会科学基金一般项目	专著	2018.12.31

续表

序号	项目名称	负责人	所在部门	项目类别	成果形式	预计完成日期
19	全球化背景下国际劳工组织及其劳动立法与中国劳动法治的完善研究	陈一峰	法学院	国家社会科学基金一般项目	专著	2018.12.31
20	我国公立医院改革对医保基金的影响研究	吴明	医学部	国家社会科学基金一般项目	研究报告	2018.12.31
21	南北朝墓葬礼制研究	韦正	考古文博学院	国家社会科学基金一般项目	专著	2018.12.31
22	北京军都山古代游牧民族人骨遗存的生物考古学研究	何嘉宁	考古文博学院	国家社会科学基金一般项目	研究报告	2018.12.31
23	生育率与出生率关系研究	乔晓春	人口研究所	国家社会科学基金一般项目	专著	2018.12.31
24	仪式、社会团结与合作:合作困境的涂尔干之解	陶林	社会学系	国家社会科学基金一般项目	论文集	2018.06.30
25	日本社区混合制养老模式的人类学研究及其对我国的启示	姚新华	社会学系	国家社会科学基金一般项目	专著	2018.06.30
26	战后东亚经济发展与环境治理研究	包茂红	历史学系	国家社会科学基金一般项目	专著	2018.12.31
27	中国图书馆动漫服务研究	李常庆	信息管理系	国家社会科学基金一般项目	专著	2018.12.31
28	我国大中小学运动技能等级标准实证研究	郝光安	体育教研部	国家社会科学基金一般项目	专著	2018.12.31
29	短篇小说双重叙事运动研究	申丹	外国语学院	国家社会科学基金一般项目	专著	2018.12.31
30	新型主流媒体与国家意识形态传播研究	顾亚奇	艺术学院	国家社会科学基金一般项目	专著	2018.12.31
31	汉语作为外语在美国发展的综合研究	刘元满	对外汉语教育学院	国家社会科学基金一般项目	专著	2018.12.31
32	语音轻化视角下汉语韵律句法互动的实验研究	邓丹	对外汉语教育学院	国家社会科学基金一般项目	专著	2018.06.30
33	六朝时期建康政权的地域基础研究	王铿	历史学系	国家社会科学基金一般项目	专著	2018.06.30
34	宋僧诗文集在日本的刊刻流传研究	许红霞	中国语言文学系	国家社会科学基金一般项目	专著	2018.06.30
35	政治学研究方法前沿及其在国家治理能力指标建构中的应用研究	臧雷振	政府管理学院	国家社会科学基金一般项目	专著	2018.06.30
36	资产属性对中国社会利益群体政治态度和行为的影响研究	周强	政府管理学院	国家社会科学基金一般项目	论文集	2018.06.30
37	国际民事诉讼中的临时措施研究	张文亮	法学院	国家社会科学基金青年项目	专著	2018.06.30
38	新结构经济学的视角下新常态经济发展的动力与机制研究	付才辉	国家发展研究院	国家社会科学基金青年项目	论文集	2017.12.31
39	京津冀产业区际转移与疏解非首都功能路径研究	齐子翔	政府管理学院	国家社会科学基金青年项目	研究报告	2017.12.31
40	偏向性政策下资源误置的宏观经济效应研究	张天华	国家发展研究院	国家社会科学基金青年项目	论文集	2017.12.31
41	专业服务业人才对我国经济增长贡献率研究	汪沛沛	经济学院	国家社会科学基金青年项目	专著	2018.12.31
42	我国生产性服务业空间结构的本地效应、溢出效应及其优化研究	席强敏	政府管理学院	国家社会科学基金青年项目	专著	2018.12.31
43	新中国马克思主义大众化载体与路径研究	张莉	马克思主义学院	国家社会科学基金青年项目	专著	2018.12.31

续表

序号	项目名称	负责人	所在部门	项目类别	成果形式	预计完成日期
44	城市老年人精神健康状况研究	李 宁	人口研究所	国家社会科学基金青年项目	专著	2018.12.31
45	当代中国单亲、重组家庭分布状况及其对子女抚养的影响研究	张春泥	社会学系	国家社会科学基金青年项目	研究报告	2018.06.30
46	《明史艺文志》五种文本研究	王宣标	中国语言文学系	国家社会科学基金青年项目	专著	2018.12.31
47	俄罗斯东正教圣徒传统与俄罗斯民族性格的形成研究	王 帅	外国语学院	国家社会科学基金青年项目	专著	2018.12.31
48	哲学史视域下的先秦儒家《诗》学研究	孟庆楠	哲学系	国家社会科学基金青年项目	专著	2018.12.31
49	当代西方政治哲学中的代表问题跟踪研究	段德敏	政府管理学院	国家社会科学基金青年项目	专著	2018.12.31
50	地方高校转型发展研究	郭建如	教育学院	国家社科基金全国教育科学重点项目	专著	2018.12.31
51	中国当代艺术话语范式研究	时胜勋	中国语言文学系	国家社科基金全国艺术科学一般项目	专著	2018.12.31
52	养老康复护理整合应用模式研究	谢 红	医学部	北京市社科基金重点项目	论文集	2017.06.30
53	《春秋左传校注》	傅 刚	中国语言文学系	北京市社科基金重点项目	其他（校注本）	2020.12.31
54	网络实名制效果研究	王维佳	新闻传播学院	北京市社科基金一般项目	研究报告	2016.06.30
55	"案多人少"与司法职权配置的经验研究	候 猛	法学院	北京市社科基金一般项目	研究报告	2018.06.30
56	马克思国家治理理论与中国国家治理现代化研究	刘 军	马克思主义学院	北京市社科基金一般项目	专著	2017.06.01
57	北方昆曲剧院院史(1957—2001)	陈 均	艺术学院	北京市社科基金一般项目	专著	2017.12.31
58	基于"散点多线"汉语语音史观的汉语音韵史研究	张渭毅	中国语言文学系	北京市社科基金一般项目	论文集	2018.12.28
59	我国健康相关大数据的伦理法律研究	丛亚丽	医学部	北京市社科基金一般项目	研究报告	2016.06.30
60	琴学传统研究	杨 芬	图书馆	北京市社科基金青年项目	专著	2018.06.30
61	碳市场、财务信息与企业价值——基于试点省市碳交易核算标准差异及北京实践	许 骞	光华管理学院	北京市社科基金青年项目	论文集	2017.12.31
62	北京市农转居社区治理模式研究	王 迪	社会学系	北京市社科基金青年项目	研究报告	2017.06.30
63	中国传统绘画转型研究：以乾隆朝宫廷画为个案	刘 晨	艺术学院	北京市社科基金青年项目	专著	2017.12.31
64	中国与波斯海上丝绸之路考古学研究	林梅村	考古文博学院	北京市社科基金重大项目	专著	2018.06.30
65	创新驱动北京产业升级与空间格局优化研究	李国平	政府管理学院	北京市社会科学基金重点项目	专著	2018.06.30
66	当代中国价值观建设的历史回顾与现实展望	程美东	马克思主义学院	北京市社会科学基金重点项目	专著	2018.06.30
67	中国研究型大学学院设置决策过程案例研究	谢广宽	医学部	北京市教育科学规划青年项目	专著	2018.06.30
68	MOOC模式下的学习型组织知识生产研究	吴 峰	教育学院	北京市教育科学规划重点项目	专著	2018.06.30

续表

序号	项目名称	负责人	所在部门	项目类别	成果形式	预计完成日期
69	刑事诉讼法实施问题与对策研究	陈永生	法学院	教育部哲学社会科学一般项目	著作	2018.12
70	中日图书馆学交流65年(1899—1964)历史探微	范 凡	图书馆	教育部哲学社会科学一般项目	著作	2018.12
71	农民工市民化成本分摊机制研究——以北京市为例	傅帅雄	光华管理学院	教育部哲学社会科学一般项目	论文、咨询报告	2018.12
72	中国与周边国家之间的跨境水资源安全问题研究	李志斐	国际关系学院	教育部哲学社会科学一般项目	论文、咨询报告	2018.12
73	高等教育研究的全球发展：历史、制度与人物	沈文钦	教育学院	教育部哲学社会科学一般项目	论文	2018.12
74	中国县级财政对本地居民偏好的回应性研究	杨龙见	光华管理学院	教育部哲学社会科学一般项目	论文	2018.12
75	你不能不知道的刑法知识	王世洲	法学院	教育部哲学社会科学普及读物项目	著作	2018.12
76	文化强国的欧洲经验	朱孝远	历史学系	教育部哲学社会科学普及读物项目	著作	2018.12
77	高校附属医院党风廉政建设现状和对策研究	刘江平	医学部	教育部哲学社会科学专项项目	论文	2016.10
78	高校优秀班集体形成的特征及其影响因素	郑清文	外国语学院	教育部哲学社会科学专项项目	论文	2016.12
79	以共青团组织为基础平台的高校实践育人协同体系探索	阮 草	团委	教育部哲学社会科学专项项目	论文	2016.12
80	专业硕士的发展定位与竞争优势	闫凤桥	教育经济研究所	教育部人文社会科学重点研究基地重大项目	论文、研究报告	2018.12
81	高职院校毕业生的就业特征与影响因素研究——基于城镇化的视角	刘明兴	教育经济研究所	教育部人文社会科学重点研究基地重大项目	研究报告	2018.12
82	海德格尔《黑皮本》辑相关文献的翻译与研究	靳希平	外国哲学研究所	教育部人文社会科学重点研究基地重大项目	译著	2018.12
83	十六卷本中文版《谢林著作集》的翻译和研究	先 刚	外国哲学研究所	教育部人文社会科学重点研究基地重大项目	专著、译著	2018.12
84	立法权的科学配置	焦洪昌	宪法与行政法研究中心	教育部人文社会科学重点研究基地重大项目	专著	2018.12
85	宪法视野下的代表理论比较研究	陈端洪	宪法与行政法研究中心	教育部人文社会科学重点研究基地重大项目	研究报告	2018.12
86	公共部门中的组织创新与激励机制：事业单位去行政化的理论与实践	顾 昕	政治发展与政府管理研究所	教育部人文社会科学重点研究基地重大项目	专著、论文、研究报告	2018.12
87	社区治理问题与创新管理——基于治理体系与治理能力评价的实验研究	肖鸣政	政治发展与政府管理研究所	教育部人文社会科学重点研究基地重大项目	论文、研究报告	2018.12
88	《史记》校勘研究	辛德勇	中国古代史研究中心	教育部人文社会科学重点研究基地重大项目	专著	2018.12

续表

序号	项目名称	负责人	所在部门	项目类别	成果形式	预计完成日期
89	吴闿生《文史甄微》点校整理研究	吴鸥	中国古文献研究中心	教育部人文社会科学重点研究基地重大项目	专著	2018.12
90	经学文献学研究	顾永新	中国古文献研究中心	教育部人文社会科学重点研究基地重大项目	专著、论文	2018.12
91	产品质量、企业绩效与国际贸易研究	余淼杰	中国经济研究中心	教育部人文社会科学重点研究基地重大项目	论文	2018.12
92	徐州地区南北朝隋唐墓葬研究	韦正	中国考古学研究中心	教育部人文社会科学重点研究基地重大项目	专著	2018.12
93	丝绸之路天山廊道文物古迹调查	李零	中国考古学研究中心	教育部人文社会科学重点研究基地重大项目	专著、论文	2018.12
94	列宁、斯大林民族理论和苏联在民族问题上的实践及其对中国的影响	马戎	中国社会与发展研究中心	教育部人文社会科学重点研究基地重大项目	论文、研究报告	2018.12
95	中国基层城镇化动力、机制与后果研究：来自东中西部村庄的观察	卢晖临	中国社会与发展研究中心	教育部人文社会科学重点研究基地重大项目	研究报告	2018.12
96	生态文明的哲学基础	徐春	中国特色社会主义理论体系研究中心	教育部人文社会科学重点研究基地重大项目	专著	2018.12
97	东南亚现当代文学翻译与研究	吴杰伟	东方文学研究中心	教育部人文社会科学重点研究基地重大项目	译著	2018.12
98	泰戈尔的翻译、接受和影响研究	魏丽明	东方文学研究中心	教育部人文社会科学重点研究基地重大项目	专著	2018.12
99	汉语词汇双音化的形式选择和功能表现	董秀芳	中国语言学研究中心	教育部人文社会科学重点研究基地重大项目	论文、研究报告	2018.12
100	构式的语义分析及其在语料库中的标注	詹卫东	中国语言学研究中心	教育部人文社会科学重点研究基地重大项目	论文、研究报告、电脑软件	2018.12

表 7-50 第七届高等学校科学研究优秀成果奖（人文社会科学）北京大学获奖名单

序号	成果名称	申报人	所在单位	所获奖项
1	中国儒学史（九卷本）	汤一介	哲学系	一等奖
2	希腊古代经济史（上下编）	厉以宁	光华管理学院	一等奖
3	简帛文明与古代思想世界	王中江	哲学系	二等奖
4	马克思主义社会发展理论研究	丰子义	马克思主义学院	二等奖
5	当代宗教冲突与对话研究	张志刚	哲学系	二等奖
6	大学生英语学习动机与自我认同发展——四年五校跟踪研究	高一虹	外国语学院	二等奖
7	词汇化：汉语双音词的衍生和发展（修订本）	董秀芳	中国语言文学系	二等奖
8	On Several Principles in Reconstructing a Proto-language-With the Reconstruction of Tones and Pre-Initials * h-and * ?-of Proto-Yi	陈保亚	中国语言文学系	二等奖

续表

序号	成果名称	申报人	所在单位	所获奖项
9	英语数字素养评价研究	张 薇	外国语学院	二等奖
10	汉语句子的焦点结构和语义解释	袁毓林	中国语言文学系	二等奖
11	"在地性"与越界——莫言小说创作的特质和意义	陈晓明	中国语言文学系	二等奖
12	汉魏乐府艺术研究	钱志熙	中国语言文学系	二等奖
13	元典章	张 帆	历史学系	二等奖
14	蒙古山水地图——在日本新发现的一幅16世纪丝绸之路地图	林梅村	考古文博学院	二等奖
15	Realized GARCH: A Joint Model for Returns and Realized Measures of Volatility	黄 卓	国家发展研究院	二等奖
16	改革的逻辑	周其仁	国家发展研究院	二等奖
17	新结构经济学——反思经济发展与政策的理论框架	林毅夫	国家发展研究院	二等奖
18	协调发展与区域治理:京津冀地区的实践	李国平	政府管理学院	二等奖
19	以治理的民主实现社会民生:对于行政信访的再审视	王浦劬	政府管理学院	二等奖
20	刑法的知识转型(学术史)	陈兴良	法学院	二等奖
21	批判民法学的理论建构	薛 军	法学院	二等奖
22	Population and Society in Contemporary Tibet	马 戎	社会学系	二等奖
23	搭建实践与理论之桥——教师实践性知识研究	陈向明	教育学院	二等奖
24	全球化时代的高等教育:市场的挑战	蒋 凯	教育学院	二等奖
25	Maximum-likelihood Estimation for Diffusion Processes via Closed-form Density Expansions	李辰旭	光华管理学院	二等奖
26	中国国家图书馆藏西域文书·梵文、佉卢文卷	段 晴	外国语学院	二等奖
27	马克思主义大众化的历史经验	陈占安	马克思主义学院	三等奖
28	现代思想政治教育课程论	宇文利	马克思主义学院	三等奖
29	缅甸语汉语比较研究	汪大年	外国语学院	三等奖
30	杜登德汉大词典	赵登荣	外国语学院	三等奖
31	中国文学俄罗斯传播史	李明滨	外国语学院	三等奖
32	看懂美术	丁 宁	艺术学院	三等奖
33	《春秋》与"汉道":两汉政治与政治文化研究	陈苏镇	历史学系	三等奖
34	北京大学藏西汉竹书【贰】	韩 巍	历史学系	三等奖
35	中国历史农业地理	韩茂莉	城市与环境学院	三等奖
36	东南亚古代史:上古至16世纪初	梁志明	历史学系	三等奖
37	中古医疗与外来文化	陈 明	外国语学院	三等奖
38	Early Pottery at 20,000 Years Ago in Xianrendong Cave, China	吴小红	考古文博学院	三等奖
39	金融市场全球化下的中国金融监管体系改革	曹凤岐	光华管理学院	三等奖
40	China's Land Market Auctions: Evidence of Corruption?	蔡洪滨	光华管理学院	三等奖
41	我国经济增长中的产业结构问题	刘 伟	经济学院	三等奖
42	冷战与新中国外交的缘起1949—1955(修订版)	牛 军	国际关系学院	三等奖
43	"扒窃"入刑:贴身禁忌与行为人刑法	车 浩	法学院	三等奖
44	生育自由与人权保障	湛中乐	法学院	三等奖
45	以利为利:财政关系与地方政府行为	周飞舟	社会学系	三等奖
46	对外传播及其效果研究	程曼丽	新闻与传播学院	三等奖
47	作为劳动的传播——中国新闻记者劳动状况研究	王维佳	新闻与传播学院	三等奖
48	"德国的欧洲"与"欧洲的德国"问题新考	连玉如	国际关系学院	三等奖
49	Twenty-year Trends in the Prevalence of Disability in China	郑晓瑛	人口研究所	三等奖

表 7-51　北京大学获北京市社会科学理论著作出版基金 2015 年上半年（总第 46 批）资助著作名单

序号	推荐单位	著作名称	申请人	出版社
1	中国语言文学系	书写"中国气派"——当代文学(1940—1970)与"民族形式"建构	贺桂梅	北京大学出版社
2	中国语言文学系	临水的纳蕤思：中国现代派诗歌的艺术母题	吴晓东	北京大学出版社
3	外国语学院	当代俄语的变化及其成因	褚　敏	北京大学出版社
4	外国语学院	"永远的唐土"——日本平安朝物语文学的中国叙述	丁　莉	北京大学出版社
5	法学院	财税法总论	刘剑文	北京大学出版社
6	马克思主义学院	重估马克思早期六部著作的价值与地位	林　锋	北京大学出版社

表 7-52　北京大学获北京市社会科学理论著作出版基金 2015 年下半年（总第 47 批）资助著作名单

序号	推荐单位	著作名称	申请人	出版社
01	中国语言文学系	现代汉语连词的语篇连接功能研究	张文贤	北京大学出版社
02	中国语言文学系	辽宋金异读字研究	张渭毅	北京大学出版社
03	中国语言文学系	从六艺到十三经——以经目演变为中心	程苏东	北京大学出版社
04	学报	词科与南宋文学	管　琴	北京大学出版社
05	外国语学院	西班牙二十世纪诗坛掠影	赵振江	北京大学出版社
06	外国语学院	英国小说与浪漫主义——意识形态的冲突、妥协与包装	苏耕欣	北京大学出版社
07	法学院	事实行为的基础理论研究	常鹏翱	北京大学出版社
08	艺术学院	艺术公赏力	王一川	北京大学出版社
09	法学院	川上行舟——平权改革与法治变迁	阎　天	清华大学出版社

党政管理与群团工作

纪检监察工作

【发展概况】 北京大学纪委是党内专责监督机关,旨在维护党的章程和党的纪律,协助学校党委抓党风廉政建设和反腐败工作,组织协调学校的党风廉政建设工作,检查党的路线、方针、政策和决议的执行情况。纪委办公室与监察室实行合署办公。校本部纪委有专职纪检监察干部7人,返聘2人;医学部纪委有专职纪检干部5人。

【党风廉政建设工作会议】 4月10日,北京大学党委在英杰交流中心阳光厅召开2015年党风廉政建设与反腐败工作会议,部署和落实"两个责任",强化"一岗双责",从严从实狠抓党风、校风、政风建设。校长林建华主持会议,校党委副书记叶静漪作纪委工作报告,总会计师闫敏介绍相关工作,校党委书记朱善璐作总结讲话。会议总结一年来学校在党风廉政建设方面取得的成绩与经验,分析学校面临的形势和任务,尤其是学校在推进大学章程实施和落实综合改革方案过程中,党风廉政建设和反腐败工作面临的新挑战,从落实"两个责任"、完善纪检监察体制机制、加大查办案件力度、开展专项治理诸方面提出下一步工作重点。

【党风廉政建设责任制检查】 2015年10月至12月,结合"三严三实"专题教育,下发《2015年度党风廉政建设责任制落实、开展"三严三实"专题教育和自查自纠情况专项检查的通知》,在全校范围内开展党风廉政建设责任制贯彻执行情况大检查。检查内容包括执行党风廉政建设主体责任情况、贯彻落实"八项规定"和反"四风"问题情况,主要包括规范公务用车、办公用房使用、干部兼职取酬、教育收费等方面存在的突出问题工作;加强各类招生管理,规范招生和考试程序;加强科研经费管理,规范科研经费使用;加强非学历教育管理,规范培训办班行为;加强招投标和物资采购管理;国有资产和校办企业管理等。

专项检查。组织校领导及班子成员、党委委员、纪委委员组成专项检查小组,根据责任分工和联系基层制度,采取听取汇报、查阅资料、座谈访谈等方式对30个重点单位进行检查;相关单位党政领导班子主要负责人向检查小组汇报工作;检查小组对相关单位的工作事项完成情况进行评价。

现场评议。11月30日,对后勤党委、街道党工委、产业党工委、研究生院、新闻传播学院、物理学院等6个单位开展现场评议。对部分单位党风廉政建设情况进行现场评议。由学校党委委员、纪委委员、基层单位代表组成党风廉政建设评议小组,确定若干单位作为评议对象;评议对象主要负责人根据事前通知,在确定的地点和时间向评议小组汇报党风廉政建设工作;由评议小组向评议对象主要负责人进行点评和问询,评议对象主要负责人结合实际工作做出详细回答和说明;评议小组匿名打分,以合格和不合格确定等级。

专项巡察。2015年12月中上旬,组织人员对基建工程部、实验室与设备管理部、总务部、房地产管理部、图书馆、校医院、肖家河项目建设办公室、后勤各中心等单位的招标工作进行巡察,共随机抽查55个项目。科研项目巡察2014年以来已结题的重大科研项目实施及经费使用的情况,巡察内容包括科研经费专款专用情况,劳务费开支审核情况,会议费、差旅费、国际合作交流费支出情况,测试化验加工费审核情况等。招投标项目巡察2014年以来招投标项目,巡察内容包括开标程序、评标程序是否符合规定;中标结果确定后,是否履行公示程序,是否存在与评标结果相背离的情况等。

【监督检查工作】 2015年国庆期间下发《关于严禁国庆期间公车私用的通知》,要求各单位停用封存公车,不得在非公共场地使用或停放公车。10月6日,会同党委办公室校长办公室、国有资产管理办公室、实验室与设备管理部组成检查组对各单位公车封存情况开展专项检查。

开展公房使用情况监督检查。2015年12月中旬,会同房产管理

部对职能部门办公用房使用面积情况进行专项检查，针对面积超标问题提出具体的整改意见。

开展重点制度检查。对校内人财物管理部门的规章制度进行梳理，明确当前亟须制定出台的21项重点制度。11月23日，校党委副书记叶静漪主持召开制度建设专题联席会议，校内人、财、物重点部门负责人参会。会上向相关单位通报应予以制定、修订和完善的制度清单。派专人参与肖家河教职工住宅项目的分配方案制订、意见征求程序、各榜名单公示以及项目招投标的监督工作，受理相关信访举报。

【制度建设】 根据《教育部党组关于落实党风廉政建设监督责任的实施意见》，协助党委制定《中共北京大学委员会关于落实党风廉政建设监督责任的实施细则》（以下称《细则》），提出落实监督责任是纪委必须担负的重大政治责任，明确监督责任内容包括组织协调责任、监督检查责任、执纪问责责任、正风肃纪责任和查信办案责任等，保障监督责任落实的具体措施包括完善组织管理机制、完善沟通合作机制、完善查信办案机制、创新执纪监督方式以及推进纪检监察队伍建设。《细则》已正式实施。根据《细则》要求，纪委拟定《纪委落实党风廉政建设监督责任清单》，对各项监督责任进行细化，把责任落实到具体的内部科室和领导干部。协助党委制定《北京大学贯彻落实改进工作作风、密切联系群众"八项规定"的实施办法》，要求改进调查研究、主动服务师生、精简会议活动、精简文件简报、减轻工作负担、改进宣传报道、厉行勤俭节约和加强廉洁勤政，推进节约型校园建设、规范公务接待、严格财务审核、规范公车管理、规范办公用房管理、执行报告制度、规范兼职管理、规范礼品管理、规范财经纪律。

结合信访办案要求，编写《纪检监察信访、办案工作文件汇编》，收录信访办案制度。

结合问题线索处置和执纪要求，起草《北京大学纪委办公室监察室函询谈话、诫勉谈话办法》《北京大学领导干部问责制实施办法》等。

【纪律审查】 1月1日至12月31日，学校纪委办公室、监察室共收到信访92件，涉及处级干部37人次；初核92件，函询1件，了结41件，对5名干部诫勉谈话，1人被通报批评，2人被批评教育，1人被撤职并解除教师职务；立案5件，涉案人数5人；结案6件，给予党纪处分6人，其中开除党籍2人，严重警告1人，警告3人。向学校教师道德和纪律委员会转交3件。

【廉政教育】 开展党员领导干部廉政教育。结合新任领导干部培训、基层单位（后勤系统、总务系统）民主生活会，纪委领导讲解中央党风廉政建设政策和两部党内法规精神。

2015年2月起开设"纪小伟"微信公众平台，不定期推送纪检监察信息。设有"廉政时事""警钟长鸣""廉政小说""制度法规"等栏目版块，传播廉政知识，介绍反腐动态。形成纪检监察网站、廉政短信平台、微信公众平台"三位一体"的廉政教育新媒体阵地。

汇编《十八大以来中央反腐倡廉新精神参考资料》《学思践悟》等材料，分发给各级党政领导班子成员以及纪委委员，强化廉政理论学习，追踪最新中央反腐精神。

根据《教育部办公厅关于举办第四届全国高校廉政文化作品征集暨廉洁教育系列活动的通知》，在全校范围内开展征集廉政文化作品活动。

编制《新任领导干部廉政知识测试》试卷，对新任领导干部开展任前测试。

《高校信访案件调查的基本方法与技巧》专题报告入选国家教育行政学院远程培训部课程资源库。

【纪检监察队伍建设】 2015年4月，组织4名纪检监察干部赴西南大学、四川大学等高校调研，考察二级纪委试点经验，包括二级纪委书记和纪委委员的配置、二级纪委与学校纪委和所在党委的关系、二级纪委的工作机制等。与深圳研究生院、产业党工委、后勤党委等单位进行沟通，了解试点的可行性。在调研和沟通的基础上，向学校党委提交《关于加强学校二级单位纪检监察组织建设的报告》，并拟定《北京大学关于设置二级纪委的工作方案》《北京大学二级纪委工作细则》。

制定《北京大学纪检监察干部监督工作暂行办法》，明确对纪委委员、专职纪检监察干部的内部监督内容、办法和责任追究。

6月25日至7月4日，选派1名纪检监察干部参加中国监察学会组织的"中国监察学会分支机构、单位会员、副省级城市学会秘书长培训班"。12月7日至9日，选派1名纪检监察干部参加北京市教育纪工委开办的"纪检监察干部综合业务培训班"。

修订《北京大学纪委办公室监察室党风廉政建设责任制实施细则》，明确纪委办公室监察室贯彻落实党风廉政建设责任制的责任范围、责任内容、责任考核和责任追究。

起草《北京大学监察委员会章程》，推动监察委员会独立行使监察职权，对学校机构和人员实施监察。11月19日，组织全体专职纪检监察干部参加北京市纪委召开

的电视电话会议，收看中央纪委法规室主任马森作的专题辅导报告，学习贯彻《中国共产党廉洁自律准则》和《中国共产党纪律处分条例》。

11月27日，党支部组织纪检监察干部赴中国人民抗日战争纪念馆专题学习抗战精神。

12月3日，在勺园7号楼组织召开纪检委员工作会，报告2015年纪检监察工作总结，通报信访案件查办情况以及党风廉政建设责任专项检查工作情况。

【理论研究】 结合北京市教育纪工委的委托课题研究，收集和分析招生领域信访案件问题，研究提高纪检监察干部查办能力的方法和对策。根据教育部通知要求，专题研究"加强纪检监察干部内部监督问题"课题。

组 织 工 作

【发展概况】 2015年，北京大学党委组织工作围绕学校中心工作，贯彻中共十八大和十八届三中、四中全会精神以及中央组织工作会议精神，落实学校十二次党代会和"三步走"发展战略，落实学校组织工作会议的部署，以开展"三严三实"专题教育为契机，巩固党的群众路线教育实践活动成果；以落实习近平总书记系列重要讲话精神为重点，谋划和开展学校党建和组织工作；加强领导班子民主建设、干部队伍建设、基层党组织和党员队伍建设，推进干部人事制度改革、组织制度创新和基层党建工作创新，各项工作取得成效。

【党建工作】 1. "三严三实"专题教育。根据中央有关要求，结合学校实际开展"三严三实"专题教育，加强学校作风建设、党员干部思想建设，端正办学理念、凝聚发展共识。

5月29日，校党委书记朱善璐讲授党课；7月16日，校长林建华讲授党课。6月29日、7月5日、8月24日，学校理论中心组组织包括学习文件、交流研讨、参观李大钊烈士陵园和沙滩红楼等形式多样的活动。12月28日，学校领导按照要求召开"三严三实"专题民主生活会。

6月2日，学校党委下发《北京大学在中层以上领导干部中开展"三严三实"专题教育实施方案》，要求基层党委书记要讲党课，二级单位要组织领导班子专题学习研讨，并开好民主生活会。9月21日，学校党委召开工作推进会。全校各单位按照学校要求，初步完成讲党课和学习研讨工作，形成"问题清单"，共总结问题489条，平均每个单位5.9条。各二级单位分别召开专题民主生活会。

6月16日，学校党委下发《关于在全体党员中开展"三严三实"专题教育的通知》，要求各党支部组织党员听党课、举行专题学习、开展主题党日、召开组织生活会。

学校党委组织2015年度党风廉政建设责任制落实情况暨"三严三实"专题教育专项检查。学校领导带队，组成工作组赴各二级党委开展工作检查，督促活动进展，纠正"不严不实"问题。

李小凡是高校党员干部践行"三严三实"的典型。12月2日，中共北京市委在百周年纪念讲堂举办李小凡同志先进事迹报告会，来自北京各高校的师生代表学习了李小凡同志的先进事迹。

2. 落实全面从严治党。结合学校实际，将制度建设作为落实全面从严治党要求的突破口，提升基层党建工作的制度化、规范化、程序化水平。

健全制度规范。首先，梳理近年来中央、北京市等上级党组织下发的党建制度文件，形成《党建工作文件选编（三）》。其次，整理学校有关基层党组织建设的文件，修订《北京大学发展党员工作细则》《北京大学关于进一步加强教职工党支部建设的若干意见》《北京大学关于进一步加强学生党支部建设的若干意见》等文件，制定《北京大学党员组织关系接转工作规定》《北京大学流动党员管理暂行规定》《北京大学党内统计工作规定》《北京大学先进基层党组织优秀党员优秀党务和思想政治工作者评选表彰办法》《北京大学党建研究会课题管理办法》等文件，研究制定《北京大学党费收缴、使用和管理工作规定》《北京大学基层党建工作相关经费使用办法》等文件。

加强过程管理和监督。聘请经验丰富的老党务工作者担任党建组织员，从学校层面加强党员发展工作和党支部组织生活开展过程中的管理和监督，保证制度规定落实到位。将发展党员档案材料检查工作常态化，每学期检查一次。2015年检查新发展党员档案材料311份。

提高程序化管理水平。依托

"北京大学组织工作综合信息管理系统",实现日常党建工作的程序化管理。2015年在党员发展、党内统计、组织关系接转、党组织建设等模块的基础上,新增评优表彰、创新立项、困难党员帮扶等模块。

3. 北京市教工委难点项目。申报北京市委教育工委难点项目"提高党支部组织生活质量"。项目通过资料梳理和调研访谈,掌握学校基层党支部组织生活开展的现状,发现组织生活质量不高、思想性不强、保障机制欠缺等问题,开展院系试点探索,排查难点、寻找思路、总结经验、提炼模式,形成系统的理论研究成果,并运用其解决实际工作中遇到的问题。

4. 党务和思想政治工作队伍评优表彰。6月17日,学校党委举行七一表彰,授予9个单位"北京大学党务和思想政治工作先进集体";授予10位同志"北京大学优秀党务和思想政治工作者——李大钊奖";授予86位同志"北京大学优秀党务和思想政治工作者"称号;授予28位同志"北京大学党务和思想政治工作奉献奖";授予10位同志"北京大学十佳学生党支部书记"。

5. 困难党员帮扶。2015年学校党委对50多名生活困难党员进行帮扶,学校领导和院系领导进行了走访慰问工作。

6. 共产党员献爱心。7月,全校共有5765名共产党员、332名入党积极分子和552名群众参与爱心捐款活动,筹集善款450809.7元。

【党建研究】 明确《北大党建》编辑流程,制作编辑部日历,力促出刊正常化。重组《北大党建》编辑部,在全校相关部门招聘编辑队伍。编辑出版《北大党建》党的群众路线教育实践活动专刊、"中国梦"专刊。出台《北京大学党建研究会课题管理办法》,规范课题申报、答辩、审批等流程。2014—2015年度确定一类课题6个,二类课题10个。

【干部工作】 1. 班子换届调整。2015年校本部共完成班子换届、调整和新建60个,其中换届17个(基层党组织换届7个,行政班子换届10个),班子组建2个,班子调整41个(含3个公开招聘)。

2. 干部任免。2015年校本部共任命中层干部126人次,其中新任干部56人,提任干部15人,连任干部28人,调配任命干部27人;另免职干部80人次。任命科级干部8人次,团干部定级1人次。

3. 干部管理监督。2015年1月、7月,党委组织部组织2次新上岗干部集体谈话会,累计参加干部95人次。落实领导干部任职廉政承诺制,要求新任职的中层领导干部签订《北京大学领导干部任职廉政承诺书》。执行领导干部报告个人有关事项、出国(境)报备和任期经济责任审计等制度。研究制定《北京大学拟提拔考察对象个人有关事项报告核实工作操作程序》,共开展抽查核实116人,其中随机抽查核实60人,重点抽查核实56人。与国际合作部等单位共同落实《北京大学关于加强出国(境)证件管理工作的通知》(校发〔2014〕211号),建立出国(境)证件分类分级管理工作机制,明确处级领导干部出国(境)审批程序,严格领导干部出国(境)证件管理。与国际合作部和计算中心共同讨论设计出国(境)护照证件管理信息系统。开展违规办理和持有因私出国(境)证件专项治理工作。要求党政干部辞去本人在企业所有兼职(任职),督促所在兼职企业尽快履行免职手续并通过适当方式予以公示,存在兼职取酬情况的,须将所领取薪酬、奖金、津贴等报酬退回兼职单位,或上缴学校财务部门。坚持经济责任审计制度,对到届和调整的领导班子,委托审计室做好经济责任审计工作。

4. 教育管理与德育系列专业技术职务评审。2015年,专业技术职务晋升正高级2人(教育管理系列研究员1人,德育教授1人),副高级10人(其中教育管理系列副研究员8人,德育系列副教授2人),中级52人。

5. 干部对外交流。2015年,派出定点扶贫云南省弥渡县挂职干部2人,驻外使领馆干部1人。配合上级部门调动干部10人,派出挂职、借调干部7人。

6. 落实党代表任期制和提案制。完善党代表工作机构建设,根据校领导岗位变动,完成提案工作委员会主任、副主任调整;完成党代表2015年度提议的办理工作;汇总2013—2015年的党代表提案(议),研究制订提案(议)落实追踪工作方案,探索提升提案(议)办理质量的长效机制,促进党代表作用发挥。

【党校工作】 1. 干部培训。完成北京大学第42期干部研讨班、第6期中青年骨干研修班、"三严三实"专题中层正职研讨班、"讲规矩守纪律"专题培训班等班次。通过干部境外培训、干部网络选学、青年干部未名管理论坛等形式组织干部培训活动。

2. 党的知识培训班和党性教育读书班。组织第7、8期教职工党性教育读书班,培训教职工发展对象63人。组织第28期党的知识培训班和第22、23期学生党性教育读书班,共培训1941人次。

宣传工作

【发展概况】 2015年是学校全面完成"十二五"规划的收官之年，北京大学党委宣传部落实党的十八大以来重要会议精神，以邓小平理论、"三个代表"重要思想、科学发展观为指导，贯彻习近平总书记系列重要讲话精神，围绕学校的中心工作，加强意识形态建设，为推动学校各项工作健康有序发展营造良好的舆论环境。

【理论工作】 2015年宣传部以党的十八大精神为指导，学习习近平总书记系列重要讲话精神，落实"三严三实"有关要求，思考、总结学校发展的战略问题，在思想理论建设、舆论引导能力、精神文明建设等方面取得进展。

加强理论学习。理论办组织研讨会、座谈会3次，理论中心组学习2次，内容涵盖党的十八届五中全会、习近平总书记"三严三实"重要讲话、纪念抗战胜利70周年及新文化运动一百周年等重大事件。

重视舆论工作。理论办共向中办、教育部、中宣部、校领导报送舆情信息9条，北京大学舆情直报点继续被评为"重点舆情直报点"。

提升理论水平。理论办配合学校各项工作开展，撰写领导讲话、活动通知、决议决定等文稿12篇，组织本校教职工参加各类培训12期37人次；参与组织北京高校青年教师社会调研并获优秀组织奖；参加各类培训学习4次，编写理论图书两本。

【宣传工作】 2015年宣传部协调校内外对北大的报道工作，加强与重要媒体的联络沟通，探索新形势下开展高校新闻宣传工作的方法与对策。

对外宣传。宣传办组织安排校庆、开学毕业典礼、北京论坛、校友屠呦呦获诺奖等事件的总体策划和宣传报道；协调各个部门策划完成多项北大宣传任务，如北大宣传册《北大手册》的编辑、教育部礼敬中华传统文化项目的申报等；通过报告会、新媒体等形式宣传北大典型人物、先进事迹，重点是北大优秀教学科研成果。

媒体联络。宣传办先后组织新华社北京分社、《人民日报》、中央电视台等媒体中高层与校领导进行联系沟通。

危机管控。宣传办继续摸索危机事件的处理方法，参与燕京学堂等多起与北大相关新闻事件等事件的危机处理，通过与校内相关部门和媒体的沟通，化解矛盾，最大程度减少负面新闻对学校形象的影响；筹备组织召开"新媒体形势下的高校新闻宣传工作研讨会"，研讨如何在新形势下开展好高校新闻宣传工作；修改完善《北京大学校内突发性事件新闻发布管理办法》。

【北京大学校刊】 2015年北京大学校刊共出报31期（1370—1400期），发挥校报主阵地的作用，解读中央精神，引领校园舆论导向，强化阵地意识。

专刊专版集中宣传党的十八届五中全会精神、习近平总书记系列讲话精神和校内"三严三实"专题教育开展情况。立足学校实际，挖掘北大故事，宣传学校先进事迹，报道教学科研优秀成果和典型人物，宣传校园正能量。聚焦党和国家重大战略方针、学校重要活动及重大历史事件，策划出版"新文化运动一百周年"专刊、第十二届北京论坛专刊等。坚持办报育人功能，建设学生记者队伍，调动学生记者，完成多项重大专题的报道，在实战中形成了一支组织纪律性强、业务能力突出的学生记者队伍，多次获得国家级、市级的新闻评比大奖；通过新闻写作培训和采风活动，提高学生记者素质。

【北京大学新闻网】 2015年北京大学新闻网围绕学校中心工作，发挥新媒体环境下网络宣传的重要作用，报道学校在教学科研、思想党建、交流合作、校园文化等方面的新举措、新面貌。

日常宣传。增设、更新专题数十个，编辑各类稿件3000余篇，采写中文稿件300余篇，英语稿件近300篇；改进报道的内容、文风、形式，更加注重贴近校园生活。

专题报道。按照学校统一部署，对毕业季、迎新、北京论坛、纪念世界反法西斯战争胜利70周年、纪念新文化运动100周年等重要事件进行专题报道，多体裁、多专题、多平台、多层次、分步骤地展现北大新的面貌。

综合工作。参与学校中英文网主页栏目的设计调整和后台的改进对接；定期对编辑部人员进行业务培训，加强学生记者团培训学习；修订各项规章制度，制定《北京大学新闻网编辑手册》。

【北京大学电视台】 2015年北京大学电视台共完成新闻79期，696条，学生栏目100多期，全程拍摄148场/次，制作专题片31部，现场直播10余场。开辟专题报告和系列报道，宣传党的十八届五中全会、中国人民抗日战争暨世界反法西斯战争胜利70周年和学校"三严三实"专题教育等活动。推动学校重点公共服务平台——新闻演播室的建设。加大微信、微博平台和网络直播等新媒体平台的节目播出。加强制度建设，完善电视台各种规章制度。开展业务培训，提高学生记者团综合素质。作为中

国教育电视协会高校电视专业委员会的常务副主任和秘书处单位,组织协调各成员高校开展业务交流和学习活动。

【北京大学官方微博、官方微信】 2015年北京大学官方微博、官方微信团队秉承"发布北大权威信息,展示北大校园生活,服务广大师生校友"的宗旨,提升社会影响力,为塑造北大形象、传播校园文化发挥作用。截至2015年底,北大官方微博的关注人数突破37万,较2014年增长11万;北大官方微信的关注人数达到27万,较2014年增长15万;北大官微保持较高的活跃度和互动能力,平均互动数据位居全国高校官微前列。北大官微利用信息发布迅速、传播范围广泛的特点,发布权威信息,代表北大发声。对林建华校长就任、北大校友屠呦呦获得诺贝尔奖等重要节点和校园重大事件进行微直播;坚持即时性与深刻性并存的报道原则,利用记者手记、手绘漫画等新形式报道相关事件;在学校的统筹安排下,就危机事件进行正面或侧面回应,向社会澄清事实真相,表明学校立场,维护北大利益。

【北京大学广播台】 2015年北京大学广播台每周制作11档栏目,每个工作日播出,共计播出节目122期。节目制作本着贴近生活的原则,围绕学校的教学科研工作展开,做好常规栏目、重大热点新闻制作和特别专题报道,营造校园文化氛围。维护燕园校区公共广播系统,加强校园广播通过手机播出的工作。制作《工作手册》第12版,修订《广播台工作章程》。制定《广播台基本工作进程》《招新工作基本流程》等多项规章。整理部分广播台历史资料。推进政治安全保障工作,落实24小时保安岗。协调组织第十四届全国高校广播工作研讨会。

【北京大学摄影组】 2015年北京大学摄影组承担所有北大重要活动的拍摄工作,在校内外报刊网站共发稿100余幅图片,制作图片橱窗20余版。成立图片编辑部,负责北京大学主页改版,包括主页大图的采写、编辑、运行等。7月至12月共更新大图90余张,采编北大新当选院士、大学堂顶尖学者计划等专辑,对重大事件进行图片报道。

统战工作

【发展概况】 2015年在党的十八大、十八届三中、四中、五中全会及中央统战工作会议精神的指引下,北京大学统战系统坚持以邓小平理论、"三个代表"重要思想和科学发展观为指导,学习贯彻习近平总书记系列重要讲话精神,把握大团结、大联合主题,围绕学校中心工作、服务学校发展大局,贯彻落实党的群众路线教育实践活动和"三严三实"专题教育,充分发挥工作积极性和创造性,在民主党派工作、党外代表人士工作、民族宗教工作、港澳台侨工作、统战信息与理论研究等方面都取得进展。

【思想建设】 1.基本工作。开展中央统战工作会议及《中国共产党统一战线工作条例》(以下简称《条例》)精神系列学习活动。针对北京大学情况制订学习计划,组织开展专题学习。5月28日,举行学习中央统战工作会议和《条例》精神座谈会,邀请各民主党派、侨联负责人及部分无党派代表人士参加,校党委书记朱善璐就中央统战工作会议的相关情况进行通报,并就会议和《条例》精神进行讨论和学习。6月,党委统战部开展专题讨论,研究制订北京大学统战系统学习中央统战工作会议和《条例》精神培训班方案。7月21日,举办统战系统学习中央统战工作会议及《条例》精神培训班开班式及报告会,校党委书记朱善璐,北京市委统战部副部长、市侨联党组书记周开让,校党委副书记、医学部党委书记敖英芳出席,学校各基层党委书记、统战委员,校本部、医学部各民主党派、侨联基层组织负责人,无党派代表人士,各级政协委员、民主党派中青年骨干等共计120余人参加报告会。10月19日至25日,在北京市委教育工委的支持下,医学部联合协和医学院、北京中医药大学、首都医科大学共同举办在京医学院校党外中青年骨干研修班,医学部近50名党外骨干参加学习研修,培训内容包括学习传达中央统战工作会议精神、学员论坛等。其中25人赴重庆参加异地教学,参观民主党派陈列馆等教育基地。

2.学习十八届五中全会精神。十八届五中全会结束后,党委统战部制订学习全会精神的计划。11月3日,各民主党派、侨联负责人工作研讨会在党委统战部召开。会议就如何学习十八届五中全会精神、如何进一步贯彻落实中央统战工作会议及《条例》精神,以及学校统战工作的开展和民主党派自身建设等问题进行研讨。11月13日,组织党外人士和统战干部参加校党委书记朱善璐为教工党支部书记开设的全会精神学习讲座。12月23日,医学部党委召开民主

党派侨联负责人会议,医学部党委副书记顾芸解读十八届五中全会精神、第二次全国高校统战工作会议精神以及国务院印发的关于"统筹推进世界一流大学和一流学科建设总体方案"的有关内容。医学部党委统战部部长王军为总结2015年医学部统战工作并部署2016年医学部统战工作,各民主党派侨联负责人分别总结工作,并就2016年工作进行研讨。

【"三严三实"专题教育】 在群众路线教育实践活动基础上,开展"三严三实"专题教育。5月2日,召开学习中央统战工作会议精神暨"三严三实"专题教育工作征求意见座谈会,校党委书记朱善璐、校党委副书记兼医学部党委书记敖英芳、副校长王仰麟出席会议。党委组织部、统战部干部,校本部和医学部各民主党派、侨联干部及部分党外代表人士参加座谈会。6月10日,统战部党支部召开学习中央统战工作会议精神暨"三严三实"专题教育座谈会,统战部在职和离退休干部等全体支部成员参加。会上,统战部部长发挥带学促学作用,联系本单位党员、干部思想、工作、生活和作风实际,为参会同志讲"三严三实"专题教育党课。12月2日,统战部党支部召开"三严三实"专题学习研讨会,对"三严三实"第三阶段工作进行总结。

【制度建设】 1.党风廉政建设。(1)明确领导主体责任。领导班子及成员定期按照相关规定述职述廉。每学期在党支部全体会议上向全体党员汇报工作、报告部内的一些重要事项,发挥全体党员的监督作用。(2)重视学习教育。结合民主生活会、党支部学习会、统战干部会、民主党派侨联负责人座谈会、午间交流会、专题讲座、专题培训等方式加强对统战干部和党外干部的正面教育和引导。(3)加强制度建设。修订《北京大学委统战部党风廉政建设责任制实施细则》,将责任落实到具体工作。加强部门内部制度建设,规范工作流程,先后针对财务管理、公文收发管理、公章的使用管理规范、安全管理、保密管理等工作出台相关的制度文件。根据统战工作需要,拟定《北京大学民主党派成员发展流程》《北京大学民主党派委员会(支部)换届流程》《北京大学统战工作联席会议制度》等工作制度。(4)执行"八项规定"相关要求。控制"三公经费",把简化公务接待、厉行勤俭节约作为加强干部作风建设的重点,将公务支出精简到最低。执行办公用房使用面积标准及清理整改控制标准,落实整改。

2.协商民主制度建设。探索北京大学党委与民主党派、无党派人士协商民主机制、统战事务协商机制,建设民主党派、党外人士参与学校民主管理和民主监督的新渠道和新途径。2015年,北京大学校务委员会中有3位党外人士担任副主任,15位党外人士担任委员;改进民主党派、党外代表人士意见建议办理回复工作,集中就民主党派、党外代表人士建议办理、回复制度的制定进行协商和完善。多次召开学校民主党派负责人和党外代表人士参加的通报会、座谈会、研讨会、征求意见会,邀请学校民主党派负责人参加学校的中层干部会,介绍学校的工作进展。学校各民主党派、各级人大代表和政协委员重点结合学校改革、发展、稳定需要解决的问题在校内外提出意见、建议和提案,得到各级党委、政府和有关部门的重视和采纳。学校还邀请党外人士参加领导班子和干部的考察测评和评议工作。在"三严三实"专题教育中,学校党委和统战部听取了民主党派和党外代表人士的意见。

3.联席会议制度。在实践基础上,制定《北京大学党委统战部工作联席会议制度(草案)》,就联席会议制度的构成、职能、规则等内容进行细化和完善。

【"大统战"工作格局】 1.加强培训。4月16日,召开2015年北京大学统战干部工作会议。会后中央统战部原副秘书长兼干部局局长张献生为参会人员作关于"社会主义协商民主"的辅导讲座,系统阐述社会主义协商民主的有关问题。4月17日,2015年北京大学民主党派、侨联负责人会议召开。7月至12月,举办北京大学统战系统学习中央统战工作会议和《条例》精神培训班。

2.完善制度。将党员领导干部与党外代表人士联系交友制度推广到二级单位党委,基层单位领导班子中的党员领导干部与本单位的党外人士联谊交友,关心党外人士的工作、生活,倾听他们对本单位发展建设的意见建议。

3.基层统战。推进基层党委建立党外人士参与院系民主管理、民主监督的机制建设,鼓励通过举办交流协商会等形式,对涉及院系发展建设的重大问题通过合适途径向党外人士通报情况,征求意见。

制定《基层统战工作手册》,通过明确基层统战工作内容和职责,探索基层统战工作指导指标体系。

发挥基层党委在党外代表人士发现培养中的作用。就党外代表人士发现培养工作加强同基层党委的密切沟通,推动建立院系党外人士信息库,要求各单位掌握本单位党外知识分子的基本状况,主动推荐党外人才,并要求基层党委把握党外代表人士队伍建设的各个环节,发挥在党外代表人士发现储备、教育培养、选拔任用等工作中的作用。

信息科学技术学院、地球与空间科学学院等单位邀请党外人士进行座谈研讨,倾听党外人士的意见建议。医学部附属医院结合本单位实际开展统战工作。1月27

日,第一医院党委召开2015年统战系统新春座谈会,通报2015年统战主要工作,听取统战人士意见建议。5月22日,药学院党委组织统战人士考察房山"药王谷"并召开2015年统战研讨会。7月13日,口腔医院党委和九三学社口腔医院支社联合邀请专家作形势报告。7月15日,基础医学院党委邀请医学部党委统战部部长王军为向统战人士介绍统战基本知识和医学部统战工作情况。

4. 推进午间交流会项目。邀请民主党派成员、无党派人士参加午间交流会。"午间交流会"获北京高校统战工作特色与创新"十大品牌"项目称号。

5. 工作成果。11月24日至25日,第二次全国高校统战工作会议在京召开,北京大学参会并作为高校代表作题为《推进统战工作重心下移,构建大统战工作格局》的大会发言。

【党外代表人士队伍建设】 1. 支持党外代表人士参政议政。医学部统战部搭建建言献策小组平台,鼓励党外人士建言献策,发挥民主监督作用。1月至2月,建言献策小组提供18份建议和提案给全国、北京市政协委员和人大代表,并将有关材料整理汇编成册。建言献策小组开展《医务工作者健康状况调查》课题研究。1月15日,举行校领导、职能部门与学校北京市"两会"代表、委员座谈会,"两会"代表、委员同职能部门就关注的问题进行沟通交流。3月18日,举办全国"两会"精神学习传达会,朱善璐书记、林建华校长,国务院参事室参事,学校全国"两会"的代表、委员,部分职能部门负责人参加座谈会。3月20日,与学生工作部联合举办"聚时事·观热点"2015年全国"两会"精神解读报告会,全国人大代表刘忠范、全国政协委员饶戈平、刘玉村分别就科教

问题、香港问题和医疗问题三个主题深入解读"两会"精神。学校民主党派及无党派人士代表、院系战委员、辅导员代表以及第13期学生党支部书记培训班部分学员参加报告会。医学部统战部与宣传部共同举办"两会"精神学习报告会,全国政协委员柯杨、马大龙、吴明、俞光岩和全国人大代表刘忠军分别传达"两会"精神并介绍参加"两会"的感受体会和履职情况。9月22日,举行"北京大学2015年民主党派、无党派人士中秋、国庆茶话会",校党委书记朱善璐,校党委副书记、医学部党委书记敖英芳,副校长王仰麟,医学部党委副书记顾芸,学校部分全国和北京市人大代表、政协委员,国务院参事,各民主党派基层组织和侨联会负责人、无党派人士等30余人参加茶话会。

2. 推荐优秀党外人士参加学习培训。3月,推荐田耘参加中央统战部第33期民主党派干部进修班。4月,推荐龚六堂、段慧玲等8人参加第三期北京高校高层次党外代表人士研修班;推荐曹永平、王天兵、贾彦兴参加北京市委教育工委与中央统战部联合举办的2015年北京高校党外代表人士高级研修班;推荐陈建国、田耘参加中央社会主义学院第33期民主党派干部进修班。6月,推荐宋春伟、姜玉武参加民主党派省级组织中青年骨干第十二期培训班;推荐刘忠范、方精云、鲁安怀、吴明参加中央统战部第十期民主党派中青年骨干培训班。7月,推荐秦雪征、张弛参加北京市第八期无党派代表人士培训班。9月,推荐鄂维南参加中央统战部无党派人士培训班。10月,推荐夏壁灿、田华参加中央统战部民主党派中青年骨干培训班。

3. 加强党外人士挂职锻炼工作。致公党中央委员赵进东院士

挂职北京市农委副主任,民进中央委员、北大委员会主委张颐武挂职北京市文化局副局长,直接参与首都改革发展实践。数学科学学院宋春伟、北京大学第三医院田耘、北京大学口腔医院唐志辉、信息科学技术学院田永鸿参加2014—2015年度北京市"三个一百"党外干部挂职锻炼。推荐工学院段慧玲、前沿交叉学科研究院裴剑峰、人民医院陶勇、护理学院万巧琴参加2015—2016年度北京市"三个一百"党外干部挂职锻炼。

4. 加强优秀党外人士的推荐工作。2月,陈平原被聘为中央文史馆馆员,周力平任北京市侨联常委,江岚任委员;5月,推荐马戎和刘德英担任北京高校少数民族问题专家;6月,推荐宋春伟为全国青联委员人选,并于7月当选为全国青联第十二届委员;与中央统战部、市委统战部、市委教工委沟通,核实重点人士的资料并更新;11月,完成中央统战部无党派人士重点人士库调整推荐工作。

5. 关注民主党派中期调整。与北京大学各民主党派负责人进行一对一面谈,了解民主党派的干部储备情况。5月,致公党北大支部换届,王若鹏当选主委。10月,农工党北大支部完成换届,刘富坤继任主委。11月,民革北大支部完成换届,关平当选主委。民建北大委员会、北大侨联会完成班子调整。

【党派活动】 1. 支持民主党派举办特色活动。1月13日,民盟医学部委员会组织60余位盟员参观北京大学国际医院。5月15日,全国政协委员、九三学社中央委员、社史研究中心研究员许进先生到北京大学为九三学社北大委员会作题为《我对九三学社的几点认识》的社史辅导报告。5月24日,民建北大委员会第三届城市发展论坛举办,主题为"新常态下城市经济

转型"。6月26日，民盟北医委员会邀请陈特律师举办法律知识讲座，医学部民盟盟员、民盟石景山区委代表以及医学部其他民主党派、侨联、一线医务工作者等70余人参加。9月6日，九三学社北大委员会、医学部委员会和清华大学委员会联合举办环境保护主题议政会。10月24日，九三学社中央医药卫生委员会与九三学社医学部委员会在医学部联合举办"长期护理筹资和服务体系建设主题议政会"，韩启德主席、马大龙副主席等各级领导、专家和社员30余人参加会议。11月3日，民盟北医委员会举办第六届医改沙龙。12月3日，民盟北京大学委员会、清华大学委员会和北京大学医学部委员会在北京大学人文学苑联合举办第十届民盟高教论坛。12月5日，九三学社医学部委员会召开"第二届理论学习与研究小组启动会暨我国多党合作制度的特殊性和优越性研讨会"。12月22日，九三学社医学部委员会举行"健康益起来"启动仪式并举办健康教育讲座。致公党北医支部发挥专业优势，组织党员参加由首都医疗界专家和爱心人士为主发起的"同心共铸中国心"大型公益活动，参与对智光特殊教育培训学校的定点资助。

2015年，九三学社北京大学委员会创办并举行2次"北大九三科学沙龙"系列活动。沙龙活动中作主题学术报告的有中科院院士、长江特聘教授、国家杰出青年科学基金获得者及多位各学科的知名学者。两次活动共有社员近30人参加。活动以学术交流为主，同时也涉及参政议政主题。如第二次活动与九三学社中央教育委员会合作，探讨"双一流"建设问题。

2.加强与上级部门和兄弟高校的联系。3月11日，中央统战部一局局长桑福华等一行3人到北京大学调研民主党派成员思想政治状况。7月17日，九三学社北京市委在北京大学举办第五次科技领军人才交流活动，九三学社中央副主席、北京市委主委马大龙一行到北京大学参观考察刘忠范院士领导的纳米化学研究中心。10月20日，市委统战部副部长、市侨联党组书记周开让一行到北京大学参观纳米化学研究中心。

3.加强与兄弟高校统战部的联系和交流。3月31日，浙江大学党委统战部部长赵文波携浙大民盟、民进、农工党、致公党负责人到党委统战部交流调研，北京大学党委统战部部长张晓黎、副部长张小萌，民盟北大委员会副主委宋春伟，农工党北大支部主委刘富坤，九三学社北大委员会主委沈兴海、九三学社北大第二委员会副主委昌晓红参加座谈交流。10月15日，南开大学党委统战部部长邹玉洁一行到统战部进行调研，就如何进一步学习贯彻落实中央统战工作会议及《条例》精神，进一步加强和改进新形势下统战工作等内容进行沟通交流。11月12日，在重庆现场教学期间，赴西南大学统战部调研统战工作。11月22日至27日，受北京高校统战理论与实践研究会委托，与清华大学等高校统战部赴广西高校系统调研广西高校统战工作。

【民族宗教工作】 关心少数民族师生的工作、学习、思想动态和生活情况，加强对少数民族师生骨干的培养教育。9月23日，北京大学部分穆斯林学生、教师及来自伊斯兰国家的部分留学生100余人在佟园清真餐厅举行午餐会，共同庆祝穆斯林的重要传统节日古尔邦节。

【港澳台侨工作】 联合港澳台办、学工部等部门加强港澳台学生工作。4月22日，医学部侨联举办第二届归国留学人员创新论坛。150余位归侨侨眷、归国留学人员以及部分民主党派代表参加。4月，在北京市侨联的支持下，医学部统战部协助侨联接收伊兰戴利集团为医学部归侨侨眷捐赠10辆老年代步车并签署有关协议。7月，与港澳台办、学工部组织部分港澳台学生赴云南开展为期一周的国情教育活动，主题为滇西抗战历史文化。7月13日、11月2日，中国侨联在北京大学举办两期海外侨领国情研修班，中国侨联副主席乔卫出席，敖英芳副书记出席并代表学校致辞。8月，接待台湾高校教师大陆参访团。推荐昌晓红(九三学社)、王晓敏(致公党)参加首都侨爱医疗服务队赴西藏义诊。9月，接待香港师生大陆参访团。医学部统战部与国际合作处、团委共同协助学生成立"北京大学医学部台湾研究会"。10月13日，接待由香港大学、香港理工大学、香港中文大学、香港东华学院4所学校师生组成的香港护理学专业师生参访团到访护理学院。

【信息工作和理论研究】 1.信息工作。2015年向上级部门报送工作简报25份，信息工作积分在北京高校领先。被中央统战部六局评为2015年度党外知识分子建言献策工作先进单位，两位党外人士被评为优秀信息员。

2.理论研究。承接并完成北京市委统战部重点课题"北京市党外知识分子智库作用发挥研究"，课题成果获北京市统战理论研究与调查研究一等奖。医学部统战部和九三学社北京大学第二委员会分别完成"高校民主党派成员建言献策能力培养的思考""新时期高校民主党派队伍建设研究"课题。

【中央统战部到北京大学调研】 3月11日，中央统战部一局局长桑福华等一行3人到北京大学调研，就思想政治工作和社会上的一些

热点问题听取意见建议。党委统战部部长张晓黎、副部长张小萌，民革北大支部主委吴泰然，九三学社北大委员会主委沈兴海，民盟北大委员会副主委宋春伟、沈正华，民建北大委员会副主委陈少峰等民主党派负责人和部分成员参加调研座谈会。

【2015年北京大学统战干部工作会议】 4月16日，召开2015年北京大学统战干部工作会议，传达2015年全国统战部长会议、北京市统战部长会议、北京市高校统战部长会议精神，对2014年学校统战工作进行总结，并就2015年统战工作重点进行说明。

【2015年北京大学民主党派、侨联负责人会议】 4月17日，2015年北京大学民主党派、侨联负责人会议召开。校党委书记朱善璐、校长林建华、校党委副书记兼医学部党委书记敖英芳出席会议，各民主党派与侨联负责人参加会议。

【宗教工作培训】 5月22日，统战部与学工部、团委举办宗教工作培训，邀请北京市宗教局副局长、民委副主任刘先传作主题为"当前我国宗教工作形势及高校防范传教渗透工作"的讲座，院系党委负责人、统战委员、学工干部、团委干部参加。

【学习中央统战工作会议和《条例》精神培训班】 7月至12月，举办北京大学统战系统学习中央统战工作会议和《条例》精神培训班，学校各基层党委书记、统战委员、校本部、医学部各民主党派、侨联负责人、无党派代表人士、各级政协委员、民主党派中青年骨干参加学习。11月11日至13日，北京大学统战系统学习中央统战工作会议及《中国共产党统一战线工作条例》精神培训班赴重庆开展现场教学。本次教学活动的组织工作由西南大学社会主义学院承担。北京大学各民主党派骨干成员和无党派人士代表、部分基层院系的党委书记、党委统战部干部共28人参加学习。教学现场包括民主党派陈列馆、歌乐山烈士墓、红岩魂陈列馆、白公馆、渣滓洞、红岩村、张自忠墓、卢作孚纪念馆、老舍故居、邓小平故居等教育基地。

【第三届民建"城市发展论坛"】 5月24日，民建北大委员会在英杰交流中心举办第三届"城市发展论坛"，论坛的主题是"新常态下城市经济转型"。本届论坛由民建北大委员会主办，论坛得到中共北京大学党委、民建北京市委和民建海淀区委的支持与帮助。全国人大常委会委员、财政经济委员会副主任委员、民建中央副主席辜胜阻，民建中央副主席、北京市委主委、北京市政协副主席王永庆，住房和城乡建设部原副部长仇保兴，北京大学党委副书记敖英芳，以及民建中央、北京市委、海淀区委各专委会和基层组织的部分负责人，部分其他民主党派负责人和校内外民建会员共130余人出席本届论坛。本届论坛共邀请民建中央副主席辜胜阻，住房和城乡建设部原副部长仇保兴，北京大学政府管理学院教授李国平，民建会员、保定市副市长闫立英，民建中央委员、天合光能有限公司董事长高纪凡，民建北大委员会副主委、北京大学经济学院教授李虹等6位专家发表主题演讲。

【第十届民盟高教论坛】 12月3日，民盟北京大学委员会、清华大学委员会和北京大学医学部委员会在北京大学人文学苑联合举办"第十届民盟高教论坛——大学之策"。全国人大常委会副委员长、民盟中央主席张宝文，北京市政协副主席、民盟中央副主席葛剑平，民盟中央宣传部副部长曲伟，民盟北京市委常务副主委刘玉芳，专职副主委宋慰祖，北京大学党委副书记敖英芳等出席论坛。

本届论坛共设四个主题发言。特邀嘉宾北京大学哲学系教授章启群，民盟清华大学委员会常务副主委、清华大学热能工程系教授史琳，北京大学人民医院主任医师叶颖江，民盟北京大学委员会主委、北京大学地球与空间科学学院教授鲁安怀分别作主题发言。除"两校三委"的盟员外，本次论坛还邀请民盟中科院委员会，以及中国人民大学、北京师范大学、中国农业大学、北京邮电大学、中央民族大学部分高校盟员共100余人出席。

【九三学社北医委员会举行"健康益起来"启动仪式】 12月22日，"九三北医·健康益起来"启动仪式在北京大学医学部会议中心正式启动，并发布活动标识。九三学社中央副主席、北京市委主委马大龙，九三学社北京市委副主委方炎，医学部党委副书记顾芸等领导和嘉宾应邀出席活动。"九三北医·健康益起来"是由九三学社北医委员会组织社内名医和专家开展的系列公益活动。活动秉承九三学社"爱国、民主、科学"的优良传统，发挥医学部社员的专业特长，搭建"用我所学、服务社会"的公益平台，将陆续走进北京高校、社区和九三学社基层组织，通过举办讲座、咨询、科普、义诊、帮扶、建议等多种形式的公益活动，服务社会、服务民众。启动仪式后，健康教育专家、公共卫生学院钮文异教授作主题为"健康生活 和谐人生——健康之道 平衡为本"的讲座。

学 生 工 作

【**发展概况**】 保持沟通机制。坚持与学生的经常性沟通机制,学生工作部领导班子成员与学生每周见面,轮流分主题25次听取学生代表意见建议。

党风廉政建设。开展"三严三实"专题教育,部门负责人讲授专题党课,领导班子分专题开展研讨,查摆问题、制订整改方案并按照"严"和"实"的要求立行立改。立规执纪方面,制定6项规章制度,修订1项评审办法,原则通过2项部门规章。根据教育部要求,就修订《普通高等学校学生管理规定》征求意见、提出修订建议。整改落实方面,按学校要求如期对办公用房进行调换、改造;领导干部和工作人员出国出境证件按要求上交学校统一管理;通过协同办公系统,建立12个财务记账报销流程;重要会议明确分工、安排专人记录整理,逐步实现有记录、有纪要。结合查摆出的17个问题,着眼建立党风廉政建设的长效机制;梳理业务内容,已建立175个工作项目;深化协同办公系统的使用管理,优化工作流程;深化部长办公会议学习和研究党风廉政建设,部务会议集体学习党风廉政建设内容的常态机制;在明确岗位职责基础上落实"一岗双责"。

学生工作部机关人员变动情况。通过应届毕业生公开招聘,7月14日,张莹入职,从事教育宣传办公室相关岗位工作;8月31日,选留学生工作干部杨亚晨离职。

【**队伍建设**】 辅导员队伍建设。全年选派58人次参加教育部和北京市培训;选派丁夕友、李伟等4位辅导员到台湾师范大学体验观摩新生入学教育,选派姚静仪、刘卉等2位辅导员到澳门大学观摩体验书院制;部门组织自主培训11次,辅导员参加434人次。举办"学工半月谈",先后组织32个院系交流特色工作经验。

举办第二届辅导员职业能力大赛决赛、第三届辅导员职业能力大赛初赛。政府管理学院贾润东获得第三届北京高校辅导员职业能力大赛三等奖。邵琳琳、邢桂英、王欣涛等42人获评优秀德育奖,董子静、刘语潇、贺婧等18人获评优秀班主任标兵,李庆雷、程苏东、陈月萍等117人获评优秀班主任;设立唐立新优秀辅导员奖,先后评选两批次,陆俊林、郭佳奇、金英、李妍等20位辅导员获奖。

协同人事部面向学工系统专职管理干部(含劳动合同制人员)和专职辅导员举办职员培训班,这是校内职员培训的首个"系统性"培训班。选留学生工作干部选拔,首次先确定岗位,由设岗单位选拔推荐候选人参加笔试和面试,扩大设岗单位的用人自主权。

2016年度首都大学生思政课题立项,获重点课题1项,一般课题2项,支持课题6项。在年度学生工作课题评审立项中,有22个课题组(重点课题5个、一般课题12个、支持课题5个)获得资助,资助金额共4.9万元。

学生助理学校。学生助理学校首次开设高级研修班,按小班教学模式邀请辅导员担任导师。

【**思政教育**】 以习近平总书记2014年5月4日在北京大学师生座谈会上的重要讲话精神为统领,以培育和践行社会主义核心价值观为主线,加强和改进学生思想政治教育工作。

社会主义核心价值观宣传教育。3月8日,校党委书记朱善璐与近90名学生座谈交流思想、畅谈梦想,共话价值观和北大精神,引导和帮助学生了解时代特征、认识大学精神,树立正确的价值观,把握人生方向、走好成才大道。2015年共举办27期"教授茶座",511名同学参与活动,教授"微语录"在微信平台上的阅读量为38940人次,转发量3224人次。"教授茶座"获第四届首都大学生思想政治教育工作实效奖特等奖。"砥砺高尚品行 践行核心价值——北京大学将社会主义核心价值观塑造为校园文化灵魂"获得第八届高校校园文化建设优秀成果特等奖。

学习贯彻十八届五中全会精神。12月30日,校党委书记朱善璐为学生党支部书记、校学生会和研究生会负责人、学生社团负责人代表近300人,作解读十八届五中全会精神报告会。11月13日,举办首都高校理论名家讲堂暨"聚时事·观热点"形势政策报告会,邀请北京大学国家发展研究院教授李玲作"中国大时代——解读十八届五中全会"主题报告,校内外师生近400人聆听报告。组织学生参观"十二五"发展成就报告会和相关成就展。运用"燕园学子微助手"微信平台推送有关十八届五中全会精神的图文专题。

学生党建。8月30日至9月2日,举办本科新生党员培训班,以小班课教学方式对42位学员进行培训。通过素质拓展、教授沙龙、党务知识讲座、十佳党支书经验分享会、"一站到底"知识竞赛、红歌汇、风采展示等一系列活动,开展党史党建、校情校史教育,增强新生党员的党性修养、骨干素质和文化素养。

第13期和14期学生党支部书记培训班参训学员分别为321人和348人。学生党支部书记培

训班依据党务知识测试结果分类开展培训;加大小组活动比重,邀请往届十佳学生党支部书记指导,以党员发展情景剧、党团日活动设计大赛等方式将培训与实际工作紧密结合。

举办北京大学第五届十佳学生党支部书记评选活动,政府管理学院2013级、2014级本科生联合党支部书记邹瑞阳,工学院2014级博士生1班党支部书记王绍鑫,外国语学院2014级硕士生第一党支部书记黄超然,哲学系本科生党支部书记郭小瑜,第三临床医学院2010级医学生党支部书记张元鸣飞,城市与环境学院2014级硕士生党支部书记韩杰,生命科学学院2014级研究生党支部书记张轶伟,新闻与传播学院2014级学术硕士党支部书记谭卓,药学院研究生第五党支部书记杨辉,地球与空间科学学院2012级地质博士生党支部书记刘润超等10人当选。37个党团支部参加北京高校红色"1+1"示范活动,比2014年增加70%。环境科学与工程学院2014级硕士生党支部获北京高校红色"1+1"示范共建活动一等奖。

首次实施"鸿雁计划",选拔22位党员骨干,根据地方选调生提出的实践选题,在专任教师指导下开题,组团分赴广西梧州、黑龙江林甸、福建三明进行为期2~3周的见习调研,完成调研报告。

新生入学教育和毕业教育。首次举办全校本科新生训练营,以宿舍为单元将3406位新生跨院系分为150个小组,招募150位高年级优秀学生担任辅导员并进行培训,选拔10位选留学生工作干部担任导师。满意度测评显示,新生入学教育获得90.17分。校长林建华讲授新生第一课,并在新生代表座谈会上与新生交流;新生入学教育首次将校规校纪考试提前至新生入学前;组织研究生以预约方式参观校史馆;邀请杰出校友与新

生交流互动。

毕业季与校友办联合培训各省联络人,实现应届毕业生内部有联络、与地方校友会能对接。发布《毕业前应做好的十件事》,举办毕业生代表座谈会、赴各地就业毕业生联络人线上线下交流活动、毕业季校友沙龙、观看电影、烹饪沙龙、校园定向、反腐倡廉法治教育基地和校内展馆参观活动,以及微信平台上的毕业季主题活动。

网络思想政治教育。"燕园学子微助手"微信公众号关注量达到35485人,较2014年增长1.7倍;推送内容221期,较2014年增加60%;发布图文信息522条,较2014年增加18%。

日常思想政治教育。分别以"我眼中的中国精神"与"我为中国精神代言"为主题开展2期学生党团日联合主题教育活动。2015年上半年有162个党团支部参加活动评选,23个支部获奖;下半年有199个党团支部参加活动评选,24个支部获奖。在抗日战争胜利70周年、新文化运动100周年、国庆66周年和清明节、烈士纪念日、国家宪法日等时间节点开展思想政治教育;组织学生学习"两会"精神,2015年参加各类形势政策报告会学生超过3000人次。

思想道德修养与法律基础课。每个学期负责组织实施"思想道德修养与法律基础"一个课堂的教学工作,2015年有338名学生参加课堂学习。采取分组配备指导教师的方式,强化课程辅导和小班式研讨效果,每位教师负责指导一个小组的学生开展课程论文写作、分组讨论。设计讨论主题,注重价值观引导和法律素养的培养,采取"情景剧表演"的方式增强课堂的吸引力。

思想状况调研。通过座谈会、访谈调研等途径了解掌握学生思想动态。开展学生思想政治状况滚动调查和首都高等教育质量与学生发展监测调查,在此基础上依托对"教授茶座"学生提问和校园网络舆情的相关分析,开展学生价值观状况调研,了解学生思想状况。编写《学生工作周报》32期。

学生年度人物评选。数学科学学院2011级本科生王青璨获评第十届中国大学生年度人物,环境科学与工程学院2014级博士生李力获入围奖。举办"北京大学学生年度人物·2015"评选活动,心理学系2014级博士生蓝斐历、政府管理学院2014级硕士生李子树、新闻与传播学院2015级博士生王帆、环境科学与工程学院2014级硕士生王剑、中日友好临床医学院2013级硕士生王林、数学科学学院2012级本科生王晓玮、第三临床医学院2005级临床八年制吴舟桥、外国语学院2012级本科生谢诗琪、教育学院2014级硕士生杨宇潇、政府管理学院2013级本科生邹瑞阳等10名学生当选2015年北京大学学生年度人物。

【学生管理】 奖励奖学金评审。2015年全校获得校级奖励学生8796人,占参评学生总数的30.52%,评选"三好学生标兵"569人,"三好学生"3434人,"优秀学生干部"155人,"学习优秀奖"2161人,"社会工作奖"1027人,"优秀科研奖"769人,"学习进步奖"203人,"实践公益奖"233人,"红楼艺术奖"15人,"五·四体育奖"13人,"优秀品德奖"99人。55名学生获评"北京市三好学生",18名学生获评"北京市优秀学生干部"。"创新奖"获奖366人(学术类348人,体育类15人,社会活动类3人);获奖团队5个(学术类2个,文艺类3个)。评选2014—2015学年度"学生工作先进单位"6个,"优秀班集体"45个,"先进学风班"79个。19个班级获评"北京市先进班集体"。数学科学学院2014级本科生1班在北京市"我的班级我的家"优秀班集体创建评选

活动中被评为"示范班集体"。评选2014—2015学年度"示范学生宿舍"5个、提名奖4个。

全校（以下均含医学预科，不含医学部其他学生）参加奖学金评审共计22951人，其中校本部（含医学预科）19714人，软件与微电子学院1356人，深圳研究生院1881人。截至2015年11月24日，北京大学共评出校级奖学金78项（不含新生奖学金），奖金总额3045.19万元。其中个人奖励额度最高的奖学金项目为福光奖学金，每人每年40000元。2015年度，北京大学奖学金获奖学生人数为3844人，约占参评学生总数的16.74%，人均奖金额度约为7921元。其中，由学校出资设立的五四奖学金奖金总额179.6万元，奖励学生898人；由国家出资设立的国家奖学金奖金总额1388.2万元，奖励学生668人。新增设帝人奖学金、国睿奖学金、卡儿酷奖学金、社会育才张海燕奖学金、西南联大校友张炳熹奖学金、侯桂芳-李计忠奖学金、华为奖学金；减少腾讯创新奖学金、膳府奖学金、住友商事奖学金、中国石油塔里木奖学金、92奖学金等5项。12月4日下午，在英杰交流中心阳光厅举办北京大学2015年度奖教金、奖学金颁奖典礼。

评奖育人。以"杨辛荷花品德奖"获奖者为主体组建"荷风学社"，研究和弘扬荷文化；唐立新学金获奖者团队由"创享俱乐部北京大学分部"更名为"燕新社"，以自组织方式开展创新创业教育、公益服务等活动。提高"三好学生"和"三好学生标兵"的获奖比例，允许学术类创新奖与其他校级奖励兼得；校级学生个人奖励覆盖面提高至30.52%。新增"学习进步奖""优秀科研奖""实践公益奖""优秀品德奖"等单项奖励，旨在鼓励学生多元发展，以及在某一方面取得突出成绩。

管理服务。统筹下达奖励奖学金项目，便于院系对奖学金项目和名额进行科学规划和分配；各项目的评审工作均实现院系初评、学工部审核、校学生奖学金评审委员会审议的完整流程，分批审议奖学金初评结果；奖励、奖学金登记信息化系统提高评审流程的规范性以及评审工作的效率和准确度，实现学生奖励信息在校内门户的一站式查询和奖励、奖学金档案的电子化留存；向2014—2015学年度获得奖励的学生家长发送喜报。

团体保险。继续使用学生综合信息管理系统在线申请团体保险，2015年共计21461人投保。

信息系统。继续推进学生综合信息管理系统建设，实现分散信息的集成整合，学生基础数据与学校其他管理系统实时同步更新，2015年已有6个业务模块正式上线运行。

【国防教育】 学生军训。8月16至29日，北京大学3408名学生在怀柔学生军训基地完成军事技能训练任务，另有办理缓训学生68人，办理免训学生53人，各职能部门派出工作人员17人组成前线指挥组，各院系派出教师45名担任连队领队。在已有军训项目的基础上，增加野营训练、兵棋推演、沙盘堆建、理论研究等项目，野营训练在格斗班、战术班试点开展，学习搭建帐篷、挖排水沟、埋锅造饭、巡逻放哨等多项综合技能。教育部体育卫生与艺术教育司综合处高军处长全程参加，《中国教育报》于9月28日以《徒步行军 野外露营 篝火野炊 北大"别样军训"让学子迈开青春"正步"》为题，报道此次训练情况；邀请军事科学院杨南征教授现场指导兵棋推演和沙盘堆建。理论研究班在军训期间开展调查研究，形成7篇研究成果，其中4篇被学校推荐报送北京市"学生军事训练30周年理论研究暨学术交流"活动；结合抗战胜利70周年和军训30周年主题，举办以"铭记、深思、启程"为主题的爱国演讲比赛，播放爱国抗战电影《赛德克巴莱》，邀请历史学系副教授李维作有关纳粹帝国兴亡的主题讲座；北京市消防局联合军训团开展"消防进军训"活动。

军事理论课。2015年完成3734名学生的军事理论课教学任务，其中3438名学生通过课堂教学完成，296名元培学院学生首次通过东西部课程联盟以在线方式完成"军事理论"课程。继续开设"当代国防"通选课，120人选课。孙旭获评北京大学教学优秀奖。

日常国防教育。依托爱国军友会和定向运动协会等两个学生社团组织学生参加国防知识竞赛、气枪射击体验、军事特训营、新生定向、军事定向、趣味定向等国防教育活动。3月27日，《解放军报》与武警总部来北京大学开展"下载军报客户端，带你走进猎鹰突击队"主题推广活动；5月30日，举行"第二届国防知识竞赛"，共有40支队伍计80名同学参赛；暑期配合组织部分学生随北海舰队某水警区登陆舰天柱山舰出海，开展为期7天的航海实习；9月26日，爱国军友会联合2015级本科新生训练营组织40名学生到总装备部装甲兵工程学院参观见习。

义务兵征集。2015年有15名学生参军入伍，人数创新高；上站体检达30人，比2014年增长近50%。11名学生服役结束退伍回校，在伍学生服役践行参军报国理想。北京大学重新组建成立国防教育与征兵工作领导小组，《北京大学学生应征入伍服义务兵役及退役安置实施办法》和《北京大学学生参军入伍奖励支持办法》于6月2日经校党委常委会讨论通过。在执行国家和北京市政策的基础上，增加"免试推荐攻读硕士研究生推荐指标和招生计划单列政策""20000元北京大学学生参军入伍

服义务兵役专项奖学金"等多项新政策,地球与空间科学学院2010级本科生王剑男、医学部基础医学院2010级本科生赵雪蓉保送硕士研究生。5月8日,学生工作部、人民武装部副部长王欣涛、环境科学与工程学院党委副书记刘卉赴河北保定38军慰问环境科学与工程学院2009级本科生杨涛;8月18日,《解放军报》以《人物|北大保送生,选择穿越大半个中国去守山》报道地球与空间科学学院学生吴浩波在军队的成长历程和先进事迹;11月10日,王欣涛到湖北省武汉市总后勤部武汉后方基地慰问软件与微电子学院2013级硕士研究生刘亚雄;11月16日,《解放军报》刊登哲学系2011级本科毕业生李想的文章《参军,我想拿张"战士文凭"》。

【创新创业教育】 协同校团委、学生就业指导服务中心共同举办第三届"新尚杯"高校大学生创业邀请赛,21所高校30支学生创业团队参赛;邀请北京大学校长林建华、清华大学校长邱勇、新尚集团总裁唐立新、软银中国董事总经理冯正明参加"发展·责任·育人"创新创业教育高峰论坛。

联合研究生院、校团委共同举办"移动终端设计大赛",8个项目参赛;在全国比赛中,2个项目获二等奖,1个项目获三等奖。

学生就业指导服务中心

【发展概况】 2015年,北京大学毕业生就业工作以"守正创新、引领未来"为指导思想,从关注毕业生就业率向提高就业质量转变,从重视就业推荐向关心学生成长转变,从对人才培养简单反馈向全校协同育人转变,探索和建立具有中国特色的大学生就业指导服务体系,发挥北大在人才培养与社会服务方面的先锋表率作用,推动高等教育体制机制的科学发展与改革创新,为国家经济发展和民族复兴培养输送大批高素质人才。

【重点领域就业】 中心实施北大就业"家·国战略",结合80后、90后青年群体的成长背景与社会现实,从"家""国"两个维度引导毕业生把乡土情怀与爱国主义相结合,号召毕业生"回家乡做贡献""到祖国最需要的地方去"。中心成立2015届毕业生就业党员示范引领班,采取专题培训、内部研讨、开放交流、实践体验等多种形式的教育指导活动,让党员带动毕业生及广大青年将远大理想转化为自觉行动,把个人发展融入社会进步的历史潮流中去。此外,定期编辑出版《北大选调生》电子期刊,举办选调生和大学生村官先进事迹报告会,特别是以"省校合作、定向招聘、政策优惠、跟踪指导"为原则,与20个省(市、自治区)进行定向选调或人才引进合作,打通人才培养与人力资源配置两大环节,重点加强向西部和基层一线人才输送力度,促使毕业生流向结构更加广泛和多元。

【精准就业】 中心将大数据理论与就业信息化、市场拓展性相结合,提高服务用人单位的科学化水平。依托就业信息网和"北大就业"微信公众号,在原有信息发布汇总的基础上,将信息关注度、传播影响力以及2005—2014十年间的就业数据进行整合,交叉对比用人单位的性质、行业、签约人数以及学科分布、学历层次等要素,形成对就业市场的重新整合与分级管理。此外,中心举办以"智能服务、人岗匹配、专业指导"为定位的人才精准对接专场招聘会。招聘会在筹备阶段通过智能化手段,以近十年的就业大数据为基础,筛选出与北大学生就业意愿相匹配的用人单位;之后收集汇总应届毕业生求职意向和简历信息,为用人单位提供与之匹配的毕业生数据,实现人岗之间精准对接;在招聘会现场,依托科学的职业测评工具和资深的职业教师团队,实现专业的求职咨询指导。

【职业发展指导】 中心确立"多元发展、集体成才"的就业工作理念。与青年研究中心、学生心理健康教育与咨询中心合作开设"大学生发展综合素养"课程,将学生的职业规划与心理健康、网络素养等教育结合起来,着眼于学生全人发展和整体成才。综合运用课堂讲解、案例讨论、生涯游戏、人物访谈、团体活动、校友辅导、企业参观等形式,依托小组同伴、其他学生、任课教师和学生自我多重评价指标,加快就业学科建设和课程改革。先后组织授课老师参与北京大学"慕课"教学技术专题培训,以及北京市就业指导课程骨干教师培训,更新教师的教学思路、提升教师的授课水平。结合就业市场的形势发展和高校就业指导活动的阶段重点,因地制宜、与时俱进地设计和组织形式灵活、内容实用的就业指导活动。利用"北大就业"和学生职业发展类社团微信账号,开辟学生就业指导服务信息传递、生活服务、思想引导的新平台,帮助学生树立生涯规划意识,提升职业发展素养。

【品牌活动】 中心举办北京大学第三届人才论坛暨2015博雅奖章颁奖仪式,结合屠呦呦校友荣获诺贝尔生理学或医学奖这一契机,正式提出"人才塔"战略。

【创新创业】 2015年7月,北京大学被教育部授予"全国大学生创新创业指导研发基地"称号,这是目前全国教育系统唯一官方认定的大学生创新创业教育基地。在学校工作层面,尝试开展"北京大学学生发展与创新创业协同创新基地"建设,2015年全校已有15个申报项目获得立项。

青年研究中心

【发展概况】 2015年青年研究中心业务领域不断拓展、工作水平不断提升、思想理念不断成熟、示范影响不断增强。在完成日常工作和传统项目的基础上,理论上完善以"全环境育人"理念为核心的工作理念和思路;实践上推动"北京大学网络文化建设与网络思想政治教育工作领导小组"及"北大网教办"的统筹协调和牵头实施功能,全面启动"新青年网络文化工作室"项目建设。

【常规工作】 《北大青年研究》杂志。2015年是《北大青年研究》杂志办刊新十年的第一年,中心(编辑部)编撰出版《以科学化、精致化理念,推进北大立德树人工作——〈北大青年研究〉创刊十周年德育成果精选》(《高校德育成果文库》)及《传承与变革——北京大学加强和改进学生思想政治教育论文选编》,均于2015年初出版。中心提高办刊标准、丰富作者群体、扩充稿件来源、拓展研究范围,集全校之力建设杂志平台,发挥其作为高校青年工作理论"孵化器"和实践"助推器"的基础作用。2015年共出刊4期,对外推送文章60余篇;分别与《思想教育研究》编辑部和《北京教育·高教》杂志社进行2次调研;举办2015年度杂志编委会、杂志发展恳谈会、选留干部座谈会等多次专题讨论,立足高等教育事业发展,向着"专业化""精致化"的目标和方向探索前进。

未名BBS。加强对未名BBS的发展指导,明确坚持其"校内信息平台、师生文化社区、网上精神家园"的基本定位,在未名BBS十五周年之际,指导站务组举办大型进站图片展览并正式亮相理教一、二层公共空间;形成"深度发掘校园内部特色、充分借力新型媒体平台、积极传播燕园正面声音"的发展策略,促进校园BBS的升级转型。截至2015年底,BBS官方微博关注人数近10万、微信公众号关注人数超2万,未名BBS逐渐成为北大历史传统继承和精神文化创新的重要阵地。

工作团队。中心重视发挥青年学生的主体性作用,注重加强团队培训建设,实现"出业绩"和"育人才"的两结合。一是不断加强中心人员队伍的政治素质教育;二是不断加强制度建设,针对性开展业务培训;三是坚持加强与上级单位相关部门和兄弟高校的交流合作。

【特色工作】 研究创新。中心发挥研究职能,在实践探索工作的基础上,对包括互联网络发展、青年群体变化在内的育人热点难点问题进行系统、深入的分析。2015年7月,完成教育部人文社会科学研究项目"大学生网络素养现状及教育对策研究",课题组由校党委书记朱善璐担任组长,副书记叶静漪担任副组长,中心负责课题的具体实施。

中心开展网络思想政治教育的学科化探索,形成一套涵盖宏观、中观、微观三个层面,体系完备、内容丰富、指导性强的学科理论体系。根据框架,宏观层面将以"网络社会"理论为基础,中观层面将以"全环境育人"理念为抓手,微观层面将以具体的网络思政工作实践原则和实施方法为突破。2015年中心正式启动《全环境育人理念的探索实践与网络思想政治教育的时代创新》的撰写编纂,并将于2016年初由北大出版社出版,系统化论述网络思想政治教育是什么、为什么、怎么样等重要问题,凸显中心建设标准专业化和机构特色学术化。

校园网络文化建设。借力新媒体平台,创新工作体制机制,推动校园网络文化建设。2015年,中心以北大网教办的成立为契机,启动"北京大学新青年网络文化工作室"建设,入选教育部首批"大学生网络文化工作室";并整合资源、牵头科学申报,使北京大学入选教育部第二批"高校网络文化建设试点单位",中心作为校内具体牵头单位发挥协调和统筹作用。2015年,中心以教育发展的时代问题为导向,在实践中凸显青年创新创造活力,探索网络时代青年自育育人的特色发展之路。一是创新观念,学生响应"融入·节制·创造"的青年网络文明观和"自信·自省·自育"的青年网络教育观;二是创新阵地,开发新型公共传播平台"北大地带"(PKU HELPER/PKU FRIEND)移动客户端,运营"北大新青年"等微信公众号;三是创新形式,实现线上线下有机联动,其中"脱机自习""新青年·享阅读"读书沙龙等活动已发展成为校园品牌。

2015年时值《新青年》杂志创刊100周年,9月底中心(网教办)牵头启动"北京大学首届校园网络文化节",以"点赞新青年"作为主题,推动工作有效覆盖面由"现实场域"向"网络场域"的全面延伸。在"网络新青年形象大使"评选中,共有11个团队和个人脱颖而出;在此基础上,提出"网络新青年"北大青年优秀典型新模式。"学生优秀网络作品大赛"共收到参赛作品589份,内容涵盖摄影、网文、动漫、微电影、创新创业等五个类别,展现学生对"青春""责任""创新"等关键词的不同理解。

网络思政教育创新。融通实践突破与理论思考,注重成果转化与学科积累,探索新时期网络思政教育创新路径。2015年中心推出一系列紧扣时代脉搏、工作实践的原创理论文章,从不同角度阐述"全环境育人"理念。包括《"全环境育人"理念的阐释与思想政治教育的时代创新》《学校党建与思想

教育》2015年第4期)、《全环境育人视角下网络思想政治教育的历史方位、现实意义与实践路径》(《思想理论教育导刊》2015年第6期)等。

中心提炼出"全环境育人"理念的线上/线下、课内/课外、校内/校外、境内/境外相整合的实施原则和自育育人、互动育人、环境育人、系统育人相融会的实施方法，为实践发展指明方向。2015年9月继续面向全校开设公选课"大学生发展综合素养"试验课程，将知识传授与人生成长及教育实践紧密结合，创新思想政治教育的内容、形式、方法和理念；思考青年大学生在新时期网络文化建设和网络思政教育中的主体性和能动性，探讨全环境理念下青年自我教育和自我发展的可能性，转变传统教育主体的主导性为引导性和辅导性。2015年中心提出以"自信·自省·自育"为内核的青年网络教育观。上述理论思考和实践探索获得相关领域专家和全国同行的高度认可，2015年11月教育部网站首页报道了北大相关工作的理念创新。

学生资助中心

【发展概况】 2015年是学生资助中心成立十周年。学生资助中心在全国高校学生资助工作绩效考评中继续名列第一，在中国宋庆龄基金会青年领导力项目中获"最佳创意奖"，在中国青少年发展基金会希望工程激励行动项目中获"优秀实施学校奖""优秀项目奖"。中心推荐信息科学技术学院刘晶晶同学获评"全国励志成长成才优秀学生典型"。组织"北京大学公益之星"评选，崔昆阳、丁琳、董陈杰、金文旺、孔令毓、刘林、任珊珊、谭霖、汤鑫雯、田俊鑫、王丹丹、王建鑫、王金龙、谢天、杨昌、仲威等16名在公益领域表现优秀的学生当选。2015年，选留学生干部白彦花离职，选留学生干部王华磊和合同制员工邢苏艳入职。

【家庭经济困难学生认定】 北京大学校本部共认定家庭经济困难本科学生1947人，研究生828人。医学部共认定家庭经济困难本科学生767人，研究生526人。深圳研究生院共认定家庭经济困难研究生183人。

【助学金】 通过国家财政、学校经费、社会捐赠等多种途径筹集资助资金，校基金会及学生资助中心共设立助学金73项，资助4918人次，总金额达1973.156万元。校本部面向所有受助学生开展助学金申请、填表、评审、发放等工作，首次对2015级新生开展助学金预评审工作。医学部设立本科学生助学金21项，资助762人次，总金额达324.1万元。深圳研究生院联系中国星火基金会设立星火助学金，2015年度共资助29人，发放金额共计19.9万元。

【助学贷款】 校本部共为454人发放国家助学贷款(含校园地和生源地国家助学贷款)，总计发放金额为346.737万元。医学部共为550人发放国家助学贷款，总计发放金额为390.53万元。深圳研究生院共为183人发放国家助学贷款(含校园地和生源地国家助学贷款)，总计发放金额为175.8万元。软件与微电子学院为60人发放生源地国家助学贷款，总计发放金额为72万元。

【补偿代偿】 发放赴基层就业补偿代偿金、服义务兵役补偿代偿金、办理退役复学学生学费减免共726508元，75人次。

【勤工助学】 校本部教室管理学生助管员、图书馆学生管理员、学生助理、校园引导队员等岗位通过中心经费发放勤工助学薪酬466205.37元，共1335人次。中心设有礼仪队，协助其他部门开展活动。医学部为科研工作、教学工作、学生工作、图书后勤服务工作等岗位发放勤工助学薪酬7262.586万元，共8130人次，拓展病人满意度调查、医院图书管理等校外勤工助学岗位。深圳研究生院为教务处、人事处、校园服务中心、信息办、学工处、驻京办、总务处学生助理岗位发放勤工助学薪酬15万元，共210人次，拓展家教、实习、教育岗位等校外勤工助学岗位。

【动态救助】 校本部通过国防生专项补助、临时困难补助、三项补贴、节日慰问与补助、新疆少数民族补助、期末营养补助、紧急受灾补助等机制，解决受助学生突发经济困难，共发放1072915元，6379人次。医学部为学生发放新生一次性困难补助、特殊困难补助、三项补贴、新疆少数民族补助共计713598元，1621人次。深圳研究生院为学生发放三项补贴和节日慰问与补助共计41.4万元，2905人次。

【迎新绿色通道】 联合多家单位集中为新生提供政策宣传、业务办理、借款、助学金、助学贷款、爱心礼包等服务，学生服务总队一对一全程陪同。校本部共有515名学生通过绿色通道入学，领取总价值126.064万元的物资礼包。医学部共有207名学生通过绿色通道入学。深圳研究生院共有15名学生通过绿色通道入学。全国学生资助管理中心副主任马建斌、北京大学党委书记朱善璐、校长林建华等来到校本部绿色通道看望了2015级新生。燕园领航导师、助学金捐赠人等到现场与新生交流。教育部、新华社、人民网等报道了北大绿色通道28次(不含转载)。

【资助政策宣传】 通过网络、广播、电视、展板、短信、邮件、电话等各种媒介宣传国家资助政策；前往20余个地区走访学生家庭；组织全校受助学生在寒假、暑假返回高

中开展政策宣传；开设学生资助课堂，中心主任杨爱民授课讲解绿色成长方案。相关成果得到教育部报道 7 次，《人民日报》《光明日报》、新华网、人民网、《中国教育报》等校外媒体报道 42 次（不含转载），北大新闻网等校内媒体报道 53 次。

创新宣传手段和形式。建立全国高校学生资助微信群，加强工作沟通交流；建立"学生资助中心微信"官方账号定期宣传模式；开设学生资助中心新浪官方微博。设立"大家谈资助"专栏，围绕"教育公平与学生资助"主题，邀请北大师生和校友主持展开讨论。

【学生服务总队】 指导学生服务总队学生开展校园引导、爱心包裹劝募、校园秩序服务、SOS 福利院儿童关爱、重阳节敬老等公益服务；开展优才拓展、花旗金融项目培训、大学生国际公益论坛、阅读中国、中秋风采展示、元旦公益见面会等能力培训项目，涌现出北京市优秀毕业生、北京大学三好学生标兵等一系列成才典型。

【理论研究】 教育部举办"回眸与展望"系列第七场新闻发布会，北京大学教育学院教授丁小浩代表学生资助评估课题组发表学生资助中期评估报告。

【年度特色工作】 优才拓展项目。扩大优才拓展项目的受益人数，联络香港罗氏慈善基金、冠群驰骋投资管理有限公司开展全额资助，资助 23 个学生团队到贵州、云南等 26 个地区开展活动，历时一个半月。校党委副书记叶静漪带队到福建、广西调研学生资助工作。

爱心电脑室。联络轩辕教育基金、上海市水利工程集团有限公司捐赠 130 台电脑成立爱心电脑室，免费提供给受助学生使用。

青年领袖计划。先后组织 12 场线下专项讲座，首次采用网络课程的形式，开展线上"沟通与领导力"培训。

北京大学燕园涌泉优才基金。为引导受助学生知恩回报，在有能力时回馈各方关爱、支持学校发展，中心联络学生服务总队历届骨干发起成立"燕园涌泉优才基金"。

诚信教育主题月。在各院系集中开展学生资助"诚信教育主题月"活动。撰写《环境化人细节育人实践立人——北京大学构建诚信教育新模式》的报告，上报教育部全国学生资助管理中心。

优才拓展基地。在上海市水利工程集团有限公司举行学生服务总队优才拓展基地揭牌暨爱心捐赠活动。上海市水利工程集团董事张仁华、原党委书记张兆田，校党委副书记叶静漪、中心主任杨爱民等参加活动。

罗定邦励志奖学金设立十周年庆典。罗氏家族成员罗嘉穗、罗乐风，SML 集团主席、全国政协委员孙少文，中国科学院院士、中山大学学术委员会主任陈新滋和罗氏慈善基金董事、执委等嘉宾出席庆典。北京大学常务副校长吴志攀参加活动并致辞，校党委副书记叶静漪参加交流活动并与罗氏家族成员举行会谈。

学生心理健康教育与咨询中心

【发展概况】 2015 年，北京大学学生心理健康教育与咨询中心（以下简称心理中心）在完成各项日常工作的同时，开展以"心教育"为主题的心理素质教育工作。2015 年 5 月，心理中心被中国心理卫生协会大学生心理咨询专业委员会评为"2010—2015 年度大学生心理健康教育工作优秀机构"；被中共北京市委教育工作委员会、北京高等教育学会心理咨询委员会授予"2015 年首都大学生心理健康节活动最佳组织奖"。在北京大学心理健康教育三级体系建设的总体思路的引领下，心理中心全体人员共同努力，探索出北大特色的心理健康心教育模式。

【主要业务】 心理健康教育。心理中心的心理健康教育分课程、讲座、工作坊、报纸等 4 个方面。在课程和讲座方面，心理中心独立开设"大学生心理素质拓展""朋辈心理辅导""自杀与危机干预"与"心理创伤治疗"4 门课程。同时联合青年研究中心、就业指导中心开设"大学生综合素养提升"课程。2015 年共举办 7 场讲座，主题涵盖正念、拖延症、接受自我、亲密关系、情绪管理、幸福、生涯规划、人际沟通等，累计参与人数为 2600 人。

2015 年，心理中心组织专兼职咨询师面向北大学生设计并开展 10 个不同主题的团体心理辅导小组，团体辅导师均为训练有素、经验丰富的心理咨询师，主题涉及自我探索、亲密关系、恋爱技巧、学业拖延、正念减压、人际关系等大学生群体的共性议题。为满足不同学生的需求，创新形式既有传统的一周一次的常规团体，也有短期密集的马拉松团体。2015 年团体心理辅导累计覆盖约 790 人次。

心理中心主办的心理健康教育报纸《燕园心声》已经成为学生学习心理健康知识和交流思想的重要平台，报纸内容专业且贴近学生生活。2015 年《燕园心声》共发放 8 期，每期 8000 份，累计共 64000 份。

心理咨询服务。心理咨询服务形式上分为个体面询和多人网络咨询。心理中心不定期派教师参与各类培训，请著名心理专家为咨询师们进行督导，以期加强业务水平，提升咨询能力。

危机排查干预。心理中心通过定期以及临时开展的危机排查上报工作，及时识别学生中的危机个体。对于较严重的个案，进行专业的心理状况评估，并给出评估意

见、指导与转介。同时，通过月报制度，将每月汇总的危机情况和干预案例进行分析和总结后，汇报给北京大学主管领导。心理中心采用访谈、经验交流及专业督导等形式，加强对干预体系各环节的指导与沟通。

心理中心以心理健康普测的结果为基础，结合危机排查、院系临时危机情况汇报等信息，完善并及时更新问题学生心理健康档案，同时定期给予追踪、监控、建议和治疗。2015年共完成798名在校新生心云系统的新生网络测评工作。

【特色工作】 辅导员督导活动。心理中心在2015年定期邀请专家为近40名专兼职咨询师开展案例讨论和个案督导工作，累计开展团体督导20场，覆盖约720余人次。根据技能需求和辅导经验的不同，分别开展三个督导小组。其中高级组由方新博士带领，中级组由徐凯文副教授带领，初级组由祝捷、刘海骅副教授带领，各小组每月开展督导1次，每学期3次至4次。其中高级督导组主要针对院系党委副书记，是院系督导小组中互动最多、持续时间最长的一个。在该督导小组中，数学科学学院、化学与分子工程学院、信息科学技术学院、国际关系学院、政府管理学院、经济学院、地球与空间科学学院、中国语言文学系、心理学系、元培学院参与率达100%。

"心教育"活动。2015年"心教育"系列活动包括：4月至5月，心理中心承办2015年首都高校大学生心理健康节活动之心理剧展演活动；5月21日，心理中心与爱享书团队联合主办"525爱享书·图书漂流"活动；6月11日，心理中心主办"毕业生心理调适与职场适应"座谈会；9月15日，举办"我的梦·北大梦·中国梦"北京大学2015级新生生命教育公开课。举办帮助打工子弟学校的学生解决心灵困惑的尺素心友活动、生涯下午茶活动，编写心理中心正式成立十周年纪念画册等。

依托网络技术开展咨询。每周定期在网上进行网络心理咨询，帮助学生发现问题，解决心理困扰。

保 卫 工 作

【发展概况】 2015年，保卫部在校党委、行政的领导下，在上级业务机关的指导下，学习贯彻党的十八届五中全会精神，开展"三严三实"专题教育，开展日常工作，基本实现"大事不出、小事减少、管理严格、秩序良好"的工作目标。在各项重大活动期间，保卫部完成各种专项任务，安全稳定工作取得成效。

【校园秩序管理】 2015年为大型活动维护秩序750余次，办理临时出入证15523个，家属证438个。各校门阻拦无证人员390741人，阻拦无证三轮车8587辆，阻拦未预约团队122个，阻拦无证机动车辆211145辆；机动车门验证放行车辆579877辆，预约放行车辆117953辆。处理校门口纠纷249起，查获假证及转让证件2697个；张贴车辆违章告知书4403张，查抄游商32起，清理横幅标语25个，清除违规张贴物32059个，清除广告传单路标33165个，清理展位摊位49个，制止钓鱼采摘81次，整理码放自行车132262次。各校门登记入校社会散客190955人次。

【消防安全管理】 消防检查。对全校37个单位（楼宇）的消防水泵房、高位水箱以及部分不设消防水泵房楼宇的消火栓管网进行检查和统计，摸清全校消防水泵房的位置、数量、管理模式、维保方式、运行状况以及存在的问题和隐患等。

建设消防控制室。根据北京市消防局要求，结合学校实际情况，制定并下发《关于进一步加强我校消防控制室规范化建设的通知》。为全校38个消防控制室的设计要求、设备布置、人员配备、管理制度等制定统一标准，对消防控制室值班人员的技能要求、消防控制室管理及应急程序等进行统一规定，设计、印制值班记录、报修记录、报警记录、出入登记册800份。组织专人对全校消防控制室进行规范化建设检查指导。

安全大检查及评比。2015年底开展全校安全大检查及2014年度安全保卫工作检查评比工作。评出20个"安全管理先进单位"、5个"安全管理先进标杆单位"和60名安全管理先进个人，对5个"安全管理先进标杆单位"进行奖励。对于检查中发现的安全隐患，能立即整改的，督促各单位立即整改，不能立即整改的，要求各单位限期整改，并约谈5个单位或楼宇，要求限期制订整改计划。

消防器具保障。2015年共填发《火险隐患安全通知》21份，为公共区域检修灭火器、代部分院系检修、购买灭火器共计9950具；办理易制毒化学品审批159份，施工证77份，动火证120份。

消防演练。2015年暑期，在军训基地对3450名师生开展消防知识培训、演练；11月在勺园行政楼组织250名师生进行疏散演练；

分别对餐饮中心、城市与环境学院、档案馆、党校办、公寓服务中心等单位1500名师生员工进行消防知识培训，组织1500名师生利用"激光模拟灭火体验棚"进行灭火体验。

【交通安全管理】 推进交通管理信息化建设，对校门机动车管理信息系统、地下车库道闸系统进行重点改造。加强交通安全管理制度建设，研究修订《北京大学交通安全管理规定》《加强电动自行车管理方案》《"无车校园"推进计划》等文件并报学校审议。维护校园交通秩序，在控制无关社会车辆入校的同时，清理"僵尸车"，打击假车证、"黑车"，整治办公楼周边乱停车现象，开发交通违规处理软件（App）；加强疏导就餐，上下课高峰时段对重点路段实行交通管制，确保交通顺畅安全有序。

【校园治安管理】 2015年燕园派出所共接报警2077起（件），其中110报警1106起；出警2074余人次，立案比2014年下降15％。强化打击力度，及时查处各类违法人员，其中拘留11人，治安警告45人。处理群体敏感案件8起。为学生、教工办理集体户口迁入、迁出、身份证办理及儿童落户等事宜9200余人（次），在公安系统对全校（区）务工者等流动人员的身份进行核录。在犬类限养管理方面，2015年共办理居民养犬注册登记77条，收缴无证犬5条。收到群众感谢信、锦旗4封（幅）。在保护师生安全方面，新生入学时，采集学生手机号，定期发送安全提醒消息；定期将各类案例汇总分析并举办面向师生的安全知识讲座；定期组织教工、学生进行各类演练，通过实操的方式，帮助师生掌握科学的避险逃生方法，学会自我保护。

【安全宣传教育】 开展"4·15"国家安全宣传日的宣传教育活动，编写安全教育知识等多种宣传材料，联合学校多个职能部门，共同组织开展《国家安全法》《反恐怖法》《反间谍法》的宣传。协调公寓服务中心，在学生宿舍内电子显示屏上循环播放安全教育PPT；协调青年研究中心，刊登消防安全宣传BBS进站画面；协调学工部，在"燕园学子微助手"微信平台发布消防安全知识推送；制作横幅悬挂在校园主要路段和教学区，实现安全知识"进宿舍、上网站、入微信"的立体化宣传。

【对外交流工作】 履行中国高教保卫学会联络部的工作职责，组织完成第七届海峡两岸论坛，组团参加在美国举行的第57届国际校园执法者协会年会，起草"2016年国际论坛方案"，承办北京保卫学会"华北协作区高校安全管理工作论坛"任务。

保密工作

【发展概况】 2015年4月，北京大学保密委员会主任张彦同志调离学校，王杰副校长担任学校保密委员会主任。保密办公室搬迁至勺园5号楼201—205，原艺园办公用房及相关设备办理移交、调拨手续。

6月，学校党委印发文件，任命韦宇、王周谊为保密办公室副主任（兼）。

7月，学校党委常委会决定对保密委员会进行调整，杨开忠任常务副主任，程旭、李文胜、安国江、刘旭东、余浚任副主任，增补科技开发部、城市与环境学院、医学部科研处为成员单位，相关单位、部门的姚卫浩、刘耕年、韩鸿宾等3名负责同志任委员；保密办公室招聘1名应届硕士毕业生从事综合保密与技术保密工作。经简历筛选、笔试、面试、政审、实习、集体研究讨论等环节，7月，张天然同志正式到岗报到。

9月，由于学校法定代表人变更，保密办公室赴北京市军工认证办公室提交武器装备科研生产《二级保密资格单位证书》变更申请，并于11月领取新证书。

12月，根据房地产管理部的统一要求，保密办公室对办公用房进行调整改造。

【教育考试保密管理】 2015年，参加博士研究生招生考试、硕士研究生招生考试及北京考区政治阅卷，参与本科自主招生、博雅计划、艺术体育特长生、中学生夏令营等特殊类别招生考试，以及大学英语四、六级考试、北京市成人英语三级考试等各类教育考试的保密管理工作。

【涉密载体销毁管理】 负责涉密载体及涉不宜公开工作事项载体销毁工作，联系办公地址搬迁的职能部门集中进行销毁。2015年为各单位销毁纸介质材料31.54吨，证书外壳1.8吨，磁介质打印机2台、光驱4个、光盘103张、录像带36盘、U盘73个、密钥32个、硬盘24块。8月，参加北京市国家保密局组织的涉密载体销毁管理工作部署会议；10月，按照北京市统一要求，制作涉密载体专用销毁袋200个；在校内外调研的基础上，召开涉密载体销毁工作会议，传达上级文件精神，就进一步加强相关工作征求24个代表性单位意见；11月，印发《北京大学关于进一步

加强和规范我校涉密载体销毁管理工作的通知》。

【涉密测绘成果管理】 4月至5月，将王杰副校长批示后的《北京市规划委员会关于开展地理信息保密检查的通知》送城市与环境学院、地球与空间科学学院党委，要求做好自查工作；对照通知要求和实际情况，和相关学院负责人座谈，并邀请北京市国家保密局和北京市测勘办负责人指导学校地理信息保密管理工作。

6月，针对涉密测绘成果管理中存在的问题，与城市与环境学院负责人研讨改进措施，并及时通知相关单位严把申请使用关口；起草《北京大学关于进一步规范涉密地理信息成果申请使用工作的通知》（建议稿）并送城市与环境学院、地球与空间科学学院，提请结合具体使用情况加以修订、完善。

7月，向王杰呈报《关于督促城市与环境学院对涉密测绘地理成果进行销毁的请示》（建议稿），并将批示送达学院主管领导，要求认真落实相关要求。

10月至12月，发出《商请城市与环境学院提供借阅使用涉密纸图人员的公函》，根据学院提供的名单对16名科研人员使用的联网计算机进行专项保密检查，向5个学院发放《北京大学涉密测绘成果使用人员专项保密检查通知确认单》。

12月，和城市与环境学院负责人讨论如何做好其保管的涉密纸图销毁工作，并将国家测绘地理信息局关于涉密地理信息管理的规范性文件整理后供其参考。

【人文社科保密管理】 2015年1月，参加2014—2015年北京大学人文社会科学研究与发展工作会议；与先进技术研究院、社会科学部及相关学院研讨如何做好社科项目的定密和保密管理工作。

5月、9月，赴社会学系、中国社会科学调查中心、光华管理学院播放涉密经济数据泄密案例教育警示片。

9月，刘旭东在经济学院全体教职员工大会上宣讲如何做好防止网络窃密工作，通报6起典型案例，进行保密教育提醒。

12月，赴国际战略研究院调研，讨论如何做好敏感研究项目的保密工作。

【定密管理】 2015年，完善"校长为定密'当然责任人'，由校长授权，指定定密具体'工作责任人'的定密责任人模式"。7月至12月，三次调整定密工作责任人，最终由林建华校长签署授权委托书，将学校涉密领域调整为"科学技术研究""哲学社会科学研究""教育考试""党政文件"四大类，将相关单位的21名负责人确定为定密具体工作责任人，并按照国家最新有关文件精神将其确定为涉密人员，纳入学校统一管理范围。

9月至10月，举办国防军工定密业务培训会议。邀请国家军工认证办公室副主任、国家国防科技工业局信息中心副主任张海登对25位涉军、涉密科研定密具体工作责任人和经办人进行指导培训，并配发《国家秘密定密工作指导手册》。

9月，刘旭东第二次作为高校唯一代表受聘为国家密级鉴定专家。

【涉密人员出国（境）管理】 2015年，开展涉密人员出国（境）管理工作，对46名涉密人员、3名脱密期人员的51次因私出国（境）申请进行保密审批，并于3月、11月两次赴北京市公安局出入境管理处进行国家工作人员报备和撤销。

10月至11月，根据上级单位对于出国（境）证件集中管理的明确要求，与国际合作部、党委组织部进行多次讨论，根据北京市公安局出入境管理处提供的记录核对各单位统计上报的涉密人员出国（境）证件信息，并通知相关单位及时督促涉及人员提交证件。

12月，拟制《北京大学关于进一步加强涉密人员出国（境）管理工作的通知》，并向10个代表性院系征求意见建议，于2016年1月正式印发。

【保密教育培训】 2015年，向校领导、校保密委员会委员、各单位主管保密工作领导、涉密项目组负责人发放《保密工作》杂志12期，编写保密工作简报4期、保密教育专栏2期，为2015级新生发放《北京大学普通学生保密须知》11000余册，向2015年新入职教职工发放《北京大学教职工保密手册》80余册，向全校涉密人员发放统一购买的保密笔记本（纸质）200余册，向定密责任人发放《国家秘密定密工作指导手册》15本，并向党委办公室校长办公室、发展规划部、纪委办公室监察室、组织部、宣传部、统战部、学生工作部、保卫部、工会、团委、先进技术研究院等单位发放有针对性的资料。

4月，举办北京大学2015年度保密教育培训活动。国际关系学院王逸舟副院长阐述当前国际格局的新动向、新特点、新焦点和新热点；刘旭东组织学习教育部办公厅重要文件。学校保密委员会委员、各单位主管保密工作领导、涉密人员等110余人参加。

11月至12月，为纪念《保密法》实施五周年，编发教育提醒短信10条，利用短信平台向全校中层干部、涉密人员进行保密提醒。

11月，编写《大数据关乎国家安全》宣传材料并交由计算中心通过校内门户对师生进行保密教育提醒。国家国防科技工业局安全生产与保密司原司长朱名有来校宣讲"涉军高校如何做好反间谍工作"。王杰副校长主持，保密委员会委员、相关单位分管保密工作领导、涉密人员等110余人参加。

【推进涉军、涉密科研场所相对集中管理】 2015年10月，向朱善璐

书记、林建华校长、王杰副校长、王仰麟副校长呈报《关于对学校涉军、涉密科研场所实行集中管理的请示》；电话调研武汉大学推进涉军、涉密科研场集中管理的基本情况。

12月，会同先进技术研究院与房地产管理部初步调研涉军、涉密科研场所相对集中管理问题。

【保密审查审批】 2015年，根据有关规定或应对方单位要求，对88篇拟发表论文，30份"两院"院士增选候选人附件材料，11名科研人员的晋升专业技术职务评审材料，2名科研人员的长江学者特聘教授候选人申请材料，2份科技成果登记表，1个学术会议报告，5份技术开发合同，14份中国青年科技奖评选材料，5篇国家国际科技合作专项项目建议书，4份航空科学基金申请书，1份地质资料登记材料，1份项目归档地质资料，1份对外邮寄材料以及《北京大学2014年财务报告》进行保密审查。

【涉密/内部保存学位论文管理】 2015年对2篇涉密研究生学位论文/博士后出站报告、12篇内部保存研究生学位论文/博士后出站报告进行保密审查并办理相关手续。

3月，结合图书馆涉密学位论文清查情况，核对密级通知单发放信息和论文解密、续密信息。

9月，提醒图书馆提交2014年、2015年拟解密、拟续密的涉密/内部保存学位论文清单；协助软件与微电子学院核查3篇已毕业硕士生学位论文管理情况。

【常规保密检查】 2015年1月，联合计算中心对12名科研人员进行保密检查。

3月，对7名科研人员进行保密检查；根据国家军工保密资格认证工作规定，对离任的王恩哥校长和张彦常务副书记、副校长的联网计算机进行保密检查，并销毁对应计算机硬盘。

5月，对先进技术研究院涉密人员、计算机管理、档案管理进行保密检查。

7月，联合先进技术研究院、计算中心对信息科学技术学院、工学院的3个项目组进行保密检查，并针对发现的问题下达《整改通知书》。

【保密服务保障】 2015年，提供北京大学武器装备科研生产《二级保密单位资格证书》复印件13份，随同展示原件1次，开具参与涉密项目介绍信5份，为35项国防专利申请提供密级证明，对3个涉密活动进行保密审查审批，并对其保密预案提出完善建议，为相关人员刻录光盘36张，打印文件5份，复印文件5份，涉密人员备份涉密信息2次，核查可疑介质使用痕迹1次，办理涉密协作配套项目保密监督检查表3份。

5月，参加先进技术研究院组织的国防专利定密工作研讨会，根据教育部转发的《关于开展国防专利密级审核工作的通知》要求，与相关学院研讨落实工作方案，会后将相关表格发送给先进技术研究院。

10月，参加信息化建设与管理办公室召集的关于相关学院外网搭建专项论证会，并提出保密意见。

【对外交流】 10月9日，接待武汉大学保密委员会办公室来校调研。

【群众路线教育实践活动】 2015年1月，召开领导班子民主生活会，督导组蒋宗凤出席；参加人事部组织的"吃空饷"问题集中治理工作布置会。

3月，向党委办公室校长办公室报送保密办公室深入贯彻落实习近平总书记五四重要讲话精神工作情况报告——《努力在保密战线上为祖国建设、改革事业奉献力量》。

【"三严三实"专题教育】 2015年6月至7月，刘旭东参加党委理论中心组学习活动、党委"三严三实"第一个专题交流研讨暨"再回红楼"活动、"三严三实"专题教育党课和专题研讨活动，并召开办公室工作会议，传达林建华校长所讲专题教育党课精神，明确办公室职责分工，提出更高工作要求。

8月，刘旭东列席领导班子战略研讨会之党建工作议题，参加党委办公室校长办公室"三严三实"专题教育党课活动，并对党支部成员进行"加强保密意识，做好办公室工作"专题保密培训。

9月至12月，刘旭东参加"三严三实"专题教育暨党风廉政建设工作推进会、教育部公务接待检查情况通报会、"讲规矩、守纪律"专题学习班、两部党内法规专题学习报告、"讲规矩、守纪律"专题学习活动之人事管理专题报告；报送本单位"不严不实"问题台账、公务接待自查报告，并开展"三严三实"专题教育第三专题"严以用权，真抓实干，实实在在谋事创业做人，梳理忠诚、干净、担当的新形象"的党小组活动。

12月，召集承担涉军、涉密科研项目单位分管保密负责人、科研秘书座谈，征求对办公室"三严三实"专题民主生活会议的意见建议；提请各相关学院结合本单位实际情况，提出集中管理涉密场所需求。

【评优表彰】 2015年4月，向全校各单位发放《关于评选表彰北京大学2014年度保密先进集体和先进个人的通知》，推荐材料收齐后组织初评。

6月25日，学校保密委员会召开全体会议，进行投票表决。

9月，印发《关于表彰2014年度北京大学保密先进集体和保密先进个人的决定》，对5个先进集体、24名先进个人进行表彰，名单如下：

先进集体（5个）：研究生院综合办公室、先进技术研究院项目办公室、化学与分子工程学院徐东升项目组、信息科学技术学院微纳电

子学研究院、信息科学技术学院卫星与无线通信中心。

先进个人(24名):(1)一线科研人员9名:化学与分子工程学院陈庆德,信息科学技术学院安霞、陈兢、陈钟、郝一龙、刘爱民、王延辉,工学院裴永茂,计算机科学技术研究所韩心慧。(2)专兼职保密干部11名:保密委员会办公室杨梅,研究生院刘佰军,物理学院潘青,工学院郭小彤、刘杰,计算机科学技术研究所戴永宁,先进技术研究院丁薇、李君、徐依婷,档案馆张娜,计算中心张扬;(3)主管保密工作领导1名:城市与环境学院刘鸿雁;(4)教育考试管理人员3名:继续教育部杨学祥,新闻与传播学院高忠欣,数学科学学院刘和平。

发 展 规 划

【发展概况】 北京大学发展规划部内设学科规划办公室、事业规划办公室、文物保护与管理办公室、综合办公室四个科室,党委政策研究室挂靠发展规划部。经北京大学事业规划工作第一次会议审议,学校第868次校长办公室批准,党委政策研究室于2015年5月26日由挂靠发展规划部调整为挂靠党委办公室、校长办公室。

【学校发展规划】 总结北京大学"十二五"规划。发展规划部委托北京大学中国社会科学调查中心,联合教务部、人事部、研究生院、计算中心等部门,在全校范围内开展抽样调查,面向学生、教师、行政管理人员发放问卷,共回收有效问卷1341份,形成约10万字的北京大学发展状况调查数据分析报告。组织召开北京大学"十二五"规划总结工作动员会议。4月至5月,完成13个单位约20万字的总结材料;系统梳理过去"十二五"期间北京大学发展情况,完成总结报告初稿。6月,"两上两下",形成《北京大学贯彻落实〈国家中长期教育改革发展规划纲要〉情况中期总结报告》,并报送学校主要领导及教育部。制作拍摄"十二五"规划总结宣传短片,展示北京大学"十二五"期间取得的成就,提高规划宣传力度。

起草北京大学"十三五"规划。组织召开"十三五"规划工作会议,广泛征求意见,形成征求意见稿。第三轮征求意见阶段,在北京大学相关领导负责同志主持下,先后组织5场征求意见座谈会,共48位(49人次)院系负责人、19位教师代表、47位职能部门负责人、2位学生代表参加会议。根据每场座谈会意见,吸纳补充修改十三五规划文本,形成《北京大学"十三五"规划征求意见稿》第8稿。此外,为加强规划的可执行性,同时编制北京大学"十三五"规划B版的起草工作。

修改《北京大学2018改革与发展行动计划》。根据综合改革方案、领导指示、相关会议意见,结合党和国家新的发展阶段要求,持续完善《北京大学2018改革与发展行动计划》。

【综合改革】 组织协调综合改革多项工作。组织协调相关部门向教育部综合改革司汇报北京大学综合改革工作推进情况、各专项改革重点任务及相关衔接工作等,就综合改革过程中需要教育部帮助协调解决的问题进行沟通,并报送北京大学综合改革实施情况简报。参加历次综合改革实施推进小组会议,结合各部门提出的专项改革工作方案,起草《北京大学综合改革主要思路》,编制与修订三版《北京大学综合改革重点战略》宣传图册。

综合改革专项研究及宣传总结工作。根据学校安排,承担"院系定编原则及方案"专项任务。筹备制作北京大学综合改革宣传片。与浙江大学、深圳研究生院大学城等交流综合改革实施情况等。对"北京大学落实习近平总书记五四重要讲话精神的报告"以及"北京大学关于落实中办督查室回访调研报告开展整改工作的报告"中有关综合改革的内容进行增补、修改。

【事业规划】 研究院系定编原则与方案。整理跟踪并吸收国家有关高校编制管理的规定、原则、依据、趋势及动态,梳理北大历史上的编制管理规定及编制测算原则、依据、标准及方案。在此基础上,研究适应新的形势需求的院系定编原则与依据。根据《北京大学章程》相关内容,完善校内实体机构设置与调整的审批流程。

完成事业规划其他相关工作。进行校内实体机构设置与编制调整的研究论证工作。按照《北京大学校属实体机构设置或调整程序》,就凤凰工程核磁平台人员编制、新媒体研究院的机构性质及编制、碳基集成电路研究中心研究编制、前沿计算科学中心设立、中国政治学研究中心设立、新结构经济学研究中心设立、心理学系更名、纪委办、监察室内设机构、考试研究院与考试中心合并、学部办公室建设、学校招投标工作管理机制等报告开展调研论证工作。组织召开事业规划工作会议2次,就调整党委政策研究室挂靠、师资人才机构、党委教师工作部、教师教学发展中心、附属小学、新结构经济学

研究中心以及中国政治学研究中心等议题进行审议,发放规划项目审批意见书7份。

【学校发展数据对比分析】 联动第三方数据公司,通过汤森路透、爱思唯尔等公司数据库及工具平台,对北京大学及国内外高校的有关学科发展情况进行统计与分析,明晰学校各学科在全球所处位置及与世界顶尖水平差距,并从论文总量、被引次数、研究领域、学科合作等多个方面对学科的科研实力进行分析。关注大学排名更新和变动,通过对US News大学排名的分析,发现学校2011年至2015年所取得的成绩,并鉴别出影响学校世界大学排名的关键性指标。结合教育部部属高校统计数据、学校内部数据结构,制作北京大学KPI指标体系。

【可持续发展大学联盟(UAS)】 可持续发展大学联盟(UAS)由德国柏林自由大学发起,北京大学、俄罗斯圣彼得堡大学、英属哥伦比亚大学、以色列耶路撒冷希伯来大学等五所高校共同参与。2015年,联络教务部、教育教学发展中心、总务部等部门,组织5名教师参加活动。负责项目互派学生的遴选和组织工作。

【多校区发展规划】 参加赴美国西来大学捐赠以及伯克利大学全球校区合作项目的实地调研,形成调研汇报材料,并征求北京大学校内相关院系和单位的意见建议。

与科研部共同推动窦店基地建设方案编写工作,协调窦店基地建设工作组、秘书组相关工作。参加由北京大学校领导牵头的四次专项工作会议,两轮次征求窦店基地拟入驻项目组、工作组和秘书组意见,形成窦店基地建设方案初稿,并提交北京大学暑期战略研讨会研究。

【文物保护】 申报文物保护专项补助资金。与教育部、国家文物局沟通,会同财务部、基建工程部、房地产管理部研究申报项目,提交申报材料,保障2015年度文保专项补助资金到账。

推动可移动文物普查工作。与赛克勒考古与艺术博物馆、北京大学图书馆协调沟通,向文物管理部门申请经费补助,组织人员培训,推动可移动文物普查工作,此项工作为国内第一次开展。

完成《北京大学古建筑类全国重点文物保护单位重大险情排查工作情况的报告》。根据国家文物局和北京市文物局文件要求,会同房地产管理部、基建工程部调查、研究和报送《北京大学古建筑类全国重点文物保护单位重大险情排查工作情况的报告》。

文物保护"十三五"规划编制工作。根据教育部要求,会同房地产管理部、基建工程部起草《北京大学国家重点文物保护专项"十三五"规划》,并上报教育部。

文物陈列品信息备案。为配合教育部国有资产检查要求,与校内相关展示单位沟通,对校内文物陈列品情况进行备案。

日常文物保护工作。落实国家文物局、北京市文物局政策文件要求,处理上级单位各类文件20余件,接待北京市文物局文保工作检查1次,海淀区文保工作检查2次,参加海淀区文保培训会议。对校园文物进行定期日常巡查。

【学习研讨】 坚持学习研讨,提升理论水平。5月21日至22日,组织召开"高校规划研讨会",来自清华大学等12所高校的规划部门负责人围绕规划编制与资源配置的协同机制、"十二五"规划评估方式方法以及"十三五"规划编制等问题展开研讨。对英国牛津大学、剑桥大学、伦敦大学学院、德国慕尼黑大学、柏林洪堡大学、法国巴黎高科经济与管理学院的大学治理结构、规划制定以及机构编制管理等专题进行专题调研,形成调研报告。会同医学部、组织部、人事部、教务部,对台湾大学、台湾政治大学、中山大学的改革与机构编制管理工作进行调研,形成调研汇报文件。

【"三严三实"专题教育】 开展"三严三实"专题教育,加强部门党风廉政责任制建设。按照党中央和学校要求,进行"三严三实"教育实践各阶段的学习活动,定期组织召开民主生活会和党支部会议,实行民主监督,坚持批评与自我批评,传达和学习有关党风廉政建设会议精神,提高全体党员特别是党员领导干部对党风廉政建设的认识。根据学校党委、纪委和有关部门的要求,制定《发展规划部党风廉政建设责任制实施细则》。

学 科 建 设

【发展概况】 2015年5月5日,北京大学下发《关于211工程办公室、985工程办公室更名为学科建设办公室的通知》(校发〔2015〕79号),北京大学211工程办公室、985工程办公室更名为北京大学学科建设办公室,任命张平文为北京大学学科建设办公室主任。2015年5月和12月,北京大学分别下发文件任命吴朝东、王周谊(兼)和黄俊平(兼)为北京大学学科建设办公室副主任。学科建设

办公室主要负责与协调学校学科建设的相关工作,负责"统筹支持一流大学和一流学科建设"与"高等学校基本科研业务费"的日常管理工作。

学科建设办公室起草制定《北京大学学科建设项目经费管理办法》《北京大学新聘教研系列教师启动经费管理办法》《北京大学学科建设项目设备经费管理办法》《北京大学研究机构学科建设专项管理办法》等4个文件,加强内部运行的规章制度建设,明晰岗位职责并规范工作流程,对岗位职责与办事流程进行全面梳理。

配合和落实学校党委确定的三项重大改革和制度建设任务,推进学科建设领导和管理体制改革,筹划成立学科建设委员会和相关分委员会。建议成立大数据科学委员会。建立学科联系人制度,加强与院系沟通,共同探讨和谋划学科建设。

【学科建设】 2015年,北京大学在QS世界大学排名中排名57位,在泰晤士高等教育增刊中排名48位,在美国新闻与世界报道中排名39位,在国内高校中名列前茅。美国基本科学指标数据库(ESI)最新数据显示,在全部的22个学科中,北京大学已有19个学科进入全球大学和研究机构前1%的水平,位居中国高校第一。

根据自然指数(Nature Index)加权分数计数法的最新数据(2014年5月1日—2015年4月30日)显示,北京大学的自然指数排名全球第17位(2013—2014年度排名第22位)。从学科领域看,北京大学的化学学科排名全球第5位(2013—2014年度排名第10位),地球和环境学科排名全球第69位,生命科学学科排名全球第67位,物质科学学科排名全球第14位(2013—2014年度排名第18位),在《自然》和《科学》两刊的发文排名全球第44位(2013—2014年度首次入选全球前50位并排名第50位)。

【"统筹支持一流大学和一流学科建设"项目基金】 依据学科建设项目建设的基本原则,安排学校"统筹支持一流大学和一流学科建设"项目资金。加强项目全过程管理,提高建设质量与效益,提升资金使用效益。坚持"效益优先,动态调整"的资金管理原则,开展专项资金动态调整。2015年,教育部下达北京大学"统筹支持一流大学和一流学科建设"预算经费为10.9亿元(含队伍建设经费和医学部经费),其中,实施学科建设项目104项(校本部),安排资金4.36亿元(校本部和医学部学科建设经费)。

【基本科研业务费】 北京大学基本科研业务费管理的总体原则是:"自主选题、公开审议;统一管理、专款专用;目标明确、逐年评绩"。2015年,北京大学继续坚持遵循基本科研业务费设立的原则,结合世界科学发展趋势、北京大学学科优势,统一部署、规范管理,对包括科研机构、科技人才启动、基础与前沿交叉项目、科学仪器创制与关键技术研发等在内的研究类型进行稳定资助。制定并发布内部参考的《北京大学基本科研业务费劳务费发放指导意见》,规范基本科研业务费对于博士后的支持流程与经费使用办法。

2015年,教育部下达北京大学中央高校基本科研业务费15770万元,全校安排项目涉及资金19636.04万元,在综合校内各研究单位、各学科研究需求的基础上,完成全校230余个项目的立项与经费拨付工作。

【新体制科研机构(理工医)管理】 新体制中心推进招聘新人等人事体制改革,如6月的tenure-track评估,制定评估制度,起到试点示范作用。2015年7月和12月,分别组织召开两次北京大学新体制科研机构(理工医)工作交流与研讨会。学科建设办公室配合学校审计室对四个新体制科研机构的审计工作,及时向审计组提供相关资料和数据。

【重点建设项目稳步推进】 北京大学液氦中心启动运行,完成全部设备安装调试工作,为全校物理、化学、生命、信息等多个学科提供关键支撑和保障。冷冻电镜大型科研平台建设完成学科论证和设备论证工作,先后召开冷冻电镜学科论证会、学术讨论会和设备论证会,北京大学从学科发展的角度出发购买低中高档三台冷冻电镜(先期购置低端、高端冷冻电镜各一台),引进高水平研究团队和技术支撑人员,为项目下一步实施提供科学的依据。推进现代农学院、球差矫正电镜平台、大数据研究院、临床医学合作研究专项等重大项目。

【北京大学大数据研讨会】 11月14日至15日,由北京大学大数据科学委员会举办,北京大数据研究院、北京大学学科建设办公室承办的"北京大学大数据研讨会"在北京大学召开。全校近150位大数据领域的专家、学者出席研讨会,本次研讨会介绍了北京大学在大数据方面的研究和教学现状,建立了学校大数据研究和教学交流平台,为制定北京大学大数据学科发展规划奠定了基础。

(贺飞、马信、何洁)

对 外 交 流

【发展概况】 2015年,北京大学共计接待高校、学术机构代表团234个,国家元首及政要13位,其中包括亚美尼亚总统谢尔日·萨尔基相、哈萨克斯坦总理马西莫夫、泰国诗琳通公主殿下、联合国前秘书长科菲·安南、欧盟副主席、安全与外交政策高级代表莫盖里尼、英国大主教坎特伯雷大主教贾斯汀·韦尔比、国际田径联合会秘书长艾萨·加布里埃尔、英国外交大臣菲利普·哈蒙德、美国前国务卿赖斯等。接待到访的NGO团组17个、企业团组22个、驻华使馆和政府代表团32个,新签/续签校级交流协议31个,派出校级领导出访团组16个。

【重要出访】 2015年重要出访情况如下:

1月14日至18日,李岩松副校长率代表团出访日本,访问东京大学、京都大学、早稻田大学,商谈加深合作的事宜。其间出席早稻田大学孔子学院理事会。

3月1日至5日,李沉简副教务长出访日本,参加IARU校长年会并访问日本高校。

5月6日至13日,校党委书记、校务委员会主任朱善璐率团访问美国及墨西哥交流院校。代表团先后访问美国加利福尼亚大学洛杉矶分校、南加利福尼亚大学、加州理工学院、墨西哥学院和蒙特雷科技大学,并出席与南加州政商侨界华人代表交流活动及北京大学南加州校友会成立30周年庆祝活动。

6月15日至19日,王杰副校长率代表团出访英国,代表团先后访问英国研究理事会、伦敦大学学院、爱丁堡皇家学会、爱丁堡大学。

6月18日至23日,林建华校长率团访问美国匹兹堡和休斯敦,参加第六轮中美人文交流高层磋商机制配套活动并访问合作院校。代表团出席"春晖杯"中国留学人员创新创业大赛10周年纪念暨2015年中美青年创客大赛启动仪式、第二届中美大学校长论坛。中央政治局委员刘延东出席会议并发表主旨演讲,林建华校长作为中方院校代表做回应发言。此外,代表团还访问了卡耐基梅隆大学、莱斯大学和德州大学安德森癌症中心,并与莱斯大学签署学生交流协议。

6月23日至24日,高松副校长率领代表团访问以色列,出席耶路撒冷希伯来大学孔子学院理事会,并访问特拉维夫大学。高松副校长出席希伯来大学孔子学院首届理事会,并与希伯来大学校长萨松教授共同为孔子学院新建成的希伯来语网站揭幕。在特拉维夫大学,双方共同签署《两校合作协议》及《两校建立粮食安全联合中心合作备忘录》。

7月27日至30日,吴志攀常务副校长出访新加坡,访问新加坡国立大学,出席第四届中国-东盟大学校长会议并发表主题演讲。

8月13日至17日,吴志攀常务副校长出访美国,洽谈考察有关捐赠及与加利福尼亚大学伯克利分校合作事宜。

9月9日至11日,李岩松副校长出访韩国,出席第二届成均馆大学-北京大学联合学术论坛。

9月16日至26日,李岩松副校长出访英国、波兰和保加利亚,参加中国-中东欧国家高校联合会访问团。

9月18日至22日,林建华校长出访美国,访问加利福尼亚大学伯克利分校,商谈参与建设伯克利国际校际建设事宜。

10月9日至13日,叶静漪副书记出访日本,参加立命馆大学孔子学院理事会并访问日本高校。

10月19日至23日,朱善璐书记、李岩松副校长出访英国,出席全英孔子学院大会和孔子课堂年会,并访问英国帝国理工学院、剑桥大学、牛津大学、罗德基金会、伦敦大学学院等高校与机构,会见在英校友。

10月28日至30日,李岩松副校长率团赴日本福冈,出席在九州大学举办的第九届中日大学校长论坛,其间会见东京大学谷古研副校长、早稻田大学桥本周司副校长、神户大学武田广校长以及日本科学技术振兴机构冲村宪树特别顾问,商谈与日本各友好院校开展广泛深入合作的可能性。

11月17日至21日,王杰副校长出访澳大利亚,参加APRU Vice President for Research会议,并访问悉尼大学。

12月13日至16日,郝斌前副校长出访日本,访问大阪经济法科大学,商谈联合举办东亚国际学术研讨会事宜;访问大阪大学。

【重要来访】 2015年重要来访情况如下:

3月10日,西班牙马德里自治大学校长何塞·M.桑兹(José M. Sanz)教授来访,回顾两校的合作情况,探讨未来合作方向。

3月17日,美国哈佛大学福斯特校长来访,促进哈佛大学设计学院与北京大学建筑与景观设计学院成立"生态城市联合实验室"。

3月17日,加州理工学院

Rosenbaum 校长率团来访,探讨两校本科教育未来合作方向。

3月23日,美国芝加哥大学齐默校长率团来访。代表团访问经济学院,希望拓展在经济学领域的合作。

3月26日,爱尔兰国立都柏林大学校长安德鲁·迪克斯(Andrew Deeks)教授来访,商谈两校合作。

4月8日,德国柏林自由大学校长 Peter-André Alt 教授来访,推动建立中德高等人文社科研究院。

4月14日,澳大利亚国立大学校长伊恩·扬(Ian Young AO)及澳大利亚首都领地州长安德鲁·巴尔(Andrew Barr)率代表团出席北京大学澳大利亚国立大学日。

7月17日,美国加利福尼亚大学伯克利分校校长 Nicholas Dirks、副教务长 Andrew Szeri 和校长中国事务高级顾问叶文心一行来访,探讨合作事宜。

【项目建设】 1. 燕京学堂。2015年9月,"燕京学堂"项目举办开学典礼,首批96名学生正式入学,开启高水平来华留学项目的先河。

2. "中国系列课程"英语授课项目。2015年,建立"中国系列课程"英文授课项目。每学期开设10门全英文授课课程,内容以中国研究为主,主要面对校际交换项目的留学生,并对本校其他学生开放。

3. "一带一路"外国语言和文化公共选修课程项目。2015年,响应国家"一带一路"倡议,推出"一带一路"外国语言和文化公共选修课程项目,开设32门语言课和8门专业课。

4. 中国第二批"高校国际化示范学院推进计划"试点单位。推荐工学院入选中国第二批"高校国际化示范学院推进计划"试点单位。该计划将支持工学院在管理体制、运行模式等方面进行综合改革试点。

【孔子学院】 1. 基本情况。2015年,中国国家汉语国际推广领导小组办公室共外派中方院长9名、汉语教师21名、学生志愿者20余位。2015年,10所孔子学院累计注册学生40000人左右,其中学分学生13000余人。北京大学共接收孔子学院奖学金项目学生61名,奖学金金额293万元。孔子新汉学计划共接收来华学生16人,总资助金额112万元。2015年,10所孔子学院组织的汉语水平考试(HSK)参加人数为4170人,中小学汉语考试(YCT)参加人数为1092人。各孔子学院共举办各类叙述研讨会、论坛、讲座百余次,受众人群累计7077人次;共举办文化活动115次,受众人数达96646人次。中国国家汉语国际推广领导小组办公室共接待各个孔子学院来华夏令营人数达232人。

2. 重要活动。4月4日,泰王国玛哈·扎克里·诗琳通公主殿下来访北京大学并续签合作建设孔子学院协议。10月22日,朱善璐书记、李岩松副校长出访英国,出席全英孔子学院大会和孔子课堂年会。10月6日,受中国国家汉语国际推广领导小组办公室委托,北京大学学生艺术团赴日本参加庆祝立命馆孔子学院成立十周年艺术巡演活动。中国国家汉语国际推广领导小组办公室副主任夏建辉、北京大学党委副书记叶静漪出席了相关活动。

3. 理事会。3月、6月、7月,中国国家汉语国际推广领导小组办公室先后召开立命馆孔子学院、柏林自由大学孔子学院、希伯来大学孔子学院和英国UCL教育学院孔子学院理事会。

【派出工作】 2015年,北京大学(校本部)办理因公出访手续共计6660人次。其中,教师出访为3225人次,学生出访为3435人次。

【学生交换】 2015年,北京大学共为学生提供校级学期交换项目103个,暑期项目20余个,学位奖学金项目3个;共有510名学生参与,其中校际交换项目308人,暑期项目近200人,学位奖学金项目约10人。

【国际交流】 2015年,北京大学利用各种引智平台共聘请外籍学者724人次。主办、承办、协办81场各种规模的双边和多边国际学术会议,其中重大国际会议4次,累计邀请1890名外方学者和研究人员参会。

北京大学"大学堂"顶尖学者讲学计划。北京大学"大学堂"顶尖学者讲学计划旨在通过在全球范围内邀请各领域的顶尖学者来校举办讲座、开设课程、开展合作研究,在北京大学汇聚一批世界级顶尖学者,是北京大学着力打造的高端学术讲座项目。2015年,该计划邀请到联合国前秘书长、2001年诺贝尔和平奖获得者科菲·安南(Kofi Annan),2014年诺贝尔物理学奖获得者天野浩(Hiroshi Amano)和中村修二(Shuji Nakamura),2011年诺贝尔物理学奖获得者布莱恩·施密特(Brian Schmidt),2013年诺贝尔化学奖获得者马丁·卡普拉斯(Martin Karplus),2013年图灵奖获得者莱斯利·兰伯特(Leslie Lamport)等12位国际知名学者来校讲学。

2015年重要国际交流会议、活动如下:

1. 亚太国际教育协会(APAIE)年会。2015年3月,亚太国际教育协会(APAIE)年会在北京大学举行,全球1500余名教育者参加会议,探讨亚太高校交流的新图景;主办

APAIE 年会的校长圆桌论坛,围绕"大学:创新、企业家精神与经济发展的驱动力"主题展开讨论。

2. 生态文明考察。7月,依托"生态文明国际大学联盟(GAUSF)"平台,举办生态暑期学校项目,汇聚成员学校的 50 余名国内外师生赴贵州考察学习,践行生态文明理念。

3. 北京大学第十二届国际文化节暨全球青年创新节。10月25日,北京大学举办第12届国际文化节。本届国际文化节携手全球青年创新节,围绕"我行动"这一核心,从"爱艺术""爱创意""爱科技"出发,拉开活动帷幕。来自56个国家和地区的北京大学在校留学生和中国学生、十余所北京内外高校教师参与此次国际文化节。

4. 北京论坛(2015)。11月6日至8日,由北京大学、北京市教育委员会和韩国高等教育财团联合主办的第十一届北京论坛在北京举行。本届论坛的主题是"不同的道路和共同的责任"。来自世界55个国家和地区的400余位知名学者应邀出席本届论坛。本届论坛共设有六个分论坛、两个学术专场和一个学生论坛,领域涵盖国际关系、政治、中文、哲学、历史、考古、城市规划、生态环保、社会企业等方面。联合国秘书长潘基文通过视频发来贺词,全球合作基金会主席、欧洲委员会前主席、意大利前总理罗马诺·普罗迪,中国教育部副部长杜占元,联合国副秘书长、联合国秘书长特别顾问伊克巴勒·里扎,联合国前副秘书长、联合国—阿盟叙利亚危机前联合特使拉赫达尔·卜拉希米,韩国SK集团全球董事长崔泰源等国内外嘉宾出席北京论坛的开幕式、闭幕式等重要活动并发表致辞。此外,美国艺术与科学院院士、哈佛大学中国基金主席、哈佛大学讲席教授柯伟林,英国政府国际发展部首席经济学家、牛津大学教授斯帝文·邓,中国英国史研究会会长、英国皇家历史学会通讯会士、北京大学历史学系教授钱乘旦,"文明对话"世界公众论坛创始主席弗拉基米尔·亚库宁等国内外知名专家学者在本届论坛上发表主旨演讲。

【港澳台交流】 2015年,北京大学(校本部)因公赴港澳台地区参加校际交流、合作研究、学术会议、短期学习、访问考察的师生共计1234人,其中赴台556人,赴港624人,赴澳54人。团体出访方面,共派出校级领导及五人以上团组53个,其中赴港澳团组28个,赴台团组25个。

1. 政要来访。5月4日,中国国民党主席朱立伦访问北京大学,会见朱善璐书记及林建华校长,并与光华管理学院师生代表座谈交流。

2. 校级交流。2015年北京大学新增香港城市大学为校级学生交换合作伙伴,校级学生交换合作港澳台高校总数达到12所。2015年共接收校级港澳台交换学生99人次,并派遣学生113人次赴港澳台交换学习。

3. 品牌活动。(1)"海峡两岸暨港澳地区大学校长联谊活动"。7月21日,第十一届海峡两岸暨港澳地区大学校长论坛在澳门大学举办,林建华校长出席论坛并作"近年来中国内地高等教育新进展"主旨发言。

(2)未名湖畔好读书。2015年,"未名湖畔好读书:北京大学暑期学校(港澳台学生)"共招收来自香港大学、澳门大学和台湾大学等44所港澳台地区高校的303名大学生和5名高中学生,其中香港地区193人(含英文课程暑期学校47人)、澳门地区5人、台湾地区110人,人数再创新高。

(3)"中国方略:当代中国与世界"研习营。2015年12月26日至2016年1月3日,第三届"中国方略:当代中国与世界"研习营在北京举办,活动吸引了来自香港大学、香港中文大学、香港科技大学、香港理工大学、香港城市大学、香港教育学院等香港地区高校的136名大学生参加。

(4)松联盟学生合唱节。11月7日晚,北京论坛之夜暨松联盟学生合唱节在北京大学百周年纪念讲堂多功能厅举办,北京大学、台湾大学、香港大学及清华大学四校学生为北京论坛嘉宾演出。

人 事 管 理

【教职工队伍状况】 1. 校本部。截至2015年12月,全职在职人员5440人,具有博士学位2583人,占47.48%。包括常规事业编制4902人,企业编制65人,新体制473人。教学科研人员2597人,其中具有博士学位2274人,占87.56%。另有非全职聘用48人,均为教学科研人员。

表 8-1　2015 年北京大学校本部全职人员分布

岗位类别	教学科研	党政管理	选留学工	实验工程	图书出版	财会审计	医护	中小幼教	工勤	合计
人数	2597	872	50	584	251	159	114	340	473	5440

表 8-2　2015 年北京大学校本部全职人员职称分布

专业技术职务	人数	百分比
正高级职务	1148	21.10%
其中:教授	1019	18.73%
副高级职务	1693	31.12%
其中:副教授	874	16.07%
中级职务	1290	23.71%
初级职务	294	5.40%
无	542	9.96%
小计	4967	91.31%
新体制	473	8.69%
合计	5440	100.00%

表 8-3　2015 年北京大学校本部教师国籍/地区构成表

国籍/地区	中国	美国	加拿大	日本	澳大利亚	荷兰	英国	德国	其他地区	合计
人数	2514	42	11	5	5	4	3	3	10	2597

表 8-4　2015 年北京大学校本部教师队伍年龄分布表

年龄	30 岁及以下	31～35 岁	36～40 岁	41～45 岁	46～50 岁	51～55 岁	56～60 岁	60 岁以上	合计
人数	34	279	421	457	563	448	252	195	2649

表 8-5　2015 年北京大学校本部教师队伍学历分布表

学历	博士	硕士	本科及以下	合计
人数	2274	241	82	2597

表 8-6　2015 年北京大学校本部教师学缘结构表

毕业类别	本校毕业	其他国内高校、科研院所毕业			境外高校毕业	合计
		985	其他	小计		
人数	1153	248	441	689	755	2597

表 8-7　2015 年北京大学校本部新体制人员职位分布

	人数	比例	系列	人数	比例	职位	人数	比例
教学科研	459	97.04%	教研系列	406	85.83%	教授/研究员(长聘)	90	19.03%
						长聘副教授	52	10.99%
						预聘职位	264	55.81%
			研究技术系列	47	9.94%	副研究员	28	5.92%
						助理研究员	19	4.02%
			教学系列	4	0.85%	讲师	3	0.64%
						教学助理	1	0.21%
			其他	2	0.42%	副教授/研究员	2	0.42%
其他	14	2.96%	均为辅助研究的副研究员(待纳入研究技术系列)					
总计			473					

2. 医学部。2015年医学部教职工队伍建设继续朝着规模适度控制、结构基本合理的方向发展。截至2015年12月,医学部在职职工11249人,比2014年增加231人,增幅2.10％。其中医学部本部1603人,比2014年减少22人,增幅—1.35％。附属医院9646人,比2014年增加253人,增幅2.69％。

表8-8　2015年北京大学医学部教职工基本情况一览表

人员类别	医学部本部人数	占比	医学部总人数	占比
教学人员	712	44.42％	4384	38.97％
教学辅助人员	413	25.76％	5595	49.74％
管理人员	370	23.08％	839	7.46％
工勤技能人员	108	6.74％	431	3.83％
在职总人数	1603	100.00％	11249	100.00％

表8-9　2015年北京大学医学部教师队伍职务结构、年龄结构统计表

职务	总人数	各年龄段人数			
		35岁及以下	36～45岁	46～55岁	56岁及以上
正高级	986	2	200	550	234
副高级	1239	98	759	333	49
中级	1423	827	478	114	4
初级	723	698	22	3	0
合计	4371	1625	1459	1000	287

备注:截至2015年12月31日,不含肿瘤医院。

表8-10　北京大学医学部2013—2015年教师队伍学历结构统计表

学历	年度					
	2015年		2014年		2013年	
	人数	百分比	人数	百分比	人数	百分比
博士	2989	68.38％	2831	67.79％	2649	65.04％
硕士	953	21.80％	902	21.60％	924	22.69％
本科及以下	429	9.82％	443	10.61％	500	12.27％
合计	4371	100.00％	4176	100.00％	4073	100.00％

备注:截至2015年12月31日,不含肿瘤医院。

【增减员情况】　1. 校本部。2015年全年增员156人,与2014年基本持平。其中,教学科研84人(包括教研系列73人、教学系列1人、研究技术系列10人),与2014年基本持平,占53.85％;党政管理22人,占14.1％;选留学工24人,占15.38％;此三类人员占2015年增员的83.33％。新增非全职聘用5人。

表8-11　2015年北京大学校本部增员分布表

岗位类别	教学科研	党政管理	选留学工	实验工程	图书出版	财会审计	卫生技术	中小幼教	合计
人数	84	22	24	9	4	2	1	10	156

表 8-12 2015 年北京大学校本部增员来源及学历分布表　　　　　　　　单位：人

	合计	应届毕业生	留学回国（含外籍）	地方调入	博士后留校
博士	91	4	53	25	9
硕士	39	28	3	8	
学士	26	24		2	
合计	156	56	56	35	9

（1）学历分布。全校增员156人，其中博士学位91人，占58.33%；硕士学位39人，占25%，研究生学历人员合计占新增人员83.33%。

（2）应届毕业生情况。录用应届毕业生56人，占全校增员的35.9%。其中博士4人，硕士28人，学士24人（均为选留学生工作干部）。

表 8-13 2015 年北京大学校本部录用应届毕业生分布表　　　　　　　　单位：人

	总计	教学科研	党政管理	选留学工	实验工程	图书出版	财会审计	卫生技术	中小幼教
博士	4	1			1				1
硕士	28		12	5	3	2			6
学士	24			24					
总计	56	1	12	24	6	4	2		7

（3）引进人员（非毕业生）情况。留学回国（含外籍）56人，占校本部增员的35.9%；博士后留校9人，占校本部增员的5.77%；地方单位调入35人，占校本部增员的22.44%。以上三类人员中博士学位87人，占87%。

表 8-14 2015 年北京大学校本部引进人员（非毕业生）分布表　　　　　　　　单位：人

	总计	教学科研	党政管理	实验工程	财会审计	图书出版	卫生技术	中小幼教
博士	87	83	1	2				1
硕士	11		7	1			1	2
学士	2		2					
总计	100	83	10	3			1	3

（4）高层次人才引进情况。2015年引进高层次人才20人，其中：教授6人（包括发展中国家科学院院士1人、千人计划1人、长江特聘1人、杰青1人），长聘副教授2人（青拔1人、青千1人），青年领军人才12人（青千）。

（5）减员情况。2015年校本部减员286人，其中离退休170人，调出、辞职、自动离职、在职死亡、选留结束共减员116人。2015年实际净减员130人，主要减员为非教学科研人员（207人，占72.38%）。离退休170人，包括教学科研人员30人（含正高21人），占17.65%；非教学科研人员140人，占82.35%；其他形式减员116人，包括教学科研人员49人（含教授13人），其他人员67人（含选留结束30人）。

表 8-15 2015 年北京大学校本部减员分布表　　　　　　　　单位：人

减员分类	小计	教学科研			其他人员							
		正高	副高及以下	新体制	党政管理	工程实验	图书出版	财会	医护	中小幼教	工勤	选留学工
离退休	170	21	9	0	26	22	14	10	4	8	56	0
其他减员	116	13	25	11	20	12	1	0	1	1	2	30
合计	286	34	34	11	46	34	15	10	5	9	58	30

2. 医学部。(1) 调入情况。2015年调入78人。

调入人员的专业技术职务分布情况为：正高9人，占11.54%；副高15人，占19.23%；中级及以下54人，占69.23%。与2014年基本持平。

调入人员的学历分布情况为：博士41人，占52.56%；硕士25人，占32.05%；本科及以下12人，占15.39%。

调入人员的岗位分布情况为：教学科研岗9人，占11.54%；医药护技岗54人，占69.23%；党政管理岗和其他人员为15人，占19.23%。

调入人员的来源分布情况为：京内调入47人，占60.26%；留学回国20人，占25.64%；京外调干和其他人员为11人，占14.1%。

(2) 两地分居。对符合条件的教职工按照国家有关规定帮助其办理配偶户口进京。2015年受理教职工解决夫妻两地分居申请共计56份，向教育部提交解决夫妻两地分居纸质材料46份，2015年收到人力资源和社会保障部批复29份。

(3) 接收毕业生。2015年共接收毕业生631人，其中博士221人，占35.02%；硕士172人，占27.26%；本科及以下238人，占37.72%。另，2015年接收出站博士后研究人员共计16人。

(4) 调出情况。2015年正常调出161人，与2014年相比减少23人。

调出人员的专业技术职务分布情况为：副高及以上人员33人，占20.5%；中级58人，占36.02%；初级70人，占43.48%。

调出人员学历分布情况为：博士69人，占42.86%；硕士28人，占17.39%；本科及以下64人，占39.75%。

调出人员的岗位分布情况为：教学科研岗10人，占6.21%；医药护技岗132人，占81.99%；党政管理岗和其他人员19人，占11.8%。

调出人员的去向分布情况为：调到本市其他单位129人，占80.12%；调到京外其他单位7人，占4.35%；出国和其他人员为25人，占15.53%。

(5) 滞留人员档案转出。2015年滞留人员档案转出2份。

(6) 校内调动。2015年完成校内调动26人。

【奖教金评审】 1. 校本部。2015年奖教金的奖励名额为249人，比2014年增长约4%，奖金总额为1156万元，比2014年增长约5%。2015年新增嘉里集团郭氏基金树人奖教金，奖励名额为10人，奖励标准为5万元/人。北京银行奖教金的奖励名额从5人增加到10人，正大奖教金的奖励名额从19人增加到20人，宝洁奖教金的奖励名额从5人减少为4人。

2. 医学部。2015年医学部共有34人获得各级奖教金，其中北京大学国华杰出学者奖2人、方正奖教金教师优秀奖4人、方正奖教金优秀管理奖2人、杨芙清-王阳元院士奖教金5人、黄廷方/信和青年杰出学者奖3人、绿叶生物医药杰出青年学者奖6人、仲外医学奖教金10人。

【人才开发】 1. 校本部。2015年办理公派出国(境)人数共计49人，各种指标分布见表8-16、表8-17和表8-18：

表8-16 2015年北京大学校本部公派出国(境)派出类别

派出类别	单位公派进修	校际交流	单位公派任教	国家公派任教	国家公派进修	随任	国家公派工作	借调	合计
人数	12	10	1	6	20	0	0	0	49

表8-17 2015年北京大学校本部公派出国(境)派出人员职称、学历、年龄分布状况

职称	人数	学位	人数	年龄段	人数
正高	11	博士	42	50岁以上	8
副高	29	硕士	6	46~50岁	12
中级	9	学士	1	41~45岁	11
初级及以下	0	无学位	0	36~40岁	11
				31~35岁	6
				30岁及以下	1
合计	49	合计	49	合计	49

表8-18 2015年北京大学校本部公派出国(境)派出国别(地区)

国别(地区)	美国	日本	韩国	德国	英国	法国	港澳台地区	其他	合计
人数	22	4	1	5	1	2	1	13	49

2015年公派留学人员回校共计42人,类别分布如下:

表8-19 2015年北京大学校本部公派留学人员回校类别

派出类别	回国人数	批准延期人数
国家公派任教	3	1
国家公派进修	18	1
国家公派读博士	0	0
单位公派进修	18	1
校际交流	3	2
单位公派任教	0	0
单位公派读博	0	0
其他	0	0
合计	42	5

国家公派访问学者项目,推荐30人,入选30人;青年骨干教师出国项目,推荐19人,入选19人;高等教育行政管理人员出国项目,推荐3人,入选3人;国际区域项目,由于语种的限制,无人申请。新增项目情况如下:国外教育调研访问学者项目,推荐3人,入选1人;高校优秀学生工作者出国项目,推荐1人,入选1人。

2010年5月,在光华基金会和学校共同倡导下,人文基金高级访问学者项目正式启动,该基金旨在资助北京大学中文系、历史学系、哲学系、考古文博学院等4个人文院系的海内外高端学术交流。截至2015年12月,基金已累计资助海内外学者137人,资助学术团队4个。其中,资助北京大学校本部副教授以上教师出访51人,资助海外知名学者来访86人。2015年,人文基金共审批出访学者10人,来访学者20人,学术团队短期出访1次。2015年,人事部制定并完善人文基金资助标准。根据学校相关学科海峡两岸学术交流的最新需要,在访问学者项目基础上增加人文基金台湾博士后项目。

2. 医学部。2015年审批出国(境)留学人员共计95人,其中国家公派18人,单位公派77人;正高职称11人,副高职称30人,中级职称48人,初级职称6人;派往美国65人,欧洲20人,澳大利亚2人,其他国家和地区8人;出国进行合作研究39人,进修学习56人。办理离校手续25人,办理返校手续17人。

【专项培训】 1. 北京大学青年骨干教师培训会。5月29日至31日,校本部共60余名青年教师代表参加培训会。培训活动的内容包括:师德师风教育、国情教育、教学改革与教学规范、科研政策与管理、学校人事改革及相关政策制度、相互交流与素质拓展。

2. 新任教职工岗前培训。8月31日至9月2日,北京大学2015年新任教职工岗前培训活动在京郊举行。全校2015年新聘任的教学科研人员、工程实验人员、管理教辅人员以及学生工作部选留学生干部共100余人参加培训。培训内容包括校史校情、教学科研、职业精神、师德师风、心理健康等多个方面。

3. 管理职员培训。11月25日起,北京大学以学生工作系统职员为首批培训对象,开展管理职员的培训工作。本次培训分为公共基础培训、专业岗位培训两部分。

4. 高层次专家研修活动。2015年全校共选派24名教师参加中组部各类高层次专家国情研修班,1名教师参加中国科协高层次专家国情研修班。具体情况如表8-20所示:

表8-20 北京大学参加高层次专家国情研修班人员统计

班次名称	参加人数
国家"千人计划"专家研修班	7
"青年拔尖人才"入选者研修班	9
"高层次专家"国情研修班	2
"千人计划"青年项目入选者培训班	5
"青年科技领军人才"国情研修班	1
合计	24

【高端人才及团队】 1. 校本部。(1) 海外高层次人才引进计划。2015年申报第十二批"海外高层次人才引进计划"各类项目人才共76人,其中创新长期项目4人(1人入选),创新短期项目7人(2人入选),青年项目65人(29人进入面试答辩,28人入选)。截至第十一批海外高层次人才引进计划,到校本部工作的海外高层次人才共165人,包括创新长期项目42人、创新短期项目24人、青年项目99人。2015年校本部完成19位海外高层次人才引进计划(青年项目)的中期评估。拟进行8位长期、短期海外高层次人才引进计划专家评估,其中:综合评估4人,聘期考核4人。2015年12月底开展考核评估。

(2) 国家高层次人才特殊支持计划。2015年度完成第二批"青年拔尖人才支持计划"答辩工作,共有31人进入答辩,最后入选20人,包括理工医15人、哲学社会科学5人,入选人数居高校前列。同时,国家高层次人才特殊支持计划第二批教学名师入选1人。截至2015年12月,入选国家高层次人才特殊支持计划首批人员包括杰出人才1人、科技创新领军人才17人、哲学社会科学领军人才3人、百千万工程领军人才2人、教学名师3人、青年拔尖人才33人,入选人数居国内高校前列。

(3) 长江学者。北京大学共推荐2015年度"长江学者奖励计划"候选人158人。54位候选人通过教育部的通讯评审进入同行专家评审环节,包括长江学者特聘教授候选人26人、青年长江学者28人。

4月,北京大学启动对聘期届满长江学者的考核评估和续聘工作。2015年7月聘期届满的长江学者共8人,经相关院系进行考核,报学校批准同意续聘6人。

11月,人事部对聘期内长江学者在2014年11月至2015年10月期间的到岗时间进行核查。核查包括特聘教授51人,讲座教授8人。长江学者特聘教授在聘期内均全职在校工作,长江学者讲座教授绝大部分达到合同书中规定的最低来校工作时间。

截至2015年12月18日,学校在校工作长江学者187人,其中特聘教授143人、讲座教授44人。

(4) 人文讲席教授和政治学讲席教授聘任。2015年,北京大学新聘1位人文讲席教授和1位政治学讲席教授。引进国际著名的中国哲学家美国夏威夷大学Roger Thomas Ames(安乐哲)教授到哲学系任职;引进中央编译局俞可平教授为政治学讲席教授,并担任中国政治学研究中心主任兼政府管理学院院长。截至2015年底,北京大学已有人文讲席教授8人。

(5) 优秀青年人才队伍建设。2015年,在国家人才计划层面,北京大学在"海外高层次人才引进计划(青年项目)"和"青年拔尖人才支持计划"人员入选方面取得较好成绩,入选海外高层次人才引进计划(青年项目)36人,入选青年拔尖20人,在国家优秀青年人才计划入选人数方面处于领先。另外,首批进入青年长江学者答辩共28人。

(6) 新体制实施情况。以预聘制(Tenure Track)为核心的教学科研职位分系列管理制度得到贯彻落实,目前北京大学42个教学科研单位中,有40个单位已经引进新体制人员,仅余3个单位(对外汉语教育学院、马克思主义学院、人口研究所)尚未引进新体制人员;有17个单位已进行过至少一次Tenure评估(以理工科院系为主,人文社科院系中仅历史学系、国家发展研究院、法学院和政府管理学院等4个院系进行过百人计划研究员的Tenure评估),在其中7个单位出现了Tenure评估不通过的案例,且在3个单位(工学院、生命科学学院、历史学系)出现院系层面Tenure评估即不通过的案例。

2015年已完成中期评估35人,含理工科32人、人文社科3人;完成教授晋升评估1人;完成Tenure评估18人,通过14人(教授3人、长聘副教授11人),不通过3人,另有1人推迟2年评估。12月底拟审议Tenure评估9人(申请教授1人,长聘副教授8人)。

2. 医学部。医学部有两院院士11人,"海外高层次人才引进计划"长期项目入选者4人、短期项目入选者1人,青年项目入选者8人(2人未到岗),在岗长江学者特聘教授13人、讲座教授3人,国家级有突出贡献专家14人,"新世纪百千万人才工程"国家级人选8人,青年拔尖人才4人。

2015年共批准引进4位优秀青年学者从事教学科研工作,已有1人到岗。完成3位"医学部优秀人才引进支持计划(百人计划)"入选者的中期评估,其中基础医学院伊鸣考核结果为合格,同意续聘;基础医学院郑铭考核结果为良好,同意续聘;中国药物依赖性研究所沈昊伟考核结果为良好,同意续聘(调出)。

自2015年1月1日医学部正式实施《北京大学教学科研职位分系列管理规定(试行)》以来,考虑到医学部的实际情况,医学部特设立《北京大学医学部优秀博士毕业生、博士后培育计划》(北医〔2015〕部人字10号),作为北京大学教学科研职位分系列管理的补充。2015年共有5位博士(博士后)纳入医学部培育计划并到岗工作,其中基础医学院2人、药学院1人、公共卫生学院1人、中国药物依赖性研究所1人。

【考核与岗位聘任】 1. 校本部。

（1）考核。统筹部署并加强年度考核工作，调整年度考核结果档次。将原来"合格""不合格"，调整为"优秀""合格""基本合格""不合格"。年度考核结果作为调整岗位、工资以及续订聘用合同的依据。截至12月31日，5381名在职在岗职工参加2015年年度考核。3684人参加专项岗位年度考核，考核合格者3682人，考核不合格者2人。503人参加聘期考核，聘期考核后不续签8人。

（2）国家通用岗位聘任。2015年度新聘专业技术岗位共451人，其中新聘二级岗位28人、三级岗位31人。新聘五级管理职员8人，六级管理职员21人，七级管理职员20人，共计49人。

（3）专项岗位聘任。校本部共有2968人被聘任到各985专项岗位。TP岗65人。A类岗867人，其中：A1岗117人，A2岗260人，A3岗490人。BC类岗1786人。正高在B类岗的119人，与2014年基本持平（其中B1岗103人、B2岗11人、B3岗5人），副高在A类岗的62人，比2014年减少14人（其中A2岗2人、A3岗60人）。完成专项岗位考核聘任职员制250人。其中，教学科研单位职员制243人，教辅单位职员制7人。另有机关及直属单位职员制705人（含选留学工50人）2015年12月考核。

校本部各单位拟新聘A类岗位及A类岗位晋级人员70人，包括四个学部69人，教辅单位1人。其中A1岗12人、A2岗19人、A3岗39人。新聘A类岗位及A类岗位晋级人员数与2014年一样。新聘A类岗位及A类岗位晋级人员占A类岗位总数的8.07%。

各教学科研单位共聘岗2617人，其中：A类岗位846人，BC类岗位1463人。A类岗中A1岗位116人，A2岗位258人、A3岗位472人。教学科研单位职员制人员考核合格共聘任243人。

图书馆、计算中心、教育技术中心、校医院、实验动物中心等教学辅助单位共聘岗351人，其中：A类岗位21人，BC类岗位323人，职员制7人。A类岗位中，A1岗1人（朱强），A2岗位2人（张宏印、张蓓），A3岗位18人。

2015年青年津贴共申报266人。其中，教学科研单位申报227人，教学辅助单位申报39人。

校本部共有院士岗39人（含人文资深在职4人，不含双聘院士），教育部长江特聘岗36人（不含新体制年薪制12人）。另有新体制年薪制478人。

（4）专业技术职务聘任。2015年校本部共下达教师系列正高级岗位晋升指标42个、副高级岗位晋升指标44个。经评审，最终通过晋升正高38人，副高41人，中级2人。2015年共12人申请晋升不成功并记次，其中第二次申请的1人。详见表8-21和表8-22。

表8-21　2015年北京大学校本部各学部教授（研究员）审议结果

学部名称	指标	本年度晋升（占指标）			未通过人数
		总数	正常	破格	
人文学部	13	10	10	0	0
社会科学部	12	11	11	0	1
理学部	11	11	11	0	0
信息与工程科学部	6	6	6	0	0
合计	42	38	38	0	1

表8-22　2015年北京大学校本部各学部副教授（副研究员）审议结果

学部名称	指标	本年度晋升（占指标）			未通过人数
		总数	正常	破格	
人文学部	10	9	8	1	0
社会科学部	20	18	17	1	0
理学部	7	7	7	0	0
信息与工程科学部	7	7	7	0	0
合计	44	41	39	2	0

2015年校本部共下达非教师系列正高级岗位指标8个、副高级岗位指标39个（含出版系列非事业编制、中小学）。经评审，通过晋升正高职务8人；晋升副高职务35人［不含出版系列非事业编制4人（代评）］；晋升中级职务52人。

2015年共25人申请晋升不成功并记次，其中第二次申请的1人。详见表8-23和表8-24。

表 8-23　2015 年北京大学校本部各分会正高职务评议结果

分会名称	年度指标	备注	其他	第一次申请晋升不成功	第二次申请晋升不成功
实验/工程分会	2	教授级高级工程师 2	0	1	0
图书出版分会	3	研究馆员 2,编审 1(另有非事业编制副编审 1)	0	4	0
医疗卫生分会	1	主任医师 1	代评 1	1	0
高等教育管理与德育分会	2	教授 1,研究员 1	提调 1,代评 1	2	0
合计	8		3	8	0

表 8-24　2015 年北京大学校本部各分会副高职务评议结果

分会名称	年度指标	备注	其他	第一次申请晋升不成功	第二次申请晋升不成功
实验/工程分会	12	高级工程师 11,高级实验师 1		6	1
财会审计系列评聘小组	1	高级审计师 1		0	0
图书出版分会	4	副研究馆员 3,副编审 1(另有非事业编制副编审 4)		5	0
医疗卫生分会	2	副主任医师 2		0	0
高等教育管理与德育分会	10	副研究员 8,副教授 2		5	0
中小学幼教系列	6			0	0
合计	35			16	1

2015 年晋升教授人员的平均年龄 44.1 岁,与往年基本持平(2009 年 43.5 岁,2010 年 44.4 岁,2011 年 43.8 岁,2012 年 43.7 岁,2013 年 45.5 岁,2014 年 43.8 岁)。

晋升教授人员获博士学位的比例为 100%,连续三年保持 100%(2003—2004 年 81.4%、2005 年 84.8%、2006 年 95.2%、2007 年 94.2%、2008 年 87.8%、2009 年 92.0%、2010 年 94.7%、2011 年 95.7%、2012 年 94.9%、2013 年 100%、2014 年 100%)。详见表 8-25。

表 8-25　2015 年北京大学校本部晋升教授人员年龄与学历分布统计

学部	人数	年龄结构			学位情况			
		最小年龄	最大年龄	平均年龄	博士	博士比例	硕士	学士
人文学部	10	38	51	45.1	10	100%	0	0
社会科学部	11	35	49	42.5	11	100%	0	0
理学部	11	37	57	45.8	11	100%	0	0
信息与工程科学部	6	38	48	42.3	6	100%	0	0
合计	38	35	57	44.1	38	100%	0	0

2015 年晋升教授人员的平均任职年限为 9.8 年,与往年基本持平(2005 年 7.7 年、2006 年 8.6 年、2007 年 8.6 年、2008 年 8.8 年、2009 年 8.6 年、2010 年 9.2 年、2011 年 8.6 年、2012 年 9.4 年、2013 年 9.5 年、2014 年 9.4 年)。详见表 8-26。

晋升教授人员平均教学任务为 144.1 学时/年(4.2 学时/周),与往年基本持平(2009 年 153.3 学时/周、2010 年 157.9 学时/周、2011 年 151.9 学时/周、2012 年 126.9 学时/周、2013 年 151.9 学时/周、2014 年 155.5 学时/周)。晋升教授人员平均发表科研文章 33.1 篇,近几年持续上升(2005 年 15.8 篇、2006 年 19.5 篇、2007 年 20.7 篇、2008 年 22.8 篇、2009 年 21.8 篇、2010 年 24.6 篇、2011 年 23.7 篇、2012 年 27.1 篇、2013 年 26.5 篇、2014 年 35.9 篇)。自然科学类晋升教授人员平均发表被 SCI 等收录的论文 29.6 篇,近几年持续上升(2007 年 14.8 篇、2008 年 14.4 篇、2009 年 16.8 篇、2010 年 21.0 篇、2011 年 16.7 篇、2012 年 19.3 篇、2013 年 21 篇、2014 年 29.7 篇)。详见表 8-26。

表 8-26　2015 年北京大学校本部晋升教授人员任职时间与教学任务、科研文章统计

	任职时间(年)			教学任务(学时/年)			科研文章			
	最短	最长	平均	最多	最少	平均	最多	最少	平均 (平均/年)	SCI、EI 平均 (平均/年)
人文学部	5	16	10.2	272	78.2	169.2	72	11	30.7(3.6)	
社科学部	5	15	9.1	340	136	204.7	63	8	25.3(3.0)	
理学部	6	21	11.5	163.2	29.92	88.8	90	11	37.8(3.7)	27.7(2.8)
信息与工程科学部	6	10	7.4	124.78	34	65.5	74	17	46.2(6.4)	33.0(4.8)
合计	5	21	9.8	340	29.92	144.1	90	11	33.1(3.8)	29.6(3.6)

2015 年晋升副教授人员的平均年龄为 35.6 岁,获博士学位后任职年限平均为 5.2 年,与往年基本持平(2009 年 35.3 岁,4.5 年;2010 年 34.9 岁,4.2 年;2011 年 35.7 岁,4.0 年;2012 年 34.7 岁,4.1 年;2013 年 35.5 岁,4.4 年;2014 年 36.4 岁,4.9 年)。晋升副教授人员的平均任职年限为 5.7 年,承担教学任务平均为 158.6 学时/年(4.7 学时/周),平均发表科研论文 10.5 篇,与往年基本持平(2010 年 5.2 年,平均教学任务 144.6 学时/年,论文 8.9 篇;2011 年 5.7 年,151.4 学时/年,论文 11.3 篇;2012 年 5.3 年,137.0 学时/年,论文 8.9 篇;2013 年 5.3 年,141.8 学时/年,论文 11.2 篇;2014 年 7.1 年,159.8 学时/年,论文 10.5 篇)。

2. 医学部。根据北京大学考核工作部署,2015 学年度考核由 9 月改到 12 月进行。医学部 2009 年出台的《北京大学医学部教职工考核聘任实施办法》[北医(2009)部人字 149 号]规定,"考核结果分为优秀、合格和不合格三个等次"。而 2014 年出台的《事业单位人事管理条例》(国务院令第 652 号)规定:"年度考核的结果可以分为优秀、合格、基本合格和不合格等档次",2015 年考核根据国家规定,增加"基本合格"档次。

2015 年,医学部本部应参加学年度考核人数 1603 人,实际参加考核人数 1584 人。其中优秀 147 人,占参加考核人数的 9.28%;合格 1410 人,占参加考核人数的 89.02%;参加考核不确定等次 27 人,占参加考核人数的 1.70%。不参加考核 19 人,占应参加考核人数的 1.19%。

2015 年,医学部本部含五家附属医院应参加学年度考核人数 11274 人,实际参加考核人数 11124 人。其中优秀 1083 人,占参加考核人数的 9.74%;合格 9341 人,占参加考核人数的 83.97%;基本合格 20 人,占参加考核人数的 0.18%;参加考核不确定等次 565 人,占参加考核人数的 5.08%;不合格 115 人,占参加考核人数的 1.03%。不参加考核 150 人,占应参加考核人数的 1.33%。

按照北京大学人事部通知的要求,人事处向各二级单位统一布置了专项岗位考核与聘任工作,要求各单位在严格考核的基础上做好下一学年度的岗位聘任工作。将 2015 学年度岗位聘任的结果作为 A 岗的指标和 BC 岗额度的参考值(其中,2014—2015 学年度退休的 A 岗指标仍给各单位保留),在此基础上,加上新入职未起岗贴人员,减去出国占编人员,确定了 A 岗的指标和 BC 岗的额度,额度基本没有增减,要求各单位严格按照下达的指标和额度进行岗位聘任,结合个别单位的特殊情况给予微调。机关职能部处和学院机关管理人员按职员岗位编制进行聘任,超过下达的职员编制数的单位,新增人员聘为 ABC 岗。

(1)聘任情况。含出国占编人员在内,聘任 ABC 岗 1034 人(含王陇德),其中院士 6 人、长江特聘教授 5 人、A 岗 105 人、BC 岗 918 人(B 岗 381 人、C 岗 537 人),职员岗 360 人(含双肩挑 19 人),合计上岗总人数为 1394 人。ABC 岗的比例为特聘岗(院士和长江特聘教授)和 A 岗占 11.22%,B 岗占 36.85%,C 岗占 51.93%。A 岗中,正高为 97%,副高为 3%;教学系列为 91%,非教学系列 9%。医学部在岗职工 1620 人,其中工人 120 人,经费自理单位 59 人和年薪制 23 人不享受岗位津贴,普通岗 22 人,上岗率为 98.4%。

(2)岗位调整情况。各单位在医学部下达的 ABC 岗指标和额度内完成聘任;模拟职员制人员进行正常晋升。2015 年 ABC 岗位调整共 78 人,其中上调 59 人,比 2014 年增加 8 人;下调 19 人,比 2014 年增加 12 人;另外新聘 22 人。模拟职员制人员共有 160 人正常晋升,新增聘 14 人。管理人员聘为 ABC 岗的 41 人。

(3)青年人才支持计划。2015 年度青年人才支持计划符合申报条件 139 人,实际申报 136 人,比 2014 年减少 12 人。

(4)专业技术岗位聘任。2015 年度专业技术岗位聘任工作与高级专业技术职务评聘工作同期进行,四级及以下的专业技术岗位按照文件规定的条件由各单位直接聘任;二、三级岗位由各单位根据条件并结合工作需要和实际贡献推荐人选,经医学部学术委员

会审议,由学校聘任。按2015年8月岗位数聘任,9月兑现岗位工资。

(5)专业技术职务聘任。医学部坚持学术标准,改进专业技术职务评聘工作,完成2015年专业技术职务评聘工作。根据各单位队伍现状及学科发展要求,确定晋升比例,宏观控制队伍的结构。按照《北京大学教师聘任和职务晋升(暂行)规定》和《北京大学医学部专业技术职务评审聘任条例》,经各级评审,2015年共有378人通过高级专业技术职务的评审聘任,其中晋升239名(不含国际医院晋升副高1人)。在晋升人员中,晋升正高职72人,晋升副高职167人。

【劳动合同制职工的管理】 1.校本部。截至12月31日,校本部签订劳动合同并在人事部备案的劳动合同制职工达到3257人(不含餐饮中心劳务派遣、出版社、印刷厂、附中、附小及附属公司),2015年入职745人,离职684人,净增加61人。劳动合同制职工中,按照性别划分,女职工2114人,占职工总数的64.91%;男职工1143人,占职工总数的35.09%。按照文化程度划分,拥有博士学历的职工115人,占职工总数的3.53%;拥有硕士学历的职工657人,占职工总数的20.17%;拥有本科学历的职工885人,占职工总数的27.17%。职工整体平均年龄约为34.6岁,以20~39岁青年职工为主,占71.54%。劳动合同制职工教学科研类岗位138人,占4.24%;行政管理类岗位1210人,占37.15%;专业技术类岗位781人,占23.98%;工勤类岗位1128人,占34.63%,行政管理岗位的人数首次超过工勤类岗位的人数。劳动合同制职工分布于85个二级单位,其中理学部、信息与工程科学部、人文学部、社会科学部所有院系均聘有劳动合同制职工。各单位职工人数差异较大,会议中心人数最多,共688人;校医院和光华管理学院超过200人;校园管理服务中心、特殊用房管理中心、生命科学学院、继续教育学院、工学院等5个单位劳动合同制职工人数均超过100人;有34个二级单位合同制职工人数在十人以下。后勤系统聘用人员最多,占总人数的39.55%。

2015年制定《北京大学进一步加强劳动用工制度建设指导意见》主文件以及《北京大学劳动合同制职工招聘及录用管理指导意见》《北京大学劳动合同制职工薪酬管理制度指导意见》《北京大学劳动合同制职工考核管理指导意见》《北京大学劳动合同制职工考勤管理指导意见》《北京大学劳动合同制职工奖惩管理指导意见》5个配套文件,加强对各用工单位的制度建设指导。

6月至7月,完成2015年度职工保险缴费基数的调整工作。该次基数调整工作涉及8618人次(其中事业编制职工5453人,合同制职工3165人)。根据核对的劳动合同制职工2014年度月平均工资,完成劳动合同制职工2015年度住房公积金缴费基数的调整工作。

为加强和规范学校劳动合同制职工考核工作,完善评价体系,客观评价劳动合同制职工德才表现和工作业绩,2015年首次在劳动合同制职工中开展全校范围内的年度考核工作。

6月,聘请昌平校区的王文彦副主任介绍昌平园区在考勤、考核方面积累的经验。7月,为后勤系统的主管领导和人事干部集中作关于"高校合同制员工薪酬设计思路分析""人事纠纷避免和劳动争议处理""规范制定单位规章制度减少用工纠纷"的专题报告。

2.医学部。合同制聘任人员是北京大学医学部人力资源重要的组成部分。截至12月11日,医学部本部签订合同(含劳动合同制、劳务合同制、劳务派遣制)并在医学部人事处备案的职工达到418人(不含医学网络教育学院、出版社、实验动物科学部、幼儿园等机构),2015年入职84人,离职66人,净增加18人。2015年合同制职工月平均工资(合同工资)为2761元,月平均实发工资(合同工资+加班费+奖金-扣款)为3278元,月平均单位承担工资(合同工资+单位承担保险公积金)为5064元,人均年实发工资为3.9万元。

【工资与福利】 1.校本部。1月,根据《北京大学专项岗位绩效奖励实施办法(试行)》,同时结合2011计划的人员绩效,完成2014年度专项岗位绩效奖励的发放工作。根据学校考核、考勤的办法,并结合教职工的实际工作情况,梳理全校的暂停薪人员、受处分处罚人员、离岗人员、实际工作不满半年人员、组织借调人员等教职工的具体情况,同时兼顾本科见习人员、兼职人员、年薪制人员、企业编制人员、博士后的特殊情况,对全校教职工进行增加工龄、晋升薪级、发放一次性年终奖的工作。根据干警津贴的调整规定,调整47人的干警津贴。根据《教育部办公厅关于开展"吃空饷"问题集中治理工作的通知》要求,组织开展"吃空饷"问题集治理工作。

3月,调整遗属补助标准。根据《关于调整本市去世离休干部无工作配偶生活困难补助费标准的通知》(京组通〔2015〕40号),去世离休干部配偶无工作、有子女的生活困难补助费调整到每人每月750元;去世离休干部配偶无工作、无子女的生活困难补助费调整到每人每月1120元。

6月,启动本科生转正和定级工作。将本科生转正定级纳入人事管理系统当中。单位通过系统完成本科生转正和定级工作的申请。8月,完成30名本科生的转正

和定级工作。调整5395名离退休人员的离退休费。为232名离休干部发放防暑降温费,人均240元。

7月,调整5528名在职人员、414名博士后的基本工资标准,并开展养老保险、职业年金改革。

8月,完成职称晋升和聘任通用岗的待遇调整工作。此次职称晋升和聘任通用岗共涉及668人,根据规定调整相关待遇。

9月,根据中组部通知,结合北京大学相关政策,为保障院士、学校资深教师、千人专家的身体健康,组织完成北京大学院士、资深教授和千人专家年度体检工作。北京大学院士安排在北京医院体检中心进行体检,资深教授和千人专家安排在北医三院上地体检中心进行体检。为了保障院士、资深教授、千人专家能够安全、顺利体检,提前确认体检时间和体检材料。在体检当日,安排车辆及时接送,并派护士全程照顾,以免体检过程中出现意外情况。2015年,24名院士、7名资深教授、14名千人专家分批参加体检。

10月,完成岗位津贴的调整工作。通过对比审核,涉及岗位津贴变动的人数为750人。

12月,为离退休人员发放返聘费。截至2015年12月,共为84名离退休人员发放返聘费,总金额为114万元。完成工人技师聘岗工作。根据工人聘岗的要求,共9名高级工晋升为技师,同时兑现相关待遇。根据福利费相关文件规定,北京大学的福利费主要用于教职工的生活困难补助、医药补助、慰问等情况,按个人标准发放到单位。为保障高端人才的健康,北京大学为人才办理医疗照顾手续。截至2015年12月,通过与教育部、卫生计生委、北医三院、校医院协调,共为林建华等11人办理或补办医疗照顾手续。

2. 医学部。落实教职工工资与福利待遇。2015年岗位奖励津贴共发放7813万元。2015年1月发放2014年度专项岗位绩效奖励3524万元,2014年在职职工年终一次性奖金263万元。2015年有1549人晋升一级薪级工资,人均月增资31元。2015年发放优秀人才奖381万元。2015年医学部本部有54人退休。根据京组通〔2015〕10号《关于调整我市自雇服务人员费用补贴标准的通知》,从2015年1月1日起提高自雇费标准。2015年1月提高在职人员职务补贴和离退休人员离退休补贴,自2014年1月1日起执行。根据国办发〔2015〕3号《关于调整机关事业单位工作人员基本工资标准和增加机关事业单位离退休人员离退休费三个实施方案的通知》,按国家规定和教育部要求,2015年7月24日完成在职人员、在站博士后和2014年10月1日后退休人员调整基本工资标准(绩效减少),预扣养老保险工作,自2014年10月1日起执行。2015年7月为2014年10月1日前离退休人员增加基本离退休费,自2014年10月1日起执行。"特岗特贴"的审核与发放工作。为保卫处干部及校卫队18名在编工作人员发放特殊津贴6500元;为基础学院解剖教研室28位在职人员发放特殊岗位津贴9.7万元。丧葬费、抚恤金及遗属生活困难补助的审核与发放工作。2015年有22位职工去世,发放丧葬费、抚恤金320万元。为18位遗属发放遗属生活困难补助6万元。提高原"五七连"人员生活补助费标准,2015年为26位职工发放生活补助41.5万元。提高邹小平生活护理费和伤残津贴标准,2015年共发放8.2万元。

【社会保险】 1. 校本部。2015年,北京大学职工共缴纳社会保险费用11112万元,其中单位缴纳8569万元,个人缴纳2543万元。办理保险增员1188人,减员1189人,跨省市转移49人,发放领卡证明374张,发放社保卡364张,发放医保个人账户存折405张,变更社保信息1141人次。为劳动合同制职工申领生育保险待遇306人次,申领金额2579489.48元;医疗报销办理174人次,报销金额323236.93元;申报工伤待遇45人次,发放金额1014902.47元;办理失业待遇7人次,发放一次性失业保险金26508元;办理养老保险待遇2人次,发放金额16086.36元。

此外,根据北京市相关规定,完成职工社保缴费基数调整〔8618人次(含事业编制)〕和劳动合同制职工公积金缴费基数调整(约2100人次)。

2. 医学部。2015年6月国家启动国家机关事业单位养老保险工作,经2015年6月29日医学部第18次部务办公会研究,决定成立北京大学医学部养老保险改革小组和工作小组,并于7月成立劳动合同与社会保险办公室。

2015年7月起,北京大学为事业编制职工缴纳养老保险及职业年金。因国家养老保险政策没有到位,养老保险及职业年金按照教育部在京事业单位预扣养老保险个人缴费工资参照基数以及薪酬学会"建议预扣养老保险个人缴费工资参照基数"分别对管理人员以及专业技术人员及工人进行预扣,待国家养老保险政策到位之后再进行补扣及补缴,预扣款项暂存至学校账户。附属医院管理人员按照国家卫生计生委要求参照《关于未实行绩效工资的中央事业单位预扣养老保险费的通知》(人社险中心函〔2015〕75号)文件预扣。

2015年北京大学医学部共缴纳社会保险费用(至海淀社保账户)705.8万元,其中,单位缴纳570.6万元,个人缴纳135.2万元;按国家养老保险改革预留养老保险及职业年金费用(暂存单位账户)共计5241万元,其中,单位缴

纳 3668 万元，个人缴纳 1573 万元。办理保险转入 82 人，转出 95 人，核定缴费基数 1665 人，转外省 1 人，补缴 62 人次。为劳动合同制职工申领生育保险待遇，申领生育津贴 5 人次，申领金额 104101.25 元，申报生育保险费用报销，全年申报 8 人次，申领金额 8242.78 元。申报工伤待遇 4 人次，发放金额 178073 元。申办养老保险待遇 2 人次，发放金额 5542.2 元。开具缴费证明 29 份，变更社保信息 7 人次。此外，根据北京市相关规定，完成职工社保缴费基数调整〔1665 人次（含事业编制）〕和公积金缴费基数调整（17 人次）。

【博士后管理工作】 1.校本部。2015 年，校本部招收博士后研究人员 373 名（含外籍博士后 14 人）。其中，北京大学统筹经费招收 73 名，导师自筹经费招收 197 名，校企联合招收 55 名，在职联合招收 48 名。截至 12 月 31 日，北京大学校本部累计招收博士后 5049 名，出（退）站 3990 名，目前在站 1059 名。

2015 年，应出站 320 人，实际校内提交离校转单 334 人（含以前年度应出人员），系统出站减离完成 284 人。已出站减离的 284 名博士后统计去向，其中留校工作 19 人（含留深圳研究生院、医学部）、国内其他高校/科研机构工作 106 人、其他事业单位工作 22 人、进二站（北京大学/其他高校科研机构）8 人、去往公司/非国有企业工作 57 人、国有企业工作 23 人、出国 18 人、去政府机关工作 13 人、退站减离 6 人，其他 12 人。

根据北京大学校发〔2013〕10 号文《北京大学博士后研究人员管理办法（试行）》规定，北京大学全职博士后的薪酬结构原则上与学校在职教职工一致，其工资由岗位工资、薪级工资、职务补贴和绩效工资四部分构成。岗位工资和薪级工资为基本工资，其他津补贴按学校规定执行。全职博士后社会保险按国家和学校的有关规定执行。中国籍全职博士后在站期间享有公费医疗和两险（失业险、工伤险），养老保险视同缴纳（2015 年 7 月之前）。根据国家有关规定，中国籍全职博士后自 2015 年 7 月起，开始缴纳养老保险和职业年金。持"Z"签证的外籍全职博士后在站期间可办理五险（养老保险、医疗保险、失业保险、工伤保险、生育保险），无公费医疗，2015 年 7 月起开始缴纳职业年金。

2015 年博士后在站管理与服务工作包括：

（1）2014 年底至 2015 年 5 月。北京大学校本部 33 个博士后科研流动站参加国家 2015 年博士后综合评估。各院系组织各流动站所招收的共计 3268 名博士后填写各项数据，数百名博士后合作导师填写问卷调查。人事部博士后管理办公室针对教师在数据统计和问卷调查过程中存在的问题予以解答，并组织所有参评的博士后科研流动站撰写流动站自我评估陈述，重点要求陈述能够体现流动站在博士后工作和人才培养方面的特色和优势，以及数据统计和问卷调查所不能反映出来的重要内容。5 月中下旬，根据国家博士后评估数据反馈通知的要求，对国家主管部门反馈的数百条数据进行集中核对并上报。5 月底，北京大学完成全国博士后综合评估工作。11 月 26 日，人力资源和社会保障部、全国博士后管理委员会下发《关于 2015 年度博士后综合评估结果的通报》（人社部函〔2015〕241 号），北京大学校本部所有参评的 33 个博士后科研流动站通过评估。其中，10 个博士后科研流动站被评估为优秀，20 个博士后科研流动站被评估为良好，3 个博士后科研流动站被评估为合格。优良率占北京大学参评总数的 90.91%，在全国高校中名列前茅。

1 月至 2 月，撰写完成《北京大学 2014 年博士后工作年报》和北京大学博士后突出科研成果介绍并上报全国博士后管理委员会办公室出版。

3 月，组织推选在站博士后报名参加北京市第 26 届博士后联谊会。

5 月，通过博士后联谊会组织百余名博士后及家属参加"2015 年北京博士后趣味运动会"。

6 月，根据全国博士后管理委员会办公室的要求，承担国家博士后工作交流团赴美前期沟通和翻译工作。截至 11 月，协调完成美方邀请函，交流团与美国哈佛大学、耶鲁大学、杰克逊实验室等高校科研机构博士后工作会谈安排、中美博士后合作意向协议英文版的撰写等工作。

7 月，北京大学博士后网页启动重新建设。截至 2015 年 12 月底，基本确定设计风格和功能布局。网页的重新建设有利于网页受众更加快速地查询博士后相关信息，更加便捷地使用学校各类相关资源。

9 月至 12 月，经个人申请、学院（系、所、中心）遴选推荐、学校优秀博士后专家组评议、无记名投票、公示并上报学校主管领导批准，评选出北京大学校本部 2015 年优秀博士后 20 人。

10 月，"博士后出站报告电子版提交系统"正式在北京大学图书馆主页上线，系统的投入使用有利于学校收集与使用博士后出站报告电子资源。

12 月，组建北京大学新一届博士后联谊会。

2015 年组织博士后申报中国博士后科学基金三次，审核申请材料 374 份。其中，北京大学 163 名博士后获得中国博士后科学基金第 57 批、58 批面上资助和第八批特别资助，资助总金额 1044 万元。

2015 年 12 月至 2016 年 1 月，

组织北京大学校本部2015年进站博士后研究人员开展系列专题培训活动和2015年度优秀博士后表彰活动。

2. 医学部。(1) 进出站管理。2015年医学部博士后进站40人，其中国家资助19人，学校资助9人，导师全额资助4人，与企业联合培养8人。博士后出站(含退站)33人，其中留校工作10人，高校、科研单位及医院就业10人，企业就业4人，退站6人，其他3人。截至2015年12月11日，医学部6个博士后流动站累计招收博士后701人，累计出站591人。目前在站110人，其中两年在站85人，三年在站12人，未出站滞留13人。2015年根据《北京大学医学部博士后研究人员延期管理实施细则》，共办理4名博士后延期的审批。完成5名长期滞留人员的清退工作。

(2) 2015年博士后经费投入情况。北京大学医学部于2011年起实施博士后激励计划，通过拓宽经费渠道扩大博士后队伍，通过提高博士后待遇提高博士后科研工作的积极性。2015年共筹款约619.2万元用于2015年进站博士后两年日常经费，其中，国家拨款200万元、学校资助131.7万元、医院资助97.2万元、导师等款190.3万元。

(3) 博士后获得资助情况。2015年获博士后科学基金一等面上资助1人，二等资助15人，特别资助1人。2015年博士后获得国家自然科学基金青年科学基金项目等共10项，批准金额168.7万元。

(4) 博士后经费管理。完成博士后进站、延期等日常经费的拨款，博士后基金拨款，管理费的收缴下拨，以及两次博士后待遇调整所需经费的核算、催缴和拨款。为便于管理，促进改革，利用2015年8月待遇调整的机会，将现有发薪博士后的工资账号和已出站博士后日常公用经费余额进行整合。

(5) 博士后流动站评估。根据人社部函〔2014〕204号《人力资源和社会保障部 全国博士后管理委员会关于开展2015年度博士后综合评估工作的通知》完成评估工作。基础医学、临床医学、药学流动站被评估为优秀，优秀率为50%(全国优秀率为13%)；公共卫生与预防医学流动站和生物学流动站被评估为良好；口腔医学流动站被评估为合格。

【人事档案管理工作】 1. 校本部。北京大学教职工人事档案和学生人事档案目前在库56137卷。截至12月31日，2015年度合计接收档案材料12080份(不含零散材料)，档案转递6038+371卷(含部分往届生)。接收新生档案7213卷，其中本科新生档案2738卷，研究生新生档案4475卷。

2. 医学部。遵守人事档案管理规定，执行中组部干部档案管理条例，对档案进行规范整理及使用，依照规定提供档案服务。2015年共管理各类人员档案4661份，年度内完成各类归档622份，接收档案279份，转出档案379份。

根据中共中央组织部《关于做好文件改版及干部人事档案有关工作的通知》，做好人事档案改版及整理相关工作。2012年以前档案材料采用的是旧标准，即16开纸型，需要进行改版、装订。档案盒、相关设备需要按新标准采购、更换。经医学部部务会批准，分阶段开展档案整理工作。第一阶段：2014年11月至2015年4月，整理医学部本部档案；第二阶段：2015年5月—2015年12月，整理人才中心档案。根据与北京中经汇典科级有限公司签订的《北京大学医学部干部人事档案整理合同》《档案整理安全保密协议》《关于北京大学医学部干部人事档案整理合同费用及支付方式的补充说明》，完成整理医学部本部档案4661份，人才中心档案6970份。

在整理档案过程中，对档案材料进行查漏补缺。档案整理有利于提高档案利用效率，方便档案流转与对接，也为人事档案的信息化、电子化奠定基础。

【人才服务与培训中心工作】
1. 校本部。按照2010年制定的《事业编制人员二级人事代理管理流程》，推进二级人事代理制度。2015年底有11批1270人纳入二级人事代理。

主持人事部主页信息建设，负责"北京大学人物"栏目组稿工作，2015年介绍38位北京大学的优秀学人。负责《人事工作简报》的组稿、发行工作，制订简报发稿任务计划，2015年组稿12期，按期发行。统筹启动《北京大学教师手册》编制工作。

2015年因地方政策调整，不再办理集体存档人员调入、调出手续25人，集体存档人员384人。

集体存档劳动合同制职工专业技术职务代评，2015年共21人参评教育管理、工程技术、实验技术三个系列。

科研项目聘用应届毕业生工作2015年已停止实施。2015年为2位2013年聘用毕业生办理落户手续，对7位2014年聘用人员进行年度考核。

转岗富余人员总计55人，离退休人员(含退职)36人，在职人员19人，其中5人有工作岗位。

2. 医学部。人才服务与培训中心围绕学校的中心工作，深化学校人事制度改革，配合人事处工作，促进人才合理配置、合理流动，体现能进能出的用人原则。主要工作内容是对新增人员实行人事代理，并承担一些内部管理和事务性工作。

(1) 人事代理工作。2015年度内签订合同的毕业分配人员有639人，调入人员86人，解除合

人员114人。到目前为止总代理9404人,解除合同1959人,现代理7445人;另外开始试运行国家卫生计生委人才交流服务中心人事代理网上查询系统,该系统的功能包括单位基本信息查询、存档人员查询、个人信息查询、缺少资料查询、人员信息查询、档案目录查询、工作经历查询、证明开具、档案出入库管理等功能,将有助于提高档案管理的信息化水平。

(2) 专业技术职务及行政职务晋升考试考务工作。完成2015年度专业技术职务及行政职务晋升考试4608人次的考务工作。

(3) 新教师岗前培训工作。完成2015年度新教师岗前培训的组织工作,本期共有615人参加培训。

(4) 技术工人升级考工作。2015年组织33人(含补考3人)参加国管局考工,考工结果:26人考试通过,取得相应证书,7人考试未通过,需补考;组织5人参加国管局技术工人道德培训。

(5) 代管人员的管理与服务工作。代管人员12人,其中事业编制11人,企业编1人,退休9人,负责日常管理和与用人单位协调等事务性工作。

(6) 招聘工作。为配合医学部人事制度改革,为用人单位提供服务,人才中心负责招聘工作。2015年为附属医院、医学部各院、系、部处等单位上网发布招聘信息36次。

(7) 归档工作。完成2015年人才中心文书档案的整理工作,包括:代理的相关材料(代理名册、续签名册);新教师岗前培训的相关材料;考工相关材料。

离退休工作

【发展概况】 北京大学对离退休教职工实行学校、院系/机关职能部门二级服务管理的工作机制。在学校党委、行政的领导下,离退休工作部落实党的十八大和习近平总书记系列重要讲话精神,以落实离退休人员待遇、改进离退休管理服务为重点开展各项工作。

截至2015年12月31日,北京大学(本部)离退休人员计5499人,其中离休干部204人,退休人员5235人,退职人员60人。退休、退职人员中干部3701人,工人1594人。离退休人员中,90岁以上84人(1.53%),80岁到89岁1167人(21.22%),70到79岁1774人(32.26%),60到69岁1970人(35.82%),60岁以下504人(9.17%)。

【队伍建设】 离退休工作部下设综合办公室、离退休事务管理办公室、老干部活动中心三个科室,其中综合办公室与人事部综合办公室合署办公。离退休工作部工作人员共6名,领导班子一正一副,部长马春英,副部长李海燕。

北京大学关心下一代工作委员会秘书处挂靠离退休工作部。2014年,学校批准成立秘书处办公室,挂靠离退休工作部,增设办公室主任、副主任两个岗位。办公室人员在离退休工作部内部解决,离退休工作部事业编制数量不变。

【组织学习】 离退休工作部组织司局级离休干部学习会,每两周一次,派专人负责,为每位离休干部订阅《北京老干部》杂志,让老同志们学习党的重要文件,了解党和国家的大政方针。定期更新部门网站,制作《离退休工作简报》,向老同志通报信息。针对离退休人员普遍关心的学校建设发展问题,通过召开春节团拜会、离退休教职工代表座谈会、基层工作人员座谈会、离休组长会、老年兴趣队代表座谈会等,听取意见与建议,保持信息渠道通畅。

【慰问制度】 离退休工作部坚持年节慰问、生日慰问、疾病慰问制度,让老同志们感受到学校的尊重和关心。2015年,单独生日祝寿45人,生病、去世慰问33人次,元旦春节慰问46人,国庆期间慰问10人,各类走访慰问共计134人次。2015年,累计发放慰问金(含慰问品)43.575万元。其中,春节慰问金2万元,生病慰问和去世慰问金2.65万元,抗战时期参加革命工作离休老同志慰问金28万元,离退休教职工健康环湖走、退休典礼、老年书法绘画摄影艺术作品展等活动慰问品价值10.925万元。

【帮扶机制】 继续设立每年60万元离退休特困补助专项经费,对因瘫痪长期卧床或因癌症、心血管疾病等大手术造成特殊困难的老同志进行补助,帮助老同志减轻经济负担。2015年累计补助127人,合计37.66万元。自2014年起,学校每年划拨40万元作为离退休人员生活特困专项经费,用于帮扶生活困难的老同志,2015年累计补助493人,合计34.4万元。

【抗战胜利七十周年纪念活动】 在中国人民抗日战争胜利暨世界反法西斯战争胜利70周年之际,北京大学党委书记朱善璐、校长林建华走访慰问抗战时期参加革命工作的4名老干部、老教师。离退休工作部为28位抗日战争时期参

加革命工作的离休干部、离休工人发放一次性特殊慰问金每人1万元;为抗日战争时期参加革命工作的离休干部、离休工人28人,及参加过抗日战争的6名国民党老兵申领抗战胜利七十周年纪念章;组织部分抗战时期参加革命工作的离休干部到天安门广场观摩抗战胜利七十周年阅兵仪式;历时3个月,拍摄纪录片《记忆:走过抗战的北京大学老干部老教师纪实》。

【退休典礼】 自2011年起,北京大学每年举行退休典礼。2015年,北京大学共有170位教职工退休,离退休工作部举行北京大学2015年退休典礼,颁发感谢状,发放慰问品。

【评选表彰】 经过二级单位申报,评委会评选,并报北京大学校长办公会审批,北京大学授予物理学院等16个单位(含医学部)"北京大学离退休工作先进集体"荣誉称号,授予工学院刘文等41名同志(含医学部)"北京大学离退休工作先进个人"荣誉称号。

【文化养老】 加强燕南园老干部活动中心建设,筹措资金对燕南园63号院老年活动中心陈旧损毁处进行修葺粉刷,更新设备,维修维护活动场所。开设书法、国画、声乐等课程;依托燕园社区、燕园街道的资源优势,利用社区老年活动站或老年协会活动的平台,推动离退休干部就近学习、就近活动。组织离退休人员在重阳节进行"健康环湖走"活动,共计500余位老同志参加活动。

【关工委秘书处工作】 关工委秘书处是北京大学关心下一代工作委员会的日常办事机构,挂靠离退休工作部。2015年6月,北京大学关工委立德树人教育基地正式揭牌为教育部关工委、北京教育系统关工委"关心下一代教育基地"。8月,在全国关心下一代工作表彰中,杨辛先生被评为"全国关心下一代工作先进工作者"。

财 务 工 作

【发展概况】 按照教育部财务决算报表(财基表)口径,2015年北京大学收入总额996250万元,与2014年同口径相比,增加138601万元,增长16.16%。财政补助收入442742万元,比2014年增加78723万元。事业收入392591万元,比2014年增加20320万元;其他收入159219万元,比2014年增加39596万元。

2015年北京大学支出总额为888460万元,比2014年增加29158万元。2015年末固定资产总额为1276393万元,增长6.88%。

【财务分析】 1. 财政拨款增长迅速,自筹收入保持稳定。2015年北京大学收入具体构成情况如下:财政补助收入442742万元,事业收入392591万元,附属单位缴款110万元,经营收入1589万元,其他收入159219万元。财政拨款(包括财政补助收入、科研事业收入中非同级财政拨款、上级补助入、其他收入中非同级财政拨款)占总收入的69.93%,北京大学对国家拨款的需求程度有所增加,财政拨款仍然是学校办学财力的主要来源;北京大学自筹资金(包括教育事业收入、其他科研事业收入、附属单位缴款、经营收入、其他收入中除非同级财政拨款以外的收入)占总收入的30.07%,自筹资金是学校办学财力的重要组成部分。

(1) 财政拨款稳定增长。2015年财政拨款有一定程度的增加,主要原因为2015年财政补助收入增加78723万元,其中教育补助收入中项目支出增加74528万元,主要为"统筹支持一流大学和一流学科建设"专项资金增加62400万元,中央高校捐赠配比资金增加5984万元,基本科研业务费专项资金增加5670万元;教育补助收入基本支出中增加15719万元。此外,2015年科研事业收入中非同级财政拨款收入增加29443万元,其他收入中非同级财政拨款收入增加33774万元。从资金占比来看,财政拨款占北京大学总收入的69.93%。"统筹支持一流大学和一流学科建设"专项资金、纵向科研基金、重点实验室、基本科研业务费等多渠道财政资金是财政拨款的重要部分。

(2) 自筹经费能力保持稳定。为弥补办学经费的不足,促进北京大学的可持续发展,在保证正常教学、科研工作的前提下,北京大学利用自身条件,开展各种社会服务,发展校办产业,争取海内外捐赠和社会资助。2015年北京大学自筹经费收入达299616万元,与2014年基本持平。由于受国家政策影响,北京大学在2015年度教育事业收入下降10703万元。

2. 支出结构与事业发展需求匹配。2015年北京大学总支出为888460万元,教育事业支出和科研事业支出分别占总支出的59.54%和25.26%,是学校最大的两项支出,这表明北京大学在支出预算安排上始终以教学、科研为核心,资金投向明确。

同时,对比2014年的各项支出,2015年由于北京大学"统筹支

持一流大学和一流学科建设"等专项资金的增加以及学校自筹经费的进一步增长,学校的支出情况更为活跃,教育事业支出、科研事业支出是学校各项办学支出中的绝对主体。

3. 财务指标评价良好。2015年,北京大学资产负债率为6.07%,流动比率为600%,表明学校财务风险很低,财务运行状况良好,符合"积极、稳健"的财政方针。2015年,北京大学人员支出比率44.77%,公用支出比率55.23%,人均基本支出391010元,生均奖助学金6634元。2015年,学校总资产增长率为11.13%,净资产增长率为11.02%,固定资产净值率为100%,总收入增长率为14.98%,财政补助收入增长率为26.62%。2015年学校各项财务指标均在合理范围内,学校财务状况处于良性循环状态。

【财务管理】 1. 预算管理改革。2015年教育部预算管理工作的重大变革和工作重点在于三年项目支出规划的编制和项目库的建立,5月20日学校发文成立北京大学财政专项资金管理领导小组,按照财政部、教育部要求,对项目申报系统进行升级完善,实现项目库网上申报、审批及上报功能,为建立三年滚动项目库提供保障,编报三年项目支出规划。

2. 盘活财政存量资金。一是建立盘活财政存量资金的任务清单和时间表。二是清理科研结题项目,2015年共清理结余资金6682万元。三是提前实施"统筹支持一流大学和一流学科建设""基本科研业务费"等专项资金。四是加大专项资金回收盘活力度。

3. 纪律建设。一是制定《北京大学国内公务接待管理实施办法》,对管理机制、接待要求和标准、外出管理、接待费用和报销进行规定。二是出台《北京大学关于加强经费使用和管理的意见》,对"三公经费"、会议费、培训费、外转经费、人员经费、福利费、设备费等重点经费,明确使用管理的要求和责任。三是在机关范围内实行因公出国双签审批制度,发布《关于进一步加强因公临时出访、严格外事纪律的通知》。四是按教育部要求配合推进清查滥发津补贴专项工作。五是规范校外劳务、校内奖酬金发放,实行按月合并纳税一次性发放,落实北京市地税局税务稽查要求,杜绝故意拆分劳务费逃税。

4. 科研经费管理。加强制度建设,梳理流程,堵塞漏洞。如印发《北京大学关于科研大额资金审批的通知》《关于加强科研经费调账业务管理的通知》,配合相关职能部门出台《北京大学理工科民口科研项目经费管理办法》《北京大学人文社会科学研究项目经费管理办法》《北京大学国防项目经费管理办法》《北京大学关于进一步规范科研行为的实施办法》等。

5. 国有资产管理。一是制定《北京大学国有资产管理办法》,作为指导学校国资工作的纲领性文件。二是针对图书资料的管理漏洞,与图书馆研究制定《图书资料固定资产管理规定》。三是为加强学校房屋出租的管理,学校研究制定《北京大学经营性用房管理规定》。四是规范校内资产处置工作流程,按照教育部要求开展资产处置的报批报备工作,并将处置收入及时上缴中央财政。五是参与教育部国资专项检查工作。六是接待教育部国资专项检查组到北京大学的现场检查。

6. 财务服务能力。一是为方便教师开展野外考察业务,规范野外考察差旅费的审批和报销流程,出台《北京大学野外考察差旅费管理暂行办法》。二是规范财务管理流程,起草差旅费、会议费、因公出国等多项流程指南。三是加强派驻会计管理,提升服务师生的能力,启动新一轮的派驻会计轮岗工作,恢复成立派驻会计工作委员会、完善管理办法、定期开展培训等,激发派驻制度活力。

7. 内控建设。2015年在北京市地税局税务稽查、审计署预算执行审计、国家发改委等7部门收费检查、教育部国有资产检查、财政资金执行情况检查、公务接待检查等重点检查中,克服人员不足、任务紧迫等困难,组织协调,对各类检查提出的问题,举一反三查找问题,整改落实,完善内控。

8. 队伍建设。2015年组织财会人员参加教育部预算培训、教育部财会骨干异地培训、北京教育会计学会互联网金融培训等上级培训;同时针对新的财务政策,组织新会计制度讲解、财务反腐宣讲、宏观经济政策、工作压力疏导、差旅费政策讲解、科研大额审批办法讲解等校内业务培训。财务部门制定《财务部用车及车辆管理规定》《财务部交通安全责任书》和《财务部退休返聘人员管理办法》。

9. 肖家河住宅项目。截至12月31日,学校累计为肖家河住宅项目筹资垫款逾35亿元。为解决后续建设资金问题,学校向教育部、财政部申请银行资金贷款。为配合肖家河银行贷款工作,制定《北京大学银行贷款管理办法》。同时开拓融资渠道,研究设计多套融资方案,为教师住宅项目建设早日启动提供资金基础。与北京市住房公积金管理中心对接教职工住房公积金提前支取、住房贷款等工作,为教职工争取优惠,为学校尽早收回垫款。

实验室建设与设备管理

【发展概况】 2015年,实验室与设备管理部(以下简称设备部)的工作重点是:推进学校大型科学仪器公共平台建设,构建国内领先、国际一流的科研公共服务体系,支撑各学科建设和发展;深化实验教学改革,总结和凝练实验教学示范中心及虚拟仿真实验教学中心评建经验,以培养复合型、创新型人才为核心目的,利用前沿信息化技术手段,将实验、实践教学的作用贯穿人才培养的全过程;加强实验技术队伍建设,组织完成2015年实验技术系列职称评审和第八届北京大学实验技术成果奖评审工作;完善大型科学仪器购置论证和效益管理,促进资源整合与开放共享;管理和执行学校"一流大学""985/211工程"设备经费;规范设备采购的各个环节,加大招标采购、集中采购的执行力度;全程负责仪器设备进口免税手续的办理,加强免税科教用品的管理和政策宣传;建立健全实验室安全教育体系,加强环境保护和辐射防护管理、实验室危险废物排放及实验动物安全管理;承担北京市科委相关研究项目的建设工作;以管理机制创新和信息化建设为手段,落实各项规章制度的执行;协助先进技术研究院完成相关认证工作。

(黄凯、周勇义)

【实验室建设与实验教学改革】 截至2015年底,北京大学共有实验室159个,其中校本部86个,医学部73个,详见表8-27。

2015年实验室建设和实验教学改革的主要工作如下:

国家级虚拟仿真实验教学中心评建。根据《北京市教育委员会关于开展2015年国家级虚拟仿真实验教学中心遴选推荐工作的通知》(京教函〔2015〕286号)安排,组织落实北京大学虚拟仿真实验教学中心的评建工作。2015年,北京大学考古虚拟仿真实验教学中心被北京市教委推荐参加国家评审。

北京市级实验教学示范中心评建。根据《北京市教育委员会关于开展2015年北京市高等学校实验教学示范中心申报评审工作的通知》(京教函〔2015〕555号)安排,组织落实北京大学教学示范中心的评建工作。经校内遴选,口腔医学实验教学中心被北京教委推荐参加2015年评审。

实验教学改革和教学实验室建设经费的评审与执行。北京大学设立实验教学改革经费和实验教学设备补充经费。通过申报、评审等程序,2015年度北京大学实验教学改革经费共支持实验教学改革项目11项,金额50.4万元;2015年度北京大学实验教学设备补充经费共支持教学实验室建设项目16项,金额58.38万元。

修购基金申报工作。2015年北京大学申报的基础实验教学条件提升改造工程项目,共获经费支持超过2265万元。该经费主要用于改善物理学院、化学与分子工程学院、生命科学学院、地球与空间科学学院、考古文博学院、体育教研部、教师教学发展中心、信息科学技术学院、工学院、图书馆、城市与环境学院、环境科学与工程学院等学科本科实验教学中心实验教学条件的改善。

实验技术队伍建设。截至2015年底,北京大学校本部共有实验技术人员383人(指在院系工作的实验技术人员),其中,教授级高级工程师25人,高级工程师/高级实验师153人,工程师/实验师192人。

1. 组织完成2015年实验技术系列职务聘任工作。2015年,北京大学新聘教授级高级工程师2人,高级工程师/高级实验师13人(其中医学部1人),工程师/实验师8人(其中代评3人)。

2. 组织完成2015年度北京大学第八届实验技术成果奖评选。根据《北京大学实验室工作评审奖励办法》的相关规定,设备部在全校范围内组织开展"北京大学第八届实验技术成果奖"(每两年一次)的申报和评审工作。经过院系推荐、专家评审和校内公示等环节,共评选出一等奖4项(其中校本部3项,医学部1项),二等奖9项(其中校本部6项,医学部3项),三等奖14项(其中校本部9项,医学部5项)。

大型科学仪器公共平台建设。截至2015年底,北京大学共有6个校级公共平台,分别为:电子显微镜实验室、分析测试中心、北京核磁中心、实验动物中心、微纳加工实验室和液氦中心,设备总价值3.5亿元。

2015年,北京大学公共平台建设工作主要包括:

1. 液氦中心运行正常,推进分站建设。从2012年起,由主管校领导主持,实验室与设备管理部与物理学院量子中心共同组织,学校投入2100万元开始筹建"北京大学液氦中心"。2015年1月5日,液氦中心正式投入使用。2015年,液氦中心通过回收方式加工生产液氦近4万升,回收率超过90%。在主站点运行的基础上,液氦中心完善配套设施,完成化学与

分子工程学院分站建设,并筹备信息科学技术学院分站建设。

2. 组织完成电子显微镜实验室仪器设备资源升级。北京大学于2015年批准电镜室球差矫正显微镜的购置计划。2015年1月完成设备购置可行性论证,12月完成设备招标采购工作。此次设备升级中,北京大学以全球最低价购入亚洲首台超高能量分辨电子显微镜,该设备的购入将提升北京大学电子显微学、纳米材料和其他物质研究相关学科探索前沿问题的能力。

3. 组织完成校级公共平台绩效考评。实验室与设备管理部组织编制了高校中首个公共平台绩效考评指标体系,旨在对公共平台的运行效果进行全面、客观的考量,实现以评促建的目的。2015年,分别组织完成了北京大学公共平台的中期和年终绩效考评,从公共性、科研能力、管理机制、队伍建设、平台特色等方面全面检验了各平台的管理与服务工作,并根据考核成绩拨付了平台运行专项补贴。

4. 启动高性能平台建设。设备部组织学科建设办公室、计算中心及各用户单位召开需求与建设方案沟通会,讨论确定校级高性能平台建设的原则,并委托计算中心根据校级公共平台管理办法制订建设方案。

5. 启动冷冻电镜平台建设。2015年,设备部牵头组织学科建设办公室和用户单位开展冷冻电镜平台的建设。由校领导主持可行性论证,明确平台建设的必要性、平台定位、管理模式、技术团队、设备配置等相关问题,并完成相关设备的招标采购工作。

(张媛、张黎伟)

【"一流大学""985/211"设备经费管理与执行】 截至2015年底,由设备部负责管理和执行的"985工程"三期设备经费、"统筹支持一流大学、一流学科建设"设备经费共计拨款10.97亿元,已执行9.2亿元。其中2015年度执行4.23亿元。

(石铄、张洁、荆明伟、西鹏)

【仪器设备管理】 截至2015年底,北京大学在用仪器设备总量279272台,价值人民币58.19亿元(校本部206093台,价值人民币44.93亿元;医学部73179台,价值人民币13.26亿元),其中40万元以上大型仪器设备1579台,价值人民币22.49亿元(校本部1211台,价值人民币17.72亿元;医学部368台,价值人民币4.77亿元)。

2015年,北京大学新增1000元以上仪器设备35062台,价值人民币7.76亿元。其中校本部新增28472台,价值人民币6.26亿元;医学部新增6590台,价值人民币1.5亿元。

2015年,北京大学新增40万元以上大型仪器设备187台,价值人民币3.22亿元。其中校本部新增152台,价值人民币2.73亿元;医学部新增35台,价值人民币0.49亿元。详见表8-28。

2015年仪器设备管理方面的主要工作如下:

北京大学第二十三期大型仪器设备开放测试基金的执行。第二十三期大型仪器设备开放测试基金共开放设备181台/套(含实验动物中心平台),完成课题1191项,使用基金687.44万元,测试机时226776小时,测试样品346851个,资助申请人发表SCI论文832篇,获得专利125项,出版专著4部,千余名师生使用基金系统内的大型设备。获资助单位包括化学与分子工程学院、物理学院、生命科学学院、信息科学技术学院、地球与空间科学学院、城市与环境学院、环境科学与工程学院、考古文博学院、工学院、前沿交叉学科研究院、深圳研究生院、分子医学研究所、心理学系、医学部等14个院系。

北京大学第二十四期大型仪器设备开放测试基金的申报和评审。第二十四期大型仪器设备开放测试基金共收到课题申请1413个,测试费申请总额2504万元,申请机时653.5万小时,申请样品测试37.64万余个。经专家评审,最终获得批准的课题共1284个,测试基金总额800万元,其中学校出资400万元,申请人配套经费400万元。参加本期基金开放的仪器设备共186台/套(含实验动物中心平台)。

大型仪器设备测试服务。2015年,北京大学大型仪器设备测试服务总收入6872.15万元(不含大型仪器设备开放测试基金部分)。

组织40万元以上大型仪器设备购置可行性论证200台/套。

大型教学科研仪器设备使用情况调查及分析。完成全校1084台40万元以上仪器仪表类教学科研仪器设备的年度使用情况调查及分析。其中校本部871台,价值12.44亿元,年使用机时800小时以上的仪器占83%,年使用机时2000小时以上的仪器占23%。

国家科技基础条件资源调查。根据科技部、财政部《关于开展2015年科技基础条件资源调查工作的通知》(国科发基〔2015〕154号)的要求,完成北京大学(含医学部)50万元以上大型仪器设备基本信息和设备使用情况的统计上报。

仪器设备资产处置。继续实行校内调剂、集中收储、公开处置的仪器设备报废程序,实现仪器设备使用价值的最大化。2015年北

京大学旧仪器设备变价收入为118.32万元。

仪器设备清查。设备部于2013—2015年在全校范围内组织开展仪器设备核查工作。各单位共上报丢失仪器设备1484台,总价值1288.01万元。设备部对上报遗失设备的具体情况进行分类汇总,制订丢失赔偿方案,经学校审议通过后组织相关院系依照方案开展仪器设备赔偿工作。

教育部国有资产专项检查工作。2015年,设备部配合学校国资办完成教育部国有资产专项检查工作,主要负责仪器设备资产全流程管理各环节相关资料的报送以及对相关管理流程进行解释说明。

北京大学仪器创制与关键技术研发中心建设。截至2015年底,仪器创制与关键技术研发中心组织完成五期"仪器创制与关键技术研发"项目的申请、评审和总结验收工作,共41个项目获得支持,获支持单位涵盖除数学科学学院外的全部理工科院系,资助经费共计约1000万元,所支持项目后续获国家重大专项经费约1.2亿元。在此基础上,设备部利用首都科技条件平台等渠道宣传和推介已有成果,为促进成果的深度开发与转化落地创造条件。

首都科技条件平台北京大学研发实验服务基地建设。2015年,北京大学继续承担北京市科委现代服务业促进重大专项——"首都科技条件平台北京大学研发实验服务基地建设及运营"项目(七期)建设工作,项目经费210万元。基地建设由设备部牵头组织,在科技资源开放共享、科研成果转化、专利技术转移等方面取得成绩,并通过七期项目建设验收和绩效考评。

首都科技条件平台创新创业服务校企合作示范试点项目。2015年,北京大学承担北京市科委首都科技条件平台试点项目——依托首都科技条件平台构建创新创业服务校企合作联盟的研究与探索,经费100万元,建设周期两年。该项目由设备部牵头,主要目的是依托北京大学优质教育资源、高精尖的仪器设备资源和首都科技条件平台的复合资源优势,促进高校科技成果转化与科技资源的社会化服务能力提升,为科技型创业团队和中小微企业提供研发合作和科研人才培养,助力首都科技型中小微企业和创新团队的发展。

北京大学科普基地建设。2015年,北京大学科普基地建设工作包含三个方面:科学技术普及专项,北京市科普项目社会征集,组织参加全国科技周。

1. 科学技术普及专项。2015年,北京大学完成北京市科委科学技术普及专项——"北京大学科普基地建设"项目(四期)建设任务,项目经费90万元。专项工作内容主要包括:高校科普工作模式的理论研究;重点实验室高端科普资源的整合与设计;科普项目的开发与包装宣传;科普核心功能区的规划、建设与完善;成果的汇集凝练与科普读物的制作;北大科普网的运行与维护;参与和支撑各类大型科普活动。

2. 北京市科普项目社会征集。推荐"单细胞挑选演示仪及配套演示实验研发"与"生物标本馆建设"项目,获得北京市科委2015年度立项资助。

3. 组织实验室参加全国科技周。2015年5月,设备部组织北京大学17个相关项目参加北京大型科普博览——全国科技活动周暨北京科技周的展出。在"创造我发明"版块,刘延东副总理首先参观了北京大学创业训练营及其营员企业代表团项目,对北京大学依托教育科研优势、校友资源、实验室与先进仪器等科技资源推动"创新创业、科技惠民"的工作模式给予充分肯定,并对相关工作的开展提出建议。中央电视台、新华网、中国科技网等媒体重点报道了刘延东副总理参加科技周的情况。

(周勇义、张黎伟、王洋洋、马宁、李卿、徐继革)

【仪器设备采购】 2015年,设备部完善采购制度,规范仪器设备采购申报、审批程序以及招标采购流程;完善"阳光采购"机制,每月定期公布学校通用设备实际采购价格及采购工作相关信息,帮助全校师生掌握通用类仪器设备的实际价格变动情况。2015年,北京大学共采购仪器设备5.78亿元,其中校本部采购仪器设备4.76亿元,医学部采购仪器设备1.02亿元,主要工作如下:

招标采购工作。2015年,北京大学共组织仪器设备招标采购137次,中标金额共计4.5亿元。其中校本部仪器设备招标121次,中标金额共计4.23亿元;医学部仪器设备招标16次,招标金额共计0.27亿元。招标方式采购为学校节省经费约2629.27万元。

国内仪器设备采购。2015年,北京大学共采购国内仪器设备3.08亿元,审核并签订5万元以上合同1083份,合同金额共计2.94亿元。其中校本部采购国内仪器设备2.79亿元,审核并签订5万元以上合同900份,合同金额共计2.48亿元;医学部采购国内仪器设备0.29亿元,审核并签订5万元以上合同183份,合同金额共计0.46亿元。

国外仪器设备采购。2015年,北京大学采购国外仪器设备6.47亿元人民币。其中校本部采购国外仪器设备5.46亿元人民币,通过竞争性谈判或招标采购等方式签订及执行合同883项,共计4313台(件、套、批);医学部采购国外仪器设备1.01亿元人民币,通过竞争性谈判或招标采购等方式签订及执行合同293项。

办理科教用品免税情况。2015年,北京大学共办理免税899项,免税合同金额折合人民币约3.64亿元,按平均税率20%计算,共免除税款约0.73亿元。其中校本部办理免税741项,免税合同金额折合人民币约2.9亿元,免除税款约0.58亿元;医学部办理免税158项,免税合同金额折合人民币约0.74亿元,免除税款约0.15亿元。

(石铄、张洁、荆明伟、西鹏)

【实验室安全与环境保护】 2015年,设备部在实验室安全、环境保护和辐射防护方面的主要工作如下:

实验室技术安全管理。1. 加强试剂管理工作。通过与保卫部门合作,完善审核流程和加强监督检查等方式,消除学校安全隐患,减少和避免安全事故的发生。同时,在调研的基础上,着手启动北京大学试剂管理平台的开发建设工作。该系统是全国高校首个试剂全流程管理系统,将在全国高校中率先实现试剂的闭环管理。

2. 实验室、仪器设备和实验室安全巡查。2013年6月起,设备部开始实施实验室巡查制度,每周巡查一个实验室。2015年度共巡查19个院系的32个实验室,巡查报告和实验室安全整改通知已发送相关单位。

3. 安全责任落实。设备部代表学校与全校各院系、实验室签订实验室安全责任书及辐射防护安全责任书,将安全责任逐级落实,强化广大师生员工的安全责任意识。

辐射安全与防护。1. 获得北京市辐射安全培训资格。经前期调研和沟通,11月20日,北京市环境保护局发布《关于推荐北京市初级辐射安全培训单位(第二批)的公告》,明确北京大学为北京市初级辐射安全培训单位。该资格的获得,将提高学校辐射安全与防护管理效率,发挥北京大学社会服务功能,扩大学校在辐射工作领域的影响。

2. 完善辐射安全与防护制度建设。经广泛征求意见和反复修改,设备部制定《北京大学辐射安全与防护管理办法》(校发〔2015〕2号)和《北京大学辐射工作人员安全与职业健康管理实施细则》(校发〔2015〕1号)。学校辐射安全管理制度已覆盖辐射安全与防护的全部管理过程,形成较为完善的制度体系。

3. 办理放射性同位素进出口和转让审批手续。按相关规定,先后办理Co-60、Cs-137、P-32、S-35、H-3、C-14、Tc-99m、I-131(国环辐审〔2015〕1265号和1266号,京环辐审〔2015〕23号、68号、197号、198号、277号、278号,)进出口和转让审批手续,共计8次。

4. 辐射工作人员管理。累计完成700余人次的个人剂量检测,组织180余名师生参加辐射安全培训,保障辐射工作人员职业安全与健康。

5. 辐射工作场所管理。完成2次辐射工作场所的环境剂量检测,结果显示所有辐射工作场所环境剂量均处于环境辐射本底水平,无超标或异常。

6. 落实核安全文化宣贯工作。为贯彻落实环境保护部《核安全文化宣贯推进专项行动总体方案》,设备部制订并执行《北京大学核安全宣贯行动实施方案》。其间,组织参观"中国核工业创建六十周年成就展"等活动。

环境保护。1. 危险化学废弃物管理与处理。2015年,在化学与分子工程学院的配合下,组织处理全校(含医学部)化学废弃物共计217吨,支付处理费用289.4万元;组织处理实验动物废弃物共计43.15吨,支付处理费用14.17万元。同时,完成北京市环保局、北京市安全生产监督管理局、北京市教委等布置的各项实验室危险化学品、危险废弃物情况调查和统计工作。

2. 水质、室内空气质量监测和环境剂量检测。2015年度设备部环保办组织开展一系列环境质量检测工作,主要包括:集中对学校化学、物理、工学、心理、地空等学院以及计算中心、图书馆等单位房间的室内空气质量进行检测,检测结果总体良好;继续开展全校饮用水、未名湖和污水水质的监测工作。

3. 环保宣教活动。通过向本科新生和新教工发放安全、环保宣传材料,开展"认知燕园草木,爱护校园环境"活动等措施,促进北京大学绿色大学、平安校园建设。

(张志强、李恩敬、刘雪蕾)

附表

表 8-27　2015 年北京大学实验室基本情况一览表

序号	单位	实验室个数	实验室使用面积（m²）	教学实验（2014—2015 学年）			仪器设备		其中20万元以上大型设备	
				实验个数	实验时数	实验人时数（万）	数量	金额（万元）	数量	金额（万元）
1	数学科学学院	2	2100	8	24	915	2714	1932.65	1	47.61
2	工学院	5	8974	56	3212	150608	11499	27313.70	159	11817.36
3	物理学院	10	22891	164	1438	114473	16466	71009.46	442	47416.45
4	化学与分子工程学院	12	19152	193	2029	311679	13993	43364.49	405	29044.54
5	生命科学学院	10	16185	187	561	59879	13514	40143.57	327	22636.67
6	地球与空间科学学院	5	5085	180	1156	37921	6334	12115.37	83	5142.86
7	心理学系	4	2860	88	832	17220	1600	2143.37	16	752.99
8	中国语言文学系	1	80	5	710	9030	1760	1511.16	0	0.00
9	考古文博学院	1	1200	21	2869	43010	2335	4181.78	31	1657.42
10	光华管理学院	1	450	50	751	33273	5560	5052.16	8	293.55
11	法学院	1	530	3	145	3425	1848	1508.28	0	0.00
12	北京核磁共振中心	1	1170	0	0	0	469	3814.76	13	3276.81
13	现代教育技术中心	1	1128	0	0	0	3438	3093.94	8	243.82
14	体育教研部	1	80	9	180	10020	1244	1150.89	3	112.92
15	信息科学技术学院	17	21649	247	7381	1001293	17185	54097.98	390	30735.08
16	计算机科学技术研究所	1	1100	0	0	0	1044	2396.59	12	560.50
17	计算中心	1	2000	0	0	0	10098	10836.94	57	3786.92
18	图书馆自动化实验室	1	400	0	0	0	2946	11500.09	39	2474.38
19	城市与环境学院	3	3873	104	996	39132	5780	9418.92	92	3798.49
20	环境科学与工程学院	3	2840	5	301	2894	4866	11618.82	103	5376.99
21	分子医学研究所	1	3316	0	0	0	2613	7013.45	60	3407.78
22	实验动物中心	1	4139	1	32	9600	392	3120.24	7	2628.46
23	电子光学与电子显微镜实验室	1	850	1	48	3456	255	4738.62	17	4373.21
24	北京现代物理研究中心	1	600	0	0	0	26	32.98	0	0.00
25	基础医学院	45	21397	164	5089	299.51	1362	2025.55	6	59.14
26	药学院	13	5155	57	4552	34.52	830	2105.06	11	1229.71
27	公共卫生学院	7	3752	30	204	1.10	406	445.84		
28	护理学院	1	120	46	178	1.91	596	528.08		
29	公共教学部	3	1338	49	2970	125.92	77	47.23		
30	医药卫生分析中心	1	1229	8	70	0.40	45	346.65	5	298.29
31	实验动物科学部	1	90	0	0	0	6	1.63	0	0
32	中国药物依赖性研究所	1	1097	0	0	0	90	88.36	0	0
33	信息中心	1	592	0	0	0	7	138.16	3	112.18
	合计	158	157422	1676	35728	1848291	131398	338836.8	2298	181284.1

（张媛、周勇义、张黎伟、马宁、许嘉珉）

表 8-28 2015 年新增 40 万元以上大型仪器设备一览表

序号	设备名称	单价(万元)	经费来源	单位
1	高性能计算集群	57.30	建设世界一流大学项目	城市与环境学院
2	显微红外光谱仪	52.63	985 工程	地球与空间科学学院
3	原子力显微镜	149.21	985 工程	地球与空间科学学院
4	超导岩石磁力仪系统	307.29	985 工程	地球与空间科学学院
5	激光显微拉曼光谱仪	157.31	985 工程	地球与空间科学学院
6	实验动物监测系统	132.08	科研专款或基金	分子医学研究所
7	超高真空低温扫描隧道显微镜	189.84	985 工程	工学院
8	岩石和混凝土力学测试系统	244.27	985 工程	工学院
9	内超声诊断仪	72.58	985 工程	工学院
10	小动物多模态分子医学影像系统	77.46	科研专款或基金	工学院
11	强化夹胶机系统	67.40	科研专款或基金	工学院
12	全内反射荧光单分子定位显微镜系统	244.25	科研专款或基金	工学院
13	覆膜机	140.00	科研专款或基金	工学院
14	动磁式动态生物反应器	92.46	科研专款或基金	工学院
15	激光共聚焦显微镜	105.20	科研专款或基金	工学院
16	高效液相色谱仪	43.90	985 工程	化学与分子工程学院
17	一体化高温凝胶色谱仪	119.15	985 工程	化学与分子工程学院
18	液相色谱-质谱联用仪	114.54	985 工程	化学与分子工程学院
19	核酸合成仪	66.63	985 工程	化学与分子工程学院
20	多功能荧光分析仪	90.94	985 工程	化学与分子工程学院
21	原子力显微镜	136.74	985 工程	化学与分子工程学院
22	流变仪	120.69	985 工程	化学与分子工程学院
23	粉末 X 射线衍射仪	69.76	自筹经费	化学与分子工程学院
24	流式细胞分析仪	157.19	985 工程	化学与分子工程学院
25	自动化工作站	67.24	985 工程	化学与分子工程学院
26	液相色谱/三重四极杆串联质谱仪	184.53	985 工程	化学与分子工程学院
27	电子显微镜	44.00	科研专款或基金	化学与分子工程学院
28	线性离子阱质谱液质联用仪	59.57	科研专款或基金	化学与分子工程学院
29	无液氦物性测量系统	210.89	985 工程	化学与分子工程学院
30	钴-60 放射源	51.13	自筹经费	化学与分子工程学院
31	真空蒸镀系统	79.61	科研专款或基金	化学与分子工程学院
32	拉曼红外光谱系统	128.96	科研专款或基金	化学与分子工程学院
33	近红外荧光量子产率检测系统	40.84	科研专款或基金	化学与分子工程学院
34	半导体特性分析系统	57.48	科研专款或基金	化学与分子工程学院
35	凝胶渗透色谱仪	63.24	科研专款或基金	化学与分子工程学院
36	紫外-可见-近红外分光光度计	63.49	科研专款或基金	化学与分子工程学院
37	超高效液相色谱仪	49.17	科研专款或基金	化学与分子工程学院
38	超快时间分辨荧光光谱仪	150.96	科研专款或基金	化学与分子工程学院
39	超高分辨四级杆串联傅里叶变换质谱仪	277.43	科研专款或基金	化学与分子工程学院
40	CESI 8000 高效毛细管电泳分离和电喷雾离子化系统	50.64	建设世界一流大学项目	化学与分子工程学院
41	热重-红外-气相色谱/质谱联用系统	156.02	科研专款或基金	化学与分子工程学院
42	UPS 系统	46.65	985 工程	计算中心
43	无线网络控制器	100.80	捐赠	计算中心

续表

序号	设备名称	单价(万元)	经费来源	单位
44	无线网络控制器	48.85	985工程	计算中心
45	小动物超声成像系统	221.65	科研专款或基金	前沿交叉学科研究院
46	全自动膜片钳测量系统	59.16	科研专款或基金	前沿交叉学科研究院
47	肺功能仪	41.60	科研专款或基金	前沿交叉学科研究院
48	快速电迁移率粒径谱仪	55.30	科研专款或基金	前沿交叉学科研究院
49	变频多联机空调	306.88	基建设备费	前沿交叉学科研究院
50	激光共聚焦显微镜	127.03	科研专款或基金	生命科学联合中心
51	基质辅助激光解析串联飞行时间质谱仪	251.11	科研专款或基金	生命科学联合中心
52	激光共聚焦显微镜	110.94	科研专款或基金	生命科学联合中心
53	激光共聚焦显微镜	110.94	科研专款或基金	生命科学联合中心
54	在体多通道神经信号采集系统	63.70	科研专款或基金	生命科学联合中心
55	激光共聚焦显微镜	130.59	科研专款或基金	生命科学联合中心
56	快速纯化液相色谱系统	45.32	科研专款或基金	生命科学联合中心
57	在体多通道神经信号采集系统	57.05	科研专款或基金	生命科学联合中心
58	微量热泳动生物分子相互作用分析仪	94.64	科研专款或基金	生命科学联合中心
59	智能型超速离心机	70.50	科研专款或基金	生命科学联合中心
60	950MHz液体核磁共振谱仪	3040.77	科研专款或基金	生命科学联合中心
61	交换机	241.92	科研专款或基金	生命科学联合中心
62	磁盘阵列	705.60	科研专款或基金	生命科学联合中心
63	交换机	161.28	科研专款或基金	生命科学联合中心
64	高性能计算系统	1512.00	科研专款或基金	生命科学联合中心
65	非接触式纳升级声波移液系统	215.62	科研专款或基金	生命科学联合中心
66	多标记微孔板检测系统	88.67	科研专款或基金	生命科学联合中心
67	双光子显微镜	108.01	科研专款或基金	生命科学联合中心
68	快速纯化液相色谱系统	40.42	科研专款或基金	生命科学联合中心
69	膜片钳系统	98.04	科研专款或基金	生命科学联合中心
70	电生理正置荧光显微镜	166.24	科研专款或基金	生命科学联合中心
71	寡核苷酸微阵列合成仪	235.57	科研专款或基金	生命科学联合中心
72	飞秒激光器	106.47	科研专款或基金	生命科学联合中心
73	寡核苷酸芯片合成仪	187.79	科研专款或基金	生命科学联合中心
74	脑磁图系统	1776.77	科研专款或基金	生命科学联合中心
75	磁屏蔽系统	472.65	科研专款或基金	生命科学联合中心
76	智能型超速离心机	43.43	985工程	生命科学学院
77	快速纯化液相色谱系统	57.92	985工程	生命科学学院
78	超高分辨荧光显微镜系统	264.52	科研专款或基金	生命科学学院
79	快速纯化液相色谱系统	73.41	科研专款或基金	生命科学学院
80	流式细胞分析仪	253.13	科研专款或基金	生命科学学院
81	服务器	103.00	科研专款或基金	生命科学学院
82	高通量单细胞成像仪	339.67	科研专款或基金	生命科学学院
83	点激光扫描系统	82.19	科研专款或基金	生命科学学院
84	正置荧光显微镜	60.24	科研专款或基金	生命科学学院
85	数字波片扫描系统	88.10	科研专款或基金	生命科学学院

续表

序号	设备名称	单价(万元)	经费来源	单位
86	高效液相色谱系统	72.51	科研专款或基金	生命科学学院
87	激光共聚焦显微镜	158.18	985 工程	生命科学学院
88	飞秒红外激光器	141.29	科研专款或基金	生命科学学院
89	脑电信号采集分析系统	47.34	科研专款或基金	生命科学学院
90	脑电信号采集分析系统	47.34	科研专款或基金	生命科学学院
91	脑电信号采集分析系统	47.34	科研专款或基金	生命科学学院
92	脑电信号采集分析系统	47.34	科研专款或基金	生命科学学院
93	圆二色光谱仪	79.04	科研专款或基金	生命科学学院
94	等温滴定量热仪	86.85	科研专款或基金	生命科学学院
95	快速纯化液相色谱系统	51.96	科研专款或基金	生命科学学院
96	快速纯化液相色谱系统	51.96	科研专款或基金	生命科学学院
97	快速纯化液相色谱系统	51.96	科研专款或基金	生命科学学院
98	生物分子相互作用分析仪	235.30	科研专款或基金	生命科学学院
99	高压冷冻仪	117.20	科研专款或基金	生命科学学院
100	流式细胞仪	47.65	科研专款或基金	生命科学学院
101	移液工作站	57.31	科研专款或基金	生命科学学院
102	高效液相色谱质谱联用仪	44.66	科研专款或基金	生命科学学院
103	磁盘阵列	40.49	科研专款或基金	生命科学学院
104	HRA 风险评估系统	63.00	科研专款或基金	体育教研部
105	A0 幅面高精度仿真扫描仪	65.00	985 工程	图书馆
106	飞秒光参量激光器	171.40	科研专款或基金	物理学院
107	真空型傅里叶变换红外光谱仪	103.84	科研专款或基金	物理学院
108	激光分子束外延系统	354.13	985 工程	物理学院
109	高动能分辨反应成像谱仪	207.19	科研专款或基金	物理学院
110	原子层沉积系统	40.11	985 工程	物理学院
111	低温光学恒温器系统	80.01	科研专款或基金	物理学院
112	十周期可调间隙波荡器	52.00	科研专款或基金	物理学院
113	飞秒激光器系统	112.05	科研专款或基金	物理学院
114	钛宝石超快激光器	75.70	985 工程	物理学院
115	磁学测量系统	439.30	科研专款或基金	物理学院
116	射频超导加速单元	134.54	科研专款或基金	物理学院
117	定制 XYZ 电动旋转手动半电动耦合系统	53.31	科研专款或基金	物理学院
118	深紫外光源	91.93	科研专款或基金	物理学院
119	飞秒激光器	60.00	科研专款或基金	物理学院
120	极低温强磁场系统	258.01	科研专款或基金	物理学院
121	200TW 飞秒激光器系统	1848.89	科研专款或基金	物理学院
122	超高真空外延系统	215.93	科研专款或基金	物理学院
123	离子减薄仪	62.25	科研专款或基金	物理学院
124	原位电子输运扫描探针显微镜系统	387.53	科研专款或基金	物理学院
125	定制超高真空低温扫描隧道显微镜系统	420.22	科研专款或基金	物理学院
126	毫米波非线性网络分析仪	92.81	985 工程	信息科学技术学院
127	波前分析仪系统	40.76	科研专款或基金	信息科学技术学院

续表

序号	设备名称	单价（万元）	经费来源	单位
128	误码率测试仪	88.03	985 工程	信息科学技术学院
129	电子束光刻系统	584.38	985 工程	信息科学技术学院
130	信号测试仪	97.78	科研专款或基金	信息科学技术学院
131	矢量信号发生器	45.92	科研专款或基金	信息科学技术学院
132	逻辑分析仪	107.27	科研专款或基金	信息科学技术学院
133	码型发生器	184.25	科研专款或基金	信息科学技术学院
134	极快速传输线波形产生脉冲发生器	67.87	科研专款或基金	信息科学技术学院
135	多靶磁控溅射系统	133.13	科研专款或基金	信息科学技术学院
136	信号分析仪系统	118.09	科研专款或基金	信息科学技术学院
137	微波信号源	82.88	科研专款或基金	信息科学技术学院
138	高速实时存储示波器	132.94	科研专款或基金	信息科学技术学院
139	高速实时存储示波器	132.94	科研专款或基金	信息科学技术学院
140	矢量网络分析仪系统	169.32	科研专款或基金	信息科学技术学院
141	原子层沉积系统	122.22	985 工程	信息科学技术学院
142	ATCA 工控机	70.00	985 工程	信息科学技术学院
143	6 寸手动晶圆测试分析型探针机台	168.80	985 工程	信息科学技术学院
144	电子束蒸发镀膜系统	145.44	985 工程	信息科学技术学院
145	高带宽光调制分析仪光座	87.29	科研专款或基金	信息科学技术学院
146	多进制高速光发射机	87.13	科研专款或基金	信息科学技术学院
147	特种光纤熔接系统	109.68	科研专款或基金	信息科学技术学院
148	任意波形发生器	114.08	科研专款或基金	信息科学技术学院
149	高精度宽频数字锁相放大器	60.48	科研专款或基金	信息科学技术学院
150	气相分子沉积系统	93.84	科研专款或基金	信息科学技术学院
151	多波长激光源	99.12	科研专款或基金	信息科学技术学院
152	超高精度光谱仪	99.72	科研专款或基金	信息科学技术学院
153	三重四级杆线性离子阱复合液质联用仪	271.2	985 工程	系统生物医学研究所
154	脉冲式亚细胞辐照仪	63.2	985 工程	系统生物医学研究所
155	超分辨率显微镜	159.5	985 工程	系统生物医学研究所
156	电子顺磁共振波谱仪	537.3	科研专款或基金	天然及仿生药物国家重点实验室
157	白内障手术模拟训练系统	151.5	教学事业费	北京大学人民医院
158	超级无线智能模拟人	196.4	教学事业费	北京大学人民医院
159	激光扫描共聚焦显微镜	235.7	教学事业费	北京大学口腔医院
160	实时定量基因扩增仪	75.0	985 工程	北京大学肿瘤医院
161	长时间动态细胞成像及分析系统	138.7	985 工程	北京大学肿瘤医院
162	64 通道数据采集处理系统	70.6	985 工程	北京大学第六医院
163	蛋白纯化系统	70.9	科研专款或基金	天然及仿生药物国家重点实验室
164	生物分子相互作用仪	243.4	科研专款或基金	天然及仿生药物国家重点实验室
165	脉冲式亚细胞辐照仪	53.2	科研专款或基金	天然及仿生药物国家重点实验室
166	超分辨率显微镜	158.8	科研专款或基金	天然及仿生药物国家重点实验室

续表

序号	设备名称	单价（万元）	经费来源	单位
167	原子力显微镜	156.1	教学事业费	北京大学口腔医院
168	高内涵分析系统	135.2	教学事业费	北京大学第三医院
169	细胞动态可视化系统	197.0	211工程	医药卫生分析中心
170	共聚焦显微镜	202.6	教学事业费	北京大学第三医院
171	基因分析系统	217.6	教学事业费	北京大学第三医院
172	多功能液相芯片分析系统	63.9	教学事业费	北京大学第三医院
173	基因芯片扫描分析仪	172.5	211工程	北京大学第一医院
174	紫外激光显微切割系统	112.5	985工程	北京大学第三医院
175	高通量电化学发光免疫分析仪	96.3	985工程	北京大学第三医院
176	专业彩色多普勒超声诊疗仪	64.8	985工程	北京大学人民医院
177	无创血管内皮功能诊断系统	56.0	科研专款或基金	北京大学第一医院
178	流式细胞仪	62.3	985工程	北京大学第一医院
179	正置显微镜	121.1	教学事业费	北京大学第三医院
180	激光扫描检眼镜	199.5	985工程	北京大学人民医院
181	彩色眼底照相机	48.5	985工程	北京大学第一医院
182	彩色多普勒超声诊断扫描仪	69.7	985工程	北京大学第三医院
183	平衡测试机训练系统	57.3	教学事业费	北京大学第三医院
184	本体感觉姿势板测试系统	77.5	教学事业费	北京大学第三医院
185	等速测试与评定系统	97.0	教学事业费	北京大学第三医院
186	情景互动训练系统	43.0	教学事业费	北京大学第三医院
187	内窥镜荧光摄像系统	195.0	985工程	北京大学人民医院

（周勇义、张黎伟、马宁、姚婧婧）

审 计 工 作

【发展概况】 审计工作完成的数量。2015年共完成审计审签项目（出具审计报告、意见）1257项，包括综合管理审计、经济责任审计、建设工程管理审计、建设投资评审、参与"三重一大"经济事项等5个方面25类工作。

审计工作取得的绩效。1. 增收节支、创造效益。通过综合管理审计，增收节支700万元；通过工程造价审计，直接减少工程费用1610万元；通过工程月度拨款审计，直接减少月度拨款1510万元；建设工程投资控制在合理规模以内。2. 纠正和处理违法违规事项，防范违规风险。3. 促进内部管理控制机制优化和落实，提高资源绩效。4. 在2015年教育部对直属高校财务管理状况评价中，有关内部审计部分被评为优秀。

【综合管理审计】 学校预算管理审计。组织开展北京大学预算管理与执行审计，加强对有关部门经费、专项经费、科研项目的预算管理与执行审计。

学校业务管理内部控制审计。组织开展对科研管理、预算管理等方面内部控制的审计。按照《行政事业单位内部控制规范（试行）》的要求，对内部控制的薄弱环节提出改进建议，促进内部控制机制优化完善。

大额资金管理控制审计。组织开展对校本级和12个二级独立核算单位大额资金管理控制的月度审计，促进其完善内部控制，防控资金安全风险。

资产管理审计。组织开展资产管理审计，对学校资产经营公司所属3个全资企业进行审计，加强企业资产监管。

二级单位综合管理审计。组织开展二级单位综合管理情况审计10项，促进规范重大经济决策、预算管理与执行、内部控制建设等。

科研经费管理审计。组织开展科研项目审计、审签约421项。

在对科研经费整体状况全面分析的基础上,对科研管理的3个关键控制环节进行重点审计,促进落实科研管理内部控制,防范重大违规风险。

【经济责任审计】 组织开展经济责任审计12项。1. 坚持以综合管理审计作为经济责任审计的业务基础,在对相关单位开展综合管理审计的基础上实现对领导干部经济责任的评价。把经济责任审计与管理审计相结合,重点关注"三重一大"经济决策、预算管理、内部控制等方面情况。

2. 加强经济责任审计联席会议机制建设,加强同组织、纪检监察、财务等部门的协调配合,推动复杂性问题的解决。

3. 通过审计形成权力制约,对在履行权力过程中出现的不负责任、绩效不高等问题及时揭示提醒,及时督促整改,加强审计意见建议整改落实力度,督促经济责任的落实。

【建设工程投资评审】 按照新修订的《北京大学建设工程投资评审规定》,加强和优化年度投资计划评审、设计概算评审,促进有效控制工程造价。完成50万元以上建设投资评审59项,其中大中型项目(1000万元以上)15项。

【建设工程审计】 按照新修订的《北京大学建设工程审计规定》,加强和优化7类重点关键业务审计,促进完善工程管理内部控制。

造价管理审计。1. 开工前造价管理审计,完成50万元以上招标控制价审计项目94项,送审金额8.76亿元,复核审减1427万元,复核审减率1.63%。2. 竣工后造价管理审计,完成20万元以上竣工结算审计项目105项,送审金额2.58亿元,复核审减183万元,复核审减率0.71%。

招标管理审计。完成50万元以上建设工程招标文件审计123项,合同审计58项,大型项目评标监管13项。

工程财务请款审计。完成建设工程财务请款审计52项,送审金额7.98亿元,审减金额1510万元,复核审减率1.89%。

拆迁管理审计。继续开展肖家河项目、承泽园项目拆迁管理审计。参与审议房屋搬迁补偿方案等,发挥部门联动作用督促规范拆迁工作流程,完善付款审批手续,降低拆迁风险。

【参与学校"三重一大"经济事项】 持续践行内部审计"建设性"理念,参与北京大学"三重一大"经济事项,参与财务管理、资产管理、采购管理、建设工程管理、产业管理等方面十多个专门委员会和小组的工作(包括建设投资评审小组、预算工作小组、财政专项资金管理领导小组、收费领导小组、国有资产管理委员会、校园规划委员会、建设工程招标领导小组、仪器设备招标领导小组、肖家河建设领导小组、产业管理委员会、经济责任审计联席会议、干部监督联席会议等),促进优化资源管理内部控制,促进提高资源效益。

【优化创新与专项工作】 贯彻落实《教育部关于加强直属高等学校内部审计工作的意见》。按照教育部要求,北京大学校长直接分管内部审计工作,加强内部审计部门建设。巩固基础审计业务,加强重点审计业务,拓展审计业务范围。按照"五经五纬"业务格局把重大经济决策执行、预算管理与执行、内部控制建设、经济责任履行、资源绩效等纳入常规审计工作,并加强对重点资金、重点事项、重点领域的过程审计监管,通过审计规范权力运行、强化过程监管、提高资源绩效。内部审计成为学校治理与资源管理体系的重要力量。

推进审计全覆盖。注重实现审计对象和审计作用的全覆盖。把学校各类单位、与资源利用有关的业务活动及其内部控制、领导干部经济责任等全部纳入审计范围,审计业务涵盖5个方面25类。在校长办公会、学校干部大会通报审计情况,强调审计要求,规范财经管理。

推动新兴审计业务开展。按教育部要求,将预算编制管理审计、内部控制审计纳入审计新业务。1. 预算管理审计,北京大学安排审计部门提前介入,参加学校预算小组,参与审议学校预算。审计部门重点对预算依据充分性、预算编制完整性、预算安排合理性等进行审计。通过审计,规范预算编制,提高预算的科学性,优化资源配置。

2. 内部控制审计,北京大学出台《北京大学内部控制评审规定》,将预算管理、财务管理、资产管理、人力资源管理、采购管理、合同管理、办学管理、科研管理、后勤管理、建设工程管理等10类业务管理纳入评审范围,通过评审促进内部控制建设。审计部门从体制机制建设大处着眼,促进有关内部控制优化和落实,如推动建设工程、经营性用房等方面的归口管理,促进优化科研管理制度等,取得良好效果。

优化审计业务模式。审计部门持续优化业务模式,使业务组织方式和业务过程成为"最佳实务"。一是优化业务组织方式,如对建设工程管理审计、科研管理审计的业务重点、流程进行梳理和整合,把有限的审计资源用到最重点、关键、核心的业务上面,把被审计事项的千头万绪归结到几个关键抓手。二是优化审计方式,运用"总体分析、发现重点、精准取证、系统研究"的审计方式,提高审计工作的效率与绩效。三是优化问题管理,将审计发现问题分类分级管理,对重大、重要、一般问题分层次协调处理解决,将审计发现问题整改内化在审计过程中。

【审计专业化建设】 人才建设。

审计队伍专业化、职业化建设处于全国领先水平,具有国际注册内部审计师(CIA)10名、中国注册会计师(CPA)5名。此外,还具有注册造价工程师、高级审计师等专业人才,审计人员普遍具有经济、管理类研究生学历。2015年修订部门专业职务制度,设立高级主审岗位,聘任高级主审5名,承担某一方面审计工作或复杂审计业务,为审计业务发展提供人才保障。

规范建设。结合业务最新发展,修订《审计手册》,确保审计专业服务品质。2015年《审计手册》被中国教育审计学会推荐印发全国高校,受到好评。

技术建设。开展研究式审计,运用"业务入手""问题导向""数据式审计"等技术方法,总结提炼业务诀窍,提升审计品质。

附 表

表 8-29　审计项目分类统计表

方面	类别	数量
一、综合管理审计	1. 预算管理审计	5
	2. 业务管理内部控制审计	5
	3. 大额资金管理审计(校本级及12家二级独立核算单位月度审计)	156
	4. 资产管理审计(含企业资产)	3
	5. 采购管理审计(大额货物、服务等)	4
	6. 教学科研单位管理审计	6
	7. 新体制单位管理审计	
	8. 后勤附属单位管理审计	4
	9. 科研项目管理审计、审签	421
	10. 专项审计	
	小计	604
二、经济责任审计	11. 中层领导干部经济责任审计	12
	12. 提任副校级领导干部经济责任审计	
	小计	12
三、建设投资评审	13. 投资计划评审(1000万以上项目)	15
	14. 设计概算评审(50万元以上项目)	44
	小计	59
四、工程管理审计	15. 招标控制价审计(50万元以上项目)	94
	16. 竣工结算审计(20万元以上项目)	105
	17. 招标文件审计(50万元以上项目)	123
	18. 大型项目评标监管	13
	19. 合同审计(50万元以上项目)	58
	20. 工程月度请款审计(5个管理部门)	52
	21. 拆迁管理审计(2个拆迁项目)	7
	小计	452
五、参与"三重一大"经济事项	22. 预算、财务、资产管理类	40
	23. 采购招标管理类	20
	24. 建设工程管理类	60
	25. 产业管理类	10
	小计	130
	合计	1257

信息化建设与管理

【发展概况】 信息化建设与管理办公室成立于2005年底，是在学校领导下全面负责学校信息化工作的职能部门。主要职责为：负责国家信息化法律、法规、规章、政策的贯彻执行及学校信息化相关政策、规章、标准的制定；负责学校信息化建设规划的制定和组织实施；负责学校信息化经费的统筹管理；负责学校信息化建设项目的管理；负责统筹协调信息化相关单位，处理学校信息化基础设施建设、运行与管理中的重大问题；负责学校网站的管理与监控和信息安全工作的组织协调；负责监测分析学校信息化的发展与运行态势，统计相关信息；负责学校信息化人才队伍建设；负责信息化领域国内外合作与交流等。

信息化建设与管理办公室下设综合办公室、政策规划办公室、项目管理办公室。

2015年，信息化建设与管理办公室运行平稳。实施学校中、英文门户网站改版，并在网站群管理、大型软件购置审批、编码设置等业务上总结经验，优化管理流程，提高管理效益。

7月17日，学校任命麻志毅为信息化建设与管理办公室副主任，负责信息化建设项目管理，领导班子建设得到加强。2015年，信息化建设与管理办公室共有工作人员9人（含医学部兼职副主任1人）。

【信息化经费管理】 1. 信息化常规经费。制定《北京大学信息化常规经费预算管理暂行办法》及相关配套文件，规范信息化常规经费预算的管理、编制、审批、执行、调整和监督等环节。2015年，拨付信息化常规经费1300万，保障40个信息化常规项目的运维。2. 信息化建设经费。主持2015年校园网建设专项论证，组织2930万专项经费的申报和拨付。

【门户网站建设】 1. 门户网站建设。组织召开门户网站改版方案意见征求会，通过现场调研和问卷调研征求意见、建议，将各类数据汇总分析后上报校长办公会审议，确定设计方案。根据校长办公会决议，组织计算中心、现代教育技术中心按照选定方案，推进建设进度，协调解决建设中遇到的问题，统筹安排网站试运行工作，保障门户网站能够按预期上线运行。2. 内容维护机制。规划新版门户网站栏目体系，协调各相关单位理顺内容维护机制，保障网站内容维护的及时、稳定、有序。3. 主题图片运维协调。与党委组织部合作，协调解决门户网站主题图片运维事宜。制订门户网站主题图片运维若干方案，报送主管校长选定方案后，落实后续事宜，解决几年内门户网站首页图片运维问题。4. 北京大学校园地图建设。组织北京大学校园地图建设，与门户网站同步上线运行。组织人员对系统上线后的意见建议进行消化吸收，不断完善系统。

【信息化审批项目】 1. 编码管理。为新结构经济学研究中心、中国政治学研究中心、北京大学师资人才办公室设定单位编码，协调解决实验室与设备管理部提出的现代农学院（筹）与规划办公室编码重合、国际合作部启用编码新号段等问题，为配合公寓服务中心开发信息系统提供编码数据。2. 大型软件购置审批。组织对校内各单位的大型软件申购进行审核、审批，2015年共审批72份大型软件购置申请，经费总额达1188万元。梳理近几年大型软件购置审批数据，经过分析研讨，启动大型软件购置审批系统立项工作，完成项目建设方案及需求分析。3. 网站域名管理。组织制定北京大学网站域名管理审批流程及域名管理有关细则，完成域名梳理备案工作。

【网站与信息系统安全工作】 组织网站与信息系统技术安全日常检查。根据上级有关精神，在制度、管理以及技术保障上采取一系列措施，做好特殊时期安全值守。根据教育部广州会议精神，做好2015年下半年信息安全工作，启动网站与信息系统梳理、定级和备案工作。

【信息化工作交流】 与清华大学、南京大学、北京航空航天大学、华中科技大学、湘潭大学、广州中医药大学等兄弟院校信息化同行开展工作交流。领导班子成员参加学校组织的调研（电子科技大学、华中师范大学、北京师范大学），参加教育部在成都、广州举办的信息安全专题会议。

【信息化项目管理】 1. 跨年信息化建设项目跟踪管理。组织北京大学学生管理与服务系统（研究生教育管理信息系统模块）、北京大学科研管理综合系统等建设，完成立项、预算、合同等程序，完成研究生教育管理系统主要功能，开始试运行。2. 2016年信息化建设项目立项工作。主持12项2016年学校信息化建设项目立项：后勤管理系统、图书馆期刊综合系统、博士后管理服务网站、暑期学校项目网站与管理系统、信息系统等级保护审计系统、Web网站的安全性渗透测试服务、北京大学图片专题网站、大型软件购置申报系统、数字资源一体化平台建设、餐饮安全系统、车辆安全系统、消防安全系统等。

【党风廉政建设】 2015年，信息化建设与管理办公室学习贯彻习近平总书记系列重要讲话精神，借鉴和运用党的群众路线教育实践活动的成功经验，贯彻中央八项规定精神、坚决反对"四风"，结合开展群众路线教育实践活动"回头看"工作，对照教育实践活动整改落实任务清单及"深化综合改革、聚力科学发展"讨论，做好工作，务求实效。2015年度，信息化建设与管理办公室党员干部能够"严格党内生活，严守党内纪律，深化作风建设"，通过不断学习增强政治意识、大局意识、党的意识、廉洁自律意识和遵纪守法观念，未发生违纪违规事件。领导班子贯彻落实学校"三严三实"要求的整体部署，加强学习研讨，班子成员对照"严以修身、严以用权、严以律己，谋事要实、创业要实、做人要实"的要求，结合《中国共产党廉洁自律准则》和《中国共产党纪律处分条例》，落实党风廉政建设责任制，查摆问题，将"三严三实"专题学习与具体日常工作相结合，加强自身建设。

计算中心

【发展概况】 2015年底，计算中心共有职工87人，其中，正式在岗职工60人，返聘14人；正高级职称6人，副高级职称26人，中级职称26人，初级职称2人。具有硕士及以上学历47人，占中心总人数78%以上，其中具有博士学位8人，在读博士1人，学历结构逐年优化。2015年计算中心退休2人，招聘2人。

2015年，计算中心推进贯彻落实习近平总书记系列重要讲话精神的各项部署，上下团结一心，凝心聚力，共谋发展，为推进学校的信息化建设贡献力量，在校园网建设、电子校务开发、微机教学实验等多项工作中取得成绩。

2015年，计算中心领导班子带领中心全体教职工围绕北京大学教育发展的总体战略，以世界一流大学为目标，寻找差距，不断进取，增强"三严三实"的思想和行动自觉，在各项工作中均取得成绩。计算中心开发的"设备与实验室综合管理服务平台"获北京大学2015实验技术成果二等奖；此外，计算中心分别获"北京大学离退休工作先进集体""学生资助工作先进集体""北京大学先进工会委员会""蓝桥杯全国软件和信息技术专业人才大赛特殊贡献奖""平民学校十周年突出贡献奖"等奖项。

【科研工作】 2015年计算中心职工共发表论文18篇，在研科研项目1项，为国家高技术研究发展计划（863计划）"基于中国云产品的混合云关键技术与系统"。

【成人教育】 2015年计算中心完成近两千名在册学生的授课、考试及230名本科生的毕业工作，并为上届延缓毕业的16位学生办理毕业手续。

【党建工作】 组织建设。根据《北京大学发展党员工作规程》，坚持"成熟一个、发展一个"的支部工作原则，计算中心党支部于6月11日召开党员发展大会，发展于现杰同志加入党组织，成为中共预备党员。2015年底，计算中心党支部共有党员51名，其中正式党员50名，预备党员1名。

按照组织章程，根据学校组织部的工作部署，计算中心党支部于10月27日召开党员大会，议题为支部委员会换届。大会进行提名候选人和投票选举支部委员会两项议程，并将选举结果报上级党委审批。经上级党委审批，本届支部委员会组成为：支部书记马皓，组织委员杨雪，宣传委员欧阳荣彬。

支部活动。7月，开展"共产党员献爱心"捐款活动，共捐助善款3000元。

7月底，组织全体党员观看学习《筑梦中国——中华民族复兴之路》纪录片。各位党员观看学习，在线交流意见和看法，并撰写观后感。

11月中旬，根据学校组织部的工作安排，支部书记参加教职工党支部书记培训班学习，学习贯彻党的十八届五中全会和习近平总书记系列重要讲话精神，推进"三严三实"专题教育开展，提升支部党建工作制度化规范化水平。

11月下旬，计算中心党支部与中心工会联合组织中心党员、群众参观中国人民抗日战争纪念馆。大家通过展览参观和导览讲解，回顾抗日战争历史，缅怀抗战先烈们为民族独立和解放而做出的无畏牺牲，以及他们建立的伟大功勋，认识到要缅怀先烈，勿忘历史，珍爱和平。

12月中旬，组织支部党员学习"中国共产党第十八届中央委员会第五次全体会议公报"精神以及"三严三实"专题教育材料。

【校园网基础设施建设和管理】 完善校园网出口管理。完成无线网络万兆认证网关的测试和上线工作，对原有的有线无线网络统一的万兆校园网出口架构进行改进，分别建立有线和无线网络出口，提高校园网出口的整体性能和可靠性，特别是无线网络的对外访问质量。校园网有线和无线出口均采用2台在线万兆网关链路＋1条备份直通链路的架构，同时可支持有线和无线出口互为备份。

调整和增加校园网出口带宽。校园网IPv4出口总带宽为12.5Gbps，IPv6出口带宽为10Gbps，计算中心配合带宽调整将校园网出口防火墙万兆接口板卡从5个增加到8个，同时升级防火墙软件版本；在保证设备稳定工作的基础上，调整优化校园网出口访问策略，提高设备易用性，降低

Allot 万兆流控设备正式上线。新设备除可支持校园网出口流量分析和控制之外，还可支持基于 IP 地址和网络协议的细粒度流量控制，缓解校园网出口拥塞的状况，通过限制迅雷和 BT 的下载速度，控制 ip 突发 FTP、HTTP 下载速度，提高用户对外网络访问的整体满意度。

加强校园网核心层及汇聚层建设。重构校园网路由，利用现有链路和设备，分别建设有线网络和无线网络的双核心结构，实现有线网络汇聚和无线网络汇聚的物理分离，并分别与有线核心和无线核心实现双万兆上联。完成全部 11 个汇聚交换机双路上联，主要采用分别和有线核心、无线核心一万兆一千兆双路上联的结构，其中用户访问量较大的理科 1 号楼、万柳、物理楼实现双万兆上联，提高校园网访问速度。

继续完善校园网接入层建设。配合各新建楼宇及楼宇改造工程进度，完成俄文楼、后勤综合楼、二体、朗润园 158 号院、基金会二期、物理西楼、静园 6 个院等 12 栋楼宇及学生宿舍 29、30、31、33、34a、34b、45 乙、万柳 1 区—3 区、勺园 6 号楼等 12 栋宿舍楼的网络设备新建和升级工作，安装调试交换机 844 台，无线 AP 3894 台，涉及信息点 11412 个。进行 28 栋学生宿舍楼的网络改造工作，预计 2016 年寒假期间完成有线交换机上线工作。

完成图书馆、一教至四教、国关教室、哲学楼教室、理教、理科一号楼、化学楼 A 区等 10 个楼宇的无线设备升级替换工作，共涉及 642 个无线 AP 的升级或移位改造，新增 226 个面板式 AP；完成办公楼礼堂和百年讲堂观众大厅的无线网络高密度覆盖，新增高密度无线 AP 38 个。

完成新改建楼宇的综合布线系统设计、修订、施工审图及预算编制，共涉及 29、30、31 学生宿舍楼等 15 个楼宇。

完成红二楼光纤扩容工程，新铺设红二楼到理科一号楼、图书馆和学生宿舍 44 楼的三条主干光缆，均为 144 芯单模，总长度 3.4 公里，提高红二楼光纤容量和冗余能力。

优化校园网访问性能。针对 IPv4 地址紧张和用网高峰期无线用户拿不到 IP 地址的情况，重新规划无线网络 IPv4 地址分配策略，将原来的无线网络用户使用公网地址的原则修改为使用私网地址。在不改变用户使用方式的前提下，完成无线网络地址空间的扩大，共分配 C 类私网地址 320 个。同时，在学生宿舍万柳 1 区至 3 区分配 6 个 C 类地址空间，开始启动个人用户有线网络私有地址改造试点。

完成 DHCP 服务器建设。采用专用的 DHCP 服务器设备，将地址分配功能从汇聚层交换机剥离，缓解网络设备的运行压力，提高 DHCP 服务的效率和稳定性，服务已部署到全部无线网和部分学生宿舍区有线网络。DHCPv4 由 3 组基于 FailOver 的服务器和 1 组基于 HA 架构的专用 DHCP 服务器构成，提供 208 个地址池，共 549 个 C 类地址空间；有 200 个地址池共 204 个 C 类地址空间仍然在汇聚层交换机上运行。

在教育网和北京大学推进 eduROAM 无线网认证工作。该认证可支持北京大学和教育网其他高校师生使用本校身份在全球教育科研网络中免费地接入即上网，方便国际交流中网络基础设施的共享使用。截至 2015 年 12 月，已有北京大学、中山大学、中国科技大学、中国石油大学（华东校区）等 8 所大学通过此教育网根节点接入全球 eduROAM 网络，4 所大学正在调试。

【信息服务】 邮件系统开发和维护。开发日志分析汇总程序，方便管理员查看发送失败邮件的真实发件人，封禁被盗账号。

开发通过 Web 界面批量查看、操作邮件账号程序，按主题自动将邮件分类，方便管理员的日常工作。

完成光华管理学院和软件工程研究所邮箱的迁移，共涉及账号 15111 个，邮件列表 23 个。

ITS 系统开发和维护。开发 iphone 和安卓两个版本的网关认证手机客户端程序，梳理优化客户端与服务器端业务流程。新的客户端软件界面友好，功能完善。

完成移动版 WEB 网关认证系统开发，升级原有的认证页面，优化业务流程，增加容错机制，改进用户体验。

完善校园网信息服务密码修改流程，用户可以使用事先绑定的手机号通过手机重置密码，为用户提供便捷安全的密码修改方法。

完善新生入校账号自助激活功能，根据工作中发现的问题重新修订激活流程。

为"故障报告"模块增加问题分类功能，便于相关人员方便快捷地处理问题。

"桌面视频会议申请服务"调整后重新上线使用。

调整 ITS 相关程序，支持新无线网关上线，实现用户无感知和平滑过渡。

用户管理系统的开发和维护。增加通过校内门户查询邮箱信息功能。

经校办协调，在学校财务部的支持下，从 2015 年 9 月开始为每位本科新生预存 50 元网费，方便新生到校后直接使用校园网。同时，增加针对新生预缴费账号的后台批量加款、激活账号并实时扣费功能。

增加指定 IP 实时断网、指定 IP 和账号实时打开的网关功能，

满足国家对互联网安全的监管要求,为特殊时期的校园网安全保障工作提供技术支持。

完成微信缴纳网费接口的开发,并与支付宝签订手机网站支付协议,方便用户缴纳网费。

完成计费数据库从 Sybase 向 Oracle 的迁移准备工作,包括:在测试环境中安装和配置 Oracle 数据库;当年计费数据库中 17 张表的数据迁移;确定入账部分 7 个 c 程序的代码修改方案,完成 1 个程序的修改。

在 IP 网关方面,新开发网关数据查询系统,新系统的用户界面更为直观和友好,使用更加便捷。新系统支持一小时前数据的查询(原系统只能查询一天前数据),有助于管理人员及时发现和解决问题。

重新规划和部署网关数据备份体系。实现校园网出口 4 个万兆网关数据自动增量备份,稳定性更好,效率更高,占用网络带宽更少。

账号和域名清理工作。为提高邮件系统安全性、减少账号被盗用情况,累计清理已注销的账号 1.3 万个,从未使用过的单证学生邮箱 6300 个,定期封禁长时间不登录账号。

用户管理系统每个月定时清理离职合同制人员账号,2015 年共删除已注销账号 1151 个。

整理 2014 年 1 月 1 日之前被封锁的服务器账号清单,为删除长期不使用的服务器账号和域名做准备。

把域名清理工作纳入日常管理规程。共清理长期不使用的域名 293 个、子域 39 个,清理不再使用的加速域名 57 个。

安全防护。开发和完善"校园网信息服务运维系统",将 pku 域名、服务器账号、网站备案信息等多项信息统一管理,简化工作流程、提高工作效率。

利用网站安全监控系统,对全校 223 台重要 WEB 服务器和 1162 个网站的安全状态进行每日巡查、按周报告,并记录分析结果。

加强北大域名的管理工作,完善北京大学网站备案和域名申请审批流程。

新部署完成 3 台新 DNS 服务器,解决无线网 DNS 服务器负载过高的问题。

继续规范服务器的运维管理,对 129、205 网段的运维全部通过堡垒主机完成,有 198 个管理员通过堡垒主机管理 385 台服务器。

完成校园网服务器前端防火墙的升级工作,用 FortiGate 800Cfortinet 防火墙替换 cisco 防火墙,系统性能及稳定性得到改善。

按照上级主管部门的要求,对学校定级的 11 个信息系统进行 2015 年度等级保护自查。

继续向全校提供漏洞扫描、安全评估服务,面向全校关键部门提供网络安全事件应急响应服务,对特殊部门、用户提供上门服务。对学校各级网站进行安全监测和扫描,发布网站整改报告,配合完成网站安全整改工作。2015 年度共处理安全事件 353 起。

由计算中心牵头的发改委项目"云 WAF"正式投入使用,为 200 多个校内二级网站的访问提供保护。另外,计算中心还为 Calis 建立独立的"云 WAF"系统,为其配置 11 个网站的安全防护规则。经过性能调优,系统具备为 1500 个网站同时提供防护的能力。在 2015 年度敏感时期及出现网络攻击时,"云 WAF"系统都实现较好的防护效果,保证各网站的安全访问。

托管服务。新增数学科学学院、生命科学学院等网站 20 个,网站总数达 173 个。计算中心配合安全防护管理,加强系统上线前的安全检查工作。

新增学生网管系统、中英文主页更新系统、托管主机管理员系统、mis 应用开发系统、网络室网管系统等多个子系统,摸索出一套通过 VPN 为特殊应用系统提供安全保障的成熟方法,提高这些应用系统在使用过程中的安全性。

为校园网用户提供高质量的视频会议服务,包括 H.323 视频服务、桌面视频服务等,完成 24 次 45 小时的 H.323 远程教学课程,185 次 383 小时 893 人次的桌面视频会议;运行和维护北京大学办公视频会议系统,实现各校区间校本部、医学部、深研院和各医院的高清即时、互动交流,完成 6 次 12 个小时的视频直播技术保障工作;提供教育部视频会议系统北京大学节点的技术保障,完成 7 次 11 小时的技术保障;配合校内其他单位,做好校园重大活动的视频 IPv4 和 IPv6 的现场直播,完成 11 次 33 小时的技术保障。

建设和管理二级网管队伍,提高故障响应速度和处理能力。2015 年继续探索学生网管的工作模式,实现学生宿舍区计算中心主导、学生辅助的网络管理新方式。学生网管共参与值班 12 人,管理范围包含学生宿舍 29 栋楼宇,可根据授权管理不同区域内的学生宿舍楼交换机。2015 年度共组织 11 次学生网管例会,出现场处理较大故障 30 余起。

北京大学计算机保密处理小组工作。负责全校涉密计算机及办公自动化设备的技术保密工作,完成涉密计算机的安全防护、操作审计、更新报废等工作,共处理计算机 50 余台。

全校保密检查。对全校承担涉密项目或可能涉及国家秘密的院系和人员进行保密检查。

【电子校务】 2015 年 1 月,医学部"设备与实验室管理信息系统"上线运行,该系统在校本部设备与实验室管理信息系统基础上,针对医

学部的业务需求和技术环境进行了适应性改造。

2015年3月，财务系统2006版在全国学生资助中心上线运行。

2015年3月，"北京大学学生综合信息管理系统"中非学历研究生的教学评估系统上线。

2015年4月，"北京大学学生综合信息管理系统"中本科生辅修双学位管理子系统上线运行。

2015年4月，"北京大学学生综合信息管理系统"中学生助理管理子系统上线运行。

2015年4月，"北京大学学生综合信息管理系统"中学生单项奖励申请审核管理子系统上线运行。

2015年4月，"北京大学组织工作综合信息管理系统"中的党建工作评优表彰管理子系统、干部档案核查管理子系统上线运行。

2015年6月，"北京大学学生综合信息管理系统"中学生综合素质测评管理、研究生奖学金管理系统（第一期）、本科生辅修学籍、学位管理上线运行。

2015年6月，研究生院自助收费打印机正式上线运行，学生可自助打印中英文的成绩单、毕业证书、学位证书文件等。

2015年7月，研究生毕业典礼入场确认系统上线运行，另外还为毕业生提供查询档案转递EMS单号的功能。

2015年7月，"北京大学学生综合信息管理系统"中研究生新的出国审批流程系统上线运行。

2015年9月，"北京大学学生综合信息管理系统"中本科生推免子系统、学生奖励、奖学金申请管理子系统、研究生开学典礼入场确认子系统上线运行。

2015年11月，"北京大学组织工作综合信息管理系统"中的困难党员资助的申报和审批发放管理子系统开始运行。

2015年11月，"肖家河教师住宅申购管理与服务系统"上线运行，截至2016年1月12日，共有2310位教职员工通过系统选购肖家河教师住宅，保障配售工作的公开、公平、公正。

2015年12月，"北京大学学生综合信息管理系统"中学生深度辅导管理功能上线运行。

2015年12月，网络办公系统增加电子印章、校长网上批文、单位传阅等功能，在此基础上，校内大部分公文实现无纸化报文。

"财务系统2015版"推广到北京大学深圳研究生院、软件与微电子学院、北大附中、北大资产经营公司、教育部经费监管事务中心5个单位，并协助各用户单位完成财务数据初始化。

"北京大学设备与实验室综合管理与服务平台"获得北京大学2015年实验技术二等奖。

【公共教学资源建设】 2015年完成上机教学机时约50万小时，其中针对文科计算机基础上机教学机时15万小时，为生命科学学院、化学与分子工程院、数学科学学院、社会学系、心理学系以及医学部等院系的计算机课程提供教学机时22万小时，大学英语上机教学机时7000小时，成教上机教学机时4万小时。注重服务质量，坚持规范化、制度化的管理工作，保证教学上机实习正常进行。为学校各项培训、赛事等活动提供技术服务，为学校社会招聘考试和学校职称考试提供机房技术服务。坚持做好机房值班工作，明确岗位职责，按时上下班，坚守岗位，确保机房运行正常。

加强实验室软硬件建设，提高服务水平。完成1号至7号机房共计510台计算机的更换工作，升级机房内的所有教学软件。定期检查机房内外以及办公区域的安全隐患，进行整改工作，清理服务器周围的安全隐患。同时，完成计算中心公共机房1号至8号及部分办公用房的网络布线改造升级工作，提高机房网络系统的稳定性。

为各项赛事和阅卷提供支撑环境。为北京大学"斯伦贝谢杯"第十四届程序设计竞赛暨ACM/ICPC北大代表队选拔赛、第十三届数学建模大赛、第六届"蓝桥杯"全国软件和信息技术专业人才大赛以及亚洲区ACM/ICPC大学生程序设计大赛提供服务保障；确保研究生入学考试政治科目阅卷工作和高考语文网络阅卷工作完成，连续八年提供安全、技术、服务、管理等全方位的支撑和保障工作；2015年共完成34场次的TOEFL、GRE网考任务，提高改善软硬件服务质量，提供更好的考试环境。

【校园网运行及用户服务】 2015年，计算中心为1124机房和1340机房购置的空调安装完成，等待配电柜的改造。

调研核心机房的环境监控管理系统，与两家公司洽谈系统试用，计划近期开始实施。与网络室共同规划用于环境监控系统的专用网络，将随着系统的建设同时实施。

开始规划和设计校园网主干光缆网络，并按计划完成红二楼到理科一号楼、图书馆及44楼的光缆施工，新建30楼校园网汇聚节点及44楼光缆交接节点。

为校内各单位小规模联网需求提供咨询服务和工程施工，包括餐饮中心职工宿舍、计算机科学技术研究所、生命科学学院、勺园弘雅厅等，对现有光缆的突发故障进行紧急处置。

参与校内基建项目综合布线工程的设计、验收等工作，和网络室共同向基建工程部提出总务楼、29楼至31楼、静园1号至6号院、勺园6号楼、动力中心新楼、生命科学科研大楼等多个楼宇综合布线工程的设计建议，并对竣工项目提出测试验收意见。

【校园网运行维护】 完成校园网

联网的运维工作。2015年完成学生区上门服务214次，家属区上门维修125次，家属区联网新装116次；完成22项网络工程施工，共拉双绞线4510米，拉光缆1830米，熔接光缆168芯；完成燕北园321号楼、西二旗、工学院等处共计12次光缆勘察与抢修，完成俄文楼、学生29楼至31楼等7项工程的验收。

落实"51023"用户热线服务工作。完成用户服务办公室的搬迁和改造，并为1023热线电话增加一路通往MIS室，加强"51023"热线服务电话的管理和应对能力，完成24小时报修和咨询。2015年共接入电话26401次，打出电话6664次，平均每天接入74次，打出19次。

做好基础设施维护。提高对机房环境的保障力度，除定期进行机房基础设施的巡查和巡检外，还对校园网各汇聚节点机房内的不间断电源进行普查，更新所有存在问题的蓄电池组，并完成30楼、34楼、45乙楼、红二楼等网络机房的电力增容工作，保证机房供电系统处于正常工作的状态；为1124机房增加两台大容量UPS电源，替代原有的3台小容量UPS；先后完成机房优力空调风扇故障处理、1136的5P空调更换轴承、1254 UPS故障抢修、报警器移装等18项故障处理。

规范和完善数据管理，做好存储与灾备工作。做好学生、选课、办公、档案、本科评估、继续教育、肖家河选房等系统的数据维护工作，包括数据库的恢复、重建、迁移以及更换平台，保证各系统的正常运行。同时，通过实施备份、监控、配置堡垒主机、防火墙等访问控制手段，加强对系统及数据库的保护。

引进先进的数据存储系统，并分析数据存储的算法和策略，通过合理的技术手段，解决系统响应时间较长的问题，提高系统的综合性能。学校邮件系统实现全部数据冗余备份，可以保证用户邮件的可靠存储。

完成400多台虚拟服务器的平台迁移工作，淘汰20多台老旧的物理机，在现有条件下提高服务器托管能力。

对多家存储灾备系统进行调研并确定使用的产品，进行设备采购。同时，对灾备系统的安装场所进行考察，完成设备安装的准备工作。

医学部信息通讯中心

【发展概况】医学部信息通讯中心成立于2002年，其前身为医学部信息中心和医学部电话室，2002年合并后组建现在的信息通讯中心。信息通讯中心是医学部信息化建设的主要力量，承担着医学部信息化基础设施、信息系统、校园卡系统、电话通信等校园信息化建设任务的规划设计、具体实施和组织协调，以及日常管理、运行维护、咨询培训、用户服务等工作。

医学部信息通讯中心下辖网络管理室、信息管理室、运行管理室、综合服务室四个科室。种连荣为主任，张翎为常务副主任，宋式斌为副主任。信息通讯中心党支部有党员5名，党支部书记尹忆民，副书记黄宁玉。

2015年在编职工16人，其中正高1人，副高2人，中级职称9人，初级职称2人，工人2人。2015年退休1人，新入职1人。

（宋式斌）

【党风廉政】民主推进例会制度，推陈出新工会活动。坚持办公例会制度，每周召开例会讨论中心事情，集思广益，民主集中，保存例会纪要。

各类考核、评比，按照民主评议、例会决策、结果公示、最终上报的民主流程，做到信息公开公正。

发挥工会及民主监督小组的作用，对中心决策进行民主监督，对职工福利进行统筹，组织体育比赛、冬季运动等活动。

通过公开发布招聘信息，在15个应聘者中，通过面试、评委投票等公开民主的方式，最终确定录取中国科学院大学研究生1名，入职信息管理室。

（宋式斌）

【网络及基础设施建设】1. 增加出口带宽，优化网络设施。增加北京市教育网和北京联通线路，出口增容至2.4 Gbps，比2014年增长20%，增加医学部网络外网访问的能力。

优化出口链路策略，提升出口带宽利用率。采用DNS导流及策略路由方式合理导引用户流量，有效利用电信通、联通、教育网、北京教育网等多条出口线路，并针对每条线路带宽制订合理的流控策略，提高校园网络访问质量。

优化核心网络配置，保障网络服务的安全。在前期网络改造的基础上继续优化核心网络运行参数和管理方法，调整安全策略，抵御来自IPv4、IPv6网络的攻击。

2. 加大网络管理的力度，推进网络接入规范化。依据《北京大学医学部信息网络建设与管理规定（试行）》，对医学部校内楼宇和区域网络改造提供管理和建设支持。

审核药学楼改造、逸夫楼微机机房等网络建设需求，完成医疗产业园搬迁网络、电话等设施规划。

实施"工会无线网络""P2实验室接入网络""临床所办公网络"等局部网络建设。

完成北京大学国际医院专线光缆接入、北大医院专线光缆搬迁等工程。

3. 加大虚拟化基础环境使用，节能降耗，提高运行能力。加

大对学校虚拟化运行环境的利用,实现自动化资源调控,施行统一管理和服务,提高学校信息化应用运行服务支撑的条件。在不增加设备的情况下,新部署运行虚拟服务器46台,淘汰11台老旧服务器,总虚拟化运行服务器超百台,达到降低能耗、提高系统运行安全的目的,在满足信息通讯中心管理业务的前提下,支持财务、教学、设备管理、科研等各部门信息化的运行服务。

4. 协调手机信号覆盖,开通基站,实施楼内覆盖。自2014年开始,信息通讯中心加大与运营商的合作,邀请运营商勘测校内手机信号覆盖状况,制订学校手机信号覆盖初步方案;规划并开通综合楼、中心楼联通基站,开通学生2、3、4、7号楼联通信号室分基站,开始移动逸夫楼基站施工建设。

(尹忆民、宋式斌)

【信息系统建设】 应医学部设备与实验室管理处设备管理的需要,协助调研,整理业务需求、新旧数据,协调设备与实验室管理处与开发方,落实运行环境,实现设备管理系统的运行上线,配合设备管理制度的改革,初步扭转设备资产账面不清不明的状况,实现设备管理到人,设备管理人人参与。

通过数据服务系统的运行,实现相关业务数据的互联互通,初步实现财务、人事、教务等相关业务系统数据的自动采集同步,达到系统数据互通,业务实现自动关联。

加大对自助服务的支持,提供学生校园卡自助补卡设施,方便学生非工作时间的补卡需要,初步实现校园卡7×24小时的卡务服务能力。

(黄宁玉)

【网络安全工作】 高度重视网络信息安全,全面实施安全防范,2015年网络安全零事故。

为保障"9·3"抗战胜利日大阅兵,根据教育部、公安部等相关部门的要求,实施校内信息网络安全大检查,共检测网站和信息系统近百个,出具问题报告,实施网络安全封堵,落实24小时安全值班,实现9·3阅兵期间医学部信息网络安全零事故。

定期升级漏洞扫描系统,2015年共实施3期大范围系统扫描,对校园网内各重要信息服务系统进行检测,并将整理分析后的检测报告通告用户,采取必要防护措施,减少风险。

分离学校中英文主页与各二级单位网站运行,实施校级网站安全独立管理和控制,加强医学部中英文主站的安全防护能力。

(宋式斌)

【服务工作】 收费服务:2015年完成前台网费收取5602笔,网上支付4550笔,电话收费5767笔,圈存机充值网费30208笔。

校园卡服务:2015年完成校园卡开卡2701张,人工补卡1810张,自助补卡286张,活跃校园卡数量12510张。

维护服务:2015年完成接听2999服务电话3834次,接听1114电话6279次,外勤派单475次。

密码修改服务:2015年修改网络登录系统密码405次,医学部门户密码236次,北大门户密码639次。

(宋式斌)

工会与教代会工作

【发展概况】 北京大学第六届教职工代表大会执行委员会委员19人,第十八届工会常委会委员17人、工会委员会委员43人。校工会有专职干部8人、兼职干部4人,下属基层工会委员会、直属工会小组61个。在北京大学党委的领导和上级工会的指导下,在学校行政的支持下,北京大学工会以服务教职工、服务学校发展为核心,激发自身活力、提高工作水平,推进学习型、服务型、创新型工会组织建设,为北京大学的发展建设做出应有的贡献。在北京市教育工会年终考核评比中,北京大学工会、第三医院工会获"先进单位奖",第一医院工会、人民医院工会获"综合考评奖"。北京大学工会申报的"教工互助见实效,助力雏鹰展翅飞"和肿瘤医院工会申报的"让宪法'活'起来,将人类尊严'举'起"创新工作获"特色工作奖"。

【民主建设】 发挥教代会作用。1月13日,第六届教职工代表大会第四次会议召开。会议由副校长、教务长、教代会执委会主任高松主持。校长王恩哥从人才培养、人才队伍建设、学科建设、服务国家战略和社会经济发展、国际交流与合作、财务和筹资工作、校园基础设施建设和民生工程、中国特色现代大学制度建设和依法治校八个方面,报告了2014年学校工作。高松介绍《北京大学综合改革方案》;总会计师、财务部部长闫敏作2014年学校财务工作报告;校长助理、肖家河建设办公室主任张宝岭通报肖家河项目建设进展情况;校长助理、工会主席、教代会执委会副主任孙丽报告2014年学校教代会、工会工作;人事部部长刘波作

《北京大学教职工处分暂行规定》起草报告。教代会提案工作委员会以书面形式向大会报告工作。会议对"优秀提案奖"和"提案办理奖"进行表彰，常务副校长吴志攀、党委副书记叶静漪为获奖代表和单位颁奖。按照教育部《学校教职工代表大会规定》和北京市《关于加强新形势下高等学校教职工代表大会的工作意见》规定，大会以投票表决的方式讨论通过《北京大学教职工处分暂行规定》。

2015年11月，第六届教职工代表大会第五次会议召开。代表听取学校工作报告、财务工作报告及《北京大学章程》修订、肖家河教师住宅建设进展和配售方案等专项报告，审议教代会、工会工作报告和提案工作报告。校领导分别参加各代表组讨论会。1月16日，医学部第六届第三次教职工代表大会召开。代表听取医学部工作报告，对医院、学院的发展规划以及涉及教职工利益的重大事项进行讨论，指导各基层单位开好二级教代会，完善基层民主制度。

提升教代会提案工作水平。六届四次教代会前，教代会提案系统正式上线试运行。代表通过提案系统提交提案21件，参与代表共计130人次。提案内容涉及教学科研、学科建设、资源配置、人事管理、信息化建设与管理、校园规划、后勤服务与保障等方面。教代会提案工作委员会对提案逐一审议，最终立案15件，将2件提案转为建议，对2件内容重复的提案、1件往年已答复的提案和1件缺乏可操作性的提案未予立案。提案人可登录提案系统查看办理情况，反馈对提案办理工作的满意度。医学部六届三次教代会共收到提案19件，经提案工作委员会审理，立案11件，转为意见建议8件。

加大教职工民主参与力度。工会汇总上报教代会各代表组讨论意见、教职工关注焦点及思想状况，为学校改革发展献计献策。组织教代会代表民主评议学校领导干部，组织教职工参与《北京大学教职工出国（境）管理办法》意见征求会等活动，加强教职工参与民主管理与监督的力度。10月至11月，校工会配合房地产管理部召开7次肖家河教师住宅配售方案征求意见会，分别面向教代会执委、工会常委、工会委员、教代会代表组组长、教代会民主管理与监督委员会委员、教代会生活福利委员会和工会生活福利委员会委员、基层工会主席、基层工会福利委员和青年委员、全体教代表以及关注此事的教职工开放，征求不同群体的意见建议，累计参与人数超过千人。常务副校长吴志攀、副校长、教务长、教代会执委会主任高松、副校长王仰麟等校领导出席征求意见会，与教职工现场沟通。工会将听取到的教职工呼声和诉求反馈给学校。

【教职工权益维护】 常规服务。开展"送温暖"等慰问活动，慰问劳动模范、教学科研骨干、三十年教龄教职工、2015年度退休教职工、困难教职工以及"两节"坚守岗位的职工、招生工作人员、军训工作人员等共计千余人次。为教职工集中办理公园年票千余张，提供寒暑假旅游信息服务，组织驾驶员培训班、"跟策展人走丝绸之路"沙龙、家庭与旅行摄影讲座等活动；与北京华阳奥迪和海尔集团签订大客户协议，为教职工购买奥迪汽车和海尔家电产品争取价格优惠。举办三场专题"父母沙龙"，帮助年轻父母陪伴孩子走过幼儿园三年；以"雏鹰公益社"为平台，为教职工子女课后活动提供经费、人力和场地上的支持；布置"母婴关爱室"和"儿童读书室"并投入使用；搭建平台，协助做好北大附中承办北医附中相关招生政策宣讲。举办"中医药文化进校园"情绪养生讲座，医学部工会根据教职工需求增加体检项目和经费，并结合体检情况有针对性地开展"午间健康讲堂"宣讲和咨询。

权益维护。做好劳动争议调解和教职工接待工作，为教职工排忧解难。校工会和医学部工会共接待教职工来访数十人次，与有关方面协调沟通，维护教职工合法权益，化解矛盾，促进和谐校园建设。西二旗智学苑业主委员会代表教职工反映小区供暖问题，经工会与相关部门协商，物业公司同意改造供暖管道并加装计量表，用数据监督供暖，解决小区多年来供暖不达标的问题，化解了矛盾。小区居委会和业主委员会特送来一面锦旗，感谢工会"心系教工知冷暖，情牵群众办实事"。召开劳动合同制职工入会和会员管理办法交流会，推进劳动合同制职工入会工作，探讨加强劳动合同制工会员管理、落实会员福利。通过平民学校为合同制和劳务派遣制职工搭建成长平台。

女教职工活动。"三八"妇女节期间，举办女教职工校园趣味定向赛、"爱在春天"女教授沙龙探访助残社会组织、"共话北大发展"女干部座谈会、工会女干部走进中华老字号企业等活动。工会女教职工委员会协办"北京世妇会＋20：我们在行动"国际学术研讨会，以庆祝联合国第四次世界妇女大会在北京召开20周年。

扶贫帮困。2015年度工会"爱心基金"校本部账户共收到捐款290996元，支出22.2万元，慰问11位教职工（含5名合同制职工）。为教职工办理"职工互助保障计划"投保、续保和理赔，2015年累计办理女职工特殊疾病互助保险8219人次，职工重大疾病互助保险16017人次，帮助30名教职工办理保险理赔。医学部工会系统建立两级送温暖工作机制和大病困难职工档案，并以制度形式规范日常和年终送温暖工作，以及

重大疾病出险职工慰问工作。

【**教职工队伍建设**】 树先进典型，组织志愿服务。通过评选先进、树立典型，提高全体教职工的思想政治素质、职业道德水平和责任感，引导教职工立足岗位，争创一流。2015年，经过层层推荐评审，生命科学学院教授许崇任被评为"全国先进工作者"，许崇任以及第三医院教授乔杰、人民医院教授黎晓新、肿瘤医院教授陈敏华、校工会主席孙丽、北京大学附属小学校长尹超被评为"北京市先进工作者"，生物动态光学成像中心获评"北京市模范集体"。第一医院教授杨柳被评为"全国师德楷模"。

组织教职工参与志愿服务，校庆及教师节之际，分别有近百名教职工参加工会组织的"美化校园"活动，用志愿服务的方式庆祝节日，向师生传递共建"大美北大"的正能量。

青年教师发展。校工会以五四青年节和117周年校庆为契机，于5月6日举办青年教师教学论坛暨第十四届青年教师教学基本功比赛颁奖会。获奖青年教师结合教学实践，谈个人感悟与工作体会。常务副校长吴志攀，副校长、教务长高松出席活动，为获奖单位和个人颁奖，并与青年教师面对面交流。医学部工会组织"执着教育理想追求，奉献医药人才培养"教学名师与青年教师面对面等活动。在校级比赛的基础上，组织18名青年教师参加由北京市委教工委、北京市教委、北京市教育工会、教育部全国高校教师网络培训中心联合开展的北京高校第九届青年教师教学基本功比赛。工会组织赛前试讲，邀请资深教师对选手进行点评，各单位指派专门教师进行有针对性的辅导，该届比赛北京大学教师共获一等奖8个，二等奖3个，三等奖7个，北京大学获优秀组织奖。第三医院教师江东在第五届全国医学（医药）院校青年教师教学基本功比赛中表现优异，获得临床组一等奖。12月12日至13日，北京大学第十五届青年教师教学基本功比赛成功举办。

暑期，工会组织青年教师、职能部门代表赴福建开展主题为"一带一路：海上丝路的历史与未来"的社会实践活动，感受中华民族海洋文化，在马江海战纪念馆、林则徐纪念馆、胡里山炮台回顾近代历史，参观古田会议会址，接受革命传统教育。实践团访问了厦门大学，与厦大青年教师交流，聆听王艺明《自贸区与一带一路战略——基于福建省的视角》主题报告。医学部工会组织青年教师代表赴台儿庄大战纪念馆、铁道游击队根据地旧址开展社会实践，纪念中国人民抗日战争暨世界反法西斯战争胜利70周年。

平民学校。97名新学员走进平民学校第十期课堂，86人结业。课余，举办素质拓展、"绿色环保"主题登山、工友和志愿者篮球联谊赛、新老学员联谊会、趣味运动会等活动，组队参加教职工登山比赛，制作班刊《燕园百草堂》。第十期共有9名学员通过平民学校"启航计划"成为北京大学现代远程教育2015级新生，继续教育学院为学员减免1/4学费。为使更多合同制职工受益，2015年下半年，平民学校举办开放式讲座，首场讲座"自我教练和幸福提升"获好评。恰逢平民学校创办十周年，为提升办学质量和服务水平，平民学校理事会决定增补继续教育学院、燕园街道办事处为理事会成员。7月2日，平民学校举办十周年总结表彰会，向持续关心和支持平民学校工作的单位和个人颁发"平民学校创办十周年突出贡献奖"。北京大学副校长李岩松，北京大学原副校长、工会主席、平民学校校长、现任校关工委副主任岳素兰出席活动并讲话。

"幸福学堂"。2015年4月，"幸福学堂"第一期培训班结业，来自基层工会的42名学员结业。5月13日，工会召开"幸福学堂"结业仪式暨学员座谈会，邀请第一期学员和"幸福学堂"协作单位负责人分享培训体会，提出意见建议。5月，第二期培训班开班，共聘请10位专家学者为42名学员提供为期半年、共计33学时的培训。第二期培训继续面向基层工会干部展开，旨在培养具有基础心理健康知识的工会骨干，便于面向一线教职工开展健康教育与宣传活动，关注重点人群，做好心理危机排查与干预工作。

【**文化体育活动**】 举办文体活动。运动会开幕式上，1236名教职工表演大型团体操《生命之杯》。工会以游泳、毽球、棋牌、羽毛球、足球、乒乓球、登山比赛等为主线，以社团活动、体育培训班为辅助，开展全民健身运动，新增教职工台球比赛。医学部工会组织500名教职工在运动会上表演团体操《爱我中华》，组织羽毛球、足球、乒乓球等比赛；举办"炫彩生活，魅力北医"教职工摄影展，共收到300幅作品。

支持基层工会与教职工社团自主开展活动。教职工社团根据《北京大学工会教职工社团管理办法》重新注册并集体招新。教职工户外健身协会、足球协会、篮球协会、羽毛球队参加校外体育赛事和志愿者活动；舞蹈团、健美操团邀请专业人士进驻指导。鼓励院系组建教职工兴趣小组，搭建多级教职工交流平台。医学部工会于7月成立教职工艺术团，重新组建合唱团、舞蹈团和器乐团。

【**工会自身建设**】 夯实基层工会。开展创先争优活动，共评选出10个校级模范工会委员会、12个先进工会委员会、35个优秀工会小组、19个优秀教职工社团、12件工会"好新闻奖"，以评促建，推进各级工会工作。医学部工会设专项

经费支持18项"权益杯"立项活动并组织现场观摩，基层工会活动的顶层设计水平和实践效果得到提升。开展基层工会女职工委员、宣传委员等培训，提升工会干部的业务能力和水平。召开工会干部培训暨工作研讨会，学习贯彻中央党的群团工作会议、市总工会"1+15"文件和《北京市实施〈中华人民共和国工会法〉办法》精神。医学部工会组织基层工会主席、工会专职干部、各单位经审委员会主任、工会系统专职财务人员等，就贯彻落实《中共中央关于加强和改进党的群团工作的意见》和市总工会"1+15"文件精神，以及新形势下工会工作的目标和任务进行培训。

推进三级"建家"。第一医院和人民医院中医科分别荣获2015年全国模范职工之家和全国模范职工小家；推荐6个二级单位申报北京市教育工会先进教职工小家；全校共有2个二级单位申请校级"教职工之家"建设等级晋升，19个三级单位申请校级"教职工小家"评级，进行"建家"验收工作。工会继续设立"建家"奖励经费，对晋级单位给予一定金额的"建家"资助。

加大宣传研究。建设工会网站、《北大教工》《教工之声》宣传阵地，利用互联网、电视台、报刊等媒介宣传北大工会、教代会工作，树立北京大学教职工的整体形象，扩大工会教代会影响，促进工会事业发展。设立理论研究专项经费，鼓励和引导全校工会干部和热心工会工作的教职工开展理论研究与调研工作，推动理论创新与实践创新。

规范财务制度。完善工会财务制度建设，制定《北京大学工会奖励标准（暂行）》《北京大学工会补助发放暂行办法》，修订《北京大学工会信息宣传稿费及编辑费用发放标准》。2015年上半年，工会与财务部协商，将工会财务工作移交学校财务部代为管理，实现财务工作人员专业化，推进工会财务管理规范化建设。按照北京市教育工会工作要求，进行自查，通过北京高校工会经费审查审计，并针对审计意见整改落实。医学部工会建立完善《医学部工会内部会计控制规范》《医学部工会财务工作制度》《医学部工会会计人员岗位责任制度》《医学部工会财务收支审批规定》《医学部工会财务收支管理规定》《医学部工会财务预决算管理办法》和《医学部工会货币资金管理制度》等财务管理制度。4月，医学部工会财务工作委托医学部财务处代管，按照不相容职务分离的原则设置会计岗位，保障财务工作的规范化。

共青团工作

【发展概况】 2015年，北京大学共青团高举中国特色社会主义伟大旗帜，以马列主义、毛泽东思想、邓小平理论、"三个代表"重要思想、科学发展观和习近平总书记系列重要讲话精神为指导，围绕"四个全面"重要战略布局，学习贯彻党的十八大、十八届三中、四中和五中全会、团的十七大精神，按照团中央、团市委和学校党委的统一部署，根据北京大学第十二次党代会的具体安排，围绕北京大学加快创建世界一流大学的中心工作，服务全局，开拓进取，改进大学生思想政治教育工作，发展繁荣校园文化，完善青年成才服务体系，加强共青团组织的自身建设，提升北大共青团对全校青年学生的吸引力和凝聚力，扩大团的工作覆盖面。

【学习贯彻习近平总书记系列重要讲话精神和中央群团工作会议精神】 北大团委学习贯彻习近平总书记系列重要讲话精神，落实党在新形势下的群团工作要求，推进青年社会主义核心价值观教育，引导帮助青年学生和团学干部牢固树立对党的科学理论的信仰，坚定走中国特色社会主义道路实现"中国梦"的信念。

5月4日青年节，在习近平总书记发表五四重要讲话一周年之际，举办"践行社会主义核心价值观，扎实扣好'人生第一粒扣子'"五四主题团日活动，组织青年师生代表分享学习近平总书记讲话一年来的收获与心得，在全校青年中树立自觉践行社会主义核心价值观的标杆与榜样。

7月，中央党的群团工作会议召开。组织团员青年和各级团学组织举办一系列座谈会、研讨会，学习党的群团工作会议精神和中央4号文件精神，明确团的工作核心目标与有效途径，提升团系统服务全员、影响全局的方法本领。

医学部团委组织各基层团委、团学骨干学习习近平总书记五四重要讲话精神、在中央党的群团工作会议上的重要讲话以及党的十八届五中全会精神，践行社会主义核心价值观，开展"青春心向党 共筑中国梦"主题团日活动。

【思政教育】 北大团委坚持贯彻"育人为本、德育为先"的工作理念，将大学生思想政治教育摆在各项工作的突出位置，以学习贯彻落实十八届五中全会精神和习近平

总书记系列重要讲话精神为统领,以"青年自觉树立践行社会主义核心价值观"为目标,提升思想政治教育工作实效。

领会新时期国家发展改革重要规划与战略部署,增强创新理念与全局意识。带领团校发动各级团组织开展党的十八届五中全会精神学习研讨会,就"十三五"规划内容及新时期经济社会发展的指导思想、主要目标和基本理念进行交流,加强全校师生尤其是共青团干部关注时政发展、助推时代浪潮的理论储备与信念自觉。

以"青年自觉树立践行社会主义核心价值观"为目标,提升思想引领工作水平。拓宽思想政治教育工作阵地,立足信息高度互联的时代背景开展青年宣传教育与思想引领活动,适应网络新媒体传播与使用特点,探索电子办刊、办报模式,落实运营内容创新,提高青年学生关注团系统主流媒体、接受核心价值观教育的自觉性与主动性。

加强青年工作理论研究与形势分析,主持开展"90后大学生特质调研""95后大学生特质调研""中国大学生禁毒教育宣传情况调研"等调研工作,了解把握不同青年学生群体的心理特点与社会特征,探索青年工作开展手段,加强青年思想引领方法改进与成效提升的科学性、适应性。

创新第二课堂教育,服务青年与思想引领相结合。完善"形势与政策"品牌,优化开课形式,创新课程内容,围绕青年学子的文化生活充实、实践能力培养、时政信息获取等需要开设爱乐传习、志愿服务、社会实践、北大讲座等课程,提高青年知识水平和思想素质,将第二课堂打造为加强思想政治教育工作的重要阵地。

夯实学雷锋共建共育关系,将雷锋精神扎根学生心中,以榜样力量带动青年树立正确价值观。委派学生代表参与全军"中国梦、强军梦、我的梦"主题团日汇报展示活动,与雷锋生前所在团代表同台演出,宣传"共建共育"合作经验,弘扬北大传统与雷锋精神。加强与雷锋团的互动联系,举办第三期"共建共育培训班",通过主题讲座、社团服务、座谈交流、志愿服务等形式,为北大学子学习雷锋精神提供契机。推动共建共育培训班与首届团支书培训班融合,实现雷锋精神进课堂与"四进四信"进团课的同步推进,促进雷锋精神与团组织工作经验的互动交融与广泛传播。

医学部团委以重大事件和历史纪念日为契机,在北医青年中开展爱国主义教育,组织高级团校和团支部书记培训班参观焦户庄地道战遗址纪念馆,组织观看中国人民抗日战争胜利暨世界反法西斯战争胜利70周年阅兵式。打造"北医青年"品牌、"北医青年直播间"系列讲座、"北医青言微语"微信公众平台,深化青年文明号、青年岗位能手等特色文化品牌,打造思想引领工作的新阵地。

【骨干培养】 北大团委围绕时政热点和青年需求,立足骨干培养,强化基层互动管理,打造共青团学生骨干梯队,夯实团组织建设工作成果。

坚持思想引领与体系完善,提升学生团干部培养水平。巩固发展北大团校三层次办学体系,推进岗位交流培训计划,举办青年理论骨干中心培训班课程,建立全方位全过程培训架构。组织编纂《十八届五中全会时事评论》,引导青年学生关注时事,深入思考。优化基层团校通讯平台,开展基层院系团校调研与交流,完善基层团校学员培养机制,结合实际编写基层团校工作案例。

推动实践育人。组织学生骨干参加清明节公祭,纪念中国人民抗日战争暨世界反法西斯战争胜利70周年阅兵式等重要活动,培养青年学子的爱国主义情怀。秉承"自我教育、同伴教育、实践教育"的理念,举办第十期学生骨干训练营,分为"乡土情·选调生(村官)面对面""军旅情·雷锋团军事体验营""革命情·井冈山红色之旅"三大主题板块,组织四支队伍分赴广西、福建、江西和辽宁等地开展实践,认识社情民情,明确青年使命,勇担时代责任。

医学部团委继续依托"初级团校——团支部书记培训班——高级团校"三级团校培训体系,开展青年马克思主义工程。在基层团组织中开展"创先争优"竞赛活动,为北医青年集体和个人树立学习榜样,力争团组织育人工程覆盖更多青年。4月至5月,医学部第二十七期新生团校暨初级党课举办,共有230余名新生团员参加学习。9月,医学部团委开办医学部第三期团支部书记培训班。11月,医学部第二十八期新生团校暨初级党课举办,来自各学院(部)的220余名同学参加学习。12月13日,医学部团委指导各学生组织,开展国家公祭日纪念活动。

【双创教育】 规范赛事评选,搭建创新平台。完成"挑战杯"系列赛事各项工作,10月至12月,举办北京大学第二十四届挑战杯系列赛事。在第八届首都"挑战杯"竞赛中,社会学系学生任鹤坤获首都特等奖,北京大学共获7项一等奖、2项二等奖、3项三等奖。在第十四届全国"挑战杯"竞赛中,任鹤坤获全国特等奖。此外,北京大学还摘得4项二等奖、1项三等奖,并获"优胜杯"和"优秀组织奖"。

加强校际交流,激发创业激情。10月26日和27日,参加"创业浦东"青年创业营活动。11月22日,举办第三届"新尚杯"全国高校大学生创业邀请赛,获得第二名和第五名。12月2日至6日,举办东京大学-北京大学创业交流活

动,其间北京大学与东京大学的学子互相交流,互相分享,锻炼北大学子的语言交流能力与适应新环境的能力。举行"河合创业基金"签约仪式,帮助5支学生创业团队获得基金资助。

【校园文化】 思想引导和人文美育统一。举办纪念"一二·九"运动系列文艺活动,加强线上宣传覆盖面,创新开展"一二·九"历史知识竞赛,提高各院系的积极性和参与度。打造"清明雅集""端午雅集""中秋雅集"等系列传统文化讲坛活动,使同学们在参与过程中了解中国传统节日知识,增强对中国传统文化的认同感与归属感。

校园文化文艺活动创新。北京大学第十二届"演讲十佳"大赛以"梦·路·灯"为主题,首次尝试利用网络虚拟艺术展馆展示选手风采,提升品牌效应。策划校园文艺"源"创工坊系列活动、《玄之又玄》原创音乐专辑发布会,繁荣校园原创音乐。学生艺术总团在第四届全国大学生艺术展演中再创佳绩。11月,《文化北大》第二期出刊。举办北京大学2015年毕业生晚会,协助拍摄"筑梦大学堂"电视节目并参与第三届北京高校普法微视频剧本征集活动。

校园群众体育与竞技体育发展。组织开展"新生杯"及"北大杯"系列体育赛事,2015年北京大学"走下网络、走出宿舍、走向操场"主题课外体育锻炼活动,组织北京大学代表队摘得"京华杯"棋类、桥牌友谊赛冠军,实现九连冠。

医学部团委在微信平台上创新推出"共青团夜话",号召全院1000多名共青团员参与到晚间夜话当中,交流青春体悟。在医学部团委指导下,各基层院系涌现出"免疫文献英文演讲比赛""感受医学生活动"(基础医学院)、"学生新年联欢会""实验技能大赛"(药学院)、"预防艾滋病宣传周""公卫文化节"(公共卫生学院)、"纪念国际护士节""高校学生护理学论坛"(护理学院)、"英语文化周""英文短剧大赛"(公共教学部)等具有院系特色的文化品牌项目。

【社会实践】 把握时代热点,实践内容多元。以"践行社会主义核心价值观,扎实扣好人生第一颗扣子"为主题,紧扣十八届四中全会精神和习近平总书记五四重要讲话精神,开展含"红色之旅""基层之声""改革之路""创新之翼""文化之源""志愿之歌"六大内容的学生暑期社会实践,活动参与规模总计达到430支团队、4140人次,获得省、市级媒体报道超过60次。其中,北京大学山鹰社阿尼玛卿成功登顶、重走西南联大、润知图书馆活动、世锦赛和阅兵志愿者风采等获得新华社、《光明日报》《中国教育报》《北京青年报》等报道。

深化经验总结,拓展实践成果。召开"耕耘五载,村土寸心"嘉里集团郭氏基金会脱贫模式调研五周年成果报告会,总结活动经验。

医学部团委鼓励广大团员青年在实践中发挥自身医学专业优势,奉献爱心、服务基层、回报社会。7月至8月,医学部团委组织20支社会实践团队共计200余人次,赴广东、海南等地区开展社会实践,多个实践团队、个人及成果获得首都大学生暑期社会实践表彰。

【志愿服务】 完成国家重要赛会的志愿服务工作。组织45名北大志愿者参与北京国际田联世界田径锦标赛,参与媒体工作部的混合采访区岗、主媒体中心岗等八个岗位服务,以热情的态度、细致的服务、专业的精神赢得各界赞誉,被称为"新鸟巢一代"。中国人民抗日战争暨世界反法西斯战争胜利70周年纪念大会期间,组织93名北大志愿者参与现场疏散引导、问询解答等多项志愿服务工作,感受参与历史并为之奉献的责任与自豪。

推动志愿服务规范化建设。以制度建设为抓手,重点推进"志愿北京"平台普及、统一志愿服务证明样式、建立健全志愿时长认定和优秀志愿者表彰体系。启动"PKU志愿树行动",推出"志愿树"活动平台,推动校内志愿服务活动资讯供给与参与方式革新,促进校园志愿服务的发展。举办第三届北京大学志愿文化节,营造校园志愿文化氛围。

拓展志愿服务广阔平台。与繁星诗社、北京大学爱基金共同举办北京大学第三届志愿文化节启动仪式暨"乘着歌声的翅膀"新年公益诗会,携手社会各界知名艺术家、表演艺人在艺术盛宴中弘扬志愿文化、传递志愿精神。8月1日至9日,由13名志愿者组成的北京大学青年志愿者协会"乌燕"团队赴乌兰浩特市进行暑期支教,总计授课达120课时,获得"索尼梦想教室2015年优秀团队""远洋之帆·2015中国大学生公益实践奖"等荣誉。

医学部青年志愿者队伍不断壮大,2015年共有28个志愿服务集体、1600余名志愿者参与志愿服务,开展了163个志愿服务项目,累计志愿服务时长超过20000个小时。各学院(部)、医院组织志愿者开展义诊、门诊导医、健康宣教等活动。医学部青年志愿服务管理平台正式投入使用,2015年底有1500余名志愿者使用,135个项目立项,21个志愿服务团队参与管理,推动志愿服务工作的电子化、信息化。

【学生社团】 北大团委坚持聚人、育人的工作理念,加强对学生社团的科学引导,发挥社团在青年学生成长成才过程中的重要作用。

3月和9月,根据《北京大学学生社团管理条例》及其实施细则之规定,两次对全校的学生社团进行重新登记注册。截至2015年12

月,北京大学正式登记注册的学生社团达271家。12月,成立10个新学生团体。

坚持开展"四方午餐会"及相关工作,每周邀请20家左右的社团及其指导单位、指导教师与团体部负责人形成四方会餐,就共同关心的话题进行讨论,促进社团发展与管理机制形成。继续实行"联系人制度",提高沟通效率。

整合校内10余个户外运动类社团的力量,举办北京大学2015年度户外运动文化节。开展2015年度学生社团评优表彰工作,在全校范围内产生影响,发挥优秀社团的示范作用,为社团发展增加动力,为校园文化建设注入活力。

医学部学生社团建团数量达17家,并且通过团系统的"创先争优"评比、优秀主题团日立项等工作机制,提升医学部学生社团的活动质量,促进学生社团的繁荣与发展。

【学生组织】 学生会。6月14日,北京大学第三十三届学生会中期调整会议召开。经过无记名投票,王圣博、王宥人、尹玉瑶、司高、刘光耀、严澄峰、张轩豪当选主席团成员,毛祺、刘天祎、原铭泽、靳丹瑶成为新任常代会会长团成员。王圣博被推选为执委会主席,毛祺被推选为常代会会长。

1. 服务师生需求,维护师生权益。面向新生,提供"新生大礼包",开展自行车团购福利和新生舞会活动。为引导同学们自主学习、自觉学习,学生会先后举行"PKU Course 计划""我爱我师——最受学生爱戴的老师暨'十佳教师'"系列评选活动。此外,学生会发挥思想先导和价值引领作用,出版《此间》杂志,推出北京大学微信公众号。

2. 擦亮传统品牌,开拓全新局面。举办十佳歌手大赛、剧星风采大赛和"运动达人"积分赛等活动。继续举办"新生杯"和"北大之锋"两项辩论赛事。举办青年中国论坛系列讲座,邀请各领域名家大师参加。作为主办方,邀请七所高校组成七支代表队一起参与2015年"齐迹之路"穿越沙漠活动。

3. 加强自身管理,推动科学发展。坚持以《北京大学学生会章程》为指导方针。通过《北京大学学生会执行委员会工作条例》,促进执委会的制度化建设。完成年表修订,形成《北京大学志·北京大学学生会篇》。此外,举行骨干培训学校,培养储备后备人才,实现组织健康持久发展。

研究生会。5月31日,北京大学第三十一次研究生代表大会选举产生朱贵之、蔡虹、管泽宇、李佩、司丕蕾、杨珏、吴增超7人组成的主席团。朱贵之当选为北京大学第三十六届研究生会执行委员会主席,王江当选为北京大学第二十六届研究生会常代会会长。

1. 重视学术科研。3月至4月,第十七届研究生"学术十杰"和第二届"十佳导师"评选推进。10月28日,举办博雅文化沙龙"学术弟子规——大牛教你走好科研路"。10月31日至11月1日,举办第三届北京大学研究生"论道杯"学术演讲比赛。此外,举办"博士工作坊""学术表达基本规范"主题系列讲座、2015"高考改革与创新能力培养"高峰论坛等活动,为研究生加强学术修养搭建平台。研究生会和计算中心联合研发"掌上燕园"App,整合校园公共信息资源,挖掘、分享校内热点话题。

2. 服务实践就业。举办就业交流活动,拓展就业资源。1月,开展"浦东国际人才城青年营"活动。3月,开展春季就业交流会,举办职场精英成长课堂——男士西服着装技巧讲座。4月,举办首届"斯伦贝斯"职场北大人风采大赛。9月,举办职业发展之金融篇"携手农行,混搭职场"讲座。11月15日和16日,举办秋季求职交流会。举办职场北大人风采大赛和第二届"阿凡题杯"职场北大人模拟面试。发布就业信息,每周定时推出就业信息简报。此外,举办"金融那些事,offer等你来"讲座、"科技创业启示录"主题讲座。继续组织博士生服务团,7月和8月分别赴河北石家庄、秦皇岛、张家口、中国铝业郑州、焦作、西宁、南宁分部、湖北武汉、黄冈、恩施、湖南花垣、辽宁盘锦开展实践调研活动,服务地方发展。

3. 丰富校园文化。10月13日,北京大学研究生会趣味运动会在北京大学第一体育馆旁草坪举行。11月21日,2015年北京大学硕博杯"羽众"羽毛球联赛在邱德拔体育场羽毛球馆举行。此外,举办"Dance or Miss"大型情景单身舞会、万圣节晚会、"再次心动"飞利浦全国高校微电影大赛北京站开幕式。12月28日,"研韵华章"2016年研究生新年晚会在百年讲堂举行。

【团的建设】 党风廉政建设。完善党的群众路线教育实践活动制度化建设,书记班子学习贯彻党的群团工作会精神,按照"三严三实"要求,在征求各院系团委、基层团支部和团员青年学生建议意见的基础上,完善团干部参与群众路线教育实践活动的制度机制。班子成员每人定期联系一个院系(所、中心)团委、一个团支部、一名普通团员青年,针对学生反映强烈的事项进行专题研讨,了解情况、发现问题,找到解决办法。同时,书记班子带头学习、带头调研、带头执行中央"八项规定",加强团干部管理,要求各级团干部严以律己、带头遵守、发挥模范作用,在全校范围内形成厉行节约、反对浪费的良好氛围。

组织建设。加强校内外基层团组织建设与互动,拓宽团的基层工作覆盖范围。适应当代北大青年成长新特点,推进实验室建团、

社团建团、学生会建团、年级建团、宿舍建团、网络建团等新模式,并加强团日活动的主题与内容在贴近青年、贴近基层、贴近现实方面的创新,提升基层团组织覆盖面与吸引力。做好区域化团建,与京内多个区县社区青年汇实现互动交流,加强青年活动往来;深化对京外周边县域的合作,与河北省乐亭县合作建立北京大学学生社会实践基地,提升实践育人工作的地方支持力度。

信息与财务工作。做好信息采编和报送工作。发挥团委综合办公室等机关的信息枢纽作用,执行信息采集和报送工作,编辑每周一期的《北大团内信息》,完成《2015年共青团北京大学委员会大事记》编写工作。上报的信息被团市委网站采用,为上级团组织及整个团系统了解北大共青团提供了重要渠道。北大团委信息上报工作得分保持高校共青团系统前列,主管信息工作负责人荣获2015年度北京共青团信息工作先进个人。财务工作运转良好。2014年,修订《北京大学团委财务报账工作制度》和《北京大学团委财务报销明细表》,规范报账流程,提高资金使用效率,推进财务收支统计和报销工作,为"挑战杯"竞赛、社团文化节、暑期社会实践、"一二·九"文艺会演等校园活动提供财务保障。

机 关 党 建

【发展概况】 推进理论学习制度落实。学习贯彻十八大、十八届三中、四中、五中全会和习近平总书记系列重要讲话精神,学习党章、廉洁自律准则和纪律处分条例,研读《习近平谈治国理政》《习近平关于党风廉政建设和反腐败斗争论述摘编》等,学习《北京大学章程》《北京大学综合改革方案》和北京大学优秀师生先进事迹等,践行社会主义核心价值观,强化党性原则,凝心聚力,共同进取,增强责任感、使命感。

推进"三严三实"专题教育。在2015年开展的"三严三实"专题教育中,按照学校要求,结合机关工作实际,制订《北京大学机关党委开展"三严三实"专题教育实施方案》和学习研讨的具体计划,领导班子召开民主生活会,查找自身"不严不实"方面的突出问题,研究剖析思想根源,制订整改措施。

推进党风廉政建设。落实党风廉政建设责任制,增强党员干部廉洁自律和"一岗双责"意识,机关党委领导班子和机关党员干部进行"讲规矩、守纪律"、《中国共产党廉洁自律准则》和《中国共产党纪律处分条例》的专题学习,领会党内法律法规的核心内容和精神实质。

【主题党日活动】 组织各支部开展"学习习总书记五四重要讲话精神""三严三实"专题教育、"筑梦中国——中华民族复兴之路"等主题党日活动,各支部通过座谈、讨论、组织生活会等形式开展活动,提高党员干部的理论水平和文化素养,机关党委在"五四重要讲话精神"主题教育活动中获得"优秀组织奖",两个支部获得二等奖,两个支部获得三等奖。2015年五四青年节,机关党委组织党员代表赴沙滩红楼开展"缅怀革命先烈,参观北大红楼"主题活动,全体党员重温入党誓词,了解党的历史,激发爱国爱校的热情。2015年,机关党员干部参加学校举办的纪念"一二·九"运动80周年和中国人民抗日战争暨世界反法西斯战争胜利70周年师生歌会。

【评优与党员管理】 2015年,在评选优秀党务和思想政治工作先进集体与优秀个人工作中,机关党委霍晓丹、胡新龙获得北京大学优秀党务和思想政治工作者"李大钊"奖,迟春霞等6位同志获评北京大学优秀党务和思想政治工作者,杨学祥等8位同志获评机关党委优秀党务和思想政治工作者,崔龙获得北京大学党务和思想政治工作奉献奖。2015年,机关党委发展3名新党员,5名预备党员转正。机关党委对机关10位生活困难党员进行了帮扶和慰问。

【党建创新立项】 机关党委所属党支部申报以"提高党支部组织生活质量"为主题的创新立项,有3个支部获得立项:发展规划部党支部的"感受大数字时代脉搏,落实'三严三实'要求,华为公司北京展示厅学习活动";继续教育部党支部的"以翻转式组织生活促学习、促交流、促反思";学工部武装部党支部的"新媒体环境下的党支部组织生活的开展——'众筹党课'的创新实践与经验总结"。

【工会、共青团工作】 提升教代会代表提案工作,"整治校园绿化超高土减少扬尘的建议"获得优秀提案奖。支持机关分工会开展文体活动,如学校运动会、各种球类比赛、"校园清洁"志愿服务、爱心基金捐款、学校"一二·九"合唱、机关趣味运动会、消防演练、认识燕园植物等。在2014—2015年度评优工作中,机关工会获模范工会委

员会称号,保卫部工会、科研部工会、党办校办工会均获评优秀工会小组。加强机关青年干部的思想政治学习和爱岗敬业锻炼,有9名青年干部参加校团委组织的评选青年岗位能手活动,为机关青年干部搭建服务学校、服务社会的平台,展示年轻人朝气蓬勃、团结向上的精神风貌。

后勤党建

【发展概况】 2015年,后勤党委按照学校党委和行政系统的工作要求和部署,以学习贯彻党的十八大及十八届三中、四中、五中全会精神、习近平总书记系列重要讲话精神,开展"三严三实"专题教育,落实党风廉政建设责任制,深化综合改革为重要抓手和切入点,以后勤改革、基层党支部调整换届、党建规范创新为契机,加强领导班子和干部队伍建设,加强党员学习教育、后勤队伍建设和规范管理、基层党组织建设和思想政治工作、党风廉政建设等,发挥党委政治核心和战斗堡垒作用,履行党委配合行政保障监督、思想政治与精神文明建设的职责,同时创新工作思路与方式,特色工作取得进展。

【加强领导班子和干部队伍建设】
思想政治建设。领导班子执行党的路线方针政策,落实学校党政工作精神,坚持正确的政治方向,提高思想认识水平。在党、国家、北京市教委和学校党委部署的历次思想政治和理论学习中,后勤领导班子落实学习内容,带头学习、主动学习,学习有计划、有检查、有总结。领导班子带领后勤党委、基层党组织和干部职工领会把握党、国家和学校的政策方针,坚持正确的政治方向和舆论导向。

纪律建设。召开好"严格党内生活、严守党的纪律、深化作风建设"专题民主生活会,征求意见,开展批评与自我批评,制订整改措施并落实。

组织建设。坚持民主集中制,集体议大事。遇有重要的事项召开党委会;指导监督后勤各单位执行集体议大事的制度。后勤党委和各单位都坚持党政联席会议制度,党政配合,团结协作,科学决策,民主、规范管理。

干部工作。配合党委组织部落实领导班子和干部职工的思想政治理论学习,规范干部出国(境)证件管理和履行出国审批手续。

作风建设。坚持群众路线,深入基层,建立为民务实清廉的作风,为群众办实事和解决问题困难。

党风廉政建设。结合学校专项检查,突出对领导干部加强教育、完善制度、加强监管、重点防控,党风廉政建设成效好,无违法违纪问题。领导班子坚强有力,在群众中威信较高。

【开展"三严三实"专题教育】 组织理论学习。1. 5月5日,学校党委部署专题教育,5月8日,后勤党委召开党委扩大会,对党委委员和党总支、支部书记传达学校精神和部署,其后向各单位征集汇总党委存在的不严不实问题。

2. 6月16日,按照学校要求,后勤党委书记刘宝栓以"积极践行三严三实,做务实担当后勤人"为题带头讲党课,后勤各单位副处级以上领导干部、科级干部、党代表、党委委员、党总支、支部书记共130人参加学习。与会同志表示,要认识开展专题教育的重要性和必要性,一定结合后勤工作和本职岗位,践行好"三严三实"。各单位行政负责人或党支部书记随后在本单位党员范围内讲授党课。

3. 6月下旬,后勤党委和各单位制订具体方案和专题学习计划并上报学校,征求意见。就开展"三严三实"教育情况,向校党委书记朱善璐作汇报。

开展党员教育。1. 班子成员通过集体学习和个人学习相结合,围绕主题、及时跟进,开展"三严三实"专题教育学习研讨,强化理论认同、思想认同、情感认同。

2. 开展专题学习,创新内容形式。后勤党委组织各单位参加专题讲座,观看《筑梦中国》并撰写心得,观看"9·3"大阅兵。各单位邀请专家学者作讲座,组织观看《领导干部职务犯罪警示录》,运用共产党员微信平台,建立本单位"三严三实"微信群加强日常学习。

3. 召开专题民主生活会和组织生活会,立足"民生",整改落实。房地产管理部推进肖家河教师住宅配售,发放教职工物业及供暖补贴等;各单位听取后勤职工意见,改善工作、生活条件。

【党风廉政建设责任制】 工作部署。按照学校2015年度党风廉政建设责任制贯彻落实情况暨"三严三实"专项检查工作要求,后勤党委召开党委会进行工作部署。后勤党委和各单位制定《党风廉政建设责任制实施细则》,落实主体责任,开展自查,修订廉政风险防控措施,强化整改。后勤党委准备材料接受纪委现场评议。

组织学习。为推进党风廉政建设和反腐败工作、落实党风廉政建设责任制,后勤党委结合"三严三实"专题教育的学习研讨,召开

后勤系统党风廉政建设培训会。后勤党委邀请监察室主任周有光、审计室主任王雷为整个后勤系统作党风廉政建设的专题讲座。后勤各单位科级及以上干部、党总支书记、所属党支部书记共近130人到会。

落实规定。严明党的政治纪律和政治规矩,贯彻中央八项规定精神,纠正"四风"。做好干部民主生活会与个人事项报告、干部出国(境)证件管理,严格履行出国审批手续等。

【党代表提案工作】 后勤党委关注学校改革发展,配合学校做好党代表履行职责工作,从后勤实际出发建言献策。

【后勤管理】 协同行政系统,推进信息化建设工作,牵头开展后勤规章制度汇编工作,在征集各单位意见基础上形成第三稿,其中党建工作管理及廉政风险防范是重要板块。牵头组织后勤系统安全大检查,并督促整改;按照学校要求,对后勤各单位下辖公司进行巡查,并且推进规范管理。党政配合,做好舆情跟踪及突发事件处理。

【基层党建】 后勤党委依托基层党支部开展活动,协调、指导党支部做好管理服务党员和基层党建工作。

先进典型。总务部党支部张西峰、校园服务中心党总支第二党支部王燕华、动力中心党总支第一党支部张海峰3人被评为北京大学优秀党务和思想政治工作者,机关第三党支部王来僧、赵西翠、动力中心党总支第一党支部马宁海、总务部退休党支部崔殿祥、洪贵喜5人获得北京大学优秀党务和思想政治工作奉献奖。

党员发展。2015年后勤党委发展党员15人。备案审核发展对象14人,培养备案入党积极分子111人。开展接转组织关系、党费收缴、党内统计、困难帮扶等工作。

公益活动。2015年后勤系统共产党员467人捐献爱心捐款24277元。

思想建设。组织党员观看历史文献纪录片《筑梦中国——中华民族复兴之路》,党员撰写并上报10篇心得体会。

党建活动。党支部发挥活力,开展活动,实现服务中心、服务党员和群众的目标。总务部党支部开展"一月一讲座";餐饮中心将党员活动和骨干培训相结合,先后赴抗日战争纪念馆、前门传统老店考察学习;会议中心党支部开展党员读书活动,和行政系统共同做好年度评优表彰等,团结凝聚党员群众,彰显党员先锋模范作用和党组织先进性。

交流研讨。加强各支部评比、表彰、交流和研讨。在学校组织的各种教育学习中,后勤党委对各支部都有部署、落实和检查,各支部进行汇报交流,后勤党委评选优秀活动并进行总结。

【组织建设】 指导选举。指导基层党组织进行支部设置和完成换届。任期届满的党支部完成换届。各党总支书记基本为行政副职兼任。

加强培训。在党委组织部的帮助下,加强对后勤基层党组织负责人的培训,9名负责人全部参加学校教工党支部书记培训。

发展党员。组织党总支、党支部书记参加发展党员相关工作培训,后勤党委结合学校要求制定本单位发展党员工作规范,按照学校要求完成发展党员工作自查报告。

工作规范和制度建设。1.重新编制外调《政治审查函调信》和规范相关工作程序。2.建立后勤机要联络员制度,并且按照学校要求,启用电子邮件传达方式。3.完善党委书记、副书记、党委委员联系基层制度,联系领导参加主题党日活动、发展党员会、民主生活等,深入基层,开展调研。4.建立党委发展党员、党委会议、密切联系群众等10项制度。5.后勤各单位启用组工系统进行党员管理。6.探索利用新媒体方式加强交流,提高工作效率。

理论研究。餐饮中心、公寓服务中心党总支首次参与党建课题研究。

意见反馈。2015年度,党委组织部制定《北京大学党内评优表彰管理办法》等多项管理制度,后勤党委都将征求的意见进行了反馈。

【老干部工作】 加强对离退休党组织和党员的管理服务,主动向离退休老同志介绍学校和后勤工作的近期动态与发展变化,组织年底慰问,向党委组织部申请困难帮扶补助,关心老干部的思想状况和现实困难,帮助解决问题。

【工会、团委工作】 支持后勤分工会开展各项工作,如履行好学校教代会、工会代表职责,支持平民学校工作,组织职工参加运动会、文体比赛、爱心基金捐款、学校"一二·九"师生歌会等。其中,后勤一队获2015年学校教职工羽毛球锦标赛冠军。指导后勤团委开展工作,如加强对后勤团员青年的教育、引导、服务,向校团委推荐青年岗位能手,其中6人获岗位能手称号,2人获岗位标兵称号;引导青年职工参加平民学校班主任志愿服务等。

【后勤文化】 与校团委合作,组织后勤一线职工拍摄"全家福"。评选宣传10名2015年度"后勤之星"。组织后勤职工参加"一二·九"师生歌会,餐饮中心开展厨艺大赛、创意大赛,公寓服务中心开展学生宿舍文化节等。

医学部后勤党建

【发展概况】 2015年,医学部后勤党委在北京大学党委、医学部党委的领导下,以党的十八届四中、

五中全会精神为指导,以北京大学以及医学部工作部署要求为目标,以"三严三实"专题教育为契机,围绕学校、后勤发展的中心工作,制定"十三五"规划,推进各项工作发展,实现工作全面化、细致化,为学校各项事业的发展、为后勤科学发展提供保障。

【"三严三实"专题教育】 "三严三实"专题教育的开展,为提升服务理念,汲取群众智慧,加强学习型、服务型、创新型高校后勤服务保障体系建设提供了契机。2015年5月起,后勤党委按照北京大学和医学部的统一部署及要求,定制度、列计划,开展活动。

传达落实。5月12日,后勤党委召开党委会,学习习近平总书记"三严三实"重要论述及相关文件精神,讨论并布置后勤开展"三严三实"专题教育方案。

随后,后勤党委根据《关于在县处级以上领导干部中开展"三严三实"专题教育方案》(中办发〔2015〕29号)、《北京大学在中层以上领导干部中开展"三严三实"专题教育实施方案》《关于医学部在中层以上领导干部中开展"三严三实"专题教育相关要求的通知》《北京大学医学部关于开展"三严三实"专题教育的指导意见》《关于在全体党员中开展"三严三实"主题党日活动的通知》的要求,根据北京大学及医学部统一部署,结合实际,制订《医学部后勤开展"三严三实"专题教育的实施方案(征求意见稿)》,作为开展"三严三实"教育活动的指导蓝本。

组织学习。5月21日,后勤党政领导班子召开"严以修身,加强党性修养,坚定理想信念"专题学习会。后勤党委书记王运生解读习近平总书记"三严三实"重要论述,并对《医学部后勤开展"三严三实"专题教育的实施方案(征求意见稿)》进行介绍,听取意见建议。

5月28日,后勤党委在逸夫楼报告厅召开后勤离退休党员座谈会,听取大家对学校发展、后勤工作、领导干部个人等方面的意见建议。医学部领导、后勤党政领导班子成员、处长助理、各在职党支部书记以及离退休党员共80人参加此次座谈会。

7月20日,后勤党政领导班子召开"严以律己,严守党的政治纪律和政治规矩"专题学习会。后勤党委副书记吕晓明结合后勤实际工作,分九个专题详细解读《习近平关于党风廉政建设和反腐败斗争论述摘编》的主要内容。此外,根据《医学部后勤关于开展"三严三实"专题教育的实施方案》的安排,此次学习会结合群众路线教育实践活动整改措施中尚未完全落实的问题,进行研讨、促进整改。

7月21日,王运生讲"三严三实"专题教育党课,医学部领导出席,后勤党政领导班子成员、党员干部约160人参加此次学习。此次党课围绕"严以修身、严以用权、严以律己,谋事要实、创业要实、做人要实"这一主题,结合群众路线及后勤工作实际,从自身理解和领悟的角度,以主客观的价值探讨,分析"三严三实"的理论价值、实践意义和丰富内涵,使广大党员干部对"三严三实"有新的认识和理解。

9月17日、18日、24日、25日,后勤党委分四个层面在逸夫楼114会议室召开"三严三实"意见征求会。四次会议参会人员共86人,其中,第一层面包含各部门主任、各支部书记,第二层面包含各部门副主任、工会小组长、支部委员、工会委员,第三层面为党员代表,包含全体非在编党员和各支部非干部党员1名,第四层面为职工代表,包含各部门在编职工和非在编职工各1名。意见征求范围广,涵盖各个层面各种不同身份的党员、干部、职工,以保证所征求意见的广泛、全面、公正。

11月26日,后勤党政领导班子进行"三严三实"专题教育第三专题学习研讨。此次研讨以"三严三实"第三专题"严以用权,真抓实干,实实在在谋事创业做人,树立忠诚、干净、担当的新形象"为主题,并把第四专题"自觉把践行'三严三实'要求融入立德树人、加快创建中国特色世界一流大学的各项实际工作中,以严实的党风政风,带动师风学风和校风"融入其中。学习的重点内容有《习近平谈治国理政》、党的十八届五中全会精神及《中国共产党廉洁自律准则》与《中国共产党纪律处分条例》的相关内容。

宣传反馈。在后勤开展"三严三实"专题教育的过程中,除利用各项会议将专题教育精神、任务进行布置、传达外,还通过《家园》、后勤网页以及简报等方式进行宣传,将政务、党务各项工作公开透明化,动员党员、职工参与到"三严三实"专题教育中来,发挥群众、党员的监督作用。

整改落实。后勤党委强调将整改落实贯穿于"三严三实"专题教育始终。对于党员、群众反映的问题,能够及时解决的,后勤党委坚持不推脱、不延误,立即解决,为广大师生员工提供周到服务。对于历史遗留性问题或广大师生广泛关注、反响强烈但又不能迅速解决的问题,后勤召开党政联席会、处务会,由领导班子成员为第一责任人,列出整改明细及时间表,限期整改落实,使广大师生员工看到实效。

后勤党委将收集、汇总到的对学校发展改革的意见建议,上报医学部。同时,将涉及后勤工作的意见建议在联席会、处务会、党委会上通报,将相关问题分类印发给各分管领导,督促整改,并将人事制度改革作为2016年重点突破工作。

此外,后勤党委将"三严三实"中收集到的意见建议作为2015年

领导班子民主生活会的重点内容，要求在对照检查材料中写明相关问题解决方案，并在会上进行通报。

【党风廉政建设】 2015年，后勤党委在北京大学、医学部党委和纪委的领导下，以"三严三实"专题教育为契机，围绕党风廉政建设责任制与"三重一大"集体决策制度的实施，通过开展党风廉政学习教育、警示教育、健全规章制度、处务公开、落实首任制等一系列工作，加强后勤党风廉政建设。

宣传教育。后勤党委通过文件学习、各项会议、举办讲座等方式，将集中学习和自我学习相结合，开展党纪党规、廉洁从政教育。

3月，后勤党委邀请医学部监察室副主任刘江平针对基建、采购领域的反腐倡廉工作，为后勤党政领导班子成员、后勤各党支部书记以及基建工程处全体职工进行廉政讲座。

后勤网页、刊物《家园》是宣传廉政建设的主要思想阵地，是倡导廉政文化、搭建交流沟通的平台。

传达部署。后勤党委按照北京大学和医学部关于党风廉政建设和反腐倡廉工作的统一部署及要求，传达上级会议精神，完成上级布置的相关工作。利用后勤保卫党政联席会、党委会、支部书记会、处务会、安全会等会议，传达北京大学及医学部廉政教育有关精神、《北京市安全生产"党政同责"规定》有关指示，通报《关于转发北京大学〈关于严禁国庆节期间公车私用的通知〉的紧急通知》文件精神，以及北京大学、医学部关于"三严三实"专题教育学习的有关要求与精神等。强调廉政建设重要性，要求加强廉政警示教育，防止腐败。

党风廉政建设责任制。后勤党委明确党风廉政建设第一责任人及各部门责任主体，要求责任到人，形成党委统一领导、层层落实的廉政建设格局。根据不同分工，明确每个班子成员抓好和配合做好党风廉政建设工作的具体内容与质量化要求，从而形成"一把手总责、分管领导各负其责、班子成员集体负责"的组织架构和工作氛围。

科学决策。按照民主集中制的要求，完善后勤决策（会议）制度，实现科学、集体决策。完善总务处处长办公会、基建工程处处长办公会、北京大学医学部总务处、基建工程处、保卫处、后勤党委联席会、后勤党委会、后勤专题工作会（财务工作会、人事工作会、基建工作会、房地产工作会及其他专题工作会）以及民主生活会等科学决策体系。

执行"三重一大"制度，凡属重大决策、重要干部任免、重大项目安排和大额度资金的使用，要求经过医学部总务处、基建工程处、保卫处、后勤党委联席会集体决策。

后勤党政坚持党务政务公开制度、领导干部述职述廉制度。后勤通过《家园》、简报、网页等，实施处务公开，增强工作透明度，接受师生职工监督，实现"权力在阳光下运行"。

制度建设。2015年，后勤各部门收到与各自工作领域有关的规章制度，并按要求逐项梳理，上报继续适用、停用废止、修改完善、出台新政的有关情况。

9月17日，第9次总务处、基建工程处、保卫处、后勤党委联席会讨论通过《北京大学医学部工程建设项目招标采购管理及实施规程（试行）》。由此，制度建设与内外监督相结合，从源头杜绝基建、招投标领域易出现的腐败，实现良性运行、合理发展。

群众监督。2015年，以"三严三实"专题教育为契机，开展系列座谈会、征求意见会、学习研讨会等。后勤领导班子学习上级文件精神，并"领任务""出方案"，对各自分管的工作领域里存在的整改问题逐一落实、上报，接受群众的监督。听取来自后勤中层干部、党员、职工、离退休人员的意见建议，关注群众关心的焦点问题，并在此基础上，向后勤职工发放调查问卷，了解群众的想法、看法、提法等，作为督促后勤工作的重要依据。

处理信访。2015年，后勤共接待并有效处理信访案件50件。后勤党委要求各部门执行相关规定，对书信、电话、邮件、北大未名BBS和上访群众，坚持热情接待，认真倾听，详细记录，及时反馈。同时，配合医学部纪委等相关部门核查有关信访案件。

接受调研。11月17日，医学部2015年基层党建工作调研组、党风廉政建设责任制检查组来到后勤党委进行工作调研与检查。后勤党委书记王运生等党政领导班子、党委委员、医学部党员代表、基层党支部书记代表、基层党员代表与职工代表等16人参加调研座谈会及个人访谈。此次调研分为座谈会、个别访谈与工作材料检查三个部分进行。

【队伍建设】 召开2015年后勤建设、安全保障工作会。3月13日，按照医学部副主任宝海荣的指示和要求，医学部总务处、基建工程处、保卫处、后勤党委，在逸夫教学楼二层报告厅召开新学期干部工作会。上述四个部门共有60余名领导干部参加会议，同时还邀请医学部两办、党委组织部等10个机关部处，基础医学院、公共卫生学院等6个教学单位，以及23家与医学部基础建设、保障服务、安全保卫有关的托管单位共40余位师生和负责人代表参加此次会议。医学部后勤建设、安全保障工作会为各级领导干部明确了2015年工作大计。

搭建学习交流平台。后勤党委、总务处、基建工程处寻找人才

出口,重点培养年轻干部,让年轻人走出去、开眼界、长知识、增能力。2015年,医学部后勤与北大口腔医院后勤合作,互派干部轮岗学习。同时,基建工程处派出一位副处长赴国外交流学习,学习别国他校的先进理念与经验。针对上述情况,后勤党委将推进干部培养与对外交流工作。

开展新职工系列培训活动。2015年10月,后勤党委采用理论课和实践课等形式,分野外素质拓展、参观北大校史馆及北医百年庆典图片展等三个阶段,组织新职工参加系列培训活动,鼓励新职工展示自己,为后勤的发展贡献力量。

【基层党建】 支部换届。为加强医学部后勤支部建设,根据现任支部书记的实际情况,经2015年10月13日第4次后勤党委会研究,讨论教室管理服务中心党支部、离休党支部换届事宜。离休支部换届完成。

2015年11月、12月,基建工程处党支部、教室管理服务中心党支部进行支部换届选举推荐候选人工作。后勤党委本着"德才兼备、业务能力强"的用人原则,从后勤领导干部、后勤党员及后勤职工等三个层面,征求群众的意见建议。

支部学习。全体支部书记通过参加后勤中层干部大会、支部书记会、后勤"三严三实"专题教育党课等,将会上传达的各类政策、精神带回本部门,传达、布置、落实。

支部活动。4月17日,为迎接五四青年节,总务处机关党支部、总务处机关工会小组联合参观北大红楼。参与人员参观新文化运动陈列室展出的图片和实物,重温从新文化运动兴起到中国共产党成立的重要历史,增强建设世界一流大学的责任感和使命感。

4月、10月,离退休党支部分别组织老党员们赴北京国际鲜花港踏春、北京植物园登山。后勤党委派出专门工作人员和医务人员全程服务,为离退休党员们合影留念、冲印照片。

7月2日,部医院党支部响应后勤党委关于开展2015年"共产党员献爱心"活动的号召,组织党员、积极分子及群众在部医院三层会议室举行爱心捐款活动。此次活动得到部医院广大党员、入党积极分子和群众的支持。

10月9日,北医社区居委会党支部组织社区优秀志愿者、退休居委会干部及其家属、文艺骨干等赴平西抗日纪念馆参观。全体同志通过活动重温那段历史、英雄人物和感人事迹,接受爱国主义、革命传统的教育。

10月27日,房地产管理中心支部党员及工会会员集体参观香山双清别墅。党员干部在活动中回顾了新中国成立前的重要历史进程,体会以毛泽东为代表的共产党人呕心沥血奋斗的艰苦历程,对于"三严三实"专题教育有了更深刻的认识。参观结束后,党员干部在现场集体填写爱国主义教育知识答卷,学习抗日战争及其他爱国主义知识。

【党员教育与发展】 节日慰问困难党员、一线职工。2015年春节来临之际及重阳节当天,后勤党委领导代表后勤探望并慰问离退休支部书记、支部委员,以及生活困难、生病住院的离退休党员,向他们表示感谢,为他们送去温暖。同时,总务处领导在春节前夕赴各部门慰问坚守在一线工作岗位上的职工,为他们送上年货慰问品,并致以问候,感谢他们在春节期间为医学部及总务的安稳运行做出的贡献。

学雷锋十周年活动。2015年是医学部后勤学雷锋活动十周年,3月21日,后勤党委在家属区和校园开展以"弘扬雷锋精神,全心全意为人民服务"为主题的学雷锋活动。经过前期筹备、支部动员、活动宣传等,共有来自后勤各党支部党员、预备党员、入党积极分子、职工等80余名参与其中,体现后勤职工参与此次活动的热情与为广大师生员工服务的积极性。

参与"共产党员献爱心"活动。根据《关于开展2015年"共产党员献爱心"捐献活动的通知》,后勤党委倡议各党支部组织党员、积极分子及群众为慈善医疗救助项目、"爱心成就未来"助学项目、"助老送温暖"项目、应急救助项目以及帮扶生活困难党员献爱心。据统计,后勤党委共有236人参加此次活动。其中,党员169人,积极分子9人,流动党员2人,群众56人,共捐款12392元。

【工会工作】 后勤代表团讨论医学部六届三次教职工代表大会工作报告。3月10日,后勤代表团就医学部第六届三次教职工代表大会工作报告进行讨论。医学部副主任、后勤代表团团长宝海荣出席并主持讨论会,后勤教代会的正式代表、列席代表参加会议。与会代表结合后勤实际,以负责的态度,履行职能,提出看法、发表建议、畅所欲言,为学校、后勤的建设发展献计献策。

后勤职工赴北京国际鲜花港春游。4月29日,后勤工会以"亲近自然、畅想生活"为主题,组织近百名职工来到北京国际鲜花港踏春。同时,为职工们参加"美丽校园、魅力生活"暨第二届后勤摄影展提供摄影机会。

后勤第二届摄影展举办。10月16日,"美丽校园 魅力生活"暨后勤第二届后勤摄影展颁奖仪式在后勤职工之家举行,本次摄影展以推进后勤"家园"建设,激发广大职工建家、爱家、护家的主人翁意识为主旨,共收集参赛摄影作品61张,主要涵盖风景、工作、生活场景等内容。此次活动坚持公开、公平、公正原则,由特邀评委和职工评委共同参与。经过评选投票,

共评选出一等奖3名,二等奖6名,三等奖9名。

后勤职工趣味运动会。11月20日,后勤职工趣味运动会在医学部体育馆举行,后勤党政领导班子成员及各部门职工近150人参加。后勤工会委员、小组长担任此次活动的裁判,并进行各项服务工作。此次趣味运动会共有10个工会小组、13个代表队报名参加,设置"智力大比拼""超音速""欢乐撞撞球""奔跑吧、呼啦圈"和"小球跳跳"五个游戏项目。此次活动促进了职工间的沟通、交流,并将健康向上、顽强拼搏的体育精神和团结协作、互帮互助的后勤精神传承下去。

医学部后勤好声音选拔赛。12月1日,后勤举办"2015年医学部后勤好声音选拔赛"。本次选拔赛共有4名来自各支部的选手参加,秉着公平、公正、公开选拔的原则,经过五位评委的打分与商议,得出评选结果,由部医院的张春燕代表后勤参加"北医好声音——迎2016新年晚会"。

直属单位党建

【发展概况】 北京大学直属单位党委现下属计算中心党支部、档案馆党支部、教育基金会党支部、教师教学发展中心(原名现代教育技术中心)党支部、校史馆党支部、歌剧研究院党支部和燕京学堂党支部共7个党支部,其中燕京学堂党支部为新增,共有党员159人。其中,在职正式党员84人,离退休党员56人,学生党员19人;女党员82人,少数民族党员12人,预备党员7人。2015年发展党员1人,转入党员22人,死亡1人,与2014年相比党员总数增加22人。2015年,直属单位党委共召开党委(扩大)会10次。

2015年,直属单位党委在北京大学党委的领导下,以马列主义、毛泽东思想、邓小平理论、"三个代表"重要思想和科学发展观为指导,开展党建工作,学习贯彻党的十八届四中、五中全会和习近平总书记系列重要讲话精神,开展"三严三实"专题教育,推进基层党组织的思想建设、组织建设、作风建设、制度建设和反腐倡廉建设,为促进各直属单位工作任务的完成提供组织保证,各项工作取得进展。

【开展"三严三实"专题教育】 2015年,按照中央和学校党委的部署要求,直属单位党委学习贯彻习近平总书记系列重要讲话精神,结合工作实际,开展"三严三实"专题教育,将思想和行动统一到"三严三实"要求上来。直属单位党委通过召开党委扩大会的形式组织党委成员及各党支部书记学原文、悟真理、上党课,参与四个专题的讨论和学习,开展相关活动,做好指导和推进党委各行政单位开展"三严三实"专题教育的相关工作。计算中心、教师教学发展中心、基金会、档案馆、校史馆、歌剧研究院、燕京学堂7个党支部在直属单位党委的指导下,也分别就"三严三实"的四个专题开展学习和研讨,活动形式多样,包括讲授专题党课、开展主题党日活动、组织参观主题展览等,确保专题教育取得实效。

【学习十八届五中全会精神】 十八届五中全会召开后,2015年11月,直属单位党委按照学校要求部署和组织各党支部学习贯彻十八届五中全会精神。各党支部分别通过收看会议视频和新闻、宣读文件、发送学习邮件和资料、组织讨论、开展主题党日活动等形式传达和学习十八届五中全会的相关精神。

【党员学习教育】 为方便党员同志学习,教师教学发展中心党支部为党员集体购买《王树增战争系列:抗日战争(全3册)》《王树增战争系列:长征+朝鲜战争+解放战争上下册(全4册)》一系列学习书籍,并开展集中的党员赠书和参观座谈活动,促进党员同志通过读书、参观和座谈,保持共产党员的纯洁性、先进性。经过活动反馈,党员同志们认为这种灵活便捷的党员赠书、参观和座谈活动,可以让学习教育活动全面覆盖所有在职和离退休党员,党员们可以利用业余时间阅读精选书籍,有时间进行领会与思考,然后通过集体参观和座谈等活动形式进行现场交流与讨论,收获较大,反响良好。

校史馆党支部先后为党员购买《习近平谈治国理政》和《胡耀邦文选》作为学习资料,并组织全体党员认真学习。

7月底,直属单位党委根据校组织部要求,组织党员同志观看学习《筑梦中国——中华民族复兴之路》纪录片。各党支部组织党员通过不同形式观看学习该纪录片,在线交流意见和看法,并撰写观后感。

11月,直属单位党委组织全体党员观看歌剧《青春之歌》。该剧让党员同志们受到了革命传统教育,又给人以艺术感染,是开展党员思想建设的生动教材。

【党支部到期换届】 2015年10

月,直属单位党委有计算中心党支部、教师教学发展中心、歌剧研究院、档案馆、校史馆共5个支部到期换届。根据5个支部的实际情况,直属单位党委组织和指导各党支部实行公推直选,按时完成换届工作。燕京学堂临时党支部也通过党员大会的形式成立正式党支部并选举支委。此次到期党支部换届,党员知晓率接近100%。

【主题党日活动】 2015年11月,计算中心党支部与中心工会联合组织中心党员、群众参观中国人民抗日战争纪念馆。参观人员通过展览参观和导览讲解,回顾抗日战争历史,缅怀抗战先烈们为民族独立和解放而做出的无畏牺牲,以及他们建立的伟大功勋,认识到要缅怀先烈,勿忘历史,珍爱和平。

教师教育发展中心党支部以"铭记历史、缅怀先烈、珍爱和平、开创未来"为主题,组织党员参观中国人民抗日战争纪念馆,理解以爱国主义为核心的伟大民族精神是中国人民团结奋进的精神动力,把广大人民群众的爱国热情凝聚到全面建设小康社会的伟大事业上来,凝聚到胸怀全局、做好本职工作上来。同时,发掘中心党员的先锋模范作用,带领全中心配合行政开展好学校的教师教学发展工作。

为响应中国共产党十八届五中全会全面建成小康社会的号召,根据北京大学学工部开展"我为中国精神代言"党团日主题教育活动的要求,燕京学堂党支部、团支部于12月12日联合开展主题为"了解中国新农村 体验建设新成果"的党团日和实地调研活动。上午,同学们参观位于平谷区东高村镇的"中国乐谷"展厅,了解平谷区音乐产业整体布局和发展前景,参观一个提琴工厂,了解提琴制作工艺。下午,同学们参观大华山镇挂甲峪村,与曾经受到江泽民总书记、胡锦涛总书记接见的村党支部书记张朝起进行座谈。学生们还进入不同农户家庭参观,感受中国新型农民家庭的日常生活现状。活动后学堂邀请北京大学国家发展研究院副教授李力行来到教授午餐会,与燕京学子们就中国新农村发展所取得的成就和遇到的挑战进行交流互动。本次学堂将党团日活动与常规实地调研活动结合在一起,是一次创新探索。活动过程中,团支书陈正勋用英语向参加此次活动的20多位国际学生和19位中国学生介绍学堂党支部、团支部机构设置和职能,通过活动让国际学生对中国基层党团组织有初步的认识。这是学堂党建、团建工作的一种尝试。

其他支部也通过各种形式开展主题党日活动。

【困难党员帮扶】 直属单位党委配合学校党委开展2015年生活困难党员帮扶补助工作,确定并推荐2名党员为2015年度北京大学困难党员帮扶补助对象。另外确定4名党员为2015年度直属单位党委的困难党员帮扶补助对象,并为每位困难党员发放帮扶补助金额3000元。

【优秀表彰】 直属单位党委根据学校要求,讨论并推荐基金会党支部的张勇同志为"北京大学优秀党务和思想政治工作者",评选计算中心党支部杨雪、基金会党支部李存峰、教师教学发展中心党支部李志刚、档案馆党支部魏卓4位同志为"北京大学直属单位党委优秀党务和思想政治工作者"。

2015年,直属单位党委基金会党支部的李存峰、档案馆党支部的郭鹏获"北京大学2014—2015年度青年岗位能手标兵"光荣称号,基金会党支部的赵琳获"北京大学2014—2015年度青年岗位能手"光荣称号。

【党员爱心捐款】 根据北大党委组织部文件精神,直属单位党委在7个党支部的全体党员中开展"共产党员献爱心"捐款活动。活动共收到捐款6140元,其中1名群众和1名入党积极分子也参加了捐款活动,以实际行动奉献爱心。

产业系统党建

【发展概况】 中共北京大学校办产业工作委员会成立于1998年,属北京大学党委成立的派出二级党委机构。产业党工委下设方正集团、青鸟集团2个党委;所属北大科技园、北京北大临湖科技发展有限公司、北京北大软件工程股份有限公司、北京北大未名生物工程集团有限公司、北京北大维信生物科技有限公司、校产办机关等6个直属支部。截至2015年12月底,产业党工委共有47个基层组织,874名中共党员;2015年发展党员7名,预备党员转正3名。

【"三严三实"专题教育】 11月30日,产业党工委专题向学校纪委、组织部等进行党风廉政建设责任制贯彻落实情况暨"三严三实"专题检查情况汇报。北大科技园党支部、北大方正软件学院党支部在北京大学关于评选表彰"三严三实"专题教育党支部优秀活动中获三等奖。

【党组织建设】 2015年产业党工

委委员进行了调整,共8名委员,孟庆焱任专职书记,胡新龙任副书记兼北大资产经营有限公司董事长和所属企业集团董事;韦俊民任副书记兼北大资产经营有限公司高级副总裁和所属企业集团董事;10月15日,任命韦俊民为方正集团党委书记、纪委书记,免去黄桂田的方正集团党委书记职务。为便于产业党工委开展工作,产业党工委增聘马军长为专职秘书。

2015年产业党工委组织"共产党员献爱心"活动,共164名党员群众参与捐献,共计捐款13520元。

【党风廉政建设】 产业党工委坚持把贯彻党风廉政建设责任制列为每年度重要工作。重视校办产业"经济性"特点,围绕企业发展的中心环节,推进各项工作,在学校党委领导下,贯彻方针政策——做到"规定动作不打折扣"。采用科学配置权力、完善"三重一大"民主议事和决策机制来进行权力制约,做到党风廉政教育常态化,通过内部监督搭建源头参与和防范的工作平台,变事后监督为事前监督,变被动监督为主动监督,变单一监督为综合监督,推进和构建反腐倡廉管理体系;通过规范产业法人治理体系,严格产业活动监管,建立健全"企业健康发展的监管模式";以制度建设为重点,以现代化信息技术为支撑,构建权责清晰、流程规范、防控有力、制度管用、预警及时的符合学校实际情况的廉政风险防控机制,加大从源头上防治腐败工作力度。制定加强企业规范化建设管理的相关制度。制定和完善校办产业各级人员的行为规范、领导层的议事规则、决策程序、重大事项的通报与执行制度、干部选拔任用与考核制度、举报与投诉处理制度等,以制度规范校办产业人员的行为,防范产业人员可能出现的各种差错。12月26日,印发《北京大学校办产业系统党风廉政建设责任制实施细则》。

【方正集团党委概况】 2015年10月,启动基层党组织和党员的摸底统计工作,下发关于上报《党支部书记登记备案表》和《入党积极分子信息统计表》的通知,并对下属企业开展基层调研访谈。

11月30日,在集团总部层面设立党群工作部和纪检监察部,两部门合署办公,共有工作人员11人。

2015年底,指导推动企业党支部的新设和换届工作,并按上级要求对失联党员名单进行梳理和排查。

5月至12月,响应北大党委、产业党工委关于开展"三严三实"专题教育通知要求,下发"三严三实"有关学习资料,组织开展"三严三实"专题学习教育党课,下发学习《北京大学发展党员工作基本规程》的通知等,组织参加北大教职工党支部书记培训班等。

【校产办机关支部概况】 校产办机关支部有党员27名。9月29日,机关支部组织"三严三实"学习研讨会,就如何以更严的要求和更实的精神律己用权等话题谈学习收获和体会。产业党工委副书记、机关支部书记韦俊民主持会议,机关支部全体党员参会。

11月6日,机关支部举行换届选举会议,对机关支部进行换届选举。会议通过选举刘俊英为新一届机关支部书记,马军长为机关支部组织委员,王宇为机关支部宣传委员。

【维信党支部概况】 维信支部有党员45名,在公司就职者31名,离职但组织关系仍在支部者7名,退休党员7名。男党员20名,女党员25名。入党积极分子2名。支部委员会由支部书记段震文、支部副书记刘之椰、组织委员刘炜、宣传委员刘曦、范小慧5人组成。

2015年,维信支部围绕公司中心工作,带领支部全体党员开展学习贯彻习近平总书记系列重要讲话精神、践行社会主义核心价值观活动,以良好作风、科学方法、实干精神开拓前行的道路,推进公司的生产经营事业。

12月25日,发展石海清为中共预备党员。白栋参加北京大学教职工党的知识培训班并取得结业证书。

维信支部注意改进学习内容和形式,采用支部QQ群交流、微信群讨论等形式,使党员受到党性教育、党的优良传统作风教育,在各项工作中发挥先锋模范作用。

为学习贯彻好习近平总书记系列重要讲话精神,根据产业党工委开展活动的有关要求,维信支部结合企业自身特点,下发并组织全体党员、积极分子讨论学习习近平总书记关于"三严三实"的要求,认为"三严三实"是对作风建设的升华,简明扼要,切中要害。随着以反对"四风"为重要内容的党的群众路线教育实践活动的深入,各级领导班子和领导干部作风好转。广大党员出实策、鼓实劲、办实事,不图虚名,不务虚功,取得实效。

【临湖党支部概况】 2015年北京北大临湖科技发展有限公司党支部共有党员13名,其中在职党员10名,退休党员3名。支部党员学习贯彻落实党的各项路线方针政策,按照"四讲四有"标准在各岗位上发挥先锋模范作用,党支部按时开好民主生活会和组织生活会。

思想建设方面。2015年围绕"三严三实"以及习近平总书记系列重要讲话、十八届四中全会、五中全会的文件、党内法规、创建中国特色世界一流大学等开展学习活动。通过组织学习、讨论、查摆,使支部党员提高认识,增强信心,把服务工作做好,提高绩效。

组织建设方面。按照上级党组织的要求做好党员发展工作自查,并形成报告上报。做好党建以及党员、积极分子的信息统计

工作。

教育实践活动。按照北大党委组织部、产业党工委关于开展"三严三实"专题教育的总体部署和实施方案,公司党支部结合工作实际,组织开展自学、专题学习研讨、撰写心得、查摆问题、制订整改措施等活动。通过专题学习教育,联系自身实际,查摆"不严不实"的问题,从而强化党的意识、党员意识、纪律意识,提升践行"三严三实"的自觉性。支部党员认识到:

1. "三严三实"是新形势下推进党的作风建设的新要求和新规范,作为公司的党员干部,必须在落实"三严三实"中率先学习、率先践行,当好表率。始终做到政治信仰不变,政治立场不移,政治方向不偏,筑牢思想防线,增强自身免疫力。

2. 要加强自律,严格要求自己,不以物惑,不以情移,自觉从我做起,廉洁奉公,抵制不正之风,坚守做事、做人的底线,永葆共产党员的政治本色。坚决落实"八项规定""六项禁令",常思己过,常照镜子,常正衣冠,做人做事公平、公正、公开,牢记全心全意为人民服务的宗旨,切实做到为基层服务,为职工群众服务。

3. 谋事、创业、做人落到"实"上就是要敢于担当责任,勇于直面矛盾,善于解决问题。要脚踏实地、真抓实干,服务创优、务实创新,增强工作实效,开创工作新局面。

在专题学习教育中,支部党员还联系正反两方面的典型,特别以学校李小凡、刘浦江、王海燕等具有"严、实"精神的先进典型为榜样,提高标准查找差距,查摆工作中存在的制度落实不严、实干精神不强、责任检查不实、工作态度不实等不严不实的问题,并分析原因和总结,提出整改方案,完善制度建设,谋创新、谋发展,加强各项工作的检查落实,让"三严三实"在身边、常态化,改进工作作风,凝心聚力,真抓实干,在推动企业改革发展稳定上见实效,为北大创建世界一流大学做好一流服务。

医学部产业系统党建

【发展概况】 医学部产业党总支在上级党委领导下,以党的十八大、十八届三中、四中、五中全会精神为引领,贯彻落实北京大学十二次党代会三步走战略,与行政、企业和工会合作,以党政工企共建的方式,做好产业党总支和工会的各项工作,推动产业规范管理,科学发展、创新发展。

【"三严三实"专题教育】 自医学部党委部署"三严三实"专题教育工作以来,产业党总支召开党政班子会议和各支部书记参加的总支委员扩大会议,进行调研,制订产业专题教育实施方案。主管产业工作的医学部副主任李鹰到产业调研,和产业党政企班子研究产业发展形势,学习政策,讨论对策,并查找产业班子存在的不严不实问题。6月18日,李鹰召集产业党政企负责人进行调研。李鹰强调,在学习习近平总书记系列重要讲话和相关文件,领会"三严三实"精神实质的基础上,要以问题为导向,本着"严""实"原则,学习与产业相关的法律法规,一方面要按照国有企业资产管理要求,严防国有资产流失;另一方面要加快调研处理历史遗留问题,解决下属企业目前面临的困难。产业班子要深入企业和群众,帮助企业解决困难和问题。6月29日,李鹰再次召集产业管理团队,专题调研产业规范管理与科学发展。

产业党总支"三严三实"专题教育实施方案包括调研学习、老党员讲"严、实"管理经验、书记讲党课、专题学习研讨、开好专题民主生活会和专题组织生活会等五个阶段,强化整改落实,解决产业工作中的不严不实问题。

针对三严三实问题,利用各种方式进行学习,加强理想信念教育,进行"三严三实"分专题的讨论,注重教育效果和增强自我教育的能力。各支部书记在各自支部进行宣传教育,组织学习。产业党政一把手共同负责医学网络教育学院、在职培训中心的反腐倡廉工作。国产办党支部组织"管理工作体验和心得分享交流会",邀请章京主讲,在分享管理理念的同时介绍管理经验,使党员对自律、修身和用权有正确的认识。

7月6日,产业各支部党员、各企业中层及以上管理干部50余人参加党课学习。产业党总支书记吕廷煜带领学习习近平总书记关于"三严三实"的重要论述,分析产业党员干部中理想信念不坚定的问题,要求党员干部敢于担当、勇于开拓,研究国家关于高校产业的政策和学校对教育培训领域的政策。

7月22日,李鹰、产业管理团队、各企业负责人及中层以上管理人员、党总支委员、在职支部书记及民主党派和无党派人士参加产业"三严三实"第一专题讨论学习暨理论中心组学习扩大会。国内合作与产业管理办公室主任吴问汉带领学习《求是》杂志2015年第14期《修好共产党员的"不坏之身"》一文。吕廷煜带领学习习近平总书记"依靠学习走向未来"的重要讲话。李鹰分享"三严三实"的学习和思考。产业党总支将"三严三实"第一专题讨论与中心组学习相结合,将理论学习与产业实际工作相结合,将处级干部学习扩大到产业党总支委员、支部书记、各企业中层以上管理干部以及民主党派和无党派人士,将理论学习、思想交流、解决实际问题融合在一

起，使与会人员收获良多。

8月28日，产业党政企班子展开"三严三实"专题教育学习研讨阶段第二专题的讨论：严守纪律和规矩，做政治上的"明白人"。李鹰、产业党政领导和主要企业负责人参加讨论。讨论主题是严格遵守党章，落实中央要求，自觉维护中央权威，做到思想上、政治上、行动上同党中央保持高度一致，增强大局意识和全局观念。李鹰在主题发言中讲道，与党中央保持一致，就要对党的事业忠诚。忠诚不是体现在口头上，而是体现在具体行动中。对产业来说，当前还要学习和落实北大章程和综合改革方案以及由此产生的一系列改革措施，做好产业工作，为北大建设世界一流大学做出产业人的贡献。党员干部对如何做好政治上的"明白人"展开讨论。

产业党总支查找"不严不实"的问题，并对问题进行分析，制订相关措施进行整改。

12月7日，产业党政干部、党总支委员以"严以用权，真抓实干，实实在在谋事创业做人，树立忠诚、干净、担当的新形象"为主题，进行"三严三实"专题教育第三专题学习研讨。吕廷煜、吴问汉领读习近平总书记关于"三严三实"重要论述及特约评论员文章。吕廷煜带领学习习近平"严以用权的十个要求"。吴问汉带领学习特约评论员文章"'严以用权'应该严在哪儿"。产业党政干部、党总支委员围绕会议主题逐一发言。党员干部表示，这样的学习很有必要，权力本身是人民赋予的，要严字当头，一方面要敢于担当，另一方面要增强用权的能力，把本职工作做好，把产业的各项工作抓严抓实。结合产业工作实际，吕廷煜带领学习《中国共产党党员领导干部廉洁从政若干准则》实施办法和《关于进一步规范党政领导在企业兼职（任职）问题的意见》，并要求党员干部自学《中国共产党廉洁自律准则》和《中国共产党纪律处分条例》。

【思想建设】产业党总支在各项工作中践行习近平总书记2014年5月4日讲话精神，并以多种方式组织学习，要求党员群众强化责任意识，在各自岗位上践行社会主义核心价值观。在医学部党委、产业党总支的领导和指导下，产业党总支3个在职党支部开展"学习党的群众路线，建设服务型党支部"主题党日活动，并与工作相结合，开展支部活动，使党员干部增强理论素养、从多个角度明晰工作面临的机遇和挑战，增强学习的动力，是各个支部正能量的汇聚。国产办党支部以切合"学习党的群众路线建设服务型党支部"的主题和注重活动实效为宗旨，开展"学习十八届三中全会精神，践行党的优良传统和作风"主题教育活动。医学网络教育学院党支部发挥学院工会纽带与桥梁作用，由工会发起全员"为学院建设提合理化建议"活动，党支部主动征求党内外员工对学院领导班子和主要负责人的意见与建议。联合二支部引导党员同志和入党积极分子思考群众路线的理论问题，通过党日活动实现培养党员社会责任心、提高支部服务能力和品质的目的与主旨。

产业党总支在产业网页上报道产业各项工作，并向学校新闻网和工会教工之声投稿。2015年产业网发布新闻25篇，北医新闻网采用7篇。更换产业宣传栏，营造积极向上的产业氛围。

【组织建设】产业党总支重视支部书记的培养，2015年内组织的"三严三实"学习扩大到支部书记，全体在职支部书记参加北京大学党委组织部组织的支部书记培训班。重视入党积极分子的培养，产业党总支各党支部组织活动都邀请入党积极分子参加。产业党总支书记吕廷煜讲完"三严三实"党课后，支部书记把其中的中华文化经典语句、中共领导人的高洁风范故事进行摘编，发给积极分子学习。参加医学部组织的办公室人员培训，并整理相关材料发给未能参加培训的工作人员尤其是入党积极分子，实现共同进步。

推进产业职工的思想政治工作，以点带面。产业党总支与学校党委组织部沟通，探索在非在编人员中发展党员的路径，经过考察和培养，2015年发展2名党员，全部是非在编职工。

【作风建设】为开好民主生活会，产业班子成员进行谈话、谈心、征求意见工作，听取群众的意见和建议。2015年初，按照中央《关于领导干部报告个人有关事项的规定》的要求，产业班子核实检查了中央规定的14项个人有关事项，有关方面的情况向上级党组织进行了报告，产业班子没有违反中央规定和组织原则的行为。产业班子始终与党中央保持高度一致，落实和执行党的政治纪律，遵守廉政纪律和八项规定。产业党政干部分别进行个人事项汇报、查摆问题和分析原因，并提出努力方向。每位干部做完自我批评后，其他干部提出批评和建议。每位干部都结合自身的分析检查材料，结合别人提的意见建议，确定未来工作的方向。产业管理团队坚守党员干部的道德底线，对自己高标准严要求，对退休职工和非在编职工等弱势群体给予帮助和关心，为构建和谐产业做出贡献。

产业工会落实教育部《学校教职工代表大会规定》的文件精神，开好2015年度职工代表大会。除进行工作汇报外，产业处级以上干

部还在会上就个人学习及廉洁自律方面进行述职述廉,并对产业副处级以上领导干部进行群众满意度测评。产业党工共建,依靠广大职工,维护产业职工的根本利益,特别是非在编人员的合法权益,增强凝聚力,促进建设团结和谐的产业团队。

【党风廉政建设】 产业党总支重新修订《落实党风廉政建设责任制实施办法》,明确产业党政企各级人员的责任和任务。总支书记负总责,产业办主任、投资公司总经理分别对行政、企业的党风廉政建设负责,明确各企业负责人为本企业党风廉政建设的第一责任人,强调各企业在取得经济效益的同时必须注意规范企业的经营行为,在国家法律法规允许的条件下,努力挖掘,大胆创新。在工作实践中,党总支做到将党风廉政建设和推进产业的改革调整相结合,同建立教育制度监督并重的惩防体系相结合。学校主管产业的领导及产业党政班子,一方面快速传达部署、落实国家及上级纪委的各项精神、措施及安排,另一方面采取适合产业特点的方式,强调党风廉政建设工作的重要性。产业党总支在产业党总支委员会、产业党政干部会、产业例会、党政企联席会上传达学校和纪委的各项精神,学习《高等学校所属企业领导人员廉洁从业若干规定》《关于认真学习贯彻落实王岐山同志在纪检监察干部监督工作座谈会上重要讲话精神的通知》《中国共产党廉洁自律准则》《中国共产党纪律处分条例》《中国共产党党员领导干部廉洁从政若干准则》实施办法和《关于进一步规范党政领导在企业兼职(任职)问题的意见》等相关文件。

加大对校办企业国有资产运营的监管力度。涉及医学部企业的重大事项经产业专家咨询委员会论证,聘请法律事务所出具法律意见书、编制项目可行性分析报告和相关请示报医学部部务会和北京大学校产管理委员会审批,遵照教育部关于《教育部直属高等学校、直属单位国有资产管理工作规程》分步实施,使国有资产的管理工作规范、合法、合规,没有发生国有资产流失现象。对于关停并转企业的资产处理和资金使用,坚持"双签制"。在关闭企业过程中成立关闭清算小组,由医学部审计中心、计财处、设备实验处等部门负责人和产业党政企领导、财务总监、被关闭企业负责人联合组成。同时,被列入关闭企业的财务支出从清算小组成立起即实行联合签字制度,实施双重审批,防止关闭清算期间企业的不当支出。聘请有资质的会计师事务所对拟关闭企业进行税务审计、清算审计,并出具报告。关闭企业的资产和债权债务的处置必须经关闭清算小组会议讨论,全体人员通过方可实施。

在产业党总支的领导下,医学网络教育学院重视党风廉政建设,配合上级机关的国有资产管理检查,执行党的廉政建设的各项政策。每月初,利用办公例会组织中、高层人员学习"三严三实"的政策以及国家的政策法规。在2015年远程国际发展论坛举办过程中,杜绝形式主义和奢华之风,不摆绿植鲜花、不吃桌餐,把会议办成学术交流的盛会。

【医学部党建调研】 11月10日,在医学部纪委书记孔凡红的带领下,医学部基层党建工作调研和党风廉政建设责任制检查组一行来到医学部产业党总支进行调研和检查。产业党政领导、党总支委员、产业在职党支部书记、党员代表、教职工代表、民主党派代表参加座谈会。孔凡红介绍了党建调研的背景和目的,并指出企业党组织要研究企业、事业两种不同的体制机制,贯彻中央从严治党的要求,加强党风廉政建设,根据当前形势开展各项工作。产业党总支书记吕廷煜分别就加强领导班子和干部队伍建设、基层党组织建设、干部人事工作进行汇报。与会人员就基层党组织建设中的经验、问题和难点与检查组成员进行座谈交流。

【产业建设】 10月27日,产业党总支、产业工会组织教职工约30人赴京郊参加以"探寻京西文化,畅游双龙峡"为主题的秋游活动。11月19日,产业党总支组织参观位于大兴的百年义利面包厂。产业离退休党员、党总支委员、党支部书记、国产办党支部及入党积极分子30多人参加此次活动。产业党总支书记吕廷煜介绍了此次活动策划的初衷,对"义利"的企业经营理念进行了解读。

参与医学部工会组织的各项文体活动,如:大步走、羽毛球比赛、摄影比赛,组织参加医学部第52届田径运动会。为了增强集体的凝聚力,6月12日至13日,医学网络教育学院工会小组赴昌平至怀柔之间的拓展培训基地进行主题拓展培训。

【离退休工作】 2015年,产业离退休职工有216人,其中企编职工8人,他们大多是关停并转企业工人,来自原北大药业、印刷厂、仪器厂、怡达公司、康净公司、博士苑宾馆。他们工资低,职称低,病患率高,是学校的困难群体。随着物价的提高,退休企编职工生活困难者占很大比例。产业党政领导贯彻执行离退休政策,一方面关心离退休职工群体,使老同志感受到组织的关怀和温暖;另一方面组织离退休党员开展活动,发挥离退休支部和老党员的模范作用和影响,引导

老同志参加各种活动,发挥余热,保证离退休职工队伍的稳定,为共建和谐产业发挥重要作用。产业党总支、国内合作与产业管理办公室、北京北医投资管理有限公司组成多个慰问小组,为退休老同志送温暖。2014年底,产业党政领导为增强对大病和特困职工帮扶的针对性,锁定三类帮扶人群:患大病且困难;患大病;生活困难。经过国产办党政办公会讨论,通过对这三类人群不同的补助标准,做到以人为本,帮助老同志渡过难关。

产业综合办公室关注退休职工的健康和生活困难,并通过党组织和老干部处进行慰问。配合离退休工作处做好老干部的体检、福利、体育文艺活动通知等各项工作。配合离退休工作处组织春季和秋季的离退休运动会、春游、节日物品发放、体检等事宜的通知和服务工作;配合医保办公室做好就近就医、社区医院的变更工作;配合计生办做好独生子女父母年老时一次性奖励发放和单独二孩审核工作;配合学校做好三代子女入托、入学的通知及服务工作;配合学校做好肖家河教职工住房申购的通知及服务工作;为困难职工申请补助、慰问工作。

后勤管理与保障

总务工作

【发展概况】 总务部是学校的行政职能机构,是学校教学科研中心工作和各项日常工作正常运转的后勤保障部门,下设综合办公室、计划管理办公室、运行管理办公室和人事办公室等四个办公室。同时,北京大学爱国卫生运动委员会办公室、北京大学绿化委员会办公室也常设于总务部。截至2015年12月,总务系统现有在职事业编制394人(其中总务部13人)、非事业编制人员2700人(含劳务派遣、劳务外包、合作经营单位人员等),共计3094人。总务部在工作中坚持"为教学科研和师生员工提供优质服务"的宗旨,以"做好保障服务和实现安全稳定"为根本目标任务,根据学校建设和发展的需要,制定后勤保障服务规划和总务系统工作计划;按照"小机关、多实体、大服务"的管理运行模式,协助学校管理、监督、协调、服务总务系统各中心做好各项后勤保障服务工作;做好和政府有关部门及校外业务单位的对口衔接工作。

【运行管理工作】 1.校园及周边地区水暖电管网改造。(1)截至2015年5月,校园电缆隧道及西部开闭站外线电缆采购、敷设主体工程全部完工,勺园5号楼北侧绿地景观建设工程、勺海亭绿地喷灌工程、水塔开闭站东侧电缆隧道新做积水井工程、校园电缆隧道2号井改造工程、110KV电站至五四和学生区开闭站光缆恢复工程、北达资源中学开闭站电源电缆临时供电工程和国政楼北侧喷灌恢复工程等,各项配套改造等工作也陆续完成。(2)校园电网设备更新维护二期工程。为保障全校电网安全运行,已完成理科楼群直流屏更新、开闭站继电保护装置更换、配电室低压开关更换及中压开关检测等工作。(3)物理大楼供电系统改造工程。从物理大楼低温配电室引出电源电缆对其进行了增容改造。(4)供暖系统设备更新项目。完成了蓝旗营换热站二次循环泵、综合楼换热站循环泵、蔚秀园锅炉房启动柜、配电柜等设备更换改造。

2.校园基础设施维修和改造。(1)餐饮中心食堂设施设备维修改造工程。为达到卫生部门要求、保证食堂安全运行,总务部完成燕南美食货梯更新改造、农园食堂锅炉更新改造、松林餐厅改造、学五食堂用电增容及康博思空调移机等工作。(2)理科楼电梯更新一期。为保证师生的乘梯安全,完成3部电梯的更新,其余3部计划2016年完成更新。同时,对理科楼电梯机房空调进行了更新。(3)45甲楼中央空调改造。由于空调使用年限较长、房屋漏水、主机和管道节门锈蚀严重、消音器锈蚀老化,总务部于2015年对其进行改造和更换,确保正常使用。(4)幼儿园基础设施改造工程。完成包括蔚秀园幼儿园热水锅炉更换、燕东园幼儿园监控设备进入班级、燕东园幼儿园食堂排烟系统更换等任务。(5)校园浴室维修改造工程。为保障新建宿舍29楼至31楼浴室日常使用,完善楼内浴室设备设施;完成校园浴室淋浴控制系统改造、46楼和47楼浴室改造等工作。(6)文史楼三层装修改造。对文史楼三层公共教室门窗、墙面、地板等设施进行装修改造。(7)学生宿舍粉刷工程。完成对毕业生宿舍及相应的楼道进行粉刷、检修工程。(8)学生宿舍29楼至31楼宿舍配套设施设备用具购置。主要完成29楼至31楼学生宿舍家具、宿舍空调、开水器等物品采购相关工作。(9)室外管网改造。为保障日常运行,更换给水、排水、供暖老旧管网。完成校园东区给水主管道环状连接工程;完成法学楼、校史馆、33楼等室外污水管网更换改造工程;完成红湖等供暖外线改造工程。

3.校园环境整治。(1)校园未名湖北区环境改造工程。该项工程主要是对荷花湖区域的绿化环境实施改造,改造面积约1.2万m^2。(2)北京大学生活污水回用工程配套设施。完成北京大学生活污水回用工程基坑监测、主体结构施工、主要设备安装等工作。(3)垃圾楼改造工程。完成垃圾楼设备设施更换改造、垃圾楼室内外及周边环境改造工作。(4)佟园食堂周边环境整治。为解决食

堂用餐期间人车通行的安全问题，完成周边环境绿化、铺装地砖、安装自行车架等系列工作。

【节能工作】 根据北京大学"十二五"改革和发展规划纲要，2015年学校节能指标计划为6.5万吨标准煤，截至2015年底，实际能源消耗总量为53375.13万吨标准煤，完成了本年度设定的节能指标量。

继续坚持执行北京大学用水用电全额收费的市场运作机制，将节约能源纳入市场经济的轨道。2015年是执行全额收费办法的第十四个年头，也是执行学生宿舍"定额管理，计量收费"制度的第十个年头。全年水电费总支出为8133万元，总收费为8957万元，收支基本平衡，略有节余。2015年完成大小节能减排项目共计二十三项，投入资金约1600万元。

1. 利用教育部改善中央高校办学条件专项资金，完成畅春新园学生宿舍集抄系统改造工程，实现用电远程抄表、恶性负载控制、分路符合控制，方便学生宿舍的用电管理，提升了学生宿舍安全用电水平。

2. 利用教育部改善中央高校办学条件专项资金，完成校内部分老旧供暖阀门、水表及电表更换工作，减少管网跑冒滴漏现象。

3. 响应和落实国家节能减排政策，利用教育部改善中央高校办学条件专项资金，完成燕北园蔚秀园锅炉房老化设备更换改造，包括对锅炉的烟管和管板等进行更换；为保证锅炉排放达到环保要求，减少二氧化硫和氮氧化物等的排放，对燃烧机进行更换；锅炉鼓风机、燃烧机加装消音设备，减少噪声污染；对老化的水处理及除氧设备进行更换，对锅炉房燃气报警系统进行更新，对烟囱进行更新等；为节约能源，锅炉尾部安装烟气余热回收和气候补偿器等有效的节能装置，并对换热站和外网进行节能改造，实现供暖系统整体上的节能

控制。

4. 绿色照明推广工程。完善家属区照明、安装节能型路灯，在二教车库安装LED感应节能灯具，将44楼和勺园1号楼至3号楼的楼道灯具更换为人体感应节能灯，进一步节约电能资源。

5. 其他节水工程。对学生宿舍40楼进行淋浴间改造，对勺园地区绿地进行喷灌改造，进一步节约水资源。

6. 完成学校能源管理体系和碳排放管理体系的建设工作。定期、及时报送能源利用状况报告。北京大学作为在京万家企业和全市57家重点用能单位之一，每年定期、按要求完成能源利用状况报告，报送至北京市发改委和节能环保中心，并接受相关部门对学校"十二五"节能目标完成情况的考核。学校已连续五年完成既定的节能目标。

7. 加强节能宣传。积极配合各级政府的能源管理部门及市区节水办在世界节水日、全国节水宣传周及节能宣传周开展节水、节能宣传。

【财务管理工作】 2015年，总务财务室完成了财务部、总务部交办的各项财务任务，保障了学校在供暖、公用水电、校园环境及卫生、零星修缮、学生宿舍及公共教室等方面运行保障的资金支持。

2015年总务系统校级预算经费为12732.58万元，预算支出为12732.58万元，完成校级预算经费，预算支出如下：（1）供暖费支出为7902万元。（2）修缮及零星维修维护费支出720万元。（3）公用水电费污水处理费等支出1859.4万元。（4）校园管理服务环境卫生保洁支出1030万元。（5）学生宿舍管理服务运行支出639万元。（6）全校水电运行费用支出为310万元。（7）公共教室维护保洁支出100万元。（8）职工班车费支出148.71万元。

(9)办公费支出13万元。(10)其他支出10.47万元。

2015年完成学校专项资金支出4551万元，包括燕园景观环境综合整治、电缆隧道与西部开闭站电缆铺设工程、生活污水回用工程、学生宿舍29楼至31楼配套设施设备、勺园食堂配套设施及采购、校园电网设备更新维护二期工程、理科楼电梯更新、考古及燕北园供水系统改造、餐饮中心设备设施更新改造、学生宿舍基础设施改造、二教修缮工程、物理大楼供电系统改造、供暖系统设备更新、校园浴室维修改造、水电收费系统改造、畅春新园宿舍集抄表系统改造、未名湖北区环境改造、燕北园蔚秀园燃气锅炉节能改造等40多项专项支出。

2015年总务部自筹资金共支出1104万元，包括弥补中心经费375.35万元，返回餐饮中心工资206.3万元，学生宿舍、浴室、食堂、教室、校园绿化、道路维修、校园房屋修缮、公共基础设施的更新改造零星工程等方面支出455万元，总务部其他支出67.35万元。

【队伍建设】 1. 深化后勤队伍建设改革。（1）实施总务系统中心5个招聘计划，12月初完成调入工作，同时申报2016年计划。（2）配合党委组织部，为中心配备3名副职干部。（3）实施中心4名科室干部聘任。（4）理顺人事办公室和中心人事管理的关系，制订事业编制人员和科室干部招聘统一的流程、模板等，进一步加强对中心的宏观指导、权责明晰、服务和监督。（5）形成《后勤人事工作汇报》呈报主管校长，为解决队伍建设难题和深化改革打好基础。

2. 做好工程技术（后勤和产业）学科组和幼教学科组职称评审。1人晋升高级工程师，2人晋升工程师，1人晋升小学高级教师。

3. 组织后勤聘用小组，经过

两轮评议，共推荐 10 人晋升工勤技能技师岗位，学校聘任小组通过 9 人。

4. 推荐并获评后勤唐立新奖教金 10 人。

5. 做好总务部在职人员人事工作。（1）加强总务部领导干部队伍建设。配合党委组织部配备 1 名副部长，做好班子、干部述职测评和年度考核、民主生活会和重要事项报告工作，做好 1 名新上岗干部试用期满考核工作。（2）完成 1 名事业编制人员招聘和 1 名科室干部聘任，补充 1 名合同制职工。（3）做好月考勤考核、985 岗位考核和续聘、聘期考核和续聘、年度考核等。总务部事业编制人员参加年度考核 13 人，其中优秀 1 人，合格 12 人。做好 1 名合同制人员试用期满考核及年度考核，考核结果均为合格。（4）做好三十年教龄申报、独生子女互助医疗、生日庆祝会等薪酬福利工作。

6. 协调服务总务系统中心做好在职人员人事工作。（1）加强干部队伍建设。配合党委组织部配备正、副职干部，协调做好中心领导班子、干部述职测评和年度考核、民主生活会和重要事项报告，以及新上岗干部试用期满考核工作。（2）组织中心科室干部招聘。（3）完成通用岗位聘任。（4）做好聘期考核和续聘、年度考核等。总务系统中心事业编制人员参加年度考核 376 人，其中优秀 27 人，合格 349 人；不参加考核 5 人。（5）配合学校人事部做好各单位清查吃空饷和事业编制职工缴纳社会保险工作。（6）做好职工返还资工作。（7）以中心为主，做好职工培训。如餐饮中心开展的中青年骨干培训。（8）做好合同制工队伍建设。加强职工培训，鼓励合同制职工参加平民学校、申请晋升高级职称和薪酬激励，解决职工诉求等。

7. 做好离退休人员服务工作。（1）做好总务部离退休职工建立微信群、加强沟通、慰问、生活特困帮扶、支部活动等工作。（2）协调服务总务系统中心做好离退休人员的服务工作。及时传达学校组织的离退休人员政治学习活动、工资调整政策和"北京大学'老有所为'先进个人"评选表彰等；加强离退休党支部建设工作，向离退休人员按时发放活动经费；加强生活福利方面的关心，增加对生活困难和遇有难事离退休人员的帮助，组织好年底慰问和团拜等工作，及时发放特困职工补助等。（3）参加学工部 2015 年底慰问学校离退休干部、工人的春燕行动，后勤共报 8 人。

8. 组织人事干部培训。分别由总务部邀请学校人事部劳动合同与社会保险办公室干部、由校园服务中心搭建平台邀请律师，为后勤人事干部做两场培训，提高人事干部工作水平。

【综合事务管理】 1. 协调保障工作。与学校相关部门密切配合，协调国家元首来访、全国优秀高中生夏令营、高考阅卷、迎接新生、新生党员培训、军训、毕业生就业招聘会、毕业生离校、校庆活动、北京论坛、国际文化节等大型活动的后勤保障服务工作；完成开放校园暑期参观、冬季冰场管理等相关组织协调工作，维护校园秩序、保护校园环境，保证各项活动圆满完成。

2. 安全检查工作。（1）总务部牵头，会同保卫部、学工部等七个单位配合学校开展了春季、秋季安全教育和联合检查活动。对校本部、畅春新园学生宿舍的消防设施和违章用电现象进行安全检查，排查安全隐患。（2）配合保卫部开展学校年底安全大检查。

3. 组织会议及对外接待工作。（1）成功举办 2015 年度后勤系统年终工作总结会，2015 年共完成 8 次总务长办公会、4 次后勤中心主任联席会等会议的筹备、议题收集、会议纪要报送工作。（2）接待南京大学、南京航空航天大学、中国海洋大学、南方科技大学等兄弟高校来北京大学调研。

4. 后勤信息化工作。按照总务长办公会精神，总务部大力推进后勤综合服务平台建设。赴兄弟院校开展大量调研，邀请兄弟院校介绍经验，与后勤单位多次座谈、调研，明确自身需求、突出北大特色。在信息化建设与管理办公室、计算中心、财务部以及后勤各中心等相关单位的大力支持和配合下，后勤综合服务平台建设已取得了初步成果。网上报修、订餐送餐、公寓信息查询等功能模块已基本开发完毕，即将上线试运行；后勤电子支付功能也已洽商完毕，准备投入使用。

5. 其他综合性事务。管理未名 BBS 总务部账号，对校长信箱版面中针对后勤工作提出的意见和建议进行及时了解、答复、处理，2015 年共答复同学发帖 23 件。

会 议 中 心

【发展概况】 北京大学会议中心是 1999 年 9 月正式组建的专业化服务实体，主要负责组织承办各类会议，开展多种形式的对外学术、文化交流活动；管理经营群众文化活动场所，组织校园文化艺术活动；为外国专家、留学生、部分国内学生和其他中外宾客提供住宿、餐饮等服务。会议中心现有建筑面积 22.6 万 m^2，拥有一个 2063 个座位的礼堂和 39 个大、中、小型会议室，各类不同风格特点的餐厅 5 个，接待床位 5000 多张及其他综合服务设施。

会议中心组建时下设办公室、对外交流中心、百周年纪念讲堂管理部和勺园管理部。2003 年 8 月增设中关园留学生公寓建设项目

部，负责中关园留学生专家公寓园区前期筹备和施工阶段的工作，并为建成后的运行管理做准备。2007年4月，学校批准会议中心设立中关新园管理部，撤销原中关园留学生公寓建设项目部。2011年中关新园开始全面运营。2008年4月，会议中心办公室开始实体运行，加强对中心行政、人事、信息等工作的统筹协调。2008年底，成立中心财务室，开始整合中心财务工作，加强集中统一管理和内部控制。

张胜群任会议中心主任，孙战龙、李榕、刘寿安、周锋任副主任。郝淑芳任中心办公室主任，周立宏任中心财务室主任。2015年共有员工987人，其中学校编制员工97人（干部19人，工人78人）。2015年退休员工14人。

2015年会议中心服从学校发展需要，承接勺园5甲、5乙行政办公和会议区域物业服务工作；密切配合勺园6号楼改造施工，在学校有关部门监督协调下，招标采购上千万设施设备和物品并安装配备到位，克服工程进度落后等重重困难，在极短时间内完成留学生公寓筹备任务，保证燕京学堂新生9月1日顺利入住；积极推进勺园西餐厅筹备工作，完善配套服务，便利师生生活。

【业务发展】 2015年会议中心继续承担大量高层次活动组织和重要接待任务，包括接待亚美尼亚共和国总统谢尔日·萨尔基相演讲会、中国国民党主席朱立伦来访、捷克总理斯拉夫索博特卡演讲会、泰王国诗琳通公主60岁生日午宴、联合国前秘书长科菲·安南来访、校领导战略研讨会、学校春节团拜会、全国（部分）高校接待交流联合会会议等；承办北京论坛、中华文化复兴论坛等国际国内学术会议10个，承接海外交流团队、研修班13个；接待来访海外宾客84批5889人次；各类会场使用4147次，参加会议活动约41.8万人次；举办演出121台，放映电影111场，举办艺术课堂7场，承接展览7场，观众约13.2万人次；接待中外宾客7.2万多人次住宿，55.1万人次就餐；在住留学生1585人，港澳台学生47人，国内学生2134人，博士后245户。

对外交流中心采取发挥经验优势、扩大信息化手段在业务工作中的应用等措施，进一步提高了会议与交流工作的专业化和会场服务管理的规范化。讲堂努力巩固新生音乐会等品牌项目，保持高品质校园文化；合理安排电影放映场次，满足师生观影需求；挖掘内部潜力，组建成立讲堂室内乐合唱团；加大对校内师生文艺团体的支持力度，配合素质教育成果明显。勺园完善1号楼至4号楼学生生活服务设施，开展公寓特色文化活动，获得在住学生广泛好评。中关新园继续接纳180名国内研究生周转住宿，完善留学生公寓服务设施，搭建"北京大学中关新园留学生公寓"微信公众平台，加强与学生交流沟通；适时加大网络销售力度，不断提升服务品质，以优质服务吸引宾客，携程、艺龙等主要网站的好评率连续保持在95%以上。根据国家相关规定和学校要求，勺园和中关新园共同推出符合公务接待标准的套餐，创新餐饮运营模式，调整餐饮服务方式，满足接待就餐需求。

会议中心积极应对运营压力，保持相对稳定的经营规模和效益水平，中心年总收入创造历史新高，达2.134亿元，利润7092万元，偿还中关新园借款3894万元，圆满完成了预算和上缴学校利润任务。

对外交流中心为学校重要活动减、免收费100万元；讲堂为学校和师生服务减、免收费75万元；向校内师生销售让利20%的兑换券，优惠2.8万元；继续向贫困生赠送兑换券折合人民币6000元。

会议中心自筹资金600万元完善基础设施，更换交流中心阳光厅地毯，修缮勺园部分门窗护栏等老旧设施，改造中关新园车场管理系统等，并在学校支持下完成博士后公寓污水管道改线、门禁系统升级改造等，为稳定和提升服务品质夯实基础；利用教育部"改善办学条件专项经费"进行讲堂屋顶修缮、观众厅声场改造和音响设备更新，并投入讲堂自身积累的600多万元补充专项经费不足，保证改造效果。

【财务管理】 2015年会议中心配合学校完成税务稽查和预存款清理，加强对经营活动的分析指导和财务监管；按程序完成中心层面22个项目的招标工作；继续完善中心联合采购平台，将塑料包装袋等易耗品纳入联合采购范围，努力降低运行成本。

【队伍建设】 2015年会议中心平稳完成中心领导班子主要负责人的新老交替，并引进补充了年轻领导干部，完成领导班子的充实调整，班子结构更趋优化；加大干部内部培养和选拔力度，同时多渠道引进管理骨干，全年中心各单位聘任内设一级机构助理及以上人员8名；继续组织核心骨干团队召开专题研讨会，2015年研讨会以"贯彻《会议中心2018发展计划》，提升会议中心整体水平"为主题，通过全面分析总结《会议中心2018发展计划》落实情况和推进方案，进一步凝聚整体共识，理清发展思路，坚定既定目标，提升工作水平。

会议中心加大对学习培训活动的投入和组织力度，强化对业务技术骨干的培养和激励。在中心层面组织中高层管理干部系列培训，同时整合培训资源，探索开展跨单位联合培训。2015年共组织各类培训952课时，11680人次受训，12人参加平民学校学习，15人在职进修大专或本科课程，6人获

得相关专业认证证书。对外交流中心结合自身情况鼓励员工在职学习,拓展业务能力;加强岗位评估考核和考勤绩效管理。讲堂积极安排专业素质较高的员工开展艺术知识普及培训;继续推行内部业务技能等级考核,加强技术骨干培养。勺园重视实习生管理培训,着重强化一线人员安全知识和技能培训;调整部分中基层管理人员,逐步理顺选拔渠道、优化队伍结构。中关新园采取内部培训、外派培训、网络在线培训、"以战代训"等多种形式相结合的方式,大力推动培训工作常态化,并每月发布培训质检月报;全面实行员工中高级分级管理,努力稳定骨干队伍;开展每年一度的年终测评工作,共有309人为131名管理干部和特殊岗位员工以及34个班组进行打分测评。

会议中心贯彻"以人为本"理念,继续为全体员工发放文娱活动兑换券,全年共组织800人次观看讲堂演出活动;组建中心乒乓球兴趣小组,举行中秋国庆联欢活动,组织员工参加各类文体比赛;妥善做好15名勺园内退人员返岗安排;组织全员健康体检;坚持慰问生活困难员工和退休人员。对外交流中心增添文体活动设施,组织内部文体活动,丰富员工业余生活。勺园开设了工服洗涤服务,开通了短信服务平台,加强对员工的人文关怀。中关新园举办"磨剑十年,知行合一"知识竞赛及员工风采展示,增强员工的凝聚力和归属感。

【党建工作】 2015年会议中心共有6个党支部,党员101人,预备党员4人。中心党总支深入开展"三严三实"专题教育,组织班子进行学习研讨,并在各支部开展集体学习、主题党日和征文活动,认真开展支部组织生活会和班子民主生活会,从严从实查摆问题、组织整改,把专题教育融入日常工作中。

10月初,会议中心工会和党总支按规定程序和规范完成换届工作,进一步健全了组织机构,提高了组织凝聚力和战斗力。

会议中心坚持贯彻中央"八项规定"精神,根据国家和学校相关规定制定出台了《会议中心党风廉政建设责任制实施细则》《会议中心公务接待管理规定》《会议中心公车管理办法》,修订《会议中心领导班子密切联系群众、改进工作作风实施细则》,并深入开展廉政建设自查自纠活动,认真贯彻各项廉洁自律规定,全面落实党风廉政建设主体责任;组织党员和广大员工学习《中国共产党廉洁自律准则》《中国共产党纪律处分条例》和《北京大学教职工处分暂行规定》等规章制度,提高队伍整体廉洁自律、拒腐防变的觉悟和意识。

会议中心坚持民主集中制和集体领导,严守中心和所属单位的办公会会议制度,通过集体决策避免廉政风险;组织不同编制和身份的员工代表座谈、听取中心领导班子述职述廉,并进行民主评议;严格遵守财务管理规定和干部聘任程序,加强对风险防控重点岗位的管理和监督。

【内部管理】 2015年会议中心进一步加强内部建设力度,全年制定修订10个中心层面的规章制度,并结合中心实际汇编《会议中心消防安全管理工作手册》;在后勤领导的指导统筹和学校计算中心的支持下,积极推进会议室预订系统和电影售票系统的搭建;加强档案管理工作,出台了《会议中心档案管理规定》,邀请校档案馆专业人员对中心和各单位档案管理工作予以指导;加强安全管理,完善月度安全例会和自查抽检等制度,落实属地管理责任,完成环保、卫生、食药等专项检查和年审工作。

对外交流中心制定完善2项规章制度;继续坚持中心办公会、每周例会、会场部班组晨会等会议制度,加强规范管理;继续完善学术会议管理服务系统,新开发离线会议注册系统,实时更新共享注册信息及数据。

讲堂修订完善《讲堂主任值班制度》《讲堂主任办公会制度》《中控室管理办法》等9项规章制度;积极探索新的用工渠道,尝试保洁工作外包,降低用工成本。

勺园出台实施了《高温补贴及防暑降温药品相关规定》《防汛工作管理办法》等3项规章制度;继续尝试多种用工方式,并整合部分班组,提高用工效率;增加酒管系统模块、点餐飞单系统,推进信息化管理进程;组建义务消防队,改造7号楼至9号楼报警系统,逐层级签订安全责任书,增强安保力量,强化安全意识。

中关新园制定了《成本费用管理制度》等8项规章制度,加强人员统筹,探索开展相近岗位员工跨班组使用;建设智慧客房系统,扩大无线网络覆盖面;加强能耗管理,百元能耗比为8.1%,继续保持良好节能效率;积极推进网格化安全管理模式和安全管理标准化建设,坚持月度联合安全大检查,确保安全稳定运行。

2015年勺园和中关新园均获得海淀区公安分局出入境管理大队颁发的境外人员登记服务"优秀单位"荣誉称号。

2015年中关新园时光西餐厅和怡园中餐厅在北京市食品药品监督管理局组织的餐饮服务单位量化分级评定中获评最高等级的A3星级餐厅(海淀区首次获评通过的有七家餐厅)。

会议中心工会"庆中秋、迎国庆"活动获评2014—2015年度"北京大学工会精品活动"。

会议中心获评"2015年度北京大学安全管理先进单位"。

(郝淑芳 马冬妮)

餐饮中心

【发展概况】 截至2015年底,餐饮中心共有员工1005人(含合作经营单位员工470人),其中劳动合同制职工(事业编制职工以外)931人,占员工总数的92.64%。1月至12月,伙食营业总收入1.59亿元(含合作经营单位),比2014年增加692万元,增幅4.55%,收支总体平衡。

2015年,日均服务就餐师生59214人次(以2015年9月15日用餐情况统计,早、中、晚三餐合计,人次统计每人每天不超过3次)。在校生月伙食消费额535元(75餐/月以上)。为保持伙食稳定,确保伙食补贴基金的"专款专用",2015年,对米、面、肉、蛋、豆制品及蔬菜等品种执行价格补贴合计约859万元(含人工成本上涨因素),比2014年增加137万元(2014年为722万元)。

【生产安全及食品安全】 2015年,餐饮中心通过执行强有力的管理措施,狠抓"关键环节"控制,实现了安全生产零事故、食品卫生上台阶、伙食服务获好评,创造了连续58年未发生群体性食源疾患的优良办伙记录。2015年10月,勺园食堂顺利通过了北京市食品卫生等级A★★★认证(食品卫生领域最高等级),也是北京高校第一所通过此认证的学生食堂。

【管理创新】 1. 关注行业动态,引进先进生产加工设备。为提高餐品质量和劳动生产率,餐饮中心密切关注社会餐饮行业动态,2015年6月和11月分别引进了大型面条生产线、米粉生产线等先进生产加工设备,日均生产加工面条750千克,米线的集中生产也在逐步调试中。集约化生产带来的不仅是餐品质量的提升,还大大提高了劳动生产率。

2. 关注营养健康,筹建餐饮中心豆制品生产车间。为保证师生能够每天吃到新鲜的豆制品,餐饮中心于2015年3月自筹资金建立了豆制品生产车间,每天可生产豆腐、豆干、豆泡等8个品种的豆制品1250千克。

3. 关注沟通效果,举办首届"相约未名,烹然心动"学生厨艺大赛和餐饮中心形象标识创意设计大赛。为拓展与师生沟通方式,构建和谐的办伙环境,在坚持传统的学生监督员工作制度的基础上,餐饮中心于2015年11月与学生会合作,成功举办了厨艺大赛和创意设计大赛,共有100余名同学踊跃报名参加上述两个活动。活动的成功举行不仅为同学提供了展示自我厨艺和才华的平台,同时也拉近了餐饮中心与学生之间的距离,达到了"理解多了,吐槽少了"的效果。

4. 关注校园饮食文化传承,举办"中华小吃美食节"。为宣传和传承中华饮食文化,丰富校园餐饮,餐饮中心联合中国烹饪协会于5月29日至6月1日成功举办了北京大学"中华小吃美食节"。活动期间,餐饮中心邀请了来自全国8个省市的中华小吃主理人员22人来我校献艺,现场制作24个全国名小吃供同学们品尝,受到同学们持续追捧,现场气氛火爆。活动的成功举办,不仅促进了北京大学校园文化与中华饮食文化的完美融合,同时还在一定程度上丰富了师生的校园生活。

【特色餐饮服务】 2015年,餐饮中心把师生诉求当作改进和完善工作的第一信号,针对同学的各类意见、建议和投诉,制订了"第一时间响应、第一时间处理、第一时间答复"的快速应对机制。为此,餐饮中心一方面指定专人每天关注校园BBS网络舆情,第一时间掌握师生意见和建议,另一方面通过召开食堂监督员例会的形式,了解同学们的需求。结合同学们的意见,对于可以马上解决的问题,坚持做到"立行立改";对于不能立即解决的问题,制订并明示整改方案,限期解决。按照上述原则,2015年,餐饮中心着重解决了以下同学们关心的热点、难点问题:(1)农园食堂一层加装蒸汽保温台、电加热保温灯,采取三级保温措施,解决了多年来一层饭菜冬季容易变凉的难题。(2)更换勺园食堂竹筷子,解决竹筷子容易变弯曲的问题。(3)为方便教学区同学购买早餐,在农园食堂主食售卖点推出早餐服务。(4)在农园食堂二层麻辣香锅档口安装"叫号器",方便同学们排号取餐。(5)调整勺园教师餐厅服务模式和餐品,受到教师好评。上述问题的快速解决得到了师生的好评。据统计,餐饮中心2015年收到师生有效意见和投诉157条,均得到及时处理和回复;收到学生未名BBS表扬帖38条,食堂意见本书面表扬55条。

动力中心

【发展概况】 动力中心主要承担全校水、电、暖的供应和服务保障工作。包括水电暖的运行、水电暖管网的检修维护、防汛抗洪、零星维修、水电暖费用的收缴、浴室管理服务、校内公共区域的物业管理服务等。中心下设9个科室,共有职工339人(其中事业编制102人,原流动事业编制13人,劳动合同制103人,劳务派遣20人,季节工97人,退休返聘4人),2015年事业编制退休4人。

【水电暖运行】 北京大学2015年实收电费共计72605830.18元,实收水费共计10450077.15元,实收采暖费共计6589140.26元。2015

年至 2016 年供暖季全校总供暖面积达到 205 万 m²，其中新增供暖面积共计 51750 m²。校内新增 42 间楼区浴室，增加喷头 192 个，浴室总数达到 167 间，喷头总量已达 1130 个。浴室全年洗浴人数 2340250 人次，日均洗浴人数 6411 人，单日洗浴人数最高可达 10824 人次。

【水电暖基础设施建设】 动力中心配合学校完成新建楼宇及校园基础设施改造水、电、暖前期方案设计及后期改造等任务。其中大项工程包括：学生宿舍一期上下水、消防外线工程，后勤综合楼室外上下水工程，静园室外上下水、消防工程，环境科学大楼上下水外线工程，40 楼、46 楼、47 楼学生宿舍浴室改造工程等 56 项水专业施工任务；物理大楼电气系统改造工程、后勤综合楼强电外线工程、物理学院北楼五层宽禁带研究中心实验室大型实验设备电源安装工程等 52 项电专业施工任务；45 楼至勺园 6 号楼地热水外线、红湖区域暖外线、蓝旗营换热站改造、后勤综合楼室外供暖管道高温水、低温水、地热水，学生公寓一期工程热力管线高温水、低温水、地热水等 24 项暖专业施工任务。

【防汛工作】 动力中心根据学校整体布局建立四个区域、四级响应、四支队伍的防汛抢险模式。动力中心编撰《防汛手册》作为防汛的指导文件，内容涉及防汛抢险工作提示、人员安排、响应机制等。根据 2014 年防汛经验添置水泵、抽水管、塑料布、沙袋等大批防汛抢险物资，建立防汛物资台账，将防汛物资发放到防汛抢险第一线。进入汛期后，利用微信和飞信等便捷通信方式及时发布天气预警。防汛值班人员 24 小时待岗，根据预警等级启动应急预案。强化应急处置，狠抓汛前、汛中各项工作的落实，确保了汛期安全，圆满地完成了全校的防汛工作。

【燕北园、蔚秀园燃气锅炉房节能改造】 燕北园、蔚秀园锅炉房的燃气热水锅炉投运于 2001 年 11 月，近几年主要存在燃烧机型号较老环保达标困难、锅炉烟管和管板腐蚀严重存在安全隐患和锅炉投运时间较早无节能设备等问题，2015 年夏对燕北园、蔚秀园燃气锅炉房进行节能改造，包括锅炉本体烟管及管板的更新、燃烧机的更换、加装烟气余热回收装置和气候补偿器等内容。由于供暖工作的特殊性，整个改造必须在非供暖季进行，施工时间只有 6 个月，改造完成后即需进行单机调试和带负荷运行，给施工带来了一定的困难。针对可能出现的问题，动力中心做好预案，合理安排施工顺序，在各方的配合下，在预定工期内顺利完工。经测试，改造后的烟气排放能够达到北京市 2017 年即将出台的新环保要求（二氧化硫排放低于 10 mg/m³，氮氧化物排放低于 80 mg/m³）。

【服务保障工作】 1. 2015 年动力中心共完成 20000 余项零星维修工作。2. 动力中心创办《动力青年》期刊，创建中心微信公众号，展示职工日常工作和生活，传播专业知识，交流前沿资讯，内聚人心、外塑形象，成为中心与师生沟通交流的平台。3. 动力中心把提高劳动合同制职工的生活质量和健康需求作为工作的出发点和落脚点，2015 年自筹经费组织体检、技能培训、新年卡拉 OK 比赛、趣味运动会、大步走等活动。通过各种有效的文体活动载体，丰富职工的业余文化生活，增强职工的自觉参与意识和团队凝聚意识，充分调动劳动合同制职工的积极性。

公寓服务中心

【发展概况】 公寓服务中心由原学生宿舍管理服务中心和房地产管理部教师公寓管理服务中心合并组建，并统筹管理特殊用房管理中心。内设机构包括学生公寓办公室、教师公寓办公室、万柳公寓办公室、综合办公室和财务办公室。公寓服务中心围绕学校中心工作，以"安居乐学、安居乐教"为目标，为师生提供高水平的公寓服务保障，创造高品质的住宿生活环境。

按照学校招生计划，由公寓服务中心统筹国内学生（包括港澳台学生）住宿安排。2015 年校内学生宿舍 32 栋，建筑面积约 20 万 m²，宿舍 6719 间，住宿学生 21679 人。教师公寓 1492 套（间），居住教职工 1439 人，万柳公寓建筑面积约 10 万 m²，住房 1576 间；住宿研究生（主要为专业硕士）2400 余人，教职工近 400 人。

2015 年公寓中心共有干部职工 320 余人。其中管理人员 20 余人，综合服务保障一线员工 300 余人。包括楼长 102 人，卫生保洁 80 余人，综合服务、工程维修、运行保障、安保、食堂等 110 余人。

2015 年是公寓服务中心统筹校内学生公寓、教师公寓与万柳公寓住宿资源、整合人员队伍、协调推进保障服务工作有效开展的第一年。在学校党委和行政领导下，中心班子认真学习贯彻党的十八大和习近平总书记五四重要讲话精神，积极落实学校第十二次党代会的工作部署，加强管理，提升服务，较好地完成了有关工作任务。

【常规工作】 1. 学生公寓方面工作。（1）多方协调住宿资源，解决宿舍床位缺口，切实做好 2015 年学生住宿方案。在万柳校区协调床位 300 个，会同研究生院、学工部、总务部以及各院系沟通协商确定了新生住宿方案。新学期 3404 名本科生、1560 名学术硕士生、1562 名博士生和 1750 名专业硕士顺利入住，共计 8276 人。（2）精心

准备,全力做好暑期工程专项工作。顺利完成7000多名毕业生安全、文明离校工作。协助总务部做好22栋毕业生宿舍的粉刷、检修和维修改造工程。全力协调帮助国际合作部、教务部、招办以及各院系做好暑期学校、学科夏令营、招办体验营、新生党员和国防生培训等5000多人一站式住宿服务。为本科新生代购卧具3020套。多方协调,确保29楼至31楼2400套家具、床铺的招标采购、安装按期完成。(3)圆满完成学生宿舍暑期搬迁调整以及旧楼改造搬迁腾空工作。积极稳妥地做好万柳学区、圆明园校区800多名研究生搬回校内宿舍,以及校内28楼、32楼、35楼1000多名学生的宿舍搬迁调整事项。全力配合学校对上述老旧宿舍楼实施改建工程,按期搬迁腾空。(4)积极开展宿舍文化建设,提高宿舍生活环境。结合毕业生离校,开展了"分离,是为了重聚——北京大学系列宿舍毕业季纪念活动",构筑友爱的校园氛围与阳光的校园文化。与学工部密切配合,开展第三届"北京大学示范学生宿舍"评选活动,推动和带动积极向上的宿舍文化和生活社区建设。试点开展"微波炉进宿舍",改善和提高宿舍生活环境。通过宿舍电子显示屏开展相关宣传教育活动。(5)加强队伍建设,进一步提高公寓服务的规范化和制度化水平。安全保卫工作常抓不懈,坚持落实各项安全规章,加强安全宣传教育以及安全隐患综合排查和整改工作。邀请校医院、保卫部对楼长、保洁员进行卫生防疫、消防安全等方面的讲座与培训。开展消防演习,增加师生参与。

2. 教师公寓方面工作。(1)启动新标准教师公寓试点。面对教师公寓只进不出、无法周转的难题,研究推进《北京大学综合改革方案》提出的周转房"租金市场化、补贴高标准"思路。建议将校园周边部分公寓进行精装修并配备家具家电,提高服务档次和租金标准,作为学校引进人才周转使用。(2)团结合作,协助做好肖家河职工住宅预售工作。积极配合房地产管理部做好肖家河教师住宅配售等组织操作事项。(3)做好教师公寓保障服务和安全管理工作。办理教师公寓入住及调整77人。博士后进站入住71人,出站腾退52人。完成100套博士后家具招标采购和安装配备;教师公寓、博士后公寓粉刷维修140间,改善了居住条件。

3. 万柳公寓方面工作。(1)进一步加强住宿资源整合与统筹使用。从2015年开始,校外人员租住万柳公寓合同期满后不再续租,优先保证学校师生住宿需求。(2)逐步解决专业硕士住宿问题。确保解决2015年学生宿舍床位缺口,同时在万柳公寓解决了1000多名专业硕士住宿问题。(3)校园卡和校园网配套改造。推行校园卡配套工程,在万柳学区开通和拓展校园卡功能,食堂、门禁、健身、前厅、超市等实现校园卡结算,方便师生生活。万柳学区网络故障和维修较多,经与学校计算中心沟通,纳入校园网改造工程予以统筹规划和安排,与校内学生宿舍和教师公寓保持一致。(4)坚持立德树人导向,开展学区文化建设。以"北大燕窝"为平台,在万柳学区开展博雅青年课堂活动。积极参与"北京大学荷花藏品展馆"和"立德树人教育基地"的活动,提供支持。组织学区迎新文艺晚会,加强与研究生会、法硕联合会等沟通,开展调研座谈和各类学生活动。(5)团结协作,加强综合管理,确保优质服务。万柳学区各部门和安保、运行、配电、热力、保洁、前厅、食堂等运行实体通力合作,开展精细化管理和服务。重点时期各项工作高效有序;各项综合修缮及设施改善工程落实到位;加强安全工作投入,综合整治,营造安全绿色智慧园区,得到了广大师生的充分肯定。同时,万柳公寓实现了良好的经济效益,2015年上交学校收入3000多万元。

【专项工作】 1. 深入学习习近平总书记五四重要讲话精神,开展"深化综合改革、聚力科学发展"办学大讨论活动,制订了公寓服务中心深化改革、促进发展的2018行动计划。落实"北大2018——后勤在行动"专项工作要求,制订了公寓服务保障近期(2015—2018年)和中期(2019—2028年)发展计划。

2. 全力配合学校有关部门做好部分暂住4人间宿舍的直博生住宿调整事项。在万柳学区统筹调整房源,将部分直博生搬迁到万柳公寓周转住宿,缓解校内住宿紧张状况。

3. 积极配合总务部等相关部门做好29、30、31楼配套设施和环境改善工作。发放活性炭包9000个,绿植2400多盆,电风扇600余台。牵头组织召开两次新楼学生代表生活居住条件座谈沟通会,积极改进新楼配套设施和条件。

4. 协调帮助"北大燕窝"同学开展"燕园学生宿舍今夕变迁侧记"活动,配合校友办等部门与校友代表沟通座谈,增进校友对老旧宿舍楼改造工程的理解。

5. 及时应对、妥善处理有关突发情况。针对勺园3号楼1间宿舍空调室内机脱落的情况,配合总务部对其他宿舍楼的空调进行安全检查,消除隐患。针对45乙楼1间宿舍发现臭虫的情况,配合总务部、校医院等积极采取措施,及时消毒处理,启动应急预案,防止了传播和扩散。

6. 推动马克思大楼建设区域搬迁腾退工作。全力配合学校规划和建设安排,做好南门区域19—21楼,22—24楼两个院落共6栋教师公寓的搬迁和安置工作。

22—24楼院落共100多户教职工已基本搬迁完毕。

【党建工作】 1.认真学习贯彻党的路线方针政策,加强党员干部队伍建设。班子成员带头学习党的十八大、十八届四中、五中全会精神以及习近平总书记系列重要讲话精神,进一步统一思想,指导中心各项工作开展,以师生为本,服务育人,做好学生公寓和教师公寓服务保障。

2.加强党建工作,提升干部队伍能力建设,增强党组织的凝聚力和战斗力。中心党总支认真规范组织工作制度,做好支部换届和党员发展工作。党员干部进一步转变作风,提高服务水平,树立讲实干、讲实效、讲奉献的风气。2015年申报学校党建创新立项,"公寓服务中心党支部提高组织生活质量的实现途径"获得批准并被确定为一类课题。

3.按照学校党委关于开展"三严三实"专题教育的部署,认真组织"三严三实"专题学习教育,党员干部坚定了理想信念和宗旨意识,增强了纪律观念。

4.加强党风廉政建设。认真落实"一岗双责",严格遵照党风廉政建设责任制和廉政准则各项规定。贯彻落实中央八项规定精神,开展公务用车、公务接待和办公用房自查清理。按照"三严三实"要求,结合落实党的群众路线教育实践活动有关整改措施,建立健全有关规章制度,制定了《公寓服务中心党风廉政建设责任制实施细则》,落实党风廉政建设主体责任和监督责任。

附表

表9-1 2015年学生公寓基本情况一览表

序号	楼号	宿舍间数	宿舍间型(人)	住宿人数	学生类别	建筑年代	建筑面积(m²)	宿舍面积(m²)
1	29	159	4	623	男本男硕	2015	6063	20.8
2	30	163	4	638	女本女硕	2015	6054	20.8
3	31	275	4	1098	男本	2015	9641.6	20.8
4	33	151	4	603	女本	1998	5894.08	20.36
5	34	241	4	943	女本	1999	8290.46	20.36
6	36	225	4	871	男女本男博	2003	8065.39	21.87
7	37	246	4	972	女本	2003	8319.24	21.87
8	38	201	4	792	男本	2004	6941.22	18.76
9	39	249	4	983	男本	2004	8206.12	18.76
10	40	219	4	845	男女本男硕	2005	7675.7	21.87
11	41	219	4	846	女本硕博	2005	8202.62	21.87
12	42	208	4	794	男本硕博	2005	6698.12	21.87
13	44	158	4	614	男女本	2014	5406	18.9
14	45	234	4	908	女本	1985	6285	14.2
15	45甲	221	4	887	男本	2000	7734.5	22.77
16	45乙	241	4	960	男本硕	2003	8423.18	22.77
17	46	219	4	796	男本	1985	6034	14.2
18	47	197	4	753	男本女本	1985	5450	14.2
19	48	195	4	720	女本硕博	1985	5450	14.2
20	畅春园60甲	80	2	158	女博	2007	2252.18	15.39
21	畅春园61甲	71	2	139	男博	2007	2041.19	15.39
22	畅春园63	189	2	369	男博	2005	5460.23	14.7
23	畅春园64	161	2	316	男博	2007	4529.87	15.39

续表

序号	楼号	宿舍间数	宿舍间型（人）	住宿人数	学生类别	建筑年代	建筑面积（m²）	宿舍面积（m²）
24	畅春园65	205	2	401	男博女博	2007	5307.51	15.39
25	畅春新园1号	353	2	703	男博	2005	9240.84	17.1
26	畅春新园2号	411	2	815	男博	2005	10526.07	17.1
27	畅春新园3号	487	2	939	女博	2005	12493.55	17.1
28	畅春新园4号	377	2	737	男博女博	2005	9744.7	17.1
29	勺园1号	124	4	496	男本硕	1981	3320	13.6
30	勺园3号	124	4	496	女硕博	1981	3320	13.6
31	勺园4号	116	4	464	男硕博	1981	3534	13.6
总计		6719		21679			206604.37	

注：数据统计时间：2015年12月31日。

表9-2 2015年教师公寓、博士后公寓基本情况一览表

类别	园区	套（间）数	人数	备注
教师公寓	畅春园及承泽园（含青年公寓）	327	269	3居10套 2居10套 1居34套 标准间273间
	蔚秀园	98	86	4居1套 3居2套 2居89套 筒子楼单间6间
	朗润园	16	16	4居7套 3居9套
	燕东园（含清华园）	119	107	4居1套 3居2套 2居83套 1居33套
	中关园	293	196	3居135套 2居67套 1居91套
	燕北园	154	143	3居130套 2居24套
	万柳公寓	257	332	4居2套 3居12套 2居54套 标准间189间
	校内南门区域	49	139	筒子楼单间
	附中	1	1	2居
	合计	1314	1289	
博士后公寓	畅春园	72	64	标准间
	承泽园	70	54	2居
	中关园	36	32	1居
	合计	178	150	
总计		1492	1439	

注：数据统计时间：2015年12月31日。

表 9-3 2015 年万柳公寓基本情况一览表

房屋类型	使用人	房间数量	人数	备注
学生公寓	专业硕士	574 间	2045 人	4 人间
学生公寓	学术硕士	62 间	245 人	4 人间
学生公寓	直博生	6 套	28 人	3 居
学生公寓	留学生	3 间	11 人	4 人间
学生公寓	留学生	9 间	15 人	标准间
学生公寓	留学生	1 套	4 人	3 居
教师公寓	教职工	214 间	202 人	标准间
教师公寓	教职工	71 套	131 人	2 居 56 套 3 居 12 套 4 居 3 套
有关院系和部门用房	外国专家、外教、访问学者、挂职交流干部等	36 间	/	标准间
办公用房	有关院系、单位	6 套	/	2 居 2 套 3 居 2 套 4 居 2 套
其他用房	外校学生公寓	235 间	940 人	4 人间
其他用房	外校学生公寓	10 套	58 人	3 居 9 套 4 居 1 套
其他用房	合作单位宿舍	44 间	/	标准间
其他用房	合作单位宿舍	64 套	/	2 居 47 套 3 居 17 套
其他用房	合作单位办公	10 套	/	2 居 7 套 3 居 2 套 4 居 1 套
总计		1345 套(间)		

说明:(1) 数据统计时间:2015 年 12 月 31 日。(2) 上表专业硕士具体包含:法学院 814 人;光华管理学院 323 人;对外汉语教育学院 94 人;新闻与传播学院 86 人;城市与环境学院 52 人;外国语学院 118 人;软件与微电子学院 3 人;环境科学与工程学院 10 人;信息科学技术学院 90 人;心理学系 78 人;计算机科学技术研究所 11 人;社会学系 42 人;教育学院 7 人;考古文博学院 23 人;建筑与景观设计学院 22 人;歌剧研究院 11 人;中国语言文学系 47 人;经济学院 101 人;人口研究所 20 人;数学科学学院 54 人;新媒体研究院 34 人;国际关系学院 5 人。

校园服务中心

【发展概况】 校园服务中心是学校新组建的综合性后勤服务机构,下设 6 个科室,分别是综合办公室、财务室、绿化环卫管理科、综合事务科、车辆管理科、附属幼儿园。2015 年校园服务中心有在职职工 412 人,其中事业编制职工 95 人,合同制职工 273 人,劳务及其他人员 44 人;退休职工 395 人,其中 2015 年退休 11 人。校园服务中心承担全校多项服务项目,主要提供绿化环卫服务、公共教室及部分行政楼保洁服务、饮水机维修服务、报纸杂志及信件收发服务、交通订票服务、通信服务、车辆运输服务等综合性服务及幼教服务。此外,校园服务中心还负责为迎接新生、毕业生就业洽谈会、毕业典礼、毕业生行李发送、高考阅卷、学校重大会议活动、外事活动等提供后勤服务。

【业务发展】 1. 综合行政工作。配合学校完成职工工勤技能岗评聘、职工年度考核评聘、2015 年吃空饷核查工作等。做好离退休人员工作,办理事业编制离退休申报手续 11 人,离退休死亡申报 6 人,离退休公证材料填报多人。重视督察信访,信息反馈及时,回复督办信件多篇,回复 BBS 上师生反应帖 18 篇并及时落实整改。师生电话询问、反应建议及时回复并落实,确保零投诉。认真接待调研、考察、信访人员,协助学校做好相关工作。配合学校工会完成送温暖工作。

2. 绿化环卫服务工作。2015 年全年完成绿化种植任务:种植乔木 19 株,铺草坪 10600 m²,灌木种植 2128 株丛,栽植宿根花卉 18000 株芽,种植牡丹和芍药 2520 株丛,铺装路面 2258 m²,安装栏杆 567 延长米,砌筑围墙 58 延长米,新建防腐花架 76 m²。完成了校园 85.2 万 m² 绿地、531 株古树名木的绿化养护管理,校内 10 万 m² 湖泊的清理保洁和水生植物养护,以及北京大学 37850 株荒山义务植树的年度任务目标。培育栽植 5 万余盆鲜花,种植管理花坛、花带 1700 m²。在未名湖岸密植玫瑰、海棠等繁花灌木 300 株丛,极大地丰富了湖岸景

观。完成勺海亭周边绿化升级改造恢复工程，绿化面积约1400 m²，种植花灌木和宿根花卉，使景观效果得到提升，为校园增加新的景观点。完成图书馆及生物楼绿地改造工程，安装绿地栏杆，种植苔草，铺设人行步道。配合学校基建工程建设，移植大型乔木248株，移植灌木240株丛，移植绿篱60延长米，砍伐树木40余株。全年防治病虫害打药220车。逐步完善校园灌溉系统，2015年增加喷灌覆盖绿地面积3400 m²。完成计划重点修剪危险树木68株，抢险抢修因极端天气原因造成的树木倒伏和折断。结合燕京学堂的建设，对静园草坪和一院至六院的绿地进行综合改造，包括补植退化的草坪，种植花灌木，更新混凝土紫藤花架和局部园路铺装等。环卫部门采取无缝衔接的工作方式，完成校内日清扫保洁道路和铺装面积65万 m² 的任务。完成全校181座化粪池的清掏清运工作，全年清运570车；完成校园3座垃圾楼生活垃圾的收集转运，全年清运生活垃圾2839标准箱；清运绿化垃圾1335车；清理和清运校园丢弃的建筑渣土及无主垃圾125车。根据校爱卫会的工作部署完成全校200余栋楼的灭蟑螂和灭蚊蝇工作、学生宿舍1300余处灭鼠投放点的灭鼠消杀工作。对校内垃圾站周边环境进行综合改造，砌筑围墙，地面硬化铺装，垃圾站外围种植绿篱和小乔木。重新规划了环卫车进出垃圾站的路线，使垃圾站周边环境和交通秩序有很大提升。顺利完成了2015年的迎新工作，为开学典礼等大型活动提供保障性服务。

3. 综合事务服务工作。完成全校289间教室，共计23000张座椅及63000 m² 的日常卫生保洁及维护报修工作；完成突击性保洁服务任务44次，初步尝试物业服务工作，承接43楼物业服务工作。

保障了校内266台饮水机的正常运行；完成报纸杂志征订工作，其中报刊征订95种，1183份，杂志633种，1671份，共计征订报纸杂志728种，2854份；全年共订学生票20617张。完成近年来拖欠保洁费用的清缴，妥善解决遗留问题，保障中心正常运行。2015年安装电话921部；迁移电话353部；检修电话故障2723部，其中新装学生宿舍201电话750部；安装电话宽带（ADSL）110部；日常维护固定电话2万多部；修复各类电话故障1825个；代收缴话费及办理各类电话业务56774笔，代收缴金额4307040.46元；打印各类文件32760份，印刷复印各类文稿65730份，制版75张。

4. 车辆运行服务工作。2015年运输服务能力和综合运输效率保持稳定，在完成学校专项班车任务基础上，科学合理安排车辆，保证学校其他各项运输任务的完成。2015年按要求实现了全年安全生产目标，全年安全运输90万千米无责任事故，2015年被学校安委会推荐并成功获评"北京市海淀区交通安全先进单位"。2015年投入运行大客车12辆、中巴车3辆、小客车15辆，全年运行90万千米，全年确保班车运输运行基本天数在220天，运行里程约7万千米，累计共接送教职工180000多人次。接新生工作进一步细化并有所创新。2015年承担新生入学车辆服务工作，按照既定方案，安全驾驶，克服困难，连续作战，完成3000多学生及家长送校任务。"两会"接送代表是每年必保的重要工作，中心制订安全预案并召开安全会议作动员，与司机签订安全协议书，对参会车辆进行了安全检查，确保了"两会"运输任务完成。2015年出台了提升服务的多项措施和内容，确保附中、附小、全校各系和学院用车，在任务重、车辆少的情况下合理安排车辆，满足各单位不同用车需求，保证了学校各项教学科研任务的完成，力保客户满意。

5. 幼儿保教服务工作。幼儿园一园两址，有大、中、小、托共计28个教学班，入托儿童860余名。其中教职工子女约占三分之二，教职工三代子女及其他约占三分之一。三岁以上儿童785名，三岁以下儿童84名；特殊儿童13名。在海淀区二期学前教育三年行动计划中，幼儿园为解决入园难做出积极贡献，获得"先进集体"称号。幼儿园荣获"2014—2015学年度海淀区教育事业统计工作组织奖"。幼儿园整合和发挥各种教育资源优势，注意加强对幼儿一日生活整体性教育的研究，积极地将一日生活的各个环节科学合理地融合，让幼儿在自然的生活中身心健康地发展。幼儿园既重视幼儿的需要、兴趣、主体性，又不将幼儿园的教育简化为幼儿个体的自发学习活动。教师的教和幼儿的学，成为一个互动的过程。教师运用正确的儿童观、教育观去观察了解儿童，使儿童在参与活动的过程中愉快学习、快乐发展。另外，本着融合教育和办高质量的幼儿教育的思想，幼儿园继续开展"融合教育"的尝试，以满足北京大学教职工子女中和周边社区中一些特殊需要儿童入托接受正规教育的需求。利用政府经费，完成燕东幼儿园三栋小楼抗震加固工程，更换了燕东幼儿园主楼教室门和楼道窗；修缮了燕东园主操场和道路，完成绿地修复等工程。完成燕东幼儿园主机房改造，以及监控进班级的整体监控设备设施的安装；完成了燕东园食堂水烟道的安装，大大提高了幼儿园的安全保障指数，提升了幼儿园"技防"能力。加强干部及教师两支队伍建设，实现教科研引领园所发展。2015年度，配合教委完成3名"北京市骨干教师"、3名"海淀区学科带头人"、3名"海淀区骨

干教师"的年度考核工作。9名教师参加职称评定工作,其中3名申报小教高级教师,2名申报小教一级教师,4名申报小教二级教师。市级骨干孟帆老师代表海淀区参加北京市半日评优活动获得一等奖,并获得北京大学"岗位能手标兵"称号。幼儿园独立申报的3项"十二五"立项课题顺利结题并获奖,其中国家级课题获三等奖、市级重点课题获优秀成果奖。另有多名教师的课题论文获全国一、二等奖和优秀奖。1名教师创编的2个故事获北京市首届幼儿教师故事创作一等奖等。受北京市教委学前处委托,幼儿园编写并出版了《个性化教育从心开始》一书。幼儿园园本培训工作也入选海淀区优秀园本培训示范园,并被推为北京市园本培训示范园。幼儿园还荣获"北京大学后勤系统优秀党支部"称号。加强卫生保健工作,科学膳食,做好幼儿保育,幼儿体格发育增长合格率达到100%。幼儿园也成为目前北京市唯一一家荣获"A三星级食堂"荣誉的幼儿园。严格执行消毒和卫生检查制度与公共安全卫生紧急情况预案,有效预防了"手足口病"和"甲流"等疾病的传染与发生,获得"幼儿园卫生保健工作量化考核合格证书"。幼儿园把安全作为工作重中之重,安全工作责任到人。幼儿园定期组织安全检查、安全培训,不断强化师生安全意识和防范手段。

【管理运行及制度建设】 1. 党建工作。坚持"一岗双责",业务工作和廉政建设"两手抓",中心统筹管理,分级把关,实现放权与监管同步,坚持集体领导与个人分工负责相结合、谁管谁负责和严格责任追究的原则,建立层层抓落实、党政齐抓共管的工作机制,确保党风廉政建设各项规章制度真正落到实处,发挥实效。管理中坚持"三重一大"的集体决策制度,不断完善中心会议制度、报告层级审批制度等,成立中心基层管理工作小组,依靠集体智慧研究解决各部门在改革发展过程中遇到的困难和问题;确定专项工作会议制度,对中心所属各单位涉及人事、合同、工程等重要专项工作,由中心领导班子成员及相关部门负责人召开专项会议集体决策等。坚决贯彻并落实"八项规定",严格控制"三公"经费支出。采取自我监督与互相监督相结合的形式,加强对各级干部党风廉政建设的监管,逐级签订《校园服务中心落实党风廉政建设主体责任承诺书》。结合"三严三实"学习,开展党风廉政建设专题研讨会,举办专题性党课讲座;利用各种例会,开展领导干部的思想政治教育工作,统一思想;结合财务及人事工作的需要,开展专业培训,提升领导干部的管理能力。2015年,校园服务中心将原有各支部确定为四个支部,即:第一支部(绿化环卫科、综合事务科、电话室合并)、第二支部(幼儿园支部)、第三支部(车管科支部)、第四支部(离退休支部)。各支部顺利完成换届,中心3名预备党员转正,新发展1名预备党员,并将2名入党积极分子列为2016年发展计划。

2. 制度建设。2015年校园服务中心进一步完善和调整了中心的各项制度,梳理出管理工作中的重要风险点,明晰相关的管理办法及办事流程,并落实到具体的科室管理工作中。如:制定与完善《校园服务中心公文呈报管理规定》《校园服务中心劳动合同制入职离职流程》《老校管劳动合同制考勤管理规定》等。针对老校管的考勤提交、薪酬计算及采购报销等工作,制订相关的财务办事流程。附属幼儿园新生入学实现网络管理,严格执行招生政策,中心组建领导小组和具体工作小组,确立招生方案及招生工作流程。

3. 年度特色工作。2015年重构管理框架,形成科室合力,互为工作支撑。分析中心管理结构及人员情况,依据工作需要整合集约各科室优势力量,形成相互支撑的工作体系,集中力量完成中心重点工作内容及任务。如:针对绿化园林科与综合事务科工作人员缺编且任务繁重,直接涉及校园管理与服务,部分工作内容相互交叉的情况,采取两个科室合署办公的方式,共同召开科室会研究工作内容、确定工作方案,通过资源整合,为相关工作内容的顺利完成做好铺垫。同时,发挥中心财务室、综合办公室及技术室三个实力较强的科室的协助作用,以此构建起一个互为支撑、互相协作的工作团体,保障重点工作任务的落实。2015年中心强化日常管理,鼓励各科室创新工作,凸显科室特色,比如车管科研究分析科室优势与劣势,根据车辆状态、职工结构、现有市场及运行环境等,优化运行模式,打破人车固定的原有运行模式,通过运用人车合理搭配、包车与临时任务相结合等方法,科学调度,有效地解决了因人员休息、车辆停驶带来的资源"闲置"等问题,既最大限度地提高了工作效率,同时也提高了服务质量,使用户对人员和车辆有了一定的选择空间。绿化环卫科不断优化人力资源管理结构,根据发展的需要,重新进行人员的调配和绿化管理责任区绿地区域的划分,并逐步建立校园绿化和环卫的基础数据库,适应未来信息化建设的发展需要。综合事务科采取分层面不定期走访的形式,加强与各单位的沟通与联系,不断提高服务的质量,更好地满足客户需求。附属幼儿园建立园长、分园负责人和行政班长三级管理模式,运用"雁阵效应"原理开展工作,凝聚人心。通过铺路子、搭台子、压担子及岗位练兵等方式不断提高教师专业素质。尝试启用两名市级骨干青年教师补充业务管理队伍,定期进班加强教学指

导力量。引领全园教师开展创新活动展示，帮助教师们理解和把握新课程，提高教学水平，开拓创新，促进全园各个部门的合作，最终成就儿童的快乐发展。

(熊蕾)

医学部总务工作

【服务保障工作】 着力推动供暖、物业改革。总务处自9月始，重点牵头、提前准备、多方沟通，紧跟北大政策，既需明晰各相关二级单位职责，又要理顺总务各部门分工，专项研究、反复讨论、及时上报，全力推动医学部物业管理和供热采暖改革，11月已分批发放住房物业服务和供热采暖补贴，后续各项工作将根据北大政策陆续跟进。

餐饮服务。碧香阁餐厅、德园美食餐厅后厨布局调整改造和装修进行重新招标，教职工代表全程参与。9月和11月，碧香阁餐厅和德园美食餐厅相继试营业，主推风味特色，对现有餐饮服务形成良好补充。同时，细化餐饮服务调查，了解师生需求，有的放矢，改进提升；菜品不断推陈出新，强化保温措施，逐步形成基本伙、快餐、风味特色和接待餐厅相互补的餐饮服务格局。

优化房屋资源。总务处不断推进教职工公寓规范化管理。清退公寓房，按照公开平等原则，经公示及选房，26名医学部职工挑选房屋、签订租赁合同并顺利入住。肖家河教师住宅申购工作是事关职工切身利益的大事，总务处高度重视，根据北京大学政策，组织专门团队全力备战，从制订方案到具体实施，加班加点服务教职工，继续完成网上申报和纸质材料审核及张榜公示、组织选房等工作。

幼教服务。自2007年提出全纳教育的办园思想和理念以来，医学部幼儿园以提供优质幼教服务为核心，众志成城，不断改善硬件、提升软件，完成幼儿园整体装修改造，不断引入幼教人才，提高保教质量及教师专业水平。经过充分准备和全方位展示，2015年4月，医学部幼儿园顺利通过北京市教委教育专家组对幼儿园的验收。6月，医学部幼儿园被北京市教委评为"北京市示范幼儿园"，跻身北京市一流幼儿园行列，幼教质量得到充分肯定。

资产核查。2015年3月，启动固定资产清查专项工作。总务处相继召开固定资产清查领导小组会及成员组会，明确清查工作的范围、目标、组织领导、总体思路、工作重点、实施步骤及资产清查的方案和具体实施安排。由于后勤固定资产使用年限往往较长，且近年后勤内部组织机构几经调整，人员变动较大，清理工作在整体推进过程中历史遗留问题颇多，但经努力，目前清查工作第一阶段摸清家底任务已完成，共清理资产1107件次，总价值约为901万元，第二阶段责任到人的任务正在按计划循序推进。

【内部管理工作】 2015年，总务处凭依"三严三实"专题教育，创新驱动、制订战略、改进作风、提高效率，完善规章制度，强化队伍建设，提升科学治理。

2015年，总务处以年初目标计划为基准，细化任务、层级分解目标，并与绩效相挂钩，逐步形成较完备的后勤"目标管理与绩效考核"方案，确保目标得以实施。后勤多次研究讨论建立符合后勤实际的"后勤绩效考核与目标管理体系"，内容涵盖《后勤绩效考核办法》《后勤处级干部绩效考核方案》《后勤中层干部绩效考核方案》三项。后勤党政领导班子成员多次就重点内容进行研究，医学部主管领导也提出了诸多宝贵意见，"后勤绩效考核与目标管理体系"的修订工作已基本完成。

绩效考核的重点是薪酬制度的公开公正平等和奖优罚劣。为统一和规范后勤非在编职工薪酬制度，2015年，后勤勇于突破创新，着力推进人事改革，将非在编职工的薪酬改革作为重点。后勤党政领导多次与组织部、人事处沟通，征求意见建议，并多次召开专题会议讨论《后勤非在编职工薪酬改革方案》，对总务处7个实体部门进行了走访调研，听取各部门领导班子成员意见，修订形成《后勤非在编职工薪酬改革方案(讨论稿)》，并修订了《后勤非在编职工岗位考评办法》等配套文件。11月，经与部医院、教室管理服务中心负责人深入沟通，初步敲定在这两个部门进行为期三个月的改革试点，总结经验后拟在总务处全面推行。

制定"十三五"规划。在通盘考虑基础上，总务处坚持服务于国家"四个全面"战略布局，结合北京大学校园建设战略，立足医学部全局，按照高校后勤社会化改革趋势，充分考虑总务处现有人财物及资源等实际状况，制定符合医学部发展方向的、定位准确的总务处"十三五"发展规划，谋划未来发展蓝图。同时，充分征求意见，形成包括指导思想、总体目标、主要任务及实施保障等内容的规划文本。

通过"十三五"规划，定战略、明方向，围绕"师生为本、师生满意"，努力建成有北医特色、与北医整体改革和教育发展相适应的、与社会第三产业相融通的、市场在资源配置中占主导作用的后勤保障体系，努力形成统一开放、竞争有序、富有效率、满足师生多元化需求的现代校园服务市场和管理运行模式，努力将医学部打造成集绿色、人文、智能和可持续发展于一体的生态化、节约型、花园式"家园"。

加强机关作风建设。为进一

步加强和改进总务处机关工作作风,发现存在的问题,寻求改进措施,切实提高服务师生、职工的质量、水平和效率,总务处针对机关办公室工作及服务质量,开展了机关作风问卷调查。各实体党政领导班子成员及办公室、财务等工作人员100余名参与调查问卷,就机关工作人员办事效率、服务态度、专业能力、解决问题能力等各方面进行了客观认真评议。经汇总,整体满意度较好以上为74%,在深入职工、深入基层方面不满意率凸显,而机关个别办公室不满意率甚高,亟待整改。

规范流程,强化服务监管。2015年,总务处有序推动由自办为主向选服务、监管服务逐步转变。一方面,加大监管团队的建设,引培并举,对内加强学习、培训,对外积极组织"走出家门",与兄弟院校交流,取其所长。另一方面,健全监管机构及相关规章制度。建立总务、审计、纪检、财务、资产等单位和学生共同参与的监督评价体系,完善服务运行覆盖全过程监管制度和具体规范标准。从初始准入的招标、合同签订、合同履行到后期的项目考核、资金给付,全过程监管,防止资产流失,确保服务质量、安全运行,让师生享受到实实在在的成果。如出台《北京大学医学部总务处部分楼宇消防值机托管项目管理部门职责分工(草案)》,明确相关部门职责分工;根据实际情况,修订处级经费、固定资产、经济审批权限、经济责任制等规章制度,强化风险防控,确保资产保值增值,实现提供服务方与学校都能合作共赢共发展。

优化队伍,提升保障能力。2015年,总务处增大投入、创新思路,引培并举,着力加强中层领导班子建设,提高职工整体素质。

1. 完善组织、充实人员。统筹实体、机关岗位设置,完善机构、补充人员、履行职能。想方设法,拓展渠道,通过网上招聘、赴首经贸、北京联合大学等高校及参加招聘会等多种形式,加大人才引进力度。严格按照招聘程序,从发布招聘公告到面试答辩、签订合同,人事、财务等多个单位共同参与,公开透明,择优录取。2015年,引进研究生学历的应届毕业生1名,引入年轻非在编职工62名,充实到各个部门,通过新鲜血液的补充,有效解决了部分部门人员老化的问题。此外,2015年还接收学历较高、专业技术较强的军队转业干部两名,并都充实到实体,进一步增强实体人才储备。

2. 强化培训、提升素质。2015年,总务处以建立学习型组织为主导,坚持素质培训与专业培训相结合,分两个层面,全力加强干部、职工队伍建设。年初工作计划就将培训列入工作重点。干部层面,既有以"三严三实"为主的中层干部培训,如各种中央精神专题学习、廉政反腐讲座、赴外交流学习、注册成为"中国院校后勤信息网"会员等,也有职工层面的专业技术培训,如常规的新职工培训和有关法律、餐饮、消防、安全及工会知识等方面的专业素质培训。从群体到个体,强化培训、转变观念、提高效能,增强责任意识、大局意识、忧患意识、服务意识和安稳意识,优化总务队伍整体素质,提升整体服务保障能力。

3. 以情育人、增强凝聚力。总务处非在编人员是服务保障的主力军,与社会相比,薪酬待遇缺乏竞争力,人才流失严重。在学校大力扶持下,在资金紧张的状况下,总务处想方设法提高非在编人员待遇,并从各个环节关心重视非在编职工,一视同仁,减少差异化对待,吸引、留住人才。2015年,总务处不仅逐步提高非在编职工收入,还继续推进非在编职工入会工作,只要与医学部签订劳动合同,即可入会,享受与事业编制人员相同的工会福利。此外,总务处还在人事处的鼎力协助下,经医学部批准,推动幼儿园一名优秀的非在编职工成功转为事业编制职工。这是总务处多年努力的结果,将对非在编职工的发展规划起到跨越性作用,对目前认为无发展前景的非在编职工而言,具有非常强的激励作用,有效增强了职工的归属感和主人翁意识,使其能更好地为医学部的改革、发展和稳定作出更大的贡献。

安全稳定常抓不懈。长期以来,总务处始终坚持安全第一的传统,把师生职工的安全放在重中之重。第一,领导班子高度重视,各种安全检查活动、安全会、主任会等,都会着重就安全工作提出严格要求。将安全常态化深入所有基层职工,让安全生产理念在职工心中落地生根。如总务处严格开展各种安全整治或安全专项活动,杜绝走形式和走过场,2015年的"打非治违"专项整治取得显著成效。第二,通过开展各种安全宣传、培训和安全演练,以实际行动去履行安全第一。在保卫处的支持下,总务处2015年开展了安全生产月、"关注消防 珍爱生命"知识讲座、消防知识讲座、消防安全演练等,提高了职工的安全意识和防范能力。第三,强化安全巡查和安全责任。安全工作要求主管副处长亲力亲为,层层动员部署,组织分管部门领导,亲赴各重要场所,尤其是与师生紧密相关的重点场所、要害部位、关键环节,进行拉网式"全覆盖、零容忍"排查。针对排查出的隐患和问题列出清单,建立部门台账,制订整改方案,落实整改措施和预案。能迅速整改的问题,即查即改,不能立即解决的,提出长期性整治措施,落责到人,全过程跟踪督查,在做到"全领域、全区域、全覆盖"的基础上,分工明确,职责落实,建台账、明时限、落整

改、堵漏洞、保安全。

【**运行管理工作**】 2015年，总务处坚持以师生为本，创新思维，提高市场配置，促进资源优化，提升运行效率，实现服务转型升级。

加快信息化建设。总务的信息化建设是一项系统性工程，涵盖范围广，房产、维修、教室、餐饮、项目管理等众多数字化管理系统既自成体系又环环相扣。在总务信息化工作小组的努力下，信息化建设循序渐进，不断推进和完善。2015年，确保教室管理系统、校园维修申报系统、餐饮系统等在正常运转基础上不断更新和完善。为规范学校房产资源管理，尤其是公房管控，加大投入，通过近一年的数据录入和充实，目前，医学部房产综合管理信息系统已试运行。此外，部医院启用社区"580"手机PAA平台，使患者不在部医院就能了解最新信息和动态。

下一步，总务处将着手建立与住房补贴、供暖、物业补贴等相挂钩的医学部人员房屋信息系统。在推进信息化工作过程中，总务处不断总结经验，扩展服务，落实想法，完善方案；广泛进行需求调研，增强信息化系统与实际工作的衔接度，确保投入产出成正比。

注重新技术应用。2015年，总务处为进一步加快文件周转速度，引入智能化、现代化系统，启动文件管理电子化方案，既方便储存归档、查阅，又提高了运转效率和规范性，更避免了文件档案长期放置易模糊化或损坏。

在节能降耗减排、生态绿色方面，总务处做了大量努力，建设节约型校园，推动服务转型升级。引入水电监控系统，通过水电监控平台，全面监测学校各单位水电消耗，排查水电管网和电监控系统的水电计量表的准确度等，发现问题第一时间反馈，并基于此科学统筹学校水电运行整体状况及分布明细，提出节能降耗的可行性举措。

对教学区供暖管线进行全面改造，以应对管线老化、热能消耗高浪费严重的情况；对5号楼学生宿舍、教学楼等区域供水水泵进行改造，以6千瓦替代以前的12千瓦能耗，节能减排；对校园9部电梯进行更换等。

师生为本，细化服务。2015年，总务处经与相关单位及学生会等多次沟通，广泛调研和征求意见，经医学部第19次部务会通过，自9月1日起，试运行北大本部到医学部的校际班车，让同学们切实感受到了学校为大家着想，解决了大家的难题。为解决留学生生活上由于语言不便带来的难题，总务处在宿舍内和公共区域张贴了双语住宿提示。全年维修路灯近300项。

【**常规工作**】 2015年，各部门以目标管理为抓手，盯重点、推常规、保民生、重安全、凝心聚力、想方设法、知难而进，各项服务保障工作差强人意。

房地产管理中心（含房地产管理办公室）定目标、抓重点、建机制、提效率，推进满意服务。教职工公寓尘埃落定，26人顺利入住。加班加点，集中力量，肖家河教师住宅申购工作有序进行。紧跟北大政策，住房物业和供热采暖补贴发放工作顺利完成。摸清家底，全面核查医学部出租、出借、闲置办公用房，完善公房数据，有效推进房地产管理信息系统建设和完善。完成学生公寓家具更换及协助安装烟感探头和监控探头工作。增加宿舍内和公共区域双语住宿提示，做好职工住房补贴发放、迎新及派遣等常规工作，全力抓好学生、教工公寓安全工作。积极开展对外交流，落实职工慰问，强化党风廉政建设，确保廉洁自律。

校园管理中心（含校园管理办公室）暑期完成学生公寓5号楼加装5孔插座、集中修补护理楼等楼宇墙面、地面及楼顶、改造全校高杆路灯和加装庭院灯等项目。高度负责、及时周到，确保家属区水电气暖、土建等日常维修正常有序，教学区日常维修有效监管。24小时值班，定期巡检，"小修不过夜，大修抢时间"，水电气管网安全运行。节能整改、保养维护，多方处理跑冒滴漏，确保学校正常供暖。精细服务、以人为本，有力保障卫生保洁、电梯监管、暑期防汛、水电收费、巡查、节能检查及各种活动。加强安全工作，确保健康发展。

饮食服务中心通过调整伙食结构、严格核算、挖潜增效等措施，在饭菜质量提高、售价不涨的基础上基本完成了年度经营预算目标。根据不同就餐需求，对校内各食堂进行新的功能划分和服务定位调整，坚持公益性（学生基本伙）与经营性餐厅的合理布局与功能分配，形成食堂的高、中、低和差别化经营布局，完善校内餐饮服务布局调整与食堂服务功能定位，创办特色饮食和特色食堂，满足师生不同饮食需求。通过加大对学生食堂、清真食堂、城内食堂三个大伙食堂的投入，在严格控制饭菜价格的前提下努力提高伙食质量，确保学生基本大伙平稳有序运行，不断改进餐饮服务，提升学生对餐饮的满意度。进一步完善食品岗位责任制，全面加强食品卫生安全管理，通过海淀区花园路食品药品监督所量化分级考核，学生食堂、清真餐厅被评为"A"级食堂。党政齐心，加强廉政建设和队伍建设。

教室管理服务中心主动联系、准确落实，确保课程编排不脱节。优化资源分布，以教学为主，合理兼顾各类考试及其他教室使用活动保障。节约经费、加大维护，PBL教室持续正常使用。快速响应、积极应对投诉，投入力量，加大教学设施、机电设备维护保养力

度。微笑服务，全年完成会议服务420余场次，提供有力保障。党政协作，团结职工，明确目标、细化廉政分工，强化服务意识，确保科学发展。

运输服务中心抓安全、重服务，全力保障有序运行。强化职工安全教育，抓好安全工作会和安全检查，完善安全制度，严格安全责任，实现安全运行386000公里无事故。未雨绸缪、制订预案，及时调整、科学调度，确保学校运输服务任务，如校际班车、迎新、开学典礼等各种活动圆满完成。深入职工，解决困难，端正服务态度、营造满意服务的文化氛围，为师生提供优质服务。

部医院全面推广完善"责任医师"健康服务工作，推动"责任医师"工作全面展开。全面开展家庭护理病床工作，建立家庭病床14张，查床167人次，受到社区居民好评。应用新技术，正式启用社区"580"手机PAA平台，广大患者可以第一时间了解部医院最新动态。日常医疗、护理服务、药品管理、预防保健、公费医疗等常规工作有序推进，学校活动保障落实到位。党政一心、统一思想、凝聚人心、强化学习、加强廉政、提高效能、满意

服务。

幼儿园励精图治，强队伍、抓服务、研教学、提质量，各项工作取得长足进步。凝练园所文化，树立共同愿景，促进团队凝聚，强化民主管理，发挥主体作用。以北京市示范幼儿园验收为契机，倡导终身学习，分层培养完善教师梯队发展，提升教师专业水平。践行全纳教育，突出特色，开展"普特共融、健残互促"的园所特色保教工作，促进每一名儿童全面和谐发展。重视课题研究，教研相辅，引领教师成长。以精细化管理促保教工作健康发展。倡导家园合作教育，积极服务社区儿童。2015年，幼儿园通过北京市示范幼儿园的验收考评，成为北京市示范幼儿园。

居委会坚持把居民利益放在首位，践行"三严三实"，努力完善社区服务，切实推进社区建设。组织落实第九届社区党支部和社区居委会、社区妇代会和社区残协换届选举工作；组织第四次中国城乡老年人生活状况抽样调查；组织北京市育龄妇女婚育情况调查；组织全国1%人口抽样调查工作。开展形式多样文化体育活动，强化社区精神文明建设。关注安全教育，通过参观、安全讲座、宣传及安全

整治等，创建平安社区。认真踏实完成六大委员会、妇代会的日常工作以及文明城区建设工作。完善规章制度，加强居委会规范化管理。充分调动社区居民积极性，齐心协力将社区建设成为管理有序、服务完善、文明祥和的社会生活共同体。

饮食管理办公室各项工作扎实推进，德园餐厅、碧香阁餐厅重新招标并试营业。开展服务满意度调查，综合满意度80%以上，针对问题进行整改提升。食品安全强化巡查、严格记录、严厉处罚，决不手软。调整菜品、推陈出新，强化保温，提供温暖餐饮。定期回访，加强师生沟通，及时解决投诉。重视安全巡查、抓好托管维保、细化会务服务、严把廉洁自律，确保满意服务。

城内学生宿舍管理办公室完善人防、物防和技防，强化巡查，强化安保维稳。主动沟通、建章立制、优化资源，确保学生吃住行学无忧，提供周到服务。勤于实践、反思教训、总结经验，不断探索总务监管新模式。在设备设施日益老化的情况下，加大巡查力度，做好日常维修，及时解决问题，确保运行正常。

房地产管理

【发展概况】 2015年房地产管理部围绕创建世界一流大学的目标和要求，加强对北京大学土地、房屋、家具资产的科学管理与合理调配，重点落实肖家河教师住宅配售、平房区搬迁腾退等专项工作，以及公用房的调配与管理、教职工住房管理、住房制度改革与房改售房、校园规划、房屋维修日常管理、家具资产管理、人防工程维护与管理等常规工作。

2015年底，北京大学占地面积2348812.98 m²；各类房屋建筑面积1918492 m²，其中教学、科研及辅助用房707952 m²，行政办公用房80393 m²，学生宿舍37999 m²，教职工住宅（含集体宿舍）155479 m²。

【房产管理】 2015年，房地产管理部完成公用房调配与管理、教职工住房和教师公寓的管理与服务、房改售房等方面的工作。

1. 公用房调配与管理。(1) 公用房分配与调整：大规模楼宇竣工入住，为信息科学技术学院、马克思主义学院、计算中心等单位调配办公、科研用房超过4000 m²，完成相关用房协议签订、使用费缴纳等工作。(2) 公用房搬迁周转：总务部、基建工程部、公寓服务中心、房地产管理部、校友办、产业办、校园服务中心等多家单位搬入43楼，协调中国工商银行、中国邮政储蓄

银行搬迁工作并签订合同。完成老校医院门诊楼区域信息科学技术学院、城市与环境学院等14家单位搬迁工作,将门诊楼区域交付基建工程部,启动拆除程序。协调组织部、纪委、教务部、研究生院、科研部、社会科学部、产业办、人事部等红楼区未搬迁单位处置设备、家具、保密资料,腾退红一至红六楼。与基建工程部、体育教研部、燕京学堂、前沿交叉学科研究院、社会科学部、元培学院配合,实现二体、静园区各单位搬迁入住。配合实验动物中心完成心理系电生理实验室改造工程,解决实验动物中心办公、实验及设备存放等周转空间。(3)公用房竣工验收:完成物理西楼、红四楼、俄文楼、静园、二体验收交接。(4)公用房信息采集和数据上报:完成2014年决算、国资卡片上报、教育部直属高校事业资产管理绩效评估、教育部高教基表统计等26次。(5)公用房定额管理和其他收费:2015年累计完成租赁收费299.96万元,科研机动及临时借用房收费343.06万元。

2. 公寓及住房日常管理。(1)办理住房相关手续:办理住房调查表、开具住房证明330余人次,办理减离转单153人次。收回住房7户,办理回购10户。(2)办理访问学者公寓各项手续78人次,包括办理访问学者公寓入住手续35人次、办理退房手续8人次、办理续办协议35人次。

【维修管理】 1. 日常维修:2015年,处理各类房屋报修997起。2. 房屋粉刷检修:完成教师公寓(含博士后公寓)粉刷检修62套。3. 装饰工程:配合拆迁腾退办公室完成承泽园砌围墙及古建门窗围挡工程;完成蔚秀园保安室改造装饰工程。4. 改造工程:完成北京大学行政楼(包含纪委、发展规划部、科研部、实验室与设备管理部、人事部)、新太阳学生中心、43楼房产部办公室等办公用房改造工程。5. 安装工程:完成燕北园公共楼道护窗安装工程及燕北园公共楼道护窗安装(二期)工程;启动燕北园、承泽园、燕东园、蔚秀园、畅春园、中关园、科学院等安全指示牌制作与安装工程。6. 房屋装修:完成三期12套高级访问学者公寓精装修工程。7. 房屋整修:燕东园32号楼顶部防水及瓦面新做工程(石棉瓦);太平洋大厦水箱间地面装饰及水箱保护棚工程。

【置换腾退】 1. 完成北京大学平房区搬迁腾退项目的吉永庄、承泽园、蔚秀园区域平房搬迁工作,累计签订149户居民安置补偿协议,项目完成进度97%,蔚秀园尚有5户未搬迁;累计拆除平房4873.29㎡,违建5135.56㎡。2. 完成校内平房区搬迁腾退项目安置房物业、供暖费用的支出。3. 完成校内平房区搬迁腾退项目纳入北京市棚户区改造实施计划的申报与审批手续。4. 完成原中关新园拆迁剩余5户平房的搬迁腾退工作。

【产权管理】 推进成府园东侧、燕东园合并而成的新燕东园土地证办理工作;与北京市国土局海淀分局、国土管理所、测绘公司配合,完成土地勘界测绘;协调京投公司,解决地铁四号线出入口占地等相关问题;与教育部、国管局联络办理用地权属审批事项。

【地下空间与人防工程管理】 对有人员居住和经营性使用的地下空间不定期进行全面检查,确保安全。完成人防工程验收。

(杨燕华、尹双石、赵悦、马赛)

【住房改革工作】 1. 住房改革资金测算和住房调查及审核工作:为420名新进职工建立住房档案,并完善现有教职工住房档案。编制上报北京大学住房制度改革支出预决算报表,为3286名在职无房职工和住房未达标职工申报2016年住房补贴资金4787万元。2. 教职工住房补贴发放工作:2015年为3275名无房及未达标教职工发放住房补贴4676万元,其中为413名新进职工核定和发放住房补贴及临时生活津贴。完善老职工住房补贴拾遗补阙工作,为57名老职工核定和发放住房面积未达标补贴和级差补贴。

(于斐)

【家具资产管理】 1. 审核、建账、贴示家具标签的新购置家具36190件,价值41060301元。2. 处置废旧家具9278件,价值1856133元。3. 调拨可再用家具52件,价值57763元。4. 为一次性购置家具总值超10万元的单位,以公开招标的方式完成16次家具招标,总中标价16630265元,合同价16625712元。

(胡垣霞)

【校园规划】 1. 校园规划委员会日常工作。筹备组织召开校园规划委员会会议4次,审议校园建设相关项目计53项,撰写会议纪要并撰写相关项目报校长办公会材料。推动南校门区域、静园一院至六院区域、红一楼至红六楼区域、图书馆周边区域等使用功能调整等。组织召集并参与校园规划相关专题会议若干次。2. 参与推进校园规划编制与研究工作。调研、联系并提交校园规划委员会会议审议通过,委托北京大学城市规划设计中心承担《北京大学海淀本部校区总体规划》《昌平校区总体规划》修编工作,推进相关工作。3. 推进教学科研空间与服务设施建设工作。参与解决成府园居委会用房遗留问题,协助公用房与土地管理办公室推进办理土地证。参与学校公用房清查、公共文化服务设施管理运行情况调查等事宜。与北京市轨道交通建设管理公司沟通地铁4号线北京大学东门站永久占用北京大学土地相关手续事宜及东校门地下通道事宜。参与沟通调研院系教学、办公、科研及实验室用房申请事宜。推进解

决未名湖东北岸区域学生、教工的餐饮问题。参与学生综合服务中心建设项目座谈会等，征求和听取师生的建议及意见。4. 校园通信系统升级工作。与铁塔公司、移动公司、联通公司、电信公司现场踏勘，并与校内相关单位沟通，协助设计北京大学通信系统升级方案，优化完善校园内通信系统。完成卫星导航定位基准站调查工作。协调未名湖东北侧4G基站天线向西北方向迁移，高度由35米降为30米，改为采用仿真树形美化天线。5. 协助参与文物保护与管理相关工作，包括报送《国家重点文物保护专项"十三五"规划》，参加国家文物局开展的古建筑类全国重点文物保护单位重大险情排查工作等。6. 参加基建工程部等部门关于学校基本建设项目、改造项目的评标、开标会47次，评开标项目计190余项。

（夏旭东、董晓晨）

【专项工作】 肖家河住宅配售。2015年9月，正式启动肖家河住宅配售相关工作。根据国管局、北京市相关政策和学校实际情况，结合14场沟通会和其他渠道收集的意见和建议，对配售方案进行修订和完善，先后上报工作小组、领导小组、校长办公会、党委常委会、教职工代表大会、党委全委会讨论研究，并最终审议通过。11月20日，召开全校启动大会，正式启动肖家河住宅配售工作，完成申请报名和榜单公示。同时，与计算中心合作开发完成的肖家河教师住宅配售服务系统在此次配售过程中投入使用。

行政办公用房清理整改。2015年1月起，先后完成学校各单位自查汇总、工作方案编制、初步信息上报、领导干部入户实测、迎接教育部专项检查、上报领导干部办公用房情况、配合教育部书面督察、梳理各单位整改落实工作方案及落实情况、联系测绘公司实测编制成果、配合中央巡视组检查校领导办公用房、配合学校纪委督察推进整改等工作，基本完成全校各单位办公用房清理整改工作。

公房管理条例修订调研。2015年初，启动公房管理条例修订调研工作，王仰麟副校长带队，先后与历史学系、信息科学技术学院等7家院系、单位负责人进行调研、座谈。

出租出借公用房专项检查。6月，根据教育部通知要求，启动学校出租、出借、经营性公用房专项清查工作，向全校各单位发送通知并汇总自查反馈结果。

国有资产清查。9月起，在北京大学国资办指导下，配合教育部开展国有资产管理专项检查，完成全校基本信息、出租出借情况、资产来源历史档案、资产使用处置情况等汇总上报，以及问题、检查底稿反馈工作。

住房管理。1. 新配置完成高访公寓14套，精装修。入住人员主要为"千人计划""青年千人计划"成员，以及各院系邀请的知名外籍教授。2. 启动物业管理和供热采暖改革工作，发放物业补贴14500564元，发放供暖补贴14475954元，共计发放5363人次。3. 五道口丁类住房分配：7人选定五道口住房，通过海淀区、北京市住房保障系统的购房资格报送及审核工作，协助办理网签及入住手续。

基 建 工 作

【发展概况】 北京大学基建工程部岗位编制为32人，截至2015年12月31日，在编人员26人；其中，部长1人，副部长4人，综合办公室5人，计划办公室5人，维修管理办公室6人，工程建设办公室5人。在编人员中，教授级正高职称1人，副高级职称7人，中级职称及以下18人。

截至2015年12月31日，基建工程部党总支共有党员48人，其中：在职一支部党员为28人（含北京大学建筑设计院7人，肖家河建设办3人）；退休二支部党员为20人。

基建工程部各类工程均实施阳光工程：按照工程招标程序，接受政府及学校相关部门监督管理；在实际进行中接受学校纪委、审计等部门全过程监督；工程竣工结算接受审计室审计监督。

2015年在建筑市场共完成5项总包、监理招标，分别是：景观设计学大楼工程（22000 m^2、108366666.7元），北大附中体育馆及教学北楼换热站工程（5569959.68元），学生公寓二期工程（38727.16 m^2、127658000.88元），新建实验设备2号楼工程（21837 m^2、96865916.69元），昌平学生公寓2、3号楼改造工程（10315.56 m^2、32516900.95元）。

2015年在北京大学校内共完成6项总包、监理招标，分别是：未名湖燕园建筑-第二体育馆文物建筑修缮工程（3331.23 m^2、16177722.16元），勺园6号楼改造（8587 m^2、32333005.88元），未名湖燕园建筑-第一体育馆文物建筑修缮工程（1731 m^2、7200989元），

红一至红六楼装修改造工程（7357 m^2、11085880元），北大附小宿舍楼改造工程（24236 m^2、8956234.8元），北大附中教学东楼改造工程（9717.8 m^2、9468980.66元）。

2015年完成经济学院综合楼加层、太平洋科技大厦首层计算机服务器机房、勺园1号楼、2号楼、3号楼及5号楼改造与翻建餐厅及行政办公楼、北京大学校医院住院部改造、北京大学临湖轩室内装修、太平洋科技大厦变配电室增容改造等87项主体及室外工程项目结算（其中送学校审计54项），共计完成结算金额约25000万元，完成结算约为80000 m^2。

【基建投资】 1.投资计划情况。2015年北京大学在建项目（包括新建、改造项目）共有24项，建设总规模193670 m^2，计划总投资107764万元。其中新建项目10项，建筑面积138848 m^2，计划总投资80366万元；改造项目14项，建筑面积54822 m^2，计划总投资27398万元。2.投资完成情况。(1)新建项目完成情况：2015年累计完成新建项目投资75558万元；其中完成中央预算内资金9761万元，医学部游泳馆项目完成300万元，其余全部为校本部完成投资，完成自筹项目65797万元，其中肖家河教工住宅完成40534万元，其他工程项目完成25263万元。(2)改造项目完成情况：2015年完成维修改造工程投资21101万元。其中主要项目包括勺园6号楼改扩建3221万元，昌平学生公寓2号楼、3号楼改造3057万元，静园一院至六院改造2293万元，第二体育馆加固改造2248万元，太平洋科技大厦改造1311万元，红一至红六楼维修1159万元，化学北楼修缮1000万元，附中教学东楼拆除及加固939万元，附小宿舍楼改造811万元，校医院住院部改造697万元，一体修缮650万元，附中热力站扩建477万元，百周年纪念讲堂声场改造355万元，勺园1、2、3、5号楼改造与翻建餐厅、行政楼333万元，燕东幼儿园改造205万元，昌平园区安防改造250万元，核磁中心改造185万元，临湖轩修缮183万元等。

【工程项目】 2015年北京大学校本部新建和改造工程开复工主要项目为24项，建筑规模约为193670 m^2。其中，竣工项目9项，竣工面积为70864 m^2；在施项目15项，建筑规模约122806 m^2。

1.竣工工程。(1)多功能后勤综合楼：该工程建筑面积11700 m^2，为后勤各部门的办公场所及银行、邮局等服务设施所在地，于2014年4月开工，2015年7月竣工。(2)学生公寓一期：建筑面积31046 m^2，为缓解北京大学学生住宿紧张的状况而修建，于2014年12月开工，2015年8月竣工。(3)俄文楼修缮：该工程建筑面积2150 m^2，按学校规划，为北京大学元培学院的行政办公场所，于2014年12月开工，2015年4月竣工。(4)静园一院至六院改造：按照学校规划，建设北京大学燕京学堂及人文社科教学科研办公楼。该工程建筑面积9735 m^2，于2014年9月开工，2015年9月竣工。(5)勺园6号楼加建：该工程建筑面积8587 m^2，按照学校规划，为燕京学堂建设配套的学生宿舍，于2014年9月开工，2015年8月竣工。(6)二体加固修缮改造：按学校规划对北京大学第二体育馆进行全面加固改造，该工程建筑面积3331 m^2，于2014年9月开工，2015年9月完工。(7)燕东幼儿园改造：对北京大学附属的燕东幼儿园教室进行加固装修，该工程建筑面积3115 m^2，于2014年9月开工，2015年8月完工。(8)百周年纪念讲堂声场改造：对百周年纪念讲堂的声场设置进行改造和提升，该工程建筑面积1200 m^2，于2014年10月开工，2015年9月完工。(9)附中热力站扩建：为附中教学园区及附近家属区的热力供暖系统进行改造，其中项目土建部分在附中体育馆内，主要对设备进行更新换代，该工程2015年9月开工，2015年11月完工进行试供暖，已投入使用。

2.在施工程。(1)环境科学大楼：该工程建筑面积20500 m^2，于2014年5月正式进入施工阶段，2015年基本完成建设，目前正在按照使用方的要求对一些特殊实验室进行设备安装。(2)附中体育馆一期及教学北楼：该工程建筑面积37053 m^2，2014年5月开工，已经完成结构封顶，使用方正在进行精装修方案的确认，预计2016年9月竣工。(3)附小体育馆：该工程建筑面积11647 m^2，2014年7月开工，目前已完成结构封顶。(4)生命科学科研大楼：该工程建筑面积26900 m^2，2014年10月开工，预计2016年12月竣工，目前已完成结构封顶。(5)沙特国王图书馆分馆：该工程建筑面积12648 m^2，为沙特王室捐资兴建的古籍图书馆。2015年3月开工，目前正在主体结构施工中，因最后的装修方案尚未确定，无法预计竣工时间。(6)景观设计学大楼：该工程建筑面积22300 m^2，为城市与环境学院和建筑与景观设计学院的教学科研楼，目前正在准备开工中。(7)学生公寓二期：该工程建筑面积39146 m^2，目前完成招标工作，将于2016年初开工，预计2016年8月竣工。(8)实验设备2号楼：该工程建筑面积23000 m^2，目前已完成招标工作，预计将于2016年初开工，2017年竣工。(9)化学北楼修缮：该工程建筑面积为3190 m^2，于2015年6月开工，预计2016年6月竣工。(10)一体修缮改造：该工程建筑面积1731 m^2，于2015年10月开工，目前正在进行室内装修，预计2016年5月竣工。(11)红一楼至红六楼装修改造：该工程建筑面积7357 m^2，于2015

年10月开工,目前基本完成装修工作,预计2016年1月竣工。(12)附小配电室迁建:该工程建筑面积564 m^2,为附小体育馆的配套工程,于2015年12月开工,预计2016年3月竣工。(13)昌平园区安防系统改造:对北京大学昌平园区的安防系统进行改造,该工程目前已完成招标,预计2016年初竣工。(14)动力中心周转楼:该工程建筑面积3546 m^2,于2015年10月开工,目前正在进行结构施工中。(15)昌平学生公寓2、3号楼改造:该工程建筑面积10316 m^2,对位于北京大学昌平园区的两栋宿舍楼进行装修改造,目前已完成招标工作,预计2016年初开工,2016年底竣工。

【前期报批】 2015年处于前期申报阶段的主要项目的进展情况为:

1. 南门区域教学科研综合楼4号、5号楼(58967 m^2):因学校规划及使用功能调整,设计方案由地下两层增加为地下四层,地下建筑面积增加30763 m^2,主要使用功能为车库,导致立项、规划、消防等相关手续均需重新申报。已开展可研报告的重新编制及上报工作,完成新方案复函的报批、文物影响评估,目前在办理文物局批复手续。

2. 工学院与交叉学科大楼2号楼(69479 m^2):因学校规划及使用功能调整,2号楼设计方案由地下两层增加为地下三层,地下建筑面积增加14654 m^2,主要使用功能为车库,导致立项、规划、消防等相关手续均需重新申报。已开展可研报告的重新编制及上报,以及方案复函的重新申报工作。

3. 餐饮综合楼(34602 m^2):完成可行性研究报告的编制、上报,并开展可研评估工作,因设计方案多轮优化调整,文物方案上报两次。

4. 北京大学附属中学北校区综合教学楼(31314 m^2):取得文物方案及核准批复,并上报方案复函待批。因可行性研究报告评估提出方案修改意见,重新申报文物方案审批。

5. 化学与分子工程学院E区大楼(25679 m^2):编制并上报环评报告,编制可研报告,完成建设项目用地预审,办理用地规划许可证。

6. 东操场体育活动中心及地下车库(72823 m^2):编制并上报项目建议书,开展文物影响评估的编制工作,并准备相关申报文物局审批工作。

7. 学生公寓二期(28、32、35楼)(38794.2 m^2):取得人防初设批复,完成施工图审查工作,并取得规划许可证。

8. 学生综合服务中心(6110 m^2):开展项目建议书编制工作及建设项目规划条件申报工作。

9. 实验设备2号楼(30008 m^2):取得建设工程规划许可证批复。

10. 软件工程大厦(14000 m^2):完成建设项目用地预审延期批复,因设计方案调整,暂未取得规划许可证。

2015年处于前期报批及设计阶段的主要项目有13项,分别是南门区域教学科研综合楼4号楼和5号楼、工学院与交叉学科大楼2号楼、餐饮综合楼、北京大学附属中学北校区综合教学楼、化学与分子工程学院E区大楼、东操场体育活动中心及地下车库、学生公寓二期、学生综合服务中心、实验设备2号楼、软件工程大厦、艺术学院与歌剧研究院大楼、燕东餐饮中心、理科三号楼改扩建等。

2015年处于设计阶段的改造项目主要有11项,分别是图书馆东馆修缮工程、昌平学生公寓2号楼、3号楼改造、实验动物中心A、B座改造、红一楼至红六楼改造、第一体育馆修缮、外文楼等三项修缮、附小宿舍楼改造、资源西楼一二层改造、办公楼改造、北大附惠新东街校区改造、加速器大楼装修改造等。

肖家河项目建设

【发展概况】 2015年肖家河教工住宅项目顺利推进,完成全部教工住宅设计及部分地块招标工作,施工单位进场开挖施工;回迁住宅建设进入收尾阶段;相关审批手续办理中。此外,肖家河项目建设办公室还配合房地产管理部,完成教职工售房工作。

【宅基地拆迁】 2015年1月至12月底,肖家河教工住宅项目新签订宅基地拆迁补偿协议11份,涉及2个院落,宅基地面积1068.19 m^2。共安置人口11人,安置面积1405.55 m^2。

截至2015年12月底,经项目拆迁资金联审组累计审议通过并签订的住宅拆迁协议981份,涉及宅基地院落646个、安置人口3032人;认定宅基地面积179989.68 m^2,弃房面积19328.37 m^2,补足面积52692.08 m^2,实际安置面积213353.38 m^2;人均安置面积70.37 m^2。

已签订协议的被拆迁户完成选房并发放拆迁补偿款。尚余5个宅基地院落已拆除未签约,测量面积2353 m^2,调查人口48人。

【安置工作】 2015年10月31日,所有回迁安置延期周转费均已到期,肖家河项目建设办公室启动二次延期周转费申请发放工作,经2015年12月8日北京大学十二届党委第146次常委会研究决定,确认二次延长周转期六个月,周转时间为2015年11月1日至2016年4月30日,并原则同意延期周转费由已经收取的售房意向金垫付。

根据上述决定,经肖家河项目建设办公室核算,二次延期周转费涉及资金4938万元,协议868份

（含 42 户弃房）。截至 2015 年 12 月底，二次延期周转费已经项目拆迁资金联审组审核通过，进入发放程序。

【公产拆迁】 西郊机场导航台。2015 年 4 月，部队方面正式启动新址导航台的建设程序，肖家河项目建设办公室根据相关迁建协议约定，负责导航台新址范围内伐树、通水、通电、通路、平整场地等，并多次组织导航台相关人员进行现场踏勘、放线等，创造有利条件，配合部队进场施工。2015 年底，导航台新址已建设完成，进入设备安装阶段并启动飞机校飞工作。

国防大学水井房。该水井房位于肖家河上河沿 52 号，所有权人为中国人民解放军总后勤部（权属证号：北京市房地产管理局《房屋所有权证》军字第 01466 号），使用人中国人民解放军国防大学。土地总面积 976 m²，房屋总建筑面积 715.20 m²（含临时建筑 175.20 m²）。由国防大学与北京大学商谈相关安置补偿事宜。2015 年 9 月，双方就安置及补偿条件达成一致，相关协议文本等由国防大学上报总后勤部审批，等待上级部门批复。

海淀海华换热器厂。该厂为海淀镇经济合作总社下属集体企业，企业用地约 12000 m²，包含原企业建设用房及部分自建公寓房，均处于外租状态，其房屋不在征地补偿协议地上物补偿范围内，需另行补偿安置。2013 年专业公司初步测量面积为 17900 m²，因一直存在权属交割问题，未能展开拆迁安置工作。2015 年 6 月，海淀镇政府确认由圆明园农工商公司牵头，拆迁公司、北京大学协调配合完成拆迁工作。经过与圆明园农工商公司多次谈判磋商，补偿条件已基本达成一致，按货币及实物安置进行补偿，预计 2016 年春节后启动签署协议、拆除房屋等工作。

【教育配套】 2012 年北京市规划委员会批复《关于北京大学住宅及配套公共服务设施项目设计方案审查意见的复函》（2012 规复函字 0178 号），但要求"落实教育配套问题，进一步征求教育主管部门意见"。

2015 年，为妥善解决肖家河项目教育配套问题，北京大学高松副校长、王仰麟副校长带领北京大学附属小学及相关部门领导，赴肖家河小学主校区和树村校区进行实地调研，并多次与海淀区分管教育、规划、建设的相关领导及海淀区教委、规划分局咨询和沟通，针对肖家河地区小学配套问题提出北京大学和地方均认同的方案并上报海淀区政府批准。

11 月 12 日，北京大学与海淀区教委、北京大学附属小学签订三方合作协议，明确由政府负责整治肖家河小学主校区周边现状环境，消除安全隐患，扩大小学用地规模至 50 亩，并在此区域重新规划建设新校区，由北京大学附属小学承办肖家河小学的办学工作，解决北京大学肖家河教工及回迁住宅范围内的适龄儿童小学教育问题。

【规划意见复函】 因北京大学教工自有住宅户型面积调整，2015 年上半年肖家河项目建设办公室开展规划方案调整工作，提出"在保持原定型主力户型不再调整的前提下，尽量保持建筑规模和增加住宅套数"的要求，组织设计单位对自有住宅的规划方案重新进行对比、优化和调整。因方案调整变化较大，北京市规划委员会要求必须重新申报项目方案复函，相关的人防、园林、水务等相应专项设计均需重新进行调整。

5 月，肖家河项目建设办公室将调整后的方案复函资料报送北京市规划委员会审核。与相关经办人员沟通相关事宜，明确方案复函调整需要海淀区规划分局相关人员汇总存在的问题，报北京市规划委员会审批。

6 月，肖家河项目建设办公室将方案复函申报资料报送至北京市规划委员会海淀分局审核。2015 年 7 月，北京市规划委员会组织区分局、北京大学等单位召开会议，研究肖家河教工住宅项目的建设问题，确定将项目列入"先照后证"试点工程。

10 月，项目获得《北京市规划委员会关于北京大学住宅及配套公共服务设施项目规划意见的函》（市规函〔2015〕1683 号），明确项目规划设计方案已经审查通过，可以组织实施，并办理施工图审查等手续，待手续齐备后，可向市规划委申办建设工程规划许可证。

12 月 22 日，项目取得教工自有住宅户型调整后的《规划意见复函》（2015 规复函字 0135 号）。

【土地手续申办】 2015 年初，肖家河项目未完成拆迁的情况：G'、幼儿园地块尚存北京市海淀区海淀镇经济合作总社海华换热器厂；E'地块西郊机场导航台（国有用地）已签署拆迁补偿协议，新台校飞完成后拆除旧址；E"地块国防大学水井房（国有用地）已达成拆迁意向，补偿协议国防大学上报中国人民解放军总后勤部审批中。

因无法统一申办土地手续，为加快建设进程、规避政策风险，肖家河项目建设办公室以"条件成熟一个地块、办理一个地块"为基本思路，向国土管理部门申请分批供地。8 月，经过前期沟通和资料准备，北京大学正式向北京市国土局提出申请，先行办理 E'、F、G、H、J、S1、S2 等 7 个地块的供地手续，获得北京市国土局的同意。9 月，肖家河项目立即提供土地手续审批申请。12 月，完善除 E'、E"及 G'以外地块所需全部申请资料，待国土部门批复。

【招标情况】 2014—2015 年间，肖家河项目建设办公室共计组织

公开招标49次，共计组织完成有效招标活动45项，其中2014年10项，2015年35项；向北京大学工程建设招投标领导小组申请获得批准免招标事项15个。

组织H、J地块回迁住宅总承包等各类施工招标8项，组织回迁项目沉降观测、外电源设计及GP3工程监理等服务类招标共计3项；组织总承包项目暂估材料、设备及暂估招标32项。以北京市供用电建设承发包公司为主体组织施工、监理招标2项。

教工自有住宅等招标情况。F地块和G地块教工住宅土方工程招标于2015年12月21日评出中标候选人，12月25日完成中标公示，施工合同报北京大学审计室审计。F、G地块教工住宅工程监理招标将于2016年1月12日评标。

【回迁房建设】 2015年，肖家河项目回迁房建设进入内外部装修和设备安装阶段。安装工程以工序多、作业人员多、交叉作业多成为建设管理的重点和难点。肖家河项目建设办公室建设管理部协同总承包单位、监理单位多次组织专题会议，强调质量管理、进度管理、安全管理。加强建设管理部门和造价合约部门的配合，协同加大对进度核量和工程洽商、变更的管理力度，做好投资管理，把好成本关。

截至2015年底，H地块楼内装修工程、机电安装工程已结束，室外小市政管线全部完成，具备向大市政的排放条件，仅剩道路和园林景观；J地块外墙和屋面工作全部完成，室内装修和机电安装基本结束，小市政工作启动。

【G地块GP3号楼建设】 为确保供电开闭站的启用和使用期间各功能的实现，启动GP3号楼施工建设。3月10日，项目取得G地块GP3号楼（开闭站）施工图纸后，肖家河项目建设办公室加强与设计、监理、施工等单位协调配合，并对部分施工工艺进行调整，使结构施工、二次结构、装修工作实现无缝对接，加快施工进度，在不到两个月的时间内实现结构封顶，截至2015年底，GP3号楼开闭站部分具备土建验收条件，为开闭站供电设备安装提供了保障。

【市政设施建设】 2015年初，肖家河项目建设办公室组织北京海融达投资建设有限公司对本项目市政设施建设进行现场踏勘及相关的工作交接。3月，北京市规划委员会通过项目配套道路方案。4月29日，北京海融达投资建设有限公司与肖家河项目建设办公室参加肖家河地区周边配套市政工程方案设计汇报及启动工作会议，肖家河项目大市政工程现场工作正式启动。

5月，北京市规划委员会核发《海淀区肖家河地区周边配套道路工程设计方案的批复》（市规函〔2015〕720号）及《海淀区肖家河地区周边配套道路工程设计方案》。11月中旬，北京海融达投资建设有限公司完成肖家河项目周边市政道路的施工建设招标工作。12月底，就区发改委提出"投资界面划分"的问题，初步确定项目周边道路除燃气专业管线由北京大学负责投资外，其他管线和道路工程投资全部由海淀区政府负责投资，北京海融达投资建设有限公司负责组织实施。

【自有住宅建设】 2015年初，肖家河项目建设办公室组织设计单位对教工自有住宅户型进行修改，5月上报北京市规划委员会审批，12月获得新的方案复函批复。同时，10月展开施工图设计工作。

2015年10月底，肖家河项目建设办公室收到北京市规划委员会发出的《北京市规划委员会关于北京大学住宅及配套公共服务设施项目规划意见的函》（市规函〔2015〕1683号），其中针对北京大学住宅及配套公共服务设施项目发出"政府投资项目简化审批程序确认单"，项目据此获得招标资格。肖家河项目建设办公室启动F地块和G地块教工住宅土方工程招标，12月21日完成政府招标平台的招标工作，中铁建筑公司和中建三局分别中标，12月25日完成中标公示。

12月25日下午，肖家河项目建设办公室组织召开建设施工单位见面会，进行场地移交，教工自有住宅项目正式启动施工建设。

北京大学启动教工自有住宅配售后，肖家河项目建设办公室配合房地产管理部售楼体系准备工作，完成项目售楼数据、宣传材料制作等工作。肖家河项目建设办公室提供教工自有住宅户型图45张、户型组合平面图23张、单元布置图3张、总平面图1张、鸟瞰图及效果图14张、阁楼户型模型8件、教师自有住宅肖家河住宅全部房屋全表（包括房号、楼层、建筑面积、朝向等），配合计算中心完成售房系统，与房地产管理部联合监制北京大学肖家河教工住宅宣传图册，并在教职工选房售房过程中全程提供必要的技术支持与服务，解答相关咨询，完成销售任务。

【市政联络】 2015年，肖家河项目建设办公室依靠政府力量解决项目建设过程中遇到的问题与困难，准备与市政府及相关主管部门的沟通材料。肖家河项目建设办公室与海淀区政法委、发改委、住建委、一体办、重大办、征收办、统计分局、规划分局、国土分局、公安分局、海淀法院、海淀检察院等单位保持沟通机制，配合相关单位进行数据填报、进展通报、信访调查、法律诉讼等工作，配合海淀法院山后法庭完成拆迁安置补偿协议调档工作。

2015年春节前后，肖家河项目迎来审计署为期四年的保障房项目建设审计，肖家河项目建设办

公室组织建设管理、造价管理、合同管理等相关人员配合审计工作。

【党风廉政】 2015年,肖家河项目建设办公室开展"三严三实"专题教育,落实党风廉政建设责任制,根据北京大学党委要求及工作实际,起草制定《北京大学肖家河项目建设办公室落实党风廉政责任制实施细则》,经主任办公会讨论通过施行并上报北京大学纪委。

坚持和完善"主任班子统一领导,班子成员各负其责,依靠员工的支持和参与"的领导体制和工作机制。组织肖家河项目建设办公室经理级以上员工学习《中国共产党纪律处分条例》《中国共产党廉洁自律准则》,组织各部门全体人员参加北京大学后勤系统党风廉政建设培训会。

按照从严从实的要求规范和加强办公用房、公务接待、津贴补贴、招投标、物资采购和财务报销等方面的管理工作。

【审计巡查】 2015年9月,根据北京大学统一安排,审计室派出审计组对项目2013年1月至2015年8月期间肖家河项目建设办公室综合管理内部控制情况进行审计。肖家河项目建设办公室负责提供项目建设与经济活动有关的全部资料,向审计组提交项目建设、人员、公房、财务等情况说明及肖家河项目建设办公室相关规章制度、管理职责、流程、各项管理台账、会计报表、会计凭证、合同协议、会议纪要、工作总结、预结算书、前期手续等11大项、17个小项的书面材料,协助审计组完成审计任务。

2015年12月,北京大学纪委组织巡查组对H地块回迁住宅及G15G16号回迁住宅人防门工程、G地块变压器工程和J地块防火隔音门工程招标资料进行抽查,未发现违规、违纪问题。

【团队建设】 制度建设。2015年,肖家河项目建设办公室完善管理制度体系,编写完成《北京大学肖家河项目管理制度汇编》,包括管理制度62项、工作流程30项及规范应用表格若干,推动制度体系的学习和贯彻执行,为项目建设和办公室管理提供制度保障。

队伍建设。肖家河项目建设办公室工作人员共计29人,其中北京大学委派7名(主任1人、常务副主任1人、副主任3人、财务人员2人),北京大学借调1名(前期主管),劳动合同及劳务返聘人员21名。肖家河项目建设办公室负责员工后勤保障服务,协调解决医保、养老接续、党团工会组织关系转接、员工子女入托入学等工作。

【领导视察施工现场】 12月31日上午,北京大学党委书记朱善璐、校长林建华、副校长王仰麟等校领导到肖家河项目教工自有住宅地块施工现场视察,并向项目所有管理人员、施工人员致以感谢和新年问候。

昌平校区管理

【发展概况】 北京大学昌平校区位于北京市昌平区西北的天寿山脚下,占地面积550余亩,已有建筑面积5.6万m²,是北京大学60年代建设的分校区。1994—1999年间,北京大学文科一年级新生迁入昌平校区,2000年之后昌平校区成为成人教育学院的办学基地。2008年,北京大学对昌平校区的功能定位进行调整,拟把北京大学昌平校区建设成集大科学装置、开放性公共科研平台、国家重大科研项目和国家重点实验室于一体的科学研究基地,建设成基础研究向实际应用转化的研发平台。截至2015年12月,昌平校区有职工53人,其中在编职工12人,劳动合同制职工25人,劳务协议职工16人。

【行政办公】 2015年公开招聘行政室职工1名、安全保卫室职工1名,办理行政室职员1名离职、安全保卫室职工1名离职以及6名季节工的入职、离职。将价值1000元以上的72台设备和28件家具分别录入学校的设备系统和家具系统。报废学生公寓2、3号楼家具1491件,共计203170元。加强对昌平校区财务、公章、车辆、电话、信息以及网站维护等的管理,并将昌平校区办公会内容形成通报,对外公布。

办理职工社保转移、社保延长、劳动合同续订等,发放职工劳保用品,落实离退休人员春节慰问,除夕慰问在岗职工。

【实验室管理】 2015年工学院"碳纤维复合材料创新设计实验室"、信息科学技术学院"量子信息实验室"入驻昌平校区,工学院系统工程研究中心实验室和节能与动力工程中心实验室退出昌平校区。

2015年召开2次实验室座谈会(1月14日、7月6日),解决入驻实验室反映的相关问题,对于昌平校区无法独立解决的问题,汇总上报给学校相关部门。

建立实验室定期巡查、实验室工作通报编发、每周二和周四上午办理一卡通制度等。结合用水、用

电实际情况,定期巡查,特殊时期加大巡查力度。每逢寒暑假、节假日,停电、停水、供暖试水、安全检查等,提前告知实验室协调应对工作,保证实验室师生的住宿、就餐、班车等服务。

【对外联络】 2015年昌平校区利用闲置资源,先后与北京明园大学、燕园园丁培训学校等校内外单位合作,开展长期、短期的租赁办学服务。2015年共有四个培训机构计13个班次、1464人次在昌平校区举办和参加培训。

【运行保障】 2015年,完善并落实运行保障方面的各项规章制度、定期召开班组长及管理人员沟通会制度,总结工作,明确任务。在保证学校实验室入驻的情况下,配合昌平校区入驻的办学单位完善后勤管理和运行。

2015年完成昌平校区一卡通改造工程、办公区及多功能厅健身房无线网络安装工程、安防地下管线敷设工程以及油漆粉刷网球场围网400 m²。电站维修改造工程已向学校进行论证申报。学生公寓2、3号楼维修改造工程已配合学校完成改造前设计、招标、预审,现已启动。

利用锅炉拆下的旧管敷设中水回用管线200余米,收集雨水引流至蓄水池内,用于浇灌树木、绿地,每次节约净水200余吨。2015年电话、网络接报故障800余起,拆除旧楼电表箱及电表300个、电线几千米、插座几百个。

【安全保卫】 加强制度建设,坚持宣传检查,落实各项预案。健全昌平校区安保工作档案资料和分类存档工作,制订《昌平校区保卫室月度工作计划》,加强安保人员消防技能培训。坚持学期及节假日、重大活动日安全检查;坚持24小时巡逻,对昌平校区重点场所、部位每天24小时监控。针对不同时期的特点,以不同的形式发放安全宣传资料。

加强队伍建设,改善安防设施,提高安防水平。在安全隐患方面进行全面整改:完成防爆器材的配备、室外消防栓的年检及维修、灭火器的年检、消防报警器及其配套系统的改造和建筑物的电消检工作。落实天津大爆炸后的隐患大排查和突击治理工作,开展安全隐患大排查、打非治违突击整治工作,并要求隐患大排查达到"无死角、全覆盖、零容忍"。

【党建工作】 严格党风廉政建设,学习贯彻"三严三实"。昌平校区把党风廉政建设作为一项重要举措,深化校区服务,推进机关效能建设,按照"从严治党、着眼防范、综合治理"的方针,从强化教育夯实管理入手,贯彻"四大纪律、八项要求",把党风廉政建设引向深入,责任层层分解,狠抓工作落实。学习十八届四中、五中全会精神,学习习近平总书记系列讲话精神,贯彻落实"三严三实"。

2015年5月,郭宝莲由预备党员转为正式党员。10月,宋登强参加北京大学第8期教职工党性教育读书班并结业。昌平校区党支部关心党员、积极分子的工作生活情况,进行有针对性的谈话,凸显党员的带头作用,提升党支部整体素质。

社会服务与联络

国内合作

【发展概况】 2015年,国内合作办公室按照"积极稳妥、量力而行、互惠互利"的原则,围绕北京大学加快建设世界一流大学中心工作,把握国家发展战略,加强与地方政府、高校和企业的合作,对口支援石河子大学和西藏大学,开展定点扶贫工作,扩大学校的社会影响力。

【交流合作】 3月2日,福建省科协党组书记、副主席梁晋阳率团来访,洽谈省校合作事宜。

3月11日,福建省南平市市长林宝金率团来访,商谈加强医疗卫生及产学研合作事宜。

3月27日,中国宋庆龄基金会党组成员、副主席井顿泉率团来访,商谈与学校开展全面战略合作协议事宜。

3月29日,陕西理工学院党委副书记刘保民来访,邀请副校长王杰及北京大学教师赴学院考察调研。

4月23日,湖北省黄冈市市长陈安丽率团来访,举办大学生创业就业实习实训推介活动。黄冈市教育局与校团委签订共建社会实践基地合作协议,市委组织部与学生就业指导服务中心签订人才引进框架协议。

5月7日,甘肃省委常委、兰州市委书记来访,磋商北大"中国芯"甘肃产业化项目落地兰州事宜。

5月25日,广东省委常委、珠海市委书记率团来访,探讨市校深化合作,在珠海横琴共建海峡两岸暨香港、澳门青年创业基地事宜。

6月3日,北京大学副校长王杰率队赴中国地质调查局参加天然气水合物创新战略联盟合作协议签约仪式。中国地质调查局党组副书记、副局长王研,党组成员、副局长李金发接待北大一行。

6月6日,北京大学党委书记朱善璐率团访问天津,与天津市代理书记、市长进一步商讨深化校市合作事宜,共同与参加"北大学子天津行"活动的学生见面交流。

6月8日,北京大学与湘潭大学在湘大签署交流合作备忘录,北京大学副校长王杰,湖南省教育厅党组副书记、副厅长肖国安,湘潭大学党委书记章兢、校长黄云清出席签约仪式。

7月2日,北京大学党委书记朱善璐率团访问甘肃,会见甘肃省委书记,省委副书记、省长刘伟平,副校长王杰代表北大与甘肃签订"中国芯"技术产业化合作框架协议。

7月6日,浙江省副省长、舟山市委书记孙景森一行来访并与北京大学举行合作座谈会,北京大学校长林建华、副校长王杰出席活动。

7月8日,大连市教育局局长赵阳来访,商谈市校合作事宜。

7月8日,北京大学与中国宋庆龄基金会在北大签署全面战略合作协议,北京大学校长林建华、中国宋庆龄基金会党组书记、常务副主席齐鸣秋代表双方签署协议。

7月13日,青岛市委副书记、市长张新起一行来访,商讨开展教育、科技、人才、医疗重要合作事宜。北京大学校长林建华、副校长王杰出席座谈会。

7月19日,中国教育学会副会长、中国科学社会主义学会副会长、北京大学原党委副书记林炎志与海航集团执行总裁李晓明一行来访,商讨教育合作事宜。北京大学副校长王杰出席座谈会。

7月22日,江苏省苏州市科技局局长黄戟来访,交流深化市校合作事宜。

7月24日至30日,北大、清华两校国防生和部分学生代表随海军天柱山舰出海,开展为期一周的航海实习。这是继2014年之后北京大学第二次参与航海实习活动。

7月30日至31日,全国高校实践育人暨创新创业现场推进会在湖北省黄冈市召开。北京大学副教务长关海庭参加会议并代表学校与黄冈市签署人才交流合作备忘录。

7月30日,广东省副省长陈云贤率团来访,商议科技合作、教学培养等方面问题。北京大学校长林建华参加会见。

8月1日至2日,北京大学校长林建华率团赴深圳,与深圳市领导就深圳办学相关问题进行研讨磋商。

8月14日，北京大学副校长王杰会见河南省开封市委书记吉炳伟一行，双方就文化创意、产业规划、人才培养等方面的合作进行初步沟通。

8月17日至19日，北京大学党委书记朱善璐率团访问云南，会见云南省委书记李纪恒，并考察调研北京大学定点扶贫单位大理白族自治州弥渡县。

9月11日，江西省社会科学院副院长孔凡斌一行来访，商谈双方合作事宜。

9月14日，北京大学校长林建华率团赴上海浦东新区调研。中共中央政治局委员、上海市委书记韩正、市长杨雄分别会见林建华一行。双方就加强市校合作，推动上海建设具有全球影响力的科技创新中心等事宜进行交流。

10月12日，北京大学党委书记朱善璐在宋庆龄故居与中国宋庆龄基金会负责同志座谈交流深化合作事宜，并参观宋庆龄故居纪念馆。

10月13日，东莞市委书记徐建华率团来访，洽谈开展东莞智慧谷和东莞市高等教育合作，及推进东莞光电研究院建设等事宜。

10月21日，江苏省科技厅副厅长蒋跃建一行来访，洽谈深化省校合作事宜。

10月22日，云南省委常委、高校工委书记李培率团来访。

10月27日，北京大学副校长王杰会见甘肃省定西市委书记张令平一行。

11月13日至14日，北京大学校长林建华率团访问厦门大学，与厦门大学党委书记张彦、校长朱崇实座谈。

11月24日，上海张江园区管委会副主任王维刚一行来访，洽谈双方合作事宜。

12月9日，云南省委办公厅副主任何巍一行来访，洽谈省校合作事宜。

12月10日，南昌大学党委书记胡永新一行来访，洽谈双方合作事宜。

12月16日，江西省委教育工委书记黄小华、省教育厅厅长叶仁荪一行来访，洽谈双方合作事宜。

12月18日，浙江省丽水市委书记王永康率团来访，洽谈加强双方人才和科技合作事宜。

12月22日，上海市委常委、浦东区委书记沈晓明一行来访，参观实验室并座谈。双方就推进市校合作，共同建设张江科学中心和促进北京大学重大科技成果在上海转化进行交流。

【支援援建】 3月13日，石河子大学党委书记何慧星、党委副书记夏文斌一行来访。北京大学校长林建华、副校长王杰及相关职能部门代表与石河子大学代表团就深化对口支援工作举行座谈。

4月26日，北京大学程曼丽教授做客石河子大学，为石大师生作题为"中国国家形象塑造的问题与对策"的学术讲座。

5月14日，2015年对口支援石河子大学高校团队秘书处会议在重庆大学召开。北京大学、华中科技大学、华东理工大学、华中农业大学、重庆大学、江南大学、对外经济贸易大学、南京师范大学、华南农业大学、石河子大学等10所高校的对口支援工作相关负责人参会。

6月17日，2015年北京大学-石河子大学药学论坛举行，来自北京大学医药学界的6位专家学者作学术报告。

9月7日，未名山文化大讲堂第二十一讲在石河子大学举行，北京大学胡泳教授以"作为隐喻的互联网"为题，阐述伴随数字互联网时代而来的社会问题。

9月19日，北京大学中国道路与中国化马克思主义协同创新中心、石河子大学中国特色社会主义理论体系研究中心等与新疆生产建设兵团第十四师联合共建"新疆长治久安调研基地"揭牌仪式在兵团第十四师师部举行。

10月15日，高校团队对口支援石河子大学2015年工作例会在北京大学中关新园科学报告厅召开。

10月21日，西藏自治区教工委副书记、西藏大学党委书记赤列旺杰一行来访，双方就对口支援工作安排交换意见。

11月18日，高校团队对口支援西藏大学2015年工作例会在北京大学召开。

【定点扶贫】 1月12日，北京大学副校长王杰一行深入弥渡教育、卫生、文化领域及贫困村、贫困户家中，就加强对弥渡县对口帮扶工作开展调研。

4月18日，北京大学第一医院团委书记、党院办副主任史楠挂职弥渡县副县长。

6月6日，北京大学协调中国教师发展基金会捐款30万元资助弥渡县特困教师，奖励特岗教师，并支持德苴乡邑郎完全小学的硬件建设。

7月23日至24日，北京大学医学部党委副书记戴谷音、北京大学第一医院党委书记刘新民率医学专家组一行，到弥渡县考察指导医疗卫生工作并看望慰问挂职干部。

8月17日，北京大学党委书记朱善璐赴弥渡县专题调研对口帮扶工作，研究帮扶对策，制订帮扶方案。

9月2日，北京大学团委组织部部长尤宇川挂职弥渡县密祉镇八士村党总支第一书记。

9月18日，北京大学协调福建省泉州市涂岭村爱心人士林筑辉、邹美英为弥渡县密祉镇八士村捐赠30万元扶贫款，支持该村经济社会发展。

10月14日至15日，北京大学医学部党委副书记李文胜，北京大

学团委副书记、医学部团委书记焦岩带领医学专家组一行到弥渡县考察指导医疗卫生工作,看望慰问挂职干部。

12月7日,北京大学协调中国宋庆龄基金会向弥渡县捐赠价值数十万元救护车。

12月21日至25日,北京大学为弥渡县45名乡科级领导干部开设综合能力提升培训班,以提高该县公务员的政治素养、理论水平和工作作风。

12月24日,北京大学全面推动扶贫工作"重心下移",协调安排8个院系与弥渡县8个乡镇定点结对帮扶,实现扶贫工作的全覆盖。

首都发展研究院

【发展概况】 2015年,北京大学首都发展研究院(以下简称首发院)深入学习党的十八届四中、五中全会精神,强化服务首都意识,做好北大与北京市对接的桥梁与纽带,服务首都经济社会发展。首发院立足北京发展,围绕京津冀协同发展这一国家发展战略,为中央政府和北京市献计献策。

【能力建设】 1. 党建活动。(1)落实学校党委关于组织开展"三严三实"专题教育的部署,院领导和干部学习习近平总书记系列重要讲话精神和中央"三严三实"专题教育工作座谈会精神,加强学习,提高修养,加强监督,秉公用权,围绕学校的战略部署,结合首发院的实际情况,脚踏实地,坚持从实际出发,坚持问题导向,践行"三严三实",服务好首都与京津冀区域发展。(2)组织召开2015年度"三严三实"专题民主生活会。会前召开多种形式的学习会、座谈会和听取意见会,听取院内工作人员对院领导和院内工作的意见和建议。院领导通过自查和开展批评会,查找自身问题和工作当中存在的问题,做自我批评,并研究整改落实,建章立制。(3)加强领导干部的党风廉政建设,配合学校党建工作,提高领导干部廉洁从政意识,自觉接受监督,杜绝违反《中国共产党党员领导干部廉洁从政若干准则》行为的发生。推进院务公开,坚持"三重一大"的重要原则,发扬民主,坚持两周召开一次首发院办公例会,重大问题办公会集体讨论决定,院人事、财务、科研、培训等都严格按制度办事。

2. 科研成果。2015年,首发院共承担北京市委托课题61余项,完成研究报告34篇,发表论文、论著42篇(部),获奖5项。

3. 建章立制。2015年,完善各项管理程序和操作规范。对学院网站进行改版,将服务器由校外迁至北京大学计算中心,同时创建"京津冀协同发展联合创新中心"网站。

4. 干部队伍。经北京大学研究决定,任命经济学院李虹教授为首发院副院长。

【服务首都发展】 1. 9月16日,由北京大学牵头,南开大学、清华大学、河北经贸大学和首都经济贸易大学作为主要协同合作单位的"京津冀协同发展联合创新中心"在北京大学正大国际中心召开成立仪式。北京大学副校长王杰、南开大学副校长佟家栋、河北经贸大学校长纪良纲、首都经济贸易大学校长王稼琼、清华大学公共管理学院党委书记孟庆国,以及来自国内十余所高校、研究机构和专业学会的50多位专家学者出席成立大会。大会由北京大学秘书长杨开忠教授主持。成立仪式后,与会专家学者举行圆桌会议,就京津冀协同发展联合创新中心的战略定位、研究重点和协同创新的体制机制等方面进行讨论,并对如何建立中心的研究框架、学科发展方向和智库平台提出指导性的建议。

2. 由杨开忠教授担任首席科学家,以首发院核心研究团队为主,联合北京大学政府管理学院、国家发展研究院、人口研究所,以及南开大学、中国科学院、交通运输部公路科学研究院等单位,完成国家自然科学基金委应急管理项目——京津冀一体化协调发展的政策研究。

3. 2015年3月,编著出版《首都发展报告(2015)》。该报告是在北京市社会科学基金重点项目"首都发展规律及趋势分析研究"的基础上完成的,是首部全面反映首都发展现状、规律与趋势的综合性研究报告。5月,主办"新常态下首都发展战略研讨暨《首都发展报告(2015)》发布会",北京市哲学社会科学规划办公室和科学出版社联合举办。北京市委办公厅、市委研究室、市委宣传部、市发改委、市社科规划办、市社科联,以及清华大学、首都经贸大学等单位的领导和专家学者出席会议。

4. 受继续教育学院委托举办非学历教育短期培训项目,承接北京市西城区委组织部、海淀区委组织部等北京市相关区县及全国各地党政机关委托的培训班共计30个,共培训学员1500人次。

5. 2015年承办"北京大学国子监大讲堂"共17讲,内容涉及中文(诗歌写作与鉴赏)、历史、北京历史文化、近代音乐、古典舞蹈、绘画赏析、中医文化等。同时,首发院与东城区教委继续开设流动大讲堂,辐射北京的街道、社区和中学。

6. 继续与北京市经济与社会发展研究所合作主办《决策要参》。2006年2月创刊至2015年底,已出版119期,在北京市政机关起到咨询作用,成为各级政府的主要理论阅读材料。

【国际交流与合作】 1. 首发院副院长蔡满堂分别访问美国佐治亚大学和德国波恩大学,开展流域水

环境管理决策技术国际交流,并邀请德国波恩大学研究人员访问中国,交流欧盟水框架指令政策以及德国实施办法和成就。

2. 首发院与北京大学城市与环境学院、联合国环境规划署合作,开展中国荒漠化治理中民营企业、政府和当地农牧民合作机制研究,以库布其沙漠治理为沙漠绿色经济示范,评估其近30年荒漠化治理与企业成长所积累的生态资本及其构成,并在第二十一届世界气候大会上举办边会,向全球发布中国库布齐荒漠化治理商业模式,得到来自联合国荒漠化公约秘书处(UNCCD)、国际自然保护联盟(IUCN)、气候组织(Climate Group)、世界银行(World Bank)、亚洲开发银行(ADB)等国际机构的高度评价。

3. 首发院协同中国区域科学协会,开展区域科学研究的国际合作,特别是推动亚洲区域科学领域的交流与合作,举办亚洲区域科学研讨会,就推动区域科学领域在亚洲的合作提出工作机制和结构设想。

科 技 开 发

【发展概况】 2015年,科技开发部/产业技术研究院签订进款合同577项,合同金额34769.48万元,到款20661.72万元。医学部技术转移办公室审核科技开发合同408项,签约资金总额10077万元。科技开发部在日常校企合作和校地合作的基础上,推进大规模、高层次的合作平台建设,拓展与全国各地政府和企业交流合作的渠道,发挥学校高端科研人才的创新作用。在创新创业教育方面继续开展多种形式面向校内学生和社会的创新活动,加强创新研究工作。

【企业高端合作】 推进合作平台建设,构建产学研校企合作新模式,发挥学校高端科研人才的创新作用。2015年新签署的校企合作平台包括与北京奇虎科技有限公司共建"数据可视分析联合研究中心"(1000万元),北大城环-铁汉生态联合研发中心(1000万元),产业技术研究院万普电子信息技术工程中心(1000万元),朔州固废利用研发中心(1500万元),与中国宏泰发展战略合作(600万元),与海康威视共建大数据智能处理联合实验室(510万元),签署北大-宝安烯碳科技联合实验室(1000万元),合同金额共计6610万元。

【地方政府合作】 1. 与北京市有关机构开展合作,获得中关村管委会、海淀区、科技部火炬中心等多家单位经费支持。科技开发部当选北京技术市场协会副理事长单位、京津冀技术转移协同创新联盟首届理事长单位。与海淀区合作的早期项目孵化基金3000万元,已投北京大学教授的多个项目,累计金额2300万元。与北京市科委的前孵化基金明确合作模式,推进项目的挖掘和孵化。建设北大科技金融合作联盟,2015年开展20多场活动。

2. 推进产学研办公室建设,形成校地合作区域网络和工作平台。2015年与甘肃兰州、四川乐山、山东烟台签署协议。参与北京大学东莞光电研究院、华南产业创新研究院(筹)等校地合作机构的建设与管理。

【专利运营】 开展"北京大学专利转化基金"申报资助工作,评估筛选资助2个项目。

组织4期全校专利培训:第一期为"专利信息助力研发创新";第二期为"智慧之火+利益之油——从创新成果到高质量专利";第三期为"PCT体系及高校策略与实务";第四期为"成果转化中风险控制和收益分配的关键点"。

11月24日,医学部技术转移办公室举办"欧洲专利申请成功经验分享和最新政策解读"专题讲座,邀请专利代理经验丰富的律师和校内专家就欧洲专利申请的相关知识和成功经验进行解读和分享。

【合同管理】 2015年科技开发部签订进款合同577项,合同金额约34769.48万元;医学部技术转移办公室审核技术合同408项,合同金额10077万元;北京大学签署技术合同共计985项,合同金额44846.48万元。

科技开发部签订的合同中,技术转让合同28项,合同金额3628.49万元;技术合作及开发合同255项,合同金额19054.04万元;技术服务及咨询合同291项,合同金额10061.95万元;合资联营合同3项,合同金额2025万元。从各院系签订的技术合同金额来看,排名靠前的是:信息科学技术学院签订合同161项,合同金额10021.83万元;工学院(加力学系)签订合同77项,合同金额7024.78万元;科技开发部签订合同21项,合同金额3001.91万元;化学与分子工程学院签订合同38项,合同金额2697.67万元;环境科学与工程学院签订合同64项,合同金额2276.65万元;地球空间与科学学院签订合同57项,合同金额2196.75万元;城市与环境学院签订合同41项,合同金额

2056.16万元；物理学院签订合同40项，合同金额1142.41万元。

在科技开发部所签订的进款技术合同中，合同金额在100万元以上的共有59项，签约资金22680.21万元，占合同总额65.23%。医学部2015年技术合同签约资金超过100万元的合同共有9项，签约资金4290万元。医学部连续12年无任何科研合同知识产权纠纷。

表10-1　2015年度科技开发部签署技术合同分布区域统计

序号	区域	合同数	合同金额（万元）
1	华北	384	23616.35
2	华东	75	3464.68
3	其他	31	1746.92
4	华中	9	465.7
5	东北	9	756.85
6	西北	14	1545.69
7	西南	19	573.08
8	华南	36	2600.21
总计		577	34769.48

（苏雯）

表10-2　2015年度北京大学签订的进款技术合同统计表

院系名称	技术开发与合作		技术转让		技术服务与咨询		合资联营		合计	
	合同数	合同金额（万元）	合同数	合同金额（万元）	合同数	合同金额（万元）	合同数	合同金额（万元）	合同数	合同金额（万元）
工学院（含力学与工程科学系）	39	4309.55	4	220	34	2495.23	0	0	77	7024.78
生命科学学院（含生物动态光学成像中心）	4	66	0	0	6	171.48	0	0	10	237.48
信息科学技术学院	101	5932.64	19	3338.49	41	750.7	0	0	161	10021.83
物理学院	13	419.8	0	0	27	722.61	0	0	40	1142.41
地球与空间科学学院	13	729.41	0	0	44	1467.34	0	0	57	2196.75
城市与环境学院	2	1045	0	0	39	1011.16	0	0	41	2056.16
化学与分子工程学院	21	1833.9	1	0	15	338.77	1	525	38	2699.67
环境科学与工程学院	9	327.54	3	70	52	1879.11	0	0	64	2276.65
考古文博学院	0	0	0	0	4	166	0	0	4	166
分子医学研究所	2	206	0	0	2	525	0	0	4	731
数学科学学院	8	237	0	0	3	35	0	0	11	272
软件工程国家工程研究中心	5	62.26	0	0	0	0	0	0	5	62.26
政府管理学院	0	0	0	0	3	110.5	0	0	3	110.5
计算机科学技术研究所	11	1033.9	1	0	1	3.9	0	0	13	1037.8
软件与微电子学院	3	1015	0	0	2	18	0	0	5	1033
国家发展研究院	0	0	0	0	2	9.31	0	0	2	9.31
综合所	1	103.74	0	0	0	0	0	0	1	103.74
心理学系	2	65	0	0	8	72.3	0	0	10	137.3
建筑与景观设计学院	0	0	0	0	2	120	0	0	2	120
科技开发部	16	1425	0	0	3	76.91	2	1500	21	3001.91
信息管理系	0	0	0	0	1	5	0	0	1	5
海洋研究院	0	0	0	0	1	59.2	0	0	1	59.2

续表

院系名称	技术开发与合作		技术转让		技术服务与咨询		合资联营		合计	
	合同数	合同金额（万元）	合同数	合同金额（万元）	合同数	合同金额（万元）	合同数	合同金额（万元）	合同数	合同金额（万元）
校办产业管理委员会办公室	0	0	0	0	1	24.43	0	0	1	24.43
其他	5	242.3	0	0	0	0	0	0	5	242.3
校本部合计	255	19054.04	28	3628.49	291	10061.95	3	2025	577	34769.48
医学部	14	1620	1	1100	393	7357	0	0	408	10077
总计	269	20674.04	29	4728.49	684	17418.95	3	2025	985	44846.48

（苏雯 郑宗方）

【经费管理】 2015年科技开发部技术合同到款共计20661.72万元，通过合资联营成立公司共占股权2025万元，现金与股权到款额总计为22686.72万元。其中，技术开发类合同到款11222.52万元，占54.32%；技术转让类合同到款597.02万元，占2.89%；技术服务与咨询类合同到款8842.18万元，占42.80%。从各院系到款金额来看，排名靠前的是：信息科学技术学院到款4907.98万元，工学院到款4241.03万元，地球与空间科学学院到款2575.5万元，环境科学与工程学院到款2039.6万元，城市与环境学院到款1286.21万元，计算机科学技术研究所到款948.54万元，化学与分子工程学院到款942.91万元，物理学院到款881.6万元，生命科学学院到款511.87万元，分子医学研究所到款475.79万元，数学科学学院到款278.11万元，其他单位到款1572.58万元。医学部技术合同到款6511万元。

表10-3　2015年科技开发部技术合同到款　　　　　　　　　　　　单位：万元

院系名称	2015年科技开发部到款额				合资联营	总计
	技术开发	技术转让	技术服务与咨询	合计		
信息科学技术学院	3741.12	297.89	868.97	4907.98	0	4907.98
工学院	1926	50	2265.03	4241.03	0	4241.03
地球与空间科学学院	1220.22	0	1355.28	2575.50	0	2575.50
环境科学与工程学院	178.93	170.00	1690.67	2039.60	0	2039.60
城市与环境学院	232.00	0	1054.21	1286.21	0	1286.21
计算机科学技术研究所	858.14	0	90.40	948.54	0	948.54
化学与分子工程学院	570.17	60	312.74	942.91	525	1467.91
物理学院	602.97	7.13	271.50	881.60	0	881.60
生命科学学院	427.99	2	81.88	511.87	0	511.87
分子医学研究所	333.29	10	132.50	475.79	0	475.79
数学科学学院	225.04	0	53.07	278.11	0	278.11
经济学院	0	0	150.00	150.00	0	150
软件工程国家工程研究中心	55.20	0	75.60	130.80	0	130.80
心理学系	47.50	0	60.30	107.80	0	107.80
考古文博学院	23.00	0	78.70	101.70	0	101.70
软件与微电子学院	40.78	0	45.00	85.78	0	85.78
综合所	0	0	27.20	27.20	0	27.20
国家发展研究院	14.00	0	10.73	24.73	0	24.73
建筑与景观设计学院	0	0	20	20	0	20
海洋研究院	0	0	47.12	47.12	0	47.12
信息管理系	0	0	3	3	0	3
其他	726.17	0	148.28	874.45	1500	2374.45
合计	11222.52	597.02	8842.18	20661.72	2025	22686.72

（朱梅）

【创新创业】 1.建设面向全校学生开设的"创业基础""模拟创业"和"新创企业的技术商品化"课程；累计录制、整理、剪辑73个创新创业课程模块。开展EIAP（Entrepreneurship and Innovation Activity Program）活动80余场，包括讲座、创客、沙龙、路演、竞赛、实践等。辅导与孵化校内56支学生创业团队与项目；其中，城市与环境学院博士研究生的创业项目在河北落地，创办节能环保企业。北京科技周期间，创业项目"玩嗨"获得北京市优秀项目团队奖。3月，《人民画报》以专版方式报道产业技术研究院的创新创业人才培养工作；5月，产业技术研究院获北京大学授予的"学生发展与创新创业协同创新基地"称号。

2.2015年底，产业技术研究院创新空间建设基本完工，由学生创新创业孵化空间、创业咖啡、多功能教室、研讨室及导播控制室组成，重点服务创新创业教育与人才培养，目标是成为北京大学重要的创新创业人才培养基地与标志性众创空间。同时，加强软件以及管理规定的建设，开发与门禁系统关联的信息化管理系统。制定《北京大学创新创业孵化空间管理办法》《多功能教室管理办法》等规定，保证空间安全有序使用。

3.2014年，产业技术研究院启动青年公益创业教育项目——北京大学创业大讲堂。2015年春季，首期创业大讲堂线下项目结项。同期开设线上同步课堂，全国累计12000多人次学习创业课程。3月，产业技术研究院与山东省签订合作协议，共同建设"中国创业慕课"平台，把创业大讲堂的课程通过网络共享。

4.作为联合国知识产权组织的学术合作伙伴，产业技术研究院受邀为2015年全球创新指数报告撰写部分内容："中国改革开放政策对国家创新体系建设的作用"，该报告于2015年9月在伦敦发布。组织参加美国麻省理工学院"全球区域经济创新创业加速项目"，以涿州国家农业示范区为研究对象，建立符合地区实际情况的区域创新创业加速战略。

【产学研合作奖评选】 组织第二届"北京大学产学研合作奖"的评选工作。共评选出产学研合作先进集体奖5个、项目合作先进个人奖7名、产学研管理工作先进个人5名、产学研合作优秀项目奖12个。

表10-4 第二届北京大学产学研合作奖获奖名单

奖项类别	奖项等级	单位名称	姓名/单位	项目名称
先进集体奖	一等奖	石油与天然气研究中心	地球与空间科学学院	
先进集体奖	二等奖	信息科学技术学院	信息科学技术学院	
先进集体奖	二等奖	医学部技术转移办公室	医学部	
先进集体奖	三等奖	宽禁带半导体研究中心	物理学院	
先进集体奖	三等奖	口腔医学院	医学部	
先进个人奖		信息科学技术学院	张大成	项目合作
先进个人奖		地球与空间科学学院	师永民	项目合作
先进个人奖		环境科学与工程学院	刘建国	项目合作
先进个人奖		数学科学学院	马尽文	项目合作
先进个人奖		城市与环境学院	柴彦威	项目合作
先进个人奖		城市与环境学院	冯健	项目合作
先进个人奖		工学院	董蜀湘	项目合作
先进个人奖		环境科学与工程学院	占子玉	产学研管理
先进个人奖		工学院	周虹	产学研管理
先进个人奖		医学部人民医院	陈红松	产学研管理
先进个人奖		科技开发部	刘淑媛	产学研管理
先进个人奖		科技开发部	赵淑茹	产学研管理
优秀项目奖	一等奖	信息科学技术学院	王为民	医用高场超导核磁共振成像设备技术研制与开发
优秀项目奖	一等奖	医学部基础医学院	王凡	新型特异性肿瘤显像剂99mTc-3PRGD2
优秀项目奖	二等奖	环境科学与工程学院	郑玫	中山生态文明大气污染物来源解析
优秀项目奖	二等奖	信息科学技术学院	黄铁军	面向安防监控的智能视频技术研究

续表

奖项类别	奖项等级	单位名称	姓名/单位	项目名称
优秀项目奖	二等奖	化学与分子工程学院	卞祖强	一种稀土铕配合物及其作为发光材料的应用
优秀项目奖	二等奖	工学院	王习东	朔州工业固废资源综合利用研发平台建设
优秀项目奖	三等奖	数学科学学院	李若	多介质可压缩流体力学算法和软件开发估及性能分析系列方法

(刘淑媛)

【医学部专利】 2015年医学部（不含附属医院）申报专利48项（含国际专利3项），均为发明专利；获授权专利42项（含国际专利3项），其中发明专利40项，实用新型专利2项。

表10-5 2015年医学部专利申请及授权情况统计（含附属医院）

单位名称	申请					授权				
	国外	发明专利	实用新型	外观设计	合计	国外	发明专利	实用新型	外观设计	合计
基础医学院	1	8	0	0	8	1	10	0	0	10
药学院	2	39	0	0	39	2	28	0	0	28
公共卫生学院	0	0	0	0	0	0	0	2	0	2
中国药物依赖性研究所	0	1	0	0	1	0	3	0	0	3
公共教学部	0	0	0	0	0	0	1	0	0	1
第一医院	0	46	91	0	137	0	5	26	0	31
人民医院	0	15	18	1	34	0	10	14	1	25
第三医院	0	13	36	0	49	1	9	31	5	45
口腔医院	7	12	0	0	12	0	7	2	0	9
肿瘤医院	1	3	0	0	3	0	4	0	0	4
第六医院	0	0	0	0	0	0	0	0	0	0
深圳医院	0	3	0	0	3	0	1	52	0	53
首钢医院	0	0	0	0	0	0	0	0	0	0
国际医院	0	0	0	0	0	0	0	0	0	0
合计	11	140	145	1	286	4	78	127	6	211

(郑宗方)

校办产业管理

【发展概况】 据统计，2015年校办产业的资产总额为2895亿元，比2014年增长45%；总产值947亿元，比2014年增长3.3%。

2015年，校本部校办企业共上交学校1.15亿元，医学部产业系统上交学校2800万元。此外，各校办企业还通过设立奖教金、发展基金、修建校舍等方式支持学校建设。北大方正集团设立"方正奖教金""方正奖学金"，北大青鸟集团设立"杨芙清－王阳元院士奖教金和奖学金""才斋奖学金"，北京北大先锋科技有限公司设立化学与分子工程学院"北大先锋奖学金"，北京北大维信生物科技有限公司设立"北大医学部医学教育奖及爱心维信助学金"等。

据统计，各校办企业2015年向学校及社会捐款、捐物总额超过2000万元，向国家交纳各项税费共计44亿元。

【管理服务】 校办产业管理委员会办公室（简称校产办）和校办产业党工委加强制度建设，调整人员结构，实现校产办与北大资产经营有限公司（简称资产公司）的相对分离；通过校内调入和对外招聘，充实队伍。同时，加强对下属企业监管制度的梳理和制定，研究草拟

《北大关于进一步规范和加强所属企业国有资产管理的若干意见》《北京大学校办企业国有资产管理实施细则》等。

校产办、资产公司遵循确保国有资产保值增值的原则,加强对下属企业经济行为的监管。在股权整合方面,协调完成北大方正集团有限公司下属西南合成医药集团有限公司与北大医药股份有限公司内部资产重组事项。在企业并购方面,协调完成北大方正集团有限公司下属方正国际软件(北京)有限公司收购北京汉林信通信息技术有限公司100%股权等4个事项。在股权转让方面,协调完成北京北大先锋科技有限公司下属北京未名博雅科技有限公司挂牌转让所持霸州市兰光科技有限公司100%股权等3个事项。在增资方面,协调完成北京北大软件工程发展有限公司增加注册资本等3个事项。在公司设立方面,协调完成北京大学出版社与北京甲睿德文化发展有限公司合作成立合资公司等4个事项。

校产办、资产公司与工商、税务等部门加强沟通,为企业牵线搭桥,解决企业在工商、税务等工作中的难题。参与企业在具体项目中的商谈,协助企业降低经营风险。与金融机构密切沟通,为企业化解融资难题。支持企业参与政府主导的各项优惠政策,推动企业创新发展。

【产业创新】 优化资本结构,搭建产业格局。北京北大先锋科技有限公司下属百达先锋获得中关村租赁公司500万元的融资租赁贷款,在融资渠道上获得重大突破,为供气业务发展创造了条件。北大培文教育文化产业(北京)有限公司优化内部架构,整合出版、文创、教育三大板块业务,形成三个板块互相支撑的局面,同时将培文传统的作者资源转化成专业型智库,为培文的整体业务提供更多的资源和机会。

坚持科技创新,推进成果转化。北京北大先锋科技有限公司与化学与分子工程学院合作的纳米粉体材料项目科研工作取得重大突破,具备大规模生产的条件。北京北大软件工程股份有限公司自主研发的静态代码分析工具库博(COBOT),通过美国CWE符合性认证,成为中国首家且唯一通过该认证的软件安全检测工具,打破了国外产品在软件检测分析领域的垄断地位,让中国软件安全产品参与国际竞争。

拓展业务、提升效益。2015年,北京大学出版社有限公司有5个项目结项通过验收,其中"中外物理学精品书系"通过国家新闻出版广电总局国家出版基金专家组现场验收,并获得好评。出版社全年完成图书印制码洋7.89亿元,销售码洋5.25亿元,在全国高校出版系统中名列前茅。

【主要企业名录】 北大资产经营有限公司下属主要企业名录:

1. 北京大学出版社有限公司
2. 北京大学音像出版社有限公司
3. 北京大学医学出版社有限公司
4. 北大方正集团有限公司
5. 北大资源集团有限公司
6. 北京北大青鸟软件系统有限公司
7. 北京北大科技园有限公司
8. 北京北大科技园建设开发有限公司
9. 北京北大临湖科技发展有限公司
10. 北京开元数图科技有限公司
11. 北京北大宇环微电子系统有限公司
12. 北京北大明德科技发展有限公司
13. 北京北大英华科技有限公司
14. 北京燕园天地科技有限公司
15. 北大培文教育文化产业(北京)有限公司
16. 北京北大软件工程股份有限公司

北大科技园

【发展概况】 北大科技园始创于1992年,是北京大学为响应国家"科教兴国"战略、"985工程"战略,促进北京大学科研成果产业化而建立的,是科技部、教育部首批认定的国家级大学科技园之一。北大科技园以"发展原创科技,建设精品园区"为宗旨,致力于将高校的科技创新资源转化为现实生产力,将综合智力资源与社会优势资源相结合,是为科技成果转化、高新企业孵化、创新创业人才培养、高科技产业化发展提供支撑平台和服务的机构。

作为北京大学科技园区开发建设与经营管理的主体,北大科技园已建和在建园区包括北京大学成府园区、北大科技园南区、北京上地创业园、内蒙古包头分园、江西南昌分园、浙江金华分园、天津宝坻分园及美国硅谷分园等。

北大科技园探索新形势下国家级大学科技园发展模式,打造创新型孵化器,联合北大及社会相关单位发起成立"北大创业家俱乐部",建立"创启未来"创新创业服务品牌,开展"国际青年科技创业大赛""北大创业孵化营""企业百家行""创业大学堂"等系列服务产品,构建良好的创新创业环境和文化氛围。

【园区建设】 2015年北大科技园推进地方园区项目拓展与落地,围绕创新创业与园区运营业务在京津冀、华东、华南、中西部等地区部署。北京大学(武清)科技园、北大

中电石家庄科技园、北京大学(西安)科技园项目相继签订战略合作协议,深圳、杭州、台州等地项目拓展推进中,取得突破。金华分园、天津宝坻分园2015年度实现落地,正式运营。

【创业服务】 "创启未来"品牌产品发力,引领行业发展。创启未来2015国际青年科技创业大赛举办,包括北京主赛场,天津、石家庄、包头、金华、深圳城市赛分赛场,硅谷、波士顿海外赛场,共计8个城市赛。各赛区共筛选40个优秀项目参加全球总决赛,最终评选获奖项目12个。北京主赛携手中国创新创业大赛、"众创杯"北京首届创新创业大赛医疗健康主题,通过"创启未来"品牌吸引力挖掘全国范围内优秀的核心创新创业人才及项目,推送至国家平台。北大创业孵化营签约入营项目共计60个,80%团队获得不同数额投资,累计获得投资金额14890万元。聘请创业导师32人,合作投资机构40余家。2015年举办创业培训24期,创业沙龙、路演等45次,企业交流参访50余次。企业百家行2015年走访校友企业30余家,吸引创业者、学生及相关行业人员700余人次参加活动。将创业实践教育与创业孵化相结合,2015年累计举办创业大学堂精品创业活动80余次,涉及互联网金融、医疗健康、文化创意等多个领域。"创启未来"通过开展创业大赛、北大创业孵化营、企业百家行、创业大学堂等品牌创新创业活动,逐渐获得市场认可。大赛全球总决赛围绕创业项目量身打造精英训练营,面向各赛区,获取经营收益。2015年度共取得创新孵化业务收入313万元,含大赛收入191万元,服务费122万元,实现业务市场化、产品商品化。

2014年底北大科技园启动"智能化科技服务平台"建设。经过前期调研与功能系统开发,2015年7月8日,一期项目正式上线试运行,涵盖公司官网及子网站、微信、业务系统三个模块。智能化科技服务平台的核心优势为包含企业信息的数据库,在面向服务流程和对象的设计思想指导下,让数据形成价值,推动园区更好地服务于创新创业和科研成果转化。截至2015年11月,平台用户近8000人,企业库共计608家,项目库共计540个,专家导师共计122位。

【获奖情况】 2015年,北大科技园获"2015年度中国科技创新先进单位"和"海淀区综合政务园区服务站"工作站牌。北大孵化器获"2015中国最值得关注的创业孵化器"和"北京市首批众创空间"授牌,并入选北京众创空间联盟副理事长单位,获"中关村首批智能硬件孵化器授牌"等。

包头北大科技园获"2015中国品质园区"、"内蒙古自治区高层次人才创新创业基地""内蒙古自治区科技企业孵化器"及"包头市青山区创业园孵化基地"认定。金华北大科技园被认定为首批"金华市青年创客工场""金华市级科技孵化器",并获金华市首个"创客服务全程通"授牌和浙江省首个"创业创新税直通车"授牌等。天津北大科技园获"天津青年创业基地"授牌。

北大方正集团有限公司

【发展概况】 北大方正集团有限公司(简称方正集团)由北京大学于1986年投资创办,王选院士为方正集团的奠基人和精神领袖,其发明的汉字激光照排技术奠定了方正集团的起家之业。方正集团植根北京大学,致力于提供卓越的产品与服务,为人们创造更智能、更健康、更富足的生活。集团业务以IT、医疗、金融三大产业为核心,同时在地产、教育等产业形成特色优势。截至2015年12月31日,方正集团约有3.5万名员工,总资产1966亿元,总收入805亿元,净资产537亿元。

【业务发展】 1. 北大医疗产业基金与中融信托签署50亿元战略合作协议。4月2日,中融信托与北大医疗产业集团旗下子公司北大医疗产业基金管理有限公司在京签署战略合作协议。协议签订后,中融信托与北大医疗产业基金将建立起战略合作伙伴关系,中融信托拟投入10亿元参与肿瘤服务并购基金认购,中融信托还将按照未来三年内约50亿元的总规模认购北大医疗产业基金发起募集的、专注于医疗产业及其相关领域的私募股权投资基金,以此支持北大医疗产业集团发展医疗产业。

2. 方正集团与淮北市签署智慧城市全面战略合作协议。5月11日,方正集团与淮北市政府签署智慧城市全面战略合作框架协议。签约后,方正信息产业集团将协同其他各产业集团力量全面推进淮北市智慧城市建设。

3. 北大医疗儿童发展中心开业。5月23日,在北京丰台区万开中心,京城最大的孤独症康复中心——北大医疗脑健康产业投资管理有限公司旗下第一家儿童发展中心正式开业。这是北大医疗脑健康产业投资管理有限公司和北京大学第六医院以及北大医疗产业集团战略合作以后,推出的首个精神卫生领域的项目。位于北京丰台区万开中心的北大医疗儿童发展中心,拥有将近2400 m^2的营业面积,设置有16间个训室、17间集体教室及特长教室以及咨询室、评估室、音乐教室、声光电感官训练室、沙盘室、迷你画廊,引入优质化、标准化、多样化的器材和教学工具,组成一流的、完善的硬件设施。

4. 江苏苏钢集团有限公司协同打造现代智慧物流园。7月2日，苏钢集团与张江上海高校协同创新研究院、上海海事大学在上海海事大学签订共建"江苏苏钢上海高校智慧物流产业协同创新中心"战略合作框架协议。"协同创新中心"由三方共同创建，致力于搭建产学研协同创新的开放式公共平台，是苏钢引进上海高校科技、人才优质资源，深化产学研合作，推动"北大方正·苏州现代服务业集聚区"建设的重要举措。

【重点项目】 1. 北大医疗鲁中医院正式揭牌。7月16日，原齐鲁石化中心医院更名为北大医疗鲁中医院的揭牌仪式暨新住院大楼落成典礼在山东淄博举行。新的北大医疗鲁中医院床位数将达到1200张。2015年内北大医疗打造的7大医疗中心陆续开业。

2. 北大医疗康复医院落成。10月27日，北大医疗康复医院于中关村生命科学园内举办落成典礼。由方正集团、北大医疗及红杉资本等投资建立的北大医疗康复医院，总建筑面积3万m^2，其中有超过4000m^2的康复训练和治疗面积，预设床位300张。

【自主创新】 江苏苏钢集团有限公司再获国家级博士后科研工作站殊荣。10月12日，苏州高新区人力资源社会保障局召开博士后工作推进会，宣布苏钢集团成为高新区国家级博士后科研工作站的资格单位。苏钢集团于2014年8月获批成为江苏省博士后创新实践基地，科技成果包括：进站博士后赵文贵的"高性能车削非调质钢开发研究"的课题研究取得实质性研究成果，所主持的"棒材冷却控制系统装置改进"已上报实用新型专利，论文《非调质钢在泵机行业应用的可行性浅析》拟在国家级期刊《通用机械》上刊登，"高性能车削非调质钢开发研究"项目获得江苏省科研助计划二等奖。

【获奖情况】 方正阿帕比CEBX技术获中国创意工业创新技术金奖。1月9日，由中国出版传媒商报社、法兰克福书展、法兰克福学院联合主办的"第二届（2014—2015）中国创意工业创新奖报告发布暨颁奖礼"在北京国际展览中心（老馆）举行，方正阿帕比的CEBX新一代版式文档技术喜获"新技术金奖"。

【年度纪事】 1. 2月6日，向着梦想前行——方正集团2015年会在北京大学邱德拔体育馆举行。方正集团董事会、执行委员会、副总裁及集团本部全体员工、各产业集团平台总监及以上干部、所属企业班子成员及在京大型企业中层干部、技术专家、2014年度评优获奖人员等共计近1000人参加会议。

2. 7月13日，以色列驻华大使马腾率以色列科技企业代表团一行到访方正集团，双方就相关合作意向展开洽谈。集团旗下多家企业代表出席本次会议。

3. 8月25日，国务院医改办主任孙志刚等一行来到北京大学国际医院进行调研。

4. 10月26日，荷兰卫生、福利和体育部副部长马丁·范莱恩率领的50人荷兰医疗代表团到访北京大学国际医院，出席中荷医学研讨会，与北京大学国际医院院长陈仲强就医院管理、学科建设、医疗服务、医疗培训等相关议题展开讨论和交流，为未来的合作奠定基础。

5. 11月9日，江苏省经济和信息化委员会公布第十批省重点物流基地和企业名单，苏钢现代物流智慧园（江苏方正苏高新港）名列其中。方正苏高新港是苏南运河第一大港。作为"北大方正·苏州现代服务业集聚区"的一项重要产业规划，该项目也被列为江苏省重点项目之一。

北大资源集团有限公司

【发展概况】 北大资源集团有限公司（简称北大资源集团）是北大方正集团旗下专业从事房地产开发、教育投资、商业地产运营、物业经营管理等业务的综合性房地产控股集团。集团依托北京大学和方正集团，定位于资源整合型城市运营商，通过配置和整合教育、IT、医疗、金融等领域的内外部优质资源，提升自建项目的社区生活品质和城市价值，同时通过战略合作，服务于外部开发商的地产项目。北大资源集团开发项目涵盖城市运营、住宅、写字楼、酒店、商业、科技园、工业园区等多种类型，项目主要分布于长三角、珠三角、环渤海区、华中、西南等国家重点发展地区。

【重点项目】 截至2015年12月底，北大资源集团项目遍布全国21个城市。一级开发项目1个，占地40.73万m^2；二级开发项目39个，计容面积（规划地上建筑面积）1208万m^2；2015年新获取项目计容面积（规划地上建筑面积）188万m^2。

济南北大时代南7、南9地块。2015年1月6日获取，用地性质为居住用地，南7地块规划用地面积9.53万m^2，总建筑面积41.93万m^2，南9地块规划用地面积6.06万m^2，总建筑面积20.55万m^2。

昆明医大广场项目。2015年8月获取，项目位于昆明市中心一环路与人民路交叉口，为传统核心居住区，并与地铁3号线无缝连接，是北大资源集团进军昆明的第一个项目。项目总体规划用地5.55万m^2，总建筑面积42.74万m^2，涵盖住宅、公寓、写字楼及大型商业购物中心等多种业态。

北大资源·颐和翡翠府。2015年9月获取，项目位于成都新会展南，红星路南延线，项目总占地约5.85万m²，总建筑面积约22万m²，于锦江畔，直面百亩市政公园（在建中），毗邻新川之心公园（在建中）。

北大资源·未尚名府。2015年9月获取，项目位于杭州的西部，属大城西区域范畴，屹立于杭州未来科技城门户位置，项目用地性质为商业商务居住用地（70%住宅、30%商业），占地面积6.36万m²，总建筑面积拟19.22万m²。

新津琪乐项目。2015年12月获取，位于成都市新津县城区，项目总占地约7万m²，分为南北两地块开发，总建筑面积约29万m²，首期开发2.4万m²北地块，产品为小高层，住宅主力面积区间96～120m²，拟打造成为新津县舒居华宅标杆项目。

株洲理想城项目。2015年12月获取，项目位于湖南省株洲市芦淞区，项目占地15.36万m²，总建筑面积约55万m²。

【获奖情况】3月4日，北大资源物业集团通过住房和城乡建设部的审批，晋升国家一级资质物业服务企业。

6月12日，北大资源物业集团获"2015中国物业服务百强企业"及"2015中国特色物业服务领先企业"荣誉。

6月26日，北大资源物业集团入选蓝筹地产"社区营运金牌榜"。

8月12日，北大资源集团获博鳌房地产论坛"2015中国地产风尚大奖"。

【年度纪事】1.1月1日起，方正世纪成为杭州华三通信技术有限公司全线产品分销总代理。

2.1月6日，山东北大资源再摘北大时代两宗优质地块，用地面积共计15.6万m²，地上建筑面积共计44.35万m²。

3.1月17日，贵阳北大资源·缤纷广场的住宅、商铺盛大开盘，2小时创下4.8亿元的销售业绩，不仅创造贵阳楼市的2015开门红，也昭示着市场对北大资源"新文化社区"理念的认可。

4.2月4日，主题为"Hello，资源！"的2015年北大资源集团年会召开。

5.3月2日，中央党校报刊社主办的《学习时报》以整版篇幅报道了北大资源集团在济南市尚品清河新文化社区的建设成果。

6.4月11日，"传承北大精神，感受国际品质"——北大医疗社区健康管理中心体验区开放仪式在北大资源·燕楠国际销售中心举行。

7.4月28日，2015"感动资源"颁奖典礼在湖北武汉举办。近千人参加，共同见证2015年"感动资源"获奖人物和团队的诞生。

8.4月30日，北大资源华南MALL压轴推出的BC区风情街开幕，近百家餐饮、精品、休闲、培训类商家抢先入驻。

9.7月15日，《人民日报》App以《政企共建新文化社区》为题报道了2015北大资源文化季。

10.7月24日，为全面总结2015年上半年经营情况，部署安排下半年重点工作，北大资源集团在四川成都召开2015年中期经营汇报会。

11.8月22日，燕楠国际二期·云锦开盘，首日售楼部来访1769组，合计3265人次，完成357组客户认筹。

12.8月28日，北大资源云南项目公司宣布，在斥资近2.86亿元拿下昆明市西山区棕树营街道办事处2宗土地之后，公司将与昆明医科大学合作，以打造城市综合体的方式，共同将北大文化、教育资源引入昆明。

13.9月7日，在成都国土局的土地拍卖会上，北大资源拍得中和新川板块的两组地块。

14.9月16日，重庆江北北大幼教中心江山名门幼儿园正式开园。这是北大资源集团继东莞北大幼教中心御湾幼儿园后，在京外落地的第二家北大幼教中心。

15.9月23日，北大资源集团旗下地产业务上市旗舰——北大资源（控股）有限公司拍得杭州未来科技城126号商住地。

16.9月26日，北大资源·阅城首日开盘售罄，销售额达6亿元。

17.10月，贵阳北大资源·缤纷广场中心和院组团C4栋住宅开盘，300余组客户欲购，1小时内推出的145套房源订购123套，去化率达84.83%。

18.11月17日，北大资源凯斯幼儿园——博雅分园签约仪式在重庆北大资源举行。

19.11月26日，《学习时报》以整版篇幅，发表《政企合作共建社区公共文化服务——北大资源集团新文化中心建设模式》。文章以政企合作共建社区公共文化服务为主题，梳理北大资源集团新文化中心建设模式，肯定北大资源集团作为社会力量参与公共文化建设的探索与努力。

20.12月18日，成都市公共资源交易服务中心受出让人委托，在成都市高新区天府大道北段966号天府国际金融中心7号楼，以拍卖方式组织出让3宗国有建设用地使用权。北大资源集团拍得成都市新津县五津街道平岗社区6组、7组，新津县五津街道古家社区、平岗社区6组，共计6.95万m²。

21.12月21日，北大资源集团拍得位于湖南省株洲市芦淞区核心枫溪生态城的株洲市国土资源中心〔2015〕网挂第051号住宅地块。

北大青鸟集团

【发展概况】 6月6日,北大青鸟环宇消防设备股份有限公司在河北省涿鹿生产基地启动三期扩建项目。该项目包括生产厂房建设、生产基地园林绿化、道路等基础设施建设,自动化生产线建设。拟新建成生产厂房建筑面积1.3万m^2,用于优化生产线结构和环境,提高整体生产效率和自动化生产程度,并且打造园林式工厂。

【获奖情况】 10月19日,在慧聪网主办的"赢享中国慧聪网2015年消防行业品牌盛会"上,北大青鸟环宇消防设备股份有限公司入选"2015消防十大报警品牌"。在评选活动的全国网络及微信投票中,公司得票数第一;经国内消防行业数十位专家评委评审,公司最终赢得评委的高分。

【回报社会】 2015年8月,北大青鸟集团(第六年)全额捐助1500万元,招收52名2015年度"春晖行动——致公学生培养计划"贵州贫困老区特困特优小升初新生到北京进入北大附属实验学校学习生活。至此,北大青鸟集团累计资助该计划贵州孩子总计464名,总资助额超过1.2亿元。该项目于2010年,由致公党党员、时任北大青鸟集团总裁许振东提议,北大青鸟集团全额资助,是北大青鸟系列公益助学活动的一项。该项目实施以来,464名贵州老区特优特困学生获得了优质的教育资源,给孩子们及其家庭带来了脱贫致富、改变命运的希望。

北京北大未名生物工程集团有限公司

【发展概况】 北京北大未名生物工程集团有限公司(简称未名集团)成立于1992年,是北京大学三大产业集团之一,集团总部位于北京圆明园北面的北京北大生物城。未名集团主要从事生物经济体系的建立和生物产业的发展,重点投资生物医药、生物农业、生物能源、生物环保、生物服务、生物智造六大领域,是中国现代生物产业的旗舰企业和中国最具国际竞争潜力的企业集团之一。

未名集团成立20余年来,秉承"科教兴国、产业报国、健康强国"的理念,致力于"构建生物经济体系,打造生物经济旗舰",形成"创新的经济体系、独特的发展思路、坚实的产业基础"三大核心优势,为中国生物产业的发展做出开创性和突破性工作,在中国生物产业发展进程中创造多个"世界第一"和"中国第一"。未名集团初步建立起世界首个生物经济体系(包括生物经济理论、生物经济模式和生物经济产业),已成为世界生物经济策源地。

未名集团将在生物经济理论指导下,运用生物经济模式,发展生物经济产业。按照"一步两个脚印,实现三大梦想"的企业发展规划:创立生物经济体系、解决中国三农问题、解决中国健康问题。实现创立一个经济体系、培育一个龙头企业、引发一场产业革命的目标,把未名集团打造成生物经济时代的旗舰。

【业务发展】 2015年集团下属未名医药通过反向收购万昌科技的重大资产完成重组,实现两个公司以及两个业务板块的强强联合,在原上市公司主营业务医药中间体和农药中间体上增加了神经生长因子与干扰素业务。未名医药上市公司合并报表范围内实现营业收入85828.57万元,比2014年增长37.48%,净利润25025.38万元,比2014年增长11.22%。集团下属企业北京科兴实现净利润比2014年增加47%,销售利润率保持在45%以上,净利润率保持在两位数。集团下属未名天人中药公司的天芪降糖胶囊年度销售100万盒,销量较2014年增长63.13%;销售收入达到4230万元,较2014年增长55.61%。集团下属湖南未名贸易销售收入1亿元,销售便携气瓶38万瓶。集团下属公司山东朋聚化工地下基础设施建设已完成90%;地上设施主体框架完成,进入全面装修安装阶段;主装置已经建设完成等待安装;部分工艺段优化设计。集团下属湘雅健康谷项目开展。

【研究开发】 2015年,未名集团各下属公司科研项目获批资金超过4.1亿元,申请专利122项,获批75项。其中,未名医药公司2015年共获得11项资质和荣誉,获批专利3项,提交申请2项;共有专利10项,还有5项在审。在产品研发方面,未名集团下属的北京科兴的13价肺炎结合疫苗获得临床批件,打破跨国公司的专利壁垒;Sabin脊灰灭活疫苗融入全球疫苗研发,参与全球疫苗供应体系;肠道病毒71型灭活疫苗(商品名:益尔来福)生产注册申请获批。未名天人中药公司的天芪降糖胶囊完成全球首例降糖纯中药干预IGT的循证研究,其研究成果发表于国际权威期刊 *JCEM*(IF=6.43),是迄今为止降糖中成药发表的学术影响最高的循证研究成果。推进未名农业集团的玉米产品研发,2015年完成配置杂交组合6500个,引进优异资源30份,参试品种9个,包括1个国家试验、3个省级区试、3个省级预试和3个扩区审定。未名博思生物智能技术最新进展发表于国际著名的 *Science* 期刊上。

【园区建设】 2015年4月26日,北大未名生物经济研究院正式落成启用,安徽省委常委、合肥市委书记吴存荣,安徽省人民政协科教

文卫委员会主任委员、安徽省食品药品监督管理局原局长刘自林,安徽省卫生和计划生育委员会副主任副书记杨武,合肥市委副书记凌云,合肥市政府副市长王翔,合巢经开区党工委书记、管委会主任王爱华,合肥市委副秘书长、办公厅主任毛万里,及合肥市各市直部门主要领导,以及北大未名集团董事长潘爱华、总裁杨晓敏、高级副总裁罗德顺出席典礼并见证揭牌仪式。6月28日,北大未名集团在巢湖举办"2015合肥半汤生物医药国际论坛暨美国华人生物医药科技协会(CBA)20周年报告会"。10月23日,合巢经开区、中科院北京基因组研究所、北大未名集团签订共建"未名-BIG联合基因研究院"协议。

【基地建设】 2015年安徽生物经济产业园以世界最大抗体药生产基地、CAR-T细胞治疗技术、垃圾热解净化处理技术为龙头,投入资金达20亿元。

河北保定唐县通天河生物经济产业园推进,预计项目全部建成后可实现产值1000亿元,利税200亿元,可解决当地3000人就业,引进高端科技人才100人(博士、教授);项目的聚集效应可带动其他产业增加值500亿元,利税75亿元,可给当地提供7000个就业岗位。

北戴河国际健康城项目获"国家级健康产业创新示范区"项目和联合国"亚太生命健康创新示范区"批复。北戴河国际健康城国际健康中心行政办公区工程于2015年11月18日动工,建设内容包括八栋建筑,总建筑面积约21800 m^2,包括展示中心、细胞制备中心、免疫治疗中心、会议厅、行政办公中心、接待中心、后勤保障中心、动力中心。

【奖励成绩】 未名集团董事长潘爱华博士获2015年度伯里克利国际奖。伯里克利国际奖由意大利克国际学院(Alcmeon International Academy)于1986年创立,受奖人员主要为杰出科学家,其中包括诸多诺贝尔奖获得者以及政界、商界的精英。潘爱华教授是获伯里克利国际奖的第一位中国人,也是获此殊荣的第一位亚洲人。

未名医药(证券代码:002581)重组上市。2015年1月26日重组方案报证监会,7月31日证监会审核通过,9月23日完成股份交割及实际控制人变更,11月27日修订章程、改组管理层,公司重组上市完成。

未名集团整体融资规模再创新高。截至2015年底,未名集团本部完成融资50亿元,比2014年新增50%。

参加美国生物技术大会暨展览会。6月16日至18日,未名集团参加在美国费城举办的"2015美国生物技术大会暨展览会",展示未名集团的理念、重大项目及发展状况,吸引超过1500人(次)的各界人士参观交流。

北京北大维信生物科技有限公司

【发展概况】 北京北大维信生物科技有限公司(简称北大维信)于1994年9月1日创建于北京中关村高科技园区,注册资金8000万元,是由山东绿叶制药有限公司与北京大学共同合作投资的公司。公司自成立以来一直致力于天然药物和现代中药的研究、开发、生产和销售。2015年,北大维信总计实现销售收入2.52亿元,实现工业总产值25121万元,利润2935万元,实现利税4481万元,资产总额4.4亿元。公司拥有员工约1000人。

【业务发展】 北大维信生产厂区位于中关村永丰高新技术产业开发基地。厂区占地面积2.7万 m^2,建筑面积3万余 m^2,拥有10万级超净生产车间。厂区2012年11月通过了新版GMP认证,年产胶囊10亿粒,片剂5亿粒。主要产品血脂康胶囊在国内降脂中药市场中排名第1位。

2015年初,公司通过质量(ISO9001)、环境(ISO14001)、职业安全健康(OHSAS18001)整合型管理体系(IMS)认证。三体系是国际优秀企业管理通用标准,是对公司现行GMP质量管理体系的补充和完善,为公司产品国际化推广奠定基础。

【自主创新】 北大维信以自主创新为导向,进行新药研发,健全相关知识产权管理制度,建立对研发人员的有效的激励机制和绩效考评机制,提高研发部门的技术创新动力。此外,公司尝试将知识产权管理与技术创新、企业营销相融合,期望逐步实现企业知识产权战略服务于企业竞争战略目标的目的。截至2015年底,公司累计拥有有效专利191件,已授权154件,其中,发明专利126件。

【节能减新】 空调机组电机加装变频器。为达到节能的效果,做到根据负荷情况可调,对空调机组加装变频器控制,每年可节约用电14万度。

喷雾干燥设备排风热回收。喷雾干燥设备的排风温度约为65℃~70℃,排风量约7000m³/h,直接排放会造成较大的能源浪费。通过对排风加装板式热回收装置,使新风与排风进行热交换,回收热能,达到节省新风加热蒸汽用量的目的。每台设备全年可节约蒸汽用量96千瓦,节能率达25%~30%。

【获奖情况】 2015年12月,公司通过国家知识产权局知识产权优势企业认定。

北京北大英华科技有限公司

【发展概况】 北京北大英华科技有限公司(简称北大英华),是由北京大学投资控股、北京大学法学院主管的高新技术企业和软件企业,成立于1999年,注册资金1000万元,位于海淀区中关村大街中关村大厦9层。

北大英华依托北京大学的资源优势,致力于法律信息、网络教育和高端培训产业,为社会各界提供法律信息内容和应用平台以及更新服务,已成为中国最大的法律信息与知识内容供应商。

北大英华探索最新信息技术与法学信息的结合方式,为用户和社会公众打造汇集、传播、交流法律知识和信息的综合法律信息平台,搭建有效的法律社交网络和主动梳理展现基本法律知识体系,以促进法治文化社会传播,履行法律信息主导企业的社会责任。

【业务发展】 2015年"北大法宝"产品收入3790万元,较2014年增长30%。"北大法宝 pkulaw.cn"在法学院系的销售收入增长186%,新增云南大学、山西财经大学、湖南师范大学、哈尔滨工业大学、温州大学、甘肃政法学院、赣南医学院、安徽师范大学、吉林财经大学等院校用户。

【企业改革】 2015年北大英华再次进行ISO9001认证,将公司主营业务"法律信息系统的设计开发和服务、网络教育及相关产品与服务、培训及相关产品与服务"纳入认证,健全英华管理体系。

北大英华"信息与研发事业部"重新整合,将原研发部拆分为研发部和技术部,分别进行项目研发与产品技术支持维护;同时将原国际部纳入信息与研发事业部,负责中文法律文件的英文翻译工作。整合后形成包括"法规部、案例部、学术部、英文部、国际部、技术部、研发部"7个部门的信息与研发事业部。

【重点项目】 2015年3月,法宝-裁判文书大数据平台"www.caseshare.cn"上线,平台汇集1000余万司法案例,使用ES架构,成为国内最快的法律数据检索平台。

2015年10月,北大法宝-律所知识共享平台完成上线,专门服务于律师事务所的业务共享平台。

2015年10月,北大英华与华宇软件签署系列合作协议,一期合作包括"北大法宝-V5.0局域网络版"与"华宇-辅助办案系统"数据合作以及"北大法宝-中国法律开放平台"与"华宇-诉讼无忧"数据合作。其中"北大法宝-中国法律开放平台"与"华宇-诉讼无忧"数据合作应用超过500家合作站点。

2015年12月,佛山国税定制系统——佛山国税法宝完成上线,成为完成的首个国税行业项目产品。

【研究开发】 2015年3月,"北大法宝-中国法律开放平台"(open.pkulaw.cn)完成上线。该平台将国家主要的法律法规资源进行整合展示,服务于各级政府信息公开。上线后,河北省人大常委会等单位结合自身地域法规资源定制使用。同时,该平台与全国各地500余家法院"诉讼无忧"站点合作,法院平台直接链接该产品,用户可直接访问、查询使用。

北大英华公司自主研发"银行专题产品 bank.pkulaw.cn"。2015年8月,打造银行专题系统,致力于对法律信息数据的挖掘和知识发现,是围绕银行领域专业人士的实务需求专门研发定制的专业平台。平台整合银行专业法律信息数据,收录及时、全面,来源渠道权威,提供精确、高效的检索体验。

【获奖情况】 "佛山国税法宝项目"获广东省国家税务局的创新项目一等奖。

【回报社会】 在北京大学法学院院设奖学金中,北大英华分别设立"北大法宝学术奖"和"北大英华实践奖"。北大英华第二次向中国法学教育研究会"公益法律服务志愿者项目"捐赠法宝账号。

医学部国内合作与产业管理

【发展概况】 2015年医学部产业系统上交北京大学资金共计2827.6万元,其中教育培训领域上交1560.6万元,出版社上交500万元,房租及其他收入767万元。

【管理结构】 将"北京北医咨询有限公司"发展为医学部校办企业资产管理平台。由北京大学以所持医大时代公司股权为北京北医咨询有限公司扩充注册资本,待公司更名、修改章程、改选董事会后,北京北医咨询有限公司将行使医学部资产管理公司的职能。

【产权登记】 落实教育部《关于做好直属高等学校、直属事业单位及所办企业办理产权登记工作的通知》(教财司〔2014〕523号)的文件要求,组织医学部所涉企业整理、汇总、上报公司设立文件和各类经济行为资料。2015年7月,根据教育部《关于对北京大学所属47家企业国有资产产权登记事项的审核意见》(教财司函〔2015〕483号)文件要求,组织办理产权登记的7家企业补充上报相关资料。

【专项检查】 以教育部国有资产管理专项检查为契机,修订完善公司派出董事监事管理办法和公司考核、奖惩、薪酬管理办法,制定《产业"三重一大"决策制度实施办法》,对各企业国有资产管理提出指导意见,并对各企业进行迎检工作的动员部署,要求各下属企业自

查国有资产管理情况并梳理相关规章制度。

9月至11月,根据教育部《关于开展教育部直属高校、直属单位国有资产管理专项检查的通知》(教财司函〔2015〕569号)的相关要求,组织北京北医投资管理有限公司、北京京医福晨科技有限公司、北京医大时代科技发展有限公司、北京医大时代教育咨询有限公司、北京医大时代爱思唯尔有限公司、北京北医咨询有限公司、北京福日药物载体技术有限公司、北京北医医疗投资有限公司等8家公司提交公司档案和财务资料。对没有正常营业或存在历史遗留问题的公司提交情况说明,如:北京蒙特因技术开发公司、北京赛腾远程卫星科技网络开发有限公司、北京沃和赛腾网络技术有限公司、北京北医迈劲医药生物科技有限公司、北大药业有限公司、北京博士苑宾馆、北京医大富仁德保健品有限责任公司、北京北医隆仓科技发展有限公司、北医康净保洁用品有限公司等。

【规范管理】 完成部分传统企业的"关停并转"。对产业接管的有朋馆和博士苑宾馆以及所属关闭企业的资产进行清理。共清理博士苑宾馆报废设备56台,对23台低值易耗品提交说明销账。对有朋馆41台设备提交报丢说明销账。

2012年2月15日,经产业党政企联席会议讨论,决定正式启动北京北医投资管理有限公司医学科技开发分公司的关闭清算工作。在经历报请上级批准、清产核资、审计、清理债权债务等阶段后,于2015年12月完成对医学科技开发分公司的注销关闭工作。

【国内合作】 6月19日,召开2015年北京大学医学部产业专家咨询会,从经济、法律角度讨论历史遗留问题的解决方案,从妥善解决问题、有效规避风险、保障国有资产安全方面进行论证;对拟开展的合作项目请专家给予建议。

由主管领导率队分别赴永泰红磡养老产业投资集团有限公司、上海崇明岛养老项目和天津鸿泰乐尔之家养老项目进行调研、学习。组织专家团队分别对首创经中公司和山西忻州市医院的养老项目进行考察。

2015年,北京北医投资管理有限公司参股的京医福晨教育科技有限公司共举办3期养老产业管理高级研修班、1期养老服务机构护理管理者能力提高班,累计培训人员200余人。京医福晨教育科技有限公司应邀参加清华大学日本研究中心和清华大学社会科学院主办的中日养老健康产业与政策研讨会。

【教育培训】 在职教育培训中心新开办医院管理班8期,其中北京班3期(含凤凰集团单独成班),郑州班1期,四川班1期,太原班1期,广西班1期,卫生干部班1期;开办医药管理班3期、护理管理班2期、财务管理班1期、养老管理班2期、创业创新管理班2期,医护礼仪班3期。

【维权打假】 2015年共处理冒用北京大学医学部名义的举报事件19起,在"维权打假"网页专栏中对造成恶劣影响的经营活动发布两则声明。针对冒用医学部曾用名"北京医科大学"名义的违规网站分别向中国互联网违法和不良信息举报中心、360安全中心举报。

【行业交流】 北京大学医学部被增补为全国卫生产业企业管理协会副会长单位,李鹰当选全国卫生产业企业管理协会副会长。在医学部的推动下,全国卫生产业企业管理协会成立老年医养结合服务产业分会。参加全国卫生产业企业管理协会组织的首届全国医院后勤改革发展大会,加强行业交流。

【公用房管理】 规范《北大医学部国内合作与产业管理办公室房屋租赁管理办法》,根据实际情况修订合同文本,细化管理流程。租户的变更、租金的调整等涉及房屋资源管理等作为"三重一大"事项在国产办党政办公会上讨论通过。

联合组织"消防安全,由您开始"的消防安全知识培训,同步进行消防演习。加大检查力度,重点检查门脸房药店及有易燃品租户,并和租户签署易燃易爆危险化学品单位场所消防安全承诺书。对商铺安全进行排查,更换不合格消防器具,调整消防器具的摆放位置等。各企业和租户增设安全员,确保应急联络畅通。

教育基金会工作

【发展概况】 2015年,教育基金会在学校和理事会的带领下,围绕"加快创建世界一流大学"的战略目标,强化责任和使命意识,落实筹资工作规划,开拓筹资渠道,提升项目和财务管理水平,加大宣传和载体建设,优化投资结构布局,各项工作迈上新台阶。在学校各院系、各部门的努力下,2015年教育基金会共获得社会捐赠2800余笔,到账捐赠6.66亿元;新签署捐赠协议419项,协议总额11.05

亿元。

2015年到账捐赠中,学生项目占11%,教师项目占24%,院系项目占21%,基础建设项目占18%,留本基金占22%,其他项目占4%。

【筹资工作】 教育基金会完善筹资体制机制,搭建各类活动平台,完善捐赠服务,增进捐赠人和潜在捐赠人对学校的感情和认同。签署多笔大额捐赠,包括新奥集团及新奥公益慈善基金会签署捐赠协议,将捐赠2.5亿元,支持新奥工学大楼建设,设立"新奥奖教金"和"新奥工学讲席教授基金"。2015年度筹资工作呈现出以下新特点:

1. 股权捐赠拓展工作力度加大。教育基金会落实多笔股权捐赠,如浩德科技股份有限公司董事长朱林签署协议,将其个人所持有250万股公司股份捐赠给教育基金会,设立"北京大学浩德创新基金"。

2. 校友支持母校形式多元化。其中,校友厉伟签署协议,向化学与分子工程学院捐赠5000万元,设立"化学学院大楼建设基金",支持化学与分子工程学院E区大楼的建设。在厉伟的号召下,多位校友、朋友各尽所能,发挥自身优势,共同为新化学楼的建设贡献智慧和力量。

3. 响应国家号召,设立创新创业基金。如八九八(北京)投资控股有限公司富彦斌校友与光华管理学院签署战略合作暨捐赠协议,捐赠3000万元,成立"北大光华-898创新空间",打造创新创业项目的高效孵化器与助推器;金联储(北京)金融信息服务有限公司捐赠设立金联储创新实践基金,支持北京大学举办"全球青年创新之夜"。

4. 加强对院系筹资的支持和配合。2015年,学校召开筹资工作推进会,部署和推进全校筹资工作。院系筹资增长,环境科学与工程学院、化学与分子工程学院、光华管理学院、生命科学学院、医学部、工学院、马克思主义学院、中国语言文学系、哲学系等多个院系获得千万以上的大额捐赠。如刘水校友决定再次捐资支持环境科学与工程学院的大楼建设、科学研究以及人才培养;校友徐勇与陈菁向生命科学学院捐赠设立亿方高级人才基金;北京泰盛生物科技有限公司向医学部捐资设立北京大学泰盛口腔医学发展基金;王默人与周安仪向中文系捐赠设立北京大学王默人-周安仪世界华文文学奖,等等。

【项目和财务管理】 2015年坚持"规范、透明、效益、安全、服务"的总方针,完成所有新设项目的立项、入账工作,与校内各院系、各部门合作,保证项目实施,拨付各类项目支出2.89亿元;完成第十二批配比资金申报、审批和发放,向21个院系74个捐赠项目进行配比支持,配比总额达到988万元;接受财政部2013年度、2014年度配比资金专项检查。根据国家对项目管理的新要求,学习最新法律法规,配合各项审查,确保项目管理合法合规。

截至2015年底,教育基金会管理的各类社会捐赠项目2500余项,其中,讲席教授基金44项、奖学金588项、助学金220项、奖教金135项、研究资助290项,直接奖励资助师生8700人次。项目管理工作赢得捐赠人的信任和再度支持,实现项目管理再造血的功能。如2015年,人文基金第一期结束,光华教育基金会在评估项目执行情况之后再度签署2400万元的捐赠协议,设立第二期人文基金。此外,自2012年以来,光华教育基金会持续支持北京大学"大学堂"顶尖学者讲学计划,已有数十位各领域的顶级学者在该项资助下来校讲学访问,其中包括10余位诺贝尔奖获得者。此外,举办多场奖助学金颁奖会、见面会,弘扬慈善理念,培育学生"人助、自助、助人"的理念。

【投资工作】 在学校、教育基金会理事会和投资委员会的指导下,成立投资运作小组,明确业务流程和工作分工,学习借鉴国内外经验,开展各项业务,在分析市场和控制风险的前提下,提出和实施多种保值、增值措施,使得资产配置更为合理,分散风险,资产安全增值。

【机构建设】 按照《基金会管理条例》等相关法律法规要求,加强机构建设,提升内部基础工作的规范化和专业化,为科学长远规范发展奠定基础。

2015年3月和10月,教育基金会分别召开第五届理事会第五、六次会议,审议筹资、投资等重大事项,讨论通过理事会换届方案、理事变更等,就开拓筹资和投资等工作进行讨论和部署。

在项目和财务管理工作基础上,依法完成2014年度的年检和各类审计工作。

通过公众微信账号、机构官网、校内外媒体,以及《教育基金会年报》《北京大学发展通讯》等载体,加大信息公开,接受上级部门、社会各界、校内师生和捐赠者的监督,加大项目的宣传力度,树立良好的公益形象。加强信息化建设,夯实筹资基础工作,在国内高校基金会中率先实现社交媒体公众号移动端的在线捐赠功能。

探索队伍建设新模式,扩大合同制员工规模,探索适合基金会的人力资源管理模式;加强人事制度建设,制订人事招聘、续聘、考核等流程。

【年度纪事】 4月25日,适逢北京大学生命科学九十年庆典之际,生命科学学院1982级校友徐勇博士携夫人陈菁女士(1985级校友)回到北京大学,向生命科学学院捐赠1000万元设立亿方高级人才基金。高松副校长向徐勇、陈菁校友

夫妇颁发北京大学杰出教育贡献奖。

5月8日，值化学与分子工程学院创建105周年之际，深港产学研创业投资有限公司董事长、1981级化学系校友厉伟捐赠5000万元，支持化学与分子工程学院E区大楼的建设。北京大学聘请厉伟校友担任名誉校董，并授予厉伟校友伉俪北京大学杰出教育贡献奖。

5月20日，浩德科技股份有限公司董事长朱林与北京大学签署协议。朱林将其个人所持有的部分公司股份捐赠给北京大学教育基金会，设立"北京大学浩德创新基金"，支持北京大学开展创新型学术研究。

7月8日，新奥集团向北京大学捐赠签约仪式举行。新奥集团将慷慨捐资2.5亿元，其中2亿元用于支持新奥工学大楼建设，5000万元用于设立"新奥奖教金"和"新奥工学讲席教授基金"。

7月17日，北京大学"全球青年创新之夜"启动仪式暨北京大学金联储创新实践基金捐赠协议签署仪式举行。金联储（北京）金融信息服务有限公司创始人、1987级心理系校友王宇宏捐资，设立北京大学金联储创新实践基金，支持北京大学举办"全球青年创新之夜"。

11月11日，北京大学招商证券未来领袖教育基金捐赠仪式举行。北京大学1982级校友、招商证券总裁兼首席执行官王岩代表招商证券向北京大学递送捐赠支票，吴志攀常务副校长向招商证券颁发北京大学教育贡献奖。该基金是专门面向研究生的奖学基金，将从学业发展、国际交流、社会实践、科学研究等方面为学生提供全方位成长支持。

12月4日，北京大学2015年度奖教金、奖学金颁奖典礼举行。近250名教师获得2015年度校级奖教金，奖励总额1150余万元，5000余名学生获得2015年度校级奖学金，奖金总额近4500万元。

12月22日，北京大学筹资工作推进会召开。会上，铁汉生态环境股份有限公司董事长、1988级自然地理学专业校友刘水先生宣布再次向北京大学捐赠6000万元，支持环境绿色大楼建设。

2015年，嘉里集团郭氏基金会在北京大学设立嘉里集团郭氏基金树人奖教金。10名精于教学、广受学生喜欢的教师获首届树人奖教金。

校友工作

【发展概况】 校友工作办公室是协调管理全校校友工作的专门机构，与北京大学校友会秘书处合署办公。2015年，北京大学校友会第八届理事会第一次会议对校友会秘书处的机构设置进行了调整，按照业务模块增设筹资与发展中心、网络与信息中心及合作与运营中心。2015年，校友工作办公室按照学校的要求，对校友会秘书处内设机构的职责分工、业务方向和规章制度进行优化，加强队伍建设和岗位考评，人员结构更加合理，岗位职责更加明晰，确保各项工作的推进。

截至2015年底，北京大学校友会官方微信订阅号、服务号和企业号合计用户数量超过5万人，发布各类图文消息400余条，提供活动报名、在线捐赠等各类服务超过万次。北京大学校友会官方微博电子刊物《@PKU》采用HTML格式电子邮件形式将学校新闻、研究进展、活动通知和信息预告第一时间向十余万校友推送。截至2015年底，北京大学校友会官方微博粉丝数超过8.7万。2015年10月，决定将北京大学校友会微信订阅号变更为《北大人》，以人物采访、事件报道等为主，成为校友会最重要的自媒体形式之一。原纸质版校友杂志《北大人》改为年刊形式发行。

此外，2015年共办理北京大学校友卡3.4万张。

【机构建设】 截至2015年底，北京大学校友会共有备案校友组织110个，较2014年新增备案校友组织16个。其中院系校友组织26个，地方校友会（含港澳台地区）49个，海外校友会25个，行业类校友组织7个，兴趣爱好类校友俱乐部3个。针对各类校友组织的不同特点建立联络人制度，各自负责沟通与联络不同地区、类型的校友组织，定期更新组织信息并敦促还未完成备案手续的组织完成备案。各类校友组织的发展成为母校与校友之间、校友与校友之间联系的桥梁，更是各种校友活动开展的平台和载体。

【信息数据】 截至2015年底，校友工作办公室掌握的有效校友信息数量实现10%的年度增长目标，达到26.5万条；已有校友信息综合联络比例（即校友联络覆盖率）从40%提高到50%；健全重点校友分类管理机制和校友动态跟踪与更新机制。在推进各级各类校友组织备案的基础上，建立校友组织信息联络人制度，与各校友组织加强信息互动与交流。与人事部、教务部、研究生院、学生就业指

导服务中心、继续教育部、计算中心等校内部门建立学籍信息和校友信息共建共享机制,完善基础数据建设,建立健全包括学籍数据、人事数据在内的校友身份验证机制,建立校友网身份验证系统。

【大型活动】 2015年度,校友工作办公室针对不同年龄、行业、需求的校友群体组织策划各类大型校友活动30余场。2015年春节校友联谊会、燕京大学校庆返校、西南联合大学校友返校的返校聚会类活动获得年长校友群体的欢迎。中国创业者峰会2015暨北京大学企业家论坛、2015北京大学全球金融论坛、2015北京大学成都金融论坛成为品牌活动。"北大毕业帮"系列活动、第五届校友企业专场招聘会、单身校友沙龙、校友亲子诗会、应届毕业生就业和入职扶持项目等专项服务诠释了校友工作办公室以服务为宗旨的工作理念。北京大学创业训练营已经成为全国最有影响力的公益创业教育和扶持平台,成为服务国家战略的新亮点。

在北京大学建校117周年校庆期间,以"家·年华"为主题的校友返校活动成为广大校友参与度最高的年度盛会。"家·年华"返校日系列活动包含10大类共计21个子项目,"游园寻梦""怀旧瞬间""文化之旅""母校重聚""重返赛场"等经典品牌项目受到校友们的认可和喜爱,"燕缘"第二届校友返校日摄影大赛实现线上与线下的良好互动,诗咏青春——北京大学建校117周年校友诗歌雅集、"少年志·归燕集"北京大学学生艺术总团校庆展演让返校校友重温北大记忆,感受人文情怀、畅叙同窗之情。作为117周年校庆活动中的亮点,北京大学"青春万岁"草坪音乐节吸引海内外校友3000余人次参加。返校日当天,校友工作办公室协调近20个校内部门和机构,开放艺术学院展映室、赛克勒考古与艺术博物馆、地质博物馆、图书馆等科教文化资源,展示学生课外学术科创成果、社团活动等多项校园文化资源,使校友充分体验和利用学校资源,感受母校的进步与发展。

在北京大学2015年本科生和研究生毕业典礼暨学位授予仪式上,校友工作办公室邀请毕业30年、50年的北大校友代表回母校观礼,并邀请中国科学院大学副校长郭正堂校友作为校友代表寄语研究生毕业生。

【理事会议】 10月24日,北京大学校友会第八届理事会第三次会议暨第十次校友工作研讨会在山东济南召开。会议由北京大学校友会主办,山东省北京大学校友会承办,来自全球的近三百位校友理事和代表参加大会。

理事会选举产生新任会长,由林建华兼任。会上宣布《北京大学校友会关于2013—2015年度表彰奖励的决定》,向优秀校友组织、优秀校友、优秀校友工作者和校友工作贡献奖获奖代表颁发奖励证书。在校友工作研讨会上,校友理事和代表先后听取北京大学校友网"燕缘"社区产品建设与运营报告、北京大学120周年校庆工作方案、山东省校友会工作情况介绍、"社会组织创新发展的机遇与挑战——以校友会为例"主题发言,以及以"新环境下的校友工作模式创新"为主题的圆桌讨论,与会校友还以"120周年校庆大背景下的校友工作协同创新"为主题,展开小组讨论并提出建设性意见。

会议期间,山东省委常委、常务副省长孙伟会见林建华一行。双方就拓展交往交流、深化产学研合作等事宜进行座谈,并重点就北京大学现代农学院与山东省潍坊市的具体合作项目交换意见。校友理事和代表们还先后参与"中国的脊梁"梁漱溟展览,听取"当前宏观经济与中国经济长期发展趋势"名家主题报告,参观校友企业山东银丰投资集团并出席北京大学创业训练营青岛主题活动。

【校友捐赠】 2015年度,校友工作办公室围绕学校制订的"2018筹资挑战计划",在制定规划、活动策划、宣传推广、基金管理及后续服务中做尝试。借鉴国内外知名高校的做法,制订北京大学校友基金筹资实施方案;修改并通过《北京大学校友基金管理办法》,草拟《北京大学校友组织筹资奖励办法(草案)》、校友救助基金章程、宿舍文化发展基金、我爱母校回馈方式等文件,为规范管理、激发热情、优化服务、确保项目的可持续发展奠定基础。

在建章立制的基础上,校友工作办公室通过项目设计、媒体宣传、策划活动、后续服务等多种方式,开展线上线下筹款活动。传统项目"我爱母校"校友年度捐赠参与人数近万人,累计金额突破200万元;7400余位校友参与中银北大卡项目;2015年应届毕业生捐赠率突破12%,创年级捐赠参与率新高;"爱归燕园,砖注奉献"老楼纪念砖项目,通过微电影和各大宣传途径进行推广,获得校友好评;北京大学博雅艺术发展基金正式启动,2016新年筹款音乐会得到校友积极响应。

2015年度,由校友直接或间接完成的大额捐资超过20笔,总额超过6亿元,其中多笔捐赠是由校友工作办公室直接联络和服务的企业家校友参与实施的。校友工作办公室通过各类活动引导并支持院系开展校友参与性捐赠,生命科学学院、法学院、国际关系学院在校友小额捐赠上取得较大突破。

医院

医院管理

【国家医疗数据中心】 2015年3月,国家卫生计生委医管中心正式同意将国家医疗数据中心挂靠在北京大学医学部(《国家卫生计生委医疗管理服务指导中心关于国家医疗服务数据中心挂靠单位的函》),由医学部与其共同承担国家医疗数据中心的建设与运行任务。5月26日,医学部召开国家医疗数据中心成立大会。赵明钢主任代表国家卫生计生委医管中心向北京大学常务副校长、医学部常务副主任柯杨授国家医疗数据中心牌。全国政协副主席、医学部主任韩启德、北京大学林建华校长及北京大学党委副书记、医学部党委书记敖英芳到会祝贺。

由医学部医院管理处(以下简称医管处)和医学信息学中心共同组成研究团队,加快数据平台建设,以满足接收全电子病案和医保数据及各地质控中心的数据。医管处协调各方力量,提供管理研究支持,为信息工程技术人员数据研发和测试寻找医院,先后协调北京大学第三医院、北京大学深圳医院、北京大学滨海医院、山东大学齐鲁医院、湖南省郴州市第一人民医院等不同地区大型综合医院,完成数据程序测试工作,为数据平台建设和研发奠定基础,同时使用部分经费,解决技术人员平台开发助手缺乏问题。

医管处和医学信息学中心组成的研究团队,先后实地考察5家医院的数据传输系统,先后对4家国家质量控制中心的信息化建设(脑卒中质控中心、心血管病质控中心、肾病质控中心、国家心血管病中心)和中国医疗保险研究会等进行调研、座谈,了解各类机构对数据分析需求以及指标建设情况。通过调研,起草并提交2015—2020年国家医疗数据中心建设五年规划和实施方案,逐步完善信息技术规范和标准。

研究团队通过参阅国内外大量疾病难度指数研究相关指标体系,借鉴美国、加拿大、澳大利亚等多国研究方法和评估模型,根据我国现行疾病分类规则及住院病人伴随疾病的诊断对编码匹配进行调整,运用700余万份病案首页数据,建立适合中国临床疾病谱的难度指数。同时,改进和完善病案数据质量问题监测技术,加快质量报告发布速度,完成国家卫生计生委所属(管)医院和与教育部共建医院共44家医院的病案首页数据质量报告和指标评估分析报告。

【临床学科评估首次发布】 2015年5月,北京大学医学部举行首届北京大学临床学科评估发布会,共发布19个中国最佳临床学科评估结果。北京大学医学部经过大数据测试,探索出以学科代表性疾病和代表性手术(或操作)为基本单位,以质量安全为核心,以促进学科建设为目标,主客观数据相结合的临床学科综合评估模型。完成19个临床学科四个维度(医疗能力、医疗质量、医疗绩效、学科声誉)、163种疾病和216种手术或操作技术、16项指标的综合评估结果,在国内获得极大关注。

【大学附属医院分会完成换届】 2015年5月,中国医院协会大学附属医院分会第三届委员会第一次全体会议暨换届选举大会在北京召开。根据总会章程和分会组织管理办法举行第三届委员会换届大会。来自全国61所大学附属医院的委员们参加了第三届委员会的选举。会议通过选举产生新一届委员会成员,北京大学医学部再次获得主任委员单位席位,姜保国教授再次当选主任委员,同时选出副主任委员9名,常务委员28名,委员75名。

【社会服务】 北京大学第一医院、北京大学人民医院、北京大学第三医院、北京大学肿瘤医院作为援助医院,2015年共计派出医务人员19名组团援助西藏。

【护理工作】 2015年5月11日,医学部举行2014年度护士节表彰大会。医学部所属医院共有25名护士长、80名护士分别荣获"优秀护士长""优秀护士"称号。

2015年7月,由医管处组织牵头,北京北医系统7家附属医院的护理部主任、副主任及相关护理专科学组负责人在北京大学深圳医院举行2015年护理管理论坛。这次论坛既有战略上的宏观管理,又

有战术上的专业发展,搭建起附属医院护理无障碍交流平台。

【公立医院改革独立第三方评估】受国务院办公厅委托,北京大学医学部承担国家公立医院改革独立第三方评估工作。医学部成立公立医院改革评估组,北京大学常务副校长柯杨任组长。2015年9月至11月,由24名公共卫生、临床和信息学专家组成的评估组分为5个调研组,对5个试点城市(第一批试点广东省深圳市、上海市、湖北省鄂州市,第二批试点福建省三明市、重庆市)和3个试点县(安徽省天长市、安徽省庐江县、陕西省子长县)公立医院改革政策落实情况开展第三方独立评估,完成独立第三方评估报告,受到国务院办公厅高度肯定。

【附属医院医疗质量检查与评估】连续7年对附属医院医疗质量进行检查。2015年,重点对重大突发事件应急、药品以及高值耗材进行专项检查,并依据病案首页,对附属医院出具医疗质量评估报告。

【外国医师考试中心工作】由北京市卫生计生委委托的2015年度北京市外国医师春秋季考试共有20家医疗机构80名考生参加,参与考试的考评专家89人,共涉及12个科目。考试中心按计划完成2015年考官换届和考官库调整工作,截至2015年底考官库共有考官127人,新增考官51人。

【合作共建】授牌后,继续进取提升。2015年8月,在天津港特大爆炸事故中,北京大学滨海医院(原天津市第五中心医院)积极抢救危重患者,体现共建优势。在北京大学医学部的指导下,北医各附属医院20余名专家与滨海医院专家共同对伤者进行诊查、会诊,确定治疗方案和进行手术,共计抢救患者千余例,体现区域医疗中心的作用。救治工作及共建模式受到国务院、国家卫生计生委、天津市等各级领导的肯定。

2015年,在北医各附属医院优势学科的扶持下,北京大学国际医院运营一周年。7月,北京大学国际医院在《学科共建战略合作协议》基础上,对北医50名著名临床专家进行科主任任命;9月,通过北京市人社局的审批,成为北京市基本医疗保险定点医疗机构。

【党建工作】2015年,医管处认真组织学习"三严三实"以及《中国共产党廉洁自律准则》《中国共产党纪律处分条例》,并依据精神,开展自查,针对自查中发现的问题和薄弱环节,采取措施,及时整改。医管处固定资产由专人负责管理,账务公开,执行财务报销制度;重大决策、重要人事安排、重要项目确立、大额资金实行领导班子集体决定制,做会议记录;定期召开民主生活会,征求群众对领导班子的意见和建议。

第 一 医 院

【发展概况】2015年北京大学第一医院(以下简称北大医院)秉承"厚德尚道"的院训,致力于"做医疗卫生服务的水准原点"的共同愿景,以医院百年院庆为载体,构建医院文化建设,推进依法行医,加强流程管理,落实"三严三实"要求,完成医疗、教学、科研、预防、管理等常规工作和专项任务。

【医疗工作】2015年北大医院完成的主要任务数、医疗及绩效指标:期末实有病床1500张;入院总人次79933人次,出院总人次79973人次;门诊人次2801599人次,日平均9307.64人次;急诊人次137380人次,日平均376.38人次;平均病床日均门诊人次(含急诊)6.46人次;住院病人手术人数40099人,术后10日死亡人数19人;麻醉意外人数0人,麻醉死亡人数0人;急诊抢救总人次9480人次,抢救成功人次9182人次;无菌手术切口甲级愈合率99.62%;病床使用率104.51%;出院者平均住院日7.23天;病床周转次数53.32次/年;平均床位工作日数381.46天;尸检率0%;急诊病人入院率8.64%;危重病人急诊抢救成功率96.86%;院内感染率1.07%。

【医政管理】贯彻落实"三三三一"工程,出版每月一期《医疗信息简报》《内科系统、外科系统、医技系统医疗综合目标评估档案》,初步完成《新版科室医疗综合目标评估档案》的指标调整,建立对内镜中心、临床营养科的评估;统计分析《医师个人—医疗综合目标评估档案》——"诊疗数据"(2015年1—3季度)。

提高手术室使用效率,加强手术室管理,2015年各科室准时开台率为86%。

加强多学科合作。2015年4月儿童癫痫外科病房正式投入运行,共开展手术87例。2015年共组织院内会诊42705例,各级医师外出会诊共计891人次;完成过错鉴定10例,医疗事故鉴定2例,医调委鉴定反馈16例。

对外合作。落实与北京市密云县医院、丰台医院、邯郸市中心医院、北京大学国际医院的合作。

对口支援。组建赴内蒙古自治区国家医疗队赴扎赉特旗人民医院、乌兰浩特市人民医院、内蒙古兴安盟人民医院、内蒙古林业总医院4家医院实地支援;组建援藏医疗工作队赴西藏自治区人民医院进行实地支援;接收"新疆创新型中青年卫生人才培养项目"新疆维吾尔自治区妇幼保健院3名妇产科进修医师并指定带教导师;接收新疆地区3名医师住院医师规范化培训;组织完成2015年北京国际田联世界田径锦标赛医疗保障工作;与密云县医院、密云妇幼保健院签订《对口支援协议书》。

2014年底与北京市西城区德胜社区卫生服务中心等6家单位签订《北京大学第一医院医疗联合体合作协议书》，正式组建北京大学第一医院医疗联合体并开展相关工作。其中，上转患者6157人次，下转患者0人次，接收下级医院进修人员3名，派出专家21人次。

社会服务。组织完成北京市"服务百姓健康行动"全国大型义诊周活动，院内开展健康大讲堂1场；共收治民政部"明天计划"残疾患儿住院33人次，2015年共减免费用76万元；实地赴3站（湖北恩施、黑龙江齐齐哈尔、四川凉山）开展健康快车光明行工作，共为3286名患者施行白内障手术3289眼。2015年共开展22个专业47个病种的临床路径管理工作，共280例入径患者，其中变异24例。落实"临床路径电子化"工作。2015年共接待各级卫生行政检查20次。2015年4月至11月共实施达·芬奇（Da Vinci Si）机器人手术47例；2015年共申报新技术14项。办理新医师执业注册共计204人次。

组织完成百年院庆病历展及百年院庆系列活动。

【门急诊管理、医保体检】 2015年加强出诊管理，重新核定各科出诊单元，公布门诊量、出诊单元、停诊率、医师出勤检查结果等情况，每月重点对门诊量增长不良科室分析数据，协同科室寻找增长点。2015年全院停诊率为1.2%。新开2个简易门诊、9个专业/随访门诊、4个多学科联合门诊。9月至10月，急诊楼开展搬迁工作后正式启用。加强门急诊医疗质量控制，开展联合门诊处方点评和每季度病历抽查工作；开展急诊绿色通道，2015年经会商收住患者522例，收入院率17.8%；开展门急诊会诊工作，共组织门诊疑难病会诊237例、门诊高清远程会诊46例、急诊联合会诊8例；固定召开投诉讨论例会，每月在门诊周会公示有效投诉及表扬；加入医院不良事件管理组，参加北京组患者安全协作网；2015年根据医院情况扩大预约挂号等多种服务形式；4月至6月，成立"提高诊间预约使用率-便捷圈"；在全部科室病房推广出院患者复诊预约；扩大社区预约的范围；推行微信预约挂号，增加部分微信预约号源，增加检验结果查询等多种方便患者的功能；启动门诊自助服务一体机项目。2015年医保总额预付指标877182044元，指标使用率91.3%，即结余8.7%（医保中心入库统计口径）。门诊次均费用、住院次均费用、住院药品材料费比例、住院人次人头比高于全市同级同类均值，门诊药品比例、门诊人次人头比低于全市均值。加强了医疗保险拒付费用情况监控、医疗保险信息化建设。2015年共组织21447人次的体检工作，完成本院职工体检4547人次。5月医院发文成立体检中心，11月体检中心搬迁至急诊楼体检中心。

【护理管理】 制定工作规章制度及流程30项，修订专项检查表单16份，修订护理管理人员绩效考核评价标准，完善病房绩效考核方案。组织科护士长依据《医疗综合评估档案—护理管理》进行联合质控，对各护理单元全覆盖的三级护理质量考核评估及专项督导25次，涉及59个护理单元、26个门诊诊区及消毒供应中心、手术室、急诊，总计1340护理单元次，护理管理委员会各专业组督导22次。2015年发放住院患者满意度调查问卷9348份，发放门诊患者满意度调查问卷4148份；共完成73个PDCA案例及51个品管圈的持续质量改进工作。加强护理教学和科研工作。护理教育委员会组织架构完善，共召开委员会会议9次，组织培训6次，完成全院护理单元的继续教育督导；完成对376名护理师资关于教学方法评价的两次集中培训；集中组织新护士理论培训共10次，考核共9次；完成进修护士培训411人。进行5次科研课程的培训；举办学术报告和查房5次；举办科研讨论会6次；举办优秀论文评选及分享会2次；共获批院级科研基金53个；申请国家专利72项；发表护理论文105篇；编撰护理书籍22本。继续加强护理专科建设。共外派专科护士学习44人；举办国家级和市级护理继续教育培训班，培训学员共1255名。与北京市丰台医院等多家医院保持护理帮扶关系；帮扶东方医院开展品管圈项目。开展百年院庆系列活动。

【设备耗材管理】 院外招标28个项目，院内论证公示157个项目，召开院内论证会59次，涉及143个项目，召开产品介绍会7次，涉及15个项目；签订合同134份，验收139次441台，夜间到货6次。入账275单，设备1056台；万元以下设备采购1528台/套，材料4682件，器械2565件。完成直线加速器安装调试工作，投入试运行；完成手术机器人到货、装机、使用工作；完成核医学科SPECT的装机和调试；完成财政项目MR的招标采购；完成血管机项目的招标采购；完成第二住院部老院区拆迁设备处置工作。进行保修服务类合同院外公开招标。完成2016年院内自筹资金预算申报工作。开展设备效能分析工作。开展常态化的资产清查工作，2015年进行2次全面设备清查工作，1次专项检查工作，2次设备抽查工作，细分约1000台设备具体放置地点。报废固定资产1279件，报废低值设备199件。常态化科室巡访工作，2015年巡访874科次；巡检342科次，涉及设备2953台件。2015年耗材采购入库52942万元，发出52788万元。2015年共审核报账单据9601份。召开采购论证会25场，涉及24个科室，百余项品规。

供应商变更审核58份；变更开户行及账号审核19份。新增耗材规格审核36份。集中清理数据库中两年未发生使用的耗材，累计7897项。组织召开二次医院耗材管理委员会全体会议，汇报耗材管理的主要工作并讨论各科的新增申请，累计汇总提交申请数百项，讨论通过108项。

【感控工作】 2015年开展全院医院感染监测，共监测79445人，发生医院感染868例，医院感染例次率为1.09%；开展目标性监测与防控，共监测病原菌5276株，非污染菌株中1947株为常见病原体，其中多重耐药菌检出767株，所占比例为39.39%；共检查37个科室的10862人，应手卫生/实际手卫生23157/20138人次，依从性为86.96%；手卫生正确19615人次，手卫生正确率为97.40%；2015年无医院感染暴发；2015年报告传染病1999例，AFP监测204408例，报告32例；HIV/AIDS监测224244例，报告35例；流感样病例监测770916例，报告7106例；职业病监测116352例，报告23例；完成高危科室职业危险因素检测及上报与21人的职业健康体检；组织全院传染病培训7次；按照北京市、西城区《健康促进医院考核标准》要求，发放门诊、病房健康教育宣传资料共计50000余份。编辑、校对、出版4期《感控之窗》。完成三部搬迁、癫痫中心设立、行政南楼改建等改建、搬迁过程中的医院感染管理工作。承担国家医院感染控制标准委员会工作，申报并完成1项标准；牵头1项国家级课题，发表核心期刊论文18篇；承办北京市健康促进委员会"一院一品"监控促进交流会项目。

【药事管理】 2015年召开第二十一次药物与治疗学委员会会议，分别召开抗菌药物管理组会议及合理用药管理组会议10次。利用处长-科主任例会平台与临床沟通合理用药问题，统计、分析、上报医疗工作简报，及内科、外科综合目标评估档案（药学管理部分）。根据新门诊药房新工作模式进行分组，缩短患者排队-叫号时间，提高患者满意度。完成新急诊药房的筹备建设与搬迁工作；确定普通药柜配置电子标签的模式，实现调配智能化，还节约成本。规范临床试验用药；腾挪出空间做药物临床试验质量管理规范（GCP）药房。接受国家食品药品监督管理总局（CFDA）对药物临床试验机构的复核检查；完成全院的药物或器械临床试验结题审查44项，审查临床试验合同224份；准备海峡两岸药物临床试验机构共同认定申请需提交的文件；接受10次临床试验现场核查。每月进行药品盘点、药品账目统计，建立由专人负责的信息组。对短缺药品进行登记，拟定上报制度、上报流程，并在医生工作站通报断货原因。临床药学专业开展专科门诊咨询服务2184例，会诊350次，药物个体化指导182例。血药浓度监测个体化方案设计701例次，创建药事网。完成全国14家县医院院长参观北大医院活动。

【信息化建设】 完成计算机网络维护、硬件维修工作。2015年电脑整机新增安装161台，打印机新增安装150余台，维护维修电脑整机768台，打印机1025台，网络端点故障排除600余次，安装应用软件460余次，电话答疑6300余次，出现场排除故障4900余次；网络新增信息点389个（布线总长27300米）。完成软件系统工作。实现超声、内镜、病理科系统与电子医嘱系统之间数据的传递互通等系统整合；门诊住院病历信息共享平台已进入程序测试阶段；完成HIS系统双活容灾备份系统；完成急诊楼行政网络、医疗网络、医学影像科/财务处专业网络的通信架设工作，共架设交换机53台，共计信息点2154个。完成专业邮箱上线。HIS、电子病历及电子医嘱系统新增完善功能/报表164项。完成庆祝抗战胜利70周年纪念活动网络安全、医疗信息系统稳定保障工作。

【干部保健】 2015年优化院士专家体检系统，完善常见疾病管理建议。安排专人提供"一对一"服务，为部分年龄偏大、行动不便的体检对象准备轮椅。2015年共完成118名院士专家的体检工作，同时为179名副部级干部进行集中健康体检。干部门诊接诊院士511人次、副部级干部1801人次，收治院士61人次、副部级干部148人次、正部级干部2人次。干部保健处积极与各科室协调，完成国家卫生计生委保健局安排的医疗保健任务21次，派出医务人员93人，参加服务共276天。完成庆祝抗战胜利70周年纪念活动广场医疗保障任务及纪念活动文艺晚会医疗保障任务。9月6日至11日、9月25日至10月1日选派7名医护人员组成2个医疗组分别承担赴西藏和新疆中央代表团医疗保障任务。2015年参加保健局组织的中央保健对象会诊49次。

【教学工作】 2015年北大医院成功举办第二届"中国住院医师教育大会（CCRE）"、国家级继续教育项目"胜任力导向住院医师师资培训班"。全国范围内医学院校和培训基地邀请讲学或来院学习交流的情况显著增加，推动"胜任力导向医学教育"理念在本科临床与基础教学改革中的应用与实施。

住院医师规范化培训。加拿大皇家内科和外科学院（RCPSC）认证专家对医学部和北大医院进行了住院医师规范化培训A标准的国际机构认证，获得专家好评；创新"教学绩效管理"制度和激励教师投入教学的教师发展战略见成效；医院自主设计、开展，针对外科住院医师的"外科学校"试运行

进展顺利,该项目获得北京市卫生计生委住院医师规范化培训专题立项,并获资助;在市级和国家级示范基地建设方面,北大医院成为市级和首批国家级住院医师规范化培训示范基地(全国共24家),应邀成为中华医学基金会(CMB)支持的"中国医学教育精英医院联盟"的七家创始医院之一;承担多项国家级和市级教育教学任务。

2015年国家"执业医师资格分段式(两段式)考试"的两段式考核方案主要是由北大医院负责研究和制订的;医院自主设计的《临床专业研究生/住院医师规范化培训指南》正式出版发行,是国内首个"胜任力导向"毕业后教育的培训指南;与科学出版社合作进行"数字化临床案例库"建设;开展与英国医学期刊(BMJ)的合作,人民卫生出版社《住院医师规范化培训规范和指南》(3册)立项。正式启动医学部系统内泌尿外科、心血管内科等9个专科的专科医师培训试点工作。

【科研工作】 2015年北大医院申报国家、部委、市、校级课题168项,获批95项,获科研经费4194.36万元。其中国家自然科学基金占经费比最高,获批2158.40万元。重点实验室、重点学科、研究机构共获经费1519.86万元。重点实验室获批立项1项,获经费资助计50万元。重点学科及市级研究所获经费资助1469.86万元。2015年度院级各类基金申报126项,获批108项,其中资助院级归国人员启动基金6项、青年基金33项、管理基金13项以及护理科研基金56项,资助经费106.33万元。横向课题(非政府机构发起或委托的研究课题)共立项39项,到账科研经费440.06万元。2015年度医院作译者申请北京大学医学科学出版者基金(专著、译著、科普)获资助9项。2015年度在研及结题科研项目情况(不含横向课题):进展执行项目310项,其中国家、部委、市、校级项目199项,院级108项,其他项目3项;结题项目153项,其中国家、部委、市、校级项目148项,其他项目5项。

2015年成果申报18项,获奖11项。申报专利137项,获授权专利31项,其中发明专利5项,实用新型专利26项。2015年度共发表各类论文1102篇,其中被SCI收录论文283篇;国内期刊论文822篇,国外期刊论文280篇;中文期刊论文806篇。2015年度共出版图书43种,其中专著12种。2015年度参加国内外学术会议1512人次。其中,参加国际学术会议415人次,参加全国学术会议892人次,参加地方学术会议205人次。主要交流形式为大会报告,有576人次。2015年度共主办各种学术会议18次,其中国际学术会议5次,国内学术会议13次。(注:数据统计时间为2014年12月1日—2015年11月30日)

【后勤管理】 2015年,总务处完成年初制订的各项工作计划及目标,保证医、教、研工作的进行。2015年共对31台压力容器、75台电梯、11台锅炉、1627块压力表、94个安全阀的特种设备进行检验工作,设备年检合格率为100%。2015年保障全院五个院区5283台套动力设备的安全运行、日常维保及节能管理等相关工作。完成门诊热力增容改造和一部液氧站改造两项重点工程。2015年零活维修项目共计763项。二部放射治疗科加速器机房改造工程和二部手术室放射防护改造工程等重点工程按期完成。2015年完成急诊楼道路施工移树、急诊楼开荒保洁工作,并协助各科完成急诊楼等院区的搬家工作。2015年完成印刷品和家具的政府集中采购工作,以及被服和洗涤项目的社会公开招标。完成庆祝中国人民抗日战争胜利70周年纪念活动全院值班人员的用餐保障工作,并成立伙食监管委员会。为学生宿舍更换防盗门,安装刷卡门禁系统,并可实现实时查询进出学生宿舍的人员信息。组织廉政教育实践活动,开展以"遵纪守法,廉洁从业"为主题的反腐倡廉宣传教育活动。在《中国医院》《中国医院建筑与装备》等期刊上共发表后勤专业论文6篇。联合工会举办主题讲座"房屋类型及登记手续概述",并针对职工房改政策问题进行集中解答。论文"医院房产管理初探"被中国医院协会后勤管理专业委员会评为2015年年会征文优秀论文。制定总务处大学生轮岗制度,提升青年职工的综合素质和工作能力。

【安全保卫】 2015年治安管理方面,销毁危险废物490.50公斤,送贮放射源14桶共计700升;组织保安员点名52次,升旗10次;接报警427次;打击医托号贩子45人次,处置治安纠纷、医患纠纷共354次;办理外籍人员住院备案28起;进行安全检查185次;协助公安机关办案9起,调取监控录像352次。2015年消防安全方面,签订安全责任书90余份;开出动火证187次,检查发现施工隐患27次,第一时间责令停工整改;共进行全员范围内消防安全检查13次,重点部位检查28次,进行消防电气检测一次,对灭火器检测更新3270具,安装各式安全消防墙贴、地贴、标识牌共计2202块。对全院各科室、各部门进行全员消防安全培训,受训人员达到3000人。2015年办理集体户籍借出244例,归还手续172例。

【基础建设】 急诊楼工程:完成正式供电、大型医疗设备进场安装、冷却塔施工、四方验收,随即开办进场。改造后的新急诊楼建筑面积为20703 m^2,四层连廊可直接通往门诊楼三层,地下通道文化长廊与门诊楼和二部相通。

地下通道文化长廊工程:开工

日期为2015年5月6日,竣工日期为2015年12月18日。完成文化长廊工程建设工程施工、监理的招标及合同签署工作。

保健中心工程:国家发改委评审中心召开关于北京大学第一医院保健中心工程初步设计的专家评审会,评审报告正式上报国家发改委投资司。初步设计及概算获国家发改委批复(发改投资[2015] 3085号文),等待国家卫生计生委转发中。目前为止,总建筑面积60026 m^2,床位规模187张,初步设计概算批复总投资67142万元。完成保健中心工程建设场地的拆除工作、移伐树项目部分移伐前准备工作。

城南院区工程:取得北京市规划委员会设计方案审查意见的复函、北京市交通委员会交通影响评价审查意见的函、北京市大兴区园林绿化局园林绿化专业审查意见的复函及绿地布置总平面图、北京市大兴区水务局办理雨污水排放证明的复函等。可行性研究报告编制完成,取得环评、稳评批复,2015年12月25日可行性研究报告上报至国家卫生计生委。

(张惺惺)

人民医院

【发展概况】 1. 基本情况。2015年北京大学人民医院(以下简称人民医院)在职员工总数4159人,正式职工2341人,合同制员工1818人。其中,医疗、教学人员958人,研究人员65人,医技及其他技术人员738人,管理人员188人,工人201人;正高级职称250人,副高级职称330人,中级职称864人,初级及未聘2715人。

2. 机构设置。2015年医院增设3个研究室:心血管转化医学研究中心、免疫介导消化疾病临床研究中心和医学大数据研究中心。

3. 学科建设。拥有1个教育部重点实验室,7个北京市重点实验室,2个北京市国际科技合作基地,1个北京临床医学研究中心。

【医疗工作】 1. 基本医疗情况。门、急诊量2669684人次,比2014年增长1.79%;其中门诊2481997人次,急诊187687人次,日均门急诊10482.1人次;出院病人总数71334人次,比2014年增长4.95%;最高日门急诊量11085人次,比2014年增加4.1%;病床使用率91.8%。

2. 临床路径管理。建立892个标准化临床路径,覆盖36个临床科室,临床路径表单和医生工作站实现有效衔接,实现对所有患者进行临床路径管理。2015年,系统中在用临床路径716个,出院患者中进入临床路径比例达91.94%,出院患者中完成临床路径比例为67.51%,路径中选择医嘱比例为30.59%。

3. 护理工作。护士总数2018人,合同护士数1315人。ICU床位41张。作为国家卫生计生委第一批优质护理试点医院,实施移动护理管理信息化,以安全和质量为核心跟踪医嘱的全生命周期,优化护理工作流程,实现环节质量控制,制定规章与流程(P&P),规范临床操作,给护理工作带来专业化的提升,开展以病人为中心、以提高护理质量为目的新型护理模式的有益尝试,促进护理质量和服务质量的持续改进。

4. 医院感染管理。2015年医院感染率0.84%,1月1日医院感染实时监测与预警干预系统正式投入使用,该项目获北京医院协会2014—2015年度"优秀医院管理科研成果"奖。该系统包括院感监测、预警干预、追踪反馈、统计分析四大模块,对医院感染相关症状体征、检验结果、微生物结果、传染病报告的11项指标进行监测。增加中心静脉导管相关血流感染监测模块。2015年举办"大型综合医院感染控制面临的问题与挑战"研讨会,邀请医院感染管理相关领域专家参会,来自20所兄弟医院共285位科主任、护士长、控感员及33位医院感染管理同行就大型综合医院感染控制面临的问题与挑战进行探讨。

5. 医保工作。医院城镇职工基本医疗保险病人出院人次24600人,总费用为42044.76万元,次均费用20336.04元。2015年医院承担全国首家跨省就医即时结报服务试点工作。

6. 病案管理。2015年共编码录入病案首页71875份,比2014年增加3908份,增长5.75%。向上级主管部门上报HQMS格式首页数据66492份,比2014年增加15825份,增长31.23%,2015年共提交DRGS结算首页数据26516份,其中入组9810份。

【教学工作】 2015年医院培养临床八年制医学生295名,临床和科研研究生453名(其中科研型博士研究生199名,科研型硕士研究生63名,临床型博士研究生34名,临床型硕士研究生157名)、博士后、医学检验本科、口腔留学生班、夜大学、订单培养、清华大学医院管理研究院研究生、各类委培住院医师、进修人员、各类国内访问学者、国家卫生计生委支援西部人才培养项目、对口支援医院进修人员等共计20余个轨道的学生2233名。

截至2015年底,医院共有北京市专科医师培训基地15个,亚专科培训基地10个。2015年医院共接收北京市委培住院医师117人,在培委培住院医师人数总计248人。2015年医院共招收进修人员911名,为520名进修医师办理了结业手续,完成各类国内访问学者培养65人;参与、组织完成国家卫生计生委支援西部人才培养项目80人;接收对口支援医院进

修人员11人；接待管理进修学员50人。2015年医院继续与西城区卫生局联合开展"西城区社区人才培养工程"，先后对西城区18家社区卫生服务中心，逾71名社区卫生工作人员开展心电图、胸片等专项培训。

2015年临床能力培训中心在原有心脏超声培训系列课程基础上，增设微创外科模拟培训系列课程、虚拟内镜培训系列课程。内含专科培训项目7项。其中腹腔镜外科学基础培训被列为国家级继续教育项目。2015年医院还接待来自美国、法国及国内多地共计275家单位、1930人次的参观学习。

医院举办"高等医学教育临床教学研究高峰论坛"，该论坛是由教育部医学教育临床教学研究中心主办的国际性的医学教育学术大会，220所学校和医院的680余名代表参加。

医院与人民卫生出版社签署战略合作协议，推选、编辑、出版、宣传、推广和销售包括临床医学本科研究生教材、国家级或升级医学继续教育项目相关教材、住院医师规范化培训、全科医师及乡村医师培训相关教材、临床医学各专业学术专著及手册、健康教育科普类以及医院管理类在内的各类图书。

【科研工作】 2015年，医院共负责、参加科研项目108项，获科研基金总额6008万元，各类重点学科累计获得专项建设经费1005.691万元；国家自然科学基金共申报101项，中标35项，资助经费2293.56万元，其中，重点项目中标2项，面上项目中标19项，青年科学基金中标11项；获得北京市科技计划项目11项，资助金额375万元。

2015年医院在国家统计源期刊发表论文365篇。SCI期刊收录文173篇，其中论文158篇。2015年医院发表SCI文章影响因子在10分以上的文章共有5篇。

2015年医院共获得首都卫生发展科研专项5项，资助金额341万元。医院作为第一完成单位获得科技成果奖6项，包括第十六届吴阶平-保罗·杨森医学药学奖1项，吴阶平医药创新奖1项，高等学校科学研究优秀成果奖（科学技术）科技进步奖1项，中华医学科技奖2项，中国整形美容协会科学技术奖1项。2015年度医院共有19项专利获得授权，其中，授权发明专利10项。

2015年医院首次获批北京市国际科技合作基地。检验科获得国际级实验室标准认证，成为北京大学医学部第一家通过CAP认可的检验科实验室，涵盖检验项目近三百项。睡眠中心获批为"睡眠医学北京市国际科技合作基地"，风湿免疫科获批为"免疫性疾病体外诊断北京市国际科技合作基地"。心血管内科实验室获批为"急性心肌梗死早期预警和干预北京市重点实验室"，其公开课程入选北京市教委"初中开放性科学实践活动"。

内分泌科纪立农教授、骨关节科林剑浩教授分别入选北京市科委"十大疾病科技攻关与管理工作（2016—2020年）"糖尿病领域以及脊柱和关节病领域领衔专家，负责制订该疾病领域科技攻关实施方案，落实目标和重点任务。风湿免疫科栗占国教授牵头的"风湿病的发病机制、免疫诊断及治疗"教育部创新团队（2012—2014年）通过验收并获得教育部创新团队发展计划的滚动支持，资助经费300万元。

【党建工作】 医院在学习传达中央有关文件精神的基础上，结合党委关于领导干部和党员经常性学习教育工作安排，制订"三严三实"专题教育方案，2015年多次在全院开展集体学习"三严三实"专题教育。

【对口支援】 5月西部基层卫生人才学成结业，截至2015年医院共组织实施五期"西部卫生人才培养"项目，完成对353名西部基层业务技术骨干的培养，是国家医疗战线的排头兵；医院与西双版纳州人民医院签订新一轮对口支援协议，促进双方合作共建，提升西双版纳州人民医院在医疗、教学、科研、管理等方面的发展水平；8月，援藏医疗专家进藏，开始为期一年的医疗援助；9月，生殖中心副主任医师韩红敬作为中组部第八批援疆干部，完成为期一年的援疆任务回京；11月，赴吕梁国家巡回医疗队完成任务，深化城乡医院对口支援工作和配合县级公立医院综合改革；先心筛查救助小分队参加"同心共筑中国心"阿坝行大型公益活动，共进行700余例儿童的筛查，承接9名先心病患者的免费救助任务；"健康快车"上车人员再次获2015年度"光明天使"奖，12次登上健康快车，实施白内障复明手术2434例，为数以千计的贫困白内障患者解除病痛。

【改革管理】 承担国家卫生计生委、审计署等27项医改试点工作，成为医院和医疗卫生体制改革探索实验及示范基地。北京大学人民医院医疗卫生服务共同体运行8年多，延伸到山东省威海市、泰安市宁阳县，河北省武安市、沙河市、邯郸市、廊坊市固安县，黑龙江省密山市，天津市静海县等地区。成员覆盖全国19个省（市、区）并覆盖到老挝南塔省医院，总成员数达到518家，较2014年增加148家。

推行日间手术，在确保日间手术住院患者医疗安全的基础上，缩短住院患者的等候和诊疗时间；推行病房移动收费、方便患者办理出院结算等多项便民利民惠民措施。

组建拥有注册志愿者4607人的大型志愿服务团队。2015年举办院内外患者健康教育45场次，

惠及患者人数达1757余人,其中2015年新加入志愿者399人。截至2015年底,全年参与服务3779人次,时长9248小时。2015年,医院召开中国医院社会工作及志愿服务制度体系建设研讨会暨中国医院协会医院社会工作暨志愿服务工作委员会第六届工作会议。

采用"文明服务缺陷管理"意见征询系统,截至2015年12月共接收有效信息10891条,其中表扬7144条,意见3747条,意见中已解决3479条,正在解决268条,解决率92.85%。流程改造665项。

【行政工作】 截至2015年12月1日,医院共接待外宾42批次、105人次,其中包括9次院级外宾来访;参加国际学术会议108人次。

医院集成平台项目通过国家卫生计生委互联互通成熟度测评"四级甲等"(现有标准的最高级别),临床信息系统通过国家卫生计生委电子病历5级评审,医院信息化基础设施继2014年通过公安部三级等保评审后,2015年又通过复审。

医院建筑能耗监管平台建设项目推进,利用1年时间完成西直门院区的建筑能耗监管系统建设,全院布设854个监测点,对能源消耗电力、天然气、汽油、市政热力、水使用过程数据进行监测、记录、分析,对比和指导,为节能降耗提供依据,查找能耗弱点,促使能源合理利用,达到节能减排管理目的。

12月18日,昌平区回龙观、西城区定向安置房配套医院北京大学人民医院北院区工程正式开工。北院区位于昌平区回龙观镇1818街区,毗邻京藏高速和城铁13号线,占地面积5.43公顷,建筑面积14万余m²,开设800张床位。

【瓦努阿图共和国总理萨托·基尔曼阁下一行来访】 9月2日上午,瓦努阿图共和国萨托·基尔曼总理及夫人莫妮卡·基尔曼女士一行9人在中国驻瓦努阿图共和国大使谢波华先生及夫人赵彦女士的陪同下参访北京大学人民医院。北京大学医学部副主任王维民、北京大学人民医院院长王杉、党委书记陈红、副院长毛汛、党委副书记陈红松、院长助理汤小东、妇产科主任王建六、内分泌科主任纪立农、眼科主任赵明威、放射科主任洪楠、临床能力培训中心主任姜冠潮、眼科副主任鲍永珍在第一会议室与来宾座谈。双方就医疗技术合作、慢病诊治管理、人才培养等领域进行交流。萨托·基尔曼总理一行实地参观了北京大学人民医院临床能力中心和放射科,对于北京大学人民医院与国际接轨的医院信息化建设、高端设备、先进人才培养理念与模式等给予高度评价。

第 三 医 院

【发展概况】 1. 基本情况。北京大学第三医院(以下简称北医三院)始建于1958年,是国家卫生计生委委管的集医疗、教学、科研和预防保健为一体的现代化综合性三级甲等医院。医院职工4229人(在编2351人、合同制1878人),其中卫生技术人员2351人,包括正高级职称210人、副高级职称313人、中级职称887人、初级师680人、初级士261人。

医疗设备总值156074万元。2015年购置医疗设备总值21847万元,其中100万元以上设备33台。

2. 机构设置。落实公立医院改革任务,探索新型合作模式。医院牵头成立海淀区中东部医联体,与23家成员单位建立分工协作机制。与海淀医院开展深度协作,海淀医院被核定为三级综合医院。

【医疗工作】 1. 基本医疗情况。门诊375.70万人次,急诊31.85万人次;出院86695人次,床位周转次数54.13次,床位使用率91.25%,平均住院日6.18天;手术53077例。

2. 医疗质量管理。医院完成临床路径系统二期优化工程,修订全部路径。强化预约挂号管理,通过电子邮件向114平台报送未通知到和需要协调的患者信息,解决部分专家号断号爽约的问题。修订新技术、新业务管理规定,侧重提高医疗水平导向。关注医院感染管理,与中国疾病预防控制中心职业卫生与中毒控制所联合成立中国疾病预防控制中心职业病临床基地。利用实时监测预警及在线交互平台,加大院感病例的筛查及监测力度,编制医院感染诊断标准便携本。

【教学工作】 2015年医院完成教学任务5686学时。八年制毕业生就业率100%,106名研究生通过论文答辩并获得学位。在院研究生339人,其中科研型博士生87人、临床型博士生33人,科研型硕士生60人、临床型硕士生159人。医院为国家级住院医师规范化培训基地,是海淀医院、首钢医院、306医院培训基地的协同单位。医院有培训基地16个,2015年接收培训医师179人,结业112人。第一阶段住院医师规范化培训在培280人,第二阶段培训或专科培训在培130人。各类进修人员1688人,国家级和北京市继续医学教育项目103项。

获第二届全国高校青年教师教学竞赛第一名1人,获2014年北京市师德先进个人1人,被评为北京市优秀德育工作者1人。

2015年医院申办并组织继续医学教育项目84项,其中国家级65项、北京市级19项,发表教学研究文章21篇;完成428名教师的评估。

【科研工作】 2015年医院首次获得北京市首都临床特色应用研究

专项重点课题资助。2015年医院获纵向科研经费1.2029亿元。其中,国家自然科学基金中标55项,资助总金额逾3000万元。2015年医院发表论文681篇,其中SCI收录199篇、MEDLINE收录86篇。乔杰教授研究团队在Nature发表"人类早期胚胎DNA甲基化组学"的研究成果,SCI影响因子42.35。2015年医院获授权发明专利1项、实用新型专利21项;出版专著4部、译著9部。

2015年医院获教育部高等学校科学研究优秀成果奖(科学技术)科技进步一等奖1项、二等奖2项,北京市科技进步奖二等奖1项。妇产科被科技部、国家卫生计生委、总后勤部评定为国家妇产疾病临床医学研究中心。乔杰教授在中科院、中央电视台共同发起,联合科技部、教育部等推出的2014年度科技创新人物活动中,入选2014年度最具影响力的十大科技创新人物。刘忠军教授团队完成世界首例3D打印技术定制枢椎椎体手术治疗寰枢椎恶性肿瘤。于洋入选北京市科技新星计划。医院在复旦大学公布的中国医院科技影响力综合排名中位列第14位,成为北京地区3家综合实力最强的医院之一。

【交流合作】 2015年医院短期因公出国415人次,其中参加各类学术会议372人次、参与各类培训26人次、对外援助和合作研究各6人次、交流访问与学习5人次。2015年医院长期公派出国进修学习15人、短期公派出国进修学习与培训14人。台湾三军总医院代表团、台湾大学医学院院长张上淳、香港理工大学医疗及社会科学院代表团来访。接待国外来访参观20批,包括泰国公主诗琳通、加拿大卫生部部长罗娜·安布罗斯等。

【社会服务】 医院派出7批48名医师到延庆县医院等开展支援活动,门急诊诊疗8000余人次,手术/有创操作500余例次,义诊1100余人次,免费接收进修生10余人次。9月21日,医院与北京延庆县人民政府在延庆县政府举行《延庆县人民政府、北京大学第三医院合作框架协议》签约仪式,托管延庆县医院。

医院与河北省承德妇幼保健院、北大国际医院签订合作协议。医院选派专家团队参与几内亚埃博拉防控、吉布提"光明行"医疗队等。

8月19日,医院选派6位专家赴西藏自治区人民医院参加中组部、人社部、国家卫生计生委开展的医疗人才"组团式"援藏工作。

9月至11月,医院参与"同心·共铸中国心温暖大宁行"和"同心·共铸中国心阿坝行"大型公益活动;9月12日至10月9日,来自四川阿坝地区的14名先心病患者在院心脏中心接受先心病救助治疗;11月24日,在2015"同心·共铸中国心阿坝行"总结表彰会上,医院获优秀单位奖及优秀志愿者奖。

【党建工会】 按照《北京大学第三医院〈贯彻落实建立健全惩治和预防腐败体系2013—2017年工作规划〉实施办法》全面推进党风廉政建设责任制的落实,落实党委主体责任、纪委监督责任。2015年4月,创办北医三院工会会刊《家》。在《家》里,开辟很多贴近职工生活的专栏,在传递院内工作信息的同时也全面展示职工风采。

【奖励荣誉】 2月28日,中央精神文明建设指导委员会发布《关于表彰第四届全国文明城市(区)、文明村镇、文明单位的决定》,北医三院获第四届"全国文明单位"称号。

11月13日,在中国医院院长大会上,《中国医院院长》杂志社授予北医三院"2015中国最佳医院管理团队——群星璀璨奖"。医院"医院形象与传播""医院人力资源管理""医院学科建设""IT信息化应用"四项管理指标均获五星单项奖。

12月5日,医院耳鼻喉科马芙蓉教授获北京大学2015年杨芙清-王阳元院士奖教金。

【入选2014年度"中国科学十大进展"】 2月10日,北医三院乔杰教授研究团队、北京大学谢晓亮教授研究团队、汤富酬教授研究团队共同完成的"利用极体高通量测序结果精确推演出母源基因组信息"研究成果入选科技部基础研究管理中心公布的2014年度"中国科学十大进展"。6月4日,CELL(细胞)期刊以封面文章的形式发表该合作研究成果——人类原始生殖细胞中基因表达的表观遗传调控相关研究。

口腔医院

【发展概况】 基本情况。2015年北京大学口腔医院(以下简称口腔医院)职工2339人(在编897人、派遣821人、合同制621人),其中卫生技术人员1842人,包括正高级职称123人、副高级职称161人、中级职称433人、初级师556人、初级士569人。

医疗设备总值40121.32万元。2015年新购医疗设备总值4781.79万元,其中甲类医用设备无,乙类医用设备1个。

组织结构。成立运营管理办公室。设备物资科更名为医学装备处并提升为医院处级职能部门。计算机中心更名为口腔医学数字化研究中心。中心实验室独立为医院一级科室。建立口腔颌面外科实验室。调整病案统计科职能并更名为病案管理科,其中挂号职能划归财务处,并成立挂号收费科,隶属于财务处;原病案统计职能划归统计室,隶属于运营管理办公室。

运营管理。绩效新方案自2015年11月起实施。

成绩排名。2015年连续第6年获得复旦版"中国医院最佳专科排行榜"口腔专科第一名。北大版首届"中国最佳临床学科评估排行榜"口腔综合榜单第一名。

2015年国际高等教育机构（QS）排名世界第17名（国内第一）。获批国家级住院医师规培基地、北京市住院医师规范化培训临床能力考核中心（口腔科基地）、口腔数字医学北京市国际科技合作基地。口腔数字化医疗技术和材料国家工程实验室通过验收。口腔数字医学北京市重点实验室获认定。

【医疗工作】 基本医疗。1. 2015年完成门急诊诊疗1453101人次，比2014年增长6.5%，日均4867人次。入院6774人次，比2014年增长4.8%；出院6771人次，比2014年增长4.4%；完成手术6301例次，比2014年增长3.7%，占出院人次的93.06%。

2. 口腔医院实有开放椅位569台，诊椅使用率98.0%，每医师日均接诊9.5人次，每椅位日均接诊8.8人次。五个病区开放床位157张，床位使用率94.7%，比2014年增加3.4%；平均住院日8.0天，比2014年减少0.1天；床位周转43.1次，比2014年增加4.4%。

3. 受国家卫生计生委医管中心委托，牵头起草《口腔专科能力评价标准》，开展口腔专科临床能力评价核心标准制定工作。形成8个口腔主要临床专科临床能力评价核心标准（草案），涉及39个病种和34项临床诊疗技术。

4. 开展"进一步改善医疗服务行动计划"。与国家卫生计生委医院管理研究所合作，4月，联合主办首次"全国口腔医院质量控制员规范化培训班"；11月，联合主办首次"全国口腔医院管理工具理论与实战培训"。

5. 申请参加2015年度全面质量管理与持续改进示范辅导项目检查。对口腔医院中层干部、科室"内审员"进行医院评审评价和现代医院科学管理理念的培训并建立院内"内审员"制度。

6. 成为海淀区医联体核心医院。派出6位专家赴分支机构指导急救演练5例次。无经各级医学会鉴定的医疗事故发生。举办"医疗实践大家谈"。

护理工作。口腔医院护理人员共856人。对全院68项护理规章制度进行梳理修订，形成《护理制度汇编》。加强口腔专科基础知识培训和口腔门诊四手培训力度，提升护士的专科护理能力。在国内核心期刊发表论文20篇，编写图书2部。参加第三届全国口腔护理技能展，获特等奖、一等奖。

院感工作。修订《多重耐药菌医院感染管理制度》《职业病防治管理制度》《放射诊疗许可申请办理操作流程》《辐射安全许可申请办理操作流程》，组织2次全院医院感染管理、传染病防控、医疗废物处理、辐射安全应急演练、放射机器年度状态检测、I-125放射性粒子增量环保验收检测工作。

【教学工作】 学生人数。口腔医院在校生总人数为648人，八年制本博连读学生351名，研究生297人，其中博士生128人，硕士生169人；在职申请学位在读16人。第一届2013级口腔医学技术（四年制）本科班8名学生来口腔医院学习专业理论。

教学基地。位于一门诊院内的教学基地投入使用，使用面积3000余m^2。承担口腔医学八年制和口腔修复技工本科班共计130人次的前期实习工作，累计承担本科生前期实习教学1200学时。与中日友好医院达成协议，成立中日友好医院口腔教学基地。

本博连读生管理。重新修订八年制与五年制培养方案。组织五个专业申报幕课联盟口腔规范课。36名八年制学生申请博士论文答辩顺利毕业。14项教改课题结题。优化教学质量评价体系。

研究生管理。获北京大学优秀博士学位论文4篇。在国外联合培养的研究生8人。开设研究生课程29门。组织完成口腔医学院教学大纲修订29份，培养方案修订37份。遴选博士生导师6人，硕士生导师7人。

住院医师规范化培训。作为首批国家级口腔科住院医师规化培训基地，首次按照7个专业基地招收住院医师58人，其中本单位委培51人、外单位委培5人、自主培训2人。接收新疆医科大学二附院住院医师规范化培训学员1人。1月，在北京市卫生计生委组织的住院医师规范化培训基地医院管理和专业基地两次评估中综合成绩位居北京地区专科基地第二名。5月获批北京市住院医师规范化培训临床能力考核中心（口腔科基地），作为新增考点首次参与考务组织工作，承接北京地区120名考生参加考试。

继续教育。招收进修生221人，其中少数民族14人、西部地区43人、访问学者及基层骨干学员10人、"西部行"计划免费学员6人。举办国家级继续教育项目33项44个班次，学员2303人；市区县级继续教育项目121项，11869人次。

其他教学。组织"口腔医学人文大讲堂"：邀请施一公院士、王一方教授等举办讲座。组织"口腔医院公开课"：邀请张益教授完成第一讲。

【科研工作】 平台建设。"口腔数字化医疗技术和材料国家工程实验室"通过验收；"口腔数字医学北京市重点实验室"获认定；获批"口腔数字医学北京市国际科技合作基地"；申报"口腔疾病国家临床医

学研究中心"；获干细胞临床研究机构备案。

科研项目。项目申请157项，项目建议和意向书17项。获得各类项目资助33项，总资助金额1491.67万元。其中国家自然科学基金28项（面上项目12项，青年科学基金12项，应急管理项目4项），资助金额1104.35万元；教育部留学回国启动基金1项，资助金额3万元；北京市科技计划项目1项，资助金额295.04万元；首都临床特色应用研究2项，资助金额30万元；北京市教委在京高校共建项目1项，资助金额59.28万。项目进展、结题及审计调查148项，其中中期检查68项、结题验收37项、项目调查43项。

成果奖励。成果奖励申报9项，获北京市科学技术奖三等奖1项，华夏医学科技奖二等奖1项，高等学校科学研究优秀成果奖（科学技术）科技进步奖二等奖1项，第二届北京大学产学研工作奖先进集体奖1项，北京大学第八届实验技术成果奖二等奖1项，"新星讲坛——口腔新秀专场"研究奖研究类博士组一等奖1项、研究类硕士组二等奖1项，国际牙科研究会IADR中国区优秀青年学者奖，全国口腔生物医学青年研究奖一等奖等奖项。

人才培养。20人纳入人才梯队培养，其中第一梯队5人，第二梯队15人。第二届40名院内博士后累计产出SCI论文11篇。新纳入培养院内博士后38名。院级青年基金：18项结题、25项进展汇报、20项立项。

学术活动。与日本东京医科齿科大学牙学院和泰国久拉隆贡大学牙学院共同举办第四届中日泰三校联合学术年会，续签三校合作协议。举办3个国际学术会议：第一届北京大学口腔医学院-伦敦国王大学牙医学院联合学术年会、三大洲口腔黏膜病会议、多学科治疗牙周病新进展国际研讨会。举办4个全国性学术会议和中国科协第291次青年科学家论坛，协助组织教职工参加国际牙科研究会IADR会议等。

科研支持系统建设。药物临床试验机构获资格认定复核检查。伦理委员会审查项目191项。

【预防工作】 牵头国家卫生计生委"防治结合试点项目"二期正式启动。

承担国家卫生计生委"全国儿童口腔疾病综合干预项目"管理工作，提供技术支持。

承接海淀区社区卫生服务机构口腔医疗综合管理项目。

9月，国家卫生计生委副主任王国强来口腔医院调研口腔疾病预防工作。

【社会公益】 对口支援。与呼和浩特市口腔医院、内蒙古自治区人民医院、密云县卫生计生委签署对口帮扶协议。与大连市口腔医院、呼和浩特市口腔医院联合举办学术讲座。贵州医科大学口腔医学院党委书记张军梅同志来院挂职，接收大连市口腔医院、银川市口腔医院两批共20余名中层干部来院轮训。研究生社会实践团赴甘肃陇东和陇南7地义诊宣教。承接"孤残儿童手术康复明天计划"和中华慈善总会"微笑列车"惠民服务，完成42例残疾儿童的唇裂、腭裂及唇腭裂手术；与美国微笑列车基金会北京代表处签订"微笑列车唇腭裂修复慈善项目合作协议"。

选派6个专业、18位专家医师参加中华口腔医学会"西部行"工作，获中华口腔医学会颁发的"支持西部行公益事业奖"。

【全国工作】 中国医师协会口腔医师分会工作。2015年4月，分会第四届委员会改选换届，郭传瑸当选第四届口腔医师分会会长，林野当选副会长。俞光岩被推任为名誉会长。林野、沈曙铭分别继任分会总干事、副总干事，增补张伟等5人为副总干事。完成会员、自律与维权、继续教育、人文与道德建设、民营口腔医师五个工作委员会的组建工作。6月，举办"第十三届口腔医师论坛——口腔医师执业与医患沟通"。8月，天津港国际物流中心区域发生危险品爆炸事故，分会牵头援助企业向泰达国际心血管病医院、北京大学滨海医院无偿捐赠小型医用清洗消毒机。分会维权工作委员会接受咨询、协调处理（代理）全国各地不同类型的口腔医疗纠纷80余件；开展医疗纠纷防范与医疗安全管理有关课程培训40余场。2015年口腔医师分会发展会员3763人，涵盖全国31个省份143个医疗机构。设立口腔医师分会办公室，隶属于医务处。

中华口腔医学会工作。支撑中华口腔医学会申报中国科协"青年人才托举工程"项目；支撑学会承办全国爱牙日活动和学术年会。

中国牙病防治基金会工作。开展国家卫生计生委委托的健康口腔、幸福家庭项目，包括方案的设计、项目运行中的督导和评估。组织筹划"健康口腔微笑少年"项目和大学生社会实践项目。

世界卫生组织预防牙医学科研与培训中心工作。举办北京市海淀医院口腔继续教育暨牙防论坛。

【交流合作】 接待重要外宾来访54批次，215人次。短期公派出访353人次，涉及30个国家和地区；新办因公护照131本，签证280次。

签署或续签学术合作协议9个：美国宾夕法尼亚大学、美国哈佛大学牙学院、日本高知学园短期大学、北京大学口腔医学院/东京医科齿科大学/朱拉隆贡大学三校联合协议、印度尼西亚艾尔朗格大学牙学院、英国伦敦国王学院、美国罗彻斯特大学牙学院、加拿大阿尔伯塔大学、美国波士顿大学牙学

院。接待美国太平洋大学研修团、日本姊妹校朝日大学-明海大学研修团、台湾中山医学大学研修团和美国波士顿大学研修团的短期研修。

协办3场国际会议：三大洲口腔黏膜病学术会议暨亚洲口腔黏膜病学组会议、多学科治疗牙周病国际研讨会、北大口腔-伦敦国王学院第一届联合学术研讨会。

两次申请到科技部与日本科学技术振兴机构联合举行的樱花项目A类交流活动（科学技术交流），对口学校分别为日本朝日大学、明海大学和日本东北大学。

【人才工作】 人才梯队。增聘教授3人，副教授8人；晋升主系列正高6人，主系列副高12人，非主系列副高5人；晋升中级职务42人；确定中级职务2人、初级职务52人；确认初级职务2人；转系列2人。公派出国19人，回国人员20人。

干部工作。出台《中层干部选拔聘任实施方案》，完成中层干部选聘工作。涉及42个科（处、室、分支机构），共138人次（正职46人、副职59人、护士长33人）参加竞聘答辩，最终任命正副职125人次（正职42人、副职47人、助理7人、护士长29人）。32个教职工党支部完成换届改选工作。口腔医院党委对新上岗中层干部开展系列培训。

人才选拔。出台《优秀学术带头人选拔办法》《优秀中青年科研人才选拔办法》，形成院内博士后、第一、第二梯队人才培养、中青年科研骨干、优秀学术带头人系列人才队伍建设体系。

人事其他。举办"北京大学口腔医院与大连市口腔医院学科发展联合体"合同续签暨义诊活动。修订并通过《择优推荐编外聘用员工转制工作的实施意见》，北京市城镇户口10人，非北京市城镇户口10人转制，56人参加答辩。7月开始进行在编职工养老保险和职业年金的预扣。

【信息化工作】 口腔专科电子病历系统、OA系统正式上线推广。配合国家卫生计生委完成44家医院信息系统平台的搭建和数据上报系统构建。开发完成医院微信工作平台、复苏室心电图查询录入系统程序。完成医院等级保护项目设计、硬件购置、服务招标工作。

2015年医院信息系统集成平台建设项目获得国家卫生计生委资金1300万元支持。完成科技部科技支撑计划项目——跨区域口腔健康协同服务平台的研发和示范项目的启动会及项目工作。

【财务审计】 收支管理。制定票据管理制度，建立票据核对软件。严格支出审批，编印报销手册。

预算管理。43个预算单位、328个预算业务事项实现预算指标电子化管理。

内部控制。开展总院和分支机构内控自查工作，修订《财务会计内部控制制度实施细则》，设立总会计师，建立起内部控制动态调整机制。

挂收管理。9月挂号、收费工作合并，组建挂号收费科。新增窗口12个，收费窗口全部实现挂号收费通柜。

审计工作。完成委托预算、结算审计及自审项目88项，报审金额3233.87万元，审减额421.24万元，审减率13.03%；审核合同共计77份，涉及金额1498.13万元，提出审计建议10条；审核国家自然科学基金课题及博士点基金课题19项，合计金额568万元。完成第一门诊部门诊楼抗震加固工程结算审计，临床教学基地改造工程过程审计，远程诊疗中心项目过程审计及结算审计，以及节能监管平台建设项目。

【医学装备管理】 设备配置。完成国拨经费配置项目"住院医师规范化培训设备购置项目""信息系统等级保护项目"；自筹经费配置项目计算机X射线断层扫描机（CT）等。设备和家具招标采购20次，涉及107台件（套），价值约4551万元。

耗材管理。植入性高值医用耗材入出库管理系统进行医用耗材供货商遴选，定期通报医用耗材使用情况。

其他工作。组织完成医院2014年国有资产决算及资产报表填报。接待国家卫生计生委调研资产管理工作。6月，承办中国医学装备协会口腔装备与技术专业委员会成立大会暨第一届学术会议，成为专委会秘书处单位。

【后勤基建】 完成门诊病房楼装饰装修工程、科研楼污水改造工程、蒸汽管道疏水器更换工程、中央空调冷水机组清洗换油工程、景观灯工程、手术室冷热两用板式换热器清洗工程、2号蒸汽锅炉烟管更换工程等重大维修工程。

完成院内安防系统升级改造工程，能耗监管平台基本竣工。远程诊疗加固改造工程通过四方验收、消防验收工作，完成工程结算。2015年支付工程款94次，总金额2443.2万元，其中国库支付998.83万元，院内1444.37万元。

【安全保卫】 监控设备升级改造完成，全部由模拟信号升级为数字信号。

协助各科室建立内部消防安全预案，组织消防培训25次，逃生演练12次。成立义务消防队。

与驻院警务工作室合作，处理票贩子嫌疑人1131人次。被评为海淀区交通安全先进单位。

【党建工作】 干部调整。完成中层干部换届调整，涉及42个科（处、室、分支机构），任命正副职125人次。对新上岗的中层干部开展系列培训。出台《院内干部挂职工作实施办法》。

党风廉政。推进廉政风险防控工作，落实有关财务、出国、外宾

接待及科研经费的管理规定。制定《建立健全惩治和预防腐败体系2013—2017年工作规划》实施办法及分工方案,成立反腐倡廉建设领导小组和工作小组。

开展"讲规矩 守纪律"系列培训,召开四次中层干部廉政教育培训会,制订《建立健全惩治和预防腐败体系2013—2017年工作规划》实施方案及分工方案。落实《关于实行领导干部廉政谈话的规定》,口腔医院党委与副职、院长助理、全体中层正职签署《落实党风廉政建设主体责任书》。制定《北京大学口腔医学院反腐倡廉主要任务分工》。结合医院廉政任务分工情况开展自查。

重新修订《党政领导班子落实"三重一大"制度的实施办法》《各科室落实"三重一大"制度实施办法》。为科室下发《科室"三重一大"事项决策记录本》。

贯彻中央八项规定精神,纠正四风,加强公务用车、公务出国(境)管理。开展"三严三实"专题教育,召开领导班子"三严三实"专题民主生活会,推进作风建设。口腔医院党委修订《党委委员分工联系党支部工作制度》《党政领导联系基层实施办法》。党政班子深入各分支机构及主要临床医技科室走访调研,查摆问题,听取意见建议。

支部建设。口腔医院共有党员1017名,教职工党支部35个。优化支部设置,完成党支部换届改选,将支部建在科室上。

制定《党支部书记工作考核细则》《党支部工作和活动专项经费管理办法》《党政领导联系基层实施办法》。

口腔医院党委获北京大学医学部"优秀党务和思想政治工作先进集体"称号。

开展院史党史知识竞赛。加大宣传力度,联系采访86次,其中CCTV 19次、BTV 19次、央广10次、其他央媒24次。

【群团工作】 工会教代会工作。召开四届四次教代会。为305名职工办理重大疾病保险。举办"医者仁心"情景剧比赛、"以书润心共享阅读"读一本好书活动、"单身青年职工联谊活动""白衣天使在我家"职工子女绘画书画活动、"口院随手拍"等活动。

共青团工作。开展达标创优活动。组织"小口腔·大世界口腔保健知识高校行""健康牙齿美好未来""儿童口腔健康教育""公益心笑着行爱护人照亮人"等主题团日活动,举办"牙糕节""雕牙比赛""牙尖上的饺子"等活动。

离退休工作。离退休人员438人。新增手工、合唱、舞蹈等六个兴趣小组,组织老年生活座谈会、离退休志愿者五周年座谈会。开展"全民健康,全民爱牙"老专家义诊咨询活动。院领导慰问抗战时期参加革命工作的离休老干部。举办"夕阳无限好,集体祝寿会""端午节尊老敬老献爱心""心灵手巧,编织美好"等主题活动,出版《夕阳心语》期刊。

【领导视察】 9月18日下午4时,国家卫生计生委副主任、国家中医药管理局局长王国强、疾控局监察专员(正局级)常继乐、疾控局慢病处处长吴良有、北京市卫生计生委委员(副局级)郑晋普、海淀区副区长傅首清、海淀区卫生计生委主任甄蕾等一行到口腔医院调研口腔预防工作,召开调研汇报会。

会上,北京大学医学部副主任王维民致辞。院长郭传瑸代表医院作工作汇报,并就口腔预防工作进行重点汇报。听取汇报后,王国强对医院牙防工作进行指导,对北京大学口腔医院多年来在医教研防等方面取得的成绩表示肯定,感谢北大口腔医院口腔预防工作者多年来对推动和促进中国口腔牙病防治工作所做的贡献。同时,他就今后牙防工作提出要求,随后,在口腔预防科、世界卫生组织预防牙医学科研与培训合作中心(WHOCC)、口腔颌面外科四病区调研。

国家卫生计生委疾控局副处长李光琳,北京市卫生计生委副处长杜红,海淀区卫生计生委副主任刘永泉、副主任方明,中华口腔医学会副会长俞光岩、副秘书长韩亮一同调研。

(王晃)

肿瘤医院

【发展概况】 发展历程。北京大学肿瘤医院(北京肿瘤医院、北京大学临床肿瘤学院、北京市肿瘤防治研究所,以下简称肿瘤医院)始建于1976年,是一所由北京大学、北京市卫生计生委共管的三级甲等肿瘤专科医院。

队伍建设。2015年全院有员工2033人,其中在编员工1131人,非在编员工902人。在编员工中:正高职称96人,副高职称163人,中级职称492人,初级职称335人;博士生导师41名,硕士生导师47名;教授26名,副教授60名。

学科建设。有国家重点学科1个(肿瘤学),国家临床重点专科2个(肿瘤科、病理科),北京市重点学科4个(北京市胃癌防治中心、北京市乳腺癌防治中心、北京市影像介入治疗中心、超声诊断),北京市中医管理局重点学科1个(中西医结合科暨老年肿瘤科),以及恶性肿瘤发病机制及转化研究教育部重点实验室、恶性肿瘤转化研究北京市重点实验室。

医疗工作。1997年通过三级甲等医院评审,致力于胃癌、乳腺癌、肺癌、结直肠癌、肝癌、食管癌、恶性淋巴瘤、恶性黑色素瘤、泌尿系统肿瘤、妇科肿瘤、头颈部肿瘤、骨肿瘤、软组织与腹膜后肿瘤等各

种肿瘤的诊断和综合治疗,患者来自全国各地。

科研工作。在肿瘤学基础理论研究、常见主要肿瘤的临床诊断与治疗、胃癌、食管癌高发区现场的预防干预研究等领域均有创新与领先的成绩,主持和承担国家科技攻关、863、973、国家自然科学基金等项目及北京市和其他部委的重点科研项目。

教学工作。拥有全国肿瘤学博士学位授权点和博士后流动站。医学教育涵盖本科生、硕士生、博士生、博士后以及进修生、职工的继续教育。每年定期举办全国临床肿瘤医师进修班和国家继续教育项目全国性学习班。

机构设置。2015年成立国资科(亚科)、质量与安全办公室(处属亚科)、分子诊断中心、胃肠肿瘤中心。胃肠肿瘤外科一病区更名为胃肠肿瘤中心一病区,胃肠肿瘤外科二病区更名为胃肠肿瘤中心二病区,结直肠外科更名为胃肠肿瘤中心三病区,胃肠肿瘤微创外科更名为胃肠肿瘤中心四病区。

【人才建设】 接收毕业生。2015年接收应届毕业生32人,其中博士毕业生占65.63%,硕士毕业生占34.37%,接收海外留学回国人员1人。

人才引进。引进姑息治疗中心主任刘巍、大内科副主任梁军。

获批人才。季加孚获2014年度国家卫生与计划生育委员会突贡专家,朱军入选北京市医管局登峰计划。

职称评聘。2015年晋升高级职称46人,其中正高14人、副高32人。

【医疗工作】 接诊概况。2015年门诊总量555749人次,比2014年增长9.0%;日均门诊量2212人次,比2014年增长8.8%;开放床位775张,比2014年降低5.8%;出院52203人次,比2014年增长9.5%;手术15907例,比2014年增长5.0%;床位周转67.89次,比2014年增长16.3%;床位使用率95.39%,比2014年增长2.22%;平均住院日5.17天,比2014年下降0.72天。

医疗质量管理。制订医疗质量督导方案及实施细则,2015年进行28次现场评价。临床科室实行质控免检制度,有6个科室达到免检标准。

临床路径管理。有13个科室开展共17个病种的临床路径管理,按照路径管理的病历3164例,入组率79.1%,完成率98.2%,变异率3.0%,退出率1.5%。

患者安全教育。5月定为患者安全宣传月活动,分别组织医务人员和患者进行患者安全教育,参加培训人员1000人次。加入中国医院协会组织的"中国患者安全教育与研究协作网"。

开展8个品管圈,病案统计室聚能圈"提高病案首页填报合格率"参加第三届全国医院品管圈大赛获三等奖。

护理质量。有护士706人,比2014年增加3.52%;其中合同制护士438人,比2014年增加8.15%;在编护士268人,比2014年减少1.83%。2015年离职率1.87%。全院总体床护比1∶0.91,临床病区床护比1∶0.59。

完善护理绩效管理信息系统,2015年度修订护理管理制度5项,制定《科室护理管理评价标准》,开展护士继续教育与培训,编译完成《肿瘤姑息护理培训教程》,翻译团队获美国ELNEC项目2015年度贡献奖。

【科研工作】 科研项目。2015年获科研课题52项,科研经费4000余万元,其中获国家级课题资助28项,经费2600余万元。完成院内外课题结题101项。

科研成果。2015年发表论文411篇,其中SCI论文139篇,总影响因子471。获第九届药明康德生命化学研究奖杰出成就奖1项,首都十大疾病科技攻关工作惠民型重大科技进展奖1项,北京大学第八届实验技术成果二等奖1项、三等奖1项。获国家发明专利3项。

重点实验室。组织召开重点实验室学术委员会会议,组织重点实验室开放课题中期答辩汇报,组织召开"教育部暨北京市恶性肿瘤转化研究重点实验室"学术年会,组织参加北京市重点实验室绩效考评工作并被评为优秀。

2015年重点实验室作为第一或责任作者单位发表SCI论文116篇,总影响因子454.166。研究论文中,影响因子最高的为尚永丰院士发表在 *Cancer Cell* 期刊上的论著,影响因子23.523。

学术交流。2015年组织学术交流/学术报告22次。其中,邀请国外专家17人次到肿瘤医院进行学术交流。

举办的主要国内外学术会议有:举行北京大学肿瘤医院-赫尔辛基大学医学院交流研讨会;召开2015年科研工作会;组织参加2015诺贝尔奖获得者医学峰会暨国际肿瘤研究高峰论坛;召开第十届全国胃癌学术大会;成为第12届国际胃癌大会主办方;举行第七届肿瘤心理与姑息治疗学习班;举办第三届中国进展期乳腺癌学习班;召开第五届燕京肿瘤临床与PET/CT应用会议;举行中国胃肠肿瘤临床研究协作组年会;举行第16届中国肿瘤介入大会;举办第六届肿瘤精准放化疗规范暨全球肿瘤放疗进展论坛。

【教学工作】 教师概况。2015年新增教授3名、副教授4名、博士生导师3名、硕士生导师5名。截至2015年底,共有教研室7个、博士生导师41名、硕士生导师47名、在编教授26名、副教授60名。

研究生概况。2015年研究生招生录取68名,其中硕士研究生36名,博士研究生32名。研究生

毕业62名，其中博士39名，硕士23名。在读研究生249名，其中博士研究生125名，硕士研究生102名，在职研究生21名，博士后1名。

研究生工作。开展研究生学术交流活动、社会实践活动、社会服务团活动、文体活动。组织召开毕业研究生就业座谈会，举行"就业指导讲座"。2015年72.13%的毕业生到医疗卫生单位就业，54.10%的毕业生留京。

住院医师培训。2015年管理在培住院医师109人。组织病理、放射、超声、核医学、检验、麻醉6个科室申报住院医师规范化培训基地。放射肿瘤基地正式对外招生，录取6人。为住院医师规范化培训购置放疗靶区勾画虚拟教学训练OnQrts系统、急救模拟人、穿刺模拟人等设备。

继续医学教育。2015年共招收174名进修医师、51名短期参观学习人员、18名实习学生及2名国内访问学者。制定《北京大学肿瘤医院进修医师评优办法》，开展优秀进修医师经验交流，每季度对各科进修医师进行考评。

教学获奖。乳腺中心杨飏在北京高校第九届青年教师教学基本功比赛中获一等奖，同时获得最佳教案奖、最受学生欢迎奖。

肾癌黑色素瘤内科斯璐获北京大学第十五届青年教师教学基本功比赛（医科类）一等奖及最佳教案奖，胃肠肿瘤中心三病区陈楠获三等奖。

【学术交流】 外宾来访。2015年肿瘤医院组织的学术交流、专题讲座主要有：芬兰赫尔辛基大学医学院院长等进行学术交流，美国Bon Secours癌症研究所执行医学总监来院访问交流，美国得克萨斯大学安德森（M. D. Anderson）癌症中心基础研究副校长来院进行学术交流，美国内布拉斯加大学医学中心巴菲特癌症中心国际合作部总监来院访问，挪威奥斯陆大学医学院院长等来院参观访问，美国得克萨斯大学安德森癌症中心放射治疗科教授来院访问交流，美国得克萨斯大学安德森癌症中心重症医学科教授来院交流访问，美国纽约纪念斯隆-凯特琳癌症中心临床分子遗传学实验室主任作专题讲座，美国加利福尼亚大学旧金山分校教授来院访问交流。

专家出访。2015年肿瘤医院专家学者公派出访、参加国际学术交流的主要有：结直肠外科顾晋教授当选法国国家外科科学院外籍院士，季加孚教授参加韩国首尔亚太胃癌手术顾问委员会会议，季加孚教授率队参加在巴西圣保罗举行的国际胃癌大会，季加孚、沈琳等参加第87届日本胃癌学会年会，季加孚教授等参加第二届韩国国际胃癌周，顾晋教授参加亚洲及太平洋地区结直肠癌协会2015学术会议，康复科主任唐丽丽等参加华盛顿国际心理社会肿瘤协会世界大会，护理部主任陆宇晗赴韩国参加亚洲肿瘤护理学术会议作专题报告。

【合作共建】 医疗合作。与天宜乳腺医院有限公司合作成立北京大学肿瘤医院西院区；与北京南郊肿瘤医院合作成立北京大学肿瘤医院南院区；与和睦家医院合作成立北京大学肿瘤医院和睦家国际医疗部；与新里程肿瘤医院合作成立北京肿瘤医院新里程国际诊疗中心；与沧州市人民医院合作成立北京大学肿瘤医院沧州院区；与北京大学国际医院帮扶共建北京大学肿瘤国际医院部。

对口支援。与顺义妇幼保健院成立北京肿瘤医院乳腺中心顺义分中心，被北京市卫生局列为城市支援农村医疗的成功典范之一；支援赤峰市宁城县医院；与新疆和田地区人民医院签订一对一对口帮扶协议；与拉萨市人民医院开展一对一帮教活动；派出8名医师到大兴区人民医院，每人支援3个月；为西城区、丰台区卫生计生委开展科普讲座。

【党建工作】 组织建设。2015年肿瘤医院发展党员25名，预备党员转正31名，转入组织关系56名，转出组织关系29名。肿瘤医院有39个党支部，2个党总支，党员总数752人。

党建活动。肿瘤医院党委召开2014年度党委工作总结会，举行党务干部培训2次，执行党委委员联系党支部的制度，举办"三严三实"支部书记讲党课比赛，对党支部工作进行考核，围绕"三严三实"教育开展4次中心组专题学习，按照"基层党委负责组织入党积极分子的培训"的要求举办第一期入党积极分子培训班，举办纪念中国人民抗日战争暨世界反法西斯战争胜利70周年系列纪念活动，召开两会精神学习报告会，开展"共产党员献爱心"捐款活动，395人捐款29272元。

统战工作。2015年肿瘤医院有7个民主党派成员共117人，其中民盟、农工党、九三学社3个民主党派在医院设有基层组织。现有民主党派中央委员2名，市委常委2名，委员1名。民主党派成员中，有全国人大代表、北京市政协常委、海淀区政协委员、海淀区人大代表各1名；民主党派北京大学委员会主委1名，医学部主委1名。

纪检监察工作。肿瘤医院纪委每季度召开纪委工作会议，制定并执行《2015年北京大学肿瘤医院反腐倡廉工作主要任务分工》，开展"医疗机构从业人员知识（'九不准'等）"测试，1200余人参加，制定"北京大学肿瘤医院科室'三重一大'事项记录本"并定期进行检查。

实行领导干部廉政谈话制度，举行廉政教育培训讲座3次。

宣传教育。2015年出版《院

所通讯》74期，北京肿瘤医院彩报17期，在院外报刊发表文章264篇。与各电视、网络媒体合作完成健康教育节目103期。和各网络平台合作400余次。医院微信公众账号发布消息106条，发布微博186条，官网答疑11093条。

【医院文化】 陈敏华教授获"北京市先进工作者"荣誉称号。10月13日，陈敏华教授获第五届全国道德模范提名奖。

肿瘤内科获全国妇联颁发的"全国巾帼文明岗"称号。肿瘤内科女性医务工作者占比达到72.8%，其中50%的女性拥有博士学位，获众多国家级课题，发表SCI论文70多篇，培养了一大批研究生和进修医生。

开展井盖文化节活动。自2012年开始举行的北京大学肿瘤医院井盖文化节，成为医院文化建设的一个新亮点，并在首届医院影像文化高峰论坛上进行"井盖的文化意味"的专题演讲。

医院食堂改建完成。北京市医管局在肿瘤医院召开市属医院膳食服务管理经验交流会。医院食堂获得"北京市全民健康生活方式行动示范食堂"。

参与北京市的医改和重大疾病防控工作。自2011年开始，5年内投入150万，免费为2000名公交、出租车司机进行专业肿瘤防治筛查体检，发现可疑病例62人。

肿瘤医院健康大讲堂开展健康讲座活动已十余年。2015年开展各类健康科普讲座6场，听众1000余人次。

开展"发现身边榜样"活动，出现边输液边工作的最美天使护士、输液医生、高铁列车救治急症乘客的医生、空中施救的教授、拾金3万元的保安员、捡钱1万元还失主的护士、雨中助老找家的好青年、传承三代春节为家乡义诊的研究生、积极报名援疆的好医生等感人事迹，弘扬正能量。

【群团工作】 工会工作。肿瘤医院工会有工会小组66个，会员1891人，其中合同制工会员777人，占合同制员工的99%。召开第九届职代会第四次会议，收到代表提案29件，立案27件，提案答复率达到100%。

中西医结合科工会小组获北京市教育工会先进教职工小家，淋巴肿瘤内科获北京大学模范职工小家，病案统计室工会小组获医学部模范工会小组，医院工会获"北京市教育工会2015年特色工作奖"。

医院工会组织"知法知根——职工学宪法系列活动"，举办"学习习总书记劳模表彰会上的讲话"工会干部培训，学习"习近平总书记在党的群团工作会议上的重要讲话"，组织纪念中国人民抗日战争胜利70周年的抗战知识学习及竞赛活动，开办职工子女假期托管班，举办2015年"润心杯"精品活动，举行第四届"清逸杯庆三八女职工作文比赛"，举行纪念中国人民抗日战争及世界反法西斯战争胜利70周年划船比赛，举办第三届"健身·美丽计划Ⅲ"达标群众健身活动。

共青团工作。肿瘤医院有35个团支部，团员506人。

2015年医院团委对团干部进行"如何开展主题团日"的培训，为迎接五四青年节开展"青春放开跑"活动，联合举办抗战老兵与青年职工座谈活动。在志愿服务工作中，开展门诊导医志愿服务，到街道开展健康宣讲志愿服务，参加社会公益志愿活动，开展会议志愿服务活动。

离退休工作。组织离退休人员参与上级或有关部门组织的有益活动，开展适合老年人的文体健身活动。2015年底，肿瘤医院有离退休职工291人，其中离休干部7人，退休干部223人，退休工人61人。离退休设离退休党总支，下设两个党支部，2015年底有离退休党员92人。

【领带视察】 5月19日，国家卫生计生委副主任、国家中医药管理局局长王国强带队到北京市调研，了解北京市中医药事业改革发展中存在的问题，听取各方意见建议。本次调研的主会场在北京大学肿瘤医院。

调研组实地考察了肿瘤医院中西医结合暨老年肿瘤科，召开北京中医药工作综合调研座谈会，听取肿瘤医院中西医结合暨老年肿瘤科等北京市八个单位的中医药工作情况汇报。

（王伦）

第 六 医 院

【党建工作】 2015年，北京大学第六医院（以下简称第六医院）成立纪委，强化纪检监察部门监督责任，加强重点岗位进行检查；结合"三严三实"专题教育，贯彻落实"八项规定"等相关精神；举办普法知识讲座、经费管理培训会，加强事前教育；先后接受医学部重点领域专项检查、党风廉政检查和基层党建调研。

【医疗工作】 1. 门诊工作。推行门诊药占比的核算工作；加强宣传《首诊负责制》及补充要求；重新编写、免费发放《门诊信息宣传手册》；完善《门诊病历复印流程》；开展专业门诊服务，新开展教学专业门诊；对医生进行岗前培训；完善延时门诊、午间门诊；坚持每月的核心组会议制度；修订完善门诊相关规章制度。

2. 药剂工作。修订《北大六院医院药品手册》；编辑、出版药讯1册；重新修订12个制度；加强药剂科安全质量监督小组职能；每周定期召开部门沟通会，每月安排科室笔试考试一次；安排科室人员与

其他医院药剂科间的相互交流与学习;参与中国药学会翻译《临床药物治疗学》工作;第一次安排药房的实习生带教工作。

3. 感控工作。加强医院感染管理质量控制;全方位感染监测;接受卫生行政部门院感检查和任务;完成院感专业知识、相关法律法规、不同专业人群的培训任务;对流行性传染病进行管理;做好职业防护工作。

4. 医技工作。新增有关应激测评项目2项,将残疾评定纳入心理评测中心工作;参加国家卫生计委临检中心质控工作共7项,参加北京市临检中心质控工作共8项,全部取得优异成绩;优化工作流程。放射科完善出片标识的标准化。

5. 医疗质量与安全。加强病历质量及病案管理;每月召开一次科主任例会;督导各临床科室进行成果总结;开展主治医师督导工作;联合北大心理中心,新开展临床心理案例督导;开展疑难病历讨论;规范医疗行为;强化不良事件上报表;加强临床路径上报工作;加强重性疾病上报工作;建立临床医生的微信群,加强临床问题的沟通和培训;定期对新入职的研究生和住院医师进行岗前培训;定期召开医疗培训、抢救培训。

6. 整改"住院难"问题。贯彻执行《中华人民共和国精神卫生法》,树立病人意志和权利至上的观念;坚持贯彻《解决"住院难"、缩短平均住院日、提高床位使用率整改措施》。

7. 对口支援。对口支援普洱市第二人民医院、朝阳三院、海淀精防所、华一医院、人民医院等。

8. 伦理委员会。通过国家食品药品监督管理总局(CFDA)复核检查,主办全国第一届"国际、国内伦理规范指导提高伦理委员会审查能力论坛",通过WHO国际FERCAP组织的SIDCER现场复核检查。2015年伦理评审项目达100项,比2014年增加6%,比2011年翻一番。

9. 医保物价。协同医务处完善新医疗技术、新项目准入流程及新增门诊医师及多点执业医师资质医保备案审批、培训工作;核查院内医疗仪器设备操作员资质,督导设备科核对医疗仪器设备更新三证并备案;审理远程服务项目及新增医疗收费项目。

【护理工作】 1. 临床护理。深化优质护理服务;加强重点环节管理,降低护理不良事件;严格消毒、灭菌、隔离措施的落实;开展各项康复活动。

2. 护理教学及培训。完成各项继续教育培训,分层级组织护理区县级继续教育培训20个单元,组织全院护理查房7次,举办国家级继续护理学教育培训班2项。完成医学部护理本科生授课24学时,大专生授课53学时。

3. 护理科研。2015年共发表护理论文3篇,其中核心期刊1篇,重点期刊2篇。组织申报3项科研项目。

4. 护理管理。修订急救物品管理制度;下发并试行"护士规范化培训手册";首次组织实施护士晋升综合考评制度;开展"抓三基、强内涵"护理知识学习月活动;召开"第二届护士论坛"。

【科研工作】 1. 学术会议。召开国家精神心理疾病临床医学研究中心启动仪式暨全国精神卫生合作培训研讨会;召开2014年度科研表彰会暨第八届学术年会。

2. 科研项目。2015年国家精神心理疾病临床医学研究中心(北京大学第六医院)申报的国家科技支撑计划项目正式获批,资助金额总计2354万元。

第六医院共获批12项国家自然科学基金项目,其中面上项目6项,青年项目4项,国际(地区)合作与交流项目2项,总资助金额506.93万元;获批省部级科研项目12项;新立项国内横向科研课题18项,总经费339.18万元。

张鸿燕教授与北京同仁堂股份有限公司联合申请重大新药创制专项1项,获批91万元。

于欣教授获批863计划军口部分课题1项,获批20万元。

3. 平台建设。构建临床科研公共平台,第六医院"精神病与精神卫生学"重点实验室获医学部创新平台项目资助350.57万元。

4. 科研管理。制定《科研不端行为处理办法》《北大六院图书捐赠管理规定》《北大六院研究室绩效考核方案及实施细则》等制度管理科研工作。

5. 交流合作。主办第二届中国睡眠与心身医学论坛暨睡眠障碍的临床诊断与治疗进展培训班、第三届中国精神分裂症论坛、精神分裂症研究进展论坛、抑郁障碍临床研究能力培训、全国老年情绪与认知障碍协同研究网络启动会。

6. 科研成果。2015年第六医院人员作为第一作者或通讯作者共发表学术论文169篇,其中,SCI收录论文71篇,中文论文98篇。第六医院人员主编、主译或参加编写著作共计15部。

7. 药物临床试验机构。共开展Ⅱ至Ⅳ期新药临床试验13项,完成5项,正在进行中的药物试验8项,新开展项目8项。2015年在核心期刊上发表与药物试验有关的论文5篇。

8. 《中国心理卫生杂志》。杂志影响因子为0.987,综合评价总分在全国2383家中国科技核心期刊中排名第78位,在4家心理学类期刊中排名第1。2015年继续入选"中国精品科技期刊顶尖学术论文(F5000)"项目来源期刊。

【教学工作】 1. 教学部分。新开设"老年精神医学""精神医学临床与应用研究技能""临床精神药理学"3门课程,继续开设"精神病

学""主客观心理治疗"等7门课程。

2015年硕士招生20人,博士招生12人,在职硕士6人,博士后入站2人。

2. 住院医师培训及继续教育。2015年一阶段在培住院医师28人,二阶段在培住院医师8人。成立第六医院住院医师规范化培训临床督导与考核小组,并出台《北京大学第六医院住院医师规范化培训临床督导与考核小组职责和管理规定》。

共申请国家级项目18项。举办区县级项目(含护理部)44次,单位自管项目98个。共招收各种专项研修人员70名,医学部学科骨干4名。北京市基层骨干进修12名。

3. 教学论坛。开展"神经认知与神经精神病学论坛""精神病理与临床思维论坛""心理学与哲学论坛""临床研究方法学论坛"四大论坛。

4. 教学实践。2015年,共组织30余次教学进病房活动。

【公共卫生服务】 1. 研究成果。2015年发表文章2篇,中文核心期刊和SCI收录文章各1篇。被接受文章2篇,均为SCI收录文章。

国家自然科学基金青年项目顺利结题1项,按照任务书的要求进行2项。

2. 教学与培训。推出"以赛代训"的首次"全国严重精神障碍管理治疗知识与技能大赛"。举办各类培训及会议共计18场。2015年共招收研修生8人,短期进修2人。

3. 社区治疗。编写的严重精神障碍"CARE FOR"系列推出3套核心信息卡:抗精神病治疗,管理治疗服务流程,信息系统。《规范化随访清单》完成草案和第一轮征求意见。

4. 国家项目。承担国家卫生计生委指定的中央补助地方严重精神障碍管理治疗项目办公室工作。2015年中央财政下拨项目经费4.75亿元。

【行政管理】 1. 行政工作。开展"三严三实"专题教育;制定"十三五"期间医院发展规划;坚持志愿服务工作和健康教育工作;按上级要求落实控烟工作;组织协调国内外交流与合作;加强医院网站建设;完成医院信访工作;规范合同管理;举办全国培训班;推进总值班、会议室、行车管理等日常行政工作;共发表各类文章7篇。

2. 人事工作。开展医院新职工岗前培训系列课程,完善院、科两级岗前培训体系;完成领导干部档案专项审核工作;修订《主治医师培训条例》,制定《非主系列人员向主系列科研岗转换的规定》;启动应届毕业生和合同制人员公示程序;组织推优、评优工作多项,以及相关人才库的建立;审定聘用合同;调研相关医院职称评审事宜;完善工伤申报流程;实施离退休人员的相应调资;实施在编人员养老保险和职业年金预存。

3. 财务工作。坚持"统一领导,集中管理"的财务管理模式;健全预算管理体系,为医院各项业务开展提供资金保障;开拓管理思路,规范科研、教学课题经费管理工作;强化财务内部控制,有效防范财务风险;规范各项会计核算工作。

4. 总务工作。设施维护维修保障;物资供应和设备保障;环境美化和清洁卫生工程外包协调工作。

5. 基建工作。落实基本建设项目制度;规范管理,依法建设;完善施工前期手续准备工作;规范招投标程序。

6. 信息化建设。承担第六医院数据中心和区域医疗系统集成项目;与外单位协同开发支付宝预约挂号系统。

深圳医院

【发展概况】 2015年1月26日,深圳市妇科肿瘤工程技术研究开发中心挂牌。5月16日,新外科大楼正式启用,乳腺甲状腺外科及整形外科进驻,2015年内基本搬迁完成。7月8日,名医下社康合作签约。11月19日,口腔医学中心挂牌。北京大学深圳医院(以下简称深圳医院)成为深圳唯一一家具有住院医师规范化培训师资培训资格、能够颁发省级住院医师规范化培训师资培训合格证的基地。检验科通过ISO15189国际认证,成为深圳首家取得此"国际通行证"的医学检验实验室;皮肤科获国家级皮肤医疗美容示范基地,门诊量、专科治疗项目等连续6年位居深圳第一。深圳医院获国家卫生计生委首批高通量基因测序产前筛查与诊断临床应用试点资格。

【队伍建设】 全院员工2409人,其中在编1326人,聘用993人,岗位培训生90人。博士学历164人,硕士学历370人,本科学历1098人。48人担任省市级学会副主委以上职务;19人被认定为高层次人才;博士、硕士生导师105人;高级职称专家565人。

【学科建设】 8个省级重点专科(骨科、重症医学科、内分泌科、泌尿外科、检验科、皮肤科、肾内科、医学影像科),8个市级重点专科(骨科、重症医学科、泌尿外科、医学影像科、妇科、急诊医学科、临床护理、皮肤科),7个省市重点实验室(骨科生物材料开发与应用工程实验室;女性重大疾病早期诊断技术重点实验室;颌面部骨再生材料重点实验室;眼科检测技术工程实验室;广东省、深圳市男性生殖与遗传重点实验室;深圳市皮肤疾病转化医学重点实验室;深圳市人体

听觉与平衡功能医疗技术工程实验室),2个市级平台(医学影像临床应用公共服务平台;深圳市皮肤疾病分子检测平台)。

【医疗工作】 2015年门急诊总量296.08万人次,比2014年增长0.11%;开放床位1200张,比2014年增长18.69%;出院53776人次,比2014年增长7.97%;手术34701人次,比2014年增长2.16%;床位使用率106.17%,比2014年降低2.04%;平均住院日7.86天,下降0.18天。危重症病人抢救成功率95.04%。医院药占比31.27%。

2015年在市卫生计生委和市医管中心组织的医疗质量整体评估中排名全市综合医院第一,其中临床路径管理、病历综合评价、护理质量、院感控制、药事管理、临床检验6个单项均排名全市第一。全省三级医院满意度第三方测评结果,在130家参评医院中名列第五。

生殖医学科辅助生殖技术全覆盖,辅助生殖周期数全市第一,成功率超40%;心内科年心脏介入手术超1400例次,冠脉介入手术并发症发生率控制在1%以内,长期帮扶兄弟医院开展冠脉超声、冠脉旋磨等先进技术;血液内科全市率先开展复发/难治淋巴瘤的造血干细胞移植,2015年开展各种移植(包括大剂量化疗+干细胞支持)20例,全部成功。

【护理工作】 连续12年推行ISO9001护理质量管理体系,2015年成为中国区第一个通过2015新版标准评审的单位。"美康圈""飞雁圈"分别获第三届全国医院品管圈大赛一等奖、三等奖。护理满意度达到98.02%。

【科研工作】 2015年中标国家自然科学基金5项;省级科研基金13项;市科创委立项课题47项,其中重大项目3项;市卫生计生委立项课题25项;共获得科研资助1967万元。获深圳市科技进步一等奖1项,二等奖1项,华夏医学三等奖1项。获实用新型专利和发明专利共55项。发表论文582篇,其中SCI收录63篇,最高影响因子5.7。

2015年重点学科、重点实验室和平台共获得资助630万元;骨科、妇产科"三名工程"分别引进北京协和医院邱贵兴院士团队、北大人民医院魏丽惠教授团队,共获得政府资助750万元;国家药物临床试验机构协议研究经费800万元,承担临床试验50项。

【教学工作】 完成61名北京大学医学部8年制口腔医学博士生临床桥梁课教学任务和156名本科生临床实习带教任务;3名教师和1名教学管理人员被评为北医优秀教师和优秀教学管理人员。招收研究生81名,进站博士后6名。建立23个国家级住院医师规范化培训基地,成为全省前5、深圳唯一具有住院医师规范化培训师资培训资格和颁发省级住院医师规范化培训师资培训合格证的医院基地,2015年接收规范化培训住院医师增至80人。

【学术会议】 2015年深圳医院主持召开第二届甲状腺手术技巧交流与学习班,北京大学妇产科学系护理论坛,2015年深圳市超声医学学术年会暨国内外超声心动图指南(胎儿-小儿-成人)深入解读研讨班,深圳市医学会显微外科专业委员会成立大会,北京大学鹏城内分泌论坛暨深圳市女医师协会内分泌代谢病专委会成立大会等。

【医疗合作】 与广州中医药大学深圳医院(原福田中医院)签订协议,选派副主任以上专家到下属10个社康中心坐诊。

【党建工作】 1.将"三严三实"专题教育融入日常工作。2.完善内审机制。完成骨科人体植入耗材、检验科专用试剂等耗材的重新招标,采购价比2014年分别下降20%和5%,2015年为医院节约成本约1700万元。完成前期合同审计204份,审计金额达3.47亿元,合同审计份数(次)比2014年增加43.66%,审计金额比2014年增加91.96%。3.阳光用药管理与医院行风工作形成长效、联动机制。针对辅助性药品、抗菌药物使用开展专项处方点评和临床药师查房,对违规人员进行诫勉谈话,药品比例和人均药费均明显下降,住院病人抗菌药物使用强度(DDD值)、I类切口抗菌药物预防使用率2015年第四季度均达标。

【工会工作】 开展游泳、羽毛球、篮球、网球、摄影、瑜伽等各类职工文体活动;组织开展职工运动会、青歌赛、户外拓展、青年联谊等各种活动。在院区环境改造的同时,引入太平洋咖啡厅、市图书馆自助借阅图书系统,为医务人员和患者营造休闲与阅读的环境氛围。

关注职工心理,维护医务人员合法权益。针对繁重工作、职业风险以及"暴力伤医"等各方面对员工可能带来的心理压力,工会设立"心灵小屋",定期邀请心理学专家开设心理疏导课程和讲座,舒缓医务人员的心理压力。2015年深圳医院被深圳市委宣传部授予"社会主义核心价值观示范单位"。

【对口帮扶】 近30名医疗和管理专家赴河源市人民医院专项指导"三甲"创建工作;53名医师分两批次到和平县人民医院下乡驻点;重症医学科主任医师黄磊赴新疆喀什人民医院挂职帮扶一年,开展10余项重症医学新技术项目。

(陈惠燕、田怀谷)

首钢医院

【发展概况】 1.基本情况。2015年北京大学首钢医院(以下简称首钢医院)有职工1844人(在编1105

人、合同制739人),其中卫生技术人员1495人,包括正高级职称39人、副高级职称93人、中级职称469人、初级师525人、初级士124人、无职称245人。

医疗设备总值26897万元,其中乙类医用设备数7台。2015年新购医疗设备总值571.61万元。

2. 机构设置。7月21日,成立核医学科,原医学影像科核医学专业组职能及人员划归核医学科。9月21日,医务处与药物临床试验机构办公室合署办公,纪(监)委与审计室合署办公,工会与离退休办公室合署办公,组织部与团委合署办公;原内窥镜中心更名为内镜室,改为班组建制;取消车间保健科科级建制,人员及职能划归古城社区卫生服务中心;取消社区医疗部管理层级,原社区医疗部办公室人员划归金顶街社区卫生服务中心,职能不变。

3. 改革与管理。2月4日,调整医院领导班子成员。向平超任医院党委书记、纪委书记、工会主席、副院长,顾晋任院长。

开展廉政教育,邀请石景山区检察院职务犯罪预防处处长郭淑丽作题为《遵纪守法、廉洁从业》预防职务犯罪专题讲座,制定《2015年党风廉政建设和反腐败工作任务分工的通知》《进一步开展医药购销领域商业贿赂专项治理工作分工方案》《贯彻落实〈建立健全惩治和预防腐败体系2013—2017年工作规划〉的实施办法》和《实施方案》。2015年收到表扬信162封、锦旗119面。

【医疗工作】 日常接诊。门急诊1052813人次,其中门诊967232人次,急诊85581人次,急诊危重症抢救1631人次,抢救成功率93.86%,编制床位1006张,实际开放907张。出院25995人次,较2014年增长0.83%;床位周转30.06次,床位使用率87.99%,平均住院日10.75天;死亡率2.58%。全院患者药占比52.15%,其中住院患者药占比36.92%。住院手术5827例。剖宫产率36.69%,孕产妇死亡率0/万、早期新生儿死亡率0‰、围产儿死亡率1.55‰。

新技术、新疗法。开展新技术、新项目47项。普通外科一病区的超细胆道镜在腹腔镜保胆手术中的应用等6项获医院新技术、新项目专项奖。

临床路径管理。上报试点临床路径病种25个,实施临床路径的科室12个,入径管理1384例,入径率83.12%,完成率72.83%。

预约挂号管理。采取网络预约、窗口预约、电话预约、诊间预约、手机App预约和社区转诊预约等多种形式,开放号源比例100%,预约挂号人次占门诊比例约2.32%。

医院感染管理。医院感染率1.39%。制定《医院环境清洁卫生制度》和MERS处理流程、HIV暴露后上报程序流程与锐器伤监测及预防用药费用报销流程等。

医保工作。2015年医保出院17914人次,比2014年增长2.54%;总费用35527.97万元,次均费用19833元。

医疗支援。选派29名医务人员赴内蒙古丰镇市医院对口支援,主要开展临床诊疗、教学培训和查房、疑难病例讨论、学术讲座等。查房189人次,教学查房8人次,疑难病例讨论会诊54人次,专题讲座55次,临床手术25例。首钢医院每月安排各科室医务人员对口支援社区卫生工作,保证古城、苹果园、老山、金顶街4个社区卫生服务中心每天都有医院主治医师以上人员出诊。

医联体工作。1月9日,首钢医院首次召开北京大学首钢医院医联体成员单位研讨交流会,与13家成员单位研讨与交流。6月18日至19日,首钢医院党委书记、院长带领党员和统战人士专家代表团队赴首钢京唐公司、迁钢公司和矿业公司为一线干部职工和家属进行健康讲座和健康咨询。9月14日至18日,首钢医院开展"服务百姓健康行动"大型义诊周活动,派出医务处、护理部、心内科、普外科人员赴内蒙古丰镇市医院进行为期5天的义诊活动,包括查房、义诊、带教、疑难病例会诊、授课等,发放材料100份,并开展护理评估及护理查房。

医疗纠纷处理。参加医疗保险1490人,保费78.82万元。发生医疗纠纷15起,经市医调委调解10起、法院判决5起,赔付总金额1087632.1元。

【护理工作】 护士707人(均为注册护士),其中,合同护士524人,医护比例0.61∶1。ICU床位45张。

全部病区落实责任制整体护理,住院患者满意度超过98%。建立专科护理质量指标95个,开展护理品管圈活动,并完成13个项目。开展循证护理查房,完成院级和多科室联合查房22次。修订疾病护理指引202个,修订护理规章制度、指标等11项。

2015年,获批院内青年基金课题2项,在统计源期刊发表护理论文5篇。

完成护理临床实(见)习带教257人,其中本科生9人、大专生244人、中专生4人。全院护理人员继续教育学习达标率99.9%。接收进修护士1人。15人参加专科护士培训并取得证书,其中血透室护士1人、急诊室护士1人、糖尿病护士1人、造口伤口护士1人、PICC护士7人、ICU护士3人、手术室护士1人。

【科研工作】 2015年新增课题8项,其中市委组织部课题1项、吴阶平医学基金课题1项;发表论文117篇,其中核心期刊56篇、非核心期刊61篇,SCI收录文章4篇。

1月,骨科主任张光武完成

"常见骨与关节疾病防治知识系列科普读物",获北京市科学技术奖三等奖。3月27日,召开青年医师沙龙成立大会暨第一次学术会议。6月5日至6日,举办2015年北京西部医学论坛。6月17日,召开首届结直肠癌多学科诊疗模式研讨会,标志着医院结直肠癌多学科诊疗模式正式启动。7月23日,召开题为"聚焦慢阻肺和哮喘的诊治"的京西呼吸论坛。9月24日,北京市中医"服务模式和学术发展模式"改革启动会暨学术研讨会在首钢医院召开。

【教学工作】 本科教育方面,完成北京大学医学部2011级生物医学英语专业教学和2012级海外口腔专业教学共43人935学时,完成2010级辽宁医学院临床教学实习47人,完成2012级、2013级天津医科大学临床教学实习70人,完成2011级三峡大学医学院临床教学实习11人,完成2011级内蒙古民族大学医学院临床教学实习17人。2015年医院培养硕士研究生8人,博士研究生2人。

2015年,医院参加市卫生计生委专科医师规范化培训的住院医师共117人,其中第一阶段61人,第二阶段56人。参加继续医学教育1392人,接收进修25人。举办短期学习班24次,4800人次参加。为职工举办学习班74次,150人/次。脱产学习150人次,到院外进修16人,出国进修3人。2015年医院录取研究生20人,其中硕士研究生16人,博士研究生4人。

【学术交流】 邀请德国护理专家一行3人来首钢医院与护理骨干进行中德护理专业交流,邀请德国埃森大学院感办主任沃尔特·波普教授来院进行题为"医院感染作为一个重要公共卫生问题的概述和未来发展"的学术交流。赴美国、中国台湾等地进行考察和参加国际学术会议5人次。

【信息化建设】 完善临床信息系统移动医护系统,实现信息化存储共享,新增电子病历的单点登录和单病种管理工作,完善手麻、重症系统。上线抗生素管理系统。完成医院门诊楼无线路由器全覆盖,推进中国建设银行与首钢医院"银医通"合作项目并实施。开展纸质病历数字化扫描项目,解决目前纸质病案的管理问题。

【基础建设】 完成立体停车楼建设项目并投入使用。建筑规模52727 m^2 的新门急诊医技大楼建设项目正在完善市发改委要求的立项前期资料。完善门诊检验平台及图书馆改造后期工作,完成住院大楼首层及负一层装修、风机盘管更新、部分科室改造装修等新建及改造工程项目10项。

(吴妍彦)

国际医院

【发展概况】 北京大学国际医院位于昌平区北清路生命科学园内,总建筑面积44万 m^2,核定床位数为1800张,总投资45亿元。3月27日,增设诊疗科目精神科。7月27日,变更陈仲强为医院法定代表人。

【队伍建设】 在职职工总人数为1546人,其中卫生技术人员1182人,包括正高级职称17人,副高级职称31人,中级职称169人,初级师538人,初级士373人。

2015年医院办理多点执业医师380人,其中主任医师146人,副主任医师122人,主治医师112人。

【学科建设】 开设临床科室47个,医技科室12个,总计59个专业。其中32个共建科室集中了北京大学医学部最优势的医疗资源,22个学科获国家级的重点专科项目。与北京大学医学部合作学科全面落地,与北京大学人民医院、北京大学第一医院、北京大学第三医院、北京大学口腔医院、北京大学肿瘤医院、北京大学第六医院签署了学科共建合作协议,委派核心专家对医院学科与队伍建设、医疗教学科研工作进行全面帮扶,对学科布局进行规划,初步确立发展特色。初步确立特色学科有血液病、肾内科部、骨与关节外科、肿瘤科、神经外科等;重点学科包括普外科部、心脏内科、消化科、呼吸科等;发展高端医疗服务:高端孕产妇中心、特需医疗部、国际医疗部以及高端健康管理中心。与首都医科大学附属天坛医院神经外科达成学科共建合作意向,并有效开展临床工作。

【医疗工作】 全年门诊量115659人次,急诊4804人次,急诊危重症抢救102人次,抢救成功率98.04%。医院编制床位532张,年出院4562人次,床位周转次数0.61次,床位使用率19.95%,平均住院日9.39日,死亡率0.20%。住院手术例数2196例。剖宫产率38.05%,孕产妇死亡率0/万,新生儿死亡率0‰,围产儿死亡率9.57‰。医院感染发病率为2.08%,法定传染病报告率100%。

医保门急诊就诊人次5130人,门诊次均费用为284元。出院人次共计172人,次均费用为13516元。

药占比为30%,其中门诊药占比为22%,住院药占比为34%。门诊患者抗菌药物使用率6.6%,急诊患者抗菌药物使用率18.0%,住院患者抗菌药物使用率57.5%。

2015年医院护士人数为751人,在院护士716人,赴北京大学第三医院轮转护士人数35人。医护比例为0.67∶1,ICU开放床位数为26张。

【科研工作】 2015年,医院搭建科研管理体系,发布科研项目、科研经费和论文管理制度,建立相关

流程,成立生物医学伦理委员会。医院获批国家自然科学基金1项,全年在研课题6项,到位经费44.8万元。2015年发表论文11篇,其中SCI收录论文2篇,总影响因子8.244。出版专著1部。

【教学工作】 2015年医院共录取研究生66人,其中硕士54人、博士12人。外送住院医师进行规范化培训共计52人;2015年度临床人员实际到院外进修10人。

【学术交流】 4月14日,澳大利亚国立大学校长携医疗代表团访问北京大学国际医院,就医院发展遇到的机遇与挑战进行了会谈。5月7日,美国纽约特种外科医院董事代表团来访。10月26日,由荷兰卫生、福利和体育部副部长马丁·范莱恩带领的荷兰医疗代表团到访北京大学国际医院,并出席中荷医学研讨会。

【社会服务文化建设】 2015年共组织开展社区健康教育活动58场,参与人数5000人次。传统媒体(包括报纸、杂志、电视、广播)开展大众健康教育35篇,新媒体(医院门户网、其他网站、博客、微博等)进行科普宣传69篇。

【北京大学国际医院通过三级综合医院资质审核】 2015年2月17日,北京市卫生和计划生育委员会同意核定北京大学国际医院为三级综合医院。

【北京大学国际医院正式被批准为北京市基本医疗保险定点医疗机构】 2015年9月26日,北京市昌平区人力资源和社会保障局、昌平区社会保险事业管理中心、昌平区卫生和计划生育委员会相关领导及工作人员一行莅临北京大学国际医院,对医院进行新增定点医疗机构现场验收。2015年9月28日,北京大学国际医院正式被批准为北京市基本医疗保险定点医疗机构。

(王迎)

滨海医院

【发展概况】 2015年北京大学滨海医院(天津市第五中心医院)(以下简称滨海医院)党政领导班子贯彻落实党的十八大和十八届三中、四中、五中全会精神,落实市区卫生工作的决策部署,围绕成为"北京大学附属医院"的奋斗目标,落实医院和学科发展规划,以内涵建设为着力点,强化学科建设、提升教学水平,完善医疗质量管理,推进质量监控和绩效考核体系建设,使医院整体工作向更高水平迈进。

表11-1 2015年滨海医院基本情况表

	数量	与上年比增长数	与上年比增长率(%)		数量	与上年比增长数	与上年比增长率(%)
建筑面积(m²)	115000	0	0	职工人数	1057	18	1.73
床位(张)	800	0	0	卫生技术人员	916	26	2.92
固定资产(万元)	99507.44	605.32	0.61	高级技术人员	153	10	6.99
设备(万元)	37306.74	491.49	1.34	中级技术人员	251	-17	-6.34
				初级技术人员	512	33	6.89
医疗服务 诊疗人次(万)		140.32		卫生费用 平均每一门诊人次医疗费用(元)		233.28	
医疗服务 门诊人次(万)		120.83					
医疗服务 急诊人次(万)		19.49		卫生费用 平均每一出院病者医疗费用(元)		16293.73	
医疗服务 住院人数(万)		2.52					
医疗服务 出院人数(万)		2.52					

注:小数点后保留两位有效数字。

【政务管理】 完成绩效考核RBRVS系统和成本控制方案,正式进入试运行;加强目标考核管理,动态调整各项指标;落实缺陷管理,2015年共针对违反47项规定的2304项问题进行处罚;推进不良事件和投诉的统计和分析,加大对重点问题的改进督导力度。完成绩效工资改革并开始实施,落实养老保险改革。按照市、区两级卫生计生要求,2015年12月1日启动公立医院改革试点工作;推进医院和社区一体化工作,探索建立医联体模式。在预算管理、成本核算的基础上,完善经济分析体系,专题分析各类项目,执行内控和审计制度。对支出量较大的耗材实行院内招标采购,涉及金额约占普通耗材支出的22.4%,2015年节约成本309万元。

【医政管理】 加强制度建设,落实核心制度,规范医疗行为。加强三级医师查房、病例讨论、手术分级、会诊等制度的落实,持续改进,加大一线督导检查的频次,发现问题及时整改。2015年药品收入占业务收入比例为43.95%,抗菌药物强度38.95DDD,一类切口抗菌药物预防使用率18.56%,门诊患者抗菌药物使用率14.93%,急诊患者抗菌药物使用率33.38%,住院患者抗菌药物使用率52.64%,接受抗菌药物治疗住院患者微生物检验样本送检率57.89%。

扩大优质护理服务覆盖面,提高护理服务水平;落实三级护理质

量管理，细化质量考核标准，提高护理质量，确保患者安全；加强岗位培训，提高护理专科水平。2月，经天津市护理质控中心评审，滨海医院成为天津市手术室专科护士培训基地。9月，通过天津伤口造口专业委员会专家评审，滨海医院成为首批全国"优玛国际天津伤口学校"教学基地。10月，滨海医院成立滨海新区唯一的专科护士造口门诊并正式开诊。

【教学科研】 滨海医院中心实验室以转基因鼠的系统化制作为着眼点，深化与美国杜克大学医学中心的合作实质内容；以SUMO重大专项研究为实验室核心工作，确立涉及16个临床及医技科室的子课题研究方向，组织临床骨干进行理论和技能培训30余人次。与泰达国际心血管病医院等单位建立9个天津市住院医师规范化培训基地，规范内、外、妇、儿教研室管理，完善临床技能实训中心布局建设；2015年共接收实习学生207名，招收医师规范化培训学员77人，接收外院进修人员50人次，完成北京大学医学部2012级医检系26名学生"临床医学概论"理论教学任务；2015年举办国家级继续教育项目1项、省市级继续医学教育项目5项；举办区县院级学术活动51项；发表论文63篇，其中SCI论文2篇，核心期刊50篇。

2015年度滨海医院获国家自然科学基金项目2项，天津市科技成果认定项目10项，填补天津市空白项目3项，滨海新区卫生计生委科技项目19项，专利3项。

表11-2　2015年度滨海医院获得的国家自然科学基金项目

项目类别	项目编号	项目名称	负责人
国家自然科学基金项目	81500258	染色质重塑对房颤心房肌肥大基因转录调控影响的研究	郑柳颖
	81501073	SUMO促进创伤性颅脑损伤神经修复的研究	张琳

【学科建设与技术创新】 加强骨科、妇产科、儿科和外科等共建重点科室建设，按照重点发展学科、重点特色学科、重点支持学科的层次体系，支持各学科建设。

骨科以创伤、脊柱、关节外科为依托，以运动医学、肩肘外科、脊柱微创、骨盆髋臼骨折救治、足踝外科为建设发展方向，成立滨海新区首个足踝外科诊疗中心，发展关节镜和显微外科技术，开展微创经皮桥接钢板技术治疗骨盆前环骨折，处于国内外领先水平，并率先将3D打印技术与临床手术相结合。

妇科着力提升肿瘤和微创手术水平，逐步扩大盆底手术的范围；产科发挥病理产科和危急重症转诊中心作用；生殖门诊通过宫/腹腔镜检查明确不孕原因并治疗与不孕相关的妇科疾病，为病人提供适合病情的个体化治疗手段。

儿科以新生儿监护平台建设为主攻方向，按照学组划分提升普儿疾病救治能力，与儿外科协作，提升儿科疾病诊治水平。

泌尿外科开展腹腔镜下肾癌根治术，腹腔镜下全膀胱切除术和腹腔镜下前列腺癌根治术，处于天津市领先水平；2015年开展体外碎石技术500余例。肛肠外科在北京大学第一医院专家指导下完成滨海新区首例腹腔镜下结、直肠癌根治术。眼科在北京大学第一医院眼科潘英姿教授带领下，三年内打造出一个白内障超声乳化手术团队；白内障、青光眼专业在天津市已跻身先进行列；小儿斜视弱视及眼底病专业团队初见雏形；开展眼球内注射抑制新生血管生长药物治疗黄斑变性、糖尿病视网膜病变、新生血管性青光眼，在全国属领先水平。超声科借助北京大学第三医院超声诊断科技术优势，开展肌骨超声检查项目，在天津市处于领先水平。

合作共建第二周期以来，儿科、骨科、妇产科和外科分别与北京大学附属医院对应学科建立嵌入式合作关系，任命北京大学医学部专家为科主任，主持学科建设，聘请专家团队参与门诊、查房、手术等具体工作；其他学科完成顾问的聘任工作。

【纠纷处置】 2015年接待投诉127例，解决103例，其中：院内协商解决2例，医调委调解解决7例，沟通解决94例，结案率为81.10%。医疗事故及医疗损害鉴定4例。发生暴力伤医事件3例，沟通解决2例。

【卫生应急】 8月12日23时30分左右，天津滨海新区东疆保税港区瑞海国际物流有限公司危险品仓库发生特别重大火灾爆炸事故，造成重大人员伤亡。事故发生后，滨海医院启动应急预案，成立9个专业组，调配医务人员、开启绿色通道，当晚共有500余名医务人员到岗，共接诊伤者970余人，清创、缝合伤口800多例，收住院130人，其中急危重症患者16例，重症患者14例；同时开放11个术间，接诊24小时内通过绿色通道完成颅脑损伤、血气胸、大血管破裂、脾破裂、肾破裂、肠破裂、后腹膜血肿、骨折清创、截肢等手术共计81例次。救治期间，先后接收东江、响螺湾、汉沽、大港、永久、塘沽中医、宁河县医院转入伤员84人。国家卫生计生委、天津市卫生计生委分别组织专家组赴医院对伤员进行会诊并指导救治工作。北京大学医学部在爆炸发生后第一时

间组织各附属医院专家力量支援抢救工作,并根据伤员情况陆续派出专家参与救治工作。中华医学会物理医学与康复学会专家在津召开会议期间,专门派出专家组指导伤员康复工作。中共中央政治局委员、国务院副总理刘延东受习近平总书记、李克强总理委托,代表党中央、国务院赴医院探望爆炸事故中受伤人员并慰问家属。截至2015年12月31日,门急诊累计接诊3700人次,收治入院患者242人次,其中重症患者30人,手术187台次。滨海医院的救治工作得到国家和天津市卫生计生委专家的高度认可。

【便民服务】 建立滨海医院公共微信平台,设立门诊总服务台,优化诊疗流程,建立门急诊患者实时流量监控和人员调配体系,通过流量监控引导患者合理选择就诊时段。

【预防保健】 2015年计划内接种13000人次,建档1192人。学生查验接种证1104人。1岁以内儿童先天性心脏筛查、先天性髋发育不良、白内障等筛查989人次,脑瘫、孤独症筛查675人。辖区内0~7岁儿童健康体检1024人次,管理覆盖率达到95%以上。新生儿产后跟踪追访743人次,儿保访视574人次,妇保追访889人次,妇保访视640人次,高危儿管理26人,高危产妇管理272人。

【对口帮扶】 选派内分泌科医生康伟赴新疆和田策勒县人民医院开展支援工作。分别选派儿科医生王永霞、肝胆外科医生蔡雪军为第十批、第十一批援甘干部赴甘肃省陇南市人民医院、甘肃省第三人民医院开展支援工作,蔡雪军被授予"2015年度天津市对口支援优秀专家"称号。第八批援疆干部内分泌科张丽医生获"天津市对口支援新疆工作先进个人"。

滨海医院与滨海新区武警部队签订对口支援协议,在开通绿色通道优先救治、免费进修、健康教育、定点帮扶、健康巡诊等方面进行对口支援。

【队伍建设】 2015年招收录用新职工59人,其中博士、硕士43人。截至2015年12月31日,医院共有博士及博士后9人,硕士294人。2015年派出进修人员16人次,其中2人以国内访问学者身份赴北京大学医学部培训一年,心血管内科1人赴美国杜克大学进修,血管外科1人赴美国斯坦福大学医学院进修。

【信息化建设】 完成医院各部门名称和编码规范化工作,为提高信息交换效率奠定基础;基本完成手术编码目录梳理,为DRGs应用做准备;推进"病案扫描数字化扫描"存档工作,提高病案管理水平和回收效率;推进院内HIS、PACS等各信息系统与新设备间的接口对接工作;启动"掌上智慧医院"App合作项目。

【安全保障】 建立主动管理工作模式,组织各项全面巡查20余次。对腐蚀严重的螺杆机小冷却塔进行改造,冷却效果得到改善,每月节水300余吨,2015年度节约水费约3万元;对制冷机房热水锅炉进行机组、泵组优化及平衡控制,降低供暖期能耗。电梯故障由原来每月30余次降至5次,弱电系统故障由每日2.3次降低至1.3次;对物业等外包服务进行考核,2015年因服务质量不达标扣除相关外包服务费5.98万元。

【基础建设】 推进一期项目尾款审计及支付和二期新门急诊楼启动的前期准备工作。按照施工计划,推进地下停车库工程施工进度,截至2015年底累计完成总工程量的50%,计划2016年底完工。协调规划部门调整医院规划指标,为新建营养食堂、提升改造第二住院部为儿童中心创造条件。

【学术交流】 3月20日,举行"风湿免疫科继续医学教育全国培训学习班(天津站)"。

5月31日,召开"滨海新区首届口腔种植学术研讨会",来自滨海新区和天津市的200余名口腔种植医务人员参加会议,嘉宾就学科发展和前沿动态进行学术交流。

6月5日,由美国休斯敦医学中心赫尔曼纪念医院前首席执行官Juanita Romans,TRG医疗集团首席运营官David Jones和中国人寿医养结合项目执行团队组成的访问团来院参访,就康复及康复相关工作进行交流。

6月21日,承办"顶天立地——泌尿腔镜中国行暨外科微创腔镜技术交流、滨海新区医学会泌尿外科专业委员会成立"大会。中国工程院院士郭应禄教授,中华医学会泌尿外科学分会主任委员、中国人民解放军第二军医大学校长孙颖浩院士,天津市医学会泌尿外科学分会主任委员、天津市医科大学第二附属医院副院长徐勇,《医师报》总编辑邢远翔分别为大会致辞。与会专家就泌尿腔镜前沿技术作学术报告和手术同步实时演示。

10月24日,举办"2015年滨海脑血管病论坛",本次论坛邀请北京天坛医院、天津医科大学总医院等京津两地多位著名脑血管病治疗领域专家参会,并作疾病诊治新进展的学术报告,来自滨海新区各医疗单位60余位脑血管病专业的医护人员参加学术活动。

11月27日,召开"滨海新区神经科论坛暨神经损伤与变异高级研习班"。专家针对神经科疾病预防、诊疗过程中存在争议的热点论题和科学方法进行研讨。

12月3日,邀请美国杜克大学盛华新、杨巍教授和弗吉尼亚大学徐文灏教授举办"转基因动物知识讲座"。三位教授讲授CRISPR/Cas9基因编辑技术在分子生物学领域的应用,并就相关技术进行多场实验操作演示。

12月23日,举办"京津足踝外科高峰论坛暨天津市2015年度足踝外科年会"。本次高峰论坛邀请到北京大学人民医院姜保国教授、同仁医院张建中教授、积水潭医院武勇教授、北京大学徐海林教授和天津医院辛景义教授等知名专家进行专题演讲和病例讨论,共同探讨足踝外科领域的热点、难点问题,来自京津和滨海新区多家医疗机构的300多名医疗专业技术人员参加论坛。

【作风建设】 严格执行"一岗双责"要求,制定《天津市第五中心医院关于党风廉政建设和行业作风建设工作责任分工意见》。按照"谁主管谁负责"原则,将党风廉政建设和行风建设工作任务细化分解到主管领导、牵头和配合部门,形成主要领导负总责,分管领导亲自抓,上下协调,齐抓共管,全员参与的工作格局,落实各项任务。抓好责任分解、责任考核、责任追究三个关键环节。

召开"深入开展纠正四风、严格落实卫生行业九不准工作推动会"。完善修订《引进新医用耗材管理规定》《科研耗材管理办法(试行)》《自费医疗器械经营管理制度》《新药引进管理规定(2014年修订版)》等药品、耗材等制度,规范药品、耗材招标、使用的行为。滨海医院与供应商签订《医疗卫生机构医药产品廉洁购销合同》,与住院患者签署《医患双方不收和不送"红包"协议书》。2015年受理信访7件,均已办结。2015年收到患者表扬信、锦旗380余封(面),医务人员拒收"红包"96000余元。

【党建工作】 召开党员大会进行党委改选换届工作,选举产生新一届党委委员。2015年发展党员7名,预备党员转正8名。2名党员分获天津市劳动模范和五一劳动奖章;17名党员获局级优秀党员荣誉称号;1个支部获局级先进党组织,院党委获塘沽街道大党委先进单位。为纪念中国人民抗日战争胜利70周年,开展爱党爱国爱院教育、双学双评活动。2015年走访慰问8名离休老干部,邀请离休老干部为青年团员进行革命传统教育。

【工会工作】 2015年组织开展瑜伽培训、青年交友会、篮球比赛等活动。拿出帮扶资金8万余元慰问34名"8·12"爆炸事故受灾职工,帮助职工解决实际困难。为300多名退休职工进行健康查体。为20名职工办理天津市居住证积分入户,其中16人落户天津,确保职工队伍稳定。

【公益活动】 2015年组织大中型义诊活动11次,累计服务群众1400余人次。组织全院职工参加"慈善一日捐"活动,共捐款39995元。组织27名职工参加义务献血,献血总量6300ml。

3月3日,开展"安全用耳,保护听力"为主题的爱耳日义诊宣传活动,累计服务群众100余人次。

3月5日,组织志愿者参加"爱在滨海共享幸福学雷锋志愿服务"活动,累计服务群众200余人次,发放健康宣传材料300余份。

3月6日,妇产科举办"温情三月,关爱女性健康"义诊活动,累计服务群众200余人次。

3月9日,赴华云园社区服务站开展"关爱妇女健康"义诊咨询活动,累计服务群众100余人次。

3月18日,眼科主任张林昌带领医护人员赴拥军里社区开展老年人眼保健知识讲座,累计服务群众100余人次。

4月15日,举办第21届全国肿瘤防治宣传周大型义诊活动,累计服务群众300余人次。

5月8日,参加"滨海新区世界红十字日"义诊活动,累计服务群众230余人次。

10月29日,开展"世界卒中日"义诊活动,累计接待患者咨询200余人次。

11月11日,组织"糖尿病日健康教育展示"活动,累计受益患者200余人次。

11月4日,皮肤科举办"中美疤痕专家义诊咨询"活动,累计受益患者100余人次。

11月14日,与北京大学第一医院联合举办以"携手健康 护航早到的天使"为主题的早产儿公益活动。

【奖励荣誉】 1. 国家级(集体)。急诊科被评为"2014年度全国工人先锋号"。

2. 天津市级(集体)。滨海医院被天津市发展和改革委员会评为"2013—2014年度价格诚信单位"。输液中心获"2014年度天津市工人先锋号"称号。急诊科护理部被天津市妇女联合会授予"2014年度天津市三八红旗集体"称号。急诊科获"天津市劳动模范集体"称号。九三学社天津市第五中心医院支社被九三学社天津市委员会评为"先进基层组织"。输血科获2015年京津冀血液安全知识竞赛(天津赛区)三等奖。

3. 天津市级(个人)。杨万杰被评为"天津市劳动模范"。张桂娟获"2014年度天津市五一劳动奖章"。

4. 区级(集体)。天津市第五中心医院委员会被评为"滨海新区先进学习型党组织"。

5. 区级(个人)。张贺萍获"滨海新区巾帼建功标兵"称号,"2014年度滨海新区五一劳动奖章"。李强、杨万杰被评为"滨海新区优秀学习型党员"。刘晓智获滨海新区青年"五四"奖章。

6. 局级(集体)。外科支部委员会被中共天津市滨海新区卫生和计划生育委员会评为"2015年度滨海新区卫生计生系统先进党组织"。滨海医院获滨海新区卫生和计划生育委员会颁发的"无偿献血特别奖"。

7. 局级(个人)。付艳霞被中

共天津市滨海新区卫生和计划生育委员会评为"滨海新区卫生计生系统优秀党务工作者"。蒲丽艳、田海静、勾幸生、蔡雪军、宋迎、张景军、张雅婷、冯雪云、袁俐、王继国、张泰娟、孟瑶、付晓昉、张贺萍、高宗辉、赵建敏、王琳莹、张欣被中共天津市滨海新区卫生和计划生育委员会评为"滨海新区卫生计生系统优秀共产党员"。

(吴培东、赵建敏、任亮)

校 医 院

【发展概况】 北京大学校医院秉持"立足北大,服务社会,精益求精,诚信为本"的办院方针,以社区卫生服务为基础,以专科特色为亮点,为师生健康需求提供优质医疗保障;以医院健康持续发展、为医院全体职工谋福利、为北大创建世界一流大学贡献力量为目标,推进医院发展。

科室设置。设有综合办、医务科、护理部、财务科、人力资源办、宣教办、离退休接待办、质量管理与控制办、公费医疗管理办、医院感染管理与控制办等职能部门和管理科室;口腔中心、体检中心、妇幼中心等三个特色中心;门诊科室有内科、外科、急诊室、眼科、耳鼻喉科、中医科、皮肤科、康复科、心理咨询、保健科、导医组、挂号室;辅助科室有放射科、功能检查科、检验科、药房、手术室、供应室、信息科、物资组。

人员情况。2015年有在编职工120人,其中卫生技术人员110人,正高职称6人,副高职称43人,中级职称61人,初级职称8人,行政后勤人员8人;劳动合同人员235人,其中医师63人,护士110人,其他62人;正式调入1人,退休6人。

人事管理。引进人才,2015年社会调入3人。落实医院人事工作管理和岗位聘任工作,根据学校985岗位聘任工作要求,对医院在编职工进行岗位聘任考核。医院A类岗人员在干部例会上作岗位述职考核,接受医院职工监督与考评。

依法执业。执行医疗法规,2015年完成126位执业医师考核,并建立医师定期考核档案。完成10名医师执业变更注册,35名护士执业变更或延续等注册。新增肾病专业诊疗科目。

【医疗服务】 日常工作。2015年门诊408789人次,急诊27741人次;日均门诊量1120人次,住院病人502人次,免疫接种26488人次,上门医疗服务1861人次,医务人员参加学校重大活动医疗保健服务38次,共计170人次。参加北京大学综合反恐演练1次。2015年体检35268人次;对职工体检中发现重大问题的242人进行追访、筛查确诊肿瘤20例;追访学生体检异常289人,筛查肺结核15人;为无社会养老保障老人及精神疾病病人免费体检58人次。

质量管理。2015年组织院长业务查房11次,门诊病历、住院病历及处方督导、检查10次,护理查房12次。通过信息化科学管理手段,完善对门诊病历记录时效性督查工作,提高管理效率和力度。组织召开医疗质量管理会议14次,及时讲评、奖优罚劣。2015年住院甲级病历合格率98%以上。

准入制度。加强医务人员医疗安全教育,举办医疗纠纷防范及处理讲座培训,提高医疗风险意识,完成《北京大学医院签字书汇编》,补充完善医疗制度流程40余项,规避医疗风险的发生。

服务提升。分批对医院全体医务人员进行服务礼仪专题培训。2015年收到表扬信29封,锦旗12面;门诊患者满意度95%,住院患者满意度98%。

【社区卫生】 公共卫生。进行常见传染病流行病学调查,对密接者进行应急接种。加强结核病管理。传染病网络直报,无漏报、迟报。按照海淀区卫生局要求,规范儿童健康管理、妇女及围产保健管理、重大疾病随访等。开通微信公众号"疫苗与健康",用软件制作微信图文信息,发布疫苗接种信息,全校新生关注人数达2500余人。

健康教育。2015年共开展健康教育大课堂65次,讲座受益人数达10985人次,发放折页、宣传单等纸面宣传材料55种共计28259份,发放自制健康教育宣教材料67种共计17949份;更换宣传栏20次,内容覆盖慢病、传染病、健康科普、院内通讯等方面;通过微博进行健康教育,受益人数达13135人次,医院网站发布健康科普文章32篇;举办18场健康咨询活动,受益人数达6950人次;参与计划、组织、实施"中医文化进校园"大型主题宣教活动,组织启动仪式1场、讲座3场,受益教职工达500人次。

慢病管理。推进社区慢病管理,"把慢病工作融于日常临床工作中"的管理模式受到海淀区卫生局和北京大学赞誉。配合、报送市或区卫生局布置的相关调查、报表58次,迎接市或区卫生局的督查、验收、质控检查20余次。

专科特色。1. 口腔中心。注重品牌建设,实现复诊患者网络即时预约医生制,提升患者满意度。加强团队建设,引进人才,实现三级管理负责制,开展疑难病症及术前讨论。加强儿童牙科、牙周科、正畸科、种植科、颌面外科、牙体牙髓科建设,得到同行的认可,接受包括两家大的专科口腔医院在内的多家三甲医院的转诊病人。2015年共接诊病人82224人次,开展牙齿种植683例;组织各类业务学习或讲座30次,派出医护人员参加各类学习117人次。

2. 妇幼中心。遵循"以人为本"的理念,以国际化的医疗服务规范和人性化的就医流程,为北大的师生和周边的社区居民提供便捷优质的医疗服务。2015年分娩107例,剖宫产30例。

3. 开展妇科经阴道超声、心脏超声、下肢血管超声新项目。

【教育培训】 2015年举办院级各种业务讲座、培训40次,其中抗菌药物规范应用培训2次、院感知识培训2次、传染病知识及法律法规培训、公共卫生应急培训5次,全院医技护共计256人完成在职继续教育学习,达标率100%。

开展多科室参加的常见急症抢救流程学习培训和现场模拟演练14次,帮助医务人员熟悉医院急救预案启动、熟练操作技能、熟知药物、设备使用,密切急救医护、科室间的配合,提升医务人员急诊急救能力。

组织全体医疗技术人员进行年度理论考试和技能操作考核各1次。

【科研合作】 1. 与安贞医院合作,参与北京市科委项目"心房颤动治疗规范和技术优化研究"。

2. 与阜外医院合作,参与国家科技支撑计划课题"职业场所高血压管理"。

3. 与北京大学环境科学与工程学院合作,参与国家自然科学基金重大项目"二次颗粒物和臭氧的环境暴露和健康效应研究"。

4. 与北京医院合作,参与"十二五"国家科技支撑项目"2型糖尿病高危人群干预"。

5. 与北京医院合作,参与首发基金项目"北京市慢性肾脏病社区教育与干预"。

6. 与合作单位联合申请国家自然科学基金资助项目"牙体组织声成像方法研究"。

【组织发展】 2015年推进教工入党积极分子培养和党员发展工作,预备党员转正3人,5人通过学校党委组织部业余党校培训。

【群众工作】 发挥工会的群众组织优势和桥梁纽带作用,落实"三八妇女节""六一儿童节"慰问,组织职工春游等活动。发展127名合同制职工加入工会组织,组织医院职工50人参加学校教工运动会集体操表演,获精神文明奖。落实离退休接待工作,协助离退休支部开展党日活动、重阳节游园活动。

【信息化建设】 完成并优化妇产中心信息软件开发;完善健康体检档案与门诊病历兼容的系统管理模式;在社区预防保健、慢性疾病诊疗的量化管理等方面实现信息化管理。

【公费医疗】 2015年公费医疗总收入1.32亿元,其中卫生局专项拨款5714万元,北京大学公费医疗投入7500万元,总支出1.7亿元。

【还贷增资】 2015年按期向北京大学还借款利息2000万元,新增固定资产822.79万元。

【奖励荣誉】 邵黎欢获评海淀区卫生系统"优秀护理管理者";刘丽、牛孔凤获评海淀区卫生系统"优秀护士";孔祥娟、王泓滨、许定祝、杨诚获评海淀区卫生系统"优秀护理先进个人";刘雪祁被评为2014年海淀区免疫规划工作先进个人;朱建华获评北京大学离退休工作先进个人;医院获评北京大学离退休工作先进集体。

其他直属附属单位

图书馆

【发展概述】 2015年,图书馆完成了部门的重组和整合,原有11个部门缩减为7个,传统的围绕纸质文献工作流组建的部门,被面向用户需求的新的7个中心所取代,分别为:资源建设中心、特色资源中心、学习支持中心、研究支持中心、信息化与数据中心、综合管理与协作中心和古籍图书馆。同时,强化了跨部门工作团队体制机制,以更好适应新业务发展要求加强跨部门合作的趋势。图书馆在资源、空间、技术和服务方面开始转型与融合。全面启动学科资源采访工作,积极发展特色资源,加快数字资源建设进程;以教学和科研需求为驱动,不断创新服务形式,拓展服务内容,尤其是新学术生态环境下开放获取、数据管理等新服务的探索;加强读者互动,提高用户体验;强化互联网思维,深化合作,促进信息资源和人力资源的共享。2015年,古籍图书馆工程稳步推进,主体架构已成型;图书馆东楼改造计划落地,西楼重建提上规划议程。

【文献资源建设】 图书的年度新增总量为65949种/114121册,其中采购图书57499种/101095册,比2014年增加3697种/5921册;接受赠书8450种/13026册。期刊的年度订购为4695种,比2014年减少317种,减幅为6%;报纸的年度订购为179种,减幅为19.54%,外文报纸39种,与2014年持平。学位论文年度新收缴和入藏6334册,与2014年持平。多媒体资源年度新入藏293种,比2014年减少257种。

表 12-1 2015年度图书馆新增文献资源(实体资源)统计

项目		文科		理科		总计	
		(种)	(册)	(种)	(册)	(种)	(册)
图书	中文	42923	85569	7007	11602	49930	97171
	外文	14291	15092	1728	1858	16019	16950
	图书总计	57214	100661	8735	13460	65949	114121
期刊	中文	1964	4363	1486	3258	3450	7621
	外文	911	706	334	684	1245	1390
	期刊总计	2875	5069	1820	3942	4695	9011
报纸	中文	129	814	11	0	140	814
	外文	39	0	0	0	39	0
	报刊总计	168	814	11	0	179	814
学位论文		3097	3097	3237	3237	6334	6334
多媒体资源						293	293
年新增总计						77450	130573

注:报刊的册数为装订后的合订本册数。

全年文献资源采购经费为3674.88万元,比2014年增长12.82%;其中,电子资源采购经费为1606.10万元,比2014年增长28.75%,占2015年全部资源采购经费的43.70%。其中,非校拨经费(CASHL文专补贴、院系共建经费等)为746.40万元,占全部文献资源采购经费的20.31%。

表 12-2　2015 年度图书馆电子资源订阅情况统计

项目	中文(种/个)	外文(种/个)	年采访量(种/个)
数据库	182	177	359
电子期刊	25906	29043	54949
电子报纸	155	971	1126
电子图书	1003287	383538	1386825
电子学位论文	2697058	543086	3240144

注:"数据库"中含多媒体库(中文 11 种/个,外文 2 种/个)。

馆际互借与文献传递作为图书馆扩充馆藏、开展资源共享的重要形式,稳步发展。2015 年为全国 1000 余所高校图书馆提供服务,共收到请求 31373 笔,满足 27239 笔,满足率为 86.82%;其中文献传递的请求量 24406 笔,馆际互借请求量 6967 笔。从总体上看,借出文献请求总量是借入文献请求总量的 2 倍多;图书馆的借出文献中,文献传递占绝大部分比例;借入的文献中馆际借书多于文献传递请求。

【文献资源组织与揭示】　配合机构重组,将原多媒体资源采编及原文献典藏与分馆统编业务纳入资源建设中心。在人员配置方面,采用项目聘用编目员的方式,解决了过度依赖外包公司的状态。2015 年,普通印本文献编目量为 103771 种/262988 册,学位论文的加工和发布量为 8006 种,其中含回溯论文 1672 种。全年提交古籍编目数据 1636 条,校对编目数据 1200 余条;加工及入库古籍 7450 函/63350 册。全年入藏拓片 713 份/1000 张。

【古籍与特藏整理】　馆藏数字化工作继续推进,春季完成并发布了"宿白书藏"数据库;整理胡适未刊书信 291 件,已完成释读录入工作。完成文献修复相关设备和材料初始采购工作。

【读者到馆服务】　启动"大轮班"轮岗巡视制度,由业务骨干每日晚班和周末班轮流巡查督导全馆服务区,解决突发疑难问题,这是读者服务保障的一项重要举措。2013—2015 年图书馆总馆主页访问次数分别为 2356077 次、2306370 次、2383805 次。

表 12-3　2011—2015 年图书馆相关读者服务工作进展情况

统计项目		2011 年	2012 年	2013 年	2014 年	2015 年
入馆人次		2284612	2149345	2336698	2162878	2084103
外借册次		697781	606543	591542	529641	482250
续借册次		395769	386369	394015	359032	336404
预约册次		36728	27923	31910	49134	54367
借出预约册次		16433	13392	14574	27659	31298
馆际互借/文献传递(笔)		32125	33521	30698	28354	28263
网上咨询(个)		2536	5868	5695	3896	6537
课题咨询(个)		1099	1397	1522	862	983
信息素养服务	场次	125	138	141	132	116
	人次	3902	3598	3569	3817	2624
人文素养服务	场次	—	—	—	46	17
	人次	—	—	—	12738	6700
电子资源检索频次		31366310	68281297	97770793	119837217	179883396
电子资源全文下载篇次		16829590	17902510	17010131	19196062	27729438
多媒体资源在线检索与点播频次		1031842	1269767	2008118	1922086	2083605
视听欣赏区/数字体验区人次		34300	40382	53200	50316	53343
空间和设施服务	场次	678	935	1368	1372	1140
	人次	67320	71727	78930	79747	97216
主页浏览页面数		3824300	4192563①	3915678	3792433	4022734
储存馆外借册次		1470	1996	2490	3920	3297

注:①含新门户主页发布后的访问量。

【电子资源检索服务】 2015年电子资源检索次数达到179883396次，比2014年增长49%，其中中文数据库检索次数增长50%，西文数据库增长29%；电子资源全文下载数量达到27729438篇，比2014年增长37%，其中中文数据库下载量增长70%，西文电子资源下载量基本与2014年持平。

【馆际互借与文献传递】 2015年共处理请求31373笔，满足27239笔，满足率为86.82%。其中文献传递的请求量24406笔，馆际互借请求量6967笔。

【读者服务深化创新】 整合阳光大厅、多媒体学习中心、设备体验区的服务，将证卡服务处、总咨询台、总还书处、馆际互借处的服务融合，并将多媒体学习中心和阳光大厅检索区的设备融合，以尽量为读者提供一站式服务。

将305的体验设备合并到原苹果体验区，305改为晚上播放电影（含3D电影）。白天网上预约使用的小型报告厅，应读者需求增加了桌椅、白板、DVD、音箱等设备，开辟了一处广受读者欢迎的服务空间。

在大量调研的基础上设计图书馆阳光大厅及多媒体阅览室的整合方案，包括证卡、总咨询台、总还书处、馆际互借的服务融合，以及201和阳光大厅检索区的设备融合，合并方案可以使现有服务更加人性化，也可以提高内部管理的效率，有望开辟新空间和学习资源综合展示区。

医学部及附属医院分馆之间的通借通还服务。2015年5月开通通借通还服务，医学部各分馆及中心馆之间可以异地借还书。中心馆为医学部提供通借图书2855册。

引入借阅机服务。为顺应数字阅读潮流，更好地支持移动阅读，图书馆相继引入多台数字图书借阅机，将其展示到读者较集中的区域，后续推广到学校多个教学楼等公共领域。

【数字图书馆门户】 2015年信息化与数据中心新推出的重要信息服务机构库3.0正式发布；建设科研综合管理信息系统成果子系统；北京大学开放研究数据服务平台建设与发布；北京大学学者主页上线；北京大学期刊网2.0上线。

表12-4 图书馆2015年度网页点击量排行榜

页面类型	访问量（点击量）
首页	2407753
我的图书馆	287165
《中文核心期刊要目总览》	75547
开馆时间与馆藏分布	60094
学位论文（电子资源）	59888
馆长寄语	41156
常用链接	40132
实时问答咨询服务	37496
统计数据分析服务及SPSS网络版	25661
最新消息	23619
核心期刊收录及影响因子	22701
《中文核心期刊要目总览》（2014年版）征订通知	20608
北京大学图书馆馆藏借阅制度	18821
院系分馆	17504
书刊报纸	16975
馆内电话咨询指南	14819
电子教参书	11576
个人参考文献管理服务-NoteExpress、RefWorks服务介绍	11490
学位论文（纸质资源）	11161
组织机构	11050

【课题咨询与学科服务】 2015年查新业务因教育部及国家相关规定的影响呈现整体的下降趋势，本部和医学部共同完成的、包括查新审核的业务量总计124件，虽然比2014年略有增加，但本部查新量下降明显；相比之下，查收引业务2015年则保持了持续上升的态势，论文收录和引用检索完成728笔，15086条。

【北京大学文献信息资源体系】 2015年，新增马克思主义学院分馆、国际学生学者中心分馆、燕京学堂分馆、建筑与景观设计学院分馆、对外汉语教育学院分馆，分馆总数达到38家。正式开通总馆、医学馆、六家附属医院之间的通借通还服务，向全校开放借书的分馆达到18家，完成了外国语学院分馆评估工作。在总分馆协同推进下，北京大学文献信息资源体系的建设蒸蒸日上。

【信息基础设施建设】 顺利完成年度985软硬件经费300万元、建设世界一流大学经费200万元、修缮基金30万元等经费的采购工作。通过协议供货及招标方式，完成24小时自助还书机、服务器、数据中心交换机、虚拟化终端、存储磁盘扩容等设备的采购工作，累计采购设备数量达343套。面对因业务重组带来的网络与计算机维护量激增、外包人员变动频繁带来的人力不足的双重困难，以及头绪杂、突发任务多的工作环境，运维人员及时调整、克服困难，对故障快速响应、及时处理，保证了图书馆服务的有序稳定。

【基础设施保障】 古籍图书馆建设。古籍图书馆的建设稳步推进。3月16日，林建华校长会见了来访的沙特国王图书馆副总监载德一行，与沙方、工程承包商签署正式合同并举行场地移交仪式。11月20日，正式举行"阿卜杜勒·阿齐兹国王公共图书馆北京大学分馆暨北京大学古籍图书馆奠基仪

式",李岩松副校长出席仪式典礼,并与沙特驻华使馆临时代办穆巴拉克、沙特国王图书馆副总监载德等沙方代表共同为奠基石揭幕。

东楼改造与西楼重建。图书馆和学校发展规划部、基建工程部等多次讨论,召开"图书馆馆舍改扩建工程沟通会"与读者沟通,并联合《北大青年》微信公众号共同策划推出"图书馆专题",在梳理图书馆建筑发展历程的基础上探究西馆重建的现实需要,在全校引起了强烈反响,推动了新馆建设的发展。同时,积极考察国内外高校图书馆馆舍,与清华大学建筑设计研究院沟通需求与设计方案,东楼改造项目稳步落地,西楼重建项目提上规划议程。

统计平台 Beta 版上线。平台基于对图书馆各项业务工作的结构化梳理和业务统计指标的规范化,强调数据之间的关联,较大程度地提高了常规业务统计以及各种动态统计工作的效率,为今后基于数据的决策打下基础。

【党建工作】 图书馆党委按照学校要求,组织全体党员深入开展"三严三实"专题教育,领导班子带头,从严上要求,向实处着力,全馆上下齐心协力,为全面推进图书馆各项业务、为学校教学科研提供鼎力支持做出了不懈努力。图书馆党委和行政班子成员,通过每学期一次的图书馆中层干部民主生活会和两周一次的党政联席"馆务会"达成思想共识,坚持互相通报工作情况,决定"三重一大"事项的民主决策制度。另外,根据校党委组织部的要求,2015 年图书馆党支部进行了换届。在党风廉政建设上,馆党委认真贯彻中央的各项相关规定,认真落实廉政建设责任,多次围绕廉洁自律主题深入学习并开展自查自纠。严格执行个人事项申报制度。在"三严三实"

专题教育中,由馆党委牵头,对图书馆存在的"不严不实"问题进行了梳理,并针对问题立行立改,没有条件改的也向群众作出说明。党政班子强化责任担当,弘扬求真务实精神,确保了图书馆各项工作的清风正气。

【人力资源建设】 正式启动了图书馆机构重组与新一轮岗位考核和聘任工作。在本轮聘任中,图书馆有意识地加强了对年轻干部的锻炼与培养,进一步推进管理干部和业务骨干的新老交替,并通过双向选择机制,实现了一定比例的馆内人员流动,为未来的跨部门业务合作打下了基础。本轮考核特别增加了部门主任之间的考评,力求完善考评指标,提升考核结果;此外,进一步规范了劳动合同制人员的考核管理。开展新馆员岗前培训计划的制订与实施,除总馆的 2 位新馆员外,还协助人事部对哲学系、马克思主义学院、新闻传播学院的合同制人员进行集中培训和轮训,同时,继续开展合同制人员的集中培训。

2015 年图书馆人员流动情况。(1) 退休:卞正肃、柴振财、罗芸、王爱农、吴梅青、殷莉、于义芳、翟慧、张宝生;(2) 进馆:谷明、钟迪、史双青(医学馆)。

2015 年图书馆专业技术职务评定工作。(1) 研究馆员:汤燕、姚晓霞;(2) 副研究馆员:刘彦丽、王亚林、张宁;(3) 馆员:郭超、吕淑贤、王琪昕、吴越、丛敏超(医学馆)。

【工会工作】 图书馆工会以服务职工为根本,以健全机制为保障,充分发挥基层工会的服务与纽带作用。促进不同编制人员融合,全年动员并组织 57 位合同制员工加入中华全国总工会。分别在 1 月、6 月召开了两次二级教代会,推进民主管理。组织员工向校工会"爱

心基金"捐款,共筹得 7500 元善款。组织馆内各类球队活动,提高员工体育锻炼的积极性。精心组织图书馆年终总结大会和联欢会。

【学术与交流】 2015 年图书馆(总馆)的科研项目共 28 项,其中新立项 14 项,完成 5 项,全年拨入图书馆(总馆)的科研经费共 566.3 万元。全年共有 81 项成果(含医学馆),包括:著作 6 部,研究报告 3 种,标准规范 1 种,学术论文和其他成果 71 篇(其中核心期刊论文 45 篇)。

【CALIS 全国文理中心】 2015 年图书馆共牵头 37 个数据库的集团采购工作,包括英文数据库 34 个,中文数据库 3 个,全国高校参加集团的成员馆达到 3722 馆次,比 2014 年度增加 922 馆次。目前,由北京大学图书馆牵头的集团成员数量已经达到高校图书馆数字资源采购联盟(DRAA)所有集团成员数量的 50%。2015 年续订的数据库集团主要包括 EBSCO ASP/BSP/ASC/BSC、Gale 四个资源中心数据库、TWS 台湾学术期刊数据库、Science、Nature、RSC、EEBO、ECCO、PAO。2015 年新增引进数据库 3 个,包括哈佛大学出版社电子书、IOP 电子书、JSTOR 电子书。

【CALIS 全国医学中心】 牵头组织协调全国医学院校图书馆联合引进数据库,成功引进高质量医药电子资源,提高了医学中心的凝聚力,包括:电子期刊:LWW + NEJM、Thieme eJournals、BMJ Journals、Karger eJournals、PML/PHMC、F1000Prime 及 Landes Bioscience Journals、美国医学会(AMA)电子期刊、英国 Informa 出版社全文电子期刊基础医学专辑 & 药学专辑;电子书:Karger eBooks、Thieme eBooks、Landes Bioscience Books;事实型:MICRO-

MEDEX、Best Practice、Clinical Evidence。全面提高医药文献保障率和受益面,全年共处理文献传递申请2274条,馆际互借申请136册次,文献满足率76.62%,为校内读者服务的总人数534个,累积CALIS用户618个,累计BALIS用户783个,其中BALIS成员馆达到91个。随着BALIS和CALIS进一步融合,医学中心的用户分布和文献提供途径越发多元化。组织学术交流,召开工作会议。6月,举办第六届CALIS全国高校医学图书馆工作会议暨2015海峡两岸及香港医学图书馆馆长论坛。设立CALIS全国医学文献信息中心科研基金项目。9月,面向全国高校医学图书馆设立科研基金,同时开展2016年度的项目申报工作。

【中国高校人文社会科学文献中心(CASHL)】 资源建设方面,继续开展外文图书和大型特藏建设,科学合理调整CASHL外文保障刊目录,加强CASHL二次文献库建设,进一步提高可服务期刊目次可见度;民国文献数据和服务首次进驻CASHL平台。服务推广方面,开展深层次内容服务,启动"特藏+"大型特藏内容深度挖掘服务;正式启动官方微信订阅号"CASHL开世览文";首次开展嵌入式服务,面向成员馆提供嵌入式服务API接口。对外合作方面,成功与北美中国图书馆员学会(SCSL)、四川大学联合主办"第三届中美高校图书馆合作发展论坛"国际会议;继续开展"CASHL/汤森路透西部馆员"项目和"CASHL-Emerald图书馆情报学国际出版项目",持续助力CASHL成员馆员职业发展。运行管理方面,分别新增设北京师范大学图书馆、兰州大学图书馆为CASHL华北区域中心、西北区域中心,进一步完善CASHL服务体系。

【高校图书馆数字资源采购联盟(DRAA)】 引进数字资源集团采购工作进一步发展,联盟影响力不断扩大,重点工作包括:年度新增集团采购方案51次,采购数据库130余个;成员馆数量平稳增长,达到618家;在线采购工作全面开展;规范化统计正式启动,计划在两年内实现组团数据库统计数据按月自动化收割与规范化管理;发起联合抵制RSC大幅涨价,取得预期的效果;召开DRAA理事第9、10次会议、与数据库商及成员馆的座谈会;"资源开放获取"研究课题成功开展,成立DRAA专业工作组。

【教育部高校图工委】 完成了《普通高校图书馆规程》第3次、第4次修订,12月完成定稿、审批。确定了《高等学校图书馆发展蓝皮书》的大纲和分工,正式启动编撰工作。举办了全国信息素养教育研讨会暨化工院校信息站第19届年会,来自清华大学、武汉大学等60多所高校130余名图书馆科研工作者参加了会议。召开了2015年教育部高校图工委信息技术应用工作年会暨大数据环境下的图书馆统计分析与服务创新学术研讨会。召开了第4届教育部高等学校图书情报工作指导委员会第3次工作会议。举办由教育部高等学校图书情报工作指导委员会读者服务创新与推广工作组主办,上海交通大学、上海财经大学、华中师范大学三校图书馆共同承办的首届全国高校图书馆阅读推广案例大赛总决赛暨研讨会。举办由教育部高等学校图书情报工作指导委员会战略规划研究组主办、浙江省高等学校图书情报工作委员会和浙江工业大学图书馆承办的高等学校图书馆"十三五"发展规划高级研修班。召开由教育部高校图工委主办、中山大学图书馆承办的2015年全国高校图书馆古籍整理与保护高层论坛暨学术研讨会。

【中国图书馆学会高校分会】 组织高校图书馆代表参加中国图书馆学会第9次全国会员代表大会。协助统计高校图书馆国际图联机构会员情况以及中国代表在国际图联任职情况。参加中国图书馆学会最美基层图书馆推选工作。组织推选2015中国图书馆榜样人物。继续配合中国图书馆学会组织各高校认真开展"2015年全民阅读活动",并推选高校分会系统内的全民阅读活动"先进单位奖"和"全民阅读示范基地"。协助教育部港澳台办组织"饶宗颐书画大系"捐赠活动。举办了主题为"大学图书馆服务能力的提升与拓展——资源支撑,技术助力"的高校图书馆发展论坛。与"中国机构知识库推进工作组"、中国图书馆学会专业图书馆委员会联合举办"2015中国机构知识库学术研讨会"。为帮助各馆领导了解先进办馆理念,交流管理经验,与教育部高等学校图书情报工作指导委员会及北京大学图书馆联合举办"高等学校图书馆新任馆长高级研修班"。主办"中国图书馆馆员暑期培训班"项目,累计参加人数突破200人,逐步成为图书馆界赴海外学习的品牌项目。委托上海交通大学图书馆组织学科馆员海外培训项目。与全国高等学校图书馆工作委员会服务创新工作组及南京农业大学合作,初步建成中国高校图书馆案例数据库。

医学图书馆

【流通服务】 开馆时间继续实行每周开馆87小时、主阅览室早8点到晚10点的开馆模式。

新增自助文印系统,读者可现场刷一卡通进行自助的打印、复印、扫描,此外还可以远程打印。新增1台自助借还书机,截至2015年12月,自助借还书机数量达2台,有效缓解了人员紧张的情况,自助服务的使用率达到85%。此外,新增歌德阅读机一台,读者可扫描二维码手机在线阅读电子图书。

流通一部、流通二部继续按岗位方案每学期轮换。

5月24日以前,医学馆与附属医院间实行通借通还,与北大中心馆实行通还,通借通还总量为8056册。5月24日后,全面实行通借通还,范围涉及北大中心馆、医学图书馆、第一、第二、第三、第六、口腔医院、肿瘤医院六家附属医院图书馆,每周两次运转图书,专人专车负责,通借通还总量为10265册。全年通借通还总量18321册,占图书馆总借还量127699册(含通借通还)的14.35%。建立随书网络资源管理文档:包含题名、著者、索书号、条码号、资源地址、注册时间和有效时间等。目前已经完成127册附带网络资源的图书的注册。读者如需使用此类资源,可至电子阅览室请馆员帮助登陆,限馆内使用。

继续在图书馆提供新书通报网页服务,揭示图书馆最新图书资源。

2015年组织了PubMedPlus、Aids Insight、Reaxys与医学论文写作技巧等4次数据库的宣传、培训工作。

文献传递总数:2480篇。馆际互借总数:138册次。
文献满足率:76.62%。
为校内读者服务的总人数:554人。
累计CALIS用户:618个(单位和个人)。
累计BALIS用户:783个(个人,以借书证为认证)。
CALIS成员馆:1063个。
BALIS成员馆:91个。
完成云端馆际互借任务:服务对象馆2家,接到13595篇请求,实际成功传递文献11824篇。

【用户信息素质教育培训】 2015年,医学图书馆完成校内规定的研究生与本科生选修课课程任务共计90学时,包括"医学文献检索课""药学信息检索与利用""临床医学信息检索与利用""图书馆资源利用",再加上夜大学、业余继续教育、电子资源系列讲座等各类文献检索课教学任务共计293学时,培训人数达1869人(表12-5)。此外,电子资源系列讲座及新生入馆教育均采用了预约方式,提高了读者兴趣和馆员的工作效率。医学图书馆还组织实施了对滨州医学院医学信息管理专业2名来馆本科实习生的毕业实习带教与指导,内蒙古医科大学金莉荣老师在我馆为期3个月的进修指导工作。

表12-5 2015年医学图书馆课程完成情况

培训对象	授课学时数(学时)	授课人数
本科生	54	200
专升本(夜大)	54	530
研究生	75	199
继续教育处(业余骨干班等)	72	320
电子资源系列讲座	38	620
合计	293	1869

【信息咨询服务】

表12-6 医学图书馆网站页面访问量情况列表

页面类型	访问量(点击量)
首页	387130
电子期刊	232024
文摘索引	60058
全部数据库	30251
电子资源	31309
电子图书	27024
引文信息数据库	20066
学位论文	7794
多媒体资源	6927
循证医学数据库	5313
综合数据库	4934
自建数据库	1079
英文网站	337
试用数据库	240

1. 为教育部项目、全国中小企业创新基金、首都发展基金以及外省市的课题基金申请开展科技查新及论文收录证明等共计250项。

2. 在学科馆员服务方面,全体学科馆员坚持定期走访学科联系人,了解和发掘学科服务的方向。

3. 情报调研服务。为昆泰企业管理(上海)有限公司北京分公司提供"倍然和新泪然这两个品种的活性成分和重要辅料的药理毒理学研究"信息调研服务。为北京大学医学与信息科学技术学院交叉学科联合研究种子基金项目,提供"体感刺激与脑组织通道信息传输与交互规律及机制研究"的信息调研服务。

4. 医学信息咨询中心业务持续开展。2015年度,医学图书馆医学信息咨询中心继续对外承接调研横向课题,并以中心名义组织召开亦邻学术论坛一次。

5. 开展机构知识库的建设。

经医学部领导论证讨论,在医学部下拨的专项经费的支持下,图书馆分别召开医学部各部处相关领导会议、附属医院馆长与相关工作人员会议,并对市场所有机构库软件进行了分别论证,最终决定选用中科院兰州情报所提供的软件。此外,积极与SCI数据库厂家联络解决相关数据问题,机构库已经初具雏形,现已开始机构库的初步建设,预计2016年初推出。

【阅读推广】 2015年医学图书馆对外发布电子馆讯3期。

医学图书馆学生服务团小精灵继续服务。志愿者团体"小精灵"继续采取学生自主管理的服务模式,在图书馆老师的指导下开展活动,并为图书馆提供多种义务劳动支持。由于此项工作的顺利开展,医学图书馆还荣获了"北京大学学生资助工作优秀单位"称号。

与学生社团合作举办系列活动。3月—7月,联合教育处,在医学人文沙龙开展"加油课堂"活动;3月—4月,开展图书馆2014年阅读之星的评选,并采用微信颁奖上墙的方式开展与读者的互动;3月8日,开展三八节诗词汇及女生节推荐图书展活动;4月,开展全国肿瘤防治宣传周活动,开展肿瘤图书展览活动;4月,换书大集活动;6月,与图书馆小精灵志愿者服务团共同开展"图书馆之星"评选活动;6月,借工会活动,开展了一校一书活动;7月,开展微信暑期日日读活动;7月,开展学长荐书活动;6月—12月,医学图书馆选送"医学人文沙龙"和"微信推广"两个项目参加首届全国高校图书馆阅读推广案例大赛,并分获北京赛区二等奖和三等奖,其中"医学人文沙龙"同时还荣获首届全国高校图书馆阅读推广案例大赛全国优秀奖。

10月,第三届走进图书馆活动开展,此次活动名称为"滚蛋吧,肿瘤君·图书馆密室逃脱",围绕"走进图书馆"这一主题展开,受到学生的积极响应。

11月—12月,"书光梦影·给书来张艺术照"活动,微信线上投票和图书馆现场投票相结合,最终选出10幅优秀作品,张贴于图书馆医学人文沙龙。

【资源保障】 印刷型资源。2015年,医学图书馆印刷型资源平稳发展,具体采购情况如下:中文图书采购新书4069种,8481册。中文赠书512种,637册。外文图书采购新书976种,1008册,其中我馆经费购买的外教中心图书401种,413册,教育部下拨经费购买的外教中心图书274种,278册。外文赠书31种,31册。中文报刊订购264种,323份。外文期刊订购141种141册。接收中外文期刊赠刊约3000册。

电子资源。数据库60个,其中与北大合订数据库45个。包括:电子期刊数据28个,电子图书数据库3个,文摘数据库9个,事实型数据库3个,引文数据库7个,学位论文数据库5个,多媒体数据库2个,会议文献数据库3个。

学位论文。网上审核医学部博硕士学位论文2064篇,编目博硕士学位论文1226篇,编目博士后出站工作报告58篇。论文数字化1230篇。

收到《北医人文库》赠书15册,建立元数据共20条,上传封面共12个,并对网上文库进行建设、维护与管理。

【基础设施】 医学图书馆主机房服务器老化,22台服务器中,有11台服务器的使用时间超过8年,有4台服务器甚至已经超过10年。在配置方面,有12台服务器的内存容量不超过2GB,存储空间也即将用尽。基于此,经图书馆领导与医学部领导协商及专家论证后,图书馆调研了IBM、HP和DELL三家厂商的产品,并于11月底顺利完成了服务器的采购招标,有望在2016年应用新的服务器,增强医学图书馆网站对外服务响应能力。

【外事工作】 全年接待来自校内外的参访人员如台湾"中央研究院"医学史专家、华中科技大学图书馆医学分馆、德国国家医学图书馆一行等共计3批次。

【学术交流】 2015年6月2日—4日,举办"第六届CALIS全国高校医学图书馆工作会议暨2015两岸三地医学图书馆馆长论坛"。来自60所高校医学图书馆的84位馆长和部门负责人出席了本次会议。此外,医学图书馆负责组织大陆地区医学图书馆馆长参加2015年美国医学图书馆年会,并负责组织大陆医学图书馆馆长赴台湾参加了"第37届医学图书馆工作人员年会"暨2015年海峡两岸医学图书馆馆长会议。

【科研成果】 2015年,医学图书馆教职工正式发表期刊论文10篇,正在进行的各级科研项目10余项,并获得多个奖项。

档案馆

【发展概况】 北京大学于1958年设立专门机构管理档案。1958年11月,档案室成立,为大学办公室的内设机构;1959年1月成为独立的北京大学档案室,由校党委办公室领导;1982年12月,北京大学综合档案室成立,为学校直属机构,处级建制;1993年5月,北京大学综合档案室更名为北京大学档案馆。档案馆既是学校档案工作的职能部门,又是永久保存和提供利用本校档案的科学文化事业机构,下设收集指导、管理利用和技术编研三个办公室,编制13人。截至2015年底,全馆有工作人员11人,其中高级职称1人,中级职称10人。另有兼职1人,返聘人员2人。现任馆长马建钧,副馆长刘晋伟。

档案馆馆藏包括北京大学、西南联合大学、日伪占领区北京大学、北平大学和燕京大学5个全宗,涉及党政、学籍、科研、基建、人物、出版、会计、声像、设备、实物等10个档案门类。截至2015年12月,馆藏档案排架长度2360延米。

2015年档案馆的工作重点是加强档案征集工作,做好重点档案生成部门和重点档案的归档工作,进一步改进部门档案员的业务培训工作,积极探索有效的途径和办法,促进档案工作水平的整体提高,改进档案保管条件,改善档案的入馆消毒处理和库房管理条件。

【档案收集与整理】 1.坚持"简化立卷,培训在先"的原则,先后组织了学籍档案归档业务培训会和文书档案业务咨询周活动,并与教务部合作,共同举办了全校本科生教务员业务培训会,就规范学籍档案著录和提高案卷质量进行了培训。2015年档案馆工作人员深入各归档单位进行业务指导和上门培训服务共计130余次,从材料的收集整理等初期阶段入手,为提高档案归档质量打好基础。

2.日常档案收集业务进展顺利,并对人事部、教务部和历史学系等历史档案遗存较多的单位进行了专项收集。其中教务部完成了1959—2014年共计56年的文书档案插卷工作,人事部开展了涉及1965—2014年共计50年的文书档案插卷工作,历史学系归档了2004年以来2004届、2008届、2010届、2013届本科学生学籍档案。

3.2015年重点对学校重要活动照片进行了收集和整理,初步建立了照片档案归档流程。新闻网刊发照片按年度收集归档,完成了2010—2012年1946张照片的精选和著录工作。此外,完成了吴瑛楠捐赠照片的整理工作,收录照片119张。

4.试行重大科研项目档案归档工作机制。2015年根据"重大科研项目结题档案评审"的有关要求,建立了此类档案在"科研准备、研究实验、鉴定验收"等环节的归档流程。

5.王选先生部分获奖证书和奖章入藏档案馆。2015年馆藏王选先生人物档案增至113件。

6.2015年已接收进馆并进行馆内移交的常规业务档案合计30884卷(件),其中:文书档案10403卷(件)、学籍档案18003(卷)、声像档案2303卷(件)、科研档案1卷、出版档案32件、基建档案48卷(件)、人物档案14件、已故人员档案78卷、资料2件。

【档案管理与利用服务】 1.2015年档案核查入库20019卷(件),其中管理档案5906卷(件)、学籍档案13089卷(件)、照片907张、已故人员档案78卷、出版档案26件、人物档案10件、资料2件、科研档案1件。

2.2015年提供档案利用1578人次,利用档案6698卷(件)。其中中华人民共和国成立前2259卷(件)、中华人民共和国成立后4439卷(件),用于编史修志1313卷(件)、工作查考1847卷(件)、学术研究2401卷(件)、宣传教育183卷(件)、其他类954卷(件),复印档案7053张,扫描1569张,拍摄79张。此外,教育部学历学位认证工作共接受52人次的学历学位认证,提供74卷(件)档案的利用,包括学位证、学历证以及成绩单的认证。

3.规范档案利用过程中版权、使用权和隐私权的保护,修订了"档案利用登记表"等;依据国家有关规定,审定部分开放档案和内部档案目录,进一步规范了查阅党委会议记录、校务会议记录,公检法、纪检部门查阅学生档案,基建部门利用基建档案电子版等的工作程序。

4.在保证档案日常利用的同时,重点为中组部干部档案审查提供了档案服务;为生命科学学院90周年院庆,外国语学院、化学与分子工程学院等院友录编制,中国红十字会纪念抗战胜利70周年活动,校史馆筹办朱光潜生平图片展等提供了档案支持。

5.编制专项档案目录检索工具。2015年编制了1949—1957年院系调整、课程设置、教学计划的专项档案检索目录,并对馆藏敏感人物档案编制了专题检索工具。

6.2015年继续开展历史档案整理工作,共整理档案1195卷,并更换了装具等。

【档案编研与信息化建设】 1. 坚持每日数据备份，确保数据的安全性和完整性。2015年新购置了3台服务器，在双机备份的同时，在3台服务器上采用了交叉备份机制。2015年6月对档案管理系统数据服务器进行了迁移，并对档案WEB录入系统登录界面进行了浏览器兼容性改进。

2. 数据库与档案数字化工作。2015年重点对学生档案数据库进行了数据核对，并对名册库、成绩册档案原文进行扫描及挂接，完成54卷、257件。继续开展《新生录取审批名册》的数字化工作，完成2007—2013年共计1982张录取大表的扫描及原文挂接工作。

【档案安全与保密】 1. 档案馆是全校重点防火单位和保密要害部门，始终牢固树立"安全第一"的思想，重视组织建设和规章制度建设，加强安全责任制的落实工作，注重发挥安全、保密工作小组的作用，定期分析、查遗堵漏，坚持日常的巡查以及节假日前的清查，并每季度进行一次消防设备的安检。

2. 2015年7月组织了全体人员参加的消防演习。编写了消防演习疏散方案，安排制订了每个人的演习步骤和用语。这次演练锻炼了全体工作人员的自救能力和安全意识。

3. 2015年配合学校质量体系建设工作，对质量体系年度目标进行了修订，顺利通过内审专家质量体系审查，无不符合项。

【馆际交流与合作】 2015年8月，档案馆参加了北京市高校档案研究会年度课题评审会；10月，参加了北京市高校档案研究会理事会和中国人民大学"高校档案立卷归档研讨会"；12月，参加了北京高校档案研究会年会。2015年档案馆接待了中南大学、广东工业大学、云南大学等单位档案同仁来馆参观或业务交流。

（贾永刚）

医学部档案馆

【发展概况】 做好日常档案的收集和利用。2015年医学部档案馆共接收各部门移交的档案713卷，其中教学档案139卷，含教学综合13卷；科研档案32卷；基建档案7卷；党政档案203卷；出版物56卷册；论文出版授权书6卷；设备档案4卷；礼品档案52件；基础医学院移交校史资料214件。2015年医学部档案馆收集征集照片1693张，其中已扫描成电子版照片共1617张。2015年医学部档案馆对外提供查阅、借阅纸质档案595卷次，提供电子档案查询和借阅18张次，提供照片利用116张次。

继续开展校史资料的收集。1. 医学部档案馆在完成编制"北医百年历程展"工作之后，继续开展对校史资料的收集和整理工作。一方面加大宣传，鼓励校友个人向档案馆提供与北医相关的资料。另一方面启动老照片征集工作。多次组织召开座谈会征求各方面人员意见和建议，积极推进老照片工作，并主动向吴景春、王德炳、郑明广等众多校友征集老照片。

2. 在彭瑞聪书记去世后，协调并组织接收彭瑞聪书记后人向档案馆捐赠彭书记的相关照片资料千余张，并组织全馆共同参与这部分照片资料的整理。

3. 启动并全力支持对贺诚校友资料的收集，共拍摄照片956张，扫描复印文件129张，精修整理照片251张。

主动开展档案业务交流。2015年7月到医学部审计办公室调研归档工作。

为配合学校撰写《卫生志》（北医部分），向两办提供1991—2010年北医大事记。

【档案馆建设】 加强档案馆队伍建设。根据人员的变化，医学部档案馆在全馆进行了工作分工的重新整合，让专业与工作合理匹配。购置笔记本电脑、扫描仪等设备，改善档案馆硬件设施。继续推进档案馆信息化建设。馆藏的北医校刊，因纸质不具耐久性，加之年代久远，已经破损严重，为更好地保护这批珍贵的档案资料，已经完成相关调研并请北大图书馆进行数字化扫描，最终扫描形成电子档案3245张，使其既能得到有效保护，又能便捷提供利用。

【开拓档案馆业务】 档案馆内编研工作启动立项。《北京大学医学部基建工程项目图册》编研项目由代静作为负责人开始实施。《北医百年社会服务图册》编研项目由王兆怡作为负责人开始实施。

围绕"北医老照片征集项目"，档案馆着手编纂《北医老照片》（第一辑），主要反映建校时期的校长和杰出校友，以及校址变迁、校名变迁、大学章程、解剖法令、法医学科、卫生学科等发展演变情况。此书的编制历经近半年，多次召开校史专家组会议讨论，档案馆相关人员多次往返北大查找史料，通过网络、图书馆、走访相关人员等方式，完成了对书稿的考证、撰写、核实，

并于2015年3月印刷成册,向广大校友和关心学校历史的人赠阅,反响热烈。

组织全馆人员完成核实校对《北医1912—2011年大事记》。

支持并参与老校友范宪周老师策划编辑《放射医学纪实》(已印刷成册)、《北医五七干校》《世界银行贷款在北医的历史回顾》的工作。

2015年10月24日至25日,医学部档案馆董惠华应邀参加"数字记忆国际论坛暨第六届中国电子文件管理论坛"。会后,董惠华与全馆人员分享了此次会议的学习经验。

【校园文化传承活动】 开展第二届校史志愿讲解员的招募和培训工作,并提供校史讲解服务。第二届校史志愿讲解员新招募32人,经过面试、培训和试讲,讲解队伍新增加3名成员。2015年度配合学校各单位协调接待讲解任务17次,校史讲解志愿者团队受到了肯定和表扬。

举办校史文化讲座,普及北医校史知识。2015年9月24日上午,医学部档案馆举办了校史专题讲座,参加讲座的有校史讲解志愿者、机关新教职工及学院主管领导20余人。

筹建校史文化协会。以校史讲解团队成员为骨干的校史文化协会正在筹建中,成立后校史讲解团的工作将在档案馆的指导下交校史文化协会自行组织开展,既能减少档案馆的工作量,又能使校史讲解团队更加活跃。

【党建工作】 认真宣传贯彻党的路线、方针、政策,严格执行党中央、北大党委和医学部党委、机关党委的文件精神,组织党员参加理论学习、讲座参观,交纳党费、开展"共产党员献爱心"捐献活动等。

开展"三严三实"专题教育。在2015年开始的"三严三实"专题教育中,组织全体党员采用集中学习、个人自学等方式开展各专题学习讨论,切实联系实际,自省分析,检视差距,寻找原因,碰撞思想,把个人的党性作风建设和全党的利益、民族的利益结合起来。通过学习,全体党员对于"三严三实"专题教育有了更为具象和深刻的理解,在方方面面更为注重自觉执行"三严三实",同时对于我国第十三个五年规划充满信心。2015年9月11日,组织支部党员和民主党派人士开展了"不忘国耻,永铸党魂——纪念抗战胜利70周年"三严三实主题党日活动,瞻仰了密云白乙化同志烈士陵园,参观了白乙化烈士纪念馆。

开展"永记历史奠先烈,圆梦中华慰英魂"系列活动之参观国家博物馆和中山公园。

获得"学习习近平总书记重要讲话精神为党旗增辉"主题党日活动优秀奖。

2015年11月30日,支部召开全体党员会议,选举产生新一届党支部书记,会议还通过了《2012—2015年档案馆党支部工作报告》《2012—2015年档案馆党支部经费收支状况报告》。选举结果已上报机关党委。

【工会工作】 开展档案馆安全生产月教育宣传活动。医学部档案馆按照学校工作的总体部署和要求,结合工作实际,扣紧"强化依法治安意识,建设安全发展城市"主题,开展相关教育宣传活动。此次活动在全馆范围内普及了用电安全常识,增强了馆员安全防范意识,集中消除了一批影响馆内安全生产的事故隐患,提高了馆员处置安全生产突发事件的能力。

开展学习和教育宣传活动。为加大新修改《安全生产法》宣传贯彻力度,进一步普及安全生产法律法规,有效提升安全意识,档案馆通过橱窗展板的形式,集中展示安全用电和相关法律法规内容,并汇报学习成果。

集中排查治理,消除安全事故隐患。根据医学部档案馆办公区域情况和工作实际,围绕安全工作中存在的薄弱环节,制订了隐患集中排查治理计划,并根据计划集中对全馆各个办公区域开展全面、系统、彻底的安全隐患排查,特别是对库房等重点区域进行排查工作。

参与宣传咨询日活动。2015年6月16日上午,组织全体馆员前往翠微百货牡丹园店西侧广场参加"安全生产月"宣传咨询日活动。消防员现场向群众展示各类消防器械,并通过展板、条幅、发放宣传带、宣传彩页等方式进行安全教育宣传。全体馆员积极与消防员和宣传人员交流互动,深入了解防火、用电等安全知识,受益良多。

参观中国消防博物馆。2015年6月19日下午,全体馆员前往中国消防博物馆,实地参观并了解学习各项消防知识和器械,观看消防影片,并实际参与防火防灾体验馆活动。

全员提交提案《加快建设校医院、改善教师就医条件》,并附议其他提案。

积极参与医学部工会和机关工会的各项活动。4人次参加权益杯系列讲座;5人次参加迎校庆大步走;2人次参加新老教职工迎中秋、庆国庆联谊活动的演出;1人次参加运动会开幕式,并担任教员;积极参与机关羽毛球、瑜伽、小合唱兴趣小组活动。领取发放福利,组织职工体检。

校 史 馆

【发展概况】 校史馆成立于2001年3月,日常工作主要为校史展览、校史研究以及校史文物的征集、保管和展出。

校史馆馆舍于1998年北京大学百年校庆时奠基,2001年9月竣工,建筑面积3100 m²,分为上下三层,时任国家主席江泽民亲笔为校史馆题写了馆名。2002年5月4日,校史展览正式对外开放。展览主要分为北京大学校史陈列展、北京大学杰出人物展和专题展览三个部分。首层为北京大学杰出人物展,首批展出的革命先烈、学术先辈和各方面的杰出人物共217位。地下一层不定期举办各类校史专题展览。地下二层为北京大学校史陈列展,根据北京大学自身发展的脉络和特点,将北京大学历史分为九个阶段进行展示,展线长400余米,展板273块,展出图片图表800余幅、实物440余件。地下二层设有影视厅,定期播放校史专题影视作品。

校史馆内设研究室、综合办公室及资料室,编制6人,现有在职人员6人,返聘人员4人,兼职1人。现任馆长马建钧,副馆长刘晋伟。校史馆党支部包括在职及退休党员11人。党支部书记为林齐模(2012年12月起任直属机关党委委员),副书记为杨琥。

【参观接待】 2015年,校史馆共接待参观36290人次,其中本校师生员工、校友及客人7516人次,2015级新生3579人,新入职员工44人,团组327个。

重要参观团队及人员有光大集团董事长唐双宁一行、正威集团董事局主席王文银一行、邹碧华同志先进事迹报告团、中国人民解放军总装备部部长张又侠一行、云南省委高教工委代表团、北大首批女生之一王兰女士的家属、青岛市党政领导代表团等。

积极探索提高参观接待与对外服务水平的方式与途径。至2015年底,校史馆志愿讲解服务队仍保持在40人左右的规模,基本满足了参观人员和团队的讲解需求。继续坚持日常开馆义务值班、节假日临时接待讲解补助等制度,做到了开馆时间至少两名讲解员同时值班讲解、预约团队皆能得到志愿讲解服务。继续做好志愿讲解员队伍的培训及服务工作。12月,组织讲解员至中国人民抗日战争纪念馆参观学习。

在展馆建设方面,校史馆对导览设备进行了维护更新,购入了6组团队讲解器并投入使用,完成了自助导览中文语音内容的修订。10月,开始与基建工程部商讨校史馆馆舍改造的初步方案。

【展览筹办】 10月,在朱光潜先生亲属的支持下,校史馆"书生本色 学者风范"系列专题展览推出"朱光潜先生生平图片展",展览的筹办得到了武汉大学档案馆、四川大学档案馆的支持。展览展出了160余幅历史照片、朱光潜先生手迹、著作及生前所用之实物等,生动全面地再现了朱光潜先生学贯中西、潜心教育、精研美学,为中外文学与哲学的学术发展鞠躬尽瘁、死而后已的一生。该展览于2015年12月在北京大学深圳研究生院展出。3月10日至4月10日、11月6日至11日,由北京大学校史馆主办的"梁漱溟先生生平图片展"分别在重庆中国民主党派历史陈列馆、上海图书馆巡展。此外,校史馆还参与了北京大学山东校友会在山东省博物馆举办的"中国的脊梁——梁漱溟展览"。

【校史研究】 "北京大学校史上的第一·人物编""北大名贤馆集萃"(暂定名)项目仍在进行中。

在研究成果方面,杨琥选编《中国近代思想家文库·夏曾佑卷》由中国人民大学出版社出版;林齐模为北大山东校友会会刊《山东北大人》撰写了"傅斯年在北大"一文。

校史馆研究人员先后参加或投稿《胡适研究论丛》第3辑出版座谈会(7月20日,北京)、"西南联大与现代中国"学术研讨会(8月11日,昆明)、"纪念冯至先生诞辰110周年学术研讨会"(9月19日,北京)、"报刊与中国近现代知识的再生产"学术研讨会(10月30日至11月2日,上海)、"抗战时期的中国高等教育"研讨会暨首届"华东地区校史论坛"(11月18日—20日,杭州)、"李大钊与中共党史研究"专家座谈会(11月28日,北京)、"中国高等教育学会校史研究分会2015年常务理事会议"(12月10日—13日,长春)。

为宣传校史,设计制作了2016年校史台历和2016年校史效率手册。

【文物征集与管理】 目前校史馆共有藏品10大类629件、礼品17类845件。2015年,共接受8位校内外人士捐赠北大校史文物15件,校内单位移交北京大学礼品89件。

继续开展藏品数字化工作,共扫描馆藏文本资料110余件组、照片资料960件,备份光盘108张。

2015年5月开始,参与北京大学120周年校庆筹备委员会120周年校庆校史文物征集策划的相关工作。

【业务交流】 与到访的北京外国语大学、重庆大学、厦门理工大学、西南大学、北京协和医学院护理学

院、西安建筑科技大学、上海音乐学院、云南大学等学校校史同行进行了座谈交流。为提高业务水平,组织馆员到武汉大学档案馆、浙江大学档案馆、重庆中国民主党派历史陈列馆等进行了参观交流。

【图书资料】 继续加强资料室的规范化管理,对所购买和赠送的新书做到及时编目、上架、出借,并做好新书发布工作,在为展览和内部工作人员服务的同时,每周定期对社会开放。资料室现有图书3977册,其中中文图书3611种3696册,中文刊131种156册,工具书107种125册;报刊56册。2015年接待校内外读者阅览613人次;借阅图书1107册次,室内阅览565人次,咨询94人次。

【内部管理】 校史馆高度重视安全保卫工作,连续十四年做到"十无"达标。继续坚持并不断完善往年形成的安全保卫小组例会制度、安全员巡视制度、消防及电路器材定期检查制度、人员进出登记管理制度、年度消检电检制度、中控员日间消防安全巡查制度以及消防设备月度维保制度。6月,组织进行了消防疏散演习。

在设备维护方面,继续与设备公司签订维保协议,确保电梯、安防、消防等设施安全有效运行,扩充了监控主机的存储容量,完成了电梯大修工作。

【党建工作】 校史馆高度重视"三严三实"专题教育,组织全体党员认真学习"三严三实"的科学内涵、重大意义和开展好"三严三实"专题教育的必要性和紧迫性。严格按照"三严三实"专题教育要求,认真梳理本单位"不严不实"的问题,把学习教育和解决问题结合起来,剖析问题根源,认真进行整改。要求全体领导干部和党员同志,把"三严三实"专题教育与北大的发展和本单位的发展相结合,把本职工作做好,为北大发展尽职尽责、尽心尽力。

高度重视党风廉政建设工作,认真贯彻学校关于党风廉政建设的要求,通过日常工作的制度化和规范化建设来保证党风廉政建设,使党风廉政建设与具体工作相结合,落在实处。

领导班子坚持周馆务会制度,坚持《档案馆校史馆馆务会议工作规则》《档案馆校史馆领导班子落实"三重一大"制度的实施办法》《档案馆校史馆财务工作规则》《档案馆校史馆馆务公开制度及实施办法》,研究决定各项工作,工作中坚持集体领导、集体决策,实行民主集中制,坚持馆务公开,建立共识,增强向心力、主人翁责任感和集体荣誉感。认真遵守学校的财务制度,坚持"收支两条线",不设"小金库"。在强调思想觉悟和政治要求的同时,发挥政策和制度的约束作用,保证了工作的公正和廉洁。

(刘静)

出 版 社

【发展概况】 2015年,北京大学出版社出版图书4248种,实现生产码洋7.91亿元,净发货码洋5.99亿元,净发货实洋3.88亿元,退货率9.3%(历史最低)。经营成果稳中有升,财务状况良好。资产总额达82552万元,比2014年增加6881万元,增长9.1%,全年实现回款3.38亿元,主营业务收入3.55亿元,全年实现净利润7543万元,销售净利率为21.26%,资本保值增值率为107.9%,资产负债率为12.3%,流动比例7.49,速动比例4.76。2015年上缴国家各种税费7172万元(含音像社73万元),上缴国有资本收益656万元(含音像社3万元),上交学校利润1900万元,上交学校教材建设专项基金100万元。

出版的4248种图书中,新书1345种,比2014年减少20.65%,重印2903次。新书中,教材新书598种,学术新书523种,大众新书224种。教材、教学参考书和学术著作新书占比为83.34%,比2014年上升0.57%。大众新书品种占比16.65%,比2014年下降0.57%。

队伍规模保持基本稳定,全社员工393人。其中,事业编制61人,其他人员332人;正高职称22人,副高职称40人,中级职称158人;博士学历26人,硕士学历157人,本科学历123人,大专学历37人,硕士及以上学历占全社职工人数比例为46.56%。

【重点项目】 2015年累计获批各类出版资助1874.37万元。(1)《汉语印地语大词典》《早期北京话珍本典籍校释与研究》《新中国60年外国文学研究》《尼山书院的二十六堂国学课》和《美丽汉字》5个项目获得2015年度国家出版基金立项资助,其中后2种为主题出版项目;(2)《青岛市博物馆藏敦煌遗书》《美国国会图书馆藏中文古籍善本丛刊(第一辑)》获得2015年国家古籍整理出版专项经费资助,资助金额320万元;(3)承担《中国印象:中华文化国际影响力研究》等8个国家哲学社会科学成果文库项目的出版工作;(4)承担国家社科基金后期资

助项目31种，其中本社申报入选12种，全国哲学社会科学规划办公室划拨出版19种；（5）《张世英文集》等24种图书获得北京市社会科学理论著作出版基金资助，资助金额160.65万元，另有12种图书入选北京社科精品文库；（6）教育部哲学社会科学系列发展报告项目共出版20种，资助金额60万元；（7）《中国现代美术之路》等5种图书入选"国家社科基金中华学术外译项目"，资助金额180万元；（8）《中国历史十五讲》等20种图书入选"丝路书香重点图书翻译工程"，资助金额469.38万元；（9）《传统与现代》等6种图书入选"经典中国国际出版工程"，资助金额65.7万元；（10）《中华文明史》入选"CBI中华文化著作翻译工程"，资助金额175.64万元。

【版权工作】 2015年度实现版税收入123.53万元人民币，首次突破百万元大关。输出语种上再次实现突破，新增了匈牙利语和吉尔吉斯语两个语种。完成签约的版权引进新项目共计180项，比2014年有所增加，其中教材36种，学术著作56种，一般图书88种。输出版权以及完成签约的项目共计163项，实现了版权输出数量的持续增长，其中教材96种，学术著作56种，一般图书11种。

出版社积极参与国际书展"中国主宾国"活动，充分利用国家平台开展图书宣传：在白俄罗斯书展上，与俄罗斯卡罗出版社联合举办了《博雅汉语》俄文版签约仪式，活动取得良好效果，得到国家新闻出版广电总局领导的肯定；美国BEA书展期间，位于纽约百老汇大道上的巴诺书店在其临街的橱窗中特别展示了一批中国输出到欧美的英文版图书，在其重点推荐的五种海报图书中，有两种来自北京大学出版社，分别是英文版《中华文明史》和《解读中国经济》。因书展期间版权输出成绩突出，出版社荣获国家新闻出版广电总局颁发的"优秀版权输出奖"。

【年度特色】 信息化建设方面，新ERP项目建设取得了实质进展。编辑、印制、发行、储运四大部分的基本功能开发完成，进入测试调整阶段，为2016年上线奠定了基础；申报了"新闻出版改革发展项目库"项目"基于CNONIX的传统出版过程数字化"；为市场运营中心和教学服务中心开展微信营销提供了软件和技术支持。

市场运营中心为适应"互联网+"时代的要求，积极主动调整团队管理战略，打造一支富有互联网思维的发行团队；及时对渠道做出结构性调整，全面规划线上线下渠道布局；注重客户价值管理，继续实施风险抵押政策，营造优质健康的客户群；通过畅销品和精品战略，营造美誉品牌，打造强有力的品牌营销。

储运部门进一步优化入库、配货、出库、发货等环节的流程和程序规范，配送效率继续提高。

数字出版方面，承接的科技部项目"跨媒体数字出版信息资源开发与应用"按期完成；学术数据库《中国现代化报告》基本完成；与苹果公司、掌阅等开展了数字出版合作；电子书销售收入B to C超过B to B；博雅云数字教学平台（暂定名）开始前期建设，首批有20多种教材。

【获奖情况】 2015年，北京大学出版社被国务院新闻办、国家新闻出版广电总局授予"中国图书对外推广计划特别奖"。

2015年出版社各类图书荣获奖项137项，其中国家级1项，省部级项72。《南画十六观》获得第五届中华优秀出版物奖图书奖。《人间词话七讲》入选中宣部、中国图书评论学会"2014中国好书"。《中国儒学史》《中国现代美术之路》获得第七届高等学校科学研究优秀成果奖（人文社会科学）一等奖。《芥子园画谱临摹技法》入选国家新闻出版广电总局、全国老龄工作委员会办公室2015年向全国老年人推荐优秀出版物。《动物记事》入选2014年度"大众喜爱的50种图书"和国家新闻出版广电总局2015年向全国青少年推荐百种优秀图书。《猎豹的眼泪》入选2015年全国优秀科普作品。《唐诗宋词十五讲（第二版）》《南画十六观》《人间词话七讲》《中国哲学简史》四种图书入选国家新闻出版广电总局首届向全国推荐中华优秀传统文化普及图书，入选数量位居全国出版社第一名（并列）。《中国文化精神》入选中国出版协会2015年度中国30本好书。

【党建工作】 出版社党委认真开展"三严三实"专题教育，围绕出版社中心工作，积极推进党建工作。卢旖旎、李铎荣获北京大学优秀党务和思想政治工作者称号，张黎明荣获北京大学党务和思想政治工作奉献奖。为生活困难党员申请帮扶补助款5000元。1名预备党员转正。

出版社党委加强对社职代会和工会的领导，积极引导社职代会和工会围绕中心工作创造性地开展活动，发挥在民主决策、民主管理、民主监督、沟通协调、汇聚员工智慧方面的积极作用。工会组织职工前往西柏坡参观学习，组织职工参加北京地区出版社"联盟杯"篮球邀请赛。出版社篮球队取得第四名的好成绩，展现了北大出版人团结协作、奋发拼搏的良好精神面貌。

贯彻落实党风廉政建设责任制，不断提高防腐倡廉建设水平。推进惩治和预防腐败体系建设，严格执行社长办公会（党政联席会）议事规则和程序，重新修订《出版社党风廉政建设责任制实施细则》，认真落实"三重一大"集体决策制度。正风肃纪，坚持巩固和严格执行"八项规定"，在公务用车、

公款出国出境、办公用房、公务消费、兼职取酬等方面严格按照有关规定执行。社领导办公用房完成整改并投入使用,全面完成党政领导干部在企业兼职的清理工作。

【社会公益】 出版社党员和群众积极参与"共产党员献爱心"活动,共捐款12576元。在北京大学工会组织的爱心基金捐款活动中,出版社职工共捐款22750元,出版社捐款20000元。

2015年出版社累计捐赠图书码洋48.38万元:(1)向新疆大学捐赠图书1271册,码洋67777.5元;(2)向新疆石河子大学捐赠图书1268册,码洋67659.5元;(3)5月,向北京大学附属中学捐赠图书704册,码洋36365.2元;(4)9月,向西南政法大学渝北校区捐赠图书415册,码洋18272.6元;(5)10月,向贵州省委宣传部捐赠图书970册,码洋33556元;(6)7月—9月,积极参与国家新闻出版广电总局发起的"百社千校书香童年"公益阅读活动,向湖南省长沙市修业学校,河南省兰考县东街学校,甘肃省华池县南梁镇列宁学校、乔川杨湾湾小学、白马杜寨子小学、王咀子中心小学、王咀子宪塬小学,江苏省南通市亭西小学,四川省峨眉山市新平乡中心小学,以及西藏自治区阿里普兰县小学、普兰县中学、多油村小学、仁贡教学点、巴嘎乡小学、霍尔乡小学等23所中小学捐赠图书近6万码洋,并附赠了文具;(7)向北京大学图书馆捐赠图书3693册,码洋200197.50元。

(陈健、卢旖旎)

医学出版社

【图书出版】 2015年北京大学医学出版社出版图书690种,其中新书290种,占42.03%;重印书400种,占57.97%。造货码洋1.39亿元,造货册数220万册;发货码洋1.20亿元,销售收入5500万元;利润1650万元;上交学校利润495万元。

【获奖情况】 图书获奖。1.《生育力保护与生殖储备》等丛书共4册荣获第五届中华优秀出版物奖图书奖。

2.《血管生物学(第2版)》《北京大学第一医院皮肤科临床思维——以问题为中心的探讨》获第四届中国大学出版社图书奖优秀学术著作一等奖。

《儿科学(第3版)》《系统解剖学(第3版)》获第四届中国大学出版社图书奖优秀教材一等奖;《神经病学(第3版)》《口腔种植学(第3版)》《医学遗传学(第3版)》获第四届中国大学出版社图书奖优秀教材二等奖。

《母乳喂养培训教程》获第四届中国大学出版社图书奖优秀畅销书奖。

个人获奖。王凤廷社长荣获中国大学出版社高校出版人物奖。

基金资助。1.《先心病介入治疗》《世界病理学史(英文版)》获得国家科学技术学术著作出版基金资助。

2."数字化转型与专业数据库建设"项目获得教育部2015年文化产业发展专项资金资助。

【结构优化】 1.为了适应激烈市场竞争的需要,出版社优化部门结构,将原考试出版中心、高等教育出版中心、职业与成人教育出版中心合并为教育出版中心。

2.为优化非临床医学专业选题的组稿,集中优势资源,将原第一事业部与综合事业部合并为新的第一事业部。

3.为进行人才储备,招聘了1名应届毕业生。

【党建工作】 积极开展"三严三实"专题教育。发展张其鹏加入中国共产党。张卫东、张凌凌、林强庆三位同志按期转正。

【信息化建设】 继续加强和完善国家"十二五"重点数字出版规划——教材立体化计划。完成ERP项目平台的二次开发。

体 育 馆

【发展概况】 2015年,北京大学邱德拔体育馆充分发挥了高校大型综合体育馆的多功能性,为北京大学的体育教学、运动队训练、体育协会活动、师生日常健身、体育运动文化普及和教育等提供多方位优质服务,得到了校内领导及来馆师生们的一致好评。2015年,全体工作人员在高松副校长和体育馆领导班子的带领下,以"坚持服务于学校的总体发展方向"为根本目标,群策群力,精益求精,不断

提高服务质量和水平,贯彻执行"三重一大"的党风廉政制度,按照学校要求在领导干部中开展"三严三实"专题教育,有步骤地落实各项具体工作内容,围绕"安全运行、提高品质,保障教学、服务师生,开源节流、协调发展"的运行理念,实现了体育馆收支平衡的目标,减轻了学校财务负担。

【校系服务】 教学训练。因学校第二体育馆施工改造,大部分室内体育课都放在了邱德拔体育馆。2015年上半年,北京大学本科生的健美操、形体、瑜伽、器械健身、羽毛球、乒乓球、台球、击剑、剑道、篮球、排球、地板球、游泳、壁球、攀岩等课程在馆内进行了教学,体育馆全年上课总时数约4964课时;学校男女篮球队、羽毛球队、乒乓球队的训练也全部在体育馆内进行。

社团活动。体育馆积极谋求办法、拓展可用空间,为学校21个学生和教工体育社团、24个体育项目提供常年场地服务,包括:教工体育舞蹈、瑜伽练习,学生乒乓球协会、羽毛球协会、体育舞蹈社团、排球协会、风雷社、精武会、太极拳协会等。另外,考虑到大部分学生社团活动经费紧张,学生体育社团使用场地可享受3~5折的费用优惠;考虑到部分大学生家庭经济困难,为贫困学生提供部分免费锻炼卡;"以学生为本"的服务理念得到了学校团委、学生资助中心及学生社团的高度评价。

大型活动。2015年体育馆全年共承接39个大型活动,其中全校性活动3个,校内学生团体综合性活动5个,学校职能部门会议活动10个,学校各院系活动12个,北京高校学生体育比赛活动4个,其他活动5个。2015年体育馆在承办一些大型活动时,为了尽量不影响教学训练、厅房开放与培训课程,采取分区管理、划区控制、分流人群等手段实现了活动与开放同时进行,效果理想。在2015年度举办的所有活动中,体育馆全体员工积极配合,各项活动和赛事的顺利圆满举办得到了主办方及校内领导及广大师生的广泛好评,体育馆运行团队的整体服务水平得到认可。

健身培训。体育馆共有18个健身厅房、1个游泳馆,可开展22项体育项目活动。除了农历新年期间闭馆两周外,其余时间全部向校内外健身爱好者开放。据日常统计,2015年来馆健身的人数平均每天约2500人次。为提高锻炼者的运动兴趣和技术水平,向校内师生提供更高层次的服务,体育馆日常开设乒乓球、跆拳道、击剑、舞蹈、武术散打、空手道、防身术、幼儿音乐课等项目的培训。从全年培训情况来看,培训项目有效带动了来馆健身人群的健身热情,吸引了更多校内师生来馆健身。

燕园街道办事处

【发展概况】 燕园街道成立于1981年12月,属于大院式街道办事处,受海淀区政府和北京大学双重领导。辖区面积约1.84平方千米,其中北京大学校园面积272.17万 m^2。辖区户籍人口约4.4万人,流动人口5300人。燕园街道办事处设有综合办公室、居民民政办公室、劳动和社会保障办公室、城管监察办公室、计划生育办公室、社会保障事务所6个科室,并设有中关园、燕东园、校内、畅春园、蔚秀园、承泽园、燕北园7个社区居委会。燕园街道办事处人员编制隶属北京大学,共有事业编制人员16人。

【党建工作】 制定《燕园街道党风廉政建设责任制实施细则》,成立党风廉政建设责任制领导小组。开展"三严三实"专题教育5次。组织领导干部学习《中国共产党廉洁自律准则》《中国共产党纪律处分条例》,开展"学党章守纪律讲规矩"主题教育活动。燕园街道党工委机关第一党支部荣获北京大学"三严三实"专题教育优秀活动三等奖。建立健全规章制度,完成《燕园街道规章制度汇编(2015年版)》。

【综合治理】 协调组织参与地区联合执法行动30余次,累计出动城管、公安、食药监、工商、安监、卫生监督等各类执法和辅助力量五百余人次。开展环境秩序整治,召开三次严控新生违建工作会,印发《加强各社区违法建设有关规定》等文件,累计拆除新生违建12处、历史违建2处,共计160余 m^2。对各社区楼门楼道堆积物和乱停放自行车进行了两次清理。组织城管高校分队等多方力量,配合北京大学房地产管理部做好蔚秀园、承泽园、吉永庄搬迁腾退和排险解危工作。

组织4次"平安建设千人观察员评价会",与辖区内餐馆等小门店逐户签订"门前三包责任书"。对畅春园南路的临街店铺占道行为进行不定期执法巡查。保障暑期、国庆"北京大学校园游"的外围秩序,在北大东、西门设置固定秩序维护岗亭和流动巡视哨位。在北大附小西侧新修建围栏。对校园南门28家快递企业全部进行实

名制登记。敏感时间节点组织应急值守 80 余天，发布各类预警信息 100 余条。进行全国"两会""9·3 阅兵"等 4 次安保维稳工作和群防群治社会面防控工作。保证辖区 10 处建筑工地安全，进行建筑施工工地安全生产专项检查 14 次。对辖区 8 家在施工地劳动管理员和安全员培训 1 次。对网格化人员进行业务培训 3 次，通过网格化平台年报送处理信息 300 余条。

【社区建设与服务】 完成中央文明办对北京大学和蔚秀园社区创文迎检工作。召开 2015 年文明城区建设重点工作会议，成立燕园地区文明城区建设工作委员会，制订《燕园地区文明城区建设工作长效机制实施方案》，将五大主要工作及 64 项长效机制任务分解到责任科室和责任人。

投入 250 余万元，完成 10 项为民办实事项目，包括燕东园和蔚秀园信报箱安装、交通线施画，蔚秀园防爬刺安装及南门改造，燕东园和中关园封闭自行车车棚改造及各园区自行车停放装置安装，承泽园道路修补，燕北园交通电子管控设施增设，畅春园社区车棚和绿化改造等。投入 50 余万元，对 3 个社区进行裸露路面硬化和路面修复。在 7 个社区及街道办事处门前建设彩色 LED 显示屏，并进行全区联网，发布各类公共信息 100 余条。启动志愿服务站建站及设施配套工作。创建 1 个社区为"六型"社区。2 个社区顺利通过体育生活化社区达标验收。

【民生与社会保障】 为符合条件的低保对象申报高等教育救助 10000 元，慈善救助 15000 元。办理 60 岁老年证 160 余人，65 岁老人卡 120 张，80 岁老助残卡 90 张，90 岁以上高龄津贴人数达到 100 人，百岁老人达到 4 人。建立并完善残疾人信息台账，完成 282 名残疾人服务一卡通的激活和发放工作。发放残疾人临时救助金 10 人次 1.5 万元。发放助残券、各类补助 34 万余元。残疾人护理补贴申请 117 份，发放护理补贴 12 万余元。办理残疾人灵活就业保险补贴 5.8 万元。发放康复补助 2.6 万元。发放慰问品、慰问金 8.6 万元。

发放失业金 418 人次 23.37 万元。就业 108 人，职业指导 571 人，失业监测 20 人，跟踪指导用人单位 20 家 52 次。办理社保卡业务 869 人次，信息变更 222 人次。公租房新申请备案家庭 21 户，廉租房年度复审 6 户，市场化租赁补贴年度复审 5 户，公租房补贴年度复核家庭 11 户，限价房和经济适用房资格家庭申请公租房轮候家庭数 10 户。

【计划生育工作】 办理北京大学独生子女费、幼儿托补费核发共计 373 件，完成北京大学独生子女父母年老时一次性奖励核发 162 件，完成独生子女父母奖励费核发 217 件，计划生育家庭意外伤害保险投保 607 份，各项计生政策惠及群众 2066 人次，金额达 86.17 万元。

【居委会工作】 完成社区居委会的换届选举工作，产生第九届社区居委会主任 7 名、副主任 3 名和委员 16 人。组织社区居民观看各类国际、全国大型体育比赛，参加观看人数达 800 余人次。在各社区举办居民趣味运动会及环境、养生方面的科普讲座 4 场。组织群众参加社会体育指导员培训班，培养社会文艺、体育骨干人员 10 人。完成全民健身团队统计及优秀健身团队推荐工作，共 3 支团队被评选为优秀健身团队。

(刘雁北)

燕园社区服务中心

【发展概况】 燕园社区服务中心（以下简称社区中心），于 1999 年 11 月伴随着北大社会化改革而成立。成立之初，学校在组织体制、发展机制、资源配置等方面进行了创新探索，组成了以主管校长为理事长，北大各部门领导为理事的燕园社区理事会具体领导社区中心的各项工作。社区中心以"服务学校、拾遗补阙"为工作方针，以"经营补服务、服务促经营"为发展机制，在社区服务与社区建设方面做了大量的工作。运行 16 年来，社区中心在便民服务、园区建设、为老服务、社区文化、校市合作、国际交流等方面做出了一定的成绩，赢得了广大教职工的认可。截至 2015 年底，社区中心共有在编职工 66 人，退休职工 181 人，中心及各企业劳动合同制职工 120 人。

【党建工作】 加强领导班子建设，重视党风廉政建设工作，开展"三严三实"专题教育。领导班子成员高度重视党风廉政建设及组织建设，认真学习、贯彻落实中共中央政治局和习近平总书记就践行"三严三实"提出的四点要求："要立根固本，挺起精神脊梁；要落细落小，注重细节小事；要修枝剪叶，自觉改造提高；要从谏如流，自觉接受监督"。社区中心结合工作实际，认真组织实施，要求社区领导班子在态度上真接受，思想上真重视，行动上真积极。坚持高标准、严要求，带头践行"三严三实"，带头解决"不严不实"问题，同时加强对下属企业的指导，围绕"严以用权，真抓实干，实实在在谋事创业做人，树立忠诚、干净、担当的新形象"主题，引导各企业单位严字当头、实处用力。

【社区便民服务】 居家养老服务。居家养老服务开展五年来，燕园地区的高龄老人及残疾人得到了这项政策的关心与关爱。社区中心也始终以"为老服务、贴心为老"为原则，尽职尽责地做好老年券的发放和使用回收工作。为了方便居

民,满足老年人的需求,社区中心不断扩大老年券服务商的规模,如社区服务队、服务站、理发店、订奶、送水等都可以使用老年券,极大地方便了居民。2015年度,燕园地区服务范围内的80岁以上的老人达到989人,残疾人员近100人。2015年下半年,海淀区在全市率先试点老年券变卡政策,海淀户籍的老年人可以用银行卡般大小的浅蓝色芯片卡取代原来的纸质老年券,老年人可以使用银行卡在家政、餐饮、医疗等六大类进行刷卡服务,极大地方便了老年人的生活。

呼叫系统及家政服务。呼叫系统全年接收服务呼叫1080次,接听热线电话7200余次,咨询类电话3600次。全年新增小时工10人,完成保姆及小时工服务量4723小时,方便了燕园地区的居民,解决了他们生活中的实际困难。

服务队上门服务。2015年社区服务队依然保持传统,继续承担小区居民家庭的日常维修、房屋修缮工作。全年服务2892次,其中免费上门500余次。共组织便民活动2次,参加人数达到2400多人,咨询人数4800多人次,预约服务280余人次。在便民服务活动中,我们请来校医院的医生免费为社区居民开展义诊活动,受到了居民的欢迎。三个社区服务站继续做好为高龄老人免费送货上门服务,送水送粮、随叫随到,社区服务深入人心。

公益活动。继续为学校各种公益活动提供资助,为校园公益事业贡献力量。燕园社区服务中心一直高度重视和关心北京大学家庭经济困难学生的生活和成长,竭尽所能为贫困学生提供生活服务和经济资助。自2003年开始,已连续12年作为迎新绿色通道的重要一环,为家庭经济困难新生捐赠"爱心大礼包"。大礼包中包含了18样日常生活用品,基本满足了学生日常生活上的所有需求。2015年新增加10名贫困研究生大礼包,共计430份。根据学生的实际生活需要,2015年在爱心大礼包的生活用品上做了相应调整,新增"乐扣水杯"及"乐扣保鲜盒"。

文化交流。2015年继续开展留学生住家及厨艺活动,全年共接待北大国际MBA家访、日本留学生家访、美国斯坦福大学厨艺及中国文化体验课等项目。一年来共接待留学生活动18次,留学生397人。通过这些活动,外国留学生亲身体验到了中国家庭的和谐氛围,接受了中国文化的熏陶,达到了中西文化交流的目的。

【社区经营服务】 经营管理。针对企业存在的经营管理松散、企业财务管理失控、企业职工收入偏低、企业亏损等问题,采取相应改革措施:(1)规范企业管理,在企业管理问题上坚持原则不放松,严格执行任务书的条文规定,不得随意变更任务指标,重树管理权威。(2)对没有完成任务指标的企业,通过民主决策程序选任有开拓、奉献精神的骨干担任企业经理。(3)严格执行财务规定,杜绝违反规定滥发工资、奖金、公积金费用。(4)制定《北大社区中心企业在职人员工薪、福利管理办法》,及时调整职工与企业经理收入差距过大的问题,提高了普通职工的收益,保证了职工的合法权益。

房屋管理。按照国有资产管理规定起草了《社区中心经营用房管理规定》。按照公开、公平、公正的原则,采取招投标的方式,规范房屋出租工作。

安全管理。重视企业安全,定期进行安全检查工作。"企业安全重于泰山",多年来社区中心始终坚持"综合检查制度",在春节、五一、十一前对企业的消防、食品安全、环境卫生、人员健康等情况进行综合检查并进行不定期的抽查,奖罚分明,对不合格企业进行通报批评与落实整改。综合检查制度保证了社区中心各企业的安全平稳运行,保证了企业经营"零事故"。

【检查整改工作】 9月15日,教育部国有资产管理专项检查组进入北京大学。社区中心是北京大学重点检查的二级事业单位,在历时两个月的迎检准备及配合检查过程中,检查组对社区中心以及下属9个企业的国有资产管理进行专项审查,涉及国有资产管理规章制度、固定资产管理处置、社区中心及下属企业的财务状况、企业的产权明细等多个方面,社区中心积极配合检查组的各样查询。

附属中学

【发展概况】 2015年,北京大学附属中学占地面积5.16万m²,建筑用地面积2.76万m²。在建体育馆一期建筑面积1.69万m²,体育馆运动场1.2万m²。图书馆藏书10万册,电子图书与北京大学图书馆共享。固定资产总值39954802.47万元。全年教育经费投入10721.41万元,其中,国家拨款5967.60万元、自筹经费4753.81万元。学校信息化经费投入70万元,拥有计算机966台

(计算机资产总值607万元),多媒体教室座位300个,校园网出口总带宽1Gbps,数字资源量5TB,"信息技术"课程2课时/周。普通教室77个,专用教室108个,实验室14个。2015年末,教职工324人,其中:副高职称112人,中级职称98人。专任教师272人,其中:特级教师13人,北京市学科带头人3人,北京市骨干教师5人,海淀区学科带头人骨干教师47人,本科及以上学历263人。开设教学班80个,其中,初中班25个,高中班55个班。毕业生684人,其中,初中265人、高中419人;招生663人,其中,初中243人、高中420人;在校生1939人,其中,初中730人、高中1209人。高中录取分数线(海淀区)546分,应届高考本科上线率100%。学校网址:www.pkuschool.edu.cn。

【颁发首届T客奖】 3月25日,北大附中颁发首届T客奖。该奖项由北大附中2005届毕业生、原技术中心社团电脑俱乐部(TIC)首届社长肖涵牵头设立,旨在鼓励和支持学生多元发展,在技术和创新方面拥有更多空间和平台,本届奖金总额为900欧元。颁奖活动由学校信息与通用技术中心(技术教育中心)主持,并组织5名专家和教师担任评委,根据T客奖作品评价量规,每个评委从4个维度打分,每个维度5分,共20分,5名评委共计100分。共有6名学生、5项作品进行汇报展示,最终评出一等奖2名,奖金250欧元;二等奖2名,奖金150欧元;三等奖1名,奖金100欧元。其中,一等奖获奖项目为"学校信息综合App"和"无人机项目"。

【承办北医附中】 5月15日,北大附中承办北医附中。北大附中受海淀区教委委托承办北医附中,并与区教委签署承办协议,协议约定,承办后北医附中保持独立建制,具有独立法人地位,区属公办中学性质不变,为区教委所属独立核算全额拨款事业单位,继续承担规定范围内的义务教育任务;原北医附中教职工人事关系仍隶属区教委;原北医附中教职工考核、聘任工作由北医附中按照海淀区教委要求进行。承办后,北大附中将利用名校优质办学资源,提高北医附中整体实力;北大附中张思明副校长兼副书记担任北医附中党总支书记,陈伟聪副校长为北医附中新任校长,9月起,北大附中选派优秀教师到北医附中起始年级任教。协议有效期20年。北医附中由原北京医学院(现北京大学医学部)创建于1960年,是一所全日制高级中学。1968年,学校交由海淀区教育局领导,并招收初中学生,成为全日制普通完全中学。现有教职工140人,学生900人,开设28个教学班。

【获国际数学建模竞赛特等奖】 5月30日,北大附中学生参加2015首届数学建模挑战赛(IMMC)获特等奖。此次比赛由中国大学生数学建模竞赛组委会与美国大学生数学建模竞赛组织机构共同发起,经过国家/地区评审,17个队代表国家和地区进入国际赛程,每个参赛队由同一所中学的4名学生组成,最终,北京大学附属中学、南洋模范中学、美国帕洛阿图高中和新加坡莱佛士女子中学4个代表队获得特等奖。本次挑战赛赛题为"电影制作中的排序问题",要求参赛团队设计模型,解决在演员档期、资源限制等约束和不确定风险下电影摄制中的成效与效率问题。北大附中代表队由高一年级学生王东瀚、张海湄、沈婉春、董玎玎4人组成。

【成立石景山学校】 6月10日,北大附中石景山学校成立。在北京市委教工委、市教委支持下,石景山区政府、区教委和海淀区政府、北京大学、北大附中决定,采取"国有联办、协议管理、整体委托、自主办学"方式合作举办石景山区北师大励耘实验学校,改名为北大附中石景山学校。北大附中崔岩副书记担任北大附中石景山学校校长兼书记,派出北大附中校长助理方绍英、李世民、张结实担任北大附中石景山学校副校长。合作有效期20年。北师大励耘实验学校前身为始建于1967年的北京市八大处中学,2010年7月1日石景山区与北京师范大学正式签约,共建"北京师范大学励耘实验学校",成为一所集小学、初中、高中十二年一贯制的公办学校,包括小学部、中学部和国际部三个校区。学校占地面积28760 m^2,建筑面积15071.6 m^2,现有教职工96人,教学班19个,学生410人。

【附中天津东丽湖学校开学】 9月5日,北大附中天津东丽湖学校开学。学校为十二年一贯制民办学校,占地面积4.7万 m^2,建筑面积2.8万 m^2,拥有两栋教学楼、一栋科技楼,另有宿舍楼、体育馆、学生食堂、标准塑胶跑道操场等配套设施。学校现有教职工56人,其中专任教师41人,职工15人;共有227名学生,其中,小学一至五年级学生184人,七年级43人,实行小班授课,每个班不超过25人,按照全日制教学形式和学时开设小学、初中和高中课程。2014年7月,天津市东丽区与北大附中签署合作办学协议,兴建北大附中天津东丽湖学校,该校成为北大附中直接投入师资和管理队伍在异地举办的第一所民办学校。

【成为杭州十竹斋木版水印实训基地】 9月21日,北医附中成为杭州十竹斋木版水印实训基地,同时获得扬州市雕版文化艺术研究会授予的"雕版印刷技艺传承基地校"称号。杭州十竹斋木版水印大师、杭州"木版水印"非遗传承人魏立中为北医附中颁发水印实训基地及雕版印刷技艺传承基地校铜牌,并参加学校组织的"传统文化

走进海淀学校及社区"汇报交流活动,现场演示木版水印技艺,与学生交流;学生亲身参与到雕版印刷篆刻活动中,感受千年历史的传统技艺。北医附中重视传统文化学习,开设书法、篆刻等课程,学校支持引进两项非物质文化遗产项目,成为北京市第一所开设雕版印刷课程的中学。

【新女神像揭幕】 10月6日,北大附中新女神像揭幕。新女神像由学校300名师生、校友共同参与创作,重绘画像由630块(另有三百余块的描述)画布拼接而成,悬挂于学校教学西楼南面。女神像由曾在学校学习和任教的艺术家徐冰创作,并将其绘制在老教学南楼墙上,成为学校标志之一。该次重绘除保留"女神"本身形态外,同时加入学生新的创意。女神像将一直悬挂在教学西楼前。

【获DI创新思维中国区总决赛冠军】 12月7日,北大附中学生参加2015年DI国际邀请赛暨第十届DI创新思维中国区总决赛,获得冠军。比赛由DI中国区主办,来自南美洲、欧洲、亚洲等11支国际参赛队以及国内26个省市500余支代表队参赛,共有78支代表队获得一等奖,其中,北大附中代表队由6名高一年级学生组成,参加E类项目高中组比赛,获得本项目第一名。

【两部门调整工作定位】 2015年内,北大附中两部门调整工作定位。调整学校课程委员会工作定位,在宏观顶层层面做设计,针对每个课程找出定位和价值;针对互联网时代学生获取知识手段的多样性,思考和设定新的形式和框架;外聘专家加入课程委员会,为教师培训和视野拓展提供更多支撑和资源;带领团队以项目制和课题制的模式开展研究,主动发掘好课程,引导教师研讨;对有价值的课程成果及时认定并向外推广,使其产生附加价值。调整高中部职责范围,调整后职责包括负责所有学生的日常管理、成长辅导、招生、德育工作等的全面组织实施和研发;在课程委员会顶层框架下,具体设置课程和研发课程,包括课程的全面过程性管理和实施方法;负责各学院教师招聘、岗位绩效管理、教师考核评价、教师专业发展等;高中部校长直接领导学院长,学院长对以上所述的所有教室管理和课程管理(包括学生的学习效果)直接负责;学院的教师配合书院和导师,积极思考通过外部因素促进学生的学习。

(王琴)

附 属 小 学

【发展概况】 2015年,北京大学附属小学(以下简称北大附小)占地面积28597 m²,建筑面积22294 m²,体育场(馆)面积6120 m²。图书馆(室)藏书7.29万册,电子图书180GB,订阅报刊170种。固定资产总值3563万元。全年教育经费投入4126万元,其中,国家拨款3050万元、自筹经费1076万元。学校多媒体教室座位356个,校园网出口总带宽100Mbps,数字资源量20TB,"信息技术"课程1课时/周。普通教室57个,专用教室24个。拥有计算机607台。教职工170人,其中,高级职称8人、中级职称136人。专任教师137人,包括特级教师3人,北京市骨干教师5人,本科以上学历158人。开设教学班57个。毕业432人,招生337人,在校生2082人。学校网址:www.bdfx.net.cn。

(刘桂红)

【成立丰台分校】 4月9日,北大附小丰台分校成立。根据北京大学、海淀区教委及丰台区教委共同协商,决定在丰台区王佐镇成立北京大学附属小学丰台分校,市委常委、教育工委书记苟仲文,市教委、丰台区政府、北大及北大附小领导在王佐镇政府共同签署办学协议,签约主要内容是丰台区南宫中心小学由北大附小托管,更名为北京大学附属小学丰台分校。北大附小校长尹超兼任校长职务,北大附小将派出以执行校长为首的管理团队和骨干教师队伍,分校与本校在办学理念、文化体系、管理制度和课程建设方面保持一致。9月7日,丰台分校举行开学典礼暨新校名揭牌仪式。

(庄严)

【召开音乐教学研讨会】 4月29日,北大附小召开北京市小学音乐学科教学研讨会。会议由全国教育科学"十二五"规划教育部重点课题"非物质文化遗产校园传承研究——民族音乐——京剧校园传承研究"课题组组织,北大附小承办,研讨会观摩了学校"初识京剧""铡美案""锣鼓经""四大名旦"4节现场研究课,介绍了北大附小京剧课程的开设情况,并对京剧进校园以及京剧课程创新进行了专题汇报。领导与教师350人参加会议。

(庄严)

【成立现代教育研发交流成长中心】 3月1日,北京市小学现代教育研发交流成长中心在北大附小成立。该中心由北京市教委批准和主办,北大附小承办。中心办公

地点位于学校教学室,由市教委和北大附小共同管理,中心主要承担北京远郊区小学校长、教学干部、教师培训,培训主要内容包括教学管理、课程建设、教育教学、教学研究、青年教师培养、学生活动设计与管理、校园文化建设等方面,培训形式为脱产学习,每次培训时间一个学期,培训教师主要由北大附小的教师、外聘专家、北大教师组成。3月1日,培训中心举办首次培训,来自昌平区和延庆区的15名校长和教学干部参加。学员培训结束后会颁发成长中心的结业证书。

(何立新)

【石景山学校正式揭牌】 7月4日,北大附小石景山学校正式揭牌。在北京市委教工委、市教委支持下,石景山区政府、区教委和海淀区政府、北京大学、北大附小决定,引入优质教育资源北大附小进入石景山区,承办石景山区六一小学,并改名为北大附小石景山学校。石景山区每年给予北大附小合作办学经费350万元,用于学校品牌输出、管理模式贯通、骨干教师流动等工作需要,拨付专项资金用于校园文化建设和设施设备配置;北大附小校长尹超兼任北大附小石景山学校校长;北大附小派出学校骨干领导及部分特级教师进入石景山学校。石景山区六一小学建于1961年,占地面积21982 m^2,建筑面积11767 m^2,现有教职工97人,32个教学班,学生1118人。

(庄严)

【全面改革选修课程】 9月1日,北大附小全面开展课程改革,在原有基础类课程的基础上,增加了时长60分钟的综合实践课和时长90分钟的选修课。本次选修课共开发视觉思维、趣味经济学、智能机器人、京剧、武术等145门课程,涉及人文素养、科学素养、社会交往、国际理解、艺术健康5个模块,分别为年级内选修与跨年级选修,学生可根据个人学习需要自由选修;选修课程上课时间为每周两次;另外,以年级和班级为单位,每个年级增加了综合实践活动课程,包括科学实验、北大文化、社区实践等实践课程。全校所有学生共2100多人参加选修课程学习。北大附小2012年开始进行生命发展选修课程改革,至2015年完成生命发展课程的顶层设计、学科课程设计。

(何立新)

【召开英语阅读教学研讨会】 9月18日,全国首届中小学英语阅读教学学术研讨会暨"中国中小学生英语分级阅读体系标准研制"课题成果发布会在北大附小召开。会议由北京师范大学外国语言文学学院主办,北大附小承办,以"阅读引领学习"为主题,围绕教学教研、教师发展、课程创新、评价反馈主题展开研讨与交流,从阅读教学理念、实践、评价、研究等方面分享国际国内阅读教学的经验,促进英语阅读教育工作者相互学习、共同提高。北大附小教师做"the race"展示课,3名教师汇报北大附小阅读教学专题。来自全国各中小学英语骨干教师400余人参加会议。

(庄严)

【承办全国新世纪小学数学课程与教学系列研讨会主题会】 10月15日,北大附小承办第14届全国新世纪小学数学课程与教学系列研讨会"运算能力"主题会。研讨会由教育部、北京师范大学基础教育课程研究中心、新世纪小学数学教材编委会、北京师范大学出版集团联合举办,活动在海淀区中关村三小、北大附小、海淀区民族小学分设"模型思想""运算能力""空间观念"三个主题会场。北大附小主题会场安排"如何理解和把握运算能力"主报告,设置6节数学研讨课,与会专家现场评课并进行研讨。来自全国各省市小学数学教研员、教师约200人参加会议。

(杨重生)

【出版三部课程研究专著】 12月,北大附小出版三部学科课程研究专著。三部专著分别为:《润泽心灵的"博雅语文"》,11.25印张,16.8万字;《研数思形,启智通慧》,14印张,23.7万字;《卓悦英语:"玩"出最好的课堂》,11.25印张,16.8万字。三部专著均由北京大学出版社出版,分别介绍学校"博雅语文"课程的建构和实施、"生长的数学"课程、"卓悦英语"课程的建构与实施。三部专著主编为尹超,由北大附小教师集体撰写。

(庄严)

·人　物·

在校院士名录

中国科学院院士

数学物理学部

姜伯驹　张恭庆　陈佳洱　甘子钊　贺贤土　文　兰
杨应昌　陈建生　田　刚　赵光达　徐至展　李政道
苏肇冰　解思深　王诗宬　王恩哥　鄂维南　陈十一
欧阳颀　张平文　谢心澄　周又元　张焕乔　霍裕平

化　学　部

唐有祺　黎乐民　刘元方　周其凤　王　夔　张礼和
黄春辉　高　松　吴云东　刘忠范　严纯华　席振峰

地　学　部

赵柏林　涂传诒　陈运泰　童庆禧　叶大年　李德仁
张弥曼　秦大河　陶　澍　张培震　傅伯杰　吴立新

信息技术科学部

杨芙清　王阳元　秦国刚　黄　琳　陆汝钤　梅　宏
包为民　龚旗煌　黄　如　李启虎

技术科学部

叶恒强　方岱宁　俞大鹏　倪晋仁

生命科学和医学学部

翟中和　韩济生　韩启德　许智宏　朱作言　方精云
童坦君　赵进东　蒋有绪　尚永丰　朱玉贤　程和平

中国工程院院士

沈渔邨　郭应禄　陆道培　唐孝炎　庄　辉　俞梦孙
何新贵　王陇德　高　文　马永生　甘晓华　王　浩
张远航

（人事部）

2015年新当选院士简介

　　2015年12月7日，中国科学院、中国工程院院士增选结果揭晓，北京大学数学科学学院张平文、物理学院谢心澄、化学与分子工程学院席振峰、信息科学技术学院黄如、物理学院俞大鹏、环境科学与工程学院倪晋仁等6位教授当选为中国科学院院士，环境科学与工程学院张远航当选为中国工程院院士。北京大学当选人数连续3次居全国高校首位。

张平文

张平文,男,1966年7月生,汉族,湖南省长沙县人。1988年于北京大学获学士学位,1992年于北京大学获得博士学位。1992年7月开始在北京大学工作。现为北京大学数学科学学院教授(1996),教育部长江特聘教授(2002)。2015年当选为中国科学院数学物理学部院士。

张平文教授主要从事复杂流体的数学理论和计算方法研究,他与合作者为液晶领域的Doi-Onsager模型奠定了数学基础并建立了Doi-Onsager模型与宏观的Ericksen-Leslie模型之间的联系;研究了一系列不同层次、不同尺度的模型之间的关系并发展了能够描述复杂相和动力学行为的统一模型;针对嵌段聚合物自洽场理论模型,发展了挖掘复杂结构的高效数值方法,设计了有序相变成核算法,这些方法和算法已经成为该领域模拟研究常用的工具。另外,他还在基于调和映射的移动网格方法、多尺度算法与分析等方面做出了创新性贡献。张平文教授现担任国家自然科学基金委创新群体学术带头人,已经在JAMS、SINUM、PRL等期刊发表论文100余篇。

张平文教授2014年获得国家自然科学奖二等奖,2007年获得高等学校科学技术奖自然科学一等奖,1999年获得冯康科学计算奖;2011年应邀在第七届国际工业与应用数学大会上作一小时邀请报告,2014年应邀在美国工业与应用数学年会上作大会邀请报告;2010年获得北京市师德标兵等荣誉称号。

张平文教授于2004年开始担任中国工业与应用数学学会副理事长;曾担任中国计算数学学会副理事长(2002—2006,2010—2014)。

谢心澄

谢心澄,男,1959年2月生,汉族,江苏省南京市人。1982年毕业于中国科学技术大学近代物理系,获理学学士学位;1988年毕业于美国马里兰大学物理系,获博士学位。1988年6月至1991年7月在美国华盛顿大学、马里兰大学进行博士后研究工作;1991年8月至2010年5月在美国俄克拉荷马州立大学物理系,历任助理教授、副教授、教授、校董讲座教授(Regent Professor);2002年5月至今,任中国科学院国际量子结构中心成员、主任;2005年10至2010年5月,担任中国科学院物理研究所首席研究员;2010年5月至2011年,任北京大学物理学院量子材料科学中心主任、讲席教授;2011年至今,任北京大学物理学院院长、讲席教授。2015年当选中国科学院数学物理学部院士。

谢心澄教授长期从事凝聚态物理理论研究,并特别致力于促进理论与实验研究的深度融合。在量子霍尔效应、电荷及自旋输运、低维量子体系等领域中,对新型量子现象的发现及理解做出了重要创新性贡献。在Science、Nature子刊、Physical Review Letters等国际权威学术期刊上共发表SCI文章190多篇,包括30余篇PRL及90余篇PR系列的文章。在国际学术会议、研讨会上作邀请报告百余次。谢心澄教授2011年获国家特聘专家称号、中国科学院杰出科技成就奖,2010年研究成果入选中国科学十大进展,2008年当选美国物理学会会士(APS Fellow),2005年获得美国俄克拉荷马州立大学Regent's Outstanding Research Award,2002年获国家杰出青年基金B类,2001年获中科院海外知名学者奖励等荣誉。

谢心澄教授现任Physical Review Letters凝聚态物理副主编,《国家科学评论》编委,以及Solid State Communications、AIP Advances等国际学术期刊编委。

席振峰

席振峰,男,1963年4月生,汉族,河南省虞城县人。1983年本科毕业于厦门大学化学系,获理学学士学位;1989年硕士研究生毕业于南京大学、郑州大学和河南省科学院化学研究所,获理学硕士学位;1996年博士研究生毕业于日本综合研究大学院大学分子科学研究所,获理学博士学位。1996—1997年于日本北海道大学触媒化学研究中心从事博士后研究工作;1997—1998年担任日本北海道大学药学部助理教授;1998年到北京大学化学与分子工程学院工作,任副教授,1999年任教授。2015年当选为中国科学院化学部院士。

席振峰教授主要从事金属有机化学研究。提出并系统开展了双金属有机试剂化学研究,发现了双金属有机试剂的氧化反应、协同稳定化转金属反应、芳构化形成芳香金属杂环等新反应类型和协同切断不饱和化学键等新反应模式,揭示了双金属有机试剂独特的反应机制并提出了双金属有机试剂的"协同效应"理念,建立了多种金属有机杂环结构的高效合成方法。曾3次应邀在Acc. Chem. Res.上系统阐述其在金属有机试剂的创制与应用方面的新方法和新理念,应邀主编出版了双金属有机试剂化学领域的第一本英文专著。自独立工作以来已发表论文180余篇,包括J. Am. Chem. Soc. 15篇、Angew. Chem. Int. Ed.

12篇。

席振峰教授 2000 年获香港求是科技基金会"杰出青年学者奖";2001 年被聘为长江学者计划特聘教授;获 2003—2004 年度中国化学会-巴斯夫公司青年知识创新奖、2004 年首届"黄耀曾金属有机化学奖"、2007 年"药明康德生命化学研究奖一等奖"、2014 年"阿克苏诺贝尔化学奖"等。

席振峰教授曾任金属有机化学国家重点实验室学术委员会主任,现任北京分子科学国家实验室(筹)共同主任,中国科学院分子识别与功能重点实验室学术委员会主任。曾任《化学通报》副主编、《科学通报》执行副主编,以及 Wiley 学术期刊 Applied Organometallic Chemistry 副主编。现任美国化学会学术期刊 Organic Letters 副主编,同时担任多个国内外学术期刊的编委或顾问编委,担任多个国际会议的咨委、主席或共同主席。

黄 如

黄如,女,1969 年 11 月生,回族,籍贯福建南安。1991 年、1994 年毕业于东南大学,分别获本科和硕士学位,1997 年毕业于北京大学,获博士学位。现为北京大学信息科学技术学院教授。2015 年当选为中国科学院信息技术科学部院士。

黄如教授长期从事半导体新器件新工艺研究,面向不同电路系统要求和不同集成电路技术代,提出并研制出了准 SOI 新结构器件、BOI FinFET 新结构器件、肖特基-隧穿混合控制新机理器件以及逻辑-存储可融合兼容的新型器件;提出了可大规模集成的围栅纳米线器件新工艺方法,系统揭示了器件关键特性的新变化及其物理根源;建立了纳米尺度器件特性表征体系,提出了新的涨落性/可靠性分析表征方法及模型。部分成果转移到国内外著名 IC 公司。在微电子器件领域标志性国际会议 IEDM、VLSI 和标志性期刊 EDL、TED 上发表 70 余篇论文(自 2007 年以来连续 9 年在 IEDM 上发表论文 22 篇);研究成果连续 3 次被列入国际半导体技术发展路线图 ITRS;应邀作国际会议大会和特邀报告 30 余次;获 150 余项授权发明专利(其中授权美国专利 29 项)。曾获国家技术发明奖二等奖、国家科技进步奖二等奖、教育部自然科学奖一等奖、教育部科技进步奖一等奖、北京市科学技术奖一等奖(2 次)、中国青年科技奖等多项国家和省部级奖励。担任国家自然科学基金委创新研究群体学术带头人,入选教育部长江特聘教授、国家杰青、国家百千万人才工程国家级人选等。

担任《中国科学:信息科学》副主编、IEEE Transactions on Electron Devices 编委、Nanotechnology 编委;"十二五"国家 863 专家组成员、信息产业科技发展"十一五"计划和 2020 年中长期规划编制专家组专家;被选为 IEEE EDS elected Adcom 委员;任国际会议主席 13 次、国际会议 TPC 委员数十次。

俞大鹏

俞大鹏,男,1959 年 3 月 16 日出生于宁夏中卫。1982 年本科毕业于华东理工大学,1985 年在中科院上海硅酸盐研究所获硕士学位,1993 年在法国南巴黎大学获博士学位。1985 年 9 月至 1989 年 11 月在轻工业部上海玻璃搪瓷研究所工作。1995 年起在北京大学物理学院任教,现为北京大学物理学院教授(1999)。2015 年当选为中国科学院技术科学部院士。

俞大鹏教授长期从事纳米线材料中关键基础科学问题的研究,基于所取得的研究成果发表 300 余篇论文,含 PRL、APL 和 Nature 子刊等顶级专业刊物论文 100 余篇,被同行参考他引一万余次,谷歌学者(Google Scholar)h 因子为 75,为我国纳米线材料科学研究进入国际先进行列做出了重大贡献。

俞大鹏教授率先发展了催化剂引导下的纳米线可控制备技术并制备了硅和金属氧化物纳米线材料,解决了规模、可控制备纳米线材料的难题,开启了国际半导体纳米线研究的新纪元;深入揭示了纳米线材料特有的一系列与尺寸和表面密切相关的光电和力电耦合等新颖物理现象;系统发掘了纳米线材料的若干重大应用特性如场发射性质等,发现了若干重要的纳米线器件效应,发明了一系列纳米加工与精确操控技术,引领了半导体纳米线材料的应用基础研究。

俞大鹏教授曾作为第一完成人获 2004 年度教育部自然科学奖一等奖,2007 年获国家自然科学奖二等奖;培养了一批优秀人才,部分毕业生在包括北京大学、清华大学、中国科技大学、南京大学、美国哥伦比亚大学、麻省理工学院、加利福尼亚大学圣迭戈分校等名校任教;被评选为第二届北京大学研究生"十佳导师"。担任 Science China. Materials 副主编、J. Materiomics 等国内外学术刊物编委。

倪晋仁

倪晋仁,男,1962年8月生,汉族,山西省山阴县人。1982年毕业于武汉水电学院治河工程系；1985年、1989年在清华大学水利工程系先后获得硕士、博士学位。1989年至1991年在北京大学城市与环境学系从事博士后研究,1991年留校任副教授,1992年被聘为教授。曾在英国牛津大学、日本北海道大学和瑞士联邦苏黎世高等理工学院做访问学者。现为北京大学环境科学与工程学院教授。2015年当选为中国科学院技术科学部院士。

倪晋仁教授主要从事流域水沙运动理论、水体污染控制及河流综合治理方面的研究。提出了适用范围广泛的紊动水流中悬移质泥沙垂直分布公式,实现了从低浓度到高浓度泥沙分布的微观描述。针对河流氮污染源控制的难题,发现了具有特殊脱氮功能的系列高效微生物菌株,开发了能够在单一好氧条件下实现氨氮与硝氮同时脱除的一步法脱氮工艺。系统地提出了流域水沙灾害、河流功能性断流、河流多物质通量等新认识,为河流多功能调控与生态环境功能保护提供了关键技术。主持了国家自然科学基金优秀中青年人才专项基金项目、国家杰出青年基金项目、国家自然科学基金重大项目、国家自然科学基金重大国际合作项目、欧盟科技合作项目、加拿大CIDA合作项目、国家水体污染控制与治理科技重大专项项目等30余项科技项目,在SCI收录的国际期刊发表论文200余篇,出版专著5部,获授权国家发明专利30余项。

倪晋仁教授曾获得国家技术发明奖二等奖、国家科技进步奖二等奖等；曾任第九届、十届、十一届全国政协委员。

张远航

张远航,男,1957年7月生,汉族,重庆市城口县人。1982年毕业于北京大学,获学士学位；1985年毕业于北京大学,获硕士学位；1990年毕业于北京大学,获博士学位。1985年8月至1987年8月在中国科学院环境化学研究所(今生态环境研究中心)工作,1990年8月至今在北京大学工作,1992年12月至1995年5月曾在荷兰能源研究基金会环境科学部任客座研究员。现为北京大学环境科学与工程学院教授(1997)。2015年当选为中国工程院环境与轻纺学部院士。

张远航教授主要从事大气环境化学方面的研究。主持开展了一系列具有原创性的研究,形成了集污染探测、理论研究、决策支持和区域实践为一体的学术思路,取得了大气氧化性增强机制及灰霾成因的理论创新,实现了区域立体监测和大型综合观测的技术突破,构建了具有特色的区域大气复合污染防治技术体系,并选择珠江三角洲开展长期定点实践,为珠江三角洲空气质量的持续改善提供了科技支撑,也为国家和其他区域提供了技术借鉴。担任863重大项目(2007—2010)和科技部"蓝天科技工程重点专项"(2012—2015)总体专家组组长,牵头编制了"大气污染成因与控制技术研究"国家重点研发计划重点专项实施方案,发表SCI文章160余篇,关于大气自由基循环新机制的系列成果于2009年和2014年先后发表在Science(324,1702—1704)和Nature Geoscience(7,559—563)期刊上。

张远航教授作为第一完成人于2010年获得国家科技进步奖二等奖；1995年获国家教委跨世纪优秀人才培养计划资助,2014年被环境保护部授予"国家环境保护专业技术领军人才"称号。

张远航教授兼任教育部高等学校环境科学与工程教学指导委员会副主任、国务院学位委员会环境科学与工程学科评议组成员、中国环境科学学会副理事长、环境保护部科学技术委员会委员、国际大气化学与全球污染委员会(iCACGP)委员、联合国环境署大气棕色云研究计划亚洲科学工作组(ABC-Asia)副主席等。

哲学社会科学资深教授名录

厉以宁　袁行霈　宿　白　吴树青　叶　朗　刘安武　　吴慰慈　汪永铨
马克垚　严文明　严家炎　胡壮麟　梁　柱　梁守德

部分长江学者名录

单位	姓名	岗位类别	批次
物理学院	龚旗煌	特聘	1
化学与分子工程学院	刘忠范	特聘	1
工学院	陆祖宏	特聘	1
物理学院	欧阳颀	特聘	1
信息科学技术学院	彭练矛	特聘	1
工学院	佘振苏	特聘	1
信息科学技术学院	张志刚	特聘	1
信息科学技术学院	查红彬	特聘	2
工学院	陈十一	特聘	2
物理学院	刘晓为	特聘	2
化学与分子工程学院	严纯华	特聘	2
化学与分子工程学院	赵新生	特聘	2
城市与环境学院	周力平	特聘	2
分子医学研究所	程和平	特聘	3
生命科学学院	邓宏魁	特聘	3
物理学院	孟 杰	特聘	3
城市与环境学院	陶 澍	特聘	3
医学部	王 宪	特聘	3
医学部	叶新山	特聘	3
数学科学学院	张继平	特聘	3
生命科学学院	赵进东	特聘	3
环境科学与工程学院	朱 彤	特聘	3
地球与空间科学学院	陈永顺	特聘	4
化学与分子工程学院	金长文	特聘	4
化学与分子工程学院	来鲁华	特聘	4
医学部	刘国庆	特聘	4
化学与分子工程学院	刘文剑	特聘	4
物理学院	马伯强	特聘	4
医学部	汪 涛	特聘	4
工学院	王 龙	特聘	4
数学科学学院	王诗宬	特聘	4
化学与分子工程学院	席振峰	特聘	4
化学与分子工程学院	夏 斌	特聘	4
化学与分子工程学院	杨 震	特聘	4
生命科学学院	朱玉贤	特聘	4

续表

单位	姓名	岗位类别	批次
工学院	方岱宁	特聘/非全职	5
城市与环境学院	方精云	特聘	5
地球与空间科学学院	高克勤	特聘	5
化学与分子工程学院	高 松	特聘	5
工学院	韩平畴	特聘	5
医学部	尚永丰	特聘	5
生命科学学院	苏晓东	特聘	5
分子医学研究所	肖瑞平	特聘	5
物理学院	俞大鹏	特聘	5
医学部	詹启敏	特聘	5
数学科学学院	张平文	特聘	5
工学院	陈 峰	特聘	6
法学院	陈兴良	特聘	6
信息科学技术学院	刘濮鲲	特聘	6
化学与分子工程学院	邵元华	特聘	6
外国语学院	申 丹	特聘	6
物理学院	沈 波	特聘	6
医学部	王克威	特聘	6
历史学系	王 希	特聘	6
工学院	杨 槐	特聘	6
生命科学学院	张传茂	特聘	6
人口研究所	郑晓瑛	特聘	6
信息科学技术学院	周治平	特聘	6
经济学院	刘 伟	特聘/非全职	7
信息科学技术学院	梅 宏	特聘/非全职	7
中国语言文学系	陈平原	特聘	7
生命科学学院	郭红卫	特聘	7
化学与分子工程学院	王剑波	特聘	7
生命科学学院	王世强	特聘	7
艺术学院	王一川	特聘	7
历史学系	阎步克	特聘	7
地球与空间科学学院	张立飞	特聘	7
医学部	张 毓	特聘	7
医学部	杜军保	特聘	8
城市与环境学院	陆雅海	特聘	8
历史学系	彭小瑜	特聘	8
工学院	任秋实	特聘	8
法学院	朱苏力	特聘	8
地球与空间科学学院	宗秋刚	特聘	8
数学科学学院	姜 明	特聘	9
生命科学学院	瞿礼嘉	特聘	9

续表

单位	姓名	岗位类别	批次
历史学系	荣新江	特聘	9
工学院	王建祥	特聘	9
心理学系	余 聪	特聘	9
光华管理学院	蔡洪滨	特聘	10
化学与分子工程学院	高毅勤	特聘	10
信息科学技术学院	黄 如	特聘	10
医学部	陆 林	特聘	10
物理学院	朱世琳	特聘	10
数学科学学院	宗传明	特聘	10
法学院	陈瑞华	特聘	11
城市与环境学院	胡建英	特聘	11
医学部	乔 杰	特聘	11
化学与分子工程学院	宛新华	特聘	11
化学与分子工程学院	吴 凯	特聘	11
信息科学技术学院	夏明耀	特聘	11
数学科学学院	朱小华	特聘	11
中国语言文学系	陈晓明	特聘	12
心理学系	方 方	特聘	12
社会学系	郭志刚	特聘	12
哲学系	韩水法	特聘	12
经济学院	黄桂田	特聘	12
医学部	黄晓军	特聘	12
生命科学学院	蒋争凡	特聘	12
化学与分子工程学院	裴 坚	特聘	12
城市与环境学院	朴世龙	特聘	12
数学科学学院	史宇光	特聘	12
工学院	谭文长	特聘	12
工学院	夏定国	特聘	12
建筑与景观设计学院	俞孔坚	特聘	12
工学院	段志生	特聘	13
光华管理学院	龚六堂	特聘	13
环境科学与工程学院	胡 敏	特聘	13
化学与分子工程学院	李 彦	特聘	13
中国语言文学系	钱志熙	特聘	13
物理学院	孙庆丰	特聘	13
政府管理学院	王浦劬	特聘	13
医学部	王 韵	特聘	13
哲学系	王中江	特聘	13
化学与分子工程学院	张 锦	特聘	13
生命科学学院	张泽民	特聘	13
国家发展研究院	赵耀辉	特聘	13

续表

单位	姓名	岗位类别	批次
医学部	周德敏	特聘	13
心理学系	周晓林	特聘	13
工学院	段慧玲	特聘	14
数学科学学院	范辉军	特聘	14
地球与空间科学学院	傅绥燕	特聘	14
心理学系	韩世辉	特聘	14
工学院	侯仰龙	特聘	14
地球与空间科学学院	黄清华	特聘	14
国家发展研究院	刘国恩	特聘	14
化学与分子工程学院	刘海超	特聘	14
光华管理学院	刘俏	特聘	14
物理学院	刘运全	特聘	14
光华管理学院	陆正飞	特聘	14
哲学系	王博	特聘	14
光华管理学院	王辉	特聘	14
历史学系	王奇生	特聘	14
物理学院	王新强	特聘	14
国际关系学院	王正毅	特聘	14
物理学院	吴飙	特聘	14
工学院	吴晓磊	特聘	14
社会学系	谢立中	特聘	14
心理学系	谢晓非	特聘	14
化学与分子工程学院	徐东升	特聘	14
北京国际数学研究中心	许晨阳	特聘	14
信息科学技术学院	张路	特聘	14
城市与环境学院	朱东强	特聘	14

2015年新入选突出贡献专家

单位	姓名
法学院	陈瑞华
心理学系	方方

具有正高级职称的教师及专业技术人员名单

数学科学学院

教授

艾明要	安金鹏	蔡金星	蔡天文	陈大岳	邓明华
丁 帆	范辉军	方新贵	房祥忠	冯荣权	甘少波
高 立	耿 直	胡 俊	姜伯驹	姜 明	蒋美跃
李 若	李铁军	李伟固	李治平	林作铨	刘和平
刘力平	刘培东	刘旭峰	刘 勇	刘张炬	柳 彬
马尽文	马 翔	莫小欢	潘家柱	庆 杰	任艳霞
史宇光	宋春伟	孙文祥	谭小江	汤华中	田 刚
王保祥	王冠香	王 鸣	王诗宬	王正栋	文 兰
吴 岚	伍胜健	夏壁灿	夏志宏	徐 恺	徐茂智
徐树方	杨家忠	杨建生	杨静平	郁 彬	张恭庆
张继平	张平文	章志飞	赵宏宇	郑 浩	周蜀林
周 铁	朱小华	宗传明			

研究员

蔡云峰	王家军

物理学院

教授

班 勇	陈 斌	陈佳洱	陈建生	陈晓林	陈 勇
陈志坚	陈志忠	崔 琦	戴 伦	杜瑞瑞	樊铁栓
范祖辉	付遵涛	甘子钊	高家红	龚旗煌	胡小永
胡晓东	胡永云	华 辉	霍裕平	季 航	蒋红兵
李定平	李东海	李 浩	李 焱	林志宏	刘 川
刘富坤	刘克新	刘晓为	刘玉鑫	刘运全	刘征宇
马伯强	马中水	冒亚军	孟 杰	牛 谦	欧阳颀
钱维宏	秦国刚	邱子强	冉广照	沈 波	施 靖
史俊杰	孙庆丰	谭本馗	汤 超	田光善	涂豫海
王恩哥	王福仁	王宏利	王楠林	王若鹏	王新强
王宇钢	吴成印	吴学兵	肖立新	谢心澄	徐仁新
徐至展	许甫荣	薛建明	颜学庆	杨海军	杨金波
杨应昌	叶恒强	叶沿林	尹 澜	于彤军	俞大鹏
张 冰	张朝晖	张国辉	张 酣	张宏昇	张焕乔
张家森	张庆红	赵柏林	赵春生	赵光达	郑汉青
周又元	朱世琳	朱守华	朱 星		

研究员

陈建军	方哲宇	傅宗玫	何琼毅	李新征	林 晨
林金泰	卢海洋	裴俊琛	施均仁	施可彬	王大勇
韦 骏	吴 飙				

正高级工程师

陈 晶	葛愉成	鲁向阳	陆元荣	全胜文	王洪庆
徐 军					

化学与分子工程学院

教授

陈尔强	陈 鹏	程正迪	范星河	甘良兵	高 松
高毅勤	何 川	黄春辉	黄富强	黄建滨	贾欣茹
金长文	来鲁华	黎乐民	李 娜	李星国	李 彦
李子臣	梁德海	林建华	刘春立	刘 锋	刘海超
刘虎威	刘文剑	刘元方	刘志荣	刘忠范	马玉国
裴 坚	彭海琳	齐利民	其 鲁	邵元华	沈兴海
施章杰	施祖进	唐有祺	宛新华	王剑波	王颖霞
王 远	王哲明	魏高原	吴 凯	吴云东	席振峰
夏 斌	徐东升	严纯华	杨 震	余志祥	袁 谷
翟茂林	张 锦	张新祥	张亚文	赵达慧	赵美萍
赵新生	周其凤	朱 涛	邹德春		

研究员

陈家华	陈 兴	孙聆东

正高级工程师

谢景林

生命科学学院

教授

安成才	白书农	蔡 宏	柴 真	昌增益	陈建国
陈章良	邓宏魁	范六民	顾红雅	顾 军	郭红卫
纪建国	孔道春	李沉简	李 毅	吕 植	秦跟基
秦咏梅	瞿礼嘉	饶广远	饶 毅	苏都莫日根	
苏晓东	陶 伟	滕俊琳	王家槐	王世强	王忆平
魏丽萍	吴 虹	谢晓亮	许崇任	翟中和	张 博
张传茂	张 研	张泽民	赵进东	郑晓峰	朱玉贤
朱作言	庄小威				

研究员

高 歌	蒋争凡	刘 东	罗述金	唐世明	魏文胜
谢 灿	徐冬一	姚 蒙	张 晨	朱 健	

正高级工程师

郝雪梅	李兰芬

城市与环境学院

教授

柴彦威　陈效逑　陈彦光　邓　辉　方精云　冯长春
傅伯杰　韩茂莉　贺灿飞　贺金生　胡建英　蒋有绪
李本纲　李双成　李有利　林　坚　刘耕年　刘鸿雁
刘文新　陆雅海　吕　斌　莫多闻　朴世龙　秦大河
阙维民　唐晓峰　唐艳红　陶　澍　王红亚　王学军
王仰麟　吴必虎　徐福留　杨小柳　曾　辉　周力平
朱东强　PHILIPPE CIAIS

研究员

刘峻峰　万　祎　许云平　张家富　赵鹏军

地球与空间科学学院

教授

白志强　曾琪明　陈鸿飞　陈秀万　陈衍景　陈永顺
陈运泰　传秀云　费英伟　傅绥燕　高克勤　关　平
郭召杰　韩宝福　侯贵廷　侯建军　胡天跃　黄宝春
黄清华　季建清　江大勇　赖　勇　李宝生　李江海
李培军　李　琦　刘建波　刘树文　刘　瑜　鲁安怀
马学平　马永生　毛善君　宁杰远　潘　懋　秦其明
秦　善　宋述光　孙元林　童庆禧　涂传诒　王德明
王河锦　王彦宾　魏春景　邬　伦　吴朝东　吴泰然
徐　备　晏　磊　叶大年　张东和　张进江　张立飞
张弥曼　张培震　章　云　赵永红　周仕勇　朱永峰
宗秋刚

研究员

法文哲　何建森　林　沂　许　成　张　勇

心理学系

教授

方　方　甘怡群　韩世辉　李　量　钱铭怡　苏彦捷
王　垒　魏坤琳　吴艳红　谢晓非　余　聪　周晓林

建筑与景观设计学院

教授

王　浩　俞孔坚　JOHN KEITH ZACHARIAS

信息科学技术学院

教授

蔡进一　曹永知　查红彬　陈　兢　陈景标　陈　清
陈向群　陈徐宗　陈章渊　陈中建　陈　钟　程　旭
程玉华　丛京生　代亚非　党安红　杜　刚　段凌宇
封举富　傅云义　高　军　高　文　郭　弘　郝一龙
何　进　何新贵　侯士敏　胡薇薇　胡振江　黄　罡
黄　如　黄铁军　焦秉立　焦文品　解思深　金玉丰
金　芝　康晋锋　李红滨　李红燕　李文新　李晓明

李正斌　李志宏　梁学磊　廖怀林　林宙辰　刘爱群
刘　宏　刘力锋　刘濮鲲　刘晓彦　刘新元　陆汝钤
罗　武　罗英伟　马思伟　梅　宏　彭练矛　穗志方
谭少华　谭　营　田永鸿　汪国平　王捍贫　王厚峰
王金延　王立威　王千祥　王腾蛟　王兴军　王阳元
王　漪　王志军　王子宇　邬江兴　吴建军　吴文刚
吴玺宏　夏明耀　谢　冰　谢昆青　徐洪起　许　超
许　进　许胜勇　杨芙清　杨振川　姚建铨　叶安培
英向华　于晓梅　张大成　张大庆　张　帆　张耿民
张海霞　张锦文　张　路　张　铭　张　兴　张　岩
张志刚　张志勇　赵建业　赵玉萍　周小计　周治平
朱柏承

研究员

陈　婧　杜朝海　盖伟新　何燕冬　解晓东　黎　明
李廉林　魏贤龙　熊瑞勤　熊英飞　张盛东

正高级工程师

段晓辉　冯梅萍　高成臣　何永琪　金　野　李　婷
王兆江　于敦山

工学院

教授

包　刚　包为民　陈　峰　陈十一　戴志飞　董蜀湘
段慧玲　方岱宁　甘晓华　韩平畴　贺贤土　侯仰龙
黄岩谊　李德仁　卢海龙　米建春　任秋实　史建军
孙　强　王健平　王习东　吴立新　吴晓磊　席建忠
谢天宇　徐　昆　杨　槐　俞梦孙　占肖卫　张东晓
郑春苗　郑　强　郑　焰

研究员

陆祖宏　王荽祥　夏定国　杨剑影　张艳锋

计算机科学技术研究所

教授

彭宇新　肖建国

研究员

陈晓鸥　郭宗明　汤　帜　万小军　赵东岩　周秉锋

环境科学与工程学院

教授

蔡旭晖　陈忠明　郭怀成　何玉山　胡建信　胡　敏
黄　艺　籍国东　李文军　李振山　刘阳生　马晓明
毛志锋　倪晋仁　邵　敏　宋　宇　宋豫秦　唐孝炎
温东辉　谢绍东　叶正芳　张剑波　张人一　张世秋
张远航　郑　玫　朱　彤

研究员

刘　娟　刘思彤　陆克定　邱兴华

正高级工程师

曾立民

软件工程国家工程研究中心

教授
柳军飞　王　平　王亚沙　吴中海

研究员
李　影　张世琨　赵　文

中国语言文学系

教授
曹文轩	常　森	车槿山	陈保亚	陈连山	陈平原
陈晓明	陈泳超	陈跃红	戴锦华	董秀芳	杜晓勤
傅　刚	高路明	高远东	葛晓音	耿振生	龚鹏程
郭　锐	韩毓海	贺桂梅	胡敕瑞	计璧瑞	金永兵
康士林	孔江平	孔庆东	李　简	李　杨	廖可斌
刘勇强	刘玉才	刘子瑜	潘建国	漆永祥	钱志熙
孙玉文	王　岚	王岳川	王韫佳	吴　鸥	吴晓东
夏晓虹	项梦冰	杨荣祥	杨　铸	于迎春	袁行霈
袁毓林	詹卫东	张　辉	张　鸣	张旭东	张颐武

研究员
顾永新　李　铎

历史学系

教授
包茂红	陈苏镇	邓小南	董经胜	高　岱	高　毅
郭润涛	郭卫东	何　晋	黄春高	刘一皋	罗　新
穆启乐	牛大勇	欧阳哲生		彭小瑜	钱乘旦
桥本秀美		荣新江	尚小明	王红生	王立新
王奇生	王晴佳	王　希	王新生	王元周	吴小安
辛德勇	徐　健	许　平	阎步克	颜海英	杨奎松
臧运祜	张　帆	赵冬梅	赵世瑜	朱凤瀚	朱青生
朱孝远	朱玉麒				

研究员
陈侃理　法恩瑞　井上亘　陆　扬

考古文博学院

教授
陈建立	方　拥	杭　侃	胡东波	雷兴山	李崇峰
李水城	林梅村	齐东方	秦大树	沈睿文	宋向光
孙　华	孙庆伟	王幼平	韦　正	魏正中	吴小红
徐天进	张　弛	张　辛	赵　辉		

研究员
陈　凌

哲学系（宗教学系）

教授
陈　波	陈鼓应	陈少峰	杜维明	丰子义	干春松
韩林合	韩水法	何怀宏	李　猛	李四龙	刘华杰
刘壮虎	聂锦芳	尚新建	孙尚扬	王　博	王中江
王宗昱	吴　飞	吴国盛	吴增定	先　刚	徐　春
徐凤林	徐龙飞	杨立华	杨学功	仰海峰	姚卫群
叶　闯	叶　朗	张广保	张学智	张志刚	章启群
赵敦华	郑　开	周北海	周　程	朱良志	
Thomas Rockmore			Rainer Fritz Schafer		

外国语学院

教授
薄文泽	查晓燕	陈岗龙	陈　明	程朝翔	褚　敏
丁宏为	董　强	段　晴	付志明	高峰枫	高一虹
拱玉书	辜正坤	谷　裕	韩加明	黄必康	黄燎宇
姜景奎	金景一	金　勋	李昌珂	李　强	李　玮
李　政	梁敏和	林丰民	凌建侯	刘　锋	刘建华
刘树森	罗　炜	马小兵	宁　琦	潘　钧	彭　甄
钱　军	秦海鹰	任一雄	申　丹	苏耕欣	滕　军
田庆生	王邦维	王　丹	王东亮	王继辉	王　建
王　军	王辛夷	王一丹	魏丽明	吴杰伟	谢秩荣
杨国政	喻天舒	湛　如	张　敏	张世耘	张　薇
赵白生	赵桂莲	赵华敏	赵　杰	周小仪	

对外汉语教育学院

教授
李红印	刘颂浩	刘元满	王海峰	辛　平	徐晶凝
杨德峰	张　英	赵　杨			

艺术学院

教授
陈旭光	丁　宁	顾春芳	侯锡瑾	李爱国	李道新
李　松	李　洋	林　一	彭　锋	王一川	翁剑青
向　勇	邹　惠				

歌剧研究院

教授
蒋一民　金　曼

研究员
周笑莉

国际关系学院

教授
丁　斗	贾庆国	孔凡君	李安山	李寒梅	李义虎
连玉如	梁云祥	罗艳华	牛　军	潘　维	尚会鹏
唐士其	王缉思	王　联	王逸舟	王　勇	王正毅
许振洲	叶自成	袁　明	查道炯	翟　崑	张光明
张海滨	张清敏	张小明	张植荣	朱文莉	

法学院

教授

白桂梅	白建军	陈端洪	陈瑞华	陈兴良	邓 峰
傅郁林	甘培忠	葛云松	龚刃韧	郭 雳	郭自力
贺卫方	蒋大兴	李 鸣	梁根林	凌 斌	刘剑文
刘凯湘	刘 燕	马忆南	潘剑锋	钱明星	强世功
饶戈平	邵景春	沈 岿	汪建成	汪 劲	王 成
王 磊	王世洲	王锡锌	王 新	吴志攀	徐爱国
薛 军	尹 田	张 平	张 骐	张千帆	张守文
赵国玲	朱苏力				

研究员

李红海	叶静漪	易继明

信息管理系

教授

陈建龙	李常庆	李广建	李国新	刘兹恒	祁延莉
申 静	王继民	王 军	王延飞	王余光	王子舟
张浩达	赵丹群	周庆山			

社会学系

教授

蔡 华	方 文	高丙中	郭志刚	李建新	刘爱玉
刘 能	卢晖临	陆杰华	马凤芝	马 戎	钱民辉
邱泽奇	渠敬东	佟 新	王铭铭	谢立中	熊跃根
张 静	周飞舟	周 云	朱晓阳		

政府管理学院

教授

包万超	傅 军	顾 昕	关海庭	黄恒学	江荣海
金安平	李国平	李 强	陆 军	路 风	沈明明
沈体雁	王丽萍	王浦劬	吴 丕	肖鸣政	徐湘林
薛 领	燕继荣	杨开忠	俞可平	袁 刚	赵成根
周志忍					

马克思主义学院

教授

白雪秋	程美东	郭建宁	黄小寒	康沛竹	李少军
李翔海	李毅红	刘 军	刘志光	孙蚌珠	孙代尧
孙熙国	王文章	魏 波	郇庆治	杨 河	尹保云
宇文利					

研究员

夏文斌

教育学院

教授

陈洪捷	陈向明	陈晓宇	丁小浩	郭建如	贾积有
刘云杉	马万华	闵维方	施晓光	汪 琼	文东茅
阎凤桥	岳昌君	赵国栋			

研究员

哈 巍

新闻与传播学院

教授

陈 刚	陈汝东	程曼丽	胡 泳	刘德寰	陆 地
陆绍阳	吕 艺	师曾志	吴 靖	谢新洲	许 静
杨伯溆	俞 虹				

体育教研部

教授

董进霞	顾玉标	郝光安	何仲恺	赫忠慧	李德昌
张 锐					

经济学院

教授

曹和平	董志勇	杜丽群	何小锋	胡 坚	黄桂田
李 虹	李连发	李庆云	李绍荣	李心愉	刘民权
刘 伟	刘 怡	平新乔	施建淮	宋 敏	苏 剑
孙祁祥	王大树	王曙光	王一鸣	王跃生	夏庆杰
叶静怡	张 博	张 辉	张 延	章 政	郑 伟
周建波					

编审

于小东

光华管理学院

教授

蔡洪滨	陈丽华	陈松蹊	陈玉宇	符国群	龚六堂
何志毅	黄 涛	贾春新	江明华	姜国华	金 李
雷 明	李 东	李怡宗	厉以宁	梁钧平	廖 卉
林莞娟	刘 力	刘 俏	刘晓蕾	刘 学	刘玉珍
陆正飞	路江涌	彭泗清	单忠东	涂 平	王汉生
王 辉	王建国	王立彦	王明进	吴联生	武常岐
徐信忠	杨云红	姚琦伟	姚长辉	于鸿君	虞吉海
岳 衡	张国有	张红霞	张一弛	张 影	张志学
周黎安	周长辉				

人口研究所

教授

陈 功	李涌平	穆光宗	裴丽君	乔晓春	宋新明
郑晓瑛					

国家发展研究院

教授

海 闻	胡大源	黄益平	霍德明	李 玲	林双林

林毅夫	刘国恩	卢　锋	马　浩	沈　艳	宋国青
唐方方	汪丁丁	汪　浩	徐晋涛	杨　壮	姚　洋
余淼杰	张　黎	张维迎	张晓波	赵跃辉	朱家祥

基础医学院

教授

陈英玉	崔彩莲	崔德华	崔庆华	杜晓娟	方伟岗
高子芬	葛　青	管又飞	韩济生	韩晶岩	韩文玲
孔　炜	李　刚	李学军	刘国庆	鲁凤民	罗光湘
罗建沅	马大龙	毛泽斌	梅　林	倪菊华	彭宜红
濮鸣亮	齐永芬	邱晓彦	沙印林	尚永丰	邵根泽
沈　丽	宋学军	谭焕然	田新霞	童坦君	万　有
汪南平	王　凡	王　玲	王　露	王　宪	王　应
王　韵	王文恭	王月丹	吴立玲	邢国刚	徐国恒
杨宝学	杨吉春	尹玉新	尹长城	于常海	云彩红
张　波	张　毓	张宏权	张炜真	张卫光	张晓伟
张永鹤	章　京	章国良	赵红珊	郑　杰	钟　南
周春燕	朱　毅	朱卫国	祝　虹	祝世功	庄　辉

研究员

吴鎏桢	肖坤宏	郑乐民			

主任医师

刘从容	石雪迎				

编审

安晓意

药　学　院

教授

蔡少青	曾慧慧	崔景荣	姜　勇	李润涛	李中军
梁　鸿	凌笑梅	刘俊义	卢　炜	吕万良	蒲小平
齐宪荣	史录文	屠鹏飞	王　超	王坚成	王克威
王　夔	王　璇	王银叶	徐　萍	杨晓达	杨晓改
杨秀伟	杨振军	叶　敏	叶新山	张礼和	张亮仁
张　强	张庆英	张天蓝	张　烜	周德敏	周田彦

研究员

车庆明	陈世忠	杜　权	傅宏征	郭敏杰	贾彦兴
焦　宁	梁建辉	林文翰			

编审

黄河清

公共卫生学院

教授

安　琳	曹卫华	常　春	陈大方	陈　娟	郭新彪
郭　岩	郝卫东	何丽华	胡永华	贾　光	康晓平
李立明	刘　民	吕　筠	马冠生	马　军	马谢民
马迎华	钮文异	潘小川	孙昕霙	王海俊	王培玉
王　旗	王晓莉	王　燕	王志锋	吴　明	许雅君
詹思延	张宝旭	张拓红	张玉梅	朱文丽	

研究员

陈晶琦	李可基	李　勇	刘建蒙	任爱国	王京宇
武阳丰	叶荣伟	余小鸣	周小平		

主任技师

欧阳荔

护　理　学　院

教授

郭桂芳	李明子	陆　虹	路　潜	尚少梅	孙宏玉
王志稳					

公共教学部

教授

丛亚丽	高　嵩	郭莉萍	贺东奇	洪　炜	贾炳善
李　菌	刘大川	刘继同	孙秋丹	王　玥	王一方
吴任钢	张大庆	甄　橙			

研究员

王红漫	谢　虹				

第一临床医学院（北大医院）

教授

白文佩	包新华	鲍圣德	曹永平	陈　旻	陈　明
陈育青	迟春花	崔一民	丁　洁	丁文惠	杜军保
冯　琪	高献书	龚　侃	郭晓蕙	郭应禄	洪　涛
黄一宁	霍　勇	贾志荣	姜　毅	姜玉武	金红芳
金　杰	李海潮	李建平	李若瑜	李　挺	李晓玫
刘朝晖	刘　刚	刘梅林	刘　伟	刘新民	刘荫华
刘玉村	刘玉和	潘英姿	乔歧禄	秦　永	阙呈立
任汉云	涂　平	万远廉	汪　欣	王东信	王广发
王贵强	王荣福	王薇薇	王维民	王蔚虹	王霄英
王学美	温宏武	吴　林	吴问汉	吴　晔	席志军
肖水芳	谢鹏雁	辛钟成	熊　晖	徐小元	严仁英
晏晓明	杨慧霞	杨　柳	杨艳玲	杨尹默	杨　勇
姚　晨	于　峰	于岩岩	袁　云	张　宏	张学智
张彦芳	张月华	赵明辉	郑　波	周利群	周应芳
朱丽荣	朱　平	朱学骏	卓　莉	邹英华	

研究员

李惠芳	李敬伟	李六亿	李　岩	刘晓燕	吕　媛
马兰艳	潘　虹	戚　豫	王静敏	王　颖	辛殿祺
张春丽	张庆林				

主任医师

白　勇	毕　蕙	岑溪南	曾　争	柴卫兵	常杏芝
陈　建	陈　倩	陈喜雪	陈永红	成　虹	董　捷
董　颖	段学宁	冯珍如	高　枫	高燕明	高　莹
韩文科	何志嵩	贺占举	黄　真	季素珍	蒋　捷
金其庄	李淳德	李海丽	李　航	李　简	李　良
李　梅	李巧娴	李淑清	李晓清	李　昕	李　岩

梁芙蓉	梁丽莉	梁卫兰	林　健	刘凤君	刘　洪	陈　雷	陈陵霞	陈琦玲	陈　适	陈　宜	陈育红
刘玲玲	刘小颖	刘秀芬	刘雪芹	柳　萍	卢宏章	陈　彧	陈源源	陈　周	程　琳	程翼飞	戴　林
陆海英	吕继成	马　靖	马晓伟	米　川	年卫东	董霄松	杜　娟	封　波	付中国	高　杰	高　燕
聂红平	聂立功	潘义生	庞　琳	齐慧敏	齐建光	关　菁	郭丹杰	郭静竹	郭　杨	韩红敬	韩学尧
秦乃姗	曲　元	山刚志	盛琴慧	时春艳	孙洪跃	何晋德	何燕玲	黄　磊	黄　迅	贾玫	贾　园
孙伟杰	孙晓伟	孙　瑜	谭　伟	佟小强	汪　波	江　滨	江　浩	江　倩	姜可伟	蒋　绚	寇伯龙
王爱平	王朝霞	王　刚	王化虹	王建中	王　进	李帮清	李剑锋	李明武	李　琦	李学斌	李　艺
王　军	王宁华	王　平	王全桂	王素霞	王文生	李永杰	李　运	梁　斌	梁建宏	梁旭东	梁冶矢
王　颖	文立成	吴士良	吴　艳	肖　锋	肖慧捷	梁　勇	刘　波	刘春兰	刘国莉	刘海鹰	刘　健
肖江喜	肖云翔	熊　辉	徐　阳	许　幸	薛　晴	刘　杰	刘　捷	刘　靖	刘　军	刘兰燕	刘　鹏
杨海珍	杨建梅	杨　莉	姚红新	姚　勇	邑晓东	刘士军	刘献增	刘彦国	刘月洁	陆爱东	路　瑾
尹　玲	于晓兰	余　进	袁振芳	张宝娓	张　红	马　慧	马艳良	毛　汛	苗榕生	穆　荣	倪　磊
张家湧	张俊清	张　凯	张澜波	张　渺	张宪生	潘　芳	裴秋艳	齐慧君	钱　彤	曲星珂	饶慧瑛
张晓春	张志超	章小维	赵桂萍	赵　鸿	赵建勋	任景怡	任泽钦	申金霞	沈晨阳	沈丹华	孙宁玲
赵卫红	周福德	周　菁	庄　岩			孙秀丽	孙艺红	汤晓东	唐　军	陶　勇	田　莉

研究馆员

黄明杰

佟富中	王　波	王朝华	王　东	王福顺	王　豪
王　旻	王　茜	王少杰	王世军	王　殊	王天兵
王伟民	王　昱	王　悦	王智峰	韦　洮	吴　夕
吴　彦	吴　燕	夏瑞明	谢启伟	邢志敏	熊六林
徐海林	徐　燕	许俊堂	许兰平	薛利芳	严荔煌
杨　帆	杨荣利	杨松娜	杨铁生	杨晓东	叶雄俊
尹东辉	尹　虹	尹慕军	于文贞	袁燕林	张殿英
张海澄	张乐萍	张立红	张挺杰	张万蕾	张熙哲
张晓红	赵　辉	赵　辉	赵晓涛	赵永平	周　波
周殿阁	周　蓉	周翔海	朱凤雪	朱继红	朱家安
朱天刚	朱元民				

主任药师

孙培红　赵　侠　周　颖

主任护师

陈建军　丁炎明　耿小凤　王　群

主任技师

艾　乙　李雪迎　刘静霞　卢桂芝　王　彬　杨宏云

编审

高雪莲　单爱莲

第二临床医学院（人民医院）

教授

白文俊	鲍永珍	常英军	陈　红	崔　恒	冯传汉
冯婉玉	冯　艺	高承志	高旭光	高占成	关振鹏
郭淮莲	郭　卫	韩　芳	洪　楠	黄晓波	黄晓军
纪立农	姜保国	姜冠潮	姜燕荣	黎晓新	李建国
李　澍	栗占国	梁梅英	林剑浩	刘广志	刘开彦
刘文玲	刘玉兰	刘元生	陆道培	苗懿德	穆　蘭
秦　炯	沈　浣	苏　茵	孙铁铮	王德炳	王　辉
王建六	王晶桐	王　俊	王乐今	王秋生	王　杉
王晓峰	王　屹	魏　来	徐　涛	许克新	许清泉
燕太强	杨　欣	叶颖江	余力生	张建中	张庆俊
张小明	张晓辉	张学武	赵明威	赵　彦	朱继业
左　力					

研究员

昌晓红	陈红松	戴谷音	黄　锋	李翠兰	李　红
李小平	刘　帆	刘艳荣	路　阳	阮国瑞	王吉善
赵　越					

主任药师

方　翼　冯婉玉　顾　健　于芝颖

主任护师

王　泠　吴晓英　应菊素　张海燕

主任技师

李　丹　马丽萍

编审

李静然　李燕华　林文玉　王　黛　张立群

第三临床医学院（北医三院）

教授

敖英芳	陈亚红	陈跃国	陈仲强	崔　鸣	丁士刚
段丽萍	樊东升	付　卫	高　炜	郭向阳	韩鸿宾
韩启德	贺　蓓	洪　晶	洪天配	姜　辉	解基严
克晓燕	李　东	李　蓉	李学民	李昭屏	凌晓锋
刘剑羽	刘湘源	刘晓光	刘忠军	马彩虹	马芙蓉
马潞林	马志中	乔　杰	孙永昌	汪　涛	王贵松
王金锐	王俊杰	王乐今	王　薇	王　侠	王　颖
王　悦	王振宇	吴玲玲	修典荣	徐　智	杨　孜
余家阔	袁慧书	翟所迪	张爱华	张　纯	张　捷
张燕燕	张永珍	赵扬玉	郑丹侠	周丽雅	周谋望

主任医师

安海燕	安友仲	白　文	鲍　立	蔡　林	蔡美顺
曹宝平	曹照龙	曾超美	陈　欢	陈　坚	陈江天

研究员

艾华	常翠青	耿力	计虹	金昌晓	李树强
李子健	林丛	刘薇薇	秦泽莲	沈韬	宋纯理
徐明	许锋	张春雷	张小为	张幼怡	赵一鸣
周洪柱					

主任医师

毕洪森	曾辉	曾岩	陈朝文	陈文	陈新娜
崔国庆	崔立刚	窦宏亮	冯新恒	高洪伟	葛辉玉
龚熹	顾芳	郭红燕	郭丽君	郭秦炜	郭长吉
郭昭庆	韩江莉	韩劲松	韩庆烽	郝燕生	和岚
洪锴	侯纯升	侯小飞	胡跃林	黄雪彪	黄毅
黄永辉	霍则军	姬洪全	贾建文	姜亮	姜薇
景红梅	黎远皋	李比	李东	李东明	李海燕
李红真	李民	李危石	李小刚	李选	李在玲
李志刚	梁莉	刘桂花	刘平	刘书旺	刘延青
刘瑜玲	刘仲奇	卢剑	鲁明	鲁珊	栾景源
马力文	马青变	马勇光	么改琦	孟秀丽	苗立英
聂有智	牛杰	朴梅花	齐虹	齐强	沈宁
沈扬	史成和	宋世兵	宋为明	孙宇	田华
田彦杰	田耘	童笑梅	万峰	王爱英	王超
王海燕	王继军	王健全	王军	王立新	王丽
王少波	王圣林	王涛	王霄	王新利	王雪梅
王永清	韦峰	魏玲	魏瑗	邬海博	夏志伟
肖春雷	肖卫忠	谢京城	熊光武	胥婕	徐雁
徐迎胜	许艺民	闫辉	闫明	闫天生	闫燕
杨雪松	姚宏伟	袁炯	原春辉	张凤山	张福春
张俊	张克	张立	张立强	张利萍	张莉
张璐芳	张卫方	张夔	张媛	张喆	赵军
赵素焱	赵艳	郑亚安	周方	周劲松	朱红
朱丽	朱曦	朱昀	庄申榕	祖凌云	

主任药师

| 杨毅恒 | 赵荣生 |

主任护师

| 郭莉 | 李葆华 | 朴玉粉 | 张洪君 | 张会芝 |

主任技师

吕志珍

研究馆员

田新玉

口腔医学院

教授

蔡志刚	邓旭亮	董艳梅	冯海兰	傅开元	傅民魁
甘业华	高学军	高雪梅	高岩	葛立宏	谷岩
郭传瑸	胡文杰	华红	贾绮林	姜婷	李翠英
李刚	李铁军	李巍然	梁宇红	林久祥	林野
刘鹤	刘宏伟	刘宇	栾庆先	吕培军	马莲
毛驰	孟焕新	聂琼	欧阳翔英	彭歆	

秦满	谭建国	唐志辉	王伟建	王晓燕	王新知
王兴	魏世成	谢秋菲	徐军	徐莉	徐韬
许天民	伊彪	俞光岩	岳林	张刚	张建国
张杰	张益	张震康	郑树国	周彦恒	周永胜

研究员

| 李盛林 | 林红 | 郑刚 |

主任医师

安金刚	陈洁	崔念晖	邱萍	丁云	樊聪
高娟	何秉贤	和璐	侯建霞	胡炜	胡晓阳
姬爱平	纪志农	江久汇	江泳	姜若萍	姜霞
晋长伟	康军	李健慧	李彤彤	李自力	梁成
刘瑞昌	刘怡	刘亦洪	刘玉华	柳登高	罗奕
骆泉丰	马琦	马文利	潘洁	邱立新	荣文笙
孙凤	佟岱	王世明	王晓霞	王泽泗	王尊一
魏松	夏斌	阎燕	杨亚东	翟新利	张汉平
张豪	张雷	张清	张笋	张万林	张伟
张祖燕	赵奇	赵燕平	赵玉鸣	周爽英	

主任技师

| 陈智滨 | 吴美娟 |

主任药师

郑利光

主任护师

李秀娥

正高级工程师

王勇

临床肿瘤学院(肿瘤医院)

教授

陈克能	邓大君	方志伟	顾晋	郭军	郝纯毅
季加孚	解云涛	柯杨	李惠平	李萍萍	李子禹
林冬梅	刘宝国	吕有勇	潘凯枫	沈琳	寿成超
苏向前	王洁	邢宝才	杨勇	游伟程	张力建
张青云	张志谦	朱广迎			

研究员

| 胡亚洲 | 隗铁夫 | 徐国兵 | 许秀菊 | 杨志 | 张焕萍 |

主任医师

安彤同	白桦	步召德	蔡勇	陈晋峰	陈晓
陈衍智	迟志宏	邸立军	杜鹏	范志毅	方健
高雨农	胡永华	李健	李洁	李金锋	李明
李萍	李燕	林宁晶	陆爱萍	马丽华	那加
欧阳涛	宋国红	宋玉琴	孙红	孙艳	孙应实
谭宏宇	唐磊	唐丽丽	王宏志	王洪义	王崑
卫燕	吴梅娜	吴楠	吴齐	吴薇	吴晓江
武爱文	徐博	薛卫成	严昆	杨跃	张集昌
张霁	张连海	张乃嵩	张宁	张小田	张晓东
赵爱莲	郑虹	郑文	朱步东	朱军	朱旭

主任药师
杨　锐　张艳华
主任护师
陆宇晗

精神卫生研究所（第六医院）

教授
黄悦勤　钱秋谨　沈渔邨　司天梅　王华丽　于　欣
张　岱
研究员
李晓霓　孙　黎　汪向东　岳伟华
主任医师
丛　中　贾美香　孔庆梅　李　冰　李雪霓　刘　粹
刘建成　刘　靖　马　弘　孙洪强　唐登华　唐宏宇
田成华　王希林　王向群　闫　俊　姚贵忠　张大荣
张鸿燕　周　沫
主任护师
马　莉　耿淑霞

元培学院

教授
孙　华

前沿交叉学科研究院

教授
陈东敏

分子医学研究所

教授
肖瑞平
研究员
程和平　梁子才　汪阳明　周　专

科维理天文与天体物理研究所

教授
樊晓晖　　Luis Chi Ho　　Spurzem Rainer
研究员
GREGORY JOSEPH HERCZEG　柯文采　李立新
理查德　于清娟

北京国际数学研究中心

教授
James Andrew Carlson　鄂维南　郭　岩　韩　青
刘小博　阮勇斌　许晨阳　许进超
研究员
葛　颢　文再文

现代农学院

教授
邓兴旺　黄季焜　王金霞

中国画法研究院

教授
范　曾

教育财政科学研究所

教授
刘明兴　王　蓉

中国社会科学调查中心

教授
谢　宇

先进技术研究院

教授
李启虎

党办校办

教授
马化祥　王　杰　吴树青　许智宏　朱善璐
研究员
冯支越　郭丛斌　郭　海

组织部

教授
李文胜
研究员
岳素兰

统战部

教授
张晓黎

学工部

教授
杨爱民

保密办

研究员
刘旭东

教务部

研究员
金顶兵　卢晓东　秦春华

科学研究部

研究员
蔡晖　周辉

社会科学部

编审
刘曙光　郑园

研究生院

研究员
贾爱英

人事部

研究员
刘波　王红印

财务部

研究员
闫敏　郑庄

审计室

研究员
王雷

工会

研究员
孙丽

国际合作部

研究员
李岩松　夏红卫　郑如青

总务部

研究员
张宝岭

基建工程部

正高级工程师
莫元彬

产业管理办公室

正高级工程师
王川　周亚伟

图书馆

研究馆员
陈凌　关志英　胡海帆　刘大军　刘素清　聂华
汤燕　肖珑　姚伯岳　姚晓霞　张春红　张红扬
张明东　朱强　邹新明

计算中心

正高级工程师
陈光　陈萍　李庭晏　马皓　张蓓　种连荣

出版社

编审
杜若明　冯益娜　符丹　高秀芹　耿协峰　金娟萍
李东　林君秀　刘方　刘乐坚　马辛民　商鸿业
沈浦娜　王明舟　杨立范　杨书澜　张冰　张凤珠
张弘泓　张黎明　周雁翎

校医院

主任医师
李华　沈嵩　徐艳　云虹　张宏印　周广华

方正集团

研究员
蒋必金　张兆东

正高级工程师
黄肖俊　汪岳林　王国印

未名公司

研究员
张华

正高级工程师
潘爱华

北大青鸟

研究员
初育国　杨明

正高级工程师
叶智勇

基金会

研究员
邓娅

医学部党政机关、后勤、直属及产业

教授
方　海　　孟庆跃　　田　佳

研究员
蔡景一　陈立奇　崔　爽　戴　清　邓艳萍　范春梅
樊建军　高澍苹　郭艾花　郭　立　李　红　李　鹰
梁建辉　刘穗燕　刘志民　陆　林　时　杰　王春虎
王翠先　王军为　王　青　徐善东　徐白羽　殷晓丽
张　蕾　张　明　张　翎　朱树梅

主任医师
韩方群　阮　晶　王晓军　王振宇　易　英　张素敏

研究馆员
王金玲　谢志耘

主任技师
袁　兰　周淑佩

正高级工程师
何其华

编审
白　玲　暴海燕　冯智勇　王凤廷　曾桂芳　赵　莳

（人事部）

党发、校发文件目录

2015年部分党发文件目录

党发〔2015〕1号　　关于调整方正集团董事会的通知
党发〔2015〕2号　　关于中共北京大学护理学院党员大会选举结果的批复
党发〔2015〕3号　　关于中共北京大学马克思主义学院党员大会选举结果的批复
党发〔2015〕4号　　关于深入贯彻落实习近平总书记来校视察时的重要讲话精神加快创建中国特色世界一流大学的若干意见
党发〔2015〕5号　　关于成立中共北京大学附属小学委员会的通知
党发〔2015〕6号　　关于王元周、徐健、陈捷等职务任免的通知
党发〔2015〕7号　　关于报送深入学习贯彻落实习近平总书记五四重要讲话精神工作情况报告的通知
党发〔2015〕8号　　关于调整北京大学外国语学院党委书记的通知
党发〔2015〕9号　　关于林建华、王恩哥同志职务任免的通知
党发〔2015〕10号　关于于鸿君同志任职的通知
党发〔2015〕11号　关于印发《北京大学"中国精神"主题教育实践活动实施方案》的通知
党发〔2015〕12号　关于调整部分委员会、领导小组负责人的通知
党发〔2015〕13号　关于评选表彰北京大学党务和思想政治工作优秀个人及先进集体的通知
党发〔2015〕14号　关于北京大学医学部党委副书记选举结果的批复
党发〔2015〕15号　关于房玉元任职的通知
党发〔2015〕16号　关于韦宇、王周谊任职的通知
党发〔2015〕17号　关于第十二次党代会提案工作委员会主任、副主任调整的通知
党发〔2015〕18号　关于成立中共北京大学艺术学院委员会的通知
党发〔2015〕19号　关于中共北京大学计算机科学技术研究所党员大会选举结果的批复
党发〔2015〕20号　关于北京大学城市与环境学院党委副书记选举结果的批复
党发〔2015〕21号　关于印发《中共北京大学党委关于落实党风廉政建设监督责任的实施细则》的通知
党发〔2015〕22号　关于印发《北京大学2015年党风廉政建设和反腐败工作主要任务分工》的通知
党发〔2015〕23号　关于郭海、马化祥职务任免的通知
党发〔2015〕24号　关于严纯华、郭海职务任免的通知
党发〔2015〕25号　关于高明免职的通知
党发〔2015〕26号　关于熊校良、吕轶舟任职的通知
党发〔2015〕27号　关于向优秀共产党员标兵李小凡学习的决定
党发〔2015〕28号　关于表彰2014—2015学年获奖教师的决定
党发〔2015〕29号　关于印发刘云山同志在省区市和部分部门单位"三严三实"专题教育工作座谈会上的讲话的通知
党发〔2015〕30号　关于钟棉棉任职的通知
党发〔2015〕31号　关于转发北京市纪委《关于加大中秋国庆期间监督执纪问责力度坚决防止"四风"反弹的通

知》和驻教育部纪检组《关于中秋、国庆期间及开学前后进一步落实中央八项规定精神、坚决纠正"四风"的通知》的通知

党发〔2015〕32号	关于印发《北京大学贯彻落实改进工作作风、密切联系群众八项规定的实施办法》的通知
党发〔2015〕33号	关于胡新龙任职的通知
党发〔2015〕34号	关于衣学磊免职的通知
党发〔2015〕35号	关于调整北京大学保密委员会组成人员的通知
党发〔2015〕36号	关于开展2015年度党风廉政建设责任制贯彻落实情况暨"三严三实"专项检查的通知
党发〔2015〕37号	关于同意薛领辞职的通知
党发〔2015〕38号	中共北京大学委员会关于认真学习贯彻党的十八届五中全会精神的通知
党发〔2015〕40号	关于印发贯彻落实教育部视频会议精神的具体措施和责任分工的通知
党发〔2015〕41号	关于印发《北京大学校长办公会工作规则》的通知
党发〔2015〕42号	关于印发《北京大学党委常委会工作规则》的通知
党发〔2015〕43号	关于中共北京大学光华管理学院党员代表大会选举结果的批复
党发〔2015〕44号	关于中共北京大学教育学院党员大会选举结果的批复
党发〔2015〕45号	关于中共北京大学社会学系党员大会选举结果的批复
党发〔2015〕46号	关于李航、胡新龙职务任免的通知
党发〔2015〕47号	关于柴真、刘力平职务任免的通知
党发〔2015〕48号	关于刘伟同志免职的通知
党发〔2015〕49号	关于印发《北京大学先进基层党组织、优秀共产党员、优秀党务和思想政治工作者评选表彰办法》的通知

2015年部分校发文件目录

校发〔2015〕1号	关于印发《北京大学辐射工作人员安全与职业健康管理实施细则》的通知
校发〔2015〕2号	关于印发《北京大学辐射安全与防护管理办法》的通知
校发〔2015〕3号	关于成立北京大学现代农学院筹备工作小组的通知
校发〔2015〕4号	关于刘建波任职的通知
校发〔2015〕5号	关于北京大学化学与分子工程学院行政班子任职的通知
校发〔2015〕7号	关于白宇任职的通知
校发〔2015〕9号	关于批复教务部内设机构负责人招聘结果的通知
校发〔2015〕14号	关于张胜群、范强职务任免的通知
校发〔2015〕15号	关于孙重立任职的通知
校发〔2015〕18号	关于批复人事部内设机构负责人招聘结果的通知
校发〔2015〕19号	关于北京大学光华管理学院行政班子任职的通知
校发〔2015〕20号	关于北京大学历史学系行政班子任职的通知
校发〔2015〕21号	关于北京大学艺术学院行政班子任职的通知
校发〔2015〕22号	关于周勇义任职的通知
校发〔2015〕23号	关于北京大学外国语学院行政班子任职的通知
校发〔2015〕24号	关于批复动力中心内设机构负责人招聘结果的通知
校发〔2015〕25号	关于批复校园服务中心内设机构负责人招聘结果的通知
校发〔2015〕26号	关于批复餐饮中心内设机构负责人招聘结果的通知

校发〔2015〕27号	关于批复会议中心内设机构负责人招聘结果的通知
校发〔2015〕31号	关于林建华、王恩哥职务任免的通知
校发〔2015〕32号	关于陈十一免职的通知
校发〔2015〕33号	关于高松、陈十一职务任免的通知
校发〔2015〕34号	关于调整学校行政领导分工安排的通知
校发〔2015〕46号	关于同意聘请徐学桥博士为北京大学客座教授的决定
校发〔2015〕47号	关于同意聘请幸多博士为北京大学客座教授的决定
校发〔2015〕48号	关于同意聘请沈向洋博士为北京大学客座教授的决定
校发〔2015〕49号	关于同意聘请赵峰博士为北京大学客座教授的决定
校发〔2015〕50号	关于成立北京大学国家治理研究院的通知
校发〔2015〕51号	关于表彰2014年北京大学学生资助工作先进个人的决定
校发〔2015〕53号	关于同意《中国介入心脏病学杂志》社有限公司变更法定代表人的批复
校发〔2015〕54号	关于北京大学分析测试中心行政班子调整的通知
校发〔2015〕56号	关于批复实验室与设备管理部内设机构负责人招聘结果的通知
校发〔2015〕57号	关于印发《北京大学研究生指导教师管理办法》的通知
校发〔2015〕58号	关于印发《北京大学关于学位论文抽检结果的处理办法》的通知
校发〔2015〕59号	关于批复房地产管理部内设机构负责人岗位调整的通知
校发〔2015〕60号	关于表彰北京大学第十四届青年教师教学基本功比赛获奖单位及个人的决定
校发〔2015〕62号	关于批复校办产业管理委员会办公室内设机构负责人招聘结果的通知
校发〔2015〕63号	关于成立北京大学现代农学院筹备工作小组的通知
校发〔2015〕64号	关于李贡民免职的通知
校发〔2015〕65号	关于张东晓、陈十一职务任免的通知
校发〔2015〕66号	关于印发《北京大学研究生学业奖学金管理办法》的通知
校发〔2015〕67号	关于印发《北京大学博士研究生校长奖学金管理办法》的通知
校发〔2015〕69号	关于批复社会科学部内设机构负责人岗位调整的通知
校发〔2015〕71号	关于同意《中国新生儿科杂志》更名及变更主办单位的批复
校发〔2015〕72号	关于批复会议中心内设机构负责人招聘结果的通知
校发〔2015〕73号	关于批复公寓服务中心内设机构负责人招聘结果的通知
校发〔2015〕74号	关于成立北京大学办公用房清理整改工作小组的通知
校发〔2015〕75号	关于成立北京大学基本建设管理规范化专项检查领导小组及专门工作小组的通知
校发〔2015〕76号	关于调整北京大学办公用房清理整改工作小组组成人员的通知
校发〔2015〕77号	关于北京大学深圳研究生院行政班子工作安排的通知
校发〔2015〕78号	关于李晓明免职的通知
校发〔2015〕79号	关于211工程办公室、985工程办公室更名为学科建设办公室的通知
校发〔2015〕80号	关于同意聘请约翰·马仁邦博士为北京大学客座教授的决定
校发〔2015〕81号	关于成立北京大学财政专项资金管理领导小组的通知
校发〔2015〕84号	关于公布北京大学本科招生工作组组长名单的通知
校发〔2015〕85号	关于批复燕园街道办事处内设机构负责人招聘结果的通知
校发〔2015〕86号	关于批复燕园街道办事处内设机构负责人岗位调整的通知
校发〔2015〕87号	关于段利久任职的通知
校发〔2015〕88号	关于王维民、王宪职务任免的通知
校发〔2015〕90号	关于张平文任职的通知
校发〔2015〕91号	关于杨燕华任职的通知
校发〔2015〕92号	关于胡晓阳、杨虎职务任免的通知
校发〔2015〕93号	关于方岱宁免职的通知
校发〔2015〕94号	关于成立北京大学体育运动委员会的通知
校发〔2015〕95号	关于批复社会科学部内设机构负责人招聘结果的通知

校发〔2015〕96号	关于批复实验室与设备管理部内设机构负责人招聘结果的通知
校发〔2015〕98号	关于表彰2014—2015学年北京大学公益之星的决定
校发〔2015〕101号	关于北京大学城市与环境学院行政班子任职的通知
校发〔2015〕102号	关于北京大学计算机科学技术研究所行政班子任职的通知
校发〔2015〕103号	关于张圣平、刘学职务任免的通知
校发〔2015〕104号	关于严敏杰任职的通知
校发〔2015〕105号	北京大学关于表彰2015届优秀毕业生的决定
校发〔2015〕106号	关于批复国际合作部内设机构负责人岗位调整的通知
校发〔2015〕107号	关于北京大学附属小学行政班子任职的通知
校发〔2015〕108号	关于北京大学护理学院行政班子任职的通知
校发〔2015〕109号	关于龚旗煌、严纯华职务任免的通知
校发〔2015〕110号	关于麻志毅任职的通知
校发〔2015〕111号	关于印发《北京大学科技开发管理办法》的通知
校发〔2015〕112号	关于印发《北京大学科技开发技术合作项目及经费管理办法》的通知
校发〔2015〕113号	关于印发《北京大学技术转让管理办法》的通知
校发〔2015〕114号	关于印发《北京大学专利运营管理办法》的通知
校发〔2015〕115号	关于表彰2015年度北京大学优秀博士学位论文获得者及其导师的决定
校发〔2015〕119号	关于确认本科生主干基础课、聘任主持人和主讲教师的通知
校发〔2015〕122号	关于张旭东、孙华等职务任免的通知
校发〔2015〕123号	关于北京大学物理学院行政班子任职的通知
校发〔2015〕124号	关于陈大岳、章志飞、张平文职务任免的通知
校发〔2015〕125号	关于成立北京大学教师教学发展中心的通知
校发〔2015〕126号	关于调整北京大学国有资产管理委员会组成人员的通知
校发〔2015〕130号	关于批复社会科学部内设机构负责人招聘结果的通知
校发〔2015〕131号	关于组建北京大学120周年校庆筹备工作机构的通知
校发〔2015〕132号	关于印发《北京大学野外考察差旅费管理暂行办法》的通知
校发〔2015〕133号	关于转发《教育部关于开展学校安全大检查深化"打非治违"和专项整治的紧急通知》的通知
校发〔2015〕135号	关于批复财务部内设机构负责人招聘结果的通知
校发〔2015〕136号	关于授予周楚宇、李敬儒等121名同学2015—2016学年度博士研究生校长奖学金的决定
校发〔2015〕137号	关于印发《北京大学学生应征入伍服义务兵役及退役安置实施办法》的通知
校发〔2015〕138号	关于印发《北京大学学生参军入伍奖励支持办法》的通知
校发〔2015〕139号	关于成立北京大学生物医学成像国家重大科技基础设施建设领导小组及办公室的通知
校发〔2015〕140号	关于印发《北京大学内部控制评审规定》的通知
校发〔2015〕142号	关于成立北京大学国有资产管理专项检查迎检工作领导小组、迎检工作办公室的通知
校发〔2015〕143号	关于印发《北京大学教职工处分暂行规定》的通知
校发〔2015〕147号	关于蔡曦亮任职的通知
校发〔2015〕148号	关于冯宁任职的通知
校发〔2015〕149号	关于刘亚奇任职的通知
校发〔2015〕150号	关于吕晓轩任职的通知
校发〔2015〕151号	关于批复国际合作部内设机构负责人招聘结果的通知
校发〔2015〕152号	关于同意聘请罗培志博士为北京大学客座教授的决定
校发〔2015〕153号	关于同意聘请乌梅仕·加尔格博士为北京大学客座教授的决定
校发〔2015〕154号	关于白彦任职的通知
校发〔2015〕155号	关于北京大学社会学系、社会学人类学研究所行政班子任职的通知
校发〔2015〕156号	关于严禁国庆节期间公车私用的通知
校发〔2015〕158号	关于同意聘请欧思聪博士为北京大学客座教授的决定
校发〔2015〕161号	关于成立北京大学肖家河教师住宅配售管理服务领导小组和工作小组的通知

校发〔2015〕162 号	关于陈本辉任职的通知
校发〔2015〕163 号	关于表彰"北京大学第八届实验技术成果奖"获奖者的决定
校发〔2015〕164 号	关于成立北京大学章程委员会的通知
校发〔2015〕165 号	北京大学关于表彰2014—2015学年招生工作优秀工作者、先进个人、优秀团队的决定
校发〔2015〕169 号	关于撤销北京大学民营经济研究院的通知
校发〔2015〕171 号	关于成立第八届教材建设委员会的通知
校发〔2015〕172 号	关于耿琴免职的通知
校发〔2015〕173 号	关于成立北京大学中国政治学研究中心的通知
校发〔2015〕174 号	关于徐建民任职的通知
校发〔2015〕175 号	关于陈继涛、段慧玲、袁晓如任职的通知
校发〔2015〕176 号	关于周锋任职的通知
校发〔2015〕177 号	关于杜德华、孙重立职务任免的通知
校发〔2015〕179 号	关于北京大学政府管理学院院长任免的通知
校发〔2015〕180 号	关于成立北京大学瑞意高等研究所的通知
校发〔2015〕181 号	关于成立北京大学互联网金融研究中心的通知
校发〔2015〕182 号	关于成立北京大学碳基纳电子学研究中心的通知
校发〔2015〕183 号	关于成立北京大学脑科学与类脑研究中心的通知
校发〔2015〕184 号	关于成立北京大学机器人研究中心的通知
校发〔2015〕185 号	关于印发《北京大学教职工出国(境)管理规定》的通知
校发〔2015〕186 号	关于成立北京大学-哈佛大学生态城市联合实验室的通知
校发〔2015〕188 号	关于印发《北京大学国家奖学金评审办法》的通知
校发〔2015〕189 号	关于批复校史馆内设机构负责人招聘结果的通知
校发〔2015〕190 号	关于批复房地产管理部内设机构负责人招聘结果的通知
校发〔2015〕191 号	关于韩流免职的通知
校发〔2015〕193 号	关于印发《北京大学肖家河教师住宅配售实施办法》的通知
校发〔2015〕194 号	关于李虹任职的通知
校发〔2015〕195 号	关于吴中海任职的通知
校发〔2015〕196 号	关于李泊桥任职的通知
校发〔2015〕197 号	关于邓辉、蔡景一任职的通知
校发〔2015〕198 号	关于聘任罗豪才为政府管理学院名誉院长的通知
校发〔2015〕206 号	关于成立北京大学新结构经济学研究中心的通知
校发〔2015〕210 号	关于表彰北京大学离退休工作先进集体、先进个人的决定
校发〔2015〕211 号	关于授予杨芙清等六位教授2015年度北京大学国华杰出学者奖的决定
校发〔2015〕212 号	关于印发《北京大学教师违规违纪调查处理试行办法》的通知
校发〔2015〕213 号	关于成立北京大学教师职业道德和纪律委员会的通知
校发〔2015〕214 号	关于印发《北京大学2015年秋季学期重点工作督办方案》的通知
校发〔2015〕215 号	关于批复科学研究部内设机构负责人招聘结果的通知
校发〔2015〕216 号	关于郭红卫免职的通知
校发〔2015〕217 号	关于北京大学公共卫生学院行政班子任职的通知
校发〔2015〕218 号	关于吴朝东、王周谊等职务任免的通知
校发〔2015〕219 号	关于黄俊平任职的通知
校发〔2015〕220 号	关于郑玫任职的通知
校发〔2015〕223 号	关于李翔海、宇文利任职的通知
校发〔2015〕224 号	关于张进江、刘建波职务任免的通知
校发〔2015〕225 号	关于成立北京大学师资人才办公室的通知
校发〔2015〕226 号	关于批复国际合作部内设机构负责人招聘结果的通知
校发〔2015〕227 号	关于转发《财政部关于调整中央和国家机关差旅住宿费标准等有关问题的通知》的通知

校发〔2015〕228号	关于尹超等职务级别的通知
校发〔2015〕229号	关于印发《北京大学国内公务接待管理实施办法》的通知
校发〔2015〕231号	关于郑庄免职的通知
校发〔2015〕232号	关于张佳利任职的通知
校发〔2015〕233号	关于严敏杰、张鸿奎职务任免的通知
校发〔2015〕234号	关于刘力平、候建军职务任免的通知
校发〔2015〕235号	关于调整校办产业管理委员会组成人员的通知
校发〔2015〕236号	关于批复总务部内设机构负责人招聘结果的通知
校发〔2015〕237号	关于批复校园服务中心内设机构负责人招聘结果的通知
校发〔2015〕238号	关于批复教育基金会内设机构负责人招聘结果的通知
校发〔2015〕239号	关于批复基建工程部内设机构负责人招聘结果的通知
校发〔2015〕240号	关于批复公寓服务中心内设机构负责人招聘结果的通知
校发〔2015〕241号	关于批复动力中心内设机构负责人招聘结果的通知
校发〔2015〕242号	关于批复动力中心内设机构负责人招聘结果的通知
校发〔2015〕243号	北京大学关于进一步加强定点扶贫工作的意见
校发〔2015〕244号	关于公布2015年度北京大学教材建设立项名单的通知
校发〔2015〕245号	关于印发《北京大学优秀教材评选及奖励办法》的通知
校发〔2015〕246号	关于印发《北京大学教材建设立项项目管理办法》的通知
校发〔2015〕247号	关于刘伟免职的通知
校发〔2015〕248号	关于印发《北京大学关于加强经费使用和管理的规定》的通知
校发〔2015〕249号	关于印发《北京大学体育运动委员会章程》的通知
校发〔2015〕250号	关于印发《北京大学学生体育活动积分办法(试行)》的通知
校发〔2015〕251号	关于成立北京大学文理大数据研究中心的通知
校发〔2015〕252号	关于调整北京大学校级预算工作小组组成人员的通知
校发〔2015〕253号	关于印发《北京大学国防项目经费管理办法》(试行)的通知
校发〔2015〕254号	关于印发《北京大学公用房出租管理细则》(试行)的通知
校发〔2015〕255号	关于同意北京回龙观医院冠名北京大学回龙观临床医学院的通知
校发〔2015〕256号	关于同意中国中医科学院西苑医院冠名北京大学中医药临床医学院(西苑)的通知

表彰与奖励

党建与思想政治工作奖励

北京大学2015年党务和思想政治工作先进集体（9个）

地球与空间科学学院党委
工学院党委
药学院党委
第一医院党委
人民医院党委
元培学院党委
图书馆党委
民进北京大学委员会
九三学社北京大学第二委员会

北京大学2015年优秀党务和思想政治工作者——李大钊奖（10人）

苏都莫日根	生命科学学院党委统战委员　教授
于超美	地球与空间科学学院党委副书记　副研究员
尚新建	哲学系党委原书记　学术委员会副主任　北京大学外国哲学研究所主任　教授
潘剑锋	法学院党委书记　副院长　教授
孔凡红	纪委副书记　医学部纪委书记　副研究员
徐　萍	药学院党委书记　副院长　教授
陈　红	人民医院党委书记　副院长　教授　主任医师
刘玉和	第一医院党委副书记　职能处室党总支书记　教授　主任医师
胡新龙	党委办公室校长办公室副主任　党支部组织委员　副研究员
霍晓丹	党委组织部副部长　党支部书记　副教授

北京大学2015年优秀党务和思想政治工作者（86人）

孙文祥	数学科学学院几何代数微分方程党支部书记　教授
刘春玲	物理学院党委组织委员　副教授
王思广	物理学院技术物理系教工党支部书记　副教授
章　斐	化学与分子工程学院测试-中仪党支部书记　高级工程师
王保怀	化学与分子工程学院党委委员　教授
周先碗	生命科学学院离退休党支部原书记　教授级高级工程师
樊　志	城市与环境学院党委副书记　讲师
楚建群	城市与环境学院大人文地理教工党支部书记　副教授
钱铭怡	心理学系党委统战委员　教授
卢　亮	信息科学技术学院党委副书记　讲师
汪小林	信息科学技术学院计算机教工第三党支部书记　副教授
王一涵	信息科学技术学院团委书记　讲师
闫　静	工学院党委办公室主任　助理研究员
韩　凌	环境科学与工程学院教工第二党支部书记　副教授
张　辉	中国语言文学系比较文学与文化研究所党支部书记　教授
张衍田	历史学系离退休党支部书记　教授
金　英	考古文博学院党委书记　副教授
宁　琦	外国语学院院长　党委委员　教授
程朝翔	外国语学院党委委员　教授
周海燕	外国语学院俄语系党支部书记　副教授
唐金楠	艺术学院党总支书记　副院长　讲师
姚　骏	对外汉语教育学院教师第一党支部书记　讲师
曲一铭	国际关系学院党委办公室副主任　党委秘书　助理研究员
崔　巍	经济学院金融保险教师党支部书记　副教授
陈　功	人口研究所党支部书记　副所长　教授
齐敬茹	光华管理学院党委办公室主任　副研究员
史　诗	法学院团委书记　助理研究员
徐　扬	信息管理系情报学教工党支部书记　副教授

李石生	马克思主义学院党委委员 团委书记 党委秘书 行政党支部书记 讲师	张凡姗	深圳研究生院汇丰商学院全日制硕士生项目办公室主任
侯华伟	教育学院党委副书记 副研究员	杨 虎	继续教育学院副院长 党总支副书记 助理研究员
张 积	新闻与传播学院党委组织委员 教工第一党支部书记 副教授	任羽中	党委政策研究室副主任 副研究员
邢惠清	国家发展研究院党委副书记 副研究员	房玉元	纪委办公室副处级纪检员 党支部副书记 助理研究员
张 锐	体育教研部直属党支部书记 教授	王明慧	学生工作部综合办公室主任 讲师
王 玲	基础医学院党委委员 病原生物学系党支部书记 副主任 教授	冯 军	保卫部综合宣传办公室副主任 党支部书记
马炳娜	基础医学院学院办公室副主任 助理研究员	贾爱英	研究生院培养办公室主任 党支部副书记 研究员
郝卫东	公共卫生学院党委书记 教授	迟春霞	工会副主席 党支部书记 副研究员
李彦昌	医学部公共教学部哲学与社会科学系党支部委员 讲师	张西峰	副总务长 总务部部长 校工会副主席 助理研究员
田 雨	第一医院党委办公室院长办公室副主任 消化免疫科党支部书记 副主任医师	张海峰	动力中心党总支书记 工会主席 后勤团委副书记 工程师
李 航	第一医院党委委员 学生党总支书记 皮肤性病科党支部委员 主任医师 副教授	王燕华	校园服务中心副主任 党总支统战委员 附属幼儿园党支部副书记 中学高级教师
孙晓伟	第一医院党委委员 医学影像科党支部书记 设备处处长 主任医师	张 勇	教育基金会党支部书记 副秘书长 助理研究员
袁建峰	第一医院纪委委员 泌尿科党支部副书记 医务处副处长 感染管理-疾病预防控制处副处长 主治医师	萧 群	图书馆党委书记 副馆长 副研究员
戎 龙	第一医院普通外科党支部书记 工会副主席 内镜中心常务副主任 副教授 副主任医师	张海舰	图书馆流通阅览党支部书记 副主任 馆员
		卢旖旎	出版社党委秘书 社长办公会秘书 编辑
郑晓蕾	人民医院儿科党支部书记 主管护师	李 铎	出版社编辑第四党支部书记 编辑
封 波	人民医院肝病研究所党支部书记 副教授 副主任医师	严敏杰	燕园街道党工委书记 副教授
张志玲	人民医院机关第二党支部组织委员 工会副主席	陈寄芳	附属中学初中部党支部书记 中学高级教师
		杨丽丽	医学部统战联合党支部书记 统战部办公室主任 助理研究员
李危石	第三医院骨科党支部书记 副主任 主任医师	苏 鸿	医学部党委组织部副部长 党校副校长 组织部党校党支部书记 助理研究员
苗立英	第三医院超声诊断科党支部书记 主任医师	刘晓瑜	医学部纪委办公室副主任 助理研究员
宋东红	第三医院生殖医学中心党支部青年委员 科护士长 主管护师	赵淑珍	医学部后勤教室管理服务中心党支部书记 副主任 幼教高级教师
胥雪冬	第三医院医务处党支部宣传委员 常务副处长 质量控制办公室主任 副研究员	张 靖	医学部产业党总支网络学院媒体部顾问 党支部委员 主管技师
王 晶	口腔医院病理科党支部书记 副主任技师	刘 力	民盟北京大学委员会副主委 光华管理学院教授
宋代莹	口腔医院院长办公室党委办公室党支部委员 副主任 副研究员	吴 跃	致公党北京大学委员会支委 元培学院副研究馆员
何英剑	肿瘤医院乳腺中心党支部书记 助理研究员	陈效逑	民建北京大学委员会主委 城市与环境学院教授
薛 冬	肿瘤医院中医科党支部书记 副主任 医务处副处长 副主任医师	张颐武	民进北京大学委员会主委 中国语言文学系教授
胡 瑜	精神卫生研究所党委办公室院长办公室干部 助理研究员	刘富坤	农工党北京大学委员会主委 物理学院教授
孙 华	元培学院党委书记 教授	王 旭	九三学社北京大学委员会支委 图书馆副研究馆员
罗碧芳	深圳研究生院学生工作处副处长 团委书记 助理研究员	霍 勇	全国政协委员 民进中央委员 科技医卫委

员会副主任　北京市委委员　民进西城区医卫联合支部主任　第一医院心脏中心主任　心血管内科主任　教授　主任医师

北京大学2015年党务和思想政治工作奉献奖(28人)

刘化荣　数学科学学院党委原书记　研究员
刘和平　数学科学学院党委原书记　教授
叶　闯　哲学系外国哲学党支部书记　教授
佟秀英　外国语学院西语离退休党支部委员　副教授
沙露茵　外国语学院原英语西语离退休党支部书记　教授
程朝翔　外国语学院党委委员　教授
王金香　外国语学院英语离退休党支部书记　讲师
杨明丽　外国语学院西语离退休党支部书记　副教授
李　静　艺术学院学生工作教师　副教授
丁文惠　第一医院纪委委员　大内科主任　教授　主任医师
赵进志　第一医院离退休第四党支部书记　技师
毛　汛　人民医院副院长　主任医师
魏丽惠　人民医院党委原书记　教授
王立国　人民医院机关第六党支部书记　电教室副主任　主管技师
洪　伟　口腔医院工会副主席　副主任医师
马亚光　肿瘤医院纪委委员　医学影像科党支部书记　主管技师
黄悦勤　中国残联副主席　精神卫生研究所党委委员　研究室和编辑部主任　教授
戴谷音　医学部党委副书记　党委组织部部长　研究员
付东红　医学部党委宣传部《北医》报主编　副编审
林　军　医学部离退休工作处干部　助理研究员
王运生　医学部后勤党委书记　助理研究员
崔　龙　工会生活福利部部长　助理研究员
洪贵喜　总务部退休党支部原书记
崔殿祥　总务部退休党支部书记　研究员
赵西翠　后勤党委机关第三党支部副书记
王来僧　后勤党委机关第三党支部原书记
马宁海　动力中心党总支副书记
张黎明　出版社总编辑　党委委员　编审

北京大学2015年十佳学生党支部书记(10人)

张轶伟　生命科学学院2014级博士生党支部书记
韩　杰　城市与环境学院2014级硕士生党支部书记
刘润超　地球与空间科学学院2012级地质博士生党支部书记
王绍鑫　工学院2014级博士生1班党支部书记
郭小瑜　哲学系本科生党支部书记
黄超然　外国语学院2014级硕士生第一党支部书记
邹瑞阳　政府管理学院2013级、2014级本科生联合党支部书记
谭　卓　新闻与传播学院2014级学术硕士生党支部书记
张元鸣飞　第三医院2010级医学生党支部书记
杨　辉　药学院研究生第五党支部书记

北京大学2014—2015年度优秀德育奖名单

获奖者	单位	获奖者	单位
邵琳琳	数学科学学院	行桂英	国家发展研究院
刘　硕	物理学院	唐金楠	艺术学院
郭艳军	地球与空间科学学院	惠济州	新闻与传播学院
李　钊	工学院	沙丽曼	元培学院
李子奇	信息科学技术学院	魏　朋	前沿交叉学科研究院
张　莉	化学与分子工程学院	沈　鹏	医学部团委
杨　泉	生命科学学院	石淑宵	第二临床医学院
侯　琳	城市与环境学院	郭　琦	基础医学院
户国栋	环境科学与工程学院	于岩岩	第一医院
魏　巍	心理学系	张红梅	药学院
樊桔贝	中国语言文学系	陈娇娇	深圳研究生院
金　英	考古文博学院	王欣涛	学生工作部
李　林	哲学系	李　伟	学生工作部

续表

获奖者	单位	获奖者	单位
赵娜	国际关系学院	林思聪	学生工作部
卢伟辰	经济学院	杨爱民	学生资助中心
亓淑琴	光华管理学院	徐鹏	青年研究中心
史诗	法学院	陈默	学生就业指导服务中心
祁延莉	信息管理系	徐凯文	学生心理健康教育与咨询中心
刘开标	社会学系	尤宇川	校团委
张一凡	外国语学院	石长翼	校团委
刘岚	人口研究所	李杨	校团委

北京大学2014—2015年度优秀班主任标兵名单

获奖者	单位	获奖者	单位
董子静	数学科学学院	刘语潇	经济学院
蒋伟	物理学院	张晓东	政府管理学院
何建森	地球与空间科学学院	惠济州	新闻与传播学院
刘先华	信息科学技术学院	周文杰	元培学院
于海峰	工学院	贺婧	公共卫生学院
吴曈勃	化学与分子工程学院	刘云松	口腔医学院
吴文婧	城市与环境学院	李红	第二临床医学院
周昀	中国语言文学系	张进瑜	护理学院
李婧一	法学院	刘青	深圳研究生院

北京大学2014—2015年度优秀班主任名单

获奖者	单位	获奖者	单位
郭帅	数学科学学院	范六民	生命科学学院
牟克典	数学科学学院	佟向军	生命科学学院
李丹	数学科学学院	王晨曲	生命科学学院
高东旭	数学科学学院	周丰	城市与环境学院
李庆雷	物理学院	彭健	城市与环境学院
彭义来	物理学院	汪芳	城市与环境学院
李彪	物理学院	刘永	环境科学与工程学院
黄龄	物理学院	童美萍	环境科学与工程学院
王绪	物理学院	陈立翰	心理学系
田原	地球与空间科学学院	程苏东	中国语言文学系
王彦宾	地球与空间科学学院	李新峰	历史学系
巫翔	地球与空间科学学院	徐怡涛	考古文博学院
李小凡	地球与空间科学学院	王鑫	哲学系
许零	工学院	段锐	哲学系
张杨飞	工学院	节大磊	国际关系学院
段小洁	工学院	李根	国际关系学院

续表

获奖者	单位	获奖者	单位
杨 越	工学院	陈长伟	国际关系学院
李忠奎	工学院	赵伟博	经济学院
杨振川	信息科学技术学院	李西振	经济学院
程宇新	信息科学技术学院	程万里	经济学院
冯岩松	信息科学技术学院	吕 麒	经济学院
刘让哲	信息科学技术学院	李 琦	光华管理学院
彭 超	信息科学技术学院	张红霞	光华管理学院
张 岩	信息科学技术学院	路 磊	光华管理学院
吴 昕	化学与分子工程学院	徐晓颖	法学院
文 豪	化学与分子工程学院	贾薇薇	法学院
张 晨	生命科学学院	肖江平	法学院
侯 猛	法学院	路 露	建筑与景观设计学院
楼建波	法学院	周利艳	深圳研究生院
徐 扬	信息管理系	蒋 艺	深圳研究生院
张春泥	社会学系	李 倩	深圳研究生院
段德敏	政府管理学院	陈 艳	深圳研究生院
朱晓洁	外国语学院	陈 虹	深圳研究生院
刘琳琳	外国语学院	刘 楠	深圳研究生院
张亚冰	外国语学院	张 敏	深圳研究生院
程小牧	外国语学院	陈月萍	基础医学院
褚 敏	外国语学院	任 红	基础医学院
张 哲	外国语学院	郭晓宇	药学院
李婷婷	外国语学院	陈天娇	公共卫生学院
纳 海	外国语学院	朱丽娜	护理学院
李丽敏	外国语学院	徐小元	第一医院
罗 炜	外国语学院	徐 燚	第二临床医学院
李 旸	马克思主义学院	李 纡	第二临床医学院
沈文钦	教育学院	霍 刚	第三临床医学院
马莉萍	教育学院	邱伟强	第三临床医学院
张 蕾	人口研究所	崔念晖	口腔医学院
王 敏	国家发展研究院	程化琴	预科管理办公室
詹成峰	对外汉语教育学院	陈晓雯	第一临床医学院
顾春芳	艺术学院	邓媛媛	口腔医学院
史学军	新闻与传播学院	高 芳	第五临床医学院
高瑛泽	元培学院	孔宪玲	台港澳学生办公室
郭 利	元培学院	李翠华	学生资助中心
伍叶露	元培学院	梁国平	航天中心医院
陈乃修	前沿交叉学科研究院	陈 平	药学院
陈 兴	前沿交叉学科研究院	柳 絮	基础医学院
谢 芹	前沿交叉学科研究院	沈 娟	基础医学院
汪 恒	第三临床医学院	张莉娟	预科管理办公室
于 晨	医学部教育处学生教育办公室	邹 红	护理学院
张景怡	公共卫生学院		

北京大学 2015 年"学生工作先进单位"

序号	单位
1	物理学院
2	地球与空间科学学院
3	经济学院
4	政府管理学院
5	基础医学院
6	公共卫生学院

第三届北京市高校辅导员职业能力大赛北京大学获奖名单

奖励类别	获奖者	单位
三等奖	贾润东	政府管理学院

2014—2015 学年度"北京大学唐立新优秀辅导员奖"获奖名单

序号	姓名	职务
1	金 英	考古文博学院党委副书记
2	李 妍	信息科学技术学院学工办副主任
3	田 原	地球与空间科学学院班主任
4	董子静	数学科学学院团委书记
5	高 静	国际关系学院团委书记
6	户国栋	环境科学与工程学院团委书记
7	刘 硕	物理学院团委副书记
8	李婷婷	青年研究中心副主任
9	李 伟	学生工作部教育宣传办公室副主任
10	庄明科	心理健康教育与咨询中心副主任

教学科研奖励与奖教金

北京大学 2014 年全国优秀教师名单

获奖者	单位
李冬梅	北大附中

北京大学 2015 年全国先进工作者名单

获奖者	单位
许崇任	生命科学学院

北京大学荣获第十一届北京市教学名师奖名单

获奖者	单位
陈徐宗	信息科学技术学院
李海潮	第一医院
平新乔	经济学院

北京大学第十九届"最受学生爱戴的老师"暨"十佳教师"

获奖者	单位
刘玉村	第一医院
毛利华	心理学系
李中军	药学院
周飞舟	社会学系
刘玉鑫	物理学院
陆敏秋	积水潭医院
陈　红	人民医院
李小凡	中国语言文学系
彭　锋	艺术学院
吴天岳	哲学系

北京大学 2014—2015 年度教学优秀奖名单

获奖者	单位	获奖者	单位
刘　勇	数学科学学院	赵克常	地球与空间科学学院
田青春	数学科学学院	莫多闻	城市与环境学院
史一蓬	工学院	赵志杰	环境科学与工程学院
张朝晖	物理学院	杨炯炯	心理学系
欧阳颀	物理学院	万艺玲	中国语言文学系
王　源	信息科学技术学院	刘　瑛	中国语言文学系
陆俊林	信息科学技术学院	李隆国	历史学系
李维红	化学分子与工程学院	程乐松	哲学系
赵达慧	化学分子与工程学院	仰海峰	哲学系
王戎疆	生命科学学院	赵　辉	考古文博学院
昌增益	生命科学学院	李　强	政府管理学院
王德明	地球与空间科学学院	董昭华	国际关系学院

续表

获奖者	单位	获奖者	单位
季 曦	经济学院	杨雅辉	软件与微电子学院
蒋云赟	经济学院	初 明	基础医学院
张志学	光华管理学院	郭 岩	公共卫生学院
王 辉	光华管理学院	刘 刚	第一医院
楼建波	法学院	马芙蓉	第三医院
郭自力	法学院	孟焕新	口腔医院
王余光	信息管理系	罗国杰	信息科学技术学院
周飞舟	社会学系	秦咏梅	生命科学学院
梁敏和	外国语学院	王世洲	法学院
田庆生	外国语学院	陈 江	信息科学技术学院
李 松	艺术学院	宋 艳	生命科学学院
胡 泳	新闻与传播学院	邱泽奇	社会学系
何 姝	新闻与传播学院	刘家瑛	计算机科学技术研究所
黄俊立	马克思主义学院	顾红雅	生命科学学院
李 健	马克思主义学院	郭 炜	信息科学技术学院
李力行	国家发展研究院	杨 飏	肿瘤医院
鲍 威	教育学院	闻新宇	物理学院
郑 重	体育教研部	吴 飞	体育教研部
李海燕	对外汉语教育学院	梅申友	外国语学院
孙 旭	人民武装部		

北京大学 2014—2015 年度本科教学管理奖名单

获奖者	单位	获奖者	单位
戚 莉	化学与分子工程学院	刘博谦	国家发展研究院
朱若珊	工学院	蔡贤川	数学科学学院
闫 岩	国际关系学院	叶恩红	外国语学院
杨朝晖	信息科学技术学院	谢 宁	物理学院
林 岚	心理学系	崔桂红	外国语学院
闵 锋	中国语言文学系	王忠立	历史学系
张韫之	经济学院		

北京大学 2015 年度奖教金获奖名单

2015 年国华杰出学者奖获奖名单

序号	姓名	单位	序号	姓名	单位
1	邓小南	历史学系	4	杨芙清	信息科学技术学院
2	马 戎	社会学系	5	王 宪	医学部
3	文 兰	数学科学学院	6	黎晓新	医学部

2015年人文杰出青年学者奖获奖名单

序号	姓名	单位	序号	姓名	单位
1	常 森	中国语言文学系	26	桥本秀美	历史学系
2	陈晓兰	中国语言文学系	27	王元周	历史学系
3	陈泳超	中国语言文学系	28	叶 炜	历史学系
4	杜晓勤	中国语言文学系	29	赵冬梅	历史学系
5	韩毓海	中国语言文学系	30	曹 宏	考古文博学院
6	姜 涛	中国语言文学系	31	陈建立	考古文博学院
7	潘建国	中国语言文学系	32	曲彤丽	考古文博学院
8	漆永祥	中国语言文学系	33	沈睿文	考古文博学院
9	邵燕君	中国语言文学系	34	王伟华	考古文博学院
10	宋亚云	中国语言文学系	35	徐怡涛	考古文博学院
11	王 风	中国语言文学系	36	杨哲峰	考古文博学院
12	王丽丽	中国语言文学系	37	程乐松	哲学系
13	徐 刚	中国语言文学系	38	李四龙	哲学系
14	杨海峥	中国语言文学系	39	刘华杰	哲学系
15	叶文曦	中国语言文学系	40	刘 哲	哲学系
16	詹卫东	中国语言文学系	41	苏贤贵	哲学系
17	张 沛	中国语言文学系	42	王 博	哲学系
18	张渭毅	中国语言文学系	43	王 骏	哲学系
19	朱 彦	中国语言文学系	44	吴 飞	哲学系
20	黄春高	历史学系	45	吴增定	哲学系
21	李隆国	历史学系	46	先 刚	哲学系
22	李 维	历史学系	47	杨立华	哲学系
23	李新峰	历史学系	48	仰海峰	哲学系
24	牛 可	历史学系	49	周学农	哲学系
25	潘华琼	历史学系			

2015年唐立新奖教金获奖名单

序号	姓名	单位	所获奖项	序号	姓名	单位	所获奖项
1	喻春明	餐饮中心	后勤服务杰出员工奖	16	郭志刚	社会学系	教学名师奖
2	周 彪	餐饮中心	后勤服务杰出员工奖	17	杨 河	马克思主义学院	教学名师奖
3	宋玉兰	会议中心	后勤服务杰出员工奖	18	蒋 伟	信息科学技术学院	教学名师奖
4	陈德军	社区服务中心	后勤服务杰出员工奖	19	汪小林	信息科学技术学院	教学名师奖
5	王宪辉	动力中心	后勤服务杰出员工奖	20	陈效述	城市与环境学院	教学名师奖
6	李 楠	校园服务中心	后勤服务杰出员工奖	21	古 英	物理学院	优秀学者奖
7	郑红艳	公寓服务中心	后勤服务杰出员工奖	22	魏春景	地球与空间科学学院	优秀学者奖
8	陈变珍	房地产管理部	后勤服务杰出员工奖	23	王曙光	经济学院	优秀学者奖
9	高 丹	基建工程部	后勤服务杰出员工奖	24	常鹏翱	法学院	优秀学者奖
10	刘德利	总务部	后勤服务杰出员工奖	25	程朝翔	外国语学院	优秀学者奖
11	伍胜健	数学科学学院	教学名师奖	26	秦海鹰	外国语学院	优秀学者奖
12	刘富坤	物理学院	教学名师奖	27	王邦维	外国语学院	优秀学者奖
13	许振洲	国际关系学院	教学名师奖	28	王一丹	外国语学院	优秀学者奖
14	朱善利	光华管理学院	教学名师奖	29	马思伟	信息科学技术学院	优秀学者奖
15	祁延莉	信息管理系	教学名师奖	30	王为民	信息科学技术学院	优秀学者奖

2015年黄廷方/信和青年杰出学者奖获奖名单

序号	姓名	单位	序号	姓名	单位
1	孙俊良	化学与分子工程学院	11	刘 晨	艺术学院
2	姚 翔	心理学系	12	王添淼	对外汉语教育学院
3	王秀丽	新闻与传播学院	13	张志勇	信息科学技术学院
4	孙铁山	政府管理学院	14	林小英	教育学院
5	刘小侠	外国语学院	15	陈 正	工学院
6	南 燕	外国语学院	16	万 祎	城市与环境学院
7	袁 琳	外国语学院	17	徐建华	环境科学与工程学院
8	张慧玲	外国语学院	18	李宏田	医学部
9	张 幸	外国语学院	19	王琳琳	医学部
10	郑 萱	外国语学院	20	赵 鹏	医学部

2015年绿叶生物医药杰出青年学者奖获奖名单

序号	姓名	单位	序号	姓名	单位
1	刘志伟	化学与分子工程学院	9	汪阳明	分子医学研究所
2	周 江	化学与分子工程学院	10	赵 凌	分子医学研究所
3	周颖琳	化学与分子工程学院	11	黄 卓	医学部
4	李毓龙	生命科学学院	12	刘合力	医学部
5	徐冬一	生命科学学院	13	王嘉东	医学部
6	周 辰	生命科学学院	14	闫军浩	医学部
7	段小洁	工学院	15	赵明波	医学部
8	霍云龙	工学院	16	周 菁	医学部

2015年方正奖教金获奖名单

序号	姓名	单位	所获奖项	序号	姓名	单位	所获奖项
1	刘克新	物理学院	特等奖	16	张显峰	地球与空间科学学院	优秀奖
2	施文博	考古文博学院	优秀管理奖	17	罗艳华	国际关系学院	优秀奖
3	刘 文	工学院	优秀管理奖	18	潘剑锋	法学院	优秀奖
4	孙基男	党办校办	优秀管理奖	19	高丙中	社会学系	优秀奖
5	戚国伟	组织部	优秀管理奖	20	张 健	政府管理学院	优秀奖
6	王海欣	教务部	优秀管理奖	21	彭 芳	体育教研部	优秀奖
7	王小玥	研究生院	优秀管理奖	22	钱旭菁	对外汉语教育学院	优秀奖
8	吴 军	审计室	优秀管理奖	23	林 通	信息科学技术学院	优秀奖
9	赵文莉	基金会	优秀管理奖	24	王茂俊	信息科学技术学院	优秀奖
10	李冬梅	北大附中	优秀管理奖	25	林 坚	城市与环境学院	优秀奖
11	王 瑾	档案馆	优秀管理奖	26	王 奇	环境科学与工程学院	优秀奖
12	肖 渊	医学部	优秀管理奖	27	王 韵	医学部	优秀奖
13	刘新民	医学部	优秀管理奖	28	屠鹏飞	医学部	优秀奖
14	廖慧敏	物理学院	优秀奖	29	吴任钢	医学部	优秀奖
15	冉广照	物理学院	优秀奖	30	朱继业	医学部	优秀奖

2015年嘉里集团郭氏基金树人奖获奖名单

序号	姓名	单位	序号	姓名	单位
1	裘宗燕	数学科学学院	6	白建军	法学院
2	刘 川	物理学院	7	陈思红	外国语学院
3	傅绥燕	地球与空间科学学院	8	马黎黎	信息科学技术学院
4	刘新立	经济学院	9	宋国杰	信息科学技术学院
5	张 峥	光华管理学院	10	谭文长	工学院

2015年杨芙清-王阳元院士教师奖获奖名单

序号	姓名	单位	所获奖项	序号	姓名	单位	所获奖项
1	刘和平	数学科学学院	特等奖	10	马万华	教育学院	优秀奖
2	张进江	地球与空间科学学院	优秀奖	11	唐少强	工学院	优秀奖
3	邵 枫	心理学系	优秀奖	12	李文军	环境科学与工程学院	优秀奖
4	黄 嵩	软件与微电子学院	优秀奖	13	高学军	口腔医院	优秀奖
5	谷 裕	外国语学院	优秀奖	14	肖水芳	第一医院	优秀奖
6	王成英	马克思主义学院	优秀奖	15	马芙蓉	第三医院	优秀奖
7	韩 曦	对外汉语教育学院	优秀奖	16	吴 楠	肿瘤学院	优秀奖
8	安 霞	信息科学技术学院	优秀奖	17	张玉梅	公共卫生学院	优秀奖
9	赵俊峰	信息科学技术学院	优秀奖				

2015年中国工商银行教师奖获奖名单

序号	姓名	单位	所获奖项	序号	姓名	单位	所获奖项
1	平新乔	经济学院	经济学杰出学者奖	11	周 云	社会学系	优秀教师奖
2	姜万军	光华管理学院	经济学优秀学者奖	12	郁俊莉	政府管理学院	优秀教师奖
3	刘 学	光华管理学院	经济学优秀学者奖	13	杨柳新	马克思主义学院	优秀教师奖
4	张志学	光华管理学院	经济学优秀学者奖	14	刘茂辉	体育教研部	优秀教师奖
5	黄益平	国家发展研究院	经济学优秀学者奖	15	张明莹	对外汉语教育学院	优秀教师奖
6	巫和懋	国家发展研究院	经济学优秀学者奖	16	廖建辉	信息科学技术学院	优秀教师奖
7	陈绍锋	国际关系学院	优秀教师奖	17	孙广宇	信息科学技术学院	优秀教师奖
8	张亚光	经济学院	优秀教师奖	18	佟 冬	信息科学技术学院	优秀教师奖
9	邱凌云	光华管理学院	优秀教师奖	19	武继磊	人口研究所	优秀教师奖
10	彭 冰	法学院	优秀教师奖				

2015年王选青年学者奖获奖名单

序号	姓名	单位	序号	姓名	单位
1	张贵宾	地球与空间科学学院	2	邹 磊	计算机科学技术研究所

2015年正大奖教金获奖名单

序号	姓名	单位	序号	姓名	单位
1	马 翔	数学科学学院	11	张清敏	国际关系学院
2	李智焕	物理学院	12	周旺生	法学院
3	曲 波	物理学院	13	何仲恺	体育教研部
4	任晓堂	物理学院	14	崔小欣	信息科学技术学院
5	王思广	物理学院	15	李明之	信息科学技术学院
6	尹 澜	物理学院	16	李 胜	信息科学技术学院
7	刘 岩	化学与分子工程学院	17	刘 鹏	信息科学技术学院
8	郝雪梅	生命科学学院	18	张行功	计算机科学技术研究所
9	秦其明	地球与空间科学学院	19	王 娓	城市与环境学院
10	张 昕	心理学系	20	孙卫玲	环境科学与工程学院

2015年宝钢奖教金获奖名单

序号	姓名	单位	所获奖项	序号	姓名	单位	所获奖项
1	席振峰	化学与分子工程学院	特等奖提名奖	4	车浩	法学院	优秀奖
2	谭小江	数学科学学院	优秀奖	5	胡俊峰	信息科学技术学院	优秀奖
3	侯玉敏	物理学院	优秀奖				

2015年宝洁奖教金获奖名单

序号	姓名	单位	序号	姓名	单位
1	邵嗣烘	数学科学学院	3	张艳锋	工学院
2	黄宝琦	地球与空间科学学院	4	陆克定	环境科学与工程学院

2015年北京银行奖教金获奖名单

序号	姓名	单位	序号	姓名	单位
1	史学军	新闻与传播学院	6	顾昕	政府管理学院
2	吕随启	经济学院	7	丁莉	外国语学院
3	江亭儒	光华管理学院	8	雷晓燕	国家发展研究院
4	陈一峰	法学院	9	郭文革	教育学院
5	张鹏翼	信息管理系	10	陈功	人口研究所

2015年树仁学院奖教金

序号	姓名	单位	序号	姓名	单位
1	王立中	数学科学学院	4	赵前程	信息科学技术学院
2	付遵涛	物理学院	5	童昕	城市与环境学院
3	盖增喜	地球与空间科学学院			

2015年通化东宝生命科学奖教金获奖名单

序号	姓名	单位
1	陶伟	生命科学学院
2	姚锦仙	生命科学学院
3	张晨	生命科学学院

学生奖励与奖学金

北京大学"优秀班集体"

数学科学学院2014级本科1班
物理学院2012级2班
化学与分子工程学院13本4班
化学与分子工程学院14本1班
生命科学学院2014级研究生3班
地球与空间科学学院2013级地质2班
地球与空间科学学院2012级空间物理班
新闻与传播学院2014级本科班
中国语言文学系2013级本科班
历史学系2013级本科生班
考古文博学院2012级本科班
哲学系2014级本科班
国际关系学院2014级本科2班
国际关系学院2014级本科1班
经济学院2013本经济系

光华管理学院 2014 级统计班
光华管理学院 2014 级本科 5 班
法学院 2014 级本科 4 班
政府管理学院 2013 级本科班
外国语学院 13 本阿语班
外国语学院 12 级俄语班
马克思主义学院 2014 级硕士生班
对外汉语教育学院 14 级汉语国际教育硕士班
元培学院 2014 级 1 班
信息科学技术学院 2013 级本科 4 班
信息科学技术学院 2014 级本科 5 班
教育学院教育学研 2014 级高管班
教育学院教育学研 2014 级普硕班
工学院 14 级本科 1 班
城市与环境学院 2013 级本科人文地理与城乡规划班
城市与环境学院 2013 级本科环境科学班
环境科学与工程学院 14 级硕士班
医学预科 2014 级临床 1 班
医学预科 2014 级医学英语
深圳研究生院信息工程学院 2014 级计算机应用班
深圳研究生院城市规划与设计学院 2014 级城规班
北医三院 2011 级临床 5 班
北医三院 2012 级临床 5 班
公共卫生学院 2013 级预防 2 班
基础医学院 2013 级口腔 1 班
药学院 2013 级药学 4 班
护理学院 2014 级护理 2 班
药学院研究生五班
第三临床医学院研究生七班
口腔医学院口腔正畸研究生班

北京大学"先进学风班"

数学科学学院 14 本 5 班
数学科学学院 14 硕 2 班
数学科学学院 14 本 2 班
物理学院 2014 级 4 班
物理学院 2014 级 6 班
化学与分子工程学院 14 本 2 班
化学与分子工程学院 12 本 2 班
化学与分子工程学院 13 本 5 班
生命科学学院 2014 级研究生 1 班
生命科学学院 2013 级本科生 4 班
地球与空间科学学院 2012 级地球物理班
地球与空间科学学院 2014 级遥感所硕士班
地球与空间科学学院 2013 级地球物理硕博班
心理学系 14 级本科班

心理学系 14 级专硕班
新闻与传播学院 2014 级学术型硕士班
新闻与传播学院 2014 级专业型硕士班
新闻与传播学院 2013 级本科班
中国语言文学系 2014 级学硕班
中国语言文学系 2014 级本科班
历史学系 2014 级硕士生班
考古文博学院 2013 级本科班
考古文博学院 2014 级本科班
哲学系 2012 级本科班
哲学系 2014 级硕士班
国际关系学院 14 级硕士班
经济学院 14 本 5 班
经济学院 14 本 2 班
经济学院 14 本 6 班
光华管理学院 2012 级本科工商四班
光华管理学院 2014 级本科二班
法学院 2014 级本科 3 班
法学院 2014 级法律硕士 3 班
法学院 2013 级法律硕士 4 班
社会学系 2014 级本科班
社会学系 2013 级本科班
政府管理学院 2012 级本科班
政府管理学院 2014 级本科班
政府管理学院 2014 级硕士班
外国语学院 14 本英语班
外国语学院 14 本法语班
外国语学院 14 级日语翻译硕士班
马克思主义学院 2014 级博士生班
体育教研部研究生班
艺术学院 2014 级本科生班
艺术学院 2014 级硕士研究生班
对外汉语教育学院博士班
对外汉语教育学院 14 级汉语言文字学班
元培学院 2013 级 1 班
元培学院 2013 级 4 班
元培学院 2014 级 5 班
信息科学技术学院 2013 级本科 7 班
信息科学技术学院物理电子所研究生班
信息科学技术学院 2014 级本科 7 班
前沿交叉学科研究院生命科学联合中心 2014 级 4 班
前沿交叉学科研究院生命科学联合中心 2013 级 3 班
工学院 2014 级博士三班
工学院 2014 级本科生空飞班
工学院 2012 级博士二班
城市与环境学院 2014 级本科人文班
城市与环境学院 2014 级硕士一班

城市与环境学院 2012 级本科地科生态班
环境科学与工程学院 13 级博士班
环境科学与工程学院 12 级本科班
医学预科药学院 2014 级药学 4 班
医学预科药学院 2014 级药学 1 班
医学预科基础医学院 2014 级临床 3 班
深圳研究生院化学生物学与生物技术学院 2011 级研究生
深圳研究生院环境与能源学院 2014 级环能班
深圳研究生院国际法学院 2014 级硕士班
公共卫生学院 2012 级预防 1 班
北京医院 2012 级临床 2 班
北大医院 2012 级临床 1 班
药学院 2012 级药学 1 班
基础医学院生物化学与分子生物学系研究生班
公共卫生学院卫生政策与管理学系研究生班
护理学院研究生班
第二临床医学院研究生小三班
航天临床医学院研究生班

北京大学"示范学生宿舍"

燕园 34B 楼 505 室
燕园 38 楼 635 室
畅春新园 2 号楼 334 室
燕园 36 号楼 526 室
万柳公寓 2 区 1306A

北京大学"示范学生宿舍"提名奖

燕园 36 楼 308 室　燕园 38 楼 134 室
万柳二区 905 室　万柳二区 1202 室

三好学生标兵

数学科学学院

丁允梓　王少卿　韦东奕　尤之一　方华英　华　龙
刘立伟　安　冬　李大为　李万山　李　屹　吴　昊
陈　喆　骆钇澧　袁　豪　徐芦泽　郭培昌　傅晶雪
赖　仪

物理学院

马骏超　王天宇　王宇晨　王钦生　王洋洋　宁鸿烈
庄佳威　李泽武　肖英东　吴洁强　陆跃辉　陈东政
武凯军　岩　斌　周智勤　郑宇凡　赵怡程　胡　芹
费沉毅　贾方健　倪聪健　郭　诚　曹远胜　曹睿枭
葛韶峰　韩兆宇　褚新坤

化学与分子工程学院

王仁明　王宇豪　王佩奇　王瑞琦　丛　妍　毕　烨
闫鹏起　李先江　李　甜　迟　樾　张　宁　张　行
陈　阳　陈　超　陈景诚　周浩文　俞之冀　崔智昊
黎俊岑

生命科学学院

丁鹏飞　尹亚飞　刘斯敏　李笑雨　李　翔　李祺君
杨　云　陈金琳　范小英　夏宁静　郭红山　曹智杰
董　杰　覃思颖　傅语思　薛浩然

地球与空间科学学院

王宇麒　王　洋　冯雨宁　吕明达　朱尉强　刘　鹏
刘嘉辉　闫丽梅　苏瑞冰　李怀瑜　陈卫东　赵浩男
赵琰喆　侯俊涛　廖　闻

心理学系

于宏波　王　婷　杨秀杰　张翼飞　邵艺多

软件与微电子学院

王守诚　王春朝　申思琪　刘佳琳　刘　超　汤　思
孙　蕾　李成明　李明初　李　彦　李凌云　李海金
李淑媛　李　鑫　杨　婷　张　达　张宝亢　张　硕
金　鑫　赵海洋　赵　磊　贺强强　候华龙　黄颖彪
曹　野　甄志昊　樊子嫣

新闻与传播学院

马　珺　邓玉成　李若曦　张　涵　项　思　胡元瀚
段雨濛　侯忻好　龚展至　谭　卓

中国语言文学系

刘　派　闫梦醒　池　骋　李玉长　李敏苑　杨镝霏
汪芯竹　张家昱　林　品　姜　蕾　徐梓岚　徐韫琪
黄舫漫　曹蕾蕾　彭　超　雷瑭洵　薛　静

历史学系

王　尔　冯鹤昌　杨维维　宋舒杨　张　展　俞莉琪
蒋　悦

考古文博学院

马燕莹　王静雪　孙唯瀚　范佳楠　罗登科

哲学系

于晓磊　王　嘉　杨宇静　沈美玲　张　旭　张锦芬
陈晗倩　康维阳　潘龙飞

国际关系学院

王菁菁　师义帆　伍灏殷　刘　毅　严澄峰　李尧星
杨晓婷　何宛玲　余物非　余　欣　沈晓雷　宋昊天
张　旗　侯逸凡

经济学院

王钰希　王　婕　龙显灵　刘子豪　江曜民　李　越
杨　颔　应京含　汪忆源　汪欣怡　张一凡　赵　妍
赵昊东　郝艳东　栾国阳　黄　政

光华管理学院

王宇飞　王苏欣　王卓然　王晓彤　田乙豆　刘　力
刘　超　李子晗　李佳奇　宋甘霖　张　林　张瑞鑫

| 陈 瑒 | 陈 靖 | 赵昕玥 | 赵秋运 | 种法辉 | 耿宗泽 |
| 徐 乐 | 唐轶一 | 樊樵枫 | 魏春燕 | | |

法 学 院

丁 卉	马晨轩	王洪燕	王秦丽	王 峰	王 琪
牛馨雨	尹光辉	石冰洁	吕雅馨	朱学磊	朱翼云
刘力帆	严婉怡	李 涛	吴 静	余今朝	邹星光
张嘉艺	陈 欢	陈陌阡	赵 玄	赵 安	赵 霖
侯 卓	郭怡廷	郭 歌	葛 悠		

信息管理系

| 王冰璐 | 王道弘 | 李芙蓉 | 步 一 | 冷 玥 | |

社会学系

| 田志鹏 | 庄秋玲 | 刘思嘉 | 李 代 | 李澄一 | 秦小峰 |
| 曾彦琪 | | | | | |

政府管理学院

| 王晓琦 | 孔 斌 | 李自可 | 陈俊廷 | 陈斯惟 | 武雪健 |
| 苗思安 | 黄 琳 | 黄敬理 | | | |

外国语学院

王小焓	王舟飏	王 骞	方 初	田 唐	成 翔
吕如羽	刘 畅	李坤逸	肖楚舟	沙 凡	沈静思
张义苟	陈 煦	林依莉	金德弘	周思吉	黄超然

马克思主义学院

| 左 锐 | 黄 斐 | | | | |

体育教研部

| 陈 靖 | | | | | |

艺 术 学 院

| 李晓唱 | 周圣崴 | 顾华盈 | 詹 婧 | | |

对外汉语教育学院

| 邢 思 | 张媛媛 | | | | |

元 培 学 院

马云帆	毛天白	户俊鹏	任昶宇	刘 腾	李星辰
沈凌峰	张成飞	陈一潇	赵宇飞	钟晨扬	段雅琦
盛大林					

深圳研究生院

王子然	王驭龙	王雅薇	王 毅	朱留声	伍惠子
向 斐	刘威杨	许宜哲	孙 焕	牟 瞻	李 抗
李希建	李佳星	李梦诗	李 豪	余 森	沈小雪
张俊琪	张培远	陈君娴	陈雪霏	卓 想	胡学佳
南 菁	段小奇	姚柠炎	郭牧琦	郭源园	唐 浩
黄贤睿	黄 迪	常鹏鹰	梁 芳	蒋 娜	惠雅莉
程子豪	漆亚瑢				

信息科学技术学院

于 璐	王元方	王泽宇	王锦鹏	毛冬元	邓清中
任哲玄	伦志远	华晨彦	刘 庆	刘鸣杰	刘 凯
刘 垚	刘航帆	孙榕鞠	杜思臻	李大为	李天石
李 星	李 超	李豁然	杨雨成	张舒航	陆光易
阿不都维力·阿布力克木		周明昕	赵 丹	贺心蕊
倪泽堃	徐 畅	栾 添	曹成坤	韩晓强	韩梦迪

| 覃 天 | 智天成 | 曾鑫璐 | 潘 睿 | | |

国家发展研究院

| 单敬雯 | 梁芳园 | | | | |

教 育 学 院

| 杨宇潇 | 董 璐 | | | | |

人口研究所

| 纳 菡 | | | | | |

前沿交叉学科研究院

| 于 双 | 王晨曲 | 叶永鑫 | 庄申甜 | 李梓维 | 陈乃修 |
| 周劲嫒 | 徐优俊 | | | | |

工 学 院

王 平	王嘉宇	史忠顺	朱斯亚	刘沛婧	孙永奇
肖厦子	张兴玉	张利娜	张晏硕	张 越	周 开
姚松柏	夏 威	唐昊宇	黄心宇	章盛祺	

城市与环境学院

| 王旭辉 | 付 博 | 吕 吉 | 刘焱序 | 刘 鑫 | 孙艺笑 |
| 杨 昕 | 吴梦希 | 应凌霄 | 贾智舒 | 董英伟 | 谭建光 |

环境科学与工程学院

| 王梓元 | 李 力 | 李垚纬 | 杨裕茵 | 况文婷 | 唐宇石 |

分子医学研究所

| 郑晓璐 | 戚文峰 | | | | |

歌剧研究院

| 洪 晔 | | | | | |

建筑与景观设计学院

| 李彦超 | | | | | |

药 学 院

门 鹏	马元亨	王 琦	王 喻	孙 静	李飘飘
杨安琪	汪小又	陈 逸	郑 婷	彭光华	彭 耕
雷 阳	满春霞	褚丹彤	魏 巍		

基础医学院

丁楚凌	刁 婧	于 斌	万军虎	王光熙	王兆伦
王 玥	王银浩	史安腾	付佳钰	任汐鹰	刘梦苑
李润政	杨 珂	杨致远	肖 丹	宋 佳	张玉林
张苏杰	张季蕾	张树松	陆 杰	陈浩天	武 迪
房 煊	徐田松	高明明	程嗣达	蔡石鹰	颜若蓉
戴一博					

第一临床医学院

王 辰	王若珺	王雨蒙	白坤昊	李亚丽	李梦伊
张晓明	陈善稳	林乐涛	姚丽敏	夏驭龙	黄海超
魏路华					

第二临床医学院

| 王利娟 | 王 超 | 王 搏 | 朱晓璐 | 幸华杰 | 孟庆娱 |
| 姚秋妹 | 徐 晶 | 梁海杰 | 薛晨红 | | |

第三临床医学院

| 王晓晓 | 刘奕君 | 刘 强 | 杜雅丽 | 杨 麟 | 肖琪严 |
| 吴 菲 | 赵雪蓉 | 姚丽红 | 管祎祺 | | |

公共卫生学院

王韦迪	王敏敏	王碧琦	叶艺璇	申泽薇	史薇
任政	刘扬	张翠红	陈章健	莫云辉	黄超
曾庆奇	温连奎				

护理学院

史双	刘元圆	刘晓瑞	李妞妞	陆薪莲	鲁寒

口腔医学院

冯莉舒	曲佳菲	吕欣	杜仁杰	张茗茗	钟雯婕
贾胜男	唐琳	韩高峰			

临床肿瘤学院

李怡倩	袁华	章程			

第五临床医学院

王劲夫	陆旻雅				

第四临床医学院

任新华	胡洁				

公共教学部

王丽莹	侯跃隆				

精神卫生研究所

张海峰

航天临床医学院

蒋俊怡

中日友好临床医学院

王林

深圳医学院

于斐

北京世纪坛医院

肖萌萌

北京医院

张建华

三好学生

数学科学学院

马玉聪	马思源	马超	王飞骋	王东皞	王协盼
王炜飚	王晓玮	王钰铭	王翔	王强力	王聪
牛泽昊	尹硕	艾广阔	申佳	包诚杨	冯怡珺
朱泱辰	刘晓康	刘浩然	刘海英	刘默雷	安圣美
安捷	许开来	李佳颖	李勇锋	李越	李奥琛
李潇	杨子易	杨彦煜	杨浩艺	步凡	肖非依
吴开亮	邱天蓝	何迪	佟瑶	余海江	沈宇哲
沈剑豪	沈澂	张子筠	张怡	张钺	张逸昊
张超	张楠	张鹏浩	陆道旭	陈子颖	陈龙
陈成	陈冲	陈芳玮	陈里	陈珍珠	陈景林
陈灏宏	陈麟	苗旺	范若昕	林锋	金威
金晓	金辉	周沛劼	庞硕	郑直	赵一州
赵泓	赵栋杨	赵梓文	胡安然	胡婷婷	柳何园
娄向阳	秦雪	袁玉环	顾超	徐子睿	徐兴成

公共卫生学院（续）

徐智韬	郭向阳	郭润晨	唐敫	浦鸿铭	黄开
黄译旻	黄若谷	龚世华	阎霄汉	梁爽	韩东庆
韩松奇	韩京俊	谢玙	谢雨杉	谢雨彤	雷燕军
虞天龙	廖宇轩	翟利娟	熊杰超	薛宋恺	薛钟行
魏宏济					

物理学院

于天旻	万晟	凡达	门云鹏	卫斯远	马力
马晨昊	王天也	王利博	王希睿	王孜博	王坤
王思真	王语馨	王恩	王晨旭	王绪	王超然
王鹏捷	王磊	毛英男	邓翔天	龙卓青	卢骁
卢智聪	叶柄天	申晨	付琪镁	白兰强	白泉
冯顾言	冯钰庭	吕旭东	朱子杰	朱怡	朱隆
朱瑜	向勇	刘丰	刘圣鹏	刘至远	刘芮杉
刘易	刘威	刘梦瑶	刘雪峰	刘鑫	汤雨诗
许嘉星	许鑫杰	孙成伟	孙溢凡	孙彰昊	李伟森
李旭	李听昕	李佳睿	李泽阳	李琼	李渝
李瑞鹏	杨大能	杨子宸	杨少丹	杨伍昊	杨自钦
肖成卓	肖朝凡	吴天玮	吴晓晗	旷烨	何晨光
余思悦	沈红明	沈学简	沈钟灵	沈晓飞	宋雪洋
宋琪	张一怒	张开元	张彤	张建东	张贺
张晖	张敏中	张景云	张湛伯	张瑞丹	张靖
陈文杰	陈俊延	陈洁	陈倩	陈曦	邵亚莉
武柏锋	范瑞华	范潇	岳明昊	金晨子	周敫
郑鸣	郑泽川	单君翌	屈苗	赵伟滨	赵琳捷
赵越	荣新	钟江南	侯爵	俞骁翀	施成龙
胥恒	姚文杰	姚雨含	贺盈波	秦瑶	袁智扬
耿易星	耿基伟	栗宇航	贾振钊	倪志茂	徐旭坤
徐丽	徐昊伟	郭兆斫	郭磊	唐尧	唐静怡
陶江川	陶榲琦	黄子璁	黄代强	黄龄	章逸飞
梁致源	彭昌南	董晓峰	蒋经纬	蒋新贺	韩浩
韩琪	程玉田	程宇清	傅周天	焦倩倩	谢子昂
谢亦奇	谢柯盼	摆展	雷育红	解小佳	熊林
熊雪宇	黎晨远	潘廷瑞	潘圆圆	薛尚捷	魏世源
魏明杨					

化学与分子工程学院

于天麟	于晋	于静雯	马志勇	马丽娜	王子宽
王尧	王俊	王哲	毛威	文豪	石可
叶擎宇	史闻悦	冯轩宇	汉露	吕安	朱琳
刘文哲	刘沁哲	刘振兴	刘舒	米天雄	江新鹏
祁晓月	孙乾辉	孙维维	严正一方	苏忆青	
李云龙	李林东	李明智	杨驰远	杨俊峰	杨烽
杨晶辉	吴国骄	吴桢钦	吴越	张云飞	张永亮
张辰	张治平	张树辰	张美怡	张娜	张振兴
张振宇	张隽之	张隽晔	张智榕	张简	陈天阳
陈世祺	陈纬国	陈昱光	陈起	陈翔宇	范围
林若韵	金红君	周钰静	郑雨晴	郑晓宇	郑斯齐
郑黎明	屈沛	赵志远	赵威元	赵秋辰	赵艳

赵 博	赵博涵	赵嗣彰	赵 蕾	胡元缘	胡俊男	吴 琼	汪星宇	张 丽	张 庭	张 翼	张馨蕊
胡铭秋	胡 墨	钟广颜	信跃龙	姜延龙	姜 行	陈冠鹏	胡 捷	席可颂	曹馨月	韩晓春	温 凯
官心怡	贺麒霖	栗 则	贾宇博	顾 均	顾春晖	路 西	谭 鑫	熊樱子	薛 梦		
徐 帅	徐 霖	高智悦	黄 山	黄禹铖	曹子颖	\multicolumn{6}{|c|}{**软件与微电子学院**}					
曹 可	曹梦雪	曹 程	常丹琪	彭 鸣	彭 诚	于文博	卫军军	马文涛	马荣荣	马敏钊	马霖青
董建桐	董 斌	傅天任	谢丰羽	谢芳柏	谢佳君	王平俊	王 建	王美芹	王 洋	王 贺	王晓星
靳汝湄	雷 震	窦锦虎	蔡良圆	黎 翔	潘相如	王 晔	王 倩	王 楠	王 蔚	王璐瑶	车玉媛
潘 菲	潘 巍	薛一斌	戴士中	戴晶鑫	魏 晨	方 凯	孔文博	邓凌宇	甘桉妮	卢星运	叶 蒿
		生命科学学院				田 野	史 磊	冯 亮	冯偲琪	吕婧淑	吕 鑫
马梦迪	马韵羽	王玉阁	王 欢	王诗莹	王琬越	朱子瑶	朱利方	任 珉	邬进升	刘玉倩	刘 杨
卜 展	田 梦	冯为栋	冯素敏	冯莎莎	成 林	刘 利	刘珈池	刘梦佳	刘 满	刘 潇杨	刘 璐
师维康	吕默含	朱 平	朱诗优	朱晨旭	任 合	江 帆	江 红	阮湘蓉	孙 杰	孙 泳	孙 源
刘 阳	刘佳峰	刘周泽蕊		刘悦晨	刘 源	杜 希	李三华	李天行	李 丹	李玉卓	李 杨
刘慧思	刘潭秋	刘 薇	米昱芯	孙逸非	纪玉锶	李 明	李柏洁	李秋平	李洪宇	李 浩	李 超
严方雪	李丹妍	李永军	李冰峰	李齐恒	李昆仑	李普铭	杨和国	肖妍然	肖 杰	吴佳洪	吴菲菲
李诗源	李祎男	李显龙	李 琳	李 雯	李静宜	吴淑宇	吴 涵	冷 芳	张 飞	张龙云	张亚飞
杨明玉	杨明钰	李佳怡	杨嘉禾	吴宇婷	吴辉辉	张传号	张志威	张玮莹	张松清	张胡学	张思齐
吴 颖	宋靖慧	张天宇	张 兴	张明嘉	张金喆	张峥楠	张胜凯	张济骞	张 砣	张晓敏	张晓康
张学飞	张 姗	张紫剑	张智昱	张婷婷	林 芳	张 倩	张梦婷	张璐瑶	陈子豪	陈 东	陈壮壮
周海宁	周维真	周鼎翕	周景峰	郑昱豪	郑 璞	陈江玲	陈 宇	陈佳佩	陈 露	武文斌	武晓笛
房 苑	孟柳映	荆碧洋	胡梦玮	姜冬青	骆奕辰	武 翰	林明月	林碧舒	罗子君	罗博宇	罗 楠
徐荣荣	高士洪	高千万	郭生杰	郭 红	唐泽方	岳 岗	金思辉	周天亮	周成华	周晴潆	郑俊杰
陶建立	黄 宁	黄 盖	梅 龙	曹 铄	曹 然	郑 静	孟蔚洋	封 舜	赵生宇	赵 烁	胡竟文
常子烨	常 蕾	续 然	彭晓韵	遇 赫	景军展	段险峰	姚 尧	姚 莉	袁金瑶	袁强强	栗亚博
程振朝	焦 航	谢夏青	雷 莹	窦岩梅	熊 锴	贾 统	钱文君	倪璧东	徐玉静	徐丽瑶	徐海明
樊 程	潘加伟	戴安婧				高晓宇	高 雅	郭子溢	郭 虎	郭 傲	唐红艳
		地球与空间科学学院				黄玉华	黄哲康	黄朝辉	黄德冉	崔 卿	康丽娜
王 雨	王思理	王 洋	王莉晶	王乾乾	王梦珏	章译文	梁 森	隆正伟	董笑蕊	董 喆	董燕萍
王梓涵	王梓媛	王 媛	王 磊	牛菁菁	方媛媛	韩廷耕	韩维浩	粟子明	程 伟	程 鑫	舒昌文
邓世彪	田 祯	冯 玮	朱 贺	任悦溪	刘凤麟	曾玉文	曾伊蕾	靳灿灿	雷 斌	阚 颖	樊茂华
刘仲兰	刘志扬	刘志鹏	刘沛显	刘证源	刘松吟	潘伟民	潘 辉	魏红枪			
刘雨薇	刘 娜	刘家骏	刘 鹰	闫 东	孙为杰			**新闻与传播学院**			
孙永超	孙唯童	孙翌馨	孙越君	孙 鹏	阴从元	于子悦	及 桐	马 欢	马 婧	王 飞	王文超
杜书恒	李月芯	李 伟	李明佳	李 岩	李维波	王泽华	王梦潇	王 琪	王勤硕	邓陈晖	朱若淼
李 然	李 鹤	杨志强	杨诗琴	杨晓雪	吴雨阳	朱国峰	向芝谊	邬楚钰	刘华东	刘 芳	刘怡君
邱 添	张山啸	张志强	张单明	张恩瑜	张海真	孙 畅	牟梦曦	杜松涛	李 冰	李佳凝	李奥娜
张晨晨	张维晟	张 琪	张 雯	张瑞洁	陆 杰	李静爱	杨 凡	杨文轶	杨尚冀	肖 杰	肖贤明
陈 东	陈 宁	陈亚平	陈鸣飞	陈逸然	岳 俊	何珺瑶	宋 琛	张一琪	张艺瑾	张 欣	张洪瑶
周 钊	周 杰	郑小坡	郑 波	郑 震	孟晋杰	张靖鹏	张 磊	陆 风	奇 峰	金 越	
赵 习	赵文智	郝 明	柳晓萱	段尚昌	段鉴书	河原真由美		赵 坤	赵 鑫	胡克凡	柳美娜
饶俊峰	贺鹏超	秦 霏	原 璟	郭 文	唐钰开	钟 旺	施佳妍	秦绪莹	高 乔	曹星旗	崔昆阳
黄如许	黄 妍	黄知劼	黄 璞	康峻倪	阎述辰	符夏菁	梁新意	童淑婷	简 萌	蔡 欧	熊成帅
韩甲源	黎晏彰	潘东晓				戴林杰					
		心理学系						**中国语言文学系**			
于雨坤	王 玉	王立井	王灵微	王知言	王 欣	马娇娇	王玉玉	王先云	王远平	王雨桐	王雨童
王 茜	王凌燕	王 琼	王 璐	牛泽萱	田 玥	王恺文	王慧敏	文家辉	石 等	卢 涛	叶栩乔
冯哲逍	刘 栎	刘菲菲	孙经纬	杜 伟	李文远	田九七	田 彤	田祥胜	付泽新	朴龙熙	朱佳艺

朱雯	向思琦	刘丁宁	刘东	刘芳滢	刘晓晗	李晓蒙	李琳	杨子欣	杨旸	杨岚茜	杨桦
刘彬	刘雯昕	刘雅琦	刘潇雨	刘馨遥	闫皓	肖雪	吴尚泽	何山	何思思	何曼菲	余渔
祁玥	孙慈姗	杜雪	李乐怡	李树春	李轶男	宋佳骏	宋婉玲	张小庆	张宇轩	张树敏	张琇玲
李艳琪	李浴洋	李晢美	李强	李强	杨小又	张琪茜	张博宇	张婷鸽	张雍	陈永	陈宇慧
杨璨瑜	何诗航	余聪颖	汪春涛	沈婧楚	宋雪	陈晓径	陈菊婉聪		陈婧嫣	陈楚珂	欧舒婷
宋潇	张末	张正	张帆	张庆雄	张沐舒	周冰鸿	周惠萍	庞祎	郑唯实	赵玥辉	郝江东
张润芝	张鹤天	陈汝嫣	陈凯乐	陈珊	陈琳琳	胡斌祺	侯星辰	俞凤	姚锦祥	贺梦真	郭声霖
陈惠琳	陈墨玉	武姝言	林少芳	尚晓茜	罗雅琳	曹德军	崔莹	符雪纯	梁宝月	董成龙	韩旭
金钟源	金琪然	周昕晖	周诗语	郑媛	宝诺娅	韩阳	程梦圆	舒亚若	曾一	温承易	蔺紫鸥
赵昱	赵雅娇	胡琛莹	胡静静	俞明雅	贺璞藏						
袁丁	都姝含	徐芷冰	高薇	涂琬洋	黄冬笑	经济学院					
黄河	黄珉	黄静远	萧歆怡	崔颐超	章莎菲	丁泉莉	丁雪瑜	万琦玮	马怡然	王天娇	王卓隽
蒋博	韩煦	韩潇	傅松洁	焦一和	路杨	王昊博	王梦瑶	王耀东	石琳	卢思竹	付亚利
蔡彦恒	廖垠雪	谭胜蓝	濮玥			司念	边正阳	成禹同	成琪然	曲鸿昊	吕昊天
						刘子琪	刘立	刘华山	刘丽兵	刘玥	刘畅之

历史学系

刘家瑞	刘继龙	刘铠维	刘筝	齐鹏飞	许弘毅
马思宇	马清源	王丹妮	王倩男	王健丁	王琪瑶	苏炫昊	杜晗	李劲林	李雪娇	杨阳	杨远沛
车佳敏	邓一丁	石芳	布依宁	田卫卫	田梦雪	杨镇瑀	时心悦	吴宏毅	吴思雨	何明洋	应征
刘芳	刘佑民	刘洁	孙梦婕	苏俊敏	李天宁	冷文浩	沈茜	沈瑞	沈颖	张千杨	张帆
李玉蓉	李姝凝	李梦怡	李墨	时硕晨	张心童	张彤	张沛阳	张悦	张敏琦	张静	陆晓天
张柏惠	张慕智	陈钰琪	苗润博	卓楠	罗玮	陈佳璐	陈栩	林培锴	尚用馨	周彭	周斌
周雯	赵永磊	荆腾	胡莉	段维维	姜涛	承子珺	赵廷辰	赵伟嘉	赵艳朋	赵菡	郝孟源
姜瑞雯	贾春梅	倪晨	卿子凡	高燎	陶瑷	钟媛媛	修忆	姜彦文	官颖	耿纯	顾敦辉
曹茜茜	龚立雯	蔡佳宏				柴闫明	晏坤熔	钱尧	徐晓宇	徐倩淞	郭梦云
						曹怡	曹琦	崔馨	鹿溪	韩丽媛	韩佳伟

考古文博学院

韩清扬	曾伟盈	曾皓原	谢丽燕	谢潘宜	路广平
于浩然	马力	马望博	王玥	王星	卢亚辉	蔡志伟	蔡曼琳	廖媛	樊思鸣	颜洁	魏文晗
向金辉	刘琦	刘翔	李芇芇	李宏飞	李博扬						
杨婧雅	何柯欣	张丰豪	张含悦	陆文琦	季宇						

光华管理学院

胡毅捷	郭士嘉	席雅卿	黄泽方	温建华	管文韬
廖尉雅	黎海超					万飞	马牧青	王子瑶	王月	王世滔	王宁
						王兴杰	王晓宇	王博森	王棋明	王鹜	毛日佑

哲学系

方添钡	尹东方	巴萃敏	田文佳	白书豪	丛泽平
王安然	王建宝	王硕	王溟然	王淼	方冕	朱一峰	朱珠	朱婧姝	伍启航	华天韵	刘子加
艾宸伊	田珂	白辉洪	丛孟晗	冯嘉荟	兰洋	刘子豪	刘允鹏	刘洋	刘晨曦	刘婧	刘晶
巩天成	吕天择	吕东超	仲威	刘名再	刘星	刘舒月	许可	许孜	孙亦非	苏玉晶	李云
孙海科	孙骞谦	李天赐	李丹琳	李晓璇	李舒群	李可纯	李志冰	李克曼	李泽堃	李晓琳	李晓萱
李想	李璐楠	杨祖荣	杨啸尘	杨翼菡	吴宝麟	李雪钒	李晨露	李铮	李琳	李喆	杨美晴
何腾龙	余建滨	邹蕴	张云起	张光福	张桂芳	杨鸿源	杨韶爽	杨璐	杨巍	肖晓	吴敏
岳圣豪	依丽娜	周红宇	孟繁昊	赵洪彬	邹建华	何川洋	何雨桐	何昕迪	何致远	何晓玥	沈悦然
侯杰耀	徐振华	高坤	郭子昊	唐诗	黄天伦	张力培	张心怡	张立坤	张光明	张竹	张连登
黄译乐	曹春洋	常悦	崔兰溪	彭睿	程明皓	张晟宇	张健韬	张航	张翔雁	张禛	张馨文
曾馨	谢清露	褚叶儿				张曦如	陈东杰	陈志浩	陈康	陈骐	陈戴希
						邵文静	武雪	欧阳萌淞		罗丽娟	金兑烘

国际关系学院

周安儿	周桐	周楷唐	周静	郑宁	郑玮
RENATO A		Roman Sarah		丁文婷	于舒婷	郑钰云	封世蓝	项姝蕾	赵扶扬	赵怡玮	赵迪
马婕	王雨珊	王牧良	王博	王靖雯	方若冰	胡苏倩	胡诗阳	侯庚洋	侯越	姚梦灵	贺凯
田少颖	田田叶	付越	宁艺晴	邢玥	任柳佳	袁宝	顾政昊	晏子清	晏梦灵	徐敏喆	高博楠
伊诺	庄礼骏	刘思雨	刘婧妍	刘雷蕾	刘静	高溢彤	高燕辉	郭齐	唐艾妮	涂健	黄一泓
刘馨炎	闫可瀛	闫盈盈	牟舣	严云扬	苏建文	黄灿	黄昇	黄思川	黄琬怡	龚昕月	龚祎程
李艺真	李向国	李志谦	李欣达	李秋平	李洪胜						

常 菁	崔莲花	梁 董	寇雨婷	董小华	董吉洋
蒋海涛	景浩源	傅小勇	傅 康	傅 蔷	谢昀廷
雷文妮	谭子键	翟达琦	潘 珊		

法 学 院

于 娜	马一丹	马层思	马 倩	马 超	王华伟
王宇博	王树擎	王秋豪	王 艳	王钰灵	王晨子
方若冰	方 洪	孔清扬	孔维园	甘宜哲	石晓理
史燕飞	吉冠浩	朱子琳	朱笑芸	任孝民	庄 瑜
刘利柯	刘张彬	刘佳汇	刘梦馨	刘媛媛	刘 颖
刘嘉柠	刘 影	许一君	孙 鉴	李一鸣	李一茗
李文曾	李心旸	李 扬	李兆俊	李利祥	李秀秀
李佳益	李 欣	李 波	李 真	李 萌	李梦梅
李斯琪	李熙泽	李潇潇	杨苏豫	杨 怡	杨锦程
杨煜超	吴才毓	吴丽丽	吴 凯	吴思云	吴俞阳
吴 胤	吴景键	何雪婷	余晨霄	狄延超	邹兵建
汪怡安	宋维彬	张文怡	张仕锦	张立翘	张 旭
张冰凌	张红利	张恺篥	张 莹	张钰羚	张家帅
张 爽	张戴旭	陆徐倩	陈月明	陈尔彦	陈立诚
陈全思	陈青青	陈卓菱	陈思瀚	陈琰琳	陈 磊
武 宁	武 旋	苗露强	林玉萍	林昱睿	林德铭
卓昊洋	尚 东	罗 男	金雨萌	周志鹏	周 欣
周 莹	周琦光	周 游	周 游	单婷婷	赵星星
赵贺怡	赵朗朗	郝韵珊	胡玲玲	胡敏喆	胡 翔
段 文	侯 亚	侯慧娟	姜 婉	姜 琪	洪加军
姚一凡	娜米芽	贺予希	秦钰洁	袁东筱	袁国何
聂晓昕	贾茹丹	晁 译	徐伟伟	徐南楠	徐 瑶
徐 瑶	徐 蕾	奚 望	高 珂	高 航	郭晓倩
郭 晶	郭 璇	唐褚怡	黄 予	黄雨婷	黄 祎
黄 晟	曹 玲	盛佳慧	盛星宇	梁增然	葛媛媛
董学智	蒋怡然	韩屹青	韩嘉怡	覃甫政	焦永秋
曾梦婕	谢依杨	谢春辉	谢 捷	蔡国保	廖翎棋
潘 祎	魏 然				

信息管理系

王昊贤	王照寒	刘天祎	闫增旺	江少莉	江信昱
李雅涵	李 然	杨 帆	张志豪	张劼圻	张 璐
武群芳	罗 晶	孟晨霞	赵 瑜	秦 玥	倪少康
黄 唯	龚成玥	梁昌豪	程文婷	谢丽娜	赖纪瑶
戴丛蔚	魏一鸣				

社 会 学 系

马 江	马志谦	马芳园	王 力	王柯懿	王雪洋
王嘉钰	方洪鑫	卢镱逢	付 伟	吉砚茹	乔诗钦
向 鸿	庄家炽	刘 畅	刘继伟	刘 璇	汤 澄
许一鸣	李晓慧	杨 珩	吴而为	宋鑫森	张 双
张 龙	张雨欣	张雨晴	张 颉	陈思玉	邵 嶷
林 叶	卓 越	罗 祎	罗 曼	周凌岳	徐亮迪
徐海飞	黄世芳	黄诗曼	黄 鹏	曹何稚	符式婵
符安之	焦长权	蓝星宇	黎书豪		

政府管理学院

丁肇启	马 乐	马若凡	王 哲	王晨舟	王博文
王雅慧	毛东玥	刘江远	刘宇瑢	刘 艳	刘海文
许悦驰	李佳璐	李 锋	李曦纳	肖 遥	吴 迪
吴晓玥	邹瑞阳	张晓林	张 博	张 薇	陆思岑
陈 耕	陈 鹏	武 岩	林 禾	林 静	尚俊颖
季程远	郑思尧	郑韵含	赵雨淘	钟 京	钟绍淇
美热义·赛尔江		姜子莹	姚昕言	徐沁仪	徐梓原
郭凤林	郭宏樟	席 皓	曹伟晓	寇冠彪	董志霖
蒋锡泰	鲍星宇	赫胜彬	谭炜杰	黎钧宇	颜 牛

外国语学院

万明子	马学敏	王 上	王 畅	王怡丹	王虹元
王信夫	王晓宇	王 倩	王嘉伟	尹子尤	卢君言
叶田恬	叶 楠	田思伟	史雨然	史勇平	司雨萌
朱亚洲	朱雨冉	朱珠娜尔	任昱璞	刘 旭	刘丽娇
刘晓董	刘 微	闫颂阳	安梦琪	安碧君	祁佳浩
孙一晓	孙晓雯	杜金雨	李一杨	李辰韵	李 怡
李 浩	李楚冰	李 瑾	李鑫悦	肖由笛	肖 琳
吴石磊	吴张心安		邱 庄	何 安	何健榕
何 赟	辛 苑	沈京淑	宋 高	张伊欣	张宇航
张 杰	张欣云	张 顾	张 婧	张 静	陈 帆
陈志男	陈 炜	陈 健	陈歆昱	陈嘉瑜	林欣然
欧 琨	尚云英	周冠宇	屈博雅	孟夏伊	荣丹靖
胡大炜	胡亚洁	胡南夫	胡思茹	俞 健	洪艾菲
姚 圣	姚安娜	姚 青	贺钰爽	秦 寊	袁 勇
袁 婧	顾 末	顾苇亭	徐秋玉	徐 恬	郭凯莉
郭奕佶	郭晓琳	席琪婧	黄 金	黄修齐	黄韵颐
蒋明彤	蒋家瑜	蒋 露	黑 荣	程智超	曾 骏
曾敬诚	楼珂珺	裘宇飞	裘蓉蓉	赖坤元	虞雪健
裴丹云	谭 璐	熊 畅	霍 然		

马克思主义学院

丁栩翔	王丙洋	申 森	宋海云	张江芬	张沥元
林江宗	周东娜	保思琪	徐 越	黄 龙	曹慧敏
路 俊					

体育教研部

王亚静	海若镜

艺 术 学 院

万永婷	王 烜	田文聪	史艺璇	付煊屿	刘芳宁
刘 颖	安 铮	孙美琳	李雨谏	李育菁	李诗语
李思佳	李梦涵	李斯扬	吴 键	何佩莲	范萍萍
周俊杰	周淞铖	祖纪妍	祝子建	黄羽婷	薛 熠
魏舒忆					

对外汉语教育学院

王 聪	吕文杰	李 水	吴倩倩	吴程前	宋璟瑶
张雪梅	范麾京	金沛沛	赵成程	侯冰岩	夏 杨
郭品荃	崔 言	傅晓莉			

元培学院

于戴维 马诗琦 王伟涛 王孟儒 王星程 王班班
王维梓 王蓄锐 牛安然 尹含玥 邓博文 付佳玉
白沅鹭 朱敏帆 庄斐雯 刘东奇 刘 竹 刘佳佳
刘毅舟 汤鑫雯 许子平 许成伍 孙怀洋 孙雨东
李则达 李极恒 李雨晗 李相宜 李星宇 李 通
吴志成 吴语嫣 邱丽颖 何雨辰 何臻智 邹壮壮
邹冠男 宋玉婷 张玉滢 张明佳美 张浙航
阿思汗 陈 畅 沓钰淇 周诗培 郑天行 赵依阁
赵静涵 胡梦雪 施文娴 姜 江 骆人杰 袁一洋
袁宏霖 柴达目 徐竹西 高 飞 高丽烨 高英桐
高 珏 黄北辰 黄启皓 黄殊晏 常钰熙 彭思涵
韩牧岑 韩欣天 程 宬 曾 莹 温心怡 雷渌璟
詹若涵 管宏宇 谭振洲 熊宇薇 霍进一

深圳研究生院

于华杰 马里千 马 良 马 捷 马 琳 王 川
王 丹 王乐明 王言言 王建明 王 济 王冠琳
王倩倩 王 琰 王智峰 王 腾 仇 欢 方 才
方 艳 邓志聪 左莹莹 左 源 石 盼 龙菊舒
卢志强 申红娟 田 源 史俊鹏 付博华 白安琪
乐晓辉 冯倩丽 边文姣 邢剑宁 巩力睿 尘福兴
吕慧玲 朱 兵 朱迪聪 朱 凯 朱 金 乔俊枫
仲筱竹 任卉青 刘文园 刘吉祥 刘红义 刘 威
刘 洋 刘 洋 刘 洋 刘恩宇 刘梦婕 刘添添
刘瑞琪 齐 昕 江 潇 许雨萌 阮韵晨 孙宏昊
孙晓琳 杜晓彬 李一丹 李 阳 李 志 李 钊
李 杰 李明峰 李岱峰 李佩源 李 欣 李思奇
李栩栩 李海雁 李 硕 李 瑞 李 静 李蕴雄
杨 丹 杨志敏 杨易霏 杨姝娜 肖晓丹 肖 祥
肖 颖 肖 融 吴丛露 吴悠然 吴 董 何雪翔
佘 宇 余 杰 余 翔 辛俊卿 沈 让 沈圆媛
宋永琛 宋 健 迟文卉 张 云 张文琦 张东飞
张传杰 张杨青 张若楠 张 迪 张炜阳 张学武
张星星 张洞天 张雪莹 张博雅 张婷瑶 张翩霄
张馨月 陆 军 陈文生 陈西铭 陈 伟 陈 丽
陈 陈 陈治翰 陈诗浩 陈诚纽 陈 俊 陈奕彤
陈 莹 陈 萍 陈 锦 陈新政 邵文斌 邵 阳
范 佳 范晓轩 林经纬 林 莉 林雄斌 林霞颖
松鸿蒙 郁 文 罗美钰 和五木 金安达 金 悦
周子茜 周怡彬 周经经 周 楠 周臻畅 郑 非
郑明凤 郑炜乔 郑 楠 孟思璇 赵月圆 赵风云
赵 辉 赵裕辉 郝玉婷 胡江涛 胡怡君 胡博洋
茹伊丽 相 姜 柳俊宏 禹心郭 禹雅典 侯郁聪
姜欣欣 姜 姗 洪楚扬 姚植洪 贺佳琳 袁子焰
袁 杰 聂彩明 夏中高 夏志毅 夏 璐 柴宏博
柴高达 徐佳董 徐秋阳 徐健吾 徐博研 徐 鹏
高龙飞 高源鸿 郭雨飞 唐金萍 唐 超 涂婧羚

诸宏博 黄云琪 黄筠哲 曹祺文 崔岁寒 章莹颖
梁园梅 梁学锋 梁 爽 彭东建 彭家欢 蒋雪涵
韩 晴 韩 婷 韩 煜 景梦龙 程滢琳 鲁 溪
曾薪燚 谢娅舒 谢宾伦 楚合玉 雷 鑫 解 添
褚芳铭 裴伊亮 谭策恒 谭 瑞 镇明敏 颜 煜
潘伟一 戴炳存 鞠炜奇 魏淑媛

信息科学技术学院

丁博岩 马 郅 王一娇 王天一 王 尧 王君君
王易檀 王 迪 王欣欣 王彦博 王 哲 王润华
王润辉 王骏成 王晨光 王康达 王 皓 王潇月
王臻皇 王 晨 方 舒 左 杨 石昊悦 石 鑫
东帅亮 叶唐陟 史桅绮 史舒扬 付宏宇 付梦琦
丛瑛瑛 冯春兰 铮 邢星星 成羽丰 吕凯晨
吕婷婷 吕 鑫 朱文玥 朱兆成 朱哌锟 朱逸萧
朱智源 刘大林 刘天林 刘日晨 刘文韬
刘本元一 刘永强 刘弘也 刘兆恺 刘希诚
刘 洋 刘 洋 刘姚萍 刘晓哲 刘跃全 刘铭名
刘敏行 刘婉月 刘越颖 刘韵亭 刘德明 闫 林
米古月 江振升 江道昆 汤恒河 许云贝 孙周易
孙 雪 孙 越 孙嘉裕 牟文龙 苏昭棠 杜栋栋
杜彦涛 李一龙 李马丁 李 芊 李 刚 李庆涛
李昊尘 李昀烛 李岩昊 李 佳 李泽凡 李祝祺
李 崇 李隆坤 李绪荣 李锐杰 杨东升 杨至轩
杨 硕 杨 淇 杨 森 杨撒博雅 肖之屏
肖倾城 肖琦琦 吴文俊 吴功涛 吴昱东 吴萤西
何 方 何杭峰 何 昊 何宸锐 余美华 邱硕临
汪 刚 沈 洋 宋思捷 迟 骋 张可欣 张 圣
张权路 张先耀 张宇识 张灵箫 张国威 张泽轩
张盼盼 张 骁 张峻伟 张梦晓 张 爽 张 睿
陆怀希 陆 旻 陈一茹 陈伟腾 陈冰炎 陈志鹏
陈苗红 陈诗洋 陈 星 陈思杰 陈思明 陈峥莹
陈俊洁 陈晓东 陈 特 陈凉靓 陈维政 陈 琪
陈 鹏 邵 典 邵鎏侠 范非凡 范定勋 林锦坤
郁晨曦 罗 川 罗杨成 罗垄虎 金天成 周夏冰
周 航 郑泽宇 孟胜彬 赵天琪 赵若愚 赵闻达
赵 猛 赵 锐 赵嘉佶 胡治晋 胡 栋 胡夏蒙
柳 黎 钟泽轩 钟 原 邬渊源 姜 和 姜通晓
洪 帆 洪海昆 姚思羽 秦 煜 顾家远 倪 燎
徐力有 徐良威 徐 战 高云峰 高 庆 高 远
高健博 高 飙 郭天魁 郭化盐 郭 畅 郭秭含
唐沁宜 黄伶灵 黄 杰 黄首东 梅 祥 曹雁彬
咸向波 龚俊之 章双佑 盖 孟 梁亦然 尉方音
葛 涛 董秋香 董 镇 韩明轩 曾书豪 曾沐烚
谢小龙 谢 旭 谢宇聪 蓝天铭 窦 芃 蔡少峰
蔡华谦 廖 凯 翟慧丽 樊乃嘉 黎明阳 黎 亮
黎桐辛 潘 成 潘 多 潘丽晨 戴望之 魏 奎
魏梦麟 魏 薇

国家发展研究院

王齐冀　石襄禹　冯　涛　刘亚琳　阮鹏飞　杨　荃
沈诗涵　张一婷　金　洋　俞秀梅　徐博立　唐诗晨
黄杨荔　韩　璇

教育学院

王　舒　朱菲菲　刘雨轩　吴红斌　邹佳宸　张　恺
张宸珲　翁秋怡　郭胜军　黄思颖　游　鑫　裴蕾丝

人口研究所

王一菲　石　旸　张　旭　程云飞　程昭雯

前沿交叉学科研究院

马士清　马冬林　马晓旻　王　杰　王　柯　王　媛
邓　怡　史裕英　宁　通　朱文桢　孙祥忠　李玲君
李柯楠　李秋理　李舒祺　吴兴龙　汪非凡　宋　阳
张明亮　张　珂　张　茜　张鸿敏　陈一欧　陈硕冰
邵　斌　林源为　周玉冰　周　旭　郑巧霞　赵其锦
胡佳盼　施逸豪　洪佳音　莫　测　夏华荣　徐昊文
栾绪科　高　爽　唐智鹏　黄　荣　常兴华　麻砚涛
董　璐　曾祥梅　谢鑫宇　雷　丛

工学院

丁　瀚　万广超　马　进　王一鼎　王子琦　王　元
王成才　王志芳　王绍鑫　王　倩　王梦泽　王梓屹
王潘丁　毛诗琦　邓梓健　史建平　付　际　冯韵迪
曲兆亮　朱一鑫　朱贵之　任　爽　刘子不　刘开奇
刘长升　刘仁发　刘运谋　刘罗勤　刘俊义　刘奕彤
刘　骁　刘海龙　刘超一　安　雨　李子森　李占峰
李　帅　李昕宇　李忠敏　李　亮　李素莹　李笑含
李　彪　杨　乐　杨　伟　杨旭三　杨宏韬　吴月珥
吴心柳　吴志鹏　吴林佳　吴金根　吴　经　邱韫哲
余卓然　冷含莹　沈丹妮　沈心宜　宋　进　宋坤明
张泽群　张　珅　张顺洪　张闻熙　张　勇　张健鹏
张新意　张　慧　陆建洲　陈军伟　陈轩泽　陈雨萱
陈　梅　陈　燕　苗鸿臣　范润东　林人瑞　岳　壮
周　昊　周佳慧　周　雷　郑恩昊　赵亚萍　赵则昂
赵耀民　姜汉博　姚　瑶　贾存利　徐文静　高延子　龚思琦
郭　曜　席少飞　陶　勇　黄　娜　曹　迪　傅佳伟
韩　旺　韩梦瑶　喻佳兵　傅文泽　傅佳伟　曾志平
鄢慧君　谭　池　熊佳铭　薄　童

城市与环境学院

于国帅　卫　俊　王文博　王思雨　王　竞　王梦婷
王蓓丽　王照宇　王　璇　王黎越　王冀韬　毛熙彦
龙珂帆　史秋洁　冯晰睿　权　琛　吕品妍　刘玉晨
刘松瑞　刘素素　王蓓蓓　刘　颖　安　帅　祁　梦
孙　岩　孙　柘　车　迪　苍司宇　杜悦悦　李　东
李沛霖　李　沫　李　跃　杨　帆　肖　昊　吴佳雨
吴婧一　沈晓芳　张则瑾　张艳晗　张　原　张晓华
张　萌　张梦竹　张　雪　张　路　张馨怡　张鑫雨
陈　龙　尚子吟　周与茵　周　沂　郑嘉睿　孟丽婷

环境科学与工程学院

孟　靖　赵　晔　胡邦毅　胡晓旭　姚一帆　钱　娜
徐怡怡　徐　郡　高世雄　陶　玮　黄萌田　崔娜娜
康　磊　彭瑶瑶　董　瑶　蒋锡辰　韩　杰　粟丽娟
傅　玮　曾文静　熊云海　熊忻恺

马　涛　王艺淋　王　剑　王婉晶　木乙羽　牛　贺
申恒青　代　超　朱琴丹　庄明浩　刘明旭　孙若男
孙　康　李诗瑶　李　菁　肖　瑶　吴昊怡　邱明昊
张雨宇　陆文涛　周宇阳　周启衡　郑云昊　赵　群
姜　博　徐紫菀　陶怡乐　崔雅惠　董舒心　蒋青松
蔡　虹　翟紫含　樊　灏　薛瑞　戴　宇　魏　恺

分子医学研究所

邓秋萍　艾珊珊　申　晴　孙翠巍　杨欣壮　赵　斌
柴祖映　高凯瑜　郭文婷　郭冬青　常楠楠　梁生辉
维力斯　韩成盛

歌剧研究院

朱　茜

建筑与景观设计学院

胡　悦　韩亚楠　蔡　扬

药学院

马微微　王文光　王书成　王　辰　王狄狮　王彦行
王　渊　王新童　王　璐　毛润泽　从双晨　邓飞阳
申　涛　田振宇　白羽霞　白　婧　吕海宁　朱玉超
朱思同　任　伟　刘一宁　刘圣均　刘　扬　刘海超
刘　彬　刘梅仙　刘　婷　刘瑜洁　江海秀　江　澜
孙丽凤　孙秀波　孙家琦　芦春洋　杜姣姣　李亦博
李玥璇　李佳佳　李展韬　李　婉　李紫薇　李　灏
杨先桃　杨　琴　吴　凡　吴佳栓　邹武捷　宋佳芳
张　双　张伊楠　张　博　张　群　陈　镕
努尔艾买提江·阿布来提　范洪玮　范鑫萌
林凤闰蓉　林微微　易向玺　季双敏　周　双
周琪乐　单宇婷　孟艳莎　赵　曜　郝亚萌　胡利明
胡英杰　胡建星　信枭雄　姜　山　祝　嵝　秦　川
袁蒙蒙　贾盼盼　倪冰玉　凌鑫宇　郭子寒　郭志刚
郭涌斐　黄旭虎　黄　慧　康　颖　梁钧鋆　梁舒瑶
韩　茹　韩　琳　曾娜娜　谢振伟　楼亚萌　雷婉钰
蔡冠星　蔡晓春　臧彦楠　谭　畅　潘　军　薛雨晴

基础医学院

于　畅　于佳弘　于春子　于秋晓　于　洲　弓伊宁
马　啸　马嘉健　王大为　王子仪　王贝宁　王文耀
王亚楠　王安琪　王军凯　王姊娟　王　玥　王雨辰
王珍子　王　俊　王奕卉　王　洋　王贺成　王晓林
王鹏峰　王　麟　牛　迪　牛　瑶　毛思聪　尹　悦
孔璐璐　邓雪婷　艾思志　龙　泽　占思政　叶　欣
史佳敏　史　真　付　婉　宁　昕　加焱冰　巩晓婷
毕可言　曲柳静　吕航苗　朱雨桐　朱奕彰　伍庭芳
全　蔵　邬　茜　刘中一　刘词航　刘雨诗　刘　昊

刘昊	刘凯琳	刘宝财	刘亮	刘恺余	刘舒萌	**第三临床医学院**					
刘勤一	汤梓艳	孙祎喆	孙蓉蓉	苏明泽	杜佳琳	马闰卓	马新然	王文明	王时尧	王奔	王震宇
杜胜男	李如菲	李芷晴	李英杰	李明奕	李京	尹玉瑶	厉晓帆	付伟	白铭宇	邢瑞	伍楚君
李泽华	李宗博	李宗翰	李柄桦	李悦姗	李爽	刘珺玲	刘露	齐新宇	安文成	严棽棽	苏捷
李晨阳	李雯琪	李鹏	李新飞	李新健	李歌	李正鹏	李承玉	李娇	杨朋	杨骊鹏	连玉贵
杨光	杨雨卉	杨明媚	杨迪	杨建潇	杨梦婷	吴舟桥	吴超	何婉毓	余翔	闵丛丛	汪羚利
杨馨蕊	肖晶莹	吴政达	吴碧涵	邱志维	何以琳	宋伟	张一龙	张雅丽	张瑞涛	张稚琪	陈民
冷方达	汪雨晴	宋畅	张云帆	张文浩	张圣捷	陈亚希	陈雨菲	陈诚	卓钟灵	易端	罗智超
张亦非	张刘陶	张安琪	张昕玮	张明智	张洪峰	周琪	周鑫	赵星星	胡臻娴	胡攀攀	段汝乔
张晓涵	张高祺	张悦怡	张梦泽	张曼	张铨	高丽香	高美莹	常旭婷	常红花	崔应谱	崔岳毅
张铭	张银连	张维洄	张琛	张晶	张嵩阳	崔婵娟	温越	廖艺璇	薛恒		
张腾瑞	张群	张颉	张朦	张露辉	陈同生	**公共卫生学院**					
陈伟彬	陈旭豪	陈虹	陈琳	陈霁云	邵玉子	王天晶	王丹	王竹青	王旭英	王安琪	王昕
林矗	罗兰	周名雅	周喆	孟俊玲	孟素坤	王荷	王雪茵	王紫荆	王楠	韦冬梅	方任飞
赵川榕	赵阳	胡未豪	胡静	皇秋莎	侯昕蕾	尹杨	邓思危	宁可	宁忻	司亚琴	巩政
侯巍	姜妍馨	姜淞	洪凡凌	贾一挺	贾玉棉	朱小语	朱垚吉	朱路	任中夏	刘文博	刘青
贾石	贾禹萌	原昊	徐璐	高佳宁	高唯	刘雨宁	米胜男	许艺凡	许哲	李小卉	李甲森
高嘉翔	黄华明	黄思议	黄新绿	曹汐	曹沛	李志霞	李昕怡	李恬静	李晨阳	李曼	李淑惠
曹莉	曹清	常徐尧	符师宁	章琳琪	续彦婷	杨帅帅	杨迪	杨娜	杨超	吴曼	何丽霞
彭康宁	韩沛	程迎迎	程海旭	曾攀	富晓娇	张天惟	张健	张敏敏	陈晰雯	陈瑶	武娟
谢通	靳龙阳	蔡泽宇	蔡勋	蔡璇	阚士凤	武藏	林燕铭	卓琳	周仁	周玉博	赵丹妮
缪晓洁	瞿仪					赵丽君	赵雨薇	赵桐	赵琳	柳京伯	钟无限
		第一临床医学院				侯云飞	姚晓莹	顾学琳	徐国超	徐金辉	徐荣彬
丁圆	丁娟	王珂欣	王艳	王誉涵	王蕊	高晓莹	郭英男	盘瑶	康文博	湛静宜	董莉莎
韦静涛	邓晓燕	龙蓉	田甜	白薇	白赟	程志浩	曾剑英	曾梦歆	温萌萌	甄一凡	
冯川琳	朱灵平	乔静	任雪盈	任璐	刘钟桧	满塞丽麦	蔡夏夏	潘子奇	魏伊慧		
刘梦然	刘滕飞	孙宇	苏日娜	杜婧	李红霞			**护理学院**			
李尚霖	李倩	李雪	李辉喜	李瑞瑞	李腾	寸待丽	马晓雯	王玉洁	王明宏	王晶妣	邓振
李嘉欣	杨小玲	杨开来	杨凤泊	杨威	余霄腾	石家亮	叶丽媛	申海洋	司亚新	刘叶灵	刘立立
宋文静	宋芳娇	张云聪	张仁雯	张文晴	张晓	刘美岑	李吉云	李星	杨晓爽	杨婷婷	吴帆
张捷	张淑贞	张椿英	张慧婧	张馨雨	陈宇珂	余欣鑫	张欣	张琦	张楠	陈云利	武杰
陈沛	陈咏冰	陈美恋	邵一珉	林云飞	林宏远	苟华君	金秀丹	袁杨	聂志颖	高珊	唐项涛
林曼欣	欧阳雨晴		周斌	周毅辉	庞韵	黄恒吉	程秋霞	傅誉	靳帅	熊芳菲	戴偏玥
赵广智	赵艳峰	柳竹	香钰婷	闻洁曦	洪鹏	魏霞					
徐文瑞	徐可	翁浩宇	黄文雯	曹爽婕	崔璨			**口腔医学院**			
梁文奕	傅晓娜	鲁雯馨	谢瑶	雷洪恩	徽晓兵	王时敏	王晓飞	龙赟子	叶欣	田靖	冯梦绮
		第二临床医学院				朱建华	朱原	任真	任雯	刘一迪	刘若曦
丁镇涛	于洋	马明太	王雨馨	王伟榕	王锴	刘雪楠	刘璐玮	李小曼	李伟伟	李芳	李虹
方志伟	卢文艺	叶春祥	刘娜	齐清怡	齐赟	李晓蓓	李越	李熠	杨乔林	杨洋	杨鑫
孙文强	孙泽夫	巫凯敏	李伟浩	李旭绵	李夏	吴宇佳	谷明	沈琳慧	沈惠丹	张一凡	张帅
李浩	李章来	杨庆亚	吴玉婷	李泽璇	何银	张芳菲	张倩莉	张瑞	张路	陈秋雯	范一鸣
邹雅丹	迟雨佳	张琛	张雅薇	张鹏	张颖	林倚帆	周培茹	周维	孟沛琦	赵菲	胡鑫浓
陈文韬	陈帆宇	陈珑	陈海清	陈颖	林维成	洪瑛瑛	徐开凡	徐啸翔	郭玉娇	黄一平	渠薇
林榕城	金月波	金恩忠	周娇	胡凤战	胡梦雨	隗芳乔	彭丽颖	葛志朴	詹凌璐	詹雅琳	戴帆帆
冒丹丹	钟文龙	秋宇典	贺改霞	徐郑丽	高元丰	魏迪洋					
郭浩	黄子雄	黄天霁	崔笑	康冠楠	彭嘉婧			**临床肿瘤学院**			
韩侨宇	楠迪	霍飞				于思帆	邓秋菊	甘盈	刘菲	孙洁	李沈

李　琳	吴晓雯	邹建玲	张玥伟	张欣然	张盼盼
张理意	张琪悦	周　婷	赵　丹	徐　达	寇芙蓉
潘宏达					

第五临床医学院

王　萌	王惠仑	左　影	孙　兴	李怡婧	陈锦文
陈新旺	周　明	居家宝	柴　珂	徐晓楠	

第四临床医学院

王　颢	李祖昌	张　晗	陈玉迪	果　佳	周报春
黄　勇	曾　成	廖　锋			

公共教学部

王羽琪	王晓蕊	孔令赫	申舒廷	白　旭	邢小京
全　芳	孙一冰	杨亚端	杨柠溪	来晓真	沈威宇
沈　莹	张春峰	张森冰	陆亦凡	陈素会	周逸儒
宗纪元	唐　尧				

精神卫生研究所

王　瀚	玉小燕	张峥嵘	张　晓	陈　敏	苗　齐
高　倩	黄　芳				

航天临床医学院

刘惜承	杨伊兰	黄彦书	黄　燕	梁嘉慧	曾宇麟

航天中心医院

石　琳	吴　涛

解放军302医院

张龙玉

首都儿科研究所

高　亢	曹丁丁

中日友好临床医学院

万伏银	申雅文	刘瑜婷	刘新光	李海龙	张　铖
陈有荣	苗朝阳				

积水潭医院

付　强	张　勇

北京世纪坛医院

付　聪	李　龙	郑　晓	赵　晟

深圳医学院

朱玉霞	刘　冲	陈　晴	郑宏华	黄宇欣	蔡旖斐

回龙观医院

刘礼丽

北京医院

李　萌	易　睿	赵丽姣	赵　聪	戴　婧

北京地坛医院

杨思园	隆　靖

解放军306医院

陈　娜

优秀学生干部

数学科学学院

赵国宇	段资政	高　超	蒋雨辰	翟毓琦

物理学院

何进阳	张文龙	张正兴	赵继飞	姜沣洋	廖雪斌

化学与分子工程学院

王芊越	吴曈勃	陈文龙	周　胜	盛　开

生命科学学院

马欣妍	朱子云	张轶伟	陈诗聪	薛瑞栋

地球与空间科学学院

叶威惠	何　晨	邹学森	郑培晨

心理学系

朱　晗	朱湘仪	刘天舒

软件与微电子学院

丁德莹	刘　肖	米　阳	杜　磊	吴增超	耿　潇
韩甜甜					

新闻与传播学院

季　成	赵　恺	郭季豪

中国语言文学系

王文忆	王　蕊	李　瑞	赵团员

历史学系

李东辉	李根利

考古文博学院

方铭璐	夏　涛

哲学系

王少雄	张瑜瑶	金文旺	赵　悦

国际关系学院

孙天旭	苑子豪	蒲　乐	戴幗君

经济学院

王圣博	王艳超	吕　赫	孙　宇	杜浩然	隋诗华

光华管理学院

马晓峰	冯寒野	张轩豪	唐　瑄	潘　援

法学院

王美月	甘凯云	李松晓	武　苑	赵　桐	黄易旻
傅程榆					

信息管理系

张　帆	钱　欣

社会学系

李　月	陈叙同

政府管理学院

张　远	索天艺	蒋佩雯

外国语学院

邹雨浓	张忞煜	张家玮	葛鸿昌	韩　璐

马克思主义学院

徐　尚

艺术学院

王　汉	郑珈辰

对外汉语教育学院

李维宸

元培学院
张林峰　徐　杨　郭紫倩

深圳研究生院
厉越然　吴雨俭　吴庭禄　张　盟　陈勇吉　林　欣
卿　崐　黄长江　栗　辉

信息科学技术学院
丁　昊　马　晓　王　然　宁　潇　刘晶晶　李军阳
李　佩　李　博　周惠斌　虞湛源

国家发展研究院
魏　成

教育学院
崔情情

前沿交叉学科研究院
孙宇婷　金璐頔

工学院
代　冲　武逸峰　周克迪　俞　玥　黄　欧

城市与环境学院
马国强　毛　祺　祁泽钰　杨　阳

环境科学与工程学院
刘牧时　党晨原

分子医学研究所
秦　彤

药学院
叶索夫　李　健　杨岸蒲　傅孟元

基础医学院
叶　明　邹沛辉　沈　晖　陈　曼　陈　曦　孟漱石

第一临床医学院
王　峰　郝清清　徐康洁

第二临床医学院
邓道兴　郭化虎

第三临床医学院
王岳鑫　陈虹钖

公共卫生学院
毛瑞雪　宋沁峰　孟　陆　温　勃

护理学院
曹梦圆

口腔医学院
王睿捷　吕　品

临床肿瘤学院
司丕蕾

第五临床医学院
孙　灿

第四临床医学院
惠本刚

公共教学部
郭　磊　魏　佳

学习优秀奖

数学科学学院
于瀛鑫　万雅婷　王　智　王湘宁　卢运则　田　祺
仝　宇　朱昊东　朱　妮　朱景龙　任之湄　任晓霞
任偲骐　华培策　刘双城　刘纪一　刘诗霄　刘思序
刘　峥　孙月姣　孙成章　孙斌韬　李少晗　李正一
李亚强　李　伟　李安琪　李远治　李胤臻　李冠淳
李　特　李　徽　杨雪芹　吴泽彬　吴振国　何家豪
余　冰　宋星辉　张天刚　张乐涛　张　丽　张　雨
张静茹　陈力仲　陈文煜　陈高翔　陈嘉杰
欧阳嘉林　　　　易灵飞　罗明康　罗钧峰　罗　闻
罗晨旭　周宇泽　单敏捷　房正阳　赵　巍　柳伊扬
柳红亮　郦　言　姜杰东　姜德青　姚嘉豪　徐心远
徐　舜　高瑞琦　郭永祎　陶　钧　黄翔宇　戚　鲁
符张纯　康　展　梁逸舟　董子超　董佳圣　董　海
董睿文　楚健春　蔡　期　薛庆源

物理学院
丁以民　于慧珍　万　逸　王礼先　王抒阳　王李鹏
王勍文　王泽奇　王致远　王海闻　王　雯　毛　丹
孔令剑　田海东　边宇轩　朱亚永　朱哲毅　朱　磊
庄一洲　刘孝男　刘典京　刘竞慧　刘新宇　刘　霄
李明婷　李荣凤　李潇斐　杨　光　杨丽超　吴行中
岑哲航　初奕琦　张　祎　张银峰　陈　旭　陈国俊
陈国富　陈思格　陈　鑫　罗金铭　郑　旭　赵　辉
柯　楠　钟红霞　段晓豪　信子鸣　俞旭东　袁竹君
夏平宇　倪　相　徐义尧　徐　源　高智涵　诸兆轩
黄亦鹏　黄河清　黄　浦　盛　典　章灿洵　章鸿飞
梁　宇　扈鸿业　蒋盛翔　程建朋　傅　豪　黎旭翔
潘岱松　戴攀曦

化学与分子工程学院
马　雯　王永明　王春丽　王晓鸽　王铭展　王章远
王　熠　牛　哲　邓卓锴　古　婵　田　磊　史　策
付嘉琦　冯　晟　冯　斌　成　波　朱志扬　乔泽宇
乔雪玲　刘一苇　刘　畅　刘荣莉　刘艳华　刘　晟
刘　通　刘逸芸　刘雅溪　闫天炜　许若凡　许　星
许剑锋　孙　桐　纪清清　李帅辰　李弘扬　李姗姗
李思麒　李　响　李贺楠　李　耕　李晓磊　杨　丽
杨逸豪　杨慕雯　杨　潞　来天成　肖先金　时佳乐
吴佼弈　吴　珂　吴晓锋　吴锐恒　邱亚明　邱　然
何逸仕　沈　怡　张一丁　张先浩　张亦弛　张红星
张志坤　张陆昊　张　迪　张　欣　张晓辉　张爱西
陆　勇　陈天昊　陈其伟　陈洪亮　陈　洒　林　之
易　恒　罗天佑　罗沁钰　金　瑜　周旭豪　周劲松
周振汉　周涵韬　郑晓慧　郎海峰　孟　晓　封　凡
赵甜梦　赵瑞颖　郝　伟　荆慧泽　柯　俊　柳成航

柳晗宇 段 博 饶 禹 袁 方 袁晓涛 袁悠悠 张馨月 陈 梦 陈梦雪 罗志鹏 罗 航 罗 盘
聂 绩 顾飞丹 顾 菁 徐艳双 高雪冬 郭芸帆 罗雅馨 岳远博 金 顺 周如菁 周 鹏 郑鹏程
唐 欢 唐 沛 梅 林 曹志超 龚 莉 常凤霞 赵静茹 胡妍佳 柳泽明 贾 琼 原菁菁 钱艳秀
梁和乐 梁欣庭 梁殿京 彭零航 葛洪鑫 董 浩 徐 冉 郭浩然 郭雅琦 唐 洁 涂润南 麻文鑫
童 晨 谢 肖 谢泽威 谢 霞 靳鹏飞 蓝 童 梁 宁 梁 欣 彭 肇 蒋招杰 韩 冰 傅芳芳
蔡 康 廖思安 谭 伟 谭 惠 潘洪兵 燕孜嘉 谢文芳 谢钧涛 靳 晨 翟启亮 熊方翼
戴亚中 魏大同 魏连环 魏保生

生命科学学院

新闻与传播学院

王丹丹 王 星 王 洁 王润坚 毛殿平 孔 颖
王宇涛 王志娟 王启明 王雅萍 韦 超 巨 艳 石 林 卢南峰 田林鑫 任雅菲 刘 宇 刘 婵
艾宇熙 王 帅 叶思达 田博书 史旭雯 史煜飏 严正宽 李梦迪 李维维 肖 贝 吴 萌 邱 枫
白 珂 兰子君 吕国良 朱 颖 伍应丹 任荻秋 张可欣 张伊妍 张 虹 张梦溪 张 琳 陈俊涵
庄腾寒 刘一穹 刘 丹 刘时昱 刘春宏 刘俊娥 周 晋 袁若溪 袁紫祥 顾倍源 高心语 郭丹阳
刘 哲 刘竞泽 刘嘉伟 严煜凌 李文聪 李西莹 崔安琪 康越明 彭家苑 斯姝华 景 彤 谭东方
李春梅 李莲燕 李梦尧 李雪梅 杨 安 杨闰晴 黎小童 薛精华
杨造鹏 杨琦嵘 杨策励 吴绍函 汪加军 沈初泽
宋 巍 张 迪 张 洁 张 健 陈佩双 邵宇秀

中国语言文学系

武照伐 林 睿 罗 佳 周文雄 周 圆 郑良珺 丁那玄 王家芯 毛士奇 片昭英 吉 淳 朴茶愿
赵一凡 赵毅超 胡 平 胡佳帅 袁艳芳 袁 越 吕安琪 朱建强 朱彦臻 刘隽敏 刘韫嘉 池凯欣
郭梓聪 唐 韬 姬亚朋 黄司昊 黄 远 曹镇东 孙先成 苏 鑫 李子卓 李华雨 李佳媛 李琳祎
康 力 韩静丹 鲁崇建 管仪婷 廖杨洁 端韵成 杨心仪 杨紫晨 吴侑津 宋源景 张夏妍 张 倩
熊 枫 熊梁尧 霍一雯 魏 铮 张颖惠 陈 祎 陈昭玉 陈俊旭 林淑琴 罗茂轩
岳晗笑 周宇彤 赵椿萱 段嘉懿 施美均 施 朝

地球与空间科学学院

袁乐琼 黄宇佳 黄捷敏 黄敬凯 黄馨怡 梁洛嘉
丁 聪 于 璇 马浩然 王旭辉 王冠之 王 娜 葛 亮 童梦园
王浩然 王 雯 韦春婉 卢思奇 申 琳 田嘉铖

历 史 学 系

朱丹妮 朱声杰 朱 递 朱逸帆 庄育龙 刘世然
刘红光 刘依苇 刘经纬 刘 晖 刘润超 刘 婧 丁国宗 王 倩 王 溥 尹敏志 冯 茜 吕沭阳
闫 鑫 花君临 李昊天 李浩然 李家腾 李 爽 仲 琼 刘小雨 刘 璐 许 盈 牟维苗 苏圣捷
李嘉琪 杨 凡 杨礼萌 杨 旭 杨 晨 吴逸夫 李小波 李 洋 李继东 杨 光 肖 娇 吴帅帅
吴葆宁 邹 琳 宋欣源 张 丹 张华添 吴 恒 何 芊 余福海 张 良 张凯悦 张 蒙 张辞修
张 琼 明 波 金 欣 金玲艳 周佳安 郑晓岚 陈业诗 陈祥军 陈蓁蓁 林欢彦 林 茂 林瑞福
郑鸿云 孟庆鹏 赵文韬 赵雨心 郝天琪 胡 燕 赵 宇 段舒扬 高翔宇 郭 宁 黄 桢 盛仁杰
柯元楚 柳政甫 骆梁宸 聂 婷 桂维彬 贾 博 程歆璐 曾芬甜
顾文尧 倪培刚 徐旺达 高鸿宇 郭 舟 郭家增

考古文博学院

黄臣军 梅可辰 曹文溥 蒋启财 程俊毅 焦健楠
裴玮来 廖曼琪 谭光钰 熊建学 熊 鹰 潘一凡 马仁杰 王诗雨 王思渝 王 倩 王路凝 朴南巡
魏子寒 刘天歌 刘 硕 刘 婷 许丹阳 李 鑫 杨兆凯
张元阳 陈 豪 林怡嫺 林崇诚 金智铉 周思言

心 理 学 系

赵雅婧 施一泓 顾志洋 陶 源 章亿安 梁根铨
王原野 王笑楠 王 萍 王雪娜 王 婧 朱镜榆 管晏粉
米田悦 米青天 李 同 杨剑兰 何昀谚 张欣怡

哲 学 系

张曼莉 苑文杰 徐 洲 黄韵榛 章秀明
王 坤 王茜茜 王 涵 王 皓 孔博琳 邢 鑫

软件与微电子学院

朱子建 朱江成 伍翔凤 叶 冲 刘 坦 刘雨桐
王小燕 王艺蓓 王 芳 王雪飞 王 敏 王 傲 孙铁根 李佳轩 李培炜 李 楷 杨 丁 杨明晖
王 嘉 王 璟 田乙博 吉晓琦 吕 洋 朱项宁 杨泽毅 杨 翌 汪媛媛 张 夔 陈千千 陈建美
乔 玮 任俊涛 刘乙墨 刘 威 刘艳平 刘 涛 陈柳玮 陈潇潇 罗晓维 周小龙 周世愚 周努鲁
刘 萌 刘 烽 齐 良 孙 涛 李松健 李 垚 郎 青 郝颖婷 钟晨宁 姜 帆 夏菘泽 徐玄灵
李茹蒙 李 洋 李瑞瑞 李路飞 李嘉俊 杨雨凡 徐 超 高 飞 黄 朵 黄 笛 符 悦 彭清露
肖 龙 吴 昊 何雨尘 余飞辉 宋颖昌 张 芳 韩冬伊 韩 骁 程志翔 温 雪

国际关系学院

CHIA PIN 丁北辰 王 未 石可可 卢雨涵
闫静雅 孙茜蕊 孙倩楠 严逸伦 杨 柳 吴振伟
邱道隆 宋 琦 张云起 张 纤 张婧昕 张 蕾
金真明 周旭明 胡 欣 聂 鑫 郭海龙 黄天元
龚若菡 尉秋实 韩容俊

经济学院

马海方 王一琛 王艺杰 王少杰 王志明 王雨鸥
王禹石 王 娜 王梦笛 王雪斐 王清扬 王琼慧
王敬瑜 方 悦 邓尚律 代佩霖 冯文君 冯圣凯
冯 达 宁 叶 朱杰毅 刘伟光 刘志睿 刘思缇
刘晟亚 刘 晨 刘婧滢 刘 雯 江韶飞 安 然
许 聪 杜震啸 李 仲 李昀祉 李依晨 杨 倩
杨宾燕 杨 晨 杨喆森 杨紫涵 肖 荷 邱庆宁
何益煌 狄则徐 狄伊烜 沙圣洁 沈士竣 张 力
张守玉 张 弛 张抗抗 张忞翀 张轶龙 张 博
张慧琳 陈冠宇 陈雪菲 陈雪瑶 陈紫阳 易 天
周琪玮 孟天碧 赵煦风 胡允执 胡佳敏 柳 林
段堙郴 段嘉炜 袁雅婷 耿慧敏 顾雨斐 高雨晴
郭金杰 唐 晨 黄 昕 黄金雨 黄泽瑞 黄诗婷
麻男迪 章释启 谌泽昊 董靓钰 程玉玲 游 捷
谢 杰 谢 琪 虞 佳 谭雪儿 翟佳音 潘煜涵
魏一帆

光华管理学院

丁雨婷 丁 晖 凡志迎 马牧春 王百强 王 江
王 征 王 莹 王梓雄 王梓馨 王 曼 亓悉蓉
元彬龙 石书铭 叶永新 申 飞 付丝夏 白静雅
丛溢明 戎晓畅 成 也 毕新宇 朱曼莎 仲崇然
刘伊恬 刘丽文 刘闰玖 刘咏函 刘紫莹 刘媛媛
江嘉骏 孙 琪 苏梦泽 杜 丁 杜华楠 杜宜学
杜胜楠 李任平 李尚宸 李岳阳 李 莹 李绯悦
杨沐阳 杨欣媛 杨金峰 杨 俊 吴小宇 吴思迪
邱昕瑶 何佳裔 余之一 汪 泓 宋奕欣 张好雨
张育菲 张炎蒸 张思安 张清昱 张博骁 张 楠
陈祖玉 陈晓旭 林心悦 季 语 金 苗 金彦琳
周一航 庞嘉伟 赵鹏程 赵 韵 胡凤潮 胡靓婧
姜 雪 袁玮婷 柴冰倩 钱 瑶 徐 佳 徐 曼
高丹雪 高梦璇 郭 鑫 唐 嘉 黄清扬 黄静贤
曹 健 梁淑淑 续 继 彭思皓 韩 超 程超意
雷子腾 蔡文源 廖 博 谭跃昕 翟祎雯 黎明原
操 群

法学院

丁天宇 马子朔 王为民 王 甘 王金夫 王建平
王 茜 王思琪 王帝清 王鸿渐 方 媛 古明华
叶 戬 史王粲 代 辉 白 冰 包康赟
冯韩美皓 曲祯桢 吕欣桐 吕 韵 朱芯瑶
朱梦圆 乔静漪 向 君 刘 仑 刘 可 刘玘涵
刘泊宁 刘耕蒲 刘理凡 刘雪莹 刘 燕 汤 岩
孙卓超 孙柯晓 苏林璐 苏 盼 李天嗣 李文杰
李成杨 李若雪 李思佳 李钦琪 李 洋 李晓璇
李瑞雪 李 滢 杨诗翰 杨济玮 杨祖睿 杨 琦
杨晶晶 杨舒皓 吴 凡 吴秋兰 何 平 佘录录
余梦嘉 余鑫甜 邹史超 闵 雪 汪晋楠 沈晓雨
沈晓燕 沈燕子 宋 凯 宋 佳 宋 璇 张为易
张心雨 张宁远 张苏楠 张 玥 张美怡 张恒子
张菊霞 张 雪 张雪雯 张博謇 张 翕 张 强
张 蓉 陆一岑 陈胜男 陈海燕 陈楚晗 范晓璐
林怡婷 林嘉珩 易 鸽 金晓文 金 曼 周轩宇
周相杜 周 倩 周 静 周 霞 庞雨薇 郑付芹
郑 媛 赵英男 赵佳琦 赵悦蓉 郝 佳 胡星昊
段英子 俞广君 姜阿英 秦静云 耿保江 夏江皓
夏英英 夏 婧 夏戴乐 高天艺 郭 霞 诸 颖
黄浩荣 曹如冰 符怡然 康玮婷 彭运朋 葛 红
葛静宜 韩妍婷 傅文隽 傅哲明 焦文娟 温学鹏
富 琼 谢 巍 路 贺 路致遥 蔡丹彤 谭伊姝
颜晶晶 燕晓伟 薛平丹 薛 杉 戴 维

信息管理系

王 伟 王伟佳 邓灵敏 卢晓航 白浩东 朱 婧
李沁芯 李政廷 吴诗慧 余贝迪 陈润文 周 青
油梦圆 娄 丹 姚郁诗 贺易之 高振宇 黄梦婷
张益誠 曾显越 赖 婷

社会学系

马璐岩 王 敏 王雅静 王馨雨 许 姜 李芊黛
李重达 邹文娇 张心宇 张蓝月 张巍卓 金清灵
周玉婷 赵弋斐 赵晓依 赵鹏程 胡炼刚 祝宇清
徐玉颖 黄晓慧 董彦峰

政府管理学院

王 俊 王 蕊 方若琳 孔 维 叶 晗 冯 瀞
刘丛丛 杜 浩 杨 艺 何孟奇 余梦露 张钦惠
陈天和 林梦瑶 金 津 周 璇 郑雅文 孟鑫禹
姚胜中 姚智琦 姚璐薇 贾 蕾 郭年顺 黄尧胜
黄 金 盛姜月 阎晓韵 韩 婧 溫詠儀 瞿湘玉

外国语学院

万 方 马怡然 马 悦 王 珏 王浚栩 王 菲
王唯斯 王景云 王普聪 王歆晴 韦 彤 支玉晨
牛晶晶 邓卓元 甘俊晨 叶陈宁 叶诗瑶 史佳炜
冯木子 戎思蘅 吕明鹤 朱立城 朱成明 朱 晨
朱璨小钰 向 伟 闫诗梦 安 帅 许诣铃
孙 然 李昊昱 李易雨篪 李宜霖 李海鹏
李雪冰 李越儿 李雯蕊 杨心悦 杨 宁 杨国昊
杨 怡 杨梦斌 杨鹤逸 步 忱 吴品正 何凤仪
何宇菲 何凯玲 何 婧 余 悦 邹逸然 张 怡
张 梦 张梦薇 张 路 张 源 张穆清 陈玉婷
陈润曦 陈 博 陈 鹏 范宇新 欧嘉婷 依常生

金思燕	周佳	郑友洋	郑雨荷	宗帅	胡羽乾	谢曼	鄢春华	雷曼君	廖星	漆淼	潘音希
胡佳典	胡倩卿	侯同尘	羿智	秦媛	聂晓霞	戴翔	戴燕丽	魏刚			
聂涵今	钱华	徐月	徐佳妮	徐鹏航	高伟			信息科学技术学院			
高晓茹	郭晨然	郭敬	唐隽雯	黄炜鑫	黄梦月	丁宇辰	马宇轩	马靖寰	王旭普	王杰	王卓
黄蓉	萨其仁贵		龚哲浩	崔梦雅	韩宜晴	王建彬	王俊尧	厉颖	卢帅	叶蕊	田菁曳
韩捷	焦易博	曾肖毅	温华翼	游雅	蔺思淼	朱路阳	任仕儒	刘子华	刘芳辰	刘畅	刘真
樊雨琦	潘潇寒	薛倩	戴雯			刘家霖	孙婵娟	关玉烁	孙畅	孙畅	孙韬

马克思主义学院

于玲玲	李雪梅	张淀渲	梅沙白	梁爽	董济杰	杜若谷	李子今	李成伟	李志伟	李恬	李哲涵
臧晓森						李浩然	李敏	李紫烨	杨子岳	杨扬	杨俊睿

艺术学院

王京晶	冯舒	朱明静	刘家辰	张益嘉	张瑜	杨晚鹏	肖刘明镜		吴先	吴昊泽	吴钰婷
陈艺婕	黄思嘉	管健鸿	冀千鹤			何娴	何琦琛	余金星	邱博雅	邹良川	辛永超

对外汉语教育学院

王惠敏	程茗					沈哲阳	宋晶晶	张一博	张宇	张泓亮	张彧
						张悦眉	陈方源	苗睿	林可	林宇哲	林萍萍

元培学院

马大任	马晶苇	王子豪	王正煦	王钦	王彬旭	杭嘉雯	欧阳逸群		罗浩然	赵宇昕	郝雨萌
王斯达	王瑞康	田荟琳	白菊	乔元姬	伏贵荣	钟域人	姜双	姚泽荣	贺文强	钱莹	徐子扬
刘人榕	闫丙松	汤淼	安永睿	许霭淳	孙菲	徐辰曦	徐畅	徐梓楠	殷若瑜	凌春阳	高扬
苏涵	李怀宇	李林檀	李郁丛	李研	李想	高成良	高敬月	高源	黄文豪	黄高乐	崔健
杨帆	杨智	吴明琨	汪逸舟	张泽懿	张煌昭	尉虎刚	彭方玥	蒋卓轩	詹越峰	谭继伟	薛秋月

陈如意　林中王　林雨晨　罗翔鹏　居田　赵正豪

国家发展研究院

赵伊曼　胡逸纯　胡琳　秦臻　顾潇屹　唐忆村

苏熊	李靖恒	侯国栋			

陶松盛　常颖　彭泽昀　彭龄萱　董怡楠　蒋婧琪

教育学院

谢志坚　熊延深　熊熙然　缪则皓

马川苒	王宇	刘玉	刘钊	李阳	范逸洲
高洁	郭欣	魏戈			

深圳研究生院

人口研究所

Jeremy Michael　　Ward Schutte　　Sophiko Tsotskolauri

王欣	李会肖				

前沿交叉学科研究院

于三雅	于宗民	马万达	马文静	马琳	王冬卉	王英英	王慧敏	文学	刘佳卉	孙涛	苏波
王宇曦	王昊宸	王柯丁	王胤瑜	王祝怡	王弼宇	李童	杨喆	吴冬	张功	张荣飞	张晓红
王璐犀	方丹青	孔中华	邓艳艳	卢昨	冉东升	张璐	陈艳敏	陈莹莹	陈碧清	孟令伟	胡玉琼
丛麟骁	包金梅	成铭	任永欢	刘扬	刘辰巍	徐小婵	高总茂	鲁慧茵	蒙皓	黎彦君	

工学院

刘荔园	刘栋	刘梦娇	刘爽	刘璇	齐雪蓉	于学成	王立强	王冠邦	王培育	王晴飞	史迪威
汤寓雯	孙冉	孙绍华	苏日娜	杜明怀	杜洋	吕瑞聪	朱熙	刘白伊郦		刘向阳	刘俊诚
杜晨薇	杜嵩楠	李玫蓉	李佩雨	李金龙	李珈	刘樊琪	李灿灿	李冠男	李嘉伟	吴王鸿志	
李思宇	李奕熹	李效正	李婷婷	李寰	李骥	呙少轩	汪毅卿	张宏源	张育宁	张振国	张哲豪
杨方方	杨宇	杨洋	杨倩倩	杨浚哲	杨彪	张磊	陈矿	陈岩亮	陈敏	罗大有	周洁
杨雅君	肖穆颖	吴丹	吴丹	吴越	何佳欢	郑天航	郑丽	赵云红	赵艺	胡枭汗	钟恒森
余飞	余亚军	邹旭东	邹显奇	宋超	迟梦阳	侯江东	秦家旺	党向新	徐露	高安康	郭鑫星
张玉昆	张江勇	张志远	张春丽	张秋圆	张勇	唐鹏飞	曹裘亚	龚盛	彭欣	彭施瑞	蒋涵宇
张艳	张敏	张辉	张强	陆彦波	陈诚	储鑫	游加平	谭莹	熊明磊		

城市与环境学院

陈盛兰　武丹蕾　林永红　林惠燕　罗中良　周艳梅

于铖浩	马昕琳	王雅	王瑞姣	甘霖	叶雪洁

郑欣嘉　郑哲　赵士权　赵会娟　赵如婧　赵维姗

白梦灵	朱昱玮	朱梦瑶	任雨昂	关汉岳	江浩远

胡世聪　胡亭　胡宽　皇甫晓晗　　　姜怡朵

李嘉宁	杨莹	杨家帅	肖竹韵	邱爽	张容榕

贺健　秦霄　袁华　耿梦悦　贾金健　徐可

陈思创	陈思雨	陈彬辉	苑雯	范佳慧	林浩茹

徐吉鹏　徐桢　高群　高蕾　唐光辉　黄昱然

林熹	项苏楠	姚一鑫	高雪胜男		郭金鑫

黄婷　曹文　曹镜明　龚翔　崔莹莹

黄天博	梁千里	梁泷泷	韩雪	傅豪	焦世晖

董石　蒋馨　韩青　粟后发　谢名胜　谢词龙

焦梦菲　蔡传洋　黎　斌　潘佳佳　魏陶然

环境科学与工程学院
王　锐　邓佳豪　龙玉娇　史云岫　丛　薇　刘福洋
李芸邑　李　悦　杨梦溪　袁文强　徐艺辉　徐晔楠
高　菲　黄柳斌　韩聪琰　蔡昕妤

分子医学研究所
于　鹏　王　灿　王茜雯　王　潇　刘　兵　闫　晗
李玉梅　谷俊中　宋　纯　张入峰　周　肖　庞美俊
赵　佳　胡美钦　胡雪婷　骆宇峰　高　露　郭寺乐
魏国琴

药　学　院
王一珂　王子琪　王壮飞　王志轩　王宏智　王怡莲
王　茹　韦　玮　文彦照　尹雅杰　仝令坤　仲　亮
刘　伊　刘思沫　刘禹希　刘　曼　齐立君　李　桢
李海伟　李紫鹏　杨小燕　杨　平　杨雪雁　杨　琦
杨博威　何　娜　张子威　张文杰　张文杰　张　帅
张圣业　张　羽　张　卓　张美琪　张　硕　陈永明
陈　欢　陈　哲　陈　恳　陈　璟　林垸斌　郑婷婷
郑锡康　赵夕岚　赵文健　胡　琴　侯宇泽　姚　烨
姚　鑫　贺长栋　商金鑫　梁　瑶　韩　磊　傅洪哲

基础医学院
丁立伟　于之洋　于震维　于阳阳　马凌宇　马婧玥
王一帆　王子凡　王心雯　王宇琪　王晔丹　王　婧
王　婕　王琰璞　王　婷　王静甜　尹积鹏　尹　航
尹　晨　冯德曜　宁　洁　师　乐　吕那云　乔　雪
任立伟　任梦梦　刘元亘　刘东明　刘　玲　刘航齐
刘勤献　羊　鑫　汤　然　孙　逸　孙舒宁　孙静雯
李长润　李芙蓉　李拓坨　李　卓　李思琦　李斯言
李　磊　杨　帆　杨泽亮　杨　祎　杨　随　杨瑾裕
肖烨翡　肖黎明　吴季霖　何广怡　宋帛伦　宋　蕊
张子涵　张天宇　张巧玲　张伦玮　张兆君　张志远
张洋铭　张铃杰　张梦倩　张　爽　张超华　陈小锋
陈子浩　陈盈宇　陈　宸　陈　曦
努尔迪达·努尔布拉提　范天睿　范静慧　林萍萍
易　科　金嘉琪　周心宇　周　祎　周　鹏　郑茜宁
房硕博　胡宁广　胡　蝶　柳星宇　贺　斌　袁艺琳
袁　梦　聂　臣　夏冯雨　顾洁予　晏　亮　高尔雅
郭　帅　郭丽凯　郭燕宁　唐蕴荻　陶河清　黄杨钰
黄丽萍　黄诚睿　崔　东　梁　磊　揭壁朦　蒋丽蕾
蒋奕潇　蒋瀚佶　韩子瑶　韩雅婷　智　慧　程光北
曾浈浈　曾婉嘉　温　悦　谢　楠　谢豫豪　赖建豪
熊畅贤　霍燕斐　魏林苇

第一临床医学院
王斯云　尤　倩　牛丽洁　冯　烨　司　高　成　功
朱明娇　朱家叶　朱梦捷　朱璐琦　刘贝妮　刘胜聪
刘晓妍　关　宇　许　婷　孙　鹏　李亚祺　李　翔
杨宏宇　杨昆霖　佟正灏　张　维　张　瑞　陈小宇

陈锦超　周星彤　赵亚雯　俞　萌　秦　涵　钱建丹
徐贝宇　高国璇　郭　玲　姬超岳　康　琦　梁新全
董冰婉

第二临床医学院
王　宁　王亚洲　王　冲　王宇彤　王洁玮　王晓晓
王　超　甘雨舟　左书凝　田周俊逸　史晨辰
朱振杰　朱静远　任　仙　任伟霞　刘光宇　刘星雨
刘涛瑞　杜依青　李待今　李　娜　李　晓　李晓雪
李铁铮　李　琨　李嘉琪　李郯波　吴　哲　何甘霖
呇泽华　张　凤　张妍欢　陈小丽　范丽娟　林晓清
林燕莺　庞梦端　孟园园　赵竹然　郝倩云　姚昱欧
殷华奇　曹婷婷　崔清夏　谭瑞义　薛　倩

第三临床医学院
包文晗　邢添瑛　李　园　李轶雯　李映昱　李璐瑶
杨林承　沈　涛　宋　祝　张　露　陈施盲　范久亿
范蒙洁　周明新　胡宇晴　姜　帅　耿　姣　顾珣可
高欣然　黄　晓　黄爱兵　靳　瑛　翟　峥　魏　慧

公共卫生学院
于孟轲　方　喆　田　园　田洪瑞　包竹青　冯孟贤
曲雪琪　任巧萌　刘心怡　刘佳兴　闫晓晋　江丽丽
孙凯歌　李　伟　李雅秋　李嘉琛　杨文蕾　杨　玲
杨燕芬　吴汝聪　吴博浩　吴　瑶　张　妍　张怡宁
张瑞霖　陈小兰　陈　俏　苗慧军　郁静茹　欧　凯
罗飞扬　周一帆　周文娟　郑丹妮　赵岚岚　赵厚宇
赵　楠　胡大宇　钟倩雯　袁志伟　高琰钧　郭苏影
黄　尧　曹　宇　章湖洋　彭婷婷　覃一朗　谢　甜
黎　力　魏玉虬　魏　婧

护　理　学　院
卜悠媛　马淑敏　王亚亚　王雅辉　韦　惠　冯冬梅
任金颖　刘　飞　刘　华　刘胜志　李凤莲　李正禹
李　君　李　洁　肖海虹　张心怡　张凯丽　张虹科
陈　静　周伟娇　姜春云　姚家思　郭冠辰　董　雪
韩　京　焦勇勇　焦紫成　谢威富　廖　冉　谭　雯

口腔医学院
于　鹏　王　皓　文　曦　石冰清　朱筠轩　伍文杰
刘国景　刘　意　刘　攀　闫　乐　汤祎嫚　孙　瑶
李凤茹　李　金　李静芝　吴千鼎　吴唯伊　宋文莉
张　敏　张　婕　陈青筱　陈　雪　周　贤　郑小雯
赵　丹　赵丽萍　胡心怡　高晓敏　高展翼　郭绎白
唐　茵　崔圣洁　彭海龙　粟申平　曾佳骏　游　浪
谢　静　路　畅　潘怡湘　薛竹林

临床肿瘤学院
王晓航　王琪玮　石　晨　付静静　乔　梦　张攀攀
胡俊刚

第五临床医学院
朱　思　李伟婧　李　佳　李梦蕊　张　琪　张　静
黄　可　崔海梦

第四临床医学院

丁瞳　叶薇　吕雪雅　许毅博　吴薇　邱宇轩
张舒煜　陈思霈　梁之桥

公共教学部

马庆华　王佳雯　吴奇　陈翠婷　娄珂　姚秋琦
顾晴晴　黄宇亮　常伟

精神卫生研究所

于路心　田野　吕楠　刘静然　闫婧　李月真
张婷婷　倪熙军　董铮　董敏

航天临床医学院

王成睿　庄芷榕　李泳桦　杨凯翔　陈家诚　陈靖媛
敖晓晴　薛毓琦

航天中心医院

李超　周易

解放军302医院

粘学渊

首都儿科研究所

万春蕾　孙中媛

中日友好临床医学院

朱太阳　将召强　韩华

回龙观医院

毛巧

北京世纪坛医院

仇永辉　邱斌　张岩　姚小燕　徐一杰

深圳医学院

徐旭　樊春英

优秀科研奖

数学科学学院

马睿　王亚平　王志超　王译梧　王晨旭　王越
王渝西　方文毅　孔祥顺　江云胜　李照男　杨云
吴昌晶　吴迪　吴磊　沈伟明　林锋　周江
赵龙波　赵振华　胡盛清　蒋智超　蒋瑶

物理学院

王立晨　王贺　公静霞　方凯生　孔凡航　闪普甲
邢颖　刘东皓　刘易　刘晓雪　齐昕　孙唯佳
芦宏　杜进隆　杨舒笛　余佳晨　谷昊铖　张宇导
范培亮　周丽颖　孟祥志　赵一帆　袁伟　徐贤钧
郭见青　唐美雄　梁昊　韩笑　程舒羽　廖庆
戴嘉为　魏祎雯

化学与分子工程学院

邓兵　刘歆子建　潘东旭

生命科学学院

丁洁女　马昭　马菲　王小康　王卓　王瑶
白冬梅　刘仁路　汤国柱　许司正　苏乾　李若岩
李倩雯　杨晓旭　何帅欣　张媛　张靖若　陈智山

林巧玉　周悦欣　郑鹏里　徐佳伟　徐瑞丹　高华
郭晓　黄海娜　董傲　曾虎　鞠艳敏　魏梦萍

地球与空间科学学院

王英　王家林　王潮　仇立松　田泽普　任杰
刘乐　李显伟　李举材　肖汉　张成业　罗志文
顾晓滨　曹露青　常丁月　彭立华　彭学峰　程翔

心理学系

丁欣放　王子璕　刘益瀚　许晓敏　李曼　沈波
张达　陈斯琪　苗淼　范小月　林枭雄　尚哲
姜玮丽　曹宇龙　康冠兰　彭璐　薛欣

软件与微电子学院

罗杨　柳熠

新闻与传播学院

王成文　刘宁　刘念　安静　李诗　杨慧珺
何萍　张倩　陈沫　陈晨　侍佳妮　赵丹
姚源　袁晓琳　郭芭然　唐倩茹　裴苒迪

中国语言文学系

王文颖　叶述冕　田未　白惠元　巩淑云　曲楠
朱姗　朱锐泉　任荷　刘兰芝　李天豪　李远达
李科　李晓蓉　李婉君　李琬　李煊　李静
李巍　吴可　吴沂澐　沈雨潇　张亚如　张迎雪
张鹏　林莹　罗静　周怿培　郝晨　姚云
袁硕　袁博　顾晓路　徐毅发　高思　高颖君
崔潆　康宇辰　董婧　惠天羽　黎潇逸

哲学系

王一楠　王小超　王凯歌　任劲婷　杨莎　佟欣妍
张静　陈高源　董彪　薄化君

国际关系学院

MANUEL F　王龙林　王丽娜　乌力吉　刘武鑫
安思齐　许明杰　辛经纬　张茜　陈佩珊　陈勇
欣芷如　修光敏　徐雨佳　龚玉婷

经济学院

丁匡达　庄晨　刘畅　刘雪玄　吴志强　沈童
赵仲匡　赵景涛　耿志祥

光华管理学院

王菲菲　邓晓　刘圣尧　刘海洋　李江雁　李江源
余超　邹韬　周咏龙　栾世栋　郭琨　盛峰
常惠丰　谭娅

信息管理系

刘济群　刘海丽　何芳　张歌　周亚　赵怡然
祝振媛　黄佩

社会学系

王延涛　王笑非　王超文　可黎明　加娜古丽
吴柳财　张韵　张树沁　周瑞宇　郑彪　孟奇
赵友伦　夏翠娶　常入文

政府管理学院

丁虹　于瀚辰　邓凌嫒　田和璧　白晨　刘舒杨

刘镇杰	孙 响	邱 珍	张玉佩	张杰斐	张 博
陈罗烨	邵梓捷	岳春颖	侯玉婧	侯 韵	徐淑华
梁 宇	董 杨	蔡潇彬	黎娟娟		

马克思主义学院

林乐兴	金 梦	贾 雷			

体育教研部

李璐旸					

艺术学院

庄沐杨	李 宁	吴 萌	陈菁菁	唐 迪	谢亦晴
鞠高雅					

对外汉语教育学院

尹雪雪	何美芳	张未然	葛锴桢		

深圳研究生院

王 天	王劲卓	王国英	王 倩	王朝领	王 霄
王 璞	文 雯	卢利佳	卢 威	田 璐	朱方兴
朱潆潆	乔 舒	许盼盼	寻桑妮	李付琫	李 霖
肖 舒	张季萌	张欣欣	陆 峰	林兴武	林和生
林钦贤	周 俊	庞 程	郑文露	郑维豪	赵冰川
袁 浩	耿 浩	徐立平	唐华园	桑 飞	黄 颖
彭晓红	韩朝相	曾敬武	魏莹荔		

信息科学技术学院

于博成	马晓蒙	马 萌	马 蔚	王子一	王宇鹭
王诗君	王浩宇	王智鑫	王鹏飞	王 臻	韦 琬
方 熙	方 聪	尹 美	左 君	叶 挺	白 荻
冯 振	戎江鹏	曲 祺	朱 近	朱雅轩	任鹏鹏
庄泽浩	刘亚雄	刘 欢	刘欢欢	刘作生	刘春海
刘鸿瑞	许 晨	孙 猛	杜宇飞	李卓津	李骏之
李盛龙	李舜阳	李煜东	李嘉琦	李憬宇	杨宇喆
杨英君	杨 垒	杨 策	吴争锴	吴春蕾	吴 腾
邱晨光	邱赫梓	余乐乐	汪 沁	汪若寇	汪建峰
宋伟楠	宋利伟	张书豪	张 驰	张辰光	张伯翰
张 星	张彦彬	张 洁	张 宪	张晓刚	张恩田
张海峰	张 宸	张 雪	张 逸	张 翔	张褰宇
陆 璇	陈庆接	陈 杰	陈 凯	陈 睿	陈震鹏
范娟婷	林 旸	林泽辉	林星宇	罗翔宇	周文博
周新杰	周 攀	孟凡琛	孟祥锋	孟 博	赵广洋
赵帅江	赵 时	赵玮泽	赵睿哲	胡俊杰	胡敬植
姚杰雄	袁鹏飞	耿玉峰	顾 澄	徐 宁	徐培杰
徐乾桐	唐良晓	唐 浩	涂菲菲	黄 乐	黄庆博
黄佳雯	黄艳香	崔一凡	章玄润	彭 昊	董思维
蒋 飞	蒋 凌	程晓亮	曾繁辉	谢怡然	蒲永杰
赖楚凡	褚 海	蔡文波	廖 楠	潘 伟	薛继龙
薛博文	霍晓叶	鞠培中	魏芳芸	魏 楠	

国家发展研究院

张 睿	莫子川				

人口研究所

江海霞	陈洁茹	郭 超			

前沿交叉学科研究院

亓 月	多丽娜	刘 莹	李 佳	张泉峰	林 玮
林泽川	高 玲	涂星辰	梁 浩	程 洁	

工 学 院

于 浩	王 伟	毛 锐	孔俊丽	邓亚骏	卢 雪
田 涧	冯吕铭	伍 垚	刘乃嘉	刘传琨	刘 岩
刘鲁峰	孙俊勇	严岑琪	李 刚	李 晓	杨婷云
肖 普	吴小芳	吴 鑫	邹光阳	邹明初	宋潇鹏
张 玉	张亚飞	张振羽	陈星如	陈培楷	罗 东
周志浩	周 坤	周 梦	孟 雪	耿 爽	钱 龙
郭亚光	盖 杰	梁子彬	程相孟	童晓宇	熊 思
樊丽彤	潘 欣	魏小倩	魏 航		

城市与环境学院

于成曜	万 岱	王 辉	王 祺	王瑀琦	王 歆
文天祚	方嘉雯	石剑桥	代 莹	白泽琳	朱文博
向 林	刘 娅	刘萍萍	闫昱晶	阮佳萍	孙瑜康
严正兵	李开阳	李京武	李竞妍	时航宇	吴尘染
谷月昆	张一凡	张安迎	陆金磊	陈源琛	林 笠
林 楠	郑 黛	钟奇瑞	徐春雪	蒋洁琼	谢 涵
谭一洺	谭卓立				

环境科学与工程学院

刘宇心	李 欢	李梦仁	吴 桢	张兆阳	张 丽
张沥月	张晓玲	陈 军	陈 曦	周丽玮	侯霄霖
袁梓文	柴立伟	高 喆	唐 溪	梁嘉良	

建筑与景观设计学院

苏文强	侯建卫				

药 学 院

于京艺	于 洋	王天畅	王永瑞	王 邦	王丽杰
王 轩	王 晗	水梦洋	邓丽华	司龙龙	刘长城
刘金星	安 邦	孙 丹	孙雪峰	苏海涛	李苏昕
李博闻	李 磊	李 骥	杨全志	吴志生	邱 崇
张兰馨	张精亮	陈 亚	陈 宇	金庆庆	房 雷
钟 婷	侯英子	施伦勇	桂 悦	徐 欢	曾 凡
赖世荣	阙琳玲	廖理曦	樊宁宁	薛 雨	魏 雄

基础医学院

卫宁宁	王志燕	王菁菁	王 朝	王鼎予	王献慧
王 鹏	王 璇	邓嘉成	田玉瑶	付静轩	冯 寒
匡静宇	刘恩阳	刘 皎	李 旭	杨 楠	邱 旭
何 佳	宋 肖	张云沛	张卓君	张 菁	张婧璇
张瑞阳	张 潺	陆小鹏	林 梁	罗丽达	岳路鹏
周萌萌	孟凡超	钟丹丹	俞欣荷	姚明解	秦 瑞
桂 森	原婉琼	高立权	高 成	梁 会	蔡君艳

第一临床医学院

丁志伟	于 倩	马 欢	王 圆	王 雯	王雅琴
方 芳	田 雪	吕 朴	刘 怡	刘晓雅	阮亘杰
孙少倩	李雪娟	吴伟伟	张 玉	张雨佳	陈阳阳
陈相蓉	陈贺凯	陈雪祺	陈 蕾	苗晓琳	易 致

赵 阳	赵承琳	胡永凯	柯 倩	班婷婷	贾 燕
徐海鹏	郭唯一	董晓琴	虞 浩	霍丽丽	

第二临床医学院

李文睿	胡 萍	葛 婷	蒋子涵		

第三临床医学院

王文静	王纪莲	左 波	李秀茅	张正政	张 哲
苑 辰	周乐群	赵 玥	赵惠娟	费 晗	喇高燕

公共卫生学院

于 盼	王立芳	王志成	王吟曦	王 良	王栋芳
田 霖	付亚群	白 婧	刘 灿	李 昊	李 钦
李 源	李蕾蕾	吴志军	陈晓文	武 欣	林珊珊
段芳芳	隽 娟	徐明明	高 雅	郭 斌	郭新慧
程吟楚	谭圣杰	魏乾伟			

口腔医学院

史 闻	刘 帅	刘施瑶	刘 晶	肖佳灵	赵 娜
高玉峰	梅 梅	谢 尚			

临床肿瘤学院

石 琦	田甜甜	李 响	杨永勇	何曦冉	陈 铎

公共教学部

代 聪	孙浩令				

首都儿科研究所

陈 震					

中日友好临床医学院

马金辉	路 晓				

北京医院

王淑跃					

深圳医学院

叶晓阳					

北京地坛医院

杨 琪					

回龙观医院

张 静					

北京医院

张 蕾					

深圳医学院

郑文忠					

解放军306医院

黄 雪					

学习进步奖

数学科学学院

黄士菡	曾梦祺				

物理学院

王少泽	王旭东	王蒙蒙	王 璟	叶亚杰	朱吉鹏
任政学	刘彦辰	刘童童	杜腾飞	李兆涵	李 航
李浩松	宋明育	张照茹	陈兴炎	陈志强	陈 耿

陈 晶	陈 婷	周 洲	庞景龙	胡天琦	宣黎阳
曹 雄	梁 嬴	蒋炜光	程思浩	鲍依木	

化学与分子工程学院

于小淞	王 孟	杨宇舒	余侨林	武桐玥	宫瑞龙
姚泽凡					

生命科学学院

石鹏双	刘立洋	李昔筱	张学平		

地球与空间科学学院

央金拉姆					

心理学系

李 想	郝 洋				

哲学系

孙 明	孙逸超	李国斌	李 瑛	邱 羽	顾 韬
高 洋	董书海	熊义刚			

国际关系学院

于海莹	王裕庆	韦冲霄	毕蔚兰	曲一鸣	朱 莉
刘王雨竹		刘晨曦	孙正则	李狄坤	李家福
杨治洪	吴诗卉	佘雯雁	余欢欢	沈东谱	张 硕
陈博闻	徐凤仪	高经纬	郭洁昕	谢伟健	

经济学院

文智恩	刘 畅	杨鼎寓	陈茜茜	姜善荣	程海宁

信息管理系

王明朕	赵艺轩				

社会学系

李晨婷	覃思源				

艺术学院

李 蕊	陈敬哲				

对外汉语教育学院

房 磊					

深圳研究生院

余升文	陈 栋	陈虹宇	赵 越	谢 靖	

信息科学技术学院

王宏宇	王悦涵	王 皓	吕 超	刘力桥	刘昊坤
江天源	李佳惠	吴天利	吴浩洋	张 江	陈晓宇
邵昱桐	岳 宇	周 畅	周 洋	郑金鑫	姜宛彤
黄 斌	蒋瑞珂	綦金玮	黎文浩	黎政宏	

国家发展研究院

石晓伟					

前沿交叉学科研究院

于欣欣	习雨琳	冯杰思	吕品欧	刘 伟	刘爱国
江 海	李珍珠	张亚杰	陆婷婷	邵丽娃	周 莉

工学院

马树铭	王 昊	龙云飞	刘知远	刘晋知	江贤洋
杨 现	沈祎恒	张成九	林勤业	贾博宇	黄 帅

城市与环境学院

刘思亮	徐 述	彭 旭	董 玥	傅琳涵	熊 筱

环境科学与工程学院

汪　磊

歌剧研究院

方银河

基础医学院

王遏琦	苏东强	李永笑	杨文慧	杨　玥	陈　斯
邵达明	郑　利	赵小凡	顾亚娟	黄元利	曹梦琢
潘少容					

第一临床医学院

李　薇　　杨之辉　　张世敏

第二临床医学院

王旸烁　　龙绘斌　　张宝庆　　张　俊　　谢　思

第三临床医学院

冯　璐	刘京宇	孙　洋	李丽红	吴昌远	张启鸣
张金露	周思宇	赵婧晨	赵　然	姜立伟	

公共卫生学院

吴　俣

护理学院

徐　翔

口腔医学院

马若晗　　石伟华　　何临海　　张理伟

临床肿瘤学院

马　梦　　王海月　　张玉洁　　官超凡　　常艳丽

公共教学部

龙靖淼　　周　莉　　曹耘菁　　颜志颖

航天中心医院

李　芹

北京医院

李　瑾　　宋育佳　　张　娟

深圳医学院

葛喜凤　　游　霞

社会工作奖

数学科学学院

王一飞	王　楚	叶骏翔	白　洋	刘纹岩	刘晓倩
刘倩莹	刘璐曦	孙　龙	孙　龙	李心雨	李　由
李佳宝	李岱遥	李　晖	李　笑	李漫雪	杨皓翔
吴　凡	余道骅	宋昕玥	张　鼒	陈江琦	陈明娟
陈奕南	陈潇雯	邵　祥	欧阳王剑		卓　鑫
季　策	周　围	周逸云	黄志鹏	黄　洋	黄　鹤
彭小川	韩善鑫	程　诚	蔡宗宇		

物理学院

王少莘	王心冉	王明远	王晓静	王　浩	王　硕
王逸伦	王智明	毛　哲	司懿东	方	任阳泽
刘辰旭	刘明俊	刘熙南	江　燕	李文杰	李俊泽
李　骥	杨蓓斯	何霖子	张　允	张　玺	张　霄

陈　实	国唯唯	段文晔	侯瑞祥	骆佳伟	骆德锟
钱子阳	黄子儒	黄　样	梁午阳	蒋　伟	韩佳星
焦文裕	熊　超	燕保明	魏　来		

化学与分子工程学院

付翔宇	刘思琪	米英英	李彦邦	吴　峥	张达奇
张则尧	张录录	张　骏	陈丽芳	周　奇	聂　哲
徐林楠	唐　娟	董陈杰	谢文俊	戴汝熙	

生命科学学院

王菁杨	王逸颖	刘若飞	刘　晴	李小雨	李雪阳
李嘉冕	李　鑫	杨　涵	宋一民	张中旭	张思源
张樱腊	林美希	易雪灵	金　铃	周　哲	施　瀚
董铭棋	温凯隆				

地球与空间科学学院

于芳博	马赞彭	王为中	石永祥	田孝茹	伍昕钰
刘　杰	闫兴亚	运乃丹	苏星瑶	李　彤	李维新
陈　旭	陈冠潼	武化雨	周　安	赵芳珩	赵姗姗
赵亮亮	赵洲峤	胡传胜	贺旎妮	徐祎贺	曹　越
龚旭日	蒙　聪				

心理学系

马鸣新　　朱可人　　安姝睿　　李　遥　　段　妍　　龚曦紫

软件与微电子学院

于鹏程	王梦佳	王梓潇	王　越	牛　童	孔令昌
叶丹丹	朱凌昊	刘少杰	刘冬雪	刘朝霞	苏晓璇
李　沐	李　响	李　洋	李　雷	杨　浩	辛雨非
汪　达	张文婷	张　伟	张志成	张　浩	陈凯源
陈　喻	陈　焱	邵　帅	岳金凤	庞大鸿	郑志凯
郑研瞭	赵天浩	赵伟亭	胡逸凡	段国辉	聂奕凝
徐　粲	郭颖迪	宾　望	陶坤栋	常　青	章玲通
梁　文	彭　威	蒋　翱	漆宇飞		

新闻与传播学院

王令薇	艾新雅	田丹迪	刘彦君	李欣遥	李雪阳
杨旷奇	吴　悠	佟金恒	余哲西	张宏璟	陈之殷
陈佳鑫	陈彦蓉	岳天舒	郑深宇	蒋若静	雒健晴
廖梦茹					

中国语言文学系

王平夷	王永昌	王佳明	王佳琪	王柯月	王奕文
王悉源	毛若苓	文若暄	龙清逸	田若妍	白一平
冯子涵	朱　航	任珊珊	向灵凤	全世勖	刘心怡
刘　婧	江　禾	孙　旻	杜思佳	李煜哲	杨玉婷
肖吉雅	何　瑛	张建铭	张姣婧	张跃月	张　馨
陈芳荣	陈俊好	金昭延	侯沛好	洪健城	秦　川
顾甦泳	翁子翔	高竞闻	曹　东	曹　阳	龚希勍
黄隆秀	董　越	韩俊渊	程　蓉	谢宇程阳	
谭　菲	潘靓慧				

历史学系

亓浩然	史少伟	史宏飞	任　伟	刘书含	李天鹏
求芝蓉	吴佳倢	张佳宁	陈秋昊	周君恺	周培京

宛 盈	赵象察	信 宁	侯宁静	徐维焱	徐 鹏		社 会 学 系				
高梓峻	高 曦	郭桂坤	黄 鸿	翟 岳		王绍琛	王斯敏	方田野	刘小天	关山月	李沣恒
	考古文博学院					宋先华	赵雨红	原铭泽	章涵青	曾 卓	樊仁敬
王宥力	杨若梅	张乐城	范星盛	周凯南			政府管理学院				
郭洋梦莎		唐恒安	黄子文			王华伟	王 玥	王琬莹	方晓晖	左冰白	孙宇辰
	哲 学 系					孙 波	杜 鹏	杨 翔	杨蕊辰	张心悦	陈结玲
王艺洁	尹 傲	孔令毓	肖力千	张文豪	陈雯怡	周 璐	孟 鑫	柯 杰	袁旋宇	高千茜	黄 金
经 晶	蒙永超					彭志斌	彭 柳	樊 昕	魏 娜		
	国际关系学院						外国语学院				
王一歌	王东阳	王浩臣	王 超	方承启	田 汉	王世杰	孔文瑾	邓海默	叶奕宏	令尚承	吉 竞
刘一鸣	刘京乐	池广杰	孙 滢	李典易	李鸿献	朱亦红	后博文	庄子奇	刘夕冉	许文迪	李金珂
李 婷	杨妍捷	杨诗涵	何凌云	张天禄	张晓伟	李泽昊	李宛凝	李潇伊	杨 帆	何 庆	何青鹏
林 野	罗 洋	周鈺珣	秦 琳	海泽龙	续一茼	张伊伊	张 璐	陈 曦	罗雅方	周雨思	周惠莹
董欣嫒	董 榕	谢 菁	魏国华			於丹茗	赵盈盈	赵雪莹	骆 菲	徐源培	殷国梁
	经 济 学 院					栾思寒	郭欣立	郭雅晴	黄田依	黄 斌	盛文杰
王娜娜	王晓梦	王德健	方 超	叶怡君	朱佳楠	蒋 卓	谢昌立	谭 霖			
任庆杰	刘松果	宋 煜	林琪贺	袁世吉	高庆昆		马克思主义学院				
高 懋	覃昭远					王 梓	朱 红	刘中华	李珊珊	周 雯	崔琳璐
	光华管理学院					谢超林					
马雨晴	马 婵	王 宇	王博文	王博洋	孔维诚		体育教研部				
石壮壮	白礼晴	刘丁侨	刘云博	刘旭阳	刘芯蕊	李立园	李 智				
刘晏吉	刘峻豪	刘璞琳	孙官磊	孙 菁	苏 蔓		艺 术 学 院				
李艺璇	李隽卷	李宰勋	李 铖	李楚雨	杨 光	王欣怡	王 硕	年 悦	车静雯	张 萌	张雪寒
时泽华	吴怡静	吴炳蔚	何 平	佘颖乔	余潇潇	周林槿	赵 寻	姜 来			
汪嘉倩	宋纯一	宋 佳	张 冰	张首登	陈 溪		对外汉语教育学院				
张景若豪		张翰驰	陈泽阳	陈 实	陈 溪	丁晓旭	史玉娟	杨 灿	徐轶玮	熊镇业	
周之恒	郑怡婧	屈楚彤	荣幸子	胡顺昕	侯志腾		元 培 学 院				
秦劲风	秦 政	秦 瑜	倪 润	徐 帆	徐胜佳	万中一	王一凡	王子蔓	王伊昕	王庆嵩	王 彬
徐镜非	高 翔	郭世琪	郭 宁	黄佳琰	梁瑞琛	王清杉	王 馨	凤 晴	石 凡	付伟龙	宁安宁
董丽雯	谭婧瑜	缪劲松	潘炜鹏	戴昊汝		吕思瑶	朱宇森	朱博文	祁 箫	孙弋雯	孙钟连
	法 学 院					李 怡	李鑫宇	杨松霖	杨昌恒	杨思汀	杨浩明
丁 丁	丁 迎	于朗宁	才 智	马玉松	王子昂	杨颖琪	杨 曦	连心怡	何雨凡	何旻浩	张 羽
王艺伟	王 阳	王沛嘉	王晓董	王梦晓	王 瑛	张 晗	张筱钰	陈启凡	邵建隆	林梓熙	周 垚
王鹏飞	牛伟强	文于凡	卢欣怡	田俊鑫	代 鑫	赵恬艺	姜家隆	祝苡钦	徐名琛	徐 佳	殷鉴远
朱明渊	朱煜琪	刘雨晴	刘建伟	刘思琪	刘 继	黄文力	黄珏璞	扈文琪	彭 湃	谢晓薇	霍 雨
刘 晨	刘淑娴	许 可	孙甜甜	李 仪	李 昂	戴 锴					
李 标	李 洁	李 越	杨一帆	杨 潼	吴邦彦		深圳研究生院				
吴林洋	何旦番	何昭骅	佟雨珂	余家豪	陆华强	Alexandra Eve Hesse		Michael Andrew Mersol-barg			
陆雯菁	陈锦烽	范晓玥	林俊秀	林惠妮	罗 欢	马玉静	王子骏	王 习	王宁京	王安杰	王 玮
季建明	金珊珊	金 鑫	周庭伟	郑玲玲	赵梓杰	王紫雯	王 墨	龙 妍	龙茂乾	申一蕾	田 园
赵旖旎	赵 攀	郝竹青	胡忻同	段相宇	侯 乐	付 斯	吉 薇	吕昕蒙	吕惠玲	朱小思	朱文舟
姜 岩	姜 涛	高 展	高雪莲	高赫聪	郭迁任	朱立平	朱 雪	乔荣学	任子奇	刘 丛	刘利飞
郭幸芝	黄 啸	曹青源	曹俸瑜	梁晓红	蒋振馨	刘国威	刘怡君	刘诗萌	刘 洋	闫冠蓉	江建通
韩 仪	韩圣与	谢国帅	熊 典	潘驿炜	穆晶璐	汤曦童	安金晨	许 娜	阮 旻	孙栋瑜	孙 慧
魏玉洁	魏 伟					苏仲涛	李一鹤	李佰恒	李俊茂	李 钰	李倩雯
	信息管理系					杨 丹	杨亚宁	杨 昊	杨媛媛	步 兵	肖宇翔
杨 凡	张 亮	赵元斌	彭 悦			肖丽雅	吴雨航	吴佳蔓	吴冠华	何一民	但 俊

张子春	张幸佳	张佳柠	张 洋	张 健	张婧璇	**基础医学院**					
张 越	张燕琳	陈昊冉	林俊钦	欧阳锴	罗卉馨	万 雨	王东旭	王雪梅	王 璐	王璐薇	计 欣
周凡琛	周天宇	周 艺	周 秦	周 鹤	庞 昊	尹 路	伏紫冰	刘帅帅	刘永振	刘显平	刘艳华
孟 雪	赵 畅	胡 悦	胡 靓	钟英涛	闾 菁	许鹏飞	李梦迪	李笛天	李 盟	李鑫瀛	杨冠男
姜 雷	姚兴成	袁 璐	徐文俊	徐 特	高书成	邱建辉	宋子琪	张 文	张国为	张 建	张剑姝
高迎红	郭纪家	郭 建	郭晓希	黄均荣	黄武龙	张乘瑞	张凌云	张唯早	张 煦	陈青芳	陈家瑜
黄晓林	黄 硕	黄楚晖	戚雅林	盛 凯	崔志斌	依尔帕尼江·艾海提			周恩臣	周 韵	周嘉栋
崔欣扬	康日升	隋思誉	彭小珊	彭颖芳	蒋一峰	姜迪菲	宣 锋	聂尚姝	夏梦凡	高元绪	郭雪媛
蒋佳颖	覃元元	程紫鹏	焦秋秋	舒文博	曾 俊	黄 燕	梁贤毅	隗思媛	董骐源	温 静	詹江山
曾俊伟	曾 祺	谢雨豪	谢婷婷	鲍文莉	魏世恩	**第一临床医学院**					
信息科学技术学院						王江宜	刘振华	江 路	孙祎赢	李 超	杨 洋
丁怡婧	丁哲章	于晓凡	王 丰	王旭松	王 冰	杨梦璐	余 丹	张木蕃	张正奎	张全利	陈佳琰
王诗吟	白子轩	朱雅珺	刘洪元	李田甜	杨 帆	易圣果	赵朕龙	柳家园	要雅君	饶小龙	衷弘熙
杨卓妮	吴 涵	余 超	易芸皑	周昊宇	周昱杉	郭芳芳	郭冀帆	彭 鼎	董锦沛		
赵子骏	胡子牛	胡彬彬	秦郑阳	贾宝雄	曹一童	**第二临床医学院**					
崔 磊	焦一乙	管 瑞	魏嫣然	瞿经纬		马慧云	王 畅	李红校	沈胜利	宋 婧	林楚童
国家发展研究院						周之伟	钟晓珠				
吴克谦	郑 婕					**第三临床医学院**					
教育学院						邓 会	邓绍晖	邓湘宁	许翔宇	李艾为	
于思化	马 琳	杨 晋	余韧哲	张 鑫	赵婧宏	张元鸣飞		张浩然	赵 诚	娄新琳	姚卜文
胡 帅						徐慧敏	曾焕虹	冀 拓			
人口研究所						**公共卫生学院**					
海鸿雁						马 爽	王伟嵩	王晓琪	刘 凡	李子川	杨若彤
前沿交叉学科研究院						杨淞淳	吴静依	吴 瑶	陈霄萌	陈 檑	周诗源
王泽群	王 锐	尹 岑	田永路	刘 灿	刘 荣	孟 莹	韩冰峰	靳丹瑶			
李 艳	余天舒	张冰馨	单 俍	贺 桥	黄 甜	**护理学院**					
熊 盼	薛婷龄					王 妮	王晨阳	刘云梦	孙一鸣	李 军	李清良
工学院						何学婷	张学颖	林 倩	黄仁东	黄东旭	黄庆莹
尹 伟	付雪峰	白程安	司济沧	庄允兵	刘俊杰	覃德清	谢 钰				
刘凌玄	孙宇翔	孙铭尴	陈秋怡	陈 磊	国晋菘	**口腔医学院**					
徐梓淇	高泽宇	唐 肖	符 尧	廖 洋		石 巧	白珊珊	冯莎蔚	关媛欣	李 硕	张严妍
城市与环境学院						陈子圆	郑静蕾	荀 喆	郭 岩	程梦琳	燕伯希
王嘉懿	尹 远	史书菡	刘霁轩	杜 瑀	李 晓	**临床肿瘤学院**					
余颢凡	张 甜	张维琦	张晶灿	陈诗弘	郑天立	马宇腾	夏 楠	蒋姗彤			
高婷婷	熊 韦					**第五临床医学院**					
环境科学与工程学院						朱思达	陈 沁	钟 鹏	鲍予頔		
王 渝	王 磊	尹 力	史芳天	师 帅	杨宇栋	**第四临床医学院**					
何 潇	陈夏彬	周 甜	胡可君	贺玎玲	韩旭泽	马 驰	冯晖雄	李 伟			
建筑与景观设计学院						**公共教学部**					
李 凡						冯永康	刘 淙	李梦冉	李 晴	杨迎迎	梁 洪
药学院						韩明月	焦守玮	潘叙如			
于嘉轩	王 宇	王 哲	王瑶琪	孔维崎	邓运强	**中日友好临床医学院**					
仲家乐	刘 纯	齐 彤	江瑶瑶	阳明春	苏 珊	任 维	张瑜廉	陈凤发			
李子圆	李明娜	李轶凡	李雪琦	吴 迪	汪小清						
宋再伟	张艳芬	陈 迪	武瑞君	黄雨佳	鹿梦秋						
章 迟	梁烁斌	程文文	雍 灵	樊志璞							

优秀品德奖

物理学院
王奇革　王湛林　王锦天　汤欣哲　李扬　杨德宇
吴善进　陈成　周泽瑞　赵雅歌　倪有意　詹永川

化学与分子工程学院
侯颖钦

哲学系
吴继忠　徐广垠　崔容菠

国际关系学院
平井新　刘秉翰　汤晓路　李俞柔　李鸿雁　吴芷洁
林小暖　金佳莉　赵田园　姚荷　章宸月

社会学系
朱婷婷　宋丹丹　徐宗阳

外国语学院
冯一帆　邢艳茹　李孝严

艺术学院
余亮

深圳研究生院
任怡　刘力豪　李梦琳　谈威　覃思

信息科学技术学院
王伦　王李波　王亮　王翠翠　史博　刘跃
刘靖骞　张洪泽　苟向阳　林佳宝　周子凯　郑子杰
郑佳慧　胡亦旻　秦汉民　徐佳浩　薛潇博

国家发展研究院
王靖一　朱睿智　陈姝

工学院
刘杰　孙东哲　李村田　胡颖聪　徐聪敏　高红敏

城市与环境学院
甘雨　朱熙　黎一鸣

环境科学与工程学院
王程斋

药学院
李锴森　张泽轩

基础医学院
马雨琪　马欣蓉　马嘉翼　冯峥　刘明　刘聪聪
张娜娜　胡丹辰　曹紫阳　梁世为

第二临床医学院
黄鹤　彭鹏

第三临床医学院
李熊辉　武慧　高哲辰　程秦

公共卫生学院
王醴湘　兰丰铃　李有　李泽康　袁园　曹亚英

护理学院
王银平

口腔医学院
刘梦　李冰清　杨爽　赵华翔

中日友好临床医学院
李京

实践公益奖

数学科学学院
李卓琳　杨亦晨

物理学院
丁雪浩　丁雄傑　马超　王伊人　王雨佳　王国庆
王彦琦　王清　王超　方其亮　石晓彤　龙凤
任娟娟　刘力谱　孙宁晨　李云炀　李泽峰　李晨
李然　李嘉宇　杨京寰　杨晓雨　连航　肖聪
张玉雪　张昊　陈弘毅　罗睿　周易　赵东星
姚笑寒　郭雨源　郭震　曾俊邦　雷名威　褚慈
滕怀远

化学与分子工程学院
高雪

生命科学学院
吴恺悦

心理学系
方银萍　张冬雪　胡浩阳　路浩

软件与微电子学院
王璨　韦澍芃　朱夕子　朱臻玮　刘于菡　刘凤鸣
闫强明　李大瑞　李坤乾　李晓晴　杨梦洁　肖陆镝
何茂增　沈丽梅　张航　张菲菲　张腾　陈坤
罗曼　周鹏程　胡云龙　柳亚会　姜峰　袁瑀
钱文静　徐美惠　高宇　席珂　崔任平　廖细英

新闻与传播学院
车乐格尔　严妍　杨若兰　魏兆阳

哲学系
田禾

国际关系学院
NICHOLAS　王碧佳　许良洲　孙冰岩　杨颖晨
杨黎泽　金希望　胡正琛　段陶然　耿殷杰　夏天
黄郁婷　景甫　谭星

经济学院
牛铭梓　冯艳艳　庄雄伟　刘诗惠　张帆　张眉慧
官博　谭祺

光华管理学院
王楷　孙晋安　吴颖瑛　武达　金明　周颖

社会学系
任鹤坤　陈红宇　陈雪松　陈锦航　易莉萍　郑　捷
贺　凌　黄　林　蒋紫晗　韩启民

外国语学院
刘　林　梁欣然

艺术学院
白浩然　刘　今　黄　强

对外汉语教育学院
刘　恋　李　冉　李梓萌　赵文鹏　赵鹏飞　简欢欢

深圳研究生院
HE XIAOFEI　王立根　王　珅　李　鑫　谢　元

信息科学技术学院
门　睿　马文佳　马霄璇　王　宁　王海滨　刘宇邦
刘智超　许宇光　李美曈　汪懿洲　张家铭　张逸舟
周　喆　郑永安　赵若远　胡　然　钟　震　姚　畅
贾连成　高　俊　程锦远　谭思远　魏姚瑶

国家发展研究院
巫丽敏　胡钰曦

前沿交叉学科研究院
周慧敏

工学院
王添洁　牛天晓　任云鹏　刘　洋　李春志　李　聪
杨春兰　吴建东　张新宇　封　雪　黄晓晓

城市与环境学院
毛　怡　李一溪

环境科学与工程学院
杨松楠

建筑与景观设计学院
王秦乔丹　　　商姗姗

药学院
马子跃　王范冰

基础医学院
王　璐　刘一昀　刘志福　孙名帅　杨　丽　何林辉
张心培　张　悦　陈晓清　赵　昳　高嘉琪　程　功

第一临床医学院
杨菁华　徐思超

第二临床医学院
王　颖　令狐丹丹　　　杨梦溪　张亦文　徐　欢
高　畅　程雅琳

第三临床医学院
王冰炎　王　楠　刘作静　安祥博　杨春晓　宋　钰
张　慧　金　笑　柯　静

公共卫生学院
于卜一　王　实　刘雅倩　李侗桐　张文楼　周庆欣
蒋　莹

护理学院
王佳慧　朱　丹　闫明辉　龚　德

口腔医学院
肖　娜　易小松　赵　甜

临床肿瘤学院
汤　欢　陈含笑　林　瑶

公共教学部
牛一锋　魏　玮

中日友好临床医学院
张亚妹

北京医院
石文征

北京地坛医院
张一帆

北京医院
崔艺耀

深圳医学院
程　冉

红楼艺术奖

艺术学院
焦　傲

对外汉语教育学院
周庭蓓

基础医学院
张维一　陈奕霖

第一临床医学院
黄政翔

第二临床医学院
李晓未　陈　曦

第三临床医学院
武思乔　热依扎·努尔苏力坦　舒　婷

护理学院
张铃亚

临床肿瘤学院
吴　蔚

第五临床医学院
王　淼

第四临床医学院
孙　哲

深圳医学院
张　婷

五四体育奖

法　学　院
陈涵煦

国家发展研究院
陈淑娴　柴文超　徐岩廷

基础医学院
阿布都热依木江·艾力　梁　令

第一临床医学院
徐子衿　程方骁

第二临床医学院
赵　恒

第三临床医学院
海　宝

口腔医学院
姜玺军

第四临床医学院
孙伟桐

公共教学部
苏里皮哈·帕尔哈提

创　新　奖

创新奖（学术类）

数学科学学院
方华英　陈　磊　樊玉伟

物理学院
王　猛　包燕军　孙　刚　贺盈波　黄文卓　黄　浦
梁　赢　韩希之　潘圆圆　燕莹莹

化学与分子工程学院
文　豪　石可平　静　庄方东　刘　婧　米英英
祁丽亚　杜　然　李　扬　张芳庭　张树辰　张　骏
陈其伟　陈洪亮　陈　洒　周钰静　郑雨晴　孟　晓
郝　伟　顾飞丹　顾　均　徐　帅　郭芸帆

生命科学学院
王魏然　李昆仑　李祎男　李显龙　李笑雨　李　琳
李　翔　李静宜　杨　云　范小英　周景峰　姜冬青
郭　红　常　畅　董　杰　薛浩然

地球与空间科学学院
王建华　王洪浩　王　洋　王乾乾　冯　逍　吕明达
任　杰　安圣培　许　鑫　孙为杰　杜书恒　李　壮
汪　远　张成业　张修远　张瑞洁　张翰林　岳　俊
房亚男　赵文智　心　鑫　胡传胜　柴宝惠　高　静

郭一村　程　丰　廖　闻

心 理 学 系
王凌燕　王　婷　韩晓春

新闻与传播学院
雒健晴

中国语言文学系
李　科　李　强　肖映萱　张　凡　林　品

历 史 学 系
刘　洁　高翔宇　黄　桢

考古文博学院
卢亚辉　李宏飞

哲 学 系
兰　洋　吕东超

国际关系学院
海泽龙　曹德军

经 济 学 院
刘雪玄　吴志强　赵景涛

光华管理学院
刘　洋　许　可　邹　韬　张曦如　陈　靖　周　静
赵琬迪　胡诗阳　胡琼晶　盛　峰　梁　萱　魏春燕

法 学 院
王华伟　朱学磊　李文曾　李　波　李潇潇　宋维彬
陈立诚　胡星昊　袁国何　晁　译　郭　晶　蔡元培

信息管理系
江信昱　孟晨霞　董舞艺

政府管理学院
刘　浩　郭　洁

外国语学院
沈安妮　萨其仁贵　魏　爽

马克思主义学院
裴　植

艺 术 学 院
万永婷　李　蕊　周淞铖　祖纪妍

深圳研究生院
马　琳　王　琰　王　婷　尘福兴　朱　兵　刘威杨
寻桑妮　李希建　李明峰　李佩源　李　爽　李　静
李静杰　李　豪　肖　祥　沈小雪　宋利娟　张炜阳
张馨月　陈惠渝　林雄斌　胡江涛　胡学佳　胡博洋
段小奇　袁　杰　徐　鹏　高源鸿　唐　浩　梅光建
崔岁寒　梁　芳　谭策恒

信息科学技术学院
马　蔚　王　迪　王浩宇　王晨光　邓清中　成羽丰
刘大林　刘永强　刘航帆　汤恒河　孙嘉裕　李大为
李马丁　李　星　李祝祺　吴功涛　何　昊　辛　博

汪定　张盼盼　陈冰炎　陈特　邵莹侠　林星宇
罗川　金天成　周攀　郑泽宇　赵锐　赵睿哲
钟泽轩　栾添　高睿鹏　高飙　郭天魁　黄乐
戚向波　梁亦然　彭焕发　葛涛

张月苗　陈宇珂　陈素芳　陈善稳　赵艳峰　赵嘉惠
姚丽敏　黄海超

第三临床医学院
王文明　杨麟　宋伟　张一龙　郑扬　黄爱兵

国家发展研究院
边文龙　谢专

公共卫生学院
刘珏　李楠　陈茹　潘子奇

教育学院
王宇　翁秋怡　郭欣　曾妮

护理学院
侯晓婷

前沿交叉学科研究院
马士清　马晓旻　王杰　邓怡　叶永鑫　吕骏
刘旸　刘佳卉　刘婧　李应龙　李秋理　李梓维
吴兴龙　汪非凡　汪慧君　张珂　罗祖源　周平
周旭　周劲媛　莫测　贾昭君　夏华荣　董璐
魏静

口腔医学院
李虹　张瑞　郑晖　姜洋　洪瑛瑛　崔圣洁
彭丽颖　谢尚

临床肿瘤学院
孙洁　袁华　潘宏达

北京医院
张蕾　曹原

工学院
Asif Mahmood　Ivan Vuletic　马进　王平
王倩　王晴飞　邓梓健　史迪威　史忠顺　史建平
曲兆亮　伍垚　刘仁发　刘超一　安丽　孙永奇
杜金铭　李子森　肖厦子　吴小芳　张顺洪　张勇
张晏硕　张健鹏　陈轩泽　陈燕　周开　夏威
高延子　黄心宇　韩旺　喻佳兵　魏航

创新奖（体育类）
王佳慧　王泽奇　王嵘　李飞　李思芮　李敬敬
张永卓　孟凡辉　赵紫馨　郭经纬　郭钟泽　廖戈

创新奖（社会活动类）
许南方　张翰雄　邵子剑

城市与环境学院
方嘉雯　刘焱序　孙柘　车迪　尚子吟　周沂
孟靖　高世雄　陶胜利　章迪　焦世晖

创新奖（团队奖）

团队	类别
数学建模竞赛团队	学术类
大学生数学竞赛团队	学术类
北京大学学生合唱团	文艺类
北京大学学生舞蹈团	文艺类
北京大学学生民乐团	文艺类

环境科学与工程学院
王梓元　王婉晶　邓佳豪　李晶　唐溪　黄柳斌
黄越　董菲菲

分子医学研究所
申晴　郭文婷　韩晓蕊

药学院
王思媛　刘冰语　孙婧菁　郦鑫耀　唐从辉　黄斌

基础医学院
万军虎　王光熙　刘恺余　李英杰　张玉林　赵阳
高铎　颜若蓉

第一临床医学院
王辰　刘沛　刘苗　孙宇　李亚丽　李红霞

北京市三好学生

姓名	性别	专业	年级	姓名	性别	专业	年级
刘立伟	男	信息科学	2012	陈景诚	男	材料化学	2012
王宇晨	男	物理学	2012	薛浩然	男	生物科学	2012
王洋洋	女	凝聚态物理	2011	刘嘉辉	男	固体地球物理学	2014

续表

姓名	性别	专业	年级	姓名	性别	专业	年级
邵艺多	女	心理学	2013	杨宇潇	女	高等教育学	2014
李成明	男	计算机技术	2014	纳菡	女	社会学（老年学）	2014
张涵	女	广播电视新闻学	2013	李梓维	男	凝聚态物理	2013
刘派	男	汉语言文学	2013	夏威	男	力学（先进材料与力学）	2011
王静雪	女	考古学	2013	杨昕	女	人文地理学	2013
王嘉	男	马克思主义哲学	2013	况文婷	女	环境科学	2013
宋昊天	男	国际政治	2012	戴一博	男	临床医学	2014
张一凡	男	财政学	2012	王超	男	临床医学	2012
刘超	女	会计学	2012	幸华杰	男	临床医学	2010
赵昕玥	女	金融硕士	2014	杜雅丽	男	临床医学	2008
赵安	男	法律硕士（法学）	2014	王劲夫	男	临床医学	2008
陈欢	女	法学	2012	王雨蒙	女	临床医学	2009
步一	男	信息管理与信息系统	2012	魏路华	男	临床医学	2008
田志鹏	男	社会学	2015	侯跃隆	男	生物医学英语	2011
陈俊廷	女	公共管理类	2014	刘晓瑞	女	护理	2013
黄超然	女	德语语言文学	2014	刘元圆	女	护理	2012
张义荀	女	英语	2014	李润政	男	医学实验技术	2013
顾华盈	女	艺术史论	2012	杨珂	女	基础医学	2013
刘腾	男	金融学	2012	杜仁杰	男	口腔医学	2010
李希建	男	化学（化学基因组学）	2013	钟雯婕	女	口腔医学	2012
沈小雪	女	环境科学	2015	彭光华	男	药学	2012
牟瞻	男	金融学	2013	任政	女	社会医学与卫生事业管理	2013
刘鸣杰	男	微电子学	2012	王博	男	外科学	2013
刘凯	男	计算机软件与理论	2013	王光熙	男	基础医学	2008
徐畅	男	计算机科学与技术（智能科学与技术）	2011				

北京市优秀学生干部

姓名	性别	专业	年级	姓名	性别	专业	年级
蒋雨辰	男	计算数学	2014	葛鸿昌	男	阿拉伯语	2012
张正兴	男	物理学	2013	徐杨	女	政治学、经济学与哲学	2012
吴瞳勃	男	分析化学	2015	李佩	男	通信与信息系统	2015
叶威惠	男	摄影测量与遥感	2014	陈叙同	男	社会学	2013
赵悦	男	马克思主义哲学	2014	孟陆	男	预防医学	2013
苑子豪	男	国际政治	2012	孟漱石	男	临床医学	2013
杜浩然	男	政治经济学	2013	杨岸蒲	男	药学	2012
傅程榆	男	法学	2012	吕品	男	口腔修复学	2014
索天艺	女	行政管理	2014	毛瑞雪	女	公共卫生	2013

北京市先进班集体

新闻与传播学院 2014 级本科班
政府管理学院 2013 级本科班
教育学院教育学研 2014 级高管班
国际关系学院 2014 级本科 2 班
信息科学技术学院 2013 级本科 4 班
医学预科 2014 级临床 1 班
中国语言文学系 2013 级本科班
数学科学学院 2014 级本科 1 班
对外汉语教育学院 14 级汉语国际教育硕士班
生命科学学院 2014 级研究生 3 班
地球与空间科学学院 2013 级地质 2 班
外国语学院 13 本阿语班
马克思主义学院 2014 级硕士生班
深圳研究生院信息工程学院 2014 级计算机应用班
第三临床医学院 2011 级临床 5 班
第三临床医院临床 2012 级 5 班
公共卫生学院 13 级预防 2 班
第三临床医学院研究生七班
药学院研究生五班

奖学金名单

北京大学校级奖学金获奖学生名单

CASC 奖学金

工 学 院
宋坤明　郑天航

物 理 学 院
郭兆珩　田海东　方凯生　邵亚莉　吴善进　张照茹
杜腾飞

地球与空间科学学院
赵浩男　刘凤麟　王洪浩　孙　鹏　王梓媛　邱　添
张　雯　刘松吟

城市与环境学院
付　博　肖　昊

心 理 学 系
吴　琼

前沿交叉学科研究院
叶永鑫

ESEC 奖学金

中国语言文学系
张鹤天

考古文博学院
李芃芃

Panasonic 育英基金奖学金

工 学 院
吴月珥　沈丹妮　熊佳铭

地球与空间科学学院
黎晏彰

信息科学技术学院
刘韵亭　宋伟楠　陈方源

化学与分子工程学院
刘一苇　饶　禹

社 会 学 系
周凌岳

POSCO 奖学金

数学科学学院
张子筠

工 学 院
龚　盛　刘向阳

物 理 学 院
梁致源　刘至远

地球与空间科学学院
顾文尧

信息科学技术学院
冯　振　汪若宬

光华管理学院
黄　灿　孙亦非

法 学 院
徐　蕾　吴　胤

社 会 学 系
蓝星宇

元 培 学 院
常钰熙　田荟琳

SK 奖学金

物 理 学 院
费沉毅

信息科学技术学院
张　睿

化学与分子工程学院
贺麒霖

光华管理学院
田乙豆

外国语学院
张梦薇

宝钢奖学金

数学科学学院
马　超　胡安然

城市与环境学院
王思雨

国际关系学院
曹德军　孙正则

艺术学院
周圣崴　刘　颖

长岛奖学金

城市与环境学院
孟丽婷

中国语言文学系
李敏苑

国际关系学院
庞　祎　于舒婷

元培学院
杨思汀　何雨辰

成舍我奖学金

中国语言文学系
王雨桐　王恺文　贺璞薇

戴德梁行奖学金

工学院
付　际　赵耀民　高延子　杨旭三　邓亚骏

物理学院
张　靖　谢子昂　朱　磊　俞骁翀　王孜博

地球与空间科学学院
黄　璞　孙为杰

化学与分子工程学院
米英英

生命科学学院
曹　然　张　健　唐泽方

国际关系学院
李向国　王　博

法学院
孙　鉴　陆徐倩

社会学系
方洪鑫　焦长权　庄家炽

外国语学院
刘骁萱

马克思主义学院
周东娜

人口研究所
李会肖

新闻与传播学院
陈　晨

分子医学研究所
周　肖

前沿交叉学科研究院
张亚杰　徐优俊

邓真邓琨奖学金

外国语学院
楼珂珺　胡羽乾　徐　恬

东宝奖学金

生命科学学院
李永军　刘若飞　马　菲　杨明玉

方树泉奖学金

信息科学技术学院
尉虎刚　蒲永杰

方正奖学金

数学科学学院
田　祺　江云胜

工学院
吴林佳　吕瑞聪　郭　曜　胡枭汗　冷含莹　李占峰
魏　航　朱贵之　郑恩昊　熊　思　喻佳兵

物理学院
施成龙　于慧珍　贺盈波　蒋炜光　王湛林　杨伍昊

地球与空间科学学院
孙唯童　王　雨　郝以鑫　陆　杰　段鉴书　黄如许
阎述辰　韩甲源　唐钰开　康峻侥　王　洋　饶俊峰
刘　鹏　张志强　张恩瑜　赵文智　潘东晓　李　壮
杜书恒

信息科学技术学院
刘铭名　吴昱东　李一龙　李岩昊　李哲涵　董　镇
姚思羽　王易檀　杨东升　彭　昊　覃　天　曾鑫璐
窦　梵　张梦晓　刘鸣杰　毛冬元　张寰宇　宋利伟
白子轩　李嘉琦　陈　星　孟　博　陆光易　方　舒
米古月　王锦鹏　张　宪　章双佑

化学与分子工程学院
张志坤　李彦邦　杨　丽　陈其伟　付翔宇　刘艳华
常凤霞

生命科学学院
杨明钰　郑昱豪　李诗源　戴安婧　彭晓韵　夏宁静
端韵成　冯为栋　高士洪　杨　安　高千千　周海宁
王　卓　邵宇秀　马　昭

城市与环境学院
刘素素　徐怡怡　王照宇　于国帅　冯晰睿　马国强
毛熙彦

环境科学与工程学院
木乙羽　郑云昊　翟紫含

心理学系
李文远　王　璐

中国语言文学系
王远平　刘雅琦　涂琬洋　黄冬笑　杨小又　田九七
向思琦　孙慈姗

历史学系
邓一丁　龚立雯　张心童　贾春梅　姜瑞雯　时硕晨
车佳敏　段舒扬　何　芊

考古文博学院
季　宇　罗登科　马望博　张含悦　方铭璐　何柯欣
马　力　席雅卿　张丰豪　林怡嫻

哲学系
徐　超　李天赐

国际关系学院
刘一鸣　聂　鑫　高经纬

经济学院
鹿　溪　周琪玮　丁雪瑜

光华管理学院
武　雪　王世滔　张健韬　汪　泓　刘媛媛　郑　玮
李江雁

法学院
王树擎　周琦光

信息管理系
王照寒　杨　帆　李雅涵　倪少康　梁昌豪　张志豪

社会学系
张　双　黄　林　陈叙同　杨　珩

外国语学院
朱璨小钰　洪艾菲　崔梦雅　屈博雅　陈　鹏
司雨萌　任昱璞　高　伟　张　婧

马克思主义学院
丁栩翔　谢超林

人口研究所
陈洁茹

艺术学院
付煊屿　詹　婧

元培学院
杨　帆　吕思瑶　谢志坚　蒋婧琪　赵正豪　谭振洲
戴　锴　彭思涵　周诗培　段雅琦　昝钰淇　白沅鹭
黄启皓　张明佳美　　　王星程　李星宇　赵依阁
陈　畅　付佳玉　袁一沣

前沿交叉学科研究院
孙　涛　陈硕冰　谢鑫宇　亓　月

基础医学院
杨梦婷　原　昊　李新健　宁　洁　刘雨诗　李新飞
常徐完　汤　然

冈松奖学金

物理学院
刘　鑫　付琪镔　曹睿枭

信息科学技术学院
张　爽　顾家远　李舜阳

城市与环境学院
赵　晔

环境科学与工程学院
姜　博

顾温玉生命科学奖学金

生命科学学院
马梦迪　张　兴

光华奖学金

数学科学学院
李万山　范若昕　郭润晨　徐　舜　杨浩艺　沈剑豪
陈景林　肖非依　何家豪　谢雨彤　罗　闻　吴开亮
佟　瑶　蒋智超　李　潇　袁玉环　周　江　郭培昌
马思源　黄翔宇　李大为　谢雨杉　安　捷　陈力仲
刘　峥　陈　麟　李少晗　董子超　陈明娟　杨　云
李亚强　陈　喆　王译梧　浦鸿铭　刘浩然　虞天龙
黄　鹤　王　越　李照男　孔祥顺　李冠淳　吴振国
余　冰　朱昊东　刘默雷　柳红亮　高瑞琦

工学院
吴王鸿志　　秦家旺　赵则昂　贾存利　程相孟
吴小芳　孔俊丽　刘海龙　张顺洪　朱　熙　王　倩
刘长升　徐文静　沈祎恒　胡颖聪

物理学院
王思真　孙彰昊　许鑫杰　沈学简　曹　雄　张湛伯
王彦琦　朱哲毅　唐　尭　熊雪宇　张　彤　刘　易
张　霄　于天旻　曾俊邦　周　敖　熊　林　肖朝凡
朱子杰　唐静怡　刘童童　刘　丰　胡天琦　范瑞华
汤欣哲　潘岱松　周泽瑞　姚雨含　王超然　郑泽川
钟江南　毛　丹　李　扬

地球与空间科学学院
张瑞洁　王莉晶　魏子寒　顾晓滨　方嫒嫒　田　祯
任　杰　段尚昌　张　琪　刘雨薇

信息科学技术学院
高健博　杭嘉雯　徐子扬　付梦琦　关玉烁　卢　帅
朱路阳　徐辰曦　曹雁彬　王臻皇　刘家霖　钱　莹
陈　杰　李卓津　张　宇　王康达　周子凯　钟　原
贾宝雄　林锦坤　薛继龙　王浩宇　周夏冰　唐良晓

罗 川	黎明阳	刘芳辰	蔡少峰	孙 越	廖 凯	丛溢明	杨韶爽	付丝夏	李尚宸	寇雨婷	宋奕欣
廖 楠	马靖裹	秦 煜	洪海昆	洪 帆	林星宇	杜胜楠	唐轶一	巴莘敏	李 铮	徐 曼	李克曼
陈 睿	秦汉民	任鹏鹏	朱 近	吴春蕾	彭方玥	李可纯	李任平	柴冰倩	黄静贤	罗丽娟	杨 巍
杨 森	陈思明	田菁曳	崔 健	吴 先	罗浩然	唐艾妮	雷子腾	晏子清	余之一	杜宜学	许 孜
杜若谷	黎 亮	孙 韬	张 宸	朱雅珺	高敬月	韩 超	陈祖玉	王 鹜	张 祺	杨 俊	苏梦泽
刘子华	凌春阳	周文博	吴钰婷			李绯悦	张心怡	黎明原	亓悉蓉		

化学与分子工程学院

吴锐恒	王 哲	廖思安	杨逸豪	罗天佑	潘相如
郑黎明	靳鹏飞	彭零航	黎 翔	李帅辰	童 晨
盛 开	葛洪鑫	张红星	李 响	苏忆青	谢佳君
刘荣莉	周振汉	侯颖钦	高雪	沈 怡	

法 学 院

汤 岩	陈青青	李潇潇	周 游	刘耕蒲	潘 祎
吕 韵	马子朔	李佳益	韩屹青	杨锦程	蒋怡然
秦钰洁	魏 然	吴俞阳	余鑫甜	吴才毓	傅程榆
林嘉珩	张钰羚	李一茗	梁增然	徐 瑶	吴景键

生命科学学院

唐 韬	金 铃	温凯隆	张智昱	冯莎莎	杨琦嵘
石鹏双	赵毅超	马韵羽	薛浩然		

信息管理系

闫增旺	黄 唯	赵 瑜	程文婷	魏一鸣	李 然
祝振媛	赖纪瑶	龚成玥	赵元斌	李政廷	

城市与环境学院

钱 娜	王冀韬	姚一帆	于铖浩	李开阳	黎 斌
孙艺笑	向 林	石剑桥	康 磊	万 岱	闫昱晶
王 辉	祁泽钰	方嘉雯	黄天博	陈彬辉	傅 玮
王文博	谭卓立	韩 雪			

社 会 学 系

马志谦	田志鹏

外国语学院

胡思茹	安梦琪	向 伟	卢君言	曾 骏	肖由笛
张伊欣	田思伟	李鑫悦	顾 末	姚安娜	杜金雨
姚 圣	姚 青	朱雨卉	戴 雯	席琪婧	王 倩
黄修齐	聂涵今	甘俊晨	谭 璐	徐佳妮	李昊昱
何 安	裘蓉蓉	辛 苑	袁 勇	胡佳典	熊 畅
张 静	韩宜晴	王 畅	李 瑾		

环境科学与工程学院

党晨原	丛 薇	蔡昕好	袁文强	吴昊怡	张雨宇
樊 灏	王程斋	徐晔楠	周丽玮	张晓玲	龙玉娇
李梦仁	梁嘉良				

马克思主义学院

林乐兴	宋海云	路 俊

心 理 学 系

王立卉	熊樱子	王 玉	张 丽	王 琼	路 西
王 茜					

教 育 学 院

张 鑫	魏 戈	刘 钊	郭 欣	范逸洲

中国语言文学系

张 帆	陈 珊	苏 鑫	张姣婧	黄隆秀	张夏妍
李艳琪	都姝含	汪芯竹	罗茂轩	黄 河	陈墨玉
岳晗笑	李煜哲	李 强	蒋 博	毛士奇	胡琛莹
杨镝霏	李 瑞	李佳媛	祁 玥	黄静远	胡静静
刘雯昕	陈汝嫣	廖垠雪	冯子涵	周昕晖	金钟源
朱建强	王玉王	梁洛嘉	李浴洋	宝诺娅	余聪颖
李子卓	董 婧	江 禾	刘 彬	石 筝	文家辉
李树春	刘韫嘉				

人口研究所

王 欣

对外汉语教育学院

张未然	周庭蓓	尹雪雪	徐轶玮

艺 术 学 院

史艺璇	冯 舒	薛 熠	刘芳宁	周俊杰

新闻与传播学院

陈之殷	廖梦茹	肖贝	严 妍	刘 宇	张伊妍
车乐格尔	张 虹	侍佳妮	黎小童	李欣遥	
刘 婵	李维维	高 乔	侯忻好	王 洁	李若曦
郑深宇	余哲西	李雪阳	裴莴迪	刘 宁	任雅菲
田林鑫	佟金恒	张 琳	石 林	赵 坤	谭东方

历 史 学 系

王琪瑶	史少伟	曹茜茜	李 墨	张 良	杨 光

考古文博学院

章亿安	马仁杰	陶 源	王路凝	周思言	施一泓
许丹阳	管晏粉				

元 培 学 院

徐竹西	高 珏	骆人杰	邱丽颖	谢晓薇	林雨晨
殷鉴远	胡逸纯	黄珏璞	王庆嵩	王彬旭	杨松霖
陈启凡	许成伍	王斯达	朱 怡	盛大林	张煌昭
石 凡	连心怡	刘毅舟	杨 曦	尹含玥	高丽烨
温心怡	何雨凡	朱博文	胡梦雪		

哲 学 系

孙海科	陈柳玮	董书海	吴继忠	陈千千	任劲婷

国际关系学院

余物非	徐雨佳	邵子剑	张云起	李欣达	张 蕾
郭洁昕	许良洲	陈楚珂	郭声霖		

分子医学研究所

谷俊中	赵 佳

光华管理学院

黄琬怡	何昕迪	郭 鑫	翟祎雯	张力培	刘晨曦

前沿交叉学科研究院
王　媛　赵其锦　郑巧霞　李珍珠　宁　通　李　佳
徐昊文　庄申甜　吴　冬

深圳研究生院
余　飞　曹祺文　梁　芳　彭东建　田　源　聂彩明
吕慧玲　解　添　李　爽　袁　杰　陈惠渝　黄筠哲
王冠琳　吴　丹　陈雪霏　黄　迪　文　才　许雨萌
蒋　娜　尘福兴　周　颖　谭　瑞　杨　彪　陆　军
刘荔园　郭雨飞　景梦龙　彭家欢　徐　鹏　李　阳

建筑与景观设计学院
商姗姗

基础医学院
韩雅婷　于春子　肖晶莹　张伦玮　张高祺　杨泽亮
毛思聪　杨雨卉　全　葳　宁　昕　蔡　璇　赵　鹏
郭　翔　周萌萌　王菁菁　田玉瑶　周恩臣　张　菁
陈奕霖　阚士凤　杨　光　艾思志　姚明解　王文耀
宋　肖　陆　杰　刘舒萌　张嵩阳　杨　楠　匡静宇
宋　畅

药学院
易向玺　胡利明　李玥璇　梁钧銎　文彦照　杨　琴
白　婧　张　双　陈　亚　郭子寒　苏海涛　施伦勇
曾娜娜　黄旭虎　韦　玮　李苏昕　郭志刚　申　涛
张　群　马微微

公共教学部
陆亦凡　孔令赫　孙一冰

公共卫生学院
姚晓莹　王紫荆　周一帆　郭苏影　宁　忻　刘　凡
徐明明　李恬静　刘青青　宁　可　蒋　莹　王栋芳
王雪茵　盘　瑶　王碧琦

护理学院
李　星　高　珊

第一临床医学院
张文晴　白　赟　李瑞瑞　陈美恋　陈　沛　李尚霖
赵亚雯　黄文雯　宋文静　苏日娜　李辉喜　邵一珉
杨　威　张淑贞　杨开来　张　维

第二临床医学院
程雅琳　徐　欢　周　娇　刘　娜　方志伟　张　鹏
杨庆亚　陈文韬　卢文艺　陈　颖　陈　珑　高元丰
马明太

第三临床医学院
马闰卓　翟　峥　汪羚利　廖艺璇　李熊辉　常红花
陈　诚　李正鹏　齐新宇　王时尧　李　娇　崔婵娟
张雅丽

第四临床医学院
陈思霨

第五临床医学院
张建华　陈　沁

口腔医学院
刘雪楠　张一凡　李熠田　靖杨鑫　戴帆帆
洪瑛瑛　宋文莉　姜玺军　朱建华　张　帅　赵　甜

临床肿瘤学院
胡俊刚　张琪悦　张玥伟　甘　盈　孙　洁　邹建玲

精神卫生研究所
苗　齐　张　晓

第九临床医学院
郑　晓

航天临床医学院
吴　涛

韩亚金融集团奖学金
国际关系学院
石可可　宋婉玲　龚若菡　闫盈盈　陈　永　任柳佳

经济学院
杜　晗　杜震啸　刘思缇　赵伟嘉　成禹同　吴思雨
张　悦　马海方　孟天碧　张忞翀

光华管理学院
梁淑淑　李泽堃　袁玮婷　王梓馨　张思安　黄思川
徐　乐　景浩源

法学院
张冰凌　郝韵珊　杨苏豫　史燕飞　谢依杨

外国语学院
庄子奇　王怡丹　叶陈宁　李泽昊　周冠宇

恒生银行奖学金
经济学院
颜　洁

光华管理学院
石书铭

新闻与传播学院
李佳凝

黄昆-李爱扶奖学金
物理学院
张　晖

季羡林奖学金
心理学系
刘　栎　谭　鑫

外国语学院
王　上　郭　敬　龚哲浩

佳能奖学金
数学科学学院
骆钇澐　沈　澈　华　龙

物理学院
李潇斐　吴晓晗　王语馨

信息科学技术学院
何杭峰　孙嘉裕　程晓亮　姚杰雄

化学与分子工程学院
柳成航　徐　霖

环境科学与工程学院
张沥月　申恒青

哲学系
杨明晖　岳圣豪

信息管理系
戴丛蔚　孟晨霞

外国语学院
宋　高　虞雪健

金龙鱼奖学金

工学院
丁　瀚　曹　迪　姚　瑶　王一鼎　李昕宇

信息科学技术学院
金天成　牟文龙　石昊悦　何　昊　郭天魁

生命科学学院
刘周泽蕊　　王玉阁　曹智杰　陈金琳　李祎男

环境科学与工程学院
周启衡　赵　群　徐紫菀　邱明昊　董舒心

经济学院
修　忆　姜彦文　王钰希　司　念　王　婕

光华管理学院
沈悦然　何致远　邱昕瑶　丛泽平　刘子加

乐森旬白顺良奖学金

地球与空间科学学院
刘　乐

乐生奖学金

外国语学院
欧　琨

元培学院
雷渌璠

李惠荣奖学金

工学院
刘樊琪　侯江东　郭鑫星　曲兆亮　张泽群　李素莹
黄心宇　张兴玉

地球与空间科学学院
李怀瑜　陈　宁　张山啸　陈鸣飞

信息科学技术学院
刘　垚　吴莹西　孙周易　林泽辉　李泽凡　姜　和

王元方　郭豨含　东帅亮　宋思捷　智天成　黄文豪
周昱杉　王　皓　成羽丰　李祝祺

化学与分子工程学院
曹子颖　黄禹铖　谢丰羽　谢芳柏　谢泽威

生命科学学院
王诗莹　曹　铄　胡梦玮　孙逸非　张明嘉　郑　璞
樊　程　兰子君　李雪梅　遇　赫　王琬越　吴恺悦
王　欢　成　林

城市与环境学院
龙珂帆　郑嘉睿　胡邦毅　吴婧一　徐　郡　张艳晗

环境科学与工程学院
蒋青松　王　锐

心理学系
汪星宇　牛泽董

中国语言文学系
谭胜蓝　何诗航　闫　皓　刘芳滢　王雨童

国际关系学院
李晓蒙　胡斌祺　苏建文　庄礼骏　欣芷如

外国语学院
万　方　黄韵颐　李楚冰　张宇航

人口研究所
程昭雯

对外汉语教育学院
邢　思

新闻与传播学院
邓陈晖　赵　丹

元培学院
孙雨东　刘　竹　许子平　张浙航　姜家隆　王孟儒

基础医学院
章琳琪　刘显平　吴政达　张亦非

药学院
秦　川　朱思同

公共教学部
来晓真

李彦宏奖学金

数学科学学院
王东皞

工学院
章盛祺

物理学院
宋雪洋　郭　诚

地球与空间科学学院
陈逸然

化学与分子工程学院
周钰静

生命科学学院
杨嘉禾

城市与环境学院
吕 吉

环境科学与工程学院
李垚纬　崔雅惠　徐艺辉

中国语言文学系
徐梓岚

历史学系
蒋 悦

国际关系学院
严云扬

经济学院
应京含

光华管理学院
黄 昇　马晓峰

法学院
甘宜哲

社会学系
任鹤坤

政府管理学院
陈俊廷

外国语学院
王信夫　王虹元

新闻与传播学院
何珺瑶

元培学院
李 通　张成飞

廖凯原奖学金

数学科学学院
刘双城　罗晨旭　徐芦泽　徐智韬　李 屹　王渝西

工学院
张闻熙　沈心宜　张晏硕

物理学院
陈文杰　岳明昊　王希睿　吴洁强　肖英东　孙成伟
王 绪　李昕昕

地球与空间科学学院
刘志扬　王宇麒　高 静

信息科学技术学院
李 超　杨俊睿　翟慧丽　邱硕临　王 皓　刘鸿瑞
陈庆接　杜彦涛

化学与分子工程学院
钟广颜　杨晶辉　毛 威　唐 娟　张一丁　郑雨晴

生命科学学院
郭 红　黄 盖　谢夏青

城市与环境学院
熊云海　刘玉晨　王黎越　周与茵　刘 颖　熊忻恺
尚子吟　张鑫雨　刘 鑫

环境科学与工程学院
牛 贺

心理学系
张馨蕊　席可颂　杜 伟　薛 梦

中国语言文学系
张润芝　俞明雅　侯沛妤　刘晓晗

历史学系
卿子凡　刘佑民

哲学系
陈潇潇　赵洪彬　孟繁昊　顾 韬　张文豪　朱子建
陈雯怡　汪媛媛　徐玄灵　康维阳　高 飞　李国斌
罗晓维　伍翔凤　兰 洋　王 涵　赵 悦　邱 羽
姜 帆　董 彪

国际关系学院
何 山　符雪纯　王雨珊　刘 静　魏国华　余 渔
董成龙

经济学院
张 帆　赵 妍　蔡曼琳　曾皓原　承子珺　韩清扬
尚用馨　苏炫昊　王梦瑶　王卓隽　吴宏毅　张千杨
李 越　李劲林　李雪娇　卢思竹　马怡然　沈 瑞
王天娇　徐晓宇　徐倩淞　袁雅婷　曾伟盈　郝艳东
吕昊天　石 琳　汪欣怡　王昊博　晏坤熔　张敏琦
路广平　麻男迪　钱 尧　万琦玮　杨宾燕　杨镇瑀
应 征　赵仲匡　杜浩然　曹 琦　刘继龙　刘丽兵
刘 立　刘子琪　王 娜　蔡志伟　陈 栩　陈佳璐
丁泉莉　付亚利　顾敦辉　郭梦云　郭金杰　虞 佳
周 斌　庄 晨　黄 昕　王耀东　张轶龙　宁 叶

光华管理学院
常 菁　王晓彤　孙 琪

法学院
姚一凡　任孝民　汪怡安　武 宁　林昱睿　方若冰
高 航　胡敏喆　张仕锦　姜 琪　王钰灵　林玉萍
朱子琳　徐伟男　周 欣　刘 影　刘 颖　李一鸣
于 娜　陈月明　马层思　张恺簧　娜米芽　赵朗朗
金雨萌　朱笑芸　刘嘉柠　狄延超　孔清扬　李 扬
晁 译　马 超　盛星宇　黄 予　李心旸　周 游
刘媛媛　邹兵建　覃甫政　李 真　董学智　李兆俊
苗露强　段 文　黄雨婷　杨煜超　郭 璇　武 旋
盛佳慧　郭 晶　黄 晟　尚 东　张 爽　李利祥
卓昊洋　廖翎棋　黄 祎　洪加军　罗 男　吴 凯

信息管理系
步 一　罗 晶　李芙蓉

社会学系
刘 畅　宋鑫淼

政府管理学院

姚昕言	叶晗	贾蕾	王博文	马乐	马若凡
郑韵含	高千茜	徐沁仪	周璇	韩婧	柯杰
王俊	瞿湘玉	王晓琦	姜子莹	武雪健	周璐
张远	黄琳	陈斯惟	张晓林	杜鹏	许悦驰
樊昕	郑思尧	李曦纳	孙宇辰	刘宇璠	蒋锡泰
董志霖	曹伟晓	丁肇启	丁虹	张玉佩	蔡潇彬
徐淑华	王哲	邱珍	董杨	张博	魏娜
黄金	颜牛	苗思安	肖遥	姚璐薇	刘镇杰
林静	李自可	侯韵	孔斌	邓凌媛	赵雨淘
侯玉婧	孙响	孙波	寇冠彪	陈罗烨	田和壁

外国语学院

赖坤元	李怡	史雨然	蒋明彤	肖琳

马克思主义学院

林江宗

教育学院

吴红斌

对外汉语教育学院

郭品荃

艺术学院

顾华盈	李梦涵	李育菁	李宁

新闻与传播学院

宋琢	姚源	王润坚	王星	蒋若静

元培学院

马云帆	李星辰	户俊鹏	陈一潇

分子医学研究所

王茜雯	郭寺乐

前沿交叉学科研究院

史裕英	张明亮

基础医学院

史安腾

药学院

陈逸

公共卫生学院

莫云辉

林超地理奖学金

地球与空间科学学院

王建华

城市与环境学院

刘松瑞	张晓华	魏陶然

林振芳奖学金

中国语言文学系

薛静	王先云	焦一和	林少芳	彭超	袁丁
朱锐泉					

历史学系

李小波	郭桂坤	任伟	高翔宇	田卫卫	王倩
刘芳	李洋				

考古文博学院

李博扬	廖尉雅	卢亚辉	刘翔	李鑫	范星盛
朴南巡					

哲学系

杨莎	李瑛	田禾	侯杰耀	李楷	白辉洪
王坤	韩骁				

欧阳爱伦奖学金

生命科学学院

黄宁

外国语学院

叶楠	安帅

三菱东京日联银行奖学金

信息科学技术学院

李敏	郑子杰

化学与分子工程学院

王晓鸽	刘舒	谢霞	付嘉琦	邱亚明

生命科学学院

郭生杰	庄腾寒	陈佩双	李雯	卞展

经济学院

安然	赵艳朋	王一琛	胡佳敏	冯文君

光华管理学院

元彬龙	王梓雄	王菲菲	陈戴希	王曼

法学院

宋维彬	胡星昊	袁国何	陈立诚	胡翔

外国语学院

胡南夫	张顽	蒋露

三菱商事国际奖学金

国际关系学院

林小暖	胡正琛	韦冲霄

经济学院

张沛阳	刘志睿

光华管理学院

白静雅	毕新宇	何佳裔	胡靓婧	张炎蒸

三星奖学金

数学科学学院

陈嘉杰	顾超

物理学院

王天宇

信息科学技术学院

曾繁辉	陈思杰	张泽轩	王子一	汤恒河

化学与分子工程学院
张隽晔　马丽娜

经济学院
曲鸿昊

光华管理学院
王宇飞

法学院
李斯琪　丁卉

社会学系
符安之　徐海飞

外国语学院
李一杨

社会育才(顾年)奖学金

法学院
陈琰琳　刘梦馨

社会育才(张持平)奖学金

社会学系
吉砚茹　马芳园

沈同奖学金

生命科学学院
熊梁尧

苏州工业园区奖学金

工学院
张振羽　张成九　廖洋　姜汉博　刘晓　陈梅

信息科学技术学院
邵昱桐　何方　高飙　潘丽晨　褚海　管瑞
谭思远　汪刚　王诗君　魏奎　潘伟

化学与分子工程学院
贾宇博　戴汝熙　吴桢钦　张爱西　王佩奇　袁晓涛
赵甜梦　何逸仕　赵博涵　燕孜嘉　袁悠悠　闫鹏起
胡铭秋　封凡

生命科学学院
杨佳怡　冯素敏　林芳　吴辉辉　张天宇　黄司昊
焦航　任荻秋　武照伐

唐立新优秀学生标兵奖学金

数学科学学院
吴昊

化学与分子工程学院
陈景诚

地球与空间科学学院
陈卫东

中国语言文学系
闫梦醒

国际关系学院
宋昊天

法学院
李涛

社会学系
李澄一

外国语学院
张义苟

信息科学技术学院
李豁然

人口研究所
纳菌

唐立新优秀学生干部奖学金

物理学院
张正兴

中国语言文学系
王文忆

国际关系学院
戴帼君　孙天旭

光华管理学院
唐瑄

艺术学院
王汉

元培学院
徐杨

信息科学技术学院
丁昊　李佩

教育学院
崔情情

陶氏化学奖学金

化学与分子工程学院
孟晓　张隽之　吴峥

光华管理学院
黄一泓　田文佳　陈东杰

田村久美子奖学金

中国语言文学系
曹蕾蕾　张家昱　濮玥

王家蓉-王山奖学金

光华管理学院
李志冰　万飞　周静成也梁董张林

吴达元-陈穗翘奖学金

信息管理系
秦玥

外国语学院
林欣然

西南联大国采奖学金

国际关系学院
闫静雅　李洪胜

经济学院
王少杰

光华管理学院
谭娅　吴敏

西南联大奖学金

数学科学学院
郭永祎

物理学院
章灿洵

化学与分子工程学院
崔智昊

中国语言文学系
刘东

历史学系
杨维维

哲学系
刘名再

西南联大吴惟诚奖学金

地球与空间科学学院
贺鹏超

西南联大曾荣森奖学金

化学与分子工程学院
唐欢　龚莉

谢培智奖学金

历史学系
蔡佳宏

休斯顿校友奖学金

工学院
禹少轩

地球与空间科学学院
张维晟　刘证源

信息科学技术学院
吴文俊　白荻

元培学院
袁宏霖　祁箫　沈凌峰

公共卫生学院
高晓莹　李小卉

杨芙清-王阳元院士奖学金

数学科学学院
包诚杨　魏宏济

工学院
龚思琦　唐鹏飞　蒋涵宇

信息科学技术学院
贺心蕊　李天石　郑泽宇

生命科学学院
田梦　李丹妍

城市与环境学院
蒋锡辰　张原　陈思创　沈晓芳　李沛霖　李东　张馨怡

环境科学与工程学院
杨梦溪　肖瑶

中国语言文学系
赵雅娇　潘靓慧　雷瑭洵　刘馨遥

历史学系
王倩男　宋舒杨

信息管理系
冷玥　武群芳

元培学院
宁安宁　孙钟涟　周垚

软件与微电子学院
吕婧淑　韩维浩

杨辛荷花品德奖

数学科学学院
刘立伟　丁允梓

工学院
张哲豪　刘子不

生命科学学院
刘潭秋

城市与环境学院
权璟

中国语言文学系
崔颐超

哲学系
孔博琳　郎青　李佳轩

国际关系学院
张雍

社会学系
徐玉颖
外国语学院
安碧君
新闻与传播学院
金　越
元培学院
张玉滢

友利银行奖学金

光华管理学院
申　飞　吴小宇　黄清扬　张育菲　李　莹　方添钶
王苏欣　周一航　刘闰玖
外国语学院
贺钰爽　后博文　许诣铃　余　悦　朱珠娜尔
范宇新

优衣库奖学金

中国语言文学系
刘　派
国际关系学院
付　越
经济学院
袁世吉
光华管理学院
刘　婧
信息管理系
王道弘
外国语学院
陈歆昱
元培学院
李雨晗

张景钺-李正理奖学金

生命科学学院
韩静丹　沈初泽

张昀奖学金

地球与空间科学学院
孙永超
生命科学学院
施　瀚　陈诗聪　张　媛　刘　阳

章文晋奖学金

工学院
韩梦瑶　马　进

环境科学与工程学院
庄明浩　陆文涛
心理学系
王灵微　陈冠鹏
历史学系
王丹妮　林欢彦　张辞修　布依宁
国际关系学院
朱　莉　吴尚泽　张博宇　安思齐
社会学系
罗　曼　黄晓慧
外国语学院
尹子尢　郭奕佶　李　浩　李海鹏

芝生奖学金

历史学系
李天宁

中国工商银行奖学金

经济学院
耿　纯　边正阳　郝孟源　成琪然　谢潘宜　刘畅之
刘　玥　曹　怡　齐鹏飞　刘家瑞　崔　馨　宫　颖
沈　茜　杨　阳　杨远沛
光华管理学院
雷文妮　白书豪　胡苏倩　王卓然　金彦琳　朱婧姝
胡诗阳　封世蓝　陈　靖　余　超　种法辉　刘海洋
丁　晖　张晟宇　李　喆
国家发展研究院
陈　姝　王靖一　刘亚琳　石晓伟　陈淑娴　冯　涛
黄杨荔　魏　成　徐博立　杨　荃　单敬雯　沈诗涵
梁芳园　朱睿智

中国石油奖学金

工学院
王　平　李　彪　史忠顺
物理学院
秦　瑶
地球与空间科学学院
任悦溪　郝　明　李　然　程　翔　冯　逍　刘家骏
秦　霏
环境科学与工程学院
杨宇栋

钟天心奖学金

历史学系
陈钰琪　李继东
外国语学院
顾苇亭　刘　微

莉都奖学金

经济学院

冯 达

光华管理学院

李 琳

外国语学院

祁佳浩　王浚栩

五四奖学金

数学科学学院

马玉聪	王强力	柳伊扬	李 伟	李 徽	安圣美
胡婷婷	王湘宁	房正阳	杨雪芹	陈 成	张静茹
廖宇轩	李远治	蒋 瑶	刘思序	王亚平	王志超
陈 里	谢 玙	步 凡	卢运则	沈宇哲	高 超
刘纪一	万雅婷	唐 敦	董 海	任偲骐	符张纯
林 锋	陈芳玮	孙月姣	李 越	王 智	陶 钧
张天刚					

工学院

徐 露	汪毅卿	党向新	王晴飞	鄢慧君	曾志平
张亚飞	宋潇鹏	王潘丁	刘 岩	王 元	王绍鑫
刘传琨	李 亮	苗鸿臣	樊丽彤	白程安	杨宏韬
陈岩亮	席少飞	李村田	刘开奇	张宏源	严岑琪
周志浩	张 坤	符 尧	刘奕彤	张 慧	李 刚
李嘉伟	童晓宇	杨 乐	代 冲	梁子彬	王子琦
陈星如					

物理学院

李浩松	魏世源	陈 晶	燕保明	胥 恒	边宇轩
王 磊	蒋盛翔	廖 庆	耿基伟	魏祎雯	倪志茂
骆佳伟	陈 耿	韩佳星	李 渝	盛 典	门云鹏
郭见青	程玉田	朱亚永	赵 辉	侯 爵	赵一帆
李荣凤	栗宇航	万 逸	李明婷	吴天玮	戴攀曦
张 祎	陈志强	冯钰兰	李海龙	高智涵	郑 鸣
杨自钦	李嘉宇	周 洲	王 超	赵雅歌	龙卓青
王泽奇	陈 曦	王抒阳	卢智聪	梁 昊	杨 光
任政学	刘 霄	吕旭东	王劼文	丁以民	刘东皓
黄子儒	郑 旭	宣黎阳	卫斯远	陈 婷	陈思格
黄亦鹏	焦倩倩	王 雯	魏明杨	董晓峰	余佳晨
丁雄傑	沈红明	信子鸣	戴嘉为	黄子璁	宋 琪
李 旭	李 琼	王少莘	余思悦	王奇革	黄河清
陈 成	程思浩	罗金铭	刘竞慧	徐义尧	张 昊
杨舒笛	杨丽超	王锦天	王 清		

地球与空间科学学院

高鸿宇	杨晓雪	田泽普	刘志鹏	李月芯	彭立华
王思理	邹 琳	赵雨沁	赵琰喆	郑 波	王 英
郭 舟	庄育龙	田嘉铖	赵 习	李嘉琪	肖 汉
苏瑞冰	张翰林	刘沛显	杨 晨	安圣培	李明佳

（续表）

孟晋杰	韦春婉	骆梁宸	闫 东	吴葆宁	刘仲兰
彭学峰	周 杰	周 钊	程俊毅	王 磊	罗志文
李 岩	杨诗琴	李 伟			

信息科学技术学院

陈冰炎	何琦琛	蔡文波	曾沐焓	王 冰	袁鹏飞
沈哲阳	丁博岩	杨宇喆	丹 晨	陈 凯	殷若瑜
肖倾城	陈淙靓	周 洋	马 萌	陈维政	张灵箫
王旭普	李马丁	吴功涛	刘德明	刘 洋	左 杨
姜通晓	曲 祺	胡子牛	江道昆	刘亚雄	
刘本元	一	唐 浩	邵鋆侠	陈 琪	胡夏蒙
胡敬植	余美华	刘婵娟	徐梓楠	刘希诚	叶 挺
蒋瑞珂	徐良威	吕 鑫	汪懿洲	王鹏飞	范娟婷
陈震鹏	闫 林	吕婷婷	李锐杰	赵闻达	迟 骋
贺文强	朱哌锟	陈伟腾	王润辉	张恩田	杨 帆
郑永安	刘洪元	苗 睿	赵若愚	张一博	薛博文
刘日晨	刘天林	赵广洋	张 彧	朱逸萧	孙 伟
刘靖骞	李煜东	王翠翠	陆 旻	石 鑫	王俊尧
高成良	郁晨曦	王 丰	陈晓宇	黄佳雯	

化学与分子工程学院

魏 晨	张治平	李晓磊	武桐玥	吴晓锋	于 晋
来天成	周劲松	张 辰	肖先金	陆 勇	彭 诚
魏保生	朱志扬	郑晓宇	金 瑜	林 之	赵瑞颖
冯 晟	王 熠	姜 行	曹志超	雷 震	张则尧
魏大同	史闻悦	闫天炜	张陆昊	张达奇	张 迪
迟 樾	乔雪玲	袁 方	张先浩	江新鹏	梁和乐
潘洪兵	黄 山	聂 哲	张 简	李贺楠	梁欣庭
刘 晟	刘雅溪	杨 潞	李姗姗	许 星	邱 然

生命科学学院

郑良珺	袁艳芳	伍应丹	林巧玉	白 珂	梅 龙
李 鑫	艾宇熙	窦岩梅	田博书	宋 巍	鲁崇建
张 洁	周文雄	廖杨洁	张中旭	郭梓聪	李文聪
熊 枫	骆奕辰	罗 佳	李莲燕	刘 丹	王雅萍
刘慧思	王 瑶	林 睿	韦 超		

城市与环境学院

毛 怡	黎一鸣	张晶灿	梁千里	刘思亮	李嘉宁
史书菡	白梦灵	林 楠	谭一洺	郑 黛	朱文博
彭 旭	朱梦瑶	林 笠	王 雅	林浩茹	张维琦
高雪胜男		朱昱玮	文天祚	熊 筱	曾文静
张 路	焦梦菲	刘 娅	杨 阳	时航宇	张安迎

环境科学与工程学院

王 磊	韩旭泽	蔡 虹	薛 瑞	陈夏彬	王 渝

心理学系

张欣怡	曹馨月	刘菲菲	王知言	张 庭	冯哲逍
张 翼	于雨坤	刘天舒	马鸣新	张冬雪	曹宇龙
温 凯	康冠兰	薛 欣			

中国语言文学系

王文颖	刘潇雨	孙先成	宋 潇	周诗语	刘隽敏

沈婧楚	周宇彤	朱彦臻	袁乐琼	付泽新	蔡彦恒	韩仪	白冰	彭运朋	赵星星	张莹	沈晓燕
曹东	片昭英	施美均	张倩	吉淳	吴沂濛	张博睿	路贺	王秋豪	吴丽丽	宋凯	王琪
李哲美	高薇	陈琳琳	黄宇佳	叶栩乔	宋雪	吴林洋	李文杰	曹玲			
李琳祎	宋源景	朱雯	陈昭玉	段嘉懿	萧歆怡						
张颖惠						张帆	李沁芯	白浩东	赖婷	高振宇	张益诚

历史学系

刘小雨　卓楠　吴帅帅　王溥　林茂　赵宇
李东辉　田梦雪　牟维苗　姜涛　苏俊敏　陈蓁蓁
曾芬甜　吕沭阳　求芝蓉

考古文博学院

周凯南　王宥力　刘婷　梁根铨　刘天歌　张乐城

哲 学 系

刘坦　孙逸超　程志翔　肖力千　王茜茜　李璐楠
崔兰溪　黄朵　刘雨桐　张龑　王小超　钟晨宁
符悦　杨泽毅

国际关系学院

杨诗涵　王龙林　王超　宋佳骏　周惠萍　蔺紫鸥
邱道隆　金希望　海泽龙　金真明　NICHOLAS
陈博闻　辛经纬　周冰鸿　姚锦祥　马婕　曲一鸣
梁宝月　金佳莉　陈菊婉聪　田田叶　毕蔚兰
胡欣　杨桦　杨晓婷　吴诗卉　乌力吉　李家福
侯星辰　刘婧妍　严逸伦　邢玥　苑子豪　杨柳
张纤　丁北辰　王未　张婧昕　刘武鑫　李艺真
于海莹　郭海龙　谢伟健　佘雯雁　汤晓路　吴振伟
修光敏　Roman Sarah

经济学院

张抗抗　潘煜涵　陆晓天　王志明　李仲　黄泽瑞
王禹石　刘婧滢　时心悦　沈士竣　刘华山　冷文浩
杨晨　黄诗婷　沈颖　钟媛媛　王梦笛　翟佳音
赵菡　张彤　张力　刘筝　杨紫涵　狄伊烜

光华管理学院

庞嘉伟　杨沐阳　刘圣尧　张好雨　王兴杰　王子瑶
刘咏函　傅少勇　凡志迎　高梦璇　丁雨婷　肖晓
陈晓旭　高溢鹏　彭思皓　苏玉晶　张连登　谭跃昕
崔莲花　张光明　秦劲风　侯庚洋　袁宝　刘紫莹
李雪钒　仲崇然

法 学 院

王茜　张美怡　王艳　夏婧　李秀秀　吴思云
余晨霄　陆雯菁　赵佳琦　符怡然　侯慧娟　何雪婷
陈全思　武苑　高赫聪　奚望　张心雨　朱梦圆
戴维　何平　韩嘉怡　谢巍　姜涛　王美月
孙卓超　康玮婷　郭幸芝　张蓉　许一君　郭歌
王晨子　李滢　马倩　杨怡　陈磊　陈楚晗
张家帅　颜晶晶　包康赟　蔡丹彤　汪晋楠　田俊鑫
李晓璇　王思琪　蔡国保　史王綮　杨诗翰　王晓董
李欣　陈锦烽　单婷婷　宋璇　王帝清　乔静箐
丁天宇　李萌　张苏楠　张文怡　佘录录　杨舒皓

信息管理系

张帆　李沁芯　白浩东　赖婷　高振宇　张益诚

社 会 学 系

罗祎　符式婵　王力　蒋紫晗　张雨晴　曹何稚
王柯懿　王绍琛　汤澄　张雨欣　黄鹏　朱婷婷
徐亮迪　赵鹏程　乔诗钦　邹文娇　赵友伦　祝宇清
黄诗曼　王馨雨　陈思玉　陈红宇　周玉婷　郑彪
张颉　张蓝月　王超文

政府管理学院

陈天和　王玥　彭志斌　袁旋宇　阎晓韵　方若琳
吴晓玥　温詠仪　鲍星宇

外国语学院

聂晓霞　张路　金思燕　侯同尘　赵雪莹　朱立城
陈健　何凤仪　陈润曦　韦彤　李易雨麓
何宇菲　杨心悦　闫诗梦　史佳炜　裴丹云　李潇伊
郭欣立　袁婧　王嘉伟　陈嘉瑜　宗帅　徐鹏航
沈京淑　孙一晓　樊雨琦　谢昌立　何健榕　李雪冰
马学敏　李雯蕊　步忱　唐隽雯　陈博　荣丹靖
杨宁　邱庄

马克思主义学院

于玲玲　曹慧敏　王丙洋　徐越　梁爽

教 育 学 院

刘玉　余韧哲　李阳　赵婧宏　胡帅

对外汉语教育学院

杨灿　葛锴桢　王惠敏　丁晓旭　赵文鹏　吴倩倩
简欢欢　刘恋

艺 术 学 院

李思佳　谢亦晴　安铮　王烜　李晓唱　陈艺婕
田文聪　陈菁菁　祝子建　张瑜　刘今　魏舒忆

新闻与传播学院

郭芭然　孔颖　田丹迪　邱枫　陈俊涵　郭丹阳
毛殷平　刘彦君　周晋　岳天舒　杨若兰　马珺
袁晓琳　顾倍源　赵恺　景彤　彭家苑　陈佳鑫
薛精华　陈彦蓉　张宏璟　张倩　袁紫祥　康越明
陈沐　吴悠　张梦溪　张可欣　李诗　唐倩茹
袁若溪

元 培 学 院

王彬　居田　张晗　汪逸舟　付伟龙　赵恬艺
王维梓　徐佳　王伊昕　王蓄锐　唐忆村　柴达目
朱宇森　郑天行　杨浩明　何旻浩　罗翔鹏　李想
李相宜　彭泽昀　邹壮壮　顾潇屹　安永睿　万中一
黄文力

分子医学研究所

高露　刘兵　胡雪婷　王潇　闫晗　于鹏

| 李玉梅 | 骆宇峰 | 王 灿 | | | |

前沿交叉学科研究院

周 莉	洪佳音	习雨琳	高总茂	苏 波	鲁慧因
邵丽娃	施逸豪	高 爽	李 童	王慧敏	张荣飞
刘 伟	涂星辰	冯杰思	文 学	刘佳卉	李玲君
江 海	刘爱国	于欣欣	宋 阳	陆婷婷	吕品欧
朱文桢	曾祥梅				

深圳研究生院

邓志聪	任永欢	张雪莹	赵会娟	夏志毅	张馨月
魏淑媛	阮韵晨	朱 金	侯郁聪	姚柠炎	白安琪
卢志强	姜欣欣	欧阳锴	姚植洪	陈新政	李一丹
迟文卉	王 腾	周子茜	郑 楠	林雄斌	柴宏博
徐立平	姜 姗	王倩倩	陆 峰	朱迪聪	赵冰川
梅光建	韩 婷	柴高达	牟 瞻	向 斐	汤寓雯
林 莉	崔岁寒	任卉青	李佩源	谢宾伦	丛麟骁
胡江涛	李 志	陈 陈	夏中高	吕惠玲	林霞颖
唐金萍	王 川	陈治翰	朱 凯	张若楠	邵 阳
夏 璐	郁 文	龙菊舒	张 迪	范晓轩	颜 煜
褚芳铭	张东飞	曾薪燚	许宜哲	刘 洋	李明峰
李 硕	马里千	柳俊宏	余 翔	徐佳萱	余 淼
漆亚瑢	李岱峰	张学武			

软件与微电子学院

魏红枪	徐丽瑶	刘珈池	刘 萌	赵 磊	唐红艳
韩 冰	孙 蕾	史 磊	常 青	韩廷耕	李 沫
何雨尘	田 野	董笑蕊	甘桉妮	武 翰	候华龙
孙 源	张晓敏	王 璨	辛雨非	李松健	宾 望
李 杨	黄颖彪	李玉卓	周鹏程	申思琪	章玲通
叶丹丹	张思齐	刘凤鸣	张龙云	姚 尧	甄志昊
吴淑宇	梁 欣	张志成	张馨月	隆正伟	李三华
李海金	陈壮壮	金思辉	何茂增	谢文芳	王 晔
段险峰	陈子豪				

体育教研部

| 海若镜 | 王亚静 | | | | |

歌剧研究院

| 方银河 | 朱 茜 | | | | |

建筑与景观设计学院

| 李 凡 | 侯建卫 | | | | |

基础医学院

张悦怡	温 悦	张 颉	张维涧	冯 峥	张 悦
邵达明	胡 静	杨馨蕊	陈 虹	高嘉翔	何广怡
孟素坤	于阳阳	曾婉嘉	吕那云	邵玉子	赵 昳
杨明媚	曹 沛	张兆君	陈旭豪	张文浩	李雯琪
陈 曦	袁艺琳	程 功	杨文慧	房 煊	

药 学 院

| 薛雨晴 | 李紫鹏 | 倪冰玉 | 宋佳芳 | 王彦行 | 张圣业 |
| 蔡冠星 | 刘 曼 | 叶索夫 | | | |

公共教学部

| 王羽琪 | 陈素会 | 张春峰 | | | |

公共卫生学院

| 刘文博 | 陈晰雯 | 郭英男 | 武 娟 | 宋沁峰 | 侯云飞 |
| 徐国超 | | | | | |

第一临床医学院

| 徐康洁 | | | | | |

第二临床医学院

| 邹雅丹 | | | | | |

国家奖学金(本科生)

数学科学学院

| 郭永祎 | 王晓玮 | 赖 仪 | 陈文煜 | 任之湄 | 孙斌韬 |
| 孙成章 | 金 辉 | 张 钺 | | | |

工 学 院

| 周 开 | 吴心柳 | 朱斯亚 | 林人瑞 | 宋 进 | |

物 理 学 院

| 陈东政 | 冯顾言 | 韩兆宇 | 金晨子 | 彭昌南 | 张景云 |
| 孙溢凡 | 王宇晨 | 章灿洵 | 庄佳威 | 宁鸿烈 | 杨子宸 |

地球与空间科学学院

| 吴雨阳 | 冯雨宁 | 柳晓萱 | 王梓涵 | 黄知勖 | 刘 娜 |

信息科学技术学院

鞠培中	李绪荣	华晨彦	潘 睿	刘敏行	王泽宇
朱雅轩	何宸锐	刘兆恺	许云贝	高 俊	龚俊之
张可欣	陈 鹏	樊乃嘉	陈一茹	史桀绮	

化学与分子工程学院

| 陈世祺 | 崔智昊 | 冯轩宇 | 吴 越 | 杨俊峰 | 俞之橐 |
| 张 宁 | 赵嗣彰 | | | | |

生命科学学院

| 周鼎龠 | 张紫剑 | 房 苑 | 刘斯敏 | 李祺君 | |

城市与环境学院

| 彭瑶瑶 | 吴梦希 | 卫 俊 | 孙 柘 | 王 竞 | 王梦婷 |

环境科学与工程学院

| 唐宇石 | 孙若男 | | | | |

心 理 学 系

| 邵艺多 | 张翼飞 | | | | |

中国语言文学系

| 章莎菲 | 徐韫琪 | 刘丁宁 | 张 正 | 刘 东 | |

历 史 学 系

| 杨维维 | 陶 瑷 | | | | |

考古文博学院

| 孙唯瀚 | 杨婧雅 | | | | |

哲 学 系

| 刘名再 | 徐振华 | 陈高源 | | | |

国际关系学院

| 伍灏殷 | 李 琳 | 丁文婷 | 舒亚若 | 何宛玲 | |

经济学院
魏文晗　樊思鸣　许弘毅　林培锴　周　彭　柴闫明
汪忆源　张一凡　杨　顗

光华管理学院
樊樵枫　王　宁　翟达琦　刘　力　陈志浩　郭　齐
刘　超　刘　洋　姚梦灵　陈　瑒　王晓宇

法学院
刘力帆　余今朝　陈　欢　邹星光　葛　悠　陈陌阡
牛馨雨　严婉怡　袁东筱

信息管理系
刘天祎　王道弘

社会学系
曾彦琪　刘思嘉　许一鸣

政府管理学院
谭炜杰　李佳璐　钟　京　林　禾

外国语学院
王小焓　周思吉　陈　煦　林依莉　王舟飏　沙　凡
金德弘　田　唐　冯木子　方　初　王　骞

艺术学院
李斯扬

新闻与传播学院
卢南峰　李梦迪　斯姝华　吴　萌

元培学院
于戴维　刘　腾　张林峰　张泽懿　任昶宇　韩欣天
钟晨扬　赵宇飞　孙怀洋　黄殊晏

软件与微电子学院
杨　婷

基础医学院
戴一博　付佳钰　肖　丹　宋　佳　王银浩　刁　婧
杨致远　武　迪　杨　珂　丁楚凌　任汐鹰　王兆伦
程嗣达　张苏杰　张季蕾　刘梦苑　陈浩天　徐田松
王　玥

药学院
彭光华　满春霞　魏　巍　李飘飘　雷　阳　王　喻
褚丹彤

公共卫生学院
赵丹妮　叶艺璇　康文博　曾剑英　刘　扬　王韦迪

护理学院
刘元圆　刘晓瑞　鲁　寒　李妞妞　陆薪莲

公共教学部
白　旭　王丽莹　魏　佳

第一临床医学院
张晓明　徼晓兵

第二临床医学院
孙泽文　秋宇典

第三临床医学院
赵雪蓉　肖琪严

第四临床医学院
陈玉迪

第五临床医学院
陆旻雅

口腔医学院
沈琳慧　钟雯婕

航天临床医学院
蒋俊怡

国家奖学金（硕士研究生）

数学科学学院
李　特　翟利娟　华培策　蒋雨辰　肖泰洪　艾广阔
娄向阳

工学院
刘俊义　王成才　李子森　肖　普　李忠敏　张新意

物理学院
白　泉　杨晓雨　张宇导　周　易

地球与空间科学学院
陈亚平　廖　闻　王乾乾　吕明达　崔丛越　孙越君
郑小坡　朱尉强

信息科学技术学院
杨晓鹏　苏昭棠　厉　颖　于　璐　柳　黎　马晓蒙
刘　洋　赵玮泽　刘　凯　李　崇　倪　憭　李　佳
孙榕鞠　范非凡　黄伶灵　刘跃全　梅　祥　叶唐陡
罗堃虎　陈晓东

化学与分子工程学院
王永明

城市与环境学院
牟　迪　杨　帆　杨　昕　谭建光　黄萌田　董　瑶

环境科学与工程学院
杨裕茵　戴　宇　王　剑　况文婷

心理学系
杨秀杰　王　婷　孙经纬

中国语言文学系
叶述冕　郝　晨　罗雅琳　曲　楠　李　科　李晓蓉
卢　涛　张庆雄

历史学系
倪　晨　王健丁　高　燎　孙梦婕　张柏惠

考古文博学院
马燕莹　梁鑫蕊

哲学系
周小龙　杨　翌　郝颖婷　黄　笛　周世惠

国际关系学院
王菁菁　尉秋实　罗　洋　师义帆　龚玉婷

经济学院
金　亮　黄　政　韩丽媛　刘子豪　栾国阳　龙显灵

光华管理学院

朱一峰　赵扶扬　周安儿　叶永新　邓　晓　赵昕玥
马牧青　赵怡玮　项姝蕾　郑　宁　龚祎程　钱　瑶

法学院

赵　安　谭思瑶　贾茹丹　姜　婉　石晓理　吴　静
徐南楠　尹光辉　朱翼云　石冰洁　王　峰　王洪燕
王秦丽　谢春辉　张嘉艺　郭易卉　庄晓月　韩康麒
王宝鑫　陈尔彦　郭怡廷　赵　霖　金雪儿　尤保暖
刘张彬

信息管理系

刘济群　姜庆远

社会学系

马　江　黄世芳　董彦峰　卢镳逢

政府管理学院

徐梓原　宁　晶　席　皓　王志文

外国语学院

肖楚舟　沈静思　张　杰　吕如羽　黄超然　刘　畅
何　赟　成　翔　李辰韵　徐　月

马克思主义学院

徐　尚　左　锐

教育学院

杨宇潇　董　璐　黄思颖

人口研究所

程云飞

国家发展研究院

俞秀梅　金　洋　韩　璇

对外汉语教育学院

李　水　吴程前　范麐京

艺术学院

祖纪妍　李诗语

新闻与传播学院

魏兆阳　崔安琪　何　萍　雒健晴　谭　卓

分子医学研究所

申　晴

深圳研究生院

程子豪　段小奇　刘威杨　乔俊枫　王　毅　巩力睿
镇明敏　刘红义　王　琰　唐　浩　沈小雪　王　珅
吴　董　潘伟一　刘瑞琪　郭源园　张星星　卓　想
陈君娴　李蕴雄　高源鸿　胡博洋　曹　文　王宇曦
贺　健　杨　洋　刘怡君　高迎红　李奕熹　杨浚哲
王祝怡　吴雨航　蒋　馨　李　骥　迟梦阳　谢　曼
王璐犀　胡　亭　刘　璇　皇甫晓晗　　　　谢雨豪
杨亚宁　谢词龙　吴悠然　李梦诗　李佳星　宋永琛
王驭龙　张俊琪　朱留声　伍惠子　袁子焰　郭牧琦
李栩栩　南　菁　禹心郭

软件与微电子学院

钱文君　张亚飞　董燕萍　王　楠　赵静茹　袁金瑶

赵海洋　金　鑫　舒昌文　徐　粲　王璐瑶　江　帆
张　硕　孔令昌　贺强强　杜　磊　樊子嫣　刘佳琳
阮湘蓉　韩甜甜　李明初　闫强明　曹　野　张　达
胡竟文　陈　东　赵　烁　卫军军　康丽娜　张志威
丁德莹　王守诚　陈江玲　叶　嵩　岳金凤　马霖青
刘玉倩　刘　肖　肖妍然　郭子溢　李凌云　阚　颖
刘潇杨　靳灿灿　卢星运　刘　超　车玉媛　梁　宁
耿　潇　刘梦佳

歌剧研究院

洪　晔

体育教研部

陈　靖

建筑与景观设计学院

李彦超

新媒体研究院

李　冰

基础医学院

高　铎　李英杰　曾涑涑　高立权　张剑姝　王　俊
于秋晓

药学院

孙　丹　房　雷　刘　扬　李紫薇　刘冰语　孙秀波
朱玉超　门　鹏　胡建星　郑　婷　毛润泽　王　邦

公共卫生学院

温萌萌　张翠红　任　政　杨　迪　卓　琳　李志霞
杨　超　白　婧　吴志军　巩　政　毛瑞雪

护理学院

史　双

医学人文研究院

杨亚端

第一临床医学院

李梦伊　白坤昊　刘钟桧　陈宇珂　李红霞　姚丽敏

第二临床医学院

胡凤战　姚秋妹　朱晓璐　李伟浩　王利娟

第三临床医学院

吴　菲　王文明　高丽香　厉晓帆　邓湘宁

口腔医学院

李伟伟　刘施瑶　周培茹

精神卫生研究所

玉小燕　陈　敏

临床肿瘤学院

张攀攀　林　瑶　王晓航

第五临床医学院

张　蕾

中日友好临床医学院

王　林

第九临床医学院

肖萌萌

航天临床医学院
石琳

首都儿科研究所
陈震

深圳医院
于斐

地坛医院
杨琪

国家奖学金（博士研究生）

数学科学学院
余海江　任晓霞　刘海英　楚健春　雷燕军　周沛劼
朱景龙　熊杰超　方华英　罗钧峰

工学院
刘罗勤　夏威　任爽　邓梓健　陶勇　肖厦子
韩旺　孙俊勇　孙永奇　安丽　陈燕　史建平
赵亚萍　张勇　陈轩泽　王嘉宇

物理学院
王晨旭　邢颖　褚新坤　韩浩　胡芹　黄浦
旷烨　李伟森　连航　马晨昊　马力　孟祥志
荣新　孙宁晨　陶江川　王贺　王洋洋　武凯军
肖成卓　杨少丹　朱怡　赵琳捷　曹远胜　黄样
王猛　毛英男

地球与空间科学学院
王潮　张修远　郭文　张成业　王洋　程丰
房亚男　郭一村　许鑫　王梦珏　闫丽梅

信息科学技术学院
刘大林　邓清中　周明昕　栾添　黄乐　邱晨光
张洁　马郓　盖孟　董秋香　张权路　王晨光
谢小龙　刘航帆　胡治晋　王一娇　马蔚　刘文韬
徐畅

化学与分子工程学院
陈洪亮　陈洒成波　窦锦虎　郝伟　纪清清
柯俊　刘振兴　吕安　马志勇　聂绩　潘菲
彭鸣　赵蔷　董浩　吴曈勃　谢文俊　张树辰
郑斯齐　邓兵

生命科学学院
李笑雨　傅语思　张学飞　李冰峰　朱平　覃思颖
丁鹏飞　董杰　宋靖慧　李昆仑　范小英　姜冬青
景军展　周景峰　李翔　李显　郭红山　周维真
刘佳峰　刘源

城市与环境学院
陈龙　张萌　刘焱序　孟靖　安帅　陶玮
应凌霄

环境科学与工程学院
李力　代超　魏恺　王艺琳

心理学系
于宏波　胡捷　韩晓春

中国语言文学系
吴可　白惠元　李强　田祥胜　赵昱　林品
路杨　朱姗　任荷

历史学系
赵永磊　史宏飞　胡莉　苗润博　冯茜

考古文博学院
范佳楠　李宏飞　黎海超

哲学系
温雪　熊义刚　孙铁根　邢鑫　王皓　周努鲁
潘龙飞　杨祖荣

国际关系学院
李尧星　张旗　刘毅　沈晓雷

经济学院
张宁川　何明洋　赵廷辰　赵景涛

光华管理学院
张曦如　魏春燕　郭琨　盛峰　潘珊　邹韬
晏梦灵　赵秋运

法学院
赵玄　李波　李文曾　侯卓　朱学磊　吴雨豪
王华伟

信息管理系
张劼圻　谢丽娜

社会学系
付伟林　叶李代

政府管理学院
白晨　刘浩　邵梓捷　郭洁

外国语学院
王晓宇　万明子　张怡　霍然

马克思主义学院
张江芬　申森

教育学院
张恺

人口研究所
江海霞

国家发展研究院
张一婷　王齐冀

对外汉语教育学院
金沛沛

艺术学院
吴键　李雨谦

新闻与传播学院
王成文　安静

分子医学研究所
维力斯　梁生辉　郭文婷

前沿交叉学科研究院

邵 斌　马晓旻　于 双　张 茜　董 璐　周劲媛
马士清　李梓维　王 杰　张鸿敏　夏华荣　麻砚涛
莫 测　吴兴龙　张 珂

深圳研究生院

朱 兵　李 静　李希建　宋利娟　谭策恒　郑维豪
郑文露　左莹莹　马 琳　李 豪

软件与微电子学院

贾 统

基础医学院

刘恺余　颜若蓉　王光熙　万军虎　赵 阳　张瑞阳
俞欣荷　曾 攀　王雨辰　刘 亮　张树松　尹 悦
贾玉棉　刘 昊　何 佳　曹紫阳

药学院

信枭雄　吕海宁　王 琦　郦鑫耀　李 健　黄 斌

公共卫生学院

陈章健　刘 珏　陈 茹　蔡夏夏

第一临床医学院

夏驭龙　黄海超　赵艳峰　杨小玲　雷洪恩　陈善稳
李亚丽　王 辰　余霄腾　王雨蒙　林宏远

第二临床医学院

薛晨红　张雅薇　金恩忠　王 搏　齐 赟　梁海杰
钟文龙　幸华杰

第三临床医学院

张正政　姚丽红　王晓晓　黄爱兵　薛 恒　杜雅丽
管祎祺　余 翔

第四临床医学院

曾 成

第五临床医学院

王劲夫

口腔医学院

谢 尚　姜 洋　郑 晖　刘 晶　张茗茗　谷 明
崔圣洁

精神卫生研究所

高 倩

临床肿瘤学院

刘 菲　潘宏达　李 沈　袁 华

第五临床医学院

王淑跃

深圳医院

叶晓阳

福光奖学金

数学科学学院

林浩彬

物理学院

陈俊延　张昊文　赖文昕

信息科学技术学院

詹 源

经济学院

江曜民

光华管理学院

陈 娱　张翔雁　邹 勇　林芸沁　江冰森　林子晗
朱志博　詹文茜

元培学院

施文娴　曾霜旖

唐立新奖学金

数学科学学院

张 钺　王晓玮　吴昌晶　单敏捷　杨 宇　王 翔
黄 开

工学院

俞 玥　陆建洲　游军杰　刘超一　张新宇　龙云飞
陈军伟

物理学院

王 贺　孙 刚　叶柄天　项晶罡　王贺明　孔凡航

地球与空间科学学院

柳晓董　王梓涵　李 蒙　徐旺达

信息科学技术学院

李子今　韩晓强　张宇识　张彦彬　谢新锋　李 军
钟泽轩　李昀烛　张 超　马晓祯　黄 杰　钱霂巍
梅继林　陈颖旸　黄 东　杨亚鸣　沈熳婷

化学与分子工程学院

王仁明　孙维维　范 围　陈翔宇　黎 建

生命科学学院

房 苑　杨 云　尹亚飞　林 睿　严方雪　苏 乾

城市与环境学院

王梦婷　刘焱序　贾智舒　李朴涵

环境科学与工程学院

刘明旭　朱琴丹

心理学系

邵艺多

中国语言文学系

李玉长　黄舫漫　郑 媛

考古文博学院

管文韬　王静雪　王 玥

哲学系

陈高源

国际关系学院

余 欣　牟 叙　韩 旭　张 硕　李尧星　周灿灿
边 旭

经济学院

周 彭　丁匡达　刘铠维　王清扬　张 帆　唐 捷
梁 爽

光华管理学院
宋甘霖　耿宗泽　赵秋运　宛茹雪　丁　成　温　馨
许　尧　唐　嘉　王　月　郑钰云　伍启航　徐　琪
岳　鑫　戎晓畅　陈　骐　张　楚

法学院
余今朝　邹星光　朱学磊　白云峰　崔格非　周志鹏
李梦梅

信息管理系
王冰璐

社会学系
邵　嶷　王嘉钰

政府管理学院
林　禾　邹瑞阳　尚俊颖

外国语学院
王歆曕　周思吉　肖楚舟　曾敬诚　陈　炜
吴张心安　　　　叶诗瑶　张　梦

马克思主义学院
裴　植

教育学院
王　舒

人口研究所
黄国桂

国家发展研究院
张　睿

对外汉语教育学院
李　水　张娅璐

艺术学院
黄羽婷　李斯扬　杨欣欣

新闻与传播学院
宋明真

元培学院
于戴维　张林峰　彭　湃　霍进一　詹若涵　刘佳佳
曾　莹　姜　江

分子医学研究所
梁生辉

前沿交叉学科研究院
邓　怡　王　杰　贾　凡

深圳研究生院
吴　萱　陈君娴　李　豪　杨　宇　寻桑妮　邵春雨
董香寒　江奇睿　李欣蓉　李婧宏　蔡金兰　陈彬彬
张　强　彭康哲　诸宏博　张　帆　董一荻　李佳蔚
刘　敏　张　迪

软件与微电子学院
肖　杰　吴增超　刘　璐　李明初　荣　豪　吕　坤
完欣玥　杨爱萍　范雨霏　阮湘蓉

基础医学院
宋　佳

药学院
吴　勇

公共卫生学院
王韦迪

奔驰奖学金

工学院
张育宁　张健鹏

物理学院
耿易星　张敏中　陆跃辉　胡泽远　单君翌　郭行健
卢嘉威　桂　贯

信息科学技术学院
左　君　曾书豪

中国语言文学系
陈启远　徐芷冰　张　钊　王　蕊　杨加玉　张丰楚

哲学系
李晓丹　陈晗倩　任　晋　俞天诚　王艺洁　唐心怡

经济学院
张　静　谢丽燕

光华管理学院
李大可　陈朝熹　马牧春　林心悦　张馨文　余　舟
欧阳萌淞　尹东方

法学院
邹史超　李明哲　马晨轩　马一丹　魏颀瑶　金珊珊

外国语学院
裘宇飞　闫颂阳　俞　婕　胡大炜　叶田恬　朱亚洲
施丹旖　孟夏伊

唐仲英德育奖学金

数学科学学院
黄若谷　张　超　段俊明　宋梓宇

工学院
李笑含　彭　欣　刘乃嘉

物理学院
梁　宇　傅周天　张恩浩

地球与空间科学学院
朱　贺

信息科学技术学院
韦　琬　阿不都维力·阿布力克木　赵嘉佶　李　恬
叶　元

化学与分子工程学院
刘春怡　陈　铎　时佳乐

生命科学学院
米昱芯

城市与环境学院
张世东　赵钰浓　吕品妍

环境科学与工程学院
陈成康

心理学系
王婧　田玥

中国语言文学系
周昱均

历史学系
龚哲

国际关系学院
杨旸　刘思雨　格桑卓玛

经济学院
肖荷　廖戈　赵煦风　刘雪吟　柳林

光华管理学院
姜雪　李云　程超意

法学院
吕雅馨　杨牧野

信息管理系
赵怡然

社会学系
刘璇

政府管理学院
彭桂蓉　杨翔

外国语学院
张凛　周秋余　王琪

艺术学院
黄强　黄思嘉

新闻与传播学院
黄镭　邓玉成

元培学院
李则达　李鑫宇　王伟涛　吴语嫣　徐名琛　杨昌恒
刘人榕

医学部公共卫生学院
苗慧军

曾宪梓奖学金

数学科学学院
杨煜　陈龙　许开来　董佶圣　郭向阳

物理学院
叶伟成　吴凡　刘典京　姚文杰　赵义强　刘彦昭

地球与空间科学学院
陈越　叶诗婷　马博易　超　刘丽萍

化学与分子工程学院
张璐婷　蔡泽伦　王月　封木冬　蒋佳弟

生命科学学院
刘薇　林晨　金琛

心理学系
胡浩阳　路浩　米青天

社会学系
方田野　梁维聪　何婷婷

艺术学院
余亮　何佩莲

新闻与传播学院
钟旺　缑文强　崔昆阳

董氏东方奖学金

数学科学学院
朱妮　安冬　尤之一　姚嘉豪　庞硕　牛泽昊
赵梓文　徐子睿　易灵飞

工学院
岳壮　周佳慧

物理学院
薛尚捷　章逸飞　宋明育　鲍依木　李佳睿　沈钟灵

信息科学技术学院
庄泽浩　陆怀希　马文佳　刘春晖　尉方音　李芊
邵典　张先耀　高远　潘成　李昊尘　王李波
张峻伟　王哲　吴昊泽　张骁　朱兆成　王伦
杨至轩　钟域人

考古文博学院
胡毅捷　郭士嘉

国际关系学院
张琇玲　王牧良　陈勇　韩阳　宋琦

光华管理学院
胡凤潮　季语　朱曼莎　常惠丰　杜丁

元培学院
张筱钰　李林橦　王班班　程威　黄北辰　朱敏帆

软件与微电子学院
傅芳芳　汤思　王梦佳　钱艳秀　刘艳平　王艺蓓
张胡学　刘杨　李柏洁　王建

费孝通奖学金

社会学系
王雪洋　张龙　李晓慧　刘继伟

中营奖学金

深圳研究生院
张勇　马良　林经纬　申一蕾　黄昱然　乐晓辉
徐秋阳　冯倩丽　孔中华　刘吉祥　袁华　但俊
马捷　黄婷　史俊鹏　鲁溪　李海雁　陈萍
刘栋　邵文斌　王倩　王婷　王霄　周艳梅
肖晓丹　梁园梅　程滢琳　张杨青　齐昕　林惠燕
吴丹　罗美钰　唐超　石盼　赵风云　陈文生
肖穆颖　胡世聪　肖祥　范佳　王子然　和五木
杨易霏　刘文园　裴伊亮　章莹颖　惠雅莉　李瑞
韩青　张炜阳　郑炜乔　张博雅　肖颖　李杰

松鸿蒙　陈　锦　李倩雯　王　济　仲筱竹　黄云琪
邢剑宁　林钦贤　龙茂乾　崔莹莹　黄贤睿　辛俊卿
汤曦童　苏菲可　于华杰

帝人奖学金

工 学 院
冯韵迪　张利娜　邱韫哲

地球与空间科学学院
叶威惠　郑培晨　刘嘉辉

化学与分子工程学院
李　耕　郑晓慧　王铭展

国睿奖学金

数学科学学院
马　睿　韦东奕　傅晶雪　韩京俊

物理学院
贾方健　孔令剑　程宇清　张瑞丹

信息科学技术学院
陈峥莹　刘弘也　耿玉峰　杨撒博雅

光华管理学院
杨　璐　高燕辉

软件与微电子学院
方　凯　罗　楠

卡儿酷奖学金

信息科学技术学院
徐力有　汪建峰　郜渊源

化学与分子工程学院
傅天任　刘歆子建　叶擎宇　张美怡　于天麟

经济学院
段嘉炜

光华管理学院
刘允鹏　贺　凯　张瑞鑫

软件与微电子学院
胡妍佳　孔文博　张宝亢

社会育才张海燕奖学金

历史学系
李姝凝

哲学系
李培炜

西南联大校友张炳熹奖学金

工 学 院
姚松柏

华为奖学金

数学科学学院
韩松奇　仝　宇　王少卿　张　丽　陆道旭　申　佳
苗　旺

信息科学技术学院
王　迪　孙雪兰　铮　陈志鹏　黄　斌　杨　硕
邢星星　戚向波

软件与微电子学院
郭　虎　刘　利　张梦婷

侯桂芳-李计忠奖学金

城市与环境学院
董英伟

共青团系统奖励

2014—2015年度首都大学、中职院校"先锋杯"优秀基层团干部名单

俞　玥　工学院2014级博士3班团支部
陈文龙　化学与分子工程学院研究生2011级团支部
张璐瑶　信息科学技术学院2011级微电子系团支部
李　岩　地球与空间科学学院2012级地质博班级团支部
侯　琳　城市与环境学院教工支部
徐梓岚　中国语言文学系本科2012级支部
侯宁静　历史学系2013级团支部
罗登科　考古文博学院2012级本科生团支部
杨宇静　哲学系2013级本科生团支部
蒲　乐　国际关系学院2012级本科3班团支部
池广杰　国际关系学院2012级本科2班团支部
刘铠维　经济学院2014级博士生团支部

马晓峰	光华管理学院2013级本科4班团支部
傅程榆	法学院2012级本科3班团支部
洪浩淼	法学院2014级法本法硕团支部
李广兴	政府管理学院2012级本科生团支部
冯一帆	外国语学院2013级朝韩语系本科团支部
尚 斐	外国语学院俄语系2012级团支部
吴倩如	艺术学院2014级本科生团支部
缪文强	新闻与传播学院2012级本科团支部
姜 江	元培学院团学联
张 睿	国家发展研究院2013级研究生团支部
丁德莹	软件与微电子学院经管八班支部
陈 晨	对外汉语教育学院2014级硕士生团支部
赵 宁	第一医院委员会药剂科团支部
周 颖	人民医院急诊科团支部
刘温文	第三医院机关团支部
谭 瑶	口腔医院第二门诊部
赵 晶	行政后勤团支部
张海峰	第六医院研究生第一团支部

2014—2015年度首都大学、中职院校"先锋杯"优秀团员名单

黄若谷	数学科学学院2014本3班团支部
孙金钊	物理学院2014级团支部
马欣妍	生命科学学院2012级4班团支部
任哲玄	信息科学技术学院2012级本科微电子2班团支部
邹学森	地球与空间科学学院2013级遥感硕士班团支部
杨 阳	城市与环境学院硕士1班支部
孙若男	环境科学与工程学院团支部
刘 东	中国语言文学系2013级本科团支部
廖垠雪	中国语言文学系2012级本科团支部
刘 冲	哲学系2012级本科生团支部
苑子豪	国际关系学院2012级本科1班支部
吕 赫	经济学院2012级国经贸系支部
张诺亚	光华管理学院2013级本科1班支部
周庭伟	法学院2012级本科3班团支部
张 帆	信息管理系2012级本科班团支部
周凌岳	社会学系2013级本科生团支部
邹瑞阳	政府管理学院2013级本科生团支部
葛鸿昌	外国语学院2012级阿语系团支部
庄沐杨	艺术学院2012级本科生班团支部
王 梓	马克思主义学院2014级硕士班团支部
赵婧宏	教育学院教育技术系团支部
吴增超	软件与微电子学院科技二苑党支部
邢 思	对外汉语教育学院2014级硕士生团支部
孟令伟	前沿交叉学科研究院2012、2013级CLS党支部
王时敏	医学部2013级口腔医学技术团支部
傅孟元	医学部2012级药学3班团支部
周一帆	医学部公共卫生学院2012级预防2班
王佳慧	医学部护理2013级本科第2团支部
常 伟	医学部生物医学英语专业2012级团支部
曹梦圆	医学部护理学院2012级本科团支部

2014—2015年度首都大学、中职院校"先锋杯"优秀团支部名单

数学科学学院2013级本科生2班团支部
工学院博士2014级3班团支部
物理学院2014级4班团支部
化学与分子工程学院2014级研究生团支部
生命科学学院2013级研究生3班团支部
信息科学技术学院2013级6班团支部
地球与空间科学学院2013级遥感硕士班团支部
城市与环境学院2013级本科生城市规划班团支部
环境科学与工程学院2013级本科生团支部
中国语言文学系2013级本科生团支部
哲学系2012级本科生团支部
国际关系学院2012级本科2班团支部
经济学院2013级发展经济学系团支部
法学院2013级本科2班团支部
信息管理系2012级本科生团支部
政府管理学院2013级本科生团支部
外国语学院朝韩语系2013级团支部
新闻与传播学院2013级本科班团支部
马克思主义学院2014级硕士班团支部
元培学院2014级1班团支部
国家发展研究院2014级团支部
教育学院2013级高管新媒体团支部
对外汉语教育学院2014级硕士生团支部
前沿交叉学科研究院2013级团支部
公共教学部生物医学英语专业2012级团支部
公共卫生学院2013级预防1班团支部
护理学院2013级护理4班团支部
基础医学院2012级临床4班团支部
药学院2012级药学1班团支部
药学院2014级药学1班团支部

2014—2015年度北京大学共青团系统先进集体和共青团标兵名单

北京大学红旗团委(共5个)

共青团北京大学数学科学学院委员会
共青团北京大学信息科学技术学院委员会
共青团北京大学经济学院委员会
共青团北京大学法学院委员会
共青团北京大学第三医院委员会

北京大学共青团专项工作创新奖(共7个)

共青团北京大学化学与分子工程学院委员会
共青团北京大学光华管理学院委员会
共青团北京大学政府管理学院委员会
共青团北京大学新闻与传播学院委员会
共青团北京大学元培学院委员会
共青团北京大学基础医学院委员会
共青团北京大学医院委员会

北京大学共青团标兵(共10名)

董子静	数学科学学院团委
侯 琳	城市与环境学院团委
王 蕊	中国语言文学系2012级本科生
徐梓岚	中国语言文学系2012级本科生
刘 冲	哲学系2012级本科生
蒲 乐	国际关系学院2012级本科生
覃甫政	法学院2012级博士研究生
王丽雅	政府管理学院2015级硕士研究生
索天艺	政府管理学院2014级硕士研究生
曹 菁	医学部团委

2014—2015年度北京大学共青团系统优秀团支部和先进个人表彰名单

优秀团支部(共42个)

数学科学学院2014级本科6班团支部
工学院2014级硕士班团支部
物理学院2013级本科5班团支部
化学与分子工程学院2012级本科2班团支部
生命科学学院2013级研究生3班团支部
信息科学技术学院2013级本科6班团支部
地球与空间科学学院2012级本科空间物理团支部
城市与环境学院2013级本科城市规划班团支部
环境科学与工程学院2014级本科生团支部
心理学系2012级本科生团支部
中国语言文学系2014级本科1班团支部
历史学系2014级本科团支部
哲学系2014级本科生团支部
国际关系学院2012级本科3班团支部
经济学院2014级学术硕士班团支部
光华管理学院2014级本科1班团支部
法学院2014级本科4班团支部
信息管理系2013级本科团支部
艺术学院2014级本科生团支部
马克思主义学院2014级硕士班团支部
元培学院2014级本科1班团支部
国家发展研究院2014级研究生团支部
教育学院2014级普硕班团支部
人口研究所2013级硕士团支部
对外汉语教育学院2014级硕士生团支部
前沿交叉学科研究院2014级硕士3班团支部
后勤动力中心团支部
医学部第一临床医学院2012级本科1班团支部
医学部人民医院儿科团支部
医学部第三医院门诊部团支部
医学部2011级八年制口腔团支部
医学部肿瘤医院微创外科团支部
医学部第六医院第一支部
医学部基础医学院2013级临床4班团支部
医学部药学院2012级2班团支部
医学部公共卫生学院2013级预防一班团支部
医学部生物医学英语2012级本科团支部
青年马克思主义研究会团支部
影视创作协会团支部
科技教育交流协会团支部
派设计协会团支部
青年摄影协会团支部

十佳团支部书记(共10名)

徐聪敏	工学院2014级硕士研究生
杜锦超	化学与分子工程学院2014级本科生
钟泽轩	信息科学技术学院2013级本科生
王 欣	心理学系2012级本科生
杨宇静	哲学系2013级本科生
蒲 乐	国际关系学院2012级本科生

黄易旻	法学院2012级本科生
张　远	政府管理学院2013级本科生
孟　莹	公共卫生学院2013级本科生
刘　威	深圳研究生院2014级硕士研究生

优秀新生团支部书记(共10名)

陈雨萱	工学院2014级本科生
曹雁彬	信息科学技术学院2014级本科生
张晓华	城市与环境学院2014级本科生
孙唯瀚	考古文博学院2014级本科生
段陶然	国际关系学院2014级本科生
魏一帆	经济学院2014级本科生
苏林璐	法学院2014级本科生
陶　宽	前沿交叉学科研究院2014级博士研究生
王晨阳	护理学院2014级本科生
聂彩明	深圳研究生院2014级硕士研究生

优秀团干部(共92名)

数学科学学院
步　凡　王明远

工学院
唐鹏飞　叶恺昱

物理学院
江　燕　王天宇

化学与分子工程学院
陈文龙　盛　开

信息科学技术学院
崔东晓　高健博　何　斐　刘晓玮　刘　晨

地球与空间科学学院
刘松吟　叶威惠

城市与环境学院
毛　祺　杨　阳

环境科学与工程学院
马　源

心理学系
刘语桐

中国语言文学系
蒋仁正　闫梦醒

历史学系
薛　颖　张莹玥

考古文博学院
杜　杨

哲学系
刘雨桐

国际关系学院
刘一鸣　苑子豪

经济学院
杜浩然　吕　赫　傅杜阳希

光华管理学院
冯寒野　唐　瑄

法学院
傅程榆　王美月　武　苑　谢天鸽　李梦梅　周志鹏
刘　榴　孙甜甜

信息管理系
张　帆

社会学系
马旖浓　周　航

政府管理学院
左冰白　尚俊颖　岑松皓　郑方圆　邹瑞阳　蒋锡泰

外国语学院
步　忱　何琳琳　周惠莹

艺术学院
付煊屿

新闻与传播学院
魏兆阳　余哲西

元培学院
刘佳佳　乔元姬　李轶凡　管宏宇

国家发展研究院
梁芳园

教育学院
张　露

软件与微电子学院
丁德莹　贺强强　刘佳琳

人口研究所
石　旸

对外汉语教育学院
陈　晨

前沿交叉学科研究院
孟令伟

深圳研究生院
安金晨　厉越然　南　菁　吴庭禄　谢　靖

后勤
朱滨丹

校医院
崔　雪

医学部
常　伟　曹亚英　陈子豪　高　畅　杜　军　董　平
冯标琪　傅孟元　郭　浩　刘艾超　刘荣华　鲁雯馨
孙一鸣　吴　帆　于佳弘　张　珂　张　强

优秀团员(共 190 名)

数学科学学院

蔡宗宇　徐鹤元　周沛劢　周誉轩

工 学 院

蔡昆廷　代　冲　王添洁　周克迪　孙宇翔

物 理 学 院

孙金钊　赵一帆　魏昊然

化学与分子工程学院

焦浩洋　乔雪玲　周　胜　郑黎明

生命科学学院

康博熙　马韵羽　魏　铮　徐荣荣　范锐聪

信息科学技术学院

李哲涵　刘新宁　王　丰　王　哲　吴昊泽　吴　先
徐梓楠　张天宇　曾齐齐

地球与空间科学学院

曹文溥　黄　妍　刘嘉辉　孙唯童　许　酌　张　玮

城市与环境学院

杜　瑀　关汉岳　王思雨　尹　远

环境科学与工程学院

蔡　虹　李梦仁

心 理 学 系

侯芊宇　刘建勋

中国语言文学系

李奇蔚　盘怡董　王培洁　王浥尘　郑君仪　蔺　芳
张作鸾

历 史 学 系

吕沭阳　周培京　蒋　悦

考古文博学院

郭洋梦莎　杨若梅

哲 学 系

黄北南　徐献杰　杨思励

国际关系学院

戴帼君　李　琳　宋昊天　闫盈盈　杨　旸　李雪妍
杨晓婷　杨颖晨　侯晓玮

经 济 学 院

李梓宁　许弘毅　王耀东　朱佳楠　张沛阳　官　博

光华管理学院

曹若莹　刘芯蕊　吴　越　朱　珠　张诺亚　李少文

法 学 院

黄　啸　刘雨晴　马玉松　王钰灵　杨诗翰　朱煜琪
王鹏飞　袁易鑫　魏　伟　谭伊麟

信息管理系

刘佳亮　闫增旺

社 会 学 系

何李霸

政府管理学院

何鹏宇　雷明昊　李敏睿　禚星辰　杨　翔　刘丛丛
付宇航　肖静雅

外国语学院

李楚冰　王漪清　夏方波　许　洋　杨　婧　曾敬诚
冯一帆　孙雨晴

艺 术 学 院

冯　舒　郑珈辰

新闻与传播学院

贡雨婕　廖　菁　汤至纯　肖　杰　李　彤

马克思主义学院

宗高伟　朱　红

元 培 学 院

程　宬　甘子奇　秦　臻　吴明琨　闫丙松　袁一沣

国家发展研究院

房启超　高　兵

教 育 学 院

陈烨秋雨　仇冠楠　逄　欢

软件与微电子学院

樊子嫣　高　雅　李成明　李明初　吴增超　武　翰

人口研究所

黄国桂　赵　越

对外汉语教育学院

陈　婧　危露露

前沿交叉学科研究院

李玲君　唐智鹏

深圳研究生院

陈奕彤　董一荻　付　斯　李岱峰　姚　兰　岳梦荻
禹心郭　张传杰　张志恒　郑子欧　唐伊豆

后 勤

尤凤娇　左　丹

医 学 部

陈文桢　陈秋雯　崔浩然　邓　振　冯梦真　高　鹏
洪　鹏　蒋　康　刘超尘　刘晓妍　刘　洋　李博伦
李晓未　李晓梦　李妞妞　罗　希　刘心怡　牛孔凤
孟　雪　平　熹　强冰雪　桑晓冬　孙家琨　宋　晗
陶立元　谭哲伦　田振宇　王佳慧　王朝斌　尹　杨
杨嘉瑞　杨　迪　张　妍　祝　嶂　张　云　张正奎

北京大学 2014—2015 年度青年岗位能手标兵

杨柠泽	后勤党委	总务部
孟　帆	后勤党委	校园服务中心
张　婧	机关党委	党委组织部党建工作室
李存峰	直属单位党委	校友工作办公室

郭 鹏	直属单位党委	档案馆		李晓瑭	机关党委	学生就业指导服务中心
张 通	机关党委	督查室、信访办公室		庄 昕	图书馆	学习支持中心
艾春艳	图书馆	学习支持中心		韦成府	图书馆	系统部
王 鹤	医学部	第一医院		赵 琳	直属单位党委	教育基金会
周非非	医学部	第三医院		王 凯	直属单位党委	现代教育技术中心
邵晓凤	医学部	人民医院		聂 晶	机关党委	学生心理健康教育与咨询中心

北京大学2014—2015年度青年岗位能手

王治东	后勤党委	动力中心
刘晓娜	后勤党委	会议中心
张黎伟	机关党委	实验室与设备管理部
曹 璐	机关党委	保卫部
董 礼	机关党委	教务部教育评估办公室
李 楠	后勤党委	校园服务中心
朱博雅	校工会	文化体育青年女工工作部
李珊珊	后勤党委	餐饮中心
陈建鹏	后勤党委	公寓服务中心
刘 静	直属单位党委	校史馆
张 宇	校工会	校工会
于秀水	后勤党委	动力中心
刘温文	医学部	第三医院
陈 平	医学部	药学院
郭 丹	医学部	第六医院
赵艺媛	医学部	肿瘤医院
王 冕	医学部	口腔医学院
许桐楷	医学部	口腔医学院

· 2015年毕业生名单 ·

本科生毕业生名单

一、概况

2015届本科及第二学士学位毕业生毕业审查和学历证书发放工作在各院系和教务部的共同努力下，于7月初基本结束，现已总结统计完毕。

北京大学校本部2015届应届普通本科毕业生总共2690人，经审查：

——本科毕业2608人，其中毕业并获得学士学位2600人（含软件工程二学位11人），毕业但不符合授予学位条件的8人；

——本科结业59人，其中52人可按规定在一年内修满学分申请换发毕业证书，符合学位授予条件的，可授予学士学位；

——专科毕业20人；

——肄业3人。

北京大学校本部2015届外国留学生应届毕业生243人，经审查：

——本科毕业231人，其中毕业并获得学士学位230人；

——本科结业10人，其中9人可按规定在一年内修满学分申请换发毕业证书，符合学位授予条件的，可授予学士学位；

——专科毕业2人。

校本部本科毕业并获得学士学位的共计2830人，具体分布如下：

——法学学士408人（含留学生65人）；
——工学学士132人（含留学生3人）；
——管理学学士168人（含留学生23人）；
——经济学学士381人（含留学生33人）；
——理学学士1173人（含留学生12人）；
——历史学学士74人（含留学生6人）；
——文学学士462人（含留学生87人）；
——哲学学士32人（含留学生1人）。

北京大学医学部2015届应届普通本科毕业生总共586人，普通专科毕业生200人，经审查：

——本科毕业572人，其中毕业并获得学士学位572人；

——本科结业14人，其中14人可按规定在一年内修满学分申请换发毕业证书，符合学位授予条件的，可授予学士学位；

——专科毕业200人。

北京大学医学部2015届外国留学生应届毕业生68人，经审查：

——本科毕业64人，其中毕业并获得学士学位64人；

——本科结业4人，其中4人可按规定在一年内修满学分申请换发毕业证书，符合学位授予条件的，可授予学士学位。

医学部本科毕业并获得学士学位的共计636人，具体分布如下：

——理学学士177人；
——医学学士459人（含留学生64人）。

北京大学共授予1323人双学士学位，有133人获得辅修专业证书。其中：

——法学院法学（知识产权）专业双学位5人；
——社会学系社会学专业双学位63人；
——国际关系学院国际关系与对外事务专业双学位69人，辅修2人；国际政治专业双学位20人（早稻田大学项目）；
——国家发展研究院经济学专业双学位784人，辅修48人；
——经济学院经济学专业双学位15人；
——数学科学学院数学与应用数学专业双学位46人，辅修11人；统计学专业双学位57人，辅修4人；
——物理学院物理学专业双学位4人，辅修1人；天文学专业双学位1人；

——心理学系心理学专业双学位 96 人,辅修 10 人;
——信息科学技术学院计算机软件专业双学位 25 人,辅修 2 人;微电子学专业双学位 2 人;
——历史学系历史学专业双学位 29 人,辅修 2 人;
——中国语言文学系汉语言文学专业双学位 53 人;
——艺术学院艺术学专业双学位 29 人,辅修 3 人;
——哲学系哲学专业双学位 16 人,辅修 3 人;
——光华管理学院工商管理专业双学位 9 人,辅修 1 人;
——外国语学院日语专业辅修 9 人;德语专业辅修 13 人;法语专业辅修 14 人,西班牙语专业辅修 8 人;土耳其语专业辅修 1 人;
——政府管理学院行政管理学专业辅修 1 人。

二、校本部普通本科毕业生授予学士学位名单

理学学士学位 1161 人

材料化学专业 30 人
单 鹏	高 展	弓 俣	黄 铃 平	赫	潜 硕
王 萌	杨 帆	张 洋	白贤达	曹观海	陈泽华
程剑辉	崔知涵	郭怡彤	李俊逸	林廷睿	刘文哲
刘雪瑞	刘禹初	孙嘉昊	唐晟博	王浩民	王昊楠
王浩元	王振德	吴文博	许珩璐	徐重行	赵庆华

大气科学专业 19 人
顾 越　魏 强　赵 罡　陈柏桦　陈新涛　付仕佐
公衍铎　郭子豪　胡文涛　李逸仁　李尹睿　牟子龙
石佳琪　施偕里　檀望舒　汪汇泽　张傲星　周泽源
敖日格乐

地理科学专业 5 人
肖 菁　孙思佳　王凌越　王艺臻　袁建国

地理信息系统专业 14 人
程 静　金 续　申 晨　侯竣泷　刘思叶　罗雨杭
马文婷　孙晓宇　田定方　王陆一　王雯夫　王永强
徐劲懿　周恩波

地球化学专业 10 人
谭 宇　杨 华　俞 青　傅绍恒　黄圣轩　李鸣阳
周基明　周新明　周叶骏　周志豪

地球物理学专业 24 人
陈 聪　冯 禧　吕 杰　曲 平　宣 弘　蔡振宇
崔丛越　胡志峰　黄立博　黄亦磊　李嘉轩　李天意
罗迦文　毛淑娟　聂华晟　王偲瑞　徐健荣　许月怡
薛晓添　余洪政　张申健　钟旻言　周思杰　左思成

地质学专业 26 人
李 骞　罗 彪　闵 阁　王 申　于 杰　张 喆
陈鹏辉　崔一鑫　蒋久阳　来景涛　梁静之　刘天伦
吕简曼　乔雪园　邱熙蒙　王海峰　王晋娟　王明粲
王天阳　杨壮飞　叶荷青　余家文　张洋宇　张云帆
张泽亚　赵静贤

电子信息科学与技术专业 83 人
陈 霄　崔 晨　甘 华　高 宇　郭 锐　郝 嘉
姜 萌　廖 昀　林 逍　刘 菲　邵 鑫　宋 畅
田 品　王 涵　王 楠　王 瞻　吴 丹　姚 超
赵 澈　钟 舫　钟 威　周 一　常亚伟　陈菲雅
陈恒佳　陈泽恺　陈泽宇　戴广大　丁瑞洲　杜江江
郭景琨　何源昊　胡婉莉　胡智文　黄雨舟　姜佳岐
孔梓昀　雷子瑾　李春奇　李志伟　李子金　刘力俊
刘圣尧　刘志嘉　罗光涵　罗海涛　罗晓月　马莉莎
马列飒　马文博　马禛赟　石化顺　孙树亭　田树一
佟泽雨　王非凡　王胜铭　王紫怡　许兆鹏　杨奇峰
杨廷翰　杨泽坤　姚和朋　尹雪帆　袁晨阳　袁木子
张德辉　张端阳　张冠英　张海洋　张竟枢　张开伟
张宇航　张宇辉　张哲炜　赵健宏　郑子渊　周奇特
周森森　周思路　邹新昊　祖少磊　李弘一萌

核物理专业 10 人
刘 旭　刘 源　魏 坤　张 华　蔡北兵　耿一方
黄广伟　王晓添　夏子恒　辛泽宇

化学专业 90 人
陈 默　陈 维　陈 曦　丁 涛　高 翔　郭 毓
黄 熹　黄 哲　季 栋　江 淮　金 一　郎 珂
刘 臻　彭 康　乔 朔　权 慧　孙 冲　谭 馨
王 涵　王 帅　王 直　吴 勇　谢 天　颜 婷
杨 晓　杨 笑　张 超　陈紫萦　褚骁盈　邓亦范
范昌瑞　傅晓阳　高京霞　高融坦　葛浩楠　郭宏宇
郭立东　郭庆云　韩博文　郝璞哲　洪欣颖　胡惠达
黄天仪　黄心远　蓝光旭　雷若星　李佳琪　李岭高
李乙鑫　李元鹤　李照伟　龙卓然　吕子孙　牛无奇
钱尚宇　沈昊明　史含清　史弘略　史尧铖　苏倩雯
苏思河　孙博勋　孙旭东　谭灏诚　唐汉庭　童炳琦
王程鹏　王佳辰　魏江博　武振强　武振伟　谢嘉欣
熊超杰　徐贝帝　许匡益　许明慧　姚本林　姚拯民
叶洪舟　叶子醒　尹昊琰　曾兴为　张鹤至　张旻烨
张英硕　赵自然　郑淦林　周而方　朱彦军
刘卡尔顿

化学生物学专业 5 人
张 哲　黄已然　刘朝伟　吴盛祥　张昭悦

环境科学专业 40 人
陈 悟　陈 醒　冯 瀚　冯 韬　高 旭　勾 斌
焦 扬　李 蓓　李 杨　马 源　孙 津　王 慧

王琦 吴悠 夏凡 肖璇 许阳 韵潇
张禾 赵芮 陈培培 范汗青 符祥文 郝艳颖
金闻捷 李静宜 李秋维 李一龙 李中书 秦双妮
汪若宇 武金津 谢羽倩 熊冠男 张梦娇 张释义
周梦怡 刘文嘉辉　　　叶娜西卡·波拉特
帕合丽娅·艾西拉甫

计算机科学与技术专业 126 人
曹晶 陈灏 陈鸣 陈杨 高欣 胡杨
黄新 黄元 黄震 贾灏 靖奇 李炜
李想 刘璨 马辉 马林 蒙力 倪焱
钱锦 瞿锰 任强 阮翀 邵伟 滕跃
田璐 王然 王卓 文吉 鲜染 辛超
邢捷 徐鹏 杨帅 张爽 张曦 赵什
周岚 朱宸 白晓旷 陈东维 陈诗安 陈修司
陈逸鹏 崔逸卿 崔治丞 单旭东 段祎纯 顾乾辰
顾贤强 侯嘉琦 胡天翔 黄亚蒙 黄祎程 江忻玺
李长松 李家耀 李首扬 李文鹏 李晗白 厉扬豪
李雨昂 李宇琦 李正堂 梁竞月 林宇澄 刘佳奇
刘沛东 刘思远 刘翔宇 刘正昕 刘子鹏 骆启明
骆宇冲 马玉玲 毛景树 苗正杰 牟林阳 倪际楠
潘晨毅 彭瑛其 佘俊峰 沈戈晖 唐小龙 唐子豪
汤子洋 汪成龙 王传林 王羚宇 王明哲 王世衡
王潇放 王小西 王晓阳 王鑫洋 王心怡 王一博
魏亮晨 温德斯 文世为 吴阳怪 吴逸鸣 向芮锐
萧柳丹 徐梦炜 薛易清 杨广远 杨洪鉴 杨纬坤
叶奇挺 岳贯集 张高翔 张舒汇 张亦弛 张知凡
赵俊杰 赵明民 赵天雨 郑淇木 周晓慧 周钊平
朱纪乐 朱嘉栩 朱凯凯 邹达明 邹乐其
杨子小帆

空间科学与技术专业 8 人
刘晗 时辰 杨柳 张琨 范斯腾 何世闯
刘沐明 吴红红

理论与应用力学专业 21 人
陈伟 雷博 李程 李智 罗园 彭博
徐旲 余可 张寅 董成蹊 顾丁炜 黄梦龙
黄晟林 李佳航 李可仰 李明鋆 刘泽宇 寿振宇
张天汉 郑晨曦 郑宇柱

生态学专业 3 人
李上 刘梦 邹东廷

生物科学专业 102 人
毕莹 陈蕾 陈笑 丁晨 高洁 古欣
金田 匡正 李颀 李一 李哲 刘晖
龙婷 陆天 罗霖 马赛 马骁 曲娜
石阳 司雯 孙芮 孙潇 王涵 王腾
肖瑶 颜祺 闫睿 杨津 于浩 翟艺
张哲 朱蕊 陈俊豪 陈俊竹 陈鹿鸣 陈卓瑶
戴逸君 邓兆国 丁明馨 高天云 哈茹雪 胡致远

黄福大 黄晓霖 贾国翀 蒋陈焜 江庆龄 来卓元
雷栩秋 李伯勋 李寒曦 李杰圣 李雅颂 李一楠
李智鑫 李子逸 刘婷婷 刘小冬 刘星晨 刘云啸
罗一格 马逸彤 马雨桐 潘润宇 彭若诗 齐石琦
孙大赴 孙怀远 汤芬芬 田瑞琳 王佳茗 王嘉伟
王立豪 王雪霏 王胤杰 王茵之 王渝庆 魏一璠
吴铭锟 席中海 肖皓天 徐捷慧 徐礼文 闫嘉伟
杨斯思 杨纵横 易梦媛 尹健行 殷章元 臧维成
张嘉成 张金阳 张天一 张翔宇 张宇星 张子栋
赵婧璇 赵天昊 赵天舒 赵聿杰 郑旭辉 郑韫江

数学与应用数学专业 115 人
陈岚 丁聆 郭巍 孔嘉 刘壮 饶宇
沈阳 唐盼 王帅 闫峻 严堃 杨懿
张帆 赵南 赵禹 周韵 朱超 朱挺
包正钰 陈翀尧 陈佳杰 陈健飞 陈雅清 邸睿达
窦夏良 范嘉宁 范睿托 冯硕尧 高胤翔 顾泽申
关安頔 郭秋含 郭心舟 郭志腾 韩宇华 洪杰梁
黄博文 黄东明 黄丽晶 黄山筱 黄水华 冀元祎
贾颜宁 贾宇亮 焦骏鹏 金天翔 李池洋 李菁妍
李少堃 李天一 李同凯 李显文 李颖喆 李振坤
林经纬 林培辉 林伟南 林祎露 刘浩洋 刘济豪
刘乃榕 刘淑彦 刘兆波 陆东衡 陆海蓉 卢嘉瑞
卢唯阳 陆逸波 陆宇豪 罗就强 吕佳泰 聂林喆
牛乾坤 苏慧凝 孙璐璐 孙泽宇 唐方凯 佟浩功
王恺峥 王忆萍 王宇鹏 王子豪 翁恺云 吴晨晖
吴曼曦 向圣权 肖一君 谢永嘉 邢梆琛 熊思雨
许婧靖 薛丁川 杨鹏飞 杨雨田 姚博文 姚家锐
郁斐凡 喻怡雯 张碧莹 张顿源 张明睿 张思宇
张维熹 张栩川 张祥攀 张贻辰 张雨晴 赵宏民
赵君妍 赵牧晨 周凯文 朱瑞禹 欧阳叶田
欧阳智萌 LIN CHRISTY

天文学专业 25 人
白杨 陈平 陈伟 李凯 邱娴 徐韬
张晨 张凡 陈奇彤 陈昱光 高藉非 龚梓博
胡润杰 贾司瑶 林梦翔 刘训川 刘艺萌 屈稚杰
孙术仁 王瑞晨 王仲达 徐祥翰 徐紫嫣 张顺涛
郑舒文

统计学专业 38 人
胡越 李硕 林野 宋阳 王博 王琪
吴尚 杨柳 白培良 鲍宏伟 邓扬清 冯杰波
高慕鸿 耿其尊 顾诗颢 胡心宁 黄思翰 李城宇
李江皓 李一蕾 刘智彬 楼凌霄 吕伟聪 任子林
芮先河 王星岩 王禹皓 王昱杰 王占宇 肖昌南
杨新宇 杨雨成 曾慕辙 张峰硕 张诗玉 张晓霖
张雨萌 诸子亮

微电子学专业 53 人
高凯 顾禹 贺曦 林晨 刘畅 刘昊

史洋	孙翼	田源	王静	王也	许鹏
杨岳	詹亨	赵强	宫本岩	官鸿伟	郝培霖
何鸣晓	侯昌韬	季沭含	李海桐	黎沛欣	李沁格
李天予	李子扬	刘禹希	刘泽学	刘子钊	吕彬彬
满天星	孟祥一	牟刘杉	倪烨文	戚杨佳	秦樵风
孙思伟	田仲政	王春光	王锴成	王泽宇	吴袁健
薛子钊	闫东晓	杨宜欣	喻志臻	余卓擎	章嘉玺
张璐雅	张璐瑶	张烨然	赵竟博	郑峰屹	

物理学专业167人

蔡淙	陈曦	笪琨	戴极	淡洋	段炼
冯锐	弓正	果辰	郭璇	郭岩	胡旭
胡源	姜畅	金晗	李琪	林放	刘洋
马竞	乔颢	石瑾	舒强	孙毅	覃亮
田程	王波	王赫	王蕢	王钦	肖虓
徐睿	杨帆	杨坚	杨栩	杨益	俞阳
张驰	张睿	张天	周楠	班帅帅	蔡新强
陈超群	陈东宇	陈凯航	陈禄敏	陈怡帆	陈之昀
崔野平	丁家琦	丁星宇	窦福成	宫家睿	龚宗平
郭怀印	韩帅斌	何雨滋	何致劼	侯家航	胡彪言
胡笛南	胡家祺	胡毓文	胡志强	黄浩楠	黄雨晖
黄越飞	纪经纬	江恺瑶	柯明达	赖有方	李俊超
李思白	李思尘	李松沅	李文明	李新然	李政元
李枝蔚	李宗浩	梁泽西	林自达	刘春骁	刘翮飞
刘宏超	刘江雨	刘毅然	罗英华	罗州宸	吕廷博
马草原	马力克	马芹春	马世波	马玉林	潘兴杰
彭希猷	邱紫薇	阙星陆	尚广豪	尚振华	邵陈荻
沈博强	沈钰峰	施骄健	史可鉴	宋思宇	隋靖扬
孙风潇	孙时创	孙炜嘉	孙易晨	孙子墨	谈国禹
唐隽雄	陶俊明	滕昊天	王韩腾	王宏达	王士博
王天乐	王雪韵	王一鸣	魏金霖	吴比亚	吴晨韵
吴嘉瑞	吴一鸣	吴自华	肖琳达	肖伟集	肖伊康
谢兮兮	谢晓楠	许锡童	徐游江	晏明思	严乔靖
杨明如	羊宇佳	杨云鹏	杨志朱	姚宇坤	叶棒丹
殷如廷	殷喆伟	尤闻宇	袁仁亮	曾鸿飞	曾一航
张东良	张李波	张沛文	张若曦	张同舟	张学伟
张亦弛	章弋嘉	张轶伦	周国祯	周洪彬	周舒翔
周彦栋	周元胜	朱逢源	朱鸿轩	朱天顺	

心理学专业39人

魏祺	杨朗	袁帅	张晔	周颖	陈丽君
陈悦悌	何艺敏	黄尧尧	黄哲豪	姜凯文	李耀中
李泽群	李罂华	李哲辉	林慧娟	林丽清	罗晶欣
罗乔丹	马国凤	潘歆乐	蒲松涛	沈如意	石玉生
唐文杰	王嘉澍	王一丹	吴雷焱	伍岫云	杨奕颖
叶碧怡	张吉远	张意佳	张羽弛	郑婷婷	周文犀
周智清	朱煜阳	白玛央金			

信息与计算科学专业31人

陈康	黄得	宋健	王喆	向上	张傲
陈育炎	耿志远	雷子涵	李少东	刘泽琨	龙子超
罗佳鸣	彭志超	钱鹏宇	邱日明	区宇飞	史翔宇
苏肇宁	王令泰	王青璨	徐博儒	徐凯舟	杨凡意
俞思嘉	曾力玮	张光义	张君宇	张峻梓	张少鹏
张文钟					

应用化学专业13人

戴琨	刘茜	张何	周成	江杰章	寇焜照
刘子豪	孟瞳娟	王亮亮	鲜东帆	许晨曦	袁越鸣
赵博超					

智能科学与技术专业35人

成丰	董未	张恬	张昭	卜雨洁	黄智鹏
霍慧芳	李晨旸	李佳霓	廖宁林	刘孟泽	陆焕铨
卢思颖	罗炳峰	马云龙	梅章君	尚逸峰	孙若愚
孙泽远	涂薇枝	王姗姗	王文铎	文继清	翁涵馨
向仁楷	辛诗苑	许若男	杨必琨	杨弘颖	于陌尘
岳思言	张梦南	张梦颖	赵一博	郑荣娟	

资源环境与城乡规划管理专业29人

代宁	宫瑞	匡正	李羿	刘达	罗芊
孙豪	陈鹏飞	陈晓威	陈小香	冯子航	李赫然
李君妍	梁庆丰	刘天培	罗靖波	齐澄宇	申子杭
夏晓天	杨经纬	袁钰莹	张佳梁	张逸昕	赵雅婧
周家斌	邹建军	端木一博		尼玛仓决	
叶斯波力·叶尔肯					

工学学士学位129人

材料科学与工程专业13人

李榕	刘歆	孟伟	苏昕	王伟	李晖域
刘嘉辉	吕宣德	沈定涵	唐天宇	姚岳瀚	张柯杰
杨阳宇尘					

城市规划专业37人

雷夏	梁弘	乔钰	诗雨	宋萌	王迪
王娜	信心	张博	张穆	张茜	赵辉
赵巍	赵哲	郑欣	钟玲	安太然	蔡鸿儒
采诗越	崔婧靓	冯婷婷	高凡茜	郭博雅	郭永沛
黄昱滟	康艺馨	李晓丹	刘星辰	楼梦醒	王碧宇
王斌喆	王雅捷	王一舒	吴宇翔	谢伊羚	赵鹿芸
周晓泉					

工程结构分析专业17人

程杰	孙越	苑野	袁野	周皓	丁伟聪
樊苹博	韩飞洋	郝进华	何鹏宇	黄欣朋	李海东
刘栎杉	陆灏川	孙佳星	叶又秸	郑方毅	

航空航天工程专业2人

樊瀚雄	王茂林

环境工程专业10人

张旭	李奥林	廖粒杉	马知遥	麦奉青	帅惟韬
汤双宇	王晓静	吴思枫	熊富忠		

能源与资源工程专业 28 人

陈　嘉	黄　鑫	陆　嘉	孟　晋	唐　萌	曾　祎
张　祺	赵　磊	周　琪	薄云天	蔡文久	陈海歌
崔静远	戴双凤	丁治宇	赫嘉欢	黄振航	李政韬
刘谦益	刘馨月	宋世瀚	孙睿潇	王国昌	温泽坤
徐致远	姚梦碧	张瀚宇	张紫欣		

软件工程二学位专业 11 人

曹　松	韩　冰	金　乾	李　刚	李　莹	王　斌
王　乐	喜　魏	郭小舟	宋伟伟	谢晨龙	

生物医学工程专业 11 人

徐　政	赵　堃	付玮琳	侯文达	黄逸凡	黄紫橙
李树鑫	刘昕荷	潘照亚	汤皓翔	杨艳涛	

法学学士学位 343 人

法学专业 161 人

曹　源	车　晔	陈　锦	戴　月	邓　溥	杜　淳
方　策	龚　姝	谷　楠	韩　越	何　灿	何　刚
胡　皓	胡　啸	黄　栋	贾　雪	姜　宁	康　虹
李　盼	李　庆	李　槊	黎　玥	林　汀	鲁　琪
罗　策	罗　杰	罗　尧	罗　圆	其　美	沈　寒
王　军	王　鹏	王　宇	温　庆	吴　晓	武　岳
徐　成	徐　爽	徐　亚	杨　肯	杨　乐	姚　望
殷　岳	原　田	曾　理	张　锐	张　顼	张　羽
郑　娜	安珊珊	白紫薇	边一鸣	蔡南威	曹晓萍
曹伊敏	陈博理	陈虹州	陈嘉希	陈奕搏	邓澄婕
丁洁琼	董雅婧	董怡岑	豆飞洋	段克非	范子矜
方潇逸	冯时佳	冯思华	付明燕	高留建	高文娃
高颖文	葛奕君	苟晨露	顾赛君	郭冉冉	韩白鹭
侯梦旭	胡瑞琪	黄栎蒙	黄曼兮	黄腾芳	黄月盈
金书向	金雪儿	寇梦晨	雷宇京	李昕妍	李侬晓
李永花	李园园	梁成栋	林嘉敏	林桢淑	刘博宁
刘祥名	刘宜麟	刘屹坤	刘俞含	柳宇星	刘之忻
鲁一帆	栾茜瑶	罗兴博	马思萌	闵兆鹏	潘林琳
彭慧琳	秦嘉毅	邱遥堃	邱云祥	任爱枫	沙日娜
邵君彤	邵明潇	沈若菲	宋书蕴	孙邦娇	孙嘉珣
谭丁宁	谭思瑶	田可心	王冰山	王晨竹	王瀚之
王熳曼	王思程	王文婧	王晓洁	王逸怡	王一真
王铮铮	魏祖贤	吴冬妮	邬佳伶	吴天枢	吴芷筠
肖狄菲	肖依壤	肖政兴	徐冰彦	许思闻	徐温妮
薛小溪	薛逸敏	闫若铭	杨晓夫	叶笑非	余路漫
于子豪	翟宏堃	张昊旸	张露露	张宇翔	张泽峰
赵睿璇	赵文辉	赵烨娜	赵育才	庄文颖	

国际政治专业 75 人

包　恺	葛　腾	洪　叶	胡　杨	赖　欣	廖　媛
刘　源	鲁　蕾	卢　晓	罗　烨	吕　宸	马　媛
秦　肯	田　琳	王　岚	吴　桐	徐　瑞	羊　阳
于　瀛	周　越	包国军	陈傲寒	陈钰培	陈振兴
程浩然	戴玉磐	高鑫炜	黄楚云	黄惠伶	计明洲
金香花	金星辉	雷诗琪	李晗迪	李慧文	李竞菁
李思烨	李振宇	梁筱璇	刘雪彬	马欣悦	毛若冰
聂小依	秦伟利	沈小勇	史翔坤	宋建含	索菲娅
田园林	王丹逸	王天白	王子潇	夏雨佳	熊文雪
徐子乔	闫雪怡	杨晨桢	杨芳音	杨皓凰	杨起帆
杨雪蒙	杨喆涵	尹玉萍	张光辉	张先弛	张晓晖
赵晨宇	赵同慧	赵雅雯	赵轶君	郑方圆	钟林谷
周玫琳	庄晓月	朱凡吉行			

国际政治经济学专业 26 人

孙　靖	田　坤	王　冠	王　菊	张　灵	曹家豪
付汶卉	蒋雅茜	冷慧宁	李婷婷	李卓尔	蔺洺璐
秦小曾	石益莹	孙心悦	唐雨旋	陶欣亚	滕坤漪
吴碧莹	吴其阳	叶亮来	袁慈航	袁嘉遥	岳铮男
张瑞赓	朱宣澧				

社会工作专业 3 人

达　祺	张　楠	卢晓宇

社会学专业 52 人

陈　洁	惠　康	李　静	刘　硕	闫　昊	杨　霁
姚　倩	张　涵	张　恒	张　彦	周　琳	周　颖
陈绮筠	代瀚锋	董婧嘉	董蔚颖	范鹏程	韩礼涛
何奇峰	洪佳汶	黄雪勤	贾晗琳	李佳颖	李苏晖
廖梦莎	刘鸿博	刘永博	陆永盛	牟思浩	裴欣竹
齐薪添	裘一娴	阮航清	孙士林	孙朔晗	唐伊豆
田梓垚	王梦蝶	王志杰	韦晓丹	吴少煌	许立欣
徐贤达	颜青琪	杨千叶	张皇琦	张君榕	张芩珲
张兴博	赵晓航	赵毅东	宗泽伟		

外交学专业 3 人

陈丹梅	胡延雷	涂纵驰

政治学、经济学与哲学专业 3 人

栾凯茹	孙伟杰	严肇隽

政治学与行政学专业 20 人

程　斯	侯　爽	唐　浩	陈楚仪	侯泽明	刘雪莲
马嘉祯	孟维赛	陶汉文	王茂林	汪星宇	徐伟峰
袁翊珊	张霄宇	赵师楠	赵胥邑	郑殿琪	周一川
周云龙	邓舒瀚雅				

管理学学士学位 145 人

城市管理专业 11 人

孙　兆	王　菁	陈星月	胡孝楠	李圣晓	廖思颖
林思朗	施晓铭	吴望可	姚子玄	叶隽彤	

公共政策学专业 14 人

边　确	李　津	马　柯	向　远	翟　耀	陈婉斯
陈逸群	董红亮	董子仲	王默儒	肖韵曼	张东明
张镇杰	周宏露				

会计学专业 39 人

丛　戎	邓　喆	李　妍	李　逸	王　雪	王　艺

晏阳 姚广 周妍 蔡静舒 蔡云飞 陈玫洁　夏之梦 熊敉祈 赵婧旸 宗韶晖 茹赛娜·努尔
陈霜阳 陈陶然 陈英浩 董骄阳 侯昀 李靖楠

李宪平 林妍纯 蔺怿霏 孟紫煊 乜红丹 牛方佳
任美霖 沈卢庆 谭楚翘 唐韵馨 王妮佳 许晓琛
杨佳琳 杨子妍 易霓虹 张国承 张千玉 张心蕊
周丽雪 朱楠枝 朱娴静

市场营销专业 23 人

陈琛 高媛 乔良 田聘 王梅 杨帆
陈柯洋 陈立金 陈怡文 杜鑫雨 关海英 姜舒文
李书昀 李思雨 李雨嘉 唐兴南 王思思 王自超
谢旭璋 严丞曼 杨宸熙 杨浩琪 朱佳艺

图书馆学专业 1 人

杨珊

信息管理与信息系统专业 26 人

郭鑫 蒋勤 田葭 杨喆 张璐 周翔
陈煜佳 陈泽霖 何正罡 姜庆远 李乐章 李振森
林子婕 刘芝玮 万隽阳 王嘉毅 王琪斯 王申罡
夏恩灵 邢竹天 杨昕辰 云梦妍 张瑾贤 张申扬
赵域航 姜明雪美

行政管理专业 31 人

曹景 褚亮 洪枫 黎泉 林妍 刘静
宁晶 石晶 王晨 王卓 魏雨 萧箫
杨舟 张辰 张莹 陈宏华 陈晓茵 李君然
李南泠 罗步景 罗浩月 孟怡然 宁思莹 王洪轩
魏钰明 吴成浩 薛丽伟 严鹏飞 朱佰文
唐依芳菲 叶丹娜·卡日拜

经济学学士学位 348 人

保险专业 32 人

常馨 冯月 付昊 韩进 申思 孙涛
王逊 殷明 张越 周珊 邓海曼 冯璟钰
高子涵 葛艺璇 胡淑颖 金晨歌 景魏依 李蕊妙
刘峥岩 麦联俊 彭子恒 芮思佳 石瑞琳 王元奇
吴匯琳 吴敬云 杨婉妮 袁婧雯 袁运凯 张荟慧
赵启程 钟明洋

财政学专业 25 人

高鸣 胡超 黄青 金超 荆旗 李昂
李靖 连伟 朴妍 郭喆谦 何星若 贺依婷
贾亚楠 李沛桦 廖顺睿 覃明杰 吴佳泽 吴一博
徐子谦 余俊辰 占雯燕 张如菡 张惟佳 钟嘉意
周虹先

国际经济与贸易专业 8 人

高琳 杜岩松 郭宇宸 李思凡 沈玉芸 苏晨风
王竹君 张天涯

环境资源与发展经济学专业 17 人

贾如 李也 童心 殷实 张灵 苌婧羽
陈明熙 崔雪梅 李婉婧 李治琴 梁禹澄 林文杰

金融学专业 186 人

曹越 常今 陈晨 方铭 方媛 封帆
傅艺 何洋 胡东 胡煜 黄勇 贾魏
李丹 李然 李玮 李响 李滢 梁天
梁雅 林达 刘晗 刘婧 刘焰 卢珊
石伟 宋然 孙斌 孙亮 唐好 唐棠
汤逊 陶博 田烨 佟瑶 王超 王成
王球 王晟 王帅 王童 文雯 吴确
夏冰 肖钰 谢雯 熊乔 杨晨 杨桐
杨洋 袁双 曾强 张驰 张宽 张爽
周丹 周晔 邹舜 艾一畅 安志鹏 白惠天
白洋伐 班布尔 蔡金旭 曹光宇 柴英楠 陈博雅
陈剑隽 陈健雄 陈晋宇 陈美桃 陈欣彦 陈毓坤
仇心诚 崔英伦 戴骊颖 董又源 杜琪亮 范博伟
范令箭 费立孝 冯济舸 冯彦君 符妍舢 付英娇
巩爱博 桂亚楠 郭玉洁 郭宇泽 贺竞萱 洪乐园
黄伦洋 黄秋园 黄宇健 嵇环宇 贾婷彦 姜静妍
姜宁馨 蒋欣芯 解环宇 晋睿智 金子琳 孔新雅
李馥麟 李华章 李嘉缘 李思婕 李晓明 李艺璇
廖儒凯 刘钢贤 卢雯 陆晶晶 陆维翔 吕苑章
马豪博 马誉侨 毛友昆 梅梦雪 倪江珊 彭若洋
浦隽瑾 秦程程 任思璇 任宇芳 孙明琳 孙瑄梓
唐明珠 陶润雨 田露露 王丹烨 王翰生 王浩然
王剑鏷 王姝婕 王思凯 王思琦 王啸宇 王言泽
王一鸣 王逸男 王雨涵 王子畅 吴仪扬 吴甄琦
夏天慈 肖伟伟 谢嘉韵 谢沛良 谢文彬 徐佳文
徐珂熠 徐婷婷 薛博元 严安然 杨大恒 杨过超
杨瑞冬 杨伊欣 游剑荷 于纪浩 余乔升 虞若晨
余思慧 袁美琳 曾菱衣 张博龙 张霖梅 张璐薇
张瑞昕 张少强 张晓彤 张兴星 张雅莉 张一林
张雨晴 张治红 赵嘉俐 郑铭辉 郑煦之 钟宁静
周闻宇 周怡君 朱杨昆 朱紫微 邹方正
栗原弘一

经济学专业 59 人

毕晨 曹姮 陈昕 程杨 方兴 冯可
官洋 侯婷 李典 钱盛 邱成 王申
王薇 辛星 熊磊 许焓 张茜 张婷
张雪 张瑶 钟怡 陈甚萱 陈正勋 崔含笑
范雯琪 甘杰威 郭科琪 韩伟男 何珈谊 怀文馨
李一苇 李卓然 林大卫 林英奇 卢宇轩 罗韵诗
马冰滢 慕天实 牛晓雨 秦瀚扮 田思琪 王楚天
王晓蕾 王星特 王一鸣 王颖青 吴诗斓 吴雨坤
谢禹韬 辛梓括 徐飞力 余炜奇 詹媛媛 张巨璇
张疏竹 张昕怡 赵宇恒 周大炜 周慧敏

政治学、经济学与哲学专业 21 人

何维 匡超 钱帅 石鉴 杨雯 张帅

丛云龙　邓溪瑶　刘文丽　罗莉莎　施嘉旎　孙顺杰
武韶憨　肖美琳　邢伟康　许爱玲　翟珮云　张春晓
招熙琳　周俊龙　周瑞凯

历史学学士学位 68 人

考古学专业 13 人

冯　玥　李　唯　刘　畅　刘　玥　沈　水　孙　晔
张　锐　陈时羽　林思雨　刘俊洋　王小溪　王云飞
娃斯玛·塔拉提

历史学专业 31 人

曹　芳　李　娜　李　昕　刘　超　穆　申　邵　晴
宋　今　章　涛　赵　茜　陈立尧　崔路瑶　冀夏黎
李思成　李伟玉　林毓宇　梅嘉禾　孟凡龙　苗继宇
彭诗画　漆袁旻　阮若曦　宋天一　孙琪松　王佚菲
王宇星　武静怡　冼国靖　张乔伊　张雪健　章玉瑾
张泽坤

世界历史专业 6 人

程　最　方凯成　金诗蕴　张晓宇　张子悦　赵雨婷

外国语言与外国历史专业 13 人

陈　扬　朱　率　蔡雯迪　蔡怡宽　邓哲远　樊昭玥
郭欣韵　刘庆龙　马麟贺　伍智东　闫敏佳　张雪禾
庄仕琪

文物保护专业 5 人

杨　凡　张　夏　刘晟宇　刘钰慧　张予南

文学学士学位 375 人

阿拉伯语专业 15 人

楚　波　姜　楠　赖　聪　满　园　倪　杨　王　杰
赵　楠　何英杰　刘泽宇　尚建勋　王诗敏　吴梦云
杨晓青　詹南方　张世哲

编辑出版学专业 10 人

邓　筱　田　甜　曾　媛　侯奇江　雷雨浓　刘思毅
邱鸿淼　王修竹　王雨濛　周雨晨

朝鲜语专业 15 人

崔　鹤　胡　媛　刘　畅　曲　超　沙　韵　张　富
张　贺　张　妍　丁文洁　陆思嘉　申明钰　杨嘉浩
喻文姗　曾穗生　张妍捷

德语专业 13 人

贺　辰　何　奕　霍晶晶　李柏良　毛亚娟　万秭兰
王荣凯　吴志琴　杨婉仪　叶梦婷　张丰野　钟超男
周佳程

俄语专业 15 人

韩　梅　荆　昊　李　澈　刘　璐　吴　扬　杨　迪
陈如晖　龚澄喆　朴明杰　沈弋琳　曾立孚　张兴艺
朱婧雯　朱瑞敏　欧阳诗怡

法语专业 21 人

白　雪　蒋　骏　王　晰　夏　芳　龚倩雯　黄彩云

黄庭昌　康兴江　柯梦琦　李俐娇　李若男　李溪月
李子夏　梁嘉莉　马小棋　王志浩　吴西京　许予朋
杨笑琪　张诗若　赵天舒

古典文献专业 14 人

班　莉　陈　乐　高　策　罗　浩　何冰冰　吉云飞
李科诚　李凌云　马金花　孙巧智　王青蕾　徐佩雯
张嘉悦　赵美子

广播电视编导专业 24 人

高　子　雷　昊　李靖宁　昕孙可　张　优
杜若飞　黄嘉莹　李尽沙　林苏楠　刘清悟　刘祎祎
卢正源　万欣钰　王捷宇　王婧思　王天艺　夏瑞晨
余梦溪　张俊隆　张天玮　张雪婷　朱海凤　卓丝娜

广播电视新闻学专业 28 人

宾　栋　柳　旭　马　翠　梅　柳　秦　鼎　杨　飒
杨　洋　周　伟　卓　晗　方梦琦　冯美娜　高佳彬
郭祥龙　刘爽健　刘钰迪　吕佳宁　沈於婕　涂鹏程
王婧琦　王也文　王一诺　姚怡云　于晓敏　张华麟
张星辰　张雪晶　赵丹彤　钟雯馨

广告学专业 26 人

韩　霜　李　琳　练　可　孙　畅　王　森　杨　晨
于　欢　陈佳静　陈靖夫　董劭田　冯少杰　龚恋雯
顾佩玲　黄景能　纪梦瑶　廖艺青　廖紫滢　荣可怡
吴伟峰　徐雪纯　燕熙迪　余萌希　张莉萍　智思奇
仲昭戎　宗航宇

汉语言学专业 22 人

陈　敏　程　涵　程　悦　郝　琦　刘　倩　石　佳
王　航　王　璐　徐　可　杨　竹　张　驰　邹　翔
陈静雯　程珊珊　崔静宜　李舜颖　林悠然　刘雨晨
韦依祎　杨子涵　张梦甜　赵卓越

日语专业 14 人

陈　希　段　然　金　丹　王　珏　徐　涵　张　璨
陈笑生　范文艺　贵明玥　何清晏　胡君涛　熊晓琳
赵佳瑞　郑刘悦

外国语言与外国历史专业 5 人

王　梓　钟　泱　陆元勋　王翘楚　郁子成

西班牙语专业 21 人

李　璋　王　可　向　欧　姚　岚　何冷樾　黄欣欣
李冠徵　李惟祎　刘楚欣　吕筱萱　饶翊汉　王北辰
王彦光　吴一南　杨泊远　张婧文　张若濡　张艺晨
张悦新　赵心悦　祝思齐

希伯来语专业 11 人

李　季　李　萌　王　珺　李胜威　刘韵姣　强文玥
任子歆　司一鸣　童心怡　杨依卓　姚丽莎

新闻学专业 25 人

陈　希　李　菡　王　超　王　娴　谢　旭　俞　超
于　璐　岳　汀　张　啸　张　瑶　赵　琳　柏小林
刘怡萍　马丽娟　马维杰　申玉哲　宋子节　吴蕙予

邬幸岑　张东兰　张婷婷　张哲源　周宇诗　朱垚颖
皇甫凌雨

印地语专业 7 人

郑　然　刘丽文　刘晓伟　薛凯利　杨梓权　张雅能
赵依祺

英语专业 36 人

常　悦　杜　婵　方　雪　焦　丛　李　映　李　泽
刘　岑　刘　权　滕　帆　王　莹　薛　祯　陈芳君
邓怡娴　董欣然　范宇亮　冯水静　冯玉妍　顾佳晖
杭苏宁　金畔竹　李亚雯　廖崧渊　刘昕宇　聂艺菲
邱丽容　孙利利　王华磊　王锦辰　王婧薇　王阳阳
许朝军　于欣田　张佳欣　张翔宇　赵博为
王亚天卓

应用语言学专业 2 人

夏　雪　李伟伟

中国文学专业 51 人

巴　扬　曹　颖　巩　俐　韩　杨　黄　泓　金　鸽
李　雪　梁　硕　莫　菲　宋　爽　王　冲　杨　芳
叶　青　张　帅　张　轶　曹继晴　陈嵩燊　陈圆圆
陈子丰　程梦稷　戴玉婷　邓志桁　丁文静　韩思琪
韩维正　洪哲熙　李晨晨　栗念跃　李若辰　刘家玮
刘一凡　毛锦旖　商小琦　石昊一　孙博轩　孙瑀蔓
童宛村　王萧依　武鸿儒　武嘉玥　吴妍姝　徐麟周
杨可扬　杨蕙璇　殷婉莹　张明瑟　张亦苁　张哲茜
郑子欣　周昌鑫　朱振国

哲学学士学位 31 人

哲学专业 26 人

董　皓　李　想　林　芳　柳　帅　柳　舟　吕　立
彭　民　蔡震宇　丁一峰　郭小瑜　黄利致　贾润楠
蒋睿鹏　刘子先　罗双双　吕瑞石　孟雨桐　沈仲凯
孙烁琪　肖诗阳　谢万楠　徐敏子　燕倩倩　杨惠翔
姚志璟　周智烨

政治学、经济学与哲学专业 2 人

江之韵　夏尔凡

宗教学专业 3 人

刘宇明　唐晓旭　项浩男

三、校本部本科留学生授予学士学位名单

理学学士学位 12 人

化学专业 1 人

郑培基

化学生物学专业 1 人

吴俊亿

环境科学专业 2 人

朴斗莉　平田眞実

生物科学专业 2 人

方智聪　高宇利

物理学专业 3 人

崔主贤　金锦成　周国伟

心理学专业 1 人

柳昭祺

资源环境与城乡规划管理专业 2 人

吴升翰　坂井阳

工学学士学位 3 人

城市规划专业 3 人

陈柳君　黄燕雯　何德祝人

法学学士学位 65 人

法学专业 16 人

渠　遥　白智妍　曹旻志　成光熙　崔敏秀　黄相弼
李珉九　李相宪　林宏伟　朴礼恩　散沙音　孙祥熏
吴多惠　辛铭烈　周敏慧　佳布赞多丽玛

国际政治专业 19 人

陈联成　崔有辰　丁舒颖　董伟国　蒋佩姗　李春怡
李诗琴　李书勤　李温柔　李在恩　李准馥　林怡慧
闵迟允　朴那荣　吴香林　许缬潇　庄颖瀚
关根康裕　吉田圭一郎

国际政治经济学专业 5 人

蔡佳伶　崔贤真　金喜秀　李耀翰　李赞禧

社会工作专业 1 人

李俊成

社会学专业 17 人

崔　仁　安广洙　陈正汉　崔丞镐　洪绿基　黄宝焕
姜炼守　姜钟汉　金东奎　金娜罗　金玹爽　金义燮
赖欣怡　李铭炫　柳真茂　朴炳真　朴雅领

外交学专业 6 人

金　智　李露露　潘清勋　孙素姬　孙雅林　俞莉娅

政治学与行政学专业 1 人

丁度源

管理学学士学位 23 人

城市管理专业 3 人

金加键　李荣蔡　郑丁泳

公共政策学专业 1 人

裴世珍

会计学专业 6 人

金兑勋　赖仁贵　孙易辰　尹孝仁　郑叶松　朱宛俞

市场营销专业 4 人

王家敏　温庆德　吴翔宇　长野美希

信息管理与信息系统专业 6 人

柳 成　成好敬　李丹比　朴胜一　千秀宾　朱肇学

行政管理专业 3 人

金柔罗　李知惠　沈汉杰

经济学学士学位 33 人

保险专业 2 人

李召恩　张丹丹

国际经济与贸易专业 14 人

车慧敏　崔载勋　韩东秀　金才均　金睿珈　李泰颂
林颖秀　南炳钦　朴槿镒　朴致镐　全韩礼　禹旻廷
郑燊勋　郑玉钻

金融学专业 17 人

刘 文　崔艺罗　丁在民　金惟哲　金哲宇　李多仁
李胜镐　李相来　李有奈　孟起演　南主贤　庞世民
朴邰健　权五燮　徐舒帆　杨赫柱　赵允卿

历史学学士学位 6 人

考古学专业 2 人

崔嘉宝　郑启尉

历史学专业 3 人

车精敏　金京娥　金熙镐

世界历史专业 1 人

金志妍

文学学士学位 87 人

广播电视编导专业 9 人

高智淑　金陈圣　李真荷　林京真　柳松碧　裴希辰
片美正　宋俊昊　徐正旭

广播电视新闻学专业 6 人

成始禹　金东炫　金慧理　金钟一　李娟柏　林贤锡

广告学专业 23 人

戴 拉　崔诚真　崔秀铉　韩成昤　河成民　姜旼志
姜允锡　金恩英　金素瑛　金柾镐　李同基　梁希丞
柳月和　朴绍银　朴娱英　权大领　权亚罗　宋贵敏
孙瑜珠　王卿彩　吴瑞瑶　吴志雄　郑钟旻

汉语言文学专业 46 人

郭 馨　朴天热内　周 莹　安贤旻　蔡晰皓
丁秉权　高恩菲　韩淑娴　洪世美　黄乐圣　黄丽玲
黄敏骢　金娥觉　金恩惠　金河延　金伦希　金玟锡
金旻秀　金玄照　具大根　具兑垠　李爱兰　李承钟
李韩娜　廉芹祐　林志洪　刘富钦　柳智蕙　鲁涅夫
卢昇彦　朴洧庆　朴幼真　沈志熹　孙周希　吴鸣顺
许成伊　徐珍珠　薛昭旼　俞海旼　赵昀美　郑慧振
郑喜允　郑印河　佐藤爽　佐佐木红豆

新闻学专业 3 人

黄菁薇　黄胜泰　张东赫

哲学学士学位 1 人

哲学专业 1 人

成炫峻

四、校本部 2014 年毕业、2015 年授予学士学位学生名单

校本部 2014 年毕业、2015 年授予学士学位学生名单 7 人

法学专业 1 人

彭嘉音

考古学专业 1 人

李虹辉

生物科学专业 1 人

皮航宇

数学与应用数学专业 1 人

史宏健

统计学专业 2 人

黄可达　王强力

政治学与行政学专业 1 人

顿天予

五、校本部 2014 年结业、2015 年换发毕业证书授予学士学位学生名单

本科结业换发毕业证书授予学位证书者 37 人

城市规划专业 1 人

王 琦

理论与应用力学专业 1 人

王荟宇

能源与资源工程专业 1 人

黄文涛

国际政治专业 1 人

冉冰洁

外交学专业 1 人

闵约瑟（留）

材料化学专业 2 人

郝德昭　林 毅

化学专业 3 人

李 卓　曲 直　葛 睿

环境科学专业 1 人

李庚玟（留）

财政学专业1人

肖文晶

国际经济与贸易专业2人

朴钟现(留) 朴正仁(留)

经济学专业2人

朱松华 李宇杉

生物科学专业4人

谭索成 张佳美 崔怡凡 李沛沛

数学与应用数学专业1人

柳思博

统计学专业1人

张博垚

英语专业1人

黄星辰

大气科学专业1人

陈春杨

广告学专业1人

刘睿鹏

心理学专业1人

宋天豪(留)

信息管理与信息系统专业1人

马 龙

计算机科学与技术专业4人

黄明昊 李悦成 杨宇轩 尹冠皓

政治学与行政学专业1人

胡天宇

航空航天工程专业1人

王述之

哲学专业1人

杨逸帆

公共政策学专业1人

廉世杰(留)

汉语言文学专业1人

金商炫(留)

汉语言学专业1人

胡 滢

六、医学部学生获得学士学位名单

1. 普通全日制本科生授予学士学位者572人

理学学士177人

医学实验学专业33人

陈 琳 宋卿卿 韩炳轩 邵 杉 姜尚卿 郑凤娇
林 梦 梁 晶 张诗情 柳博珩 张楚旌 史运迪
王秋典 王廷骅 焦梁昆 崔明威 徐鑫晨 梅睿偲
张 欣 沈奇杨 郑 晨 张蓝元 李 媛 冯晔囡
崔雨萌 谢思安 王铁山 韩 晴 郭瑞廷 陈 霁
万世君 丁 宇 米尔扎提·卡得尔

药学专业109人

罗曦欢 周 鑫 赵玉琼 李远恒 官梦歆 张文杰
胡英杰 王 蒙 魏 巍 刘晏博 岳婷婷 张亚琦
任 婕 于嘉轩 邹武捷 文彦照 傅洪哲 胡李坤
吴佳栓 张 硕 郭 阳 宋宇靖 杨良堃 吴 迪
王志鹏 钱鹏展 喻晨殊 周 鑫 张子威 黄 智
杨博威 吴 松 高 鉴 郑雪雅 姚 鑫 李红星
孙若轩 姚庆宇 吕传宇 从双晨 张逸群 徐晓涵
任桥宇 刘 建 吴 凡 洪 妍 李志强 刘 爽
吕剑波 梁 达 吕 鹏 韩 茹 潘良坤 李 欣
林少辉 满春霞 黄旭超 王雪玲 陈 镕 何楚瑜
杨嘉丽 李耀豪 蒋柏阳 刁愿坤 孙智明 杨 益
王子琪 刘润哲 李 涛 王梦达 张 卓 王晨昊
李 晨 韦 杰 宋晓宁 刘 洋 杨 琴 陈 昶
王剑勇 朱思源 卢东渤 洪艺华 于 晨 肖博玙
覃小雅 赵晓科 房诗玮 牟瑞辰 陈圳森 李思修
刘卫中 魏铁军 阿卡力 宋 歌 李润润 金滋力
邹 乔 王 尊 范子博 王静璇 马凌云 曾 群
党 炘 张炙林 颜婉君 吴 鹏 铁 远 王 妍
比丽克孜·奥布力喀斯木

生物医学英语专业35人

张 齐 贾 允 陈 杰 贾剑伟 张泓昊 陈 茜
李志芳 赵晓玉 杨忠平 侯新智 徐则枢 薛 芳
庄 昱 胡 昕 刘逾颖 彭丹璐 柴艳玲 樊 成
刘国臻 闫 旭 张 帅 李朋强 杜秉泰 谢新垠
娜荷芽 许木良 刘 晓 刘 兴 程朱丽 周 迪
杜维天 韩春瑶 申张怡 哈拿提·海拉提
尼娜·石格斯

医学学士395人

护理学专业26人

覃梦文 张灵玉 蔡雨润 岳梅梅 杠 杠 张 婷
董 颖 卢瑞华 王雅亭 路 畅 种 晴 牛玉婷
张华麟 王怡欣 杨翼泽 吴 薇 王 迪 刘聪颖
宋 康 张艺潇 张丽洁 张 众 程 萱
王肖和美 古丽苏木汗·阿布来提
萨拉伊丁·阿吉买买提

医学检验专业25人

郑新越 陈 玥 瞿亦舒 李青松 林博之 黄秋思
张 旸 黄 榕 王若冰 刘阔阅 杨孜冉 夏 炎
杨明昱 张琳爽 杨 川 丛 聪 吴瑀峰 田馨园
李维特 韩瑞林 王祎然 齐雪唯 张文婷 刘凌超
黄颖慧

临床医学专业 167 人

姬超岳	杨菁华	陈宇帆	胡洁	李章来	万书杰
伍楚君	李绪文	刘庆	龙云飞	罗雪宜	谢琳峰
周之伟	龚宏达	王安琪	刘冰	刘爽	李屹钧
冒丹丹	史晨辰	唐巧思	樊帆	朱佳琳	徐晓楠
郭斯翊	付亦男	程文瑾	高妍	岑羽捷	魏锋
何培欣	袁翌斐	姚雪妍	张琪	苑辰	王若珺
李志一	许燕峰	梁之桥	李政	周博文	李璐瑶
张傲然	文鹏飞	刘心语	张稚琪	王琪	张馨雨
都明辉	成欢	郝清清	李怡婧	惠本刚	幸华杰
李蔚鸥	邢倩	周颖	刘佳	陈小曼	王祯
钱幼蕾	王首洋	何艺磊	窦若冲	王梦媛	周明
薛喆	梁伟明	段亚娟	李伟	张弛	张文晴
郑晔	王颢	郭姝珉	冯宁	刘鑫	谢玥
钱驿	李伟婧	宋卿鹏	刘敢伟	余翔	姜旭东
贾卓	秦岫波	李建坤	张世红	钟晓珠	冀拓
杨林承	陈鹿嘉	梁文英	张静	孙坤炎	冉姗姗
成婧一	郑汉龙	任思瑾	谭智超	姬智	丁宁
汤月恒	聂丹	张铁超	陈小宇	赵朕龙	高翠歌
王依林	刘春雨	胡臻娴	韩琦	蔡洁珠	周斌
张琪	王晋超	韩尚容	谢少华	陈君逸	唐世英
饶小龙	张志军	刘翔宇	韩侨宇	李学敏	陈忠岩
丁长民	崔铭	李飞	姜雅楠	李晓未	邱媛
赵恒	彭翔	胡健	刘延玮	李芳	钟文龙
陈幸	黄鹤	刘晓妍	尹若昀	吴佳源	杨磊
金铖钺	刘奕君	张腾	范则杨	刘心怡	何琦非
高文君	陈妮姗	李沐风	董颐杉	白赟	孙凯律
丁瞳	卜一凡	师丹娜	孟天宇	黄思铭	胡梦雨
袁梦荷	杨斌	欧阳雨晴		令狐丹丹	
张元鸣飞					

公共卫生与预防医学专业 82 人

李春燕	杨玲	谢甜	吴筱音	赵启鹏	杨燕芬
曹扬	白江梁	夏之雨	史末也	潘子奇	李舜
徐腾	吴柯叶	刘国峰	刘璐	吴天伟	郭娜
王沛	周涛	赵雨薇	赵利建	张琪	高盼君
戴明明	王祎星	马睿	卢畅	侯晓鸿	张一鸣
任巧萌	齐慧颖	石慧峰	佘睿	陈楚康	段玉洁
李雅秋	张庭浩	宋艺	董梁	李林	单娇
李夏	赵倩	王凯路	章寒	孙凯歌	曹宇
全晓驰	李振江	李鹏程	郑棒	刘艳	刘慧彬
苏在明	冯宇彤	何永欢	蓝丰颖	刘博涵	冯雪云
成恩	董烨华	张怡	张继	司佳卉	王楠
何丽月	王乐乐	郭美含	潘昱廷	范爱琴	张代均
陶炫辰	霍文华	霍昱洁	蔡敏章	范潇	金奥铭
郑崇远	李晴雨	刘欣然	帕拉赛提·阿地力		

基础医学专业 57 人

金锆文	袁宇瑶	许炜智	贺敏威	陈思潼	陈亚云
苗永青	谢菡莒	张璐瑶	赵磊	许晨彤	范晓岑
王菲	沈晓孟	李莹璐	郭思思	马瑞	吴浩铭
胡涵	张兴中	谭玉琴	赵鹏	陈帅怡	王旭
孙小然	姜静远	许柏森	章守祥	郭翔	何馨
张云鹏	范家玮	徐煜	沈从乐	杨建国	任鹏伟
耿子涵	袁富文	李雪映	王沫	俞冰	李治明
杨春媛	刘诗颖	曾攀	陈青芳	张晨冉	陈晓丹
赵伟	卢颖	孙露露	林欣	王羽晴	贾一挺
阴凯麟	张钟玉	翟洛萍			

口腔医学专业 38 人

王高南	吴唯伊	邢远航	王佳莎	顾智文	王倩
何筝	谢严毅	石冰清	吴宇佳	曹畅	张添文
杜仁杰	吕鸣樾	梁奕	柴金友	柳英	孙源
朱筠轩	胡心怡	李澍	王文斯	张玉玮	刘政文
沈惠丹	谢静	徐灵巧	朱林	彭丽颖	张瑞
刘冠楠	文曦	尹爽	杨一帆	夏文棣	崔红梅
张皓羽	陶船思博				

2. 港澳台及留学生获得学士学位者 64 人

医学学士 64 人

临床医学专业 46 人

韩可	疏霄	阿诺	李忠育	邱子芸	林怡均
黄苡淳	徐银河	朴宣泫	李歆慈	王韵翔	高健庭
赵刚逸	曾黛琳	吴俊瑛	亚赛尔	黄宣绮	蔡士铭
曹新江	金炤延	李昇祐	金正桓	阮芳茸	黄龄慧
陈姵谆	李谢伦	颜嘉佑	连思晴	许钧杰	崔智燮
李昭旼	方妍文	简玮骏	周义霖	吴翠玲	金川瞳
金依美	金世英	崔英善	卢紫函	洪慈晞	
佐藤友美		松本紫晓		萨福瓦特	
林绘梨华		木村真实子			

口腔医学专业 18 人

曹成昊	朴珍荣	宋政律	蓝敬翔	金俊	黄俊皓
洪秀妍	朴世原	赵敏洙	李怡宣	张哲玮	崔银秀
李律斌	马莉亚	宋政勋	郑艺林	吴威佑	安哉润

七、医学部 2014 年结业、2015 年换发毕业证书授予学士学位学生名单

临床医学专业 1 人

曼迪

口腔医学专业 1 人

崔炫准

生物医学英语专业 1 人

阿力木·斯马依

药学专业1人

黄 琛

八、校本部获得双学位及辅修专业证书名单

1. 校本部学生获得双学位证书者984人

理学学士学位195人

电子信息科学与技术专业2人

白 杨　吴自华

计算机软件专业25人

陈 伟　果 辰　胡 旭　刘 洋　吴 确　徐 昊
张 琨　陈之昀　窦福成　何鹏宇　侯竣泷　江恺瑶
雷子涵　刘泽琨　陆宇豪　罗乔丹　倪烨文　石玉生
孙晓宇　吴晨韵　羊宇佳　章嘉玺　赵乾坤　钟旻言
于汉沙(留)

数学与应用数学专业41人

常 今　陈 嘉　黄 勇　李 丹　李 然　梁 天
刘 婧　卢 珊　马 骁　王 腾　吴 晓　夏 雪
韵 潇　钟 怡　周 翔　庄 晨　仇心诚　杜琪亮
龚宗平　胡润杰　李馥麟　李思尘　梁根铨　梁禹澄
刘春骁　刘谦益　陆维翔　蒲松涛　秦程程　申子杭
孙虹钰　王思凯　吴煜楠　谢分分　许月怡　杨纵横
叶荷青　周思杰　周闻宇　朱杨昆　刘卡尔顿

天文学专业1人

洪杰梁

统计学专业54人

毕 晨　曹 越　方 铭　胡 东　胡 煜　刘 焰
邱 成　宋 然　唐 棠　王 菁　许 阳　张 驰
张 爽　周 丹　艾一畅　陈悦悌　崔英伦　戴骊颖
范令箭　符妍舢　葛艺璇　巩爱博　宫海博　桂亚楠
怀文馨　黄伦洋　嵇环宇　姜静妍　姜凯文　李嘉缘
李思婕　李晓明　李艺涵　马豪博　潘润宇　彭若洋
任思璇　田露露　王偲瑞　王晋娟　汪若宇　王星特
王一鸣　王逸男　吴敬云　谢文彬　徐北溟　杨大恒
虞若晨　张梦娇　张治红　赵启程　郑铭辉　郑舒宁

物理学专业2人

黄 得　诸子亮

心理学专业70人

陈 蕾　冯 可　冯 月　何 洋　雷 夏　刘 畅
王 伟　魏 坤　项 思　向 远　肖 璇　俞 玥
翟 耀　张 驰　张 瑶　陈东维　陈俊豪　陈柯洋
陈卓瑶　崔含笑　戴双凤　范睿托　范文艺　冯时佳
冯思华　韩梅男　黄浩楠　黄月盈　霍晶晶　姜梦吟
姜宁馨　姜庆远　金闻捷　李靖楠　李南泠　李子逸

林大卫　林经纬　蔺怿霏　刘雪彬　罗浩月　宋思宇
苏慧凝　王昊楠　王梦蝶　王心怡　王铮铮　韦依祎
吴一南　许晨曦　徐婷婷　许晓琛　徐雪纯　薛易清
燕倩倩　燕熙迪　杨必琨　杨嘉浩　余梦溪　翟宏堃
詹媛媛　张傲星　张东良　张申健　智思奇　钟宁静
仲昭戎　周丽雪　朱鸿轩　唐依芳菲

法学学士学位142人

法学(知识产权)专业4人

马 江　倪冕文　谭索成　张快快

国际关系与对外事务专业69人

巴 扬　陈 希　方 媛　高子　巩 俐　侯 爽
金 丹　金 晗　李 滢　黎 玥　马 源　潜 硕
田 甜　王 超　王 帅　王 薇　谢 旭　徐 亚
杨 芳　于 璐　原 田　周 伟　蔡雯迪　陈笑生
董蔚颖　董又源　高佳彬　郭冉冉　韩维正　何英杰
黄秋园　金畔竹　李若辰　李若男　李胜威　李宪平
刘庆龙　刘晓伟　刘泽宇　毛友昆　梅梦雪　乜红丹
商小琦　王冰山　王华磊　王阳阳　吴志琴　熊晓琳
徐凯舟　严安然　袁翊珊　曾立孚　曾穗生　张佳欣
张惟佳　张兴博　张艺晨　赵丹彤　赵毅东　赵依祺
钟超男　邹方正　安广洙(留)　金志妍(留)
权亚罗(留)　　　金娥览(留)　金玄照(留)
郑喜允(留)　　　黄丽玲(留)

社会学专业49人

白 雪　陈 晨　邓 喆　贾 如　李 娜　李 唯
李 雪　宋 爽　王 宇　杨 飒　杨 欣　曾 媛
张 妍　张 瑶　张 轶　赵 楠　周 晔　陈丽君
陈雅清　陈逸群　陈子丰　冯美娜　贵明玥　侯奇江
黄嘉莹　姜舒文　李子夏　林子婕　刘爽健　栾颖新
梅嘉禾　尚建勋　汤双宇　涂鹏程　王婧琦　王云飞
吴碧莹　吴蕙予　吴妍姝　夏瑞晨　薛丽伟　杨可扬
杨梓权　于晓敏　詹南方　张竟枢　张乔伊　周晓慧
栗原弘一

国际政治专业20人(早稻田大学项目)

月川雄　宋汉雄　西沢博　胡学敏　李昌镐　稻村辉
吉永惠　李奎林　石本仰　关谷智　柳亮介　佐藤泽
池田洋介　曾我文惠　　　凤冈俊希
井上智贵　小林萌起　　　和田伶美
西浦正恭　千叶宗一郎

管理学学士学位9人

工商管理专业(创新创业管理方向)专业9人

陈 笑　张 灵　陈正勋　李子扬　林思朗　卢正源
王洪轩　张芩晖　金慧理(留)

经济学学士学位 524 人

经济学专业 524 人

包恺	常悦	陈洁	陈敏	陈伟	陈希
成丰	程最	楚波	褚亮	崔鹤	代宁
丁聆	杜楠	段炼	方超	冯韬	高策
宫瑞	顾禹	郭锐	郭巍	郭鑫	韩霜
郝嘉	洪叶	胡皓	胡杨	胡滢	胡媛
胡越	黄栋	黄鑫	贾雪	蒋勤	金续
金一	匡正	李澈	李季	李琳	李骞
李上	李想	李杨	李羿	李一	李泽
李哲	李智	廖媛	刘畅	刘超	刘昊
刘晖	刘茜	刘硕	刘歆	柳舟	陆嘉
鲁蕾	罗芊	马竞	马柯	马媛	闵阁
宁晶	宁昕	彭康	彭民	钱锦	秦鼎
邱娴	沙韵	邵晴	邵伟	诗雨	宋萌
孙畅	孙晔	孙翼	孙越	孙兆	谭馨
唐萌	田琳	王航	王赫	王菊	王珏
王萌	王娜	王楠	王鹏	王然	王娴
王喆	吴悠	夏凡	肖虓	辛超	邢捷
徐瑞	徐韬	严堃	杨华	杨乐	杨帅
杨懿	于欢	苑野	岳汀	曾理	曾祎
张博	张超	张晨	张富	张涵	张穆
张茜	张锐	章涛	张啸	张旭	张顼
张晔	张昭	赵罡	赵辉	赵磊	赵琳
赵南	赵芮	赵巍	郑然	钟玲	周皓
周楠	周琪	周颖	周越	朱超	柏小林
鲍宏伟	包正钰	蔡鸿儒	采诗越	蔡振宇	曹伊敏
曹元欢	陈傲寒	陈博理	陈楚仪	陈菲雅	陈虹州
陈佳静	陈靖夫	陈静雯	陈宽宇	陈鹿鸣	陈晓威
陈晓茵	陈星月	陈逸鹏	陈煜佳	程剑辉	崔婧靓
崔静远	崔逸卿	崔知涵	戴广大	代瀚锋	戴玉婷
单旭东	丁瑞洲	丁文洁	丁一峰	董红亮	董家成
董怡岑	段祎纯	范昌瑞	范汗青	方潇逸	冯杰波
冯少杰	冯婷婷	冯子航	付明燕	高藉非	高京霞
高天云	高鑫炜	耿其尊	耿志远	宫本岩	龚澄喆
宫家睿	龚恋雯	顾诗颢	关安頔	郭秋含	郭小瑜
郭永沛	郭志腾	韩帅斌	郝进华	郝培霖	郝艳颖
何邦振	何鸣晓	何奇峰	何艺敏	侯泽明	胡笛南
胡瑞琪	胡孝楠	胡延雷	黄楚云	黄福大	黄栎蒙
黄曼兮	黄圣轩	黄思翰	黄腾芳	黄欣朋	黄心远
黄雪勤	黄祎程	黄亦磊	黄昱滟	黄振航	纪经纬
季沭含	冀夏黎	贾国翀	贾晗琳	贾润楠	贾司瑶
贾宇亮	蒋雅茜	金诗蕴	金雪儿	康艺馨	柯明达
寇焜照	寇梦晨	雷宇京	冷士强	李晨晨	李江皓
李尽沙	李竞菁	李静宜	李俊超	李乐章	李俐娇
李圣晓	李思烨	李天予	李伟伟	李文鹏	李晓丹
厉扬豪	李宇琦	李园园	李泽群	李振淼	李政韬
李智鑫	李中书	李卓尔	梁静之	梁庆丰	梁筱璇
廖崧渊	廖紫滢	林慧娟	林思雨	林祎露	林自达
刘家玮	刘乃榕	刘晟宇	刘淑彦	刘天培	刘文哲
刘翔宇	刘馨月	刘星辰	刘屹坤	刘怡萍	刘毅然
刘禹希	刘泽学	刘芝玮	楼梦醒	陆灏川	陆思嘉
卢思颖	卢唯阳	陆逸波	栾丽瑶	罗炳峰	罗步景
罗双双	罗英华	骆宇冲	罗雨杭	吕彬彬	吕简曼
吕瑞石	吕廷博	吕伟聪	马国凤	马力克	马玉林
马玉玲	马云龙	麦奉青	满天星	苗正杰	牟刘杉
牟思浩	聂华晟	牛乾坤	潘歆乐	齐澄宇	秦双妮
裘一娴	饶翊汉	尚广豪	邵明潇	沈博强	沈如意
沈弋琳	申玉哲	沈仲凯	史含清	施晓铭	施偕里
司一鸣	宋世瀚	孙嘉珣	孙琪松	孙巧智	孙士林
孙朔晗	孙烁琪	孙思伟	孙炜嘉	孙泽宇	汤芬芬
唐晟博	唐文杰	唐枭雄	唐雨旋	唐子豪	佟浩功
童心怡	王晨竹	王海峰	汪汇泽	王羚宇	王陆一
王燧曼	王明絮	王默儒	王琪斯	王青璨	王申罡
王世衡	王诗敏	王天白	王天阳	王晓静	王小溪
王一博	王逸怡	王茵之	王仲达	魏金霖	魏一璠
魏钰明	文世为	温泽坤	翁恺云	吴比亚	吴冬妮
吴红红	吴曼曦	吴天枢	吴望可	邬幸岑	吴宇翔
夏晓天	夏雨佳	向芮锐	肖昌南	肖荻菲	萧柳丹
肖诗阳	肖一君	谢伊羚	谢羽倩	邢竹天	熊富忠
徐冰彦	徐健荣	许若男	徐劲懿	徐温妮	徐贤达
许兆鹏	薛凯利	薛逸敏	薛子钊	严鹏飞	闫雪怡
杨芳音	杨起帆	杨廷翰	杨晓夫	杨笑琪	杨晓青
杨新宇	杨宜欣	杨奕颖	杨雨成	杨雨田	杨志栋
杨壮飞	姚丽莎	姚梦碧	姚拯民	姚子玄	叶梦婷
叶笑非	殷章元	郁斐凡	余路漫	余萌希	于欣田
喻怡雯	喻志臻	袁仁亮	袁钰莹	云梦妍	臧维成
曾力玮	曾慕辙	张华麟	张皇琦	张佳梁	张璐雅
张梦甜	张明瑟	张瑞赓	张世哲	张舒汇	张婷婷
张曦光	张先弛	张晓霖	张霄宇	张欣云	张星辰
张雅能	张贻辰	张亦弛	张逸昕	张宇辉	张雨萌
张宇翔	张云帆	张泽亚	张哲源	张镇杰	张紫欣
赵博超	赵晨宇	赵竟博	赵麂芸	赵牧晨	赵雅婧
赵育才	赵域航	郑方毅	郑方圆	郑淦林	郑刘悦
郑淇木	周恩波	周国祯	周洪彬	周宏露	周基明
周家斌	周佳程	周凯文	周梦怡	周叶骏	周志豪
朱纪乐	朱凯凯	朱垚颖	朱振国	庄晓月	宗泽伟
邹达明	邹东廷	邹乐其	皇甫凌雨		

李弘一萌	刘文嘉辉	杨子小帆
LIN CHRISTY	金熙镐(留)	金东奎(留)
蔡晰皓(留)	朴那荣(留)	朱肇学(留)
金陈圣(留)		

历史学学士学位 27 人

历史学专业 27 人

班 莉　李 昳　李 津　乔 钰　田 烨　王 晨
王 岚　杨 舟　安珊珊　陈翀尧　陈振兴　韩礼涛
洪哲熙　江庆龄　李科诚　李一苇　李振宇　罗晶欣
马思萌　马欣悦　宋建含　王天艺　王一鸣　武嘉玥
项浩男　熊文雪　张光辉

文学学士学位 75 人

汉语言文学专业 48 人

曹 景　车 晔　李 妍　刘 权　罗 圆　穆 申
王 球　吴 扬　徐 阳　姚 倩　张 祺　赵 茜
陈英浩　陈毓坤　杜若飞　高留建　何清晏　黄彩云
黄晓霖　金书向　李慧文　李治琴　林丽清　刘博宁
刘丽文　刘沛东　刘祎祎　毛若冰　孟怡然　邱鸿森
邱日明　沈戈晖　申明钰　陶润雨　王婧思　王婧薇
武静怡　肖韵曼　熊廷鑫　杨伊欣　叶隽彤　张佳美
张诗若　张晓晖　张洋宇　赵天舒　朱海凤　宗韶晖

艺术学专业 27 人

顾 末　李 菡　刘 静　吕 宸　王 申　晏 阳
张 锐　陈奇彤　陈绮筠　程梦稷　戴逸君　董婧嘉
范子矜　郭博雅　柯梦琦　李鸣阳　柳宇星　聂小依
宁思莹　宋子节　王也文　吴梦云　张婧文　郑婷婷
钟雯馨　周昌鑫　周雨晨

哲学学士学位 12 人

哲学专业 12 人

姜 楠　田 品　徐 可　丁洁琼　胡志峰　马浩然
邱遥堃　尚劲宇　王斌喆　杨佳琳　赵师楠　赵一博

2. 外校学生在校本部获得双学位证书者 192 人

经济学学士学位 192 人

经济学专业 192 人

蔡 晨　陈 静　陈 潇　成 臻　崔 娇　戴 挺
杜 磊　高 洁　耿 炎　古 元　郭 磊　郭 文
韩 冰　黄 硕　吉 翔　季 欣　蒋 蓉　金 曦
赖 乾　李 明　李 漠　李 潇　梁 夏　林 添
凌 颖　刘 博　刘 琪　刘 哲　马 丁　彭 月
卿 欢　石 宽　宋 阳　孙 剑　王 川　王 俐
王 璐　汪 洋　文 赋　吴 柯　吴 越　夏 丹
向 为　肖 锋　忻 隆　徐 浩　徐 茜　许 珊
薛 芬　杨 帆　杨 光　杨 阳　叶 蓓　印 爽
于 一　张 衡　张 梅　赵 锋　郑 硕　钟 博
周 于　朱 晨　朱 晨　朱 睿　蔡偶然　曹青青
陈云天　陈增博　崔明明　崔兴凯　戴九如　戴昱吉
邓博文　邓维佳　杜明君　杜书灵　付一航　甘浩楠
高浩翔　高宇曦　郜泽波　龚雅婷　谷蕴泽　郭若宇
海若镜　韩润奇　韩煜祺　贺楚珺　黄贝青　黄楚楚
黄河福　黄煜阳　贾梦琦　姜心彤　金奕霏　景思杰
李成伟　李丹丹　李冠杰　李恒森　李金飞　李俊楠
李俊毅　李康毅　栗连成　李劭凯　李书开　李伊宁
李岳欣　李宗骏　林歆睿　林忠信　刘柏君　刘京泽
刘士光　刘思言　刘威歆　刘文魁　刘乌兰　刘霄阳
刘彦伯　刘雨桐　刘子琪　刘作生　陆国成　马奥娜
马良旭　孟亦佳　那佐谛　秦泽瀚　邵长天　佘桂华
宋海迪　宋美婧　宋盈盈　苏小舟　孙新华　王丹石
王扶月　王皓冉　王佳倩　王鹏飞　王茜茹　王庆涛
王任远　王日臻　王柔嘉　王申皓　王希如　王晓爽
王亚楠　王弌戈　王雨石　王治璇　吴广禄　吴文祥
夏朋志　谢佳玮　熊文师　徐长鸣　徐纯纯　徐金涛
许翔宇　徐悦来　杨美意　杨品澍　杨泽民　杨宗霖
叶威惠　叶子葳　于济洲　余萧雨　张滨沙　张菁窈
张礼国　张品晶　章舒文　赵兵兵　赵明璐　赵泰之
甄儒明　郑力璇　周芬芳　周茜阳　周文武　周子杰
朱厚强　诸世豪　竺文彬　邹佩轩　蒋宇昭然
叶辛欧文

3. 校本部学生获得辅修专业证书者 121 人

计算机软件专业 2 人

张 帆　张峰硕

数学与应用数学专业 7 人

袁 帅　张 洋　李天意　罗迦文　肖皓天　杨纬坤
左思成

统计学专业 4 人

王 涵　田思琪　王翰生　张宸元

物理学专业 1 人

王浩元

心理学专业 10 人

刘 岑　丁星宇　冯玉妍　李晨旸　李枝蔚　邱丽容
喻文姗　张雨晴　张昭悦　赵博为

国际关系与对外事务专业 2 人

来景涛　毛亚娟

工商管理专业（创新创业管理方向）专业 1 人

孙心悦

经济学专业 47 人

胡 啸　黄 元　姜 波　姜 昕　李 盼　李 盼
李 洋　孙 畅　万 康　王 迪　王 涵　胥 彤
闫 昊　张 磊　陈紫紫　崔诗晓　方梦琦　顾贤强
蓝光旭　李池洋　李佳颖　李夷帆　李尹睿　刘翾飞
刘思毅　刘祥名　刘雪莲　刘宇明　刘之忻　闵兆鹏
任子歆　沈若菲　盛星宇　王恺文　王可书　王品佳
王青蕾　王帅晓　王潇放　汪亚辰　王雅捷　王紫怡

吴逸鸣　谢永嘉　闫若铭　杨子涵　周邦天

贺奕博　沈星辰

德语专业12人

李　蓓　刘　倩　王　也　张　哲　周　妍　关海英
鲁一帆　彭慧琳　石佳琪　涂纵驰　邬佳伶　郑峰屹

法语专业10人

王　晟　陈立尧　洪乐园　李依晓　刘星晨　陆海蓉
叶碧怡　张昊旸　赵睿璇　金喜秀(留)

日语专业9人

李　樑　林　妍　吕　立　孙　靖　费立孝　李昕妍
李雨嘉　卢晓宇　马丽娟

土耳其语专业1人

满　园

西班牙语专业7人

曹　芳　肖　菁　谢　雯　陈丹梅　何珈谊　颜青琪
赵轶君

艺术学专业3人

王一舒　朱逢源　朱佳艺

哲学专业3人

李雨纱　彭正一　王子猛

九、医学部学生在校本部获得双学位及辅修专业证书名单

1. 医学部学生获得双学位证书者147人

理学学士学位36人

数学与应用数学专业5人

丁　宇　樊　成　任　婕　徐　腾　金滋力

统计学专业3人

赵　伟　郑　棒　金奥铭

物理学专业2人

饶小龙　谢菡菡

心理学专业26人

曹　帅　韩　茹　邵　杉　申　珅　王　菲　吴　薇
徐　煜　高翠歌　郭瑞廷　胡英杰　黄苡淳　李璐瑶
罗曦欢　吕鸣樾　庞文浩　司佳卉　王凯路　王雅亭
王祎然　杨菁华　杨燕芬　尹若昀　喻晨姝　袁富文
张泓昊　李米雪子

法学学士学位15人

法学(知识产权)专业1人

周　涛

社会学专业14人

陈　玥　李　夏　刘　晓　马　睿　王　沛　谢　甜
张　齐　庄　昱　任巧萌　王杠杠　王若冰　吴柯叶
吴瑀峰　于嘉轩

经济学学士学位83人

经济学专业83人

陈　昶　陈　杰　成　恩　程　萱　樊　帆　韩　晴
洪　妍　胡　涵　胡　昕　黄　榕　李　芳　李　舜
李　欣　刘　艳　佘　睿　王　迪　魏　巍　吴　鹏
夏　炎　杨　川　杨　玲　于　晨　章　寒　张　继
张　帅　张　硕　张　婷　张　欣　张　众　周　迪
邹　乔　白江梁　陈晓丹　陈圳森　程文瑾　从双晨
崔明威　崔雨萌　董烨华　范爱琴　冯雪云　傅洪哲
韩炳轩　韩春瑶　何楚瑜　何丽月　侯晓鸿　侯新智
姜尚卿　李朋强　李晴雨　李润润　李维特　李学敏
李志芳　连思晴　刘聪颖　刘国峰　刘润哲　刘欣然
满春霞　娜荷芽　潘昱廷　潘子奇　彭丹璐　任桥宇
石慧峰　田馨园　王雪玲　吴佳栓　谢思安　岳梅梅
张代均　张华麟　张丽洁　张文杰　张艺潇　赵利建
赵启鹏　赵雨薇　郑凤娇　邹武捷　黄龄慧(留)

历史学学士学位2人

历史学专业2人

戴明明　张诗情

文学学士学位7人

汉语言文学专业5人

陈思潼　冯晔囡　柳博珩　刘卫中　张灵玉

艺术学专业2人

蓝丰颖　徐则枢

哲学学士学位4人

哲学专业4人

蒋柏阳　刘逾颖　王铁山　姚雪妍

2. 医学部学生获得辅修专业证书者12人

行政管理学专业1人

郭美含

经济学专业1人

梁　晶

数学与应用数学专业4人

瞿亦舒　杨明昱　刁愿坤　林博之

德语专业1人

王静璇

法语专业4人

郭　娜　陈　茜　贺敏威　梅睿偲

西班牙语专业1人

郑　晨

研究生毕业生名单

毕业硕士研究生名单

数学科学学院

艾婧　蔡林泉　陈晨曦　陈梦媛　陈薪羽　陈永昌
陈子一　程海波　崔涛　狄飞　刁钰　范367思
范悦　方骁　付龙杰　高佳卉　宫立强　韩雷
何俊杰　胡化吉　黄维晨　江超　康智灵　孔维燃
黎永汉　李殿江　李项川　李宣成　李治中　廖威
刘彧多　刘博伦　刘红磊　刘明辉　刘攀　刘尚
刘松　刘洋　刘玉强　芦洋洋　吕渊　骆娜
马千卉　马天诣　牛宝东　彭浩菲　任万凤　邵长天
宋凯　宿愿　孙小东　孙玉婷　孙治龙　唐坤
唐小徐　田文浩　王喆　王环宇　王竟先　王擎
王思思　王夏妮　王雪莹　王一辰　王殷超　王之圣
王芙蓉　魏佳林　魏颖　魏玉婷　邢志婧　熊怀东
杨嘉骐　杨君　杨兆鑫　杨怡然　杨婷庭　余晨迪
余聪　禹珊爽　张航　张琳　张洋　张越
张云帆　赵义敏　赵越　赵志威　周越　朱佳琪
阚刘瑞

物理学院

陈励治　陈文俊　陈颖康　崔志强　杜乾衡　郭威
李鹏飞　林斯波　刘相舜　刘瑜　卢泽林　吕程
罗帆　马健　孟凡利　牛法富　冉敏　唐鹏
王浩然　王凌霄　王颖　王宇炜　温一闻　肖璇
杨洋　于天君　张帆　张骏　张妩帆　郑亦佳
朱晋玄　栾义龙

化学与分子工程学院

安淼　蔡晓生　陈建　郭倚天　刘海望　孙文静
汪大民　王安东　吴昕　徐敏　张娜　张强
张少龙　张星

生命科学学院

安福廷　陈昊　樊伟　冯慧慧　韩雪瑞　黄淑贤
廖美雪　马妍妍　乔宇　王志敏　卫小露　邢孟坦
熊孟玲　俞强　曾婷　张琳琳　张临政　张媛媛
张婷婷　郑婉婧

地球与空间科学学院

曹艳丰　迟光华　戴锐　邓正宾　高志芳　宫健华
郭超　郭潇　韩海东　何汉贤　胡俊霄　胡仲旻
贾萌　蒋里　景宇轩　柯尊林　李晨放　李琳
李牧哲　李亭　李新　林丛　刘慧丽　刘茜
刘曦　卢倩云　吕扬　吕鑫　骆琳　马丽亚
聂淑芳　齐云飞　秦雪彬　任岩　王建昭　王晶杰
王婉祎　王雪　王宇航　王玉玺　王璐　王霏
卫星　吴春雷　吴双林　谢燕　辛甜甜　徐超文
徐若风　杨绣丞　叶立金　殷义栋　原世豪　詹彦
张辰昊　张静波　周宾　褚福林　雒立群

心理学系

艾锋　白建磊　布嘉盈　陈慧菁　陈淼　方嘉鸿
高旭　高颖　黄珊姗　贾鹏标　李碧晴　李红锦
李冀　李俊　李强强　李天惠　李星哲　李阳
李昊　林望迎　刘畅　刘嘉林　刘若麟　刘霜
刘源清　刘滕滕　卢映月　吕馨馨　罗漪琪　马鑫
聂琼　宁雪玲　沈颖雪　孙青　孙延　孙震
汪雷　王斌　王延超　王艳艳　吴哲萌　肖丹
邢雨竹　熊丹　徐晨　许萌　薛淑玮　叶维果
叶香　殷云露　于晶　于思琦　袁宇星　张猛
张天悦　张星　张琦　朱青　朱蓉蓉　朱颖
滕腾

软件与微电子学院

刘悦音　吴家佳　吴佩谕　吕玉婷　张君玮　张庭瑜
杨杰熙　汤苡暄　安嘉晨　安乐天　敖雪　白连
包小琬　鲍博　卞镜茹　步超　蔡辉南　蔡吉祥
蔡俊谋　蔡立珊　曹爽　常建龙　常蕾　常莹
常嵩　车东剑　陈姵伶　陈聪　陈鸿　陈华
陈辉　陈经伟　陈莉　陈佩佩　陈佩霞　陈权标
陈锐　陈依柏　陈悠游　陈宇佳　陈志杰　陈志金
陈志权　陈婧婧　陈昊　陈昊　陈祠　程龙
程千　程思　崔力　崔松雅　崔志勇　代廷竹
单梦骏　邓贤　邓媛丽　翟健成　翟晓东　翟昱
丁博文　丁芬　丁佳颖　丁雪贞　董丹丹　董佳丽
董井浩　杜洪德　杜红　杜微　杜晓凡　范冬妮
范琳琳　房瑜　丰雅婧　冯超　冯佳　冯素萍
冯相虎　冯晓　冯小和　冯宇航　符吉聪　付梓
盖晶晶　高慧娟　高洁　高山岩　高晓升　高叶
耿乾坤　耿亚鹏　耿岩　龚攀　龚倩玉　巩晓磊
古向楠　顾笑奕　官玫　郭峰　郭华英　郭家浩
郭力铭　郭沛然　郭云　郭皓洁　韩雷钧　韩煜
郝丽　郝梦怡　郝轶　何丹　何嘉栩　何令琪
何美伊　何鹏飞　何秋谷　何志敏　何砡　贺晓晶
洪涛　侯绍敏　胡何磊　胡恒魁　胡坤　胡蓉
胡颖峰　黄博　黄城　黄成炎　黄聪　黄慧颖

黄礼骏	黄苹苹	黄 润	黄婉丽	黄 严	黄正太	王 成	王成林	王 冲	王 聪	王德鸿	王德谦
黄正乙	黄 骅	回振乾	霍喜姗	季春燕	纪 斌	王得财	王 栋	王飞龙	王付娇	王 高	王海东
贾 堂	姜建华	姜锦铖	姜申坪	姜 瑜	姜 楠	王 恒	王华柱	王 娇	王晋琪	王 静	王竞霄
江 超	江梦涛	蒋 博	蒋 浩	蒋梦雪	蒋 纬	王俊婷	王立娟	王墨洋	王 鹏	王胜斌	王 师
金海龙	靳 娇	鞠英男	康 宁	亢 莉	柯润成	王世元	王 帅	王思远	王苏茵	王 通	王 伟
孔腾淇	库雪芳	来 源	赖 林	兰慧盈	雷阿芳	王文迪	王文娟	王 祥	王向鸣	王晓健	王晓伟
雷浩彬	雷竣翔	黎槟华	李 博	李博文	李承彧	王心蕊	王学宝	王雪菲	王雪莹	王 雁	王 也
李 楚	李达军	李 凡	李 刚	李高扬	李 寒	王一宇	王乙涵	王英喆	王 莹	王 颖	王友元
李 浩	李 赫	李慧阳	李佳驹	李家榕	李金敬	王雨辰	王宇航	王兆阳	王 震	王振兴	王振戍
李 敬	李娟娟	李柯延	李龙飞	李明杰	李 谦	王 茜	王奕丹	王 璐	王桢成	王 皓	王 皓
李 乔	李 卿	李 清	李瑞鹏	李绍令	李淑怡	韦 帆	韦亚光	魏 莉	魏 宁	魏 强	魏 强
李文吉	李文柯	李文丽	李显耀	李晓沛	李晓森	魏文康	魏 鑫	位明旭	温 泉	文子龙	翁 敏
李小溪	李 欣	李欣林	李秀颖	李 旭	李雪鹏	翁启阳	翁天驰	吴恩宇	吴 炯	吴俊鹏	吴 凯
李雪莹	李亚方	李 岩	李 扬	李 雨	李 雨	吴 铃	吴梦妍	吴 敏	吴瑞真	吴润龙	吴尚耘
李雨诗	李雨轩	李志涌	李宗枝	李 倩	李娅鑫	吴 伟	吴晓萍	吴 越	吴哲夫	吴 琦	武博文
李 玮	李 璐	李 戬	李歆凯	李 烨	李 煜	武 琼	武士杰	夏磊洲	夏 锁	鲜诗佳	相歆琦
李煦然	李 鑫	厉海洋	力 华	连 昭	练 震	肖丹晨	肖 娜	肖 松	肖 文	谢 博	谢长祐
梁辰星	梁东洲	梁 杰	梁 科	梁利刚	廖 晨	谢寒冰	谢润超	谢士龙	谢 彦	谢逸翔	谢奕斐
廖怡珍	林宏河	林佳明	林陆星	林淑君	林 硕	熊 峰	熊 英	修晓菲	徐 超	徐辰栋	徐纯纯
林 腾	林毅超	林毅君	林 颖	林志元	林子力	徐鸿毅	徐丽娜	徐 亮	徐林峰	徐孟春	徐西峰
凌 玲	刘喆宁	刘 斌	刘冰姿	刘 博	刘 超	徐 翔	徐贞武	徐 倩	徐 钊	许莉莉	许荣嵘
刘 超	刘 成	刘东东	刘敦伟	刘 飞	刘 广	许欣蕾	许智云	许 韬	许鹭清	薛 闪	薛 野
刘海蛟	刘 航	刘卉元	刘嘉琦	刘 健	刘建楠	薛筱萌	杨 波	杨代青	杨 刚	杨海堂	杨建丰
刘 杰	刘锦雁	刘利营	刘乃贵	刘钦华	刘 锐	杨敬昌	杨凯旋	杨 莉	杨 亮	杨曼莉	杨明君
刘省波	刘诗祥	刘树勇	刘天意	刘 彤	刘 蔚	杨鸣龙	杨 慕	杨 舒	杨文成	杨文怿	杨 洋
刘文雯	刘新港	刘新静	刘 亚	刘亚芳	刘 艳	杨宇峰	杨泽原	杨振宇	杨志虎	杨志鹏	阳振坤
刘艳东	刘一州	刘 毅	刘 莹	刘雨萌	刘雨婷	姚传云	叶 操	叶广宇	叶 玫	叶启威	易 斌
刘 占	刘 昭	刘 兆	刘珍李	刘 正	刘志超	殷 玥	阴 悦	尹 君	尹 涛	由晓菲	于 涛
刘忠征	刘昊冬	柳潭子	龙 佳	龙 文	龙文甜	于 哲	余 江	余 倩	袁 凯	袁小雍	袁 野
娄 满	娄学政	卢 景	卢志凤	鹿 瑶	陆静岚	苑丽杰	曾春影	曾天宁	曾兴亮	张帮中	张乔钮
陆利成	吕 京	吕 娟	吕小珺	吕云龙	吕志翀	张 博	张 超	张 晨	张 诚	张 驰	张达铭
罗棋文	罗文浩	罗 翔	罗州琼	马国峰	马金成	张 丹	张广麒	张海滨	张海兰	张寒晖	张 杭
马金仙	马 俊	马洋洋	马占领	马治宇	毛文东	张 鹤	张 虹	张 虹	张 欢	张 惠	张计业
毛 琪	孟 辉	孟庆瑶	孟雅文	孟 正	孟 琪	张家馨	张加民	张景亮	张 乐	张利民	张立忠
米健宁	牟 及	牟 楠	倪光玉	倪 潇	聂俊江	张路露	张 萌	张盼峰	张树杰	张思博	张思羽
聂同朝	聂 伟	牛富增	牛 莉	牛临潇	牛露晴	张 涛	张 甜	张 文	张文浩	张翔飞	张晓东
欧 青	欧阳智鹏		潘 旻	潘 川	潘红莉	张晓璐	张小品	张欣欣	张兴东	张 修	张轩溧
潘俊勇	潘朋飞	庞禹伽	裴 洋	齐海石	齐玉伟	张雅婷	张 燕	张 扬	张 阳	张银立	张永旭
齐 楠	祁红坤	钱浩然	钱 龙	钱勇楠	钱雨辰	张 宇	张豫辉	张源丰	张 悦	张运昌	张兆新
秦盼盼	秦 源	曲曼宁	任 多	任 敏	任懋华	张智龙	张紫竹	张子彪	张淞健	张馨匀	张 获
荣令金	荣英杰	尚 雪	邵彬彬	邵 夔	蒋丰蔚	张媛媛	张婷婷	张 玮	张 瑜	张 瑜	张 曜
施 亮	时 菁	史丰源	宋少华	宋雅楠	宋 杨	张皎娟	张 鑫	赵碧涵	赵长睿	赵春亮	赵慧超
宋永成	宋苑萌	宋子龙	宋 婧	隋向阳	孙 玥	赵 健	赵 晶	赵静怡	赵 骏	赵凯飞	赵 硕
孙辰阳	孙 浩	孙 洁	孙锦露	孙晶晶	孙鹏云	赵相东	赵雪松	赵雅薇	赵燕波	赵瑶明	赵智松
孙晓悦	孙 秀	孙一铭	孙 瑜	孙筱萌	唐赋婷	赵 玮	赵瑛聘	赵 琨	赵 楠	郑德财	郑付超
唐为杰	唐文博	唐宇辰	陶美慧	田邦仪	田 原	郑江锋	郑 洋	郑 毅	郑宇豪	郑 泽	钟 杰
童东生	童亮亮	万振聪	汪怡欣	王 彬	王柄璇	周朝礼	周 辞	周里成	周林娜	周庆余	周 琼

周全兵	周 赛	周湘锦	周 昶	周 舫	周 靓	陆元诚	马丽亚·艾海提	莫嘉靖	沈 山	宋 晶
朱 斌	朱 滨	朱鸿钟	朱 凯	朱 琳	朱龙飞	苏 漪	王 东	王 音	萧洁铭	肖灵轩	严正达
朱 萌	朱明阳	朱秋龙	朱小云	朱雪阳	朱子辰	杨一一	俞莉娜	郁华良	张 吉	张力瑶	张梦遥
诸小牧	祝凯文	祝梦林	庄 明	邹程玉	邹慧志	张巳丁	张天宇	张 遥	赵 潮	周 杨	朱 伟
左骁天	佘桂华	郑人之	闫 丹	闫慧芳	闫舒媛	郑琬屏					
闫婷婷	闫 鑫	阚光军	栾惠清	栾兴泉	陈务扬			哲 学 系			
陈智涵	褚尔萌	覃 快	覃桦桦			刘梓源	柏宇洲	蔡孟阳	陈东兴	董 铭	杜 若

新闻与传播学院

杨子娴	曹亚杰	曹宇辰	陈凯培	陈秋心	陈 溯	方 楠	管浩然	何 锋	胡 鹏	黄亮亮	黄一洲
陈锡晖	陈纤雨	陈卓忻	程曼祺	程新宇	程 心	兰琳宗	刘 梁	柳筱蔚	吕相洋	罗贤亮	
单佳慧	邓昭豪	杜志帅	冯慧文	高 雷	高伊俏	欧阳丹青	潘 思	尚 静	宋 飞	孙才真	
管璇悦	郭 娟	韩崇阳	韩致宁	何 威	贺梦晨	汤 炜	万美文	王贵玲	王华超	王日鹏	王志鹏
胡恒帅	胡晓娅	虎乾坤	黄俊龙	黄泥萌	靳羽洁	吴苗森	许嘉静	许一苇	许 昊	杨文敏	余梦婷
晋良子	孔澜静	李 璟	李凡凡	李巨尧	李美璇	张天一	郑 植	周芳凝	周卓林	朱瑞旻	邹 和
李瑞超	李文竹	李伊人	李卓群	栗 征	梁素维	佘瑞丹					
梁天韵	梁皓云	廖维玮	刘丹丹	刘彭媛	刘润坤			国际关系学院			
刘雨晴	刘泽众	刘宗雨	马凯龙	彭思阳	彭雪松	吴孟翰	薄善祥	边晓强	曹 颉	陈一谞	陈琦斐
乔芳琦	尚晚霞	宋彦莹	孙 萍	王 博	王 丹	崔可忆	冯 威	傅若兰	顾 宁	郭立伟	贺菲菲
王 菲	王惠琴	王凌子	王 苗	王帅帅	王文浩	洪梓涵	胡宝艺	胡 黉	黄 畅	黄 曦	李伟明
王颜欣	王易晨	王泽华	王政淇	吴梦雪	吴月梅	李 坤	李思佳	李 越	梁 浩	廖广南	林介胜
夏 曼	肖 轶	徐华茵	许可璞	许 颖	许媛媛	林 熙	刘峰源	刘品然	刘青榆	刘雨涵	陆 闰
杨 玲	杨千溪	杨茜茜	尤 成	于天琳	岳春泽	吕 律	吕秋月	莫 非	母君晨	钱 乙	史迪雯
张晨翼	张 丹	张 盼	张文渊	赵 冉	赵晓航	苏亦煌	孙博文	孙金奎	唐荣桂	田 欣	宛 如
郑力璇	郑炜康	周雨婷	滕 菲	马叔安		汪格屹	王婉璐	王洋洋	王姝奇	王瑜贺	王 鑫
						卫 琛	吴翠婷	吴 朋	夏切尔	向昱筱	许卉幸

中国语言文学系

陈雪柠	丁 丁	杜清雨	冯俊龙	符潇潇	付丹宁	杨 萌	杨振海	杨志远	姚驭文	要 媛	余贤红
高华鑫	谷北辰	关 静	韩世中	韩 轩	侯人渝	詹承娄	张永鹏	张芮铭	张怡翔	张 榕	张昕扬
黄楚丹	黄柯柯	黄思思	黄新骏蓉		江 楠	赵贝佳	赵寒玉	赵 剑	赵 娜	赵心知	赵雨泽
缴 蕊	寇 鑫	李杭媛	李 鹍	李 萌	李瞳瞳	郑 薇	钟 倩	朱浩琪	褚 懿		
李星儒	李育明	李云轩	李 臻	李昕桐	刘 娟			经 济 学 院			
刘凯健	刘 文	孟德才	倪志佳	欧阳月姣		孙于钧	白啸威	包诗若	卞雪智	蔡国栋	曹沉璐
青子文	任一丁	申金贤	宋 瑞	苏瑞欣		陈 刚	陈西岳	程 华	戴 革	代 云	段淑红
唐姑一秀		汪 莹	王晨辰	王 琳	王宇飞	段小刚	方 炬	房 誉	冯 雅	傅杜阳希	
王鑫凤	武梦恬	谢 鹏	谢英镝	辛 爽	许 晴	顾彤宇	郭 驰	郝 玲	胡冉迪	黄 玥	黄滋才
杨 祎	叶 赛	张春连	张灵羚	张士毅	张伟一	黎亚东	李俊侃	李明曦	李 枞	廖蔚铭	林 爽
张 洋	张玉瑶	张 昕	赵路平	赵铁凯	赵晓琳	刘晨昕	刘恩才	刘 萍	刘晓逸	刘雅清	刘岩哲
郑树敏	郑 渝	朱 倩	庄思璐	黄静心		刘洋轩	刘逸飞	刘毅飞	刘语潇	刘芮睿	龙 波

历 史 学 系

白 云	陈夏琼	成昱臻	傅程豪	顾琼敏	郭思桐	卢存宣	卢韦辰	吕 麒	马欣妮	买 鹏	孟 强
洪易易	金雨薇	李尚泽	李惟一	李学宜	刘千里	孟 炜	莫太平	彭子杨	钱 进	丘金海	申 龙
潘 敦	沈 琛	孙宏哲	孙微言	吴建巍	邢承吉	萧佳儒	孙露溪	唐战英	万 勤	汪明飞	王朝麒
袁 瑶	张 慧	张强伟	张 希	张 毅	赵竝昊	王锦江	王明明	王沫尘	王 妮	王 赛	王天祺
赵 通	郑 杰	郑明仁	诸颖超	栾俊鹏		王文健	王雪坤	王壮飞	王卓雍	韦璐璐	吴 憾

考古文博学院

						吴兰英	吴 琼	吴文超	武双燕	夏健全	夏 天
张加莹	蔡佳雯	陈春婷	陈竹茵	陈 琛	龚晓磊	项丝雨	信心小雨		邢梁立博		邢 然
韩博雅	韩 爽	贺宇燊	胡文怡	黄雯兰	解心怡	徐静秋	徐俐君	徐小明	薛中一	杨通民	杨欣泽
井宇阳	李 扬	李颖翀	梁佩华	刘 欢	刘 瑞	杨紫馨	羊振雪	俞雯文	袁浚皓	曾庆松	章晓婷
						张 波	张博涵	张 磊	张 翀	张棋尧	张 俏
						张 舒	张天然	张婉儿	张文韬	张 晓	张雪晴

张扬	张莹	赵思佳	赵伟博	郑晨	郑育东	卢倩	陆煜桦	吕华涛	吕俊杰	吕亚鹏	吕志远
支现伟	周少博	朱千帆	缪志颖	琚为民	黄怡慧	罗闯	罗鹏	罗文琦	罗湛	马赫赫	马杰
		光华管理学院				马若琦	马维骥	马永衡	毛祥羽	毛晓庆	苗月
安蓓蓓	白旭亮	白云龙	白璐	毕仲圆	蔡翱	纳娜	倪康加	宁晓民	牛钊	欧阳书森	
蔡林峰	蔡伦桥	蔡涛涛	蔡雪媛	曹宇菁	曹哲伟	潘再兴	潘炜	裴文斐	彭捷	彭树发	平强
查刘云	常伟	钞悦	车德胜	车轩	陈保印	戚传梅	漆文圣	祁凯	羌悦	青白	丘晓昱
陈国栋	陈国华	陈宏宇	陈欢	陈磊	陈黎明	邱鹏	邱友申	曲丹丹	曲浩	冉鹏	任彤
陈玲	陈凌枫	陈萌	陈敏宏	陈启新	陈钦杰	桑一丰	商磊	邵丹	邵媛	沈超	沈惟
陈圣博	陈世宝	陈思吟	陈腾宇	陈星辰	陈阳	盛超	盛威	施蕾蕾	施信远	石泚	史薇
陈永进	陈勇	陈哲	陈振杰	陈钟	陈怡岑	史昊峰	舒适	宋伯浩	宋大巍	宋建宁	宋雪思
陈妍	陈曦	陈曦	程旭宇	迟骋	揣鑫	宋亚明	宋扬飞	宋琪	苏威	苏域	隋春辉
崔海楠	崔晓琳	崔逸子	崔瑾月	戴齐飞	戴舒翀	孙琎	孙参政	孙慧	孙进峰	孙俊杰	孙若翎
戴忆尔	戴瑾	戴晔	邓炯	翟登运	底洁	孙伟	谭和	谭清	谭菁	唐雷	唐萌蒙
刁博洋	刁娟	丁文萍	丁正君	丁怡凌	董舰	唐宁	陶延颖	田芳瑜	田明	田珍	童剑
董良	董勉	董武涛	董婷	杜桂林	杜洁菡	童泇伟	汪森	汪乙戈	王旻	王畾	王斌
杜亚丽	杜云飞	段锦	方雷	方涛	冯靖	王斌	王博闻	王超	王祎	王冬生	王刚
冯哲元	冯骁	冯璐	伏俊敏	付敏	高歌	王慧	王佳丽	王键	王健	王娟	王砾
高华君	高军	高扬	龚长庆	龚尧新	谷丰屹	王立章	王宁川	王启斌	王权	王融	王斯伟
官强	郭晴	郭霁明	国今朝	韩冲	韩宁	王韦昆	王卫东	王晓红	王晓佳	王晓俊	王笑然
韩雪骏雯		韩哲	韩焱	何常君	何国斌	王新为	王星	王轩	王亚波	王岩桦	王雁冰
何梅	何启龙	何笑伟	何星辰	何岩峰	何祖斌	王寅飞	王莹	王勇	王振中	王潆	王珏帅
贺振杰	洪莉莎	洪丽	洪魏芸	侯丽娜	胡大伟	王楠	王晗宇	王鑫	韦庐生	魏代成	魏东
胡国志	胡海军	胡洪章	胡景峻	胡俊	胡西辉	魏巍	魏玉法	温丽媛	温韬	文豪	文坚
胡学波	黄斌	黄斌强	黄炳权	黄达	黄宏铮	文略	翁文东	吴迪	吴家瑀	吴金燕	吴明阳
黄岩	黄彦	黄英	黄云峰	黄侃	黄灏	吴墨翰	吴雨舟	吴元娟	吴昊	夏布望	夏帆
黄嫣	冀飞	纪岩峰	贾利滨	贾萌	贾韶旭	夏凯	向枫	肖杜	肖建学	谢少全	谢婧婷
贾胜春	贾小雷	姜萍	姜水莲	姜辛	江川	谢婷婷	辛志强	邢亚宁	熊磊	熊明旺	熊娜
江海明	江虹	江维琳	江文秀	江晓峰	焦立盈	熊隽	徐东	徐丰翼	徐峰	徐果	徐海锋
矫德峰	矫健	金长磊	金维琛	金泓菲	金鑫	徐慧洁	徐君	徐牧阳	徐青	徐莎莎	徐爽
靳檩	康靖林	康茜	孔伟	孔雪竹	赖珺	徐伟	徐翔宇	徐苓芷	徐炜	许晓阳	许昭光
赖东林	赖利先	赖思予	兰宇航	乐天	李波	严吉	颜晨	颜艳	阎慧文	燕磊	燕炜
李博	李昌国	李晨	李成思	李大为	李丹	杨超飞	杨程	杨帆	杨光烽	杨晶	杨龙
李丹丹	李德超	李浩然	李杰	李俊	李昆霖	杨能	杨荣	杨小雨	杨旭	杨勇	杨智楠
李亮	李琳	李苗	李明	李鹏超	李鹏程	杨苠业	杨楠	姚晓宇	叶亮	叶韶光	衣浩鹏
李庆禹	李荣海	李世杰	李棠	李伟	李想	殷长鹤	殷春波	殷卫华	尹卫	印昌宏	于丹丹
李晓楠	李小良	李欣	李星冶	李宣襕	李瑶晖	于化龙	于京竹	于明	于鹏	于晓峰	于晓乐
李一秀	李宇	李远	李振宇	李政业	李卓	于一丁	于越	于潇	余浩	袁浩钧	袁野
李芸	李茜	李珂	李珩	李楠	李轶芳	原野	曾祥顺	曾婷婷	詹惠羽	詹力	张玥
李钊	厉晟阳	连娜	连骁	梁红环	梁一楠	张晨	张涵	张健	张建	张金城	张俊彧
梁忠文	廖柏桦	廖秋尽	林涛	林伟平	林秀瑾	张卡	张磊	张磊	张黎	张力	张良
林汶龙	刘彼得	刘冰	刘畅	刘朝林	刘芳兵	张玫妮	张蒙	张明慧	张培园	张任远	张如愚
刘光强	刘鹤如	刘辉	刘丽丽	刘明	刘明星	张少钢	张陶	张天亮	张巍	张巍	张伟
刘娜	刘强	刘晴	刘书晨	刘帅	刘朔湖	张文博	张文彩	张翔	张晓菲	张旭	张轩旗
刘天鹤	刘维波	刘文虎	刘霄	刘晓	刘晓雯	张扬	张一南	张毅	张永	张永刚	张榆福
刘欣旸	刘秀清	刘旭初	刘学锋	刘学良	刘岩	张宇洵	张泽绮	张志凯	张重威	张子靖	张婧
刘洋	刘毅	刘有峰	刘远洋	刘越	刘志海	张轶	张鑫磊	赵晨	赵济民	赵佳卉	赵晶
刘茜	刘钰	刘媛	刘璐	刘轶群	卢烜	赵军	赵君秋	赵康	赵乐	赵磊	赵民丹

赵瑞锦	赵 硕	赵晓楠	赵学全	赵 哲	赵子良	童菁菁	万亚会	王博勋	王 超	王芳琴	王红嫒
赵妍妍	赵晗熹	郑寅秋	钟 良	钟 宁	钟硕朋	王嘉琮	王杰鹏	王 可	王少棠	王韦力	王惟佳
周洪波	周 晶	周 雷	周 龙	周松波	周铁军	王 晓	王 雪	王一凡	王雨佳	王诗绚	王源蔚
周文君	周 欣	周旭生	朱 迪	朱国浩	朱靖华	王云芝	王 子	王 璐	王轶昕	王焱丹	王煜珩
朱 蕊	朱 瑞	朱 尉	朱婷婷	邹 舒	邹双根	魏尚骅	魏歆庭	卫凌波	温 雯	吴桂青	吴 梅
谯 谦	邰成刚	蔺 健	蔺 雁	连乔凯	闫 喆	吴 双	吴训祥	吴银娇	吴志琛	吴沣桦	吴昕颖
闫文静	闫 欣	阙尚钦	臧伟华	臧新瑞	滕少华	武娅楠	夏 雨	谢冲宇	谢舒婷	行 璐	徐 驰
竺丰平	綦恩平					徐丹璐	徐德容	徐 乐	徐念若	徐晓雪	徐骁睿
		法 学 院				徐祺昆	严 放	严晓威	严 源	杨 旻	杨 华
鲍 鹍	蔡兰芳	蔡其颖	曹 磊	常 青	常 欣	杨 萌	杨呢喃	杨山珊	杨 术	杨笑红	杨一帆
陈 璟	陈冰洁	陈 飞	陈静怡	陈炯阳	陈 君	姚 瑶	姚 雯	叶恒志	叶怀晴	叶婷婷	叶晗涛
陈铭宇	陈 佩	陈少珠	陈舒佳	陈 魏	陈晓君	易 瑷	尹 萍	尹 婷	于 悦	虞丰桢	余礼请
陈学强	陈雅萍	陈有财	陈倩颖	陈蕙娟	成柄潇	余丞臻	俞 辉	俞 谦	俞莎莎	俞文秀	袁 芳
程江超	程 威	程子萍	丛明丽	崔君凤	崔鹏楠	袁嘉笛	袁 魁	袁 明	袁 鹏	袁 圆	岳 佳
崔倩如	戴欣嫒	戴 阳	邓凯馨	邓 锐	丁 猛	岳修寅	曾好婕	张 彬	张 帆	张 芳	张冠驰
丁巧智	丁雪晨	董铁莹	董 昀	杜 波	杜承达	张华华	张 慧	张家瑞	张 可	张丽丽	张连明
杜明竹	樊泽玉	范 为	范增杰	方丽嫒	方 圆	张 盼	张 涛	张 田	张晓丽	张晓彤	张晓旭
冯 晨	冯浩彰	冯 源	冯 源	冯钰宸	高 凤	张雅静	张亚菲	张亚君	张雨露	张 宗	张 倩
高洪飞	高梦溪	高文秀	高艺菁	高羽腾	高至人	张弼茜	张婷婷	张 缙	张 笙	赵安琪	赵大维
耿倩妮	谷佳慧	谷铮彦	顾 晨	郭 浩	郭慧阳	赵黎明	赵心雨	郑佳佳	郑玉婷	郑 臻	钟嘉欣
郭萌迪	郭蓬勃	郭 涛	郭晓娴	韩晶晶	韩瑞英	钟万梅	周丹妮	周 东	周 亢	周 莉	周 亮
何 川	何鼎鼎	何吉如	何家汉	何洁涵	何 康	周亚婕	周 璐	朱逸杰	朱 侃	朱 芸	朱嫒嫒
何 婉	何星星	洪 雨	胡 晨	胡俊英	胡楷妹	宗姝洁	邹 恒	邹 华	邹 蓓	邹 睿	湛 斌
胡 馨	胡 楠	黄 帝	黄 慧	黄金秀	黄 可	闫君君	闫晓萌	闫 鑫	臧建伟	訾振阳	
黄 硕	黄雪娟	黄韵茹	黄 琪	霍 霏	吉小敏			**信 息 管 理 系**			
贾 超	贾宇飞	姜龙嫒	姜雨润	江 煌	江雅雯	陈 立	陈中华	崔新蝶	戴 畋	丁 娜	段紫薇
康玮星	孔佳琪	孔令君	李 斌	李博瑞	李 程	冯祝斌	谷 明	郎宇洁	李 维	李文琦	梁丹妮
李传慧	李祎璐	李弘杰	李 佳	李 健	李金涛	刘 芳	刘 涵	刘洪莲	刘西琴	刘宇初	罗珊珊
李劲松	李京洋	李 奎	李朗妍	李 雷	李 冕	苗美娟	沈奕娜	寿秋野	宋小双	汤荷月	王柏弟
李 明	李悄然	李 然	李圣婴	李淑珍	李天智	王晓轩	温 欣	徐山川	张 磊	张翔宇	赵柯然
李文晴	李 祥	李晓霞	李 欣	李雪妍	李燕萍	钟 迪	周 妍				
李雁磊	李 杨	李 勇	李雨宸	李倩玉	梁聪聪			**社 会 学 系**			
梁嘉颖	梁洁艳	梁 伟	梁 校	梁颖异	林伯道	刘秉洁	蔡丹旦	常长长	常庆玲	常艳玲	陈 红
林 菲	林金鹏	林永平	林 韵	刘晨鹏	刘 涵	旦正才旦	邓如飞	翟宇航	杜津威	段国强	
刘 寒	刘欢骅	刘慧颖	刘济宙	刘 宽	刘梦迪	范雪莹	方 正	封小郡	冯慧羚	冯文童	冯莹莹
刘思艺	刘 坦	刘 涛	刘天宇	刘晓颖	刘艺娜	葛欣鹏	郭 冉	郭潇威	郝佩玉	何健雄	何 苗
刘圆圆	刘 泽	芦 露	卢 山	卢亚洲	卢 苑	胡 波	胡峰辰	金丽华	靳伟龙	柯 晓	李 恒
卢 臻	卢 婷	鲁 璐	陆存喜	陆 佳	陆筱薇	李 可	李 梦	李如意	李祥蒙	李笑成	李 昭
罗安琪	罗 然	罗艺欣	罗 震	罗 婷	马骏驰	梁 栋	梁 艳	林梦林	林起贤	刘佳闽	刘 坤
马 琳	马宁璟	马学婵	马 睿	毛科琼	莫雨萌	刘明祥	刘晓亮	刘心怡	刘 影	刘 羽	鲁 娟
宁 洁	宁清宇	欧芙蓉	潘 玥	蒲攀宇	蒲 毅	马远征	聂 磊	彭泽安	齐晓艺	邵 敬	邵朱帅
祁 云	钱 雯	秦天遥	秦雯莉	曲 程	任秀秀	沈 洁	师瑞阳	宋 超	宋雨航	苏峰逸	孙 静
任 妍	荣 浩	尚薇薇	申少丽	沈 娜	沈 思	孙泽建	王 成	王大伟	王 钦	王 冉	王 硕
沈钰棪	石静雯	石晓玲	石云波	时 秒	史 晨	王卫卫	王向珣	王小龙	魏则先	温 欣	吴慧娟
宋方成	宋 佳	宋林志	宋启航	宋亚运	宋彦珺	熊 锦	徐 瑶	许传淇	薛文娟	杨嘉莹	杨 鹏
宋 悦	宋子笠	苏 畅	苏泽昱	孙 峰	孙弘儒	杨 雪	郁 霈	喻月慧	张博伦	张丽伟	张易武
谭天宇	汤宏伟	唐华瑾	唐建秋	田莉雯	田袁宇	张玉洁	张婧涵	赵艳秋	朱 俐	祖月翔	缪巧霞

臧 晓

政府管理学院

白增涛	陈冀然	陈 萌	陈鹏飞	陈诗思	陈晓宇
戴美龄	丁国辉	丁 蓓	范永华	冯 悦	付筱菁
龚楚雄	何 玲	何 威	胡 晓	黄 宁	揭懋汕
金雅昭	黎家华	李炳浩	李 露	李 强	李庆北
李然然	梁红超	梁 岩	林碧霞	林丹阳	刘洪亮
刘 娟	刘梦楚	刘 佩	刘 琦	龙 滢	马 克
马瑜琼	孟茹玉	潘向东	屈 博	沙 磊	司明宇
孙 迪	谭 克	王安然	王安琪	王 闯	王 达
王鸣曦	王 帅	王 欣	王玉潇	王潇潇	魏润发
翁林宇	吴蕊寒	吴舒景	吴万鹏	吴雪尧	熊颖涛
许牧南	于绘锦	于加润	运安琦	曾德杰	张楚睿
张擎华	张 天	张湘姝	张晓东	张奕乐	赵 凡
赵 慧	赵 蕾	郑 宪	周庆海	朱 良	朱 明
朱绍畅	左秋思	仝 飞	荀自飞	郑卉好	旎 莎

外国语学院

蔡文丽	蔡晓慧	曹雅玲	常彤彤	陈佳琦	陈 琛
陈 璐	陈 昀	陈 曦	程 康	池明宙	崔 苗
戴志轩	刁若尘	董海涛	董亚峰	范祥镇	方柔尹
方舒琼	冯 采	冯 立	凤 鸾	付 钰	高寒雨
葛 鑫	桂 璐	郭铭超	郭艺华	郭 倩	何 杉
何亚骏	赫一丞	贺剑峰	贺 询	贺 婧	洪雅琳
胡贝贝	胡 琼	胡书涯	胡晓宇	黄笑天	黄玉姣
纪惠南	贾 蕊	贾 岩	姜慧瑛	金 艳	俱 菲
李宝龙	李驰阳	李东宁	李建钢	李丽红	李 琳
李文静	李宇晴	李昱堃	励佳媛	林 喆	刘俊杰
刘晓敏	刘 璐	卢 英	卢 玢	罗正鹏	马 杰
马苗苗	米慧超	牟可楠	牛 颖	欧阳蕾蕾	
潘焕明	潘 玲	潘文捷	皮建军	朴 惠	齐 冰
乔安全	乔 菁	尚雨晴	史敏岳	宋 婷	苏东睿
孙 蕾	孙齐圣	孙银琳	孙莹双	孙 婷	田思悦
王启超	王春雨	王江睿	王 景	王琳可	王凌男
王 越	王 婧	王婧婷	王婧钰	王雯婷	魏 然
温 楷	吴 菲	谢 祎	轩 乐	阎鼓润	杨 欢
杨佳楠	杨润丽	杨 扬	杨 阳	阳祝云	叶素颖
殷 蓓	尹 旭	于 宁	俞一星	喻显龙	袁 勋
曾 悦	张 博	张菲菲	张佳倩	张 琳	张美云
张 蕊	张书剑	张勿扬	张晓雅	张欣宜	张雪玲
张彦希	张译丹	张莘雨	赵 辰	赵 航	赵佳婧
赵婧媛	郑小希	周 庆	闫冰涵		

马克思主义学院

龚 一	何 峰	侯春兰	姬泰然	李 成	李兰英
李 力	李 庆	栗 阳	刘 熙	刘小宁	吕净蔓
马腾飞	毛 毛	彭 波	邱华宇	申少铁	王成励
王冠宙	王文博	熊功首	熊 艳	易佳乐	张润宇
张晓曦	张艳萍	赵子萌	钟方玖	朱竞雅	朱彦红

体育教研部

涂明亮	张晶晶	张志强	周洁璐

艺术学院

冯瀚辰	冯 晗	黄凌子	金慧妍	林柏双	林菁菁
龙明延	石贤奎	时梦月	王 帆	王 志	翁 瑄
吴忠谚	徐思颖	许 珂	严复初	杨欣欣	张 薇

对外汉语教育学院

张舒椀	翟莹熙	高 洁	郭倖好	姜 健	金 茜
李 琛	刘同坤	路美霞	莫凡妮	邵 煜	宋雨菲
王 彤	王炜玮	吴 锐	武铮铮	徐瑶瑶	薛晓丽
羊乃书	喻 洁	袁云儿	袁子渊	苑晨靖	赵慧婷

深圳研究生院

白珍珍	包 达	包 雷	包 李	鲍志强	毕潇涵
卜 小	蔡 斌	蔡 承	蔡锦旸	蔡亚冬	蔡 璨
曹安康	曹 畅	曹 达	曹乐思	曹天骄	柴玲玲
畅 超	陈 晨	陈 诚	陈 诚	陈淳祺	陈丹颖
陈 菲	陈 飞	陈汉钿	陈 建	陈 进	陈 静
陈 军	陈 蕾	陈丽宇	陈玫妃	陈鹏进	陈钦水
陈 涛	陈天涯	陈晓刚	陈雅梅	陈 阳	陈耀波
陈叶华	陈艺勇	陈宇静	陈元婕	陈哲远	陈中欣
陈卓发	陈 侃	陈 媛	陈 骥	陈 玮	陈昊杭
陈 曦	程 成	程红济	程 静	程仕湘	程 翔
程作霖	仇长贺	初 奇	崔婉钰	崔万鹏	崔晓冰
达之颖	戴 飞	戴 亮	戴 欣	邓 枫	邓 强
邓文慧	邓 仪	翟 森	翟宇虹	丁 丁	丁 磊
丁学政	丁 雪	董俊辰	董维维	董 哲	董治国
豆晓芬	杜 波	杜博涵	杜 虓	杜 唯	樊丽珊
樊晓亮	范 非	范世森	范 婷	方 进	方 锐
方 炜	房佃辉	封全伦	冯翠婷	冯天泽	冯为蕾
冯玺祥	傅 蕾	付雅婷	付 滟	高桂玲	高曼琦
高 溪	高 远	高 薇	耿 曦	苟方旺	谷晓晴
关 扬	官 典	郭彬彬	郭 峰	郭海兵	郭灵巧
郭秋萍	郭田子	郭彦蓉	郭子琨	郭铁凡	韩 冰
韩冰杰	韩博文	韩静文	韩丽梅	韩瑞婷	韩圣峰
韩 涛	韩 雅	和 峰	何东婉	何豪杰	何嘉颖
何 利	何 阳	何颖仪	何智丽	何芸芸	何潇悦
何 骥	贺 达	衡先培	洪国盛	侯佳力	侯丽媛
胡斌裕	胡 泊	胡 军	胡晓程	胡 岳	黄聪妮
黄 辉	黄 金	黄 静	黄敬嘉	黄君杰	黄 凯
黄康贤	黄 蕾	黄琳希	黄 毅	黄银燕	黄 潇
黄琦峰	汲肖飞	季楚懿	贾崇宝	贾家琛	贾 琳
贾学鹏	江嘉宇	江 振	蒋丽婷	蒋晓峰	蒋 雳
焦剑波	金 赤	金 鹿	鞠传伦	寇 淼	匡亚洁
兰 魏	郎 琨	雷 阳	雷雨晨	李彬彬	李 冰
李超男	李晨晨	李晨霞	李 诚	李楚婷	李 丹
李登峰	李 凡	李嘉诚	李金树	李晶晶	李 昆
李丽萍	李刘彬	李龙军	李 露	李梦强	李 苗

李敏珠	李明英	李其轩	李启红	李 强	李秋平	吴桂莉	吴 静	吴梦霞	吴培宁	吴思思	吴晓丰
李丘怿	李胜海	李 涛	李 伟	李文钢	李文怡	吴欣玥	吴逸思	吴 影	吴雨旦	吴玉翠	吴卓谦
李 翔	李小亮	李小舟	李 笑	李欣珏	李心欣	吴怡培	吴 璇	吴 昊	夏碧莹	夏旦凌	夏德胜
李旭峰	李绪文	李学钊	李雪刚	李 杨	李 毅	夏 睿	向林森	向 皎	向鑫鑫	肖 芳	肖慧娟
李 莹	李 颖	李永飞	李园园	李占宇	李 湛	肖丽荣	肖思齐	肖维玲	肖 霄	肖鸾慧	谢芳丽
李紫菡	李岫雯	李琰斐	李昊洋	李 炜	厉莎莎	谢 磊	谢理斌	谢丽珊	谢明懿	谢欣欣	谢亚彤
梁 丰	梁 浩	梁凯荣	梁婉莹	梁 伟	梁晓辉	谢 莹	谢昕瑞	谢 朦	徐采玮	徐东远	徐嘉隆
梁晓健	梁 雯	廖文静	林德宇	林海培	林慧慧	徐建宇	徐录然	徐明月	徐星明	徐肇奇	徐之刚
林 琳	林瑞鹏	林颖颖	林樾强	刘 峣	刘 玥	徐 薇	徐婷婷	许 多	许二冬	许光宇	许敬涵
刘安全	刘 畅	刘传鸿	刘 地	刘恒进	刘 宏	许 凯	许 娜	许燕燕	薛冬梅	薛风杰	薛利利
刘宏军	刘 欢	刘 健	刘 杰	刘金才	刘丽春	薛 涛	薛晓宇	薛 奕	严驰晨	严春伟	严 特
刘立言	刘 琳	刘梦杰	刘 宁	刘培冉	刘芹芹	颜世琳	杨 波	杨飞宇	杨 洁	杨 俊	杨 凯
刘晴晴	刘瑞丰	刘石涵	刘 爽	刘腾威	刘天保	杨 乐	杨清楠	杨 雪	杨真硕	杨志文	杨 茜
刘天宇	刘希谊	刘幸儿	刘 艳	刘 洋	刘亿泽	杨 崴	杨 轶	杨 雯	杨 雯	姚 鲁	叶 姮
刘钥铭	刘志聪	刘中欣	刘 众	刘 姝	刘 缇	叶 纯	叶松盛	叶绪伟	易炜林	殷 格	尹家成
刘 琨	刘 酥	柳胜兵	柳怡骎	龙科技	娄明珠	尹 培	游海鹏	游 俊	于超琪	于洪宇	于 鹏
芦 靓	卢 诚	卢 丹	卢武习	卢亚伟	鲁兴科	于太安	于伟业	于 倩	虞龙煜	余 际	余洁燕
陆 佳	陆 青	陆尹坤	陆 媛	吕 聪	吕 俏	喻 丹	喻 磊	袁金凤	袁 远	苑 奎	岳仑仑
吕亚欣	吕正光	罗香香	马 迪	马 丁	马付拴	云 翊	曾荣俊	曾新杰	曾亚琼	曾婷婷	曾 晔
马 捷	马静薇	马 丽	马默宁	马胜男	马一卜	曾铖虹	詹臻荣	张玥一	张本崇	张冰洁	张 博
马 璐	毛丁丁	毛虹元	梅 娟	蒙 山	孟 航	张伯伦	张长悦	张辰西	张 迟	张 川	张春苏
孟令姝	孟维智	孟婧婧	莫志威	莫 婷	那 然	张寸渊	张 飞	张 浩	张浩森	张贺然	张剑锋
倪 冰	宁洪珂	潘 婵	庞宇驰	裴海亮	裴婉嬿	张建龙	张 洁	张 结	张金源	张腊梅	张 磊
彭 祎	彭 旦	彭亚茜	彭 倩	彭妍喆	齐兴方	张立渊	张 力	张林甫	张梦夏	张 欧	张 盼
齐秀娟	祁宏涛	乔 芳	秦立都	秦 维	邱长伟	张 鹏	张巧夺	张仁达	张曙光	张 天	张 甜
邱瑜瑾	区敏芝	任尚伟	任雅萍	容舒楚	阮 丝	张桐伟	张婉宁	张韦伟	张伟国	张希朦	张湘龙
尚 宁	邵 阳	申 琳	沈 阳	施超轶	施 歌	张晓宇	张小峰	张欣然	张旭然	张亚莉	张 洋
施森海	施 悦	石宝华	石 刚	史飞飞	史菁钰	张 瑶	张一凡	张一沙	张 艺	张 莹	张 滢
司 鸣	宋宝木	宋 捷	宋丽凌	宋丽娜	宋立娜	张颖慧	张宇蒙	张 悦	张镇星	张正屹	张紫君
宋晓鹏	宋学辉	宋永飞	宋 悦	宋 铮	苏婷婷	张 潇	张珉珉	张 璇	张 璇	张 昊	张 晟
苏 瑛	隋贝西	孙海峰	孙晶晶	孙立红	孙连玉	赵飞龙	赵继芳	赵剑书	赵 蓬	赵普玉	赵庆壮
孙瑞敏	孙晓鸥	孙 昱	孙煜柯	谭亲贵	谭友军	赵素娟	赵天玉	赵伟利	赵宇先	赵志良	赵 壮
汤博深	汤传新	唐 女	唐 然	陶 智	陶奕宏	赵 茜	赵 枭	赵楠琦	赵楠楠	郑澄然	郑田园
田圣杰	田婉洲	田文杰	田小彦	田 阳	田 颖	郑晓琪	郑 洋	郑英亮	钟晓红	周映昕	周海霞
田宗星	田 婧	涂 鹏	万 斌	汪 安	汪 菲	周莉莉	周 沭	周 盼	周 鹏	周士琳	周 泰
汪梦野	汪轻舟	汪若凡	汪 岚	王安琪	王博君	周艳琼	周彦吕	周 麑	朱华兵	朱青元	朱霜月
王彩霞	王超勋	王朝倩	王 丹	王飞宇	王光春	朱胤琳	朱 昊	祝晓飞	祝业青	庄小平	庄珠钦
王国辉	王慧钰	王 惠	王嘉炜	王金保	王 乐	邹 烨	邹 浩	訚 安	訚 昕	闵兴征	淦启明
王黎光	王丽果	王丽华	王 柳	王梅娟	王 萌	宓 强	覃 琳	裘蕾洁			
王 梦	王 沛	王 鹏	王清华	王瑞伦	王善云				**信息科学技术学院**		
王绍山	王 施	王爽心	王天略	王 巍	王 蔚	艾 雷	白 蔚	卞宇阳	蔡飞志	蔡斯任	曹自强
王文丽	王锡贵	王锡蕊	王晓东	王肖婷	王 岩	柴小虎	陈德健	陈 默	陈 伟	陈秀招	陈袁沁
王 雁	王雁冰	王 彦	王 阳	王 伊	王逸夫	陈瑜希	陈 昕	崔晨阳	邓瑞伶	翟东辉	丁 忆
王银辉	王 影	王永庆	王远方	王 越	王韵晖	董光清	杜 岚	段 巍	范伟亮	方 浩	费 翔
王 哲	王 政	王 璐	王 梓	王 昊	王 烨	冯博勇	符文杉	甘霞青	高 翔	龚 健	关 景
韦雪丹	韦 屹	蔚昊哲	魏江月	魏轩宇	卫 航	管昌荣	桂欣璐	郭 震	过岩巍	韩 蕾	韩 速
温 武	文楚君	翁 欣	翁智国	吴 笛	吴东亮	韩 阳	郝 璐	和 丹	何湘珂	何 宇	赫祎诺

胡 玥	胡 杭	胡子千	华哲邦	化 静	黄 波	王为淇	王一然	王 曦	温聪聪	温李懿贞
黄缨宁	黄 哲	黄 婷	姜 浩	江 翰	蒋云飞	肖海明	熊光辉	熊苗苗	徐 薇	许 心	雍文静
蒋 昭	蒋娓娓	景年强	康华伟	寇 磊	赖清楠	于 信	余萧桓	岳群智	张军凤	张恺惟	赵洪凯
兰 天	李斌斌	李 博	李 晨	李春奇	李光荣	赵柳婷	赵晓望	周 姝			

人口研究所

郭 华	黄国桂	黄婷婷	雷 蕾	李文菲	罗雅楠
邱武斌	许 可	叶晓蒙	张龙龙	朱洁萍	淦宇杰

前沿交叉学科研究院

陈 雪	李 彦	王国敏	徐旭晨	张 慧	张雅晴
周维瑞					

工学院

白亚青	陈 腾	陈天梧	陈田乐	陈 哲	陈志杰
慈鹏弘	崔 琨	戴桑武	代骏豪	董云鹤	方海峰
方 艳	冯消冰	冯 源	高 岳	郭高娟	郭功全
何 瀚	黄 涛	黄陶然	黄远征	黄潇文	计 宇
鞠致礼	李德逸	李晓艳	李 欣	李 洋	刘 浩
刘硕辰	刘希威	刘 琪	刘轶凡	柳 涛	龙海斌
娄元元	卢港龙	骆晶晶	秦艳芳	邱腊松	曲英翟
宋畅越	孙 健	孙宛晨	孙 艳	唐 力	田智中
王 开	王龙飞	王启尧	未波波	吴 戈	吴振华
吴振全	吴 昊	伍阳雪	谢锦娇	邢 通	徐 瑞
许照原	杨 倩	姚新媛	喻立珊	曾 珍	章鹏飞
张金凝	赵 静	赵泽钦	赵 倩	郑红伟	周士栋
周 甜	周文彬	周子桓	朱厚涛	邹海云	

城市与环境学院

边 防	陈 默	陈 谦	陈梓烽	慈洪娟	丁 粟
法念真	樊 星	方 圆	冯 瑶	冯 筱	高哲然
韩 洋	洪桂梅	侯 珍	胡秀媚	黄 菲	黄 欣
火秦楠	季颖颖	江 南	蒋玉娇	金祥涛	居晓婷
李 静	李 琳	李敏琦	李天猜	李 薇	李 铠
刘 锐	刘乌兰	刘 霞	刘新建	刘 晔	鲁超凡
陆方兰	罗 胜	马博闻	马 晶	马 妍	孟永旻
庞 程	邱春晶	邱凤铖	孙利北	孙 燕	谭兴业
唐 婷	陶栋艳	汪疆玮	王晓洁	王福良	王建军
王劲轲	王天尧	王蔚炫	王逸然	魏 海	吴梦荷
吴文佳	吴 琦	夏可慧	肖 晗	谢婷婷	邢 星
徐 莎	薛晓宁	杨琳琳	杨天骏	杨笑之	姚 辉
殷 涛	张彩娜	张 驰	张 帆	张 津	张静儒
张萌萌	张文晖	张 宇	张云惠	张潇尹	赵勇健
赵瑜嘉	赵 淼	周杏雨	朱诗荟	朱 曦	芮 雪
栾东声					

环境科学与工程学院

常 上	陈仕意	冯 杰	耿恩泽	郝薛文	黄 志
李明阳	李重阳	李 璐	林 谥	刘 佳	刘俊鑫
刘 岩	柳 青	马 君	马荣真	毛志春	莫梓伟
欧阳志宏		饶芝菡	王磊明	王 亮	王 昭
王 琛	吴琴琴	吴 彤	吴亚涛	伍娟丽	向玥皎

国家发展研究院

陈弘毅	陈路明	程协南	丁 杨	郭 军	韩 薇
贺梓轩	黄劲草	黄 京	李 景	刘 洋	潘 博
苏诺雅	苏晓童	孙俊磊	唐君宇	唐淑薇	唐笑天
王宾骆	王 凯	王正昌	肖成哲	尹 棚	应晓妮
余方圆	袁 馨	曾 广	张 戈	张晓玉	张亦弛
郑 昕	周 冲				

教育学院

蔡文璇	车莎莎	陈亚晓	程航远	高 雅	韩斯超
黄 超	黄晓蕾	蒋秀恒	兰玉婷	刘明月	刘 薇
刘 昕	罗 尧	马玉洁	聂 欢	彭 程	秦晓月
盛玉雷	孙海杰	陶文琪	王佳颖	王孟迪	王铭娴

徐春萌	徐伟玮	叶妮妮	易姗	于祥泉	岳煜斐	高雪	李园	孙洪阳	林其敏	董超	董芊汝
张敬旭	张晓琳	张英伟	张作涛	张楠	赵冬琳	董淑杰	徐伟	马肖飞	吴竞轩	王云鹤	胡小波
赵兰	赵楠楠	郑丹楠	邹庄磊			古丽努尔·依明江		帕如克·艾毕布拉			

分子医学研究所

黄颖	刘舒然	张茜

公共卫生学院

宋培歌	宫曼漫	吕冰琪	夏天	张远	赵子婧
陆雪芹	林智宏	李碧	李学会	周佳	宋景晨
王晨	李晶晶	张豪	孙蕾	崔馨月	张驰
宋伟	马子晴	李园利	赵洋	王一超	仇元营
石昊昱	李效鹏	张雅蓉	文华	郭泽华	金莉娜
王晶	岳大海	白文兴	赵文芝	李梦瑶	秦晨曦
郑韵婷	杨森	李晓卉	王魏魏	曾娜	邸鑫
陈森	胡佳	赵晓侠	吴琼	谭亚运	陈程
周斌	刘大锦	王冰玉	孟祥坤	吴丽晶	赵楠
倪洋	张旭光	王金子	刘欢	祝德营	张钰
刘璐	刘福荣	陈润滋	秦佩	邸凯华	潘国英
张欢	田景丰	王彩云	熊梦昀	赵锋	能伟刚
张文晓	朱一丹	王欢	王媛媛	孙傲伊	廖逸星
崔政坤	梁新新	郭儒雅	张钰琪	黄元升	赵欣
王彦斌	周杰	朱硕斌	李文桓	冯亚男	

歌剧研究院

陈小朵	崔越	何弦	雷静	张晶

基础医学院

李梦桃	张扬	罗艳金	穆蔚云	秦云	申雪
王婧	李海波	朱素杰	温晨光	魏守鹏	刘瑞星
王亚清	夏会卡	薛小伟	涂建	李汉霞	赵少阳
张雪辉	沈丹丹	李垚	周腾飞	王菁	侯跃龙
茅鹤婷	兰贺	刘亚琳	肖萌萌	贾俊巧	翁琳
戚凝	鲁晨曦	王嫱怡	林之舸	李沐寒	贾英丽
邵立伟	吴晓彤	高见	张可昕	宋文颉	操丽丽
贺丹	聂宝	施岚	张裕	邓洁	赵潘
孙现垒	沈红	梁婧	杨立	王欢	李月娇
卢广	李鹏程	张立美	王静	夏俊珂	龙璐
王文娟	张韬	张玉	鱼毛毛	刘金姣	张乐天
李越	刘艳	蔡晓宇	李鑫	刘贺林	李晓悦
赖灏					

护理学院

王巧红	陈鹏	侯晓婷	戴明辉	胡慧秀	刘瑾
曾惠文	王秀英	王黎	殷雅贞	李伟	冯嘉蕾
宋敏	党芸				

医学人文研究院

黄媛媛	陈燕婧	李璐	孟蕊	刘佳佳	刘芳
张敏怡	周丽丽	马彦	耿晓庆	刘灵	

药学院

李栋	赵阳	马立满	曹静	张卫强	吴游
刘畅	李美辰	张超	何夏	张娟	魏强
木合他拜尔		尹大伟	王子维	闫钢	梁丹琳
宁茂恒	周俊文	黄小强	李芳芳	高远晴	马元
孙婷	胡宏祥	程阔原	左雪	彭阳秋	吴一鸣
王婕	郭鸿成	杨秀聪	纪玉卓	贾凌晗	卢艺欢
李娜	雷伟	李逸	姚鹏	王巍	马雅静
孟兰兰	樊蓉	舒泽柳	杨华	李润泽	赵剑雄
郭磊	陈显慧	郑育奋	薛喜文	陈斌龙	李逢春
李静云	张超	蒙卓明	王计明	马卓	谢冰雪
张军英	刘姗	李建国	路萌	刘磊	唐叔南
王静哲	张羽	蔡雪妮	裴芬	戚希	胥洋
王超	白贺元	吴凌	李远新	姜汉杰	袁逸之
白绍涛	郝宇辰	袁茜	裴希为	许嘉旻	苏奥泽
杜义青	马晓丽	赵蕾	葛辉起	何宏艳	李森森
焦蕊	洪冬喆	李杭	孙祥	陈路佳	张晓霞
谢秋芬	牛玉洁	赵逸舟	陈家兴	任方龙	刘倩倩
孔妍	杨辉	王鹤川	孙璐	马伟志	张蕴瀚
冷朋林	解染	张诚翔	庄鸿蒙	曾凌晓	梁文飞
顾梦洁	杨照	李茹	于小婷	杨勇杰	宋钦
陈修贤	史慧峰	王爱婷	孙爽	候建军	郑晓元
马永凡	高儒雅	孙刘阳	杨淑苹	张碧晨	吴少桐
杨巧	潘鹏玉	王雨斯	王兆扬	张藏蔓	黄文杰
李鹏飞	王小川	孙静	赵炜煜	赵怡然	赵紫楠
袁帅军	白晓辉	陈雪晴	苏清虹	段丹	刘海倩

第一临床医学院

屈爽	张仲斌	郝攀	杨巧梅	徐冰凝	孙子文
王雯舒	周婷	王业成	姚弥	李芳	王瑞
王亚芳	李记	高强	孟颖	梅世文	王丰
刘济轩	崔恒夫	张水生	齐艳华	葛鹏	陈醒
汪闻平	朱明珠	王红	陈斯琦	刘倩伶	黄思慧
曾新	姚旭阳	潘玉静	张凌云	徐春晓	姚秋雨
宗艳芳	欧尾妹	谢莎莎	李秀锋	周妍	孙加鑫
司婧文	牛飞	赵丹	孟庆娜	皮海辰	陈超阳
张烁	李洋洋	孙梦奎	程双娟	夏敏	马茗微
孙华晓	赵婷婷	古川	陈青	张凯	李晓丽
殷环	喻希	陶荣			

第二临床医学院

张彤格	田洁	黄越龙	张冲	胡嫣	翟宗旺
王昭	郭倩	张加敏	房琼璇	李锟	盛正祚
孙芳	赵征	张涌	郭延秀	彭二玄	沈超
韩斐斐	冯静才	刘辰君	杜静	郑莉	魏小雨
吕佳璇	王梦琳	孙宇晶	马英腾	张博雅	李红
惠卉	赵兴亮	程呈	王倩	姜龙	

第三临床医学院

郭紫薇	刘子旭	魏宏祎	黄灿	谭杰	田爱炬

左 龙	梁会珠	张 舒	张洪亮	刘庆松	韩怡炜	地 坛 医 院					
史尉利	吕祎然	付 鑫	李思维	殷子惠	唐 谦	刘 梦	苏文晶	张 玲	王智强	孟一星	张文丽
李 上	刘 莹	高 第	李开秀	戚艳超	王 新	杜云玲					
陆薇丹	林 帆	康春福	赵 楠	王 洲	唐慧敏	解放军第三○二医院					
余卓颖	庞雪芹	杨曙光	石伟龙	朱 婧	张 攀	石彦超	陈建宏	郝书理	张乃春		
葛 杰	王媛媛	秦 薇	侯小艳	刘紫辉		解放军第三○六医院					
		积水潭医院				邓忠伟	班绎娟	孙术华			
王 超	刘 丹	李 思	王 玉	宋丹阳	孙鲁静	回龙观医院					
		口腔医学院				郜肖肖	李凤娥	樊运莉	温玉杰		
熊玉雪	王梦珂	田洪琰	侯瑜琳	孟 松	范 祎						
刘 畅	夏丹丹	任嘉宝	武效欢	杨淋茜	杨 月	**毕业博士研究生名单**					
卞 换	李思源	李永亮	郝泽良	邹 薇	苏 莎						
周婷婷	佟佩远	丁美丽	吴笑尘	王馨玉	信 义	数学科学学院					
高 巍	于 杨	李 菲	罗宁洁	罗志强	李 玥	鲍 超	柴 钊	陈正鸿	戴 嵩	代立云	邓宇星
		精神卫生研究所				范朝盛	房 厦	顾 怡	关力凡	郭朕臣	韩慧婷
杨 洁	高 越	董立彩	樊亚奇	马朝阳	赵希希	黄 垒	贾 晨	贾瑞玲	李 康	李亮泽	李禄俊
许 婷	赵 玫	徐德峰	王 艺	石莹莹	杨晓顿	李思锐	李武璐	李佑驹	吕彩平	罗 鹏	屈 旸
陈曼曼						苏春梅	唐凤阳	王建叶	王少峰	王 新	王 宇
		临床肿瘤学院				徐 劼	曾丽伟	张 安	张国良	张 蕊	赵彤远
盛今东	张 媛	贾莹莹	王 凯	马 婷	高兆亚	赵 越	郑嘉寅	郑如松			
伍远航	李满秀	汤富兵	王 建	李广涵	朱幻歌	物理学院					
邢兆东	敖 胜	李晓娟	易 鸣	王 峥	黄秀婷	卜文庭	陈静静	陈启博	陈 颖	陈幼玲	陈忠靖
罗 政	刘 卉	李晓宇	李 阳	张 鑫		戴海瑨	代 实	丁 一	杜 宇	范 阳	高 飞
		北京医院				高智威	郭 鹏	黄发朋	纪晓飞	贾 青	姜 爽
宁 璞	王 婧	武连哲	唐甜甜	刘圣杰	薛倩倩	姜维超	姜徐江	姜 楠	江 澎	蒋昱鑫	金伟锋
孙月杰	裴 祥	刘 超	杨 锋	杨鸿春	郑念野	康显阶	黎 敏	李 喆	李 彪	李程远	李海涛
李明美	柴 攀	韩彦熙				李焕杰	李佳阳	李庆雷	李 荣	李若言	李晓佳
		中日友好医院				李 云	林陈昉	刘倍贝	刘宏剑	刘锦龙	刘 帅
张建安	田 宇	王志为	郝 杨	王 稳	宋小静	刘天博	刘项琨	刘永椿	刘永富	龙 江	路翠翠
罗如意	孙 恒	周 诚				吕永钢	罗 星	马圣博	马亚军	马英壮	孟 杰
		世纪坛医院				强 凌	秦来香	任金丽	桑胜景	邵立晶	石 猛
张 雷	苏海洋	任骁方	于 洋	苏 迎		孙君杰	孙亭亭	孙叶磊	唐光毅	汪 斌	王册明
上官丽娟		赵 宇	温 静	申俊峰	徐 琛	王 浩	王宏伟	王 欢	王嘉铭	王思敏	王 维
张 敏	梁静波	李明颐	付广真	张晓倩		王维康	王 彦	王志文	魏建中	吴 聪	吴 栋
		航天中心医院				吴 锐	席鹏伟	夏文龙	向茂盛	肖敬仁	徐广伟
陈 龙	王铭梁	王妮娜	李朋洋	侯晓琳	朱 慧	许 镭	叶鑫欣	曾天生	张 辰	张 怀	张 锐
王琳琳	张景昆					张世杰	张忻怿	张艳文	张 姗	张 琛	张 焱
		首都儿科研究所				赵拿斐	赵 冲	赵 登	郑灵灵	周京昱	周 奎
李冬青	玄立田	孙 娟	刘 明	赵 欣		周立新	朱起忠	钟耀贤			
		民航总医院				化学与分子工程学院					
赵 疎	刘胜宝					敖银勇	蔡 欣	陈 康	陈莉莎	陈 帅	陈宇滨
		深圳医院				成贵娟	程 昕	邓时滨	邓 燕	邓鑫星	丁朝斌
李 芳	滕博川	唐婧姝	王 琪	代娟娟	王芹芹	董 会	杜广延	范远朋	房华毅	傅俊凯	高 昂
吕颜宏	王田田	毕佳佳	王奕诺			高 霞	郭益安	胡 方	胡 悦	华 炜	黄虹端
		首钢医院				黄 俊	冀 然	贾玉庆	柯贤胜	李 劼	李 刚
葛宏伟	李晓建					李 磊	李丽萍	李 娜	李文静	梁振浩	廖 磊
						廖 伟	林 亮	刘 君	刘梦溪	刘 帅	刘 阳

刘艺斌	刘姗姗	刘 鑫	柳成文	龙 榕	孟 虎	翟 赟	董 理	冯 坤	高慧芳	黄 政	兰善兴
聂玉峰	彭 江	邱 顿	商 冉	尚 鉴	沈 辰	李培艳	林 峥	刘 奎	刘思维	刘紫云	孟 飞
施建峰	宋艳群	苏翠翠	苏 昕	孙嘉慕	孙建波	齐晓燕	邵琛欣	孙立涛	唐 浩	拓 璐	万 群
孙少阳	孙伟海	唐 伟	王 恒	王华明	王 欢	王坤宇	王铁军	王婉如	王婷婷	徐 钺	姚 华
王慧飞	王冉冉	王 荣	王硕珏	王谭源	王 晓	叶归真	张 珊	张晓伟	赵潞梅	朱天助	陈冠豪
王 欣	王志坚	魏俊年	翁 瑞	吴兆萱	夏 莹			历 史 学 系			
肖家文	谢 然	徐 凌	许 良	杨一君	杨 奕	陈 鹏	崔金柱	崔学森	冯立冰	韩 策	韩基奭
杨 炜	姚爱宁	姚 斌	姚二冬	叶 飞	阴笑弘	黄圆晴	贾连港	李丹婕	李坤睿	李欣然	毛亦可
于 一	岳 宏	曾 臻	湛 明	张俊林	张 青	潘 丹	曲柄睿	任文彪	孙晓宁	田武雄	王龙飞
张伟滨	张西沙	张玉栋	张琪凯	赵明哲	赵 鹏	王 倩	吴延民	杨 博	杨 悦	袁利宏	赵大莹
赵润东	赵文博	赵亚光	周晨阳	周俊文	周 力	赵 诺	郑小悠	郑燕燕			
周 旭	周 宇	朱倩倩	邹 林	覃 覃				考古文博学院			
		生命科学学院				陈晶鑫	陈宥成	邓振华	丁 雨	金蕙涵	李意愿
陈慧敏	董 珊	杜媛媛	方日国	冯文芝	冯 晖	刘 静	刘净贤	彭明浩	庄蕙芷	万 娇	王 恺
关景洋	关 翎	郭 梁	韩敏捷	何 鹏	华 余	赵静芳					
纪劭怡	晋 莲	李东旭	李家练	李洁如	李琳琳			哲 学 系			
李 萌	李世柏	李 姣	林建飞	刘 欢	刘 振	陈 冀	陈星群	仇彦斌	崔凯华	崔 爽	杜松石
刘轶群	柳皋隽	吕俊鸟	马 磊	马帅鹏	马寅燕	范 杰	何 叶	姜 虹	蒋 薇	晋世翔	雷爱民
彭竞宇	彭炎炎	乔 倩	任庆鹏	申红艳	申立平	李红丽	李 熙	廖璨璨	刘 耕	刘海川	刘世宇
沈兆瑞	石 佼	宋 南	孙 戈	王 聪	王 刚	刘智豪	秦一男	谭 惟	王 博	王沁凌	王燕秋
韦宝耶	魏贺佳	温 兴	吴 岚	肖光辉	许 楠	吴宁宁	吴庆前	熊江宁	徐法超	徐菁菁	杨洪源
杨华乾	杨 欢	杨建国	杨 靖	杨 丽	杨 琰	余 洲	张 沛	赵 悠	郑兴中	周 洁	周 亮
叶 琼	叶 倩	袁鹏飞	张 祎	张建强	张 雷	朱文海	朱昱海	赵威维	邹 蕾		
张书理	张晓川	张晓薇	张 旭	张余周	张 峰			国际关系学院			
赵 义	芈肖肖	邹 倩	瞿玲龙			程多闻	杜 鹏	冯 峥	郭小雨	胡新龙	黄立志
		地球与空间科学学院				金晓文	荆宗杰	李春霞	刘杉杉	刘旭东	刘 玮
白 翔	陈 理	崔兴兰	邓 凯	邓西里	杜 宸	戚 凯	任 全	唐 薇	王 正	吴雁飞	吴 蓓
范天一	方俊钦	付 玲	高 胜	郭荣荣	郭 震	余忠剑	张 度	赵明昊	朱铁城		
韩 磊	何仲太	胡 健	黄文涛	姜海玲	姜祥华			经济学院			
康朝贵	李洪林	李金星	李 可	李林林	柳 正	黄 迈	李承健	李 铄	梁 帆	梁志兵	林浩锋
钱加慧	舒启海	孙岩标	涂继耀	王 超	王佳敏	刘维刚	刘晓亮	罗卫军	马 岚	孟令余	邱牧远
王 磊	王 玲	王美丽	王 盟	王 桥	吴耕宇	任 杰	苏淑卿	王德显	王天宇	王 祥	杨 洋
吴 也	吴 洋	熊志华	徐 锋	薛 静	杨明春	曾令涛	张 睿	赵 奎	周 毅		
杨 洋	叶久艳	于祥江	云 烨	张 成	张 俊			光华管理学院			
张 磊	张西雅	支 野	周述慧	周天怡	周肖贝	安 超	陈舒曼	程宇丹	段 野	高 奥	高 扬
朱 峰	邹晓东					巩天啸	顾全林	郭 斌	郭 煜	何文龙	黄丹阳
		心 理 学 系				黄鸣鹏	黄娅娜	江宇源	鞠 冬	雷潇雨	李 达
陈霓虹	陈雨露	次海鹏	龚梦园	何东军	蒋 超	刘 彪	刘海北	刘莎莎	卢军静	马晓白	潘中华
雷 铭	廖宗卿	林沐雨	刘金婷	刘艳春	刘 一	汪剑锋	王是业	王紫薇	王 玮	温日光	吴偲立
罗思阳	买热巴买买提		王 觅	乌云高娃		肖 洁	虞晓雯	张 勇	郑晓莹	邹 洁	窦 欢
于 坤	张畅芯	张天阳	张 媛					法 学 院			
		新闻与传播学院				杨文庆	曹 斐	陈国栋	陈 磊	陈炜强	杜若英
陈 曦	崔 凯	范博阳	范小青	古俊伟	黄俊平	高 洁	古 芳	韩静茹	韩 啸	胡萧力	胡玉桃
李松蕾	梁 斐	刘 澜	慕 玲	潘理娟	张牧涵	黄 影	江 玥	金 印	康 宁	康 欣	康玉梅
张 悦	闫成胜					刘晓冰	刘 庄	卢永琦	吕升运	蒙晓燕	
		中国语言文学系				欧阳泽蔓	乔乐天	乔 远	任启明	汤辰敏	
蔡郁婉	曹洪林	曹 琳	曹志国	陈 颖	邓韵娜	田 野	童光法	王 丹	王瑞雪	王唯宁	王 怡

| 王桦宇 | 吴凯敏 | 杨尚东 | 伊卫凤 | 袁娟娟 | 粘怡佳 | 许 晨 | 许海涛 | 许志超 | 杨建军 | 杨 坤 | 杨 威 |
| 张 晶 | 张 欣 | 张宜云 | 张志钢 | 周 淳 | 朱 冬 | 杨 阳 | 杨烨华 | 姚 问 | 张飞飞 | 张慧娟 | 张龙凯 |

信息管理系

						张晓东	郑少秋	郑卫国	钟 华	朱恩强	朱 飞
包心萍	蔡银春	樊振佳	高 丹	金武刚	李彦篁	朱风云	朱福运	朱佳伟	祝 闯	栾 西	於菅珉
李华伟	卢胜军	吕 双	王念祖	王一帆	王友富

国家发展研究院

张丽丽	郑丽芬					李 超	梁中华	刘晓光	申广军	王雅琦	张 勋
						周广肃

社会学系

								教育学院			
阿拉坦	高 瑜	李春华	李红兵	秦婷婷	孙明哲	陈 昊	范晓东	韩亚菲	胡辉平	胡 姝	霍雪涛
吴长青	吴银玲	向静林	尹鹤灵	张 帆	谢宗顺	刘红燕	刘 伟	刘文娟	毛 丹	苏大鹏	孙 建

政府管理学院

						王海迪	王世岳	王 涛	王 艳	杨 林	杨 露
杨鸣宇	陈 光	陈涵波	陈 浩	丁 伟	董小华	杨中超	于 洁	张廷亮	赵 静	周晨琛	朱凌云
范杰武	高 福	郝壮敏	井 焜	劳 昕	李 菲

人口研究所

李国正	李 乐	李 硕	李玉生	林雪霏	刘九勇	黄衍华	冷志伟	路 凤	丘明峰	王东敏	王朋岗
刘晓洲	卢文超	马 杰	马志娟	司徒英杰		吴炳义
王琳琳	吴新辉	杨建成	杨晓曦	袁 倩	原 嫄

前沿交叉学科研究院

张 宁	张 权	邹东升	晋 博			高东亮	金 鑫	李嘉明	李建政	李 明	李秋鸿
						平现凤	屈贺如歌	王艺舒	王 颖	吴娟霞

外国语学院

丁 一	郭晓丽	和媛媛	李海浩	李 玲	李荣睿	向 安	杨龙澍	杨 薇	张 敏	赵树利	甄 珍
李 欣	李 晖	刘迪南	刘 娟	刘英军	罗 琼	周俊鸿	周 喻	邹 珂
乔澄澈	任 婧	孙 斐	王国庆	王 威	叶丽贤

工学院

余祖发	张文奕	张旭敏	赵 芃	周 宇	郦莉莎	白 彬	曹梦涛	陈 林	陈治江	戴 城	刁 淼

马克思主义学院

						丁翼晨	杜 锋	高 刚	高 翔	郭 鹏	韩 峰
常百灵	代立梅	杜 磊	郭先红	黄东波	兰 青	冀 如	蒋丽阳	井庆深	李 冰	李 波	李佳硕
李 京	李薇薇	刘小畅	刘志尧	秦 菲	苏碧莲	李俊超	李孟辉	李 想	李晓天	李 楠	梁永东
王聪聪	王小凤	武海宝	肖 潇			刘 飞	刘国希	刘 欣	刘咏泉	刘宇思	吕鹏宇

艺术学院

						吕书明	马道林	梅振锋	孟令怡	师恩政	宋定坤
车 琳	陈 瑶	范 颖	梁舒涵	刘 静	刘胜眉	隋 杰	王 超	王勤英	王向华	王 琦	韦 凯
马 骏	田 湉	杨聪雷				魏庆凯	吴 斌	吴永军	吴振坤	武 丹	武振伟

对外汉语教育学院

						熊向明	薛亚辉	杨 鲲	尹新彦	虞之龙	余 靓
桂孟秋	陆方喆					原 媛	张 堃	张晶晶	张艳玲	张颖毅	张永宾

深圳研究生院

						赵大伟	赵 宇	周 浩	周立成	朱金营	阚 敏
陈杰安	段平平	郭天林	刘启颂	罗朝生	容 杰	逯向明
汪兆丰	殷韦玉	张庆舟	赵镜一	周 琳	

城市与环境学院

信息科学技术学院

						陈超琪	陈正侠	池秀莲	傅 微	高辉娜	耿 燕
白梅林	卞超轶	陈宏铭	陈 健	陈立玮	陈维恩	郭笑盈	何玘霜	胡国铮	胡雪洋	胡映洁	黄志基
陈中杰	丁 科	段一舟	冯 程	付 翔	高雷雷	黄 晔	蒋 亮	李 静	李 韦	李 琰	刘伟国
高琳斐	高翔宇	高 懿	龚彩霞	郭 耀	何慧虹	刘小茜	刘 晔	鲁 鹏	罗 凯	欧浪波	史 进
何文欣	贺 鑫	黄 鹏	黄文灏	黄 贤	黄芊芊	苏倍庆	孙 喆	塔 娜	田幼华	王二红	王凌霄
吉祥虎	康亮环	雷登云	雷 凯	冷传利	李 军	王永慧	翁一峰	谢秀珍	徐晓天	杨 俭	杨子江
李 坤	李 蕾	李鹿原	李 伟	李先刚	李 源	殷国栋	袁薇薇	曾 祺	张岩岩	赵 亮	周道静
李泽鹏	李 舟	梁 佳	梁世博	林邦姜	刘大川	朱惠斌	朱剑霄	晁 恒	窦晓璐
刘熙尧	路 萍	罗庆军	宁志远	欧高炎	沈 霞

环境科学与工程学院

史团伟	史淼晶	孙 新	孙 阳	汪佳逸	王 超	蔡 荔	单 超	范明明	付慧真	高 伟	郭庆丰
王 栋	王冠男	王江涛	王 玲	王 青	王 烁	贾 晋	蒋晶晶	李 劼	李 军	李玲玉	李蒙蒙
王中凯	王子南	王子琪	王祖超	魏开进	魏康亮	李明全	李鹏松	李 冉	刘 俊	刘巧玲	刘 润
文永正	吴成君	吴久涛	吴振刚	吴锟霖	武义涵	刘 莹	刘 瑛	穆 泉	汪 杰	王明煌	向 宁
肖 坦	谢明利	谢文轩	徐国珍	徐 夏	徐 哲

杨 军　张晓蕾　郑茂盛　闫才青

分子医学研究所

陈加余　侯婷婷　胡晓敏　江 倩　蒋蓓蓓　雷 蕾
肖成路　肖 瑶　谢 宁　徐华栋　许 可　张 雷
鄢守宇

基础医学院

韩海勃　唐 颢　樊 迪　李萍萍　程 锦　段昭君
李 丹　张浩林　王晨琛　杨 哲　张 超　崔丽旸
彭作翰　邹咏心　李 沙　盛兆福　逯颖媛　李 璞
葛菲菲　周 婷　岑 程　牟洪娜　张 艳　王伟玲
魏苏宁　黄金玲　黄 鑫　刘赵礼　杨 悦　郝 冉
胡 芳　廖家葳　孙 艳　高雨菡　王文彦　毛小伟
高 敏　童亚伟　李圣洁　赵聪慧　雷 虹　陈媛媛
刘惠蛟　朱柏力　郭宝辉　申长春　姜 凌　王国强
王佳星　李佳丽　崔元辰　王 宠　周 瑞　张弈庄
杨 丹　刘 琳　柳 鑫　彭雅琴　郭 晨　刘 畅
周 娜　李雪晨　韩迎春　司文喆　隗 明　陈远帆
黄世铮　彭赛辉　殷睿映　王燕婷　曹 荣　陆薇薇
张雪琼　何世明　王梦雨　邓佳慧　陈 娜　丁雨竹
丁善龙　刘绘绘　吴 丹　王威仪　陈 琛　罗雨虹
康 希　张小磊　周竟衡　姜交华　庞 颖　苑 琳
邵文威　苏雪莹　都 潇　段建辉　徐新杰　孙成玉
刘 鹏　孙世超　徐 希　田小生　牛晨光　王 杰
胡 嘉　曹林林　严考文　刘 洋　冯嘉汶　徐凌志
张凯铭　张若曦　裴晓磊　侯雯婷　江 昭　邱 颖
孙晓丽　方 立　伊利夏提·肖开提

药学院

薛冰洁　郭兆明　翁 庚　王 丹　吴克华　孙 琦
秦 冲　王 青　梁雨锋　范云周　任宇鹏　周旭东
赵 阳　高 纯　张可辉　任汝通　白著双　韩利强
梁德胜　王 娜　赵宜乐　邓改改　李昆峰　郑永祥
梅 冬　杨 奕　居瑞军　薛小超　夏 杰　杨兴鑫
叶 静　李文明　马 捷

公共卫生学院

万巧琴　王 玲　易德青　鲍 雷　顾娇娇　奥 登
薛 勇　张 龙　武珊珊　李 苹　刘芳丽　胥美美
王小竹　方 凯　刘 括　王菲菲　姜燕飞　曲 直
刘 硕　张留伟　王子云　刘多见　黄宁华
孙点剑一

医学人文研究院

谢中垚　李彦昌

第一临床医学院

袁 景　王 环　蔺 婧　王琳琳　卫晓红　陈 娜
王 伟　许永德　李真真　杨文旭　姚 宁　高 兰
杜国心　孔玮晶　文 佳　张彦春　娜布其　赵 娟
李溪远　李佳蕙　王冰洁　刘青艳　王 妍　宋依临
范媛媛　胡 健　李敏然　赵 娜　方雨晴　王云云
熊耕砚　苏博兴　陈子逸　刘 潇　陈斯瑶　赵 凯
刘玉鹏　陈 雪　梁 嫔　孙国玉　魏翠洁　胡水怡
宋 迪　孙宏伟　张 莲　李 妮　郭翠艳　徐 婧
苏 仙　徐 奔　马甜甜　郭中强　翟亚玲　贾 伟
莫合塔伯尔·莫敏

第二临床医学院

赵笑春　李晶津　李清华　邓 凯　颜艺超　王郑封
张蕴鑫　张 恒　张 婧　邱新运　黄 林　王卫敏
寒 桦　廖贻达　刘 竞　张 霞　李 萌　黄 伟
刘 曦　仁 晖　魏 瑾　郝 娟　李素芳　蒋伟伟
余盈盈　崔艳成　李辑伦　孙占国　谢天朋　李玉凤
陈 莉　张继准　杨 帆　胡立宝　江敬红　刘 昱
焦广俊　高 甫　于 垚　祁文静　王晓娟　潘 然
冷昆鹏　刘 晋　张丽华　曹争明　杨 帆　李姗姗
徐 雪　宋 丹　王 烨

第三临床医学院

胡志伟　刘振龙　丁 一　杨 毅　田沛荣　满振涛
张 魏　王 岩　张伟涛　黄洪杰　吕 嘉　和亚强
王丽薇　刘 啸　司山成　黄 颖　梁耀先　程 媛
何 及　曹倩倩　郭晓玥　邢晓颖　袁 源　李正迁
钱亚君　张 嫄　刘贝贝　李冬月　康 伟　侯国进
谢海艇　王方明　张 慧　韩芸峰　张 华　刘燕娥

积水潭医院

徐雅贞　张子安

口腔医学院

许 慧　李 静　曹海峰　毛明惠　田凯月　范 琴
丁婷婷　曾岷玟　王天达　李耀银　孟 震　苏 红
郜洪宇　王 欣　李成皓　施相如　曾婧婧　张志春
刘绍清　林 博　雷 杰　王 琳　巩 玺　李天竹
张杰铌　贾雪婷　张 然　宋江园　周 洋　蒋 楠
杨瑞莉　张 晓　万 蒙　何丹青　郭 睿

精神卫生研究所

马远林　廖金敏　陈 超　姜思思　郑敏婕　赵琳楠

临床肿瘤学院

范梦颖　高翔宇　王 晖　李哲轩　黄 昊　刘萌飞
周 峥　王宇美　白 雪　仲 佳　杨 雪　黄 川
刘茂兴　王立军　鲁方亮　邵端芳　李 慧　王玉霞
巴桑卓玛　于江泳　李清清　朱 燕　王映霜
乔娟丽　耿建昊　张 弘　付 帅　张婵媛　符 涛
阿米尔·阿卜力孜

北京医院

孟祥宇　周姝彤

中日友好医院

郝 敏

世纪坛医院

吴旻恺　南 京

深圳医院
赵京卉　吴　琦

首钢医院
马　丁

解放军第三〇二医院
贾一琼　张学秀

留学生毕业研究生名单

留学生毕业硕士研究生名单

地球与空间科学学院
塔斯肯（哈萨克斯坦）

中国语言文学系
黄智咏（韩国）　金信仪（韩国）　李仑营（韩国）

历史学系
金相垣（韩国）

考古文博学院
何岱晴（英国）　金峰槿（韩国）　李秋宇（意大利）

哲学系
金善民（韩国）　　　　　　　松田彩（日本）

外国语学院
查克利（泰国）　　　　　　　野元奈奈（日本）

艺术学院
刘丰源（加拿大）

对外汉语教育学院
阿瑚德（埃及）　　　安娜雅（泰国）
姜志恩（韩国）　　　金美朱（韩国）
李惠兰（韩国）　　　李京姬（韩国）
李静文（马来西亚）　刘芸杞（马来西亚）
刘在恩（韩国）　　　薛　菲（加拿大）
佐藤加奈子（日本）

国际关系学院
安东尼（厄瓜多尔）　安如心（西班牙）
安香善（韩国）　　　巴梓诺（智利）
陈智勇（泰国）　　　崔载熙（韩国）
达乌德（科摩罗）　　邓可瑞（英国）
渡会隼人（日本）　　段范河庄（越南）
法　拉（塔吉克斯坦）范　杰（美国）
房雅悦（卢森堡）　　凤舒恩（德国）
郭小芬（泰国）　　　黄有贞（韩国）
霍哲明（英国）　　　金珪范（韩国）
金伦辰（韩国）　　　凯　特（美国）
柯丽美（美国）　　　柯　唐（美国）
李嘉欣（加拿大）　　李相陈（韩国）
陆贤真（韩国）　　　罗马丁（德国）
吕佩妮（泰国）　　　马凯兰（克罗地亚）

马　克（澳大利亚）　麦茱莉（澳大利亚）
曼　歌（美国）　　　孟安瑞（法国）
米　禄（塔吉克斯坦）莫　林（马来西亚）
莫秋恒（德国）　　　木海波（美国）
倪依娜（危地马拉）　潘贝贝（法国）
潘紫月（美国）　　　裴仁浩（韩国）
朴多晶（韩国）　　　朴高恩（韩国）
朴祥浚（韩国）　　　区家爱（法国）
柔茶理（新西兰）　　瑞　克（荷兰）
沙　菲（马来西亚）　山光瑛美（日本）
杉山和正（日本）　　榊阳子（日本）
施小东（德国）　　　施于婷（新加坡）
斯派克（捷克）　　　宋珠咏（韩国）
苏默罕（沙特阿拉伯）天地西伦（日本）
肖　锐（美国）　　　小川达也（日本）
秀　竹（加拿大）　　章梦笑（泰国）
长川美里（日本）　　赵大熙（韩国）
赵浩谦（美国）　　　朱丽亚（奥地利）
竹中谦正（日本）　　佐藤大（日本）

法学院
艾　荻（印度尼西亚）陈浩铭（美国）
黄莹姿（英国）　　　吉　米（比利时）
杰森·史密斯（英国）孔令峰（加拿大）
李美琪（加拿大）　　李珠莲（韩国）
林诗诗（泰国）　　　铃木章史（日本）
卢　思（菲律宾）　　马　克（英国）
尼世涛（尼泊尔）　　彭义安（菲律宾）
朴相昱（韩国）　　　神野将志（日本）
松尾刚行（日本）　　汪大同（澳大利亚）
王德洪（泰国）　　　王　天（新西兰）
吴婉彤（英国）　　　辛加里（尼泊尔）
杨　明（印度尼西亚）朱　润（荷兰）

社会学系
崔允瑞（韩国）　　　海老泽圭视（日本）

政府管理学院
奥马尔（埃塞俄比亚）本杰明（加纳）
法　拉（英国）　　　高　莉（牙买加）
韩　珊（坦桑尼亚）　金国泰（加纳）
赖行健（澳大利亚）　林特伟（新加坡）
刘　超（哥伦比亚）　马义萨（马尔代夫）
曼　妮（苏丹）　　　孟世涛（津巴布韦）
尼格斯（埃塞俄比亚）尼　可（南非）
庞箭飞（德国）　　　培成思（马拉维）
千　惠（白俄罗斯）　秦蓉民（英国）
商佳音（加拿大）　　沈天健（澳大利亚）
亚历山大（希腊）　　余耀隆（新加坡）

新闻与传播学院
刘小美(澳大利亚) 　　　米　娜(俄罗斯)

经济学院
陈　极(新西兰) 　　　吉山智慧(日本)
李元根(韩国) 　　　尹骏宇(新西兰)

光华管理学院
程向君(美国) 　　　代文伯(法国)
高到贤(韩国) 　　　高　明(法国)
高明善(加拿大) 　　　洪佩华(泰国)
胡佩玲(泰国) 　　　黄水靖(韩国)
吉　璐(加拿大) 　　　金秉局(韩国)
金泰洙(韩国) 　　　景　深(澳大利亚)
孔题墨(德国) 　　　李舒菡(新加坡)
李　研(加拿大) 　　　梁显庆(新加坡)
柳时馨(韩国) 　　　罗胤祯(韩国)
罗惠园(韩国) 　　　骆　仑(加拿大)
马帝亚(意大利) 　　　坪井大树(日本)
朴民洙(韩国) 　　　朴志睿(韩国)
齐晨歌(澳大利亚) 　　　钱劲舟(加拿大)
曲昊昆(新西兰) 　　　申炳镐(韩国)
沈俊甫(韩国) 　　　沈撰贤(韩国)
师力夫(利比里亚) 　　　吴民安(印度尼西亚)
徐翌升(加拿大) 　　　杨佑群(加拿大)
周铉锡(韩国)

第二临床医学院
陈玉珍(泰国) 　　　林裕强(美国)

第三临床医学院
郑京桓(韩国)

深圳研究生院
阿丽娜(捷克) 　　　安伊万(智利)
白健仪(美国) 　　　白一莲(比利时)
博　文(比利时) 　　　布伦特(美国)
大　卫(美国) 　　　代费利(法国)
费德里(意大利) 　　　弗洛伦(奥地利)
高子睿(德国) 　　　哈麦格(德国)
简亨瑞(德国) 　　　孔　斯(俄罗斯)
刘华锋(俄罗斯) 　　　卢淑珍(泰国)
陆易天(南非) 　　　那悠雅(俄罗斯)
纳　森(美国) 　　　潘克丽(俄罗斯)
皮纳尔(土耳其) 　　　沙　堤(法国)
唐卓坚(美国) 　　　托马斯(德国)
吴楚菁(泰国) 　　　杨能幼(印度尼西亚)
伊凡诺(俄罗斯) 　　　朱麦克(菲律宾)

留学生毕业博士研究生名单

物理学院
马妙钟(泰国) 　　　马修罗(爱尔兰)
若比邻(伊朗)

化学与分子工程学院
西瓦库默(印度)

城市与环境学院
朴志娜(韩国)

地球与空间科学学院
艾贝儿(巴基斯坦)

工学院
多　特(印度) 　　　那　稽(巴基斯坦)

中国语言文学系
池田健太郎(日本) 　　　金贤姬(韩国)
李　亮(俄罗斯) 　　　权度暻(韩国)
吴韩娜(韩国) 　　　郑仁贞(韩国)

历史学系
金泽璟(韩国) 　　　李裕构(韩国)
琴载元(韩国) 　　　孙成旭(韩国)

考古文博学院
高美京(韩国) 　　　梁寿子(韩国)

哲学系
陈　洁(加拿大) 　　　李　道(意大利)
李妍静(韩国) 　　　徐康挥(韩国)
赵允卿(韩国)

外国语学院
法塞尔(巴基斯坦) 　　　全宰佑(韩国)

艺术学院
金宝镜(韩国) 　　　金庆仁(韩国)

对外汉语教育学院
梁贞爱(韩国)

国际关系学院
龙　刚[刚果(布)] 　　　思瑞坎(印度)

法学院
余德明(泰国)

社会学系
柳在润(韩国)

新闻与传播学院
邓广梼(澳大利亚)

经济学院
于　泽(美国)

第三临床医学院
周元祎(美国)

·附 录·

2015年授予的名誉教授

序号	姓名	职务	授予日期	申报单位
1	阿勒瓦利德·本·塔拉勒·阿勒沙特	沙特阿拉伯皇室成员、沙特首富、企业家、投资家	7月20日	国际合作部
2	H.文森特·普尔 H. Vincent Poor	美国普林斯顿大学教授、工程与应用科学学院院长	11月10日	信息科学技术学院
3	路易斯·尼伦伯格 Louis Nirenberg	美国纽约大学库郎研究所教授	8月19日	数学科学学院
4	谢尔日·萨尔基相 Serzh Sargsyan	亚美尼亚总统	3月27日	政府管理学院

2015年聘请的客座教授

序号	姓名	职务	聘任时间	申报单位
1	约翰·马仁邦 John Marenbon	英国剑桥大学三一学院高级研究员、终身院士，剑桥大学哲学系中世纪哲学荣誉教授，英国国家学术院院士	1月6日	哲学系
2	沈向洋	微软全球执行副总裁	3月31日	信息科学技术学院
3	幸多	台湾交通大学CS学院讲座教授	3月31日	信息科学技术学院
4	徐学桥	美国劳伦斯利弗莫尔国家实验室资深研究员	3月31日	物理学院
5	赵峰	微软亚洲研究院常务副院长	3月31日	信息科学技术学院
6	罗培志 Peter Peizhi Luo	天演药业（苏州）有限公司总裁	7月22日	化学与分子工程学院
7	乌梅仕·加尔格 Umesh Garg	美国圣母大学教授	7月22日	物理学院
8	欧思聪 Kostyantyn Ostrikov	澳大利亚昆士兰科技大学教授	9月29日	化学与分子工程学院

附录·北京大学 2014—2015 学年校历

北京大学 2014—2015 学年校历
第一学期 (2014.8.28—2015.1.20)

周次	月\日\星期	一	二	三	四	五	六	日
	八月	25	26	27	28	29	30	31
1		1	2	3	4	5	6	7
2	九月	8	9	10	11	12	13	14
3		15	16	17	18	19	20	21
4		22/29	23/30	24	25	26	27	28
5	十月	6	7	8	9	10	11	12
6		13	14	15	16	17	18	19
7		20	21	22	23	24	25	26
8		27	28	29	30	31	1/8	2/9
9	十一月	3	4	5	6	7	14	15
10		10	11	12	13	14	15	16
11		17	18	19	20	21	22	23
12		24	25	26	27	28	29	30
13	十二月	1	2	3	4	5	6	7
14		8	9	10	11	12	13	14
15		15	16	17	18	19	20	21
16		22/29	23/30	24/31	25	26	27	28
17	2015年 一月	5	6	7	8	9	10	11
18		12	13	14	15	16	17	18
19		19	20	21	22	23	24	25

第一学期

一、新生报到：9月6日
深圳研究生院：8月25日
二、新生体检和入学教育：9月7日—14日
三、中秋节：9月8日放假
四、校本部本科生选课指导：9月11日
五、新生开学典礼：9月12日
深圳研究生院：8月28日
六、上课：
校本部：9月15日
医学部：9月1日
七、在校学生注册：
校本部：9月15—19日
医学部：9月1日—5日
深圳研究生院：9月1日、2日
（在职攻读硕士专业学位学生：9月22日）
八、国庆节：10月1日—7日放假
九、教授金奖颁奖典礼：12月5日
十、停课复习考试：2015年1月5日—18日
十一、学生寒假：1月19日—3月1日
深圳研究生院：1月21日—2月25日（研究生寒假时间与导师一致）
十二、教职工寒假：2015年1月12日—18日（2月26日上班）

元旦放假按国务院办公厅公布2015年节假日安排后另行通知

校本部、医学部上课时间：
第一节 08:00—08:50　第二节 09:00—09:50　第三节 10:10—11:00
第四节 11:10—12:00　第五节 14:00—14:50　第六节 13:00—13:50
第七节 15:10—16:00　第八节 16:10—17:00　第九节 14:30—15:20
第十节 18:40—19:30　第十一节 19:40—20:30　第十二节 20:40—21:30

北京大学 2014—2015 学年校历
第二学期 (2015.2.26—2015.7.21)

周次	月\日\星期	一	二	三	四	五	六	日
1	二月	23	24	25	26	27	28	1/8
2	三月	2	3	4	5	6	7	15
3		9	10	11	12	13	14	22
4		16	17	18	19	20	21	29
5		23/30	24/31	25	26	27	28	5
6	四月	6	7	8	9	10	11	12
7		13	14	15	16	17	18	19
8		20/27	21/28	22/29	23/30	24	25	26
9	五月	4	5	6	7	1	2	3
10		11	12	13	14	15	16	17
11		18	19	20	21	22	23	24
12		25	26	27	28	29	30	31
13	六月	1	2	3	4	5	6	7
14		8	9	10	11	12	13	14
15		15	16	17	18	19	20	21
16		22/29	23/30	24	25	26	27	28
17	七月	6	7	8	9	10	11	5
18		13	14	15	16	17	18	19
19		20	21	22	23	24	25	26

第二学期

一、上课：3月2日
二、在校学生注册：
3月2日—6日
（在职攻读硕士专业学位学生：3月9日）
三、深圳研究生院：3月2日、3日
校本部运动会：4月24日—26日，24日停课
四、校庆：
5月4日教职工上班，校本部放假5月16日
五、本科生招生开放日：5月16日
六、停课复习考试：
校本部：6月22日—7月5日
医学部：7月6日—7月17日
七、学生暑假：
校本部：7月6日开始
医学部：7月20日开始
八、毕业离校手续：7月13日—7月17日
（研究生暑假时间与导师一致）
办理离校手续：7月6日—7月17日
校学位评定委员会议：7月6日—9日
托运行李：7月18日、19日
毕业典礼：7月14日、15日
九、校本部暑期委员会议：7月10日
十、校本部暑期安排：7月13日—8月14日
十一、教职工轮休：7月22日—8月26日（8月27日上班）
十二、2014级本科生军训：8月16日—29日

清明节、劳动节、端午节放假2015年节假日安排
国务院办公厅公布后另行通知

深圳研究生院上课时间：
第一节 08:00—08:50　第二节 09:00—09:50　第三节 10:10—11:00
第四节 11:10—12:00　第五节 13:30—14:20　第六节 14:30—15:20
第七节 15:10—16:30　第八节 16:40—17:30　第九节 18:30—19:20
第十节 19:30—20:20　第十一节 20:30—21:20

附录·北京大学 2015—2016 学年校历

北京大学 2015—2016 学年校历

第一学期（2015.8.27—2016.1.19）

周次	星期 月	一	二	三	四	五	六	日
	八月	24/31	25	26	27	28	29	30
1	九月	7	1	2	3	4	5	6
2		14	15	16	17	18	19	13
3		21/28	22/29	23/30	24	25	26	20/27
4	十月	5	6	7	1	2	3	4
5		12	13	14	15	16	17	11
6		19	20	21	22	23	24	18
7		26	27	28	29	30	31	25
8	十一月	2	3	4	5	6	7	1/8
9		9	10	11	12	13	14	15
10		16	17	18	19	20	21	22
11		23/30	24	25	26	27	28	29
12	十二月	7	1	2	3	4	5	6
13		14	15	16	17	18	19	13
14		21/28	22/29	23/30	24/31	25	26	20/27
15	2016年 一月	4	5	6	7	8	9	10
16		11	12	13	14	15	16	17
17		18	19					

第一学期

一、新生报到：9月5日
二、深圳研究生院：8月24日
三、新生体检和入学教育：9月6日—13日
四、校本部本科生选课指导：9月10日
五、新生开学典礼：9月11日
六、深圳研究生院：8月27日
七、上课：
 校本部：9月14日
 医学部：在校本科生8月31日
 本科新生和研究生9月14日
 深圳研究生院：8月31日
八、在校学生注册：
 校本部：9月14日—18日
 医学部：8月31日—9月4日
 深圳研究生院：8月31日，9月1日
九、中秋节：9月27日放假，全校停课
十、国庆节：10月1日—7日放假，全校停课
 10月10日公休，原有课程照常进行
十一、校学位评定委员会会议：11月16日
 奖教金、奖学金颁奖典礼：12月4日
 "一二·九"运动师生歌会：12月5日
 新生"爱乐传习"项目暨建队纪念
十二、元旦：
 2016年1月1日放假，全校停课
 1月2日，3日公休，原有课程、考试照常进行
十三、停课复习考试：1月4日—17日
十四、教职工代表大会年会：1月11日
 校学位评定委员会会议：1月11日
十五、学生寒假：1月18日—2月21日
十六、（研究生寒假时间由导师妥善安排）
十七、教职工轮休：1月20日—2月17日
 （2月18日上班）

北京大学 2015—2016 学年校历

第二学期（2016.2.18—2016.7.12）

周次	星期 月	一	二	三	四	五	六	日
1	二月	15	16	17	18	19	20	21
2		22/29	23	24	25	26	27	28
3	三月	7	1	2	3	4	5	6
4		14	8	9	10	11	12	13
5		21	15	16	17	18	19	20
6		28	22	23	24	25	26	27
7		4	29	30	31	1	2	3/10
8	四月	11	5	6	7	14	1/8	17
9		18	12	13	14	21	2/9	24
10		25	19	20	28	22	16	23
11	五月	2	26	27	28	29	23	30
12		9	3	4	5	6	7	1/8
13		16	10	11	12	13	14	15
14		23/30	24/31	25	26	27	21	22
15	六月	6	7	1	2	3	4	5
16		13	8	15	16	17	18	19
17		20/27	21/28	22/29	23/30	24	25	26
18	七月	4	5	6	7	1	2	3
		11	12	13	14	15	16	17

第二学期

一、上课：2月22日
二、在校学生注册：
 2月22日—26日
三、深圳研究生院运动会：4月22日—24日，
 校本部运动会：2月22日、23日
 （研究生院：4月22日上班，校本部停课
 22日停课，校庆）
四、停课复习考试：
 5月4日教职工上班、校本部停课
五、学生暑假：
 校本部：6月27日开始
 医学部：6月13日—26日
 深圳研究生院：6月27日—7月10日
六、学生暑假：
 校本部：6月27日开始
 医学部：7月11日开始
 深圳研究生院：7月4日开始
 （研究生暑假时间由导师妥善安排）
七、毕业教育：6月27日—7月8日
 办理离校手续：7月4日—8日
 校本部学位评定委员会会议：7月4日—7日
 托运行李：7月9日、10日
八、毕业典礼、校学位授予典礼：7月4日
 深圳研究生院毕业典礼：7月2日
 医学部毕业典礼：7月5日、6日
九、毕业生离校：7月4日—8月5日
 校本部暑期学校：7月13日—8月24日
 （8月25日上班）
十、教职工轮休：7月13日—8月24日
十一、2015级本科生军训：8月16日—29日
 清明节、劳动节、端午节、中秋节放假安排
 待国务院办公厅公布2016年节假日
 安排后另行通知

校本部、医学部上课时间：
第一节 08:00—08:50 第二节 09:00—09:50 第三节 10:10—11:00
第四节 11:10—12:00 第五节 13:00—13:50 第六节 14:00—14:50
第七节 15:10—16:00 第八节 16:10—17:00 第九节 17:10—18:00
第十节 18:40—19:30 第十一节 19:40—20:30 第十二节 20:40—21:30

深圳研究生院上课时间：
第一节 08:00—08:50 第二节 09:00—09:50 第三节 10:10—11:00
第四节 11:10—12:00 第五节 13:30—14:20 第六节 14:30—15:20
第七节 15:40—16:30 第八节 16:40—17:30 第九节 18:30—19:20
第十节 19:30—20:20 第十一节 20:30—21:20

索 引

0～9(数字)

2011—2015年度　313、521～526
　　本科教学管理奖名单（表）　526
　　教学优秀奖名单（表）　525
　　唐立新优秀辅导员奖获奖名单（表）　524
　　文科科研经费情况统计（表）　313
　　优秀班主任标兵名单（表）　522
　　优秀班主任名单（表）　522
　　优秀德育奖名单（表）　521
2014年全国优秀教师名单（表）　524
2015年　31、299～322、495、513、514、526～530
　　宝钢奖教金获奖名单（表）　530
　　宝洁奖教金获奖名单（表）　530
　　北京银行奖教金获奖名单（表）　530
　　出版的理工医类著作目录（表）　304
　　党发文件目录　513
　　方正奖教金获奖名单（表）　528
　　国华杰出学者奖获奖名单（表）　526
　　黄廷方/信和青年杰出学者奖获奖名单（表）　528
　　获北京市科学技术奖项目（表）　302
　　获高等学校科学技术奖项目（表）　301
　　获国家科学技术奖项目（表）　301
　　获批的公益性行业专项（表）　301
　　获批的国家自然科学基金国家重大科研仪器设备研制专项（表）　300
　　获批的国家自然科学基金重大项目（表）　299
　　获批的国家自然科学基金重大研究计划（表）　300
　　获批的国家自然科学基金重点国际合作项目（表）　300
　　获批的国家自然科学基金重点项目（表）　299
　　获中华医学科技奖项目（表）　302
　　基本数据　31
　　嘉里集团郭氏基金树人奖获奖名单（表）　529
　　教育部哲学社会科学重点研究基地（表）　314
　　理工科获得其他国际（地区）合作项目　309
　　理工医科获得科技部政府间国际合作项目（表）　309
　　绿叶生物医药杰出青年学者奖获奖名单（表）　528
　　人文杰出青年学者奖获奖名单（表）　527
　　上半年获北京市社会科学理论著作出版基金资助著作名单（表）　322
　　树仁学院奖教金（表）　530
　　唐立新奖教金获奖名单（表）　527
　　通过鉴定的科研成果统计（表）　307
　　通化东宝生命科学奖教金获奖名单（表）　530
　　王选青年学者奖获奖名单（表）　529
　　文科其他纵向项目立项情况（表）　313
　　文科主要纵向项目申报和立项情况（表）　313
　　文科纵向科研课题立项名单　316
　　文科纵向项目评审组织情况（表）　313
　　下半年获北京市社会科学理论著作出版基金资助著作名单（表）　322
　　校本部主办的理工类国际学术会议和研讨班情况统计（表）　308
　　校发文件目录　514
　　新当选院士简介　495
　　杨芙清—王阳元院士教师奖获奖名单（表）　529
　　医学部获得的其他国际（地区）合作项目（表）　311
　　正大奖教金获奖名单（表）　529
　　中国工商银行教师奖获奖名单（表）　529
　　专利申请受理、授权情况统计（表）　307

B

保密工作　341～343
　　保密服务保障　343b
　　保密教育培训　342c
　　保密审查审批　343a
　　常规保密检查　343a
　　定密管理　342b
　　对外交流　343b
　　发展概况　341a
　　教育考试保密管理　341b
　　评优表彰　343c

群众路线教育实践活动
　　343b
人文社科保密管理　342a
三严三实专题教育　343b
涉密/内部保存学位论文管理
　　343a
涉密测绘成果管理　342a
涉密人员出国（境）管理
　　342b
涉密载体销毁管理　341c
推进涉军、涉密科研场所相对
　　集中管理　342c
保卫工作　340
安全大检查及评比　340c
安全宣传教育　341b
对外交流工作　341c
发展概况　340a
交通安全管理　341a
消防安全管理　340b
消防检查　340b
消防控制室建设　340b
消防器具保障　340c
消防演练　340c
校园治安管理　341a
校园秩序管理　340a
宝钢奖教金获奖名单（表）　530
宝洁奖教金获奖名单（表）　530
北大方正集团有限公司　438
北大医疗康复医院落成
　　439a
北大医疗鲁中医院揭牌
　　439a
发展概况　438b
获奖情况　439b
年度纪事　439b
业务发展　438c
重点项目　439a
自主创新　439a
北大科技园　437
创业服务　438a
发展概况　437c
获奖情况　438b
园区建设　437c
北大青鸟集团　441
回报社会　441a
获奖情况　441a
北大资源集团有限公司　439

北大资源·未尚名府　440a
北大资源·颐和翡翠府
　　440a
发展概况　439c
获奖情况　440a
济南北大时代南7、南9地块
　　439c
昆明医大广场项目　439c
年度纪事　440a
新津琪乐项目　440a
重点项目　439c
株洲理想城项目　440a
北京北大维信生物科技有限公司
　　442
发展概况　442b
获奖情况　442c
节能减排　442c
业务发展　442b
自主创新　442c
北京北大未名生物工程集团有限
　　公司　441
发展概况　441a
基地建设　442a
奖励成绩　442a
研究开发　441c
业务发展　441b
园区建设　441c
北京北大英华科技有限公司　443
发展概况　443a
回报社会　443c
获奖情况　443b
企业改革　443a
研究开发　443b
业务发展　443c
重点项目　443b
北京大学校长　4
《北京大学学报（医学版）》　287
Medline/PubMed点击率
　　288c
党建工作　288c
加入数据库　287c
学会工作　288b
影响因子　288c
专题组稿　287c
《北京大学学报（哲学社会科学
　　版）》　315
办刊新举措　315a

编辑队伍建设　315c
创刊60周年纪念暨期刊改革
　　与发展研讨会　315b
学术影响力　315c
《北京大学学报（自然科学版）》
　　287、312
2013—2014年文献计量指标
　　（表）　312
出版质量　287c
获奖情况　287c
刊载论文　287b
数据库收录　287b
北京国际数学研究中心　159～
　　162
党建工作　161a
队伍建设　161c
发展概况　159c、161b
交流合作　161a
教学工作　160a、162a
科研工作　160a、162b
其他工作　161b
人才队伍　162b
文章发表情况统计（表）　162
行政工作　161b、163a
学科建设　161c
学生工作　161b、163a
学术活动　162b
组织结构　161b
北京市高校辅导员职业能力大赛
　　北京大学获奖名单（表）　524
北京市教学名师奖名单（表）　525
北京市科技新星计划名单（表）
　　301
北京市科学技术奖项目（表）　302
北京市科研项目　287a
北京市社会科学理论著作出版基
　　金资助著作名单（表）　322
北京市重点实验室/工程技术研究
　　中心（表）　290
北京银行奖教金获奖名单（表）
　　530
本科教学管理奖名单（表）　526
本科课程目录（表）　179
本科生教育　170～172
本科生科研训练　172b
发展概况　170a
基础学科拔尖人才培养

索 引

　　　171a
　交流合作　172a
　教材建设　171c
　教务管理　171b
　教学评估　172a
　课程建设　170a
　暑期学校　172a
　招生工作　171a
本科学生　32
本科专业　33、175
　分布(表)　175
表彰与奖励　519
滨海医院　469～472
　安全保障　471b
　便民服务　471a
　党建工作　472a
　对口帮扶　471a
　队伍建设　471b
　发展概况　469c
　公益活动　472b
　工会工作　472b
　国家自然科学基金项目(表)
　　470
　基本情况(表)　469
　基础建设　471b
　技术创新　470a
　奖励荣誉　472c
　教学科研　470a
　纠纷处置　470b
　卫生应急　470c
　信息化建设　471b
　学科建设　470a
　学术交流　471b
　预防保健　471a
　政务管理　469a
　作风建设　472b
博士后公寓基本情况一览(表)
　　413
博士后人数　33
博士、硕士学位授予的学科专业目
　录(表)　268
博士学位授权学科点　33
　一级学科点　33
　二级学科点　33
博士研究生　32

C

财务工作　364
　财务分析　364a
　财务服务能力　365b
　财务管理　365a
　财务指标评价　365a
　财政拨款　364b
　财政存量资金盘活　365a
　队伍建设　365c
　发展概况　364a
　国有资产管理　365b
　纪律建设　365a
　科研经费管理　365b
　内控建设　365c
　肖家河住宅项目　365c
　预算管理改革　365a
　支出结构　364c
　自筹经费能力　364c
餐饮中心　409
　发展概况　409a
　管理创新　409a
　生产安全　409a
　食品安全　409a
　特色餐饮服务　409b
产业系统党建　398
　党风廉政建设　399a
　党组织建设　398c
　发展概况　398a
　方正集团党委　399b
　临湖党支部　399c
　三严三实专题教育　398c
　维信党支部　399b
　校产办机关支部　399b
昌平校区管理　427
　安全保卫　428b
　党建工作　428c
　对外联络　428a
　发展概况　427a
　实验室管理　428a
　行政办公　427b
　运行保障　428a
长江学者名录(表)　499
城市与环境学院　59～61
　党建工作　60c
　发展概况　59b
　交流合作　60b

　教学工作　59b
　教学获奖　60a
　就业工作　61a
　科研成果　60b
　科研工作　60a
　科研项目　60a
　课程设置　59c
　培养方案　59c
　其他工作　60c
　人才队伍　60a
　日常工作　61a
　行政工作　60c
　学生工作　61a
　学生人数　59b
　院友工作　60c
　组织建设　60c
成人教育学生　32
出版社　486～488
　版权工作　487a
　党建工作　487c
　发展概况　486a
　获奖情况　487b
　年度特色　487b
　社会公益　488a
　重点项目　486c

D

党发文件目录　513
党建与思想政治工作奖励　519
党委理论中心组　7b
党务和思想政治工作　519～521
　奉献奖　521a
　先进集体　519a
党政管理　323
档案馆　482
　档案安全与保密　483b
　档案编研与信息化建设
　　482c
　档案管理与利用服务　482c
　档案收集与整理　482a
　发展概况　482a
　馆际交流与合作　483c
地球与空间科学学院　61～64
　本科生工作　61c
　博物馆大事记　64a
　党建工作　63c
　地质博物馆　63c

发展概况 61b
国内外交流 64a
交流合作 62b
教学工作 61c
教学情况 64a
科研成果 62b、64a
科研工作 62b
科研经费 62b
科研项目 62a
其他工作 62b
社会服务 62c
社会科普服务 64a
学生工作 63c
学术会议承办 64a
研究生工作 62a

第一医院 449~452
安全保卫 452c
对口支援 449c
对外合作 449c
多学科合作 449c
发展概况 449b
感控工作 451a
干部保健 451c
后勤管理 452b
护理管理 450b
基础建设 452c
教学工作 451c
科研工作 452a
门急诊管理 450a
社会服务 450a
设备耗材管理 450c
信息化建设 451b
药事管理 451a
医保体检 450a
医疗工作 449b
医政管理 449c

第二届产学研合作奖获奖名单（表） 435

第三届北京市高校辅导员职业能力大赛北京大学获奖名单（表） 524

第三医院 455
2014年度中国科学十大进展入选 456c
党建工会 456b
发展概况 455b
基本情况 455b

基本医疗情况 455b
机构设置 455b
奖励荣誉 456b
交流合作 456a
教学工作 455c
科研工作 455c
社会服务 456a
医疗工作 455b
医疗质量管理 455c

第六届教职工代表大会执行委员会 37

第六医院 463~465
财务工作 465b
党建工作 463c
对口支援 464a
感控工作 464a
公共卫生服务 465a
护理工作 464b
基建工作 465b
交流合作 464c
教学部分 464c
教学工作 464c
科研成果 464c
科研工作 464c
科研管理 464c
科研项目 464b
伦理委员会 464a
门诊工作 463c
平台建设 464c
人事工作 465b
信息化建设 465b
行政工作 465b
行政管理 465b
学术会议 464b
药剂工作 463c
药物临床试验机构 464c
医保物价 464b
医技工作 464a
医疗工作 463c
医疗质量与安全 464a
《中国心理卫生杂志》 464c
住院难问题整改 464a
总务工作 465b

第七届高等学校科学研究优秀成果奖（人文社会科学）获奖名单（表） 320

第十届校学位评定委员会 37

电子资源 31
定期出版的专业刊物 34
动力中心 409
发展概况 409c
防汛工作 410a
服务保障工作 410b
水电暖基础设施建设 410a
水电暖运行 409c
蔚秀园燃气锅炉房节能改造 410b
燕北园燃气锅炉房节能改造 410b

对外汉语教育学院 92~94
党建工作 94b
队伍建设 92b
发展概况 92b
交流合作 94a
教学科研 92c
科研成果（表） 93
科研项目（表） 93
课程设置 92c
其他工作 94c
社会服务 94a
行政工作 94c
学生工作 94c
研究生教学 92c
研究生课程 93a
专著及教材出版 93c
组织机构 92b

对外交流 347~349
北京论坛 349a
第十二届国际文化节暨全球青年创新节 349a
发展概况 347a
港澳台交流 349b
国际交流 348c
基本情况 348b
孔子学院 348b
理事会 348b
派出工作 348c
品牌活动 349c
生态文明考察 349a
项目建设 348a
校级交流 349b
学生交换 348c
亚太国际教育协会年会 348c

索 引

燕京学堂 348a
一带一路外国语言和文化公
　共选修课程项目 348a
政要来访 349b
中国第二批高校国际化示范
　学院推进计划试点单位
　348a
中国系列课程英语授课项目
　348a
重要出访 347a
重要活动 348b
重要来访 347c

F

发展规划工作 344
　多校区发展规划 345a
　发展概况 344a
　可持续发展大学联盟 345a
　三严三实专题教育 345c
　事业规划 344c
　文物保护 345b
　学习研讨 345c
　学校发展规划 344a
　学校发展数据对比分析
　　345a
　综合改革 344b
法学院 100
　党建工作 101b
　对外事务机制 101a
　海外游学 101c
　奖助工作 101c
　交流合作 101a
　教学改革 100a
　教学工作 100a
　就业工作 101c
　科研工作 100b
　其他工作 101b
　社会服务 101a
　行政工作 101b
　学生工作 101c
　学生国际竞赛成绩 101b
　学生活动 101c
方正奖教金获奖名单（表）528
房地产管理 420～422
　产权管理 421b
　出租出借公用房专项检查
　　422c

地下空间管理 421b
发展概况 420a
房产管理 420c
公房管理条例修订调研
　422b
公用房调配与管理 420c
公寓及住房日常管理 421a
国有资产清查 422c
家具资产管理 421c
人防工程管理 421b
维修管理 421a
肖家河住宅配售 422a
校园规划 421c
行政办公用房清理整改
　422b
置换腾退 421b
住房改革工作 421b
住房管理 422c
专项工作 422a
分子医学研究所 156
　安全工作 157b
　筹资工作 157b
　党建工作 157a
　队伍建设 156a
　发展概况 156a
　工会工作 157a
　获奖情况 156b
　交流合作 156c
　科研成果 156b
　人才引进 156b
　学生工作 157b
附属单位负责人 42
附属小学 493
　丰台分校成立 493b
　课程研究专著出版 494c
　全国新世纪小学数学课程与
　　教学系列研讨会主题会承
　　办 494c
　石景山学校揭牌 494a
　现代教育研发交流成长中心
　　493c
　选修课程全面改革 494b
　音乐教学研讨会 493c
　英语阅读教学研讨会 494c
附属中学 491～493
　DI创新思维中国区总决赛冠
　　军 493b

北医附中承办 492a
国际数学建模竞赛特等奖
　492b
杭州十竹斋木版水印实训基
　地 492c
两部门调整工作定位 493b
石景山学校成立 492a
首届T客奖颁发 492a
天津东丽湖学校开学 492c
新女神像揭幕 493a

G

港澳台学生 282
　工作 282
　教育 282
高层次专家国情研修班参加人员
　统计（表）354
高等学校科学技术奖项目（表）
　301
高能效计算与应用中心 80
　队伍建设 81a
　发展概况 80c
　教学科研 81b
　总体建设目标 80c
歌剧研究院 96
　毕业生去向 97b
　党建工作 97a
　发展概况 96b
　建院五周年系列活动 97b
　交流合作 97a
　教学工作 96b
　科研成果 96c
　科研工作 96c
　科研立项 96c
　课程设置 96b
　培养方案 96c
　其他工作 97b
　社会服务 97a
　行政工作 97b
　学生工作 97a
　学生活动情况 97a
　学生人数 96b
　学术活动 96c
各民主党派和归国华侨联合会负
　责人 44
各院、系、所、中心负责人 38
公共卫生学院 133～135

党风廉政建设 134c
党委工作 134c
队伍建设 133c
发展概况 133b
合作交流 133c
教育教学 134a
科学研究 134b
三严三实专题教育 134c
社会服务 134c
学生工作 135a
公益性行业专项（表） 301
公寓服务中心 410～412
常规工作 410c
党建工作 412a
教师公寓方面工作 411a
万柳公寓方面工作 411b
学生公寓方面工作 410c
专项工作 411c
工会、团委负责人 41
工会与教代会工作 384～386
常规服务 385b
发展概况 384a
扶贫帮困 385c
工会自身建设 386c
教职工队伍建设 386a
教职工权益维护 385b
民主建设 384b
女教职工活动 385c
平民学校 386b
青年教师发展 386a
权益维护 385c
树先进典型， 386a
文化体育活动 386c
幸福学堂 386b
志愿服务组织 386a
工勤人员 32
工学院 71～74
本科生教学 71c
本科生科研训练 72a
毕业生情况 72a
党建工作 73a
队伍建设 71b
发展概况 71a
国家基础科学人才培养基金 72a
交流合作 73c
教师教学获奖情况 72b

教学工作 71c
科研工作 72c
课程管理情况 72a
培养方案及招生宣传 72a
全国中学生工学夏令营 72a
社会服务 74a
学生工作 73b
研究生教学 72b
在校生情况 72a
周培源全国大学生力学竞赛 72b
主干基础课认定 72b
共青团工作 387～390
财务工作 391b
党风廉政建设 390c
发展概况 387a
骨干培养 388b
社会实践 389b
双创教育 388c
思政教育 387c
团的建设 390c
校园文化 389a
信息工作 391b
学生会 390a
学生社团 389c
学生组织 390a
学习贯彻习近平系列重要讲话精神 387b
学习贯彻中央群团工作会议精神 387b
研究生会 390b
志愿服务 389b
组织建设 390c
固定资产总额 31
光华管理学院 124
党建工作 125a
发展概况 124b
获得第七届高等学校科学研究优秀成果奖统计（表） 125
交流合作 125a
教学工作 124c
科研工作 125b
行政工作 125c
学生工作 125b
广东省、深圳市重点实验室（表） 292

归国华侨联合会负责人 44
国华杰出学者奖获奖名单（表） 526
国际关系学院 97～99
党风廉政建设活动 98c
党建工作 98b
党组织活动成果 98c
发展概况 97b
国际办学 98b
国际学术会议 98b
国际战略研究院 99b
国家社科基金重点资助项目 98a
获奖方面 98a
交流合作 98b
教学工作 97c
科研工作 98b
学生工作 99a
学术交流活动 98a
研究中心工作经验交流会 98a
著作方面 98a
国际科技合作项目 287a
国际医院 468
北京市基本医疗保险定点医疗机构 469b
队伍建设 468b
发展概况 468b
教学工作 469a
科研工作 468c
三级综合医院资质审核 469b
社会服务文化建设 469b
学科建设 468b
学术交流 469a
医疗工作 468c
国家发展研究院 128
EMBA项目 128c
MBA项目 128b
党政工作 129b
发展概况 128a
交流合作 129a
教学工作 128b
科研工作 128c
社会服务 128c
国家工程实验室 34
国家工程实验室（表） 289

国家工程研究中心　34、289(表)
国家级精品资源共享课立项项目
　　(表)　260
国家级科研基地　285c
国家级重点实验室(表)　289
国家科学技术奖项目(表)　301b
国家卫生计生委工程技术研究中
　　心(表)　290
国家卫生计生委重点实验室(表)
　　290
国家重点实验室　33、289(表)
国家重点学科　33
国家自然科学基金　286、297～
　　300
　　国家重大科研仪器设备研制
　　　　专项(表)　300
　　委员会资助的各类项目
　　　　286b
　　项目(表)　297
　　重大项目(表)　299
　　重大研究计划(表)　300
　　重点国际合作项目(表)　300
　　重点项目(表)　299
国内合作　429
　　定点扶贫　430c
　　发展概况　429a
　　交流合作　429c
　　支援援建　430b

H

海洋研究院　161b
后勤党建　392
　　党代表提案工作　393a
　　党风廉政建设责任制　392c
　　发展概况　392a
　　工会工作　393c
　　后勤管理　393a
　　后勤文化　393c
　　基层党建　393a
　　开展党员教育　392c
　　老干部工作　393c
　　三严三实专题教育　392b
　　团委工作　393c
　　组织建设　393b
　　组织理论学习　392b
后勤管理与保障　404
护理学院　135

党建工作　136b
党建获奖　136b
党员发展　136b
队伍建设　135b
发展历程　135b
工会工作　136c
合作项目　136a
护士执业考试命题　136c
交流合作　136a
教材出版　135c
教学改革　135c
教学工作　135b
教学获奖　135c
教学审核评估　136a
教学资源　135c
就业工作　136a
培养方案　135c
社会服务　136c
新生教育　136a
行政队伍　136b
行政及其他工作　136b
学科建设　135b
学生工作　136a
学生人数　135b
学术报告　136b
学术交流　136b
志愿服务　136a
中澳国际护理论坛　136c
主题党日活动　136b
专项工作　136b
专业认证　136c
专业素质教育　136a
组织机构　135b
化学与分子工程学院　51～53
　　本科生学位授予专业设置
　　　　52a
　　发展概况　51a
　　国际及双边学术研讨　54c
　　交流合作　53c
　　教材出版　52b
　　教学工作　51b
　　教学获奖　52b
　　科研成果　53c
　　科研成果获奖情况(表)　53
　　科研工作　53c
　　科研项目　53a
　　课程与合作研究　53c

　　培养方案　52b
　　其他工作　55c
　　人才队伍　53c
　　五年制博士学位授予专业设
　　　　置及研究方向　52a
　　行政工作　55c
　　学生工作　52c
环境科学与工程学院　78～80
　　党建工作　80a
　　发展概况　78c
　　交流合作　79c
　　教学工作　79a
　　科研工作　79b
　　其他工作　80b
　　校友筹资工作　80b
　　行政工作　80b
　　学生工作　80b
黄如　497a
黄廷方/信和青年杰出学者奖获奖
　　名单(表)　528
会议中心　406～408
　　财务管理　407c
　　党建工作　408a
　　队伍建设　407c
　　发展概况　406c
　　内部管理　408b
　　业务发展　407a

J

基本数据　31
基础医学院　129～131
　　本科生教学　129c
　　党风廉政建设　130c
　　党建工作　130c
　　党委工作　130c
　　发展概况　129b
　　工会工作　131a
　　基层党建　130c
　　教学成果　130a
　　教学管理　129c
　　教学建设　130a
　　教学交流　130a
　　教育教学改革　129c
　　科研成果　130b
　　科研工作　130b
　　科研项目及经费　130b
　　立德树人　131a

人事工作　131a
　　思想政治工作　130c
　　外事工作　131a
　　校园文化建设　131b
　　行政工作　130c
　　学科建设　129b
　　学生工作　131a
　　学术交流　130c
　　学院概况　129b
　　研究生规模　130a
　　研究生教育管理　130b
　　研究生培养　130a
　　研究生招生与培养　130a
　　育人队伍建设　131b
　　院系治理　130c
　　制度建设　131b
基建工作　422
　　发展概况　422a
　　工程项目　423b
　　基建投资　423a
　　竣工工程　423b
　　前期报批　424a
　　投资计划情况　423a
　　在施工程　423c
机关党建　391
　　党建创新立项　391c
　　党员管理　391b
　　发展概况　391a
　　工会工作　391c
　　评优管理　391b
　　主题党日活动　391b
机关各部门、工会、团委负责人　41
技术合同到款(表)　434
纪检监察工作　323～325
　　党风廉政建设工作会议　323a
　　党风廉政建设责任制检查　323b
　　发展概况　323a
　　纪检监察队伍建设　324c
　　纪律审查　324b
　　监督检查工作　323c
　　理论研究　325c
　　廉政教育　324b
　　现场评议　323b
　　制度建设　324a

　　重点制度建设　324a
　　专项检查　323b
　　专项巡察　323c
继续教育　277
　　访问学者　277b
　　非学历继续教育监管　277c
　　非学历继续教育培训　277c
　　进修教师　277b
　　课题研究　278a
　　年度概况　277a
　　学位发放情况　277b
　　在校生情况　277a
　　招生情况　277a
　　自学考试工作　277c
　　组织机构　277a
继续教育学院　278
　　对外合作　279b
　　发展概况　278b
　　公益性继续教育项目　279c
　　教学管理　279b
　　教学情况　278c
　　课程与师资　279b
　　面授培训　279a
　　网络学历教育获奖情况（表）　279
　　网络学历教育情况　278c
　　校内合作　279c
　　业余教育情况　278c
　　质量管理　278c
　　中小学教师混合式培训项目　279a
计算机科学技术研究所　74～77
　　党建工作　76c
　　发展概况　74c
　　获奖情况(表)　75
　　获资助的主要科研项目（表）　75
　　交流合作　76c
　　教学工作　74c
　　科研工作　75a
　　其他工作　77a
　　社会服务　76b
　　王选纪念陈列室　76c
　　行政工作　77a
　　学生工作　77a
计算中心　379～381
　　成人教育　379b

　　党建工作　379b
　　电子校务　381c
　　发展概况　379a
　　公共教学资源建设　382b
　　科研工作　379b
　　校园网基础设施建设和管理　379c
　　校园网运行及用户服务　382c
　　校园网运行维护　382c
　　信息服务　380c
　　支部活动　379b
　　组织建设　379b
嘉里集团郭氏基金树人奖获奖名单(表)　529
建筑与景观设计学院　66
　　发展概况　66b
　　交流合作　67a
　　教学工作　66b
　　科研工作　66c
　　其他工作　67a
　　社会服务　66c
　　行政工作　67a
　　学生工作　67a
奖教金　524～526
　　获奖名单　526
奖励　519
教材建设立项名单(表)　259
教辅人员　32
教师公寓、博士后公寓基本情况一览(表)　413
教师教学发展中心　283
　　北大教学网建设　283b
　　北大慕课支持服务　283a
　　北京大学英文主页上线　283c
　　常规建设　284a
　　发展概况　283a
　　服务团队建设　283c
　　服务支持　283c
　　华文慕课运行　283b
　　教室服务水平提升　284b
　　教室教学环境建设　284a
　　教学媒体制作　283c
　　教学资源建设　283c
　　课程建设　283a
　　团队建设　283b
　　网络教学平台　283b

索 引

　　需求调研　283c
　　学位证书设计比赛　284c
教学科研　33、524
　　奖励　524
教学优秀奖名单（表）　525
教育部　287~290、314
　　工程研究中心（表）　290
　　哲学社会科学重点研究基地
　　　（表）　314
　　重点实验室（表）　289
　　资助项目　287a
教育基金会工作　444
　　财务管理　445b
　　筹资工作　445a
　　创新创业基金设立　445a
　　发展概况　444a
　　股权捐赠　445a
　　机构建设　445c
　　年度纪事　445c
　　投资工作　445c
　　项目管理　445b
　　校友支持母校形式多元化
　　　445a
　　院系筹资支持和配合　445a
教育教学　170
教育学院　112~114
　　党建工作　113c
　　党建活动　113c
　　队伍建设　112c
　　妇女工作　114b
　　工会工作　114b
　　获奖情况　113a
　　继续教育　113b
　　交流合作　113c
　　教学工作　112c
　　教学获奖　113a
　　科研成果　113a
　　科研工作　113c
　　课程设置　112c
　　培养方案　113a
　　其他工作　114a
　　社会服务　113b
　　项目数量　113a
　　校园文化建设　113c
　　行政队伍　114a
　　行政工作　114a
　　学科建设　112b

　　学生工作　113c
　　学生活动情况　114a
　　学生人数　112c
　　组织建设　113c
　　组织结构　112b
教职工　31、349a
　　队伍状况　349a
　　情况　31
　　总数　31
教职工代表大会执行委员会　37
经济学院　122~124
　　党建工作　123b
　　党团共建系列工作　123c
　　继续教育　123a
　　奖励情况　124a
　　交流合作　122c
　　教学工作　122a
　　科研工作　122b
　　科研实践系列工作　124a
　　其他工作　124b
　　人事工作　124b
　　校友工作　124b
　　行政工作　124b
　　学生工作　123c
　　学生管理体系建设　123c
　　研修培训　123a
　　远程网络教育　123a
具有正高级职称的教师及专业技
　术人员名单　503

K

亢慕义斋犹在　13
考古文博学院　84~87
　　本科生课程建设　84c
　　发展概况　84c
　　工会工作　87b
　　获奖情况　85b
　　教学工作　84c
　　科研工作　85b
　　科研项目　85b
　　其他工作　87b
　　人才培养　85a
　　社会服务　86c
　　实习基地建设　85a
　　新增藏品　87b
　　学生工作　86b
　　学术成果　85b

　　学术活动和会议　85c
　　研究生培养管理　85a
　　展览举办　87a
　　资料建设　86c
　　资质管理　85c
科技部主管的各类项目　286c
科技奖项　287a
科技开发　432~436
　　产学研合作奖评选　435c
　　创新创业　435a
　　地方政府合作　432b
　　发展概况　432a
　　合同管理　432c
　　经费管理　434a
　　企业高端合作　432a
　　医学部专利　436a
　　专利运营　432b
科维理天文与天体物理研究所
　157~159
　　队伍建设　157b
　　高层次管理会议组织　159a
　　国际交流　159a
　　获奖状况（表）　158
　　交流合作　158a
　　教学工作　157c
　　科学会议组织　158c
　　科研成果　157c
　　科研工作　157c
　　日常交流　158a
　　社会服务　159b
　　新增项目状况（表）　158
　　行政工作　159b
　　主办国内外会议（表）　159
科研成果　287a、307
　　通过鉴定统计（表）　307
科研管理　285
科研基地建设　285c
科研机构人员　32
科研经费　286b
科研项目　286b
口腔医院　456~460
　　安全保卫　459c
　　本博连读生管理　457b
　　财务审计　459b
　　成果奖励　458a
　　成绩排名　457a
　　党风廉政　459c

党建工作 459c	队伍建设 363a	党建活动 111b
对口支援 458b	发展概况 363a	队伍建设 110a
发展概况 456c	关工委秘书处工作 364c	发展概况 109c
干部工作 459a	抗战胜利七十周年纪念活动 363c	国际马克思主义文献中心建设 111a
干部调整 459c	评选表彰 364b	交流合作 111b
工会教代会工作 460b	退休典礼 364a	教学工作 110a
共青团工作 460b	慰问制度 363b	教学获奖 110c
耗材管理 459c	文化养老 364b	科研成果 111a
后勤基建 459c	组织学习 363b	科研工作 110c
护理工作 457b	离退休人员 32	课程设置 110b
基本情况 456c	李大钊奖 519a	人才队伍 110c
基本医疗 457a	理工科 295、309	校园文化建设 112a
继续教育 457c	2015年获得其他国际（地区）合作项目 309	行政工作 111c
交流合作 458c	新批科研项目（表） 295	学科建设 110a
教学工作 457b	理工类国际学术会议和研讨班情况统计（表） 308	学生工作 111c
教学基地 457b	理工医科 285、293、294、304、309	学生活动情况 111c
科研工作 457c	2015年获得科技部政府间国际合作项目（表） 309	学生人数 110a
科研项目 458a	科研管理 285	在研项目（表） 110
科研支持系统建设 458b	科研项目到校经费（表） 294	组织机构 109c
领导视察 460b	在研科研项目数分类统计（表） 293	组织建设 111b
平台建设 457c	著作出版目录（表） 304	民主党派和归国华侨联合会负责人 44
其他教学 457c	理学部学术委员会 36	倪晋仁 498a
全国工作 458b	历史学系 83	诺贝尔生理学或医学奖 1
群团工作 460b	党建工作 84a	**P～Q**
人才工作 459a	发展概况 83a	普通本专科毕业生 33
人才培养 458a	交流合作 84b	普通全日制本科生授予学士学位者 593a
人才梯队 459a	教学工作 83b	其他人员 32
人才选拔 459a	科研工作 83c	其他省部级研究基地（表） 292
社会公益 458b	其他工作 84b	其他直属附属单位 475
设备配置 459c	行政工作 84c	其它部门科研专项 287a
审计工作 459b	学生工作 84b	签订的进款技术合同统计（表） 433
信息化工作 459b	留学生校友工作 282b	签署技术合同分布区域统计（表） 433
学生人数 457b	留学生与港澳台学生教育 282	前沿交叉学科研究院 149～152
学术活动 458a	留学生招生 282a	党建工作 152c
研究生管理 457c	论文专著 287a	队伍建设 150a
医疗工作 457a	绿叶生物医药杰出青年学者奖获奖名单（表） 528	发展概况 149c
医学装备管理 459b	**M～N**	发展历程 149c
预防工作 458b	马克思主义学院 109～112	教学工作 150c
院感工作 457b	毕业生去向 112a	科学研究 151a
运营管理 457a	党建工作 111b	科研工作 151a
支部建设 460a		平台建设 152b
住院医师规范化培训 457c		
组织结构 456c		
L		
离退休工作 363		
帮扶机制 363c		

索 引

社会服务 152c
学科建设 150a
学生工作 152c
学术活动 151c
组织机构 150a
青年教师入选北京市科技新星计划名单(表) 301
青年研究中心 337
　《北大青年研究杂志 337a
　常规工作 337a
　发展概况 337a
　工作团队 337b
　特色工作 337b
　网络思政教育创新 337c
　未名BBS 337a
　校园网络文化建设 337b
　研究创新 337b
全国先进工作者名单(表) 525
全国优秀教师名单(表) 524
全球前1%的学科 33
全日制学生 32
群团工作 323

R

人口研究所 126～128
　党建工作 128a
　发展概况 126b
　交流合作 127c
　教学工作 128a
　科研成果 126b
　科研工作 126b
　科研项目 126b
　社会服务 127b
　学术活动 126c
人民医院 453～455
　病案管理 453c
　党建工作 454b
　对口支援 454c
　发展概况 453b
　改革管理 454c
　护理工作 453b
　基本情况 453a
　基本医疗情况 453b
　机构设置 453a
　教学工作 453c
　科研工作 454a
　临床路径管理 453b

瓦努阿图共和国总理萨托·基尔曼来访 455a
　行政工作 455a
　学科建设 453b
　医保工作 453c
　医疗工作 453b
　医院感染管理 453b
人事管理 349～362
　博士后管理 361a
　高层次人才引进情况 352a
　高端人才及团队 355a
　工资与福利 359c
　减员情况 352b
　奖教金评审 353c
　考核与岗位聘任 355c
　劳动合同制职工管理 359a
　培训中心工作 362c
　人才服务 362c
　人才开发 353c
　人事档案管理 362b
　社会保险 360b
　学历分布 352a
　引进人员(非毕业生)情况 352a
　应届毕业生情况 352b
　增减员情况 351a
　专项培训 354b
人文杰出青年学者奖获奖名单(表) 527
人文社科科研管理 312～315
　发展概况 312a
　科研成果 313a
　科研管理活动 315a
　科研机构 314a
　科研项目 312b
　人才工作 315a
　新体制研究机构 315a
　虚体机构 314b
　重点研究基地 314c
人文学部学术委员会 36
人物 495
荣获第十一届北京市教学名师奖名单(表) 525
软件与微电子学院 77
　党建工作 78c
　队伍建设 77b
　发展概况 77a

继续教育 78a
交流合作 78b
教学工作 77b
科研工作 78a
其他工作 78b
行政工作 78b
学生工作 77c

S

SCI数据库2015年收录的北京大学为第一作者单位的论文及分布情况(表) 303
社会服务与联络 429
社会科学部学术委员会 36
社会学系 104～107
　常规工作 106b
　党风廉政建设 106b
　党建工作 105c
　发展概况 104b
　获奖情况 105a
　基本情况 105c
　继续教育 107a
　教学工作 104c
　科研成果(表) 105
　科研工作 105b
　科研项目(表) 105
　思想建设 106a
　团委工作 106c
　学生工作 106b
　制度建设 106a
　组织建设 106a
设立奖学金项数 31
深圳研究生院 163～168
　城市规划与设计学院 166c
　党建工作 165a
　发展概况 163b
　国际法学院 168c
　化学生物学与生物技术学院 166a
　环境与能源学院 166b
　汇丰商学院 168a
　交流合作 164c
　教学工作 164a
　科研工作 164b
　人文社会科学学院 168c
　新材料学院 167b
　信息工程学院 165b

行政工作　165b
　　学生工作　165a
深圳医院　465
　　党建工作　466b
　　对口帮扶　466c
　　队伍建设　465c
　　发展概况　465c
　　工会工作　466c
　　护理工作　466a
　　教学工作　466b
　　科研工作　466a
　　学科建设　465c
　　学术会议　466b
　　医疗工作　466a
　　医疗合作　466b
审计工作　375～377
　　拆迁管理审计　376b
　　大额资金管理控制审计　375c
　　二级单位综合管理审计　375c
　　发展概况　375a
　　工程财务请款审计　376b
　　规范建设　377b
　　技术建设　377c
　　建设工程审计　376a
　　建设工程投资评审　376a
　　经济责任审计　376a
　　科研经费管理审计　375c
　　内部控制审计　376c
　　人才建设　376c
　　三重一大经济事项参与　376b
　　审计全覆盖　376b
　　审计业务模式优化　376c
　　审计专业化建设　376c
　　新兴审计业务　376c
　　学校业务管理内部控制审计　375b
　　学校预算管理审计　375b
　　优化创新　376b
　　造价管理审计　376a
　　招标管理审计　376a
　　专项工作　376b
　　资产管理审计　375c
　　综合管理审计　375b
审计项目分类统计（表）　377

生命科学学院　56～59
　　本科生教学　56c
　　党建工作　58b
　　发展概况　56a
　　工会工作　58c
　　交流合作　58a
　　教学工作　56c
　　九十周年院庆　56b
　　科研工作　57c
　　科研获奖情况　58a
　　楼宇管理　58c
　　其他工作　58b
　　突出科研成果统计（表）　58
　　网站建设　58c
　　校友工作　58c
　　行政工作　58b
　　学生工作　59a
　　研究生教学　57b
　　纵向科研项目一览（表）　57
省部共建国家重点实验室培育基地（表）　289
省部级科研基地　286a
省部级设置的研究、实验室　34
省部级研究基地（表）　292
省部级重点学科　33
十佳教师（表）　525
十佳学生党支部书记　521a
实验动物科学部　143
　　党风廉政建设　143c
　　党建工作　143b
　　动物实验工作　143a
　　发展概况　143a
　　行业认可　144a
　　教学工作　143b
　　期刊书籍　143b
　　其他工作　143b
　　人才培养　143b
　　设施维护　143b
　　生产工作　143a
　　实验动物代养管理　143a
　　实验动物生产供应　143a
　　思想政治工作　143b
　　学生教学　143b
实验室基本情况一览（表）　370
实验室建设与设备管理　366～369
　　发展概况　366a

　　辐射安全与防护　369b
　　国内仪器设备采购　368c
　　国外仪器设备采购　369a
　　环境保护　369c
　　科教用品免税办理　369a
　　实验教学改革　366a
　　实验室安全与环境保护　369a
　　实验室技术安全管理　369a
　　实验室建设　366a
　　一流大学985/211设备经费管理与执行　367a
　　仪器设备采购　368c
　　仪器设备管理　367b
　　招标采购工作　368c
世界马克思主义大会　2
首都发展研究院　431
　　党建活动　431a
　　发展概况　431a
　　服务首都发展　431b
　　干部队伍　431b
　　国际交流与合作　431c
　　建章立制　431b
　　科研成果　431b
　　能力建设　431a
首钢医院　466～468
　　发展概况　466c
　　改革与管理　467a
　　护理工作　467c
　　基本情况　466c
　　基础建设　468b
　　机构设置　467a
　　教学工作　468b
　　科研工作　467c
　　信息化建设　468b
　　学术交流　468a
　　医疗工作　467c
授予博士、硕士学位的学科专业目录（表）　268
数学科学学院　46～48
　　本科生统计（表）　46b
　　毕业生毕业去向统计（表）　48
　　党风廉政建设　48b
　　党建工作　47b
　　党建活动　47c
　　党员发展　47c
　　党支部换届　48a
　　队伍建设　46b

索　引

发展概况　46a
发展历程　46a
教学工作　46b
教学获奖　47a
经费情况　47b
科研成果　47a
科研工作　47a
课程设置　46c
培养方案　46c
人才队伍　47a
统战工作　48b
项目数量　47a
学科建设　46a
学生工作　48c
学生活动情况　48c
学生人数　46b
学术活动　47b
研究生统计（表）　46c
专项活动　47c
组织建设　47b
组织结构　46a
树仁学院奖教金（表）　530
硕士学位授权二级学科点　33
硕士研究生　32

T

唐立新奖教金获奖名单（表）　527
唐立新优秀辅导员奖获奖名单
　（表）　524
体育馆　488
　　大型活动　489b
　　发展概况　488a
　　健身培训　489c
　　教学训练　489a
　　校系服务　489a
体育教研部　116～118
　　党建工作　118b
　　第二体育馆改建　118b
　　发展概况　116a
　　规章制度建设　118b
　　交流合作　117b
　　教学工作　116b
　　科研工作　117a
　　其他工作　118a
　　日常工作　118b
　　体育类获奖情况（表）　116
　　未名湖冰场　118a

行政班子　116a
行政工作　118a
学生工作　116c
直属党支部　116b
通化东宝生命科学奖教金获奖名
　单（表）　530
统计科学中心　67
　　贝叶斯推断短期课程　68a
　　大数据时代高维统计国际青
　　　年学者会议暨夏季短期课
　　　程　68a
　　发展概况　67b
　　概率论暑期系列学术活动
　　　68a
　　计量经济学中的模型设定检
　　　验短期课程　68a
　　交流合作　68a
　　科研工作　67a
　　数量金融国际会议　68a
统战工作　328～332
　　大统战工作格局　329c
　　党风廉政建设　329a
　　党派活动　330c
　　党外代表人士队伍建设　330a
　　第三届民建城市发展论坛
　　　332b
　　第十届民盟高教论坛　332b
　　发展概况　328a
　　港澳台侨工作　331b
　　基本工作　328a
　　九三学社北医委员会健康益
　　　起来启动仪式　332c
　　理论研究　331c
　　联席会议制度　329b
　　民主党派、侨联负责人会议
　　　332a
　　民族宗教工作　331b
　　三严三实专题教育　329a
　　十八届五中全会精神学习
　　　328c
　　思想建设　328a
　　统战干部工作会议　332a
　　协商民主制度建设　329b
　　信息工作　331c
　　学习中央统战工作会议和《条
　　　例精神培训班　332a
　　制度建设　329b

中央统战部到北京大学调研
　331c
宗教工作培训　332a
突出贡献专家（表）　502
图书馆　31、475～479
　　2011—2015年图书馆相关读
　　　者服务工作进展情况（表）
　　　476
　　CALIS全国文理中心　478c
　　CALIS全国医学中心　478c
　　藏书　31
　　党建工作　478a
　　电子资源订阅情况统计（表）
　　　476
　　电子资源检索服务　477a
　　读者到馆服务　476c
　　读者服务深化创新　477a
　　发展概述　475a
　　高校图书馆数字资源采购联
　　　盟　479b
　　工会工作　478b
　　古籍与特藏整理　476b
　　馆际互借　477a
　　基础设施保障　477c
　　教育部高校图工委　479b
　　课题咨询　477c
　　人力资源建设　478b
　　数字图书馆门户　477b
　　网页点击量排行榜（表）　477b
　　文献传递　477a
　　文献信息资源体系　477c
　　文献资源建设　475c
　　文献资源组织与揭示　476a
　　新增文献资源统计（表）　475
　　信息基础设施建设　477c
　　学科服务　477c
　　学术与交流　478c
　　中国高校人文社会科学文献
　　　中心　479a
　　中国图书馆学会高校分会
　　　479c
屠呦呦　1
团委负责人　41

W

外国留学生　32
外国语学院　90～92

党建工作　91b
　　发展概况　90a
　　继续教育　90c
　　交流合作　91a
　　教学工作　90b
　　科研工作　90c
　　其他工作　92a
　　行政工作　92a
　　学生工作　91c
万柳公寓基本情况一览（表）　414
王选青年学者奖获奖名单（表）　529
网络本专科学生　32
文件目录　513
文科科研经费情况统计（表）　313
文科其他纵向项目立项情况（表）　313
文科主要纵向项目申报和立项情况（表）　313
文科纵向科研课题立项名单（表）　316
文科纵向项目评审组织情况（表）　313
物理学院　49～51
　　本科招生与培养　50b
　　党建工作　51a
　　发展概况　49a
　　交流合作　50a
　　科研成果　49b
　　科研工作　49b
　　科研经费　50a
　　科研项目　49c
　　其他工作　51a
　　人才队伍　49b
　　行政工作　51a
　　学生工作　50b
　　研究生招生和培养　50b

X

席振峰　496c
现代农学院（筹）　163
　　党建工作　163a
　　队伍建设　163c
　　发表的SCI论文（表）　163
　　发展概况　163a
　　发展历程　163a
　　交流合作　163c

　　科研成果　163c
　　科研工作　163c
　　行政工作　163a
　　学科建设　163b
　　学术交流　163a
　　组织机构　163b
肖家河项目建设　424～427
　　GP3号楼建设　426b
　　安置工作　425a
　　党风廉政　427a
　　队伍建设　427c
　　发展概况　424c
　　公产拆迁　425a
　　规划意见复函　425b
　　回迁房建设　426a
　　教育配套　425b
　　领导视察施工现场　427c
　　审计巡查　427b
　　市政联络　426c
　　市政设施建设　426b
　　土地手续申办　425c
　　团队建设　427c
　　宅基地拆迁　424c
　　招标情况　426a
　　制度建设　427c
　　自有住宅建设　426c
校办产业管理　436
　　产业创新　437a
　　发展概况　436a
　　管理服务　436c
　　企业名录　437b
校办企业职工　32
校本部（表）　350～358
　　各分会副高职务评议结果（表）　357
　　各分会正高职务评议结果（表）　357
　　各学部副教授（副研究员）审议结果（表）　356
　　各学部教授（研究员）审议结果（表）　356
　　公派出国（境）派出类别（表）　353
　　公派出国（境）派出人员职称、学历、年龄分布状况（表）　353
　　公派留学人员回校类别（表）

　　354
　　减员分布（表）　352
　　教师队伍年龄分布（表）　350
　　教师队伍学历分布（表）　350
　　教师国籍/地区构成（表）　350
　　教师学缘结构（表）　350
　　晋升教授人员年龄与学历分布统计（表）　357
　　晋升教授人员任职时间与教学任务、科研文章统计（表）　358
　　录用应届毕业生分布（表）　352
　　全职人员分布（表）　350
　　全职人员职称分布（表）　350
　　新体制人员职位分布（表）　350
　　引进人员（非毕业生）分布（表）　352
　　增员分布（表）　351
　　增员来源及学历分布（表）　352
校发文件目录　514
校舍建筑面积　31
校史馆　485
　　参观接待　485a
　　党建工作　486b
　　发展概况　485a
　　内部管理　486a
　　图书资料　486a
　　文物征集与管理　485c
　　校史研究　485c
　　业务交流　485c
　　展览筹办　485b
校学术委员会　36
校医院　473
　　发展概况　473a
　　服务提升　473b
　　公费医疗　474c
　　公共卫生　473c
　　还贷增资　474c
　　健康教育　473c
　　奖励荣誉　474c
　　教育培训　474a
　　科室设置　473a
　　科研合作　474a

索 引

慢病管理　473c
群众工作　474b
人事管理　473a
人员情况　473a
日常工作　473b
社区卫生　473c
信息化建设　474c
依法执业　473b
医疗服务　473b
质量管理　473b
专科特色　473c
准入制度　473b
组织发展　474b
校友工作　446
　大型活动　447a
　发展概况　446a
　机构建设　446b
　理事会议　447b
　校友捐赠　447c
　信息数据　446c
校园服务中心　414～416
　车辆运行服务工作　415b
　党建工作　416a
　发展概况　414a
　管理运行　416a
　绿化环卫服务工作　414c
　特色工作　416c
　业务发展　414b
　幼儿保教服务工作　415c
　制度建设　416b
　综合事务服务工作　415a
　综合行政工作　414b
校园面积　31
谢心澄　496b
心理学系　64～66
　党建工作　66a
　发展概况　64b
　交流合作　65b
　教学工作　64b
　科研工作　64c
　麦戈文脑科学研究所　66b
　其他工作　66b
　人才队伍一览（表）　65
　行政工作　66b
　学生工作　66a
　主要项目一览（表）　65
新当选院士简介　495

新媒体研究院　118
　发展概况　118c
　交流合作　119b
　教学工作　119a
　科研工作　119c
　社会服务　119a
新入选突出贡献专家（表）　502
新闻与传播学院　114～116
　党建工作　115b
　队伍建设　114c
　发展概况　114b
　发展历程　114b
　继续教育　115b
　交流合作　115a
　教学工作　114c
　教学获奖　114c
　科研工作　114c
　其他工作　116a
　实验室与图书馆工作　114c
　行政工作　116a
　学科建设　114c
　学生工作　115c
　学生人数　114c
　组织机构　114b
新增40万元以上大型仪器设备一
　览（表）　371
信息管理系　102～104
　党建工作　103c
　发展概况　102b
　交流合作　103a
　教学工作　102c
　科研工作　103c
　其他工作　104c
　行政工作　104b
　学生工作　104a
　在职教师部分代表性科研项
　目（表）　103
信息化建设与管理　378
　党风廉政建设　379a
　发展概况　378a
　门户网站建设　378b
　网站与信息系统安全工作
　　378c
　信息化工作交流　378c
　信息化经费管理　378a
　信息化审批项目　378b
　信息化项目管理　378c

信息科学技术学院　68～71
　党建工作　70c
　发展概况　68b
　教学工作　69a
　科研工作　69c
　其他工作　71a
　行政工作　71a
　学生工作　71a
信息与工程科学部学术委员会　36
行政人员　32
宣传工作　327
　电视台　327c
　对外宣传　327b
　发展概况　327a
　官方微博　328a
　官方微信　328a
　广播台　328b
　理论工作　327a
　理论水平　327a
　理论学习　327a
　媒体联络　327b
　摄影组　328c
　危机管控　327b
　校刊　327b
　新闻网　327c
　宣传工作　327a
　舆论工作　327a
学科建设　345
　大数据研讨会　346c
　发展概况　345a
　基本科研业务费　346b
　统筹支持一流大学和一流学
　　科建设项目基金　346b
　新体制科研机构（理工医）管
　　理　346c
　学科建设　346a
　重点建设项目　346c
学生公寓基本情况一览（表）　412
学生工作　333～335
　保持沟通机制　333a
　创新创业教育　336a
　党风廉政建设　333a
　队伍建设　333a
　发展概况　333a
　管理服务　335b
　国防教育　335b
　奖励奖学金评审　334c

军事理论课 335c
评奖育人 335a
日常国防教育 335c
日常思想政治教育 334b
社会主义核心价值观宣传教育 333c
思想道德修养与法律基础课 334b
思想状况调研 334b
思政教育 333b
团体保险 335b
网络思想政治教育 334b
新生入学教育和毕业教育 334a
信息系统 335b
学生党建 333c
学生工作部机关人员变动情况 333a
学生管理 334c
学生军训 335b
学生年度人物评选 334c
学习贯彻十八届五中全会精神 333c
义务兵征集 335b
学生工作先进单位(表) 524
学生就业指导服务中心 336
　创新创业 336c
　发展概况 336a
　精准就业 336b
　品牌活动 336c
　职业发展指导 336c
　重点领域就业 336b
学生心理健康教育与咨询中心 339
　发展概况 339b
　辅导员督导活动 340a
　特色工作 340a
　危机排查干预 339c
　心教育活动 340b
　心理健康教育 339c
　心理咨询服务 339c
　依托网络技术咨询 340c
　主要业务 339c
学生资助中心 338
　爱心电脑室 339a
　补偿代偿 338b
　诚信教育主题月 339b

动态救助 338c
发展概况 338a
家庭经济困难学生认定 338c
理论研究 339a
罗定邦励志奖学金设立十周年庆典 339b
年度特色工作 339a
勤工助学 338b
青年领袖计划 339a
学生服务总队 339a
迎新绿色通道 338c
优才拓展基地 339b
优才拓展项目 339a
助学贷款 338b
助学金 338b
资助政策宣传 338c
学位评定委员会 37
学校宣传思想工作政治责任和要求 11a

Y

燕京学堂 148
　大使讲座 149a
　党建工作 149b
　党建活动 149b
　发展概况 148b
　合作院校 149b
　交流合作 149a
　教学工作 148c
　开学典礼 149c
　培养方案 149a
　书院生活 149c
　外宾来访 149a
　行政工作 149b
　学生工作 149b
　学生国家和地区分布(表) 148
　学生活动 149b
　学生情况 148c
　职业发展与领导力 149c
　组织建设 149b
严于心 6
研究生教育 260～265
　毕业审查 262a
　差额复试 261b
　创新培养工作 262b

导师队伍建设 263b
对延期博士生的资助与管理 265a
发展概况 260a
高级专门人才研修班 262a
公共课程管理 262a
国际交流 265b
过程管理 261c
会议组织 265a
基本数据 261b
计划安排原则 260c
奖助工作 264a
奖助体系调整和完善 264a
考试与阅卷 261a
课程建设 261c
课程教学 261c
课程评估 261c
课题研究 262b
录取工作 261b
免试推荐研究生接收 261a
培养工作 261b
推免和单列计划 260c
校际交换学生管理 262a
协作与协助 263c
新的工作机制 265c
学风建设 262a
学科建设 263a
学位工作 262c
学位授予 262c
学位质量保证 262c
学业奖学金评定、发放与管理 264b
研究生创新计划 262b
研究生会相关活动指导 262a
优秀博士学位论文 262c
招生工作 260b
招生计划 260c
招生简章和目录变化 260c
政治阅卷 261a
中国研究生院院长联席会秘书处 265a
专项奖助学金制度 264b
专业学位改革试点 263b
专业学位奖助体系 264c
总体情况 260b
燕园街道办事处 489～491
安全管理 491c

索引

党建工作　489b
发展概况　489a
房屋管理　491c
服务队上门服务　491a
公益活动　491b
呼叫系统服务　491a
计划生育工作　490b
家政服务　491a
检查整改工作　491c
经营管理　491b
居家养老服务　490c
居委会工作　490b
民生与社会保障　490a
社区便民服务　490c
社区建设与服务　490a
社区经营服务　491b
文化交流　491b
综合治理　489b

燕园社区服务中心　490b
杨芙清—王阳元院士教师奖获奖名单(表)　529
药学院　131～133
　　本科生培养　131c
　　党建工作　132c
　　队伍建设　131b
　　各类学生情况(表)　132a
　　合作交流　132b
　　纪检监察工作　133b
　　继续教育　132a
　　教学改革　132a
　　教育教学　131c
　　科学研究　132a
　　屠呦呦校友荣获诺贝尔生理学或医学奖　133b
　　行政管理工作　132b
　　宣传工作　133a
　　学生工作　133a
　　研究生教育　131c
一次就业率　33
医科新增科获批研项目(表)　296
医学本科生教育　172～175
　　发展概况　172c
　　获奖情况　173b
　　教学工作　173b
　　就业工作　175a
　　重要成果　173a
医学部2013—2015年教师队伍学

历结构统计(表)　351
医学部2015年获得的其他国际(地区)合作项目(表)　311
医学部产业系统党建　400～402
　　产业建设　402c
　　党风廉政建设　402a
　　发展概况　400b
　　离退休工作　402c
　　三严三实专题教育　400b
　　思想建设　401b
　　医学部党建调研　402b
　　组织建设　401b
　　作风建设　401c
医学部档案馆　483
　　党建工作　484a
　　档案馆建设　483b
　　档案馆业务开拓　483c
　　发展概况　483b
　　工会工作　484b
　　校园文化传承活动　484a
医学部负责人　37
医学部国内合作与产业管理　443
　　产权登记　443c
　　发展概况　443c
　　公用房管理　444c
　　管理结构　443c
　　规范管理　444a
　　国内合作　444b
　　行业交流　444c
　　教育培训　444b
　　维权打假　444c
　　专项检查　443c
医学部后勤党建　393～396
　　党风廉政建设　395a
　　党员教育与发展　396b
　　队伍建设　395c
　　发展概况　393c
　　工会工作　396c
　　三严三实专题教育　394a
医学部获批国家自然科学基金项目和经费(表)　298
医学部教师队伍职务结构、年龄结构统计(表)　351
医学部教职工基本情况一览(表)　351
医学部信息通讯中心　383
　　党风廉政　383b

发展概况　383b
服务工作　384c
网络安全工作　384b
网络及基础设施建设　383c
信息系统建设　384a
医学部专利申请及授权情况统计(表)　436
医学部总务工作　417～419
　　餐饮服务　417a
　　常规工作　419b
　　房屋资源　417a
　　服务保障工作　417a
　　供暖物业改革　417c
　　内部管理工作　417b
　　幼教服务　417b
　　资产核查　417b
医学出版社　488
　　党建工作　488c
　　个人获奖　488b
　　获奖情况　488a
　　基金资助　488b
　　结构优化　488c
　　图书出版　488a
　　图书获奖　488a
　　信息化建设　488c
医学继续教育　279～281
　　《北京大学医学部非学历继续教育管理办法》印发　281a
　　北京市十二五继续医学教育工作评估　281a
　　对内继续教育活动　280c
　　儿科联合基地　280b
　　国家级和北京市级继续医学教育项目　280c
　　监督审查　281a
　　评优工作　281a
　　学科骨干公共课程培训　280b
　　住院医师规范化培训　279c
　　专科医师培训试点　280b
医学类国际学术会议和研讨班情况统计(表)　309
医学人文研究院/公共教学部　137～139
　　毕业生去向　139b
　　党建工作　138b
　　队伍建设　137b

发展概况　137a
　　发展历程　137a
　　工会工作　138c
　　继续教育　138a
　　交流合作　138a
　　教学改革　137b
　　教学工作　137b
　　教学获奖　137c
　　科研成果　137c
　　科研工作　137c
　　考核聘任工作　139a
　　培养方案　137b
　　其他工作　138c
　　人才推选工作　139a
　　项目数量　137c
　　行政队伍　138c
　　行政及其他工作　138c
　　学科建设　137b
　　学生工作　139a
　　学生活动　139a
　　学生人数　137b
　　专业技术职务评聘工作　139a
　　专业建设　137c
医学图书馆　480
　　电子资源　481b
　　基础设施　481c
　　科研成果　481c
　　课程完成情况（表）　480b
　　流通服务　480a
　　外事工作　481c
　　网站页面访问量情况列（表）　480c
　　信息咨询服务　480c
　　学术交流　481c
　　学位论文　481b
　　印刷型资源　481b
　　用户信息素质教育培训　480b
　　阅读推广　481a
　　资源保障　481b
医学网络教育学院　281
　　发展概况　281b
　　继续医学教育与培训　281c
　　内部建设　282b
　　其他事项　282c
　　网络学历教育　281b

　　资源开发　282a
医学信息学中心　145
　　北京大数据研究院　146b
　　发展概况　145a
　　发展历程　145a
　　国际学术交流合作　146b
　　交流合作　146a
　　教材出版　146a
　　教学工作　146a
　　科研成果　146a
　　科研工作　145b
　　课程开设　146a
　　临床学科评价　146b
　　全国卫生监督数据分析与利用　146a
　　人事与团队建设　145b
　　学生人数　146a
　　研究项目和经费　145c
医学研究生教育　265～267
　　发表论文　267c
　　发展概况　265c
　　国际学术交流　266a
　　教学工作　265c
　　教学研究成果　267c
　　课题研究　267c
　　内部建设　267b
　　培养工作　265c
　　评估工作　266b
　　所获奖项　267c
　　学位工作　266a
　　研究生工作部　266c
　　医学教指委　267b
　　医药科秘书处　267b
医药卫生分析中心　139～141
　　测试服务工作　139b
　　党建工作　140c
　　工会工作　141b
　　计量认证工作　140b
　　教学与培训　139c
　　科研工作　140a
　　行政工作　140c
医院　34,448
医院管理　448
　　大学附属医院分会换届　448c
　　党建工作　449b
　　附属医院医疗质量检查与评估　449a

　　公立医院第三方评估　449a
　　国家医疗数据中心　448a
　　合作共建　449a
　　护理工作　448c
　　临床学科评估发布　448b
　　社会服务　448c
　　外国医师考试中心工作　449a
艺术学院　95
　　党建工作　95a
　　发展概况　95a
　　国际学术交流　95c
　　国内学术活动　95c
　　交流合作　95c
　　教学工作　95b
　　科研工作　95c
　　其他工作　96b
　　社会服务　96b
　　行政工作　96b
　　学生工作　96a
优秀班主任标兵名单（表）　522
优秀班主任名单（表）　522
优秀博士学位论文（表）　273
优秀党务和思想政治工作者　519a
优秀德育奖名单（表）　521
俞大鹏　497b
元培学院　146～148
　　党建工作　147b
　　导师工作　147a
　　发展概况　146c
　　何善衡图书室　148a
　　合作项目多元化发展　147b
　　交流合作　147a
　　教学改革　147a
　　教学工作　146c
　　特色工作　148a
　　外事活动　147a
　　学生工作　147c
　　志愿服务工作　148b
院、系、所、中心负责人　38
院士名录　495
院系情况　46

Z

在校学生情况　32

在校研究生人数统计（表） 276
在校院士名录 495
张平文 496a
张远航 498b
哲学社会科学资深教授名录 498
哲学系（宗教学系） 87～89
  党建工作 88a
  对外学术交流 89b
  发展概况 87b
  获奖表（表） 88
  继续教育 89c
  讲座与论坛 89c
  交流合作 89b
  教学科研 87c
  科研成果（表） 87
  科研项目（表） 87
  学生工作 88c
  重点学术会议 89b
政府管理学院 107～109
  党建工作 108c
  发展概况 107a
  继续教育 108c
  交流合作 108a
  教学工作 107b
  科研工作 107c
  其他工作 109b
  行政工作 109b
  学生工作 109a
正大奖教金获奖名单（表） 529
正高级职称的教师及专业技术人
 员名单 503
直属、附属单位负责人 42
直属单位党建 397
  党员爱心捐款 398c
  党员学习教育 397c
  党支部到期换届 397c
  发展概况 397a
  困难党员帮扶 398c
  三严三实专题教育 397a
  学习十八届五中全会精神
   397b
  优秀表彰 398c
  主题党日活动 398a
直属院系 33
中共中央国务院任命林建华为北
 京大学校长 4
中关村开放式实验室（表） 292

中国工程院院士 495b
中国工商银行教师奖获奖名单
 （表） 529
中国教育财政科学研究所 119～
121
  发展概况 119c
  横向、合作及委托项目（表）
   120
  交流合作 120c
  科研工作 120c
  年度纪事 121a
  其他工作 121a
  社会服务 120c
  行政工作 121a
中国科学院院士 495a
中国社会科学调查中心 153～
155
  春季课程 155b
  发展概况 153a
  会议出版 154a
  交流合作 155c
  教育与培训 155b
  科研工作 154a
  科研项目（表） 154
  秋季课程 155c
  暑期课程 155c
  数据调查 153b
  数据共享与服务 154a
  学术讲座 154a
  智库研究 154c
  智库资助课题（表） 154
  资助课题 154c
中国卫生发展研究中心 144
  教学活动 144b
  科研活动 144b
  团队文化 144c
  政策服务 144b
  重大活动 145a
中国药物依赖性研究所 141
  承担课题 142a
  出版专著 142b
  党建工作 142c
  发表论文 142b
  获奖情况 142b
  教学工作 142b
  科研工作 142a
  人才培养 142b

  社会服务 142b
  实验室建设 142b
  学术活动 142b
  重大纪事 142c
  重要发现 142a
中国语言文学系 81～83
  党建工作 82b
  发展概况 81c
  交流合作 82b
  教学工作 82a
  科研工作 82a
  其他工作 83a
  行政工作 83b
  学生工作 82b
中华医学科技奖项目（表） 302
肿瘤医院 460～462
  党建工作 462c
  党建活动 462c
  对口支援 462b
  队伍建设 460c
  发展概况 460c
  发展历程 460c
  合作共建 462b
  机构设置 461a
  纪检监察 462c
  教学工作 461c
  科研成果 461b
  科研工作 461b
  科研项目 461b
  领带视察 463c
  群团工作 463b
  人才建设 461a
  统战工作 462b
  宣传教育 462c
  学科建设 460c
  学术交流 462b
  医疗工作 461a
  医疗合作 462b
  医院文化 463a
  重点实验室 461c
  组织建设 462c
专科学生 32
专科专业 33
专利 287b、307
  申请受理、授权情况统计（表）
   307
专任教师数 31

专业技术职务评审委员会 37
专业情况 33
总体数据 31
总务工作 404~406
    财务管理工作 405b
    队伍建设 405c
    发展概况 404a
    工程技术学科组和幼教学科组职称评审 405c
    后勤队伍建设改革 405c
    节能工作 405a
    校园环境整治 404c
    校园基础设施维修和改造 404b
    校园及周边地区水暖电管网改造 404a
    运行管理工作 404a
    综合事务管理 406b
组织工作 325
    班子换届调整 326b
    程序化管理水平 325c
    党代表任期制和提案制落实 326c
    党的知识培训班 326c
    党建工作 325a
    党建研究 326a
    党务和思想政治工作队伍评优表彰 326a
    党校工作 326c
    党性教育读书班 326c
    德育系列专业技术职务评审 326c
    发展概况 325a
    干部对外交流 326c
    干部工作 326b
    干部管理监督 326b
    干部培训 326c
    干部任免 326b
    共产党员献爱心 326a
    过程管理和监督 325c
    教育管理 326c
    困难党员帮扶 326a
    全面从严治党 325c
    三严三实专题教育 325a
    制度规范健全 325c
最受学生爱戴的老师（表） 525

（王彦祥、毋栋、张若舒　编制）